崛起的中心城市

平方公里、19.8万人，常住人口城镇化率提高到43.8%。集“铁公机”于一体的区域性综合交通枢纽初步形成，武陵山机场已开通北京、上海、广州、重庆、成都、昆明等6条航线，形成了“米”字型航线网络。渝东南唯一的市级民族工业园区——正阳工业园区，规划面积20平方公里，累计已入园企业123家，2013年产值达140亿元，初步形成了绿色食品、新材料、纺织服装、生物制药、汽摩机电“五大骨干产业”。页岩气可开采量达2500亿立方，正在规划建设中国页岩气产业转化基地。稳量提升发展生猪、蚕桑、烤烟三大传统骨干产业，成为国家级畜牧业示范区先行区、全市优质茧丝绸出口基地、全国整区推进现代烟草农业示范区。基本建成渝东南公共服务中心，拥有2所高等院校、1所国家级职教中心和3所市级重点中学；拥有渝东南唯一的三甲医院和重庆市规模最大的民营医院，区外就医人口近30%。民风淳朴，社会和谐安定，2013年荣获全国社会治安综合治理最高奖——长安杯。

未来几年，黔江将着眼2020年城市面积和人口分别达到49.5平方公里、45万人口的目标，立足自身生态优势和区位交通优势，把特色城市建设作为未来发展的核心竞争力，着力打造“峡谷峡江之城、清新清凉之都、养生养心之地”高品质生态宜居城市。力争到2016年，基本建成渝东南中心城市，在渝东南率先实现全面小康。

跨越七个地质年代的城市大峡谷

桐乡丝绸工业园车间

重庆
2014
经济年鉴
CHONGQING ECONOMY
YEAR BOOK

图书在版编目（CIP）数据

重庆经济年鉴 . 2014 年卷 / 重庆市人民政府办公厅编 .
—重庆：重庆出版社，2015.1
ISBN 978-7-229-09394-5

Ⅰ . ① 重…　Ⅱ . ① 重…　Ⅲ . ① 区域经济— 重庆市—2014—年鉴　Ⅳ . ① F127.719-54

中国版本图书馆 CIP 数据核字（2015）第 014436 号

重庆经济年鉴 · 2014（精装本）
CHONGQING JINGJI NIANJIAN

重庆市人民政府办公厅 主管
重庆市人民政府发展研究中心
重庆社会科学院 主办

出 版 人：罗小卫
责任编辑：张德尚
封面设计：陈 刚

重庆出版集团
重庆出版社 出版

重庆市南岸区南滨路 162 号 1 幢　邮编：400061　http://www.cqph.com
重庆出版集团艺术设计有限公司制版
重庆大正印务有限公司印刷
重庆出版集团图书发行有限公司发行
E-MAIL:fxchu@cqph.com　邮购电话：023-61520646
全国新华书店经销

开本：889mm × 1194mm　1/16　印张：34.5　字数：753 千
2015 年 1 月第 1 版　2015 年 1 月第 1 次印刷
ISBN 978-7-229-09394-5
定价：498.00 元

如有印装质量问题，请向本集团图书发行有限公司调换：023-61520678

《重庆经济年鉴》编委会

顾　　　问： 陈光国
主　　　任： 黄奇帆
名 誉 主 编： 张　轩
常务副主任： 谭家玲
副　主　任：（以姓氏笔画为序）

马发骧　马祖美　王　平　王　俊　王银峰
石继东　卢鹏飞　叶星阳　田景斌　白文农
申文求　包　惠　刘有恒　刘贵忠　李世奎
李春奎　李恩华　吴　亚　余守明　辛世杰
汪夔万　张亚谋　张定宇　陈　澍　陈友科
陈逸根　欧顺清　罗　成　罗小卫　罗布顿珠
罗增斌　周克勤　郑向东　赵宝权　段绍蓉
侯晓春　徐世国　徐显贵　唐　川　黄长武
蒋乐云　路　伟　廖庆轩　谭大辉　魏永福

《重庆经济年鉴》编辑部

主　　　编： 谭家玲
常务副主编： 陈　澍
副　主　编： 陈　红　张　波　王　胜　陈　劲
编辑部主任： 陈　红（兼）
编辑部副主任： 袁　伟
编辑部成员： 熊　飞　陈继荣　周中钦　葛南南　张红樱
陈　琦　刘晓敬　陆　波　吴　燕

《重庆经济年鉴》编委

（以姓氏笔画为序）

王　军　王　勇　王家应　王晓旭　尹恒斌　刘学国
刘景源　李　林　李修华　吴晓勇　余恩来　宋正富
陈　斌　项显文　洪又亮　袁　伟　蒋兆华　廖本涛

重庆医药（集团）

医药大楼

重庆医药（集团）股份有限公司是重庆市国资委重点骨干子企业，是重庆化医控股（集团）公司的控股子公司。公司前身为1950年成立的中国医药公司西南区公司，1994年改制为股份制企业。2012年3月，通过整合资源，实现科、工、贸一体化格局。截至目前，拥有分、子公司30个，地跨渝、川、贵、赣、鄂、湘、冀等地，员工近13000人（其中专业技术人员3650名）。2013年公司实现销售266.66亿元，上缴税金3.96亿元，连续名列中国医药商业第六位。

公司业务涵盖医药研发、生产、纯销、分销、零售、社区终端、医药物流配送，拥有进出口经营许可权，是中央和重庆两级政府药械定点储备单位，是中国三家经营特殊药品的全国性批发企业之一，是国际医药批发商联合会会员单位。公司与3万余家上下游客户保持密切业务关系，经营品规近7万个，产品销至全国30多个省市自治区及印度、瑞士、韩国、美国、日本、欧洲等国家和地区。

公司有中国一流、西部领先的现代医药物流中心，在国内建立了40余个分配送中心，仓储面积达15余万平方米。公司推行质量/环境/职业健康安全/社会责任/服务管理等标准为一体的综合管理体系。同时，公司投入巨资开发了商务、物流、供应链、财务、人力资源和办公自动化等管理系统，为公司可持续发展提供支撑。

和平物流中心运输车队

股份有限公司

公司曾荣获亚洲品牌500强、中国品牌价值冠军、全国文明单位、全国五一劳动奖状、全国企业文化建设先进单位、企业信用评价AAA级信用企业、中国服务业500强164位、中国医药商业百强企业、国家级征信企业、管理体系创新奖、首届最具影响力重庆知名品牌企业、60年影响重庆经济60企业、重庆市文明单位标兵、连续四年获得重庆市国企贡献奖、重庆最佳诚信企业、重庆市企业管理现代化创新成果奖等荣誉。公司现有264个商标、184个专利，获得国家知识产权保护。

和平药房

公司坚持打造“股东放心、员工自豪、客户满意、百姓信赖、政府省心”的责任企业，秉承“共赢、诚信、互惠”的经营理念，“立足西南，面向全国，走向世界”，力求在新的起点上，不断提升公司的核心竞争力，实现跨越式发展。

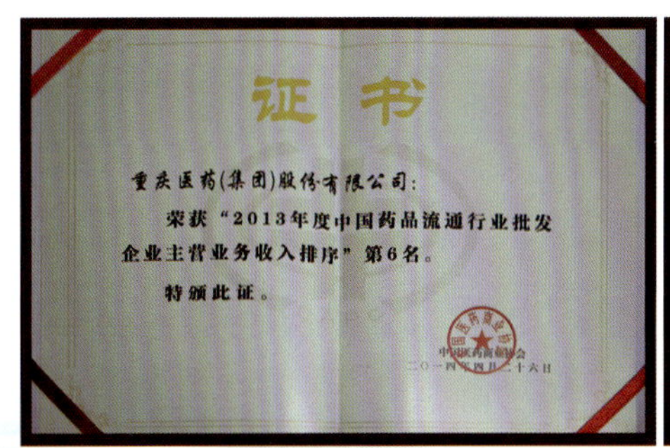
证书

重庆医药(集团)股份有限公司：

荣获“2013年度中国药品流通行业批发企业主营业务收入排序”第6名。

特颁此证。

重庆医药（集团）股份有限公司

2014重庆企业100强

重庆市企业联合会　重庆市企业家协会

二〇一四年十月

重庆商社（集团）

CHONGQING GENERAL TRADING

重百大楼

世纪新都

新世纪

重庆商社集团

重庆商社（集团）有限公司成立于1996年，是中国西部最大的商贸流通集团，国家重点培育的大型流通企业之一。连续13年跻身中国企业500强，位列2014中国企业500强第236名，中国连锁百强第9位。曾荣获“中国商业名牌企业”、“全国五一劳动奖状”、“重庆市最佳诚信企业”等荣誉称号。

商社集团在重庆市委、市政府及市国资委领导下，经过十余年发展，形成了以零售、批发为主营业务，致力于百货、超市、电器、汽

有限公司

GROUP

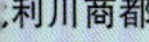

利川商都

重百渝北新商场

市委常委、常务副市长翁杰明考察“世纪购”电商平台

贸、化工、进出口贸易和商业地产等多业态发展的经营格局。2013年，商社集团实现销售收入603亿元，实现税利突破20亿元。截止2013年底，集团拥有总资产216亿元，从业人员十万人，网点326个，经营面积186万平方米。

商社集团将坚持“发展商社，服务社会”宗旨，立足重庆，拓展西部，走向全国，致力打造成为长江上游地区最具核心竞争力的中国一流商贸流通企业。

位于寸滩保税港区保税商品展示交易中心的商社“世纪SHOW”保税名品店开业

江北“阳光世纪“购物中心开业

地址：重庆市渝中区青年路18号
电话/传真：023-63819888/63815599
邮编：400010
网址：http://www.cgtg.com.cn

重庆商社化

CHONGQING GENERAL TRADING

重庆商社化工有限公司（以下简称商社化工）是由重庆商社（集团）有限公司全额出资，具有独立法人资格的全资子公司。商社化工成立于 2004 年 1 月，注册资本 7000 万元人民币，是专业批发经营化工生产资料的大型批发企业，其前身为重庆化工原料采购供应站，经营历史近 70 年，为重庆乃至西南的经济发展做出了积极贡献。

目前商社化工主营商品有天然橡胶、合成橡胶、合成树脂、石蜡、硫磺、纯碱等数十品种。目前已初步形成以橡胶为龙头、石油化工产品、轻工化工产品为两翼的经营格局。2013 年销售橡胶 50 多万吨，公司销售总额 110 亿元，预计 2014 年销售总额将突破 120 亿元。

商社化工于 2005 年通过 ISO9001:2000 质量管理体系认证，2009 年顺利通过新版 ISO9001:2008 质量管理体系认证，公司内部采用 ERP 系统管理。

商社化工在天津、青岛、上海、深圳以及满洲里等城市和口岸设有分支经营（办事）机构。其中化工产品主要来自于中石油、中石化以及北美、北欧、中东、中亚等国的石化企业，天然橡胶则主要来自以泰国为主的东南亚各国，并与泰国联益、美莱、泰华树胶、宏曼利等大型橡胶企业建立了长期合约关系，具有较强的货源优势。

商社化工自 2004 年组建以来，面对化工批发经营变幻莫测、难以把握的市场形势，始终不移地遵循“发展才是硬道理”的原则，牢固树立解放思想、改革创新、稳重求进的观念，确立了“大化工、新化工”的企业目标，即“企业立大目标、经营寻大渠道、销售求大规模、效益要大增长”和“队伍塑新形象、观念有新变化、管理创新形式、考核立新标准”；提倡“勤奋坚韧，追求更高”的企业精神，制定了“巩固西南，北上东进、拓展境外”的中长期市场战略。2014 年公司明确提出了“搭建两个平台、建设两个基地”的中长期战略目标。

商社化工因而发展迅速，成效显著，多次被《中国化工报》、《重庆日报》、《重庆晨报》、《重庆商报》等媒体报道，获得同行和社会各界的一致认可，有较大的社会影响力和良好的信誉，

工 有 限 公 司

CHEMICAL CO., LTD.

组建以来获得多项荣誉。其中2007年获重庆市国资委"文明单位"称号，2008年度荣获重庆市工商行政管理局授予的"守合同重信用"称号，2011年获重庆市"文明单位"和重庆市国资委"五个好党委"称号，2012年获重庆市"国企贡献奖"等荣誉，并连续多年荣膺中国橡胶工业协会"诚信橡胶贸易商"称号。2013年获得海关AA类管理企业称号。

经营定位：坚持"立足西南、覆盖全国、拓展境外"的市场战略，确立行业前五，西部第一的地位。

发展目标：2014年-2016年销售年均递增达到13%，规模累计达到或超过400亿元。

发展方向：

搭建两个平台：批发业务经营平台、供应链服务贸易平台。

建设两个基地：支持批发业务经营延伸的境内外橡胶原料加工及种植基地；支撑供应链服务贸易拓展的境内港区物流基地。

产品介绍：

商社化工自组建以来，不断优化品种结构，逐渐构建以橡胶为主的品种格局．目前，在既有橡胶经营优势基础上，积极探索天然橡胶加工种植及橡胶制品的加工生产，创建企业自有品牌，进军国际市场。

橡胶品种主要有：SIR20、SMR20、SMR20CR、STR20、STR20CR、SVR3L、烟片、异戊二烯450KGS箱、异戊二烯散胶等。另经营石蜡、硫磺等化工产品。

地址：重庆市北部新区星光大道62号海王星科技大厦D座6楼

电话：023-63654150　63061989　63207592　68516788　63061997

传真：023-63865915 68511288

邮编：401121

网址：www.cqgtc.com

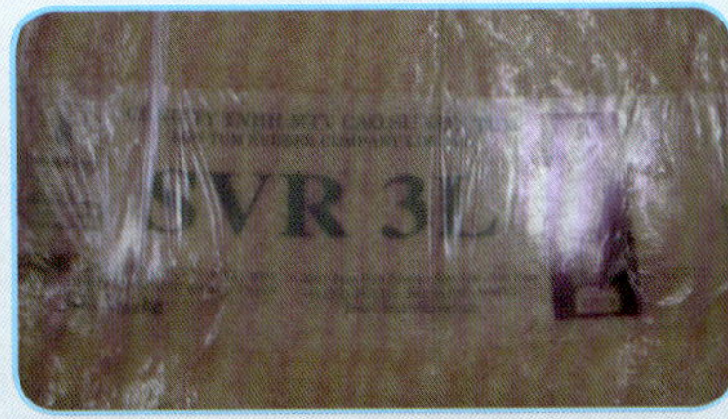

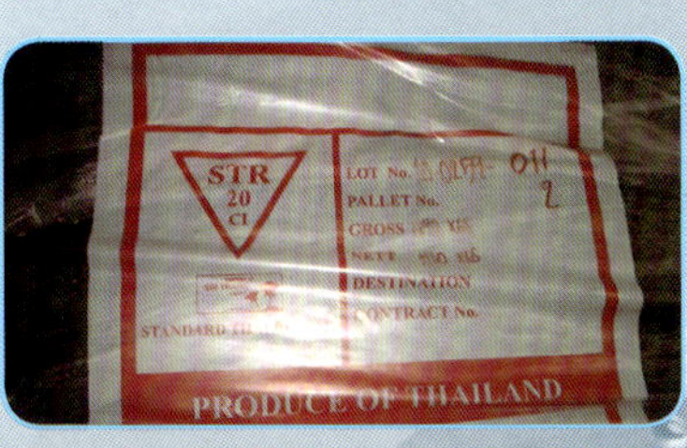

重庆中环建

领导班子

重庆中环建设有限公司成立于1953年2月3日，曾先后名为南桐土木建筑工程处、煤炭工业部第五十四工程处、四川煤矿基本建设工程公司第五工程处、四川煤矿建设第五工程处、重庆煤矿建设第五工程处，2008年1月改制更名为重庆中环建设有限公司，现驻重庆市渝北区服装城大道2号。

公司现拥有矿山工程施工总承包壹级、公路工程施工总承包壹级、市政公用工程施工总承包壹级、隧道工程专业承包壹级、水工隧洞工程专业承包壹级、房屋建筑工程施工总承包贰级、水利水电工程施工总承包贰级、桥梁工程专业承包贰级、公路工程试验检测综合丙级资质，拥有注册资金4.4亿元，年施工开发能力50亿元以上，具有60余个项目管理能力，可承担各类型矿山、公路、各类隧道、地下洞室及房屋建筑、铁路、市政、水利水电等工程的施工。公司目前市场分布在西南、西北、东北、华中、华东等地区，遍布四川、重庆、内蒙古、贵州等18个省、市、自治区。

六十年来，公司立足川渝，辐射全国，以市场为依托，主攻四大板块即公路、矿山、市政、水利水电工程，抢占三大市场即北方市场、西南市场、东部市场，践行“干一项工程、树一座丰碑、创一流品牌、塑一方信誉、拓一方市场”的施工理念，以项目开发为龙头，以项目管理为手段，奋战在竞争激烈的建筑领域，一步一个脚印、一年一个台阶，走上了发展规模化、经营多元化、管理标准化、员工知识化之路，为国家基本建设特别是能源建设作出了不可磨灭的贡献，创下了骄人业绩，书写了辉煌的篇章。祖国的大江南北留下了中环人闪光的足迹，矿山、公路、铁路、水利水电、市政、房屋等建设领域洒下了中环人辛勤的汗水，彭德怀元帅、朱镕基总理等老一辈党和国家领导曾亲临企业施工现场视察。先后承建了渝湘高速公路、渝邻高速公路、重庆绕城高速公路、四川雅泸高速公路C20标工程栗子坪4＃大桥和干海子螺旋隧道工程、酉阳钟渤快速通道工程二标、四川广陕高速公路等数十个公路工程；丰准铁路、横南铁路、内昆铁路、湘渝铁路等数十个铁路工程；重庆盖下坝水电站引水隧洞工程、四川石棉治勒水电站引水隧洞工程、杨东河水电站引水隧洞工程、四川甘洛

中环公司承建的雅泸高速工程栗子坪大桥

大庆村立交桥

广陕楼房沟特大桥

县水电站工程等数十个水利水电工程；重庆嘉华大桥北延伸段工程、重庆市轨道交通一号线12标段工程、福州市连坂污水处理厂管网工程、重庆渝中连接隧道工程、江津区省道S106线改建工程顺江至珞璜段工程、彭水项目部摩围山隧道横洞工程等数十个市政公用工程；成都海科二期厂房、四川绵阳御景名城五组团等数十个房屋建筑工程；重庆松藻煤电公司张狮坝煤矿、重庆联创煤业公司兴隆煤矿、重庆恒宇矿业公司梨园坝煤矿、贵州肥田C21煤矿工程、内蒙古高头窑煤矿工程、青海鱼卡煤矿、宁夏宋新庄煤矿等数十个煤矿工程，以及四川汶川、广元、绵阳等地灾后重建工程，兰成渝输油管道工程，三峡库区治理工程。

公司连续10年荣获“重庆重合同守信用先进单位”；2003至2011年连续9年获“重庆建筑行业先进企业”；2005至2011年连续7年获“全国优秀施工企业”；2010年跻身全国煤炭建设工程处（公司）土建产值第4强；2010年荣膺“中国建筑100强”；2006年获“重庆市文明单位”称号；2008年被命名为“重庆市模范职工之家”；2011年获得“重庆市文明单位标兵”称号；2010年获重庆市管理现代化创新成果一等奖；2011年获国家级企业管理创新成果二等奖；2010年获“重庆市五一劳动奖状”；2011年荣获“全国五一劳动奖状”。2012年获“巴渝杯”、“市政金杯”、“省级示范工地”等质量品牌和文明施工奖励。

几十年风雨历程，公司赢得了“地下铁军”美誉，铸就了“勇立潮头，敢为人先”的品质和“以人为本、求实创新、追求卓越、和谐发展”的企业精神，彰显了公司在管理能力、施工能力、技术水平等众多方面的领先优势。

冶勒水电站

袁家沟大桥

三个断面组成的大断面

中环公司承建的重庆市嘉华大桥北延伸段洪恩寺隧道

中环公司建成的渝邻高速公路石坪隧道

锐意改革 创新发展
努力开创重盐集团发展改革新局面

重盐集团召开庆祝建党 93 周年暨创先争优表彰大会

重盐集团参加全国盐业多种经营座谈会展场

重庆市盐业（集团）有限公司是重庆市人民政府批准设立的加碘食盐专营经济实体，为重庆市属国有重点骨干企业，与重庆市盐务管理局合署办公、职能分开。2006 年 6 月，经重庆市委、市政府、研究决定，将原重庆市盐业总公司划转给重庆化医控股（集团）公司，2008 年 12 月企业改制为重庆市盐业（集团）有限公司。目前，重盐集团下辖 33 个盐业分公司及 18 个全资、控股子公司，现有员工 3124 人，企业注册资本 47,745 万元。

近年来，重盐集团以保障合格碘盐供应、消除碘缺乏病危害为己任，积极应对国家盐业体制改革，确立了“重庆不可替代，国内不可忽视”的企业发展愿景，大力弘扬“感恩奉献、诚信尽责、创新进取”的核心价值理念，全面推行“连锁网络＋卓越服务”商业模式再造，倾力打造“现代商贸流通、制盐、食品调料”三大产业板块，企业面貌焕然一新，市场竞争能力和整体经济实力显著增强。2011 年重庆市各区县均通过了国家考核验收，重盐集团为实现全市消除碘缺乏病目标做出了卓越贡献。2013 年，集团实现营业收入 38.40 亿元，同比上升 15.7%；利税 1.68 亿元，同比上升 7.75%；资产总额 42.99 亿元，同比增长 11.5%；净资产 12.41 亿元，同比增长 5.3%。

重盐集团社区公益行

重盐集团举办 2013 年“晶心杯”乒乓球赛

食盐配送装运现场

现代化的配送公司

重盐集团先后荣获“全国文明单位”、“全国五一劳动奖状”、“全国模范职工之家”、“全国盐行业改革发展标兵”、“中国服务业企业 500 强”、“中国服务业科技创新企业”、“中国轻工业制盐行业十强”、“重庆企业 100 强”、“重庆市级文明单位标兵”和“重庆国企贡献奖”等多项荣誉称号，并被国家工信部确定为“中国工业企业品牌培育试点企业”。重盐集团《食盐专营企业转向市场化的商业模式再造》荣获第十九届全国企业管理现代化创新成果二等奖。

重盐集团新办公楼效果图

重盐集团《食盐专营企业转向市场化的商业模式再造》荣获第十九届全国企业管理现代化创新成果二等奖

县水电站工程等数十个水利水电工程；重庆嘉华大桥北延伸段工程、重庆市轨道交通一号线12标段工程、福州市连坂污水处理厂管网工程、重庆渝中连接隧道工程、江津区省道S106线改建工程顺江至珞璜段工程、彭水项目部摩围山隧道横洞工程等数十个市政公用工程；成都海科二期厂房、四川绵阳御景名城五组团等数十个房屋建筑工程；重庆松藻煤电公司张狮坝煤矿、重庆联创煤业公司兴隆煤矿、重庆恒宇矿业公司梨园坝煤矿、贵州肥田C21煤矿工程、内蒙古高头窑煤矿工程、青海鱼卡煤矿、宁夏宋新庄煤矿等数十个煤矿工程，以及四川汶川、广元、绵阳等地灾后重建工程，兰成渝输油管道工程，三峡库区治理工程。

公司连续10年荣获“重庆重合同守信用先进单位”；2003至2011年连续9年获“重庆建筑行业先进企业”；2005至2011年连续7年获“全国优秀施工企业”；2010年跻身全国煤炭建设工程处（公司）土建产值第4强；2010年荣膺“中国建筑100强”；2006年获“重庆市文明单位”称号；2008年被命名为“重庆市模范职工之家”；2011年获得“重庆市文明单位标兵”称号；2010年获重庆市管理现代化创新成果一等奖；2011年获国家级企业管理创新成果二等奖；2010年获“重庆市五一劳动奖状”；2011年荣获“全国五一劳动奖状”。2012年获“巴渝杯”、“市政金杯”、“省级示范工地”等质量品牌和文明施工奖励。

几十年风雨历程，公司赢得了“地下铁军”美誉，铸就了“勇立潮头，敢为人先”的品质和“以人为本、求实创新、追求卓越、和谐发展”的企业精神，彰显了公司在管理能力、施工能力、技术水平等众多方面的领先优势。

冶勒水电站

袁家沟大桥

三个断面组成的大断面

中环公司承建的重庆市嘉华大桥北延伸段洪恩寺隧道

中环公司建成的渝邻高速公路石坪隧道

股票代码：600369
客服热线：4008096096
官方网站：www.swsc.com.cn

公司简介
Company Profile

西南证券成立于1999年，是在原重庆国际信托投资有限公司证券部、原重庆市证券公司、原重庆有价证券公司和原重庆证券登记有限责任公司的基础上，联合其他股东共同发起设立的证券公司。目前公司注册资本28.23亿元人民币，是唯一一家注册地在重庆的全国综合性证券公司，也是中国第九家上市证券公司和重庆第一家上市金融机构。公司现有员工逾2000名，在全国27个省份获批设立109家证券营业部，拥有17个投行业务部门。公司经营范围包括证券经纪，证券投资咨询，与证券交易、证券投资活动有关的财务顾问，证券承销与保荐，证券自营，证券资产管理，融资融券，证券投资基金代销，代销金融产品，为期货公司提供中间介绍业务。

近年来，西南证券坚持走改革创新、综合经营和市场化发展道路，先后完成改革重组、借壳上市、增发融资、收购兼并等战略性举措，有效激发了内生动力和外生动力，核心竞争力和综合实力显著提高，取得了发展质量和发展效益的“双丰收”，并在2014年证券公司分类评价中获评A类AA级，呈现出跨越式发展的良好态势。公司拥有西证股权投资有限公司、西证创新投资有限公司、西证国际投资有限公司、西南期货有限公司等四家全资子公司，可从事直接股权投资业务、另类投资业务、跨境业务、商品期货和金融期货经纪等业务；拥有重庆股份转让中心有限责任公司53%的股权，是全国首家控股地方股权交易中心的券商；拥有全国排名前十的银华基金管理有限公司49%的股权，为其第一大股东；公司形成了券商“全牌照”经营的格局，能为各类客户提供券商的所有服务。

2013年

西南证券全年实现营业收入20亿元，同比增长55%；净利润6亿元，同比增长86%；资产总额300亿元，净资产109亿元，净资本61亿元。

2014年上半年

西南证券继续保持高速增长的发展态势，上半年实现营业收入15.06亿元，同比增长94.73%；净利润5.48亿元，同比增长77.65%；截至2014年6月30日，净资产156.69亿元，同比增长43.44%，资本实力接近行业前十。

展望未来，西南证券将立足重庆、布局全国、走向海外，坚定不移地走改革创新、综合经营和市场化发展的道路，全力做优做强各项业务，全面推进国内外合作，立志成为重庆和中国西部金融企业的标杆，推进资本市场和实体经济的发展，打造一家植根西部、实力雄厚、功能齐全、服务优质的现代金融企业。

主要业务介绍

The Main Business Introduction

投资银行业务

经过十几年的深厚沉淀和丰富的项目工作经验，西南证券投资银行业务保持着国内一流的水平，成为了西南证券在市场竞争中的一块金字招牌，并形成了涵盖股权融资业务、债券融资业务、并购财务顾问业务、创新业务等内容的大投行一体化运作体系，以个性化、多样化、一站式的专业服务满足各行业、各类型、各发展阶段客户的投融资需求。

资产管理业务

西南证券资产管理业务围绕服务客户需求和服务实体经济，提供个性化的集合资产管理、定向资产管理、股权动态管理、投资顾问等专属服务，建立了包含股票投资、债券投资、量化套利等不同风险收益类别的丰富产品线，成功构建大资产管理业务平台。

证券经纪业务

西南证券经纪业务主要为客户代理深沪A股、B股、基金和债券等所有合法交易品种的买卖服务，在重庆地区始终保持营业网点最多、交易量最大的龙头地位。公司积极开展业务创新，探索经纪业务区域总部的管理模式，通过科学管理和市场化的激励，整体活力有效提升，信用交易、机构业务、财富管理等中间业务发展势头良好。

证券自营业务

西南证券的证券自营业务，通过提高投资能力，优化传统方向性投资、量化投资和固定收益投资业务的资金配置，平滑市场波动风险，确保实现安全稳健的收益。2012年新设量化投资业务，秉承自主开发的优良传统，形成自有程序化交易平台，以保证公司能快速实施新量化策略，通过股指期货、利率互换及报价回购等衍生工具，始终活跃在市场前列，并实现了较好收益。

SOUTHWEST SECURITIES

锐意改革 创新发展
努力开创重盐集团发展改革新局面

重盐集团召开庆祝建党 93 周年暨创先争优表彰大会

重盐集团参加全国盐业多种经营座谈会展场

重庆市盐业（集团）有限公司是重庆市人民政府批准设立的加碘食盐专营经济实体，为重庆市属国有重点骨干企业，与重庆市盐务管理局合署办公、职能分开。2006 年 6 月，经重庆市委、市政府、研究决定，将原重庆市盐业总公司划转给重庆化医控股（集团）公司，2008 年 12 月企业改制为重庆市盐业（集团）有限公司。目前，重盐集团下辖 33 个盐业分公司及 18 个全资、控股子公司，现有员工 3124 人，企业注册资本 47,745 万元。

近年来，重盐集团以保障合格碘盐供应、消除碘缺乏病危害为己任，积极应对国家盐业体制改革，确立了“重庆不可替代，国内不可忽视”的企业发展愿景，大力弘扬“感恩奉献、诚信尽责、创新进取”的核心价值理念，全面推行“连锁网络 + 卓越服务”商业模式再造，倾力打造“现代商贸流通、制盐、食品调料”三大产业板块，企业面貌焕然一新，市场竞争能力和整体经济实力显著增强。2011 年重庆市各区县均通过了国家考核验收，重盐集团为实现全市消除碘缺乏病目标做出了卓越贡献。2013 年，集团实现营业收入 38.40 亿元，同比上升 15.7%；利税 1.68 亿元，同比上升 7.75%；资产总额 42.99 亿元，同比增长 11.5%；净资产 12.41 亿元，同比增长 5.3%。

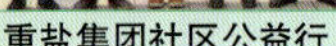
重盐集团社区公益行

重盐集团举办 2013 年“晶心杯”乒乓球赛

食盐配送装运现场

现代化的配送公司

重盐集团先后荣获“全国文明单位”、“全国五一劳动奖状”、“全国模范职工之家”、“全国盐行业改革发展标兵”、“中国服务业企业 500 强”、“中国服务业科技创新企业”、“中国轻工业制盐行业十强”、“重庆企业 100 强”、“重庆市级文明单位标兵”和“重庆国企贡献奖”等多项荣誉称号，并被国家工信部确定为“中国工业企业品牌培育试点企业”。重盐集团《食盐专营企业转向市场化的商业模式再造》荣获第十九届全国企业管理现代化创新成果二等奖。

重盐集团新办公楼效果图

国家级
企业管理现代化创新成果
第十九届
成果名称：食盐专营企业基于市场化的商业模式创新
等级：二等
创造单位：重庆市盐业（集团）有限公司

重盐集团《食盐专营企业转向市场化的商业模式再造》荣获第十九届全国企业管理现代化创新成果二等奖

重庆建工集团房地产开发有限公司

重庆建工集团房地产开发有限公司成立于2003年，是隶属于重庆建工投资控股有限责任公司旗下的独立法人单位，历经十余年的发展之路，成长为一家追求卓越、专注品质和民生的国有房地产公司，并在2004年作为重庆房地产业界首家通过了质量、环境、职业健康“三位一体”体系认证。公司具有房地产开发一级资质，注册资金壹亿陆仟万，业务领域涉及地产开发、商业运营、一级土地整治和物业服务四大版块。

公司机构健全，设立了董事会、监事会、党总支委员会、工会委员会、职工代表大会等机构，下设7家分（子）公司及项目部，拥有员工300余名，其中具有研究生、本专科学历人员200余人，更有国家一级注册建造师、高级工程师、高级会计师等各类高级专业人材近20名。

历经十余年的潜心发展，公司累计完成开发体量近200万方， 物业形态涵盖：高层、小高层、花园洋房、别墅等。开发的项目遍布主城区及周边二级市场，2012年成功地将开发足迹踏上了海南，2013年在建及拟建的“李子湖畔项目”、“丰都农产品批发市场”、“金州苑项目”、海南儋州“重庆城”项目，单年开发体量已突破190万方。

公司先后三届荣获“重庆市50佳房地产交易诚信企业”、“重庆市房地产开发企业50强”。还获得了“重庆地产名企”、“重庆市建筑节能示范工程”、“重庆市企业文化建设先进单位”等多项殊荣，

金　州　苑

沿街透视

主入口

圆广场

公司开发的楼盘先后荣获“十佳住宅小区”、“十佳园林式小区”等荣誉，随着企业形象的不断提升，逐步铸就了“建工地产”的企业品牌。

未来的建工地产将凭借准确的战略规划、优秀的管理能力、专业的市场运作和不断深化的品牌影响力，继续为实现重庆一流、中国西部最具竞争力的国有房地产开发企业的发展愿景而不懈努力。

鸟瞰图

万州经济技术开发区

【概　况】万州经济技术开发区（以下简称“万州经开区”）前身为万州工业园区，于2010年经国务院批准升格为国家级开发区，总体规划面积58.56平方公里，按照高峰园、天子园、五桥园、盐化园、新田园“一区五园”的格局开发建设。至2013年底，建成区面积12平方公里，入驻企业179家（规模以上企业50家），初步形成能源建材、特色化工、机械电子、纺织服装、食品药品五大特色产业集群。

【经济发展】2013年，万州经开区新增规模以上工业企业11户，新增就业1万人。完成规上工业产值405.46亿元，同比增长16.89%。实现工业企业利润18.34亿元，同比增长47.54%；完成固定资产投资80.34亿元，同比增长24%，其中产业投资50.12亿元；实现进出口总额2.07亿美元；完成全口径财政收入15.67亿元，同比增长13.4%，其中地方财政收入12.88亿元，同比增长24.1%。

【资金融通】2013年，万州经开区累计争取三峡后续、中央财政贴息、保障性住房补助、对口支援等各类政策性资金3.84亿元。所属重庆三峡产业投资有限公司成功发行企业债券10亿元，正在推进二期企业债券申报工作；重庆万林投资发展有限公司注册发行私募中票，已取得交易商协会特别会员资格。不断优化资金结构，债务风险安全可控，债务资金成本由年初的7.44%下降到7%。

【招商引资】2013年，万州经开区新签约项目50个，协议投资总额164.2亿元。其中，科创万州医药产业园、东方医药产业园、迪鹿特种车改装、渝东表面处理中心、北京朗途融通落地式电子商务5个项目协议投资额在10亿元以上。华歌生物年产5万吨毒死蜱中间体项目一期、施耐德电气西部智能终端生产基地、明邦建材100万立方米新型建筑材料等13个项目竣工投产；科创万州医药产业园、长江三峡流域生态经济产业林油一体化、红太阳三药中间体等30多个项目开工建设；神华神东万州港电、西部纺织城、中船重工万州船舶工业园、康师傅矿物质水及相关包装材料生产基地等8个重点产业在建项目加快推进；正在跟踪洽谈近100个项目。

【征地拆迁】2013年，万州经开区土地储备中心获批进入国土资源部土地储备机构名录，顺利通过了国土资源部“低丘缓坡”试点中期评估。全年新取得征地批复6平方公里，完成供地2.8平方公里；新启动神华大件码头等项目征地补偿3.33平方公里，累计启动拆迁补偿25.33平方公里，涉及8个镇街29个村8587户31000人。全年安置销号1000户4000人，拆除房屋750栋，累计安置销号8301户30062人、拆除房屋7655栋，拆迁进度超过95%，较好地保证了项目用地需求。

2013年6月16日，长江三峡生态林油一体化项目开工仪式

【规划建设】2013年，万州经开区完成新田园控规规划方案，实现了各片区控规全覆盖。实施基础设施建设项目74个，其中竣工15个、续建7个、新开工31个、储备21个，总投资77亿元，当年完成投资17.2亿元，总体按序时进度推进。全年推进还房建设161万平方米，其中60万平方米完成主体工程。全年竣工标准厂房2.4万平方米，开工建设高峰标准厂房6.3万平方米；有序推进保障性住房建设45万平方米，基本建成15万平方米；有序推进35公里道路桥梁建设，其中经开大道、上海大道延伸段实现初通，玉城大道完成桥梁主体工程，百安大道延伸段、经开大道C段连接道、鄂楚进场道路开工建设。全年完成场平工程约2平方公里，高峰、玉城等片区高压铁塔和管网正加快搬迁，其中科创园110KV及玉城35KV高压线已完成迁建，一批环保和其他配套基础设施建设项目推进顺利。

【安全稳定】2013年，万州经开区按照“党政同责”“一岗双责”“属地管理”原则，认真落实综合监管、行业主管、企业主体责任，立足“大事不出，小事少出”，加大对重点行业、重点部位、重点环节、重要

万州经开区石梁还房A区

岗位和重大危险源的执法检查力度，全年开展专项检查59次、联合执法23次，下达执法文书35份，整改隐患1592项、落实整改资金2700万元，整改率97.4%，未发生较大及以上生产安全事故。有效处理信访挂牌案件，实现了信访总量、重复上访、到区集访“三个下降”，到市集访、到市进京非访“两个零”目标，保持了和谐稳定的开发建设氛围。经开区治安支队正式成立，消防特勤中队装备设施不断完善，中心检察室运行有序，安全稳定处置能力得到较好提升。

【生态环保】 2013年，万州经开区加快完善环保基础设施，五桥园污水收集管网系统工程、高峰污水处理厂等7个环保基础设施项目有序推进。靠前服务入驻企业，积极争取环保专项资金，全年完成科创医药园、东方医药园、超逸沥青等35个项目的环保申报预审工作。联合区环保局、重庆华歌生物化学有限公司承办了2013年次生突发环境事件应急演练。强化日常监管，积极开展沿江企业环境管理情况调查、生产化学品环境情况调查、环境安全大排查大整治大执法大督查等专项行动，全年现场巡查企业212家，出动人员448人次，排查隐患17处，整改17处，整改率达100%，无较大及以上环境污染事故发生。

【制度建设】 2013年，万州经开区狠抓制度建设，制定了《党工委、管委会工作规则》一级制度1个，制定、修订和沿用《财政性资金支出审批暂行办法》《土地储备资金财务管理办法》《中介机构备选库管理暂行办法》等二级制度38个、各部门各单位内部三级制度110个，建立健全了一二三级制度体系。同时，坚持制度面前没有特权、制度约束没有例外，要求干部职工认真学习、严格执行、自觉维护，做到用制度管权管事管人。

【思想建设】 2013年，万州经开区认真学习党的十八大、十八届三中全会、习近平总书记系列重要讲话精神，教育引导全体干部在思想上政治上行动上与中央、市委、区委保持高度一致，切实增强中国特色社会主义道路自信、理论自信、制度自信。深入贯彻市委四届三次、四次全会以及区委四届四次、五次全会精神，制定出台万州经开区全面贯彻落实全市功能区域划分的实施意见和招商引资、规划建设、生态文明三个方面的专项实施意见“1+3”文件，进一步明确了万州经开区在生态涵养发展中点上开发的目标、原则、重点和路径。

【作风建设】 2013年，万州经开区严格执行中央、市委、区委关于“改进工作作风、密切联系群众”的各项规定，狠刹形式主义、官僚主义、享乐主义、奢靡之风“四风”，作风建设取得明显成效。切实加强党风廉政建设，坚持预防为主、标本兼治，着力营造风清气正、廉洁干净的良好环境。2013年，“三公”经费支出同比下降28%，各类文件、简报同比下降20%，各类会议同比减少18%。

【队伍建设】 2013年，万州经开区着力控总量、优结构、强素质、严管理，对重庆三峡产业投资有限公司、重庆万林投资发展有限公司、重庆市玉罗实业有限公司3家直属公司230名招聘人员进行了测评和考核，解聘29名，聘用人员结构和素质进一步优化；会同区委组织部对抽借调干部进行到期轮换，抽调79名优秀干部到经开区帮助工作，较好地丰富了经开区人力资源；不断规范内部管理，党的建设、主题活动、对外宣传、提案议案等工作有序开展，严格执行党政机关、事业单位津补贴发放规定，保持了经开区干部队伍在思想、工作和运行上的稳定，凝聚力、向心力不断增强。同时，3家直属公司切实履行开发建设、服务企业、资金融通、保障运行等职能职责，内部管理不断规范，服务能力得到增强，运行效益有效提升。

玉城大桥

万州经开区光电园

神华神东万州港电项目建设现场

重庆市万州

重庆市万州江南新区

一、经济发展稳中提质

2013年，实现地区生产总值340181万元，同比增长13%；完成全社会固定资产投资580078万元，同比增长3.5%；实现社会消费品零售总额46500万元，同比增长21.1%。完成全口径财政收入212753万元，同比增长33.5%。完成地方财政收入200695万元，同比增长34.3%，其中公共财政预算收入完成43739万元，同比增长19.1%。

二、开发建设加快加速

（1）房屋建设推进有序。新开工房屋面积82.22万平方米，在建172.8万平方米，完工55.95万平方米。公安局110指挥中心、区地税局、区气象大楼等主体完工，区邮政、江南消防站、江南中学2号教学楼、盘龙小学教学楼等序时实施，三峡文化艺术中心、三峡文化创意产业园、江南CBD等“三个一批”重点项目加快推进。（2）市政设施完善配套。新开工南滨大道下段一标、长江二桥南桥头北匝道、南山立交等道路1.88

三峡中心医院江南分院

城市一角

城市立

滨江公园

江南新区

公里，完工长江三桥南连接道（中部路 E）、连一路、陈五路 D 等道路 3.478 公里，同步配套完成雨水、污水管网各 3.318 公里；架设安装新建道路路灯 382 盏，新区市政设施配套进一步完善。（3）绿化工程提质升级。完成南滨大道上段景观、新区上部路 C 段立面绿化工程；南山公园初具形象，洄澜塔段对外开放，完成景观绿化 14.06 万平方米。

三、民生改善富有成效

（1）教育事业发展加快。落实教育资金 6000 余万元；江南中学首届高考文、理科重本上线位居万州前三名；江南中学 2 号教学楼、盘龙小学主体工程全面启动建设。（2）卫生事业再上台阶。陈家坝街道社区卫生服务中心上档升级，病症控制、计划免疫等工作获得万州区卫生系统一等奖。三峡妇女儿童医院（重庆三峡中心医院江南分院）开诊。（3）统建还房推进有力。全年投资 3.5 亿元，开工统建还房 25.73 万平方米，完工 2.98 万平方米。实现还房分配 198 套。（4）惠民实事有力有效。累计投资 1900 万元，建成大石农贸市场。实施大石还房、机场路农房屋顶灾后复建 10361 平方米。完成人头石、大石还房小区道路沥青铺设 16000 平方米。

江南中学

小区一隅

万州区水利局

为生态涵养区发展提供水利支撑

除险加固后的五桥土坝水库

技改后的龙驹集镇供水厂全貌

万州区水利局作为区政府的职能部门之一，履行万州水利建设和行业管理职责，局机关内设科室14个，下属事业单位共19个，局机关在职人员总计134人。

近年来，万州区水利局以开展群众路线教育实践活动为契机，大力推进水利建设发展，先后建成三角凼和大滩口两座中型水库，完成去冬今春878口山坪塘整治任务，解决9.44万人农村饮水安全问题，

整治后的孙家镇林区山坪塘

（高峰镇）农村安全饮水工程

大滩口水库外景

普里河余家段堤防治理

普里河弹子段堤防治理

年均综合治理水土流失面积 15 平方公里，全力推进镇乡供排水工程建设及运行管理，累计完成 109 座病险水库除险加固，对普里河、弹子河、苎溪河等河流的重点河段实施综合治理，对集中式饮用水源地实施生态生态保护工程，实行最严格水资源管理制度，落实防汛抗旱目标责任，完成移民后扶、河道管理、水政执法等工作。

万州水利人立足区情、水情，以“民生水利、生态水利、安全水利”为导向，以水利建设发展为重点，竭诚为万州建成重庆第二大城市、三峡库区经济中心提供水利支撑，为加快渝东北生态涵养区发展提供水利保障。

2014 年市区（县）、军地山洪灾害应急演练

除险加固后的龙沙榨油洞水库

整治后的龙沙镇山坪塘

坡耕地治理后的孙家镇孙亭河小流域项目区全貌

新田水库右干渠

重庆市万州

市委常委、区委书记徐海荣慰问养老院休养老人

2013 年，万州区民政局深入贯彻党的十八届三中全会，市委四届三次四次、区委四届四次五次全会精神，按照“强基础、创特色、争一流”的工作思路，坚持重点突破与整体推进相结合，坚持树政风与正行风相结合，取得了较好的成绩。我局被评为第三批全国殡葬改革示范单位，获得了刘强副市长的亲笔批示并要求在全市交流推广万州经验。荣获 2013 年全市民政工作综合评估优秀奖，获得了海荣书记、文农区长、登平主任及德成主席的亲笔批示和高度肯定。在全市 2013 年度民政目标综合考核中，市局领导对我区民政工作给予了亮点多、投入多、创新多、群众评价满意多、全市领先多的“五多”高度评价。未成年人社会保护试点工作获全市民政工作创新奖，并被民政部确定为全国 20 个未成年人社会保护试点工作地区之一。推动高笋塘街道乌龙池、钟鼓楼街道八角井、百安坝街道尖峰岭等 4 个社区成功申报为“重庆市建设和谐社区工作示范单位”。推动九池乡桐花、铁峰乡桐元、长岭镇板桥等 4 个村获市级村务公开民主管理示范村称号。推动长岭镇龙立村成功创建“国家级综合减灾示范社区”。2013 年，我局作为全区民主评议政风行风的重点部门之一，在区政府纠风室组织的电话网络测评、服务对象测评、大会测评中均获得 100% 的满意率，综合评定名列全区前茅。

【救灾救济】扎实开展以“识别灾害风险，掌握减灾技能”为主题的“防灾减灾”宣传活动，发放各类宣传资料 90000 余份，开展受灾群众集中安置应急救助演练次。集中培训合格 208 名基层灾情信息员。及时启动区级自然灾害应急响应 2 次，紧急转移安置人口 1011 人。圆满完成 866 户灾民倒房重建工作。创建国家级“综合减灾示范社区”1 个、区级“综合减灾示范社区”3 个。下拨救灾资金 1644.34 万元、发放救灾棉被 6741 床、棉衣 1613 件，全区 55 万灾民得到及时救助。

区委副书记、区长白文农走访慰问民政服务对象

【城乡低保】规范城乡低保管理，着力打造程序规范、公平公正的“阳光低保”，在全市率先试行建立低保家庭收入核查授权机制，群众认可程度大幅提高；制定“两锁定一承担”管理办法，建立了基层做好低保工作的长效机制。2013 年全区城乡低保对象 75546 人，累计发放 23273.2 万元。其中，城市低保 54610 人，占非农业人口的 7.1%，发放资金 19404.8 万元。农村低保 20936 人，占农业人口的 2.0%，发放资金 3868.4 万元。

【医疗救助】实行城乡统一标准的医疗救助“一站式”结算方式。全年共实施医疗救助 26.18 万人次 4831.88 万元。其中：资助参合 13.68 万人 705.44 万元，门诊医疗救助 8.71 万人次 544.58 万元，住院医疗救助 3.79 万人次 3581.86 万元。

万州区社会组织促进会成立大会

【流浪乞讨救助管理工作】在全市率先开展“接流浪孩子回家”、“技能培训镇乡行”活动，与各镇乡街道签订了“预防儿童流浪共建协议”，为流浪未成年人提供临时监护、生活照料、特殊教育、法制宣传、社工帮扶、心理辅导、技能培训、护送返乡、回归安置等全方位服务。2013 年共接待求助人员 4456 人（次），对符合救助条件的 4400 人（次）给予了救助。其中男性 3646 人（次）、女性 936 人（次）、未成年人 220 人（次），帮助 17 名流浪未成年人重返校园，33 人参加职业培训。万州区被民政部确定为全国 20 个未成年人社会保护试点工作地区之一，未成年人社会保护试点工作获全市民政工作创新奖。

【社会福利事业】全区现有敬老院 36 所，床位 2873 张，农村五保集中供养能力达到 45%，床位利用率达到 80%。城镇社会福利机构 22 个，床位数 4226 张，入住休养人员 2882 人。2013 年新建万州区天恩老年公寓，增加床位 70 张；扩建万州区望柱老年公寓，新增床位 70 张。扩建万州区沙河怡老院，新增床位 108 张；新建社区养老服务中心（站）10 个，农村互助养老幸福院 30 个，申报市级示范养老服务中心（站）4 个。

2013 年，全区有农村五保对象 1953 人。全年发放五保供养金 642.84 万元，节日慰问金 46.8 万元。为全区 7655 名城镇三无人员发放生活补贴 3778.5 万元，为 314 名孤儿累计发放基本生活费 302.1 万元、为 281 名事实无人抚养困境儿童发放生活补贴 192.7 万元。开展了困境儿童普查工作，对儿童福利基本信息进行常态化管理。

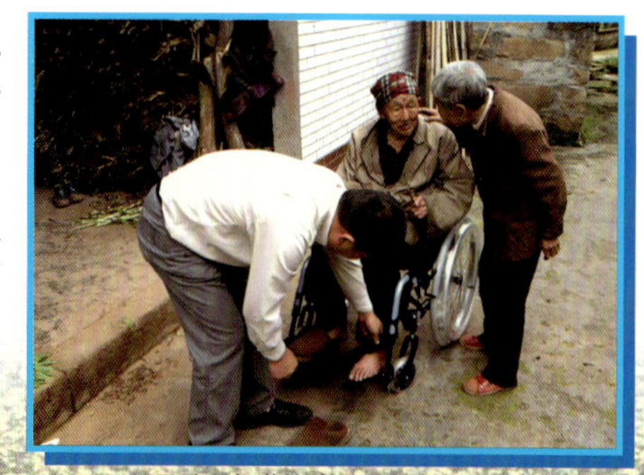
民政干部送轮椅到困难群众家中

【基层政权和社区建设】2013 年投入 300 多万元，新建 14 个社区服务站，落实开发建设单位无偿为社区提供社区服务用房 2763 平方米、居民公益性服务设施 50000 平方米。在全市率先完成《万州区 2013 年—2015 年社区建设规划》。被重庆市民政局表彰市级村务公开民主管理示范村 4 个，市级民主法治示范村 7 个，市级民主法治示范社区 5 个，市级设和谐社区工作示范社区”4 个。全区第九届村（居）民委员会换届选举工作顺利推进，除双河口街道檬子村因经开区征地拆迁延期换届选举外，其余 447 个村、187 个社区依法选举产生新一届村（居）委会成员 3195 名，成功率达 98% 以上。

区 民 政 局

2013 年福彩助学金发放现场

【双拥工作】建立了"议军联席会、半年沟通会、一对一帮扶、季度军地互访"四项机制。2013年全区累计投入资金3000余万元，帮助驻万部队改善基础设施5项，培训各类人才1000多名，援建军营图书室6个，捐赠图书5000多册，解决重点难点问题20多个。在万州主流媒体《三峡都市报》开办了"推动军民融合发展开创双拥工作新局面"专版，《三峡库区的铁军风采》一文被《中国双拥》纪念延安双拥运动70周年全国征文专辑刊登。以库里申科烈士墓为载体，大力开展爱国主义和国防主义教育。翻印《库里申科传》、《万州英烈集》20000册，巩固了全国双拥模范城成果。

【优抚工作】出台了《万州区优抚资金管理办法》，加强资金监管。发放重点优抚对象抚恤补助7000余万元、优抚医疗补助712.3万元，兑现义务兵家庭优待金949.6万元；出台了《万州区优抚医疗巡诊实施办法》，开展医疗巡诊2500人次300万元，免费建立个人健康档案1355份，免费装配假肢、助听器等辅助器械120人次；推进区财政、建委、扶贫办、区残联及各镇乡资金整合，投入1100万元解决了446名重点优抚对象住房困难。

【退役士兵安置】完成了全区660名退役士兵的接收工作，接收部队移交地方的因病退休军人1名，接受安置率达100%。退役士兵个人信息全部录入到全市退役士兵信息管理数据库。帮扶34名退役士兵创办微型企业。大力宣传退役士兵参加免费中、短期职业技能培训，组织动员90名退役士兵报名参加了重庆市定点培训。同时，争取区委、区政府支持提供了35个企事业单位就业岗位进行公开考录安置。鼓励退役士兵自谋职业，进一步落实对符合政策安置的"四类人员"放弃安排工作，区财政一次性奖励8万元自谋职业基本金，从服役第3年起，每超过1年再奖励4500元。

2013 年社会救助活动宣传启动仪式

【民间组织管理】2013年，全区经民政部门登记的社会组织共599个，其中新登记社会组织81个。登记合格率为100%。为449个社会组织进行了"一站式"集中年检，参检率达85%。对于两年以上不参加年检单位，开展了催检，并启动撤销登记行政处罚。全年撤销社会组织22个。在全市率先成立"社会组织促进会"。积极稳妥推进公益慈善类、社区服务类、福利服务类、科技类等社会组织试行直接登记。建立社会组织评估委员会、复核委员会和由业务主管单位、专家学者及第三方组织组成的专家库的"两会一库"评估制度。区煤炭行业协会被评为我区第一个5A级社会组织，区慈善会被评为我区第一个3A级社会组织。

【行政区划地名管理】积极开展了楼盘命名前置管理模式的探索，2013年完成了11个小区楼盘的命名工作，预审通过楼盘名25个，驳回不规范楼盘命名19个。更新安装城乡路牌800块，完成《中华人民共和国政区大典·重庆卷》万州分卷的编纂和《重庆市行政区划图》，完成新版《重庆市万州区行政区划图》的印制。牵头完成了鄂渝线万州利川段、万州石柱线共计158.1公里界线的联检工作。

万州优抚医院医疗组开展优抚医疗巡诊活动

【婚姻收养登记】严格按国家3A级婚姻登记机关标准对各项软件设施进行完善，全年共办理结婚登记9808对，离婚3994对，补结（离）9565对，出具无婚姻登记记录11197份，收养登记22件，婚姻和收养登记合格率为100%。全年有效投诉实现"零"目标，无行政复议案件。

【殡葬管理】2013年全区火化率巩固在65%以上，火化区36个街道镇乡火化率保持100%，火化遗体7269具。无以罚代化现象及违规强行起尸行为发生。规范区殡仪馆、五桥和千福塔治丧服务中心的运营管理，完善3个治丧服务中心基础设施，推动区城乡建委对主城片区、周家坝片区、北山片区、双河口片区、江南新区等片区治丧服务中心的规划选址。减免困难群众基本殡葬服务费262.3万元；对现有5个经营性公墓实行公益改造，一期建成公益园16.6亩，提供墓位近4000个。建成农村公益性公墓2个，村级集中安葬点4个，有效平抑了墓位市场价格，各公墓为400例困难群众减免安葬费用100多万元。

【福利彩票】2013年完成福利彩票销量8769.42万元，其中电脑福利彩票销量7822.42万元。进一步加大了对部分站点的基础建设改造力度，落实两名人员负责福彩发行工作，同时以自愿申报的原则，对销售区域内部分电脑票销售柜和刮刮乐销售柜进行了更换，站点主要销售区域的形象得到很大提升。

【老龄工作】2013年全区老年人协会667个，其中村级老年人协会413个，覆盖91%的行政村。老年学校在校学员1.9万人次。举办新《老年法》学习培训班3期，发放宣传资料5000余册。以"老协维权岗"为载体，组织青年志愿者和助老小分队200多个，帮扶空巢老年人近3000人次，调解邻里纠纷、赡养纠纷760多起。为3400余名90岁及以上高龄老人发放长寿补贴金450万元。

（万州区民政局 严存慧 谭琴）

组织流浪未成年人健身运动

万州区国税局

万州区区长李中武来区国税局慰问

［概况］ 2013 年，万州区国家税务局设有 6 个税务分局、9 个税务所、1 个办税服务厅、1 个直属单位、10 个科室、2 个事业单位；共有干部职工 567 人，其中在职干部 396 人，离退休干部 171 人。全区国税系统负责征管和服务的纳税人 30964 户，其中，一般纳税人 2632 户，小规模纳税人 27631 户，年纳税 1000 万元以上企业 28 户、1 亿元以上企业 1 户。税源主要集中在银行业、建材、设备制造、电气机械等行业。

［国税收入］ 2013 年，全区国税收入 191251 万元，（不含海关代征增值税 1120 万元），同比增长 5.32%，增收 9663 万元。全年无新增欠税。全市比较，税收收入总量排 13 位，在 6 个区域性中心城市中总量排第 3 位，在渝东北片区中占税收收入总量的 37.26%。年纳税 1000 万元以上企业累计入库税收 99459 万元，占国税收入的 52%。

当年国税收入主要呈现以下特点：一是税收低速低长，部分指标排位下滑。全区国税收入同比增速 5.3%，慢全市增速 10.7 个百分点。消费税、企业所得税增幅排名下滑较大。二是增值税月均入库数低位徘徊。作为国税第一大税种、反映经济运行情况的重要参考指标之一，增值税收入低位徘徊，客观反映了经济税源的现状。三是第三产业领先第二产业，银行业贡献突出。二产业入库税收 77728 万元，三产业入库税收 114611 万元。四是重点行业整体趋势继续下行，面上增收，点上减收，减收点影响重大。五是重点企业户数、额度及排位变化起伏大。六是非重点税源保持持续稳定上升趋势。2013 年，非重点税源增收 4340 万元，在一定程度上弥补了重点税源增长不足而缩短收入缺口。

［服务经济社会发展］ 一是落实结构性减税政策，加大税收扶持力度助力企业发展。全年共计减免各项税金 15455 万元，同比增长 1576 万元，增长 11.34%，办理出口退（免）税 7201 万元。

二是加大税收违法查处力度，打造公平税收环境。积极与多个职能部门协调配合，加强重点行业监管，以点带面，切实开展打击税收违法犯罪活动。有力打击和震慑了税收违法犯罪，有效维护了市场经济秩序，积极营造出了公平公正的税收环境。

三是支持税收保障民生，加大税收惠民力度。推动蔬菜、鲜活肉蛋产品流通环节免征增值税政策和取得普通发票抵扣政策执行到位，辅导纳税人完成减免备案，及时享受优惠政策，确保政策惠及千家万户。与民政局、地税局合作，开展民政福利企业年检，为符合条件的民政福利企业办理相应的税收优惠，全年民政福利企业共计退税 1921.47 万元，极大地促进了残疾人就业。

四是支持企业发展壮大，积极涵养税源。落实个体经济和微型企业税收政策，对全区符合条件的 17800 户个体工商户和微型企业免征税款 13374 万元，同时个体工商户和微型企业购买发票全部免收工本费，降低了小微企业的税收负担。

五是积极争取“科技扶贫”项目落户万州，捐资 30 万元改善甘宁镇敬老院设备条件，参与地宝乡四季村整村脱贫计划，支持地方建设。

［依法治税］ 坚持依法行政考核，加强执法督察、执法监督和自身建设，进一步约束和规范税务行政裁量权，减少执法随意性。进一步完善依法行政考核制度，加大对考核结果的有效运用。从思路上、方式上、内容上、力量配备上创新税收执法督察。抓好重大案件审理和重大行政审核审批。全年共审理重

…休干部迎春棋艺赛

"凝聚力量 共筑梦想"学习贯彻党的十八大精神知识竞赛决赛

大案件6件，维持初审意见率为66.7%。做到重大行政审核审批事项在7个工作日内准确无误完成审批，全年共审批7件，准确率100%。全区国税干部队伍素质进一步提高，能自觉运用法治思维和法律手段解决实际问题；征纳双方法律地位平等的理念得到加强，做到了管理与服务并重、处理与疏导结合，更加注重运用柔性执法方式。

［税收征管］ 夯实征管基础。深化户籍管理，强化税源管理工作底稿在日常税源管理、纳税评估中的重要作用。完善个体税收管理，着力基础信息和数据的采集与管理，强化定额程序与实体政策的有效结合，个体起征点户数由2012年的1143户，增加到2352户。落实"两级"纳税评估机制。全年完成纳税评估183户，纳税评估入库税款484.30万元。

稳步推进税源专业化管理。进一步推进建材行业税源专业化管理，确定了混凝土行业管理指南，完善了煤炭行业管理指南。完成了行政服务中心办税服务室业务组建，明确其工作职责和业务流程；对万州经济技术开发区纳税人进行了再确认，实现了集中管理。逐步建立征管、稽查信息共享和工作协商机制。

推进信息管税。以信息化基础建设为保障，强化信息系统日常监控和运行维护，稳步推进"金税三期"工程建设。制定"金税三期"工程单轨上线工作方案和应急预案，争取到市局和总局项目组的支持，顺利在"金税三期"系统中实现区委、区政府要求的对镇乡财力收入的查询和导出功能，满足了全区财力"板块"的考核需求。

全区国税工作会

［纳税服务］ 巩固、深化办税厅标准化服务。制定落实《办税服务厅领导带班制度》和《办税服务厅突发事件应急预案》。全年共计安排机关人员144人次在征收期进办税服务厅办公。应对"营改增"带来的办税业务量的增长，对办税服务厅进行硬件改造，拓展办税服务厅面积和功能，新购置了一批自助办税终端以缓解办税厅前台压力，同时在万州区行政审批中心设立4个办税窗口，方便纳税人办税。多渠道、全方位深化宣传咨询服务。充分利用多元化平台开展纳税咨询和网上办税；深入开展国地税联合办税；大力推广电子缴税、网上申报、自助办税、POS机刷卡缴税等多元化办税方式；加强纳税服务专业培训，持续开展税务回访；有效加强与相关部门及行业协会的协作，为纳税人提供税法宣传、纳税辅导、个性服务、权益保护等各项服务。切实抓好纳税服务需求信息管理系统的推广使用，及时响应纳税人权益保护需求。做好服务需求的分类梳理，不断调整和改进纳税服务重点和形式。

区局党组2013专题民主生活会

［国税稽查］ 按照"打击与建设相结合、治标与治本相结合"的原则，制定了《打击税收违法犯罪活动实施方案》，与国土、工商、房管、建委等各行业主管部门之间开展密切的交流与合作，争取他们的支持，获取外部有效三方信息；与公安、地税等联合行动，深入开展"查网络、挖通道、打窝点"行动，形成了部门联动的税收管查新局面。制定了三方信息采集制度，在各个稽查环节都按要求采集三方信息，逐步形成三方信息数据库并实现归口管理，重点抓好对三方信息的分析、和利用。通过对取得涉税信息的比对、分析和排查，准确掌握被查行业的涉税风险点，深挖线索提高精确打击能力。始终将金税协查和违法案件检举作为稽查案源的重要渠道。

全年稽查查补入库税款1970万元，同比增长102.26%；通过稽查查实不予出口退税466.3万元；共发出委托协查案件60起，受托协查案件15起，以受托协查案件为线索，立案检查5户，查补增值税258.99万元；共受理各类检举14件，立案检查7件，转交地税2件，查处检举案件共查补入库税款742万元；打击发票违法犯罪，捣毁犯罪窝点2处，当场缴获14类假发票2万余份、用于制售假发票的工具及原料一批、各类伪造的印章499枚，查获各类违章发票近400余份，入库税款263万元；查获了2件创万州稽查历史之最的大案，涉案金额在千万元以上，其中1件涉及金额近亿元，均已被列入国家税务总局督办案件。

"营改增"税收宣传暨税企恳谈会

［营业税改征增值税试点］ 一是按照"整体设计、统筹安排、稳步推进"的试点工作原则，制订了《万州区国家税务局营业税改征增值税工作实施方案》和《"营改增"试点工作进度表》。同时成立了"营改增"试点工作领导小组。召开工作动员会和"营改增"企业恳谈会，做好工作部署。二是对移交管户进行梳理、归类，按照征管发展、税制改革、管理现状、服务效率等原则，制定我局"营改增"管户接收和分配方案。三是按照"营改增"移交管户管辖权限划分方案，对移交的管户按板块、类型、属地逐一分解落实到各基层单位。明确工作任务、细化工作方法，制定工作标准，规范工作流程。四是做好"营改增"前期技术准备。对全局防伪税控认证报税金税卡进行了底层程序加载；对防伪税控及公路内河运输两大系统进行了两次升级；对自助办税服务终端进行升级。五是及时与地税局、财政局沟通，对我区1505户营业税改增值税纳税人的基本情况、税源情况进行了认真采集和审核汇总，并对测算结果进行深入分析。

第二届职工运动会

充分履行检察职能 助推渝东北经济发展

2013年，市检察院二分院紧紧围绕"科学发展、富民兴渝"总任务，以推进平安重庆、法治重庆、过硬队伍"三大建设"为抓手，切实服务大局、保障民生、维护公正，各项工作取得了新进展。

2013年12月10日，市委常委、政法委书记刘学普到我院视察工作

重庆市人民检察院第二分院党组书记、检察长杨洪梅

一、以维护社会稳定为目标，扎实推进平安重庆建设。严厉打击重大刑事犯罪和多发易发犯罪。全年起诉各类重大刑事案件109件175人。对重大恶性案件和多发易发案件，坚持快捕快诉、严厉打击，有力维护了辖区公共安全和社会治安稳定。全面贯彻宽严相济的刑事政策。针对罪行轻微的未成年人、老年人、初犯、偶犯，体现宽缓的刑事政策。全年对可捕可不捕、可诉可不诉的依法不捕9人、不诉5人。加大信访申诉案件调处力度。全年受理控告、举报、申诉案件线索305件，立案复查刑事申诉20件，办结18件。办理赔偿监督案件4件，司法救助1人。

二、以惩防职务犯罪为抓手，推进反腐倡廉建设。严肃查办贪污贿赂犯罪。一年来分院查办贿赂案件6件8人，大案率100%，要案3人。在加强自身办案的同时，更加注重发挥分院的指导、引领作用。指导辖区两级院严肃查办贪污贿赂犯罪133件180人，上升4%，大案率92.8%，要案17人。着力开展反渎职侵权工作。全年立案查处渎职侵权犯罪案件3件3人，指导辖区基层院办理渎职侵权案件22件22人。其中，重特大案件20件20人，要案6人。更加注重职务犯罪预防工作。结合办案，向有关单位提出预防调研报告3份，开展警示教育4次，上法制课8次，开展行贿犯罪档案查询38次。

2013年7月31日，二分院召开深入开展党的群众路线教育实践活动动员大会

三、以维护司法公信力为核心，推进法治重庆建设。加强对刑事侦查、审判活动的诉讼监督。追诉漏罪3条，追诉漏犯1人。实行"精细化审查"办案制度，加大对法院判决的审查力度，以二审程序、审判监督程序提请、提出刑事抗诉3件6人，法院已改判1件，发回重审1件。加强对民事行政诉讼活动的监督。受理各类民行申诉案件148件，审结142件，提出民行抗诉13件，收到法院再审判决12件，其中改判5件，调解6件，发回重审1件，再审改变率为100%，发出民行再审建议2件，采纳率为100%。加强对刑罚执行和监管活动的监督。全年对刑罚执行和监管活动中的违法情形提出书面纠正意见16件，纠正减假暂呈报不当34人次，纠正减刑裁定不当2人次，纠正刑期计算错误14件，维护了被监管人的合法权益。

2013年11月4日，申诉人送来致谢锦旗和感谢信

2013年3月12日，我院与西南政法大学共建教学科研实践基地

四、以提升执法规范化水平为重点，推动工作机制创新。推行鉴定助理人工作机制。为保障职务犯罪案件侦查中证据收集、固定、运用的规范性，探索建立了以司法鉴定中心为依托的鉴定助理人工作机制。该机制得到市院、高检院的充分肯定。落实讯问职务犯罪嫌疑人同步录音录像"三全"规定。制定《讯问职务犯罪嫌疑人全程同步录音录像操作规程》，细化讯问职务犯罪嫌疑人"全程、全面、全部"的要求，做到"全方位、全覆盖、全对应"。探索建立检察技术深度融入职侦工作机制，为职侦业务发展提供强有力的科技支撑。

五、以强化教育管理监督为载体，加强过硬队伍建设。狠抓领导班子建设，扎实开展党的群众路线教育实践活动，认真研究和制定教育活动开展方案和问题整改方案，对已找出的突出问题集体对照、深刻反思。通过教育活动的开展，班子成员的思想素质、工作作风得到明显改善，受到市委督导组的充分肯定。加强队伍专业化和职业化建设。积极推进"学习型检察院、品牌型处局室、能力型检察官"创建活动，全年先后有10个集体、17名个人获市级以上表彰。

重庆市万州区人民检察院

2013 年 5 月 17 日，杨春畅检察长为经开区上廉政教育课

2013 年 1 月 5 日，中心检察室授牌仪式

2013 年，我院全面履行职责，创新工作举措，优化执法环境，规范检务保障，各项检察工作取得新成效。

一、充分履行法律监督职能，把检察工作融入发展大局。主动与万州经开区相关部门和企业商定个性化服务协作措施 23 项，提出风险防控对策建议 27 项，参与处置涉法个案 3 起，协助解决重点企业劳资纠纷 2 起；出台重庆首个服务五大功能区建设的《办理生态涵养发展区环保犯罪案件工作办法（试行）》，全年起诉环保类案件 68 人，查办环保领域职务犯罪案件 12 人，发出检察建议 10 份；设立未成年人刑事检察工作办公室，推行“污点”封存、附条件不诉等制度，开展“莎姐”进校园活动 10 次并赠阅资料 2000 份，拍摄引导家长正确教育子女的微电影《父爱》到区内部分学校播放，收效良好。

2013 年 7 月 29 日，市院检察长余敏同志到我院座谈工作

2013 年 1 月 22 日，“冬日暖阳，莎姐手拉手”活动，到天城小学慰问留守儿童

二、依法打击危害社会治安的刑事犯罪，妥善化解社会矛盾。全年批捕 753 人，起诉 1455 人，出庭支持公诉 1102 件，法院判决 1197 人。妥善处置重大敏感案件 6 件，办理刑事申诉案件 10 件、群众来信来访 524 件，受理举报线索 82 件，化解涉检信访积案 6 件，实施司法救助 25 件救助金额 18.3 万余元，促成 8 件轻微刑事案件达成和解，有效化解社会矛盾。

三、积极查办和预防职务犯罪，全力打造廉洁政务。查办职务犯罪 35 人，其中贪污贿赂 30 人、渎职侵权 5 人，大案 28 人、要案 5 人，抓获在逃人员 2 人。查办权钱交易的大要案件 26 人。开展各类预防活动 116 场，受教育党员干部、国企职工达 9000 余人，提出预防建议意见 14 条，为 40 多家机关、企事业单位、镇乡街道举办法制讲座，围绕村居“两委”换届，开展主题宣传活动 10 场，发送资料 2789 份。

2013 年 3 月 22 日，和分院在甘宁镇送法下乡

四、加强干警素能培养，推进检察队伍建设。先后调整交流 6 名领导干部，起用 23 名年轻干警担任中层干部，公开招录 17 名优秀青年进入检察队伍，基本形成了检察人才梯次储备；开展专题辅导讲座、“中国梦”主题论坛等活动；选派 98 名干警参加各类专业培训、业务比赛，提高队伍专业化水平；鼓励干警开展文学创作，举办主题演讲 2 次，拍摄微电影 2 部，出版干警个人著作 9 部，撰写各类调研文章 64 篇，创作反映检察工作的大型话剧《皓月当空》，厚积了检察文化底蕴。

2013 年 4 月 1 日，青年干警参加跳绳比赛

五、积极探索检务公开新途径，增强执法办案透明度。全面推进市、区人大代表联络工作，制定了《关于加强人民监督工作的意见》。向市、区两级人大代表通报工作 43 次，开展个性化联络 95 次，征集意见建议 108 条，落实整改措施 30 项。向区人大常委会报告工作 3 次，办理人大代表建议 1 件，办理人大转办的信访案件 3 件，集中向 52 名镇乡（街道）人大主席（主任）通报检察工作 1 次。邀请 9 名人民监督员列席检委会。及时收集反馈涉检舆情，自觉接受舆论监督。

2013 年 4 月 8 日，武陵镇案件回访

棉花地移民安置小区游园绿化

万州区移民局

2013年，在区委、区政府的坚强领导和区人大、区政协的监督支持下，万州区移民局坚持“统筹兼顾抓重点、优化完善求实效、多措并举促稳定”的总体思路，突出抓好规划优化完善、年度项目实施、移民安稳致富、水库综合管理和搬迁安置遗留问题处置等工作，实现了预期目标。

到移民户家中走访调研

开展党的群众路线教育实践活动

三峡后续项目建设稳步推进。上级共下达三峡后续工作2011年度~2012年度项目101个，项目总投资53.8亿元，到位三峡后续工作专项补助资金16.6亿元。已完成项目23个，在建项目39个，移民小区基础设施完善项目陆续竣工。通过项目实施，城乡基础设施条件进一步改善，移民安置区功能配套更趋完善。

“前三峡”工作基本收尾。农村移民“两项资金”使用实施任务顺利完成，涉及66615人，兑付资金69075.7万元。农村移民安置大类调整项目12个全部建成投入使用。全面整理完毕农村移民搬迁安置、城（市）集（镇）迁建、工矿企业迁建、专业设施复建等11个类别的档案，形成移民档案38万卷（件），部分项目档案已顺利移交区档案馆，移民档案具备国家专项验收条件。

农村移民直补及时足额兑现。全年直补农村移民10083人，发放后期扶持直补资金605.2万元。城镇移民困难补助和特殊救济实施到位，共发放城镇移民困难补助资金4630万元，特殊救济资金461万元，年底慰问资金666万元，惠及7.4万户12万人。完成移民技能培训12083人次，训后推荐就业率达85%以上。审核上报2013年度高考加分移民学生1600人，受理审核高等职业教育助学金移民身份1331人。

水库管理安全平稳。建立完善了三峡水库消落区管理机制，落实专门机构和巡库人员118名，开展较大规模巡库活动3次。切实加强三峡水库蓄退水期间安全管理，实现了“无重特大灾害事故发生、无人员伤亡、无疫情发生，确保水陆交通通畅，确保社会总体稳定”的目标。开展三峡水库消落区管理主题年活动，编印和发放宣传资料10000余份，宣传手册2000余本，制作安装大型标志牌50余块。开展消落区“八乱”行为专项整治8次，规范经营摊点30个，查处乱堆乱放200余处。

开展支部活动，增强工作动力

移民子女正在学习实用技能

重庆市万州区档案局(馆)

CHONGQINGSHI WANZHOUQU DANGANJU(GUAN)

重庆市万州区档案局（馆）现有在职职工 21 人，退休职工 33 人。内设机构四科一室：办公室、档案管理科、档案业务指导科、法规人事科和档案接收整理科。局领导班子 1 正 3 副，副调研员 1 人，中层领导干部 10 人。

市档案局与区政府签署合作备忘录仪式

万州区档案局（馆）局（馆）长张光平到主席台领奖

万州区档案局（馆）在区委、区政府的领导下，在国家档案局、三峡办和重庆市档案局的关心支持下，认真履行"为党管档、为国守史、为民服务"的神圣职责，按照建设"五位一体"区域性国家综合档案馆和构建档案工作"三个体系"的要求，坚持在移民中求发展，在发展中求突破，突出档案工作围绕中心、服务大局、服务发展、服务社会各界和人民群众的主题，不断丰富档案信息资源，扩展服务功能和效能，在加强档案馆库建设、档案数字化、档案资源开发利用、爱国主义教育基地、档案干部队伍建设等方面取得了明显成效，促进了全区档案事业的科学发展，在为党和政府中心工作服务、为社会各界服务以及为广大人民群众尤其是移民群众服务过程中发挥了重要作用。近年来，万州区档案馆先后被重庆市档案局、万州区委、万州区政府表彰为先进集体，万州区最佳文明单位、爱国卫生先进单位、精神文明单位。尤其是新馆建设得到了国家档案局、三峡办和重庆市档案局领导的高度评价，一致认为：新馆功能齐全，布局合理，庄重大气，简洁美观，具有历史厚重感，符合现代一流档案馆的发展要求。

移民迁建巧破瓶颈，新馆建设浴火重生。万州档案人面对"一馆三库"的现实状况，克服资金匮乏、人才奇缺、设计变更等重重困难，抢抓机遇，负重拼搏，主动出击，多方争取，万州区档案馆于 2007 年 5 月开工建设，2013 年 11 月投入使用。新馆占地面积 5 亩，总投资 4000 万元，大楼共 9 层，总建筑面积 7800 ㎡。新馆庄重大气、简洁壮观、功能完备、设施设备先进、布局合理，完

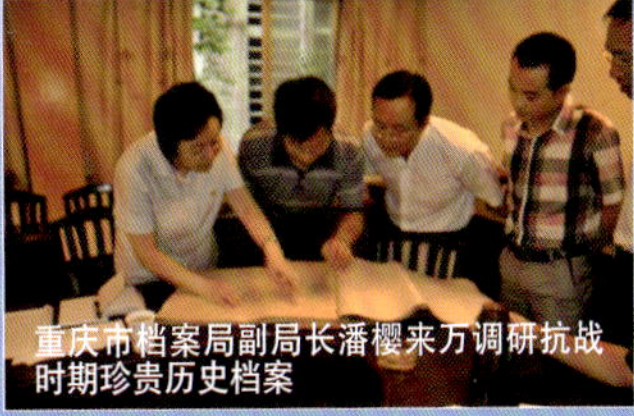

重庆市档案局副局长潘樱来万调研抗战时期珍贵历史档案

区政协委员视察区馆计算机查阅婚姻档案工作

全具备"五位一体"功能，成为重庆市一流的、与三峡库区经济社会发展相适应的现代公共档案馆。新馆现馆藏各类档案资料 60 余万卷（件、册），900 多个全宗，不包括即将接受进馆的 30 余万卷（册）三峡移民档案。其中最早的形成于康熙五十四年的地契，历史跨度近 300 年。馆藏量是目前重庆除市档案馆以外的最大地方国家综合档案馆。新馆的投入使用，是平湖古城万州千年历史和三峡移民文化资源建设的新成就。

科学发展以人为本，馆藏档案丰富优化。万州区档案局（馆）认真贯彻实施国家档案局 9 号令，根据《万州区档案接收征集管理办法》和《万州区档案馆档案接收进馆工作实施方案》，围绕三峡工程移民迁建等重点工程和区内重要人物、事件、活动以及城乡统筹、社会变迁、新农村建设等方面，将档案收集工作延伸到以改善和服务民生为重点的各个领域，通过不断整合档案资源，全面推行到期"实体档案"和"电子档案"双轨并行接收进馆，征集并接收了婚姻登记、医保、社保、知青、劳动人事、环保生态等门类的档案 20 多万卷册，还收藏有三峡移民与对口支援、三峡国际旅游节、重庆市四运会等重大活动以及全区重点工程档案，馆内拥有纸质、照片、音像、光盘、印模、吊牌等不同载体档案。馆藏重点历史档案共 96 个全宗 7 万余卷册，包括反映川东地下党与川东游击队、川陕鄂红军活动、万县"九·五"惨案、万县海关、长江水文地质变化、抗战时期前苏联空军飞行大队长库里申科烈士的相关资料、民国抗战文化以及党和国家领导人历次来三峡库区视察工作的珍贵照片、题词等史料。馆藏档案门类齐全、资源丰富、结构优化、特色突出。

牢记宗旨服务为先，档案利用惠及民生。万州区档案局（馆）围绕加强渝东北生态涵养区发展，加快推进重庆第二大城市和三峡库区经济中心建设目标，立足全区中心工作，切实加强方便人民群众利用、覆盖社会各领域的档案服务体系建设。一方面依法鉴定开放 1982 年前的档案 99770 卷（册）。通过已建立的现行电子文件利用中心和政务信息查阅平台。每年接待和处理网上查阅咨询服务 500 余件（次），提供现行电子文件、政府公报查阅利用上万人次。另一方面依托档案查阅服务大厅，通过采取优先查阅、代理查阅、预约查阅件、电话回访等方式，切实改进服务方式，满足查档群众的利用需求，2013 年调卷 54538 卷（次），为普通群众落实医保、社保以及享受惠民政策资金几千万元。取消档案收费后，每年将为查档群众节约费用 15 万元以上。同时，利用"万州档案信息网"开设"三农档案"专栏，定期发布涉农、涉民现行文件，提供网上查阅、咨询、利用服务。

强化"安全第一"责任落实，确保档案安全保密无事故。万州区档案局（馆）始终坚持"安全第一"的责任意识，通过层层签定目标责任书，不断完善全员参与、群防群治的档案安全保障体系。严格执行档案收集、保管、整理编目、保密、利用、统计、鉴定、安全保卫、突发应急预案等各项规章制度，坚持逐日温湿度调控和分析，坚持 24 小时值班与定期巡查制度，发现问题及时整改抓落实。建立档案信息数据安全保密管理体制，加强档案安全技术防控管理，档案馆安装有入侵报警、高清监控摄像头、指纹门禁系统、档案集成网络管理系统、安保巡控管理系统以及真空消毒杀虫机等设备设施。同时，我馆将每年形成的数字化档案数据按重庆档案馆统一要求送上海进行异地备份保管。近年来，区档案馆没有发生任何档案安全或失泄密事故。

重庆市档案局局长李华强、副局长李玳明调研万州区档案工作

彰显资政育人功能，档案资源开发利用推陈出新。万州区档案局（馆）正积极开展展厅方案设计与项目招投标工作，加快新馆爱国主义教育基地建设。新馆爱国主义教育基地建设将通过立足馆藏档案优势资源，充分采用声、光、电等现代技术，突出反映万州千年古城的历史文化和高峡平湖移民之都的世纪变迁和库区人民的无私奉献精神。近年来，区档案馆与博物馆合作，相继开展了《流水年华、记忆万州》、《深切面怀·世纪守护》纪念库里申科烈士诞辰 110 周年等专题图片巡览活动，累计接待群众 3 万余人次。2013 年 4 月，中央电视台《讲述》栏目、《中国档案》、《中国档案报》就库里申科援华抗战英雄事迹进行了专题报道，得到了社会各界人士的一致好评。同时，联合建成的爱国主义教育基地被命名，并定期对展厅内容适时更新，对外免费开展和接待参观群众共 196578 人次。区档案馆充分利用馆藏档案优势资源，有序开展档案编研工作，编辑出版有《百年万州》、《沧桑万州》、《江城如画里·万州城乡建设 60 年》画册以及《库里申科传》、《万州区移民志》、《万州区档案志》、《何其芳家谱》等，为弘扬万州历史文化、传承和发扬三峡移民精神献计出力。

统筹规划数字档案馆建设，增量推进档案信息化。万州区档案局（馆）根据《万州区信息化建设总体规划》要求，结合《万州区档案事业发展"十二五"规划纲要》的实施，投入资金 300 多万元集中采购和配置了一批数字化软件与数据库储存硬件设备，通过开展档案信息化系统管理平台建设，全面启动数字档案馆建设。自 2007 年以来，按照"存量数字化"和"增量电子化"的工作要求，累计完成馆

区新档案馆档案查阅大厅

万州区档案局工作人员在新档案库房提阅档案

藏档案数字化 381.57 万画幅，录入卷（件）级目录 202.67 万条。此外，已完成移民档案数字化 397.39 万画幅，录入卷（件）级目录 834.12 万条，移民档案数字化加工项目已通过重庆市级验收。同时，在"万州区档案信息网"为档案工作者搭建了一个交流平台，为加快档案信息远程服务体系建设，推动档案信息共享工程提供了技术保障。

把万州加快建成重庆文化强区和渝东北地区文化中心

——万州区文化广电新闻出版局

2013年万州历史文化遗产周活动

在万州区委、区政府的正确领导下，在市文化委员会的精心指导下，万州区文广新局深入贯彻落实党的十八大、十八届三中全会精神和市委四届三次、区委四届四次全委会精神，围绕加快把万州建成重庆文化强区和渝东北地区文化中心目标，逐步完善公共文化服务体系，扎实开展文化惠民工程，引导活跃群众文化活动，着力打造文化艺术精品，积极推动文化艺术交流，切实加强文化遗产保护，全力维护文化市场秩序，文化、广播电视、新闻出版工作呈现蓬勃发展的局面。2013年，局机关、直属各单位多次被国家、市表彰为先进单位，其中，获国家级奖项15个，市级奖项31个。

文化体系逐步完善。区文化馆在第三次全国文化馆评估定级工作中，被复评为全国一级文化馆。区图书馆通过国家三级公共图书馆达标定级评审。文化馆、博物馆、图书馆、烈士陵园、各镇乡（街道）文化站（文化服务中心）全面实施免费开放。开展实施了具有万州特色的镇乡文化站、村（居）文化室（农家书屋）建设标准化、管理规范化工作。

群文活动丰富多彩。在重庆市“渝州大舞台”城乡文化互动工程活动中，我区各剧团赴云阳、綦江、长寿等区县，为社区群众及镇乡农民朋友带去了精彩的文艺演出。

文艺创作亮点频现。方言话剧《三峡人家》被评为“国家舞台艺术精品工程年度重点资助剧目”。川剧《鸣凤》在“十艺节”赛事活动中荣获第十四届“文华奖”优秀剧目奖，主演谭继琼荣获“第十届中国艺术节”优秀表演奖。杂技《双人少儿顶功》在第九届全国杂技比赛上荣获铜奖。竹琴节目《妹妹花轿几时来》在第十届艺术节“群星奖”评比中获得优秀节目奖；《赞三峡》获得“第十届中国艺术节”全国曲艺优秀节目展演获优秀节目展演奖。原创小品《如此孝心》、广播剧《守护》和《进城》、纪录片《暖冬》、原创歌曲《三峡有条神奇的路》和《老家的半边渡》等纷纷获得各类大奖。

文化遗产保护有力。天生城古战场遗址，被国务院公布为第七批全国重点文物保护单位。我区已有国家级文物保护单位1个，市级文物保护单位15个，区级文物保护单位104个。

广播影视蓬勃发展。分阶段推出主题报道240条以上；全年央视用稿70条，重庆电视台用稿493条，各项外宣指标居全市区县第一。2013年10月，被国家新闻出版广电总局授予“2012年全国安全播出先进集体”。

文化产业初具规模。目前，全区共有文化经营单位874家，2012年文化产业总资产71.26亿元，文化产业增加值23.01亿元，占全区GDP比重为3.49%，就业人数14046人。

组织文艺节目走进建筑工地

川剧《鸣凤》荣获第十四届“文华奖”优秀剧目奖

万州银监分局

2013 年，万州银监分局党委以贯彻党的十八大为契机，深入转变作风，扎实为民监管，严守各类风险底线，引领辖区银行业大力支持实体经济发展，促进了库区经济金融安全稳健运行，分局再获 2012–2013 年度银监会级“文明单位”称号。

一是银行营运效率显著提高。12 月末，万州辖区银行业总资产达 2542.2 亿元，较年初增长 20.7%；各项存款余额突破 2000 亿元大关，达到 2282.5 亿元，同比增长 16%；各项贷款余额 956.2 亿元，同比增长 25.4%；不良贷款继续保持“双降”，全年累计实现净利润 23.8 亿元。

万州银监分局组织辖内银行开展保护银行业消费者权益活动

二是银行服务实体经济能力不断提升。分局牵头召开“万州区推进新型工业化银企对接暨签约会”，推动两家小微企业专营支行——哈尔滨银行开县支行、重庆农商行高笋塘支行相继挂牌，工行万州分行小微贷款中心成立，指导中银富登奉节、万州、巫山村镇银行完成筹建开业，辖区小微贷款和涉农贷款均实现“两个不低于”目标。引导银行共计支持三峡后续项目 67 个，银行信贷融资 91.9 亿元，同比增长 140%；辖区银行业汽车、住房按揭、住宿餐饮业贷款分别比年初增长 36.9%、32.9%、28.3%，满足了居民消费升级的信贷需求。分局深入开展“金融宣传周”、“金融知识进万家”活动，发放宣传资料 3.2 万份，解答各种疑难问题 2000 余人次，收集意见 30 余条，全面提升了金融消费者理论水平。

召开平台贷款管控工作会

三是银行抗风险能力明显增强。2013 年，分局严格落实全口径负债监测机制，防止了外部风险向银行体系传染，辖区银行业累计收回平台贷款本金 43.5 亿元，超额完成还款计划的 23.3%，还款方案执行率 100%。督促银行继续实施差别化房贷政策，房地产个人住房贷款 95% 以上为首套房，有效遏制了投机性、投资性购房信贷需求。着力推进案防工作“体系化、精细化、信息化”建设，指导银行成功堵截 3 类案件风险 6 起，继续实现“零案件”目标。

万州银监分局参加系统职工运动会

2014 年是全面深化改革的开局之年，万州银监分局党委将以改革统领银行业发展和监管工作全局，以绿色信贷为抓手，坚定信心，振奋精神，解放思想，凝聚力量，全面推进万州辖区银行业转型发展，大力支持渝东北生态涵养区绿色发展！

重庆三峡农

ChongQing Three Gorges Academy

党委书记、院长 袁天泽

重庆三峡农业科学院是三峡库区规模最大、研究门类最齐、获得果最多、辐射区域最广的公益性、综合性农业科研机构。1937年成立随行政隶属关系的改变历经6次更名，于2008年5月更为现名；是重庆文明单位，重庆市首批博士后科研工作站、重庆市山地生态农业工程术研究中心、全国青少年农业科普示范基地、国家现代农业产业技术系水稻“三峡综合试验站”、油菜“三峡库区综合试验站”、甘薯“州综合试验站”建设（技术）依托单位。

自建院（所）以来，共承担并完成了400多个各级各类科研项目选育出新品种179个，在川、渝、鄂、陕、湘等十多个省（市）累计推广面积6亿余亩，创社会经济效益80亿余。获各级科技成果奖240项，发表和获奖学术论文950余篇，著作20余部。本院现有1个本部和3个基地，占地13余亩，拥有固定资产5158万元，图书资料8万余册。全院职工349人，其中研究员10名，副研及高级农艺师41人国家特殊津贴专家7人，重庆市“青突”专家1人，重庆市学术技术带头人1人，万州区学术技术带头人7人，硕6人，在读博士1名，在站博士后1名。常年承担国家、市、区各类研究项目50余项。

文明单位
重庆市精神文明建设委员会
2010年1月

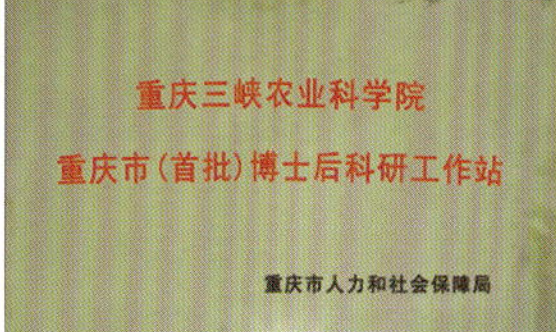

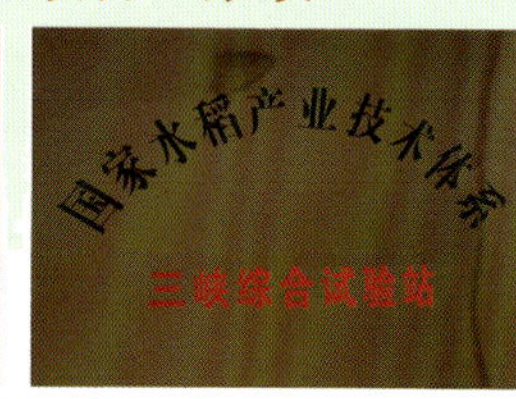

领导关怀

多年来，各级领导和部门高度关注我院各项工作，在项目、资金和人才培养等方面给大力支持。农业部副部长牛盾、原副部长洪绂曾，时任市委常委、常务副市长马正其先后来考察调研；市委常委、市委秘书长、原万州区委书记吴政隆多次来院调研指导；原重庆科委主任周旭、副主任张文多次亲临现场考察指导；市农委副主任吴纯等莅院指导；万州人大、区政府、区政协领导多次前来专题调研和现场办公，解决发展中的具体问题。

科研项目

建院（所）以来，承担并完成了415个各级各类科研项目。主持或协作国家级项目36个，水稻、玉米全面参与重庆市重大攻关项目，油菜、小麦和甘薯参与重庆市育种攻关。常年承担全国小麦、油菜、大豆、马铃薯、花生、甘薯等作物的区域试验与生产试验、重庆市水稻、玉米、油菜、小麦、甘薯、马铃薯、大豆等作物的区域试验和生产试验。

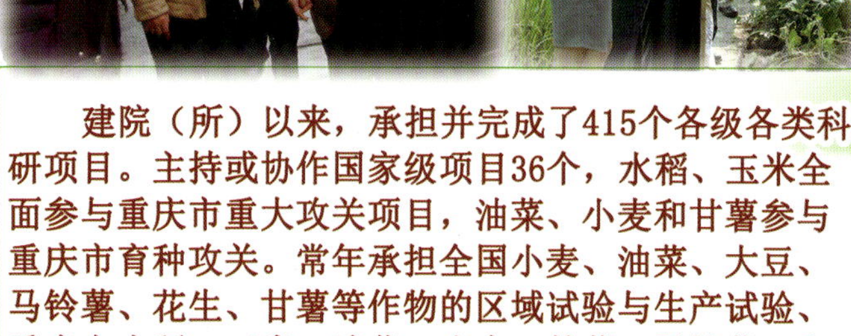

业科学院

Of Agricultural Sciences

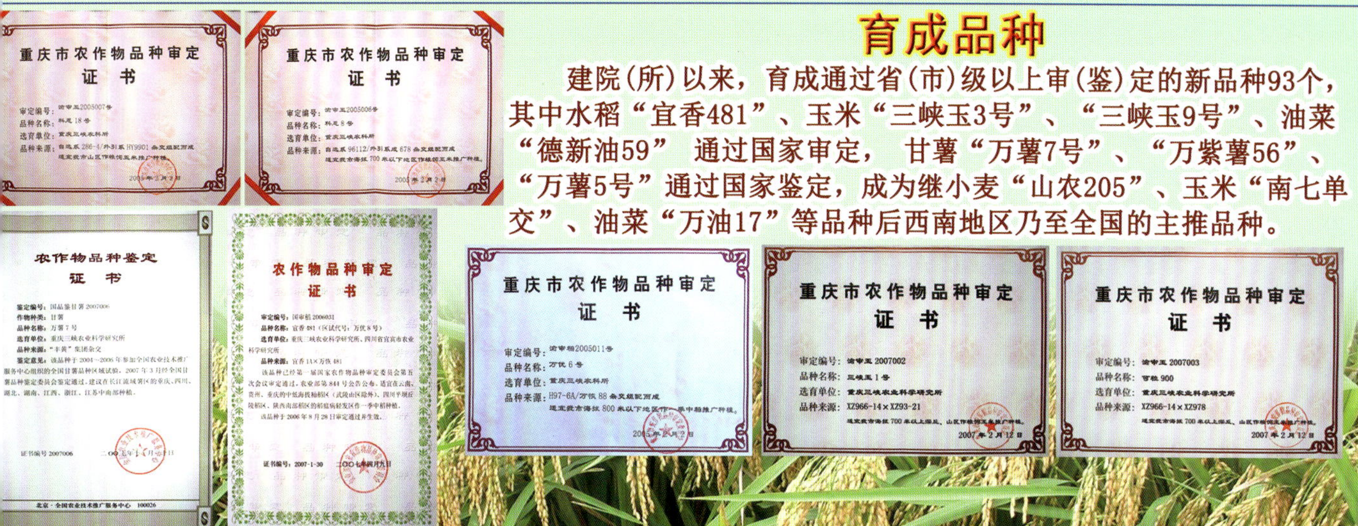

育成品种

建院(所)以来，育成通过省(市)级以上审(鉴)定的新品种93个，其中水稻“宜香481”、玉米“三峡玉3号”、“三峡玉9号”、油菜“德新油59”通过国家审定，甘薯“万薯7号”、“万紫薯56”、“万薯5号”通过国家鉴定，成为继小麦“山农205”、玉米“南七单交”、油菜“万油17”等品种后西南地区乃至全国的主推品种。

科技成果

建院（所）以来，获得国家部、省（市）、地（区）各级科技成果奖240项，其中省部级一等奖9项，二等奖9项。重庆直辖以来，获重庆市一等奖1项、二等奖3项、三等奖8项，万州区一等奖项、二等奖3项、三等奖5项。

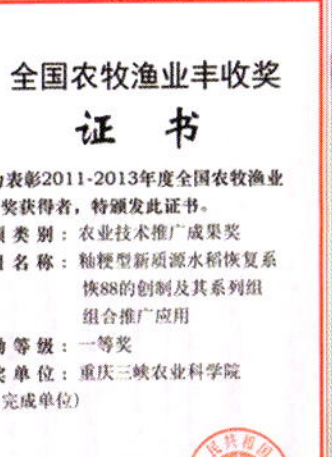

设施设备

经过几年的努力，已形成“一部三基地”格局。“一部”即院本部，位于万州双河办事处，新建办公用房6000余平方米，其中中心实验室560平方米，拥有近红外谷物分析仪、液相色谱仪、气相色谱仪、PCR仪、高速冷冻离心机等仪器设备138台件，建有玻璃温控等试验大棚12500平方米，具有农作物品质分析、分子标记、生理生化、组织培养、种子与农药检测、科普教育与示范等功能。“三基地”即占地568亩的万州甘宁试验基地、占地256亩的梁平蟠龙基地、占地19亩的海南陵水基地，均完成了条田化改造，承担了重庆市农作物良种创新与配套技术研究的主要任务。

梁平试验基地

万州甘宁试验基地

海南试验基地

院本部

重庆市万州区规划设计研究院（重庆市万州区地理信息中心）

重庆市万州区规划设计研究院成立于 1993 年，是隶属于万州区城乡建委的副处级事业单位。具备城乡规划编制甲级、工程测量乙级、地理信息乙级、建筑设计乙级、市政设计丙级等业务资质，是重庆市域内除主城区外唯一一家甲级规划设计单位，同时也是重庆市城市规划协会常务理事单位，中国城市规划协会、中国城市规划学会、重庆市测绘学会会员单位。2010 年与区教育设计院联合成立了重庆弘创建筑设计公司，建筑设计业务划入该公司。2011 年 4 月，加挂重庆市万州区地理信息中心，负责全区地理信息系统及应急建设。

万州区生态涵养发展规划（2014——2020年）
The Ecological Conservation Development Planning of Wanzhou District (2014——2020)
生态涵养发展规划图
08 重庆市万州区规划设计研究院 2014.8

单位技术力量雄厚，通过了 ISO9001 质量管理体系认证。现有办公场地 3000 平方米，注册资金 1000 万元，现有职工 110 人，专业技术人员占全院总人数 78% 以上，工程师以上职称占比 40%，20 余人取得注册师资格，其中注册城市规划师 12 人，一级注册建筑师 2 人，一级注册结构工程师 2 人，二级注册建筑师 6 人。单位秉承“务实创新，高效卓越”的核心理念，践行“诚信、求实、进取”的院风，坚持走“管理创新、质量兴业、科技强院”之路，完成各类项目数千项。业务范围主要包括三峡库区及相邻省份，主要从事城乡规划设计及研究、测绘地理信息、建设工程放线及规划管理信息服务、市政道路设计及建筑设计等业务工作，在业界享有良好的口碑和赞誉。

随着城市化进程不断加快，单位始终牢记“服务社会、服务政府、服务城市建设”的使命，坚持“服务至上，以质求胜，科学管理”的工作宗旨，积极在山地城乡规划、规划空间信息技术、数字城市等技术领域探索发展，努力打造成为重庆地区具有品牌影响力的综合性实力单位。

开放式办公

单位运动会

数字万州

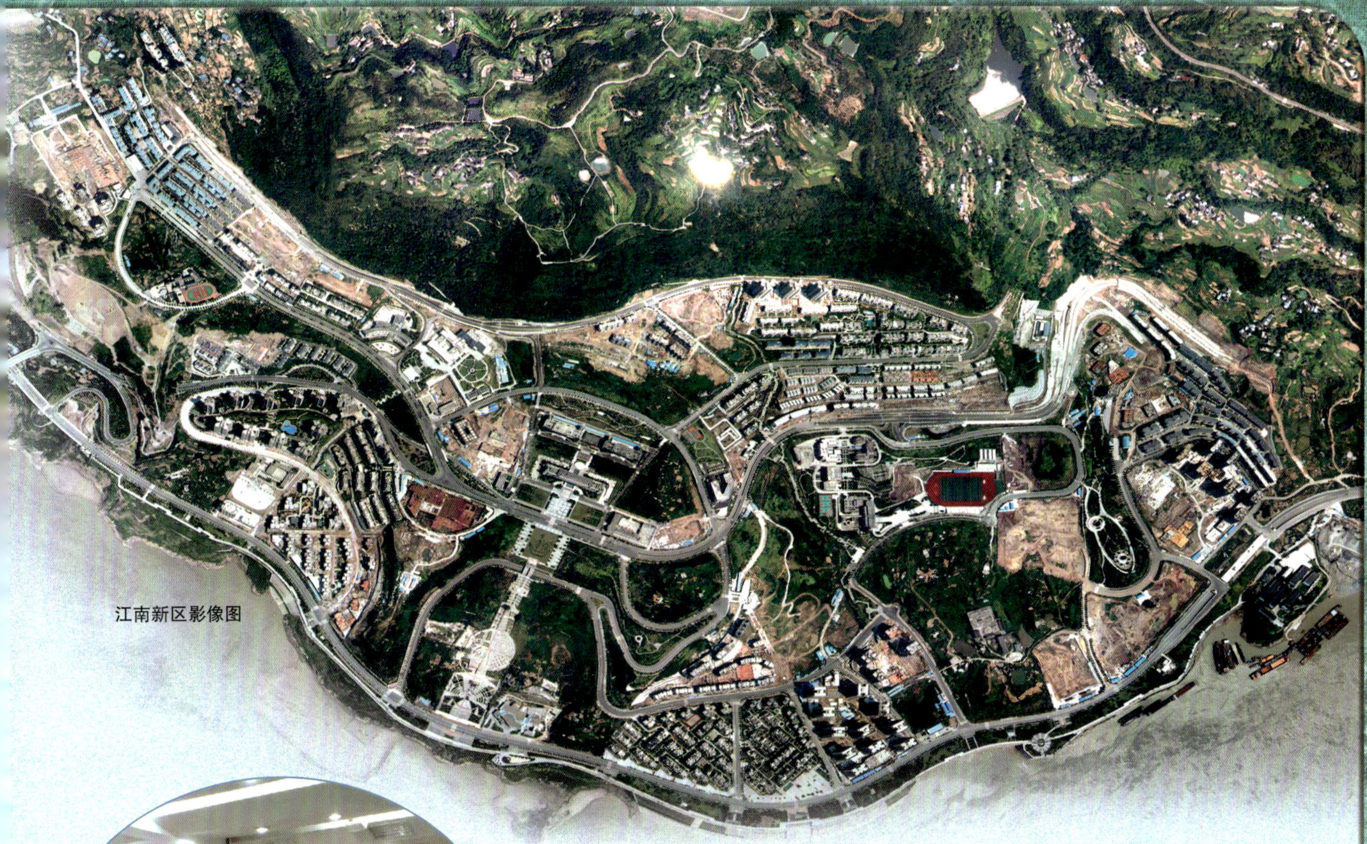

江南新区影像图

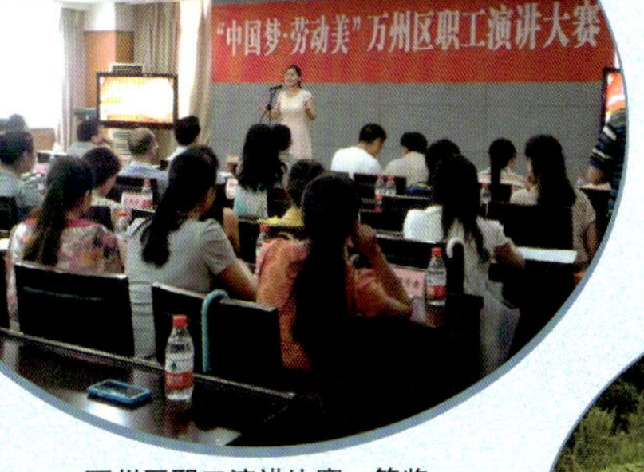

万州区职工演讲比赛一等奖

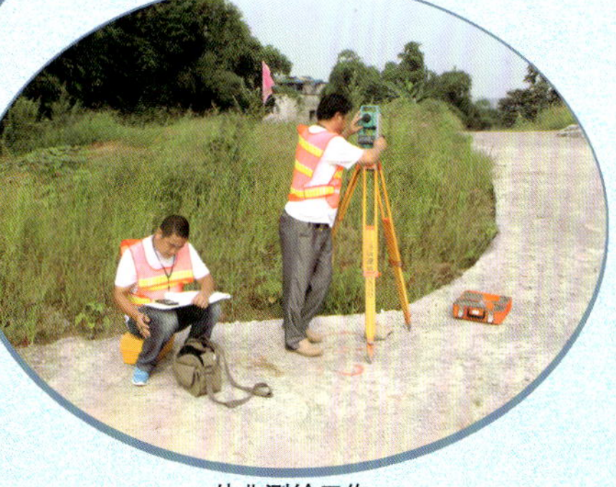

外业测绘工作

联系人：姜有慧

联系电话： 58223553

（传真） 87503985

邮箱地址：wzgh58223553@163.com

单位地址：重庆市万州区钟鼓楼街道

渝东花园路 59 号

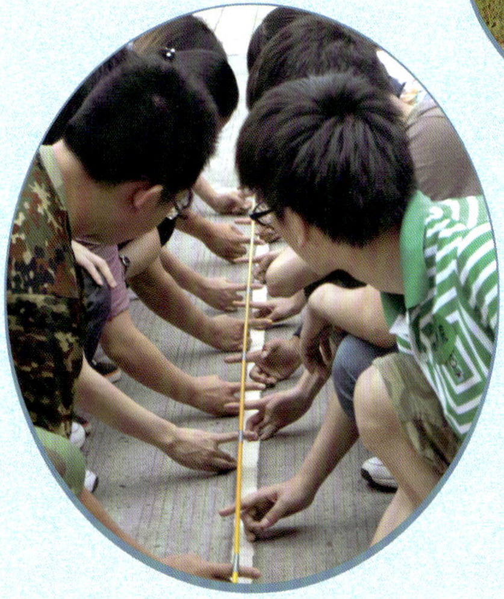

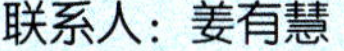

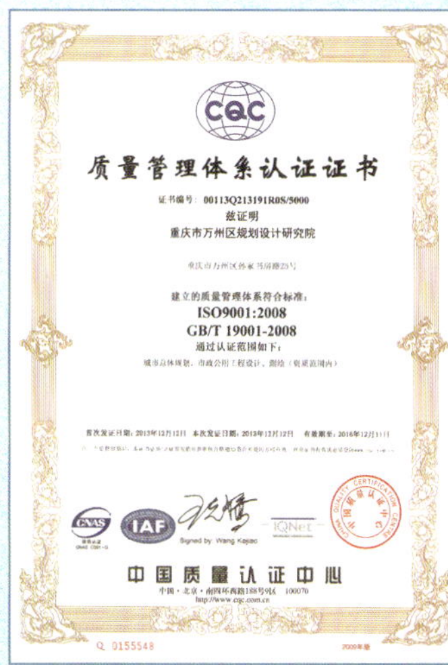

CQC

质量管理体系认证证书

证书编号：00113Q213191R0S/5000

兹证明

重庆市万州区规划设计研究院

建立的质量管理体系符合标准：

ISO9001:2008

GB/T 19001-2008

通过认证范围如下：

城市总体规划、市政公用工程设计、测绘（资质范围内）

首次发证日期：2013年12月12日 本次发证日期：2013年12月12日 有效期至：2016年12月11日

Signed by: Wang Kejiao

中国质量认证中心

中国·北京·南四环西路188号9区 100070

http://www.cqc.com.cn

Q 0155548

2009年版

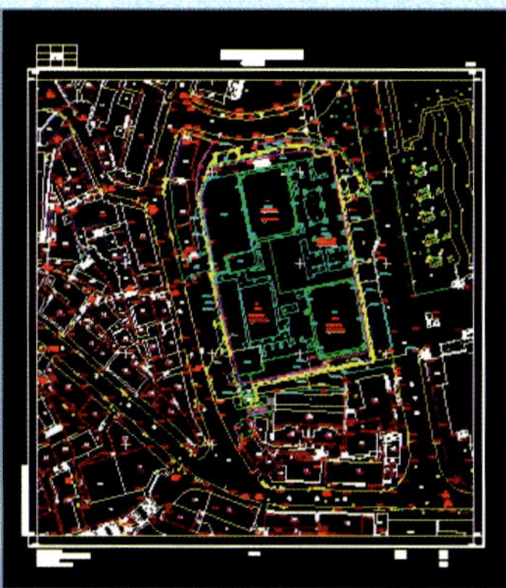

和平广场“城市之星”管网图

万州区城建工

移民新城

万州区城建工程管理处（原名万州区市政工程管理处），成立于1969年，隶属于万州区城乡建委的全额拨款事业单位。全处共有干部职工235人，下设主城维修所、灯管所、广场办、桥梁所等18个内设机构和市政工程建设公司，具备市政设施维护甲级资质、灯饰工程建设二级资质、市政公用工程三级资质。

我处主要承担城区内道路、桥梁、排水、照明、广场等基础设施的建设、管理、维护；负责城市桥

大会堂灯饰

周家坝街心小广场

万安大桥

程管理处

梁、排水系统、道路、照明、广场等应急抢险及处置；承担城市道路开挖、接沟、设施迁移的管理等工作。目前，管辖道路车行道298公里，排水管网（含涵洞）506公里，城市桥梁55座，路灯28918盏，夜景灯饰40848盏，广场及公园17个。

全处职工始终牢记“为人民群众生产生活正常提供市政设施保障“服务宗旨，秉持“勤政、务实、廉洁、高效”工作风格，埋头苦干，为建设重庆第二大城市作出市政人应有的贡献！

大桥溪音乐广场

百安大道

红色传统教育重温入党誓词

王牌路综合改造施工现场

工程处职工参加建委系统运动会

重庆市万州工程勘察

重庆市万州工程勘察设计技术服务中心（以下简称“服务中心”）是根据住建部第13号令及住建部《关于实施<房屋建筑和市政基础设施工程施工图设计文件审查管理办法>有关问题的通知》（建质[2013111号]）文件的各项要求组建，并经重庆市城乡建设委员会审核认定的一类工程勘察设计施工图审查机构，业务范围为房建一类、市政（道路）二类、勘察二类的施工图审查。

“服务中心”聚集了工程建设领域的高层次技术力量，拥有建筑、结构、给排水、电气、暖通、道桥、园林等各类专业审查人员36名，专业齐备，技术力量雄厚，自有办公场所700cm2，建立了完整的行政和技术管理体系。

“服务中心”是全国第一批一类审查机构，有着丰富的审查经验及高度的市场占有率，在审查服务中讲信誉、重质量、求效率，并能给业主方提出合理化建议，赢得广大业主单位的好评，成为城市建设中施工图审查的骨干力量，为万州城市建设和所服务到的城市建设作出了重要贡献。

“服务中心”的宗旨是：坚持以质量第一，服务至上，倾力为工程建设单位提供优质可靠的技术服务。

设计技术服务中心

地址：重庆市万州区文化里 43 号
电话：023-58250311

2013年，太白街道紧紧围绕全区“331”目标，始终坚持“中间突破、两翼推进”的工作思路，牢牢把握“稳中求进”的总基调，经济稳中有增，民生得到改善，社会和谐稳定。

市委常委、万州区委书记徐海荣同志在太白街道青羊宫社区指导工作

【经济发展】

2013年新发展企业223户（其中注册资金100万元以上的13户），微型企业52户，个体工商户832户。培育市级著名商标、区级知名商标9件。全面完成经济普查，涉及个体户9761家，单位2154家。实现招商引资15907万元，对口支援到位资金30万元。规模以上工业产值达4814万元，增长33.6%。全口径工业增加值达7.4亿元。批发零售和住宿餐饮业销售总额达151.6万元。民营经济增加值65.97亿元，增长14.8%。

太白街道文体活动

完成固定资产投资25亿元，增长16%。实现地区生产总值56亿元，增长5.7%。完成全口径财税收入13640万元，增长42.8%；地方财政收入5394.9万元，增长52.7%。城乡居民收入预计达26106元和10090元，分别增长12%和14%。

实现粮食种植面积7455亩、产量1814吨，出栏生猪8520头。新增流转农村承包土地集约化经营100亩，推广农机具15台。完成零星植树23.4万株。

【社会事业】

2013年新建街道公共服务中心，设置社保、医保、低保、计生、民政等12个窗口，为群众提供一站式服务。新增城镇就业人员3385名，城乡居民合作医疗参保27107人，参保率达100%。

硬化永宁村级公路9.88公里，新修太白村组公路2.1公里，红高路4公里硬化完成工程量的35%，极大地改善了农村交通条件，方便了群众出行。

扎实开展优抚、救助、救济和节日慰问工作。发放民政救助救灾资金21.05万元，受益1353户。发放214名重点优抚对象优抚金66.38万元，发放60名义务兵家属优待金48万元，

太白街道办事处公共服务大厅

万州区太白街道

35名退役士兵一次性安置费78.73万元。发放62名五保、三无人员、孤儿、困境儿童直补资金28.88万元。发放2012-2013年一季度廉租房租赁补贴273户、555人、4768平方米、65.23万元，审核上报2013年二至四季度廉租房租赁补贴226户、547人、4782平方米。节日慰问贫困户984人，物资合计39.03万元。

积极开展群众文化活动，扶持、培育群众文体队伍，全年组织开展社区文体活动30余场次。青羊宫社区今年荣获国家体育总局“2009—2012年度全国群众体育先进单位”称号。

开展白岩路整洁一条街和“六无”街区创建，拆除乱搭乱建1370平米，规范、取缔摊点8000余个，集中整治卫生死角3次，整治沼气池22口，清运小区固废物7250吨，整治城市房屋外墙砖脱落安全隐患16处。

扎实开展社会管理综治治理工作。新组建城市社区治安巡逻队12支33人，八类主要案件同比下降7.2%。小天鹅市场市级社会治安挂牌整治地区通过整治，刑事案件下降6.5%，群众知晓率100%、满意率95%，经市检查组验收成功摘牌。成功创建重庆市级安全社区和10个“消防安全示范社区”。协调相关部门开展综合整治，成功创建无煤街道。

太白街道街头为群众义诊

太白街道山坪塘整治

太白街道组织人员整修沼气池

在建的滨湖小区

奋进中的

街道党工委书记熊道君陪同区委、区政府主要领导查看大包梁滑坡

街道党工委熊道君书记向区政府主要领导汇报城市管理工作情况

2013年，在区委、区政府的坚强领导下，我们认真贯彻党的十八大、十八届三中全会和习近平总书记系列重要讲话精神，全面落实区委四届二次、三次全会精神，紧紧围绕区委区政府总体发展思路和要求，坚持稳中求进、好中求快、切实抓好重点工作、化解社会矛盾、办好民生实事，全办经济社会发展取得了新的成绩，社会总体保持和谐稳定。下面，我就街道2013年主要工作报告如下：

经济总量稳步增长，产业发展势头良好

各项经济指标实现正增长。预计完成地区生产总值26.575亿元，同比增长12%。固定资产投资23.046亿元，增长32.8%。规模以上工业总产值2.45亿元，增长10%。全口径工业增加值8.1亿元。批零住餐销售总额32.59亿元，增长23%。城市居民人均可支配收入23590元，增长11%。农民人均可支配收入9620元，增长13%。民营经济增加值17.5亿元，增长13.7%；新增个体工商户449户，新增微型企业104户。

财税收入再创新高，三公经费大幅下降。全口径财政收入首次过亿元，完成1.17亿元，占全年任务数的110%，其中国税746.5万元，占全年任务数的97.8%，地税10663.1万元，占全年任务数的111.1%，财政298万元，占任务数的106%。完成地方财政收入4886.6万元，占全年任务数的100.9%，增长11.4%。政府性债务管理得到有效控制，无政府性欠债，三公经费支出192.68万元，同比下降28.7%。

招商引资取得新突破。转变招商引资方式，大力发展总部经济和都市楼宇经济，今年共引进繁祥小额贷款、江悦置业、恒典投资等8家企业，实现招商引资1.812亿元。

第三产业发展兴旺。围绕打造“一街两路四场”，北滨路美食、休闲、娱乐亲水岸和北山大道批发零售、餐饮住宿一条街人气兴旺。水果批发市场、中天家具城、重百商场、新世纪百货等企业进一步发挥龙头辐射作用，北山片区已形成集生活用品、金融、餐饮、娱乐、专业市场等为一体的商贸体系。

“三大农业产业”稳步推进，农业实现增产增收。落实各项强农惠农政策、资金，加快发展现代特色效益农业，实现增产增收。完成粮油产量27525吨，蔬菜产量18432吨，水果产量9258.5吨。复建蔬菜种植基地2000亩，土地流转面积6942亩，规模经营耕地面积6399亩，扶持农业企业7个，培育农业种养、加工、贩运专业户、大户80户。完成长江绿化工程429亩。申报退耕还林2093亩，涉及直补金34万元，申报长江景观林269亩，涉及直补金14万元，申报成周绿化1607亩，涉及直补金39万元。整村脱贫通过市级验收。红桔褐斑病防控工作取得阶段性成果，4100亩红橘外观得以充分的改观，病斑、病果率明显减少，产量销量显著提高，果农得到实惠。新增流转土地1800亩，引导周边农户流转土地350亩，完成了扩建小岩蔬菜

街道领导慰问困难群众

钟鼓楼街道

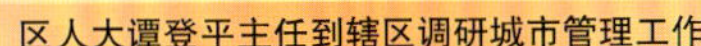

区人大谭登平主任到辖区调研城市管理工作

街道党工委书记熊道君同志到社区指导工作

2000 亩基地建设，可年产优质蔬菜 900 吨，不断满足城市居民“菜篮子”需求。大团 1200 亩康寿无花果示范园建设进一步得到巩固，实现提质增效。

城乡建设管理水平不断提高 城市品质大幅提升

城市管理水平不断提高。进一步创新城市管理，不断完善城市网格化管理体系，加大对城管物力、财力投入。街道财政今年共拿出 300 余万元，用于日常管理、综合整治和解决民生与环境卫生问题。通过狠抓城市管理、市容市貌、环境卫生等综合整治，北山大道、北滨路、背街小巷和居民小区变得更加整洁靓丽，城市品质大幅提升，环境质量持续改善，巩固了“无煤街道”和“六无街区”的创建成果。今年，代表万州首创重庆市级市容整洁街道荣誉称号，创建区级市容整洁街 1 条，市容整洁背街小巷 2 条，市容整洁社区 2 个，市容整洁单位 2 个，先进社区 1 个，一星级社区 1 个，二星级社区 1 个。创建扬尘控制街道 1 个，次干道占道经营严控管理街区 2 条，背街小巷占道经营规范管理街区 2 条，六无街区 1 条。门前卫生责任制签订率 100 %，牛皮癣清除率 100%，城市网格化管理率达 100%，规范整治店招店牌 100%。街道还几次代表万州接受了重庆市级的检查验收并获得好成绩，城市管理月考评列 11 个街道综合评分第一名。

基础设施有效改善

加大投入，积极争取项目资金，大力改善基础设施条件。筹集资金 300 多万元，整治山坪塘 20 口、水利工程 90 处、病险水库 2 座、蓄水池 20 口、清淤渠堰 25 公里，新建村级公路 11.75 公里。争取对口办投资 150 余万元，硬化了小岩蔬菜基础道路 2 公里，泥结石 1 公里。争取区交委资金 63 万元，硬化了 1.4 公里大团村级公路。筹集资金 12 万元硬化了都历村级公里 0.3 公里。自筹资金 150 余万元新修大团与小岩连接道路，正在组织预算。新增抗（建）大（团）路和双（溪）小（岩）路错车道 24 个。

“民生实事”得到落实

今年，街道通过争取项目资金和自身财力投入 800 余万元用于民生，年初确定的十件“民生实事”都得到很好的落实。投入资金 4 万元修建了 54 个便民服务座椅，惠及了小区群众。投资 4 万多元对 5 个社区 7 处健身场地 27 件损坏严重的户外健身器材进行了维修，满足了辖区群众的健身需求。启动了玉安占地移民统建还房及保障性住房建设，惠及移民群众 1150 余人。落实资金 300 万元的吊龙移民生态家园示范村配套项目已启动建设，惠及群众 2400 余人。投资 178 万元的关口河堤整治项目，已报三建委通过。落实对口支援资金 50 万元启动了护城敬老院的改建，建成后将满足 50 名老年人入住养老。争取和投入资金 315 万元硬化了大团、小岩村级公路和改善了抗建水库至官帝槽 3 公里道路通行条件，方便了 11000 多群众的出行。社区办公服务条件进一步改善，幸福社区新办公用房已投入使用，富祥社区服务站主体工程建设已完工。

现场查看 A2A4 危房重建情况

万州区周家坝街道

深入群众征集意见建议

1995年10月，伴随着三峡工程建设的滚滚浪潮，万州区周家坝移民新区动工建设，周家坝街道由此而设立。街道共辖10个社区和1个行政村，常住人口10万人，其中移民90%以上。整个新城规划占地面积12平方公里，是万州区移民搬迁安置规划中的“三大片区、八大主团”之一，也是未来万州百万人口大城市的重要组成部分。

近年来，街道在区委、区政府的领导下，在社会各界人士的关心、支持和帮助下，坚持科学发展观为统领，抓住“把万州建设成为重庆第二大城市”契机，以经济发展为中心，以创新开放为动力，以党的建设为保障，努力构建“管理有序、服务优良、环境靓丽、社会稳定、文明和谐”的周家坝，使全街各项事业获得持续健康发展。

区位优势明显。街道位于万州北部，紧临国家级园区—万州经济技术开发区旁，交通十分便捷。辖区城市路网完善，连接国道318（渝万高速），万（州）云（阳）路横穿全境；距长江港口水运码头5公里；距万州机场20公里。正在兴建的渝万高铁万州车站座落在街道天子湖社区，届时直达重庆主城的时间将缩短到1小时。

便民大厅服务群众

产业初步形成。借助万州经开区产业优势，大力发展园区配套的包装、物流产业，打造餐饮、娱乐为主的休闲服务业，以及宜居房地产业。2013年，全年完成地区生产总值21.3亿元，同比增长12%；全社会固定资产投资21亿元，同比增长16.7%；完成招商引资3.35亿元；全口径财政收入突破1亿元，其中，税收收入（地方口径）4048万元，同比增长148.2%；全口径工业增加值4.75亿元；批发零售和住宿餐饮业销售总额7.6亿元，同比增长19%；城镇居民人均可支配收入24400元，同比增长12%。

党建品牌不断创新。围绕“四个三”，打造党建服务工作品牌，即：建立完善“三型”（区域型、产业型、流动型）党组织建设，推动了党组织的动态延伸和全方位覆盖；开展“三力”（基层党组织的核心引领能力、村居自治能力、共驻单位及广大居民参与能力）建设，提升基层组织发展服务管理能力；加强片区党员服务中心等平台建设，实现党员教育服务管理“三拓展”（向无职党员拓展、向流动党员拓展、向两新组织拓展）；认真开展党员干部“三诺”（承诺、评诺、践诺）活动，转变干部作风。街道党工委多次被万州区委评为“先进基层党组织”，重市市社区建设示范街道、科普示范街道等荣誉称号。

全国特色文化广场——心连心广场

社会事业协调发展。以创建“国家卫生城区”、“重庆市文明城区”为目标，全面实施公民道德建设工程，努力提高市民文明素质，加大基础设施投入，加大环境整治力度，力求营造一个清新、优美、和谐的人居环境；高度重视民生，巩固“充分就业社区”创建成果，夯实民生之本；以“爱心超市”、“稻草援助中心”为平台，开展“手牵手·心连心”、“一帮一”等活动，给困难群众给予更多关注和关怀；以“社区（村）开放日”、“三行动四进门”等活动为载体，零距离了解社情民意，零距离化解社区矛盾，零距离为民办实事好事；依托“全国特色文化广场”——“周家坝心连心艺术广场”，因地制宜地发挥广场文化、民俗文化、传统文化优势，打造了“坝坝舞”、“大家唱”等社区文化品牌，推动了群众文化事业的蓬勃发展。

万州区第五人民医院

万州区第五人民医院于2002年10月由原五桥人民医院和原五桥中医院合并组建而成，是一所集医疗、康复、教学和社区卫生服务为一体的二级甲等综合医院，承担着万州江南片区的21个乡镇、3个街道70万人的医疗、急救、保健及三峡医药高等专科等学校的临床教学科研任务。医院现有在岗职工428人，其中卫生专业技术人员364人，占全院职工总人数的85%，其中高级职称33名，中级职称89名。研究生1名，在读博士1名；占地面积8257平方米，建筑面积1.97万平方米；编制床位450张，实际开放床位350张；年住院病人10.8万余床日，年门诊量32万余人次，年医疗业务收入1.02亿元。医院设有一个门诊部、一个住院部和一个社区卫生服务中心，设有内、外、妇、医技等25个临床科室或专业组，其中耳鼻咽喉科、微创骨科为万州区级特色专科，耳鼻咽喉科现正在创建市级特色专科。医院拥有万元以上设备200台件，设备总价值2208万元，主要包括16排螺旋CT、四维彩超、800个/小时测试速度全自动生化分析仪、各类腔镜、呼吸机、麻醉机、血液透析机等大型医疗设备。医院建立了中心传呼、中心供氧、中心负压吸引等住院设施，对外开通了医院网站，内部实现了电算化网络、电子病历、电子处方、房旁查询、自助费用查询等系统。

建院以来，医院历届领导班子与全体职工发扬艰苦创业、开拓创新的精神，认真践行“三个代表”重要思想，牢固树立“一切以病人为中心”的服务理念，以“优质、高效、安全、便捷、经济”为服务目标，引进和培养优秀专业人才，内强素质，外塑形象，使医院的医疗业务得到快速发展。医院得到上海市对口支援的大力帮助，是上海市第二军医大学临床医学院（上海市浦东新区公利医院）对口支援帮扶医院，2007年1月被万州区卫生局确定为万州区上海医院（第二名称）。

特色专科

耳鼻咽喉科是重庆市级特色专科立项创建科室，是万州区医学特色专科，是第二军医大临床医学院，上海市公利医院对口帮扶科室，科室现有编制床位30张，学科拥有世界最先进的美国史赛克三晶片全高清鼻内窥镜手术系统，德国蔡司手术显微镜，美国科医人二氧化碳激光治疗仪，潘太克斯电子鼻咽喉镜，澳大利亚多导睡眠呼吸监测仪等设备。

成功开展了功能性鼻内窥镜手术、完壁式乳突根治加面神经减压术加鼓室成型术，显微支撑喉镜激光嗓音显微手术等手术。

典型病例

完壁式乳突根治加面神经减压加听骨链重建术

学科现有市级科研课题1项，区级科研课题1项，上海市自然科学基金－东西部合作课题1项。在国家和省市级杂志发表学术论文10余篇。其中Human papillomavirus infection in nasal polyps in a Chinese population在Journal of General Virology (2011), 92, 1795－1799发表影响因子SCI3.56。

医院全体员工牢记“团结、敬业、博爱、济世”的院训，以“夯实基础质量，寻求差异发展，打造万州江南片区最优的二级甲等综合医院为奋斗目标”，用精湛的技术，热诚地为广大人民群众提供优质的医疗服务。

地址：万州区百安坝上海大道106号（电信大楼斜对面）
电话（传真）：023-58556877
120急救电话：023-58541120 58667120
医院网址：www.wzwyy.com

重庆市万州区国有

党员专题民主生活会

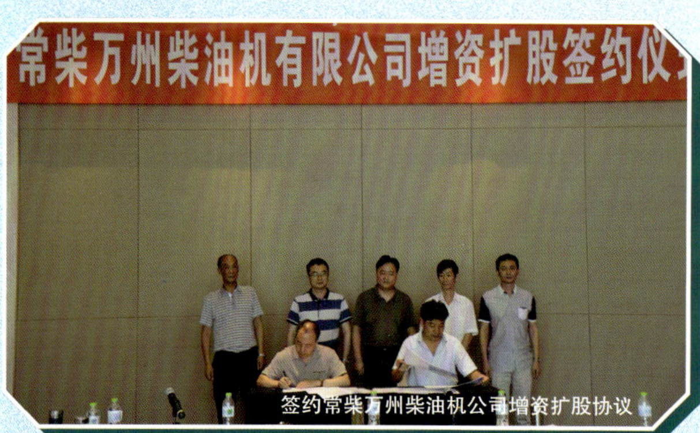

签约常柴万州柴油机公司增资扩股协议

区人大财经委到公司调研

重庆市万州区国有资产担保有限公司是重庆市万州区人民政府出资设立的国有独资融资担保机构。接受重庆市人民政府金融办公室监管。是重庆市融资担保业协会副会长单位。注册资本金 3 亿元人民币，资产总额为 4.5 亿元。

公司秉承“政策性资本、法人化治理、市场化经营”的理念，在党的“十八”大和十八届三中全会精神指引下，奋力托展融资担保业务，在提升社会信用，支持实体经济，

资产担保有限公司

为中小微企业创造融资机会，拓宽融资渠道，提高融资效率，改善融资环境，扩大就业和推动渝东北地区社会经济发展等方面发挥了积极的作用。截止2013年底，累计融资担保额达到60亿元，实现了社会效益和经济效益的同步增长。

公司将在科学发展观的指导下，努力构建重庆市渝东北地区区域性融资担保公司，为渝东北生态涵养区的经济和社会发展做出更大的贡献。

万州明邦（担保公司服务对象）

巫溪腾翔有限公司（担保公司服务对像）

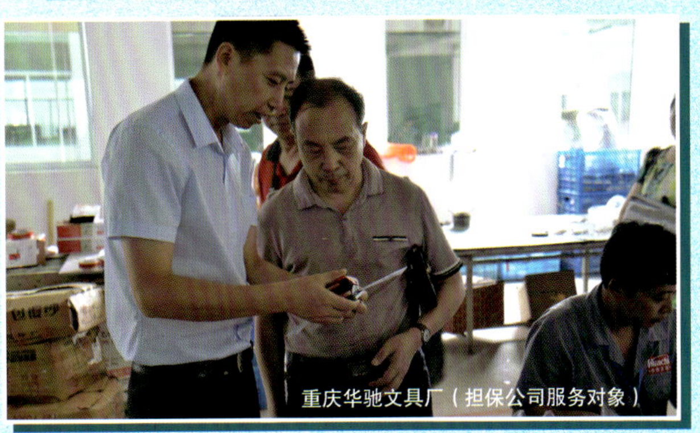
重庆华驰文具厂（担保公司服务对象）

汇聚力量，攻坚克难，万州加速迈进4G时代
——中国移动重庆公司万州分公司

2013 年 12 月 4 日，工信部正式向三大运营商发放 TD-LTE 牌照，4G 时代正式拉开序幕。万州移动紧跟时代步伐，与全国同步启动 4G 一期工程建设，基站建设规模达相当于过去 6 年 3G 基站建设数量之和，规模空前，难度空前。网络建设者汇聚力量、只争朝夕、攻坚克难，全力推动万州加速迈进 4G 时代

国际主流技术标准。4G，即第四代移动通信技术，该技术包括 TD-LTE 和 FDD-LTE 两种制式，能够实现更高速的数据传输，4G 网速可达 3G 网速的十几倍到几十倍。中国移动采用了 4G LTE 标准中的 TD-LTE。TD-LTE 是由中国主导的 4G 网络标准，技术成熟。TD-LTE 的理论峰值传输速率可以达到下行 100Mbps、上行 50Mbps。在线观看视频可以轻松快进，画面丝毫不卡，非常流畅。下载 20 多 M 的应用软件，仅需两三秒。

2013 年 12 月 5 日，万州移动第一个 4G 基站正式开通

超常规的建设速度。2013 年 11 月 22 日，万州移动正式启动 LTE 网络一期工程建设。12 月 5 日，万州移动在高笋塘区域开通首个 4G 基站；12 月 24 日，网络技术人员攻克难关，首次在 4G 网络下拨通了第一个语音通话；到 2014 年 5 月 16 日，网络建设人员顺利完成北滨大道一段灯杆站的开通，这也标志着万州移动 LTE 一期工程 367 个站点的建设任务提前 15 天全面完成。截至目前，万州移动已建成近 600 个 4G 基站，城区及主要乡镇已实现 4G 网络全面覆盖，城区室外平均下载速率高于 30mbps。

飞一般的用户体验。手机多，流量足，网络好，速度快，移动 4G 时代的开启，给万州人民的生活带来了极大改变。目前，已有 100 余款各档次 4G 终端在市面上进行销售，包括苹果、三星等主要手机厂家已发布多款支持移动 4G 网络的手机。而且，随着从 3G 到 4G 网络传输速度的升级，流量价格却大幅下降，目前万州移动推出的 4G 资费从 9 元 100M 到 158 元 2G 共七档，丰富的流量套餐为用户带来更贴心的服务。看视频不卡、玩游戏秒杀、下载一部 1G 左右的电影几分钟内就能完成，飞一般的体验尽在移动 4G。截止当前，万州使用移动 4G 的用户已近 4 万户。

模特正在展示 4G 手机

三步走迈向 4G 时代。4G 并不遥远，只需要“换卡、换手机、换套餐”三步，就能轻松成为 4G 一族。所谓换卡，就是到移动营业厅将原有的 SIM 卡升级为专用的 USIM 卡，USIM 卡可以在 2/3/4G 各类型网络中使用，降低客户使用 4G 的门槛。目前万州各大移动营业厅正免费提供换卡服务；换手机，选择一款支持 TD-LTE 网络制式的手机；并办理相应的 4G 资费套餐，即可轻松畅享 4G。

随时随地，天涯变咫尺。这不是梦想，移动 4G，未来已来。

重庆飞亚实业有限公司

重庆飞亚实业有限公司是一家具有近60年历史的大型国有调味品企业，系重庆市盐业（集团）有限公司全资子公司，以生产味精、鸡精及高级复合调味品为主业，是农业产业化国家重点龙头企业、国家统计局评定的中国食品行业100强企业、国家工信部品牌培育试点企业、中国西南地区最大的调味品生产基地，属重庆市100户成长之星工业企业和万州区重点企业，重庆市农业产业化龙头企业，重庆市高新技术企业，重庆市质量效益型先进企业，重庆市文明单位，重庆市诚信纳税先进企业，全国信息化建设先进单位。企业已通过ISO9001:2000国际质量保证体系认证；2007年4月，通过QFE（质量、环境、食品安全、职业健康）管理体系认证。

公司大门

飞马雕塑和办公楼（侧）

厂区鸟瞰

公司生产的“飞马”系列味精、“养士多三峡土鸡精”多次荣获国际国内质量评比金奖，是全国用户满意产品、中国食品行业诚信企业放心食品、中国产品质量协会重点保护产品、重庆市高新技术产品、重庆名牌产品、重庆市用户满意产品，销往全国31个省、自治区、直辖市及港、澳地区和部分东南亚国家。“飞马”商标是重庆市著名商标，全国五大味精品牌之一。“养士多”和“三峡”商标是重庆市著名商标。公司法定代表人李武恒是享受国务院特殊津贴专家、第二届国务院“中国改革之星”、“中国企业创新优秀人物”、 重庆市劳动模范、重庆市优秀青年企业家、重庆市优秀共产党员、重庆市杰出技能人才。公司传承近60年积淀的丰厚企业文化底蕴，坚持“感恩奉献、诚信尽责、创新进取”的核心价值观，致力于不断提高人们的生活品质，致力于与利益相关者的和谐发展。

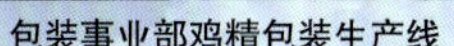
包装事业部鸡精包装生产线

包装事业部味精包装生产线

近年来，根据调味品发展高档化、多元化、专业化、方便化、复合化、标准化的总体趋势和特点，公司大力实施战略转型，定位于“做具有行业品牌价值与技术价值的食品配料服务商”，在坚持做好味精、鸡精等基础配料产品的同时，不断丰富优化产品结构，强化新产品的研发销售，着力构建“中央厨房”，推进企业的持续、健康、快速发展。

包装事业部味精包装生产线

中国梦·祥瑞梦之行动——

鏖战香山缘

重庆市委常委、万州区委书记徐海荣到工地视查工作

引言

每个国家、每个民族、每个人、每个企业都有自己的梦想。梦想是帆，扬帆方能远航。

在中国经济走向发展的重要时期，中国新一届领导人提出了伟大的中国梦，团结和带领全国各族人民共同迈向致富、繁荣、和谐和伟大的中华民族复兴……

在中国梦的指引下，我们每个人、每个企业的梦想又是什么呢？重庆祥瑞集团果断地提出了一起与职工和社会"共谋发展、共富共赢"的梦想，勇担伟大中国梦的先行者！

今天，我们走进了重庆祥瑞集团香山缘楼盘项目施工现场，一起用心去感受，用笔去解读他们为梦想而战的壮丽诗篇！

看现场——千名工人热火朝天战正酣

8月8日，万州依旧"高烧"37℃以上，火辣辣的太阳炙烤着大地，四处如蒸笼般火热。

尽管天气如此炎热，但早上8:00，祥瑞·香山缘楼盘项目施工现场已是一派热火朝天的场景；塔吊车、混泥土浇注机轰隆隆地不停作业；焊工们一个个手持焊机弯身作业，不时发出扑哧扑哧道道弧光；架子工们不停地安钢管、锁扣件，你追我赶；成群的小工们站成一排，快速将一块块红砖传到楼上；外装工人们则在不停地抹水泥，贴墙面大理石……

万州江南新区党工委书记、管委会主任刘伟（右一）慰问香山缘建筑工人

头戴安全帽，身穿黑色T恤和迷彩裤，汗水湿透衣背的架子工哈正友说，这一段时间由于气温高，公司对上班时间作出了相应调整，作息时间改为：上午6:00——11:00；下午4:00——7:00。为此，他每天早上5:30起床后就骑着摩的赶往工地。"尽管干活比较苦，但老板从不拖欠我们工资，每个月都能按时拿到近万块钱工资，心里特别高兴。"

此时，在工地现场，我们碰到了正在查看工程进度的祥瑞集团董事长助理、兼香山缘项目总负责人熊玉平。他说，为了确保工程进度和质量，从今年春节后开始，工地上每天都有1300多名钢筋工、模板工、砖工、架子工、水电工、机械工、绿化工、基桩工、电焊工、小工等奋战在现场，全力推进项目建设进度，确保10月份能开盘。

为合理、有序推进施工各个环节，项目部将整个施工队伍分成了7支队伍，每支队伍下设3个工组。同时，为充分发挥广大党员和青年的作用，他们还成立了党员先锋队、青年突击队、工人先锋队等5支队伍，大家相互进行"比、学、赶、帮、超"，比工作态度，比奉献精神，比工作能力……在工地上吹起了一股新风，掀起了一股建设热潮。

党员先锋队队长刘国云，从不迟到、早退、旷工，每天早上5:30准时从家里出发赶往工地，一般晚上9:00才回家，有时甚至忙到深夜11点多钟才回家。8月1日下午5点多钟，他突然感到身体不适：头痛、周身酸软乏力。为了不影响工作，他仍带病坚持工作到晚上7点多钟下班后，才回家到附近的医院输液，第二天一早又赶往工地。

青年突击队队长林云龙，充分发挥自己的专业特长，带领小组在工地上拉开了一场学习新规范、掌握新知识、使用新仪器的大战。针对以前在放线过程中使用普通经纬仪器有时会出现偏差的问题，他们大胆进行技术改进，引进了先进的红外线全站仪和GPS全球定位系统进行放线，有效解决了以前的弊端，确保了放线的精准度。

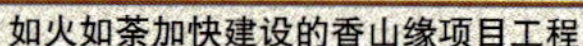
如火如荼加快建设的香山缘项目工程

高温酷暑下奋战的工人

奋战在香山缘施工现场的每一名工人，用他们的执着、辛劳和汗水，在高温下奏响了一曲奋进的凯歌，为香山缘项目建设贡献了应有的力量！

问管理——"三抓一创"强质量保安全

香山缘项目作为祥瑞集团集10多年地产开发的精髓，倾力为万州人民打造的高品质精品楼盘，时时刻刻牵动着董事长孔祥麟的心。从项目开工建设以来，工地上很多人都知道，只要董事长在家一天，每天早上6:30，他准时赶到现场，与管理层和工人们一起摆谈，了解项目进展情况和解决实际问题，往往深夜 11 点多钟才回家。

8 月 9 日上午 8:00，我们在现场采访时，只见头戴安全帽的孔祥麟正带领建筑公司总经理孔祥利及项目总工、监理等负责人在工地督战，询问项目建设情况，并与工人们亲切交谈。他说，香山缘项目作为万州地产开发的标杆，必须牢固树立“百年大计，质量为本”的开发理念，把建筑质量和生产安全放在首位，为老百姓建造放心房、精品房和舒心房。

董事长孔祥麟（右二）在 现场查看施工进展

董事长孔祥麟（右一）与建筑工人（左二）亲切交谈

在施工中，为落实“抓好质量、安全、进度和创建香山缘品牌”的“三抓一创”建设模式，项目部推行了“四控一管一协调”制度，即加强质量控制、安全控制、进度控制、成本控制、施工现场管理和协调好相应部门。在落实质量控制时，除严格按照设计图施工和国家规范要求施工外，公司还制定了项目经理岗位责任制，项目部与各施工责任人签订了“质量管理责任书”，将质量管理中的每个细节和标准进行了明晰，有力确保了建筑质量。

在加强安全控制中，项目部牢固树立了“建筑和生命至上，安全第一”的理念，建立健全了安全生产责任追究制、隐患排查治理制、特种作业人员持证上岗制等 10 多种制度。在施工现场，随处可见悬挂的安全标语和制度，出台了安全生产“十不准”守则，即不允许上班不戴安全帽；不允许上班穿短裤；不允许上班穿拖鞋；不允许上班打电话……

在现场，安全科长彭思荣还给我们讲解了施工现场三级安全教育制。工人进场前，首先公司要进行培训，讲解国家安全生产法律法规、企业管理制度；上班前，项目部讲解操作流程、班组细则；作业中，班组长讲解施工中注意事项等。安全科坚持每天进行工地巡查，每周进入每栋楼检查，每个月进行全盘检查的工作制，有力地确保了安全生产“零事故”。

为加快工程进度，项目部推行了机械化作业，进行了新技术和新工艺创新。他们投资数千万元，购进了 2 台旋挖机、6 台挖机。其中，每台旋挖机作业一天，可抵 200 名工人挖基桩一天，因此，大大提高了工作效率。

项目开工仅半年，创建了祥瑞集团 10 多年以来地产开发建设史上的奇迹：13 栋高楼（10 栋花园洋房、3 栋电梯房）15 万方建筑拔地而起，主体工程已完成 90%；一个 2 万多平米的大型车库和两个 1300 多平米、1500 多平米的游泳池及 3000 多平米的香山会所、部分园林景观也全部竣工。

董事长助理、兼项目总负责人熊玉平在总结香山缘建设奇迹时说：“首先是我们有自己的专业机械公司和基桩公司，设备和人员有保障；其次是我们资金充足，按时发放工人工资和结清所有材料款，提高了大家的工作积极性；再其次是集团董事长、建筑公司总经理长期坚守工地一线，与大家一起同甘共苦，合力克难攻坚。”

送温暖——点点滴滴书写人间大爱

当天，在香山缘工地采访，最让我们感动的是，中午时分，一名名工人吃完午饭后，都不约而同地端来一碗绿豆汤。一打听，才得知是项目部每天免费为大家熬的“降温汤”。

说起此事，不得不提及一个人——董事长孔祥麟。7 月 12 日，孔祥麟像往常一样，早早来到了工地。到工地四处走一圈后，他发现，室外温度很高，每个工人都大汗淋漓。当即，他迅速召集现场负责人，在工地召开防暑紧急工作会，要求：一、马上调整作业时间，避开高温；二、为工人们购买藿香正气液、十滴水、人丹丸、老鹰茶等降温品，中午配送西瓜；三、项目部每天为工人们熬绿豆汤，免费让大家喝，最大限度地预防高温中暑，保护工人们的身体健康。

第二天，人们惊奇地发现，不仅工地上摆放了大桶大桶的绿豆汤，而且项目部还为大家送来了藿香正气液、十滴水、人丹丸、老鹰茶等降温品，中午也吃上了可口的西瓜，一股暖流不禁涌进了大家的心里。

对工人有求必应，在原则范围内力所能及，是孔祥麟一贯作风。7 月 20 日早上，孔祥麟与工人们交谈时，几名工人对他说：“董事长，我们住在工地板房里，晚上实在热得睡不着。可不可以帮我们每个房间安台空调啊？”为此，孔祥麟立即现场落实专人负责此事，第二天就将 64 个房间安装了 64 台空调，让工友们切切实实地感受到了夏日的清凉和“温暖”。

香山缘建筑工人们战高温酷暑推进项目建设，引起了党委、政府的重视和关心。8 月 1 日上午，万州城区气温接近 40℃，万州江南新区党工委书记、管委会主任刘伟带领建环局等相关负责人，到香山缘建设工地，亲切慰问一线建筑工人，并送去了老鹰茶、绿豆、白糖等防暑降温品，叮嘱工人们在高温作业中一定要做好防暑降温，预防中暑，并切实注意安全，确保身体健康和家庭幸福。

随后，刘伟一行还参观了整个施工现场工地、项目规划模型和室外景观、室内游泳池建设等，对香山缘工程建设进度给予了充分肯定，希望祥瑞集团再接再厉，切实抓好安全生产、建筑质量管理和高温作业，将香山缘打造成建筑精品和人居品质典范。

8 月 7 日下午，万州区城乡建设委员会主任白波带领相关负责人，深入到祥瑞集团心水岸建筑工地，看望慰问在高温下作业的一线建筑工人，与大家亲切交谈，为工人们送去了绿豆、白糖等防暑降温品，希望大家注意防暑降温，做到劳逸结合，保重身体。

“路漫漫其修远兮，吾将上下而求索。”在祥瑞人追求自己的梦想中，祥瑞·香山缘一定不负重托，为万州品质地产锦上添花！

CHONG QING HENG SEN SHI Y

重庆恒森实业

重庆恒森实业集团有限公司，一家享誉三峡库区，集投资、开发建设、商业管理和物业服务为一体的大型知名企业。创建于1999年6月，注册资金5000万元，公司现有资产约10亿元，国家二级房产开发资质，银行“AA”级信用等级企业，工商年检免审企业，万州区非公有制重点企业。

在 建 楼 盘

恒森·滨湖晓月　恒森·林海小镇

恒森·摩登时代

本公司以“诚实做人，踏实做事”为企业精神，以“争创一流，铸造经典”为经营理念，以“开拓创新，科学管理”为企业管理理念，坚持以科学发展观引领企业可持续发展，经过十余年的拼博，发展成为享誉三峡库区的优秀房地产开发企业。

现恒森集团旗下拥有宁夏中拓恒森置业有限公司、银川中拓长和恒森物流有限公司、重庆鸿正房地产开发有限公司公司、重庆市万州区江融小额贷款有限公司、重庆市万州区东江物业管理有限公司、重庆市万州区中天广场装饰城经营有限公司、重庆市万州区凯谦商贸有限公司、重庆恒森旅游产业发展有限公司等子公司。产品覆盖了普通住宅、高层公寓、花园洋房、专业市场、综合商业及大型城市综合体等多种业态。

先后成功开发了万州区火车站物流中心、恒森·天江景城、恒森·阳光国际、恒森·天江郦城、恒森·阳光城等项目，开发建设住宅80余万平方米、商铺42000平方米，为万州上万市民提供了舒适温馨的家园，为1500人提供了就业和创业机会。

目前正在开发兴建的五大项目分别是“恒森·世纪天娇”、“恒森·滨湖晓月”、“鸿正·渝西印象”、“恒森·林海小镇”、“恒森·摩登时代”，开发面积达200余万平方米。

已 建 部 分 楼 盘

恒森·水晶郦城　恒森·天江郦城　恒森·阳光城

在建项目：
恒森·滨湖晓月

I TUAN

集 团

多年来，企业坚持以优秀企业公民的角色自觉承担社会责任，年均为国家创税利约2000余万元；积极参与城市改造开发和社会公益慈善事业，资助贫困学生及贫困户数名，为汶川大地震、玉树大地震、万州分水洪灾、雅安大地震分别捐献数万元；同时大力支持万州交巡警平台的建设，为消防官兵送温暖；积极资助贫困大学生就业；踊跃参加送温暖工程和残疾人基金会献爱心等活动。先后荣获“抗震救灾先进集体”、“老百姓喜爱的十大品牌企业”、“万州区非公有制重点企业”、“社会贡献特等奖”、“2012年守合同重信用单位”、“爱心助学单位”、“献爱心先进企业”等称号，受到社会各界如潮好评。

全体恒森人无比珍惜自己的劳动果实和社会荣誉，决心以强烈的责任心，继续不断坚持科学发展观，开拓进取，励精图治，乘风扬帆，以更优秀的产品服务顾客，以更多的爱心奉献社会，与各位合作伙伴实现更多的共赢，让“恒森”之林枝繁叶茂、绿叶长青、果实累累。

公 司 荣 誉

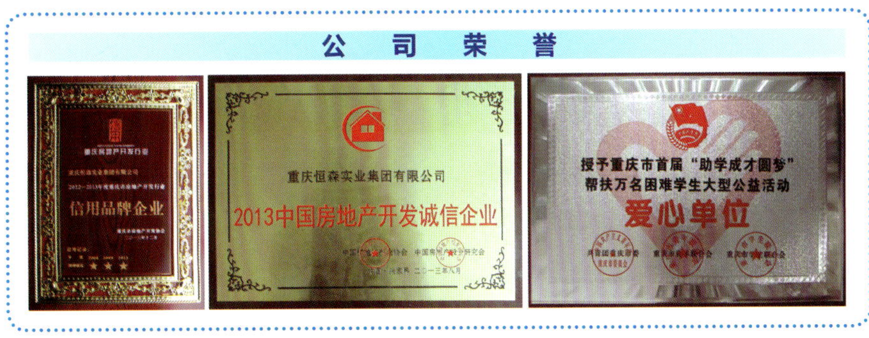

重庆恒森实业集团有限公司
公司网址：http://www.hssyjt.com
销售热线：023-58630888 58143888 58145111

公 司 各 类 活 动

重庆

重庆银河集团是一家集房地产开发、建筑施工、物业管理、商业贸易为一体的大型民营企业集团，现有员工500余人，资产20亿元。公司始建于1985年，1996年在原万县地区率先实施企业改制，经过近30年的发展，已成为一家实力雄厚的知名企业。公司秉承“诚信 尽责 创新 共赢”的企业核心价值观，实施相关多元化产业链发展战略，以市场为导向，诚信经营，加强企业内部制度管理，打造与企业发展相适应的人才队伍，强化员工执行力，增强企业核心竞争力，不断提升企业知名度、美誉度和影响力，使企业步入高速发展轨道。集团公司房地产板块年开发面积20万方，建筑板块年施工10亿元，商业贸易板块年销售额近20亿元，物业经营管理面积50万平方米。

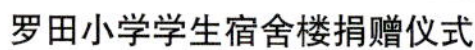
罗田小学学生宿舍楼捐赠仪式

员工培训

根据发展需要，公司制定了未来五年发展规划，坚持“商贸做业绩、地产做效益、建筑为补充的相关多元化”发展战略，以市场为导向，合法经营。集团所属地产、华商实业公司被重庆市工商局评为“重合同、守信用”企业，建筑公司被重庆市建委评为“优秀建筑企业”，银河商贸被万州区评为“重点批发市场”。银河集团始终坚持与时俱进，促进发展，秉承“让更多的人拥有幸福的家”的开发理念和企业使命，科学规划、规范运作，诚信经营，成效显著。以优质的产品、卓越的品质和一流的服务，造就了“银河”品牌的诞生。公司现正高起点、大手笔运作开发银河学林上城、银河碧水蓝天、银河公园山水（暂定名）项目，公司去年取得宜昌（银河东湖雅居）、内江（银河国际）和今年取得的万州天子路地块开发项目，各新项目开发正按计划实施中。公司竭力为业主奉献优雅、人文、舒适的理想居家之所。集团所属鸿鸥实业公司在建筑施工行业已积累了30多年的丰富成功经验，并形成了先进完善的管理体系，至始至终坚持深化管理、规范施工、安全生产，使公司在激烈的市场竞争中脱颖而出，产值成倍增长，公司成功完成数十项重点工程的项目建设，赢得市场和业主的肯定，扩大了知名度。集团所属华商实业公司在经营发展中与时俱进，不断适应市场变化，适时结构调整转型升

施工现场

鸟瞰图

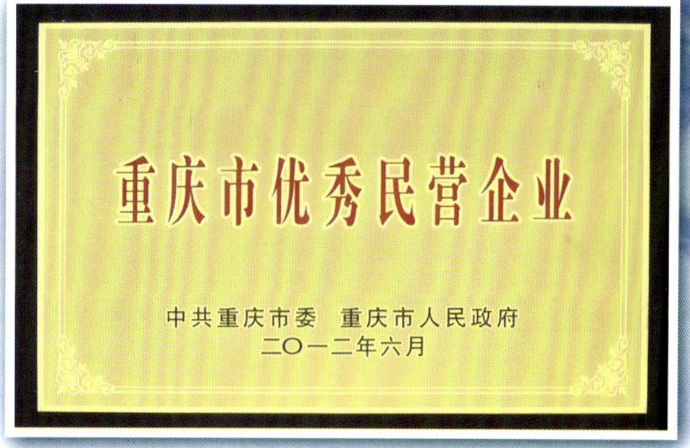

银河集团

级，经营业态全面拓展，公司在汽车贸易、建筑材料、机械设备、家电家具、办公设备等领域都有卓越表现，销售业绩稳步攀升。公司秉承“诚信、共赢”的经营理念，以“创新、高效”的工作作风，注重产品质量、坚持先进的营销模式，维护稳定的客户资源和贸易渠道，使经营业务得到快速发展。银泉物管公司秉承“真诚、尊重、专业”的服务理念，坚持以人为本、和谐共存，不断引进先进管理技术，注重环境和社区文化的发展，不断创新发展为万州首屈一指的专业物管品牌。

银河集团作为一家责任企业，深深扎根于社会土壤中，企业发展了不忘回报社会，感恩百姓。集团公司董事长兼总经理幸杰仁同志，在企业发展中带头履行“企业公民”角色，用自己的实际行动践行着作为一名人大代表的光荣责任，把对普通市民群众、对乡村学生的爱升华成对国家、对社会、对人民负责的大爱！在2011年重庆市人大开展的“五个重庆建设、人大代表在行动”主题活动中，他共实施民生工程项目及捐资总额达1310.5万元，为老百姓办了一件又一件的好事实事。公司投资1000万元修建吊岩坪生态公园基本建成；投资200万元作为道路改造的部分资金，修建完善万九支路；投资78万元捐建罗田小学学生住宿楼；赞助30万元支持城区学校塑胶操场的改造。多年来银河集团慷慨解囊，扶贫帮困。2006年向新田镇捐赠10万元，解决了因干旱造成的农民生活用水困难；2008年汶川地震捐助10万元；多年来为公司困难员工、员工子女升学等共捐助60余万元，对社区贫困户发放春节慰问物品及慰问金累计达40万元……这一桩桩义举，无不折射出“责任银河”的社会责任和感恩情怀！

银河集团将在公司董事会的带领下，秉承“让更多的人拥有幸福的家”的企业使命，踏实工作、开拓奋进，为实现“树百年银河 创中华名企”美好愿景而努力奋斗！

集团地址：重庆市万州区万川大道300号
电话：（023）58530333 传真：（023）58531969
网址：www.cqyhjt.com

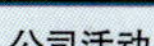
公司活动

碧水蓝天项目

开发楼盘

重庆玉诚房地产

2014万州秋季房交会上乔总为区领导介绍项目

企业简介：

重庆玉诚房地产开发有限公司成立于2013年12月，公司现有员工180余人，其中一级执业资格员工15人，二级执业资格员工35人，在开发楼盘两个，总开发面积达50万㎡。

公司成立以来，坚持“以诚信取天下，以创新求发展”的企业宗旨，胸怀“树行业典范、立百年基业”的远大理想，先后资助“武林风五国搏击大赛”，“20万奖学金寻找万州高考状元”，“万州仲夏夜啤酒节”等一系列文化、公益活动，为万州文化建设作出了杰出贡献。

项目介绍：

“玉诚·蓝湖彼岸”项目位于万州南滨路上沿段的五桥联合坝组团中，紧邻南滨路市政休闲广场。未来长江3桥通车后，从项目到达万州中心区域仅需10分钟车程。项目总建面约26万方，由14

玉诚·蓝湖彼岸

蓝湖彼岸鸟瞰图

蓝湖彼岸入口景观

蓝湖彼岸小区景观

开发有限公司

栋现代简约风格住宅与两层滨江景观商业街构成，项目容积率仅为2.5，绿化率高达35%，堪称低密生态住区。为打造高品质住宅小区，公司在万州率先推出首层5.1米全架空设计，并打造酒店式入户大厅，让居住空间与自然景观相得益彰；同时将户型层高提升至3.1米，为业主安装中央空调、地暖系统留出富裕空间。所有楼栋均采用断桥铝合金门窗材料，大幅提升住宅的降噪、保温、隔热效果。

武林风 五国搏击大赛

玉诚地产20万寻找万科高考状元

玉诚地产2015年又一人居巨著“**玉诚·蓝湖郡**”高品质纯正洋房项目将全面问世，成为玉诚地产一座全新的里程碑！

玉诚·蓝湖郡

波岸5.1米架空层

蓝湖郡鸟瞰图

蓝湖郡楼栋透视图

重庆市清江实业（集团）有限公司

清江．上城项目概况

清江·上城位于万州区北岸滨江路苎溪河与长江交汇处（原南门口、一马路地段），誉有"成渝万"之美称。该地段正对长江上游，滚滚江水的中轴线，吞吐万里长江水，九龙聚会、财源汇集。位于2000多年前的古城府衙之重地，传承和延续了古万州数千年来的人文气质和历史文脉，被喻为"上海卢家嘴、重庆江北嘴"。

项目总建筑面积36万平方米，项目建筑大量采用绿色、环保节能的新型建筑材料，充分利用地处两江交汇的水资源，采取集中供暖、制冷的"水源热泵中央空调"，成为项目生态、节能的一大特色。项目智能化、人性化、专业化的星级物业管理，让你居家无忧，国际滨江生活社区，实为现代生活之宝地。

重庆市清江实业（集团）有限公司是一家由原万县人民政府从海南招商引入的一家外来投资企业，也是一家城市综合营运企业。始创于1995年。公司主要经营房地产开发、物业管理、建筑施工、大型机械土石方工程、船舶码头、商贸流通、农业产业化开发、旅游资源开发等，系多元化的民营企业集团。

集团公司在万州区委、区人大、区政府，区政协及各级领导和职能管理部门的直接领导、支持和厚爱下，扎根万州十多年来开发建设了1.8平方公里的"北山移民开发示范区"，主要致力于三峡移民开发示范区和移民搬迁旧城功能恢复建设，兴建和完善各项基础设施，打造北山商贸圈。通过筑巢引凤，公交、金融、邮电、卫生、学校、美食、休闲娱乐、大型商业超市等行政和企事业单位纷纷入住，拉大了城市骨架。

时任重庆市委常委、副市长马正其视察北山移民示范区

时任重庆市委常委、万州区委书记吴政隆视察北滨路

在三峡库区百万大移民过程中，由集团公司在该区域建设房屋150万平米；在移民安置资金未正常到位之情况下，牺牲小我，顾全大局，垫资建安置移民近4万人，安置移民就业5000多人；现已开发整治土地310余亩，回填造地800亩。为恢复城市功能，拉大城市骨架，由集团公司立项、引资、建设的双塔单索斜拉跨度970m的万安大桥，荣获了重庆市政学会"鲁班杯"、建筑企业"巴渝杯"奖；由集团公司建设与管理的北滨路天城（外贸公司至飞亚）段于2006年通车。自筹资金建设的"钟鼓楼大市场"正火热经营中；由国家商务部批准的"双百市场工程"—"渝东农产品综合批发市场"已经启动，北滨路次商业中心的氛围正在初步形成，为滨江旅游商贸圈的形成铺垫了坚实的基础．

由集团公司投巨资打造的占地近120亩，建筑面积36多万平米，以"绿色低碳、环保节能、健康长寿、发家盛 世"为理念的高品质小区"清江·上城"；其水源热泵中央空调填补了国内空白；建成以后将成为万州的城市建筑标杆、康居典范。

集团公司拥有良好银行信誉，多次评为"AA+级信用客户"、"信誉诚信单位"；获万州区工商局"AAA"年检免审企业；被万州区人民政府多次授予"十强企业"、"优秀民营企业"、"明星企业"、及"社会特别贡献奖"等殊荣。

钟鼓楼大市场效果图

重庆渝万律师事务所

重庆渝万律师事务所位于重庆第二大城市万州高笋塘商贸圈内，是重庆东部、三峡库区的一家规模大、效益好、实力强的综合性律师事务所。从1997年创建以来，秉承“渝万律师，诚信永远”的理念，立足三峡，服务库区，励精图治，开拓创新，发展成在重庆市享有盛誉的“全国优秀律师事务所”。事务所自有办公楼1000平方米，拥有宽敞的执业场所，现代化的办公设施。全所现有执业律师57人，各类辅助人员20余人，规模在重庆市名列前茅。这是一支能高素质、讲诚信的精英团队，其中孕育着全国优秀律师、重庆市十佳律师、十佳女律师、重庆市优秀律师、重庆市劳动模范、重庆市人大代表、万州区政协常委等精英人才。多年来，渝万所担任了万州区政府及一些重要职能部门的法律顾问，为政府依法行政献言荐策，并多方化解社会矛盾，为构建和谐社会提供法律服务，受到了包括中共中央组织部、司法部、重庆市委、市政府在内的各级党委、政府、新闻媒体和社会各界的好评。同时，渝万律师还担任了库区百余家大型企事业单位、重点项目工程的法律顾问，在投资、贸易、房地产、金融证券、期货交易、知识产权、资产并购与重组等非诉讼领域的业务卓有建树。目前全所已有多名律师专门从事涉外民商事领域以及知识产权等非诉讼领域的法律服务，为以后逐步向非诉讼领域和专业化方向发展创造了良好的条件，并在做大做强的路上快步行进。

建所十多年来，渝万所实现了从一个不知名的小所到全国优秀所的跨越，在重庆律师界赢得了广泛的声誉：1999年，渝万所成为重庆市首批“市级文明律师事务所”，其后又多次被评为“重庆市优秀律师所”；2002年至2003年，渝万所连续两届被评为“诚信纳税先进单位”；2005年，渝万所被评为“全国优秀律师事务所”；2006年和2009年，渝万所党支部两次被重庆市委表彰为“重庆市先进基层党组”，成为全市律师行业中唯一获此殊荣者；2011年12月，又被司法部表彰为“全国律师行业创先争优活动示范点”；2012年7月，被中共中央组织部表彰为“全国创先争优先进基层党组织”，这是目前党建工作的最高荣誉。渝万所因其卓有成效的党建工作蜚声于重庆以至全国律师界，《人民日报》、《中国律师》、《重庆日报》等媒体都曾对渝万所及其党建工作进行采访或报道。

“走进渝万所，春风扑面来”。沐浴科学发展的春风，渝万律师正以“做两新示范，建一流强所”为目标，以“为当事人排忧解难，共同构建和谐社会”为理念，为创建“百年渝万”而努力奋斗！

地址：重庆市万州区高笋塘白岩路49号星海大厦11、12楼　　邮编：404100
电话：（023）58222583 58155630　传真：（023）58222583　http://www.lawyeryw.com　E-mail: cqywlawyer@126.com

2005年6月，渝万律师事务所荣获“全国优秀律师事务所”光荣称号

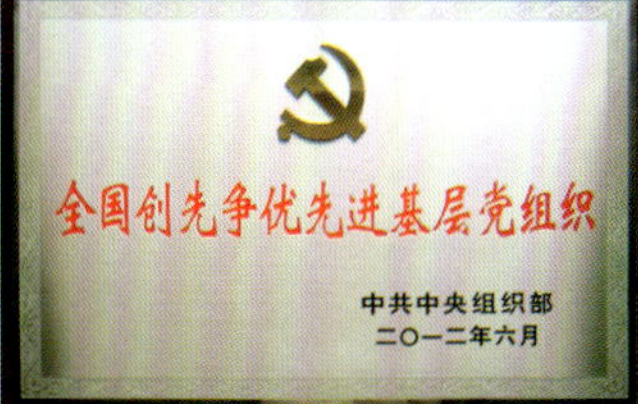

2012年6月，渝万所党支部被中共中央组织部表彰为“全国创先争优先进基层党组织”

2007年9月，渝万律师事务所荣获“重庆市优秀律师事务所”光荣称号

2009年，渝万所党支部被市委表彰为庆祝新中国成立六十周年重庆市先进基层党组织

重庆博云

董事长 高传云

公司部分项目负责人到重庆观摩学习

一、重庆博云建工集团

集团名称：重庆博云建工集团

组建时间：2014 年 1 月 20 日

核心企业名称：重庆博云建工集团有限公司（由重庆市博云建筑工程有限公司按《公司法》进行变更登记设立）。

集团成员企业：重庆市博雁建筑劳务有限公司、重庆市万州区博云森林酒店有限公司、重庆市博云物业管理有限公司。

董事长致辞

忆往昔艰苦征战，望来路岁月如歌。

想当初我们满怀着理想与激情，于 2007 年金秋，创建了博云建工，在充满希冀中开始谱写崭新的篇章。

弹指一挥间，历经风风雨雨，遍尝酸甜苦辣，博云建工已经走过 7 年的旅程。

7 年以来，我们始终发扬“诚信、进取、凝聚、分享”的企业价值观，坚持“守约施博”的企业作风，秉承“博采众长、云集群彦”的发展理念，为实现“为客户创造效益、为员工创造成就、为社会创造价值”的企业愿景，围绕建筑工程产业链，奋力拼搏，开拓进取，逐步发展壮大。现在博云建工已经是一家大型综合性集团公司，经营范围涉及建筑工程、地产开发、物业管理、酒店管理、园林绿化、金融投资、医疗教育等多个产业，业绩卓著，成为博云人的骄傲。

集团公司自成立以来，不断开拓新的市场，累计承接了数百个工程，积累了丰富的施工经验，掌握了各种新型施工技术，为社会创造了一大批优质精品工程，荣获了多项荣誉称号。有成就不忘回报社会，我们也积极参与公益活动，扶贫济困，奉献爱心，获得了社会各界的美誉。

志存高远，搏击云天，“我们站在大地之上，并非我们对大地的征服，而是大地对我们的承托；我们立于天空之下，也并非我们对天空的支撑，而是天空对我们的滋养。”回顾过去，博云建工的成长壮大，饱含着各级领导、各界朋友的关爱和支持，饱含着全体员工的辛勤付出。在此，我谨向各级领导、各界朋友、全体员工表示最诚挚的谢意和最美好的祝愿！

望断关山，任重道远。

让我们携起手来一起努力，创造博云新的辉煌。让我们共同期待博云的事业将更加美好，博云的明天将更加辉煌！

东方医药产业园（一期）工程项目

鸥鹏天境一期工程项目

博云中央商业广场工程项目

建工集团

二、重庆博云建工集团有限公司简介

重庆博云建工集团有限公司前身为重庆市博云建筑工程有限公司。公司成立于 2007 年 1 月，公司注册资本 5000 万元。现有职工 500 余名，高级工程师 10 余名，各类职称的工程技术人员 300 余名。公司始终发扬“诚信、进取、凝聚、分享”的企业精神，秉承“以建筑为主业，坚持多元化发展”的经营理念，在激烈的市场竞争中发展成为集房屋建筑工程施工、市政公用工程施工、土石方工程施工、体育场地设施工程、矿山工程施工、水利水电工程施工、钢结构工程、防腐保温工程、机电设备安装工程、建筑装修装饰工程、园林古建筑工程、建筑防水工程、城市及道路照明工程施工、环保工程施工、市政维护等多项资质为一体的建筑施工企业。公司于 2009 年通过了 WSC 世标环境、质量、安全管理体系认证。

三、重庆市博雁建筑劳务有限公司简介

重庆市博雁建筑劳务有限公司是经区工商局登记注册（注册号 500101000004582）成立，通过重庆市万州区建设委员会批准并拥有砌筑作业劳务分包壹级、木工作业劳务分包壹级、钢筋作业劳务分包壹级、脚手架作业劳务分包壹级、抹灰作业劳务分包资质、混凝土作业劳务分包资质的一家专业从事建筑劳务输出的社会服务机构。公司成立以来为万州区建筑市场输送各类劳务人员每年近千余人次，为劳务就业人员搭建便利平台。公司在劳务输出、劳务用工方面，得到区建委、区劳动和社会保障局的赞赏。

公司秉承高质量、高效率、高信誉的企业理念，以交付业主满意工程为已任，以转移库区剩余劳动力为重任，为构建和谐社会做出应有贡献

四、重庆市万州区博云森林酒店有限公司简介

博云森林酒店地处万州大垭口老岩新村旁，是博云公司斥巨资参照星级标准精心打造的集住宿、餐饮、会务、娱乐、茶道、休闲等为一体的多功能森林度假酒店。

酒店簇拥在万亩林海之间，绿意盎然，风景优美，海拔 1031 米，空气清新，凉爽宜人。整体设计尽情的展示了中国古典建筑文化的神韵，古色古香的酒店外观、大气大度的气概，匠心独具，清新飘逸。酒店的室内设计更是凝聚了设计大师的心血，独特的将中西建筑文化的精髓与酒店的功能、结构、设备配套完美结合，具有丰富文化内涵及文化气息。

五、重庆市博云物业管理有限公司简介

致力于打造成万州最值得信赖和最值得尊重的物业管理服务企业的重庆市博云物业管理有限公司（简称博云物业），是重庆博云建工集团的成员企业之一。博云物业自成立以来的短短几年间，无论是经营规模、管理模式还是服务质量都已经在万州业界处于领先地位。

公司按市场化、专业化的管理模式，以住户至上、服务第一为宗旨。建立了独立核算、自负盈亏、依法管理、自主经营、自我发展的运行机制，确立了科学规范、竭诚高效、安全文明、持续发展、依法管理的质量方针，制定了一整套严格的管理制度和操作规程，通过科学的管理，为客户提供安全、文明、整洁、满足客户需求并且持续改进的高品质物业管理服务。同时，公司已形成了以人为本、和睦共存、“真诚、专业、服务、创新”的独特文化理念，为企业的健康发展打下了厚实的人文基础和强大的精神支柱。

博云物业的追求——让城市因我们更加文明，让社会因我们更加和谐，让社区因我们更加温馨，让物业因我们更有价值。博云物业勇敢地肩负起时代责任和社会使命，为客户提供更高价值的服务体验，超越平凡，不断创新，力争保持万州物业管理行业的领先地位。

公司地址：重庆市万州区王牌路 1290 号　　公司电话：023-58982567　　公司传真：023-58982567
公司网址：www.cqboyun.com　　公司邮箱：717360159@qq.com

多功能森林度假酒店

慰问在烈日酷暑中坚守岗位的交巡警

广安城区

广安是中国改革开放和社会主义现代化建设总设计师邓小平同志的故乡，辖广安区、前锋区、岳池县、武胜县、邻水县，代管华蓥市，幅员面积6341平方公里，总人口466万，是四川毗邻重庆最近的地级市。

广安有深厚的历史底蕴。有记载的文明史可追溯到三千多年前，自宋开宝二年取“广土安辑”之意设广安军开始，历朝历代均在此建府设州置县。悠久的历史孕育了一代又一代仁人志士，宋代有爵至国公的安炳，明代有位至户部尚书的王德完，近代有四川保路运动领袖蒲殿俊、黄花岗七十二烈士之一秦炳、数学泰斗何鲁、抗日英雄杨森，世纪伟人邓小平更是广安历史上最杰出的代表。广安人民因小平同志倍感自豪，也因小平同志而倍受各界关注，习近平、李克强等50多位党和国家领导人先后莅临广安视察，给广安发展注入了强大的精神动力。

中国改革开放总设计师邓小平同志故居

广安思源大道夜景

广安有丰富的自然资源。境内已探明的矿产达30多种，原煤、盐卤、天然气、石灰石、大理石、玄武石、铝矾土等储量大、品位高、易开采。水、电、气保障充足，全市电力总装机达300万千瓦，年发电量150亿度，

广安市观塘现代农业园区

广安市华蓥市电子信息产业

广安市摩托制造产业

广安港开通试运行

年富余用电量100亿度。广安旅游资源得天独厚，华蓥山风光秀丽、景色宜人，邓小平故里为国家5A级景区，华蓥山石林为国家4A级景区，“小平故里行·广安欢乐游”成为全国著名旅游品牌。已成功创建中国优秀旅游城市、国家园林城市、国家卫生城市、四川省环保模范城市、四川省环境优美示范市，广安空气质量优良天数高达99%，位居全省前列，是宜商宜业宜居的首选之地。

广安有显著的区位优势。位于重庆1小时经济圈内，铁路、高速公路、水路均通重庆，物流便捷、成本低，是川渝合作的重要节点城市。襄渝铁路和正在建设的兰渝铁路纵贯全境，2014年8月8日已开通至成都动车，距成都2.1小时车程；渝川陕高速公路建成通车后，40分钟可达重庆。境内嘉陵江、渠江直通长江黄金水道，可容千吨级船舶通航，常年通航能力达2200万吨，具备承载大工业、承接大物流的良好条件；设计能力100万标箱的广安港已开港试运行，是川东北地区进入长江最近的港口。

广安产业基础良好。能源、建材、装备制造等传统优势产业巩固提升，有色金属、电子信息、新能源、新材料产业加速形成。煤炭产能1400万吨。水泥产能1500万吨。建材产业大力发展新型节能建材，建设千亿级新型住宅产业生产基地。装备制造业着力发展先进运输装备、矿山机械、节能降耗装备、新能源汽车等装备制造业。化工产业加快建设天然气制氢氰酸、醇氨联产、聚苯硫醚（PPS）、钾盐勘探及加工等项目。有色金属产业已入驻20万吨粗铜精炼、4000吨电积钴和15万吨铜杆等项目，重点建设铜、钴、钨、锡、镍、钛等贵金属冶炼及下游压延加工项目。电子信息产业积极推进笔记本电脑配套产业，加快引进各种电路板及其电子组件产业，大力推动新型显示产业以及汽车电子、化工电子、电力电子等

广安诚信化工集成控制室

广安市岳池县医药产业

广安市前锋区新桥工业园区

广安市

应用电子产业。新材料产业加快建设投资200亿元的宏威聚酰亚胺项目，建有四川帕沃可矿物纤维、四川沃美森新材料科技有限公司等企业，化工新材料、金属新材料及复合新材料等将在广安得到长足发展。国家现代农业示范市创建取得阶段性成果。枣山现代物流商贸城建设快速推进。

广安有叠加的优惠政策。先后获批国家级经济技术开发区、川渝合作示范区、承接产业转移示范区，拥有国家级经开区产业发展倾斜政策，川渝合作示范区财税、投融资、产业、土地、开放等19项优惠政策，国家承接产业转移示范区在产业优化、创新发展、区域合作、民生改善4个方面的支持政策。国家还赋予广安享受重庆、成都统筹城乡综合配套改革和重庆两江新区的一系列优惠政策，允许广安

广安市协兴镇牌坊新村

广安市协兴生态文化旅游园区红色文化影视城

电厂冷却塔/装机18万千瓦的华能东西关水电厂大坝/川东油气钻探

在经济社会发展等相关领域先行先试，为广安经济快速发展创造了优越条件。

2014年8月22日是小平同志诞辰110周年纪念日。根据中央和四川省委的安排部署，广安市按照“隆重热烈、务实简朴”的筹备原则，精心筹办邓小平同志诞辰110周年纪念活动，全力推进邓小平缅怀馆建设布展和邓小平故居陈列馆改陈工作，隆重热烈、务实简朴举办系列主题纪念活动，广泛宣传、传递“感恩作贡献”正能量，梳理包装市民广场、广安希贤学校、中华慈母苑、小平故里路、福兴大道等民生项目36个，接受捐赠资金5.2亿元，助推了广安经济社会的又好又快发展，纪念活动取得圆满成功。

万源市

CHINA WANYUAN

万源位居四川省东北部，大巴山腹心地带，处于川陕渝三省市结合部，是中国南北气候的分界线和嘉陵江、汉江的分水岭，也是进出川的主要通道。全市辖52个乡镇，幅员面积4065平方公里，总人口60万。

红色万源。1929年，革命先烈李家俊领导了震撼全川的固军坝起义，创建了四川最早的一支革命武装——四川工农红军第一路游击队。1934年，徐向前、李先念、许世友等老一辈无产阶级革命家率领红四方面军，在万源进行了红军战史上"规模最大、时间最长、战斗最艰苦、战绩最辉煌"的"万源保卫战"。胡耀邦同志题写馆名的"万源保卫战战史陈列馆"被列为全国爱国主义教育示范基地、全国100个红色旅游经典景区之一。

宝库万源。万源素有"万宝之源"的美誉。境内天然气、原煤、石膏、石灰石等矿产资源储量丰富。境内植被良好，森林覆盖率近62.3%，有萼贝、皮桔、天麻等中药材达1206种。"巴山雀舌"天然富硒绿茶荣获"中国文化名茶"、"四川十大名茶"等殊誉，万源被国家食品工业协会授予"中国富硒茶都"；世界稀有、中国独有、万源唯有的旧院黑鸡（蛋）获得国家有机食品认证。

中共万源市委书记王成军乡镇调研

中共万源市委副书记、市长吴晓勇调研农业生产情况

胜景万源。万源旅游资源丰富，开发前景广阔，具有秀美的山水风光、神奇的三国传说、纯朴的民俗风情。花萼山国家级自然保护区、大巴山国家级地质公园、黑宝山省级森林公园、国家3A级景区龙潭河、"大巴山第一漂"等生态旅游已成为秦巴地区知名旅游品牌。境内还有荔枝驿道、石冠古寺、观音幽峡、项王溶洞、驮山亭榭、黑宝林海、茶海晨曦、烟霞云雾等风景名胜区。

通达万源。万源是秦巴地区的交通枢纽，自古就是秦巴地区的商贸重镇，襄渝铁路、包茂高速、国道210线、省道302线纵贯全境，有国家二级火车站（万源火车站）。北上西安、南下重庆、西至成都均三小时可达。四通八达的交通优势，已使万源成为秦巴地区川陕渝结合部的人流、物流、信息流中心。

热土万源。万源一贯秉承"你发财，我发展"的理念，全力打造最佳投资环境，充分利用良好发展基础，依托区位、资源优势，围绕"融入成渝、对接沿海"思路，推出一系列符合万源发展实际的扩大对外开放、大力招商引资的政策和举措。美国雪佛龙、中石油、广东元邦等一大批国内外财团纷纷抢滩万源，投资兴业各领风骚。

大巴山地质公园

巴山田园（官渡）

长洞湖

独峰神秀

达州位于川渝鄂陕四省市结合部，幅员 1.66 万平方公里，总人口 690 万，辖 4 县 1 市 2 区，是四川省的人口大市、农业大市、工业重镇、交通枢纽和全国闻名的革命老区，享有“巴人故里、中国气都”之美誉。

达州历史悠久，文化灿烂。自东汉建县至今已有 1900 多年的历史，是距今约 4000 多年前古巴人文明的发祥地和中国汉阙之乡，是川陕革命根据地的重要组成部分和全国闻名的革命老区，孕育了王维舟、张爱萍、魏传统等 50 多位共和国将帅。

达州区位独特，交通便捷。是国家公路运输 179 个主枢纽城市、国家区域现代物流试点城市、四川省重点培育的 8 个百万人口大城市之一。境内已建在建铁路 6 条、高速公路 5 条，空中航线连接北京、上海、广州、深圳、昆明等地，水运经重庆直达上海，达州火车站是西南地区第四大站。

达州资源富集，物产丰饶。已探明可开发利用资源 28 种，其中天然气资源量达 3.8 万亿立方米，探明可开采储量 7000 亿立方米，是国家天然气开发的重点地区和川气东送工程的起点，是亚洲最大的硫磺生产基地。达州享有中国“苎麻之乡”、“油橄榄之都”、“富硒茶之都”等美称，是全国重要的商品粮、畜禽等农特产品生产基地。

达州风光秀美，景色宜人。现有国家 4A 旅游景区 2 个、3A 旅游景区 4 个，国家级森林公园 2 个、国家级自然保护区 1 个、国家级地质公园 1 个。

达州基础坚实，前景广阔。近年来，达州紧紧围绕建成川渝鄂陕结合部区域中心城市这一发展定位，奋力推进全国次级综合交通枢纽、中国西部天然气能源化工基地、成渝经济区配套产业高地、秦巴地区生产性服务业中心和新农村综合体试验区、川渝鄂陕结合部职业教育基地和区域文化中心建设，2013 年

第三届全国新农村文化艺术展演成功举办

2013 年 10 月 27 日，中国文学艺术界联合会、四川省人民政府联合主办的第三届全国新农村文化艺术展演在达州市开江县宝塔坝新村开幕。展演为期两天，以“实现伟大中国梦、讴歌幸福新农村”为主题，由 3 场文艺巡演、5 场欢乐乡村行——分会场文艺演出、全国新农村文化建设和文艺创作座谈会、新农村印象 · 全国摄影展四大板块构成。

2013 年 10 月 27 日，首场演出在开江县普安镇宝塔坝新村开幕

第二场演出在达州市达川区举办

2013 年 10 月 28 日，第三届全国新农村文化艺术展演第三场文艺演出活动在人民广场举行

经济总量达到 1245.4 亿元，位居四川省第 6 位、川渝鄂陕结合部“八市二区”第 2 位。达州曾是国家“三线”建设的重点地区之一，已形成能源、精细化工、冶金、建材、机电、医药、纺织、食品加工、商贸物流等为主体，门类较为齐全的产业体系，现有产业园区 7 个、配套园区 2 个，其中，达州经济开发区规划面积 143 平方公里，是川东北地区建成面积最大、设施最完善的工业园区，目前正在争创国家级经济技术开发区、国家循环化改造示范园区、国家天然气综合开发利用示范区。

达州市首个国家地质公园诞生，面积 218.5 平方千米

2013 年 6 月 28 日，四川大巴山国家地质公园顺利通过国土资源部专家组的复核验收。该公园由万源八台山和宣汉百里峡两个园区组成，它集地质遗迹保护、科普教育、助推旅游等多种功能于一体，面积 218.5 平方千米。构造位置处于中国独特而重要的大巴山弧形构造带，地处扬子地台北缘与秦岭造山带的过渡部位，是古特提斯构造域北侧的重要分支。

四川大巴山国家地质公园万源市八台山园区主碑广场

宣汉县百里峡园区

站在新的历史起点，达州市委、市政府认真贯彻落实省委多点多极支撑发展战略，着力实现次级突破，加快进入全省超 2500 亿元经济总量的次级中心城市行列，确立了五年内实施并实现“三大总体战略工程”的奋斗目标，即：实施城市“842”工程，中心城区经济总量超 800 亿元，3 个百万人口大县经济总量分别超 400 亿元，2 个县经济总量分别超 200 亿元，完成同步全面建成小康社会的现实性追赶和历史性跨越；实施工业园区“121”工程，即市经开区建成 1000 亿产业园区、5 个县区各建成 200 亿元产业园区，其余 2 个县（市）各建成 100 亿元产业园区，支撑全市工业增加值突破 1000 亿元，再造一个工业达州；实施企业“百十一”工程，即打造 5 个百亿企业，40 个十亿企业，100 个 1 亿企业。在市委、市政府的坚强领导下，全市人民踏上了“经济大市向经济强市跨越、总体小康向全面小康跨越”的新征程。

真佛山庙群、石桥古镇列宁街、渠县文庙晋升全国重点文物保护单位

2013 年 5 月 3 日，达州市达县真佛山庙群、达县石桥古镇列宁街石牌坊及红军标语和渠县文庙经中华人民共和国务院公布为第七批全国重点文物保护单位。

真佛山庙群

位于达县福善镇，原为关帝庙，清嘉庆十五年（1810 年）后仿佛寺改建，寺名“德化寺”，清道光六年（1825 年）扩建后更名为真佛山。庙群占地近 4 万平方米，建筑面积 1.5 万平方米。为川东北独具特色的宗教寺庙建筑群。

石桥古镇列宁街石牌坊及红军标语

石桥镇距达县城西 61 千米。古镇始建于东汉年间，共有 11 条街道，全长 6953 米，街房为穿逗结构，青瓦屋顶，板石路面，从东向西耸立着四座仿木结构石牌坊。1933 年红四方面军屯兵该镇，建立苏维埃政权，先后在四座牌坊和石壁上刻下“列宁主义街”等 38 幅红军标语，至今保存完好。

渠县文庙

位于渠县城内西隅石于岗顶。建于宋代嘉定以前。文庙气势雄伟，构思精巧别致，建筑工艺精湛，文化气氛浓郁，布局严谨有序，保存基本完好。

县委书记赵万先在高明新区石牛嘴建设一线督查

县委副书记、县长王军在诺水河景区建设一线督查

川陕革命根据地红军烈士陵园位于通江县东部沙溪镇王坪村。该陵园核心景区“红四方面军英勇之墓”，始建于 1934 年，为全国唯一由红军为自己的烈士修建的纪念墓；1985 年经省政府认定，始称“红四方面军王坪烈士陵园”；1992 年，被国务院公布为全国重点陵园。2002 年 8 月民政部批准更名为“川陕革命根据地红军烈士陵园”。2005 年，被中宣部国家旅游总局等 13 个部门联合确定为“全国红色旅游经典景区”；2009 年，被中宣部为“全国爱国主义教育示范基地”；2012 年 5 月，烈士陵园成功创建成为国家 AAAA 级景区，并相继成为全国卫生系统爱国主义教育基地、四川省干部党性教育基地、四川省青少年爱国主义教育基地、四川省中医药文化宣传教育基地。景区景点包括：铁血丹心广场、千秋大道、英勇烈士墓、无名红军烈士纪念园、红军烈士纪念馆、红四方面军总医院旧址群、古堡大城寨、“赤化全川”石刻标语、王坪新村等。2013 年接待祭扫、瞻仰人士和游客 90 余万人次。

2013 年 4 月 4 日，首届“缅怀革命先烈，传承红军精神”清明节盛大纪念活动现场。

空山原始森林剪影

空山国家森林公园位于通江县北部，米仓山东南麓，面积

建设中的高明新区石牛嘴广场

县城红军广场夜景

2013 年 10 月 18 日，中
通江县城红军广场演出

东山乡大包塬村高标准农田建设项目

广纳镇渠江村水产科技园

沙溪镇王坪幸福美丽新村

11511公顷，占所在空山乡面积的85.9%。最高海拔2117米。由挂宝岭原始风光游览区、天香峰森林文化游乐区、鹰爪岭森林野营游乐区、空山坝岩溶风光游览区和猴子岩峡谷风光游览区等五处景点构成。空山乡是“全省乡村旅游示范乡”，2013年共接待游客10万人次，实现旅游综合收入近亿元。

诺水河国家级旅游景区位于通江县北部，紧邻陕西汉中，幅员面积525平方公里。东有“秦川锁钥”护持，西与“剑门蜀道”相连，境内秀水中流，奇泉遍地，险峰兀立，怪石丛生，关隘、峡谷、飞瀑、溶洞、暗河比比皆是，共分“诺水洞天”、“临江丽峡”、“空山天盆”三大独立景区，呈弧形分布。2013年，核心景区共接待游客60.2万人次，实现旅游综合收入2亿元。

“诺水洞天”溶洞景观

通江银耳驰名中外，其人工银耳的发祥地，栽培已有100多年的历史。1994年，通江银耳被四川省人民政府授予四川名优特新产品博览会金奖，1999年通江被全国首批中国特产之乡命名暨宣传活动组织委员会认定为“中国银耳之乡，2004年，通江银耳被列入国家原产地域产品保护名录（地理标志产品），2005年，通江银耳被中国食用菌协会评为“全国食用菌行业优秀产品”。现已开发出银耳食品、银耳饮料、银耳保健品、银耳化妆品等系列产品10多个。

通江银耳产业园内的椴木银耳

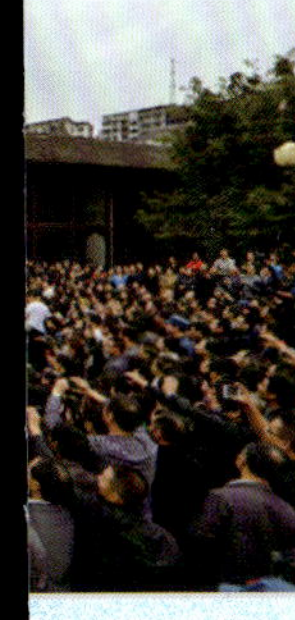
心连心艺术团在

三溪乡张家山幸福美丽新村

空山乡龙池幸福美丽新村

凤池雪韵

六盘水市

一、六盘水市介绍

六盘水市位于中国贵州西部，是“三线建设”时期发展起来的一座能源原材料工业城市，辖六枝特区、盘县、水城县和钟山区4个县级行政区，总面积9965平方公里，总人口320万，以苗、彝和布依族为主体的少数民族人口占27.4%。六盘水市是国家确定的“攀西——六盘水资源综合开发区”和省委、省政府确定的“毕水兴经济带”的重要组成部分。

六盘水区位优越，有“四省立交”之名。地处川、滇、黔、桂四省结合部，与昆明、成都、重庆、贵阳、南宁五个省会城市的距离约为300～500公里，是华南、西南铁路大通道交汇点，是区域经济发展中通江达海的重要结节城市，是西南地区重要的铁路枢纽城市和物流集散中心之一。贵昆铁路、株六复线横贯东西，南昆铁路、水柏铁路、内昆铁路连接南北。已建成镇（宁）胜（境关）、水（城）盘（县）高速公路。在建的杭（州）瑞（丽）、水（城）镇（宁）、水（城）西（昌）等高速公路和六盘水机场建成后，区位和交通优势将更加凸显。

六盘水气候凉爽，有“中国凉都”之誉。年平均气温12.3～15.2℃，其中夏季最热月平均气温19.7℃。中国气象学会研究认为，六盘水市气候具有“凉爽、舒适、滋润、清新和紫外线辐射适中”的特点，于2005年8月授予“中国凉都”称号。2006年被中国城市竞争力研究会等机构评为中国十佳避暑旅游城市之一，2009年5月在中国循环经济发展高层论坛上被评为全国“十佳绿色环保标志城市”。境内风光旖旎，旅游资源丰富，已有国家级森林公园1个，国家级湿

六枝郎岱粮食生产基地

盘县柏果黔桂煤电化一体化循环经济项目焦化厂区

世界古银杏之乡——盘县石桥镇妥乐村

风光迷人的明湖国家湿地公园

地公园1个，国家级地质公园1个，在建省级森林公园3个，国家重点文物保护单位1个，省级风景名胜区5个，省级重点文物保护单位6个，全国工业旅游示范点1个，全国农业旅游示范点2个。

六盘水资源丰富，有“江南煤都”之称。煤、铁、锰、锌等矿产资源达30多种，其中煤炭资源远景储量844亿吨，探明储量180亿吨。经过改革开放30多年的发展，现已形成以煤炭、电力、冶金、建材为支柱的工业体系。2009年9月，国务院将六盘水市纳入资源富集区循环经济区试点。

六盘水市人民广场

建成投入使用的六盘水会展中心

二、市政府领导名录

市 长：周 荣

副市长：周宏文、尹志华、李新旺、彭说龙、范三川、马 雷、谢朝碧、付昭祥

秘书长：罗资湘

三、招商引资部门联系方式

六盘水市投资促进局：0858-8236031

水城县富硒茶产业园区茶场

六盘水“三线建设”博物馆

宽阔水景区月亮湖

绥阳县

2014年10月24日，贵州省第三次项目建设现场观摩会走进绥阳。图为贵州省委副书记、省长陈敏尔（中），绥阳县委书记尹恒斌（右一），绥阳县委副书记、县长王晓旭（左一）在观摩会现场

绥阳县位于贵州省北部，大娄山脉中段，隶属遵义市管辖，2013年辖12个镇3个乡，1个省级经济开发区，总人口57.15万。绥阳建县于隋大业七年（611年），至今已有1403年历史。全县南北长75公里，东西宽56公里，国土总面积2566平方公里，平均海拔866米，森林覆盖率49.8%。

绥阳气候温和，物产丰富。年平均气温15.1℃，年降雨量1160毫米，年无霜期283天，年日照时数1114.2小时。县内有万亩大坝4个，千亩坝子10个，为贵州省主要产粮区，盛产水稻、玉米、小麦、油菜、大豆等农产品及天麻、杜仲、金银花等650余种中药材，粮食产量稳定在27万吨以上，粮、油、烟、畜、椒、药、菜七大特色产业初具规模，金银花、生态土鸡获地理标志认证商标，矿产资源已探明的有煤、铁、硫铁、钾、铅锌、石膏矿、瓷土矿等数十种，其中煤炭资源已探明储量为5.06亿吨。

红果树风景区

绥阳地灵人杰。宽阔水原始森林为地球同纬度仅存原始森林，有“绿色宝石”之称；西部第一泉——水晶温泉可饮可浴、四季不竭、水质清澈透明；中国第一长洞——双河溶洞神秘深幽；“水上张家界”——九道门风景区风光无限。汉三贤之尹珍设帐讲学，冉琎、冉璞两兄弟筑合川钓鱼城，“中国一绝”石房子（又名“张喜山祠”，国家重点文物保护单位）等历史文明古迹共筑绥阳深厚人文底蕴；当代诗人及艺术家廖公弦、李发模、杜兴成等吟唱时代强音，赢来“全国文化先进县”和“中国诗乡”美誉；绥阳

贵州绥阳经济开发区工业大道

贵州绥阳经济开发区标准厂房

绥阳县投资促进局联系方式 :0852-6223599.6231510

籍运动员邹市明两次获得奥运会拳击金牌，为绥阳添光增彩。

绥阳区位条件优越，投资环境好。距遵义市 30 公里，贵阳市 180 公里，重庆市 270 公里。高速公路直通县城，15 分钟可到达遵义机场，独具“空中走廊”优势。先后荣获“中国绿色果蔬之乡”“中国布谷鸟之乡”“全国文化先进县”“中国诗乡”“全国最具投资潜力县”“全国经济转型发展示范县”“中国金银花之乡”“中国最美风景县”“中国最佳生态休闲旅游名县”“中国最佳山水文化旅游名县”等称号，2013 年经济发展争比进位综合考核排名位列全省 88 个县（市、区）第 14 位，全面小康实现程度预计达 81.88%。

四家班子主要领导名录

县委书记：尹恒斌

县委副书记、县长：王晓旭

人大主任：何晓明

政协主席：钟方伟

清溪湖风光

绥阳幸福大道华灯初上夜景远景

2 月 4 日至 5 日，绥阳县 2013 年春节广场系列群众文化活动在诗乡文化广场举办

象

贵州省绥阳中学新校区一角

5 月 25 日至 26 日，第二届“遵义旅游产业发展大会暨绥阳县第六届乡村文化旅游体育节”活动在枧坝镇观音岩景区举行

贵安新区

GuiAnXinQu

一、地理区位

贵安新区地处黔中经济区核心区、贵阳市与安顺市相连的中心地带，规划面积1795平方公里，涉及贵阳市花溪区、清镇市和安顺市平坝县、西秀区的20个乡镇，现状人口73万人。

贵安新区交通区位优越，是连接大西南与泛珠三角的枢纽区域，境内沪昆高铁、贵广高速等快速通道横贯全境，三小时通达贵州周边省会，六小时抵达出海港口；东西两侧分别有龙洞堡国际机场和黄果树支线机场，是连接东南亚、南亚和长三角、京津冀之间的重要航空枢纽。

贵安新区生态环境良好，地形地貌多样，气候宜人，空气清新，年平均气温12.8—16.2℃，河流湖泊纵横交错，湿地面积占24%，地表河流域面积占80%，自然风景区面积占24%，拥有国家级风景名胜区和国家重点文物保护单位、历史文化名镇22处，具备发展健康产业和大数据产业的天然优势。

二、目标定位

2012年，国发2号文件提出把贵安新区建设成为内陆开放型经济示范区。随后国务院批复的《西部大开发十二五规划》中明确，把贵安新区建设成为黔中经济区最富活力的增长极。2014年1月，国务院批复设立贵安新区，提出把贵安新区建设成为经济繁荣、社会文明、环境优美的西部地区重要经济增长极、内陆开放型经济新高地和生态文明示范区。国家批复的《贵安新区总体方案》赋予了五大战略定位，内陆开放型经济新高地、创新发展试验区、高端服务业聚集区、国际休闲度假旅游区、生态文明建设引领区，建成功能完善、环境优美、幸福宜居、特色鲜明的国际化山水田园生态城市。贵州

一个高校聚集区，拓展一座新城，带动一方发展。
图为贵安新区花溪大学城一隅

贵安路远眺

清镇4A级风景区红枫湖

省委、省政府举全省之力推进贵安新区建设，明确要“一年有框架、两年有效果、三年有形象、五年大发展”，努力打造成为贵州发展的核心增长极和全国极具特色的一流城市新区。

三、发展现状

贵安新区自2012年10月29日正式启动建设以来，秉承“坚持规划引领、坚持开放带动、坚持产城融合、坚持山地特色、坚持生态优先、坚持改革创新”的发展理念，遵循“先规划、后建设，先环境、后开发，先储备、后出让，先安置、后拆迁，先地下、后地上”的建设理念，高起点、高标准、高效率推进规划建设，发展势头强劲。一是快速形成行政管理新体制。初步建立高效两级扁平化管理体制和大部门制，行政审批精简到149项，开通了新区、乡镇和村三级联网的网上办事大厅并实现手机申报办理，实施了19条商事登记改革措施，积极营造市场化国际化法治化营商环境。二是快速形成基础设施框架。总投资400余亿元、总里程330公里的骨干路网2014年全部建成通车，高铁站和轨道交通开工建设，初步形成内畅外联的交通路网。同济贵安医院等一批国内外一流的医疗、教育等公共服务设施快速推进。建成全国最高污水处理标准的4个污水处理厂和达到直饮水标准可供90万人用水的1座水厂。三是快速形成产业发展基础。三大通信运营商云计算中心和富士康第四代绿色产业园、西部国际智能产业园等一批以大数据为重点的电子信息、高端装备制造、新医药大健康、文化旅游等重大产业项目快速推进，形成较强集聚发展效应。四是快速形成生态文明建设示范。率先全面推进低冲击开发模式，严格保护生态人文环境，全面推进生态砂基透水及雨水收集系统和“五区、八廊、百园”、“十河、百湖、千塘”等生态环境工程建设，精心打造由山川、湖泊、绿廊与城镇组成的国际化山水田园生态城市，努力建成诗意般栖居的“东方瑞士”。

成功举办生态文明贵阳国际论坛贵安新区分论坛
“绿色新区创新发展——塑造区域绿色增长极”分论坛活动

美丽乡村建设

本强®
中国驰名商标

中国驰名商标
酒中酒
酱香型
茅台镇酱酒核心产区

一九九五年
仁怀撤县设市
只为这上天赐福的酿酒之地
插上腾飞的翅膀
一杯酒
续写一段辉煌

贵州酒中

贵州酒中酒集团创办于一九九二年，是一家经工商部门注册的独具法人资格的合法大型民营白酒生产企业。集团占地面积 1650 余亩，注册资本 3.2 亿元。

编号：08271-1103-01

世界纪录协会
WORLD RECORD ASSOCIATION

世界纪录证书

世界最大的无砖外墙原生态环保酒厂
——茅台镇古镇酒业有限公司

贵州省仁怀市茅台镇古镇酒业有限公司于 2008 年 6 月在仁怀市茅台白酒工业园区内开工建设的白酒生产基地，占地面积 226800 ㎡，已建成 110000 ㎡建（构）筑物外墙均采用当地鹅卵石组成，创世界纪录协会世界最大的无砖外墙原生态环保酒厂世界纪录，特发此证。

世界纪录协会

集团下设酒中酒（集团）有限责任公司、茅台镇古镇酒业有限公司、贵州酒中酒（集团）两河基酒厂、天豪大酒店和贵州酒中酒（集团）销售有限责任公司等五个子公司。其中，茅台镇古镇酒业有限公司位于茅台白酒工业园区，占地面积 650 亩，年生产酱香型白酒 5000 吨规模，总投资 22 亿元，属贵州省人民政府确定的 2011 年全省 900 个重大工程和重点续建项目之一，是吉尼斯世界纪录协会纪录的“世界最大的无砖外墙原生态环保酒厂”。

集团公司的“本强”及图商标，是中国驰名商标，其

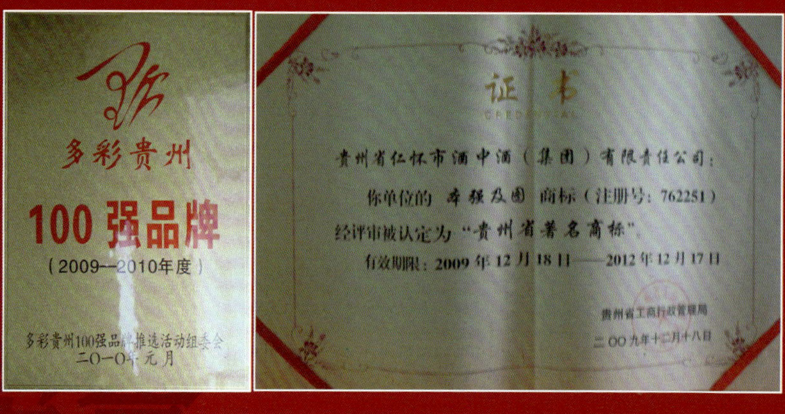

多彩贵州

100 强品牌

（2009—2010年度）

多彩贵州100强品牌推选活动组委会
二〇一〇年元月

证书

贵州省仁怀市酒中酒（集团）有限责任公司：

你单位的 本强及图 商标（注册号：762251）经评审被认定为“贵州省著名商标”。

有效期限：2009 年 12 月 18 日——2012 年 12 月 17 日

贵州省工商行政管理局
二〇〇九年十二月十八日

酉集团

产品被评为“贵州十大名酒”。具有自主知识产权的古镇老酒、酒中酒、酒中酒霸酒、西部河谷酒、小品酒等五大系列 50 多个产品，辐射湖南、江西、上海、广东、湖北、北京、上海、江苏、安徽、四川、河南、辽宁等 20 多个省、市（区）和港澳地区，深受消费者青睐。

企业的发展，得利于社会各方面的支持，特别是各级领导的关心、支持，国家有关部委领导，多位老将军、老领导、省有关领导曾多次到公司视察指导工作。公司将按照“继承传统、加快转型、创新发展、推进跨越”的思路，力争“十二五”期末将古镇酒业公司打造成上市公司，用五至十年时间将酒中酒集团打造成 50 亿集团。

2010
第二届中国酒业营销
金爵奖

获奖证书

125毫升五年陈酿酒中酒霸

荣获第二届中国酒业营销金爵奖之中国酒业潜力新品。

中国酒类流通协会　糖烟酒周刊杂志社
二〇一〇年三月

荣誉证书

授予贵州酒中酒（集团）有限责任公司
“本强牌”酒中酒霸酒
“贵州十大名酒”称号
（2011－2013 年）

贵州省人民政府
2011 年 8 月 11 日

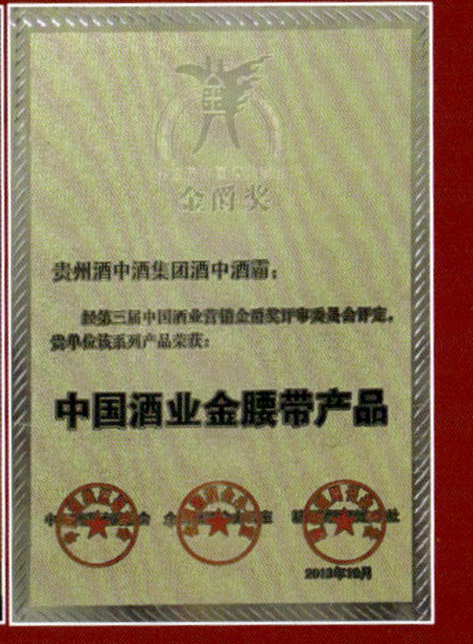
金爵奖

贵州酒中酒集团酒中酒霸：

经第三届中国酒业营销金爵奖评审委员会评定，贵单位该系列产品荣获：

中国酒业金腰带产品

贵州金中正房地产

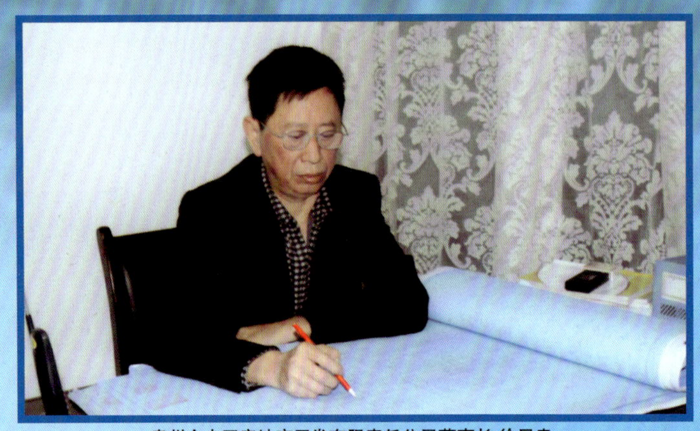

贵州金中正房地产开发有限责任公司董事长 徐显贵

贵州金中正房地产开发有限责任公司，成立于二○一○年五月十七日，注册资金一千万（人民币），公司法人代表徐显贵。

公司成立以来，着手的第一个建设项目就是仁怀市“金汇苑”小区，规划拟建地下一层，地上三十三层，共六万余平方米。这个项目是旧城改建项目，得到商业用地及相关合法手续后自己组织拆迁、安置，结合国家相关政策自己赔付补偿过渡。整个项目健康有序的顺利推进，未给仁怀市委市政府添麻烦。从二○一一年三月十一日动手拆迁工作至现在，在仁怀市委、市政府、建设行政主管部门及相关部门领导的关心、重视、大力支持、帮助下，公司排除项目建设运行中的种种困难，地面上形象进度已进入十二层，目前己注入投资资金五千多万（人民币），现工程进度正朝着良好方向前向推进。

仁怀“金汇苑”这个项目的运作模式，是公司大胆开拓的仁怀房开企业的新型开发模式：公司自己组建群工部，做被拆迁户的拆迁、还房、安置、补偿、过渡等方方面面的工作，自己组织拆迁队伍拆迁，整个拆迁工作搞了近六十天；能顺利完成拆迁工作，公司花了不少的精力、人力和财力；它开了仁怀旧城改建项

开发有限责任公司

目之先河，它的主要特点是：①给仁怀市委市政府减去了拆迁工作和安置工作的难难度，减少了赔付补偿过度中的纠纷；②减去了市委、市政府为旧城改造而设立的各种机构以及人力物力配备；③增创了国家的税收和地方财政收入；④改善了城市人居环境、给城市规划建设格局增加了靓点；⑤有力地推动了仁怀市城市建设的快速发展；⑥相应地解决了部分农民工不外出就业问题，带动了其他小型产业的发展。就以上几点而言，纵是在项目建设运作中遇到多大困难和麻烦，我们都认为值得：因为公司为仁怀市的城市建设发展做出了一点微薄的贡献。

公司才刚刚起步，人力较缺乏、财力较微薄，经验很不足，但这只是暂时的；今后公司一定要努力向那些先进企业大企业学习，坚持开拓精神、与时俱进、遵纪守法、加强公司管理的自身建设，多打造精品项目回报于社会，走“质量求生存、诚信助发展”的道路，我们相信：公司一定会发展壮大起来。为祖国的建设事业多做贡献，为家乡父老乡亲争光。

“金汇苑”小区

开放的沿河欢迎您——沿河招商

沿河土家族自治县位于贵州省东北角，铜仁市西北部，地处黔渝湘鄂四省（市）边区结合部的乌江中下游，是重要的物资集散地，素有“黔东北门户，乌江要津”之称。全县国土面积2468.8平方公里，辖22个乡镇，429个村、6个社区、14个居委会和1个省级经济开发区，总人口65万，其中以土家族为主体的少数民族人口占总人口的64.7%，是全国四个单一的土家族自治县之一，贵州省唯一的单一土家族自治县，是“中国土家山歌之乡”。1934年贺龙、关向应等老一辈无产阶级革命家率红二方面军在谯家土地湾建立了全国八大革命根据地之一——黔东特区革命委员会，是云贵高原上唯一的红色革命根据地，1998年被认定为“革命老区县”和“对外开放县”。2013年，实现地方生产总值58.96亿元，增长16.9 %；规模以上工业增加值6.22亿元，增长18.3%；财政总收入7.25亿元，增长6.6%，其中公共财政预算收入4.08亿元，增长3.44 %；社会消费品零售总额12.13亿元，增长14.9%；农民人均纯收入5048元，增长15.5%；金融机构存贷款余额分别为62.95亿元、34.11亿元，分别增长27.5%、34.8%。全县经济社会发展综合测评预排名全省第42位、同比上升33位，全市第2位、同比上升5位。

在招商引资上，沿河县有四方面明显优势：

一、独特的资源优势。一是境内矿产资源丰富。已探明的矿种有煤、萤石、铅锌矿、重晶石等20余种，储量较为丰富，其中煤2亿吨、萤石250万吨、铅锌矿153万吨、铁矿871万吨，矿质品位高，开采价值大，投资前景好。二是境内水能资源充足。沿河河流属长江水系乌江流域，有乌江及其支流（长10公里或集水面积20平方公里以上）26条，水能资源可开发量140万千瓦。装机为112万千瓦、年发电量达45亿千瓦时的沙沱水电站已于2013年竣工发电。三是境内农产品资源丰富。沿河白山羊、沙子空心李、富硒茶、珍珠花生、土家苦荞酒等产品享誉省内外，农业产业化前景十分广阔。四是境内旅游资源独特，有乌江山峡国家级风景名胜区、麻阳河国家级自然保护区、云贵高原第一块红色革命根据地——黔东特区革命委员会。乌江从南至北纵贯沿河全境，沿途形成5个峡谷30多个景点；麻阳河国家级自然保护区有76群730多只黑叶猴，是全球最大的黑叶猴种群分布地，有“黑叶猴王国”和“动植物天然基因库”之称。五是境内劳动力资源富足。全县现有富余劳动力20余万人，常年在外务工人员30余万人，随着县职业中等专业学校办学规模和水平的不断提升，每年可输送各类专业技术人才5000多人，将为沿河企业发展提供充足的人力资源保障。

二、良好的生态优势。沿河属典型的中亚热带季风性湿润气候，年均气温13～18℃，年降水量1050～1220毫米，年日照1100～1400小时，最高海拔1462米，最低海拔225米，光热水同季，四季青翠、山清水秀，被誉为“天然氧吧”，生态优势十分明显，“画廊乌江·山歌沿河”品牌打造逐步凸显。2014年5月，我县被省发改委、财政厅、国土资源厅、水利厅、农委、林业厅、环保厅联合批复为首批全省8个县省级生态文明示范区之一。目前，良好的生态环境，神秘的自然风光，浓郁的民族文化以及宜人的气候条件，吸引着越来越多的国内外游客。

三、相对的区位优势。县内水陆交通兼备，距铜仁凤凰机场180公里，距重庆市黔江武陵山机场120公里，距酉阳火车站60公里，距秀山火车站90公里；乌江纵贯南北，为5级以上航道，通行能力可达500吨级，上可抵遵义余庆，下可达涪陵、重庆和江、浙、沪等地区。县城东风码头是目前贵州省最大的码头，年货物吞吐量30万吨以上、旅客集散量60万人次以上。沿河至德江段、沿河至酉阳段两条高速公路已开工建设，有望在2015年结束不通高速公路的历史，该两条高速公路将渝湘高速和杭瑞高速连接在一起，可实现4小时到贵阳、3小时到重庆、2小时到铜仁，进一步缩短与中东部地区、成渝经济区的距离，沿河的交通网络已初具雏形。

引资资源介绍

四、难得的政策优势。随着国家西部大开发的深入实施，特别是国发〔2012〕2号文件和武陵山片区区域与扶贫攻坚规划等扶持政策的出台，加之省委、省政府出台了支持“5个100工程”、“四在农家·美丽乡村”基础设施建设六项行动计划、交通“三年会战”、水利“三大会战”建设的政策措施意见，2014年10月，中国广核集团有限公司与贵州省发改委、能源局签订投资意向协议，拟投资380亿元在贵州铜仁等地建两座核电站，建设时间为2014年至2020年。其中，铜仁核电站总投资350亿元，为两台125万千瓦核电站。目前，中国广核集团有限公司和铜仁市将我县作为优先选址地开展了前期现场调研工作。沿河的发展将会得到国家和省市更多的支持，为今后加速发展注入了新的活力，也为各位企业家提供了难得的商机。同时，对外来投资企业注册在我县的鼓励类和优势产业企业（房地产企业除外），投资额（指一次性固定资产投资额，下同）在1000万元（含1000万元）以上的，从企业投产运营之日起3年内，以上年为基数，企业每年交纳的地方所得税增量部分，由市和项目所在县财政按照收入比例采取技改投入等形式全额补贴给企业，支持企业发展。除房地产业以外，对投资额1000万美元或2亿元人民币以上的项目，由市级优先保障建设用地计划指标，并以“点供”方式优先供地。

黎芝峡景区旅游集散中心项目

乌江山峡俗称“乌江百里画廊”，是国家“AAA”级风景名胜区，亦是武陵山区三大著名景区之一。从南至北由夹石峡、黎芝峡、银童峡、土坨峡、王坨峡五个峡谷组成。沿江两岸奇峰对峙、岩壑幽深、飞瀑银泉，景观清新自然、独具魅力，有“除却扬子三峡美，更有乌峡多奇观”的美誉。黎芝峡景区位于乌江沿河黎芝峡段，东起黑獭乡，西至思渠镇，南达黑水袁家岭，北抵乌江北岸，是乌江山峡景色最美的一段。景区内主要景点包括绿荫峡、三星洞、碧挂坠江、古纤道、天门石、剑劈岩、蛮王祭江、神女峰、双龟弄潮、佛指山、金鸡报晓、飞龙过江、烽火台、南蛮将士、八千子弟等15处，面积37.1平方公里。

特色“富硒茶”生态茶园建设及加工项目

项目建设地点

●新建茶园：以谯家、沙子、中界、晓景、黑水、黑獭、甘溪、板场、夹石等为主。

●茶园加工厂：分别建在土地坳、客田、官舟、板场、新景、塘坝、中界、黑獭、泉坝、中寨、甘溪、谯家、思渠、晓景等乡镇。

【金奖产品】

重慶特曲

重庆市永川区佳兴酒厂是重庆高粱酒、曲酒的生产销售企业，旗下有——“重庆特曲、昌州健露、金永川以及礼盒酒、特供酒、喜酒、寿酒”等产品。公司销售总部设在重庆永川中国商贸城，生产基地位于一环路永青路边，拥有一个高粱生产基地、白酒生产基地和一个现代化瓶装生产厂。公司拥有完整、科学的质量管理体系。公司的诚信、实力和产品质量获得业界的认可。现企业有管理、生产和销售员工38人。主要采用总经理管理负责制，下分生产经理和销售经理负责分管各项事物。

重庆市永川区佳兴酒厂在发展过程中得到了各级政府和部门的大力支持和关心，企业现为重庆食品工业协会常务理事单位、重庆酒业协会副会长单位、永川区慈善总会副会长单位、永川区青峰镇商会副会长单位。“昌州健露”和“庆特春”两个商标被评为永川区知名商标。2011年——2014年连续四年被评为“五省一市”酒类质量行评金奖。2011年荣获重庆食品安全示范品牌。2011——2013企业党组织被连续评为先进基层党组织。

2014年随着企业“重庆特曲1000亩高粱基地”的建立，企业的形象和产品的质量将得到极大的提高，广大消费者心目中诚信企业、绿色企业、放心品牌的观念的树立。企业将得到更大、更快的发展。

重庆市永川区佳兴酒厂以“重庆特曲”酒为主打产品，结合完整的产品体系，在市场上受到了广大消费者的好评，销售形势的增加，并在不断扩大销售范围及销售额同时，我们将力争成为能够代表重庆白酒品牌的企业。

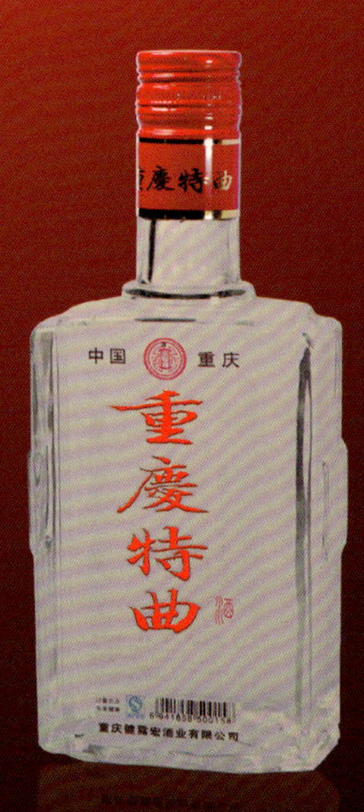

电话：023-49680166　13883490130(梁经理)　地址：重庆市中国永川商贸城正大

重庆直升酒业有限责任公司

重庆直升酒业有限责任公司成立于1994年，位于重庆市荣昌县直升镇街道。离成渝高速公路荣昌出入口10公里，距荣昌工业园区3公里，交通方便。公司驻地绿色环保，无任何污染，实属天然农业生态园区。

3号酒窖一角

上甑时情景

公司生产的“直升”牌老白干、金白干、鸿运酒、昇酒等系列白酒源于明清时代，因该地自古盛产白酒而得名。产品系以纯糯高粱为原料，辅以优质泉水，经传统工艺小曲固态发酵酿造，再通过专家技术勾调而成。具有清雅醇正、尾净味爽不上头等特点，深受广大消费者喜爱。产品先后获得“重庆知名产品”、“重庆市用户满意产品”、“重庆市酒类质量行评金奖”、“闽、湘、鄂、赣、渝桂五省一市酒类质量行评金奖”、“消费者喜爱产品”、“国家质量检验稳定合格产品”、“重庆名特食品”、“重庆名牌产品”。“直升”商标被评为“荣昌县知名商标”、“重庆市著名商标”。公司先后被评为“荣昌县农业产业化龙头企业”、“荣昌县优秀私营企业”、“重庆市守信用重合同企业”，“重庆市用户满意企业”。产品市场以荣昌为基础，现已销往大足、永川、重庆、广东、广西、云南、西昌等地。市场前景广阔。多年来，公司以“龙头企业+专业合作社+基地+农户”的经营模式，积极推动农业产业化链条经济发展，常年种植优质高粱5000亩，既带动了地方农民增收，又保证了原料供应和产品质量。实现了农户增收、企业增效的双盈目标。

农民收割高粱时的情景

电视剧填四川中的直升酒坊

公司愿携手酒界精英，共谋发展，圆你发财之梦！

荣誉

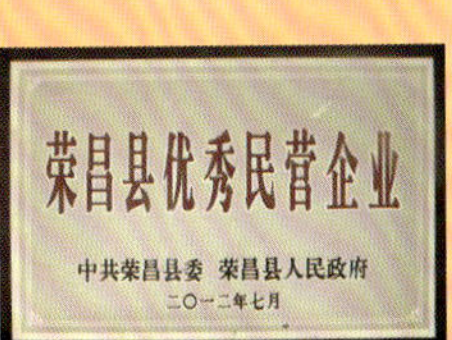

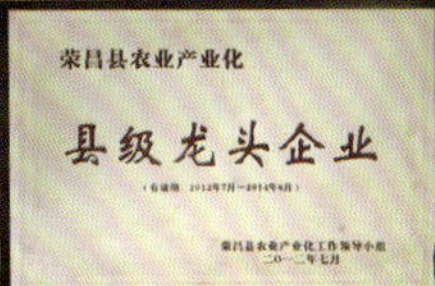

45° 四星金白干

金白干258ml釉陶

鸿运酒组合

五星金白干至醇

昇酒

重庆品味

重庆酉水河酒业有限公司

公司简介：

重庆酉水河酒业有限公司始建于上世纪八十年代，生产基地和苦荞原料基地地处武陵山地区复地，毗邻国家5A级桃花源风景区，生态环境优美，是一家集荞香型白酒研发、生产及销售于一体的白酒企业。重庆酉水河酒业有限公司经过多年稳步发展，企业拥有目前国内最具规模的荞香型白酒生产基地，总投资超过4亿元，占地近300亩，年产优质白酒7000吨，储酒能力上万吨，年灌装能力15000吨。

企业殊荣

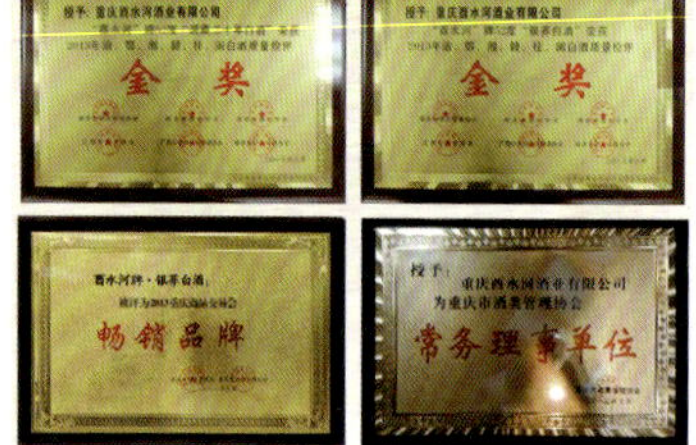

"酉水河"商标荣获"重庆市著名商标"称号

中国武陵山首届民族文化节评为"消费者最喜爱商品"

公司被政府认定为"重庆市农业产业化龙头企业"和"旅游商品定点企业"

2013年公司成为重庆市酒类管理协会常务理事单位

公司被评选为"2013年重庆市执行食品安全标准示范企业"

"菩提洞藏20"和"银荞"荣获"2013年渝、鄂、湘、赣、桂、闽白酒质量检评金奖"

品牌篇

由重庆酉水河酒业有限公司所生产的苦荞酒首先提出并建立的荞香型白酒标准，承载着地域特色浓郁、人文历史内涵丰富的鲜明特点；就酒体本身而言，独特的土家酿酒技术工艺，酒体通透，去除了酒体杂色和残留物质，荞香自然。作为荞香型白酒的品鉴标准，酉水河苦荞酒以田园、健康、苦荞为产品核心元素，重庆酉水河酒业有限公司始终坚持"健康酒，苦荞酿"的经营理念，符合目前消费人群对绿色食品饮料的健康述求。酉水河荞香型苦荞酒系列，产品定位清晰，以打造中国荞香型白酒领导品牌为企业愿意，自面市以来深受广大消费者喜爱。

地理篇

原生态——源自武陵桃源

酉水河酿酒基地——酉阳，风景如画，素有"渝东南小桂林"之美称。地处武陵山地区复地，位于北纬29度东经108度；正处于中国优质白酒酿造地带。受毛坝盖山脉为分水岭，孕育两大水系：东部的酉水河、龙潭河为沅江水系；西部的小河、阿蓬江等为乌江水系。四季分明，气候湿润，全年雨量充沛。特别适合微生物的自然繁殖和天然生长，为酉水河酒创造了得天独厚的酿造环境。

酉阳为"全国科技进步先进县"、"全国文明县城"、"中国绿色名县"、"市级生态县"称号，同时酉阳还附有国家5A级美景的桃花园景区，

酉阳处于武陵山区复地，海拔较高，为生产优质苦荞提供了一个绝佳的地理条件。

原料篇

标题：精选优质绿色有机生态原粮——苦荞

苦荞乃五谷之王，被西方人誉为"东方神草"，苦荞作为酿酒原料符合现代保健养生食药同源的健康理念。严格的工艺流程，保留了苦荞本身所含有降血压、降血脂、降血糖的黄酮类物质——芦丁等多种健康营养元素。芦丁也叫做维生素P、芸香苷。临床广泛用于防治脑溢血、高血压、视网膜出血、紫癜和急性出血性肾炎。

优质苦荞生长在高寒地区，远离工厂、人烟稀少、天蓝、水清、土壤空气无污染。绵雨不多、日照时间长、光合作用强。昼夜温差大，夜里能量损失少，营养物质富集在种子中。无虫害，无农药化肥添加。以优质苦荞为原粮酿造的酉水河酒在白酒中独树一帜的典型风格。

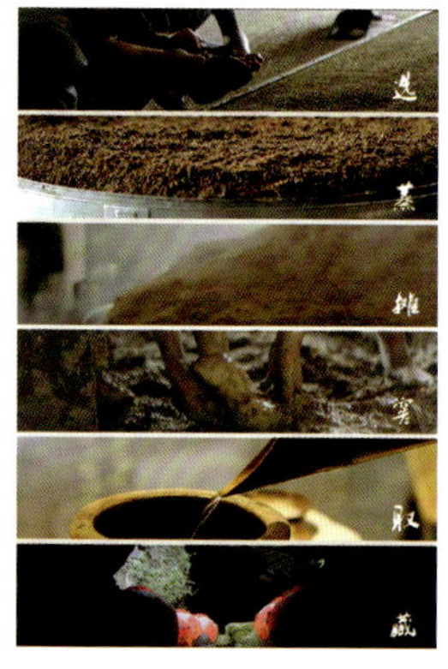

工艺篇

标题：承袭千年土家古法酿酒工艺

酉水河酒，承袭千年土家古法酿酒工艺，精选优质苦荞为原粮；配以发酵正常"万年糟"，遵循"匀、透、稳、准、细、低、净"的技艺准则，采用小麦以中高温制曲，低温入池、滴窖降酸、回酒发酵、双轮底发酵，多次蒸馏，掐头去尾量窖摘酒。酉水河酒将古法酿造工艺与现代科技酿酒技术完美融合在一起，充分保证了酉水河酒优异品质。

产品篇

产品布局合理，能够满足不同消费层次的需求。

酉水河酒精选高寒地区生态优质原粮；有着"五谷之王"—黑苦荞为原料

袭承2000多年前土家古法秘酿制造工艺

采用武陵深山深层天然浅化矿物质洞泉水

千年土家制曲秘方在独特高温自然环境下催生出醇香古曲

经国家级酿酒大师以传世技艺精心调制而成

全国招商电话：400-111-6799　公司网址：www.ysh9999.com

公司微信号：youshuihe9999

公司地址：重庆市江北区北滨路金源时代购物广场A区6楼。

重庆市巴中林业开发有限公司

李清江，男，汉族，出生于1963年5月2日，现年49岁。文化程度：大专。家住：重庆市丰都县太平乡后坝村4组。

1984年4月被太平乡招聘为乡政府干部。1986年10月辞去招聘干部职务，到湖北十堰市谋求发展。1996年承包十堰市济人堂制药厂，任药厂厂长，使一个即将倒闭的企业得以起死回生。1999年任重庆麦克集团副总经理。2001年在陕西省商南县新办黄芩甙加工厂，种植加工黄芩甙，受到时任陕西省常务副省长贾之邦的接见，被誉为陕西省十大青年企业家。在此期间，在陕西省中医药物学院药物专业学习毕业。

2006年回乡，积极致力于家乡建设，从事农业综合开发利用、发展生态观光农业等基地建设项目。带领农户种植五倍子、油茶树等经果林木，带动了12000多农户种植经济果林，户平年均增收3000元，转移农村剩余劳动力1000余人。目前，在基地就业的农村劳动力有800余人(含季节性临时工)。

2010年7月，任重庆市巴中林业开发有限公司执行董事长。

截止2011年12月，重庆市巴中林业开发有限公司，实现销售2280万元，拥有资产总额4200万元。

李清江多年从事生产加工型企业的经营管理工作，精通企业的经营管理，完全有能力驾驭企业的发展未来。

一、公司概况

重庆市巴中林业开发有限公司创建于2010年上7月7日，位于丰都县三合镇，法人代表李清江。注册资本4000万元。主要从事农业、林业综合开发，矿业及矿产资源开发。公司下设行政部、财务部、市场规划拓展部、市场销售部、人事劳资部、安全生产管理部、生产技术部。现有员工116人，其中：高级农技师2人，教授级科研顾问1人，专业生产技术人员10人。2013年实现销售收入3684万元，利润418万元。

该公司分别于2007年至2011年分别创立了丰都县岩石矿业开发有限公司、重庆市巴中林业开发有限公司、云南永善金东矿业有限公司、彭水县渝兴莹石矿、酉阳县银丰矿业有限公司。

二、发展构想

(一)发展思路

坚持科学发展观，以市场为导向，以矿业为基础，以农业产业化为主导，以开发高端产品为方向，按照规模化、标准化、优质化、机械化的要求，逐步将企业做精做强做大，打造成为资源优势明显，综合利用水平高，市场竞争力强，发展潜力巨大的知名品牌企业，努力实现可持续健康发展。

(二)发展策略

坚持工农业项目并举，双轮驱动，良性循环，以矿业先行，立足矿业发展促进农业产业化项目的长足发展，形成以矿养农，以工带农，以农促工的良性互动格局，统筹兼顾“4+5+1”工程项目协调有序运行，尽快实现从资源枯竭型向资源再生型的转变。

公司发展运行图：矿业开发→农业产业化项目→农副产品开发加工

(三)发展目标

1、近期目标：用1-2年时间，即在2015年以前，强基础，练内功，以矿业产销为着力点，突破农业产业化项目制约瓶颈，增强自身发展实力，力争在2015年创年产值3亿元。

2、中期目标：用5年时间，即在2020年以前，全面推进农业产业项目，着力打造矿业精品和农业产业化精品，抢占市场制高点，努力实现“三增”(企业增效，农民增收，政府增税)，力争在2020年创年产值8亿元。

3、远期目标：再用5年时间，即在2025年以前，以不断巩固和提升农业产业化项目为重点，以精细化为方向，创品牌产品，创知名企业，实现生态、社会、经济的和谐统一、可持续发展，力争在2025年创年产值12亿元。

(四)发展重点

油茶产业：力争在2018年，打造成型油茶丰产林4万亩，年产籽2000万公斤，实现年产值6亿元。

党参产业：力争在2020年，打造成型优质党参种植基地1万亩，年产党参1300吨，实现年产值1亿元。

(五)发展方向

坚持“公司+专业合作社+基地+农户”的产业化模式，开发中下游产品，产品以“原料+精品+品质”为发展方向，形成完整的产业链。

三、发展宗旨理念

我们的发展宗旨是“团结拼搏，诚信规范，求精创新，优质高效”；我们的经营理念是“特色产业，持续发展，生态经济，回馈社会”。

宗申动力
ZONGSHEN
ZONGSHEN POWER
紧凑型集成动力系统服务供应商
股票代码：00169
SDM2200
EH6000
悍威系列
新能源动力
摩托车动力
新
通用动力机械
CPS系列
XP620
KH8000
重磅新品耀世登场
小型动力机械行业正加速变革，唯有走在变化之前，才能引领先机，优势永
2014，宗申动力在技术、产品、品牌、品质、服务上组合发力，蓄积创变，新一代三轮摩托
中级旗舰动力——悍威系列强势登场、两轮车动力CPS系列、新能源动力EH6000、SDM2
通用汽油机XP620、2V770，发电机KH8000、XB12000新品纷呈，闪耀业界，以更高的
标准，更快的响应速度，再一次，引领市场趋势。

长安汽车 CHANGAN

长安 CS35

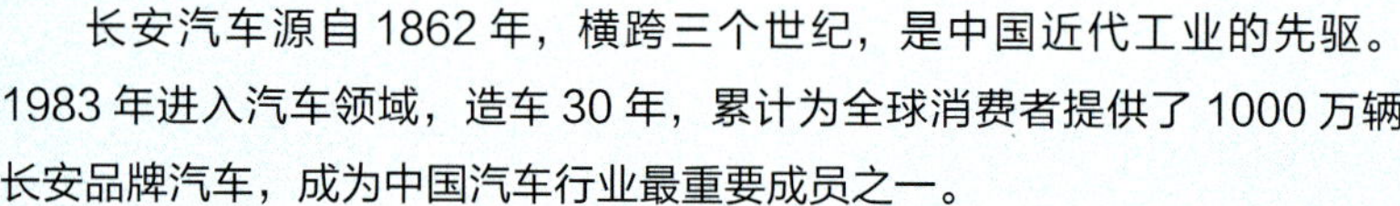

长安汽车源自 1862 年，横跨三个世纪，是中国近代工业的先驱。1983 年进入汽车领域，造车 30 年，累计为全球消费者提供了 1000 万辆长安品牌汽车，成为中国汽车行业最重要成员之一。

长安汽车拥有重庆、北京、江苏、河北、浙江、江西、安徽、广东等 8 大国内生产基地、27 个整车及发动机工厂，年产销汽车 260 万辆，现有资产 1281 亿元，员工 8 万余人。

长安 CS75

长安汽车秉承“美誉天下、创造价值”品牌理念，致力于用科技创新引领汽车文明，努力为客户提供令人惊喜的产品和服务。已成功推出睿骋、逸动、致尚 XT、CS75、CS35、悦翔、奔奔、欧诺、欧力威等一系列经典产品，深受消费者喜爱。现已形成轿车、SUV、MPV、商用车、客车、卡车等宽系列、多品种的产品谱系。

长安 CS95 概念车受邀在都灵百年汽车博物馆展出

为打造高品质产品，长安汽车以全球化思维和视野，充分利用全球优势资源。拥有专业研发人员 6000 余人，其中，全球高级专家 500 余人，12 人先后入选国家“千人计划”，形成了由长安欧洲设计中心、长安日本设计中心、长安英国研发中心、长安美国研发中心、北京研究院、上海研究院、重庆研究总院等构建的全球研发体系；制订了长安汽车产品开发流程 CA-PDS，发布了中国品牌汽车第一个品质试验验证体系 CA-TVS，达到 10

长安 Sense 概念车

长安 Voss 概念车

长安睿骋

长安汽车北京生产基地

长安汽车西部汽车试验场

长安汽车两江新区千亿汽车城

年或 26 万公里的品质保障。

长安汽车以“绿色、科技、责任”为已任，大力发展新能源汽车。成功推出了混合动力、纯电动、燃料电池等节能环保汽车，先后服务于北京奥运会、上海世博会，以及杭州、南昌、北京、云南等地区的示范运行。

长安汽车坚持“优势互补、共赢发展”的合资合作理念，以发展的眼光、开放的胸怀，与福特、马自达、标致雪铁龙、铃木、江铃建立战略合作关系。成立长安福特、长安马自达、长安标致雪铁龙、长安铃木、江铃控股等合资公司。

“打造世界一流汽车企业”是长安汽车的愿景。未来，长安汽车将继续遵循“客户为尊、员工为本、诚信敬业、持续改善”的价值观，努力为客户提供高品质的产品和服务，为员工创造良好的环境和发展空间，为社会承担更多的责任，不断提高人们的生活品质，创造更和谐、幸福的生活。

长安新奔奔

长安致尚 XT

长安欧力威

长安欧诺

长安逸动

长安汽车生产线

长安汽车驶向海外

重庆长安工业（集团）有限责任公司隶属于中国兵器装备集团公司，是国有大型军民结合型企业、国家重点保军骨干企业。公司前身可追溯于1862年清朝洋务大臣李鸿章创办的上海洋炮局，距今已有150余年历史，是中国历史最悠久的工业企业之一。公司位于重庆市渝北区空港工业园，占地2400亩。目前，长安工业公司已经发展成为一家以特种产品研制、汽车物流运输、工程建设与开发、汽车零部件制造等为经营范围的企业集团。

公司下属控股企业——长安民生物流是中外合资物流企业、香港主板上市公司。公司下属的全资子公司长安房地产开发公司是集房地产开发、建筑施工、物业管理、酒店经营和商业运营为一体的综合性房地产开发企业。公司还拥有重庆李尔长安、长安伟世通等一批参股合资企业。

位于渝北区空港工业园区的长安工业制造基地

具有国内先进水平的特种产品重点实验室

长安工业空港工业园

有限责任公司

GROUP) CO., LTD.

环境优美的长安工业厂区一角

多年来，长安工业公司本着造福社会、造福人类的奉献精神，用高精尖的设备、严密的检测手段和精密可靠的技术研制和生产了各类人工降雨弹、灭火弹、警用弹以及各类防暴反恐装备，产品享誉全国，广泛应用于农业、林业、防暴反恐等领域，为支援国家的工农业建设、救灾减灾、维护社会稳定等做出了巨大贡献。

在“158”长安·军工文化的指引下，秉承“百年长安、报国中坚”神圣使命的长安工业，正以“11316”发展目标为牵引，打造“企业强盛、员工幸福”的现代化公司。2014年，公司销售收入预计将达到115亿元。

地址：重庆市渝北区空港大道599号　　邮编：401120　　电话：023-67419199

网址：http://www.changanindustry.com

具有先进检测和实验条件的理化计量中心

展示中国军工发展史的长安工业展览馆

靖悦产业集团公司

重庆靖悦产业集团公司是一家以生产和销售通用机械及配件为主的经营实体公司，公司位于重庆市九龙坡区白市驿镇海龙工业园，占地面积4万多m²，配备了各类产品生产的专用设备、生产线，公司具备从新产品开发、试制到批量生产、销售及售后服务的能力，主要生产制作部门包括研发中心、冲压车间、焊接车间、涂装车间、通机公司、注塑公司，固定资产投入超过1亿元。主要产品有通用机械消声器、发电机、水泵、动力机械、农用机械（微耕机、收割机、圆盘犁等）、注塑产品、IT产品等，也是重庆市科委等部门联合授予的高新技术企业和重庆市创新型试点企业。产品80%以上直接或间接出口北美、欧洲、东南亚、拉美、非洲等地区，公司的主要用户有：美国的MTD、KOHLER、TTI、百得、康明斯、意大利GGP、富士康公司、中国宗申集团、隆鑫集团、润通集团、格力电器、海尔电器、长安汽车等。充沛的人力资源加上先进科学的现代化管理理念，保证了我司产品质量，“靖悦”消声器、通机产品、IT产品已获中国著名品牌，在全国通用机械行业有较高的声望。“靖悦”商标已成为重庆市著名商标。我公司现有职工500多人，其中，专职研发人员占10%，管理人员占10%，公司研发的多种产品获得国家专利知识产权保护。规范的管理已成为公司持续发展的基础，并不断得到各级职能部门的支持和肯定。

明亮的办公区

公司董事长徐君女士本着诚信经营的理念，广交社会各界朋友共同发展，实现双赢，为振兴民族经济，不断完善社会责任而不懈努力。

规范的生产设备

繁忙的生产线

徐君董事长

宁静的研发中心

花园式的厂区

公司外景

重庆朗锐汽车零部件有限公司
CHONGQING LONGRAY AUTO PARTS CO.,LTD.

重庆朗锐汽车零部件有限公司（以下简称“重庆朗锐”）创立于2011年，地处重庆市江北区港城工业园区。主营业务涵盖汽车用摩擦材料产品、车用内饰件的研发、制造、营销及售后服务，制动器衬片年产能50万套，车用内饰件年产能40万套。制动器衬片产品品种多达1000多种，覆盖国内大部分乘用、商用车型。

重庆朗锐现拥有职工100余人，并配备整套现代化流水生产线及检测设备，拥有先进的生产工艺和卓越的产品配方。由多名技术人员组成规模庞大、专业齐全的研发团队，时刻与世界主流技术保持同步，推进研究成果的不断创新，致力提升人们的生活品质。

重庆朗锐自创立以来始终秉承“诚信是企业的基石，质量是人民的生命，创新是企业的希望”的宗旨，贯彻“科学管理、精益生产、品质保证、顾客满意”的方针，产品品质紧跟国际前沿，具备质量优良、价格合理的竞争优势，是国内诸多大型汽车零部件销售公司的长期合作伙伴。朗锐人本着“诚信经营、顾客至上”的理念竭诚为客户提供性能稳定、安全可靠的车用零部件产品。

资质与荣誉

- 获得国家质量监督检验检疫总局颁发的摩擦材料工业产品生产许可证
- 通过德国TÜV公司ISO/TS16949:2009国际质量管理体系认证
- 获得国家质量中心颁发的CCC证书
- 南方天合底盘系统有限公司优秀供应商
- 制动器衬片产品为长安汽车股份有限公司指定二级供应商
- 车用内饰件产品为长安汽车股份有限公司指定一级供应商

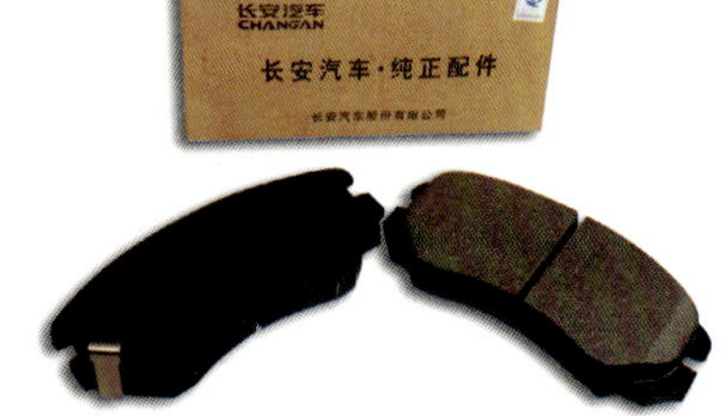

长安CS35前制动块总成带长安亲情服务包装

生产实力

重庆朗锐配备业内先进的自动生产流水线：

1. 车用内饰件方面我公司拥有国际领先的ABB自动水切割机器人生产线及全套自动化成型设备；
2. 制动器衬片方面我公司运用国际领先的等比热压一次成型工艺，相较陈旧的两次成型工艺极大地提高了产品的一致性和生产效率；
3. 原材料方面我公司选用优质原材料，确保产品的耐久性和安全性。

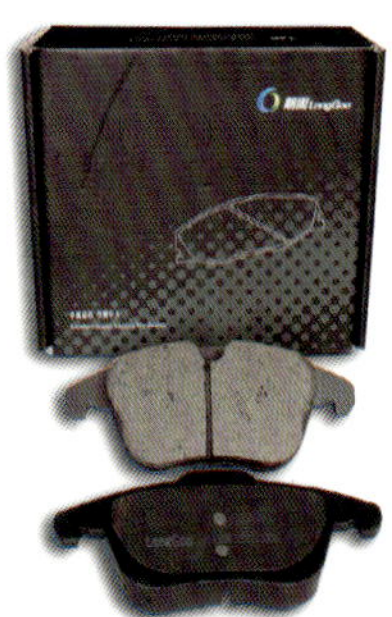
碳纤维配方盘式片总成带朗固包装

盘式片外观带朗固包装

产品研发及质量控制

重庆朗锐拥有先进的检验检测设备，如制动器惯性台架、定速式摩擦试验机、常温（高温）压缩率试验机、剪切力试验机、洛式硬度仪、分析天平及pH测试仪等，材料燃烧速率分析仪；公司严格执行ISO/TS16949：2009国际质量管理体系，二者分别为产品研发及质量管控提供硬件和软件保证。

未来，重庆朗锐将持续专注于汽车零部件的研发与应用。

我们的口号

追求卓越品质，我们一直在努力！

攀华集团有限公司

攀华集团有限公司成立于2001年5月，是中国最早进入涂镀行业的民营企业。公司总部位于张家港保税区扬子江国际化学工业园，东临上海，南倚沪宁铁路，西傍江阴长江大桥，与南通港隔江相望，交通十分便捷。公司现有员工3000多人，固定资产250亿元。辖张家港攀华薄板有限公司、张家港万达薄板有限公司、江苏华晟新型建材有限公司、张家港华达码头有限公司、张家港市华达房地产开发有限公司、重庆万达薄板有限公司、重庆攀宝钢材市场有限公司、重庆攀华码头有限公司、重庆攀峰船务有限公司、重庆攀华房地产有限公司、重庆攀华钢铁有限公司、通化市攀兴矿业有限公司等下属公司。

集团公司是中国民营企业500强，业务涉及薄板、码头、房地产、船务、剪切配送、物流、矿业和金融投资等八大领域。其中，主打产业——薄板产业是我国民营企业最大的彩钢生产基地，公司生产的镀锌板、彩涂板远销美国、英国、俄罗斯、加拿大、西班牙等50多个国家和地区。尤其是彩涂板在生产、质量、销售等方面连续三年位居我国同行业榜首。因此，产品先后获得江苏市场质量信得过品牌、江苏名牌产品和中国名牌等荣誉称号。

公司本着“重合同、守信誉”的原则，坚持服务第一、客户至上，在国内外赢得了良好的信誉。

重庆泰山电缆
CHONGQING TAISHAN

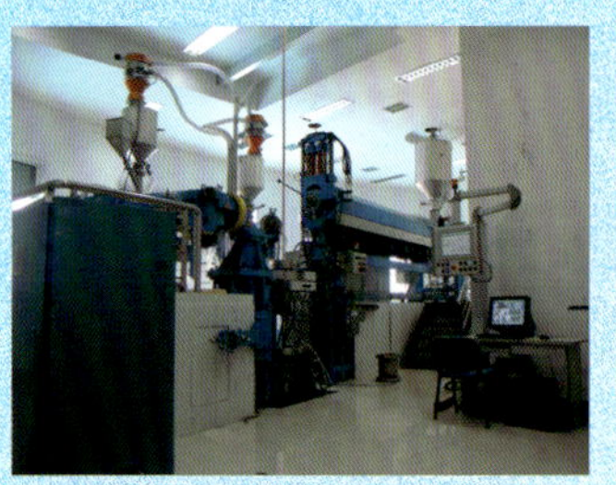
德国 TROESTER 超高压 U 型 VCV 立式交联生产线

法国 POURTIER Φ630.84 盘框式绞线机组

瑞士哈弗莱集团美国西波公司超高压局部放电检测设备

重庆泰山电缆有限公司成立于1998年，坐落在重庆两江新区核心区域，是北京奥运、上海世博、京沪高铁，城市轨道交通及各地电源建设等大型工程的优质供应商，是专业从事电线电缆研发、制造的高新技术企业，全国电线电缆行业大型骨干企业。

公司坚持走科技创新道路，始终追求卓越的产品品质，在低碳、环保、新能源等领域不断开发新产品，引领行业发展。先后荣获“全国用户满意企业”、“全国守合同重信用单位”、“中国电子信息百强企业”、“全国再就业先进企业”、“全国质量信誉 AAA 企业”、“中国质量诚信企业”、“全国出入境检验检疫信用管理 AA 企业”、“最具影响力重庆知名品牌企业”等称号，连续 9 年荣获“重庆工业企业 50 强”。

CCV 悬链交联生产线

钢芯铝绞线生产线

公司拥有专业的电线电缆研究机构，并获得省级研发中心资质，一批高素质的专业技术人员，具有很强的产品研发、设计和生产能力。公司拥有先进的生产和检测设备数千台套，关键设备均从国外引进，其中立式超高压交联电缆生产线从德国 TROESTER 全套引进，采用世界领先的工艺技术，配合瑞士 ZUMBACH 公司 RAYEX22 型测偏系统，使生产出的高压电缆品质更优良；局部放电检测设备引进瑞士哈弗莱集团、美国西波公司最新型的电缆检测系统。

500kV 交联聚乙烯绝缘电力电缆

220kV 交联聚乙烯绝缘电力电缆

地址：重庆市渝北国家农业科技园区金果大道 239 号　　邮编：401120

国内销售热线：023-61898101-09　传真：023-61898288

国际销售热线：023-61898068　　传真：023-61898038

质量服务热线：023-61898119

www.cqtaishan.com

邮　箱：webmaster@cqtaishan.com

有限公司

CABLE CO.,LTD

部分大型工程

朝天门

朝天门大桥

重庆轻轨

奥运水立方

北京地铁

上海世博轴

苏丹麦洛维大坝

公司“泰昇”注册商标荣获“重庆市著名商标”称号，产品荣获“全国用户满意产品”称号，实现从高压到低压全覆盖、从民用到特种用途全系列、从大截面到小截面全齐备。750kV扩径型钢芯铝绞线及ACSR720/50高强度钢芯铝绞线填补了国内空白；碳纤维复合导线填补重庆市空白；额定电压110kV交联聚乙烯绝缘电力电缆荣获重庆市优秀新产品奖。产品广泛运用于国家电网公司和南方电网公司及五大发电企业，涉及交通、通讯、建筑、能源、石化、市政等领域。国内市场覆盖全国25个省（市、区），并出口澳大利亚、印度、加纳、阿曼等全球13个国家。

重庆泰山电缆有限公司始终坚持“信为本、质为先”的服务理念，追求“仁极其尽，业精至止”的企业精髓，致力于打造世界知名的电线电缆供应商，竭诚为广大客户提供安全、优质的输配电产品。

力电缆

10kV 中压电力电缆

1kV 低压电力电缆

1000kV 钢芯铝绞线

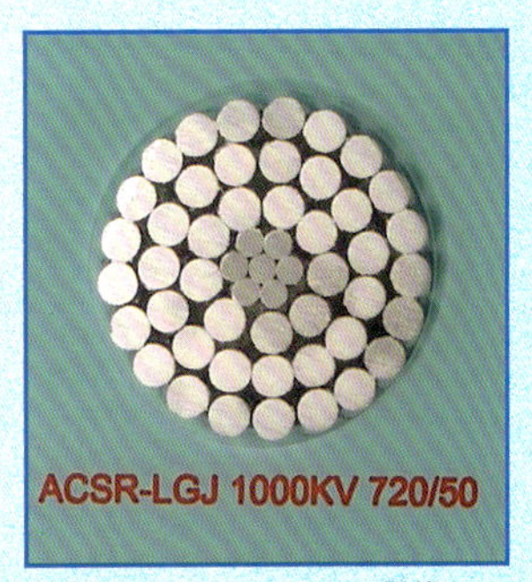

ACSR-LGJ 1000kV 导线

碳纤维导线

Addr. 239 Jinguo Av., National Agricultural Science & Technology Garden, Yubei District, Chongqing, P.C.401120

Sales hot line: +86-23-61898101-09 , Fax: +86-23-61898288

International Sales hot line :+86-23-61898068 Fax: +86-23-61898038

Quality service hot line: +86-23-61898119

www.cqtaishan.com

E- mail: webmaster@cqtaishan.com

秀山县嘉源矿业有限责任公司

秀山县嘉源矿业有限责任公司系原秀山磊鑫电化厂、原嘉源矿业公司整合重组的集团企业。公司以电解锰生产为核心，集矿石开采、硫酸生产、产品贸易等多元业务为一体。下辖秀山县磊鑫矿业有限公司、秀山顺发锰业有限责任公司、重庆诸夏化工有限公司、秀山君彤贸易有限公司等子公司。公司位于重庆市秀山县龙池镇白庄村，占地面积300余亩，员工500余人，资产4亿余元，年产电解金属锰4万多吨，年产值6~8亿元，年创利税近亿元，系目前秀山县电解锰行业规模最大的民营企业，于2013年、2014年连续两年跻身重庆制造业企业100强。

秀山县嘉源矿业有限责任公司制粉车间

秀山县嘉源矿业有限责任公司电解车间

公司大量引进新技术、新工艺、新设备，致力于清洁生产及节能减排。公司新投入使用的绿色节能电站，新型节能电解槽、立式负压磨机和110千伏降压站均属国内电解锰行业尖端设备，在秀山电解锰行业更是首创。2013年6月，全国电解金属锰行业节能减排高峰论坛暨新技术推广会在秀山县召开，公司作为全国示范工艺推广，深受各级领导好评，“嘉源模式”得到全国同行业及社会各界的一致肯定。

国家工信部，国家环保部，解放军总后勤部原政委、全国人大常委会委员孙大发上将，重庆市委副书记、市长黄奇帆，副市长陈和平、刘强，市政协副主席彭永辉、何事忠、杨天怡，中国工程院院士、市科委主任钟志华，中国环境科学研究院院士段宁，全国电解锰厂长经理联谊会会长谭柱中，全国锰业技术委员会常务副主任汤晓壮，市经信委、市环保局、市科委等市级部门领导及秀山县四大家领导先后多次到公司视察，均对公司的整合技改项目予以了充分肯定与高度评价。

因成绩显著，公司先后被评为“重庆制造业企业100强”“重庆中小企业创新50强”“中国AAA级信用企业”“重庆市和谐劳动关系AAA级企业”。“安全生产先进集体”“环境保护先进单位”“纳税先进单位”“尊师重教先进集体”等荣誉称号。被国家专利局授予20项实用新型专利,1项发明专利。被重庆市科委评定为“重庆市锰资源高效利用企业工程技术研究中心”，并列入“121”锰业科技支撑示范工程集成实施单位。被重庆市经信委、财政局、海关、国税局和地税局联合认定为“市级认定企业技术中心”。

“万里关山从头越，乘风破浪正当时。”当前，吴和财董事长正带领全体员工抢抓电解锰行业产业结构调整的关键转型期及民营经济发展的大好机遇，朝着其用雄才伟略描绘的宏伟蓝图开拓创新，锐意进取。

重庆百货大楼股份有限公司
CHONGQING DEPARTMENT STORE CO.,LTD.

重庆百货大楼股份有限公司（以下简称“公司”）始建于1950年，是重庆市最早的国有商业企业。多年来，公司抓住机遇、抢占先机，率先进行股份制改革，于1996年上市成为重庆市唯一一家商业上市公司。自2010年顺利完成重大资产重组后，企业规模实力迅速壮大，市场竞争优势显著增强，公司发展跨上了历史新台阶。截至目前，公司旗下拥有重百、新世纪百货、商社电器三大著名商业品牌，涉足百货、超市、电器等经营领域，开设各类商场、门店292家，经营面积170万平方米，从业人员逾9万人，经营网点已布局重庆和四川、贵州、湖北等地。2013年，公司实现营业收入302.46亿元，利润总额9.28亿元，雄踞西部地区百货零售市场首位。

近年来，公司紧抓区域经济发展的历史性机遇，顺势而为，促进资源整合，深化结构调整，加速提档升级，努力推进经营与服务创新，持续提高顾客满意度，认真践行大型国企“稳物价、保市场”的社会责任，以优质服务和优惠价格回馈消费者，企业盈利能力不断提升。百货业态顺应市场消费新趋势，准确把握市场定位，加快品牌汰换升级，引领市场消费升级；超市业态扎实推进采购基地纵深建设和农超对接，持续优化采购渠道，有效降低流通成本，便利广大市民日常生活；电器业态通过包销定制、买断经营等方式，着力打造区域供应链，突出区域品牌优势，走特色化营销道路；电子商务起步上线，探索线上线下互动“O2O”模式，增强消费者购物体验。同时，公司通过零售商业模式创新和技术创新，战略布局购物中心、金融业务、电子商务等新兴业态，培育新的利润增长点，推进企业持续快速发展。

经过多年的努力，公司多次跻身“全国零售100强”、“中国连锁30强”前列，并先后荣获“全国五一劳动奖状”、“全国百城万店无假货示范店先进单位”和“重庆市著名商标”等殊荣。“重百”和“新世纪百货”商标，分别于2010年和2013年被国家工商行政管理总局商标局认定为“中国驰名商标”。2012年，荣获了重庆市国资委“国企贡献奖——先进集体”、“重庆上市公司积极回报投资者先进单位”、“全市价格监测工作先进单位”等荣誉称号。2013年，公司荣列财富中国500强第172位。

面对未来，公司将紧紧把握西部区域经济发展的历史性机遇，走质量效益型的连锁发展道路，通过信息、物流、资金、招商采购和网点开发等方面的资源整合，通过区域扩张、规模领先和零售创新，实现公司价值的再一次腾飞，努力成为西部地区规模最大，效益领先的商业零售优异企业。

世纪新都

重百大楼

重庆商社大厦

砂之船集团

砂之船集团是以商业为核心业务的综合性集团。

凭借二十五年的国际商业经验，秉承“艺术、技术、品牌”核心经营理念，原创“现代商业＋稀缺生态＋地域文化”的独有艺术商业模式，砂之船创新打造了“砂之船奥特莱斯艺术商业广场”，成为品味生活方式之引领。

砂之船成功运营的重庆砂之船奥特莱斯艺术商业广场·西部奥特莱斯，杭州砂之船奥特莱斯艺术商业广场以及重庆璧山奥特莱斯艺术商业广场，都成为当地文化地标与商业地标。

目前，砂之船在南京、合肥、昆明、贵阳、西安的“奥特莱斯艺术商业广场”项目正在紧张实施中。未来，砂之船将在全国打造更多具有砂之船特质的艺术商业广场，为越来越多的顾客提供“艺术商业，乐享生活”的消费体验。

重庆木犴生猪养殖有限公司

为了贯彻党的十七大以来有关发展现代畜牧业的方针、政策精神，落实科学发展观，探索循环经济运行模式构建机制，提高资源利用效率，保护和改善环境，夯实社会主义新农村建设的产业基础和增加农民收入，促进生猪产业发展方式转变，实现生猪产业可持续发展，公司于2006年底在巴南区实施新修建生猪养殖场。公司注册资金100万元，生产地址位于重庆市巴南区姜家镇蔡家寺村四伙头社，占地面积500余亩，经营面积34166平方米，现有员工人数100余人，年收入近8000万元。

以科技进步为先导，以资源的高效利用和循环利用为核心，以种业构成为基础，以规模种养为导向，以节粮减排和标准化规模种养为重点，以保供增收为目标，以优质安全为方向，以良种研发和精深加工为途径，以科技研发投入和市场开拓为保障，以基地示范为动力，以共同致富为目的，着力打造“粮猪沼肥”循环利用，农工贸、种养加协调发展的农牧产业集群，形成“资源→生产→消费→再生资源”的反馈式流程和循环经济发展模式，提高企业经济运行质量和效益，力争实现经济社会生态的全面、协调、健康、快速和可持续发展。

坚持规模种养、综合利用、节能减排、环境友好、生态文明、政府引导、专家指导、企业主导的原则；实行区域化布局、标准化种养、现代化加工、科学化管理、信息化经营、一体化服务；做到人人有事干，事事有人干；倡导没有最好，追求卓越；确保经济社会生态又好又快发展。奉行科技为先导、项目为核心、企业为依托、产业为基础、效益为目标的宗旨，带领新时期广大农村富余劳动力，发展现代生猪产业链，建设社会主义新农村，完善统筹城乡发展体制机制。着力打造“粮猪沼肥”循环利用，种养加齐头并进的农牧产业集群，实现资源利用最大化、产出效益最大化、污染排放最小化的目标，增强企业可持续发展能力，推进猪业经济快速进入创新驱动、内生增长的发展轨道，达到生产与生态平衡，经济与环境协调、企业与社会和谐的目的，力争成为西南地区乃至全国发展农业循环经济的示范企业。

以饲料玉米种植为发端，衔接生猪繁育、养殖及沼渣、沼液可再生利用，将种养业有机结合，形成“土地资源→玉米种植→生猪生态养殖→清洁能源→资源化再利用沼渣、沼液生产有机复合肥→土地资源种植玉米”的农业闭路循环链条。不但增强了生猪产业饲料原料来源的安全可靠性和可持续发展能力；而且对增强我国的粮食、肉食品安全，发展农村经济，带动广大农民走农业循环经济致富之路，治理农村面源污染等具有重要的促进作用，对促进环境友好型和资源节约型社会的建立具有很好的示范带动作用。实行“公司＋基地＋专业合作社＋农户”的农业产业化经营，以良种饲料玉米和“姜家黑猪”的育种为发端，采取市场牵龙头、龙头建基地、基地联专业合作社、专业合作社带农户的集中供种、供料、供药、供肥，分散种养，统一回收利用、销售的组织模式，不断完善和最终形成企业与农户风险共担、利益共享的运行机制。

1. 猪舍

28栋猪舍设计布置在生活、管理区的下风口，建筑设计按照“分阶段饲养”的养猪生产工艺流程，即后备种猪→配种、妊娠→分娩、哺乳→仔猪保育→生长待售或育肥出栏的流水作业的要求，相对集中进行平面布置设计。全场建有种公猪猪舍3栋738㎡，种母猪舍6栋2504㎡，分娩猪育肥舍5栋2146㎡，隔离舍1栋272㎡，子猪保育舍2栋1058㎡生长保育肥舍11栋4592㎡各种猪舍共计11310㎡。猪舍为彩钢结构，长约60~65m，宽8~9米，高4m，猪舍间距8~10m，区间植树种草，道路硬化，28栋猪舍可容纳8000余头大小猪只。

2. 辅助生产设施

饲料加工车间500㎡，饲料仓库800㎡，为砖混结构。安装了大型的饲料加工机组一套，日可产配合饲料40吨。门卫值班室、供变电房、兽医处理室、消毒更衣室、药房、粪便发酵房等配套用房共300㎡，1000m^3的蓄水池一口。同时还新建公路1.4km，涵洞0.28km，排洪沟2.3km，铺设自来水管道1.75km，生猪进出通道0.95km，水泥硬化场区地面3462㎡，围墙3000m。

3. 行政、生活设施

综合办公大楼1栋共976㎡，职工宿舍1栋共580㎡，职工食堂、浴室、厕所等辅助设施共250㎡，太阳能热水器3台，无线广播电视接收器4台。

4. 设备

在28栋猪舍内，建有各类猪圈1651个圈栏，5栋分娩哺乳舍共30间，分娩哺乳床290个（2.2m×1.8m×0.8m）；4栋妊娠母猪有单体限位栏（2.2m×0.6m×1.2m）689个；2栋仔猪保育舍高床保育栏（4.0m×3.0m×0.8m）106个；以上均为钢结构。1栋公猪舍圈栏16个和16个公猪运动场，人工采精室1间，精液稀释、保存室1间；2栋后备猪栏124个；11栋生长育肥舍334个；1栋隔离舍圈栏12个，以上均为砖混结构。

安装饮水器2569个，排风扇129台，仔猪补料槽300个，保育猪自由采食槽106个，生长育肥猪自由采食槽485个，各舍内配备饲料车、粪车共80辆，安装变压器125kVA。

5. 种猪引进

先后从重庆市种畜场、四川省南充市种畜场、江苏太湖种猪场引进祖代优良丹系纯种长白、约克、苏太父母代种母猪2800头，现存栏能繁母猪2800头、后备母猪835头；先后从市种畜场、达州种畜场引进杜洛克、长白、约克祖代种公猪各150头，种公猪有6个血统且系谱清楚。

6. 绿化

在基地道路两旁、房屋间隙、广场花台、围墙周围植树、栽花、种草，绿化、美化环境。绿化面积占占地面积的28%。

7. 治污设施

基地配套建设有粪污暗排沟700m，沼气池1500m^3，污水处理池7320m^3，沼液养鱼塘20000m^3，沼液输送管道2000m，沼液储存池2000m^3，堆肥车间10200㎡，填埋井50m^3。

发明专利证书

我公司现与巴南区科委、西南大学资源环境学院联合建立“木犴猪业”专家大院；积极开展生猪良种繁育，标准化规模养殖，防疫免疫程序，粪污无害化综合利用，饲料、有机复合肥生产配方，饲料玉米测土配方施肥种植，后续加工的引进、研发、培训和推广工作；对粮猪沼肥设施同时设计、同时施工、同时投入使用，形成农业产业链物质和能量递次闭路循环利用；通过产学研的结合和对科技、政策、项目、资源的整合，以科技保项目、项目促基地、基地联专业合作社、专业合作社带农户，促进农业增效、农民增收和农村发展。公司现占地250亩，累计投入4000多万元；良种繁育、标准化规模示范养殖、粪污无害化处理及综合利用、屠宰、加工设施基本完善，“木犴猪业”专家大院建成投入运行；有员工170余人，其中工程技术人员31人，占总人数的18.24%；是重庆市农业产业化、农业综合开发市级重点龙头企业，发展循环经济（第二批）试点企业，重点种畜场；以渝湘黔边山地黑猪为基础，导入杜洛克公猪血统，采取个体性能测定、综合指数选择、继代选育、同质选配等现代高新技术繁育的“姜家黑猪”，具有体强健壮、肌肉发达、繁殖性能好、抗应激能力强、遗传性能稳定、生长速度快、饲料转化率高、肉质鲜美等特点；2013年繁育父母代种猪5608头，出栏商品猪44992头，实现销售收入8800.41万元。

直营1店

重庆南岸区金紫街112号1-6号

直营2店

重庆南岸区茶园江南小区正大门对面18号商铺

直营3店

重庆市渝北区人和街道镜泊西路103号

中交二航局第二工程有限公司

中交二航局第二工程有限公司创建于1958年，是一支以路桥、港航、铁路、市政工程施工为主业，“大土木”、多元化经营的工程建设企业，公司具备公路工程施工总承包壹级、市政公用工程施工总承包壹级、公路路基工程专业承包壹级以及桥梁工程专业承包壹级、房屋建筑工程施工总承包三级企业资质，年产值能力突破80亿元，市场遍布全国二十余个省（市、自治区）以及东南亚和中东多个海外地区。

公司下辖2个工程分公司、6个专业分公司、4个经营性办事处，现有员工1424人，各类专业技术及管理人员874人，拥有教授级高工5人，高级职称104人。拥有各类大型工程船舶、施工机械设备500余台/套。公司通过了质量、环境和职业安全健康一体化管理体系认证。公司成功研发了61项国内外领先的技术成果，其中，获国家级科技进步奖2项、国家级工法4项；苏通大桥摘下四项世界顶级建桥技术的桂冠，朝天门大桥创造了世界最大跨度中承式钢桁系杆双层公铁两用拱桥世界纪录。公司以“总部管控＋项目法施工＋专业公司支撑”为管理模式，搭建“信息化”、“一体化”基础性平台，建立“技术中心”、“资金中心”及采购“电子交易中心”，打造了一个强劲的工程管理平台，和国际惯例成功接轨。

公司的产品结构从创立之初单一的水工领域逐渐发展成“以特大桥为品牌，铁路、公路、海外、投资协调发展”的战略格局。桥品牌作为公司最闪耀的一张名片，为二航局“中国建桥第一品牌”的打造屡建奇功，总结积累了一整套特大桥施工组织管理经验，创新出一大批科技成果，培养出一大批建桥人才，并凝练出独树一帜的建桥特点——以品质见长、以科技制胜、以管理护航，逐步确立了在国内路桥建设领域的标杆地位。从1991年承接黄石大桥深水主墩的建设开始，公司高起点、大踏步向特大型桥梁施工领域进军，历年来桥梁项目占公司经营合同额及施工产值比例的半壁江山，产品种类涵盖了所有桥型。目前公司共修建大小桥梁一百余座，二航局承建的大型桥梁216座，公司修建了其中76座，比例高达35%以上，其中润扬长江大桥、苏通长江大桥、重庆朝天门长江大桥、泰州长江大桥、杭州九堡大桥、港珠澳大桥等一系列国家级、世界级桥梁，创造了一项又一项中国建桥纪录，使公司的“桥梁品牌”大放异彩。在传统水工市场，海南三亚防波堤的建成，使公司占领了水工市场的至高点；在铁路市场，公司正成为二航局新板块拓展的“主力军”，修建了太中银铁路、京沪高铁、沪杭客专、西宝客专、成渝客专、渝万铁路等工程；在高速公路建设领域，公司赢得了“铁军”的美誉；在港航建设领域，公司在长江沿线和东南沿海镶嵌了颗颗明珠；在市政建设领域，公司为多座城市打造了道道亮丽的风景线；在海外市场，公司修建了斯里兰卡普特拉姆煤码头、马来西亚槟城二桥、斯里兰卡OCH等工程，使公司品牌向海外不断延伸。如今，随着成都北改、珠海横琴二桥、成都天府新区货运通道、南充化工园区铁路等工程的承建，投资项目正日益成为公司发展的重要板块。

杭州九堡大桥

泰州长江公路大桥

苏通长江公路大桥

建一项工程，树一座丰碑，公司创造了众多夺目的品牌，摘得多项高级别的工程大奖。苏通长江公路大桥被国际桥梁大会（IBC）授予“乔治·理查德森大奖”、并荣获“中国建筑工程鲁班奖”、“詹天佑奖”，重庆朝天门大桥荣获中国土木工程“詹天佑奖”，江阴长江公路大桥获美国“尤金·菲戈金奖”、“中国建筑工程鲁班奖”、“詹天佑奖”，杭州九堡大桥荣获“中国建筑工程鲁班奖”、“詹天佑奖”，泰州大桥荣获英国“卓越结构工程大奖”，杭州绕城高速公路东线下沙大桥荣获“国家优质工程银质奖”，重庆黄花园大桥、朝天门广场梯道工程和浙江南太湖大桥先后获得“中国市政工程金杯奖”。

五十余载风雨兼程，公司凝炼出“四海为家、艰苦奋斗”的创业精神，“穷则思变、敢为人先”的创新精神，“爱岗敬业、情系二航”的奉献精神。这三种传统精神是公司经过多年市场博弈培育出来的全体员工的共同价值取向，是企业文化的基本内涵，它在公司机体内生根、萌芽、生长，强烈彰显了公司的软实力。同时，公司在打造二航建桥品牌的过程中，也凝聚出了“变中求进，勇攀高峰，精益求精”的建桥精神，它是公司传统精神的超越与升华，也是公司企业文化的精髓与核心。

半个多世纪以来，公司各项工作呈现出快速发展的强劲势头。科技进步日益提高，产值、利润、全员劳动生产率、工程质量优良品率、安全事故频率等主要经济技术指标在重庆市建筑行业和二航局乃至中交集团均处于领先地位。公司先后获得和保持了“全国行业质量诚信示范企业”、“全国用户质量满意企业”、“全国质量效益型先进施工企业”、“全国优秀建筑企业”、“全国文明单位”、“全国思想政治工作优秀企业”、“全国模范员工之家”、“全国青年文明号”、“全国安康杯竞赛优胜企业”等一系列荣誉。公司培养了一批又一批复合型、较高级专业技术人才，为二航局输送了大量的优秀干部，涌现了一批国家级、省（部）级劳模、五一劳动奖章获得者、中华技能大奖获得者、五四青年奖章获得者、全国优秀项目经理等业内精英。

站在新的起点上，二航人豪情万丈。我们将秉承过去的辉煌，以零起点的心态继续努力，积极面对竞争和挑战，不断提升施工技术水平，不断超越自我，塑造一个卓越的工程公司形象。我们坚信，中交二航局第二工程有限公司，将会在每一建筑篇章上流光溢彩，百年二航，将会在灿烂文化的打造下，焕发出永久的生机与活力！

马来西亚槟城第二跨海大桥

中国西部农产品冷链物流中心

重庆市市长黄奇帆一行莅临中国西部农产品冷链物流中心视察

2014年7月21日11时，重庆市市长黄奇帆在九龙坡区委书记丁洪、区长石继东、高新区管委会主任种及灵陪同下莅临中国西部农产品冷链物流中心视察，重庆明品福物流有限责任公司朱谷和等公司领导陪同视察。

黄市长在视察过程中充分了解了项目的建设规模、市场定位、配套建设情况及项目发展前景的构想，针对明品福冷链物流项目作出如下具有重大建设性的指示：

一、加快该项目铁路专用线的启动建设。开通一条从团结村车站到明品福冷库的保税海关监管通道，专线运输从欧洲进口的冷冻食品，打通欧洲冷冻食品至重庆的铁路运输通道，使中国西部农产品冷链物流中心项目坐享渝新欧交通枢纽，并依托黄金水道，建设长江经济带，发挥项目的最大优势。

二、中国西部农产品冷链物流中心项目的50万吨冷库规模已能满足整个重庆市对冷库的需求，因此要避免重复建设及同质化竞争，从企业发展和减少土地资源浪费的角度出发：重庆市主城区不再规划布局冷库建设。

三、在中国西部农产品冷链物流中心·重庆明品福物流有限责任公司设立欧洲进口冷冻食品的保税仓库，使重庆成为欧洲冷冻食品进口的全国集散地，将欧洲的肉类食品“储存”于重庆，形成天然的“便捷仓库”，开启国家对外开放和区域发展战略新格局，推动重庆长江经济带和丝绸之路经济带建设。

黄市长还参观了现代化智能冷库，在零下20℃的冷库中黄市长对冷库的功能设置、运营模式、进出货流程等产生了极大的兴趣，并且大加赞赏冷链物流产业，充分肯定了明品福冷链物流中心致力于打造民生工程的服务核心，并表示：“作为新建的现代化智能冷库，要全面确保食品的安全问题，将食品安全作为工作的重中之重。”黄市长表示，市政府将大力支持明品福冷链物流中心的规划要求，同时希望该项目在冷链物流行业中逐步壮大起来，精益求精，同时在进出口贸易中迈出坚实的步伐，成为利国利民的一项重大民生工程。

纵观重庆，冷链物流行业已作为一个日益崛起的新领域，正向着积极蓬勃的方向前进着——中国西部农产品冷链物流中心作为西部地区规模最大、设备最先进、功能最齐全集海产品、肉类食品、农副产品冷藏加工、物流配送、贸易流通、第三方冷链物流为一体的大型交易基地，我们正以国际冷链行业标准积极改进物流设施、优化食品供应链，逐步在重庆建立冷链行业的“质量标准、储藏标准、配送标准”三大标准，加快内陆开放高地建设，促进扩大内陆开放。

明品福冷链物流致力于“创新，凝聚精英；创新，挑战未来”的行业新精神，贯彻“保供应、稳物价、安民生”的服务宗旨，将重庆冷链物流业打造成为融合冷藏、运输、仓储、货代、信息等产业的复合型综合服务业，同时放眼于跨境合作的发展当中。

重庆朝阳气体有限公司

环境优美的朝阳气体生产现场

先进的安全生产实时管理及自动化集控系统

重庆朝阳气体有限公司成立于1993年，是由重庆钢铁（集团）有限责任公司控股的中外合资企业。企业注册资本12553万元，2013年资产总值111829万元，实现工业总产值74561万元，销售收入60560万元，利税4917万元。

朝阳气体是重庆地区规模最大、品种最多、实力最强的专业气体公司，长期为冶金、机械、汽摩、化工、电子、医疗、科研等行业提供气体产品和服务。公司拥有长寿、建桥两个气体生产制造基地，总占地面积210亩，生产能力为氧气101000m^3/h、氮气116000m^3/h、氩气3580m^3/h、氢气100m^3/h、液态气体450kL/d、瓶装气100万瓶/年；液体贮存能力11580kL；建有顾客供气服务站45个，液体运输能力20万吨/年。公司生产和销售的主要产品有：氧气、氮气、氩气、氢气、氦气、氖气、二氧化碳、空气、干冰、医用氧、焊接保护气等各种工业气体、高纯气体、医用气体、混合气体、标准气体、特殊气体、电子气体、液态气体，并为客户提供全方位气体解决方案及应用技术。

朝阳气体拥有一批长期从事气体研发、制造、管理、应用的高级技术人员和气体行业专家，在多年的发展中，公司把“无形产品，无限追求”作为企业核心价值观，以规范化的生产管理，一流的产品质量和高品质的售前、售中、售后服务赢得了广大合作伙伴的认可和称赞。公司分别取得质量、环境、职业健康安全三标一体认证及药品GMP认证，连续多年荣获重庆市高新技术企业、环境友好企业、质量效益型企业、安全生产A级企业、用户满意企业、最佳诚信企业、市级文明单位标兵、五一劳动奖状、制造业企业100强等荣誉称号，重庆市著名商标“朝阳气体”是重庆的一张“气体名片”，公司生产的气液态氧、氮、氩产品是“重庆市名牌产品”，高纯氢、高纯氩、高纯氧、医用氧、高纯液氮、食品添加剂氮气六种产品被评为“重庆市高新技术产品”。

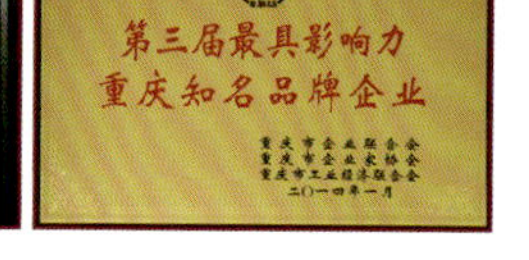

如今，朝阳气体将进一步加快改革创新步伐，以“建设资源节约、环境友好、客户信赖、高效和谐的中国一流工业气体制造与销售企业”为目标，走内涵式发展道路，做大做强气体产业，为经济和社会发展作出更大贡献。

重庆朝阳气体有限公司地址：重庆市大渡口区重庆建桥工业园C区石林大道8号；邮编：401325；联系电话：023-68698960/68156199，15723410650；传真：023-68429551；网址：www.cqzygas.com；邮箱：master@cqzygas.com 。

主要产品：医用氧（含家庭医用氧），工业级和高纯超高纯氧、氮、氩、氢、氦，工业二氧化碳，各类混合气体及液态氧、氮、氩

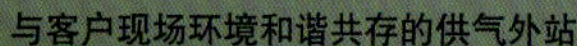
与客户现场环境和谐共存的供气外站

现代化生产设备和贮运能力

重庆平伟科技（集团）有限公司

重庆平伟科技（集团）有限公司，成立于1996年，经过十余年不懈的努力，在求实、创新、团结、进取的企业精神感召下，已形成以生产、制造、销售的汽车、家电零部件，电子元器件，模具，医疗设备相结合的企业集团。2013实现销售收入50亿，是一家产业结构合理、收益稳步增长、运作规范有序、管理国际接轨的集团企业。目前，公司主要由“汽车及家电零部件”、“模具”、“电子元器件”、“医疗设备”四大领域。

“汽车及家电零部件”领域：该产业已发展为汽车、家电的“内饰零部件”和“钣金零部件”两大版块，其技术力量雄厚，集设计、研发、制造、服务为一体。目前已是长安福特、长安汽车公司、重庆力帆和重庆海尔的核心供应商。

“模具”领域：重庆平伟汽车模具股份有限公司是一家专业从事汽车外覆盖件模具、高强度钢板模具和多工位模具设计、开发、制造的高新技术企业。公司实现了模具开发设计的CAE/CAD/CAM/CAPP一体化。同时公司拥有世界上先进的模具加工、调试、检测设备。如五轴联动加工中心意大利的papars，五面加工中心日本的okuma，模具加工精度都达到μ级。另外，在加工工艺方面我们还不断探索，追求高速化、自动化和无人化加工，努力打造成“数字化工厂”。

“电子元器件”领域：平伟实业股份有限公司，地处重庆市梁平工业园区，是一家集研发、制造、销售为一体的专业生产半导体器件及半导体照明应用产品的公司，凭借先进设备和成熟的独立开发设计能力，已成为国内光电产业的领军人物。

“医疗设备”领域：重庆伟渡医疗设备股份有限公司是由中组部“千人计划”专家母治平博士和重庆天使投资人联合创立的、从事医疗影像产品产供销于一体的高新技术企业。公司具备了一支以海外高层次人才领军的高素质团队，首席科学家母治平博士当选“2013十大重庆经济年度人物”。伟渡医疗在图像引导系统、新型分子影像等先进医疗影像技术的研发中具有独到的优势。公司的目标是成为研制具有世界一流水平的医疗影像设备提供商。

公司致力于引进公司所需的各类专业人才，结合员工个性化特质为员工创造和提供适合其发展的职业生涯发展空间，努力营造一个“待遇留人、事业留人、情感留人”的人力资源大环境。

公司秉承“创造无限，机会无限”的经营理念，与长安福特、长安汽车公司、重庆海尔等国内知名企业建立了良好的供应关系，与科研院、所建立长期、紧密的技术合作关系，通过不懈努力和先进制造技术的应用，已实现平伟集团产业的跨越式发展。

中国四联仪器仪表集团有限公司

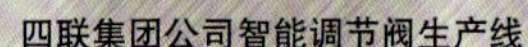

四联集团公司智能调节阀生产线

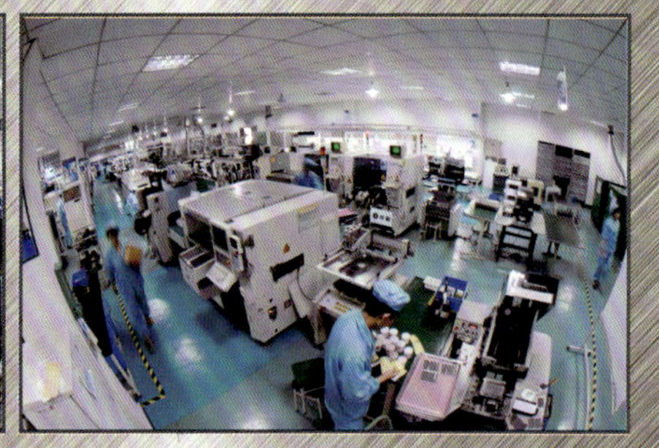

四联集团公司自动贴片生产线

中国四联仪器仪表集团有限公司于1987年以原四川仪表总厂为核心组建而成，系国家计划单列企业集团，主要产业领域包括工业自动化仪器仪表、蓝宝石及LED、城市轨道交通自动化、环保装备、汽车部件及特种装备等。

2000年以来，集团经营业绩以年均20%以上的增幅快速发展，2013年，实现销售总额107.6亿元，出口创汇8000万美元，蝉联中国机械工业100强、中国电子信息100强、中国电气工业100强。集团2011年成为工信部授予的首批国家创新示范企业，2013年新获专利授权124项，累计拥有有效专利558项（其中发明专利66项），参与制定国际、国家及行业标准13项，完成制修订及复审企业产品标准96项，并牵头承担了国家863计划等一批重点项目。

集团在大力发展工业自动化仪表的同时，积极向新兴产业拓展，跨国并购美国霍尼韦尔加拿大蓝宝石业务，高起点切入蓝宝石及LED产业，引进日本积水化学生物转盘技术并成功实现国产化，助力在环保装备领域的拓展，与意大利芬梅卡尼卡公司合作，提升轨道交通装备自动化技术水平和制造能力。集团正在形成工业自动化仪表、蓝宝石及LED两大核心产业，城市轨道交通自动化、环保装备、汽车部件及特种装备等特色产业相互促进、共同发展的新格局。

集团发展目标是：工业自动化仪器仪表跻身全球过程自动化前五强；蓝宝石及LED成为全球最大的LED和光学用蓝宝石生产基地、中国新型光源生产基地、国家级LED照明工程研发中心；环保工程服务于国家城镇化战略，成为面向工业/乡镇污水综合治理、具有自主知识产权的综合性环境服务营运商；城市轨道交通自动化成为国内重要的城市轨道交通自动化供应商和集成商；汽车部件及特种装备成为具有国际竞争力的一流汽车部件配套商及全球最大的汽车拉索供应商。重点打造5~6个世界级产品，成为具有较强竞争力和可持续发展能力的卓越企业集团。

四联集团始终秉持“产业报国、造福员工、兼善社会”的经营宗旨，以振兴民族仪表工业为己任，在实现转型升级、跨越发展的过程中，创造更好的业绩感恩员工、回报社会。

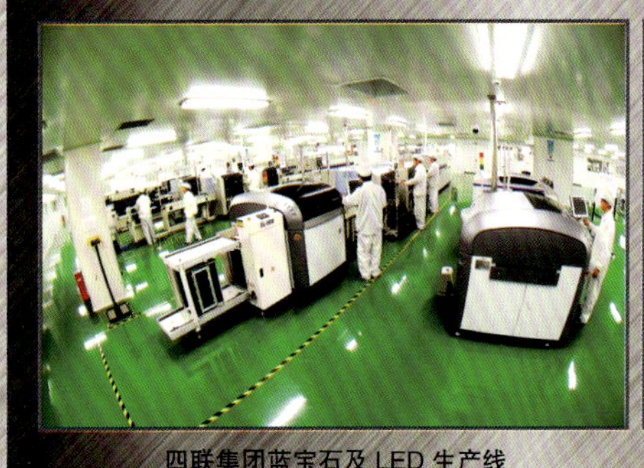

四联集团蓝宝石及LED生产线

四联集团智能变送器生产线

四联集团智能流量仪表生产线

SHINERAY

东方鑫源控股有限公司

鑫源总部鸟瞰图

东方鑫源控股有限公司

总部：重庆市九龙坡区含谷镇鑫源工业园

业务领域：工业制造、金融、房地产开发及体育赛事产业经营

产品板块：汽车、摩托车、农机及通机

东方鑫源控股有限公司（以下简称鑫源）始创于1997年，公司总部位于重庆市，占地600亩，拥有员工3500余人。公司涉及工业制造、金融、房地产开发、体育赛事产业经营等多个领域。

鑫源工业制造包括摩托车、汽车、农机及通机等产品。摩托车品类齐全，排量从50cc到400cc，凭借文化优势，鑫源越野摩托车在中国和世界享有盛誉。汽车与华晨集团合资，主要生产华晨金杯系列微型客车、卡车，并正在研发CDV、MPV、SUV等车型。农机及通机涵盖微耕机、微型收割机、茶果园管理机、田园管理机等农业机械，以及汽柴油机动力、发电机组、水泵机组等通用机械。

鑫源是中国驰名商标、高新技术企业、消费者满意单位、重庆市工业企业50强，拥有国家级实验室。鑫源人秉持“创造物质、知识与精神财富，分享给员工、客户及社会”的企业使命，始终坚定而执着地朝着走新型工业化道路的方向前行，致力于成为一家值得信赖并受人尊重的企业。

重庆鑫源摩托车股份有限公司

XY400

XY250GY-2B

XY400GY

XY250GY-7

重庆鑫源摩托车股份有限公司，由东方鑫源控股有限公司全资控股。公司位于重庆市九龙坡区含谷镇鑫源工业园，占地约400亩，拥有120000余平方米的现代化生产厂房和一流的国际越野赛车场，具备年产摩托车80万辆，摩托车发动机100万台以上的制造能力。公司已通过ISO9001质量认证体系、ISO14001环境体系认证、国家要求的摩托车强制性检验项目和美国与欧盟等发达国家的EEC、EPA等多项摩托车专业认证。

公司主要生产包括越野车在内的两轮车及ATV，排量从50cc到400cc。产品和服务已覆盖全国31个省市和全球100多个国家和地区，现已成为中国越野摩托车领域的领导企业。

华晨鑫源重庆汽车有限公司

华晨鑫源产品全家福

华晨鑫源重庆汽车有限公司，由华晨汽车集团和东方鑫源控股有限公司合资组建而成。具备汽车研发、生产、销售资质。公司主要生产华晨金杯系列微型客车、卡车，并正在研发CDV、MPV、SUV等车型。目前，华晨鑫源已经在国内建立超过1000个销售和服务网点，产品远销巴西、阿尔及利亚等40多个国家和地区。

位于重庆市九龙坡区含谷镇的生产基地拥有焊装、涂装、总装工艺线。2014年5月总投资45亿元的涪陵新区生产基地开工建设，该基地拥有完整的冲压、焊接、涂装、总装及发动机工艺生产线，占地1704亩，设计产能达到30万辆整车/年。2015年3月将完成一期工程建设。

重庆鑫源农机股份有限公司

重庆鑫源农机股份有限公司，由东方鑫源控股有限公司全资控股。位于重庆市九龙坡区含谷镇鑫源工业园。一期占地80余亩；二期在建项目占地180余亩，拥有面积约50000平方米的现代化标准厂房，有8条国际先进水平的生产流水线及相关检测设备，将形成年产量发动机130万套，农机35万套，机组59万套规模，预计2015年建成。

公司专业研发、制造及营销汽/柴油机动力、汽/柴油发电机组、汽/柴油水泵机组等通用机械；微耕机、微型收割机、茶/果园管理机、田园管理机等农业机械。产品远销海内外80多个国家，主要销往中东欧、南非、南美、南亚等地区。公司将以“通机差异化、农机多元化”的经营理念为战略定位，力争成为全球领先的“小型热动力涉农机械制造专家”。

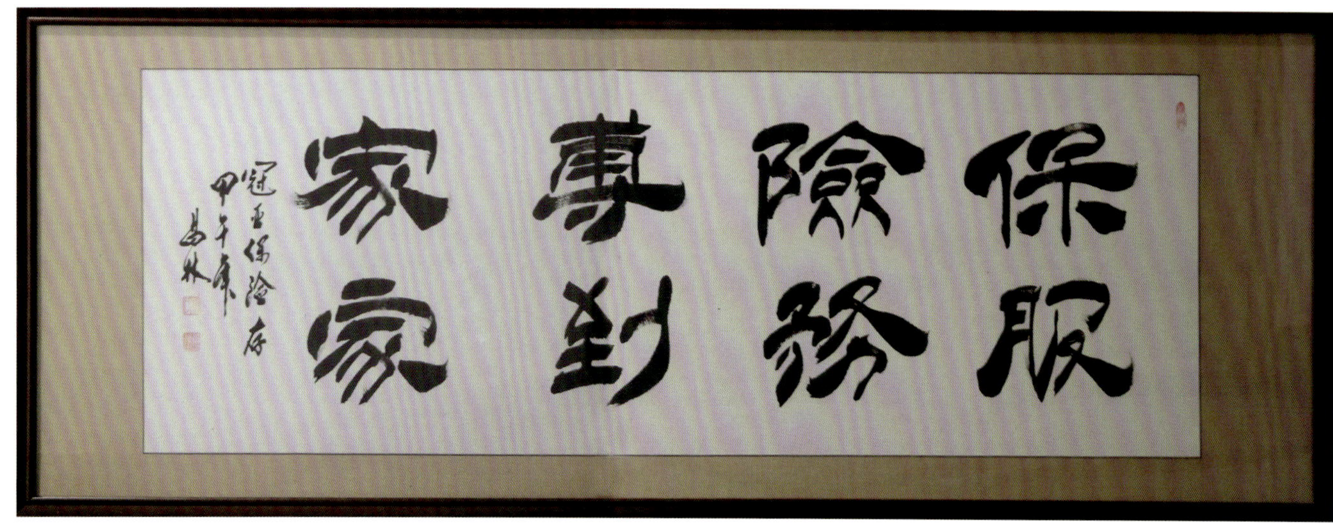

重庆冠亚保险销售有限公司（简称“冠亚保销”）是经中国保监批准成立的首家总部设立在重庆的全国性专业保险代理公司。冠亚保销响应中国保监会《关于改革完善保险营销员管理体制的意见》的号召，顺应保险业改革发展大潮，积极探索专业化、职业化保险营销与服务的创新模式与可持续发展。

冠亚保销作为独立第三方保险代理销售平台，与近三十家国内大型和专业财产与人身保险公司建立了良好的合作关系，打造起一个涵盖企业保险与个人保险的——“冠亚保险超市”，满足企业和家庭不同阶段、不同层次的保险需求，帮助企业和个人客户有效运用保险保障功能，转移和化解企业经营和家庭生活的风险。

冠亚保销执行董事兼总经理
致公党九龙坡区委委员 / 九龙坡区政协委员

冠亚保销以“保险专家＋全程服务”的模式，不代表任何一家保险公司，站在客户的立场上，充分尊重客户的需求，运用专业知识帮助客户从众多保险公司提供的方案中甄选价格、服务，保证保障内容、保障范围、赔付条件都真实可信，确保风险发生时客户能享受到预期的保障权益、理赔时效，并愿意为此承担连带责任。

冠亚保销在成立两年的时间里，一系列创新举措领舞行业，率先在全国实现“双签合同”的用人制度，迈出探索保险营销体制改革的实质步伐；联合《重庆商报》打造独立第三方保险服务平台，开启国内煤企联建保险超市先河；举办“企业保险高峰论坛”，为中小企业用工风险管理建言献策；联手北大民营经济研究院，为企业主和企业中层管理干部提供经营管理新思维；2014 年 10 月，发起打造“冠亚－全城通”的复合式 O2O2C 的商业云聚合平台，为商家找客户、为客户找商家。

“冠亚－全城通”集全城通会员单位的商家数据和会员的消费信息于一体，依托互联网信息化工具，以信息交换技术为手段，拥有会员认证管理系统、会员消费信息管理系统和商家会员信息共享系统，为会员单位提供多样化需求的营销方式和机会，为会员提供品质优良、便捷优惠、涵盖衣食住行与吃喝玩乐等全方位的商业服务选择。

借助全城通会员平台，会员单位可以实现自身企业品牌、特色产品和服务的实时、有品质、精准的宣传推广，在引流新客户、留住客户以及客户关系管理和企业经营管理等多方面得到持续支持和提升；全城通会员既可以享受全城通会员单位提供的个性化消费折扣和积分，还可以通过会员单位获得特别的定向免费服务机会，以全新、品质的消费方式呈现一种优雅、理性的生活态度。

“冠亚－全城通”是冠亚保销发起的、旨在为重庆中小微企业和商家提高经营管理水平和市场竞争软实力，推动全社会商业生态提档升级的资源整合平台。冠亚保销积极期待联合社会各方有识之士，跨行业整合资源，借助保险业转型期的历史机遇，共同实现在全城通会员平台上的整合分享和价值传递，共享全城通商业联盟的聚合性创造价值。

世纪金源（重庆）集团

世纪金源集团是著名实业家、旅菲爱国华侨黄如论先生创办的综合性跨行业国际集团。集团以“好企业，招好人，育好人，办好事，有好报”为企业信仰，以“房地产开发、星级大饭店、大型购物中心、金融资本运营、物业管理、核桃油生产”为大型支柱产业，目前在中国大陆已投资2048亿元人民币，开发各类商品房7000万平方米，缴纳各项税款已达216.82亿元人民币。集团属下拥有9个区域集团，3个行业集团，其中包括80多家子公司，17家五星级大饭店，9家Shopping Mall，投资地域遍及福建、北京、上海、江西、重庆、云南、湖南、贵州、安徽、陕西、江苏、浙江，以及中国香港、菲律宾等海内外各地。集团迄今获得各项荣誉近300项，在国家税务总局指导的纳税评比中，世纪金源集团自2004年起连续三年名列“中国行业纳税百强”前三甲；2005年至今，世纪金源集团八度荣登“中国企业500强”排行榜；连续九年荣登“中国服务业企业排行榜”；2009年，荣登全国房地产销售面积第2名、销售总额全国第8名，成为前十名中唯一一家既非上市公司也非国企的企业。集团董事局主席黄如论先生二十二年来热心公益慈善事业，共捐资人民币近50亿元，连续八年获得“中华慈善奖”，七次荣登“中国慈善排行榜”榜首，先后多次受到党和国家领导人习近平、李克强等亲切接见。

世纪金源大饭店

为繁荣区域经济，给当地居民提供休闲娱乐、健身场所以及尽善尽美的服务，促进当地经济、文化、商业发展，为西部大开发做出贡献。2003年世纪金源集团登陆重庆，成立世纪金源（重庆）集团，下含世纪金源（重庆）集团党委、世纪金源（重庆）集团团委、世纪金源（重庆）集团联合工会委员会，下辖重庆世纪金源大饭店、重庆君豪大饭店、重庆金源时代购物广场、重庆世纪金源投资置业有限公司、北京世纪城物业管理有限公司重庆分公司。

世纪金源集团累计在渝投资总额达474689.54万元，其中投资五星级大饭店173358万元，投资大型购物中心140368.29万元，投资房地产160963.25万元，累计缴纳各项税费达71580.45万元人民币，其中饭店产业纳税34229.91万元，购物中心纳税14457.33万元，房地产纳税达22893.21万元。积极安置下岗困难职工，直接和间接创造就业岗位20000多个。为抗旱救灾、抗洪救灾、“为了山里的孩子”活动、“绿化长江重庆行动”捐资造林、为企业困难员工、为“5·12”地震灾区等各类捐赠活动，累计捐赠金额达3964.94万元。

君豪大饭店

世纪金源（重庆）集团党委荣获重庆市首批“党建工作市级示范点”称号、被授予江北区“优秀基层党组织”、江北区“红心驿站示范党组织”、观音桥商圈“优秀基层党组织”、“2012年重庆市‘两新’组织创先争优先进基层党组织”等称号。世纪金源（重庆）集团团委被团市委授予“共青团就业创新基地”。重庆世纪金源大饭店连续九年荣获江北区人民政府颁发的“江北区商贸流通优秀企业”称号；还先后荣获“2005年重庆最具特色酒店大奖”、“2005年度重庆观音桥商圈经营绩优企业”、“重庆市江北区诚信经营优质服务五星级企业”、“2006年度江北区治安保卫工作先进集体”、“2007年度江北区饭店住宿管理先进单位”、“2008年度重庆市旅游教育培训工作先进单位”、2010年“重庆华商贡献企业奖”、“重庆市2009年度商贸流通100强企业”、“2010年重庆服务业企业50强”、2011年度“重庆市餐饮住宿业50强企业”、“2011年度重庆青年文明号”、2011、2012年度“重庆服务业企业100强”、2012年度“重庆市优秀民营企业”、“重庆市‘十一五’节能减排先进集体”、“江北商贸满意100服务明星企业”、2013年度“重庆市商贸企业诚信经营模范店”等系列荣誉称号。重庆君豪大饭店连续八年荣获江北区“商贸优秀服务企业”和先后荣获“2006度重庆市人大政务接待优质服务奖”、“2007诚信经营优质服务五星级企业”、“2008重庆市旅游饭店服务技能大赛优秀组织奖”、“2009年重庆市商贸流通一百强（餐饮住宿类）”、“第四届‘银联杯’重庆地区赛优秀团队”、“2011年度重庆企业服务业100强”、“2011年重庆市餐饮住宿业50强”、“2012年江北商贸满意100服务明星企业”、“重庆旅游工作先进单位”等系列荣誉称号。重庆金源时代购物广场2004~2006年连续三年荣获“江北区年度城市建设十佳项目”，先后获得“2005年度最值得期待楼盘”、“2006年广厦奖商业地产项目金奖”、“2007直辖十年，地产之最——最大的商业地产项目”、“2008年度消防工作先进单位”、“2009年度重庆市卫生单位”、“2011重庆十大商业创新品牌”、“2012年江北区园林绿化单位”、“2011~2012年江北区商贸流通优秀企业”等系列荣誉称号。公司开发的华丽家族住宅小区荣获“2012年重庆市最佳绿化小区”。重庆世纪金源投资置业有限公司开发的世纪金源·御府项目荣获“2011年中国宜居示范楼盘”、“重庆晨报2011年十大区域景点楼盘”、“2011年中国宜居示范楼盘”、“2011年重庆楼市热点区域地标楼盘”、“2012年度中国（重庆）轨道人居地标楼盘”、“2012年重庆房地产人气榜评选十佳品质楼盘”、“2012年度热销楼盘”、“2012重庆户型大赛最佳实用户型”等殊荣。北京世纪城物业公司重庆分公司荣获“2012年度巴南区物业服务企业综合考核优秀企业”、“巴南区龙洲湾社区五星级小区、平安小区”等荣誉称号。

御府项目

北碚——打造主城最佳

“嘉陵江畔一花园，缙云山下一座城”，这是北碚城区生态宜居环境的形象写照。在北碚城区，空气质量、绿化率、人均公共绿地等生态基础硬指标和丰富的名人文化、温泉资源均让主城其他各城区无法比肩。特别是去年12月31日轨道交通6号线开通至北碚，市民从江北区红旗河沟乘坐6号线至北碚更加便捷，宜居北碚更让市民心驰神往……

重庆外环北碚施家段

在市委四届三次全会五大功能分区域《意见》中，北碚被列入都市功能拓展区，北碚成为主城拓展和城市建设的主战场。随着资源配置、政策配套、设施建设、产业布局的聚焦，北碚区新近作出的“五区四带”的空间布局中，北碚中心城区、两江蔡家新区、两江水土高新技术产业区、澄江生态休闲旅游区、柳荫都市现代农业发展区及缙云山自然保护带、中梁山生态修复带、龙王洞生态涵养带、金刀峡生态涵养带的规划建设，奏响了诗意栖息的美妙需求，也吸引了一大批地产精英扎堆北碚，开发精品……

面对市民们追求品质生活的需求日益高涨和开发商奏响的“资本狂想曲”，北碚区房地产业发展办公室顺势而为，强化履职能力，先后分三次深入蔡家、新城、温泉城三大园区的44家房地产企业，对55个房地产项目提供零距离对接、零障碍办理保姆式的政务服务。同时，利用报刊、电视、网络及微博微信等平台提升城市知名度与美誉度，先后赴解放碑、万州展示宜居北碚新形象，组织专家名人看北碚、北碚生活家城市价值推广等一系列活动，有力地促进了北碚区多层次地产市场的形成。目前一个集高品质住宅、温泉地产、商业地产齐头并进的局面已初见雏形。

良好的生态环境

柏联温泉

生态宜居城区

北碚多层次地产市场初见雏形

●高品质住宅占据市场主流

目前，保利、融创、龙湖、金科、隆鑫、东原、中庚、中铁建等一大批全国知名企业已进驻北碚。如今，龙湖·紫云台、中铁·山语城、东原·嘉阅湾、金科城、首钢·美利溪镇、红鼎高尔夫社区等别具风味、各具特色的高品质生态楼盘赢得了市内外购房者的热捧，高品质生态商住产业已成为北碚地产市场主流。

中铁建·山语城

●温泉地产持续升温

让都市人来北碚分享温泉这一珍贵自然资源与厚重的历史文化，是北碚温泉地产的出发点和落脚地。

除"中国第一、世界一流"的柏联北温泉 SPA 及 SLH 小型温泉酒店，还有悦榕庄、悦椿两家酒店及颐尚温泉小镇、心景·缙云国际温泉度假中心等一大批温泉地产项目。

●商业地产日渐繁荣

围绕嘉陵风情步行街，北碚规划出占地面积达 2 平方公里的商圈。在这个超大体量的商圈里，商业商务设施面积 120 万平方米，其中纯商业面积 100 万平方米。随着轨道交通 6 号线礼嘉到北碚段的开通，越来越多的商户来这里抢占码头。目前，几乎所有入住北碚的开发商都规划了商业面积，一批更大规模、更高档次的北碚商业地产正蓄势待发。

重庆·悦榕庄

2013 年北碚房地产业业绩概要

据统计，全区房地产投资 164.48 亿元，同比增长 27.1%；施工面积 1375.26 万平方米，同比增长 78.1%；新开工面积 596.23 万平方米，同比增长 138.3%；竣工面积 161.87 万平方米，同比下降 11.1%；商品房销售 161.20 万平方米，同比增长 8.4%；商品房销售金额 84.62 亿元，同比增长 3.2%。

SINCERE 协信
让建筑具有生命
20年
1994-2014

重庆尊享实业（集团）有限公司

原民政部副部长、中国老基会理事长李宝库赠集团李主席墨宝

重庆市民营企业家联合会会长陈克民给尊享集团李主席授牌

重庆尊享实业（集团）有限公司是一家以养老产业、对外投资、农业开发、餐饮服务、人力资源等五大产业为主的多元化集团公司，注册资本1010万元，现有资产总额1亿余元，员工1200多人；拥有重庆尊享老年产业发展有限公司、重庆尊享投资有限公司、重庆尊享农业发展有限公司、重庆尊享人力资源管理有限公司4家全资子公司；拥有重庆奥蓝建筑机械租赁有限公司、重庆源泽地产经纪有限公司、重庆厨匠餐饮管理有限公司3家参股企业；总部位于重庆市江北区观音桥未来国际大厦13楼。公司已经在深圳前海股权交易中心成功挂牌，挂牌代码：664353。公司现为重庆市老年事业发展基金会副理事长单位、重庆市老年学会成员单位、重庆市金融企业家协会副会长单位、重庆市民营企业家联合会副会长单位、重庆市维护企业权益协会副会长单位、重庆市经济管理学会理事单位和重庆市中小企业协会理事单位。

尊享集团为重庆市老年事业基金会捐赠1081万元

公司组织架构完整，管理科学规范，内控体系完善。集团总部设有发展规划部、市场部、财务部、法务部、银行业务部、金融事业部、投资管理部、文宣部、公共关系部、人力资源部和行政部等职能部门，设有包括金融专家、法律专家、老年产业专家、农业专家、企业管理专家等各行业专家在内的专家顾问委员会作为参谋顾问咨询机构，设有投资及风险管控委员会作为专项决策机构。

党的十八大的胜利召开，为中华民族谱写更加绚丽的华章揭开了大幕，也为民营企业带来了新的历史发展机遇。展望未来，尊享人秉承“诚信、创新、价值、共赢”的企业精神，以“提高民众收入、缩小贫富差距、改善发展民生、实现和谐共赢”为己任，贯彻“先人后己、服务社会、奉献爱心”的企业文化，紧跟国家金融改革发展潮流，专注养老服务事业领域，立足重庆，依托西南，辐射全国，积极开发市场，不断提高企业综合竞争力，力争通过五年的努力，将公司打造成为企业形象好、经营实力强、管理水平高，集养老、金融等为一体，对推动我国国民养老事业具有突出贡献的创新示范基地和国内一流知名企业集团。

尊享集团主席
李天忠

尊享集团公司管理层

夕阳忠州无限美—冉云龙

忠县：围绕生态涵养打造品位城市

今年以来，忠县城乡建委以深入开展党的群众路线教育实践活动为引领，围绕打造渝东北生态涵养示范县，以“生态品位城市”为目标，全力打造洁净忠州，努力建设品位城市，着力解决了污水处理、垃圾处理、“如厕难”等一些问题和难题。

生态涵养下苦功

垃圾处理运用环保高科技 污水处理力求乡镇全覆盖

在垃圾处理上，忠县引进了国内领先的海螺水泥公司三峡库区生活垃圾环保综合处理一体化项目，该项目采用气化炉焚烧与新型干法水泥窑结合的垃圾处理技术，环保处理生活垃圾200吨/日，忠县的生活垃圾将作为生产水泥的燃料和物料。结合项目建设，忠县城乡建委着力推进垃圾收运系统建设，加快收运模式改革，启动新生等12个乡镇生活垃圾及白石水库流域内生活垃圾收运系统的配套建设等。同时，在城区推广“社区楼院物业收集、环卫集中清运”的垃圾收运模式，启动城区生活垃圾不落地的区域试点工作。

忠县夜景

古城如画

在污水处理上，忠县正在全面推进140公里污水管网和14座污水处理厂建设，加快实现污水收集处理全覆盖。新建“十二五”城镇污水管网25km，完成新立、花桥、白石等12个乡镇污水处理厂主体工程及配套管网建设，启动拔山、官坝污水处理厂建设，已完成的双桂镇污水处理厂准备初步验收后投放试运行。

市政环卫显实效

“五个全面推进” 提升综合管理效率

近年来，忠县的城市管理工作再上台阶，创建洁净忠州成效明显，打造洁净小镇效果初显，城镇人居环境大为改观，2012年获评中国安居宜居价值城市示范区，2013年成功创建国家卫生县城，今年8月顺利通过国家园林县城初验，全国文明县城创建工作也进入冲刺关键时期。在具体工作中，忠县城乡建委狠抓“五个全面推进”，促进了城市综合管理效率不断提升。

一是，全面推进主次干道精细化管理。通过推行人机协作保洁模式，调整环卫工人作息时间，将城区机械化清扫保洁面积扩大到90%以上等举措加大清扫保洁力度；加大垃圾收运力度，全力进行垃圾收运改革工作，编制完成了《忠县生活垃圾收运系统实施方案》，实现“车走地净”目标，加大生活垃圾的减量化和分类回收管理力度；按照市政设施管理“四统一”标准，加大市政设施标准化维护力度。

二是，全面推进背街小巷综合整治。加强城区化粪池管理，完善城市粪便处理设施管理机制，组织社区对三无化粪池进行整治，并落实专项经费予以补助；加强社区市容环卫管理，将市容环卫考核工作向县城区范围内的“19+2”个社区延伸，并制定《县城区社区市容环卫考核方案》，采取暗访的方式进行考核评比；加强背街小巷张贴栏管理，规划设置便民信息张贴栏146块，严厉打击乱贴乱画行为。

三是，全面推进“城中村”整治。加强“城中村”绿化整治和“城中村”卫生死角治理。建立网格化管理机制，将城区大街小巷清扫保洁任务落实到社区、责任到个人。今年以来，共清运垃圾量约3.6万吨，全县城镇垃圾无害化处理率为86%。另外，通过单位与社区“一对一”结对帮扶，建立“城中村”结对整治共同管理制度，确保“城中村”帮扶整治到位、共同管理到位。

四是，全面推进门牌店招维护。实现门牌店招规范协调统一和门牌店招定期维护管理。加强门牌店招巡查管理，凡不规范设置行为立即整改，对城区主干道破损门牌店招及时维护。同时，建立门牌店招整治成员单位联席会议制度，加大联合执法查处力度等。

五是，全面推进干支流水域清漂管理。采取沿江乡镇包段包片和清漂专业队伍包重点区域的办法，对长江忠县段88公里主干流、全县12条主要溪河水域清漂和库岸保洁工作实行承包责任制，并落实层级管理责任。同时，加强监督管理，基本实现无大面积漂浮物，确保江清岸洁。

橘海农家

三峡橘海

常抓不懈上水平

“四个长效管理机制”，提高服务管理水平

在立足常态管理的同时，忠县城乡建委创新管理模式，探索并建立了四个长效管理机制，常态管理水平不断提高。

首先，建立了系统的考评机制，重点以排名激励和“以奖代补”促进来推进考评工作。制订了《忠县乡镇市容环境卫生管理工作综合考核办法》和《忠县乡镇市容环境卫生考核评分细则》，通过县人大代表、政协委员暗访与社情民意调查相结合，对各乡镇、社区环境卫生、城镇容貌、设施管理等情况进行季度、半年综合考核排名，并对乡镇场镇环境卫生开展考评，对达到90分及以上的乡镇，采用“以奖代补”的方式，奖励乡镇场镇管理补助经费20万元。

其次，建立了固定的协调机制。每季度定期召开规建管工作联席会议，统筹协调城市管理工作中的难点，达成共识，形成共震。出台各类设施管理规范化标准，以网格为单位，明确管理人、责任人、联系领导等信息，建立快速反应处置机制，实现精细化管理。

再次，建立高效的督导机制。县委主要领导定期督导、定期检查、定期交办，局主要领导每季度对城市管理项目进行随机抽检，局分管领导每月对城市管理重点工作进行跟踪督查，相关科室对城市管理工作开展日常巡查和运营督导。

最后，建立了人性化管理机制。定期召开一线环卫、市政、园林工人座谈会，加强与一线作业人员交流，了解收集存在的困难和问题；在滨江路、西山、忠州广场等地设置市政环卫爱心驿站4座，并设置环卫便民休息室一处，有效解决了环卫工人饮水难和休息难的问题，优化了市政环卫作业环境。

引领儿童健康事业 守护孩子美好未来

——记前进中的重庆医科大学附属儿童医院

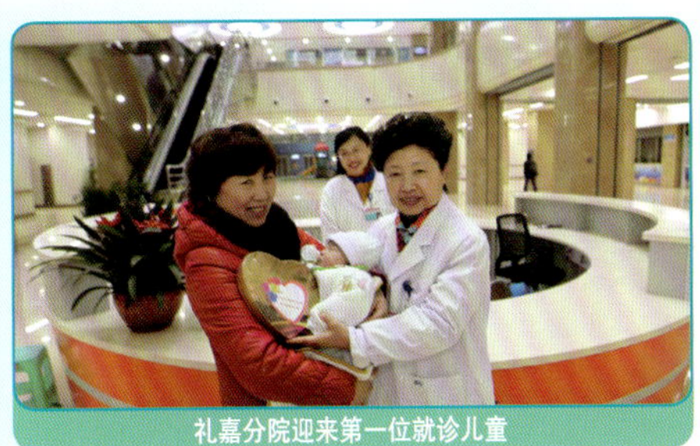
礼嘉分院迎来第一位就诊儿童

儿童医院礼嘉分院

儿童医院渝中本部

重庆医科大学附属儿童医院于1956年由上海医学院儿科系迁渝创建，是集医教研为一体的国家三级甲等综合性儿童医院，是首批儿科学国家重点学科、国家精品课程、国家级教学团队、教育部重点实验室、国家食品药品监督管理局药物临床试验机构，是市重点实验室、市国际合作交流基地、市干细胞治疗工程中心。先后荣获全国卫生系统先进集体、全国精神文明建设工作先进单位和全国师德建设先进单位、全国三八红旗集体。医院以领航者的速度前行，连续三年蝉联全国儿童医院前三位。

现有员工2700名，硕士、博士生导师100多名、高级职称专家233名、享受政府特殊津贴专家13名。医院是中华医学会儿科学分会、儿外科分会、中华护理学会儿科护理专委会、围产医学分会和中华预防医学会儿童保健分会领导成员。医院是卫生部全国高等学校规划教材《儿科学》、《小儿外科学》、《儿童保健学》的主编和副主编单位，是2013年儿科专业方向七部教材中六部的主编和副主编单位。医院是重庆医学会儿科分会、儿外科分会、康复学会、妇幼营养专委会主任委员单位。

医院编制床位1400张，年门诊量190万，年住院病人5.5万，外埠病人比例达36%。医院专业设置齐全，是全国联网的儿童急救中心、市哮喘防治中心、危重新生儿及早产儿急救中心、市儿童营养研究中心、市新生儿筛查机构。共有42个临床和医技科室，ICU、呼吸、新生儿、小儿外科、临床护理获国家临床重点专科建设项目。儿童保健、临床免疫、泌尿外科、呼吸专科、新生儿科是市医学重点学科。儿童肝移植、原发性免疫缺陷病异基因骨髓移植、HIFU治疗实体瘤、临床分子诊断技术居全国领先水平。

儿科学院建立了本科、硕士、博士、博士后完整的儿科人才培养体系，是全国规模最大的儿科医师培养基地和儿科学国家级继续教育基地。建院以来，已向全国输送6000余名本科生和研究生。近15年，医院培养毕业生2003人，占全国培养数量的40%，输送到祖国各地服务儿童健康事业，受到用人单位高度赞扬。

紧密型技术指导医院揭牌仪式

"4·20"雅安地震儿童医院医疗救援队凯旋归来

儿科研究所为医院科研的重要基地，以"发育与疾病"为主线形成"免疫与感染"、"神经精神疾病"、"先天畸形与组织工程"、"肿瘤发病机制与个体化治疗"四大方向，初步形成基础与临床相互合作与渗透的构架，团队引进多名加拿大UBC（包括皇家科学院院士和健康科学院院士各1名）和其他海外大学高端科研人才，荣获中组部"千人计划"、国家"友谊奖"、全国卫生系统先进个人多名，卫生部和重庆市有突出贡献中青年专家2名。近五年，科研成果居儿科界前列，现已获得3项NSFC重点课题，2011年获国家自然科学基金中加合作重大项目1000万，获科技部"863"计划、国家"科技支撑计划"、"卫生行业科研专项"合作项目20余项、承担"973"子课题2项，2013年获卫生行业科研专项1500万。获重庆市科技进步一等奖3项、教育部科技进步二等奖4项、"宋庆龄儿科医学奖及成果奖"各1项、中华医学奖等30余项。2011年到2013年，发表SCI211余篇、CSCD论文476篇。

医院主动承担社会责任，申请到"明天计划"、"微笑列车"、"重生行动"、"儿童白血病救助基金"等10余项公益项目的救助基金，并与团市委共同设立"重庆市希望工程——小天使基金"，5年来救助贫困患儿达4000余人次，救助金额达2400余万元。在重大公共突发事件和自然灾害发生时，儿院人的身影总是出现在救灾一线。"5·12"汶川地震、"4·14"玉树地震、"4·20"雅安地震、手足口病、甲型H1N1流感爆发时，医院的救援队勇于担当、全力救助，一次次出色地完成救援任务。

医院坚持公益性，深入基层服务，率先建立覆盖多个省市"网络指导医院"66家，建立"紧密型技术指导医院"8家（西安儿童医院、新疆乌鲁木齐儿童医院、遵义市妇女儿童医院、青海省妇女儿童医院、云南昆明市儿童医院、贵阳市儿童医院、海南省儿童医院），向他们提供高水平医疗服务资源。

市领导、市卫计委、团市委、市少年宫、重医大学校、儿童医院领导上台为"梦想小画家"颁奖

为改善儿童就医环境，儿童医院新建礼嘉分院，分院占地200亩，规划编制床位1500张，坐落于两江新区核心区礼嘉商务区，是市政府十大重点公益项目。2014年3月6日，礼嘉分院4.8万m^2的门诊楼已经建成并开诊试运行，以更宽敞、舒适的环境，为儿童和家庭的健康提供更精湛的技术和安全、优质的服务。

展望未来，医院将继续坚持医疗立院、科教兴院、人才强院、依法治院、文化建院，立足重庆，面向西部，辐射全国，以儿童健康为中心，持续改进工作，医疗与预防并重，技术与服务并重，医疗与科教并重，自身发展与带动基层并重，用科技和关爱为儿童健康提供优质服务。

重庆市康福德高驾驶培训有限公司

重庆市康福德高驾驶培训有限公司成立于2006年10月16日，是由新加坡康福德高企业有限公司在渝投资，在重庆市驾培行业中成立的首家中外合资企业。公司于2009年增加注册资本，公司增资后注册资金共9700万元人民币，新加坡康福德高（中国）私人有限公司出资总额达到了8730万元人民币占投资总额的90%，其对重庆市康福德高驾驶培训有限公司拥有绝对的控股权。

新加坡康福德高集团是世界第二大陆路客运上市公司，在全球拥有50家子公司。集团在中国的投资公司多达30个，是中国陆路交通业中规模最大的海外业者，至今在中国12个城市的累计投资总额为人民币11亿5200万元。

重庆市康福德高驾驶培训有限公司属首批一类重庆驾校。公司总部位于重庆市九龙坡区九龙园区A区，地理位置优越，交通方便，三面临路，毗邻市公安局车辆管理所，距轻轨总站不到一公里。陈绍文先生现任重庆康福德高公司总经理一职，同时兼任康福德高集团中国华西业务部总裁职位，负责集团在中国华西的驾驶学校、出租车、汽车租赁以及车辆检测联营公司业务。

公司以制度化管理模式与温情化管理模式相结合，规范而又人性化地对整个公司的发展壮大推波助澜，使每位员工以标准的职业素养及行业规范要求自己，在工作中兢兢业业。同时，也让每位员工感到我们是一个完整、温馨的大家庭，在和谐的工作氛围中愉快而辛勤地工作。

公司长期以巩固优质服务理念，强化优质服务意识，提高优质服务水平为指导思想，对外让学员满意，对内让管理流程更顺畅。

公司通过宣传活动、内部讲座、课题研讨等方式向社会传达康福德高驾驶培训以学员为本的服务承诺，并以此活动抛砖引玉让全体员工知道优质服务要深入人心长抓不懈，以及根据实际情况制定出优质服务新标准：简、便、快、捷、好。

2011年，公司斥巨资打造学车新场地——重庆市两江康福德高汽车驾驶服务有限公司，占地面积42368平方米，教学车辆达到400多辆，新型教学楼的拔地而起，新型训练场地的初具规模，给我们这个高速发展的企业带来新的生命，充沛的活力。

2013年，国家颁布了对驾培行业的两项新国家政策，重庆康福德高驾驶培训有限公司紧跟国家步伐，认真学习国家新政策，率先采取行动，制定相关计划，将于明年初完成对我校主校区和C区一系列的升级与改造工程，在完善硬件设施的同时重庆康福德高公司也将进一步提升配套服务，努力成为重庆市新国标首批一级驾校，具备以下特点：

1. 规模大：有固定分校及招生点，每周开学，明码实价，以专业的角度服务学员；
2. 车型齐：长安逸动、桑塔纳，提高考试合格率；
3. 设施全：拥有科目二封闭式训练/考试模拟训练场地，进一步提高学员学校效率，同时保障学员的安全；
4. 管理严：有一套行之有效的管理办法和严格的监督机制，杜绝吃、拿、卡、要、占学员，保障学员利益；
5. 质量高：坚持以学员为核心的经营理念，师资力量雄厚，训练有素的教练员队伍更是以管理严、技术全、教学有方闻名于市，保质保量教学；
6. 重科技：全面实行计算机、短信群呼、人像采集信息管理；
7. 求实效：模拟培训，合格率高；
8. 信誉好：属重庆市首批“一类驾校”，连续两年被重庆市运管局评为“五星级驾校”，深得社会各界人士好评；
9. 服务优：提供食宿、学员直通车、服务质量监督、公开投诉电话。提供快速延伸服务。

重庆市康福德高驾驶培训有限公司先后荣获“阳光驾校”、“重庆道路运输管理局”、“星级驾校”、“全国驾培行业文明诚信优质服务优秀教练员”、“二零一三年重庆市机动车驾驶培训教练员职业技能竞赛大型货车第一名”、“二零一三年重庆市机动车驾驶培训教练员职业技能竞赛小型汽车优胜奖”等光荣称号。

重庆市康福德高驾驶培训有限公司 总经理

解放碑中央商务区建设发展情况

解放碑中央商务区（以下简称解放碑 CBD）是重庆大都市功能区的核心，一直以来就是重庆金融、商贸的发祥地，包括硬核——解放碑地区和核缘——朝天门地区，面积共约 1.61 平方公里。解放碑 CBD 历经“城市发祥地—商业步行街—中央商务区”的轨迹，集聚商务、文化、娱乐等产业功能，逐步发展成为重庆的金融中心、商贸中心、都市旅游核心区和现代都市功能核心区。

近年来，解放碑 CBD 管委会在区委区政府的正确领导下，紧紧抓住全市五大功能区建设和国家服务业综合改革试点重要战略机遇，围绕“三大目标要求”和“六大功能定位”，坚持“三高”发展方向，加快“4 + 3”产业发展，把都市功能核心区建设作为加快产业转型升级的发展平台，不断增强区域集聚辐射能力。2013 年，解放碑 CBD 区域 GDP 达到 412 亿元，社零总额超过 414 亿元，商品销售总额突破 1336 亿元，同比分别增长 12.2%、10.6%、18.9%，分别占全区 51.2%、77.0% 和 61.0%。以全区 1/20、全市 1/80000 的土地面积，创造了全区 1/2 的 GDP、4/5 的社零和全市近 1/10 的社零。

从建设规模看：目前，解放碑中央商务区区域建筑总规模 800 万平方米，商业设施面积 262 万平方米，商务面积 213 万平方米，住宅、酒店及酒店式公寓 250 万平方米。从产业集聚看：汇集世界 500 强企业 78 家、驻渝领事馆 9 家、市级金融机构 105 家、五星级酒店 5 家、四星级酒店 4 家、购物中心 6 个、百货商场 5 个。亿元税收大楼达到 13 栋。从行业发展看：区域汇集了全区 70% 的市级以上金融机构，是全市金融机构最密集、金融门类最丰富的区域，其中传统类市级机构仍保持全市的 50%以上。解放碑 CBD 作为高端商务品牌聚集中心，商务服务业整体平稳发展，在区域经济中占据支柱地位，截至 2013 年，机构总数达到 1800 家，法律服务、会计评估、工程咨询、房地产顾问、广告策划五大主导行业机构 639 家，数量占比 35.5% 。国内外知名品牌商务机构已达 39 家。

2013 年 11 月 6 日，市政府印发了《关于加快中央商务区建设的意见》（渝府发〔2013〕76 号），对重庆中央商务区的空间布局进行了调整。重庆中央商务区规划总面积扩展到 10 平方公里，其中解放碑地区约 3.5 平方公里，并对功能定位、发展目标、建设重点、保障措施予以了明确，为重庆中央商务区的发展注入了新的机遇。

马家岩临江装饰城：十七年铸就家居行业诚信标杆

重庆家居行业“重庆市诚信示范市场”、“消费与服务家居卖场示范单位”等殊荣唯一获得者

围绕诚信做文章，加强服务引市场。临江装饰城自1998年建议以来，17年磨一剑，切实以诚信经营和规范服务为消费者谋利益，成为我市行业主管和消费者认可的行业典范和标杆市场。

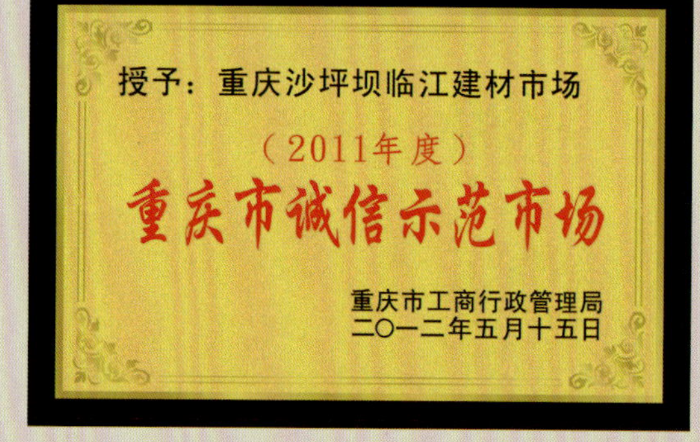
授予：重庆沙坪坝临江建材市场

（2011年度）

重庆市诚信示范市场

重庆市工商行政管理局
二〇一二年五月十五日

临江装饰城与近年新建的装饰卖场相比，在规模和位置上并不占优势。而他却能在马家岩商圈甚至整个重庆卖场中屹立17年经久不衰，最重要的因素就在于它的诚信经营原则。

为此，自2011年起，临江装饰城首吃“螃蟹”——率先推行明码实价。

按照这一制度规定，临江装饰城的所有商品均实施明码标价、明折明扣、实价实卖，在诚实守信的商业道德基础上，还广大消费者一个公道的购销关系。

对临江装饰城推出的明码实价制度，消费者和有关部门都非常支持，纷纷称其对维护整个社会生产经营秩序、稳定物价具有重要作用。

此外，临江装饰城在促销活动中不返现、不返券、不玩文字游戏、不捆绑消费，价格直降，诚信促销；不玩噱头，不耍花招，实价实卖，明折明扣；打击假冒伪劣，杜绝暴力欺诈，抵制误导忽悠，倡导理性消费。

诚信17年如一日，这样的坚持将临江装饰城“明明白白消费，实实在在让利”的企业形象深入人心，曾获包括“重庆市诚信示范市场”、“消费与服务家居卖场示范单位”、“十大杰出贡献企业”等多项殊荣。每一次的肯定，都激发临江市场再一次前进，成为行业内学习的标杆。

同时，临江装饰城还先后建立了“先行赔付制”、“30天内包退换”等全方位的服务保障体系，以保证整个市场健康有序、规范运行。正是由于拥有这样完整的管理机制，才让临江装饰城在同行业中遥遥领先，成为诸多企业和商家学习的榜样。

为此，临江装饰城本着对消费者绝对负责的态度，通过坚持“诚信经营”的原则，不断为消费着想，遵守《消费者权益保护法》，执行《商品准入制度》、《诚信经营公约》、《无条件退换货制度》等维护消费者合法权益的制度，并按国家“三包”规定在质保期内对售出商品负全责，全力营造无忧的购物环境。

重庆市大渡口区跳磴镇

大渡口区跳磴镇地处重庆主城西南部，东临建胜镇，南与巴南鱼洞镇、江津珞璜镇隔江相望，西、北与九龙坡陶家镇、华岩镇接壤，属主城都市功能拓展区。总面积49.48平方公里，人口2.6万人（其中农业人口1.6万）。辖区自然资源丰富，有国有森林及生态林、经济林约3.8万亩；拥有近8公里长江江岸线和总长10.5公里的长江支流——跳磴河、伏牛溪河；石灰石、白云石在辖区矿藏量高达100亿吨；农业生产以种植花椒、韭菜、火葱、柑橘和各种蔬菜为主，其中“跳磴火葱”获得国家地理商标，韭菜、四季葱获“无公害”农产品证书及“绿色食品”证书。交通出行便捷，成渝、川黔、襄渝铁路在此交汇，有6条公交线路，华福大道、石林大道和通村公路在境内纵横交错。近年来，新近出土和新发现的旧石器时代手斧、汉代陶棺、陶俑和清代金剑山石刻见证了跳磴镇积淀深厚的历史文化；金鳌寺、石林寺等佛教寺庙久负盛名并在信众中拥有较大影响。

小南海水泥厂

康然葡萄

跳磴火葱

跳磴火葱参加大连农博会

跳磴石工号子

2013年经济总产值43.5亿元，其中：工业总产值38.64亿元，同比增长18.5%；农业总产值1.36亿元，同比增长10%。第三产业总产值3.5亿元，同比增长10%。农民人均纯收入达14500元，同比增长15%。经济的发展带动了各项社会事业的进步，跳磴镇先后被表彰或确定为全国创建文明村镇先进村镇、重庆市文明镇标兵、重庆市文明社区、重庆市青年文明城镇、重庆市安全生产示范镇、重庆市人民满意的公务员集体、重庆市统筹城乡集中示范点、重庆市市级卫生镇、2013重庆美丽小城。

绿色食品
GreenFood
证 书

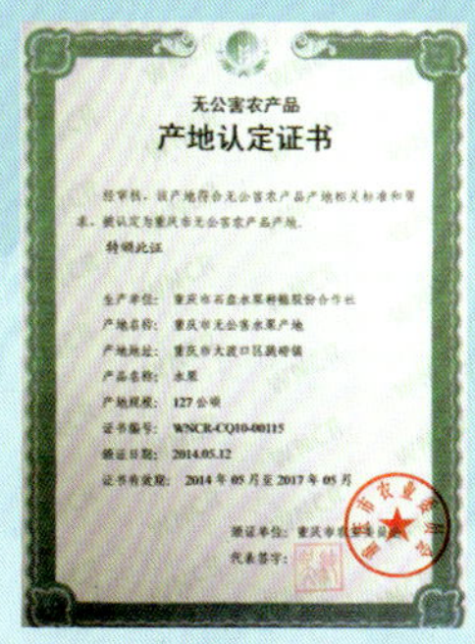
无公害农产品
产地认定证书
经审核，该产地符合无公害农产品产地相关标准和要求，被认定为重庆市无公害农产品产地。
特颁此证
生产单位：重庆市石盘水果种植股份合作社
产地名称：重庆市无公害水果产地
产地地址：重庆市大渡口区跳磴镇
产品名称：水果
产地规模：127公顷
证书编号：WNCR-CQ10-00115
颁证日期：2014.05.12
证书有效期：2014年05月至2017年05月
颁证单位：重庆市农业委员会
代表签字：

2014年全镇将坚持“沉心静气，打牢基础；量力而行，重点突破；稳中求进，改革创新”的总体工作思路，不断推动跳磴转型发展。一要以学习贯彻十八大三中全会精神为总揽，全面推动改革创新。二要以服务重点项目建设和推进征地拆迁为抓手，务实进取积极作为。三要以创新社会管理强化民生保障为重点，全力推进社会环境建设。四要以发展特色效益农业和乡村旅游为着力点，推动第一产业精细发展。五要以加强信访稳定化解信访积案为保障，促进社会和谐稳定。六要以打造“核心党委、高效政府”工作为核心，不断加强干部队伍执行力建设。

跳磴新农村

千年古镇 魅力走马

重庆市九龙坡区走马镇位于重庆市主城核心区西部，西临璧山县，南接江津区，有“一脚踏三县”之称。幅员面积29.7平方公里，人口2.2万人，辖十个行政村和一个居委会。走马镇始建于东汉，兴盛于明清，城镇依山就势，风光迤逦，古香古韵，曾是成渝古驿道上的交通要冲和重要驿站。2013年完成地区生产总值5.2亿元，同比增长30%；工农业及第三产业总产值18.57亿元，同比增长28%；招商引资实际到位资金3.7亿元，同比增长15.6%；全社会固定资产投资5.1亿元，同比增长27.5%；工商各税8940万元，同比增长42.5%；本级预算内财政收入2977万元，同比增长36.2%。

走马全景

走马镇每年举办一次重庆关公庙会

走马镇先后获得“国家级历史文化名镇”、“国家级非物质文化遗产”、“中国曲艺之乡”、“中国传统村落”四块“国字号”招牌，获得重庆市首个“故事创作基地”、“重庆市十佳魅力小城镇”、重庆市“市级中心镇”、重庆市“市级卫生镇”、重庆市“美丽小城镇”等荣誉称号，全国政协、中组部、国家卫生部、世界卫生组织、中国曲协、市委、市政府和区委区政府等各级领导多次到走马镇莅临指导，新华网、人民网、中央电视台等20多家主流媒体先后对走马进行专题报道。如今的走马，正在利用其特有的优势，加快美丽小城镇建设，向着“经济发达的口岸重镇、功能完备的旅游强镇和特色鲜明的文化名镇”宏伟目标迈进。

现代物流和现代服务业相结合，建设具有时代之美的口岸重镇

走马具有得天独厚的交通优势，成渝高速公路和重庆绕城高速公路呈“十”字穿境而过，至重庆主城区仅25公里，为现代物流业和现代服务业发展奠定了良好基础。

根据重庆市五大功能分区和九龙坡区委、区政府的八大功能板块发展战略，走马镇紧跟时代发展需要，利用自身口岸优势，在原有物流业初见雏形基础上，全面实施“241”工程，大力推进现代服务业发展，“2”即建成走马国际建材城和九高物流园两大园区，“4”即建成集建材、石材、商务车和陶瓷四大专业市场，“1”即积极打造1个物流产业承接转移平台，承接九龙坡区“东城”的建材、陶瓷等八大专业市场“西迁”，预计3年出成效，5年全完成，届时，走马镇将成为全市最大、最具竞争力的建材物流集聚区之一。

现代农业和旅游文化产业相结合，打造具有生态之美的旅游强镇

——做大做优特色农业。实施现代农业“5个2”工程，强力推进农业结构调整。探索与农科院校站所合作共建特色产业基地模式，注重抓好典型大户带动、专业组织联动、技术服务驱动。积极引进农业产业化龙头企业，大力发展规模农业企业、专业合作社、新型股份合作社，培育农业产业化知名品牌。规划发展“四季观花、四季瓜果飘香”的“走马观花”旅游休闲带2000~5000亩，生态绿色蔬菜基地2000~5000亩；瓜果采摘基地200~1000亩；草莓特色种植产业化项目200~1000亩；生态鱼塘200~1000亩，打造重庆主城区最大的规模化生态草莓基地；积极建设5500亩重庆走马国际农业假日公园。

重庆“走马观花”旅游文化节

走马古镇入场口

——倾力打造旅游精品。充分丰富旅游资源，大力发展旅游产业，精心培育“走马观花、古镇寻遗、关武听书、关公庙会、驿道探幽、慈云揽胜、上邦休闲、金马荡舟”等走马八景，打造5条特色旅游线路，每年3月举办重庆市走马观花文化旅游节、重庆关公庙会，实现春夏观光加垂钓、秋冬美食加温泉“四季旅游”，使走马成为主城休闲旅游的重要目的地。

——做强做精文化产业。实施非遗文化抢救工程，对“走马民间故事”、歌谣、谚语、歇后语、俗语和楹联等文化遗产进行收集整理，记录文字700万余册，出版故事书籍5则，培育国家级、市级、区级非遗传承人23人，故事讲述队伍10支百余人。打造中国故事谷，每月定期举办民间故事会。2014年3月中国曲艺家协会在走马成功举行了首届“中国好故事（走马）邀请赛”，并拟定今后每两年进行一次。结合中小学素质教育、青少年精神文明建设与技能培养，与共青团、教委、微型少年宫、学校等联合建立青少年故事创作与培训基地，传承并发展走马民间文化。

新型城镇化和古镇保护开发相结合，展示具有古典之美的文化名镇

坚持规划先行，做到科学设计，合理布局，“点、线、面”立体推进，新型城镇化建设与古镇保护与开发齐头并举。

——实施古镇核心区保护。将古镇保护纳入镇控制性详细规划，编制完成古镇保护性规划及核心区方案。按照保护的原则对古镇核心区建筑进行风貌整治，恢复重建重要历史建筑，规划建设驿道文化公园。

成渝古驿道

走马民居

——实施古镇拓展区建设。按照市场运作的原则实现古镇拓展，将走马古镇拓展纳入城市总体规划及控制性规划修编，对古镇拓展区和中国故事谷项目进行策划，实现古镇拓展。

——实施古镇协调区综合改造。积极推进上邦国际社区、北京首创·渝阅、耀文·枫林郡三大旅游房地产项目开发建设。实施场镇综合整治，按照古镇设计风格，对开发区2万平方米建筑进行立面改造；建设以走马故事为原型的走马廉政故事文化长廊示范墙；对开发区道路、绿化、人行道、市政设施进行整体改造升级，实施津马路2公里道路综合改造工程，提升城镇形象。

面对日益激烈的区域竞争和前所未有的机遇挑战，走马人进一步鼓足干事创业精气神，全力以赴推动产业转型升级，做大做强现代服务业，以特色效益引领现代农业，用品牌振兴都市旅游业，加快发展特色文化产业，巩固提振新型工业经济。坚持科学发展，精心培育主导产业，着力培育新的经济增长点，不断增强综合经济实力。优化城镇发展空间，建设宜业宜居城镇，坚持高起点规划、高标准建设、高效能管理，充分发挥市级中心镇、市级卫生镇优势，创造整洁优美、古姿古韵、生态宜居的发展环境，迎着党的十八大的春风，承载科学发展的美丽梦想，勤劳智慧的走马人民将抢抓机遇、只争朝夕、真抓实干、奋力拼搏，为把走马建设成为“经济发达的口岸重镇、功能完备的旅游强镇和特色鲜明的文化名镇”而努力奋斗！

——九龙坡区走马镇

一江碧水，两岸青山

重庆市林业局

深入实施五大功能区域发展战略 加快建设长江上游重要生态屏障

江津四面山水系绿化

2014年2月26日，中央政治局委员、市委书记孙政才同志参加2014年春季义务植树活动

市林业局充分发挥林业在生态文明建设中的主体作用，紧紧围绕建设长江上游重要生态屏障和碧水青山、绿色低碳、人文厚重、和谐宜居生态文明城市的目标，深入实施市委、市政府五大功能区域发展战略，取得初步成效。

一、围绕五大功能区域发展战略，理清林业发展思路。按照“五个决不能”底线要求和“在保护中发展、在发展中保护”“面上保护、点上开发”等基本原则，市林业局组织编制了《重庆市推进生态文明建设（林业）规划纲要》，提出建设长江上游重要生态屏障的目标，为五大功能区域林业发展作出定位：都市功能核心区：精品林业展示区，突出林业的生态宜居支撑功能。都市功能拓展区：主城生态屏障区，突出林业的生态屏障和生态隔离功能。城市发展新区：城乡林业统筹发展区，突出林业在城市集群发展中的生态支撑作用。渝东北生态涵养发展区：三峡库区重要生态屏障区，突出涵养水源、保持水土、维护生物多样性以及提供生态产品等功能。渝东南生态保护发展区：武陵山重要生态屏障区，突出生态保护、森林旅游、生态产业以及生物质能源基地等功能。

二、实施重点工程，加强生态修复生态治理。一是退耕还林工程初见成效。第一轮退耕还林工程完成营造林任务1917.5万亩，其中坡耕地退耕还林661万亩，荒山荒地造林1062.5万亩，封山育林194万亩，任务完成率100%。巩固退耕还林工作有序推进。新一轮退耕还林工程启动实施，渝东北生态涵养发展区、渝东南生态保护发展区是工程建设重点区域。二是天然林资源保护工程落地。落实4505万亩公益林管护责任，公益林生态效益补偿直补到户，330万余户群众受益。三是石漠化治理工程扩大规模。全市15个区县采取人工造林、封山育林等生态治理措施治理石漠化面积达111.8万亩。四是长江两岸森林工程全覆盖。全市22个区县通过植树造林、低效林改造，完成营造林330多万亩，基本实现“无裸土、无天窗”，工程项目区森林覆盖率达到45%，比项目实施前提升20多个百分点。

开展“两权分离”林木权属现场确认

三、划定“三条红线”，强化底线意识。一是划定林地及森林保护红线。根据市政府印发的《重庆市林地保护利用规划（2010~2020年）》，到2020年全市林地面积不低于6300万亩，森林面积不低于5600万亩，森林覆盖率稳定在45%以上。林地及森林保护红线已落实到图斑和山头、地块。二是划定湿地保护红线。确定到2020年湿地面积不低于310万亩。全市已建立湿地公园18个、湿地自然保护区11个，保护湿地面积达150余万亩。同时，开展三峡库区湿地消落带治理试点，积极探索生物治理措施初见成效。三是划定物种保护红线。确定到2020年珍稀濒危野生动植物保护率达到95%。全市林业系统建有自然保护区52个，其中国家级6个、市级15个，保护区总面积达1035余万亩，占全市幅员面积的8.38%。有国家一级重点保护野生植物9种，国家二级重点保护植物39种；国家一级重点保护陆生野生动物11种，国家二级重点保护陆生野生动物47种，生物多样性增强。

四、强化森林资源保护，夯实生态基础。坚持严格保护、积极发展和科学利用森林资源的原则，强化森林资源保护，促进森林资源数量增长，夯实生态基础。一是加强林地用途管制，严格林地征收占用审核（批）管理，建立和落实分级管理、差别管理、定额管理等林地保护利用制度。二是依法严厉打击破坏森林资源、湿地资源和野生动植物资源的违法犯罪行为。三是严防森林火灾。落实森林防火行政首长负责制，努力构建地面巡查、航空巡护、卫星侦测“三位一体”的森林火灾防控体系，2014年发生森林火灾9起，过火面积15.6公顷，受害森林面积3.3公顷，与近三年同期平均值相比，分别下降了88%、96%和98%，取得了近8年来的最好成绩。四是狠抓林业有害生物防控。去冬以来，各级财政共投入1.13亿元，开展以松材线虫病防控为重点的林业有害生物防控，保护了全市2000多万亩松林。

武隆仙女山国家森林公园

五、加快林业产业发展，大力建设民生林业。围绕五大功能区域发展战略，调整产业布局，优化产业结构，推进产业转型，重点发展木竹加工、木本油料、花卉苗木、中药材、森林旅游、森林食品、野生动植物开发利用七大产业。全市林业产业基地达到1500万亩。其中，以油茶、油橄榄、核桃为主的木本油料基地170万亩，笋竹基地340万亩，花卉苗木基地45万亩，干果基地80万亩，中药材基地150万亩，林下种养业基地600万亩。全市培育林业龙头企业100家。

2013年，全市森林公园旅游人数达到5300万人（次）。巫山小三峡、武隆仙女山、南川金佛山、万盛黑山谷、酉阳桃花源、丰都澜天湖、开县雪宝山、彭水摩围山、永川茶山竹海等一批森林旅游知名品牌正在形成。

六、推进林业改革，增添发展活力。采取政府引导与市场推动相结合的方式推进林业改革，盘活森林资源。不断深化集体林权制度改革，全市集体林地确权面积5800多万亩，530多万农户拿到林权证；规范有序推进集体林地流转，全市流转集体林地513万亩，流转金额13亿元；探索开展森林景观资源有偿使用流转，流转面积91万亩。扩大林权抵押贷款规模，全市林权抵押贷款余额达到153.5亿元；探索承包权、经营权“两权分离”改革。全市森林保险面积达到3000万亩。加大新型林业经营主体培育，推进林地适度规模经营，全市建立林业专业合作社、森林人家、家庭林场等林业专业合作组织1300多个，参加农户63万户。

此外，精简行政审批事项，委托下放区县审批及取消停止的审批事项31项，占现行审批事项的67.4%。

林下养鸡

木本药材基地

石柱黄水国家森林公园

白市驿巴渝风情园

九龙坡区白市

重庆市白市驿镇，面积52.5平方公里，常住人口10万余人，辖有11个村、3个社区。白市驿镇位于中梁山与缙云山之间，东靠重庆繁荣主城区，北邻金凤电子园、西永微电园和大学城，南连九龙园区C区和西彭工业园区，西承江津双福园区，是九龙坡区承东启西的中心交汇点，是重庆市“主城向西”拓展的“桥头堡”，是全市着力打造的大型聚居区和西部新城城市副中心。近年来被评为市级重点示范中心镇、综合实力十强镇、新农村建设示范镇、全国改革发展试点镇、十大特色景观旅游名镇、重庆美丽小城、“市级文明镇”、“全市民间艺术之乡”、“川剧之乡”。

历史悠久——底蕴丰厚源远流长

白市驿得名于明清时代，《巴县志》载：“明代县城设八坊、二厢、七十二里。”其中就有“白市里”。《明代驿站考》载重庆府巴县有“白市驿府”，驿站可考历史距今至少已有600多年。

白市驿扶川渝要道，是兵家必争之地，抗日战争时期，国民政府迁都重庆，在白市驿修建陪都机场，是抗日战争时期中国联系反法西斯联盟的窗口，抗战历史上由美国人陈纳德将军率领的“飞虎队”就驻扎在这里。

绿在城中——生态环境清新宜人

白市驿大力发展花果、生态休闲产业。重庆市农业科技院、园林科研院等一大批农业科研机构落户白市驿，在白市驿打造的“农业迪士尼”现代农业高科技园已初具规模，向日葵迷宫、坡顶农业景观、蔬菜美味园、水生植物园等8大农业主题园，可供游客观赏、采摘瓜果、开展亲子游戏和拓展运动。成功打造贝迪颐园5A级温泉景区、陶然居金色阳光生态酒店等休闲农业品牌。

白市驿绿色植被覆盖率高，国家3A级景区白市驿森林公园森林覆盖率80%以上，是主城区的绿色心脏和天然氧吧。国家A级白鹭自然保护区内，静谧古朴，前来休闲观白鹭的人络绎不绝。

廊桥——白市驿登山健身步道风景

彩云惊现白市驿上空

白市驿农业科技园

驿镇美丽小城

白市驿借助绿色优势，打造重庆市旅游重地，被评为重庆十佳乡村旅游目的地之首。白市驿高峰寺村被农业部命名为“2012 年中国最具魅力休闲乡村”。四季飘香的鲜花村庄、民俗浓郁的古老驿站、烽火硝烟的陪都遗迹……在白市驿，藏匿着太多的风情和浪漫，等待世人的寻觅与发现。

精细入微——城镇管理无微不至

白市驿以“创模创卫”工作为契机，开展了河流整治、森林绿化、道路改造等工程，水清岸绿，宜居宜行。实施电网、天然气、自来水管网改造，城镇农村道路硬化全覆盖、网络通信全覆盖、水电气全覆盖，为居民提供更多的便利。2014 年，白市驿首推“电子城管”管理模式，完成“全城区覆盖、无缝隙管理、全方位监管”的视频监控设计安装，城镇环境更整洁。优化社会环境，推行“军警地”携手共建平安和谐白市驿，被评为全国拥军优属先进单位，让居民每天都能享受顺畅、安全、舒心的生活。

城在花中——宜居小城人人乐享

正是由于独特的环境和资源优势，白市驿顺理成章地成为现代都市人人向往的宜居小城。

“登文峰山寺，祈弥勒赐福；游花卉园区，领巴渝风情；访农科基地，览奇花异果；观万只白鹭，赏田园风光；憩农家小院，品生态美食；观川剧表演，享地域文化；泡特色温泉，促身心健康。”已是白市驿都市生活的真实写照。

白市驿镇现渝黔铁路货运线越境而过，九洲汽摩交易城和国家级物流枢纽——重庆西部国际涉农物流加工区抢滩入驻。白市驿已成为开发建设的热土，投资创业的福地。

如今，白市驿政府正力争用 3~5 年的时间，努力建设“新兴产业高地、商贸物流重镇、文化旅游名城、生态宜居花都”的幸福白市驿。

白市驿夜景

白市驿镇农家小景

继承巩固谱新篇 拓展提升上台阶

——重庆市市政管理2013年工作情况及2014年工作打算

重庆市市政管理委员会

市政府黄奇帆市长、陈和平副市长调研城市管理工作

一、2013年工作情况

2013年，全市市政系统深入贯彻落实党的十八大精神，按照市委、市政府的统一部署，坚持在继承中创新、在巩固中发展、在完善中提升的思路，以建设"法治市政、规范市政、民生市政、智慧市政、平安市政"为引领，以市容环境集中整治和民生实事为抓手，接着干、继续干、扎实干，不断夯实行业发展基础，着力提升规范管理水平，全面推进市政管理各项工作。

（一）精心管护城市市政设施。加大设施维护管理工作，全市共改造城市道路210万平方米，整治检查井1.3万个，检测桥梁170座，组织完成八一、向阳隧道病害整治，协调指导城投路桥公司开展黄花园大桥及鹅公岩大桥桥面大修整治等重点工程。加大排水设施病害整治力度，整治暴雨积水点27处，确保了主城区在汛期未出现大面积的严重积水。推进城镇污水处理配套管网建设，新改建污水管网856公里。指导推进公共停车楼场建设，主城区新增经营性停车场楼214个，新增经营性停车位8.46万个。

（二）稳步提高环卫保洁水平。加大冲洗保洁力度，主城区道路冲洗用水量同比增加12%。提高机械化作业水平，主城区道路机扫率达87%，远郊区县达到85%。全市无害化处理生活垃圾496万吨，城市生活垃圾无害化处理率达到99%。主城区收运餐厨垃圾总量约29.2万吨，日均处理848.6吨；28个主城外区县启动了餐厨垃圾的集中收运处理，日均处理572吨。清理漂浮垃圾17.86万吨、消落区垃圾7.9万吨。加快环卫基础设施建设，新改建垃圾收集设施74座，新增3吨以上垃圾箱体943个，新设置公交车站果皮箱2931个，新增环卫车辆292辆。

（三）切实加强城市照明管理。全年维护路灯12.3万余盏（次），完成新、改建路灯2.6万余盏，主城区内环快速干道南泉立交至华陶立交路段于月底亮灯，全市道路照明设施完好率达98.3%，城市亮灯率达98.5%。新建改造灯饰项目

市人大常委会张轩主任调研餐厨垃圾处理

200余项，其中4项夜景照明工程获得2013年中照照明奖。绿色照明工作成效显著，LED光源进一步得到推广应用，全市夜景照明绿色光源应用率达85%以上。

（四）依法规范各类户外广告。积极推动主城区户外广告位经营权公开出让工作，已有45块公转商广告履行了公开挂牌出让程序，其中竞拍交易成功34块，挂牌底价3744万元，出让成交价合计5815万元，总体增值率达55%。合川、永川、黔江等地也对户外广告位公开拍卖进行了有益尝试。加强户外广告规范管理，拆除大型高立柱广告16块，督办整改各类违章广告计1300余块。积极推进主城区商圈户外商业广告设置规划编制，渝中、沙坪坝、巴南、北碚、渝北等区已编制完成初步方案。

（五）着力维护城市市容秩序。开展了占道经营严控管理街区、占道经营规范管理街区、"六无街区"以及"扬尘控制示范道路"创建工作。处罚并纠正各类不文明施工、冒装撒漏、带泥上路等违法行为1976件，有效控制了道路扬尘污染。及时处理市容秩序投诉和纠正违章占道经营行为，处罚占道经营案件11632件。全年未因市政执法不当引发重大群体性或人员伤亡事件，实现了城管执法行政复议零撤销、行政诉讼零败诉、行政效能零问责。

（六）逐步落实各项民生实事。全力推进主城区162座公厕建设，已开工建设固定公厕115座，现已竣工28座，主体完工27座；完成47座移动公厕的招标工作，其中1座已完成安装。制定出台了《主城区80万户居民住宅供水设施改造暨二次供水同城同价工作方案》，并推动完成9.2万户的一户一表改造。积极为群众排忧解难，12319热线、市政舆情、短信平台年内受理市民咨询投诉58534件，总体结案率98.9%，市民满意度达98%以上。

（七）全力做好安全保障工作。突出市政行业安全生产"八防"重点，集中开展了化粪池下水道安全专项整治，完成化粪池清掏8275座，疏浚排水管道

市政府陈和平副市长指导隧道维护工程

2900公里。强力推进市政行业建筑施工"两防"专项整治，累计组织检查5545人次，排查整改安全隐患648处。全年用于市政行业安全专项整治和推进"安全保障型城市"重点项目建设资金超过1亿元。截至目前，安全生产实现了"行业较大事故零发生、系统责任亡人事故零发生"目标。

（八）扎实推进市政科技建设。大力推进全市数字化管理平台建设，全市有34个区县（管委会）完成了数字城管平台建设任务，24个区县成立数字城管指挥中心。加强数字化城管建设管理标准研究和试点工作，探索数字城管结果和行政效能监督联动体系。主城区数字城管主动发现问题144.45万件，按时结案率达到93.55%。开展示范区智慧市政试点工作，推动数字城管向智慧市政升级，江北、南岸两区已启动智慧市政建设工作，南岸区的城管单兵作业系统和智能便民利民服务终端系统，已落地并形成行业战斗力。

二、2014年工作打算

2014年，是全面贯彻落实党的十八届三中全会精神、全面深化改革的第一年，是推进"十二五"规划的关键之年，也是市政管理拓展提升之年，各项工作任务艰巨而繁重。2014年全市市政管理工作的总体思路是：全面贯彻落实党的十八届三中全会、中央城镇化工作会议以及市委四届三次全会精神，以建设"五个市政"为着力点，稳中求进，改革创新，着力提高精细化管理水平，着力加强安全生产监管，着力深化体制机制创新，推进全市市政管理工作统筹发展、协调发展、健康发展，为全市"科学发展、富民兴渝"提供和谐有序、生态宜居的城市环境保障。

（一）突出积极稳妥，着力加强体制机制创新。按照十八届三中全会和市委四届三次全会的安排部署，有序开展主城区市政设施管理体制改革，积极探索乡镇市政管理工作体系，深入调研城管执法体制改革，稳妥推进事业单位绩效工资改革，积极参与城市基础设施体系建设，稳步提高污水处理率和生活垃圾处理率，努力推动生产空间集约高效、生活空间宜居适度、生态空间山清水秀，力争在先行先试上有新探索，在健全体制机制上有新突破，在完善基础设施上有新作为，在建设生态文明上有新成效。计划开发建设环卫监控管理平台、市政设施综合管理平台、智慧市政信息共享平台、市政行业视频会议等系统平台，进一步强化市

整治后的道路

政管理科技手段。同时，按照功能区定位的特点，进一步优化城市管理绩效考核内容，建立更加完善、更加科学、适应五大功能区的城市管理考核评价体系。

（二）突出实干实效，着力加强市政民生实事。一是做好主城区居民住宅用水一户一表改造。完成主城区20万户居民一户一表改造年度任务，同步推动《重庆市主城区居民住宅二次供水设施改造移交管理办法》等配套文件的制订及实施。进一步加大水质监测力度，全年检测重点供水企业不低于120厂次，检测指标不低于42项，确保供水设施正常运转和供水质量稳定达标。二是做好主城区公厕建设管理。推进主城区全年100座公厕建设，按照人口密集、繁华商业区等急需公厕区域优先原则，提前做好公厕建设选址工作。加快推进主城区垃圾收运系统清洁工程，力争2014年底前实现前端收集设备全部采购到位、转运站设备采购完成50%。开工建设两江新区鱼嘴、龙兴和水土等3座垃圾二次转运站和丰盛、黔江2个餐厨垃圾处理厂，不断健全环卫基础设施体系。三是做好排水管网建设。按照奇帆市长批示精神和《重庆市城镇排水防涝设施建设工作方案》的总体要求，力争在2014年6月底前完成全市各区县的城市排水防涝专项规划编制。开展新增严重暴雨积水点排查和整治，加强疏浚清掏和排水设施病害整治，确保城镇安全度汛。加强雨污分流改造，计划新改建污水管网800公里。强化污水处理设施运行监管，探索镇级污水处理厂的合同化运行管理，确保全市城镇污水处理率达75%以上。

（三）突出高效运行，着力加强道桥设施管护。继续做好城市快速路、主干道维护管理，尽快启动内环快速路桥面及真武山隧道病害整治。稳步推进商业中心、老旧小区市政设施改造维护，确保市民群众出行通畅安全。重点加强结构设施安全检测，及时开展病害整治、加固维修，做到应检必检、有病必治，确保结构设施检测评估率达100%，并协调相关单位做好嘉陵江牛角沱大桥大修及安全隐患整治。进一步强化人行道、地下通道设施管理和道路附属设施的涂装维护，逐步统一和规范施工工地围挡、标志标牌，提升文明施工水平。进一步强化道路设施日常巡查巡检，提高智能化管理水平，严格城市道路挖掘、占用审批管理，确保市政道路设施综合完好率达到95%以上、市管设施达到98%以上。进一步加强公共停车楼场及占道停车管理，配合主城各区及市级规划部门加快商圈周边公共停车楼场建设，千方百计缓解“停车难”问题。

市市政委谭大辉主任指导市政设施维护工作

（四）突出精细常态，着力加强市容环卫管理。继续实施道路清扫保洁分级管理和标准化作业，全面推行机械化冲洗清扫为主、人工保洁为辅的道路清扫保洁作业模式，确保主干道、重点路段机械化清扫保洁率达到88%以上。探索开展生活垃圾分类收集运输和处理，推动城市生活垃圾减量化和资源化利用。进一步加强生活垃圾无害化处理，城市生活垃圾处理率达到99%。加强主城区餐厨垃圾集中收运处理，收运处理量达到1000吨/天以上，主城区外达到600吨/天以上。积极推动环卫基地规划建设，提高环卫设施设备现代化管理水平。改革清漂资金分配方式，按照重点补助、项目补助的原则，引导相关区县加强码头、清漂船只等基础设施建设，开展船舶废弃物“零排放”试点，继续保持三峡库区江清岸洁。

（五）突出便民实用，着力加强城市照明维护。在做好主城区照明规划的基础上，进一步加强快速路、背街小巷、老旧社区和城乡结合部功能照明新改建工作，重点推进渝遂快速路大学城至高滩岩段、上桥至陈家坪段、内环快速路华陶至凤中段等路段的照明工程建设和真武山、吉庆、小泉等三座隧道灯改造工程。全年计划新改建路灯2万盏，确保城市照明设施亮灯率、设施完好率维持在98%和95%以上。加强与市级相关部门的沟通协调，解决市级重点工程项目、开发项目遗留的动态性“有路无灯”、“有灯不亮”问题。继续加强主城“两江四岸”、各大商圈、重要窗口地区夜景灯饰精品建设工作，进一步提升重庆夜景灯饰整体水平。

（六）突出清爽规范，着力加强广告店招管理。编制完成主城区商圈户外广告设置规划，适时启动商圈户外广告位拍卖，推进商圈广告的规范设置和管理。推进机场路、内环快速路及渝遂路（大学城段）户外广告位经营权公开出让，做好主城区公表商公开出让的扫尾和后续协调工作。抓好主城区临时广告设置审批管理工作，完善审批和监管机制，严格控制临时广告设置区域和时间，确保既不影响市容环境，又满足会展经济发展的需求。

（七）突出有序可控，着力加强市政监察执法。在市政管理领域内整合执法

市政公益宣传

监管力量，推行区域差别化执法管理模式，采取差别化、精细化的执法模式和工作措施，提升执法效率和质量。不断探索和创新疏堵结合、长效治理的执法管理途径和方法，进一步推进“社区倡导、摊区自治、摊主自律、街镇监督”的占道经营管理模式，努力做到“坐商归店、农贸归市、散摊归区、夜市归点”，实现市容与民生的统一协调。以落实建设施工工地、违章行为查处、建筑垃圾消纳场和道路冲洗保洁“四个台账”为依托，通过抓源头控尘、运输控尘、消纳控尘，实现道路扬尘的有效治理。

（八）突出平安稳定，着力加强行业安全监管。围绕“平安市政”建设目标，加强市政行业三基建设。深入开展安全生产“四大行动”，以检查促日常管理、以督查促整改落实。建立完善安全应急工作的联动机制，加强市政安全重点项目、应急装备建设。全面开展市政地下管网隐患排查专项整治行动，重点抓好城市地下供排水管网、化粪池、照明管线、通道、城市隧道六类市政地下管网设施安全隐患排查整治，确保市政行业安全生产不出大事。

党的十八届三中全会和市委四届三次全会给市政管理工作指明了发展的方向，也提出了更高的目标。全市市政系统将按照市委、市政府的安排部署，开拓创新，不辱使命，保持巩固好既有的工作成果，继承发扬好优良的工作作风，完善提升好市政管理各项工作，努力建设美丽重庆、靓丽山城，为实现“科学发展、富民兴渝”、在西部率先全面建成小康社会做出新的更大贡献！

工人维护路灯

重 庆

2013 年重庆国际马拉松赛吸引了 3 万名中外长跑爱好者参与

2013年，重庆市体育工作全面推进，为新一轮体育事业加快发展创造了条件、积蓄了力量。

——群众体育迈上新台阶。全市累计资助建设农体工程 6850 个，全民健身路径 1148 条，乡镇健身广场 264 个，“雪炭工程”38 个；资助命名国家级“全民健身中心”21 个、体育公园 2 个、全民健身户外活动营地 2 个。建成全民健身登山步道 162 条，市民健身去处更加多样丰富。新成立市级协会 3 个，累计达到 44 个。举办各

2013 年重庆国际马拉松赛成功举行

级各类赛事活动 2600 余次。各级政府履行体育公共服务职能的意识进一步增强。

——竞技体育实现新突破。我市代表团在十二运上获得 5 金 3 银 4 铜，较上届增加了 3 金 3 银，综合成绩榜排名由上届的第 28 位提高到本届的第 23 位，并获得体育道德风尚奖，实现了运动成绩和精神文明双丰收，创造了竞技体育新成绩。同时，我市运动员在各级各类国际国内比赛中共获得金牌 50 枚。重庆围棋队卫冕全国围棋甲级联赛

市体育局

全民健身日永川卫星湖公开水域游泳比赛

2013 年环中国国际公路自行车赛重庆巴南段成功举办

冠军，夺得第九个围甲冠军。获批 20 个国家级青少年体育俱乐部，1 个国家级青少年校外体育活动中心和青少年体育户外活动营地，青少年在训人数达到 23234 人，后备人才培养体系逐步建立。

——体育产业有了新进展。体育彩票全年累计完成销量 19.1 亿元，同比增长 27 %，筹集体彩公益金 4.8 亿元，为体育事业发展提供了支撑。批准成立了 13 个市级体育行业职业技能培训基地，累计培训和鉴定体育职业从业人员 2684 名。清理和规范市级体育经营备案和许可项目，进一步下放体育项目审批权限。大型体育场馆运营管理有了新探索、新起色。

——体育场地建设取得新成绩。全民健身设施不断增加。资助建设了农体工程500个、全民健身路径110条、乡镇健身广场 50 个、社区国民体质监测站 10 个，资助命名全民健身登山步道 20 条。加快推进北碚区、垫江县、云阳县等区县“雪炭工程”建设。全市建成“一场一馆一池”的区县达 21 个，人均体育场地面积达到 1.2 平方米。完成市竞技体育训练中心（一期）和市射击射箭中心（一期）工程并投入使用；正在启动市竞技训练中心（二期）、市射击射箭中心（二期）和长寿湖水上基地工程建设。进一步建立全民健身设施“谁使用谁管理谁维护”的责任机制，印发了《加强全民健身体育设施管理维护的通知》。

崔晓成夺得十二运会男子摔跤 96 公斤级冠军

李雪芮夺得十二运会羽毛球女子单打金牌

施廷懋在十二运会跳水比赛中获得一金一银

强化价格调控监管 深入推进价格改革 努力为经济社会发展创造良好价格环境

重庆市物价局

2013年以来，全市价格主管部门坚持“稳中求进”工作总基调，围绕保持价格总水平基本稳定首要任务和“稳增长、促改革、调结构、惠民生、防风险”工作要求，不断改善价格调控，深化价格改革，大力清费减负，强化民生价格管理，规范市场价格秩序，各项工作取得明显成效，为我市经济社会发展创造了良好的价格环境。

重庆市政府副市长谭家玲（右一）调研物价工作

重庆市物价局局长赵宝权（中）调研高速公路建设及收费等情况

重庆市物价局局长赵宝权（左2）实地调研有线数字电视收费改革

——价格总水平保持基本稳定。组织协调通胀预期管理，启动生猪价格调控预案，实施区县蔬菜价格排名通报制度，促进各项保供稳价措施有效落实。强化价格监测预警，完善应急处置机制，防范价格异常波动。实施支农惠农价格政策，落实降低流通费用价格政策。2013年我市CPI涨幅2.7%，政府确定的调控目标顺利实现。2014年1~7月我市CPI同比上涨1.7%，在全国31个省（区、市）中居第30位，在西部12个省（区、市）和4个直辖市居末位，为促改革、调结构创造了较为宽松的价格环境。

——经济发展价费环境进一步优化。取消、免征47项行政事业性收费，降低17项行政事业性、经营服务性收费标准。督促全面落实小微企业减免收费政策并作为长期政策措施。在已制定的涉企行政事业性收费和经营服务性收费目录基础上，对涉企行政事业性收费、实行政府定价或政府指导价的经营服务性收费进行全面梳理。组织开展对市内21家商业银行和建设、交通、环保、工商、消防5个行业和部门的涉企收费专项检查。积极协调我市重点药品价格政策，为本地医药产业持续健康发展营造良好的价格政策环境。

——重点领域价格改革取得积极成效。放开非公立医疗机构服务、部分低价药最高零售价、电信资费、房地产咨询收费、部分专业服务收费等价格。平稳实施国家成品油价格改革措施。电煤价格完全实现市场调节；实施水电上网电价形成机制改革，实施电解铝、水泥阶梯电价和脱硝、除尘可再生能源电价附加等环保电价政策；分步实施销售电价分类结构改革。出台天然气综合门站价格管理措施，完成天然气综合门站气量测算工作，推进居民阶梯水价、气价改革。拟定水资源费标准分步调整方案，出台碳排放交易收费、危险废物处置收费政策。

重庆市物价局组织召开价格改革工作小组会议，部署 2014 年重点改革任务

重庆市物价局局长赵宝权（右 2）深入重庆市水务集团开展阶梯水价改革调研

——民生价格形成机制逐步完善。平稳实施主城区出租汽车价格调整。推进公办高校收费改革，规范民办非学历培训机构收费。基本完成医疗服务价格项目与国家规范的对接；拟定 50 个单病种遴选及价格方案，出台实施 15 个按单病种收费的标准；修订完善医疗机构药物自配制剂和中药饮片价格管理政策；降低一批市管药品最高零售价格和 20 类 400 多个品种药品价格；公布第一批低价药品目录清单。完善公共停车服务收费管理政策，推进有线数字电视收费改革，规范殡葬服务收费。完善社会救助和保障标准与物价上涨挂钩联动机制。

重庆市物价局局长赵宝权（右 4）带队开展市场价格巡查

——市场价格秩序进一步规范。加快推进反价格垄断机构建设。推进 12358 价格举报管理信息系统地方配套建设工作，提升 12358 价格举报系统规范化、科学化水平。组织开展涉农、教育、医疗、旅游、环保、商业银行等价费专项检查和重大节假日市场监管。继续保持对价格欺诈、不按规定明码标价等价格违法行为的高压态势。2013 年以来共查处各类价格违法案件 1000 余件，实施经济制裁 5300 余万元。

重庆市物价局组织召开主城区出租车价格调整听证会

——价格基础工作水平有效提升。积极推进价格法治建设，以市政府规章形式出台实施《重庆市价格监测办法》。推行价格行政处罚案件调查、审理和决定分离制度。加强价格成本监审和成本调查，核减成本 44.38 亿元；启动 10 个区县特色农业成本调查。受理各类价格鉴定和价格认证 2.3 万余件，标的金额约 53 亿元。

——党的群众路线教育实践活动巩固深化。深入学习习近平总书记系列重要讲话精神，大力推进整改事项落实，组织开展“五个专项行动”，把作风建设不断引向深入。通过活动，整改成果进一步巩固提升，党员干部理想信念更加坚定，服务群众的观念进一步增强，“四风”问题得到有效遏制，一批群众反映强烈的突出问题得到有效解决，工作效能明显提高，制度建设更加完善，正风肃纪收到明显成效。

重庆市物价局组织召开《重庆市价格监测办法》贯彻实施座谈会

自主创新战略高地 新兴产业核心载体

国家级

中央政治局委员、重庆市委书记孙政才调研高新区企业

重庆市委副书记、市长黄奇帆赴高新区调研

重庆高新区于1991年3月经国务院批准设立，是首批5个国家综合改革试点开发区之一，先后被评为全国先进高新区、国家级软件产业基地、国家高新技术产业标准化示范区和国家生物产业基地、高技术服务产业基地、科技兴贸创新基地，是重庆市发展高新技术产业和改造提升传统产业的重要基地。

2010年10月，重庆高新区管委会重新组建后正式挂牌运行，新规划面积73平方公里，其中：东部石桥铺、二郎改造提升区20平方公里，西部金凤、含谷、白市驿组团拓展开发区53平方公里。经过二十余年的发展，重庆高新区已形成良好的产业基础、较强的科研实力和完善的配套体系，站在了加快“三次创业”、推进跨越式发展的新起点。

发展定位科学明晰。秉持“高水平规划、高速度建设、高品质发展”的要求，对接国家高新技术和战略性新兴产业发展规划，根据重庆市五大功能区划分，制定“一基地两中心”发展战略。其中：高新区西区作为重庆都市功能拓展区西部核心板块，定位打造国家级综合型高新技术产业基地，以“一区一带一圈”总体布局，依托电子信息产业园、生物医药园、高端装备制造园、现代物流园、研发总部园等六大专业园区，大力发展电子信息、生物医药、高端装备等先进制造产业及现代物流业；高新区东区作为重庆都市功能核心区重要组成部分，定位打造石桥铺、二郎两大高技术服务中心，着力发展以软件及信息技术、电子商务、研发设计、成果转化、科技金融为主的高技术服务产业。

新兴产业蓬勃发展。电子信息产业加快聚集，拥有重庆最大的百亿级石桥铺“IT”数码商圈，华硕中国第二营运总部强势入驻；全球最大单层石墨烯薄膜生产线项目顺利落户并实现量产，重庆高新区计算机及外部设备产业集群被科技部确定为重点扶持打造的千亿级创新型产业集群之一；金凤电子信息产业园累计引进企业93家，台晶电子等54家企业投产，2013年产值突破50亿元。高端装备制造优势凸显，百亿级格力电器（重庆）公司龙头带动，东方鑫源、秦安机电等一批优势企业引领行业、蓬勃发展。生物医药产业快速成长，中元生物、前沿生物、赛诺药业、泰濠制药等一批重点企业科技含量高、发展速度快，2013年产值同比增长78%。高技术服务业提速发展，重庆煤科院、中机中联等一批重点企业持续壮大，聚集高技术服务企业129家，2013年总收入增长20%。现代商贸物流产业蓄势待发。积极打造国家电商产业园，阿里巴巴·重庆高新区产业带、重庆造·全球销跨境电子商务平台规模、效益持续提升；加快建设白市驿国家级物流枢纽，成功引进“粮、冷、商、油”四大市级专运线项目，九州国际汽摩城、西部冷链物流中心等一批市级重点项目对外招商，正加快形成千亿级商贸物流企业群。

国家工商总局局长张茅调研高新区微企孵化园

副市长刘强调研高新区企业

全球最大规模单层石墨烯薄膜生产线投产

西区骨干路网

学发展示范窗口

重庆高新区——

创新创业活力十足。企业创新主体作用更好发挥，累计新认定国家级高新技术企业达110家，新开发重点新产品290个、高新技术产品412项，数量全市领先；成为国家知识产权试点园区，累计专利授权2670件，年均增长25%以上，万人发明专利拥有量10.13件，是全市的3.5倍；2013年专利产品产值占规上工业总产值的52.4%，高新技术企业收入同比增长24.8%。科技创新服务体系更加健全，成功获批国家科技创新服务体系建设试点园区，建成全国首家IT微企孵化园，拥有各类孵化平台和产业楼宇近100万平方米，市级以上科研机构9家、重点实验室和博士后科研工作站10家、企业工程技术（研究）中心26家，国家级创新服务中心、生产力促进中心提供专业创新服务。人才聚集效应逐步凸显，成为全市首批"人才特区"和海外高层次人才创新创业基地，聚集两江学者、"万人计划"和"国家创新人才推进计划"等高端人才数十名。科技金融体系优化完善，财政科技投入占预算支出的4.3%、全社会R&D经费占GDP的4.28%，分别是全市平均水平的4.4倍和3.1倍；开发助保贷、微贷、流水贷等金融产品10余种，引进华科融资租赁全国总部，成功培育梅安森西部安全第一股，全市首批4家登陆"新三板"企业均来自高新区。

金凤电子信息产业园服务中心

中国西部农产品冷链物流中心

基础条件持续优化。东区加快改造提升，城市形象有效改善。累计完成城中村和危旧改拆迁整治131余万平方米，腾出开发建设用地1238.8亩；已建在建长大路、科技路等断头路15条；新（改）建公园绿地22万平方米，五台山绿化广场、烟灯山公园、渝高公园及刘伯承六店旧居等建成开放；火炬小学建成投用，高新区实验一小、111中学等加快改造，杨家坪中学彩云湖校区、渝高中学二郎校区陆续启动。西区加快开发建设，全面拉开大开发、大建设框架。累计实施征地拆迁3万余亩；建成高新大道等骨干道路和园区配套道路约50.1公里，构建形成"三横四纵"骨干路网体系；累计实施标准厂房、公租房、安置房建设275万平方米，已建成投用标准厂房40万平方米、安置房22.9万平方米；金凤110千伏变电站、白市驿输变电工程建成投用，宝洪220千伏、花卉园110千伏变电站、含谷供水保障工程等一批能源基础设施加快推进。

服务发展优质高效。强化政策扶持，先后出台推进新型工业化、加快民营经济发展等实施意见，制定促进科技创新、高层次人才引进和激励、微型企业帮扶发展等一揽子政策，有效激发区域企业创新发展、加快发展的积极性。强化企业服务，成功争取市政府下放部分行政审批管理权限，探索工业项目建设审批流程并联改革，将办理时间压缩至25天；优化招商引资服务机制，完善项目引进评价体系，提升全程跟踪服务效能；推行重点企业、重点项目联系机制，强化分类指导和服务，打造国家级开发区优质服务软环境取得成效明显。

今天，"三次创业"的重庆高新区正以更加昂扬奋进的精神状态，更加求真务实的工作作风，开拓创新，锐意进取，期待与您携手共谋发展、共创美好未来！

彩云湖国家湿地公园

改造一新的渝高公园

西区新凤大道

台晶电子

重庆空港工业园区

重庆空港工业园区是市人民政府批准设立的特色工业园区、国家发改委核准的省级开发区和国家商务部确定的加工贸易梯度转移重点承接地。毗邻重庆国际机场和保税港空港功能区，区位交通优势得天独厚，投资发展环境优越，是重庆乃至西部对外开放的重要窗口，是渝北建设“临空都市区”的重要战略平台和推进新型工业化发展的重要载体。

近年来，空港工业园区在创新引领科学发展的新型工业化道路上迅速崛起，经济社会发展取得长足进步，连续三年蝉联全市市级特色工业园区综合经济考核第一名，被全国主流媒体评为“十二五十大经济活力品牌园区”，被市政府评为全市“工业园区建设十周年先进集体”和“园林式工业园区”，并成为重庆市文明单位和全市知识产权试点园区。

综合配套日臻完善。建起了“五纵”、“八横”的干道13条，总长60余公里，四通八达的交通网络使空港园区成为全区乃至全市的交通枢纽。107万平方米的绿化地，42%的绿化率，七大公园的布局，13条干道的高标准绿化，使空港园区成为名副其实的生态工业城。园区内水、电、气等基础及配套设施齐备，能源供给充足，成本低廉。空港商圈日臻完善，商住、蓝领公寓、酒店、银行、超市、中小学校等服务配套可满足居家生活需要。园区和企业先后开工建设的标准厂房面积约120万平方米，园区自建5万平方米和企业约60万平方米已完工，正在对外招商，产业项目落户有广阔的承接平台。园区人力资源丰富，劳动力成本优势明显。园区秉承“企业至上、服务第一”的理念，为投资者提供“一站式、保姆式”优质服务，全程全面代为办理工商、立项、环保、国土、规划、建设等手续，政务环境优越。

产业集群效应凸显。园区已进驻美国科勒、德国博世、日本本田、台湾长荣、长安汽车、万

崛起的国际生态工业城

恒通客车研发的新型客车在 2011 年世界客车联盟亚洲博览会上夺得“最佳巴士”称号和多项科技创新奖

向钱潮等 200 多家企业，形成了四大产业集群。一是现代交通设备研发与制造。聚集汽摩项目上百个，形成了轿车、客车、摩托车“三车”研发制造基地，“三车”年产能分别达到 40 万辆、1 万辆和 200 万辆，已成为亚洲最大的天然气动力客车和全国最大的全地型摩托车研发与制造基地，正致力打造成为全国最大的自主品牌轿车研发制造基地。二是动力装备制造业。以全球两大通机顶级制造商美国科勒和日本本田为龙头，通机年产能达 800 万台，90% 的产品出口欧美地区，正在打造成为全国最大的通机研发与制造基地。三是电气设备制造业。以鸽牌电线电缆为代表，成为了西部最大的铜型材加工基地、西南最大的电线、特种电缆和电瓷产品加工制造基地。四是物流业。台湾长荣、长安民生、中国移动西南大区物流基地等项目建成投运，年物资周转量已超 300 亿元。与此同时，园区周边国家级和市级开发平台密集分布，大集团、大项目、大产业加快聚集发展，区域内形成了汽车、电子信息、装备制造、临空经济等特色优势产业集群和体系。

长安自主品牌轿车

科研高地潜力无限。园区内已有长安、银翔、再升科技等高新技术企业 20 户，长安汽车工程研究院、银翔技术中心等研发机构和技术中心 10 多个。企业累计实现各类专利和研发成果 1000 多项，拥有知识产权企业 100 多户，国内外著名商标（品牌）60 多个。企业自主知识产权产品销售值超 150 亿元。

园区重点企业银翔摩托——出口摩托车新产品展厅

凸显生态工业城特色的长安渝北汽车制造厂外景

九龙坡西彭板块

JIULONGPOXIPENGBANKUAI

西彭板块地处重庆市都市功能拓展区，涵盖西彭园区、西彭镇和铜罐驿镇“一园两镇”，幅员总面积111平方公里，城镇建成区面积12.3平方公里，辖37个村（居），总人口17.8万人，是九龙坡区八大主体功能板块之一。

区位优越交通便捷。距都市核心区35公里，与江津区隔江相望。长江、成渝铁路穿境而过，重庆市绕城高速公路（外环高速）、白彭公路、津马横线等四通八达连接各方。现有黄磏、铜罐驿两个铁路货运站，黄磏码头、铜罐驿码头和九龙坡集装箱港三个长江货运港。建设中的轻轨交通5号线将通过西彭直达江津。

特色产业优势突出。西彭工业园区连续三年在全市40个特色工业园区中位列前十，拥有国家级企业技术中心和两个博士后工作站等科研平台，已形成以铝加工为核心，以新材料、装备制造及模具、商贸物流、农副产品及食品加工、乡村旅游为主导的产业体系。2013年，板块实现工业总产值471亿元，实现规模以上工业产值251亿元（含西南铝）。

生态城市彰显魅力。城市规划面积30平方公里（其中工业发展区18平方公里、城市配套区12平方公里），城市建成区面积约12.3平方公里，城市化率55.3%。房地产年报件量和竣工量分别达25万平方米左右，建设有马鞍山生态公园、铝镇公园等城市公园，建成有2000亩精品葡萄园、200亩精品草莓示范园，建成区绿地率39.02%。

六大产业体系

铝加工产业

农副产品及食品加工产业

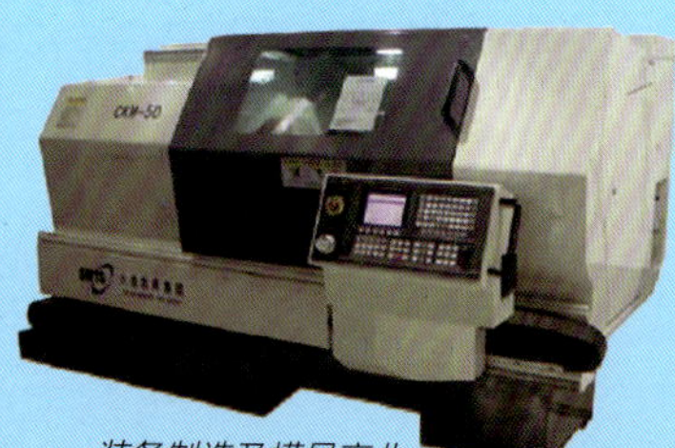
装备制造及模具产业

新材料产业

商贸物流产业

乡村旅游产业

转作风 树形象
团结带领广大科技工作者为五大功能区建设献计出力
——重庆市科学技术协会2012~2013年重点工作实录

近两年来，市科协深入学习贯彻党的十八大、十八届三中全会精神，按照市委四届三次、四次全会要求，坚持“三服务一加强”工作定位，按照“让科协组织‘动’起来，不断树立科协组织新形象；让科协工作‘活’起来，不断实现科协工作新跨越；让科协品牌‘亮’起来，不断开创科协事业新局面”的工作要求，认真履行工作职能，科协各项工作成效显著。

广泛开展社会化科技服务。组织开展 “专家企业面对面、把脉问诊促发展”系列活动，为开县、秀山等地企业和种养大户提出合理化建议150余条。组织学会专家开展科技服务和民生服务活动100余场次，受众超过700万人次。强化科技思想库建设，向中国科协上报调研成果6篇、建议成果16篇，向市委、市政府报送建议成果40篇，1篇成果获中国科协决策咨询成果二等奖，2篇成果被中国科协推荐报送国务院，9篇成果获市领导批示，8篇成果作为政协科协界集体提案。举办首届重庆青年科学家论坛、2013海峡两岸功能材料与科技产业峰会、国际应用能源专家论坛、首届重庆科技论坛等国内国际学术活动近300余次。支持重庆科技咨询中心成功向349家企业完成科技发明数据库推送，促进了企业科技创新。组织院士专家有效解决建设工业集团、万盛水蛭养殖公司等企业科技难题37个。广泛组织全市企业开展“讲、比”活动，8万余科技人员直接参与，采用合理化建议4万余条。实施“科普惠农兴村计划”，表彰80个基层农技协和科普示范基地、32名农村科普带头人。新建区县级农技协联合会3个、基层农技协500余个，中国科协专程调研我市农技协工作并给予高度肯定。引导学会承接政府转移职能，工程师学会、风景园林学会等30余个学会承接了科技人才评价和科技奖励等社会化职能。

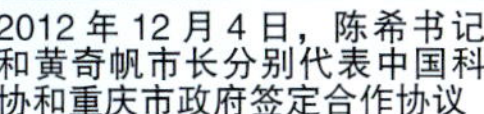
2012年12月4日，陈希书记和黄奇帆市长分别代表中国科协和重庆市政府签定合作协议

时任市委副书记张轩与第七届重庆青年科技奖获得者合影

2013年5月24日，2013海峡两岸功能材料科技与产业峰会开幕式举行

合力推动《全民科学素质纲要》实施。发挥纲要办职责，联合相关市级部门开展科普活动500余场次；指导秀山、潼南、璧山等地出台加强科普工作、科协工作的意见，21个示范区（县）科普经费达到2220万元，比2010年增长60%，大联合、大协作的社会化科普工作格局基本形成。举办第七、八届重庆市青少年科技创新市长奖评选表彰，第27、28届重庆市青少年科技创新大赛等活动，引起全市青少年积极参与和全社会广泛关注。“流动科技馆”、“科普大篷车”直接受众超过100万人次，重庆科技馆累计接待游客突破500万人次。实施社区科普益民计划，表彰40个社区，在30个区县开设社区科普大学教学点250个，学员近2万名。精心组织“防灾减灾日”科普活动，在主城公交座椅、轨道交通列车及站台、高速公路广告牌等开拓科普宣传阵地，就群众普遍关心的社会热点问题进行深入解析。与广播、电视等媒体合办《科技之声》、《每日科学》、《大有名堂》等栏目，报道科普新闻，宣传科普知识。坚持点面结合、上下联动，形成了以“走近科技”为主线，串联“平安幸福”、“缤纷节日”、“食品安全”等多个主题的科普品牌。

竭诚服务广大科技工作者。开展科技工作者状况调查，建立国家级调查站点13个，两级共建调查站点4个，省级调查站点27个。承办2013年全国科技工作者状况调查站点培训班，积极参与第三次全国科技工作者状况调查，组织开展市级科技工作者状况调查工作。累计建成院士专家工作站22家，促成郑有料、都有为等24名院士专家及其团队正式加入重庆。成功举办2012、2013年百名海外博士重庆行活动，成功引进人才42人，合作项目38项。大力开展科学道德与学风建设宣讲教育工作，努力营造风清气正的学术氛围。积极向中国科协、市委市政府举荐优秀科技人才45名。在中国科协会员日活动期间，组织召开科技工作者代表座谈会，收集推进五大功能区建设的建议16条。在各类媒体上报道农村科普带头人、科协组织特色创新工作等超过1500条（次）。

2013年5月31日，第八届重庆市青少年科技创新市长奖颁奖仪式举行

不断加强科协组织自身建设。成功召开重庆市科学技术协会第四次代表大会，为科协事业绘就今后五年发展蓝图。组织机关内设机构竞争上岗、干部轮岗交流，16名干部走上新岗位。科协系统举办十八大精神宣传教育活动150余场次，组织系统干部赴深圳、上海开展创新能力提升、领导能力建设培训，不断提高干部素质。新建园区科协26家，企事业科协6家，全市企事业科协累计超过700家。基层农技协累计达到1865个，涵盖水稻、蔬菜、花卉等30多个专业技术门类。成立市科协科技社团党委，强化学会党建工作。设立市级学会扶优促强专项资金，制定了市级学会扶优促强专项资金管理办法。推动直属单位改革与发展，酝酿出台直属单位管理办法，积极探索转企改制后的企业管理模式，促进直属单位做大做强。

2012年12月4日，重庆市科学技术协会第四次代表大会在重庆市委礼堂开幕

酉阳：全力打造武陵山区

酉阳县紧紧围绕生态保护发展区的功能定位，以加快乡（镇）域、村域经济发展为重点，以国家生态文明示范工程试点县建设、国家主体功能区试点示范建设、全国生态文明先行示范区建设为抓手，加快生态建设，推进生态发展，努力把酉阳建设成为武陵山区生态经济强县，打造中国著名、世界有名的优秀生态旅游城市。

酉阳县综合文体中心

桃花源国家AAAAA级景区

一、着力发展生态产业，加快经济转型

大力发展生态旅游。围绕"一主五辅"发展格局，打造全国著名生态旅游景区，大力推进中国酉阳桃源国家生态公园建设，创建酉阳桃花源国家级旅游度假区。打造"凉都酉阳、避暑天堂"品牌。提高酉阳生态旅游城市形象的市场认知，创建"中国最佳避暑胜地"、"中国最佳生态旅游城市"等生态旅游品牌，让"世界上有两个桃花源，一个在您心中，一个在重庆酉阳"享誉海内外。大力发展生态农业。坚持宜农则农、宜林则林、宜牧则牧，科学规划产业布局，突出打造以酉东片区为重点的青花椒产业基地，以酉西片区为重点的优质烟叶基地，以酉中北片区为重点的优质中药材基地和以酉中南片区为重点的青蒿产业基地和优质山羊基地。

酉阳县桃花源广场夜景

生态经济强县

二、着力建设生态人居，提升宜居水平

建设宜居宜游宜业生态城市。一是坚持城市景区化发展理念，把老县城作为酉阳桃花源国家5A级旅游景区核心组成来建设，促进旅游与城市发展的完全融合，实现旅城互动。二是加快美丽乡村建设。以发展村域经济为抓手，大力推进以经济活跃、环境优美、乡风文明、生态良好为主要内容的美丽乡村建设。强化民主管理、完善农村保障体系、推进农村平安建设。

三、着力保护生态环境，打造美丽家园

切实加强生态环境保护，着力抓好以旅游景区、森林公园、湿地公园、地质公园、自然保护区、饮用水源保护区等为重点的生态敏感区域保护力度，严厉打击破坏生态的违法行为。推进环境综合治理。深入开展“蓝天、碧水、绿地、宁静、田园”五大环保行动，加快推进县城、乡镇集镇、工业园区、旅游景区污水和垃圾处理设施建设，切实改善人居环境和生态环境。

酉阳县城北新区鸟瞰

四、着力构建生态文明，建设幸福酉阳

深入挖掘桃源文化、古镇文化等民俗、历史文化的生态内涵，以桃花源国际旅游休闲文化节、端午龙舟赛等节庆活动为载体，促进桃源文化、田园文化、民俗文化、古镇文化与生态文化交融，着力构建具有酉阳桃花源文化特色的生态文化体系。争创全国生态文明先行示范区、国家主体功能区试点示范，持续开展国家级生态乡镇、生态村等生态细胞创建工程，有序推进生态文明特色小集镇、绿色低碳小城镇试点示范建设，全面完成国家生态文明示范县、国家级生态县、国家山水园林城市建设任务。

龚滩古镇国家AAAA级旅游景区

忠县 ZHONG XIAN

忠县位于重庆市中部、三峡库区腹心，幅员面积2187平方公里，总人口100万。忠县是巴文化的主要发祥地之一，有2300年的文献记载史。唐贞观八年唐太宗赐名忠州，民国二年设忠县至今，忠文化享誉华夏，是中国历史上唯一以“忠”命名的城市。长江横贯县境88公里，境内有石宝寨、白公祠、三峡橘海等旅游风景区，是66个“中国文化旅游大县”之一，“半城山水满城橘”城市特色鲜明。忠县天然气、岩盐、石灰石等自然资源丰富，是重庆市柑橘产业核心区、国家农业科技园区，被命名为“中国柑橘城”。忠县是教育大县、文化旅游大县、移民大县、信访小县，被誉为忠义之城、山水之城、柑橘之城、移民之城。

忠县城区

（一）坚持“特色发展、生态涵养”并重，建设渝东北生态涵养发展示范县。全市功能区划分后，我们提出坚持在发展中加强生态保护、在生态涵养中加快发展，坚持“面上保护、点上开发，彰显特色、示范发展”，将全县划分为县城发展区、特色生态工业园区、农产品主产区和生态涵养旅游发展区，落实总体目标、重大工作、重点项目、重要政策“一总三重”措施，项目化推进功能区建设，努力实现差异发展、联动发展、持续发展。切实加强生态文明建设，大力实施蓝天、碧水、绿地、宁静、田园“五大”行动，重点抓好长江沿岸绿化、水源涵养保护核心区管控、垃圾和污水处理、农村面源污染治理以及地质灾害防治等工作。

忠县农房风貌

（二）实施“工业强县、民营富县”战略，引领三次产业提质增量。坚持走生态工业发展道路，规模以上工业企业达53户，2013年实现工业总产值225.84亿元，增长25.5%。加快园区建设，建成7平方公里园区框架和5.5万平方米标准厂房。打造小企业创业基地6个，新发展市场主体7717户。建成柑橘基地果园35万亩，产量达22.75万吨，形成了以柑橘、畜禽、优质粮油为支柱的特色效益农业体系。2013年复垦宅基地5400亩，“地票”交易5400亩，“三权”抵押融资7.88亿元。基本建成三峡橘海、“八斗台”等乡村旅游项目，加快推进三峡港湾建设，节俭举办第四届“中国柑橘文化旅游节”，2013年接待游客228万人次，实现综合收入6亿元。规划建设新生港口物流园区，打造渝东北综合物流枢纽。

忠县柑橘

（三）营建“洁净忠州、品位城市”，加快打造库区开放高地。坚持永恒规划，充分考虑未来极限人口规模和生态压力，启动城市发展极限规划编制工作。坚持永恒建设，打造特色鲜明的山水园林城市，城镇化率达37.54%。开工建设忠丰、忠万、梁忠高速路忠县段，建成周家溪滚装码头。加快美丽滨江建设，建成乐天公园、香山公园、滨江公园，全县森林覆盖率达47.5%。坚持精细管理，开展市容环境、交通秩序、建筑工地专项整治，城市品位不断提升。落实“兑现比承诺更重要”招商理念和“没有不能办、只有怎么办”服务理念，科学理性招商。2013年正签招商项目186个、上亿元项目36个，实际引进县外资金92.68亿元。

忠州大道

（四）建设“美丽橘乡、幸福忠县”，办好“22+6”民生实事。深入落实全市22件民生实事中涉及忠县的16件，扎实推进结合实际、自加压力的保障性住房、地质灾害治理、农村电网改造、饮用水源保护、城区畅通工程、村卫生室医保联网等6项民生工作，2013年公共财政预算支出的63%用于民生。新建校舍5.2万平方米，落实学生资助资金6561万元。完成28个乡镇卫生院、152个村卫生室标准化建设任务。乡镇通畅、行政村通达工程实现“双百”目标，解决6万人的农村饮水安全问题，改造农村危旧房8072户，建成农民新村10个，续建廉租房13.03万平方米、公租房2.97万平方米。城镇登记失业率控制在3.4%以内，城乡居民社会养老保险覆盖率达92%，合作医疗参保率达96.3%。

忠县移民生态工业园区标准厂房

西部水城

开县：三峡最美滨湖城市

滨湖公园

开县区位独特，特色鲜明。开县是刘伯承元帅的故乡，位于重庆市东北部、三峡水库小江支流回水末端。全县幅员面积3959平方公里、总人口166.6万，辖40个乡镇街道、434个村、85个社区。开县是重庆市8个重点移民区县之一，搬迁安置16.88万人。旧县城整体搬迁，现已建成30平方公里、32万人口的滨湖新城，被评为“巴渝新十二景”，先后获得“国家园林县城”、“2013中国休闲小城”等荣誉称号，“国家卫生县城”通过综合评审验收，成功创建重庆市文明县城、山水园林城市，被联合国环境规划署授予“中国区环境规划示范城市优秀案例”。

汉丰湖城市钓鱼对抗赛

竹溪美丽乡村

开县历史悠久，人杰地灵。东汉建安21年建县，迄今已有近1800年历史，开县境内曾有汉丰、清水、巴渠、新浦、西流5个县县治，农耕时代有“金开县”之美誉。唐朝著名诗人韦处厚任开州刺史，写下了轰动京城的《盛山十二景》；清同治年间，开县籍人李宗羲任两江总督；清光绪年间，开县有6名举人参与“公车上书”，由此被誉为“举子之乡”。最为著名的是这块土地上诞生了共和国“一代军神”刘伯承元帅，由此被誉为“帅乡”。

大德菜花

开县资源丰富，山川秀美。境内探明矿藏24种，已开发利用14种，年产煤230万吨，天然气年采输气量约占重庆市的1/6。拥有刘帅纪念馆及故居，水域面积15平方公里的汉丰湖，面积近2万公顷的雪宝山国家级森林公园等自然人文资源。开县是全国100个生猪大县、产粮大县、水果大县和重要中药材基地县之一，是全国“木香之乡”、“柑橘之乡”。

开县优势凸显，潜力巨大。近年来，开县立足“特色发展、绿色发展”，实施“点上开发、面上保护”，奋力推动生态涵养发展。充分发挥开县在矿产、农业、劳动力、旅游资源等方面的自身优势，大力发展特色工业、特色农业和生态旅游业。始终坚持以生态环保为前提，不发展环保风险高、生态破坏大、环境污染重的产业，推动绿色发展。着力点上开发，突出工业园区和县城，进行科学规划、适度调整。加强面上保护，实施蓝天、碧水、宁静、绿地、田园“环保五大行动”，全县生态环境逐步改善。2013年，实现生产总值265.5亿元，比上年增长13.8%。地方财政收入31.6亿元，增长26.5%，其中公共财政预算收入增长32.7%。固定资产投资256亿元，增长25.8%。社会消费品零售总额108.5亿元，增长13.9%。城镇居民人均可支配收入20078元，增长10.1%。农村居民人均纯收入8238元，增长13.3%。

赵家工业园区

雪宝山睡佛

武隆：乌江下游的一颗璀璨明珠

寺院坪风力发电厂

芙蓉洞——巨幕飞瀑

武隆始建于唐武德二年（公元619年），距今1395年历史，有汉族、苗族、土家族、仡佬族等13个民族。幅员面积2901平方公里，辖26个乡镇、186个行政村，总人口41万，是国家扶贫开发工作重点县、三峡库区淹没县和全国新兴旅游大县，也是全国十个同时拥有“世界自然遗产”和“国家5A级旅游景区”的地区之一。

武隆区位独特，交通便捷。地处重庆市东南部乌江下游，武陵山和大娄山的峡谷地带，重庆外环经济带，距重庆主城137公里，约1.5小时车程。境内319国道、渝湘高速公路、涪南高速公路、渝怀铁路、南涪铁路横贯全境，乌江航道连接东西，仙女山机场加快推进，四通八达的交通网络已经形成。

武隆风景绝佳，全国少有。集大娄山脉之雄，武陵风光之秀，乌江画廊之幽，被誉为世界喀斯特生态博物馆，全县260多处景观串珠式密布县域全境。已开发的主要景区有：世界规模最大、最高的串珠式天生桥群——天生三桥；地质奇观——龙水峡地缝；山城夏宫、东方瑞士和落在凡间的伊甸园——仙女山国家森林公园；中国唯一列入《世界遗产名录》的洞穴——芙蓉洞；水上喀斯特森林——芙蓉江等。

穗通车业投产仪式

中国国际山地户外公开赛（重庆·武隆）开幕式

武隆生态优良，资源丰富。武隆最低海拔160米，最高海拔2033米。全县林地面积300万亩，负氧离子是重庆主城的108倍。珍稀树种有银杉、水杉、珙桐等，还有树龄2000多年、主干直径4.17米的“银杏王”。珍稀动物有金钱豹、小熊猫、黑叶猴、大鲵等。矿产资源有铝土矿、煤、大理石等22种。全县大小河流50多条，木棕河、芙蓉江、长途河、清水溪、石梁河、大溪河等大小支流由南北两翼汇入乌江，水能蕴藏量240万千瓦，可开发量190万千瓦，是重庆重要的清洁能源基地。

武隆城市靓丽，充满活力。按照“一中心两组团”布局，县城中心城区推进东拓西进，强力实施旧城改造，加快建设精品旅游城市；仙女山组团加快推进户外运动基地、文化创意基地、养老养生基地和国际会议中心建设，打造国家级旅游度假区；白马组团坚持“园城一体化”，加快建成现代工业新城。成功创建国家级卫生县城，启动全国文明县城创建。

印象武隆演出现场

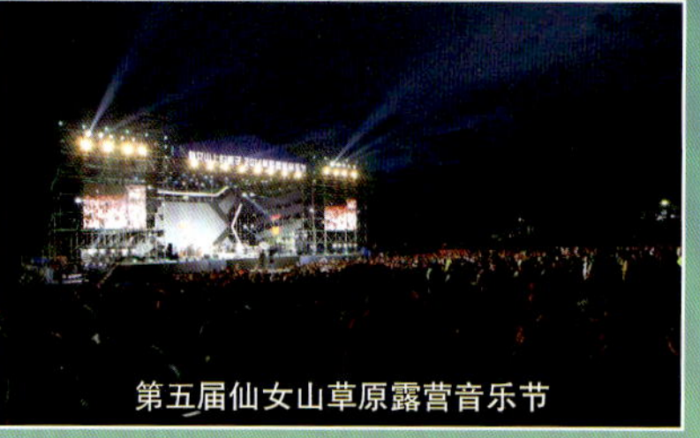
第五届仙女山草原露营音乐节

武隆发展迅猛，势头强劲。强力实施“绿色崛起、富民强县”战略，加快建设全市特色经济强县、全国生态县和国际旅游目的地，被《人民日报》等誉为“绿色崛起”的典型县。2010年至2013年，连续4年被市委、市政府评为“优秀区县”。2013年，实现地区生产总值107.9亿元，增长13.5%。地方财政收入18.37亿元，增长22.4%；固定资产投资141.6亿元，增长12.5%；社会消费品零售总额36.09亿元，增长16.1%。农民人均纯收入增长14%；城镇居民人均可支配收入增长11.5%。接待游客1750万人次。公众安全感指数连续四年保持重庆市前列。

当前，武隆县认真贯彻落实五大功能区域发展战略，按照“中国著名、全球知名”的目标，加快建设“中国武隆公园”，积极探索一条“五化联动”（即旅游国际化、产业生态化、城市园林化、农村田园化、城乡一体化）、“五园联建”（即休闲旅游公园、生态产业公园、靓丽宜居公园、魅力文化公园、幸福和谐公园）的新路径，加快把2901平方公里的武隆全境，打造成为“经济富裕、山川秀美、社会和谐、人民幸福”的世界级大公园。

仙女山大草原

重庆西部物流园

沙坪坝区 2013年经济运行情况

2013 年，在市委、市政府的正确领导下，全区上下紧紧围绕稳增长、调结构、惠民生，加快功能区建设，打造经济升级版这一主线，经济实现了稳中有进、稳中趋好。

实现地区生产总值（GDP）701.3 亿元，同比增长 9.1%；公共财政预算收入 50.6 亿元，同比增长 14.6%；固定资产投资 452.3 亿元，同比增长 13.5%；社会消费品零售总额 312.4 亿元，同比增长 11.2%；规模以上工业总产值 1482.4 亿元，同比增长 11.3%；进出口总额 258.7 亿美元，同比增长 36.3%；实际利用外资 12.6 亿美元，完成全年任务；城市居民人均可支配收入 27079 元，同比增长 8.5%；农村居民人均纯收入 13135 元，同比增长 12.1%；城镇登记失业率 2.43%，人口自然增长率 1.24‰，单位 GDP 能耗降低 3.3%。

全年经济运行呈现以下特点：一是总体态势稳中有进、稳中趋好。经济增速企稳回升，增长趋势向好，人均 GDP 首次突破一万美元，经济总量迈上新台阶。二是经济结构逐步优化，服务业贡献有所提升。三次产业结构为 0.9:58.6:40.5，第二产业占比同比下降 1.4 个百分点，第三产业对经济增长的贡献率同比提高 18.9 个百分点。三是消费、投资、出口“三驾马车”并驾齐驱，经济外向型特征明显。消费持续平稳增长；产业、基础设施、民生等重点项目稳步推进，投资拉动有所增强；区域进出口及实际利用外资总额均居主城第一。四是运行质量有所改善，市场主体不断增加。税收增长 20.1%，占公共预算财政收入比重超过 70%。规模以上工业企业利润总额增长 16.5%。规模以上企业数超过 1000 家，新增微型企业 566 家。五是功能区划分定向导航，

“渝新欧”首趟回程载货班列驶抵团结村

双碑大桥合龙

沙坪坝区成为国家义务教育发展基本均衡区

“两带三集群”布局得以确立。为发挥资源优势，优化产业结构，打造沙区经济升级版奠定了基础。六是社会事业投入加大，民生福祉持续改善。民生投入占财政支出的 55%；城乡居民稳步增收，收入差距进一步缩小；城镇就业保持稳定；教育、卫生、社保、文化体育事业进一步发展。

国内首座生态垃圾站建成投用：西永垃圾转运站

城口县

县委书记裴智在中共城口县委第十二届三次全会上作报告

县长卢鹏飞在县第十六届人民代表大会第三次会议上作政府工作报告

一、2013年发展回顾

2013年，我们在市委、市政府的坚强领导下，紧紧围绕"科学发展、富民强县"总任务，紧扣主题主线，着力强基础、稳增长、调结构、促改革、惠民生，统筹推进新型工业化、信息化、城镇化和农业现代化，全面推进经济建设、政治建设、文化建设、社会建设和生态文明建设，县域经济社会发展呈现稳中有进的良好态势。

（一）综合经济实力持续提升。全年实现地区生产总值44.9亿元，增长10.2%；完成固定资产投资72.5亿元，增长24.4%；地方预算内财政收入42752万元，增长20.2%；实现社会消费品零售总额10.2亿元，增长15.7%；城乡居民收入分别达17670元和5843元，增长9.9%和13.1%。

（二）基础设施建设不断加强。城万快速公路通道于2013年8月全面建成通车，"4小时重庆"目标圆满实现。开（县）城（口）岚（皋）高速公路成功纳入国家高速公路网规划，城口至镇坪、平利、紫阳公路纳入全市新一轮普通省道公路网规划。城口通用机场进入选址论证阶段。完成省道S202线庙坝至通渝隧道路面大修、通渝隧道排危整治工程，任河右岸公路、任河四桥开工建设，猫儿碥至巴山、左岚至后裕公路和蚂蟥垭隧道等续建工程建成投用。太和场二级中心客运站和货运物流中心建设加快推进。实施村通畅工程200公里，村通畅率达51%。完成县城防洪堤二期工程年度建设任务。完成龙峡水库前期工作，三合水库加快建设。推进中小河流综合治理，完成渝北东大灌区建设年度任务，新增灌溉面积0.41万亩，整治山坪塘16口。建成中小河流水文监测系统104个雨站、12个水位点。完成东安乡、双河乡场镇供水工程建设。建成220千伏聚（宝）城（口）线输变电工程，实施葛城110千伏变电站增容改造，完成高观110千伏变电站二期工程，推进咸宜、双河、沿河35千伏输变电工程建设，完成高中低压线路改造200公里。县城新增管道燃气用户700余户，启动乡镇场镇管道LNG（液化天然气）项目建设。实施农村清洁示范工程4个。

（三）工业经济不断转型。实现工业总产值32.6亿元，增长6.8%。大力发展实体经济，持续推进民营经济发展，市场主体达到9550户，增长16.8%。工业园区"一区三组团"和产城融合项目加速推进，高燕组团、庙坝组团产业集聚效益明显，累计入驻企业41家，产业集中度达到65%。工业园区二期3亿元融资到位，为巴山组团启动建设创造了条件。通过优化重组，全县形成了年产5万吨国标硅锰合金、年产25

生态宜居的大巴山盆景之城

万吨非标硅锰合金、年产 1 万吨电解金属锰、年选 10 万吨废锰矿渣磁选精品锰矿的生产能力。28 万吨钡新材料产业园和 6 万吨氯化钡项目完成前期工作。年处理原矿 10 万吨生产四氧化三锰项目启动前期工作。3000 千瓦余热发电项目开工建设。淘汰机立窑原地技改粉磨站及配套商混站项目启动建设。大力淘汰落后产能，万元 GDP 能耗下降至 1. 69 吨标准煤 / 万元。完成原煤生产 30 万吨。

（四）信息化水平不断提升。启动城区热点区域无线局域网建设，新建光纤线路 500 公里，建成基站 89 个，完成光纤到户 1050 户。县城有线电视数字化整体转换工作加快实施。3G 网络乡镇全覆盖，村村通有线宽带覆盖率达 81%。推进农村信息化运用，全县 25 个乡镇（街道）、47 个部门建立农村信息化平台。启动水、电、气“一卡通”建设，推进供水、供气网上查询、缴费系统建设。推进商贸信息化网络服务，安装使用“农商通”180 台。建成城口县应急应战指挥平台和城口县突发事件预警信息发布平台。

城口县着力推进机构编制和事业单位分类改革

城（口）万（源）快速公路通道

（五）新型城镇体系不断完善。启动城乡总体规划和土地利用总体规划修编，完成 6 个中心镇总体规划修编和 60 个行政村规划编制工作。完成县城规划区房屋征收 10 万平方米。县城五大片区旧城改造和五大片区新区开发全面发力，天田 · 阳光水岸、腾宇 · 中央新城一期工程全面竣工，园区 · 桂花苑、龙乡苑 · 水晶丽城、协享 · 未来城、名豪 · 百年商业文化广场、崇扬 · 逸城国际、美都香榭等房地产开发项目加快推进，新开工商品房 21 万平方米，竣工 15 万平方米。红军纪念公园、大东门隧道引道项目开工建设，建学路综合改造工程、柿子坝片区市政道路、城万快速公路通道木瓜坝段景观绿化工程等加快推进，城区新增道路面积 2 万平方米，新增绿地 3 万平方米。规划建设双拥大道。完成县城污水处理厂二期项目前期工作，实施雨污管网改造 2.2 公里。全面启动新一轮“五城联创”，较好完成年度目标任务。加快推进 7 个市县级中心镇“561”工程。建成乡镇生活污水处理项目 8 个、乡镇垃圾收运系统 9 个。改造农村危房 5150 户，建成农民新村市级示范点 1 个。我县城镇化率提高 2 个百分点，达到 30%。

（六）现代农业加快发展。农业园区建设成效初显，山地现代农业形象得到展示。粮食播种面积 50 万亩，总产量 11.46 万吨，农业总产值 9.88 亿元。新增高标准农田 10000 亩，补充耕地 3787 亩。实施农业综合开发土地治理 12700 亩，规范流转土地面积 9.99 万亩，新增农村土地承包经营权流转 651 亩。启动城口山地鸡标准化建设，生猪养殖规模稳定发展，城口老腊肉加工销售 2800 吨，中蜂 10.5 万箱，干果产量 5320 吨，中药材在地面积 32 万亩。“三品一标”农产品有效认证 28 个。农产品注册商标 146 件，微型企业注册商标 26 件，重庆市著名商标 6 件，重庆市名牌产品累计达 5 个，重庆著名农产品商标 5 件。发展农民专业合作社 377 家。“扶贫攻坚推进年”工作成效明显，制定出台“1+10”扶贫开发政策体系，建成扶贫骨干产业园 2 个。成立贫困村村级互助资金管理中心，发展互助资金协会 76 个，资金规模达 3000 万元。发展旅游扶贫示范片区 3 个、示范村 10 个，培育示范户 600 户。完成 20 个贫困村整村脱贫任务，减少农村贫困人口 8300 人，贫困发生率下降 3.6 个百分点。

环境优美的城口中学

市委宣讲团成员丁磊宣讲市委四届三次全会精神报告会

云阳县

YUN YANG XIAN

一、基本县情

云阳位于重庆市东北部、三峡库区腹心，西距重庆主城 300 公里，东距宜昌 260 公里，是人口大县、农业大县、移民大县和国家扶贫开发重点县。全县幅员面积 3649 平方公里，人口 137 万，辖 38 个乡镇、4 个街道。三峡工程移民动迁人口超过 17 万，综合实物淹没指标占库区的 1/8，享有“重庆移民看云阳”的美誉。云阳新县城作为三峡库区唯一一座远距离全迁的县城，建成区面积现已达到 19 平方公里，入住人口超过 28 万，先后获得“中国优秀旅游城区”、“全国文明县城”、“国家卫生县城”、“国家园林县城”、“全国平安区县”、“中国最具幸福感城市”等殊荣。

二、经济社会发展情况

2013 年，在市委、市政府的坚强领导下，云阳县认真学习贯彻党的十八大、十八届三中全会、习近平总书记系列重要讲话和市委四届三次、四次全会精神，全县干部群众众志成城、攻坚克难，全县经济社会发展保持了“稳中有进、稳健前行”：全县实现地区生产总值 150 亿元，增长 12.5%。三次产业结构调整为 23.3 ：40 ：36.7。完成地方财政收入 17.6 亿元，增长 30.4%；其中公共财政预算收入 10 亿元，增长 25.4%。完成全社会固定资产投资 171 亿元，增长 17.7%。城乡居民人均可支配收入分别增长 9.2% 和 13.2%。

一年来，云阳县重点抓好了以下工作：一是始终坚持提升产业，不断夯实发展基础。实现工业产值 126 亿元，增长 32.6%，工业增加值净增 10 亿元，增幅在渝东北排名第一，规模以上企业达到 56 家，产值 77 亿元，增长 41.4%。工

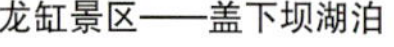
龙缸景区——盖下坝湖泊

云阳

龙缸景区——岐山大草场

宝坪朝阳果园

云阳盐化工业盐装船

人和标准化肉牛养殖场

业经济对 GDP 的贡献度达到 29.5%，“特色资源加工、新材料、劳动密集型”三个百亿级产业初步形成。按照“3 + 2 + X”农业发展思路，重点围绕“一江四河”和四大国省道大力发展特色生态农业。稳定粮食播面 150 万亩，产粮 43.4 万吨，增长 3.1%。出栏生猪 87.8 万头。建成牛羊标准化养殖小区 110 个，出栏肉牛 10.5 万头、山羊 67.5 万只。有效管护柑橘 30 万亩，产量达到 15 万吨。土地规模化经营率达到 35.8%，农业综合机械化率提高 8.8 个百分点，农业产业稳步提高。张飞庙、天下龙缸、三峡梯城“三张名片”规划建设不断完善，“三峡梯城”创建国家 4A 级景区通过市级初验，旅游产业上档升级，全年接待游客 161 万人次。新增限上商贸单位 181 家，总数达到 352 家。实现社会消费品零售总额 65.6 亿元，商贸经济持续走旺。二是始终坚持统筹城乡，不断改变城乡面貌。县城“拥江发展、东进北拓”快速推进，建成区改造升级工程稳步实施，县城建成区面积达到 19 平方公里，常住人口 28 万。先后获得“中国优秀旅游城区”、“全国文明县城”、“国家卫生县城”、“国家园林县城”、“全国平安区县”、“中国最具幸福感城市”等殊荣。镇（乡）域功能不断完善，新型城镇化水平得到提升。道路交通建设、塘（库、坝）整治、农业综合开发治理各项任务超额完成，群众饮水、出行等生产生活需求全面满足，城乡基础设施不断改善。三是始终坚持生态兴县，不断加强生态环保。深入开展“蓝天、碧水、宁静、绿地、田园”环保五大行动，空气、水质、垃圾污水处理各项要求全面达标，城区空气质量优良天数比例达到 95.3%，“一江四河”水质保持Ⅱ～Ⅲ类，市级生态县创建工作全面启动，生态建设展现新成效。四是始终坚持民生导向，不断提升幸福指数。认真办好市委交办的涉及我县的 13 件重点民生实事，扎实推进“10 大民生工程”，各项社会事业协调发展，社会大局保持和谐稳定。五是始终坚持攻坚克难，不断增强发展后劲。三峡后续工作持续推进，移民生活水平稳步提高。招商引资成效显著，签约重大项目 13 个，签约资金 107 亿元。

青风广场

云阳产业园图

涪陵区
稳步向前

涪陵之夜

涪陵工业园区一角

2013年，涪陵区坚定不移稳增长、调结构、促改革、惠民生，全区保持了稳中有进、安定和谐的良好局面。全年完成地区生产总值690亿元，增长13%，人均突破1万美元；实现规上工业产值1001亿元、固定资产投资501亿元、社会消费品零售总额178亿元、公共财政预算收入44.8亿元、城镇居民人均收入24650元、农民人均纯收入8998元，同比分别增长16.2%、14.1%、16%、19.6%、9.6%、13.3%。

经济增长质量趋好。着力优化经济结构，三产比例调整为6.6 ：62.5 ：30.9。工业园区化、集群化步伐加快，新增规上工业企业16家、国家级高新技术企业4家，科技对经济增长率达50%；现代农业稳步推进，服务业持续发展，金融业贡献度提高，建筑业发展势头不减，国有、民营经济协同发展。

武陵山国家森林公园

发展后劲强力蓄积。产业主导项目引进取得突破，实际利用内外资202亿元，华晨鑫源汽车、万丰轮毂等项目落地。两条铁路、三条高速公路建成通车，区域综合交通枢纽基本成型。金融机构达59家。获批国家级页岩气开发示范区。

城乡建设提速提质。新城区开发建设有序推进，32条道路建设全面铺开，新建11公里污水管网，行政服务中心等一批项目启用、开工。江南城区改造步伐加快、形象提升，完成兴华中路、荔枝园立交等项目，改造10条8万平方米人行道，整治10条背街小巷。江东堤防工程主体完工，北山新城形象初显。乡镇建设同步加快，完成50个重点基础设施和公共服务项目，大木乡成功创建国家生态乡镇，大顺乡大田村入选中国传统村落，南沱镇连丰村纳入全国美丽乡村创建试点。

山水涪陵

和谐发展

改革开放成效扩大。国有企业改革攻坚有力，财税改革不断深化，农村改革稳步推进。出租车改革取得突破，新投放出租车200辆。开放功能不断完善，黄旗港具备检验检疫直通放行资格，国家质检总局玩具、榨菜区域性检测中心通过市级验收。新增23个出口国家和地区、638个出口品种。提炼推出涪陵城市形象口号和标识，成功举办中国国际宠物休闲文化博览会等会展活动，涪陵知名度和美誉度进一步提高。品牌涪陵、质量强区战略再结硕果，新增驰名商标1件、地理标志2件，重庆名牌产品11件、著名商标5件。

大木林下花园美景

社会民生持续改善。五大民生工程、22件民生实事扎实推进，民生支出占财政支出比重达70%以上。新增城镇就业2.6万人，帮助1.2万名返乡农民工实现创业就业，新发展微企2000户。建成保障房1.3万套、85.4万平方米。16个村实现整村脱贫，高山生态扶贫搬迁安置3720人，减少贫困人口1.4万人。高标准整治山坪塘800口、病险水库26座，新解决6万人饮水安全问题。完成村通工程360公里、护栏工程270公里。教育质量高位突破，高考上线率居全市各区县前列；城乡教育均衡发展迈出新步，32所学校结成合作办学共同体；营养改善计划惠及6.8万名中小学生，扶困助学10.6万人次，4.5万名留守儿童得到关爱。医疗卫生基础设施加快完善，建成16个撤并村卫生室。深入挖掘本土文化，成功举办焦石山歌节，民间文艺学术专著首获中国“山花奖”；成功运营涪陵大剧院，老百姓在家门口欣赏到国内外高水平剧目。圆满承办全国跆拳道冠军赛等赛事。城区11个公共区域开通免费无线上网。

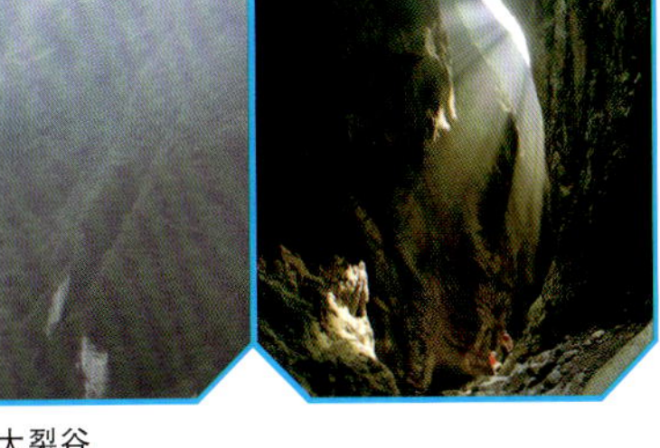

武陵山大裂谷

中共涪陵区委宣传部 宣

涪陵区发展和

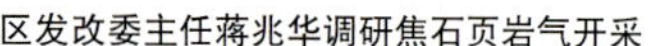
区发改委主任蒋兆华调研焦石页岩气开采

发改委干部职工帮助农户砍收青菜头

涪陵区发展和改革委员会是区政府综合经济管理部门，主要职能有经济运行、改革研究、项目管理、固定资产投资和价格收费管理等。领导班子成员5人，主任一正二副，纪检组长和工委主任各1名。内设办公室、组织人事教育科、国民经济综合科、固定资产投资科、农业经济科、工交能源科、科技社会事业科、财经贸易科、招投标科、价格管理科、收费管理科、物价检查科（所）、离退休人员管理科13个科（所）和1个事业单位价格认证中心。

2014年，面对复杂严峻的宏观环境，在区委、区政府的正确领导下，发改委始终以科学发展观为指导，紧紧围绕区委区政府中心工作，秉承“思大局、谋长远、重协调、促改革”的工作理念，低调务实、少说多干，敢于担当、积极作为，较好地完成了区委区政府交办的各项任务。

全力推进经济发展。及时、准确把握全区经济运行态势，每月召开经济运行分析联席会议，强化对经济运行情况的预警预测和监控分析，及时发现运行中的问题，提出切实可行的建议措施。积极推进深化改革、新型城镇化、城乡统筹、功能区规划、“十三五”规划等重点工作。

加强政府投资项目管理。突出抓好项目前期工作，确保重点项目前期工作顺利开展。严格执行重大项目集体决策机制，按照科学合理、节约高效的原则，全年批复了立项、可研、概算等前期审批文件近150余个。

涪陵统筹城乡缩影——马武外坝农民新村

积极争取项目和资金。牵头策划和建立了三峡后续工作经济社会发展项目库；申报三峡后续项目90个，涉及专项资金12亿元

改革委员会

左右；25 个项目列入 2014 年市级重点项目计划；全年争取到位保障性住房、政法基础设施建设等各类中央市级专项资金共计 3.8 亿元。

狠抓重点项目建设。渝利铁路、渝怀二线渝涪段、沿江高速主城—涪陵—丰都—石柱段（G50S）、三环高速涪陵—南川段（G69）建成通车；全年三大园区、十个重大项目、五大民生工程基本完成全年目标，百项重点工程预计完成投资 210 亿元。研究起草《涪陵区页岩气开发利用实施方案》、《重庆市涪陵区页岩气开发基础设施配套发展实施方案》等文件，明确了页岩气就地消化利用、产业发展、基础配套建设、生态环保建设等方面发展意见，协调组建页岩气勘探开发、销售、管道三家独立法人合资公司，税费解缴入库涪陵。

滨江路夜景

涪陵夜景

积极推进统筹城乡工作。起草了《重庆市涪陵区统筹城乡重点改革总体方案》；出台了《重庆市涪陵区易地扶贫搬迁工程管理实施办法》，2014 年我区共搬迁安置 2600 人，建设 12 个集中安置点，目前完成搬迁安置协议 2600 人，12 个集中安置点已全部启动建设，已搬迁入住 700 余人，有望在明年 6 月前全面完成搬迁任务；完成了坪上统筹城乡示范区规划，为坪上片区发展提供了方向和途径；常态化推进户改相关工作，累计转户 3.3 万余户、14.3 万余人。

世界 500 强美国来宝集团涪陵新涪食品公司

加强收费管理工作。完成国家及重庆市收费项目的政策清理，形成了《收费政策汇编》一书，于 7 月底完成了所有收费单位的初步检查，清理检查各类收费项目 169 个，重新核定了价格并及时向社会进行公示，并加强检查监督。

两江环抱的涪陵城

南滨路

南岸区

NanAnQu

一、基本情况

南岸区位于重庆长江南岸，幅员面积265平方公里，辖区西北、北部临长江，与九龙坡区、渝中区、江北区隔江相望，东部、南部与巴南区接壤。辖南坪、涂山、鸡冠石、峡口、长生桥、迎龙、广阳等7个镇，南坪、铜元局、花园路、海棠溪、龙门浩、弹子石、南山、天文等8个街道，全区常住人口81.5万人。2010年6月18日，重庆两江新区挂牌成立，重庆经济技术开发区（北区）划入两江新区，经开区（南区）保留重庆经济技术开发区牌子，市政府委托南岸区管理。在全市五大功能区建设布局中，南岸区同时拥有都市功能核心区和都市功能拓展区。南岸荣获国家园林城区、全国创建文明城市工作先进城区、全国优秀旅游城区等荣誉称号。

二、比较优势

核心之区。南岸区位于重庆主城九区中“黄金三角”地带，是国家级经济技术开发区建成区所在地和主城规划的CBD重要组成部分，拥有南坪、茶园城市两大城市副中心；是从“长江黄金水道”进入重庆主城的门户，是重庆主城的东大门，规划自长江下游进入主城的第一个客货码头就位于南岸。交通便利，渝黔、沿江、内环、外环高速，轨道交通，南岸区主要道路、桥梁（含长江大桥）有东水门大桥、石板坡长江大桥及复线桥、鹅公岩长江大桥、大佛寺长江大桥、菜园坝长江大桥、朝天门长江大桥等7座跨江大桥横贯境内。

江南体育馆

山水之城。南岸区位于长江南岸，依山傍水，仰拥“山城花冠”、主城“肺叶”南山，俯临长江、嘉陵两江，山水园林特色显著，风景秀丽优美宜人。拥有48公里的长江黄金岸线；具有丰富的商业、会展、居住、物流、旅游及人力资源；拥有万达艾美、喜来登、皇冠假日、长江丽笙等五星级酒店及长江广阳岛、迎龙湖等生态休闲场所，“春游南山，夏饮南滨，秋摘田园，冬赏腊梅”旅游品牌活动深入人心，荣获国家园林城区、全国创建文明城市工作先进城区等荣誉称号。

宜居宜业 —— 江南新城

移动通信国家高新技术产业化基地

南坪繁华都市全貌

江南大道被评为最美大道之一

南滨路——音乐喷泉

轨道交通和公路

工业强区。南岸区连续5年荣获全市工业十强区，2013年工业总产值突破1000亿元，居于主城前列，以手机、物联网、机电产业为主的三大千亿级产业集群迅速崛起，“西部领先、全国一流、国际知名”的经济技术开发区正在形成，国家发改委高新技术产业基地、国家科技部移动通信高新技术产业基地、国家工信部物联网产业示范基地、工信部电信研究院西部分院、中移物联网公司、北大方正物联网基地、美的西部智能家电、机电控股集团、国虹科技等落户南岸。莱美药业、新世纪游轮等8家企业成功上市，上市企业总数、登陆A股创业板数量、OTC市场挂牌交易量、跨区域合并整体上市量均为全市第一。

商贸强区。辖区内已形成南坪商圈、南坪西部新区现代服务业双核驱动发展格局，拥有重庆国际会展中心和朝天门国际商贸城、永翔钢铁市场、西部医药城、西南兵工汽车城等百亿级专业市场；2013年全区社会消费品零售总额达到347.4亿元，商品销售总额突破1000亿元，其中南坪商圈实现社零总额276亿元、增长13.5%，会展收入突破50亿元。

科教高地。南岸是重庆科教大区，有6所大学、各类科研机构9个、国家级重点中职示范学校1所、市级重点中学5所，具有中高级专业技术职称人员2万多人，享受国务院特殊津贴专家91人，国家级有突出贡献中青年专家3人，荣获全国科技进步先进城区等多项荣誉称号。

文化高地。传说南岸是大禹故里，大禹“三过家门而不入”的故事就发生在这里。19世纪重庆对外开埠，1929年重庆建市，南坪地区就是其组成部分。国民党陪都时期，南岸是党政军及外国机构的主要所在地，重庆抗战遗址博物馆就坐落在南岸。南岸五教俱全（佛教、道教、天主教、基督教、伊斯兰教），宗教文化、历史遗迹、人文景观丰富且保护良好，历史文化脉络连贯清晰，有老君洞、涂山宋窑、桐君阁等非物质文化遗产。荣获国家文化先进区、文物保护先进区称号。

南坪万达广场

江南新城 一生之城

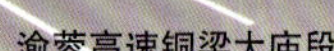
渝蓉高速铜梁大庙段

铜梁区 TONGLIANG QU

铜梁区位于重庆市西北部，处于渝西地区中心，与合川、永川、大足、璧山、潼南等区县接壤，是国际主义战士邱少云的故乡和蜚声中外的铜梁龙文化的发祥地。全区幅员面积1343平方公里，全区总人口（户籍人口）84.09万人。2013年，全区实现地区生产总值255.3亿元，增长14.1%；三次产业结构比调整为12.4 ∶ 59.9 ∶ 27.7；公共财政预算收入18.7亿元，增长32.2%；社零总额75.1亿元，增长14.6%；城乡居民存款余额193亿元，增长13.3%，城镇化率达到46.7%。

致力于加快产业发展，综合实力明显增强。强力推进千亿级工业。工业园区完成征地6366亩，集中平场1300亩；金川大道、龙安大道、产业大道基本建成，全面拉开20平方公里园区骨架。新开工项目65个，竣工投产项目40个。规模以上工业企业累计达276家，实现产值319亿元，占整个工业总产值的67.6%。全区实现工业总产值472亿元，增长27.2%；工业增加值130亿元，增长17.1%。积极发展特色效益农业。围绕蔬菜、水产、竹木、生猪四大主导产业，带动全区土地流转49万亩，其中规模经营40.2万亩，集中度达42%。发展农村新型股份合作社累计达55个；发放农村“三权”抵押贷款累计达18.3亿元。全区实现农业总产值46.9亿元，增长8.2%；农业增加值31.8亿元，增长4.6%。全面打造区域性物流中心和休闲度假胜地。新增商业设施面积11万平方米，累计发展限额以上商贸企业339家。新城核心区商圈成功引进五星级酒店、中铁华夏传媒等商业项目；物流园区签约入驻企业8家、协议引资17亿元。全面推进“一城三区五朵花”乡村旅游精品景区建设，核心景观基本成型，安居古城初具规模。全年共接待游客264万人次，实现旅游总收入6.7亿元。

区委书记陈勇在蔬菜基地调研

区长唐川在人民网进行长江经济带专题访谈

致力于重点项目建设，发展基础不断夯实。99个重点项目完成投资135.2亿元，渝蓉高速公路铜梁段等27个项目竣工投用，三环高速公路铜梁段、龙腾大道等56个在建项目扎实推进，南环路等16个项目前期工作进展顺利。

致力于扩大开放，引资质量明显提升。围绕三大主导产业，创新招商模式，努力实现重大项目引进新突破。全年新引进工业项目81个，协议引资207.3亿元，其中，新引进10亿元以上项目6个。实际利用内资192.2亿元，增长20.3%；实际利用外资3508万美元，增长25.5%。

致力于城乡建设，宜居环境不断改善。城市建设快速推进。启动县城总体规划修编，完成新城核心区总体城市设计和控规编制，广龙路、迎春路东段等12个重点工程全面推进，景观大道竣工通车。人民公园二期建成投用。城区管网改造和巴川河综合整治工程基本完工，城区69条街道基本实现雨污分流。镇村环境逐步改善。累计投入1.5亿元，实施场镇提质扩容工程。实施12个村农村环境综合整治。新建农民新村10个，改造农村C级危房6600户，重建D级危房1400户。整治病险水库21座，新建山坪塘66处，新建农村饮水安全工程9处，解决3万人饮水安全问题。交通事业加快发展。推进南、北汽车站迁建工程。改造国省道15.8公里，建设农村联网公路172公里；新开通农村客运线路6条。

区委书记陈勇调研污水处理厂建设

致力于要素保障，可持续发展能力显著提升。资金保障更加坚实。强化税收征管，实现税收收入10.2亿元。区内银行累计达9家。全区贷款余额达167.2亿元，存贷比达68.1%，创历史新高。用地保障支撑有力。完成10个区级土地整理项目，新增耕地4813亩；完成宅基地和废弃工矿用地复垦3731亩。争取用地指标9005亩，完成征地9017亩。能源保障持续提升。小北海水库和安居提水工程顺利推进。建成云雾山110千伏和土桥35千伏变电站。中卫至贵阳天然气长输管线铜梁段及分输站、遂宁至铜梁天然气长输管线复线建成投运。生态屏障建设深入推进。加快推进全国生态文明示范区试点工作。运用膜处理工艺建成污水处理厂10个，场镇生活垃圾无害化处理率达91%。获评“全国节水型社会建设示范区”，成功创建“全国国土资源节约集约模范区”。植树造林3.3万亩，全区森林覆盖率达44.1%。

小北海中型水库蓄水

连接铜梁城区和工业园区的产业大道

历史刻下印痕　梦想引领未来

——《重庆经济年鉴(2014 年卷)》序

黄奇帆

一年一鉴,明得失,知兴衰。《重庆经济年鉴》是集史存性、鉴知性、权威性于一体的大型经济资料工具书。创刊 13 年来,以朴实、严谨、科学的笔触,为重庆经济社会发展记录了一步步前行的足音,绘就了一幅波澜壮阔的画卷。

担任市长以来,我连年为之作序,就是寄望以此为媒,给投身于重庆改革发展大业的社会各界人士提供方便并启迪智慧;让关心和支持重庆的海内外朋友更全面地关注重庆并爱上重庆;为众志成城、知难而进的巴渝儿女加油喝彩并表达敬意!

《重庆经济年鉴(2014 卷)》,凝聚了无数人的心血。捧览这部专著,重庆过去一年改革发展的荡气回肠,又历历在目:为应对复杂经济形势和繁重改革任务,我们坚持稳中求进、稳中有为,实现经济增长 12.3%;我们主动适应国家战略要求,谋划实施五大功能区域发展战略,推动区域差异化发展;我们启动全面深化改革,为经济发展注入了新活力;我们牵住大通道、大通关、大平台等开放“牛鼻子”,开辟了内陆开放的新境界;我们认真落实 22 件民生实事,人民生活又有实实在在的新变化。重庆由此迈入一个经济更持续、社会更和谐、百姓更富足的大时代。

新常态下,重庆站在了新起点,迎来了新机遇。党的十八届三中、四中全会作出深化改革、依法治国重大战略部署,为重庆加快发展明确了新方向。国家“一带一路”战略和长江经济带建设、超大城市新定位等战略机遇,为重庆改革开放增添了新动力。只要我们增强机遇意识、责任意识、进取意识,以改革为统领、开放为支撑、法治为保障、民生为根本,统筹经济、政治、文化、社会和生态文明“五位一体”建设,就能推动重庆发展行稳致远。

《重庆经济年鉴(2014卷)》记录的丝丝缕缕,不光是对年度的酬答,还必将点燃全市广大干部群众更加豪迈的干事创业之情。让我们在中共重庆市委的坚强领导下,加快推动“科学发展、富民兴渝”,为实现“两个一百年”奋斗目标和中华民族伟大复兴的“中国梦”贡献力量!

2014年12月

目　录

·第一编　重要经济文献·

·第二编　专题研究·

·第三编 经济与社会发展综述·

·第四编 部门经济运行与管理·

·第五编 产业状况·

·第六编 开发区与园区建设·

·第七编 区县经济·

·第八编 附 录·

Contents

Part I Important Economic Literatures

Part II Special Subjects Research

Part III Overview Economic & Social Development

Part IV Operation and Management of Economy

Part V Industry Situation

Primary Industry

Secondary Industry

Tertiary Industry

Part VI The Construction of Development Zones and Industrial Parks

Part VII Regional Districts

Part VIII Appendix

前环衬

卷首跨页

目录前扉页

科学发展 富民兴渝

大力推进区域经济协作

继续深化改革开放 全面建成小康社会

内插彩页

全面推进依法治市 努力构筑和谐重庆

“名优企事业”上榜单位集锦

后环衬

第一编

重要经济文献

2014年重庆市人民政府工作报告

——2014年1月19日在重庆市第四届人民代表大会第二次会议上

黄奇帆

各位代表：

我代表市人民政府，向大会报告工作，请予审议，并请各位政协委员提出意见。

一、2013年工作回顾

过去一年，面对复杂的国内外形势和繁重的改革发展稳定任务，我们在党中央、国务院和中共重庆市委领导下，坚持以邓小平理论、“三个代表”重要思想、科学发展观为指导，深入贯彻党的十八大精神，围绕“科学发展、富民兴渝”总任务，实施“一统三化两转变”战略，全面推进经济建设、政治建设、文化建设、社会建设和生态文明建设，较好完成市四届人大一次会议确定的年度任务，全市呈现出经济持续发展、民生不断改善、社会和谐稳定的良好态势。

——经济运行稳中有进、结构优化。初步统计，全市生产总值达到12657亿元，比上年增长12.3%。三次产业结构由8.2:52.4:39.4调整为7.9:50.5:41.6。规模以上工业增加值增长13.6%，实现利润850亿元、增长40%。公共财政预算收入完成1693亿元，增长15.5%。

——五大功能区域发展战略全面启动。认真落实市委五大功能区域发展战略，加强规划引导，优化产业和城镇布局，完善财政政策和考核办法，明确区县主体功能，发展理念和措施更加切合实际，初步呈现差异发展、联动发展、持续发展的趋势。

——社会民生持续改善。城镇登记失业率控制在3.4%以内。城乡居民收入分别达到25216元和8332元，增长9.8%和12.8%。居民消费价格指数上涨2.7%。扎实推进22件城乡民生实事，解决了一批涉及群众切身利益的居住、出行、用水、教育、医疗、社保等问题。

一年来，我们主要做了十方面工作：

（一）全力扩内需稳增长

坚持扩大内需方针，着力构建城乡功能要件和现代产业体系，统筹推进基础设施、工业和商务集聚区等29个重大项目，实施43个央地合作项目，固定资产投资增长19.5%。针对消费下行压力，加强商旅联动、节会营销、网络促销，实施农商对接和社区直销，激活大众消费，社会消费品零售总额增长14%。执行国家结构性减税政策，启动营业税改征增值税试点，取消、免征行政事业性收费和政府性基金54项，为企业和居民减税让利271亿元。有效发挥市场融通功能，新增社会融资4800亿元。加强能源和用工调度，确保有市场、有回款、有效益企业正常生产经营。有效调控房地产市场，住房供应结构合理、房价总体平稳、交易规范有序。主要农产品和重要商品供给得到有效保障，稳妥推进资源性产品价格改革，物价涨幅控制在合理区间。

（二）加快产业结构调整

深入实施“6+1”支柱产业规划，推进集群招商和垂直整合，全市工业总产值达到1.84万亿元，增长13.8%。引进一批电子信息产业关键零部件配套项目，笔记本电脑、打印机和手机呈现集群发展态势，各类信息终端产量突破1.3亿台(件)。建设大数据应用基地，成为国家互联网骨干直联点和国家首批互联网与工业融合创新试点省市，软件和信息服务主营业务收入突破千亿元。开工上汽通用五菱项目，推进长安福特整车及发动机、变速箱生产线，引进鞍钢冷轧镀锌板等关键配套项目，汽车产销量突破200万辆，品牌影响力进一步扩大。推动医药产品进入基本药物和医保目录,落实船舶、化工、材料等行业脱困举措,数控机床、生物医药、黄金珠宝、钟表眼镜等产业招商和培育力度加大。深入实施工业研发千亿投入计划,启动科技支撑示范工程45项,机器人、石墨烯、页岩气、智能终端、通用航空等重大科技专项取得新进展,企业专利授权增长35%。

繁荣发展服务业。围绕服务实体经济,各类金融业务健康发展,金融业增加值占全市生产总值的比重达到8.4%,金融机构不良贷款率降至0.37%。区域性要素市场年交易额超过1600亿元。物流配送体系不断完善,西部现代物流园、江北国际机场航空物流园、南彭公路物流基地等项目进展顺利。电子商务方兴未艾,京东集团、阿里巴巴、易迅网、齐家网等知名电商落户,电子商务交易额超过3000亿元。会展、购物、美食之都建设有序推进,国际博览中心建成投用,展会经济规模实现翻番,百亿级商圈、百亿级市场分别增加到8个和15个,连锁经营销售额增长20%。文化产业进一步发展,成为国家数字出版基地。实施国民旅游休闲纲要,都市、乡村、温泉、精品景区、三峡邮轮等旅游消费活跃,获得72小时过境免签政策,旅游目的地魅力日益彰显。

(三)推进重点领域和关键环节改革

实施政府职能转变和机构改革,整合加强卫生和计划生育、食品药品监管、文化广电和新闻出版管理职能,理顺交叉职责,撤销市级议事协调机构和临时机构218个。进一步扩权强区强县,向区县简政放权,取消和下放行政审批事项405项。赋予两江新区行政主体资格和部分市级管理权限,江北嘴、悦来、保税港区、港务物流等公司划转其管理。经开区、高新区交由所在行政区统一管理。事业单位分类改革取得新进展。严控政府性债务规模和风险,建立了区县政府债务风险防控机制。推进工商登记制度改革。深化国有集团股权多元化改革,重庆银行H股成功上市,国有企业综合改革试点稳步推进。支持成立渝商集团和民商集团,建立民营经济发展项目库,健全中小微企业扶持政策体系。新增市场主体16.3万户,累计达到153万户。非公有制经济占全市生产总值的比重达到61.5%。深化统筹城乡综合配套改革,累计交易地票13.2万亩,农村产权抵质押贷款达到459亿元,新增农民工转户24.1万人。

(四)推动内陆开放提档升级

全方位宽领域多渠道利用外资,全年达到106亿美元。进出口总额达到687亿美元,增长29.1%。两江新区功能开发全面展开,汽车和电子信息产业基地基本成型,商贸、金融、物流、会展等现代服务业加速聚集。两路寸滩保税港区和西永综合保税区功能有新拓展,开展了进口商品保税展示交易、集散分拨维修、跨境电子商务、离岸金融结算等试点,服务贸易达到105亿美元,离岸金融结算突破800亿美元。渝新欧国际铁路联运大通道每周3班常态开行并开通回程货班列,“渝深快线、区域联动”成功运行。获准团结村铁路口岸试点,航空、水运、铁路立体化口岸架构全面形成,港口转口货运量占比提高到50%。中国—中东欧国家地方领导人会议在渝成功举办。外国驻渝领事机构增至10家。渝港、渝澳和渝台交流合作得到加强,成渝经济互动、渝黔经济合作不断深化。

(五)持续完善城市功能

以十大商务集聚区为载体,新建了一批城市综合体,江北嘴、悦来新城、中央公园、化龙桥等片区形象显现。“三港两路”枢纽功能持续完善。江北国际机场旅客吞吐量达到2500万人次,水港吞吐量和货运量分别增长17%和16%,信息港出口带宽达到1700G。开通渝蓉高速重庆段、巫溪—奉节、涪陵—丰都—石柱等7条高速公路,新增通车里程403公里,建成城口至万源快速路,“4小时重庆”全面实现。建成渝利等铁路项目,新增铁路运营里程235公里,铁路枢纽日渐成型。轨道交通路网体系进一步形成,通车里程增加到170公里。新建、改造城市道路1171公里,新增一批停车楼(场)。主城公交实施一小时免费优惠换乘,二环以内区域实现公交全覆盖。推进区县城提档升级，一大批市政、商贸、科教、文体、卫生等基础设施建成投用。

(六)切实加强“三农”工作

围绕保供增收目标，发展特色效益农业，粮食产量连续六年突破1100万吨，蔬菜产量1600万吨，生猪、牛羊、生态鱼、柑橘、林果等百亿级产业链加快建设。涉农贷款占比提高到18.5%，农产品有组织流通的销售份额达到43%。扎实推进新农村建设，改造农村危房22.4万户。17.6万人实现高山生态扶贫搬迁，450个村实现整村脱贫。新建和改建农村公路8000公里。新增1.4万公里中低压线路和66万千伏安配电容量，农网改造基本实现全覆盖。实施重点水源和城镇防洪工程，整治一批病险水库和山坪塘，200万农村居民实现饮水安全。加快三峡库区产业结构调整，促进移民安稳致富。落实后续工作专项资金105亿元，建成一批产业项目和基础设施。推进地质灾害治理，避险搬迁1.3万人。长江两岸森林覆盖率提高到46%。

(七)扎实推进平安重庆建设

认真落实深化平安重庆建设意见，着力建设更高水平、更富实效的平安重庆。推进立体化治安防控体系建设，严厉打击各类刑事犯罪，暴力案件下降14.2%，现行命案破案率达到96.6%，群众安全感指数达到92.5%。推进基层基础建设，恢复和新建派出所115个，新布建一批社区警务室和流动警务车。开展干部下访“化积案、解难题、办实事”活动，重点矛盾纠纷化解率达到96%。法律援助实现应援尽援。扎实开展安全生产大排查、大整治、大执法、大督查，推进安全标准化创建，安全事故死亡人数下降8%。消防安全形势持续稳定。狠抓食品药品重点环节、重点领域、重点品种排查整治，较好保障了群众饮食和用药安全。加快国家灾备物资仓库和区县应急指挥平台建设，防灾减灾能力有新提升。

(八)着力保障和改善民生

在抓好22件城乡民生实事的同时，全面推进各项民生事业。支持大中专毕业生、返乡农民工、城镇就业困难人员就业创业，城镇新增就业68万人，高校毕业生年底就业率达到94.4%，下岗失业人员结存进一步减少。完善五大社会保险市级统筹工作机制，调整企业退休人员基本养老金标准，稳步提高城乡居民医保待遇，推进跨省异地就医联网结算。进一步提高城乡低保标准，妥善安置受灾群众，城市“三无”和农村“五保”老人得到照顾。建成公租房1915万平方米，配租23.3万套、惠及63万人。改造城市棚户区113万平方米。完成学前教育三年行动计划，改造农村薄弱学校493所。初中毕业生升入高中阶段教育的比例达到95%，高等教育毛入学率提高到35%。新增三甲医院5所，乡镇卫生院、社区卫生服务中心和4000多个村卫生室实现标准化。基本药物市级目录扩大到310种，药品采购价格处于全国较低水平。计划生育奖励扶助和特别扶助42.7万人。国泰艺术中心、群众艺术馆投入使用，重庆新闻传媒中心等项目进展顺利，一批文化示范项目通过国家验收，涌现出一批文艺精品。全民健身运动蓬勃开展，全运会成绩实现新突破。

(九)推进生态建设和环境保护

巩固国家环保模范城市创建成果。主城14户企业完成环保搬迁，关闭淘汰了一批小水泥、小造船等落后产能，实施46项重点节能工程，全市单位生产总值能耗下降5%，超额完成节能减排任务。加快清洁能源改造，完成一批火电机组和水泥生产线脱硫脱硝改造，综合治理城市扬尘和机动车尾气污染，主城PM2.5监测实现全覆盖。巩固次级河流综合整治成果，启动主城建成区湖库综合整治。城市生活垃圾、生活污水处理率分别达到98.5%和89%，长江、嘉陵江、乌江重庆段水质总体保持II类以上。务实推进生态工程建设和水土流失治理，全市森林覆盖率达到42.1%，建成区绿地率提高到39.9%。启动划定生态红线。全市未发生重特大生态环境损害事件。

(十)党的群众路线教育实践活动促进了政府自身建设

按照中央统一部署和市委要求，扎实开展

第一批党的群众路线教育实践活动，聚焦形式主义、官僚主义、享乐主义和奢靡之风，打牢学习教育和查摆问题两个基础，抓好整改落实和建章立制两个关键，扎实开展“五个专项行动”，认真办理群众诉求，密切了同人民群众的血肉联系。坚决执行中央八项规定和市委实施意见，改进调查研究，清理文山会海，取消节庆、论坛、展会活动197项，政府系统会议和文件简报减少一半，市级“三公”经费压缩25%。全面清理既有政府规章，提请审议地方性法规草案8项。民族宗教、外事、侨务、对台、统计、监察、审计、国家安全、档案、保密、参事、史志、气象、地震工作得到加强，妇女、儿童、老龄、青少年、红十字、慈善、残疾人等事业又有新进步。双拥共建活动深入开展，军政军民团结不断巩固。

我们清醒看到，重庆仍处于欠发达阶段，仍属于欠发达地区，正处在统筹区域发展、统筹城乡发展、加快转变发展方式、加快形成内生增长机制的“四个关键节点”，前进道路上还存在不少困难和问题：一是支柱产业较少，材料、化工、装备等行业还持续低迷，部分企业亏损增加、负债加重，培育新业态和新增长点显得十分迫切。二是经济增长内生动力不足，科技创新能力不强，市场机制发育不够，民营经济单体规模和竞争力有待提升。三是城乡区域发展差距较大，区县发展特色不鲜明，产业支撑能力不强，贫困人口依然较多。四是政府性债务管控力度需要进一步加大，部分区县融资成本较高，债务规模和偿债压力较大，潜在风险不容忽视。五是资源环境约束加剧，能源调度和要素保障难度加大，淘汰落后产能和节能减排任务还很艰巨。六是关系群众切身利益的教育、医疗、就业、社保、生态环境、食品药品安全、安全生产、社会治安等还存在不少问题，社会治理体系亟待加强。七是政府自身建设存在薄弱环节，职能转变尚不到位，一些政府工作人员改革创新和服务群众意识不强，谋发展解难题办法不多，推诿扯皮、消极懈怠时有发生，甚至有些人以权谋私、贪污腐败。我们要直面这些困难和问题，不麻木、不回避、不绕道，认真应对和解决。

各位代表！过去一年，我们坚持解放思想、实事求是，坚持低调务实、少说多干，坚持敢于担当、积极作为，通过统筹兼顾引领发展理念和方式的转变，通过深化改革开放激发各类市场主体活力，通过创新体制机制提升社会民生保障水平，取得了来之不易的成绩。这是党中央、国务院亲切关怀和坚强领导的结果，是市委统揽全局、科学决策和市人大、市政协支持监督的结果，是全市人民发挥聪明才智、克难奋进的结果。在此，我代表市人民政府，向全市各族人民，向人大代表、政协委员，向各民主党派、工商联、人民团体和各界人士，向驻渝部队、武警官兵和公安民警，向中央各部委、各兄弟省区市，向所有支持重庆改革发展的港澳台同胞、海外侨胞和国际友人，表示衷心的感谢！

二、2014年目标任务

今年是全面深化改革的第一年，也是完成“十二五”规划关键的一年。党的十八届三中全会对全面深化改革作出了系统部署，为我们进一步解放思想、解放和发展生产力、解放和增强社会活力指明了方向。世界经济处于缓慢复苏之中，我国经济长期向好的基本面没有变，为我们稳增长、调结构、增效益创造了较为有利的外部条件。国家深入实施西部大开发、扩大内陆开放、建设丝绸之路经济带和长江经济带等发展战略，为处在战略交汇点的重庆开辟了新的发展空间。五大功能区域发展战略深入推进，有利于我们更好地发挥直辖市体制优势，加快建设国家中心城市、长江上游经济中心和西部地区重要增长极。国发3号文件、两江新区、保税区和三峡后续工作等政策效应还在持续释放。我们有信心把这些重要机遇和有利条件转化为强大动力，把重庆的事情办得更好。同时，国际金融危机导致的外需疲弱已成常态，全国处在经济增速换挡期和结构调整阵痛期，经济下行压力依然较大。我们要进一步增强责任意识、机遇意识、进取意识，善用底线思维，搞好统筹兼顾，完成好今年的各项任务。

做好今年的政府工作，要全面贯彻落实党的十八大、十八届二中、三中全会和中央经济工作会议精神，按照市第四次党代会和市委四届二次、三次、四次全会的部署，紧紧围绕“科学发展、富民兴渝”总任务，大力实施五大功能区域发展战略，坚持稳中求进工作总基调，以改革统领经济社会发展全局，统筹推进新型工业化、信息化、城镇化和农业现代化，全面深化改革开放，着力强化创新驱动，着力加快转方式调结构，着力保障和改善民生，不断提高经济发展质量和效益，促进经济持续健康发展和社会和谐稳定。

今年经济社会发展主要目标是:全市生产总值增长11%左右。公共财政预算收入增长12%。单位生产总值能耗下降2.5%，主要污染物减排达到国家约束性要求。城乡居民收入增长与经济增长基本同步。城镇登记失业率控制在4%以内，居民消费价格涨幅控制在3.5%左右。

实现上述目标，必须把稳中求进、改革统领和全市一盘棋思想渗透到各项工作中去，以五大功能区域为平台，完善和实施分类配套政策，细化和落实产业发展规划，加快基础设施一体化布局和互联互通，推动资源优化配置和整体功能提升，促进全市科学发展。

(一)促进经济平稳健康发展

掌控好消费、投资、外需“三驾马车”，按不同功能区域实施差异化调控，提高经济增长的质量和效益。

发挥消费的基础作用。持续扩大汽车消费，稳定住房消费，活跃面向大众的日常性消费，培育电子信息、文化娱乐、休闲旅游、健康养老等服务消费。多渠道增加居民收入，完善最低工资、工资支付保障、企业工资集体协商等制度，增强居民消费能力。完善促进消费的财税、信贷、信用等政策。落实带薪休假制度。强化通胀预期管理，加强粮、油、肉、菜等生活必需品市场监管，健全应急物资储备体系，依法打击制售假冒伪劣产品、价格欺诈等不法行为，营造良好的消费环境。

发挥投资的关键作用。推进基础设施、先进制造业、现代服务业、新兴商务集聚区等40个重大项目群建设，保持必要的投资强度。着力优化投资方向和结构，合理界定政府投资范围，压缩一般性投资项目。策划和储备一批项目，进一步释放民间投资潜力，推动社会资本进入基础产业、金融服务、教育医疗、养老健康等领域。

发挥出口的支撑作用。加快转变外贸发展方式，推动加工贸易、服务贸易、一般贸易协调发展，加快培育保税物流、跨境电子商务、离岸金融结算、软件服务外包等新型业态。发挥外贸转型升级基地示范作用和机场、港口、铁路口岸功能，加强对周边腹地转口贸易服务，提高进出口转口比重。鼓励进口先进技术、装备和国内紧缺资源能源，促进进出口均衡发展。

强化资源要素保障。严格按五大功能区域实行差异化用地政策，优先保障基础设施、社会民生和重大招商引资项目用地，规范城镇建设新增用地，盘活闲置低效用地。抓好资金平衡，扩大融资渠道，社会融资增量保持在4500亿元。加强电煤和成品油储备，加快实施“千万千瓦”电源和特高压入渝项目，推进天然气“县县通”，扩大天然气等清洁能源使用覆盖面。加强劳动力培训和就业配套服务，完善劳务资源跨区域调度机制，努力吸引外出务工人员和周边劳动力在渝就业。

着力防控政府性债务风险。加强源头规范，建立健全政府性债务年度收支计划制度，实施全口径政府性债务管理，严格举债程序。加强债务风险防控，规范管理各类投融资平台公司。分类处置债务，优化债务结构，降低偿债成本和压力。多渠道筹集偿债资金，确保按时足额偿还到期债务。加强领导干部任期债务审计，维护偿债计划执行的严肃性。

(二)推动产业优化升级

以市场倒逼促存量盘活，以招商选商促增量做优，以科技创新促转型升级，构建结构合理、优势突出的现代产业体系，加快转变经济发展方式。

抓好先进制造业集群发展。大力发展战略性新兴产业，电子信息产业要重点促成海力士芯片、莱宝触屏、巨腾镁铝机壳等项目投产达产，加快京东方8.5代液晶面板、奥特斯印刷电路板等项目建设，开工大泰金属机壳、华科印刷电路板二期等项目，形成信息终端产量1.8亿台(件)，本地配套率达到80%。汽车产业要促成长安福特三工厂30万辆整车及发动机二期、变速箱和上汽通用五菱等项目投产达产，新增汽车产能35万辆，核心部件本地配套率达到75%左右。加快提升传统制造业，开工香港力劲、台正数控机床等项目，积极推进甲醇制烯烃芳烃一体化、熔融炼铁等项目，加快推进石墨烯、MDI一体化项目建设，大力发展3D打印、机器人、通用航空、生物医药、节能环保等新兴高附加值产业。加快国家页岩气开发示范区建设，加大勘探开发力度，推进核心技术攻关和关键设备配套，促进应用产业化。运用信息化改造提升传统制造业，推进设计研发信息化、生产装备数字化和生产过程智能化。支持国防工业发展。严格落实中央化解产能过剩的决策部署，重点化解船舶、水泥等过剩产能，促进化工、摩托车、建材等传统产业转型升级。

大力发展现代服务业。做精中央商务区，高水平配置商务、文化、休闲、娱乐、居住等功能，促进各类总部和高端商业集聚。引进和培育功能性金融机构，做大做强银行、证券、保险等各类金融机构，创新发展消费金融、科技金融、离岸金融结算、金融保理、投资基金等金融业态。积极发展期现结合、服务全国、具有定价能力的要素交易平台。合理规划建设一批城市综合体和商贸集聚区，实施智能化改造，推动提档升级。加快双福国际农贸城、南彭华南城等百亿级市场建设，完善国际博览中心配套，办好渝洽会、全国糖酒会等大型展会，构建会展产业集群。依托各类交通枢纽，发展现代物流和多式联运，优化仓储和配送中心布局，着力解决末端物流不畅的问题。推进京东商城电子商务基地建设，支持传统商贸企业发展线上业务，形成电子商务集聚区。积极发展咨询评估、会计审计、法律服务、文化创意等服务业。完善旅游基础设施，加快度假区、精品景区、精品线路和相关项目建设，发展通用航空旅游业务，做大做强山水都市旅游区、长江三峡国际黄金旅游带、武陵山民俗文化生态旅游带和渝西城郊休闲旅游带。激活乡村旅游。用好过境免签政策，扩大入境游市场，培育旅游目的地。

把创新驱动摆到更加突出的战略位置，努力建设创新型城市。强化企业主体地位，推动产学研协同创新，组织实施一批重大科技专项和示范工程，促进加工贸易向研发设计环节拓展，推动“重庆制造”向“重庆创造”转型。健全技术创新市场导向机制，深化技术股权、职称评定考核和知识产权市场化改革，完善产权保护、员工持股、股权转化、分红激励等政策，建立资本、知识、技术、管理等要素报酬由市场决定的机制。扩大风险投资规模，支持创业投资基金发展，加速成果转化。保护知识产权，培育知识产权服务业，加快形成区域性专利版权信息服务中心。引进和共建一批国内外知名研发机构，新增一批技术创新、认证公共服务平台。实施品牌和技术标准战略，开展“专家百团千企行”质量提升行动。推进高层次人才支持计划、“外专千人计划”和高端外专项目，建设创新型领军人才、企业家和高技能人才队伍。加强科普工作，促进科学技术广泛运用。

（三）发展现代农业和做好三峡后续工作

抓好“三农”工作，集中精力打好扶贫攻坚战，切实加强三峡后续工作，努力让广大农民和库区群众共享发展成果。

切实保障粮食安全和农产品质量。对农产品主产区加大支持力度，稳定粮油、生猪、蔬菜等重要农产品规模和产量，大力发展草食牲畜，保障好“米袋子”、“菜篮子”。推进山地农业综合开发，建设高标准农田，研发生产和推广山地丘陵适用农机具，提高农业综合生产能力。健全农业科技服务体系，推动良种繁育、疫病防控、农产品质量安全等关键技术研发应用。严把农产品环境安全关,治地治水、控肥控药、科学管理食品添加,建立从田间到餐桌全程监管体系,让人民群众吃得放心。

发展特色效益农业。立足功能定位和资源优势,建设丘陵山地特色农业基地,培育一批百亿级产业链,促进规模化、集约化和标准化。发展旅游观光农业和设施园艺农业,抓好农业园区示范。推进农产品精深加工规模化、基地化,提高农产品转化增值率。完善农产品市场体系,提升万村千乡市场工程和新网工程,发展冷链物流,促进产销对接。大力培育新型职业农民。

持续推动秦巴山区、武陵山区连片扶贫开发。加大产业、金融、科教、旅游扶贫开发力度,增强贫困地区和贫困人口自我发展能力。加快完善贫困地区交通、水利、能源等基础设施,稳步推进养老、医疗、就业、社保等基本公共服务均等化。抓好贫困地区教育培训,增强新生代脱贫致富能力,防止贫困代际传递。整合农村宅基地复垦、危房改造、地质灾害搬迁等政策,有序推进高山生态扶贫搬迁。加快贫困村整村脱贫步伐。优化配置扶贫资源,形成政府、市场、社会扶贫合力。

加强三峡后续工作。配合做好三峡工程整体竣工验收。优化三峡后续规划,编制二期实施项目库。积极对接国家计划,有效解决库区移民社会养老保险补助资金缺口,彻底化解淹没学校迁建等形成的债务。加快实施一批生态工业、生态农业、服务业和基础设施建设项目。保护库区水环境,综合治理消落区和重点流域水污染,抓好长江干支流清漂。搞好天然林保护,建设库区生态屏障。抓好重点集镇地质灾害工程治理、避险搬迁和实时监测,确保群众生命财产安全。

(四)扎实推进新型城镇化

大都市区与大生态区联动,引导产业、人口和城镇功能合理分布,走出一条以人为本、四化同步、科学布局、绿色发展、文化传承的新型城镇化道路。

优化城镇布局和形态。立足五大功能区域的不同分工,完善城镇体系空间结构,建设生产集约高效、生活宜居适度、生态山清水秀的现代城市群。以朝天门、钓鱼嘴、西永等十大商务集聚区为牵引,带动主城大型居民聚居区和城市片区建设,丰富城市形态,提升城市品质。支持万州加快建设第二大城市,增强万州、黔江在大生态区的辐射带动作用,发挥涪陵作为大都市区联系大生态区的战略传递作用,支持有条件的区县城向大中城市发展。区县城要以产立城、以城兴业、产城融合,增强吸纳就业和人口集聚功能。科学设置开发强度,因地制宜划定城市开发边界,留住青山绿水,延续历史文脉。推动大中小城市和小城镇合理分工、功能互补、协同发展,提升城镇群的内在品质。

以农民工为重点,有序推进农业转移人口市民化。深化农民工户籍制度改革,坚持农民自愿,引导符合条件的农民工在工作地就地转户,促进转户人口向主城、区县城和有就业吸纳能力的中心镇集聚。统筹解决转户居民城镇就业、养老、医疗、住房、教育等问题。保障农民工合法权益,推动基本公共服务常住人口全覆盖。健全政府、社会和转户居民共同分担转户成本机制。

推进重大基础设施合理均衡布局。实施十大基础设施项目,促进城乡基础设施一体化、网络化。抓好江北国际机场第三跑道及东航站区建设。加强果园、新田、龙头山等重点港区建设,推进航道整治。依托国家互联网骨干直联点,建设宽带中国重庆光网,打造国际信息港。加快高速公路在建项目进度,启动秀山—贵州松桃、江津—习水等联网路和出境路建设,加快垫江—丰都—武隆等高速公路前期工作。改造国省道500公里。启动火车西站枢纽工程,开工黔张常铁路,推进兰渝、渝黔等干线铁路和渝万城际铁路建设。推进城市轨道交通建设。完善城市骨干路网,建设一批穿山隧道和跨江桥梁。推进金佛山、观景口等大中型水库建设,完善大中型灌区渠系配套,搞好病险水库除险加固,实施一批城乡防洪和中小河流治理,增强防汛抗旱和水资源保障能力。

推进城市精细化管理。建设公交都市,优化城市路网,渠化节点,治理易堵路段,提高通勤效率。新建一批人行过街天桥、地下通道、停车楼(场)和公共厕所。加强市容环境综合整治,改造城市棚户区,综合整治桥隧及快速干道病害,规范管理户外广告、城市照明、防涝和公共消防设施。统筹城市管网规划和建设管理。合理开发利用地下空间。强化园林绿化管护。升级市政数字管理系统,建设"智慧城市"。

(五)深化经济体制改革

坚持社会主义市场经济改革方向,大胆探索,稳妥有序,取得重要领域和关键环节改革新突破,进一步释放发展活力。

坚持社会主义基本经济制度。发挥国有经济主导作用,不断增强国有经济活力、控制力、影响力。推动国资监管由管资产向管资本转变,合理界定不同国有企业功能定位,实施分类监管、分类考核、分类指导。支持有条件的国有企业改组为国有资本投资运营公司。完善国有企业现代企业制度和公司治理结构,增加管理人员市场化选聘比例,探索企业管理层和员工持股。加快国有企业整体上市步伐,鼓励各类资本参与国有企业改革,大力发展混合所有制经济。坚持权利平等、机会平等、规则平等,清理和废除对非公有制经济各种形式的不合理规定,制定非公有制企业进入特许经营具体办法。鼓励和引导民营经济集群发展,支持民营企业发展现代制造业和保税物流、服务贸易、电子商务等新兴产业。用好民营经济发展专项资金,完善中小微企业扶持政策,激发各类市场主体活力和创造力。

推进现代市场体系建设。建立公平开放透明的市场规则,制定准入负面清单,清除市场壁垒。推进工商注册制度便利化,削减资质认定项目,推行先照后证和注册资本认缴制。建设法治化营商环境。加大要素价格和公共产品价格市场化改革力度,落实差别化电价政策,推进居民阶梯水价等改革。落实不动产统一登记制度。扩大国有土地有偿使用范围,减少非公益性划拨用地。在符合规划和用途管制前提下,审慎探索农村集体经营性建设用地出让、租赁、入股,与国有土地同等入市、同权同价。建立兼顾国家、集体、个人的土地增值收益分配机制,合理提高个人收益。健全由政府提供基本保障、市场满足多层次需求的城市住房供应体系,完善住房公积金制度,加强土地、信贷和税收调控,促进商品房市场平稳健康发展。

深化金融改革。鼓励民间资本进入金融业,探索建立风险自担、服务实体经济的民营银行。发展社区银行、村镇银行、消费金融公司等新型金融机构,进一步探索服务"三农"和小微企业的金融新模式。多渠道推动股权融资,鼓励企业上市、并购和重组,支持企业以多种方式提高直接融资比例。发展保险业,推动保险产品创新,完善保险经济补偿机制,探索建立大灾保险制度。探索跨境人民币运用渠道,试点保税金融和离岸金融业务。强化各级政府处置金融风险、维护金融稳定的责任,健全地方金融监管体系。

深化财税体制改革。完善政府预算体系,明确公共预算、政府基金、国资经营和社保基金支出范围及重点。探索编制中期财政规划,建立跨年度预算平衡机制。清理和规范重点支出与财政收支或生产总值挂钩事项。完善分类财政政策,优化财政转移支付制度,促进五大功能区域差异化发展。改革财政产业扶持资金管理方式,设立一批引导产业发展的股权投资基金,吸引社会资本参与。推进营业税改征增值税试点,深化个人住房房产税试点。清理并规范各类财税优惠政策,营造公平的市场竞争环境。

健全城乡一体化发展机制。稳定农村土地承包关系。推进农业经营方式创新,鼓励家庭经营、集体经营、合作经营、企业经营等共同发展,向农业输入现代生产要素和经营模式。保障农民对承包地占有、使用、收益、流转及承包经营权抵押、担保权能。鼓励承包经营权在公开市场上规范有序地向专业大户、家庭农场、农民合作社、农业企业流转,发展多种形式规模经营。积极发展农民股份合作,保护农民对集体资产股份占有、收益、有偿退出及抵押、担保、继承权。保障农户宅基地用益物权，稳妥推进农民住房财产权抵押、担保、转让，增加农民住房财产性收入。依托土地交易所建立农村产权流转交易市场，促进公开、公平、规范流转交易。拓宽地票功能和使用范围。推进国有林场改革试点，深化集体林权制度改革。优化布局农村金融机构，发展农村合作金融，力争涉农贷款增速不低于全市贷款平均增速。鼓励社会资本投向农村建设，兴办各类事业，推进城乡基本公共服务均等化。

(六)进一步扩大对内对外开放

内陆开放是国家新一轮对外开放的显著特点和工作重点。要主动融入对外开放大格局，加快建设内陆开放高地，在更大范围拓展发展空间、集聚优质资源、提升竞争能力。

强力推进两江新区开发开放。加快新一轮改革开放先行先试，促进跨境投资和贸易便利化，发挥好开放引领和改革示范作用。瞄准国内外500强和关键零部件企业，引进一批重大项目，做大做强汽车、电子信息、高端装备、生物医药等产业集群，推动电子商务、信息服务等新兴产业取得新突破。加快江北嘴、保税港、悦来、龙盛、水土、礼嘉等重点区域开发，突出金融、物流、会展等功能，发展总部经济和楼宇经济，增强集聚辐射能力。规划建设一批国际学校、国际医院、国际社区等涉外服务设施，提升新区国际化水平。

完善内陆开放大平台、大通道、大通关体系。完善团结村铁路口岸、进境肉类和水果指定口岸，积极争取汽车整车进口口岸。依托两个保税区，充实保税贸易中心、集散分拨中心的功能要件，推进跨境电子商务试点，发展进口商品保税展示交易、委内加工、非国产货物入区维修等新业态，优化海关特殊监管区域，提升贸易便利化水平。运营好渝新欧国际铁路联运大通道，发展陆航、江海、铁海等多式联运，积极融入横贯东西、联结南北的对外经济走廊，参与丝绸之路经济带、海上丝绸之路和长江经济带建设，推动长江上游地区与伏尔加河沿岸联邦区域合作。加强与沿江、沿海、沿边地区跨区域通关协作，深化“属地申报、属地放行”、“渝深快线、区域联动”等便捷通关模式，推动信息互换、监管互认、执法互助，开展外贸“单一窗口”服务试点，提高效率，降低通关成本。

提升引进来走出去水平。建立外商投资准入前国民待遇加负面清单的管理制度体系，推进金融、文化、医疗、教育等服务业领域有序开放，放开育幼养老、建筑设计、会计审计等领域外资准入限制。完善招商引资信息共享协调机制，引导内外资更多投向战略性新兴产业和先进制造业。加强经开区、高新区、特色工业园区产业招商，提高产业集中度和产出率。建立对外投资服务平台，支持有条件的企业扩大海外投资。支持对外经济技术合作，带动装备制造和成套设备出口。

全方位开展对外交流合作。主动对接国家自由贸易区发展战略，提升与中亚、欧美、东盟等国家的经贸合作水平。加强渝港、渝澳、渝台经贸合作和文化交流，深化海峡两岸经济合作试点。加快成渝城市群互动联系，推进与周边地区联合协作。

(七)坚持不懈保障和改善民生

加快社会事业改革创新，保基本、保底线，解决好人民群众最关心最直接最现实的利益问题。

把促进就业创业摆到突出位置。适应人力资源结构变化，大力发展新兴产业和中小微企业，促进产业与就业良性互动，努力实现充分就业。完善创业服务体系，建设创业孵化基地，实施高校毕业生就业促进计划，引导农民工返乡就业和本土创业。坚持政府购买公益性岗位机制，促进困难群体就业。加强社会失业调控，做好化解产能过剩和企业兼并重组过程中职工安置工作，有效预防和化解劳动纠纷。

增强社会保障能力。扩大社会保险覆盖面，健全城乡居民社会养老保险多缴多得、长缴多得激励机制。推进不同类别养老保险制度间的转移衔接。全面实施城乡居民大病保险制度，完善职工个人缴费办法，调整大额医疗保险起付标准。推进医保付费方式改革。规范社会救助，促进城乡低保与专项救助、临时救助有效衔接，完善社会救助和保障标准与物价上涨挂钩的联动机制。大力发展老年服务产业。健全农村留守儿童、妇女、老年人关爱服务体系，完善残疾人、孤儿保障服务。加强优抚安置工作。发展社会慈善事业。

推动教育事业改革发展。统筹城乡教育事业，优化农村校点布局，加快城市新建小区学校配套，促进教育资源均衡配置。扩大学前教育覆盖面。继续推进中小学标准化建设，开展中小学校长和教师交流试点，扩大优质教育资源覆盖面。深化减负提质，创新德育工作，强化课外锻炼和实践操作，促进学生全面发展。深入推进普通高中课程改革，建设特色普通高中。深化产教融合、校企合作和园校互动，推动中高等职业教育发展。推动高等教育内涵式发展，建设特色专业、特色学科、特色学校，促进科教融合、人才培养与经济社会发展融合。办好特殊教育和继续教育。鼓励社会力量兴办教育，扩大教育对外开放合作。有序推进招生考试制度改革。加强校园安全管理。加快农村寄宿制学校和教师周转房建设，扩大学生营养改善计划实施范围，完善流动人口子女平等就学机制，促进教育公平。

深化医药卫生体制改革。健全三级医疗卫生服务体系，促进优质医疗资源下沉。扩大公立医院综合改革试点，鼓励医师多点执业，扶持民营医疗机构发展。深化基层医疗卫生机构综合改革，完善分级诊疗转诊制度，培养城乡社区全科医生。完善基本药物制度，鼓励医疗机构优先配备使用基本药物。完善重庆药交所竞价议价和药品采购监控功能。强化医疗服务行为监管，合理控制医药费用，减轻群众就医负担。继续做好公共卫生服务。完善中医药服务体系。加强医德医风建设，依法处理“医闹”行为，构建和谐医患关系。坚持计划生育基本国策，依法实施“单独两孩”生育政策，促进人口长期均衡发展。强化出生缺陷三级干预，提高出生人口素质。

推进文化繁荣发展。深入开展中国特色社会主义理论体系、中华民族伟大复兴“中国梦”宣传教育，培育和践行社会主义核心价值观。繁荣发展哲学社会科学。建立与五大功能区域相适应的文化发展格局，培育区域文化特色。推进历史文化名城、名镇、名街、民族特色村落和历史建筑保护性开发利用，保护好文物和非物质文化遗产，传承巴渝优秀文化。完善重大公共文化设施，推进区县、乡镇文化场馆标准化和有效利用，扩大免费开放。推动公共文化服务向基层倾斜、向农村延伸。推动全民阅读。加快数字出版基地、两江国际影视城、黄桷坪艺术产业园等文化基地建设，做强文化企业。深化文艺院团改革。培育文化产权市场，规范文化资产管理和艺术品交易。推动传统媒体和新兴媒体融合发展，加强新型媒介运用和管理，规范传播秩序。深入开展“扫黄打非”和文化市场综合执法。构建体育公共服务体系，推动全民健身运动，提高竞技体育水平。

完成22件城乡民生实事年度任务。实施高山生态扶贫搬迁15万人。建成撤并村通达公路2000公里。新增和优化农村客运线路80条。完成3.2万口山坪塘整治。解决200万农村居民饮水安全问题。建成撤并村卫生室600个。改造农村危房8万户。实施500个行政村环境连片整治。建设农村寄宿制学校学生宿舍30万平方米、教师周转房5000套。实施学生营养改善计划。改造115万平方米城市棚户区。新建50个社区便民商圈和一批标准化菜市场、社区综合超市。实现主城新建成区中小学和幼儿园同步覆盖。实施20万户城市供水“一户一表”改造。全面完成“三无”老旧住宅电梯改造。实施700个弃管小区电力设施改造。新增主城区公共厕所110座，实现过街人行天桥和地下通道五年建设任务过半。综合整治主城建成区20个污染湖库。新建200个社区养老服务设施。推动城市公益性公墓建设。新开和优化主城区公交线路。新增轨道交通运营里程28公里，促进公交线路与轨道交通有效接驳。

(八)创新社会治理体制机制

着眼于维护广大人民群众的根本利益,改进社会治理方式,提高社会治理水平,确保社会和谐稳定、人民安居乐业。

深化平安建设。创新立体化社会治安防控体系,推进派出所和社区警务室建设,大力整治治安重点地区和突出问题,依法防范和惩治各类违法犯罪活动。严格落实企业安全主体责任和各级政府监管责任,加强安全监管基层建设,夯实安全保障基础工作,提升全民安全基本素质,加强道路交通、矿山、危化、特种设备等重点领域安全监管,推进消防安全标准化,遏制重特大安全事故。建立覆盖生产、流通、消费全过程的监管制度体系,形成食品药品监管社会共治格局。实施食品原产地可追溯制度和质量标识制度,保障食品药品安全。加强应急物资储备和救援队伍建设,加快应急信息化步伐,提高应对各类突发事件的能力。健全从基础到内容到行业的管理体系,形成防范和打击网络违法犯罪的联动机制,妥善处置网络突发事件。

推动社会治理重心下移。夯实基层基础,健全综合服务管理平台,推进信息化、网格化管理和社会化服务。加强城乡社区建设,减轻基层组织负担,合理提高村、社区工作者报酬。加强社会组织培育和管理,推动行业协会商会与行政机关脱钩,建立志愿服务长效机制,完善政府购买公共服务机制,促进政府治理与社会自我调节、居民自治良性互动。加强实有人口管理,推行居住证制度,提升流动人口和特殊人群服务管理水平。做好社区矫正和刑满释放人员安置帮教工作。

完善群众权益协调保障机制。健全畅通有序的诉求表达、心理干预、权益保障机制,促进合理诉求及时解决,及时疏导情绪、化解矛盾、保障权益。加强调解队伍建设,完善人民调解、行政调解、司法调解联动机制。改革信访工作制度,用法律手段解决涉法涉诉信访问题。深入开展"六五"普法。搞好法律服务和法律援助。支持工会、共青团、妇联、科协等人民团体充分发挥桥梁纽带作用,更好反映群众呼声,维护群众合法权益。依法管理民族宗教事务,促进民族团结进步和宗教关系和谐稳定。做好新形势下的对台、侨务和外事工作。加强国防动员和后备力量建设,支持驻渝部队现代化建设,推动军民融合深度发展,巩固军政军民团结。

(九)切实加强生态文明建设

强化主体功能理念,加强生态文明制度、法律和文化建设,促进人与自然和谐。

制定加强生态文明建设的指导意见。按五大功能区域优化生态格局,突出大生态区生态涵养和保护功能,切实抓好渝东北生态涵养发展区和渝东南生态保护发展区建设,引导人口相对聚集和超载人口梯度转移,减轻生态环境负担,涵养和保护好青山绿水。强化大都市区资源节约和环境友好。严格环境准入,严控高耗能、高污染和产能过剩行业。加强生产和服务各环节资源节约和综合利用,发展绿色建筑,大幅降低能源、水、土地消耗强度。开展万户重点用能企业节能行动。深化循环经济试点示范,促进循环经济形成规模和特色。支持资源型城市转型发展。

深入实施"蓝天、碧水、宁静、绿地、田园"五大环保行动。落实国家大气污染防治计划,加强机动车尾气、扬尘、燃煤污染控制,开展大气污染预控预警和联防联控,逐步关停30万千瓦以下火电机组。强化饮用水源保护,抓好次级河流综合整治,统筹城镇和工业园区环境基础设施建设。专项整治噪声污染,切实解决噪声扰民突出问题。有序扩大退耕还林范围,推进生态修复重点工程。强化森林资源管护,建设生态园林城市。保护好自然保护区、森林公园、风景名胜区和湿地资源,推进石漠化治理、水土保持和野生动植物保护。整治农村面源污染,推进行政村环境连片整治,因地制宜处理农村生活垃圾和污水,建设美丽乡村。

健全生态文明制度。完善自然资源资产产权制度,落实用途管制。建设自然资源和地理空间库,编制自然资源资产负债表,建立生态资源预警机制，健全生态环境损害赔偿、举报奖励和责任追究制度。坚持总量减排，推行企事业单位污染物排放总量控制和许可制度。建立不同功能区域、流域上下游的生态补偿机制，加大对重要生态功能区的财力补偿力度。发展环保市场，扩大排污权交易规模，推进碳汇交易、水权交易、环境污染第三方治理和生态文明示范。加强环境保护基层保障能力和执法力量建设，完善环境监管体系。

三、加强政府自身建设

改革发展任务越繁重，人民群众期盼越强烈，政府越应加强治理能力建设。要切实转变政府职能，深化行政体制改革，创新行政管理方式，增强政府执行力和公信力，努力建设法治政府和服务型政府。

第一，加快职能转变，推动政府善治。深刻认识市场在资源配置中的决定性作用，处理好政府与市场、与社会的关系。落实职能转变和机构改革方案，优化组织结构。严格控制机构编制，确保财政供养人员只减不增。继续推进事业单位分类改革。深化扩权强区强县改革。进一步清理、精简和下放行政审批事项，服务市场主体和人民群众。以发展战略和规划为导向，灵活运用财政、金融、产业、价格等政策工具，增强经济调节的针对性和实效性。切实强化市场监管、公共服务、社会管理和环境保护等职能。以电子政务建设促进职能转变和服务方式优化，推行网上申报和审批。搞好政府新闻发布，办好政务微博，公开政务信息，及时回应社会关切。

第二，全面依法行政，规范政府行为。自觉维护宪法和法律权威，建立科学严谨的法治政府建设评价体系，增强政府机关及其工作人员用法治思维和法治方式履职的能力。健全科学、民主、依法决策机制，严格重大决策和规范性文件合法性审查，加强咨询论证、风险评估、责任追究等关键环节法制保障。适应政府职能转变和经济社会发展，及时制定、修改和废止政府规章。扩大行政立法公众参与，防止部门利益固化。认真办理人大代表建议和政协提案。普遍建立法律顾问制度，充分发挥法律顾问作用。完善行政执法体制、程序和方式，推进综合执法，解决权责交叉、多头执法、执法不作为慢作为乱作为等问题，坚决纠正简单、粗暴、野蛮执法。完善行政复议制度，坚决纠正行政违法和不当行为。

第三，改进工作作风，建立常态机制。深入推进党的群众路线教育实践活动，持续整治"四风"，严格执行《党政机关厉行节约反对浪费条例》和政治纪律"八严禁"、生活作风"十二不准"，以作风改进取信于民。扎实开展"五个专项行动"，严格规范控制评比表彰、节庆论坛会展、因公出国和议事协调机构，按制度要求规范公务接待、公务用车、会议活动、办公用房，严肃查处违规超标。强化公务卡结算管理，形成节约型机关建设的长效机制。大力倡导服务大众、奉献社会精神，健全人才向基层流动、向艰苦地区和岗位流动的激励保障机制。遵循功能分区，改革绩效考核评价机制，既看发展又看基础，既看显效又看潜绩，既看能力又看作风，形成执政为民、服务发展的良好政风。

第四，健全监督机制，确保政府清廉。自觉接受人大及其常委会的法律监督和工作监督，自觉接受政协的民主监督，主动接受媒体和公众监督。构建决策科学、执行坚决、监督有力的行政运行体系，坚持用制度管权管事管人。依法公开各级各部门权力运行流程，规范自由裁量权，把权力关进制度笼子。强化行政监察和审计监督，加大对公共财政资金和国有资产资源审计力度，强化审计结果运用，促进行政运行不断完善。健全惩治和预防腐败体系，始终保持惩治腐败高压态势，有案必查，有腐必惩，形成震慑。完善防控廉政风险、防止利益输送和领导干部报告个人有关事项等制度。深化工程建设、招标投标、土地出让、政府采购等领域改革，以制度设计控制腐败源头。加强廉政教育，严守纪律和道德底线，努力建设一支促进改革创新、始终勤政为民、遵循法治原则、严守清正廉洁的公务员队伍。

各位代表！我们正处在变革与奋进的伟大时代。改革释放红利，创新引领发展。勤劳智慧的重庆人民，曾经创造过许多的历史辉煌，在全面深化改革新征程中，一定能抒写出“科学发展、富民兴渝”的壮丽篇章。让我们紧密团结在以习近平同志为总书记的党中央周围，在中共重庆市委坚强领导下，以更大的担当、更实的作风，攻坚克难，锐意进取，建设和治理好我们共同的家园，为实现“两个一百年”目标和中华民族伟大复兴的“中国梦”贡献力量！

关于重庆市 2013 年国民经济和社会发展计划执行情况及 2014 年计划草案的报告

重庆市发展和改革委员会　沈晓钟

各位代表:

受市人民政府委托,现将 2013 年国民经济和社会发展计划执行情况及 2014 年计划草案的报告提请大会审议，并请各位政协委员提出意见。

一、2013 年国民经济和社会发展计划执行情况

过去一年,面对复杂的国内外形势和繁重的改革发展稳定任务,我们在党中央、国务院和中共重庆市委领导下,坚持以邓小平理论、“三个代表”重要思想、科学发展观为指导,深入贯彻党的十八大精神,围绕“科学发展、富民兴渝”总任务,实施“一统三化两转变”战略,坚持稳中求进工作总基调,着力稳增长、调结构、促改革、惠民生,经济保持平稳健康发展。对照年初市四届人大一次会议批准的经济增长、结构质量、生态文明、社会民生四大板块 21 项指标，各板块目标任务得到认真落实,年度计划总体完成较好。

经济增长方面: 全市经济平稳较快增长，GDP 增速基本稳定,波动幅度较小;各季增速高于全国近 5 个百分点，为全国稳增长做出应有贡献。

作为经济增长主动力的投资增长 19.5%,完成 11205 亿元。消费止跌回升,对经济增长的基础作用进一步巩固，社会消费品零售总额净增加 550 亿元。进出口对经济增长的支撑作用增强,总量达到 687 亿美元,全国 10 强,中西部第 1,三大动力实现同向正拉动。

结构质量方面：三次产业结构从 8.2：52.4：39.4 进一步优化为 7.9：50.5：41.6,服务业比重提高 2.2 个百分点。汽车和电子信息产业分别增长 20.6%、22.9%,占规上工业总产值 37.3%,提高 2 个百分点,担当增长主动力;传统制造业改造升级步伐加快,化工、装备、材料产业止跌回稳;新兴产业快速发展,高技术制造业产值占比提高到 30%。金融机构本外币存贷款快速增长，规模分别达到 2.28 万亿元、1.8 万亿元,不良贷款率降至 0.37%;近郊乡村游和周末休闲游成为消费热点，文化创意、商务服务业快速成长,交通运输物流业增加值增速逐季加快。房地产市场稳健有序。农村经济发展态势良好,粮食产量连续六年超过 1100 万吨,蔬菜产量、出栏生猪稳定增长,特色效益农业加快发展，培育县级以上龙头企业 630 家,农村基础设施得到加强。

投资结构优化。民间投资占比提高近 5 个百分点,政府财政性资金投资占比不到 10%,国有及国有控股企业投资占比下降，社会民间投资比重从 2012 年 49.6%提高到 52.7%。社会事业等民生投资大幅增加,基础设施、房地产、工商产业投资比例稳定在 3：3：4。

所有制结构继续优化。国有企业在关系国计民生的重要行业控制力继续增强，担当基础设施、公共服务设施建设主力军。非公有制经济占全市生产总值的比重为 61.5%。

结构调整带来发展质量提高。产销率提高促进企业利润较快增长、经济效益改善,利润额增加 200 多亿元，经济效益综合指数提高 23 个百分点,带动财政收入较快增长。

生态文明方面:节能降耗成效明显,单位地区生产总值能耗约 0.842 吨标煤、下降 5%,超额完成当年及“十二五”规划进度目标;氮氧化物减排达到国家约束性要求。城镇污水和垃圾处

理设施建设加快，城市污水集中处理率和垃圾无害化处理率达到89%和98.5%。三峡库区水质稳定。大力实施蓝天、碧水、宁静、绿地、田园五大环保行动，主城区空气质量优良天数按新标准计算为206天。循环经济蓬勃发展，工业固体废物综合利用率84%。统筹控制温室气体排放工作，单位GDP二氧化碳减排5%。新造林约200万亩，新增固碳能力约100万吨。

社会民生方面:22件民生实事顺利推进，受到群众拥护。社会事业稳步发展，城镇新增就业68万人，就业增加带动城乡居民收入稳步增长，分别达到25216元、8332元；五大社会保险实现市级统筹，城乡养老保险参保率和城乡医疗保险参保率分别为90%和95%，低保标准与经济发展联动调整，城乡低保平均标准分别增长6.1%和8.1%；中小学办学条件标准化率达到75%，成功创建5所三甲医院，建成标准化社区文化室311个，新建农民体育健身工程500个。

在认真执行年度计划的同时，深入贯彻落实五大功能区域发展战略部署，积极推动改革，各项工作取得新进展。

科学划分功能区域。市委市政府出台科学划分功能区域、加快建设五大功能区域的意见，全市上下统一思想认识，有关部门和各区县制定细化意见，完善考核等配套措施，研究设立产业发展引导基金，吸引社会投资参与五大功能区建设。都市功能核心区现代服务业快速发展，辐射带动作用进一步增强。都市功能拓展区制造业提档提速，产城融合稳步推进。城市发展新区开始发力，基础设施投资、利用内资增速同比快速提高，新引进了一批主城扩散转移企业。渝东北生态涵养发展区、渝东南生态保护发展区特色农业、生态旅游方兴未艾。五大功能区域分工明确、错位发展的格局蓝图初绘、开局良好。

改革攻坚深入推进。经济体制、行政管理、统筹城乡、社会建设等领域改革全面深化，行政审批和工商登记制度改革、国有企业股权多元化、完善小微企业政策体系、财税和价格体制改革重点突破。

二、2014年预期目标

2014年是全面贯彻落实党的十八大和十八届二中、三中全会精神的重要一年，是完成“十二五”规划目标任务的关键一年，做好经济工作意义重大。

当前，世界经济持续低迷，我国正处于经济增长速度换挡期、结构调整阵痛期、前期刺激政策消化期三期叠加，必须坚持稳中求进、改革创新。为此提出2014年经济增长预期目标11%左右，主要有以下考虑:一是保就业需要一定的速度。因结构调整、企业改革、城镇化稳步推进，城镇新增就业的压力不可小视。同时，我市经济发展的基本面仍然较好，也具备持续较快发展的基础。二是为经济结构调整和深化改革留出空间。比2013年年初预期目标主动下调1个百分点，比2013年实际增长下调1.3个百分点，有利于引导各区县切实把工作重点转到科学发展、转型发展轨道上来，防止以GDP增长率论英雄，层层搞攀比。三是与“十二五”规划目标和市第四次党代会提出的率先西部全面建成小康社会目标相衔接。四是实现这个目标并不容易。按照国家完善发展成果考核评价体系的新要求，经济增速必须是发展质量与效益同步提高且不会带来后遗症的速度，必须付出艰苦努力。

按此预期目标相应平衡其余主要经济指标，形成2014年主要预期目标。其中:

——固定资产投资增长15%。2013年底在建项目计划总投资3.6万亿元，按3年建设周期估算2014年完成投资有望超过1.2万亿元；加上2014年新开工重点项目带动全社会新增投资预期有近1000亿元，完成投资预期目标有一定把握。但我市投资率已达80%以上，基数已很大，受宏观经济环境影响，部分企业投资意愿也不足，因此投资增速也不宜过高。

——社会消费品零售总额增长12.5%。当前全市正处于消费结构升级期，居民收入增长对消费支撑有力，2013年加大对信息、旅游、文化等消费热点培育，刺激政策效应在2014年将进一步显现。核心商圈提档升级,消费环境不断改善,社会消费品零售总额可以保持较快增长。但受网购外流部分购买力、集团消费锐减等因素的影响还会继续,2014 年预期目标比 2013 年实际增长低 1.5 个百分点。

——进出口总值增长 15%。拉动经济增长的"三驾马车"中,投资作用在减弱,消费升温还需积蓄力量,要减少净流入,进出口仍须保持较快增长。近几年我市进出口结构调整优化、电子信息等外向型产业链深度整合,加之发达国家经济略有起色,进出口保持较快增速有基础。

——规上工业增加值增长 12.5%。换车将迎来小高峰,欧洲电子产品市场回暖,预期汽车和电子信息两大支柱产业仍将保持较快增长速度。装备、化工、材料等 2013 年表现欠佳的产业 2014 年可能转好,能源、食品轻纺等产业保持稳定增长有一定基础。但从可持续发展角度考虑,适度放缓规上工业增加值增速预期目标,有利于调整工业结构、化解部分行业过剩产能。

——居民消费价格涨幅 3.5%左右。2014 年影响物价上涨的因素较多,工业品出厂价格逐步走出低谷,通胀预期增强,劳动力成本上升,传导效应将拉动重庆居民消费价格上涨;经济较快增长、居民收入稳步提高将推动物价温和上涨;资源和公共产品价格改革,市场价格形成机制逐步完善,也会推动价格上涨。

——城镇登记失业率 4%以内。2014 年新增劳动力继续扩大,沿海部分农民工回流,大中专毕业生明显增加,全国压缩部分行业过剩产能新增城镇失业人员,加上技术进步和结构调整等将造成用工需求减少,就业形势可能比 2013 年严峻。

三、2014 年的重点任务

今年是全面深化改革的第一年,也是完成"十二五"规划关键的一年。党的十八届三中全会对全面深化改革作出了系统部署,为我们进一步解放思想、解放和发展生产力、解放和增强社会活力指明了方向。世界经济处于缓慢复苏之中,我国经济长期向好的基本面没有变,为我们稳增长、调结构、增效益创造了较为有利的外部条件。国家深入实施西部大开发、扩大内陆开放、建设丝绸之路经济带和长江经济带等发展战略,为处在战略交汇点的重庆开辟了新的发展空间。我们要全面贯彻落实党的十八大、十八届二中、三中全会和中央经济工作会议精神,按照市第四次党代会和市委四届二次、三次、四次全会的部署,大力实施五大功能区域发展战略,将出台的各项政策措施贯彻落实到空间载体上,坚持以规划为引导,政策为杠杆,项目为抓手,明确不同区域的工作侧重点、着力点,推动各区域在重点领域尽快实现新突破、取得新成效。

都市功能核心区要大力发展现代服务业,完善城市功能,优化产业结构,提升现代都市形象。要加快以中央商务区、观音桥等传统商圈、化龙桥等新地标为抓手推进服务业提档升级,以旧城片区改造、交通拥堵等"城市病"治理、城市社区组织建设为抓手提升城市品质。

都市功能拓展区要加快经济结构调整,大力发展商贸物流、先进制造业和战略性新兴产业。要加快以两江新区为龙头推进汽车、电子信息、高端装备制造等战略性新兴产业集群发展,以礼嘉片区和悦来新城等片区、中央公园综合商业开发等项目为重点推进新兴现代服务业集聚区建设,以二轮规划轨道项目、双碑大桥和铁山坪隧道等桥隧工程为重点推进城市基础设施建设。

城市发展新区是全市未来工业化、城镇化的主战场,集聚新增产业和人口的重要区域。要加快以涪陵—长寿等 5 个产业集群片区、数据硬盘等 7 大类战略性产业项目为重点推动工业发展,以江津、合川等 12 个区县城建设为重点推进重庆大都市区城镇化进程,以"两环十一射"铁路网、"两环十二射"高速公路网和永川等通用航空网络骨架为重点推进基础设施建设。

渝东北生态涵养发展区要突出水源涵养和

三峡库区后续发展，对万州经开区和开县等10个特色工业园区、长江三峡和大巴山两大旅游开发区以及重点城镇等区域实施“点上开发”，依托页岩气、矿产、农副产品等优势资源积极发展特色工业，打造长江三峡黄金旅游带，大力发展柑橘、生态渔业等特色效益农业。注重对外联接通道与内部网络的互联互通，加快与大都市区、湖北、陕西接壤区的高速公路通道建设进程，加快建设天然气管输网络。加大“圈翼”帮扶、财政转移支付、三峡后扶等政策帮扶力度。

渝东南生态保护发展区要突出生态修复和高山生态扶贫搬迁，对黔江等6个特色工业园区，和大仙女山、乌江画廊两大旅游开发区以及重点城镇等区域实施“点上开发”，积极发展清洁能源、农产品加工等特色工业，打造民族民俗民间“三民”文化产业带，重点发展高山种植等特色效益农业。注重与大都市区和渝东北交通连接，加快与贵州、湖南、湖北接壤区的高速公路通道建设，以天然气气源管输化与城区管网全覆盖、农民生产生活环境改善为重点推动基础设施建设。加大高山生态扶贫搬迁、“圈翼”帮扶、财政转移支付等政策帮扶力度。

在深入推进五大功能区域特色发展的同时，要重点抓好以下工作。

(一)抓好重大基础设施项目，稳定投资增长

发挥投资对经济增长的关键作用，保持足够投资强度，以建设重大项目群为抓手，进一步完善基础设施体系，推动产业转型升级，健全优化公共服务体系。

加快重大交通基础设施建设。完工白市驿铁路货运站等项目，新开工黔张常铁路等项目，加快推进渝黔新线等项目建设，出台通用航空产业发展规划，做好郑万铁路等项目前期工作。

加强城市基础设施建设。打通两江四山阻隔，实施一批重点桥隧和快速路网项目。启动实施城镇排水防涝设施规划项目，按需实施一批城市供水等市政项目。因地制宜实施一批城区和小城镇市政道路、供排水、综合管网项目。

强化能源保障体系。着重抓好重大能源项目“前期”、“开工”、“在建”、“投产”等四个关键环节，保持全市能源投资稳定。争取全年投产电源装机300万千瓦，总装机容量突破1800万千瓦。力争涪陵页岩气产能达到15亿方。

扎实推进三峡后续工作。抓好2013年度三峡后续专项资金项目的实施，确保国家已批复项目早建成、早投入使用，促进库区经济社会健康可持续发展。切实做好三峡后续工作规划优化完善工作，确保三峡后续专项资金实施效益最大化。加强项目规范管理，确保项目质量和资金安全。常态化推进三峡后续项目前期工作，全力做好2014年度项目申报工作，争取落实三峡后续专项资金70亿元以上。

完成全年投资增长15%的目标，需要抓好资金平衡和土地保障。财政性资金1100亿元、社会融资4500亿元(其中银行贷款2800亿元)、企业资本金等筹资5500亿元、利用外资100亿美元、其他850亿元。加大直接融资力度，提高直接融资比例。创新投融资模式，吸引民间投资参与新兴产业及基础设施建设、设立私募股权基金等。以银行贷款等间接融资及发行债券等直接融资为重点，继续扩大社会融资规模，降低融资成本。优化建设用地分配方案，加大建设用地储备，确保重点基础设施、重大产业和民生工程项目用地需求。

(二)抓好结构调整，增强发展后劲

着眼促进新型工业化、信息化、新型城镇化和农业现代化同步发展，以重点项目为支撑，强化项目落地，加快构建重大产业集群，继续完善并不断延长产业链，更加优化三次产业结构。

大力推进新型工业化。重点打造“2+10”先进制造业集群，突出抓好电子信息和汽车两大支柱产业，推动重大项目投产达产。坚持创新推动转型升级，提升传统制造业竞争实力，发展战略性新兴产业，增强工业发展后劲。

坚决化解部分行业过剩产能。坚持多年来严格控制产能盲目扩张成功经验，针对新形势新要求，进一步加强化解部分行业产能过剩工作，高度重视和有效防范社会风险，切实加强组

织领导和监督检查，稳扎稳打做好相关工作。加快淘汰水泥、小钢铁等落后产能和低附加值产品，提高行业准入门槛和能耗、环保标准，加大清理整顿力度，坚决遏制产能盲目扩张，为技术含量高、市场前景好的优势产业腾出发展空间，为节能减排和环境承载能力留出容量。

大力发展服务业。大力推动商贸零售、内外贸易、现代物流、旅游、房地产等传统服务业发展。继续壮大金融(离岸金融、非银金融、要素市场、银行证券保险等)、电子商务、云计算、大数据等现代服务业。

强力保障农业生产。守住基本农田红线，稳定发展粮油，积极推进农业规模化经营。大力发展蔬菜、柑橘、伏淡季水果、中药材、生态渔业等优势特色产业，构建沿江、沿路优势产业带。大力推进高标准农田建设和农村公路、农村电网改造等农村基础设施建设。继续推进实施巩固退耕还林工程、石漠化综合治理等项目，切实做好天然林资源保护，加强农村面源污染治理，改善农村生态环境，提高森林覆盖率。加快山坪塘整治和农村饮水民生工程建设，推进大型灌区续建配套和高效节水改造工程建设。

抓好生产要素保障。煤电油气运方面，加大市内资源开发，提高页岩气产量，加快推进“县县通”工程，做好LNG高效利用推广工作。新增发电装机300万千瓦，做好川黔陕等省煤炭调入和四川、三峡等外购电工作，确保全市电力供需基本平衡。新增煤炭产能55万吨/年，争取保供天然气85亿方。增强运输保障，完善市级成品油应急储备体系建设，争取国家将成品油和航空燃油列入三峡船闸通航重点保障物资名录，协调好三峡过坝运输。人力资源方面，全面实施“泛海扬帆大学生创业行动”三期项目，完善创业服务体系。根据市场需求，有针对性地引导农民工返乡就业创业。进一步加强职业技能教育，完善就业培训制度。

(三)抓好民生保障，促进社会和谐

民生工作是一项长期、艰巨、复杂的系统工程，要按照“守住底线、突出重点、完善制度、引导舆论”原则，坚持尽力而为、量力而行，坚持当期可承受、长远可持续，坚持既解决民生实际问题、又持续提升民生水平，坚持既抓实具体民生项目、又建立民生工作长效机制，坚持不断增强民生工作的针对性、实效性和可持续性，统筹做好改善民生各项工作，让老百姓得到实实在在的好处。

继续抓好22件民生实事。认真贯彻落实工作实施方案，切实抓好各项重点工作，圆满完成年度目标。大力推进撤并村卫生室建设、农村寄宿制学校学生宿舍、农村教师周转宿舍建设、农村环境连片整治等工作。

大力发展社会事业。保障进城务工人员子女入学，提供30万个以上学位。加快基本公共卫生服务、医疗服务、医疗保障和药品供应保障体系建设，建设和完善方便快捷的应急救治、转诊网络和远程医疗卫生系统。扩大基本医疗卫生服务项目，保障基本药物供应，切实减轻群众医疗负担，解决好城乡居民“看病难”、“看病贵”问题。抓好广播电视公共服务体系建设，实现全市广播、电视全覆盖。调整和扩大惠民电影放映范围，全面推进电影惠民放映工程。继续推进社区文化室标准化和高山无线发射台站建设工作。继续推进农民体育健身工程、全民健身路径工程。加快实施银发养老工程，保障城市“三无”老人、农村“五保”老人等养老需求。

着力推进生态环保建设。继续实施环保五大行动，有针对性的解决大气、水、噪声污染等突出的环境问题，城市空气质量进一步好转。整合国家环保基本建设有关支持资金，加快城镇污水和污泥处理设施、垃圾处理设施、工业园区污水集中处理设施等重点工程建设。推进市级第二批循环经济试点，实施循环经济示范工程，通过发展循环经济实现资源节约和能效提升。

(四)抓好重点领域改革，增添发展动力

按照党的十八届三中全会要求全面深化改革，既要整体推进，又要突出重点。重点是经济体制改革，要处理好政府和市场的关系，使市场在资源配置中起决定性作用和更好发挥政府作用，充分发挥经济体制改革的牵引作用。2014年在全面深化改革的基础上，着力抓好24项经济体制改革重点事项。

各位代表，我们正处在变革与奋进的伟大时代。改革释放红利，创新引领发展。让我们紧密团结在以习近平同志为总书记的党中央周围，在中共重庆市委坚强领导下，在市人大监督支持下，进一步增强责任感和使命感，切实转变职能、转变作风，“低调务实、少说多干，敢于担当、积极作为”，抒写“科学发展、富民兴渝”的壮丽诗篇，为实现“两个一百年”目标和中华民族伟大复兴的“中国梦”贡献力量！

关于重庆市2013年财政预算执行情况和2014年财政预算草案的报告

重庆市财政局　封毅

各位代表:

受市人民政府委托,现将重庆市2013年财政预算执行情况和2014年财政预算草案的报告提请大会审查,并请市政协各位委员提出意见。

一、2013年预算执行情况

过去一年,面对复杂的国内外形势和繁重的改革发展稳定任务,我们在党中央、国务院和中共重庆市委领导下,坚持以邓小平理论、“三个代表”重要思想、科学发展观为指导,深入贯彻党的十八大精神,围绕“科学发展、富民兴渝”总任务,实施“一统三化两转变”战略,完善财政政策支持五大功能区域差异发展、联动发展、持续发展,促进经济稳中有进,切实保障改善民生,提高资金使用绩效,较好完成了市四届人大一次会议批准的预算任务。

(一)全市财政预算执行情况

公共财政预算。市四届人大一次会议批准2013年全市公共财政预算收入1650亿元,完成1692.9亿元,为预算的102.6%,增长15.5%。公共财政预算收入加上中央补助、上年结转等1818.4亿元,减上解中央等56.7亿元后,财力为3454.6亿元,支出3059.9亿元,为预算的88.6%,同比增长12.6%。

政府性基金预算。市四届人大一次会议批准2013年全市政府性基金预算收入1480亿元,完成1669.8亿元,为预算的112.8%,增长12.8%。政府性基金预算收入加上中央补助、上年结转等361.7亿元后,财力为2031.5亿元,支出1737.1亿元,为预算的85.5%,增长14.9%。

国有资本经营预算。市四届人大一次会议批准2013年全市国有资本经营预算收入100亿元,报经市四届人大常委会第十一次主任会议变动为68亿元,完成65.9亿元,为预算的96.9%。支出64.8亿元,为预算的95.3%。

社会保险基金预算。市四届人大一次会议批准2013年全市社会保险基金预算收入900亿元,完成974.9亿元,为预算的108.3%,增长14%。其中:基本养老保险基金收入672.1亿元,基本医疗保险基金收入255.9亿元,失业保险基金收入22.9亿元,工伤保险基金收入17.5亿元,生育保险基金收入6.5亿元。全市支出预算为763亿元,完成810.4亿元,为预算的106.2%,增长24.7%。其中:基本养老保险基金支出546.4亿元,基本医疗保险基金支出238.4亿元,失业保险基金支出4.1亿元,工伤保险基金支出16.6亿元,生育保险基金支出4.9亿元。五项社会保险基金当年均实现收支平衡,当期余额164.5亿元。其中:基本养老保险基金余额125.7亿元,基本医疗保险基金余额17.5亿元,失业保险基金余额18.8亿元,工伤保险基金余额0.9亿元,生育保险基金余额1.6亿元。

(二)市级公共财政预算执行情况

市四届人大一次会议批准2013年市级公共财政预算收入660亿元,完成663.6亿元,为预算的100.5%,增长13.2%。其中,税收收入414.5亿元,增长14.3%。税收收入超收2.5亿元,按照市四届人大常委会第四次会议要求纳入2014年预算统筹安排。公共财政预算收入加上市四届人大常委会第三次会议批准调增的地方政府债券收入88亿元、中央补助1197.6亿元和上年结转等338.2亿元，减补助区县1055.8亿元和上解中央等63.3亿元后，财力为1168.3亿元，支出962.7亿元，为预算的82.4%，同比增长11.8%。

1.主要收入项目执行情况

——增值税44.5亿元，增长27.5%。增幅较高主要是汽车制造业快速增长及“营改增”等政策性因素。

——营业税230亿元，增长13.5%。

——企业所得税67.6亿元，增长9.1%。

——个人所得税19.9亿元，增长14.2%。

——城市维护建设税27.8亿元，增长17.6%。增幅较高主要是作为附加税，受增值税、营业税、消费税增长拉动。

——房产税13.8亿元，增长13.8%。

——车船税6.4亿元，增长23.8%。增幅较高主要是汽车保有量较快增长。

——非税收入249.1亿元，增长11.4%。主要是城市建设配套费等行政事业性收费收入、教育费附加等专项收入、资产转让及利息等国有资源有偿使用收入。

2.主要支出项目执行情况

——教育支出74.1亿元，增长13.2%。

——科学技术支出12.3亿元，增长7.3%。

——文化体育与传媒支出11.9亿元，增长10.6%。

——社会保障和就业支出207.4亿元，增长16.9%。

——医疗卫生支出17.8亿元，增长15.6%。

——节能环保支出41.7亿元，增长13.7%。

——城乡社区事务支出177.2亿元，增长35.6%。

——农林水事务支出36亿元，增长12.2%。

——交通运输支出188.3亿元，增长24.6%。

——工业商业金融等事务支出68.4亿元，增长7.3%。

——国土资源气象等事务支出16.7亿元，下降24.9%。主要是地灾矿产勘查实施项目减少。

——住房保障支出5.7亿元，下降88.1%。主要是我市当期公租房建设任务陆续完工。

——公共安全支出45.5亿元，增长6.4%。

——一般公共服务支出49.4亿元，增长8.7%。

(三)市级政府性基金预算执行情况

市四届人大一次会议批准2013年市级政府性基金预算收入850亿元，完成1036.1亿元，为预算的121.9%，增长15.5%。政府性基金预算收入加上中央补助、上年结转等283.1亿元，减补助区县等256.8亿元后，财力为1062.4亿元，支出944亿元，为预算的88.9%，增长16.3%。

1.主要收入项目执行情况

——国有土地使用权出让收入完成911.8亿元，增长14.1%。

——新增建设用地土地有偿使用费收入完成32.2亿元，增长28.9%。

——转让政府还贷道路收费权收入完成22.1亿元，下降2.9%。

2.主要支出项目执行情况

——城乡社区事务支出902.7亿元，增长15.7%。其中:土地整治和征地拆迁补偿等成本性支出634亿元，交通、农田水利等城乡基础设施建设支出268.7亿元。

——交通及工业商业金融等事务支出35.5亿元，增长35.3%。

(四)市级国有资本经营预算执行情况

市四届人大一次会议批准2013年市级国有资本经营预算收入31亿元，报经市四届人大常委会第十一次主任会议变动为25亿元，完成26.1亿元。支出25.4亿元。

1.主要收入项目执行情况

——国有企业上缴的国有资本经营利润收入23亿元。

——国有企业上缴专项收益3.1亿元。

2.主要支出项目执行情况

——资本性支出5.5亿元,主要用于补充国有企业资本金和补助微型企业资本金等。

——费用性支出3.5亿元,主要用于弥补国有企业改制成本和解决遗留问题。

——其他支出16.4亿元,其中:2亿元用于国有企业改革困难职工和关闭破产企业老工伤人员参加社会保险补贴,14.4亿元用于政府购买污水处理服务。

(五)预算执行特点及主要工作

第一,收入任务圆满完成。2013年,全市经济较快增长,地区生产总值、工业增加值、投资、消费、进出口等主要指标稳中趋好,为财政增收奠定了坚实基础。全市财税等执收部门坚持依法征管,较好完成了全年收入预算任务。

——总体增速保持平稳。全市公共财政预算收入增幅全年保持在13%左右,月度间增幅波动最大为3.4个百分点,较上年收窄3.1个百分点,稳定性增强。税收收入增幅连续6个月超过14%,累计完成1112.3亿元,增长14.6%,其中增值税、营业税、企业所得税等主体税种均保持两位数增长。政府性基金预算收入增长较快,土地出让收入完成1520亿元,增长11.8%。

——重点行业支撑明显。地方级税收中,建设投资领域贡献超过50%,增长16.9%,较上年提高8.6个百分点,发挥领跑作用;工业税收占比逐月回升,全年增长11.7%,较上年提高9.3个百分点;金融业税收增长15.4%,继续保持较快增长。辖区税收中,建设投资、工业、金融及商贸流通等服务业税收各占三分之一,结构保持相对稳定。

——区县增长态势良好。区县级公共财政预算收入增长17%,高于市级3.8个百分点。其中,税收收入增长14.8%,较上年提高3.3个百分点。渝东北生态涵养发展区、渝东南生态保护发展区公共财政预算收入分别增长18.7%、19.1%,均高于区县平均水平。城市发展新区税收收入增长20.6%,增速最快。都市功能核心区和拓展区税收收入企稳回升,增幅较上年提高2.4个百分点。

第二,促进经济稳中有进。面对经济下行压力和复杂财经形势,立足特殊市情和特定发展阶段,统筹把握财政与经济的关系,尽可能减少对微观经济干预,把财政扶持经济的着力点聚焦到稳增长、调结构和优环境上来,为发挥市场在资源配置中的决定性作用创造条件。

——优化发展环境。落实西部大开发企业所得税优惠政策,在交通运输业和研发技术、信息技术、文化创意、物流辅助等部分现代服务业启动"营改增"试点,兑现调高营业税、增值税起征点等结构性减税政策,向企业减税让利265亿元。取消和免征48项行政事业性收费和6项政府性基金,减轻企业和居民负担6亿元。取消、调整76项财税扶持政策,营造符合市场法则、促进公平竞争的政策环境。安排专项资金和兑现扶持政策225亿元,支持两江新区、保税港区、开发区和区县工业园区开发建设、完善功能,打造产业集聚平台。将江北嘴、悦来、保税港区、港务物流公司开发范围内的土地出让收入全部划归两江新区征缴管理。安排2.4亿元,通过贷款贴息、担保补贴、风险补偿、保证保险等方式,引导金融服务实体经济。安排8.3亿元,保障煤炭、成品油、电力等生产要素供给,满足企业生产需要。

——稳定经济增长。统筹366.2亿元,加快高速公路、铁路、轨道交通、城市道路和机场、港口等重大基础设施建设。筹措46.8亿元,支持农村公路、大中型水库等公益项目建设。安排5亿元,补助新建50个社区便民商圈和194个综合超市、标准化菜市场,推进万村千乡市场工程,完善城乡商贸流通体系,改善消费环境。安排17亿元,落实家电惠民、汽车惠农等政策,补贴新能源汽车及节能惠民产品消费,支持民族特需商品贸易。安排14.9亿元,支持粮食、食用油、药品和农资等商品储备,保障市场供应和稳定物价。安排5.9亿元,扶持"渝新欧"铁路运输和铁海联运,支持电子口岸建设,推动新开辟洛杉矶、旧金山和悉尼等国际航线。安排7.7亿元,支持电子信息、汽车摩托车、机电等特色优势产品出口，兑现寸滩、果园等港口航运货物补贴，发展服务外包，推动企业“走出去”。

——推动结构调整。安排29.7亿元，加快企业技术改造和科技成果转化，推动电子信息、汽车摩托车、装备制造、综合化工、材料、能源等产业集群建设。安排4.2亿元，发展物流、会展、金融、旅游和文化等服务业，培育电子商务、物联网、结算中心等新兴产业。安排20亿元，帮助民营企业融资和提高市场竞争力，促进转型升级。安排3.7亿元，支持中小企业技术研发和服务平台建设。安排8.5亿元，支持基础研究、应用技术开发和知识产权保护，提升科技创新能力。安排7.2亿元，加快钢铁、水泥、焦炭、电解铝等产能过剩行业淘汰落后产能，推动工业园区循环化改造，支持大型服务业集聚区节能减排，促进报废汽车处理等再生资源综合回收利用。安排8.7亿元，支持基层安全生产和安监设施建设，加快关闭小煤窑、小非煤矿山、小危化、小烟花爆竹等“四小”高危企业，提升安全保障能力。

第三，切实保障改善民生。围绕“学有所教、劳有所得、病有所医、老有所养、住有所居”和市委、市政府确定的22件民生实事，加大投入，完善制度，切实提高城乡基本公共服务水平。

——促进教育均衡发展。安排36亿元，继续巩固“两免一补”等义务教育经费保障机制，进一步提高公用经费和校舍维修经费标准。安排21亿元，落实义务教育教师绩效工资。安排8.9亿元，支持农村薄弱学校改造和教师周转房建设，改善进城务工人员随迁子女就读学校办学条件。安排10.6亿元，完善中小学校食堂配套设施，补助人员和运行经费，保障营养改善计划顺利实施。统筹24.7亿元，支持化解移民迁校等义务教育债务。安排2.3亿元，落实被辞退民办教师待遇，解决历史遗留问题。安排14.8亿元，支持职业学校实训基地建设和民办职业技术院校发展，继续提高公办中职生均公用经费和高职财政拨款标准。安排6.3亿元，支持学前教育发展，缓解“入园难”。安排34.7亿元，巩固高等教育财政投入机制，支持特色专业、特色学科建设，促进高校提高办学质量。安排1.7亿元，支持教师培训，提高教师教学水平。投入26亿元，落实家庭经济困难学生资助政策。

——扶持创业带动就业。安排8亿元，支持孵化园、创业基地等公共服务平台建设，完善资本金补助、贷款贴息、创业培训等配套政策，扶持新创办3.1万户微型企业。安排2.5亿元，落实招工补贴，保障重点产业用工需求。筹集1.9亿元，政府购买7万个基层公共管理和社会服务岗位，促进高校毕业生、大龄失业人员等就业困难人群就业。安排3.1亿元，支持职业培训，提高劳动者劳动技能。安排5.2亿元，兑现就业小额担保贷款财政贴息和补充担保基金，扶持8万人创业。安排6.1亿元，落实社会保险补贴等就业援助政策，促进失业人员再就业。

——提高社会保障水平。筹集45亿元，将城镇企业退休人员和农转非人员养老保险待遇平均水平提高10%。支持医疗保险信息化建设，实现市内就医和部分外地就医实时结算。落实6亿元，建立城乡居民大病医疗保险制度。安排58.1亿元，城乡低保平均保障标准分别提高到350元、200元，城市“三无”人员和农村“五保”平均保障标准分别提高到430元、300元，重点优抚对象平均保障水平提高15%。安排3.7亿元，加大临时救助，保障低收入家庭基本生活。安排0.2亿元，支持公益性公墓建设。安排1.9亿元，推进社区养老服务设施和乡镇敬老院建设，落实民办养老机构扶持政策，推动健全社会养老服务体系。

——支持医药卫生体制改革。安排11亿元，将城乡居民合作医疗保险财政补助标准提高到280元。落实7.9亿元，支持县级医疗卫生机构、社区卫生服务中心、乡镇卫生院和300个撤并村卫生室建设。安排0.7亿元，支持开展全科医生培训，提高基层医疗机构服务能力。安排14.6亿元，将基本公共卫生服务财政补助标准提高到30元，免费向城乡居民提供慢病管理等20余项公共卫生服务。落实7.2亿元，继续实施基本药物制度。安排1.4亿元，取消药品加成，建立多渠道补偿机制，支持扩大公立医院改革试点范围。安排2.9亿元，支持理顺监管体制，提升检验检测能力，加大抽检力度，保障群众食品药品安全。安排6.7亿元，落实计划生育奖励扶助政策。

——改善人居环境。安排23.8亿元，推进农村D级危房和城市棚户区改造。安排0.3亿元，支持城市居民家庭供水"一户一表"改造和"三无"老旧住宅电梯更新。安排1.9亿元，推动城市电网和弃管小区电力设施改造。安排34.5亿元，兑现燃油补贴，优化城市公交线网，落实一小时免费优惠换乘，增加农村客运线路和客运车辆，方便群众出行。安排0.6亿元，支持主城区新增公厕及过街人行天桥(地下通道)建设。安排44.8亿元，支持污水管网和垃圾中转站建设，补助城乡污水、垃圾处理。

——发展文化体育事业。安排2.5亿元，巩固公共文化服务机构运行经费保障机制，支持128个博物馆、图书馆等公益性文化场馆和12027个基层文化服务设施免费开放，满足城乡居民文化需求。安排1.7亿元，支持重庆自然博物馆、群众艺术馆和美术馆建设及运行。安排1.9亿元，支持大足石刻千手观音、潼南大佛寺摩崖造像等重点文物保护。安排2.4亿元，支持文化产业发展，落实文艺院团转制财政扶持政策。落实1.1亿元，支持建设50个乡镇农民体育健身广场、500个村级农民体育健身工程和110个社区路径工程，落实射击运动学校、重庆竞技体育训练中心建设及运行资金，进一步提高竞技体育经费保障水平。

第四，推动城乡协调发展。财力进一步向区县和农村倾斜，巩固农业基础，保障平稳运行，支持生态环保，促进城乡均衡、协调和可持续发展。

——支持农业发展。安排10亿元，支持良种繁育、标准化基地建设、冷链物流和加工营销，扶持区县发展特色效益农业。安排2.5亿元，继续实施生猪、奶牛、森林等农业保险，补贴新增水稻、玉米等种植业保险，提高农业抗风险能力。安排35.9亿元，兑现粮食直补和农资综合补贴，农机购置试行"全价购机、县级结算、直补到卡"。安排25.4亿元，实施高标准农田建设，稳定粮油生产。安排10.1亿元，支持解决农村200万人饮水安全问题。安排52.2亿元，实施病险水库除险加固、江河治理，支持山坪塘集中整治等农田水利建设。安排23.9亿元，加大扶贫开发力度，将高山生态扶贫搬迁补助标准提高到每人8000元，450个村通过整村扶贫验收。安排5.8亿元，实施村级公益事业一事一议财政奖补，支持200个村基本公共服务标准化和美丽乡村建设。安排5.7亿元，加强农业防疫、森林防火、气象服务、水文测报、防汛抗旱和水利设施后期管护，提高防灾减灾能力。

——保障平稳运行。保持25:75的市与区县财力分配格局。全年市对区县补助总额达到1291亿元。其中，财力补助531亿元，比上年增加30亿元。安排均衡财力补助150亿元，着力缩小区域财力差距。安排运转保障和调整工资转移支付91亿元，增强区县政府运转保障能力。安排定向补助200亿元，重点保障医疗卫生、义务教育、民营经济、生态环保和基层平安建设等政策落实。区县人均财力提高到15万元，最低人均财力达到9万元，财力保障水平进一步提高。

——改善生态环境。安排生态转移支付20.6亿元，加大对渝东北、渝东南地区财力补偿。争取三峡后续工作专项资金和三峡水库库区基金84.5亿元，支持长江两岸生态环境保护和移民增收、产业发展。安排4.3亿元，落实民族地区的地方税收全留政策，支持渝东南民族地区保护生态、改变面貌。安排5.6亿元，启动主城建成区湖库污染治理，支持200个行政村环境连片整治。安排5.9亿元，推进PM2.5污染防治，加快淘汰黄标车，支持推广低碳、绿色建筑，巩固深化"创模"成果。安排35亿元，继续实施退耕还林和天然林保护，将森林生态效益补偿标准提高到15元。

第五，切实加强财政管理。认真贯彻落实市

四届人大一次会议决议,坚持依法理财,从严管控支出,推进财税改革,提高资金绩效,财政管理的科学化、规范化、信息化水平进一步提升。

——严控一般性开支。认真贯彻落实中央和市委厉行节约、反对浪费的有关规定,规范管理,推进公开,市级“三公”经费压缩25%的目标得以落实。出台管控措施,压缩节庆、展会、论坛活动经费。修订完善制度,严格会议经费使用管理。全面清理行政事业单位办公用房,严禁新开工政府性楼堂馆所。深入推进公务卡改革,预算单位使用量和公务支出结算金额得以提高。

——改进专项资金管理。探索设立重庆产业引导股权投资基金,优化专项资金分配方式。从申报、审核、拨付和监督等环节规范资金分配使用程序,明晰监管责任,实行公示公开,完善扶持产业发展专项资金管理制度。加大监督检查力度,对高山生态扶贫搬迁补助、农村义务教育薄弱学校改造及食堂建设等惠民资金开展重点专项检查,确保真正惠及民生。

——推进预算绩效管理。探索建立全过程管理机制,对887个项目133亿资金试编绩效目标,对微型企业发展、法律援助等16个项目实行绩效运行报告制度,对农村公路、低保等32个项目255亿资金实施市级重点绩效评价,建立绩效评价结果反馈、报告和应用机制,提高财政资金使用效益。探索实行全口径预算管理,稳步推进预决算信息公开。注重审计、会计等监督检查结果的运用,预算会审、投资评审更见实效。

2013年,财政运行总体保持稳健,较好完成了全年收支预算任务。在总结成绩的同时,也应当看到,当前财政运行还面临不少困难、财政管理中还存在一些问题:受经济增速放缓和结构性减税等因素影响,财政收入增速放缓趋于常态化;财政支出呈刚性增长态势,收支矛盾更加突出;财政管理规章制度不够完善,一些支出行为不够规范;随意出台优惠政策、争夺税源等不规范行为仍有发生,财经纪律有待加强;部分专项资金分配透明度不高,使用分散,监管不严,存在浪费等现象;政府性债务管控力度需要进一步加大,部分区县融资成本较高,债务规模和偿债压力较大,潜在风险不容忽视。面对改革发展的新形势,以承担的使命和任务来衡量,财政工作的管理水平和执行能力还需进一步提高,要通过转变职能、深化改革、创新机制和改进管理等措施切实加以解决。

二、2014年预算草案

按照国务院《关于编制2014年中央预算和地方预算的通知》精神,综合分析全市财经形势,2014年预算编制的指导思想是:全面贯彻落实党的十八大、十八届二中、三中全会和中央经济工作会议精神,按照市第四次党代会和市委四届二次、三次、四次全会的部署,紧紧围绕“科学发展、富民兴渝”总任务,大力实施五大功能区域发展战略,坚持稳中求进工作总基调,落实积极的财政政策,着力深化财税改革,着力扶持经济,着力保障和改善民生,有保有压,厉行节约,促进全市经济持续健康发展、社会和谐稳定。

(一)全市财政收支预算草案

公共财政预算。按财政部有关规定,城市建设配套费、地方教育附加、彩票发行费不再列报入公共财政预算,相应调整口径后,收入预计1652亿元,同比增长12%。加上按要求纳入年初预算统筹安排的中央补助等收入,减上解中央支出后,财力为2491亿元,支出安排2491亿元。

政府性基金预算。收入预计1550亿元,支出安排1550亿元。

国有资本经营预算。收入预计58亿元,支出安排58亿元。

社会保险基金预算。收入预计1010亿元,支出安排916亿元。

全市财政收支预算草案为代编预算,在各区县预算编制完成并经同级人代会批准后,汇总情况将向市人大常委会报告。

(二)市级公共财政收支预算草案

1.主要收入项目预算情况

市级公共财政预算收入预计601亿元,同

比增长12%，其中税收收入466亿元，增长12.5%。

——增值税57亿元,增长28%。主要是考虑“营改增”政策因素。

——营业税257亿元,增长11.5%。

——企业所得税76亿元,增长12.5%。

——个人所得税22亿元,增长13.1%。

——其他税收收入54亿元。

——非税收入135亿元,增长11%。

市级公共财政预算收入601亿元，加上中央补助、上年超收等881亿元,减上解中央24亿元后,可供安排的财力为1458亿元。

2.主要支出项目预算情况

可供安排财力1458亿元中：市级安排663亿元,补助区县795亿元。需要特别说明的是,按照预算编制有关规定，年初财力中的中央补助以财政部提前下达数列报，年度执行中市级支出和区县补助还将根据增加的中央补助相应变动,并向市人大常委会报告。

——教育安排147亿元，其中市级77亿元,补助区县70亿元。主要用于:巩固义务教育经费保障机制，支持农村寄宿制学校和教师周转房建设,改善学生食宿和学校办学条件,提高农村教师待遇;支持职业教育、普通高中、学前教育发展;完善财政高等教育投入机制,支持特色专业、特色学科建设,推动协同创新;继续完善各学段家庭经济困难学生资助体系。

——社会保障和就业安排310亿元，其中市级168亿元,补助区县142亿元。主要用于:继续提高城镇企业退休人员养老金待遇，进一步完善社会保险体系;落实城乡低保、农村“五保”、城市“三无”和重点优抚对象等补助政策;加大就业投入力度,保障重点企业用工需求,支持高校毕业生等重点群体就业。

——医疗卫生与计划生育安排54亿元,其中市级23亿元,补助区县31亿元。主要用于:进一步提高基本公共卫生服务水平；将城乡居民合作医疗保险财政补助标准从280元提高到320元；进一步支持撤并村卫生室标准化建设；落实区县级公立医院综合改革政府补偿政策，深化医药卫生体制改革。

——农林水安排140亿元,其中市级31亿元,补助区县109亿元。主要用于:支持高标准农田建设,稳定粮食生产;发展特色效益农业;提高农村饮水安全补助标准，支持山坪塘整治等农田水利建设;完善森林生态效益补偿机制,支持林业产业发展;加大扶贫投入,推进高山生态扶贫搬迁和片区扶贫开发；支持政策性农业保险增加品种和扩大承保覆盖范围；推进农村综合改革示范试点及美丽乡村建设；加强农业防疫、森林防火、防汛抗旱、气象服务等应急能力建设。

——节能环保安排23亿元，其中市级15亿元,补助区县8亿元。主要用于:支持“蓝天、碧水、绿地、宁静、田园”五大行动,推进总量减排;推动主城区排污权有偿使用和交易试点，配合完善排污权交易制度；加强三峡库区水环境保护,加快沿江城镇岸线综合整治;继续支持城乡污水、垃圾无害化处理，深化农村环境连片整治,促进实现绿色发展。

——文化体育与传媒安排7亿元。主要用于：健全基层公共文化服务机构运行保障机制；继续实行博物馆、纪念馆等公益性文化设施免费开放;支持文物保护和文化产业、文艺院团、体育事业发展。

——科学技术安排12亿元。主要用于:支持基础研究、应用技术开发、知识产权保护、科技成果转化与推广；完善公益性科研院所稳定投入机制,促进科研机构提升创新能力;提高科技资金使用效益,促进科技与经济相结合。

——公共安全安排49亿元，其中市级41亿元,补助区县8亿元。主要用于:深化平安建设,完善政法经费保障机制,加大基层综治经费保障，支持基层社会服务管理平台建设和特殊人群服务管理,促进社会管理创新;支持国防教育和国防动员。

——城乡建设安排86亿元，其中市级53亿元,补助区县33亿元。主要用于:支持桥梁隧道、公交场站、换乘枢纽等城乡社区公共设施建设；持续推进城市棚户区和农村D级危旧房改造，不断改善城乡群众居住条件；完善中小城镇配套基础设施，支持农民新村和农村配套基础设施建设。

——工业商业金融安排123亿元，其中市级33亿元，补助区县90亿元。主要用于：落实市级工业振兴、非公经济发展、商务发展、金融发展专项资金，加快长江上游区域性金融中心建设，支持现代服务业发展，大力发展外向型经济，落实扩大城乡消费政策，改造粮食仓储设施，增加储备，保障粮食安全。

——交通运输安排92亿元，其中市级81亿元，补助区县11亿元。主要用于：支持江北机场四期、市郊铁路、高速路网等重大交通设施建设，促进区域间有效互通；支持化解二级公路债务；推进行政村畅通工程，加强撤并村公路通达建设；继续实施公交一小时免费优惠换乘，补助轨道交通运营。

——一般公共服务安排60亿元，其中市级42亿元，补助区县18亿元。主要用于：保障党政机关、人大、政协和民主党派、群团组织依法依章程履行职能。

——其他支出安排73亿元。将按进度在预算执行中细化落实到具体项目。

——预备费安排7亿元。用于自然灾害救灾和其他难以预见的开支。

——财力性转移支付275亿元。主要用于：落实五大功能区域财政政策，均衡区域财力，提高基本公共服务均等化水平。

(三)市级政府性基金预算草案

按照市委四届三次全委会精神，将相关土地出让收入划归两江新区征缴管理后，市级政府性基金收入预计796亿元，主要包括国有土地使用权出让收入、新增建设用地土地有偿使用费收入和转让政府还贷道路收费权收入等。

支出安排796亿元，其中市级安排696亿元，补助区县100亿元。支出安排的重点是：一是成本性支出360亿元，主要用于征地拆迁补偿，补充失地农民养老保险，保障城市房屋拆迁主体权益。二是社会事业发展支出126亿元，主要用于支持教育、保障性住房和农田水利等建设。三是基础设施建设支出240亿元，主要用于支持高速公路、铁路、机场和城市轨道等建设。四是开发区及园区建设支出70亿元，主要用于支持北部新区、高新区、经开区及区县工业园区开发建设。

(四)市级国有资本经营预算草案

市级国有资本经营收入预计18亿元，主要是国有企业上缴的国有资本经营利润收入等。

支出安排18亿元。支出安排的重点是：一是资本性支出5亿元，主要用于国有企业产业结构调整、补充国有资本金及对外股权认购，支持小微企业发展；二是费用性支出2亿元，主要用于解决职工医保、职工安置等国企改革遗留问题。三是其他支出11亿元，主要用于补贴国有企业困难双解人员养老保险、老工伤人员工伤保险和政府购买污水处理服务。

(五)社会保险基金预算草案

根据险种缴费费率、社会平均工资以及社会保险扩面、城乡居民合作医疗财政补助提标、城镇企业退休人员养老保险待遇提高等因素，全市社会保险基金收入预计1010亿元。其中：基本养老保险基金收入684亿元，基本医疗保险基金收入275亿元，失业保险基金收入26亿元，工伤保险基金收入18亿元，生育保险基金收入7亿元。

支出安排916亿元。其中：基本养老保险基金支出615亿元，基本医疗保险基金支出274亿元，失业保险基金支出4亿元，工伤保险基金支出17亿元，生育保险基金支出6亿元。

各位代表！2014年全市财政要坚持依法理财、科学理财，妥善处理财政与经济关系，努力完成全年收支预算任务，进一步发挥财政在支持和促进“科学发展、富民兴渝”中的职能作用。

第一，助推五大功能区域建设。根据发展定位，按照财力事权匹配、公平效率兼顾的原则，坚持全市一盘棋，提高政策精准性，分类指导五大功能区域差异化发展。加大生态补偿,提高财力保障水平,支持渝东北生态涵养发展区和渝东南生态保护发展区的生态保护、农民增收和基本公共服务水平提高。优化资金投向,推动城市发展新区产业集聚、重大基础设施建设和新型城镇化提速。调整市区支出责任,兑现两江新区、高新区、经开区等财政政策,支持都市功能拓展区、都市功能核心区的开发开放、产业升级和城市功能提升。

第二,推进预算管理改革。进一步扩大预算公开范围,细化公开内容,将政府预决算公开到支出功能分类的项级科目,转移支付预算公开到具体项目。依法接受人大监督,推动预算审核重点从收支平衡状态向支出预算和政策拓展。完善政府预算体系,明确公共财政预算、政府性基金预算、国有资本经营预算和社会保险基金预算的支出范围和重点,加强统筹协调,健全政府性基金预算、国有资本经营预算资金调入公共财政预算的机制。研究实行中期财政规划管理,编制财政三年滚动规划,增强财政政策的前瞻性和财政的可持续性。试编权责发生制的政府综合财务报告,全面反映政府财务状况和资产负债情况。推进预算绩效管理,逐步将涉及"三农"、教育、医疗卫生、社会保障和就业、节能环保、保障性安居工程等重大支出纳入评价范围,探索建立评价结果与预算安排挂钩机制。

第三,严格执行财税政策。进一步清理规范全市财税扶持政策,建立长效管控机制。严禁在法律、法规明确授予的管理权限之外,更改、调整、变通税收政策,不再出台竞争性领域类政策,不再出台与单个企业税收挂钩政策。对企业跨区县搬迁实施税收基数划转,严禁区县擅自出台税收减免、变相优惠、房租补贴以及与个人奖励挂钩的各类招商引资政策,避免扶持政策重复,防止无序竞争。稳步推进"营改增"、个人住房房产税、煤炭资源税从价计征等税制改革。积极研究消费税调整、个人所得税完善和环境保护费改税等改革。

第四,加强债务管控。加快建立政府性债务管控体系。实行政府性债务收支计划制度,严格举债程序,确保政府性债务规模只减不增。规范融资行为,控制债务成本,优化债务结构,坚决制止违规担保举借债务。加强政府融资平台监管,落实债务项目法人责任制。严格投向管理,严禁债务资金随意改变用途。完善偿债机制,落实偿债责任,将债务管控工作纳入政府实绩考核,健全政府性债务偿债准备金制度。实施全口径、全过程动态监管,严防偿债资金断链。

第五,规范支出行为。清理规范重点支出同财政收支增幅或生产总值挂钩事项。发挥产业引导股权投资基金作用,吸引社会资本共同投资重点产业,实现财政专项资金经济效益与社会效益统一。规范政府购买公共服务预算管理,鼓励社会力量参与供给,提高财政资金使用效益。盘活财政存量资金,建立结转结余资金定期清理机制,加大资金统筹使用力度。认真贯彻落实中央《党政机关厉行节约反对浪费条例》和市委要求,修订出台差旅费、培训费等管控制度文件,从严控制"三公"经费等一般性开支。加强财务监督检查,依法处理违纪违规行为。

各位代表!改革释放红利,创新引领发展。做好今年的财政工作意义重大。我们将在中共重庆市委的坚强领导下,稳中求进,改革创新,攻坚克难,扎实工作,确保完成全年财政工作任务,为全市经济社会持续健康发展作出新贡献!

第二编
专题研究

重庆市战略性新兴产业发展与潜在增长率提升路径研究

何清

战略性新兴产业是指以重大技术突破和重大发展需求为基础，对经济社会全局和长远发展具有重要引领作用、知识技术密集、物质资源消耗少、成长潜力大、综合效益好的产业。战略性新兴产业基于新兴技术，科技含量高，发展速度快，市场前景良好，具有较大溢出作用，能带动一批产业兴起，对国民经济和社会发展具有战略支撑作用，最终会成为主导产业和支柱产业。

战略性新兴产业是保障政治经济与科技安全的战略性产业，已成为当前世界主要大国经济和创新政策的重点，已成为带有根本性、全局性作用的产业。战略性新兴产业也成为区域经济的有力支撑，是区域产业创新发展的主要抓手。发展战略性新兴产业是跟上世界科技创新潮流，占取科技创新领域主动权和主导权的重要手段，是支撑国家经济安全乃至政治安全的重要物质技术基础，因此具有极其重要的战略作用。

2010年9月国务院出台《关于加快培育和发展战略性新兴产业的决定》，指出加快培育和发展以重大技术突破、重大发展需求为基础的战略性新兴产业，对于推进产业结构升级和经济发展方式转变，提升我国自主发展能力和国际竞争力，促进经济社会可持续发展，具有重要意义。坚持发挥市场基础性作用与政府引导推动相结合，科技创新与实现产业化相结合，深化体制改革，以企业为主体，推进产学研结合，把战略性新兴产业培育成为国民经济的先导产业和支柱产业。选择节能环保、新一代信息技术、生物、高端装备制造、新能源、新材料和新能源汽车七个产业作为重点发展方向。到2015年，战略性新兴产业增加值占国内生产总值的比重要力争达到8%左右。到2020年，战略性新兴产业增加值占国内生产总值的比重力争达到15%左右。

重庆市于2011年5月颁布了《关于加快发展战略性新兴产业的意见》，将加快发展战略性新兴产业提到抢占经济科技发展制高点、掌握发展主动权的高度，以发展战略性新兴产业推进产业结构升级、转变发展方式。为此重庆市确立了七大发展领域，即打造新一代信息产业成为重要支柱产业，做大做强高端装备制造、新能源汽车、节能环保三大优势产业，培育新材料、生物、新能源三大先导产业。

一、重庆市战略性新兴产业发展现状与比较分析

直辖以来重庆市紧紧把握发展机遇，依托培育发展新兴产业调整产业结构，促进上档升级，在国家战略性新兴产业的总体布局中拥有重要地位，在中国西部地区具备领先水平，为建设西部经济增长极和长江上游经济中心奠定了坚实基础。

（一）重庆市战略性新兴产业发展现状

当前重庆市战略性新兴产业已经形成以电子信息产业为主体，汽车、装备制造、材料、化工医药、能源等产业为重点的产业体系，对接国家重点发展的战略性新兴产业七大领域。

1.电子信息产业

重庆是国家重要的信息产业基地，电子信息产业开始于20世纪90年代中期，自2008年起通过强化招商引资、创新发展模式，电子信息产业得到迅猛发展，形成“5+6+700”电脑产业集

群，基本构建起计算机及外设、软件及信息服务、云计算、集成电路、通信设备、汽车电子、数字仪器仪表、信息家电、LED及光伏、电子材料和新型元器件等产业体系。

电子信息产业基本形成“二区十园七基地”布局体系。“二区”是指西永微电子园和两江新区为主体整机装配区；“十园”则是专业配套园区，主要集聚于九龙坡、江北、璧山等10个区县，发展外围设备、显示器、电子部件、适配器等零部件；“七基地”是指原材料供应基地，主要集中在南川、綦江、长寿等7个区县，重点发展铝材、铜材、镁材、钢铁、橡胶、塑料、化学材料等原材料。5大笔记本电脑品牌商惠普、宏碁、华硕、东芝、富士通等，全球前6大笔记本电脑代工企业广达、仁宝、纬创、英业达、富士康、和硕，以及全球最大零部件企业富士康、印刷电路板第1位的翰宇伯德、键盘第1位的群光、电池封装第1位的新普等700余家零部件企业齐聚重庆。同时，通信设备制造商思科，数据处理商新加坡太平洋电信、中国国际电子商务中心，国际支付商务企业贝宝、阿里巴巴等企业也相继入渝。

2012年电子信息产业销售产值3057亿元，是2005年的15倍。其中，规模电子制造业2193亿元；软件及信息服务业864亿元。全年电脑基地产量达4161万台，单月产量最高达466万台，约占全球市场份额的20%。主要装备水平达到国内先进水平。销售利润率为5.8%，比2005年上升4个百分点；全员劳动生产率为134万元/人·年同比增长10.7%；度电产值182元，同比增长20%。

2.汽车产业

重庆是中国重要的汽车生产基地，直辖后，汽车工业加速发展，成为重庆第一大支柱产业，形成了重型车、轻型车、微型车和轿车多系列的研发生产格局。2012年，汽车产量196万辆，是1997年(16万辆)的12.3倍，年均增长18.1%。

现有汽车生产厂家26家(整车生产企业13家，专用车生产企业13家)，汽车零部件企业约520家。其中千亿级企业1家：长安汽车；百亿级企业3家：力帆、庆铃、小康；50亿级企业1家：上汽依维柯红岩；20亿级企业3家：红宇、大江、青山。汽车品种齐全，配套供应体系完整，已形成年产300万辆汽车的综合产能，基本实现了所有细分市场的全面覆盖。

2012年，重庆市汽车本地化配套率为70%，较1997年提高了33个百分点；自主品牌乘用车产量占比达58%，远高于全国42%的平均水平，建立起领先全国的整车开发体系，每年能推出10款以上新车型。重庆是全国新能源汽车试点

表1 重庆市电子信息产业发展情况

年份	全行业产值(亿元)	同比增速(%)	其中：电子制造业产值(亿元)	同比增速(%)	软件主营业务收入(亿元)	同比增速(%)
2002	59	43.9	53	37.66	5.6	124
2003	87	47.46	78	47.17	8.4	50
2004	139	59.77	104	33.33	35	316.67
2005	210	51.08	150	44.23	60	71.43
2006	351	67.14	240	60	110	83.33
2007	473	34.76	318	32.5	155	40.91
2008	668	41.23	463	45.6	205	32.26
2009	868	29.94	603	30.24	265	29.27
2010	1358	56.45	978	62.19	380	43.4
2011	2017	48	1511	54.5	505	33
2012	3057	51.56	2193	45.13	864	71.08

注：数据来源于重庆市经信委。

城市之一，长安公司的混合动力汽车、恒通公司的纯电动客车在全国领先。

2012年，全市规模以上汽车工业完成工业销售产值2470亿元，增长12.6%，其中，汽车整车完成1453亿元，增长9.7%，汽车零部件完成960亿元，增长17%，专用车完成57亿元，增长19.1%；全市汽车产销196万辆（市内）和194万辆（市外），分别增长11.5%和12.7%，在全国占比首次超过10%，达到10.2%和10.1%，重庆在全国汽车行业中的地位稳步提升。2012年，规模企业利税292亿元，是1997年的3.2倍；研发投入占销售收入的1%，比1997年提高了0.6个百分点。

3.装备制造业

重庆装备制造业具有悠久历史，是重庆老工业基地重要骨干。直辖以来，已形成风电装备、轨道交通、输变电装备、仪器仪表、内燃机、船舶、环保装备、国防装备等8个特色产业基地和齿轮箱、大型铸锻、机床、农用机械、工程机械、制冷设备和核电辅助装备等7个产业集群，成为我国重要的内燃机生产基地、最大的仪器仪表生产基地、最大的内河船舶研发基地、中国大型变压器生产基地。

到2012年重庆装备制造业拥有百亿级企业4家，10亿~50亿级企业33家，主要产品有摩托车、金属制造、普通机械、交通运输设备、专用设备、电气及器材、仪表等7大类，遍及47个行业，风电齿轮箱产量占全国比重35%，摩托车占32.2%，电力电缆占4.2%，变压器占1.9%，铁路货车占3.6%，民用钢质船舶占1.5%。

2012年，规模工业销售产值3035亿元，是1997年的11倍，年均增长18.7%；摩托车产量880万辆，是1997年（182万辆）的4.8倍，年均增幅11.9%。2012年实现利税301亿元，是1997年的8倍；全员劳动生产率19.9万元/（人·年），比1997年提高12万元；企业研发投入占销售收入的1.49%；万元GDP能耗0.024吨标煤/万元。

4.材料产业

重庆材料产业包括冶金与建材两大行业，2012年，重庆规模材料工业销售产值1919亿元，是1997年的11倍，年均增长18%，占全国的1%。

重庆是我国重要的钢铁基地、最大的船舶用钢基地和最大的铝材加工基地。初步形成以长寿钢铁、西彭铝材加工、南川氧化铝、涪陵和綦江电解铝为主的冶金工业发展格局，目前拥有百亿级企业3家，十亿级企业16家。2012年，销售产值1168亿元，是1997年的20.4倍，年均增长20%。其中，钢铁工业739亿元，年均增长19%，钢材产量1150万吨；有色金属工业485亿元，年均增长22%，铝材产量94万吨。

重庆是是西部建材工业的发祥地，目前拥有30亿级企业3家，十亿级企业10家，已经形成完整的建材工业基地，2012年，建材工业销售产值752亿元，是1997年的45倍，年均增长28.9%；水泥产量5500万吨，年均增长15.5%。企业研发投入占销售收入的0.85%；实现利税70亿元，是1997年的28倍；人均劳动生产率27.8万元/（人·年），是1997年的6倍。

5.化工医药产业

重庆化工医药产业由化学工业与医药工业两大行业构成，2012年工业销售产值1362.5亿元（规模工业1158亿元），是1997年（83亿元）的16.4倍，年均增长20.5%。

重庆是我国重要的天然气化工和精细化工生产基地，现已形成以长寿天然气化工、万州盐气化工、涪陵精细化工三大化工基地为主，垫江、丰都、綦江、巴南等特色化工集中区为配套的发展格局。2012年，销售产值达到1064.5亿元，是1997年（57亿元）的18.7倍，年均增长21.5%；其中，规模化工工业销售产值887.1亿元，占全国的1.2%，居全国第18位，西部第4位。规模化工R&D投入占销售产值的比重达到1.14%，略高于全国化工行业平均水平，比2005年提高0.24个百分点，新产品产值率34.8%。天然气化工为全国先进水平，劳动生产率28.3万元/（人·年），比2005年提高近20个百分点；万元产值能耗2012年下降到0.96吨标煤/万元，

表2 重庆化工产业发展情况

	1997 年	2005 年		2012 年	
	重庆	重 庆	全 国	重 庆	全 国
一、规模工业销售产值(亿元)	57	188	17597	887	72035
在全国占比(%)		1.11		1.2	
在西部占比(%)		9.8		11.1	
二、劳动生产率(万元/人、年)		8.9	9.8	31.1	—
三、利润率(%)		10.7	5.4	2.8	5.4
四、万元产值能耗(吨标准煤/万元)		2.24	1.18	0.96	0.6
五、R&D 研发投入强度(%)		—	0.9	1.14	1.1

“十一五”期间年均下降 15.6%,明显优于同期全国化工行业平均水平。

重庆是我国医药产业的重要基地之一,形成了 6 个十亿级行业种类、5 个十亿级龙头企业、8 家上市公司、60 个省部级以上技术创新平台的产业发展格局。2012 年,重庆医药工业完成销售产值 298 亿元,是 1997 年(26 亿元)的 11.5 倍,年均增长 17.6%;其中,规模医药工业销售产值 271 亿元,占全国的 1.4%,居全国第 20 位,西部第 4 位。规模医药企业研发投入年均增长约 15%,企业 R&D 投入占销售产值的比重为 2%,高于全国医药工业 0.2 个百分点;利润从 2005 年的 8.7 亿元提高到 2012 年的 20.5 亿元,年均增长 13%;全员劳动生产率由 2005 年的 12.2 万元/(人·年)提高到 2012 年的 24.2 万元/(人·年)。

6.能源产业

重庆能源产业拥有 100 多年历史，当前已形成煤炭、电力、天然气三位一体的产业格局。2012 年,全市原煤产量 4419 万吨,是 1997 年的 3 倍;发电量 536 亿千瓦时,是 1997 年的 3.8 倍。1997~2012 年,我市电力装机容量从 327 万千瓦增加到 1200 万千瓦,年均增长 9.7%;年用电量从 151 亿千瓦时增加到 723 亿千瓦时,年均增长 6.4%;全市天然气供应超 71 亿立方米,工业用气大户需求满足率达 98.5%，城镇气化率达到 95%。规模能源工业销售产值 1105 亿元。

截至 2013 年底,重庆全市新兴战略性产业形成了电子信息、汽车为主导,其他产业齐头并进的良好态势。其中电子和汽车产业对全市规模工业总产值增长的贡献率达 49.7%。近年来，重庆抓住电子信息产业全球转移机遇，成功引进培育了以笔电制造为龙头的电子制造业等新的增长点,2013 年计算机、通信及其他电子设备制造业产值占全市比重为 13.7%。

电子信息产业产值比重达到 23.7%,较上年提高 3.7 个百分点,成为第一大支柱产业;汽车产业占比 18.1%,较上年提高近 1 个百分点。装备、材料、化医、消费品、能源等支柱产业比重也调整在 7%~15%之间,形成齐头并进态势。值得一提的是,2013 年电子、汽车两大产业分别增长 22.9%、20.7%，对全市工业增长的贡献近六成，呈现出电子、汽车两大产业“双轮驱动”,装备、材料、化医等产业“多点支撑”的发展格局。

(二)重庆市战略性新兴产业发展规划与前景

《重庆市人民政府关于加快发展战略性新兴产业的意见》明确全市发展目标为到 2015 年战略性新兴产业产值超过 13000 亿元，占全市工业总产值比重达到 40%左右，增加值占 GDP 的比重提高到 20%以上，成为重庆市工业的主体和国民经济的支柱。

其中电子信息产业重点打造笔记本电脑、软件及信息服务、通信设备及物联网三大千亿级产业集群，培育智能家电、集成电路与元器件、光伏与 LED、智能仪器仪表、应用电子、电子设备六大百亿级产业集群，建成具有国际影响力的电子信息产业基地。到2015年末，全行业累计完成投资3000亿元,智能终端年产量达到2亿台,总产值达到1万亿元。

汽车产业建设以长安汽车为龙头、整车企业为支撑、零部件企业配套的“一加六加一千”汽车产业体系,即一个龙头企业、六大国知名整车企业和1000家配套企业,形成乘用车、微型汽车、商用车、特种车四大产业集群。到2015年末,全行业累计完成投资2000亿元,实现工业总产值5000亿元。

高端装备制造业重点打造千亿级摩托车产业集群和轨道交通装备、风电成套装备、数控机床等智能装备、环保安全装备、船舶装备、页岩气装备、能源装备、内燃机、大型铸锻件、基础零部件等十大百亿级产业集群，建成国家现代装备制造基地。培育发展轻型飞机、直升机制造产业,大力发展信息自动化装备。到2015年末,全行业累计完成投资2500亿元,实现工业总产值5000亿元,重点整机产品本地配套率达到80%。

二、重庆市发展战略性新兴产业的路径研究

(一)重庆市战略性新兴产业发展面临的问题及成因分析

对照国内发达地区现状与态势，重庆市战略性新兴产业发展处于相对落后阶段，其主要问题体现在以下方面。

一是产业总体规模较小，重庆市战略性新兴产业行业占比偏低，增加值在地区生产总值的占比依然偏小,在新能源产业、生物产业、航空产业等多个领域处于起步阶段，同时伴随着西部地区主要竞争对手在传统优势领域的扩大发展，重庆市战略性新兴产业发展的赶超难度进一步加大。

二是产业处于低端水平,附加值低,产品较为结构单一。重庆最具优势的电子信息产业和汽车产业均存在产业低端问题，笔记本电脑行业“一枝独秀”,抗风险、抗市场波动能力不强，单台产值在2600元以下,汽车行业价值和利润较低的交叉型乘用车(微车)占比过高,产品结构不尽合理,附加值和效益较低;化工行业专用化学品、合成材料比重为17.5%、13.2%,分别比全国行业低7.7、3.4个百分点。医药行业高端产品少,占比不到10%,低档普药占75%(高于全国6个百分点)。

三是技术研发能力较低,科技投入不足。电子信息产业企业R&D投入强度低于全国平均水平,设有研发机构的规模企业仅为18%,装备制造业企业R&D投入仅占销售收入的1.49%,自主创新能力较为薄弱。

四是集聚本地资源形成配套体系能力低下。重庆市汽车行业关键性零部件主要来源于异地配套,本地缺乏同步开发能力和产品配套能力;装备制造业本地化配套率低。特高压输变电装备本地化配套率40%,大型烟气脱硫装备43%,大型船舶用内燃机45%。数控机床关键功能部件的中高端产品基本依赖进口,同时装备制造企业间缺乏产业链衔接、产业集群尚待构建。

重庆市战略性新兴产业发展存在上述问题,其根源既有全国普遍存在的共性因素,也有重庆地区所特有的制约性因素,具体归结如下。

1. 共性因素主要是由战略性新兴产业自身发展规律以及宏观环境所引发的

一方面战略性新兴产业具有总体上投资大、投资回收期长、技术路线不确定、市场需求不稳定等特征，其风险程度远高于传统产业，政府着力推进与社会投资的跟进客观上存在差距；另一方面企业生产运营成本不断攀升,政策环境亟待完善,随着能源、原材料价格上涨,用工成本、融资成本、物流成本日趋提高，战略性新兴产业企业生产经营成本不断增加,直接挤占了企业的利润空间。尤其是随着银行存款准备金率和存贷款利率多次上调,新增贷款明显减少,新增贷款中上浮利率的比重明显提高，战略性新兴产业领域的中小企业面临较大的资金压力，同时相关政策激励不到位甚至缺位，不利于战略性新兴产业企业加快创新发展。

2. 重庆市科技创新总体能力偏低是制约战略性新兴产业发展的重要因素

重庆市科技人才的密度、科学家与工程师占从事科技活动人员的比例、院士数量等人才指标落后于西部地区主要竞争对手；科技成果转化率低，产、学、研合作机制不健全，据统计显示全市每年的科研成果80%以上处于闲置状态，专利技术的实施率仅为10%，科技成果转化为商品并取得一定规模效益的比例为10%~15%，其中真正形成大规模生产的大约只有5%~6%，远远低于发达国家水平，在国内也不具有优势地位，产、学、研各方优势互补、互惠共赢的合作机制尚未形成，联合的深度和层次比较低，大学、科研院所的知识创新能力与企业需要不匹配，市场需求低；政府出台的相关政策没有从根本上解决产、学、研合作创新所需的外部条件。

(二)发展战略性新兴产业的国际国内经验借鉴

1.发达国家的经验借鉴

发达国家把加快培育和发展战略性新兴产业作为提振经济、提升国家竞争力的战略选择，加大对科技创新的投资，加快对新兴技术和产业发展的布局，力争通过发展新技术、培育新产业，抢占新一轮经济增长的战略制高点。

美国在2009年出台《政府的创新议程》，将新能源、生物医药、智能电网、健康信息、交通的技术开发和产业发展作为国家优先发展的领域，其中以新能源革命作为整个工业体系革新转换的标志性驱动力，发动一场新的经济、技术、环境和社会的总体革命。政府提出将研究和发展(R&D)投资提升到全国GDP的3%，超过了近40年以来的最高值。同时加大财政支持力度。美国除了将189亿美元投入能源输配和替代能源研究、218亿美元投入节能产业、200亿美元用于电动汽车的研发和推广外，还将投入7.77亿美元支持建立46个能源前沿研究中心，投入50亿美元用于支持尖端医学研究；支持私人部门的研究和试验，将R&D课税扣除条款长期化，给研发投入提供宽松的环境；强化知识产权保护，改革专利和商标管理；以政务公开促进创新活动，鼓励各级政府和私人机构之间的合作与知识分享，培育社会创新市场和为更多的公民参与创新提供技术和工具。

日本给予新兴产业发展以国家层面上的重要支持，政府制定和实施大型科技计划，优先支持关键技术研发，给予高新技术项目免税优惠，以财政资金资助重要的产学项目；建立官民合作开发体制，共同分担研发风险；采取经济优惠政策，鼓励新兴产业发展，其中包括减免税收、贷款优待、加速折旧、提供补助金等多种方式。

2.国内发达地区的经验借鉴

国内发达地区也采取了多种措施培育发展战略性新兴产业，有重要的借鉴价值。

上海制订了关键装备首台(套)补贴政策，设立高新技术产业化创业投资基金；在执行税收优惠政策方面给予技术先进型企业以重点倾斜；强化标准控制权，支持企业通过国际权威认证，构建上海新能源等各类技术交流合作平台、标准化平台和培训平台，支持企业制订相关标准。

山东省实施科技创新资源共享管理服务扶持政策，把境内从事科研创新的主要单位纳入科技创新资源共享范围、给予政策支持；设立专项资金扶持技术进步和创新成果转化；重点对新能源产业的市场推广、核心技术开发、技术产业化等方面给予财政扶持；设立新兴产业和重点行业发展专项资金，支持工业调整振兴项目。

浙江省设立浙江新兴产业发展导向目录和新兴产业发展专项资金，细化和落实税收优惠政策，将扶持重点落实到项目和企业，支持重大产业科技攻关和产业化项目；与中科院院合作开展“432”战略(400个项目、300名科技特派员、200亿元产值)，共谋发展战略性新兴产业。省院合作共建所企合作研发平台，推动浙江省企业的科技进步和产业发展。

江苏省以特色产业基地建设为依托，加快自主创新和集成创新，创新生产模式和产业组织形式，构建一批创新产业链条，打造一批产业特征明显、产业集聚度高、辐射带动作用大的高科技特色产业集群；建立专项引导基金，重点支持新能源、生物医药等新兴产业项目；组建十大产业技术创新联盟，组织重大产学研技术合作活动，建立产业技术信息和标准信息交流平台，协调成员分工及产品配套，开展产业的统计分析和技术预测。

（三）重庆市发展战略性新兴产业的主要路径

1.加快推进技术创新

着力于突破核心技术，掌握自主知识产权，抢占战略性新兴产业发展的制高点。一是鼓励核心技术创新和研发，针对产业高端、技术高端、产品高端和服务高端，组织实施战略性新兴产业重大研发专项，对前沿性、关键性技术、高端共性技术和瓶颈技术进行重点突破，形成自主知识产权；加快建设重庆产业技术创新战略联盟，支持联盟成员单位加强关键核心技术的研发和重大科技成果的产业化；以政府补贴、奖励等方式引导企业在国家技术发明、国家科学技术奖项和国家技术标准等方面实现突破。二是完善公共服务平台。加快培育战略性新兴产业中介服务组织和技术服务机构，提升产业发展专业化配套服务水平。对承担战略性新兴产业服务项目的服务性机构给予项目资金支持。三是加强科技创新载体和基地建设。培育一批科技企业孵化器和科技创业园，对战略性新兴产业领域初创企业进行孵化。支持重点企业和科研院所建设一批以前瞻性应用基础研究为主的工程实验室、重点实验室，以重大产业关键共性技术开发和工程化验证为主的工程(技术)研究中心，以新产品新工艺研发为主的企业技术中心；对企业新组建的国家级工程(重点)实验室、研究中心和技术中心给予配套支持；鼓励以企业为主体强化产、学、研合作机制。四是强化高端人才支撑。整合全市各类高层次人才引进计划重点向战略性新兴产业倾斜，加大高端新兴人才引进和培养力度，建立健全适应战略性新兴产业发展需要的人才培养机制和人才资源配置体系，创造有利于人才成长的环境，培养、引进高水平研究开发人才、高技能生产人才和高层次管理人才。完善激励创新和创业的制度和机制，支持企业对高级管理人才实行股权奖励、优惠购股和期权激励，实行引进人才柔性服务，认真解决人才创业、生活的后顾之忧。

2.增强产业集聚

加大产业链整合力度，实现集群化发展，形成优势产业链、拳头产品，整合上下游产业相互关联性企业、专业化供应商、服务供应商、相关产业的厂商，以及相关服务机构，着力打造新兴产业集群；积极实施知识产权战略，建立和完善知识产权创造、运用、保护、管理和人才培养体系，提升产业高端化，抢占价值链的高端环节；培育发展创新型的大企业大集团，实现引领发展，围绕企业高端化、集聚化、特色化目标，通过资本运作优化资源配置扶持战略性新兴产业龙头企业；充分发挥标杆龙头示范、引领作用，强化龙头企业在技术开发、产业化、标准制定中的引领作用和新业态发展中的催生作用，促进高端人才、创新资金等创新资源向龙头企业集聚，推动成立以龙头企业为核心的、产学研用紧密结合的技术和产业创新体系，加快形成局部优势，尽快突破关键核心技术，及早掌握发展主动权，带动重庆市战略性新兴产业集聚。

3.促进商业模式进步

政府在战略性新兴产业发展中引导和支持商业模式创新，帮助市场主体探索适应新兴技术发展规律的商业模式、盈利模式和组织方式，实现商业模式与技术创新兼容促进。一是强化以企业为主体的商业模式创新，引导企业专业化、特色化发展，扩大重点行业、重点企业的市场辐射力，加速企业由渐进式产品创新到突变式商业模式创新的进程；二是拓展以知识创新为主导、先进技术为基础、人才创业为支撑、高成长、高附加值的新经济形态成为商业模式创新载体。

4.加快体制机制创新

一是要完善市场运作机制。充分发挥市场

在资源配置中的基础性作用,利用市场的供求、价值和竞争规律,坚持以市场配置资源、以市场引导需求、以市场规范竞争,建立产业进入和退出的有效机制,推动战略性新兴产业良性发展。二是完善支持政策。在战略性新兴产业的发展过程中,政府应当定位于提供鼓励创新的制度安排,建立激励和约束相结合的体制机制,发挥"看得见"手的作用。鼓励企业开展技术创新并提供优惠政策、积极支持教育和人力资源培训、鼓励建立长期投资和促进资金有效配置的稳定的金融市场、推动风险投资的发展为技术创新和技术扩散提供补贴等。要积极发挥政府在公共资源配置中的引导性作用,充分利用财税、金融等政策性工具来引导社会资源合理流动,为战略性新兴产业的发展创造良好的环境。

三、发展重庆市战略性新兴产业的对策建议

(一)产业政策建议

制定发布战略性新兴产业发展分类指导目录,成为政府投资工程、政府采购项目优先对接的依据,建立战略性新兴产业与省内重点项目、重大工程对接机制,加快市场培育和需求引导。

完善法律法规的制定、实施,通过加强法律法规建设,加大对知识产权、技术安全的保护力度,从而为战略性新兴产业的发展创造良好的、规范的市场环境。要努力使国内标准与国际标准相融合,争取重庆市在制定战略性新兴产业领域标准的主动权,引导企业采用统一标准,促进战略性新兴产业更好地发展。

促进有条件的企业"走出去",积极开拓国际市场,鼓励企业申请国际市场准入认证,设立国际市场认证服务机构,加快国内认证系统的国际认可性,协助企业开拓国际市场。鼓励金融机构采取支持企业优质海外客户流动资金贷款、参与海外客户特定用户银行贷款、向海外客户提供对中国企业出口有间接促进作用的中长期贷款或者融资租赁等多元化方式,促进创新型企业加快国际化发展步伐。

大力推动风险融资支持,完善制定和实施促进创业投资机构发展的有关优惠政策,鼓励城市功能区开展新兴产业创投计划试点工作,进一步发展战略性新兴产业创投基金,支持风险投资机构发展,鼓励和支持各类资本投资处于初创期、成长期的战略性新兴产业企业,探索创新战略性新兴产业风险投资补偿机制,支持设立战略性新兴产业融资担保风险补偿资金。

(二)财税政策建议

完善支持战略性新兴产业的财税政策支撑体系,充实投资(核准、备案)、财政(补贴、政府采购)、税收(如进口设备退税、所得税和增值税减免、抵扣)、信贷(贴息)等配套的优惠政策。

建立财政支持战略性新兴产业发展专项资金的投入增长机制,在财政收入增量中适当滚动补充,支持地方财政整合资金投向战略性新兴产业,对战略性新兴产业发展发挥好引领作用。

引导企业主体加大科技研发投入,探索实施战略性新兴产业企业研发经费税前列支,确保企业主体性投入的持续增长。

完善知识产权质押制度,鼓励各类金融机构开发适合战略性新兴产业成长的信贷产品,加快完善信用担保体系,加大对战略性新兴产业领域初创企业融资担保力度,引导民间资本和外资投向战略性新兴产业,支持有条件的企业开展境外投资。

(作者单位:重庆社会科学院)

城乡统筹视角下农村土地要素资本化进程研究

马云辉

探索农村土地资本化，推进农村产权制度改革，建立农村要素交易平台，加快农村要素流动，可以盘活农村存量资源，对于推进农业转型升级、优化城乡资源要素配置、促进农民增收、破解农业发展资金瓶颈制约、促进城乡统筹协调发展等具有重要作用。本文在总结重庆市完善农村土地承包权、加快农村土地流转，以及确权颁证、要素市场建设等方面推进情况，分析存在的不足及问题的基础上，提出相应对策建议。

党的十八届三中全会提出“赋予农民更多财产权利”。明确赋予农民农用土地、农村宅基地和农村集体经营性建设用地自由交易转让的权利，对保护农民利益、增加农民财产性收入具有极大的现实意义。要让这些权利变现、增值，让农民以资本所有者的身份享有土地资源作为资本带来的收益，探索农村要素尤其是土地要素的资本化是极为重要的一环。从统筹城乡综合配套改革的角度出发，推进农村土地要素的资本化，首先要推进农村产权制度改革，完善确权登记，明晰权属，实现农村土地资源要素的资本化；其次要以产权为纽带推进要素交易市场和投融资平台建设，盘活农村存量资源，促进农村要素的合理配置和自由流动。作为全国统筹城乡综合配套改革试验区，重庆市在推进农村产权制度改革、农村土地流转等方面做了大量探索和尝试，并取得了良好的效果和实践经验。

一、重庆市农村土地资本化进程的实践与成效

(一)推进农村土地确权颁证、明晰权属，为农村土地资本化奠定基础

从2008年开始到2012年，重庆市按照家底清、权属明、面积实、档案全和制度完善的工作目标，采取“先试点，后推开”两个阶段进行的方式，先后开展了林权体制改革、农村建设用地和农用地的确权颁证工作。通过建立农村集体、农民与土地长期稳定的产权关系，明确土地权属，让农民以资本所有者的身份享有土地等资源作为资本带来的收益，为农村生产要素的优化配置、农业资源的价值转移和自由流动提供了必要前提。

一是为加快推进森林、林木和林地使用权的合理流转，2008年8月到2010年底，按照以分山为主、分股分利为辅的改革模式，全面完成集体林权制度改革。全市农村集体林地确权面积5500万亩，发证农户532万户，发证面积达5457万亩。其中，家庭承包经营4777万亩，集体统一经营723万亩，农村集体林地分山到户率达86.9%。二是在总结渝北、巴南、北碚、石柱等试点区县经验的基础上，围绕做到农村土地承包关系、承包地块、面积、空间位置、用途、地类、权属证书等落实到户和记录在册，证、账、簿、地“四相符”，规范土地承包档案管理，建立健全农村土地承包经营权档案和流转管理电子信息系统等要求，从2010年开始全面开展农村土地确权颁证工作。到2012年底，全市确权农户数达到应确权农户总数的95.77%，颁证率达到已确权农户总数的97.24%；新建农村土地承包经营权登记簿达确权农户总数的100%。三是在总结农村房屋确权颁证试点区县经验的基础上，以“二调”成果为基础，以村民小组为主要权利主体，按照“镇、村、社”三级所有的规定对已申请的全部完成确权发证，截至2012年底，全市累计完成核发集体土地所有权证书8.04万本，宅基地及农房证书660万本，其他建设用地及房屋证书4.06万本。

(二)以农村土地流转为核心,推动农村土地资本化进程

推进农村土地要素的资本化，其核心是建立农村要素交易平台,通过农村要素流动,优化生产要素的资源配置,提高土地的产出效益。

1.积极开展农用地使用权流转工作

(1)从政策层面规范和引导农村土地流转。自 2007 年重庆被确定为全国统筹城乡综合配套改革试验区以来,全市把加快土地流转,推动农业现代化发展作为统筹城乡的重点，大力调整农业结构,促进农民转移就业,积极培育市场主体,加强流转管理服务,并相继出台了《重庆市实施〈中华人民共和国农村土地承包法〉办法》、《加快农村土地流转促进规模经营发展的意见》等政策文件。

(2)逐步完善土地流转服务机构。为解决农村土地流转信息不畅、服务不到位等影响土地流转的问题，重庆市积极探索建立农村土地流转服务机构,促进农村土地流转。截至 2013 年末，全市已有 31 个区县、845 个乡镇和 6421 个村建立了农村土地流转服务机构,21 个区县开展了农村土流转市场建设试点工作；成立了区域性林地林木交易所,并有 20 个区县建立了林权管理服务中心。

(3)积极培育经营主体,推进多种形式的适度规模经营。坚持把新型经营组织作为推进土地流转的承接主体,鼓励和培育专业大户、家庭农场、农民合作社、龙头企业和经营性农业服务组织等新型农业经营主体的发展，将一家一户的分散资源集中整合，以此带动农业的产业化经营、品牌化运作和规模化发展。此外,进一步拓宽经营主体的范围，允许社会资本和城市工商企业到农村承接、承租土地,单独兴办或与农民联办农业企业或组织,极大地促进了“三农”发展,有效增加了对土地需求。

经过多年实践，全市农村土地流转取得了明显成效。据统计，全市家庭承包经营农户约 660 万户,截至 2013 年底,重庆市家庭承包经营的耕地面积共 3547.8 万亩，其中流转面积 1323.7 万亩,占 37.3%;农村土地适度规模经营面积达 1052.9 万亩,规模经营集中度为 29.7%。全市集体林地流转面积达到 539 万亩，占集体林地面积的 9.69%,流转金额 13.6 亿元。

2.创新性地推出“地票”交易制度

2008 年，重庆市人民政府第 22 次常务会议通过了《重庆市农村土地交易所管理暂行办法》,创新性地推出“地票”交易制度。所谓地票是指在农民、农村集体组织自愿的条件下,将农村宅基地及其附属设施用地、农村公共设施用地、乡镇企业用地、农村公益事业用地等农村集体建设用地,经过复垦形成耕地,由国土主管部门验收合格后腾出的建设用地指标,并发给等量面积建设用地指标凭证,这个凭证就称为“地票”。经过 5 年的实践,地票交易在规范城乡建设用地管理流通秩序、保障耕地数量和质量、保护农民财产权和收益权等方面取得了良好的效果。

(1)搭建交易平台,开展地票交易。依据《重庆市农村土地交易所管理暂行办法》,重庆建立了我国第一个“农村土地交易所”进行地票交易。截至 2013 年底,重庆农村土地交易所共举行地票交易会 33 场,交易地票 326 宗,成交面积 13.15 万亩,成交总金额 267.26 亿元,平均单价 20.3 万元/亩。同时,除开展指标交易外,还开展了农村集体土地使用权或承包经营权的实物交易，拟制了农村土地承包经营权流转交易规则及制式文书。

(2)建立和完善制度体系,规范地票交易。地票在符合国家土地管理制度要求下通过“农村土地交易所”公开拍卖交易,流入整个土地市场,不用于土地交易所交易的土地,则通过增减挂钩的方式留在农村。地票价款扣除复垦成本后全部归农,以农村土地确权颁证为基础,收益由农户和集体经济组织按 85:15 比例分享,农民最低可获得每亩 12 万元的收益,比在传统模式下宅基地使用权流转获得的收益多出数倍。为保障农户和集体及时、足额获取地票收益,由农村土地交易所委托银行直接将农户和集体应得

价款直接拨付到其账户,减少中间环节,保障农户和集体经济组织利益。地票制度与现行土地管理制度充分衔接,始终坚持规划龙头控制,依规划实施复垦和使用地票,地票生产、使用各环节必须符合土地利用规划、城乡建设规划。

(3)实行先复垦后使用,确保耕地数量和质量。地票按照“先补后占、占补平衡、数质对等”的要求,实行先复垦后使用,严格验收在解决农村土地资源浪费的同时,通过开源节流,一定程度上促进了农村耕地保有量的增加。据统计,地票实施以来新增了占复垦面积90%左右的耕地,而地票落地使用占用耕地比例约为60%。此外,地票以复垦农村废弃、闲置建设用地替代开荒山增加耕地的方式,既能保证新增耕地的质量,又使耕地集中连片、方便耕种,避免毁林开荒对生态环境的破坏。

(三)推进融资创新,为农村土地资本化提供支撑

重庆从2011年起全面推进农民家庭土地承包经营权、林权、农村居民房屋产权等农村“三权”抵押融资工作,是全国第一个在省级层面开展这一工作的地区。所谓“三权抵押”是在不损害农民利益、不改变农村土地所有权性质和土地用途的前提下,通过政府引导,量化农村土地承包经营权、农村居民房屋和林权等农村资产的使用权价值,涉农企业、生产组织或农户通过将其抵押,向融资机构融资。这一举措不仅有效地解决了“三农”生产资金不足、融资困难的问题,还进一步激活了农村生产要素,使“三权”死资产变为农民增产增收的活资源。

(1)注重配套政策,为“三权”抵押提供指导。从2010年下半年起,相继制定和出台了“三权”抵押融资管理办法、实施意见、实施细则等相关政策文件,对“三权”的抵押、登记、转让和处置等进行规范,为“三权”抵押工作构建了较为完善的政策制度体系。2014年3月,重庆市政府出台的《关于加快推进农村产权抵押融资工作的意见》中,进一步拓宽了抵押物范围,除耕地、林地、宅基地外,还将塘库堰、地上种植养殖物及大棚等农村资产纳入抵押范围,并就完善农地抵押融资手续、降低融资成本、简化服务流程、化解融资风险等明确了相应的措施。

(2)强化配套服务,为“三权”抵押提供保障。一是建立农村“三权”资产评估体系。按照市场运行机制,实施借贷双方协商抵押物价值和专业机构价值评估相结合的“三权”资产估价方式。于2012年末,推动兴农担保公司创新组建了兴农价格评估公司,专门针对农村资产进行评估,解决农村资产价格难以估价的难题。二是建立风险分担和补偿机制。为分担银行风险、扩大融资规模,建立了市县两级融资担保体系,并设立专项风险补偿金。对于“三权”抵押融资贷款出现的不良资产,由市、区县两级财政按规定对贷款本息损失予以专项风险补偿,其中市级财政承担20%,各区县财政承担15%,并将风险补偿金兑现实现缩短为1年。同时,市财政出资30亿元组建了专门服务农村产权抵押的兴农融资担保公司,目前该公司已与30个区县签订战略合作协议,推动设立了21家县域子公司,初步构建起了农村产权抵押融资“伞形”担保体系。三是建立完善资产流转处置机制。为化解资产处置变现难问题,推动兴农担保公司筹建了兴农资产经营管理公司,作为市政府授权机构专门负责处置农村产权抵押融资产生的不良资产。

(3)鼓励金融机构参与“三权”抵押融资。从“三权”抵押融资工作开展以来,已有重庆农商行、农发行、国开行、农行、重庆银行、中国银行、邮储和三峡银行等多家金融机构开展了“三权”抵押融资业务。截至2013年底,全市累计实现“三权”抵押融资321亿元。其中,农村土地承包经营权抵押贷款65.8亿元,占20.5%;农村居民房屋抵押贷款92.4亿元,占28.8%;林权抵押贷款162.8亿元,占50.7%。

二、重庆市农村土地资本化进程中存在的主要问题

总体上看,重庆市在推进农村要素资本化,

提升农业组织化、规模化和集约经营水平，拓宽农民增收渠道等效果初步显现，但在推进过程中仍存在一些问题。

(一)确权登记工作存在的问题

1.农村承包地确权工作仍需完善

一是农村“四荒地”等尚未确权到户。目前，重庆农村耕地、林地的确权颁证工作已经完成，但对于“四荒地”的权属确认尚不明确。二是由于实施的土地整理项目，改变了原先的沟、渠、路、坝，打破村组之间的范围，地界也发生了新变化，导致在确权颁证过程中仍然存在承包地块面积不准、四至不清、空间位置不明等问题。有的区县还存在有地无证、有证无地、一地多证、一证多地的情况。这些问题不解决将会造成新的矛盾，影响农村稳定。

2.农村建设用地确权不全面、不规范

目前重庆市基本完成了集体土地所有权、宅基地使用权和农村住房所有权确权颁证工作，为开展农村土地流转及农村建设用地复垦和地票交易的产生创造了条件。但仍存在农村建设用地产权确权不全面，权属认定不规范的问题。主要表现在以下几个方面：

一是新一轮农房确权颁证只解决合法审批部分，附属设施用地(包括林盘、晒坝、牲畜圈舍等)权属未确权到户。对一户多宅、高山移民原宅基地等也未能提出有效处置方案。再加上农民和农村集体组织对集体建设用地的产权意识普遍不强，一些农户甚至没有办理宅基地使用权证，在流转交易过程中这些农民的利益就没有得到有效的保障，导致权证面积少于实际面积等问题普遍存在，农民财产价值被人为压低。据调查，全市按农村户籍人口计算的人均宅基地面积达 190 平方米，而实际确权当中人均确权颁证面积仅为 25~30 平方米之间。二是各区县宅基地认定标准不统一。目前，各区县之间对宅基地附属设施面积的认定标准不统一，差距大。如合川规定附属设施用地面积原则上不超过宅基地确权面积的 1 倍，潼南为 1.6 倍；巴南则规定最高不超过 1 亩；大足按附属用地面积50%计算。三是集体建设用地的权属登记、划分、发证管理等工作缺乏，还有一些农户在进行宅基地置换过程中，没有及时办理宅基地使用权变更登记，常常引起宅基地置换纠纷，导致农村集体建设用地使用权交易各利益主体的权益得不到有效保障。四是产权制度改革还不到位。主要表现在：农村大量的小型水利设施确权不当，全市范围内绝大部分小(Ⅱ)型水库建于 20 世纪 50 年代到 70 年代，由农民“投工投劳”建成，并且没有给予当地农民应有的安置补偿。农村闲置公用设施用地确权不当，如农村现有大量学校闲置，这些学校已经失去义务教育功能，占用农村建设用地也未作补偿，许多学校由农民投工投劳建设，目前产权行使主体是教育主管部门。

(二)农村土地流转中存在的问题

1.农民主体地位缺位突出

农村集体建设用地交易大多由区县、乡镇、村代行交易，农民几乎不参与交易，更没有意识到参与地票复垦、交易是一种自愿行为，且受到农民自身信息来源不畅、权利意识不强、力量分散、话语权薄弱等影响，导致农民对土地流转及交易收益的知情权、参与权缺失，进而出现部分农民相应的权益得不到保障现象。

2. 农村土地流转市场平台建设力度仍需加大

一是土地流转服务机构不够健全。全市尚有部分区县未建立健全土地流转服务机构，有的区县土地流转服务机构只是在农业部门或乡镇政府增挂了机构牌匾，没有实际从事流转服务工作，已建立流转服务机构的，也存在设施简易、功能不全、制度不完善、服务不到位的问题。二是实物交易尚未全面展开。重庆市土交所设立之初，其交易品种包括指标交易和实物交易两种。但从实际运行情况看，目前主要为指标交易，而涉及农村集体土地使用权或承包经营权的实物交易数量少、规模小。目前仅开展了农村土地承包经营权、林地经营权等两个品种的流转交易，组织完成的耕地经营权和林地经营权交易分别仅为 4398 亩和 3000 亩。对于农村集体经营性建设用地使用权交易，荒山、荒沟、荒丘、荒滩等农村未利用地使用权或承包经营权交易，农村土地使用权或承包经营权折资入股后的股权或收益分配权交易等实物交易尚未建立起来。

3.地票交易过程中存在不规范现象

一是存在复垦成本"一刀切"现象，不同区位条件、不同房屋结构、不同损坏度，宅基地复垦工程量差别大，若依据同一标准直接扣除复垦成本，明显损害了实际成本较低农户的利益。二是复垦周期长，农村建设用地复垦周期虽然从1.5年缩短到1年左右，但时间仍然相对较长，导致地票收益迟迟不能到位，使农户对现行的政策产生疑虑，不愿意退地复耕。三是个别区县挪用集体所得地票收益。《暂行办法》明确要求，地票收益严格在农户和农村集体之间分配，农民集体组织应将收益用于改善农村集体公共基础设施、发展农村经济、保护农村土地资源、保障农民的生产、生活。但由于部分村级组织财务监管缺失，且农村集体组织相对于乡镇政府弱势，导致部分资金被截留挪用。

(三)"三权"抵押存在的问题

"三权"抵押融资一定程度上缓解了"三农"发展资金不足的问题，但随着工作的推进，出现农户和金融机构的积极性都不高的现象。其原因主要有以下几点：

一是贷款额度小且成本偏高。受户均林地、承包地面积偏小，土地过于分散细碎，农房大多属于土木砖混结构，抵押物价值较低，同时受确权登记影响，有些抵押物还不符合贷款条件。一方面贷款额度偏小难以满足农户的资金需求，另一方面还要支付年息12%左右的成本，导致许多农户也不愿意进行"三权"抵押贷款。二是家庭农场(专业大户)、合作社、农业企业等新型经营主体大都缺乏实物产权抵押，同时一些没有土地、山林流转的经营主体无"三权"，想要进行抵押必须通过所有原承包人的签字认可，实际操作中困难较大；同时农业项目投资回报低，较高的融资成本也使得一些经营主体"用不起钱"，融资困难已经成为农业经营主体发展的重要因素和"瓶颈"。三是评估体系不健全。作为新兴的农村物权，对"三权"价值的评估缺乏完善的评估模型和成熟的第三方评估机构。实际操作中，"三权"价值认定主要由贷款农户与融资机构协商，或者由银行指定其内部认可的评估公司评估，缺乏规范的评估标准、操作规程和收费标准。四是抵押物处置变现难。受现行土地及房屋管理相关政策法规影响，对抵押物的处置设置了较大的限制，加之农村资产流通转让体系不完善，缺少相应的抵押物处置平台，借款人一旦出现偿债风险，金融机构抵押权难以快速处置变现，其债权不能得到有效保护。尤其是区位较差、环境条件较为恶劣的地区，其处置变现的难度更大，很大程度上也影响了金融机构抵押贷款的积极性。五是风险保障机制不完善，市场风险难把握。农业抵御自然灾害的能力弱，现阶段农业保险业务尚未全面展开，如遇到较大的自然灾害或市场因素影响，将给开展土地经营权抵押贷款业务的金融机构带来不可预知的风险；在发放贷款的过程中，抵押物价值的确定、抵押物的流转变现等等，仍然存在许多法律上的限制。

三、完善土地流转的对策措施

(一)进一步完善确权登记工作

1.做实土地确权登记工作

通过土地确权颁证稳定农民土地预期，避免由于土地"四至"不清、账实不符产生纠纷，明确承包权的财产权。以此为基础建立农村集体资产法人产权制度，确立农民财产主体和投资主体地位，通过资产量化，确立农民作为集体资产的原始产权人地位，彻底理顺产权关系。鼓励农民转出土地，避免农业经营过度兼业化和副业化。

2.扩大确权颁证范围，按照农房及配套的附属设施实际占地面积进行确权

参照目前土地交易所地票20万元/亩平均价格、人均190平方米宅基地面积计算，重庆市

农村宅基地的价值总量高达1.15万亿。在农业低效、农村承包地价值偏低的大背景下，宅基地已成为农民最核心的土地财富，然而按照目前确权政策，农民的既有利益被人为压缩近1万亿。虽然重庆目前在地票形成过程中，按照实有面积对农户结算，但这是基于地票制度是在政府主导下运行的，可以照顾到农民的实际利益灵活处理，一旦换成其他市场交易场合，如作为抵押品进行抵押贷款或作为投资品等面对的交易主体不是政府的场合，确权颁证面积则变成唯一合法面积，农民的土地权益从制度层面将没有保障。因此，为保护农民土地权益，促进"三农"发展，可按照农房及配套的附属设施实际占地面积进行确认使用权。

3.深化农村公用设施产权改革

一是深化农村闲置公用设施产权改革。对农村闲置的公用设施进行清理，按照属地化的原则确权给所在村集体，房屋及土地作为村集体资产权益由村集体成员共享权益。二是深化农村水利设施产权制度改革，凡是80年代前由农民投工投劳为主修建的小二型以下的水库，按照属地化原则重新确权给所在的村集体，村集体既可以发展淡水养殖业，也可以依托水库景观资源发展乡村旅游，还可以此为投资品与外来投资者采取投资入股的方式合作开发旅游地产。

4.研究解决农业生产性建设用地问题

农业生产性设施建设要尽可能利用集体建设用地、村庄废弃地、"四荒地"等非耕地资源，尽可能不占或少占耕地。对于土地规模经营，确需占用耕地修建生产性设施的，可根据实际情况允许一定比例的耕地用于建设生产性设施，或通过置换的方式，经业主对村庄废弃地、"四荒地"等非耕地资源进行整治或复垦后，按等面积进行置换，整治或复垦后的土地的使用权和收益权归原承包户所有，修建的生产性设施归业主所有，并赋予产权。

(二)加强农村土地市场有形市场建设

在进一步完善地票市场的基础上，应加快农村集体土地使用权或承包经营权的实物交易市场的建立。一是依托土交所进一步加快农村土地承包经营权、林地经营权等两个品种的流转交易以及农村土地使用权或承包经营权折资入股后的股权或收益分配权交易等实物交易，完善制度、明晰规则、规范市场秩序。二是对于进行地票交易之外按照增减挂钩流在农村就地作为农村公共服务设施建设、二产特别是三产包括乡村旅游服务设施、旅游地产等方面的农村集体经营性建设用地，既是吸引城市资本下乡的核心要素，又是优化和提升农村产业结构的重要空间载体和物质基础。对于这部分建设用地，应加快建立农村建设用地实物交易市场，采取按宗地挂牌交易的方式。真正形成指标交易与实物交易双轨运行、交易方式灵活、市场边界清晰、空间全覆盖的城乡统一的建设用地市场。

(三)加大对农村建设用地复垦管理力度

土地复垦是地票交易的前提，也是在地票交易过程中保障农民和农村集体组织土地权益、保护耕地的基础，因此，需要进一步强化管理力度，始终把农民和农村集体组织权益放在首位，保障农民的知情权、参与权和受益权。一是有序开放复垦市场，允许复垦农民在确保安全的情况下，按验收标准要求自行复垦，积极培育专业复垦机构，通过有效的市场竞争，降低复垦成本，还利于农户。同时可以创造更多的条件推行农民自行复垦为主的管理模式。二是改革复垦成本"一刀切"方式，建立复垦成本协商制度，由农户和复垦机构之间商议，政府可根据区位、房型结构、损坏度，制定复垦工程成本分档指导价，供双方协议时参考。三是加强复垦档案管理，完善权利人基本信息，落实复垦实施、收益分配等信息的公开，确保信息透明、便于监督；推行复垦"上图入库"，实现各环节信息一一对应，可查询、可回溯。

(四)进一步完善地票收益分配制度，保证农民合法权益

对于按照国家规定的最低保护价格拨付地

票收益后，尚存在地票溢价收益的部分，应全部分配给土地使用权人和所有权人。溢价收益二次分配可参照初次分配时的比例分情况进行分配。如：复垦宅基地及其附属设施用地而形成的溢价收益，农户与农村集体组织应得收益按照85:15比例分配；复垦农村公共设施用地、乡镇企业用地的，地票价款在扣除复垦成本后，余款全额直拨农村集体组织，并全部用于以土地整治为主要方式的新农村建设。

（五）进一步完善“三权”抵押贷款体制机制，增强投融资能力

一是鼓励“三权”打捆抵押。为切实解决农民和经营组织发展资金“瓶颈”，可以将土地承包经营权、林权和农房打捆予以抵押，增加贷款额度，同时通过市级层面与银行协商提高贷款抵押率。二是制定统一的“三权”抵押办理程序和规范。协调担保机构、区县政府及各金融机构，进一步明确规定农村“三权”转让、抵押合同的类型，根据不同抵押品，统一制定抵押贷款程序及报件等规范，同时明确规定合同双方当事人的权利、义务及合同双方当事人的违约责任。三是加快制定出台“三权”抵押资产评估优惠政策。针对目前评估机构少、相对农民（包括股份合作社）而言收费偏高的实际，一方面，加快发展农村“三权”的资产评估机构，另一方面采取财政补贴等方式降低资产评估费用。四是建立和完善农业保险制度。农业生产和土地资源容易受恶劣气候、地质灾害等自然条件影响，决定了农业生产对农业保险的渴望和金融服务的支持，因此，应建立农业保险制度和多种形式的农业保险组织，实行政府扶持、农民互助、政策性保险与商业性保险合作等多种保险形式，为农村经济主渠道融资搭建平台。五是健全融通风险防控机制。政府部门要结合“三权”抵押融资开展情况落实融资风险补偿资金，逐步增加农村“三权”抵押融资风险补偿专项资金规模。同时加强农村信用体系和农业社会服务体系建设，农业产业发展与金融支持的良性互动，促进“三权”抵押贷款的持续发展。六是建立和完善担保机制。依托重庆市新农担保公司及各区县设立的农村担保公司，做大做强服务“三农”这一政策性担保融资平台；制定和完善优惠政策，支持商业担保公司从事“三农”担保业务。

（作者单位：重庆社会科学院）

重庆市劳动力市场供需形势分析

罗伟 蒲奇军 钱明亮

劳动力是重要的生产要素。近年来,随着中西部省市竞相承接东部产业的转移,东南沿海的“用工荒”也陆续蔓延到以往的劳动人口输出地。相关人口研究揭示:自2013年起,全国劳动人口发展步入“总量负增长、构成老化加剧”的新阶段。对重庆农村地区的调研也发现,当前农村劳动人口“空心化”现象十分突出,已很难寻觅大量可供转移的剩余劳动力。日益尖锐的劳动力供需矛盾已开始困扰重庆这个劳动人口输出大市。

一、重庆劳动力供给形势分析

在劳动力处于“有限供给”的新阶段,劳动力的供给格局,由劳动年龄人口、劳动参与率、劳动力流动等人力资源市场配置所决定。相比于劳动市场需求的即时、弹性变化,劳动力供给变动是缓慢的、刚性的。

(一)未来重庆劳动力资源总量将略有增长

根据市统计局资料,保持目前的发展状态,在2020年前,全市的劳动力资源(指16~64岁年龄组人口,下同)将逐年上升,在2020年达到2080.68万,10年累计增加71.74万人,增加幅度约为3.57%。

(二)人口发展仍处在低抚养比“人口红利”时期

根据市统计局数据,保持目前人口发展态势,未来5~10年重庆人口发展仍处于低抚养比“人口红利”阶段,抚养比在2010年为39.93%,在2015年增加到42.34%,在2020年增加到49.38%。全市的“人口红利”逐渐下降,但仍处于红利期内。另外,重庆市抚养比横向比较则处在相对高位水平,2011年总抚养比高于全国平均水平5.38个百分点,在西部十省区中只低于贵州。从抚养比角度而言,重庆市的劳动力资源在全国没有优势。

(三)人口老龄化位居全国第一、劳动人口构成老化加剧

2010年重庆常住人口老龄化在全国省级区域排位第一。另据预测数据显示:2010年重庆市劳动人口平均年龄为39.58岁,在2015年增加到40.28岁,在2020年增加到40.68岁。而构成老化的最直观特征是50~64岁中老年劳动人口呈快速增长态势,10年总量累计增加了84.98万,占比累计增加了5.4个百分点。

(四)新增劳动力供给不足,供给结构缺乏潜力

16岁人口是新成长劳动力总量变动的最主要影响因素,直接影响劳动力年龄结构。预测数据显示,我市16岁劳动年龄人口持续缩减,新成长劳动力总量增长趋于停滞或负增长:2010年16岁人口为47.58万人,在2015年降至31.49万人,在2020年转变为32.27万人。根据市人社局监测数据:近3年来全市新成长劳动力出现快速的负增长,在2010年为36.04万人,在2011年略增加到36.61万人,而在2012年快速降至34.92万人。即使考虑到重庆未来发展区域优势的确立,能吸引一些周边地区的新成长劳动力净流入,未来5~10年重庆新成长劳动力资源也只能维持总量增长停滞或低速率负增长格局。

(五)迁移人口成为重要劳动力来源

在目前的人口迁移模式下,重庆90%的迁移人口为劳动力人口。因此,人口迁移数量对未来全市的劳动力供给有着直接和重要的影响。

从2008年始，全市人口的机械增长由负转正，开始持续正增长，极大地补充了全市的劳动力。

表1 常住人口变动及构成 单位:万人

	常住人口年增长量	自然增长	人口迁移
2005	4.68	8.39	(3.71)
2006	10.00	9.53	0.47
2007	8.00	12.22	(4.22)
2008	23.00	12.34	10.66
2009	20.00	10.54	9.46
2010	25.62	10.88	14.74
2011	34.38	9.20	25.18
2012	26.00	11.73	14.27

(六)全市劳动参与率持续下降

在人口数量一定的前提下，投入到经济活动中的劳动力数量却不是固定的，它取决于多方面的因素。

劳动参与率是衡量劳动力数量与劳动年龄人口之间的相对比率。换言之，劳动参与率越高，投入经济活动中的劳动力数量就越多，对经济增长就越有利；反之，如果劳动参与率持续下降，它对经济增长将产生不利的影响。2000年以来，重庆市劳动力资源人口的劳动参与率总体呈下降趋势，由88.4%下降到2010年的76.3%，下降了12.1个百分点。

二、需求形势分析

直辖以来，重庆市紧紧抓住国家对老工业基地的扶持及重点产业调整振兴等机遇，大力实施“工业强市”战略，全市工业经济实现了快速发展，形成了“6+1”多元支撑的产业结构。产业结构决定就业规模与就业结构，重庆“6+1”新型产业结构的形成过程，对全市劳动力需求格局产生了重要影响。

(一)劳动力需求增长迅猛，供需矛盾日显突出

2012年，重庆市就业人员总计1633万人，比2010年增加93万人，增长6.05%，比2006年增加178.37万人，增长12.26%。在就业结构调整滞后于产业结构调整、企业用工方式调整滞后于就业市场供求变化等多重效应的夹击下，一系列用工上的“结构性短缺”矛盾推升、放大了“用工荒”对企业的影响。

(二)就业人员产业结构有所改善，但全市劳动力资源与经济发展水平的匹配程度仍较低

2000年以来，重庆就业产业结构总体偏离度稳步缩小，由79.2%下降到56.2%，降低了23个百分点，尤其是2000年以来降低了8.1个百分点。分产业看，三次产业的结构偏离度均在向0靠拢，呈逐渐减少的态势，说明全市的产业结构偏离现象正逐步好转，并朝着不断缓解的方向发展。全市就业结构逐渐优化，第一产业劳动力转移的压力仍然存在，二产吸纳劳动力能力不足，三产吸纳劳动力比较饱和。

由于第一产业中存在着大量的超龄就业人员，在一定程度上加剧了该产业长期的正偏离程度，并延缓了劳动生产率的提升。因此，虽然近几年重庆不断加强了农村劳动力的转移力度，效果也较为显著，但单纯从数据变化趋势看，第一产业劳动力转移的压力仍然存在。第二产业的负偏离状况表明该产业存在劳动力迁入的可能，应该吸纳更多的劳动力使产业的发展与其吸纳劳动力的能力保持一致。但其负偏离程度较大也说明其劳动生产率最高，使得在经济增长速度一定的情况下第二产业对劳动力的需求量减小，吸纳就业的能力相对下降。也正是这个原因，导致了第二产业结构偏离度近几年随着该产业的稳步发展出现了缓慢扩大(2010年后又有所好转)。在就业规模不断扩大的背景

表2 重庆市主要年份的三次产业结构偏离度 单位:%

年份	第一产业	第二产业	第三产业	总体
2000年	39.5	24.9	14.6	79.0
2005年	33.2	25.7	7.5	66.4
2010年	31.7	32.2	0.4	64.3
2011年	29.7	30.7	1.0	61.5
2012年	28.1	26.5	1.6	56.2

资源来源:《重庆统计年鉴》,2013

下，第二产业仍然具有一定的吸纳劳动力的潜力。第三产业的偏离绝对程度是三次产业中最小的，但结构偏离度却经历了由负转正再转负的过程，说明虽然相对来说目前重庆第三产业的劳动力数量与经济发展水平是较为匹配的，在前几年就业人员逐渐趋于饱和，近两年随着工业的发展又有了一定的就业空间。

横向比较，重庆的结构偏离度略高于四川，与全国平均水平也有较大差距，要赶上直辖市水平还任重道远。总的看来，分产业从业人口分布与变动，与经济发展阶段、增长模式、生产效率等直接相关，是劳动力市场资源优化配置的结果。但先进地区产业与从业人口构成优化布局，为未来我市劳动力资源的优化配置提供了大的方向。

(三)“40、50”劳动年龄人口过早退出劳动力市场

根据“六普”资料，25~44 岁年龄组的劳动参与率基本能达到 90%，进入 45 岁后，劳动参与率快速降低。我国退休年龄的制度安排在其中

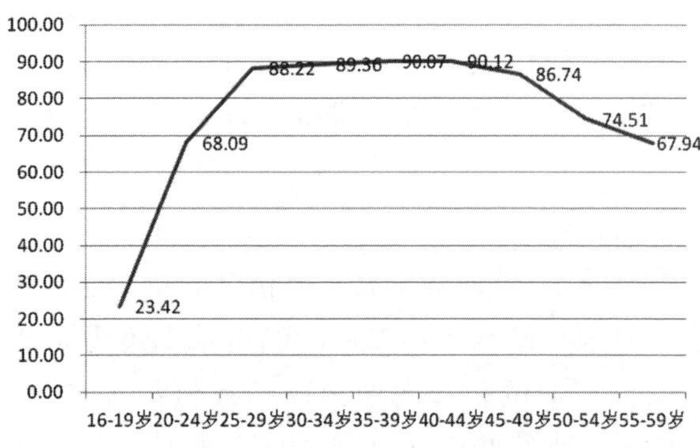

图一　分年龄劳动参与率

有一定作用，但单位职工在劳动人口中的总体比例比较低，表明许多劳动者还是因为市场选择的因素，被动提前退出了劳动市场。

(四)全国各地争抢青壮劳动力进一步加剧本市劳动力供需矛盾

通过到成都、河南、上海、江苏(昆山市、常熟市）等外省市考察当地的笔电企业用工保障情况，我们发现各地的人力资源争夺均愈演愈烈。但是，沿海与中西部地区的争夺方式却大不相同。中西部主要靠政府的强势介入、持续干预；东南沿海则多为市场调节、自主选择。与上述省市相比，重庆市、区两级政府对笔电企业招工的支持力度最大，优惠政策最多，市场介入也最深，但保障效果却不尽如人意。其主要表现可谓是“招得多、流失多；招人难、留人更难”。

三、未来劳动力供需的动态平衡分析

(一)未来惯性发展下劳动力供需存在一定缺口

根据市统计局的预测，保持目前的发展态势，全市 2015 年和 2020 年分别存在 33.8 万人和 182 万人的缺口。需要指出的是，这里的缺口是基于历史数据的一种推算，受各种假设的影响较大。

(二)未来劳动力供给与需求的不确定性较大

由于劳动力的供求分别受诸多因素影响，故未来具有较大的不确定性。

1.人口迁移对未来劳动力供给影响巨大

不同的迁移假设对未来劳动力供给预测影

表 3　2012 年重庆与其他区域三次产业结构偏离度比较

地区	经济结构			就业结构			偏离度			
	一产	二产	三产	一产	二产	三产	一产	二产	三产	总体
重庆	8.2	52.4	39.4	36.3	25.9	37.8	28.1	26.5	1.6	56.2
全国	10.1	45.3	44.6	33.6	30.3	36.1	23.5	15.0	8.5	47.0
上海	0.6	39.0	60.4	4.1	39.4	56.5	3.5	0.4	3.9	7.9
广东	5.0	48.5	46.5	23.8	42.1	34.1	18.8	6.4	12.4	37.6
四川	13.8	52.8	33.4	41.5	25.7	32.8	27.7	27.1	0.6	55.4

响很大。在无迁移情况下，全市在2015年后劳动力资源将逐渐萎缩,2020年减少到1937.76万人,缩减幅度约为3.54%。如果人口迁移规模加倍,2020年总人口规模将增加56万人，预计劳动力资源将再增加近50万人,资源总量将达到2130万,增幅达6.02%。随着重庆建设长江上游经济中心和内地开放高地等目标逐渐实现,对市外人口的吸引力也会进一步增强，劳动力供给将可能有明显增加。

2.劳动参与率变动直接影响劳动力供给数量

在劳动力资源一定的情况下，劳动参与率直接决定劳动力的供给量，但未来全市的劳动参与率难以准确估计。而未来劳动参与率的变动将主要受以下因素的影响:一是重庆面临人口结构老化不断加剧的形势，不利于劳动参与率的提高；二是受劳动力供求变化和工资福利增长的影响，一部分无工作意愿的非经济活动人口有可能发生转化，加入劳动大军从而提升劳动参与率；三是重庆青少年的受教育年限与其他直辖市和重要省会城市相比依然不高，劳动人口的文化素质和技能水平提高空间较大,如未来几年在这方面加大力度，短期内将引起劳动参与率出现一定变动；四是目前重庆的总体收入水平在全国仅为中等,未来5~10年还不足以成为更多人因选择闲暇而退出就业市场的条件,但随着收入水平的提高,对未来劳动参与率的变化也会有所影响。

在不同的劳动参与率假设下，未来劳动力供给规模差距会很大。以市统计局有迁移人口预测为基础，导入高中低三种不同的劳动参与率进行推算,结果是至2020年,三种劳动参与率假设推算出全市劳动力供给将相差100万。这也说明，未来全市劳动力供给总量有一定的弹性空间，它会因一些因素或条件的改变而变化,这就为我们在顺应市场规律的前提下,利用适度的调控手段改善就业市场环境以增加供给,留下可操作空间。

3.经济增长的不确定性影响劳动力的长期需求

2010年重庆的经济增速达到了2000年以来的最高水平17.1%,在2012年又降到13.6%,但仍远高于同期全国平均水平。从国内外大环境和长期趋势看，重庆的经济增速与全国基本走势一致,也将逐渐放缓。虽然未来会降到什么水平暂时还难以估计，但对劳动力的需求肯定会低于目前假设保持惯性增速的预测数量。假设保持目前的就业弹性系数不变，则不同的经济发展速度对劳动力的需求差异也较大。根据市统计局预测，高方案和低方案的劳动力需求将相差96.4万人。

4.劳动生产率提高将降低劳动力需求

随着产业结构调整和技术进步，全社会对劳动力的需求将逐渐降低，这是一个理论与经验均已证明的普遍规律。欧、美、日等发达国家和地区经济总量和就业人口之比与我国的巨大差距，昭示着中国未来的劳动力需求同样存在可观的下降空间。由于重庆区域较小,且仍处在产业结构大幅调整阶段，劳动生产率提高也必然会降低劳动力需求,虽然其数量暂难估计,但趋势是确定的。

5.重点行业用工需求“爆发式”增长态势不可也不会持续

近年来,全市随着笔电行业等快速上规模,用工需求呈“爆发式”增长。但这些爆发式增长的行业多为劳动密集型企业，这类企业在达到一定生产规模后，将不会再产生劳动力的增量需求，并且随着技术进步还将逐步释放一定的存量劳动力。

（三）未来劳动力“结构性和阶段性”缺口常在,但供需总量基本平衡

综上所述，在不同假设条件下预测重庆未来劳动力供需变动趋势，其结果都表明供需之间均有一定的缺口，但由于未来劳动力供需会受诸多因素的影响而呈现出一定的不确定性,众多因素将共同决定劳动力“失衡”变化态势与强度。与此同时,因为市场机制这只无形之手会对市场中或微观领域里出现的任何非理性行为、突发性事件或爆发式变动等导致的非均衡

状态进行自主调节与修复，使市场始终处于动态的均衡状态。因此，就重庆当前与未来劳动力市场的供需状态而言，若高估潜在的劳动力需求增长形势、低估市场机制对潜在劳动力“缺口”的修复能力；或一味地强调从增加供给角度增进供需平衡，均将既不利于未来产业转型升级，也不利于“稳增长保就业”的发展大计。故本项研究认为，在重庆劳动力存量依然庞大和劳动产出率相对较低等前提下，对未来5~10年内重庆劳动力市场供需作出“缺口常在、总体平衡”的预判，是恰当的，也是可信的。

四、劳动力市场供需矛盾特征及原因分析

在未来5~10年，重庆劳动力“结构性短缺”或叫“相对短缺”将持续存在，但在市场机制与价格杠杆作用下，会维持在可控范围之内。如无重大的不可预知因素干扰，总体供需的基本平衡不会被打破。但必须重视的是，东南沿海劳动密集型产业向中西部地区梯次转移和重庆产业结构调整升级，加之重庆周边地区的同质化竞争等，已使重庆劳动力市场劳资双方的博弈格局发生方向性的改变。劳动力从之前“买方市场”向“卖方市场”转变，现有的企业用工方式以及政府的就业政策和重点企业扶持政策的不适应问题也逐渐凸显，需要客观审视和认真应对。

（一）劳动力市场供需矛盾特征

一般而言，在自由开放的劳动力市场体制机制下，劳动力供需“平衡”是一种理想状态，结构性、阶段性和局部的供需“失衡”则是常态。它既是劳动力市场合理配置劳动力资源的结果，也是资源利用效率提高、价值最大化的正常反映。从前面的全市劳动力供求形势的分析，我们可以归纳出重庆劳动力市场供需矛盾的几个明显特征。

1.“招工难”与“就业难”长期并存

长期以来，全市量大价廉的农民工已经成为产业工人的重要组成部分，为实现重庆经济高速增长发挥了重要作用，但同时也形成了过度依赖廉价劳动力的发展模式，产生大量的低端劳动力需求。随着沿海地区经济复苏，劳动力需求不断增加，东部地区与西部地区、重庆与周边地区的人力资源争夺将日趋激烈。因此在进入“刘易斯拐点”及其引发的全国性产业结构大调整时期，重庆的“招工难”问题将会长期存在。

与此同时，重庆新增劳动力资源中的失业、待业数量也相当庞大，并形成了一些特殊的就业困难群体：一是不甘心做“蓝领”的大学毕业生，就业市场上的“蓝白错位”现象大多体现在这一群体；二是企业改制后的下岗失业群体，目前全市仍结存有12.7万名年龄偏大、技能单一的下岗失业人员；三是辗转在各地公共人力资源市场的农村剩余劳动力；四是为数不少的被动提前退出就业领域的中老年劳动力。公共人力资源市场监测数据揭示：2013年前三个季度城镇新成长失业青年数量分别为11.21万(2.23万为应届高校毕业生，后同)、8.66万(3.36万)、7.94万(4.53万)；辗转于公共人力资源市场的农村人员求职数量分别为12.19万、9.80万、7.12万。可见，农村劳动力和新成长失业青年一直是公共人力资源市场中求职的两大主力，而且，数值上还远超过“6+2”重点企业招工需求缺口的总和。

2.供需结构性失衡成为就业市场的常态

(1)用工主体偏爱成熟劳动力与新成长劳动力的高失业率

公共人力资源市场监测数据显示：新成长失业青年，一直是我市公共人力资源市场求职

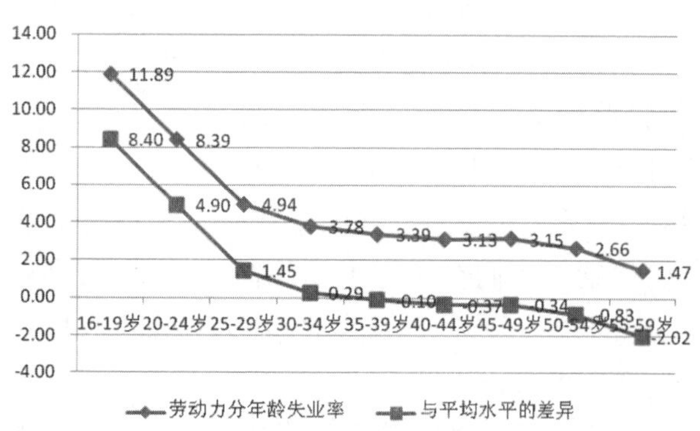

图二 分年龄失业率

的主体之一，占比在40%~50%。根据“六普”资料，重庆30岁以下的劳动力失业率高于全市平均水平，其中16~19岁年龄组失业率高达11.89%，20~24岁组也达到了8.39%，这或与企业对成熟劳动力的偏爱有关。目前企业在招聘工人时几乎都附带了工作经验要求。根据公共人力资源市场监测，2013年第一季度，16~24岁年龄段求人倍率为0.28，而35~44岁年龄段求人倍率达到2.35，也明确揭示了这一矛盾。

(2) 高技能人才严重短缺与高学历人员的高失业率

随着新型工业化推进，全市出现了严重的技能人才短缺。一是总量少。从2012年鉴定数据看，全年鉴定372892人，全国排名第15位，与广东、江苏、山东等沿海省份差距较大；从西部12省市数据看，位列四川、云南、新疆、陕西之后，排名第5。基于361家企业的抽样调查显示，97.4%的企业都出现了技能人才短缺问题，其中有58.2%的企业由于用工季节性、短期性特点出现偶尔短缺，说明技能人才短缺的同时呈现出严重的周期性短缺现象。二是高级技能人才少。随着重庆市区域经济的快速发展，技能人才供给出现结构性矛盾，尤其表现在高技能人才短缺。从2008~2013年鉴定人数看，高技能人才占比鉴定规模在10%左右，而沿海发达地区高技能人才占比均达到18%，部分地区达到20%以上。三是流失大。由于思想观念、待遇、环境等方面的原因，361家受调查企业中，52%反映技能人才流失严重。不仅如此，即便目前没流失的员工仍然存在潜在流失风险。在对技能人才的调查中，46.7%的员工只打算在企业工作5年以下，49.1%的员工已有离职念头；同时调查还发现，若增加25%及以上的薪酬，我市高达76.2%的技能人才会选择跳槽去其他省市工作。由此可见，全国范围内的争夺使得原本技能人才不足的重庆市区县技能人才短缺问题更加突出。

与技能人才缺乏相伴随的是高受教育程度劳动力的高失业。根据“六普”资料，高中及以上文化程度劳动力，除研究生外的失业率都偏高，尤其是高中程度的高达7.68%，大学专科的也达到了5.8%。结合技能人才缺乏分析，可以得出两个结论：一是职业教育或技能培训力量还比较弱，二是大学专科相对市场而言的专业性差。我们的教育体系存在较大问题。

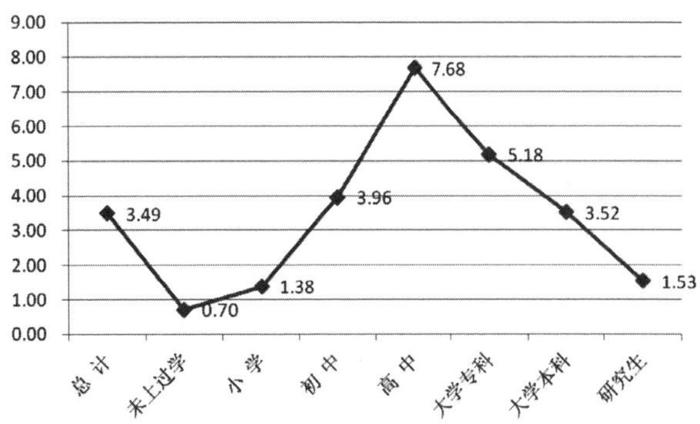

图三 分受教育程度16岁及以上人口失业率

(3) 劳动力供给常态与企业用工的季节性波动

企业的用工需求，尤其是普工的需求，受“订单”的影响较大，不论是生产性的还是服务性的企业，为了降低成本，都不愿意养“闲人”。而不同行业的生产周期是不一样的，因此各行业用工需求随季节波动是比较大的。受信息不对称影响，劳动力供给更多的时候呈现出一种常态，自身无法对企业的用工需求作出即时反应。

3.员工高流失率放大企业“用工荒”

“常年招工，不断流失”，“用工荒”依旧可说是目前重庆笔电企业的真实写照。这些备受关爱的企业如果继续保持目前这种“招工量持续高涨，流失率维持高位”的“流水宴席”式用工模式，将不仅使政府长期背上沉重包袱，而且也使企业难以摆脱“用工荒”的宿命。

近年来劳动争议案件高位运行，也反映了重庆劳动力资源利用不稳定。2012年，全市劳动人事争议仲裁、一审人民法院审理、劳动保障监察行政处理的劳动争议案件总量达8万件，涉及劳动者6万人。按总劳动力资源计算，劳动争议发生率为3‰，已连续5年处于高位运行。而其中涉及劳动报酬、社会保险、解除终止劳动合同的争议案件占 75.23%。这说明重庆企业用工的总体稳定性比较低。

(二)原因分析

1.新生代求职者的追求和心态发生改变

长期以来,“用工荒”所涉及的劳动力主要来源于农民工,随着老一代农民工逐步退出人力资源市场,新生代 80、90 后农民工正逐步成为农民工主体。新生代农民由亦工亦农兼业为主转向全职从事非农就业为主,由在城与乡双向流动转向更多融入城市,由以谋生存为主转向谋求个人发展,对尊重、平等和社会承认有更多期盼,特别是在择业观上对工作环境、福利待遇、发展机会及文化生活等有了更高要求,如把求职者对就业愿望按百分比划分,工资福利占 60%,就业环境占 20%,个人发展空间占 20%。新生代农民工多数不愿意从事如建筑、餐饮、家政服务、制造业等行业。

2. 不少企业仍在沿用过去的不合理用工方式

(1)粗放式用工

一些企业不与员工签订劳动合同、不缴纳社会保险费,不愿增加员工工资待遇共享发展成果,不愿增加投入改善员工的生产、生活环境,忽视企业文化建设和员工成长环境的打造,习惯根据订单急召急退,让农民工缺乏归属感。当前大多数,尤其是新兴企业用工仍然粗放,同时部分企业由于薪酬待遇、职工福利、保障制度达不到求职者预期,导致一些劳动力选择待价而沽,采取观望态度,劳动力市场相对过剩与短缺并存。现阶段企业“招工难”很大程度归因于企业自身竞争力不够,不适应劳动力供给有限的就业市场新格局。

(2)“掐尖”式用工

目前一些企业用工倾向于青壮年、高素质劳动力,且大多数用工企业在用工年龄、学历甚至性别上设有多重限制。这在客观上将大量能够满足岗位要求的劳动力排除在需求市场之外,进一步加大了“结构性短缺”的影响度。单从技术角度看,劳动者工作能力是无明显差异的。用工“偏好”的形成不过是劳动力无限供给格局下追求效率、控制成本的途径,但不是合理选择。

(3)“拿来”式用工

这主要体现在技工的培养和使用上。调研发现,我市新兴企业,大多期待低成本从其他企业或市场招聘技工人才,而不是从普工中选拔、培养再造自身所需的技工。一些企业只是一味地高薪挖人或不择手段进行招聘竞争,这种恶性竞争的作法无疑会破坏原本脆弱的技工培养市场秩序。

(4)滥用优惠政策

一些重点行业在用工上滥用政府提供的优惠政策和“超国民待遇”,无视劳动力市场供需关系的基本局面。一方面依赖政府补贴帮助招工,另一方面又长期将劳工工资固定在最低工资标准的水平。如劳动者想增加收入,只能靠加班超时工作。这使重庆企业的劳动报酬不仅相对其他重点城市普遍偏低,即使与周边区域相比也不具优势。

以上种种不合理用工方式的盛行,其结果必然是员工的高流失率。这在普工“卖方市场”地位已经形成且不断强化的今天,不但不利于化解劳动力相对短缺的矛盾,甚至对“用工荒”起到了推波助澜、放大负面效应的作用。很显然,这是一个劳资双方均受损的双输结果。

3.政府的“越位”与“缺位”

(1)公益性人力资源市场挤占了经营性人力资源市场发展空间

几乎所有区县都有一个政府所属的公益性人力资源市场。公共就业服务平台多、规模大、力量强,强化了求职者和用人单位“找政府”不找“市场”的观念。同时,有的公共服务机构与政府所属人力资源服务企业融为一体,既从事公共服务,又从事经营性服务,政企不分、事企不分,利用行政资源参与市场竞争,进一步挤压了经营性人力资源服务企业的生存和发展空间。

(2)政府为重点企业提供的“协助招工”干扰了真实的市场信号

尤其在一些劳动密集型高科技生产企业的用工中，政府将公共资源过度让与、企业对优惠政策过度依赖以及用工中非国民待遇等形成的叠加效应，对劳动力市场形成了较大的负面冲击。导致企业不能真实感觉"用工荒"的严重程度，也没有及时调整招工条件和薪酬水平的压力，而是继续寄望于政府出手相救。

(3)公共就业服务体系作用发挥不足

重庆的公共就业服务体系主要通过举办现场招聘活动、日常推荐等传统服务方式搭建供需对接平台。网站建设、网络招聘尚处在起步阶段，而对解决劳动力供需结构性矛盾所亟需的劳动力信息数据库和企业用工信息数据库建设还只处于酝酿之中。

(4)经营性人力资源市场缺乏法规和政策支撑

目前，全国人力资源市场面临法规滞后、政策缺乏的困境。据了解，我市在人力资源市场方面，未有专门的扶持政策。除信息产业招工补贴外，人力资源服务企业很难享受到其相关优惠和扶持政策。这也是我市人力资源服务业规模不大、发展困难的原因之一。

五、研究建议

重庆已进入第一个"刘易斯拐点"，人口红利逐步消失，劳动力资源成为硬约束。因此，未来重庆的产业布局与招商引资都须在充分考虑和尊重这一客观现实的条件下进行谋划。

全市劳动力供给有限且受迁移因素影响较大。因此，应将进一步挖掘市内存量劳动力潜力、回引外出渝籍劳动力和吸纳市外劳动力作为增加劳动力供给的主要举措。

未来全市劳动力供求基本平衡。因此，在关注重点行业"用工荒"的同时，仍需高度重视规模庞大的特殊群体"就业难"问题。

局部、间歇性、阶段性等"结构性短缺"将长期存在。因此，在多举措保障供给的同时，须充分发挥市场机制对供求均衡的调节作用，尤其要重视调整部分行业、企业的"不合理"用工需求。

(作者单位：重庆社会科学院)

第三编

经济与社会发展综述

2013年重庆市经济社会发展概况

袁韵锋

2013年，面对复杂的国内外形势和繁重的改革发展稳定任务，重庆市委、市政府在党中央、国务院领导下，深入贯彻党的十八大精神，围绕“科学发展、富民兴渝”总任务，实施“一统三化两转变”战略，全面推进经济建设、政治建设、文化建设、社会建设和生态文明建设，全市呈现出经济持续发展、民生不断改善、社会和谐稳定的良好态势。全市生产总值实现12657亿元，增长12.3%，增速居全国前列，人均GDP近7000美元，超过全国平均水平。

一、重大项目推进有力，基础设施建设提速

强力推进“九大基础设施项目”、“十大工业项目”和“城市十大片区开发项目”这29个重大项目群建设，带动全社会固定资产投资完成11205亿元，首次迈上万亿元台阶。

一是“三港两路”枢纽功能持续完善。江北国际机场旅客吞吐量达到2568.6万人次，水港货运吞吐量增长13.4%，信息港出口带宽达到1700G。高速公路基本实现全覆盖，开通渝蓉高速重庆段、巫溪—奉节、涪陵—丰都—石柱等7条高速公路，新增通车里程403公里，总里程增至2312公里；建成城口至万源快速路，“4小时重庆”全面实现。铁路建设再上新台阶，渝利铁路、渝涪二线、兴隆场编组站建成通车，新增铁路营运里程228公里，总里程增至1680公里，沿江综合运输通道形成。轨道交通路网体系进一步形成，通车里程增加到170公里。

二是市政和环保基础设施不断完善。以十大商务集聚区为载体，新建了一批城市综合体，江北嘴、悦来新城、中央公园、化龙桥等片区形象显现。新建、改造城市道路1171公里，新增一批停车楼(场)。主城公交实施一小时免费优惠换乘，二环以内区域实现公交全覆盖。一大批市政、商贸、科教、文体、卫生等基础设施建成投用。城市污水集中处理率和垃圾无害化处理率达到89%和98.5%。城市十大片区开发项目稳步推进，城市功能不断拓展，商业开发形成规模，产城融合向深度发展。

三是农村农业和能源等工程建设顺利推进。新建和改建农村公路8000多公里。一批能源、水利工程抓紧推进，电力装机容量新增170多万千瓦，总装机容量1514万千瓦。新增1.4万公里中低压线路和66万千伏安配电容量，农网改造基本实现全覆盖。实施重点水源和城镇防洪工程，整治一批病险水库和山坪塘，200万农村居民实现饮水安全。

二、产业结构调整加快，三次产业协调发展

产业结构不断优化，三次产业结构由2012年的8.2:52.4:39.4调整为7.9:50.5:41.6。

一是“6+1”支柱产业多点支撑。全市大力推进集群招商和垂直整合，全年工业总产值达到1.84万亿元，增长13.8%。引进一批电子信息产业关键零部件配套项目，笔记本电脑、打印机和手机呈现集群发展态势，各类信息终端产量突破1.3亿台(件)。建设大数据应用基地，成为国家互联网骨干直联点和国家首批互联网与工业融合创新试点省市，软件和信息服务主营业务收入突破千亿元。开工上汽通用五菱项目，推进长安福特整车及发动机、变速箱生产线，引进鞍钢冷轧镀锌板等关键配套项目，汽车产销量突破200万辆，品牌影响力进一步扩大。推动医药产品进入基本药物和医保目录，落实船舶、化

工、材料等行业脱困举措,数控机床、生物医药、黄金珠宝、钟表眼镜等产业招商和培育力度加大。深入实施工业研发千亿投入计划,启动科技支撑示范工程45项,机器人、石墨烯、页岩气、智能终端、通用航空等重大科技专项取得新进展,企业专利授权增长35%。

二是繁荣发展服务业。围绕服务实体经济,各类金融业务健康发展,金融机构突破千家,金融业增加值占全市生产总值的比重达到8.4%,金融机构不良贷款率降至0.37%。区域性要素市场年交易额超过1600亿元。物流配送体系不断完善,西部现代物流园、江北国际机场航空物流园、南彭公路物流基地等项目进展顺利,物流业增加值比重提高到6.5%。电子商务方兴未艾,京东集团、阿里巴巴、易迅网、齐家网等知名电商落户,电子商务交易额超过3000亿元。会展、购物、美食之都建设有序推进,国际博览中心建成投用,展会经济规模实现翻番,百亿级商圈、百亿级市场分别增加到8个和15个,连锁经营销售额增长20%。文化产业进一步发展,成为国家数字出版基地。实施国民旅游休闲纲要,都市、乡村、温泉、精品景区、三峡邮轮等旅游消费活跃,获得72小时过境免签政策,旅游目的地魅力日益彰显。

三是农业稳定发展。围绕保供增收目标,发展特色效益农业,粮食产量连续六年稳定在1100万吨,蔬菜产量1600万吨,生猪、牛羊、生态鱼、柑橘、林果等百亿级产业链加快建设。农产品有组织流通的销售份额达到43%。

三、内陆开放提档升级,外向型经济蓬勃发展

围绕大通道、大通关、大平台、大产业、大环境,扩大内陆开放,进出口总额增长29.1%达到687亿美元,总量进入全国前十、中西部第一。

一是平台建设成效明显。全市逐渐形成“1+2+7+36”(即两江新区,2个保税(港)区,7个经济技术开发区,36个市级园区)全方位、多层次的对外开放平台。两江新区功能开发全面展开,汽车和电子信息产业基地基本成型,商贸、金融、物流、会展等现代服务业加速聚集;2013年底,两江新区入驻世界500强企业127家,进出口总额占全市44%,实际利用外资占全市30%。两路寸滩保税港区和西永综合保税区功能有新拓展,开展了进口商品保税展示交易、集散分拨维修、跨境电子商务、离岸金融结算等试点,服务贸易达到105亿美元,离岸金融结算突破800亿美元。

二是开放通道畅通优化。大力发展陆航、江海、铁海等多式联运。渝新欧国际铁路联运大通道每周3班常态开行并开通回程货班列,货运量占经阿拉山口对欧贸易货运量的80%以上。“渝深快线、区域联动”成功运行。开通重庆经长江到上海、重庆到深圳进入太平洋,重庆经云南到缅甸入印度洋等国际货运通道,重庆从开放的“腹地”转向“前沿”。获准团结村铁路口岸试点,航空、水运、铁路立体化口岸架构全面形成,港口转口货运量占比提高到50%。

三是区域合作成效显著。全方位宽领域多渠道利用外资,2013年实际利用外资106亿美元(连续三年引进外资超过100亿美元),累计230多家世界500强落户重庆,形成一般贸易、加工贸易、服务贸易协同发力的开放格局。中国—中东欧国家地方领导人会议在渝成功举办。重庆与俄罗斯伏尔加河沿岸联邦区、中东欧地区都建立了良好的合作关系。外国驻渝领事机构增至10家。渝港、渝澳和渝台交流合作得到加强,成渝经济互动、渝黔经济合作不断深化,实际利用内资超过6000亿元。

四、五大功能区域发展战略全面启动,区域协调发展

认真落实市委五大功能区域发展战略,加强规划引导,优化产业和城镇布局,完善财政政策和考核办法,明确区县主体功能,发展理念和措施更加切合实际,初步呈现差异发展、联动发展、持续发展的趋势。

一是都市功能核心区现代服务业快速发展,辐射带动作用进一步增强。金融保险、商务

商贸、都市旅游等现代服务业快速发展，总部经济集聚功能日益增强。2013年实现地区生产总值2507.8亿元，经济总量占全市的19.8%；其中，第三产业增加值实现1805.3亿元，增长12.3%，占GDP比重达到72%（占全市服务业比重34.3%），达到国内服务业领先地区水平。

二是都市功能拓展区制造业提档提速，产城融合稳步推进。汽车、电子信息、装备等先进制造业和现代服务业同步发展，经济体量快速增长，是全市经济增长主引擎。2013年实现地区生产总值3025.1亿元，增长12.6%，比全市水平高0.3个百分点，经济总量占全市的23.9%；其中，工业1601.1亿元，增长14.9%，占GDP的比重达到52.9%（占全市工业比重30.5%）。

三是城市发展新区开始发力，成为全市工业化、城镇化主战场。把发展工业经济作为首要任务，基础设施投资、利用内资增速同比快速提高，新引进了一批主城扩散转移企业，经济快速发展。2013年实现地区生产总值4230.2亿元，增长13.3%，比全市水平高1个百分点，经济总量占全市的33.4%；其中，工业2049亿元，增长14.5%，占GDP的比重达到48.4%（占全市工业比重38.9%）。

四是渝东北生态涵养发展区、渝东南生态保护发展区特色农业、生态旅游方兴未艾。渝东北生态涵养发展区立足长江流域重要生态屏障和长江上游特色经济走廊，三峡库区柑橘产业带和生态鱼、肉牛、山地鸡等特色农业加快发展，长江三峡特色旅游产业不断发展。2013年人均GDP增长13.9%，比全市水平高2.6个百分点。渝东南生态保护发展区立足武陵山绿色经济发展高地和重要生态屏障，清洁能源、农产品加工、中药材、烟叶等特色产业和民俗文化旅游加快发展，经济保持较快发展。2013年人均GDP增长14.3%，比全市水平高3个百分点。

五、社会事业稳步发展，民生持续改善

扎实推进22件城乡民生实事，解决了一批涉及群众切身利益的居住、出行、用水、教育、医疗、社保等问题。同时，全面推进各项民生事业。

一是就业形势稳定。支持大中专毕业生、返乡农民工、城镇就业困难人员就业创业，城镇登记失业率控制在3.4%以内，城镇新增就业68万人，高校毕业生年底就业率达到94.4%。

二是公共服务不断完善。完成学前教育三年行动计划，改造农村薄弱学校493所。初中毕业生升入高中阶段教育的比例达到95%，高等教育毛入学率提高到35%。新增三甲医院5所，乡镇卫生院、社区卫生服务中心和4000多个村卫生室实现标准化。国泰艺术中心、群众艺术馆投入使用，重庆新闻传媒中心等项目进展顺利，一批文化示范项目通过国家验收，涌现出一批文艺精品。全民健身运动蓬勃开展，全运会成绩实现新突破。

三是社会基本保障水平提高。五大社会保险实现市级统筹，城乡养老保险参保率和城乡医疗保险参保率分别为90%和95%，低保标准与经济发展联动调整，城乡低保平均标准分别增长6.1%和8.1%。累计建成公租房1915万平方米，配租23.3万套、惠及63万人；改造城市棚户区113万平方米。扎实推进新农村建设，改造农村危房22.4万户；17.6万人实现高山生态扶贫搬迁，450个村实现整村脱贫。

四是居民生活质量提升。收入稳步增加，城乡居民收入分别达到25216元和8332元，增长9.8%和12.8%。环境加快改善，主城区空气质量优良天数206天，在31个省会城市及直辖市中居中上水平。长江、嘉陵江、乌江重庆段水质总体保持Ⅱ类以上，全市森林覆盖率达到42.1%，建成区绿地率提高到39.9%。有效调控房地产市场，住房供应结构合理、房价总体平稳、交易规范有序。主要农产品和重要商品供给得到有效保障，居民消费价格指数上涨2.7%，涨幅处在合理区间。

六、以行政体制改革为突破口，深化重点领域改革

实施政府职能转变和机构改革，整合加强

卫生和计划生育、食品药品监管、文化广电和新闻出版管理职能，理顺交叉职责，撤销市级议事协调机构和临时机构218个。进一步扩权强区强县，向区县简政放权，取消和下放行政审批事项405项。赋予两江新区行政主体资格和部分市级管理权限，江北嘴、悦来、保税港区、港务物流等公司划转其管理。经开区、高新区交由所在行政区统一管理。事业单位分类改革取得新进展。严控政府性债务规模和风险，建立了区县政府债务风险防控机制。推进工商登记制度改革。深化国有集团股权多元化改革，重庆银行H股成功上市，国有企业综合改革试点稳步推进。支持成立渝商集团和民商集团，建立民营经济发展项目库，健全中小微企业扶持政策体系。新增市场主体16.3万户，累计达到153万户。非公有制经济占全市生产总值的比重达到61.5%。深化统筹城乡综合配套改革，累计交易地票13.2万亩，农村产权抵质押贷款达到459亿元；新增农民工转户24.1万人，实现常态化。

取得成绩的同时，发展中也存在不少困难和问题：一是材料、化工、装备等全国性产能过剩行业尚未走出低谷，部分企业亏损增加，培育新业态和新增长点显得十分迫切。二是经济增长内生动力不足，科技创新能力不强，市场机制发育不够，民营经济单体规模和竞争力有待提升。三是城乡区域发展差距较大，区县发展特色不鲜明，产业支撑能力不强，贫困人口依然较多。四是资源环境约束加剧，淘汰落后产能和节能减排任务还很艰巨。

2014年，全市上下将全面贯彻落实党的十八大、十八届二中、三中全会和中央经济工作会议精神，按照市第四次党代会和市委四届二次、三次、四次全会的部署，紧紧围绕“科学发展、富民兴渝”总任务，大力实施五大功能区域发展战略，坚持稳中求进工作总基调，以改革统领经济社会发展全局，统筹推进新型工业化、信息化、城镇化和农业现代化，全面深化改革开放，着力强化创新驱动，着力加快转方式调结构，着力保障和改善民生，不断提高经济发展质量和效益，促进经济持续健康发展和社会和谐稳定。力争2014年全市生产总值增长11%左右，公共财政预算收入增长12%；单位生产总值能耗下降2.5%，主要污染物减排达到国家约束性要求；城乡居民收入增长与经济增长基本同步，城镇登记失业率控制在4%以内，居民消费价格涨幅控制在3.5%左右。

（作者单位：重庆市发展和改革委员会）

2013年重庆市国有资产监督管理概述

隆洋

2013年,重庆市国有企业立足实际,深化改革,转变方式,加速发展,推动各项指标再创新高。

一、2013年运行状况

(一)主要指标平稳增长

围绕"保增长"工作目标,全系统群策群力,经济运行实现稳中有进、稳中有好。一是积极应对宏观经济形势,及时调整经营策略,创新商业模式,优化产品结构,强化科学发展,拓展国内外市场,有效防止了企业市场份额下降、成本和产品价格倒挂等风险。二是加强重点项目建设力度,着力推动重钢环保搬迁、化医MDI等全市重点项目建设,协调相关项目资金59.5亿元,解决了一批影响企业改革发展稳定的问题。三是强化企业投资、财务、风险等管理,着力降低负债,改善资产结构;推动融资创新,稳固资金链,稳定现金流;积极调校投资规划,保持合理节奏,纠正盲目扩张;企业财务全面预算、行业对标管理、全员绩效考核、资金集约管理等管控措施全面深化,有力支撑了企业发展质量的持续改善和经济效益的不断提升。全年,市属国有重点企业累计实现营业收入3709亿元,同比增长13.8%;经营利润250亿元,同比增长5.3%;上缴财政土地收益427亿元,同比增长94%;上缴税金190亿元,同比增长10.8%。中央和外地在渝大型企业实现营业收入4171亿元,同比增长16.5%;利润总额195亿元,同比增长11.7%;上缴税金273亿元,同比增长23.8%。区县属和市级部门管理的国有企业实现营业收入611亿元,利润总额57亿元,上缴税金33亿元。

(二)改革开放不断深化

坚持向改革要红利,全系统坚定不移深化改革、扩大开放,企业生机和活力进一步焕发。一是坚持整体上市路径,坚持引入央企、外企和私企,推进国有企业股权多元化改革。重庆银行成功登陆H股,募集资金41亿港元,成为国内首家在港上市的城商行。重庆百货、重钢股份成功增发。全年利用外资12.33亿美元,全面完成引资任务。截至去年底,市国资系统1505户企业中,混合所有制企业713户,占比达到47.4%。二是有序启动综合改革试点工作。国务院国资委等部门正式行文明确在我市开展全国试点,市委市政府进行了专题研究部署,并出台了厂办大集体改革实施意见。三是稳步推进企业"走出去"。三峰环境垃圾发电业务进入印度市场,四联集团LED灯具通过阿根廷本地认证,机电集团PTG、恩斯特龙直升机等一批海外收购项目实现收购后持续盈利。

(三)调整转型步伐加快

全系统坚持调结构促转型,转方式促发展,企业核心竞争力进一步增强。一是促进企业转型升级。西南证券完善金融服务全产业链条,商社集团进军电商和消费金融领域,对外经贸集团谋划保理业务,农投集团启动农业融资租赁筹建,化医、轻纺、机电、四联、能源等集团所属企业环保搬迁和淘汰落后产能工作扎实推进。二是优化资源配置。水务资产受让三峰环境,三峡担保与兴农担保进行了资源整合,推动了保安集团、园投集团的管理体制调整。三是实施创新驱动。新增国家级企业技术中心1个;新增中国驰名商标2个;新增专利授权1846项,同比增长106%;新增商标1219个,同比增长213%;获国家级企业管理现代化创新成果一等奖2项、二等奖4项。

(四)监管工作不断优化

各级国资监管机构不断强化“依法监管、科学监管”理念,监管效率进一步提升。市国资委重点在简政放权、加强企业投资管控和风险防范、推动公司治理逐步规范运行、强化对企业领导人员的监督管理等方面加大了工作力度。取消或调整审批、备案事项15项。否决了一批超过财务承受能力、过度依赖负债的投资项目。退出或终止了一批无效益和长期亏损的投资项目。逐户研究审定了一批企业的“三重一大”决策制度。严肃处理了一批违反制度的投资和经营管理行为。期货、担保等高风险业务的监管进一步加强。合资合作中国有权益的维护进一步强化。市国资委机关共获得国家级奖励3项,市级奖励8项。各区县国资监管机构积极推进经营性国有资产统一监管、推动国资规范管理、创新探索监管方式方法取得新的进展,监管能力不断提升。

(五)国企功能充分发挥

全市国有企业勇于担当、积极作为,充分发挥影响力、带动力,履行社会责任意识全面增强。一是助推五大功能区建设。出台了《指导意见》,已与万州、永川、大足、开县、云阳、荣昌等区县开展对接,洽谈了一批项目。二是推动基础设施建设和公益事业发展。新增轨道运营里程27公里,新增高速公路通车里程403公里,新增铁路通车里程333公里,完成10万户居民供水设施改造,公租房新开工面积665.3万平方米,新交付96881套,保障了26.16万低收入群众的居住需求。三是支持中小微企业和“三农”发展,市属地方银行累计发放涉农贷款1124亿元,约占全市的1/3;发放小微贷款余额超过800亿元,其中微企贷款占全市的90%。市属担保公司为中小企业担保融资超200亿元,农村“三权”抵押融资达到100亿元。市属小贷公司累计为产业链企业提供融资超50亿元。四是加强安全生产和信访稳定,确保了一方平安。会同有关部门和区县,及时处置了江津出租汽车双到期、盘溪水果市场经营权纠纷等全市有较大影响的不稳定事件,市属国企连续4年实现重特大安全事故零发生。

二、发展中存在的问题

一是企业改革有待进一步深化,多元化改革深度不够,混合所有制经济比重不高,治理结构还不完善,经营机制仍待转换;二是国资监管的针对性、有效性还不强,既存在管得过多、过细的现象,也存在监管不到位的情况。

三、2014年工作重点

(一)深化国企改革,不断增强企业活力竞争力

着力抓好三件事,一是股权多元化和混合所有制改革工作。面向社会资本,推出首期总额约2000亿元的近100个开放项目。试点推动集团层面的股权多元化改革,力争2~3户取得实质性突破。推进川仪、建工、燃气等企业力争实现年内上市,同时编制市属国企三年上市规划。引入一批股权投资基金等民间投资主体参与国企改制上市、重组整合、对外并购。二是完善现代企业制度工作。适应管资产向管资本为主转变和发展混合所有制的需要,建立起《章程》治理机制,完善以管资本为主的相关制度,完善“三会一层”有效运行机制,建立起规模500人左右的外部董、监事人才库,并形成动态调整机制和评价机制。在多元化混合所有制企业中试行职业经理人制度,构建差异化的薪酬体系,建立以合同管理为核心、以岗位管理为基础的市场化用工机制。向法人治理结构健全、内部自我约束机制完善、市场化程度较高的企业下放工资总额权限。三是综合改革试点工作。全面启动,稳妥推进,力争在厂办大集体改革、社会职能移交等方面取得进展。

(二)着力转方式调结构,推动国企转型升级

主要抓好三项工作,一要大力推进重组和整合。首要任务是完善国有资本有进有退、合理

流动的市场化机制。着力推动国有资本向重点行业、关键领域和优势企业集中，推动企业间横向联动与产业链纵向重组整合，在推进长期亏损、资不抵债、缺乏市场竞争力的企业退出上，取得积极成效。二要加快推进转型升级。主要目标是构建现代产业体系，淘汰落后产能，优化产业和产品价值链曲线。重点抓好制造业与现代服务业的融合，传统产业与信息技术的融合，加快产品升级，加强品牌建设，严控过剩产业的投资项目，鼓励和支持企业走通过海外并购带动产业升级的路子。三要大力推进创新驱动。建立以管理创新为基础，科技创新与商业模式创新互动的分类指导体系。建立健全创新容错机制和激励机制。研究相关政策和资金支持问题。加大知识产权创造、应用、管理和保护力度，建立“知识产权服务中心”，促进创新资源的高效配置和综合集成。

（三）完善国资管理体制，增强国资监管的针对性

以管资本为主加强国资监管是完善国有资产管理体制的根本要求。今年要立足打基础、起好步，突出四项重点，一要深化国资委内设机构改革，深化简政放权，完善监管制度，调整监管方式。二要推进分类监管，原则上按公共服务类、功能要素类、竞争类划分企业。公共服务类企业以贯彻市委市政府重大战略，完成各类重大专项任务为主，以营运效率、服务质量、运营安全等为重要考核指标；功能要素类企业以金融服务、要素交易、投融资为主要业务，以市场化考核为主；竞争类企业以经济效益为导向，实行市场化考核。三要择机选择 2 户左右条件成熟的国有企业，开展改组或组建国有资本投资运营公司的试点工作，国资委对其履行出资人职责，对国有资本运营情况进行监管。四要加强对中央和外地在渝企业的联系、服务和支持力度，切实加强对区县国资工作的指导和服务，积极争取市级综合部门和行业主管部门的理解、支持，形成国资委依法履职、综合部门政策支持、行业主管部门加强指导，共同促进国企改革发展的良好局面。

（四）倾力打造责任国企，推进国企更好履行社会责任

引导国有企业牢记使命，努力实现“政治价值、经济价值、社会价值”的最大化。着力抓实四件事，一要推动国有资本与五大功能区定位深度融合，既要助推五大功能区建设，又要带动国有资本优化配置，还要实现市属和区县属国有资本的良性互动。二要支撑推进全市重大基础设施建设和公益事业发展，围绕全市重大项目，切实抓好资金调度，创新投融资和建设模式，保持合理的投资强度，高度关注质量进度、负债结构等重点问题。三要切实办好一批民生实事，紧盯 22 项重点民生事项，抓住住房、用水用电用气、出行交通等群众反映的焦点问题，抓紧抓实具体民生项目。四要扎实抓好安全生产和信访稳定工作，严格落实企业安全生产主体责任，落实“党政同责”、“一岗双责”。坚持全覆盖、零容忍、严执法、重实效，持续深化安全大检查，严密防范重特大安全事故。切实做好安全生产应急预案，全面提升应急处置能力。全面梳理掌握企业改制、劳动社保、城市棚户区改造、采煤沉陷治理等领域群众反映突出的群体利益诉求，攻坚化解一批影响企业稳定的突出问题，切实解决一批群众生产生活方面的具体困难。

（作者单位：重庆市国有资产监督管理委员会）

2013年重庆市经济社会热点问题扫描

敖崑鲸

2013年，在党中央、国务院的坚强领导下，重庆深入贯彻党的十八大和习近平总书记系列重要讲话精神，围绕“科学发展、富民兴渝”总任务，坚持低调务实、少说多干，敢于担当、积极作为，启动实施五大功能区域发展战略，深化改革、扩大开放，统筹推进新型工业化、信息化、城镇化和农业现代化，着力做好稳增长、调结构、促改革、惠民生各项工作，全市呈现出经济持续发展、民生不断改善、社会和谐稳定的良好态势。

一、2013年重庆市经济发展主要特点

2013年，全市GDP达到12657亿元，增长12.3%。工业总产值达到1.84万亿元，增长13.8%。在经济总量较快增长的同时，全市经济呈现出“三个结构向好”的态势：一是动力结构向好。“三驾马车”齐头并进，固定资产投资、社零总额、进出口分别达到11205亿元、4512亿元和687亿美元，分别增长19.5%、14%和29.1%。二是投资结构向好。在1.12万亿投资中，形成了工商业、房地产、基础设施4:3:3的比例格局；在106亿美元外资中，形成了工业、房地产、服务业4:3:3的投资比例，为长远发展积蓄了后劲。三是效益结构向好。规模以上工业企业实现利润878亿元，增长42.5%。公共财政预算收入1693亿元，增长15.5%。城乡居民收入分别达到25216元和8332元，增长9.8%和12.8%。主要有以下特点：

一是五大功能区域发展战略全面启动。主动适应国家区域发展战略、新型城镇化和生态文明建设等新形势新要求，立足直辖市体制、中等省构架和区域城乡间自然条件、资源禀赋、发展现状、发展潜力等差异很大的市情，综合考虑人口、资源、环境、经济、社会、文化等因素，在坚持“一圈两翼”区域发展战略的基础上，按照全市整体功能最大化、人口资源环境相均衡、经济社会生态效益相统一的要求，将全市划分为都市功能核心区、都市功能拓展区、城市发展新区、渝东北生态涵养发展区、渝东南生态保护发展区五大功能区域，并明确各自功能定位、发展重点和发展方向。前三个区域构成“大都市区”，其首要任务是集聚人口和经济，提供工业品和服务产品，提供财政税源，2013年经济总量占全市比重近80%。后两个区域构成“大生态区”，其首要任务是加强生态涵养与保护，坚持“点上开发、面上保护”，促进经济发展与生态环保良性互动。五大功能区域战略的实施，进一步加强了规划引导，优化了产业和城镇布局，完善了产业、财税、金融扶持政策和考核办法，各区县的发展理念和措施更加切合实际，初步呈现出差异发展、联动发展、持续发展的态势。

二是重点领域和关键环节改革有序推进。认真贯彻落实十八届三中全会精神，把深化改革作为发展的根本之策，从用好用活市场和政府“两只手”的深处着力，着力推进新一轮重点改革任务。从政府自身改起，以转变职能、机构改革和简政放权为突破口，整合加强卫生和计划生育、食品药品监管、文化广电和新闻出版管理职能，理顺交叉职能，撤销市级议事协调机构和临时机构218个。进一步扩权强区强县，取消下放行政审批事项405项，赋予两江新区行政主体资格和部分市级管理权限，经开区、高新区交由所在行政区统一管理。以激发市场活力为着力点，执行国家结构性减税政策，启动营业税改增值税试点，取消、免征行政事业性收费和政府性基金54项，为企业和居民减税让利271亿

元。推进工商登记制度改革,健全中小微企业扶持政策体系,新增市场主体16.3万户、累计达153万户,非公有制经济占全市生产总值比重达到61.5%。深化国有集团股权多元化改革,重庆银行H股成功上市。继续深化统筹城乡综合配套改革,累计交易地票13.2万亩,农村产权抵质押拆贷款达到459亿元,新增农民工转户24.1万人。

三是产业结构调整步伐加快。发展先进制造业与现代服务业并举,着力提升经济发展的质量和效益。深入实施电子信息、汽车、装备制造、化工、材料、能源和消费品产业等"6+1"支柱产业规划,大力度推进集群招商和垂直整合,笔记本电脑、打印机、手机和汽车产业呈现集群发展态势,各类信息终端产量突破1.3亿台(件),汽车产销量突破200万辆。注重创新驱动,深入实施工业研发千亿投入计划,机器人、石墨烯、页岩气、通用航空等重大科技专项取得新进展。繁荣发展服务业,其占GDP的比重提高到41.6%,金融业增加值占全市生产总值的比重达到8.4%,金融机构不良贷款率降至0.37%,区域性要素市场年交易额超过1600亿元。建设大数据应用基地,成为国家互联网骨干直联点和国家首批互联网与工业融合创新试点省市,软件和信息服务业主营业务收入突破1000亿元,电子商务交易额超过3000亿元。文化产业进一步发展,成为国家数字出版基地。获得72小时过境免签政策,旅游目的地魅力日益彰显。

四是内陆开放向纵深拓展。按照十八届三中全会扩大内陆开放的要求,全力推进大通道、大通关、大平台建设,提升重庆对外开放的层次、质量和水平。"渝新欧"国际铁路联运大通道实现每周3班常态开行并开通回程货班列,累计运输8000多标箱,占我国经阿拉山口对欧贸易货运量的80%以上。"渝深快线、区域联动"成功运行,国际航空货运航线增至20条。获准团结村铁路口岸试点,航空、水运、铁路立体化口岸架构全面形成,港口转口货运量占比提高到50%。两江新区功能开发全面展开,汽车和电子信息产业基地基本成型,商贸、金融、物流、会展等现代服务业加速聚集。两路寸滩保税港区和西永综合保税区功能有新拓展,开展了进口商品保税展示交易、集散分拨维修、跨境电子商务、离岸金融结算等试点,服务贸易达到105亿美元,离岸金融结算突破800亿美元。得益于对外开放功能要件的不断完善改善,全年实际利用外资达到106亿美元,连续三年保持在百亿美元以上的水平。

五是新型城镇化持续健康发展。立足国家中心城市定位,加快完善城市功能要件。加大枢纽型、功能性基础设施建设力度,突出空港、水港、信息港、铁路、公路"三港两路"建设,江北国际机场旅客吞吐量达到2500万人次,内河港口集装箱吞吐能力增至350万标箱,信息港出口带宽达到1700G。新增铁路营运里程235公里、累计达1685公里。新增高速公路通车里程403公里,累计达2312公里,全面实现"4小时重庆"。城市轨道交通营运里程增加到170公里,承担出行量占公共交通比例超过18%。主城公交实施一小时免费换乘。以十大商务集聚区为载体,带动主城大型居民聚居区和城市片区建设,主城区建成面积已拓展至687平方公里。全市户籍人口城镇化率达到40%。

六是集中精力办好22件民生实事。在全面推进就业、教育、医疗、社保、住房等民生工作的基础上,结合开展党的群众路线教育实践活动,集中力量办好事关群众切身利益的22件民生实事。其中,涉及农村地区的有10件,包括启动50万人高山生态扶贫搬迁工程、实施40万户农村危房改造计划、解决2606个撤并村不通公路问题、启动7.4万口山坪塘整治、解决人畜饮水最困难地区500万人饮水安全问题、建设2606个撤并村卫生室、推动2000个行政村环境连片整治、加快农村客运通达"双百"工程建设、建设1000所农村寄宿制学校、新建1.5万套农村教师周转宿舍、推进农村贫困地区义务教育学生营养改善计划。涉及城市的有12件,包括启动567万平方米棚户区改造计划、建设240个社区便民商业设施、推进新建小区与配套学校同步覆盖、启动主城区 56 个湖库污染治理、对 80 万户城市供水实行一户一表改造、对 897 台“三无”老旧住宅电梯进行改造更新、对 1424 个弃管小区电力设施实施改造、完善 1000 个社区的养老服务设施、加快推进城市公益性公墓建设、新建 362 座城市公厕和 100 座过街人行设施、推动主城绕城高速公路以内区域公交全覆盖和线网布局优化、提高轨道交通发车频率并合理增加编组。

二、发展中存在的问题

一是支柱产业较少，材料、化工、装备等行业还持续低迷，部分企业亏损增加、负债加重，培育新业态和新增长点显得十分迫切。二是经济增长内生动力不足，科技创新能力不强，市场机制发育不够，民营经济单体规模和竞争力有待提升。三是城乡区域发展差距较大，区县发展特色不鲜明，产业支撑能力不强。四是政府性债务管控力度需要进一步加大，部分区县融资成本较高，债务规模和偿债压力较大，潜在风险不容忽视。五是资源环境约束加剧，能源调度和要素保障难度加大，淘汰落后产能和节能减排任务还很艰巨。六是关系群众切身利益的教育、医疗、就业、社保、生态环境、食品药品安全、安全生产、社会治安等还存在不少问题，社会治理体系亟待加强。

三、2014 年重庆发展展望

2014 年是全面深化改革的第一年，也是完成“十二五”规划关键的一年。党的十八届三中全会对全面深化改革作出了系统部署，为进一步解放思想、解放和发展生产力、增强社会活力指明了方向。世界经济处于缓慢复苏之中，我国经济长期向好的基本面没有变，为稳增长、调结构、增效益创造了较为有利的外部条件。国家深入实施西部大开发、扩大内陆开放、建设丝绸之路经济带和长江经济带等发展战略，为处在战略交汇点的重庆开辟了新的发展空间。五大功能区域发展战略深入推进，有利于更好地发挥直辖市体制优势，加快建设国家中心城市、长江上游经济中心和西部地区重要增长极。国发 3 号文件、两江新区、保税区和三峡后续工作等政策效应还在持续释放。同时，国际金融危机导致的外需疲弱已成常态，全国处在经济增速换挡期和结构调整阵痛期，经济下行压力依然较大。

重庆将紧紧围绕“科学发展、富民兴渝”总任务，大力实施五大功能区域战略，坚持稳中求进工作总基调，以改革统领经济社会发展全局，统筹推进新型工业化、信息化、城镇化和农业现代化，全面深化改革开放，着力强化创新驱动，着力加快转方式调结构，着力保障和改善民生，不断提高经济发展质量和效益，促进经济持续健康发展和社会和谐稳定。力争实现以下目标：全市生产总值增长 11%左右。公共财政预算收入增长 12%。单位生产总值能耗下降 2.5%，主要污染物减排达到国家约束性要求。城乡居民收入增长与经济增长基本同步。城镇登记失业率控制在 4%以内，居民消费价格涨幅控制在 3.5%左右。

（作者单位：重庆市政府研究室）

第四编
部门经济运行与管理

质量技术监督

刘建军

一、2013 年质监工作回顾

2013 年，全市质监系统按照市委、市政府和国家质检总局的一系列重大部署，以“服务型质监”建设为主线，以服务大局、服务区县、服务企业、服务民生为主题，坚持不懈抓质量、保安全、促发展、强质监，扎实开展群众路线教育实践活动，各项工作取得新成效，为重庆经济社会发展提供了质量保障。

（一）抓质量，质量总体水平进一步提升

认真落实市政府加快质量强市建设年度行动计划，广泛开展“质量月”活动，抓好区县工业产品质量监督抽查合格率及名牌培育考核工作，精心组织市长质量管理奖评选和重庆名牌产品评价，认真编制《重庆市计量发展规划(2013~2020)》，联合市委组织部组织区县政府分管领导赴武汉大学进行专题培训，在万州区开展国家能源计量示范城市试点，帮助渝北、九龙坡、南岸、北部新区、武隆等区县创建全国质量强市示范城市和知名品牌示范区。着力夯实企业质量基础，深入开展质量强区县活动，新启动质量强镇 118 个、质量强园 50 个、质量强企 545 家，指导 1257 家企业开展 QC 小组活动，2 个 QC 成果荣获国际质量管理小组大会最高奖；加快企业质量信用档案数据库建设，组织开展规模以上工业企业质量调查，采集质量信用信息 38232 条。持续推进技术标准战略，组织开展科技标准产业同步发展促进行动，指导制修订国家标准和行业标准 174 个，发布地方标准 68 个，备案企业标准 1583 个，组织实施标准化试点示范项目 77 个，新申报国家级标准化试点示范项目 24 个，完成 23 个市级标准化示范区评估验收，组织机构代码有力支撑重庆第三次全国经济普查；一二三产业、公共服务和社会管理等重点领域标准化全面推进，打造内陆技术标准高地取得阶段性成效。全市制造业质量竞争力指数达到 85.04，比全国平均水平高 1.98，位居全国第七，连续七年西部第一。

（二）保安全，监督管理进一步强化

坚持问题导向，严守安全底线，实施分级分类监管和“黑名单”制度，严格行政许可、现场监督检查、证后监管和检验检测，强化监督抽查和风险监测，加强舆情管控，全年监督抽查工业产品 24185 批次、食品 15650 批次，开展风险监测 1034 批次，工业产品质量监督抽查合格率达到 94.05%，食品监督抽查合格率达到 95.03%，再创历史新高。加强《特种设备安全法》宣传贯彻，持续开展特种设备打非治违专项行动和大排查大整治大执法大督查，排查隐患 7566 项，整改 7339 项、整改率 96%，重点监控设备现场监察率 100%，全市特种设备使用登记注册率 95%、综合定检率 92.6%，万台事故起数 0.11 起、万台死亡人数 0.06 人，远低于国家万台死亡 0.85 人的控制指标。深入开展质监利剑行动，加大食品、农资、建材、汽车摩托车等重点产品专项执法力度，全年查办质量违法案件 10247 件，立案处罚 4170 件，涉案货值 2.16 亿元，挽回经济损失 1.78 亿元，妥善处置了邦明牛油、工业明胶等一批重大案件，全年没有发生区域性、行业性、系统性质量安全事件。

（三）促发展，“四个服务”作用进一步发挥

以做实“服务大局、服务区县、服务企业、服务民生”为重点，全力落实市委市政府 22 件民生实事之一的老旧电梯改造更新项目，采取“三个一点”，争取市级财政专项资金 2666 万元、11 个区级财政专项资金 2666 万元，完成“三无”老旧住宅电梯改造更新 444 台，市局免收安全评估费 169.2 万元，惠及 33896 住户，确保了群众

出门第一步、回家最后一程的出行安全。广泛开展“质监服务千家万户”主题行动，帮助建设集团、嘉陵集团解决摩托车在线检测问题，帮助重钢集团取得能源管理体系认证，帮助瑞普电缆获得西南地区首家“碳足迹”认证，帮助汽车、笔电和建筑安全玻璃行业获得节能产品认证证书716张，在长寿化工园区建立特种设备安全阀校验站就近服务，指导长安福特妥善处置召回问题，组织整车生产企业开展缺陷产品召回培训，争取市车检院成为国家缺陷产品召回管理中心技术支撑平台，强化了重庆话语权。贴近企业需求，主动向区县局下放食品生产许可、计量检定员资格许可等3大类行政许可权限，根据市政府授权赋予两江新区分局13项市级审批权限；组织基层单位干部职工“一对一”帮扶小微企业，累计为企业解决实际困难1381个。继续为微型企业免费办理组织机构代码证，取消6项行政事业性收费，降低459项计量检测项目收费，开展送考试、送培训、送检测进企业、进园区活动，为企业和群众减免费用2000余万元。完成14个国家级农业标准化示范区建设，促进示范区内农户平均增收2523元，直接带动837户农户脱贫。扎实开展“计量惠民生、诚信促和谐”活动，诚信计量自我承诺单位新增1106家，在全国率先完成加气机贸易结算单位更改工作，免费检定有主办者集贸市场计重衡器5万台件，新创建诚信计量集贸市场34家。加大对民生计量、3C认证产品、学生絮用制品违法案件查办力度，全年查办案件292件，有效维护了民生权益，保障了老百姓健康安全。

（四）强质监，自身建设进一步加强

国家质检基地建设取得实质进展，成功获批笔记本电脑、电梯、升降机、服装及家用纺织品4个国家质检中心，获得笔记本电脑、建筑安全玻璃3C指定检测机构资质和节能认证机构资质，国家皮革制品、消防及阻燃产品质检中心完成筹建任务，天然气及盐卤化工中心通过总局初审；建立“6+1”支柱产业标准数据库，实施质监综合数据平台建设，清理整合基础数据41545条、监管数据98107条，技术支撑保障能力进一步提升。积极做好食品监管职责调整。加强“六五”普法中期督导，严格规范涉企执法检查，加强行政执法案件事前立案监督、过程督查督办和案件质量“回头看”，《重庆市产品质量监督管理条例》、《重庆市电梯安全管理办法》等制修订工作有序推进。加强领导班子和队伍建设，首次采用量化计分方式开展公务员非领导职务晋升，平稳实施事业单位绩效工资改革，建立精益管理长效机制，推进网络学习和在职学历教育，全系统研究生以上学历占比超过全国质监系统平均水平4.1个百分点。抓好特色文化精品单位创建和《质量重庆》、《质量强市手机报》平台建设，贴近基层、贴近民生开展“质监惠民”系列主题宣传，市局退休干部吕长富当选全国质检系统道德模范。深化党风政风行风和反腐倡廉建设，加强领导干部任期经济责任审计和基建项目竣工审计，先后制定20个廉政风险防控规定，依法依规惩处不廉洁行为，18名干部受到纪律处分、22名干部受到诫勉谈话；严格落实中央八项规定和总局、市委相关要求，系统“三公经费”比2012年下降30.4%，系统性会议下降46%，公文数量下降12.15%。

（五）扎实开展党的群众路线教育实践活动

认真按照“照镜子、正衣冠、洗洗澡、治治病”的总要求，以“为民务实清廉”为主题，以“反对四风、服务群众”为重点，坚持开门搞活动，深入查摆问题，广泛收集意见建议，开好民主生活会，扎实开展正风肃纪专项治理、提升效能服务市场主体发展、优化考核推动区县科学发展、干部下访化积案解难题办实事、固本强基创建基层服务型党组织“五个专项行动”，持续深化平安重庆建设，做到“规定动作”不走样、“自选动作”有特色，起到了“红红脸”、“出出汗”、“排排毒”的效果，受到市委督导组的充分肯定。针对群众意见和查摆出的“四风”突出问题，建立台账，狠抓整改。2013年年底前要求整改完成的62项“四风”问题已整改完成，采纳的190项意见建议已实施到位，废止过期、失效制度81个，撤销临时机构45个，修订完善制度43个，形成了一批高质量的实践成果和制度成果，群众总体评价满意率98.6%。

二、2014年发展目标及重点任务

2014年，全市质监工作将全面贯彻落实党的十八大、十八届二中、三中全会精神，按照市第四次党代会和市委四届二次、三次、四次全会的部署，坚持稳中求进、改革创新，围绕五大功能区建设，以质量和效益为中心，以全面深化服务型质监建设为主题，以改革创新的精神务实抓质量、保安全、促发展、强质监，不断提升质监工作有效性和贡献度，全力为加快转变经济发展方式，加快提质增效升级，服务经济社会持续健康发展作出更大贡献。

(一)围绕助推经济转型发展，务实抓质量

一是改善质量宏观管理。抓好2013年全市质量状况分析报告、制造业质量竞争力比较分析报告及区县制造业质量竞争力分析。抓好重庆名牌产品评价，开展品牌价值评价，探索建立名牌产品退出机制。完善质量管理专家库，开展企业首席质量官培训。加快推进质量信用档案数据库系统和产品质量信用信息平台建设，加快建立企业质量失信“黑名单”制度。二是夯实质量基础。贯彻实施《重庆市计量发展规划》，完善重庆计量基标准体系，优化全市实验室和检测资源布局。抓好全国知名品牌创建示范区、质量强市示范城市的争取和创建工作。深化质量强镇、质量强园、质量强企工作，推动实施一批重大质量改进和技术改造项目，抓好中小学质量教育社会实践基地建设和作用发挥。完成质量人才年度培训计划。三是抓好质量提档升级。抓好制造业质量提升行动，支持制造业重大科技攻关项目和重大标准研制，推广ISO质量管理体系认证，试点组建微车、摩托车主机厂及关键零部件生产企业质量提升联盟。以儿童用品、家用电器等为重点，开展重点产品质量提升活动。实施质量专家企业行、首席质量官会诊、质量管理帮带等活动，推进服务质量标准化和认证。四是加强标准服务。建立区县技术标准战略指引和重点标准化项目库、强制性标准数据库及中小企业标准信息服务平台，开展取消企业产品标准备案试点，加强强制性产品标准宣传贯彻，强化基层标准化工作基础管理，开展美丽乡村标准化试点和农村公共服务运行维护标准化试点，抓好第八批全国农业综合标准化示范县建设。

(二)围绕深化平安重庆建设，务实保安全

一是更加注重重点消费品和特种设备安全监管。突出对儿童用品、食品相关产品等重点消费品的监管，确保消费者健康安全。加强煤矿用强检计量器具、烟花爆竹、机动车安检机构监管。深入开展打非治违，强力推进“四大行动”，抓好《特种设备安全法》宣传贯彻，深化安全管理标准化达标活动，推进科技兴安，加强特种设备信息化管理平台和LNG检验检测能力建设；开展压力管道、小锅炉、起重机械专项整治，及时消除隐患。二是更加注重安全风险的防控。探索建立风险监测、分析研判、风险评估、预警处置相互衔接的工作机制，抓好风险监测预警平台建设，严格产品质量监督对企业和区县政府的约谈制度，加强监督抽查后处理管理。抓好舆情监控，适时修订应急预案，开展应急演练，及时有效处置突发事件。三是更加注重大案要案查处。加强与公安、工商、食药监、经信等部门的执法联动，推进跨区域、跨部门执法协作，抓好食品相关产品、儿童用品、手机等重点产品“质监利剑”行动，实施农资、建材、电线电缆、汽摩配件、家电下乡产品、网购产品等专项整治。四是更加注重社会监督。充分发挥行业组织、新闻媒体、广大消费者和第三方检测认证机构等社会力量的作用，促进行业自律。完善12365系统建设，注意从群众投诉举报中发现违法线索。健全质量违法举报奖励制度，抓好“质监邀您查质量”和“实验室开放日”等活动，调动社会各方监督质量安全的积极性。

(三)围绕保障和改善民生，务实促发展

以解决人民群众最关心、最直接、最现实的

利益问题为突破口，继续落实好质监惠民各项措施。一是深入推进"三无"老旧住宅电梯改造更新工作，全面完成市委市政府下达改造更新目标任务。二是加强计量、认证惠民工作。抓好社会公正计量行站专项整治，规范物流计量市场；加强对集贸市场、连锁超市、眼镜店、金银制品店的计量监管和检定服务；开展乡镇街道及以下医疗机构强检计量器具普查并进行民生工程试点；强化诚信计量承诺示范单位创建活动，推进南川区城乡一体化诚信计量示范试点建设并完成验收。深化有机、无公害、GAP认证。三是做好节能减排工作。加强能源计量数据采集、能源计量示范及能源计量审查工作，开展重点行业能源计量和能耗限额标准工作监督检查，推动重点行业、重点企业开展节能降耗技术改造。开展标杆锅炉房建设，实施燃煤锅炉节能环保综合提升工程。推进工业企业能源管理体系建设和认证，开展循环经济、节能减排标准化和低碳产品认证试点。四是积极净化市场环境。以市长质量管理奖获奖企业产品、重庆名牌产品为重点，开展"打假保名"行动，严厉打击制售假冒伪劣产品等违法犯罪行为，大力规范市场秩序。加强行政执法案件和监督抽查数据统计分析，对问题多发、事故多发的重点领域和地区，适时开展区域整治。

（四）围绕转变作风联系群众，务实强质监

一是加强法治建设。抓好《重庆市电梯安全管理办法》、《重庆市设备监理管理办法》等立法研究，推动《重庆市产品质量监督管理条例》、《重庆市特种设备安全监察条例》等制修订，加强规范性文件的合法性审查，抓好内部管理制度的立改废工作；认真做好行政复议诉讼工作。加强依法执法监督，规范行政执法，完善涉企执法检查计划书制度，严格行政执法责任制。二是加强技术支撑能力建设。全力推进国家质检基地建设，加快服装及家用纺织品国家中心筹建进度，加大对笔电及配套产品检测、能源计量检测等关键项目、关键领域的投入和建设力度，提升对骨干支柱产业的技术支撑作用。加强科研工作，加强基层检验检测能力建设。积极探索技术机构市场化改革新体制、新机制，试点建立基层综合性公共服务检测平台。继续提升信息化水平，加强综合数据平台运用；抓好特种设备监察、检验系统的重新构建和对接；推动区域检测中心全面运用检测业务系统。三是加强干部队伍建设。深化干部人事制度改革，加快构建有效管用、简便易行的选人用人机制；加强领导班子建设，坚持从严管理干部；加强思想政治工作，做实谈心谈话制度。改进干部考核评价和教育培养工作，注重从基层一线培养选拔干部，加强一线专业人员的配备、培训和日常管理。加强网络培训平台建设，强化干部职工实践锻炼，继续开展专业技能大竞赛。四是加强党风政风行风建设和反腐败工作。敬终如始抓好第一批群众路线教育实践活动各项工作，积极开展好第二批教育实践活动。严格落实党风廉政建设责任制，加强惩治和预防腐败体系建设，严守政治纪律"八严禁"和生活作风"十二不准"，强化廉政风险防控，加大纪检监察和审计监督力度，强化领导干部经济责任审计，严肃查办违纪违法案件，特别是要加大对"一把手"行使权力的监督，加大对行政许可、行政执法、特种设备监察和监督检测、计量质量检验检测、财务管理以及建设项目的监督力度，坚决查处违纪违法案件。五是加强内部管理。认真落实中央八项规定、《党政机关厉行节约反对浪费条例》、《党政机关国内公务接待管理规定》和市委实施意见，加强财务管理和审计监督，加大预算执行和绩效管理力度，严格控制"三公"经费。抓好机关党的建设、精神文明和宣传文化工作。完善精益管理长效机制，推进机关质量管理体系建设，提高机关管理效能。加强机关节能管理，进一步降低能源消耗。强化信访工作和应急值守，定期开展矛盾纠纷排查化解，进一步关心离退休老同志生活，确保系统内部和谐稳定。六是推进改革创新。着力抓好"五项改革"，推进"五项创新"。即：抓好行政许可制度改革、技术标准体系建设、检验检测认证机构整合、事业单位分类改革、统一社会信用代码制度建设“五项改革”;推进创新安全监管机制,创新宏观质量管理服务,创新服务产业、园区、企业举措,创新行政执法层级管理,创新拓展服务领域“五项创新”。

(作者单位:重庆市质量技术监督局)

安全生产

刘恒

2013年,重庆市深入贯彻落实党的十八大和市第四次党代会精神,以深化平安重庆建设为统领,以坚决防控重特大事故为目标,扎实推进企业安全标准化建设、重点行业领域专项整治和大排查大整治大执法大督查专项行动,不断提升安全保障能力,努力改善安全保障基本面,确保了安全生产形势持续向好。

一、2013年安全生产总体情况

2013年,全市共发生生产安全事故1346起,死亡1499人;发生较大事故25起,重大事故1起。安全生产呈现出“三个持续下降、两个稳定向好”的良好态势。“三个持续下降”:即生产安全事故起数、死亡人数、较大事故起数同比分别下降8.1%、8%、13.8%。“两个稳定向好”:即多数区县和行业安全形势稳定向好。43个统计考核单位(区县、经开区)中事故死亡人数同比下降或持平的35个;危险化学品和渔业船舶实现“零死亡”;烟花爆竹、一般道路交通、煤矿、高速公路、工商贸其他、冶金建材等6个行业领域事故同比下降;消防和水上交通2个行业事故同比持平。

二、2013年安全生产重点工作

(一)全面落实安全生产责任

市委、市政府高度重视安全生产工作,市委常委会、市政府常务会多次学习贯彻习近平总书记、李克强总理等中央领导同志重要讲话和批示指示精神,安排部署阶段性重点工作任务。孙政才书记强调务必“严字当头、落实到位”,黄奇帆市长要求实施源头治理,努力改善安全保障基本面。市委、市政府把安全生产工作纳入深化平安重庆建设统筹推进,制定了未来四年加强安全生产“三基”工作方案。各级各部门认真落实党政同责和“一岗双责”、地方政府属地监管、安监部门综合监管、行业部门直接监管等责任;各级党政干部亲力亲为,亲自检查,分兵把口,强化责任落实和工作落实,安全生产“红线”意识、大局意识、责任意识和“半夜惊醒”意识明显增强。

(二)切实加强基层基础建设

一是加大资金补助。制定了加强区县安全监管部门监管能力建设资金补助方案,补助第一批区县建设资金1654万元。组织编制《2013~2014年重庆市区县安全监管部门监管执法专业装备建设项目可行性研究报告》,争取国家安全监管装备建设补助资金2560万元。二是完善装备设备。投入1676万元,完成市非煤矿山、危化事故救援队装备配备。投入470万元,配备完善安监、煤监、交警等行业主管部门装备设备。三是规范执法行为。修订出台《重庆市安全生产检查督查办法》、《乡镇安全生产“一岗双责”制度实施意见》。编制安全生产行政执法年度计划。实施行政执法岗位责任制以及过错责任追究。全面规范委托乡镇(街道)执法工作。

(三)大力推进标准化创建和“回头看”

把安全标准化建设作为落实企业主体责任的重要抓手。启动340家道路运输企业、89家城市客运企业标准化考评。实施建设项目“平安卡”实名制诚信评价管理制度。建成5个一级、180个二级煤矿安全质量标准化矿井。启动11家石油天然气企业安全标准化创建工作。完成30个危险化学品生产企业、9个烟花爆竹生产企业、12个烟花爆竹经营企业的达标验收。启动工贸行业安全标准化建设2152家。开展2.4万家高危企业安全标准化建设“回头看”,实行动态分类管理,实施“黑名单”约束制度。

(四)持续深化重点行业(领域)专项整治

将“打非治违”和重点行业专项整治有机结合,统筹推进。全市共纠正非法违法行为14.4万起,暂扣或吊销许可证及各类执照1628个,取缔关闭各类非法违法企业445家,行政拘留532人,刑事处罚346人。全面开展道路交通“两化一整治”、“客运安全年”和交通安全大检查,查处各类交通违法案件437万余起。持续开展建设施工防范高处坠落、防危险性较大的分部分项工程管理缺陷导致的群死群伤事故“两防”专项整治。严格落实《煤矿矿长保护矿工生命安全七条规定》,制定小煤矿关闭工作方案,关闭煤矿68个,淘汰落后产能355万吨。深化危险化学品“四化”和烟花爆竹“五条规定”专项整治,排查整治隐患1478项,停产整改6家。开展人员密集场所、“三合一”场所、高层建筑、建设工地消防安全集中整治,临时查封2011处,责令“三停”1681家。同时,结合实际对特种设备、非煤矿山、工贸、水上交通、民爆、铁路、民航、水利、电力、旅游和中小学校等开展专项整治。

(五)不断加强安全保障能力建设

一是加大安全生产投入。各级政府安全专项资金投入增加,健全多元化投融资体系。投资108亿元,推进《重庆市安全保障型城市发展规划》确立的76个独立项目建设。稳步推进中国西部安全(应急)产业基地建设、国家安全监管监察执法综合实训西南基地建设。组建安全产业发展集团,加大安全科技研发、成果转化。二是大力推广先进适用技术。道路防护工程向县乡道延伸,完成安保工程1300公里,累计完成1.5万公里,国家安监总局、公安部、交通运输部联合推广重庆道路“生命工程”经验。建成营运驾驶人安全信用信息管理系统,客运车辆GPS运用率达100%。建筑施工实行主城区新开工项目100%电子监控,六大区域中心城市房屋建筑面积达到2万平方米以上或市政基础设施工程造价2千万以上的施工现场实行电子监控。全面推进煤矿“六大系统”建设,大力推进煤矿安全科技“四个一批”工作。非煤露天矿山全部实现机械铲装、分台阶(分层)开采,地下矿山全部建成“六大系统”建设,完成天然气管道隐患整治20处。完成134个重大危险源自动化监测监控系统建设和38个加油站阻隔防爆技术改造。三是加强信息化和应急救援体系建设。建设区县应急指挥车3G通信专网,实现事故现场与市级指挥平台无缝连接和图像传输。在永川、黔江、巴南等推广应用《烟花爆竹企业防伪及产品流向监管系统》、《毒害、可燃、易爆气体安全监控预警系统》等科技成果。加强应急预案管理,建立应急预案备案情况季报制度,举办首届应急救援大集训大比武活动,积极参与雅安地震抢险救援行动。

(六)扎实开展安全生产大检查

将国务院安全生产大检查安排部署细化为我市大排查大整治大执法大督查“四大行动”。一是实现“全覆盖”。坚持企业自查、乡镇普查、区县复查、专家协查、市级部门抽查、市政府综合督查“六查并举”,全面开展安全生产大排查。以企业为主体,全面开展自查自纠,做到方案、记录、隐患建档登记、法人代表签字确认“四有”,共出动检查执法人员4.1万人次,排查生产经营单位5.9万家。二是实现“零容忍”。加大隐患排查治理力度,把隐患当事故查处,对排查出的隐患做到整改方案、责任人员、整改资金、整改期限和应急预案“五落实”,共排查一般隐患17.6万项,整改率100%,严格执行重大隐患挂牌督办制度,排查重大隐患74项,整改65项,限期整改9项。三是实现“严执法”。坚持走出机关、严格执法,抓住重点行业和重点环节,组织开展道路交通4次“交安”集中执法行动、建筑施工防控重特大事故专项行动、煤矿“四个突出”专项整治、消防今冬明春火灾防控专项行动、输油气管道和市政管网专项整治行动,各级安监部门对安全隐患现场排查、现场整治、现场处罚、严厉追究。四是实现“重实效”。坚持政府督查与行业专项督查并重,市政府8个常态督查组每月深入区县开展一轮综合督查,传导压力、跟踪督办,共检查督查企业848个,现场督促整改1968个,发出整改指令150余份,约谈区县15个。市安监局创新实施“四不两直”、“六个三”检查督查方式,实现督查与执法互动、考核与追责并行。

(七)不断加强安全文化建设

一是加大安全社区创建力度。大力开展以乡镇(街道)为单位的安全社区建设,初步形成了政府执法主体、企业责任主体、社会服务主体“三足鼎立”、协作推进的安全发展工作格局。全年共指导认证市级安全社区118个、全国安全社区10个、全国安全文化示范企业1个。二是加大教育培训力度。全面加大企业从业人员培训力度,实行培训、考试、发证三分开制度。分行业、分层次开展安全管理和操作技能培训,培训企业负责人、管理人员、执法人员、班组长、特种作业人员255期;组织开展特种作业人员、企业主要负责人、安全管理人员考试15.6万人次。三是提升全民安全素质。充分利用“三报、一栏目、一网”核心宣传平台,开展安全公益宣传活动,提升公众安全意识。开展“安康杯”竞赛、“安全在我心中”美术书法大赛、安全知识“十进”、“寻找最美安全员”等活动。成功举办2013年“安全生产月”、安全生产“渝州行”宣传活动。充分发挥“12350”举报投诉平台作用,共接信访件3470件,已办结3461件,办结率为99.74%。

(作者单位:重庆市安全生产监督管理局)

人力资源和社会保障

赵凤阳

2013年,全市人力社保系统围绕深入贯彻落实党的十八大精神和党中央、国务院以及市委、市政府的决策部署,坚持稳中求进的工作总基调,开拓进取、狠抓落实,圆满完成了全年各项目标任务。

一、就业总体形势好于预期

大力实施就业优先战略和积极就业政策,加大就业资金扶持力度,就业形势好于预期。一是就业主要指标超额完成年度计划。2013年,全市城镇新增就业68万人、城镇登记失业人员就业26万人、困难人员就业11万人。城镇登记失业率3.5%,比全年控制目标低0.5个百分点。二是保障重点群体就业。组织1万多名高校毕业生参加就业见习、1.2万人参加定向就业培训,帮助1.96万名登记失业高校毕业生实现就业,高校毕业生就业率年底达到94.4%,基本实现“不降低有提高”目标。全市农业富余劳动力转移就业773万人,当年返乡就业创业30.6万人。95%的社区和81%的行政村达到充分就业标准,城镇“零就业家庭”保持动态为零。三是保障重点产业用工。协助重点电子企业和配套企业招工32万人,为产业结构调整提供了坚强人力资源保障。四是创业带动就业倍增效应明显。启动实施市级创业型城市创建工作。新发放小额担保贷款70亿元,同比增长50%,直接扶持8万人创业,带动21万人就业。大力支持小微企业发展,制定出台微企社保补贴扶持政策,向微企发放小额担保贷款5.5亿元。强化创业培训,建立了市、区县两级创业项目库。成立了大学生创业指导专家志愿服务团,完成“泛海扬帆——大学生创业活动”二期项目87个。成功举办第二届全市创业大赛。五是公共就业服务体系日趋完善。全市就业社保工作机构实现街道(乡镇)、社区(行政村)全覆盖,就业信息系统基本建成。推行就业培训实名制,全年就业培训19.6万人,同比增长21%,就业培训规模和质量稳步提升。就业专项资金使用监管进一步加强,制定就业专项资金管理办法,实施第三方机构专项检查,提高了使用效益。六是劳动者就业能力得到加强。全年开展就业技能、岗位技能提升和创业等各类培训222.5万人次。全面强化职业培训机构审批管理,全年职业技能鉴定颁证37.5万人次。全市55所技工院校当年招生5万人,在校生超12万人。

二、社保体系建设提档升级

统筹城乡的养老、医疗保险制度实现全覆盖,五大保险市级统筹机制进一步完善,人人享有社会保障的目标基本实现。截至2013年底,全市城乡养老、医疗、失业、工伤和生育保险参保人数分别达1896万人、3235万人、390万人、407万人和280万人。一是完善了政策制度。在不同养老保险制度关系转移接续中,先行解决了领取待遇人员的关系转移问题,制定了因各种原因早期离开用人单位的特殊群体补缴养老保险费的政策。完善医保市级统筹,新增部分诊疗项目、耗材和部分地产药品进医保。出台城乡居民大病保险办法,并从2013年1月1日起施行。工伤保险基金管理体制初显成效,扭转了工伤保险基金收不抵支的局面,工伤认定数量逐年减少。完善劳动能力鉴定工作程序,强化区县在劳动能力鉴定中的责任。出台机关事业单参加职工生育保险管理办法。二是提高了待遇水平。通过连续9年调待,企业退休人员基本养老金比2005年翻了两番以上。2013年城乡居民大病保险全面实施,当年惠及7.9万人,补发3.8亿元,减轻了大病患者的高额医疗费用负担。职工医保住院政策范围内报销比例达到82%,居民医保在二级及以下医院住院政策范围内报销比例达到75%。三是解决了一批历史遗留问题。220万征地农转非人员、30万城镇超龄人员和30多万老工伤人员历史遗留问题得以解决,切实维护了社会稳定。四是加强基金监管。通过开展社保基金专项检查,查出了少报少缴、冒领骗取基金等问题。推进指纹验证系统建设。强化对医疗保险定点服务机构的监管。

三、人事制度改革稳步推进

一是不断提高公务员管理水平。深入贯彻实施公务员法,坚持“凡进必考”,完善考试录用制度,全年公开招录公务员2630名。加快公务员录用考试(重庆)测评基地建设,首次开展面试测评系统试点。优化选拔任用机制,拓宽横向交流范围,首次开展处级领导干部跨部门竞争上岗。扩大遴选范围,面向基层公开遴选公务员427人。规范评比达标表彰工作,大幅精简评比达标表彰项目,全年开展表彰15项次,比去年减少67%。认真落实《2011~2015年行政机关公务员培训纲要》,大力开展公务员“四类”培训,制定公务员职业道德“十不准”。二是稳慎推进事业单位人事制度改革。启动岗位结构比例调整工作,探索事业单位职员管理制度,规范特设岗位使用管理。进一步规范事业单位公开招聘制度,探索分级分类公开招聘办法,启动事业单位面试考官库建设,全市公开招聘事业单位工作人员1.6万人。三是切实加强军转工作。圆满完成军转干部接收安置任务,建成6个自主择业军转干部就业创业实训基地,扎实开展军转干部培训。四是圆满完成人事考试和人力资源开发培训工作。全年组织各项人事考试114项(次),报考考生50.5万人次,确保了考试安全。举办人力资源开发培训402期。

四、人才队伍建设不断加强

一是加强高层次人才队伍建设。2人入选首批“国家特支计划”百千万工程领军人才,9人入选“百千万人才工程”国家级人选。人社部批准我市为2013年度高层次留学人才回国资助6个试点省市之一。实施市海外留学人员回渝创业启动支持计划,首批资助创业人才11人。新增国家级博士后科研工作站8家,创建博士后创新实践基地20个,新招收博士后研究人员220人。大力实施知识更新工程,建成"1+22"继续教育基地,举办4期全国高研班和30期市级高研班。引进专业技术人才1226名。全年为89名新增高层次人才兑现安家资助、岗位津贴、个税奖励等优惠政策953万元。二是加大技能人才培养力度。全市技能劳动者总数达到270万人,其中高技能人才78万人,较去年增长8.3%。创建3个国家级高技能人才培训基地,新增全国技术能手17名。我市培养的美发项目选手在第42届世界技能大赛中获得了中国代表团的最高奖牌(银牌)。成功举办全市第三届职业技能大赛。新增技能专家工作室国家级3个、市级10个、企业首席21个,全市各级技能专家工作室达72个,114家企业开展了岗位练兵比武活动。三是不断深化职称制度改革。按照人社部、教育部统一部署,完成我市深化中小学教师职称制度改革试点。加强专业技术人才诚信体系建设和职称考试监督,进一步规范非公企业职称工作,组织开展特殊人才专业技术资格认定和全市高中级职称申报评审工作,新增高级职称人员6779人。四是激励人才到艰苦边远地区服务。招募"三支一扶"大学生336名,顺利完成定向培养大学生就业安置任务,圆满完成19名三年期和47名半年期援藏专技干部选派任务。五是进一步强化引才引智工作。以服务全市产业发展为重点,大力实施引智项目计划,新入选国家"外专千人计划"8人。举办"友谊奖"评选,表彰10名贡献突出的外国专家,1名外国专家成功入选中国政府年度"友谊奖",得到李克强总理的亲切接见。

五、收入分配工作稳步开展

一是做好企业收入分配调节工作。对全市1.6万户国有企业开展工资内外收入监督检查。11万户企业253万职工建立了工资集体协商机制。完成人社部企业薪酬试调查任务。稳步调整最低工资标准,一档从1050元/月调整为1250元/月,二档从950元/月调整为1150元/月。二是完善机关事业单位收入分配制度。巩固规范公务员津补贴成果。稳步推进事业单位实施绩效工资政策全覆盖。调整艰苦边远地区津贴标准,惠及11个区县16万人。加强工资管理信息化建设,探索了工资统发系统人事信息与编制等部门信息数据的有机结合。

六、劳动关系总体和谐稳定

一是大力做好农民工工资清欠工作。提前开展了为期两个月的"农民工工资支付情况专项检查",制定了责任追究办法,对拒不支付农民工工资的建设项目进行挂牌督办,对各类使用农民工的用人单位进行拉网式检查和全面清理,共查处拖欠工资单位629户,为3.21万农民工追讨工资1.7亿余元。二是积极构建和谐劳动关系。大力实施劳动合同法和劳动争议调解仲裁法。在西部率先实行劳动关系和谐企业标准化创建、分层级管理,全市和谐企业达418户。开展规范劳务派遣专项宣传和整治,全面实行行政许可。加大基层劳动关系三方机制建设,镇街覆盖率达70%。全市各类企业劳动合同签订率达到95.6%,集体合同覆盖企业19.2万户、职工400万人。特殊工时审批更加规范、便捷,预防和减少了因工时引发的劳动争议。劳动关系协调专业队伍建设加速,获得国家职业资格的劳动关系协调员达1000人以上。三是加强劳动人事争议调解仲裁。处理劳动人事争议案件4.67万件,结案率98%。市级及所有区县全部完成劳动人事争议仲裁院设立,提前两年完成全国地级市建院率达80%的目标。四是加强劳动保障监察执法。组织劳动保障专项执法检查4次,责令补发劳动者工资10亿元。劳动保障监察"两网化"已覆盖21个区,2013年又启动10个县,初步建立了市、区县、乡镇(街道)、村(社区)四级监管体系,初步实现了网上办案和信息采集,已采集用人单位信息79.3万条。

七、基层基础建设取得突破

金保一期工程已覆盖全市，社保卡累计持卡人数达2900万人以上,提前两年完成人社部下达我市“十二五”规划目标任务。实现了城乡养老、医疗保险数据大集中管理,与海南省和贵州省遵义市建立了异地就医联网结算，与四川省成都市、广安市医疗机构单点联网结算。实现了与全国13个试点省市间养老保险关系跨省的转入转出。正式开通12333电话咨询服务,累计接电总量210多万个，日均来电量5000个以上。召开新闻发布会、通气会70余场次,日报等主流媒体头版报道40余次,中央电视台、新华社、人民日报等中央媒体专题报道我市规范评比达标表彰和高校毕业生就业工作。

2014年是贯彻落实党的十八届三中全会精神、全面深化改革的第一年。全市人力社保工作总体要求是：全面贯彻党的十八大和十八届三中全会精神、市委四届三次和四次全会精神,围绕“民生为本、人才优先”工作主线,坚持“稳中求进”工作总基调,按照“守住底线、突出重点、完善制度、引导舆论”的民生工作总思路,把改革创新贯穿于就业、社会保障、人才队伍建设、人事制度改革、工资收入分配、劳动关系调整的各个环节，推动人力资源社会保障制度改革和事业发展取得新突破。要着力促进就业创业,完善城乡社会保障体系,加强人才队伍建设,深化人事制度改革,进一步健全工资收入分配制度,积极构建和谐劳动关系,加强基层基础工作,推动人力社保事业取得更大发展。

(作者单位:重庆市人力资源和社会保障局)

国土资源和房屋管理

陈晓军

一、土地资源管理

(一)耕地保护

一是落实耕地保护共同责任机制。分解下达2013年度耕地保护责任目标,重庆市政府与各区县人民政府签订了耕地保护目标责任书。二是完成耕地和基本农田保有量责任目标任务。全年全市验收确认土地开发整理项目252个，实施规模6.70万公顷，新增耕地1.12万公顷,完成投资14.86亿元。农村建设用地复垦项目验收确认发证1517个,减少建设用地4255公顷，新增耕地4086公顷。有序推进高标准基本农田建设，全年建设高标准基本农田面积147万亩,占年度任务的110.5%,其中6个国家级高标准基本农田建设示范县建设成效显著，建设高标准基本农田面积30.29万亩。三是充实新增耕地指标储备库。全年投入收购资金10.19亿元,收购新增耕地指标7.08万亩。四是抓好永久性基本农田划定工作。已基本完成全市永久基本农田划定工作。五是强化制度建设,提升农村土地整治项目管理水平。加强农村土地整治中介技术服务机构管理,初步建立了既管机构,又管个人的双重管理考评机制，得到国土资源部好评。六是强化服务“三农”意识,积极助推高山生态扶贫搬迁。出台《关于支持高山生态扶贫搬迁工作的意见》、《高山生态扶贫搬迁集中安置点用地手续办理指南》,制订《重庆市国土房管局支持高山生态扶贫搬迁工作方案》,11月13日召开重庆市高山生态扶贫搬迁集中安置点用地手续办理视频培训会，对各区县国土部门进行了业务指导和培训。

(二)土地规划和计划管理

一是全面启动土地利用总体规划中期评估工作,长寿、璧山、石柱等区县的中期评估工作基本完成。二是按照稳定增量、盘活存量、用好流量的原则,主动为区县服务,多渠道保障全市经济社会发展用地。争取国土资源部计划指标较2012年略有增长,农用地比例进一步提高,重点做好高速公路、铁路、机场等重点工程以及两江新区、综合保税区、特色工业园区等重点区域用地保障工作。2013年,国土资源部共下达或同意重庆市可使用各类新增建设用地计划指标11893公顷,农用地10911公顷,耕地7467公顷。三是坚持严格审批、严控范围、从严控制新项目区的立项审批,审批10个区县15个城乡建设用地增减挂钩试点项目区,使用挂钩周转指标220.6公顷。四是规范有序推进低丘缓坡试点工作。2013年7月,国土资源部对全国低丘缓坡试点项目进行了检查评估,重庆市试点工作受到了部评估检查组的充分肯定,在全国试点综合评分排名中居各试点省市前列。

(三)国有建设用地供应

2013年全市共办理建设用地供应审批4174宗、13992公顷,同比增长15.8%。按土地供应方式分,出让3183宗、8090公顷(其中招拍挂出让7928公顷);划拨991宗、5905公顷。按土地用途分,工矿仓储用地供应526宗、2837公顷;商服用地661宗、1024公顷;住宅用地2162宗、4697公顷;其他用地825宗、5434公顷。

(四)土地市场运行

2013年,受国际国内市场运行周期因素影响,重庆市土地市场"低开高走"。顺应土地市场形势,加强出让工作调度,保持了土地市场运行总体平稳,实现了土地出让价款财政入库稳中有增。全市出让土地3172宗8297公顷,同比增长23.7%;土地单价221万元/亩,同比增长15.5%;楼面地价1372元/平方米,同比增长4.7%。土地出让价款财政入库1520亿元,同比增长11.8%。土地出让引进外资30.1亿美元,为进一步加快推进内陆开放高地建设创造了条件。

(五)土地储备管理

严格土地储备机构管理,完善土地储备审批、运行、监管机制,科学调度全市土地收储供应,继续发挥土地储备在促进经济发展、增强调控能力、支持改革创新方面的积极作用。一是继续开展土地储备机构名录申报工作,经过三期申报,国土资源部备案通过了全市72家土地储备机构。二是贯彻国家关于加强土地储备及融资管理的要求,制定并实施相关政策。三是积极支持市级融资平台(公司)转型发展,研究制定投融资平台(公司)土地资产运行和发展方式。

(六)住房用地供应管理调控

按照国务院办公厅《关于继续做好房地产市场调控的通知》,继续加强住房用地供应调控和监管工作。住房用地供应稳中有升,结构持续优化。全力落实保障性安居工程用地391公顷,用地落实率达到126.1%,实现了应保尽保的目标。

(七)土地市场动态监测

依托土地市场动态监测监管系统开展已供未按期开竣工房地产项目专项清理,全市未按期开发利用房地产用地较前两年相比大幅下降。会同财政、监察等部门下发了《规范土地闲置征收管理的通知》,规范闲置土地调查、认定和处置程序,加大土地闲置费征收力度。常态化、规范化的建设用地巡查机制和监管机制不断完善,渝北区、璧山县被评为全国土地市场动态监测与监管工作先进单位。

(八)地价管理与地价监测

结合重庆市委市政府实施的五大功能区重大战略部署,对新一轮基准地价和土地级别作了进一步完善调整。完成工业项目用地成本调查,规范国有企业改制和出让合同修订补缴价款测算方式。按国家的相关要求调整主城区地价监测范围并重新划分了地价区段。2013年1~4季度重庆市综合地价环比增长率分别为2.6%、1.6%、1.8%、0.8%。全年商业、居住和工业地价动态监测成果较2012年度分别上涨4.3%、7.1%和1.6%。

(九)土地执法监测

2013年重庆市共发现违法用地1397件。其中,乡镇级13件,占0.9%;村(组)集体104件,占7.5%;企事业单位451件,占32.3%;个人829

件,占59.3%。共涉及土地面积576公顷,其中耕地面积225公顷。全年共拆除构建筑物42万平方米,没收构建筑物189万平方米,收回土地86公顷,收回耕地41公顷,罚没款6121.62万元。

(十)土地科技及信息化

2013年成功申报国家863计划(课题)、国家自然科学基金委托项目、国土资源部公益性行业科研专项、国家博士后基金项目、中国土地勘测规划院委托项目、重庆市科委应用开发(重大)项目等省部级科技项目15项,获资助资金1295.9万元。全年完成科研项目16项,在核心期刊发表论文82篇,申请专利12项,授予专利17项。获省部级科技奖12项,其中国土资源部科学技术奖1项,重庆市政府科技进步奖7项。完成全市38个区(县)国土房管部门和423个乡镇国土所的联网,建成市、区(县)、乡(镇)互联互通的三级网络体系。完善国土房管"一张图"核心数据库,截至2013年底有44个数据库纳入"一张图"监管平台进行管理,总数据量约3.5TB。完成土地利用规划、新增建设用地审批、农村土地整治、地房籍等一批政务管理系统的建设和应用,基本实现土地"批、供、用、补、查"业务的网上办理。

二、矿产资源管理

(一)地质灾害防治

2013年,重庆市共发生地质灾害灾情347起,其中滑坡268起,占77.2%;崩塌52起,占15%;泥石流2起,占0.6%;地面塌陷24起,占6.9%;地裂缝1起,占0.3%。造成2人死亡、3人受伤,直接经济损失约6495万元。全年成功预报地质灾害25起,避免520人的伤亡。全市先后召开了地质灾害防治工作视频会议和汛期地质灾害防治工作电视电话会议,重庆市政府印发了《2013年地质灾害防治年度方案》,确定地质灾害防治工作重点和措施。全市上下共同努力,做好地质灾害防治工作。一是组织开展隐患排查。对地质灾害隐患进行汛前排查和汛中巡查,对防灾避险明白卡进行再发放、对威胁区范围进行再圈定、对撤离路线进行再明确、对单点防灾方案进行再完善。二是强化地质灾害监测预警。加强部门联动协作,构建视频互动网络,强化会商机制和信息共享。三是多举措开展汛期地质灾害防治。汛期坚持24小时值班制度,领导带班制度,灾情险情日报制度,信息速报制度,"汛前排查、汛中巡查、汛后核查"制度,气象预警预报制度和防灾形势分析会商制度。四是加强地质灾害应急工作。组建14支应急救援分队和地质灾害应急指挥中心,印制《地质灾害应急工作手册》和《地质灾害应急工作挂图》,开展市级地质灾害应急预案修订工作。五是重点做好三峡库区地质灾害防治工作。有序推进三峡后续地灾防治,开展峡谷地带消落带示范性治理。

(二)地质遗迹保护

重庆市各国家地质公园对照《国家地质公园建设标准》逐项进行自查和整改。开展重庆市古生物化石资源及国内古生物化石管理机构情况的调研,成立了重庆市古生物化石专家委员会。规范地质遗迹保护项目管理。重庆綦江木化石—恐龙国家级地质遗迹保护项目累计申请到中央财政资金3603万元(其中2013年1081万元)。重庆市获得国土资源部批准的国家级地质公园共7个,其中重庆武隆岩溶国家地质公园、长江三峡(重庆)国家地质公园、重庆黔江小南海国家地质公园、重庆云阳龙缸国家地质公园已建成并揭碑开园;重庆万盛国家地质公园已建成并通过国土资源部验收和正式命名;重庆綦江国家地质公园基本建成,于2013年3月通过了国土资源部验收;重庆酉阳国家地质公园正在建设中。

(三)矿山环境整治

一是大力开展矿山地质环境恢复治理。加快推进万盛经开区国家资源枯竭城市矿山环境治理恢复项目,完成水角井山坪塘和茶林危岩治理项目的验收。全年市级投入专项资金1640万元,用于万州区甘巴子片区煤矿矿山地质环境治理工程、忠县煤矿区矿山地质环境综合治理工程和黔江区正阳片区采石场矿山地质环境治理工程(一期)。规范矿山地质环境恢复治理保证金缴存与管理,正式出台《重庆市矿山地质环境保护与治理恢复保证金管理办法》。截至2013年底,全市矿山企业共缴存矿山地质环境保护与恢复治理保证金约3.7亿元。二是继续开展采煤沉陷区综合治理。万盛经开区采煤沉陷区受损农房治理项目进展顺利,集中搬迁房建设正有序推进。启动南川区采煤沉陷区治理,编制了南川区矿山环境治理恢复规划和南平镇采煤沉陷区治理实施方案,会同重庆市财政局划转市能投集团缴存的2800万保证金到南川区启动先期治理工作。三是完成集中开采区矿山地质环境调查任务。四是审查全市矿山地质环境保护与恢复治理方案。全年共审查批准矿山地质环境保护与治理恢复方案624个,其中煤矿109个,锰矿3个,钡矿4个,石膏矿5个,地热水4个,重晶石矿15个,露头非煤矿山484个。

(四)矿产资源勘查

全力推进找矿战略行动，找矿突破工作成效显著。提交查明矿产地48处,新提交一批矿产资源量:煤5.65亿吨、铁矿2.16亿吨、铝土矿1.94亿吨、锰矿1514万吨、石灰岩3.13亿吨。锶矿实现重大突破,在大足、铜梁发现一超大型矿床。一是抓好基础地质工作。完成全市矿产资源潜力评价工作,1:5万区域地质调查完成图幅41幅,1:5万生态地球化学调查完成面积约2637平方千米,1:25万生态地球化学调查完成面积9229平方千米。二是抓好整装勘查工作。年初秀山锰矿整装勘查纳入全国第二批31片整装勘查区，年中城口锰矿整装勘查申报第三批国家级整装勘查区获得成功，全市国家级整装勘查区达到3片。三是抓好勘查项目实施。2013年重庆市共实施各类地质矿产勘查项目247个,资金投入40508万元。争取中央财政支持1330万元,实施4个老矿山接替资源勘查项目,为重庆市能投集团所属国有矿山提供资源保障。四是进一步规范管理工作。对市级地质矿产勘查专项管理、商业性探矿权管理、矿产资源储量管理以及矿山储量动态管理进一步进行了规范。五是坚持服务发展。支持地勘单位加强资质能力建设，全市34家地勘单位拥有各类地勘资质130余个。支持地勘单位到云、贵、川、青、藏、新等省区开展地质工作，支持国有地勘单位实施“走出去”战略。

(五)矿产资源开发管理

一是加强矿产资源专项收入征收。2013年,全市共出让采矿权105宗，采矿权出让合同金额5.68亿元,征收矿产资源补偿费2.25亿元,其中市级征收入库1.31亿元,同比增长53.1%。二是继续深化打非治违专项行动。全市共查处违法行为332个,其中警告118起,责令改正、限期整改、停止违法行为259起,没收违法所得、非法生产设备85起,责令停产停业191起,罚款317万元,严厉打击非法违法行为。三是进一步细化落实采矿权标识制度、巡查制度、储量核查制度、举报制度、案件移送制度、督办制度、信用评定制度、年检制度等矿产资源开发监管“八项制度”。四是组织开展全市矿山权设置方案后续编制工作。开展煤炭矿业权设置方案后续编制,全市划分了117个煤炭矿区，审查通过13个矿区的煤炭矿业权设置方案。五是开展重要矿产资源“三率”调查实地核查工作。通过对全市11种、855个矿山开展“三率”现场调查和分析研究,摸清全市重要矿产资源“三率”现状,查清矿山开采、选矿、共伴生矿产综合利用等技术工艺情况,成为全国第一批完成重要矿产“三率”调查与评价工作的省区市。六是全面完成库区长江干流库岸沿线175米水位线至第一山脊线范围内的2个煤矿、20个非煤矿山的关闭任务。

(六)页岩气勘探开发管理

2013年,统筹协调全市页岩气勘探开发,初步构建了页岩气资源管理、投资开发、技术研发、市场服务、融资基金等平台体系,为页岩气产业发展营造了良好环境。特别是建立全国首只页岩气创投基金,抓好页岩气资源调查评价,积极支持中石化、中石油和非油公司勘探开发页岩气。重庆市页岩气勘探开发工作整体走在全国各省市前列。设立探矿权17个，面积4.47万平方千米，共有投资主体6家。截至2013年底,已完钻页岩气井45口,先行投产试采15口,日产气量共计约200万立方米。其中,重庆涪陵获批建设国家级页岩气示范区，年产能建设5亿方,年产量突破1亿方;中石油在渝西开展页岩气勘探开发的对外合作，在永川取得阶段性进展,“来101井”完钻后投产输入管网;非油公司也正在重庆市国土房管局的指导下，稳步推进市内中标页岩气区块内资源的前期勘探评价工作,效果良好。

三、房地产市场与管理

(一)主城区商品房交易

2013年，全市商品房成交4377万平方米,同比增长24.8%,成交金额2648亿元,同比增长27.5%。其中：主城区商品房成交2367万平方米,同比增长3.5%,成交金额1714亿元,同比增长10.2%。

全年主城区共成交商品住房1995万平方米，同比增长2%，成交建面均价6803元/平方米,同比上涨6.5%。主城区商品住房成交主要集中在大学城、人和大竹林、空港片区、南滨路沿线、茶园新区等地区。

全年主城区共成交办公用房107.4万平方米,成交建面均价10814元/平方米;成交商业营业用房138万平方米，成交建面均价15176元/平方米。

(二)二手房交易

2013年,全市二手房成交建筑面积2078万平方米,同比增长32.2%,其中主城区二手房成交建筑面积为969万平方米，同比增长50.0%。全年全市二手住房成交建筑面积为1867万平方米,同比增长41.2%,其中主城区二手住房成交建筑面积为893万平方米,同比增长62.8%。

(三)房屋租赁

全年主城区共办理租赁合同备案登记4211件,其中住宅1841件、非住宅2370件;登记面积100.67万平方米，其中住宅15.15万平方米、非住宅85.52万平方米。主城区每月住宅租赁建面价格为19元/平方米。

(四)房屋拆迁

2013年，全市依法阳光推进国有土地房屋征收。以征收信息公开为重点,大力开展征收信息化系统建设，推行旧城区改建征收群众意愿度调查,严格执行征收规程和惠民政策,在对征收工作的指导和督促中，结合群众路线教育实践活动,坚持深入基层、现场指导、提前把关,坚决将公益性审查、政府信息公开等观念贯穿项目全过程,并把握好关键政策和程序。全市启动征收项目210个、292万平方米，完成房屋征收104万平方米,超额完成年度启动160万平方米的目标任务,有力保障机场四期、长寿MDI、铁路等市级重点项目顺利推进。继续平稳有序推进拆迁扫尾,通过整合各方面力量,以宣传解释工作为核心,以提高服务质量效率为手段,力争应拆尽拆,完成拆迁扫尾3687户,拆迁房屋43万平方米,拆净项目64个。坚持续拆项目扫尾与强化公开透明规范征收，保持拆迁和征收政策不乱,化解拆迁矛盾与防范征收纠纷并重,征收拆迁工作总体稳定有序。

(五)住房保障

逐步建立以公租房为核心的住房保障体系,保障性住房覆盖广大“夹心层”群体。构建“市场供给为主体、政府保障为补充”的双轨制住房供应体系和“低端有保障、中端有市场、高端有约束”的分层调控体系。实行公开透明分配,通过严抓“两审两公示、摇号配租电视直播、‘双随机’配对摇号、全程公证”四个关键环节,确保分配始终阳光公正,无分配不公的投诉。全市累计开工建设公租房4475万平方米,成功配租3.3万户,累计配租24.2万户,民心佳园、康庄美地、康居西城、两江名居、民安华福、城南家园及园区、远郊区县公租房小区已累计入住13.3万户。全年新开工安置房300万平方米、3.98万套，完成年度开工目标任务的176.8%；竣工99.65万平方米、1.04万套。全市累计配租廉租房6.04万户。

(六)房地产中介

截至2013年底,重庆市有房地产评估机构106家(其中:一级7家、二级67家、三级22家、暂定资质4家、驻渝分支机构6家),注册房地产估价师942人。全市共有房地产经纪机构门店4364家,其中,已在房管部门备案的经纪机构956家,已备案的分支机构2621家;从业人员23824人,其中经纪人1349人,经纪人协理6830人,其他业务人员15645人。

(七)春季房地产交易会

4月18~21日在南坪国际会展中心举行。本次春交会四天累计成交各类房屋5063套,成交建筑面积46.68万平米,成交金额32.05亿元。其中:商品住房成交3590套,建筑面积33.67万平方米,成交金额23.57亿元,累计成交建面均价7001元/平方米。在商品住房中,高层商品住房成交3141套,建筑面积27.28万平方米,建面均价6418元/平方米;高档低密度住房成交72套,建筑面积1.69万平方米,建面均价10918元/平方米;多层花园洋房成交261套,建筑面积3.39万平方米,建面均价8663元平方米;装修房成交116套,建筑面积1.31万平方米,建面均价9793元/平方米。二手住宅成交891套,建筑面积7.77万平方米,建面均价4891元/平方米,成交金额3.8亿元。

(八)秋季房地产交易会

秋季房交会于10月17~20日在南坪国际会展中心举行。本次秋交会四天主城区累计成交各类房屋3621套,成交建筑面积31.57万平方米,成交金额22.2亿元。其中:商品住房成交2022套,建筑面积19.35万平方米,成交金额14.92亿元,累计成交建面均价7709元/平方米。在商品住房中,高层商品住房累计成交1709套,建筑面积14.58万平方米,建面均价6431元/平方米;高档低密度住宅成交69套,建筑面积1.75万平方米,建面均价16026元/平方米;多层花园洋房成交158套,建筑面积2.07万平方米,建面均价8703元/平方米;装修房成交86套,建筑面积0.95万平方米,建面均价9888元/平方米。二手住房成交695套,建筑面积5.83万平方米,成交金额2.65亿元,建面均价4543元/平方米。

(九)房地产权籍管理

全市权籍管理以服务民生为导向,以"窗口建设标准化、权属登记规范化、权籍管理信息化"为抓手,积极开展土地房屋权属登记服务工作。一是有序开展土地房屋登记服务工作。据不完全统计,全市完成各类城镇土地房屋登记共计235万件,其中登记发证101万本;主城区各类城镇土地房屋登记共计121万件,其中登记发证56万本。二是新一轮农村土地房屋登记发证工作顺利通过验收。累计核发集体土地所有权证书8.04万本、宅基地及农房证书660万本、其他建设用地及房屋证书4.06万本,做到应发尽发。2013年9月,顺利通过国家对全市集体土地所有权登记发证工作的抽查验收。三是地籍管理取得新成效。有序开展年度土地变更调查,顺利启动全市村庄用地补充调查前期准备工作。2013年10月,全市集体土地所有权宗地统一编码试点成功顺利通过国土资源部地籍司的验收。四是全面完成全市地房籍管理信息系统建设工作。在主城区实现地房籍管理信息系统联网运行的基础上,市国土房管局加大对远郊区县地房籍档案数据清理整合的指导和督查力度,强力推进远郊区县的系统上线工作。截至2013年9月,29个远郊区县全部完成了数据清理和联网上线工作,至此全市土地房屋权属登记实现了统一联网运行的目标。五是农村"三权"抵押深入推进。全市各区县国土房管部门继续深化推进农村居民房抵押登记服务工作,据市金融办统计,截至2013年底,全市累计发放三权抵押贷款485.5亿元,其中发放农村居民房屋抵押贷款92.4亿元。

(十)房地产市场监管

一是认真开展房地产市场信访稳定突出问题化解工作。积极梳理排查出信访稳定突出问题6件,并全部进行了办结处理,下发了《关于执行全市房地产市场突出矛盾项目信息报表工作的通知》,将信访稳定突出问题化解工作作为一项日常性工作,保持全市房地产市场稳定。二是拟定相关文件加强商品房预售资金监管。针对因挪用预售资金导致延期交房问题,出台相关政策,着力规范商品房预售资金收存、使用等行为,强化商品房预售资金管理,积极防范开发企业挪用预售资金行为。并征求了企业、银行和房地产管理部门的意见,定于2014年3月1日实施。三是开展房地产市场中介专项治理工作。通过对全市4362家房地产市场中介机构和门店的调查摸底,已在房管部门备案的法人机构956家,已备案的分支机构2621家。对检查中发现的问题,目前已有655家中介机构进行了整改,剩余机构正在整改之中。通过专项整治,相关部门的联动共管机制逐步建立,市场秩序基本规范。四是进一步加大对房地产市场的监督检查力度。严格落实商品房预售许可管理的有关法律法规规定,加大检查力度,强化日常检查、集中检查、专项检查等制度,进一步监督和规范房地产开发企业的销售行为。五是加强协作严厉查处商品房违法违规销售行为。在与信访、公安建立联动机制的基础上,加强协作配合,建立联动查处机制,配合协同相关部门做好规划、工程质量、延期交房、价格纠纷等其他房地产矛盾的处理。2013年,主城各区房地产交易监督管理部门共受理32家房地产开发企业各类房地产交易环节违法违规案件投诉举报52件,全部进行了立案查处52件投诉举报,45件开发企业已整改完毕(整改率达86.5%),7件开发企业现处于整改中。与2012年比较,主城区各类违法违规案件投诉举报下降20件。

(十一)房屋住用安全

结合房屋安全管理的特点,强化完善房屋安全汛前排查、汛中巡查和汛后复查的"三查"制度。汛前,认真开展汛前房屋安全排查工作,共排查房屋7.56万栋,面积6856万平方米。汛后,复查2.91万栋,面积1574万平方米。2013年10月9~10日,市国土房管局举办了2013年度重庆市房屋安全管理及鉴定技术培训班,共培训学员280余名。

(十二)物业管理

一是制定完善《重庆市物业管理条例》的配套政策,制发《关于紧急使用物业专项维修资金有关事项的通知》,细化使用范围和程序,解决专项维修资金应急使用困难问题,配合市物价局修订《重庆市物业服务收费管理办法》。二是加大对区县分类指导力度,多措并举,从基层实际和群众诉求的角度,抓好管理,推进部门职能转变和更好地服务业主、服务企业。三是推进物业管理产业升级,发挥一批品牌企业示范效应。完成313名物业管理师执业资格的初始注册工作,完善了信用档案体系。截至年底,全市共有物业服务企业2232家,其中,一级企业62家、二级企业282家、三级企业1888家。重庆新龙湖等5家企业进入全国物管百强,入围数量居全国第四、西部第一;重庆海泰物业、大正物业企业分别在工业物业管理、学校物业管理类型中跻身全国第一。主城区住宅物业管理覆盖面达到87.3%。全市各区县物业行政主管部门累计归集商品房物业专项维修资金204.22亿元。四是强化行业队伍建设,指导各区县房管部门及市物协整合资源不断完善培训机制。全年培训物业行业从业人员、基层物管工作人员累计3000余人次。重庆理工大学开设了全国首个物业管理MBA课程班,首批报名学员50人,均来自大中型物业服务企业管理层;指导市物协举办"物业设施设备专业岗位师资培训班",培训行业工程技术类高端人才150余名;市物协先后组织会员单位赴深圳、兰州等城市学习考察,参加中物协"长江论坛"、"第三届三次理事会"、"物业管理年度发展报告"发布会等活动。五是深化物管行业"服务业主·共建和谐"主题活动。指导江北、渝中、忠县等区县开展物业技能比拼活动,激发全市物业管理从业人员钻研业务、提高技能的热情,选拔出一批技术能手,树立一批技能标杆,为提升全市物业服务行业的整体水平起到了积极的推动作用。以主题活动引导企业拓宽服务内容,新龙湖、金科等物业企业延伸物业服务产业链，获得业主好评，其综合经营效益提升。

（作者单位：重庆市国土资源和房屋管理局）

城乡建设

邹隆军

2013年，重庆全市房地产开发投资3012.78亿元，城市基础设施投资1074.24亿元，共完成投资4087.02亿元，同比增长20.18%，占全市固定资产投资11205.03亿元的36.47%。

全市房地产业开发增加值728.83亿元，建筑业增加值1148.27亿元，共计1877.1亿元，同比增长19.83%，占地区生产总值(GDP)12656.69亿元的14.83%。

全市征收配套费222亿元，同比增长29%，其中：主城区征收151亿元，远郊区县征收71亿元；全市办理征收面积11079万平方米，其中：主城区6067万平方米，远郊区县5012万平方米。

一、房地产业

2013年，全市完成房地产开发投资3012.78亿元，同比增长20.1%，占年度目标任务2700亿元的111.6%，占固定资产投资11205.03亿元的26.9%。

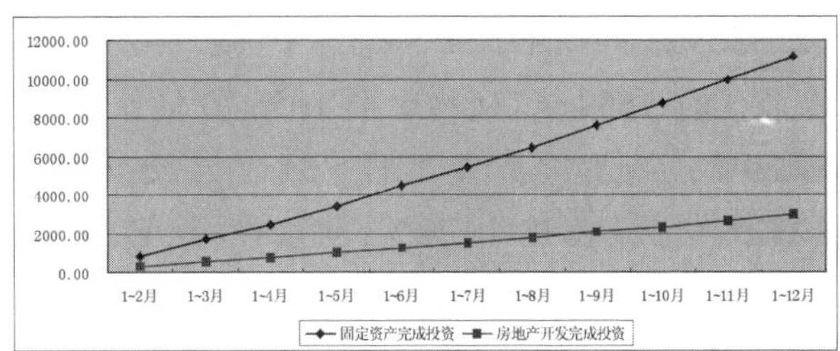

图一 2013年房地产开发完成投资与固定资产完成投资比较

全市房地产业实现增加值728.83亿元，同比增长11.1%，占地区生产总值(GDP)的5.8%，同比提高0.7个百分点。

全市商品房施工面积26251.89万平方米，同比增长19.3%；商品房竣工面积3804.36万平方米，同比下降4.7%。商品房新开工面积7641.63万平方米，同比增长31.4%。

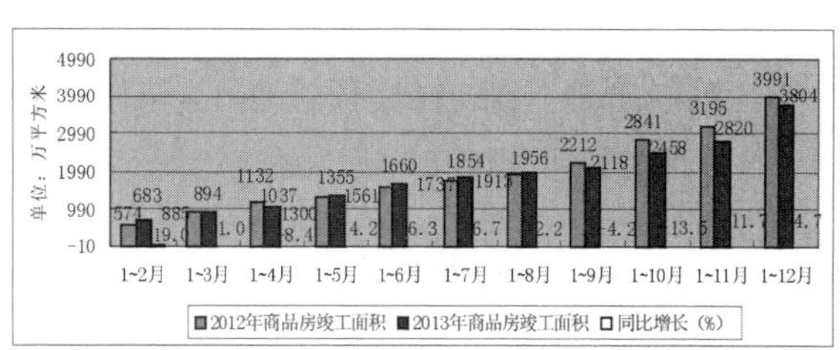

图二 2013年与2012年同期商品房竣工面积比较

全市商品房销售面积4817.56万平方米，同比增长6.5%；实现销售额2682.76亿元，同比增长16.8%。其中住宅销售面积4359.19万平方米，同比增长6.2%。

2013年，全市新增房地产开发企业702家，房地产企业总计3550家。其中，一级46家，二级616家，三级726家，四级72家，暂定2090家。

重庆“五十强”房地产开发企业完成投资500亿元，占全市的17%；竣工面积480万平方

表1 2013年全市房地产业完成投资排名前十位区县(单位：亿元)

序号	1	2	3	4	5	6	7	8	9	10
区县	渝北区	江北区	沙坪坝区	南岸区	九龙坡区	渝中区	巴南区	北碚区	大渡口区	长寿区
投资额	314.7	269	245.4	240.6	225.6	196.5	181.4	164.5	96.8	96.6

表 2　2013 年与 2012 年同期商品房新开工面积比较(单位:万平方米)

指标 时间	1~2 月	1~3 月	1~4 月	1~5 月	1~6 月	1~7 月	1~8 月	1~9 月	1~10 月	1~11 月	1~12 月
2012 年	628.93	1399.29	1892.91	2414.92	2823.97	3225.41	3901.65	4311.31	4713.91	5319.79	5813.48
2013 年	925.92	1562.29	2212.52	2734.95	3729.69	4427.69	4924.17	5674.94	6003.81	6993.79	7641.63
2012 年同比增长(%)	-57.4	-33.2	-19.2	-11.6	-23.0	-21.9	-13.2	-14.7	-14.6	-12.1	-14.8
2013 年同比增长(%)	47.2	11.6	16.9	13.3	32.1	37.3	26.2	31.6	27.4	31.5	31.4

米,占全市的 13%;新开工面积 800 万平方米,占全市的 11%;销售面积 620 万平方米,占全市的 13%。

以上数据表明, 房地产开发投资规模和新开工面积均保持了高速增长, 销售面积和销售额保持了稳步增长, 但受政治经济多种因素影响,2012 年新开工面积全面下滑,直接导致 2013 年竣工面积出现下滑趋势,预计 2014 年竣工面积将逐步恢复增长趋势。

二、建筑业

2013 年,全市完成建筑业总产值 4731.88 亿元,同比增长 19.0%,占年度目标任务 4200 亿元的 113%。

实现建筑业增加值 1148.27 亿元,同比增长 14.9%,占地区生产总值(GDP)的比重为 9.1%。

都市功能核心区和拓展区共完成建筑业总产值 2313.95 亿元,同比增长 14.2%,占全市的 48.9%; 城市发展新区完成建筑业总产值 1227.66 亿元, 同比增长 25.4%, 占全市的 25.9%;渝东北生态涵养发展区完成建筑业总产值 1087.22 亿元, 同比增长 21.7%, 占全市的 23%;渝东南生态保护发展区完成建筑业总产值 103.05 亿元,同比增长 34.0%,增速高于全市平均水平 15.0 个百分点,占全市的 2.2%。

全市发包并办理合同备案的房屋建筑和市政基础设施工程 5481 个、同比增长 24.1%,工程造价 1758.98 亿元、同比增长 16.6%。其中:公开招标工程 2932 个,工程造价 552.39 亿元,占比分别为 53.5%和 31.4%;邀请招标 592 个,工程造价 235.36 亿元, 占比分别为 10.8%和 13.4%;直接发包 1957 个,工程造价 971.23 亿元,分别占比 35.7%和 55.2%。其中:国有资金工程 3487 个、同比增长 23.0%,工程造价 816.24 亿元、同比下降 5.0%;非国有资金工程 1994 个、同比增长 26.0%, 工程造价 942.74 亿元、 同比增长 45.1%。其中:市管工程项目 207 个(公开招标工程 115 个, 邀请招标工程 24 个, 直接发包工程 68 个),工程造价 172.21 亿元。

市工程建设招标投标交易中心工程建设项目交易总数 3319 个、同比增长 10.3%,交易金额 1233.21 亿、同比增长 8.5%。其中:施工类房屋与市政工程 1659 个,交易金额 1058.70 亿元、占比 85.85%; 施工类专业工程 864 个, 交易金额 127.26 亿元、占比 10.32%;勘察设计、监理、采购、建设管理代理项目 796 个, 交易金额 47.25 亿元、占比 3.83%。

全市办理施工许可的新开工房屋建筑和市

表 3　2013 年全市建筑业总产值排名前十位区县 (单位:亿元)

排名	1	2	3	4	5	6	7	8	9	10
区县	渝北区	万州区	渝中区	涪陵区	九龙坡区	沙坪坝区	巴南区	开县	江北区	潼南县
总产值	700.72	402.10	390.37	303.97	208.80	202.67	186.33	171.72	169.66	165.49

政基础设施工程项目4461个、同比增长15.6%，新开工面积11940.23万平方米、同比增长30.2%，工程造价1924.49亿元、同比增长32.0%。新办理竣工验收备案项目2377个、同比减少32.6%，竣工面积6805.84万平方米、同比减少2.8%。

全市建筑施工企业7466家，其中：施工总承包企业2040家，专业承包企业3113家，劳务分包企业2313家；1169家外地建筑施工企业入渝备案。全市工程监理企业95家，其中：综合类2家，专业甲级55家，专业乙级20家，专业丙级18家；55家外地监理企业办理入渝备案。全市工程造价咨询企业188家，其中：甲级96家(含专业部委甲级5家)，乙级73家，乙级暂定19家；41家外地造价咨询企业入渝备案。全市招标代理机构119家，其中：甲级28家，乙级60家，暂定级31家。全市工程质量检测机构101家，其中：专项与建材类资质87家，建材类资质4家，专项类资质10家。

全市共659家本市企业出渝参与投标(1364次)，中标工程2087个，总造价1456亿元，总建筑面积5183.46万平方米。向市内外建筑业输出农村富余劳动力162万人，其中：本市建筑业解决就业95万人，市外建筑业解决就业67万人。全市建筑业吸纳建筑劳务人员141万人，其中：本市农民工95万人、本市非农民工32万人、市外入渝农民工14万人。全市净输出农民工53万人。

全年发放建筑施工企业安全生产许可证2480件(家)，其中：新办1002家、延续859家、变更619件。组织建筑施工企业“三类人员”考核107期，考核31481人次，发证20721份。

全市累计发生建筑生产安全事故43起，死亡46人(其中非法违法事故为15起，死亡18人)。与去年同期相比，事故起数多2起、上升4.9%，死亡人数少1人、下降2.1%。

以上数据表明，建筑业保持了平稳较快发展势头，建筑业总产值、增加值平稳增长，全市发包工程数、新开工项目数、新开工面积均比上年有所增长。市工程建设招标投标交易中心入场交易工程项目个数同比增长10.3%，交易金额同比增长8.5%。房屋建筑和市政基础设施建设工程质量总体处于受控状态、安全生产形势基本稳定。

三、勘察设计业

2013年，全市勘察设计单位完成营业收入305亿元，同比增长8.5%，占年度目标任务的101.7%。其中：都市功能核心区225.05亿元，占全市的73.8%；都市功能拓展区69.48亿元，占全市的22.8%；城市发展新区6.72亿元，占全市的6.72%；渝东北生态涵养发展区3.14亿元，占全市的1.0%；渝东南生态保护发展区0.61亿元，占全市的0.2%。

全市共有工程勘察设计单位444家，其中：具有勘察资质的单位105家(甲级26家，乙级42家，丙级32家，劳务类5家)，具有设计资质的单位390家(甲级102家，乙级185家，丙级103家)，具有设计与施工一体化资质的单位25家(1级7家，2级13家，3级5家)。施工图审查机构21家，其中一类18家，二类3家。已办理入渝备案的市外勘察设计企业共234家。全市勘察设计注册师人数3620人(其中：建筑师1325人，勘察设计工程师2295人)，同比增长11.7%，占专业技术人员总数的11.7%。

全市完成建设工程初步设计审批2736项(其中，我委审批315项，占11.5%)，同比增长12.9%，投资概算5600.2亿元(其中，我委审批项目概算2277.2亿元，占40.7%)，同比增长27.1%。按项目所在区域分，主城区828项，同比增长13.3%，投资概算3368.2亿元，同比增长24.8%；远郊区县1908项，同比增长12.8%，投资概算2232亿元，同比增长34.4%。按项目类别分，房屋建筑工程2194项，同比增长3.6%，总建筑面积12303万平方米，同比增长25.5%，投资概算5070.2亿元，同比增长25.6%；市政工程542项，投资概算530亿元，同比分别增长77.1%和56%。

全市施工图审查备案共计 3259 项,同比减少 5.29%,总投资 4683 亿元,同比减少 8.61%。其中:建筑工程 2631 项,总建筑面积 11660 万平方米,同比减少 11.95%,总投资 4182 亿元,同比减少 10.47%;市政工程 628 项,同比增长 38.63%,投资 501 亿元,同比增长 15.11%。按区域分:主城区项目 1040 项,同比减少 2.89%,投资 3219.1 亿元,同比增长 15.11%;主城区外项目 2219 项,同比减少6.37%,投资 1463.9 亿元,同比减少 37.1%。

以上数据表明,勘察设计行业发展较好,全行业营业收入稳步增长;初设审批项目个数较去年同期增长 12.9%,投资概算较去年同期增长 27.1%;施工图审查审查投资概算较去年同期减少 8.6%。

四、城市基础设施建设

2013 年,全市完成城市基础设施建设投资 1074.24 亿元,同比增长 20.4%,占全市固定资产投资 11205.03 亿元的 9.6%。

市政设施完成投资 494.9 亿元,同比增长 28.63%,占总投资的 46.07%;园林绿化完成投资 187.95 亿元,同比下降 1%,占总投资的 17.5%;污水处理完成投资 25.4 亿元,同比增长 4.6%;市容环卫完成投资 90.04 亿元,同比增长 4.7%;自来水的生产和供应完成投资 35.69 亿元,同比增长 11.99%;热力燃气生产和供应完成投资 89.2 亿元,同比增长 149.16%。

都市功能核心区和拓展区共完成投资 314.05 亿元,同比增长 11.6%,占全市的 29.2%;城市发展新区完成投资 367.15 亿元,同比增长 44.8%,占全市的 34.2%;渝东北生态涵养发展区完成投资 156.96 亿元,同比增长 11.3%,占全市的 14.6%;渝东南生态保护发展区完成投资

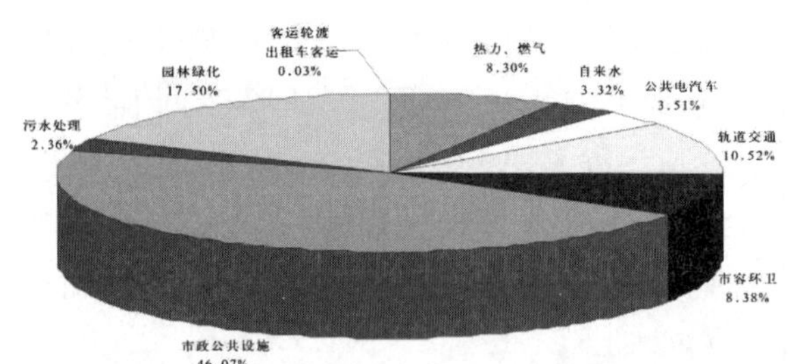

图三　2013 年城市基础设施完成投资行业分布图

81.13 亿元,同比下降 4%,占全市的 7.6%;跨区投资 154.96 亿元,同比增长 17.5%,占全市的 14.4%。

到位资金 1071.11 亿元,同比增长 28.8%。其中:自筹资金到位 542.17 亿元,同比增长 25.32%,占比为 50.62%;国内贷款到位 172.84 亿元,同比增长 2%,占比为 16.14%;国家预算内资金 158.72 亿元,同比增长 102%,占比为 14.82%。其他资金为 193.15 亿元,同比增长 29.49%,占比为 18.03%。

以上数据表明,城市基础设施建设投资快速增长。城市发展新区投资增幅较大,渝东南生态保护发展区投资略有下降,其他功能区保持稳定增长。铜梁县、潼南县、涪陵区、璧山县、大足区、开县、万州区等 7 个区县在完成投资量方面已进入了全市前十位,表明主城区以外的区县城市基础设施投入正在逐步加大。

五、重点工程建设

2013 年,市级重点建设完成投资 3030 亿元,同比增长 15.6%,占年度投资计划的 101%,占固定资产投资的 27%,圆满完成全年目标。其中,九大基础设施项目完成投资 918.5 亿元,占年度投资计划的 102.6%;十大产业项目完成投资 403 亿元,占年度投资计划的 62.5%;主城十

表 4　2013 年全市城市基础设施完成投资排名前十位区县(单位:亿元)

排名	1	2	3	4	5	6	7	8	9	10
区县	北碚区	铜梁县	渝北区	潼南县	涪陵区	巴南区	璧山县	大足区	开县	万州区
完成投资	78.09	59.95	51.68	45.54	45.48	45.42	42.87	42.27	34.09	33.90

大商务集聚区开发项目完成投资315亿元，占年度投资计划的121.2%；其他项目完成投资1393.5亿元，占年度投资计划的116.1%。

截至12月底，奉节至巫山高速公路、重庆国际博览中心、相国寺地下储气库、中卫—贵阳天然气联络线（重庆段）等64个项目完工或基本完工；韩国SK海力士半导体后工序项目、重庆110千伏及以下电网建设工程、2000万台平板电脑项目等83个项目新开工。

2013年，全市统筹推进新型工业化、信息化、城镇化等建设，着力提高经济增长质量和效益，确保了投资有效增长，重点项目平稳推进。重点建设投资和开竣工数量都超额完成了市政府确定的目标，重点项目的建成壮大了现代产业集群，促进了发展方式的转变和经济结构调整，提升了基础设施保障水平，完善了城市功能，为推动全市经济社会发展作出了重要贡献。

六、城市道路建设

全市城市道路计划建设项目共467项，总里程1171.32公里，涉及跨江桥梁6座，穿山隧道4座，项目总投资1308.6亿元。全年完成投资329.10亿元，占年度计划的100.76%，其中：都市功能核心区和拓展区约229.51亿元，占69.74%；城市发展新区约62.8亿元，占19.08%；渝东北生态涵养发展区约31.92亿元，占9.7%；渝东南生态保护区约4.87亿元，占1.5%。

主城区城市道路计划建设项目共248项，总里程615.42公里，项目总投资1031.52亿元，年度计划完成投资225.30亿元。全年完成投资229.51亿元，占年度计划的101.86%。

七、轨道交通建设

核心区和拓展区：全年计划完成投资110亿元，实际完成投资113亿元，占年度计划的103%。

累计建成通车里程170公里，日均客运量达130万乘次以上；续建线路40公里，其中二号线延伸段（新山村至鱼洞）和六号线（五里店至茶园）共计30公里线路计划于2014年建成通车，三号线北延伸段（碧津至观月大道）7.5公里计划于2015年建成通车，三号线北延伸段（观月大道至举人坝）2.5公里将根据空港大道建设进度顺延；新开工线路142公里，其中2013年我市新开工建设环线、四号线一期及五号线一期共计108公里，2014年上半年，将新开工建设十号线一期（建新东路至王家沱）34公里线路。

城市发展新区：为全面落实“五大功能分区”的战略目标，突出“交通引导城市发展”的策略，助推城市发展新区建设，已开展城市发展新区新型轨道交通的研究与探索，从城市发展新区特征入手，通过分析不同层次交通需求特性，强化城市发展新区综合客运交通系统，按照分梯次、分阶段和适度超前原则安排建设时序。

八、住房建设

主城区城市棚户区房屋改造。2013~2017年计划改造总量580.57万平方米、77351户。2013年，主城各区城市棚户区完成改造30.98万平方米、2535户，占年度计划的116%。

公租房建设。2010~2013年，全市公租房开工总建筑面积累计约4475万平方米、71万套，其中：已竣工约1950万平方米、32万套；在建约2525万平方米、39万套。已竣工的公租房中，由市级融资平台负责建设完成的约1745万平方米、28.57万套。

九、建筑节能

建筑节能初步设计审查。全市建筑节能初步设计审查通过1319个项目，建筑面积7398.95万平方米。其中都市功能区372个，建筑面积4275.35万平方米；城市发展新区项目643个，建筑面积2356.49万平方米；渝东北生态发展区项目172个，建筑面积547.55万平方米；渝东南生态发展区项目132个，建筑面积219.56万平方米。

建筑能效测评标识。全市能效测评项目共

3233栋,建筑面积2683.57平方米。其中都市功能区1918栋,建筑面积1697.37万平方米;城市发展新区项目818栋,建筑面积648.64万平方米;渝东北生态发展区项目340栋,建筑面积254.89万平方米;渝东南生态发展区项目157栋,建筑面积82.67万平方米。

绿色建筑评审。完成绿色建筑设计、竣工评价标识项目评审20个,建筑面积242.4万平方米。完成绿色生态住宅小区预评审项目33个,建筑面积968.07万平方米,完成绿色生态住宅小区终审项目11个,建筑面积189.12万平方米。

建筑节能材料推广。完成节能备案管理379项,共对9项建筑节能技术(产品)进行了认证。

可再生能源建筑应用。全市正在组织实施可再生能源建筑应用示范项目38个,示范面积417.19万平方米。

公共建筑节能改造。全市组织实施公共建筑节能改造重点城市示范项目68个,示范面积近320万平方米。

十、科技教育

教育培训。全年完成建筑工人培训与鉴定建筑工人150147人,其中,惠农工程20564人,高技能人才3015人,建筑工人持证上岗率提高了近12个百分点;组织3次专业技术管理人员统考,近10万人次参加了考试,其中"双证制"院校考生2万余人次;我市被住建部列为实施住房城乡建设领域职业标准考核评价核发全国统一证书的六个省市之一。

建筑产业化。启动《重庆市装配式混凝土住宅设计规程》等12项建筑产业化系列地方标准和6项标准图集的编制工作;加快推行住宅部品认定制度,促进部品构件通用化、标准化、模数化;建工新材、中瑞鑫安等建筑产业化示范基地高水平建设;实施装配式施工试点5万平方米;建筑产业化创新与促进联盟不断发展,成员单位涵盖设计、构配件生产、施工建造等建筑生产各领域,行业技术资源更加整合。

科技创新。创新科技管理,注重关键行业技术的集成创新和协同创新。我市主编完成《建筑边坡工程鉴定与加固技术规范》等4部国家、行业标准;《建筑边坡工程施工质量验收规范》、《建筑工程施工现场标志设置技术规程》被列入国家工程建设标准立项计划;发布实施《公共建筑节能改造应用技术规程》等20项工程建设地方标准,另有80余项工程建设标准处于起草、征求意见、送审、报批阶段。开展《重庆市建筑产业化促进办法》立法调研工作;启动了《重庆市装配式混凝土住宅设计规程》等9项建筑产业化系列地方标准和6项标准图集的编制工作。积极推动以企业为主体的科技创新工作。完成重庆市建筑业发展研究等建设科技成果30余项,其中《墙体自保温成套技术体系研究及工程应用》等两项荣获市科技进步二等奖,《重庆市轨道交通地下空间综合开发及利用研究》等4项科研成果获市科技进步三等奖。完成第三届建设科技创新奖评选,18个项目分获各奖项。创新新技术推广模式,编制发布《重庆市建设领域推广应用新技术公告(第一号)》,将钢筋加工配送、高强高性能混凝等16项建设新技术列入重点推广内容,并通过技术认定推广了32项新技术;积极推进高强钢筋示范城市建设,全面落实住建部、工信部《推广应用高强钢筋示范省市评估方案》要求,制定并发布了《重庆市建筑钢筋加工配送实施办法(试行)》;举办了"2013中国(重庆)钢筋加工配送产业化发展论坛"、"城乡建设国际观察团重庆行暨建设领域新技术、新产品信息发布会"和"中国(重庆)房地产与住宅产业化论坛"。

(作者单位:重庆市城乡建设委员会)

重庆园林

徐建

一、2013 年工作回顾

2013 年，市园林局紧紧围绕“科学发展、富民兴渝”总任务，积极开展了全市园林绿化和风景名胜区建设管理工作，各项工作取得了新的成绩。

(一)园林绿化工作

1.园林绿化建设

全市开工建设城市绿化项目 297 个（主城区 142 个，其余区县 155 个），新建城市绿地面积 2388 万平方米(主城区 1239 万平方米，其余区县 1149 万平方米)，干道绿化 138 条(主城区 64 条，其余区县 74 条)，包括沙坪坝区大学城重大西路、巴南区龙洲大道、江津区南北大道等；开工建设城市公园 51 个(主城区 16 个，其余区县 35 个)，包括渝北会展公园、万州区南山公园、璧山县登云公园等；开工建设社区公园 30 个(主城区 19 个，其余区县 11 个)，包括大渡口新港四季公园、北部新区金山公园、奉节县清河水岸西侧游园等；建设节约型园林示范点 4 个，包括渝中嘉陵路外侧挡土墙立体绿化、牛滴路内侧护坡立体绿化等。实现了城市绿化与城市建设的协调发展，保持了绿地指标的稳定和增长，进一步改善了城市生态环境，实现了良好的生态效益和社会效益。

2.园林绿化管护

加大管护工作力度，着力改变“重建轻管、只建不管”现象。编撰了一批养护实用技术资料，多次开展绿化管护交叉学习，重点加强了大树、新栽植树木的管护，特别是加强了高温期间抗旱保苗，力保栽下的树木成活。对主城区干道绿化坚持了常态化巡查，对 120 条主干道绿化进行了重点整治。通过管护，市街园林植被更加规范，树木长势良好。同时，积极开展园林执法，全市立案查处涉绿违法案件 275 件，整改恢复绿地面积 3.5 万平方米。

3.园林创建工作

积极推进了生态园林城市创建活动，加强了区县创建国家园林县城、城镇以及“园林三创”工作。2013 年有 3 个县城、3 个城镇通过国家园林县城(城镇)专家组验收，有 65 个申报单位(小区、市街和城镇)通过了“园林三创”验收，对 2010 年度市政府命名的 40 个园林式单位(小区、市街和城镇)进行了复查。截至 2013 年底，有 9 个县被命名为国家园林县城，4 个城镇被命名为国家园林城镇。

4.公园规范化管理

指导公园开展规范化达标创建，改造园内景点、改进服务水平、丰富文化活动，深受市民欢迎。全市有 13 个公园通过规范化管理达标评审。主城区公园集中整改完善 7000 多块标志标牌。举办了重庆市第 21 届春花展、第 4 届荷花展、第 17 届菊花艺术展等专业展览活动。主城区公园全年接待游客 2960 万人次，其中园博园游客量达到 206 万余人次，收到了较好的社会效益和经济效益。同时，还圆满完成了重庆动物园大熊猫“二顺”赴加拿大交流、第九届(北京)园博会重庆展园建设和参展，以及第十一届中国(北京)菊花展览会参展等工作任务。

5.园林绿化市场行业管理

出台了园林工程招标投标交易监督细则、园林绿化企业信用管理办法等规范性文件，完善了全市园林行业经济指标统计系统。建立了园林企业信用信息数据库，基本建成园林企业诚信体系。修订了园林企业资质等级标准、市外园林企业入渝登记备案管理办法等，进一步简化办理程序，提高服务水平。同时，进一步加大了园林行业安全监管力度，指导区县加强城市公园、风景名胜区、以及园林施工项目的安全排查，开展了区县大型游乐设施和"两防"专项整治检查督查40多次。

6.指导区县园林绿化工作

采取举办园林技术培训班、邀请专家讲座、现场实战培训等方式，培训区县园林技术人员2000余人次。开展了"园林科技区县行"活动，组织园林技术专家到万州、奉节等区县开展现场指导服务140余次。修订或编制了《区县城镇林荫大道规划建设导则》、《城市建设项目配套绿地管理技术规定》等园林技术规范，开展了"重庆两江四岸典型地段绿化工程示范"、"渝东南乡土树种苗木规模化繁育示范基地建设" 等科研项目，完成了城市污泥园林资源化利用、污泥堆肥的臭气自动收集等10项科技成果鉴定，促进了园林新品种、新技术和新材料的应用推广。稳步推进了园林技术数字化、信息化平台建设，为区县园林绿化提供了更为便捷的服务平台。开展了区县绿地系统规划编制情况调查摸底。认真做好建设项目并联审批以及公园、绿地规划设计方案审查工作，通过参与设计方案评审、组织专家论证、现场指导等方式，帮助区县提升园林绿化品质。全年审查建设项目配套绿地795件次，方案设计总绿地面积约685万平方米。

(二)风景名胜区建设和管理

2013年，重庆市有国家级和市级风景名胜区36处，面积4956.29平方公里，占市域面积6.01%。其中，国家级风景名胜区7处，2497.72平方公里，占市域面积3.03%；市级风景名胜区29处，2458.57平方公里，占市域面积2.98%。

1.申报世界自然遗产工作

加强统筹指导和协调沟通，积极争取上级支持和专家认可，会同南川区推进了金佛山申遗工作。2013年3月，联合国教科文组织世界遗产中心正式受理了金佛山申报世界自然遗产，8月金佛山顺利通过了世界自然保护联盟(IUCN)专家组的考察评估。今后将继续认真做好相关准备工作，确保申遗成功。

2.风景名胜区管理

2013年4月，万州潭獐峡获得住建部授牌，我市国家级风景区增至7个；5月，天生三桥风景名胜区总体规划通过市政府批准，全市29个市级风景名胜区总体规划已有23个通过市政府批准；6月，奉节天坑地缝风景名胜区总体规划通过国务院批准，全市已有5个国家级风景名胜区总体规划通过国务院批准。同时，加强了风景名胜区日常管理，不断完善基础设施，提升了服务质量。全市风景名胜区接待游客2040万人次，同比增长6%；实现旅游收入23.46亿元，同比增长10%。

二、2014年目标任务

2014年全市园林绿化工作将坚持以党的十八届三中全会精神为指导，认真贯彻落实市委四届三次、四次全会精神，紧紧围绕"科学发展、富民兴渝"总任务和五大功能区建设，坚持以建设"美丽山水城市"为目标，按照"绿地行动"的部署要求，坚持低调务实、少说多干，敢于担当、积极作为，努力提高城市园林绿化规划、建设和管理水平，为全市经济社会发展，建设"美丽山水城市"作出应有的贡献。

(一)按照五大功能区布局，深化城市绿地系统规划

紧紧围绕五大功能区定位，根据城市总体规划，完善深化绿地系统规划，划定城市绿线，进一步优化城市绿地布局。同时，严格实施绿地系统规划，认真落实绿线管理制度，严格占绿、用绿审批，切实加大对绿地系统规划实施和绿地管理的监督力度。

(二)提升园林绿化建设品质，彰显美丽山水城市形象

按照《国务院关于加强城市基础设施建设的意见》和"绿地行动"的任务要求，有计划地推进城市道路绿化、城市公园、林荫道建设和主城

两江四岸生态修复。在园林绿化设计、建设中有机融入重庆山水、文化元素，彰显自然和历史文化特色；科学配置苗木品种，提高种植水平，做到种植规范有序，景观和生态功能良好。2014年，计划新增城市绿地1000万平方米(其中，主城区新增500万平方米)，确保城市绿化与城市建设拓展的协调发展。

(三)加大管护力度，提高园林绿化精细化管护水平

坚持并完善市街巡查、病虫害预测防治等园林绿化日常管护长效机制，严格落实管护责任，形成"建绿和管绿"并重的工作格局。制订完善园林绿化管护技术规范，建立健全园林绿化信息化服务平台，着力抓好夏季抗旱保苗、大树管护等重点环节，提高精细化管护水平。积极探索新的管护方式和方法，运用市场机制，推进园林绿化管护的规范化、制度化。

(四)深化园林创建工作，促进城市园林绿化提档升级

按照住建部新标准，积极推进园林创建工作，认真组织开展第一批市级生态园林城市(区)申报评审工作；继续开展好国家园林县城(城镇)和园林式单位(市街、小区、城镇)创建工作，以创建促管护、促建设。

(五)坚持公共服务属性，加强公园运营管理

建立全市公园管理信息化系统，完善便民服务设施，改造提升公园景点质量，进一步提升公园规范化运营管理和服务群众的水平。整合城市公园资源，充分发挥其综合效益，增强公园"造血"功能，实现公园健康持续发展。探索公共草坪开放工作，让老百姓更多更好地享受到城市园林绿化的成果。

(六)科学利用资源，提升风景名胜区管理水平

认真做好风景名胜区规划编制工作，推进长江三峡、潭獐峡等风景名胜区的规划编制和报批工作，开展好核心景区等重点区域的详规编制工作。积极主动，探索创新，进一步理顺风景名胜区管理体制。完善景区基础设施，加大综合整治力度，规范景区秩序，提升管理和服务水平，实现生态保护和资源利用协调发展。

(七)加强园林市场管理，服务经济社会发展

进一步加强园林行业规范化管理，制定出台园林绿化企业资质管理办法、园林绿化企业信用评价标准等规范性文件。加强园林绿化企业资质认定、资格备案以及信用体系建设。积极培育园林行业市场，引导园林企业健康发展，促进园林产业不断壮大。整合园林系统现有资源，充分利用园林部门在人才、技术等方面的优势，更好地为市场服务，为全市发展服务。

(作者单位：重庆市园林局)

环境保护

周顺涛

2013年，在市委市政府的坚强领导下，在环境保护部的指导和支持下，全市上下牢固树立"在保护中发展，在发展中保护"的理念，认真落实市委"五个决不"(即决不能以牺牲生态环境为代价追求GDP和一时的经济增长，决不能以牺牲绿水青山为代价换取所谓的"金山银山"，决不能以影响未来发展为代价谋取当期增长和眼前利益，决不能以破坏人与自然关系为代价获得表面繁荣，决不能对当前环保突出问题束手无策、无所作为，对苗头性问题疏忽大意、无动于衷)的要求，集中力量抓好"守底线、治污染、严考核、保安全"四件大事。全社会环保意识不断提升，生态文明建设取得新的成效。

2013年，按《环境空气质量标准》(GB 3095-

2012)评价,空气质量达标天数为206天。都市功能核心区和都市功能拓展区空气质量在全国74个重点城市和31个省会城市中排名中上水平。其他功能区31个区县(经开区)空气质量按《环境空气质量标准》(GB 3095-1996)评价,PM_{10}、SO_2和NO_2年均浓度均达标的区县有29个(占93.5%)。

2013年,全市地表水总体水质为良好,154个监测断面中,Ⅰ~Ⅲ类水质的断面比例为76.0%,水质满足水域功能要求的断面占82.5%。长江干流(重庆段)总体水质为优,15个监测断面中,Ⅲ类水质的断面比例为100%。全市59个城区集中式饮用水水源地达标率为99.7%,比2012年上升1.0个百分点。

全市区域环境噪声平均等效声级为53.5分贝,比2012年下降0.2分贝;道路交通噪声平均等效声级为66.4分贝,比2012年下降0.1分贝。

一、严守环保底线,环境与发展融合更紧密

(一)环境影响评价

2013年,市环保局按照重庆市五大功能区环境承载能力,研究制定差异化环境准入政策;修订《重庆市工业环境项目准入规定》、《重庆市电镀行业准入规定》,制定涉铅产业布局指导意见;建立环评信息公告、环评机构信用评价、重大项目社会稳定风险评估、环评人员廉洁从业"十不准"等环评管理制度。全市环评审批项目5057个,涉及投资7393亿元。2013年不予审批或暂缓审批丰都紫光化工蛋氨酸二期工程、长寿化工厂甲基苯酚项目等70个项目,涉及投资约56亿。全年查处环评违法项目62个,其中市环保局查处29个。协调新建铁路重庆至万州客运专线、重庆中电投合川电厂"上大压小"第二台机组项目等6个重大项目通过环保部审批,为韩国海力士芯片、京东方面板等重点项目开通"绿色审批通道",促进项目落地,服务经济社会发展。

(二)总量减排

重庆市完成了29个列入国家目标责任书的重大减排项目,完成市级减排项目800余个,推进35家落后产能企业关停,完成国家下达的年度减排任务。提前1年半执行火电厂污染物排放国家标准,出台更严格的《重庆市大气污染物综合排放标准》。完成全市30万千瓦以上火电机组脱硫增容改造,提前1年达到国家二氧化硫排放新标准。率先在全国制定水泥行业污染物排放地方标准,完成年产百万吨以上水泥生产线脱硝改造。积极推进排污权交易试点工作,开展主要污染物排放权交易276次,交易金额达3113.86万元,初步建立起环境容量资源有偿使用的市场机制。

二、有效治理污染,生态环境质量持续改善

(一)实施环保五大行动

重庆市政府印发实施环保"五大行动"(蓝天、碧水、宁静、绿地、田园)实施方案(2013~2017年),统筹治理城乡环境污染,重点解决群众关心的大气、水、噪声、土壤污染等突出环境问题,进一步保障和改善民生。蓝天行动主要是"四控一增",即控制燃煤及工业废气污染、控制城市扬尘污染、控制机动车排气污染、控制餐饮油烟及挥发性有机物污染、增强大气污染监管能力。碧水行动主要是"四治一保",即治理城乡饮用水源地水污染、治理工业企业水污染、治理次级河流及湖库水污染、治理城镇污水垃圾污染、保护三峡库区水环境安全。宁静行动主要是"四减一防",即减少社会生活噪声、减缓交通噪声、减少建筑施工噪声、减少工业噪声,开展噪声源头预防。绿地行动主要是实施"三项工程",即实施生态红线划定与重点生态功能区建设工程、城乡土壤修复工程、城乡绿化工程。田园行动主要是开展"三项整治",即开展农村生活污水整治、农村生活垃圾整治、畜禽养殖污染综合整治。

(二)大气污染防治

贯彻落实《国家大气污染防治行动计划》,推进实施870余个大气污染防治工程项目,完成重钢集团、合川发电厂等企业脱硫、脱硝、除

尘设施建设与改造，完成重啤黔江分公司等企业燃煤锅炉清洁能源改造，淘汰关停小水泥产能300余万吨,巩固和建设180余个无煤社区和80余个基本无煤场镇。巩固和创建240余个扬尘控制示范工地、240余条扬尘控制示范道路，整治19家预拌混凝土搅拌站粉(扬)尘污染。推动完成10个区县简易工况法机动车环保检测线建设。出台《重庆市主城区限制黄标车行驶工作方案》及《重庆市主城区鼓励黄标车提前淘汰奖励补贴实施细则》,淘汰黄标车2万余辆。全面推进主城区600余个加油站、油罐车、储油库油气回收治理项目。整治餐饮业油烟污染334家,创建餐饮油烟治理示范街9条。

(三)三峡库区水环境保护

重庆市全面启动主城建成区56个湖库整治,17个湖库已投入9300余万元，同步实施整治工程。玉滩湖通过竞争立项获得国家江河湖泊生态环境保护专项资金重点支持,完成17个集中式饮用水源地环境状况评估和638个集中式饮用水源保护区划分及调整。开展223条次级河流排污口调查,深化主城区22条河流污染整治。推进252家重点工业企业环境保护主体责任标准化达标工作,完成31家企业强制性清洁生产审核、沿江153家工业企业污染调查、主城区8家污染企业环保搬迁。全市城区集中式饮用水水源地达标率为99.7%。

(四)城市噪声环境污染整治

重庆市严格声环境质量控制标准，在全国率先开展新建商品房居住适应性评价和声环境公示制度，全市200多个商品住宅项目进行声环境公示。加强噪声污染源头控制,落实机动车禁鸣和夜间施工噪声管理，大力开展社会生活噪声整治专项行动，限期治理噪声污染扰民企业(项目)32个,搬迁、关停16个,推进低噪声路面、道路声屏障、道路降噪绿化防护带等建设和710辆老旧公交车更新淘汰。创建并巩固噪声达标区59平方公里、安静居住小区53个。

(五)统筹城乡环境保护

重庆市完成了主城区12个集中式饮用水源地和5个区域中心城市5个集中式饮用水源环境状况评估工作,开展了全市38个河流式集中式饮用水源、城区集中式饮用水源保护区内33个船舶码头专项检查工作。建成68座城乡镇污水处理设施，忠县投入1.1亿元建设乡镇污水处理设施,铜梁县乡镇污水厂采用新工艺,降低建设运维成本，全市污水处理能力得到有效提升。编制农村环境连片整治实施方案,落实中央专项资金3.8亿元，启动实施600个村的农村环境连片整治。严格畜禽养殖区划管理,治理规模化畜禽养殖场污染121个,黔江、长寿、梁平等10余个区县安排畜禽养殖污染治理专项资金。

(六)生态保护

开展国家重点生态功能区生态环境保护全过程管理试点和启动生态红线划定工作。完成全市58个自然保护区范围、界线以及功能区核查工作，在全国率先建立自然保护区空间管理系统。巫山县五里坡自然保护区晋级为国家级保护区，城口县大巴山国家级自然保护区规划调整通过国务院自然保护区评审委员会评审。实施巫溪县阴条岭和奉节县梅溪河等湿地保护与恢复工程,获得中央资金5300万元。

三、保障环境安全,群众环境权益得到维护

(一)固体废物污染防治及污染场地整治

2013年,全面深化固体废物申报登记、危险废物转移审批、经营许可审批及进口废物管理工作。强化一般工业固体废物贮存、处置设施的环境监管。开展危险化学品环境管理登记前期工作,推进国家及全市POPs污染防治“十二五”规划实施。推进重金属污染土壤处置和危险废物、医疗废物集中处置,全市17家涉重金属企业实施关闭或搬迁。12家企业淘汰涉重金属生产工艺或原材料。实施完成重金属污染综合治理项目4个。开展工业企业搬迁原址场地环境风险评估和治理修复,全年完成35块原址场地环境风险评估,评估面积230万平方米。完成5块污染场地的治理修复,治理污染土壤20万立

方米，提供净地110万平方米。

（二）辐射环境保护

强化建设项目在环评、试生产、竣工环境保护验收等环节的全过程管理，开展500千伏以上输变电项目的环境监理。开展市重点辐射源监测、放射性废物库监测和电离辐射项目验收监测等监测工作，出具监测报告218份。完成25个"国控点"、38个"市控点"辐射环境质量监测。完成辐射类建设项目环境影响评价要求通知书154份，新(改、扩)建设项目环评122个(其中，涉及移动通信基站建设项目22个，基站4460个)、试生产批复项目67个、竣工验收项目100个（其中，涉及移动通信基站验收项目20个，基站4460个)，放射源转让审批及转移备案212件。全年核发辐射安全许可证45件，放射性同位素与射线装置辐射安全许可证持证率达到100%。

（三）环境风险防范

强化环境风险联防联控机制，深化涪江、嘉陵江和渠江流域环境污染及突发事件框架协议。全年开展"环境安全大排查大整治大执法大督查"等10余项专项整治行动，排查企业2468家次，督促企业整改隐患371个，对150余家沿江工业企业污染治理设施和390余座污水处理厂运行情况进行重点督查，对30家再生铅和铅蓄电池企业进行重点整治。严厉打击环境违法行为，市级环保部门行政处罚475件，处罚金额8749万元；大足等区县捣毁查封"野电镀"18家，刑事拘留违法企业主2人，开展市区(县)环境综合应急演练50余次，环境应急处置能力和应急监测水平进一步提升。严格落实环境应急"五个第一"要求，成功遏制27起易引发污染的突发事件，妥善处置11起一般突发环境事件，避免了较大、重大和特大突发环境事件发生。启动"清理'三同时'，治理违法建设；清理排污权，治理违法排污；清理风险源，治理安全隐患；清理监管点，治理监管缺位"专项行动。璧山县完成试点工作，全面清查工业、餐饮业、畜禽养殖业等3100个污染源并开展专项治理。

四、严格环保考核，环境保护责任有效落实

按照市委提出的"考实、实考"的总体要求，坚持动态与静态、一般与重点、共性与个性、日常监督与年终考核"四个结合"思路，着力体现建设五大功能区要求，充分考虑区县重点任务和环境承载力，进一步简化考核指标，突出功能导向和体现"差异化"，积极推进建立体现生态文明要求的考核评价体系。在全市精简、整合和完善区县考核过程中，环保考核得到进一步强化。环境保护分值增至8.5~9分，高于GDP增长考核分值。大渡口、石柱等区县实行环保考核一票否决制。

五、夯实基础工作，环境监管水平不断提升

（一）环境保护能力建设

市环保局深入开展党的群众路线教育实践活动，扎实推进"五个专项行动"，认真查找"四风"方面存在的突出问题，收集整改建议意见430条，梳理"四风"问题33个，结合环保中心工作，从8个方面制定并落实29条整改措施，建立完善23项制度，全面完成"四风"突出问题整改。全市1012个乡镇(街道)全部设立环保机构，配备专兼职环保员2498余人。涪陵、黔江、永川、璧山、潼南等区县已建立较完善的乡镇环境保护体系。市区(县)环境监察、监测、宣教、信息等环保能力标准化建设扎实推进，市级核与辐射监测能力进入全国前列。柔性引进2名大气污染防治方面的院士，开展各类培训共11期。围绕环保重点工作，调整优化市级环保部门内设机构设置和职能职责，进一步完善环境准入管理、污染防治与监督管理相统筹、相协调、互为支撑配合的机构职能体系，设立生态、大气、固体废物、农村环境管理等处室，在全国环保系统率先设立互联网信息管理办公室。

（二）环境政策与法治

重庆市政府出台了新的《重庆市环境噪声污染防治办法》、《重庆市主城区尘污染防治办法》，分别自2013年5月1日、2013年8月1日

起施行。开展《重庆市建设项目环境保护管理办法》、《重庆市污染场地环境保护管理办法》等立法项目调研、起草工作。出台《重庆市环保局规范性文件管理办法》,贯彻执行《重庆市环境行政处罚程序规定》、《重庆市环境行政处罚裁量基准》,组织环境法制暨行政执法人员法律知识培训,开展环境行政处罚案卷评查,加大对区县环保部门执法的指导和监督。严格执行《重庆市环境行政复议工作规则》,依法开展环境行政复议,全年受理复议案件38件,办结率100%。深入推进绿色信贷、环境污染责任保险、环境污染损害鉴定评估试点工作。重庆市环境科学研究院(重庆市环境监测中心)(协作单位:重庆市环境工程评估中心)被环保部纳入环境损害鉴定评估推荐机构名录(第一批)。

(三)环境科技

完成"重庆市主城区大气PM10和PM2.5来源解析"和"三峡水库消落带生态保护与水环境治理关键技术研究与示范"等一批科学研究和技术示范工程,完成了"重庆市环境保护及相关产业基本情况调查"和"全国重点地区环境与健康专项调查"重庆市点位的预调查工作,推进重庆市"环保产业园区"落户大足区万古工业园区。

(四)政务信息及环境信访

按照应公开全公开的原则,以政府公众信息网为主阵地,报纸、杂志等传统媒体和政务微博等新兴媒体为重要渠道,切实推进环保信息公开工作。市环保局政府公众信息网公开信息近3万条,网站累计公开信息16万余条,累计访问量达269万余人次,通过市政府政务公开平台发布信息743条;通过手机报、政务微博(广场)等新媒体发布信息17万余条,各类媒体刊播重庆环保新闻(信息)4万余条。及时高效办理市人大代表建议、市政协委员提案108件,满意率均为100%。严格落实局长接待日、领导包案、干部带案下访等制度,11件重难点环境信访积案全部办结。受理环境信访、投诉4.7万件,有效应对网络(媒体)环境污染投诉800余件,妥善处置环境舆情8件。

(五)环境宣传教育

围绕环保"五大行动"等中心工作,开展多渠道、多种形式宣传,全年媒体上关于"重庆环保"的新闻信息达480余万篇。通过积极开展环保宣传"十进"活动、环境友好型社区创建、环境友好型学校创建和加强党政领导干部环境教育培训工作、环保系统干部培训等,进一步深入开展全民环境教育。重庆环保政务微博被工信部等多家部委,以及新浪、腾讯评为"2013年度中国优秀微博"、全国"十大环保机构微博"、"重庆市十大政务微博"。

(六)国际合作与交流

市环保局圆满完成英国环境大臣来渝等20余批约50人次重要外事活动。与环保部对外合作中心签署《战略合作备忘录》,建立国家与地方国际环保合作的长效机制。与环保部对外合作中心、全球环境基金等组织合作,开展中国北欧环境保护合作计划重庆地方项目、中国污染场地治理项目、重庆市环境空气质量达标规划等项目。争取国际赠款推进淘汰消耗臭氧层物质履约能力建设示范(二期)项目。完成中挪合作POPs地方履约能力建设项目、欧盟生物多样性保护项目。

(作者单位:重庆市环境保护局)

工商行政管理

王震宇

一、2013年发展回顾

2013年,在市委、市政府和国家工商总局的正确领导下,全市工商系统围绕中心,创新实干,服务发展取得新成果,市场监管展现新水平,消费维权产生新影响,基础建设迈上新台阶。各项工作取得了新成绩,得到市委、市政府和总局领导肯定性批示53次,人民日报10次报道重庆工商工作。同时扎实开展群众路线教育实践活动,得到人民群众的普遍认可,受到市委、总局领导和市委督导组的充分肯定。

(一)市场主体发展数质并举

截至12月底,全市市场主体总量达到153.23万户(其中,内资企业39.3万户,外资企业5397户,个体工商户111.46万户,农民专业合作社1.93万户),比上年末增长11.91%。积极探索工商登记制度改革,在6个区县和3个微企孵化园试点进行工商登记制度改革,取得良好成效。拟定的《重庆市工商登记制度改革实施方案》已经市政府常务会议审议通过。支持民营企业抱团发展,组建民商集团等大型投资控股企业。全程跟踪服务SK海力士、NEC等重点外资项目顺利落户,引进毕马威等14家国内外知名中介机构。在全国率先探索开展省级登记机关核名权下放试点工作,向两江新区分局下放全部市级审批权限,构建准入快速通道,受到市领导的表扬肯定。在非公经济党组织中开展十八大精神学习宣讲409场次;新发展党员1337名,新组建非公经济党组织445个,找出隐形党员702名;加强党建工作规范化建设,组织3485户党员业主开展"三亮"活动,充分发挥了非公经济党组织和党员服务推动民营企业发展的重要作用。

(二)微型企业持续健康发展

进一步完善微型企业"1+3+3+3+N"扶持政策,累计发放财政补助资金32.83亿元,返还税收7745.64万元,协调落实4300万元市级微企孵化园专项建设补助资金(其中,2013年落实2000万元),推动取消和免征39项行政事业性收费及政府性基金项目,涉及金额约1亿元。出台了简化微型企业申办流程、成长帮扶机制、加强微企监督管理等制度文件,建立微企动态运行监测体系,实现对微企从创业、成长到退出的全过程规范化服务管理。在全市开展了"微企宣传月"活动,广泛宣传微企政策和发展成果。截至12月底,全市累计发展微企11.18万户,解决和带动就业84.73万人,已有8726户微企成长壮大,占微企总数近8%。其中,2013年新发展3.13万户,带动就业22.6万人。市领导11月到市工商局调研时指出:重庆这几年在发展微型企业过程中创造了两个机制,实施了市场准入和财政补贴资金管理制度的重大改革,实际上动了行政审批制度的根本,是这几年各类市场准入审批和财政扶持资金审批中最规范和工作做得最好的。国家工商局领导9月来渝调研时指出:近年来,重庆工商开拓创新,在全国首开先河扶持发展微型企业。这项工作意义很重大,重庆在这方面创造了好的经验,是我们改革的方向,在全国应该很好地推广。

(三)商标、广告战略深入推进

深入实施商标战略,落实兑现2012年驰名商标、地理标志奖励2970万元。全年共新增有效注册商标2.5万件,同比增长13.6%,有效注册商标突破11万件,达11.7万件。新增驰名商标13件,总量达到82件。新认定著名商标181件,总量达到1311件。新增地理标志30件,总量达到159件。出台《重庆市著名商标认定工作指导意见》,提升著名商标认定质量。向全市驰名商标权利人和商标代理机构进行新《商标法》政策宣传和行政提示，帮助企业提高了商标运用、保护和管理能力。深入开展扶持微企商标发展行动,微企注册商标总量达到6699件,其中著名商标8件。大力推动广告业发展,全市广告经营单位达到2.56万户、从业人员14.62万人,广告经营额53.5亿元、纳税额6.4亿元,同比分别增长25.81%和84%。积极协调总局将重庆广告产业园区纳入了中央财政支持广告产业发展试点，已争取到位中央财政补助资金4500万元。总局广告司给予重庆广告产业园区“让人感觉很振奋,发展的势头好,规划很宏伟,园区运营模式可取”的高度评价。扎实开展虚假违法医药广告专项整治,共监测广告293万条次,媒体广告总违法率和医药广告违法率分别下降至0.25%和0.4%,处于三年来最低位。

(四)执法办案权威进一步彰显

不断完善情报工作机制和平台，有效提高情报信息搜集发现能力和转化应用水平，共搜集各类情报5768条,案件转化率达49.44%。加大大要案件查办力度，全年立案查办案件3355件,案值15.9亿元,案值总额和个案平均案值均创历史新高。查处的重庆某儿童医院“拼药”欺诈消费者案件,实现了执法领域的新拓展,打击了行业潜规则。坚持以民生为导向,重点领域专项执法成效显著。查办的11户经营者销售不合格手机案、部分市场销售国家明令淘汰钢材案、供水行业部分企业滥收费用案、道路运输协会及其下属培训中心不正当竞争案、医药购销、教辅材料发行商业贿赂案等大要案件，涉案金额大、社会影响广泛,树立了工商执法权威。加大对传销行为打击力度，联合公安机关查处网络传销等一批有影响的案件。首次开展直销行业全面检查,重点检查19家在渝直销企业在直销员招募、培训宣传、计酬奖励、信息披露等方面的行为,走进全市182所高校、中学,开展“远离传销、共创和谐”,防止传销进校园宣传教育活动,提高了学生群体抵制防范传销能力。

(五)电子商务监管和发展取得新成效

全面推进电子商务诚信交易服务试点工作，制定出台了《网络经营者电子标识管理规定》,开发应用网店电子标识应用系统,实现了网络交易平台网站与工商部门网络监管系统无缝对接。截至目前,已对全市1.58万个网站网店发放了网络电子标识,人民日报、新华网等主流媒体进行了集中报道。首次开展了全市网上市场发展情况专题调研,起草完成了《关于加快推进网上市场发展的意见》。全市电子商务主体总量达到11万户,网站(网店)总量达到14.7万个，分别较2012年底增长25.55%和32.7%。支持新建网络交易平台7个，全市年交易额千万元以上的网络交易平台达到17个，猪八戒网、维普资讯网等网络平台已发展成为全国网络平台。

(六)市场监管效能进一步增强

深入推进监管巡查体制改革,开展巡查示范工商所创建工作,规范处置违法经营行为1.1万项。探索实施“不见面”年检,为下一步推行年报制度奠定了基础。开展“苹果”等通讯公司以及金融、房地产、汽车、旅游等20个行业不平等合同格式条款整治行动,以及房地产经纪市场、企业登记代理行业、出国留学中介领域等专项整治,人民日报、新华社、中央电视台等20多家媒体多次进行报道。在完成市级食品监管体制调整的同时,继续保持高压严管态势,确保了改革过渡期间流通环节食品安全稳定可控。近年来全市流通领域未发生重大食品安全事故，圆满完成了市委、市政府交办的食品安全监管任务。

(七)企业信用体系建设不断深化

争取市政府出台“十二五”期间重庆企业信用体系建设实施方案，加快联合征信系统二期建设,夯实信用建设基础。加强企业信用信息征集整合，征集整合信用信息数据2588万条。建立企业信用信息部门共享查询机制，全年各单位通过市政府电子政务网访问联合征信系统2.8万人次,同比增长56%;市企业信用网内外网访问量80.65万人次;出具企业信用报告3754份，提供查询21万户次。建立企业信用评价机制,对企业信用状况进行量化评分后,作为政府采购和招投标依据。在公共资源交易招投标项目中对所有参与投标企业信用状况进行了审查,覆盖面达100%。全市在909个工程建设项目、1055个政府采购项目、101个土地交易项目中开展了信用评价,78户企业因存在不良记录被扣分,2户企业因存在严重失信行为被取消中标资格。新公示市级“守重”单位1188家和市级“守重”微型企业211家,联合市商委、市商品交易市场协会认定并公示市级诚信示范市场19家,其中,有三家市场被总局公示为“全国2012~2013年度诚信示范市场”。“守合同重信用”公示和“诚信示范市场创建”活动的影响力不断扩大。

(八)消费维权水平有力提升

强化流通领域商品质量监测，建立商品质量监测信息情报库,构建溯源监测工作机制,共抽检商品1811组，发现不合格商品858组,提高了监测的针对性。加强12315站点规范化建设,健全完善12315工作机制,提高了12315热线畅通率。约谈银行、保险、通讯、家电、汽车等消费者投诉集中行业的部分企业，强化了经营者自律意识。在20家大型商场和24家本地大型网络交易平台上新建消费维权服务站，在市属重点企业设立12315投诉受理绿色通道,与法院建立了诉调对接机制，部分区县还与法院联合成立巡回法庭,构建“一点多面、多方参与”的消费维权格局。在主城商圈和区县政府所在地建立了12315消费维权快速反应队伍，确保重大消费投诉及时反应、快速处置。积极探索建立新型消费业态的消费维权机制，设立了银行业消费者投诉监督站等专业投诉站，开展了民营医院、汽车销售维修行业消费评议和电线电缆的比较实验等系列活动,受到广泛好评。成功举办全国首次3·15网络晚会,产生良好社会反响。12315全年共受理咨询、申诉、举报13.9万件,及时办结率达99.5%,消费者回访满意率达到98%。

(九)法治工商建设有序推进

积极推进地方立法工作,圆满完成《重庆市户外广告管理条例》修订工作,在全国创造性地将户外广告审批由原来的工商、市政双审批变为工商一家审批，并将公益广告纳入户外广告监管范围,强化了工商部门职能职责。规范监管执法行为，修订完善《行政处罚裁量权适用规则》和《行政处罚案件质量评查标准》,全系统开展案件同级核审4101件。积极开展行政复议和应诉工作，罚没款近900万元的新生活传销诉讼案两审胜诉。深入推进全系统“学法用法示范单位”创建活动,市局和十个区县局被评为全市百佳“学法用法示范单位”,全系统获奖单位数量在全市创建单位(机关)中位列第一。组织开展了依法行政七“十佳”评比表扬工作,发挥了依法行政的典型带动和示范引领作用。全面推进行政指导工作,2013年,全系统共实施行政指导13万余件,其中规划实施重大行政指导项目86件。

二、2014年发展目标

(一)深入推进工商登记制度改革,营造宽松平等的准入环境

工商登记职能是工商行政管理的基础职能。要以改革工商登记制度为契机，推动工商注册制度便利化，加大市场主体扶持发展力度,充分激发市场主体创业活力。一是深入推进工商登记制度改革。二是推动微型企业创新发展。三是大力实施商标广告战略。四是积极探索新兴市场管理和服务。五是扎实推进非公党建工作。

(二)创新市场监管体制机制,营造公平竞争的市场环境

进一步厘清监管职责、更新监管理念、转变监管方式、创新监管机制,强化监管执法地位,推进建立统一开放、竞争有序的市场体系。一是深化企业信用体系和信息化建设。二是全面做好企业年报工作。三是大力加强执法办案工作。四是切实提升市场监管效能。

（三）拓展消费维权的领域和方式，营造安全放心的消费环境

要以贯彻新修改的《消费者权益保护法》为契机，进一步更新维权理念、创新维权方式、完善维权机制，深入研究新型消费领域和消费方式的变化规律，不断提升消费维权工作水平。一是提升消费维权行政效能。二是强化消费维权社会监督。

（四）加强法治工商和干部队伍建设，为工商改革发展提供坚强保障

建立完善的法制基础和打造一支廉洁高效的干部队伍，为完成工商改革发展任务提供坚强保障。一是推进法治工商建设。二是加强队伍建设。三是加强党风廉政建设。

（作者单位：重庆市工商行政管理局）

重庆国税

田野

2013年，全市国税收入完成914.3亿元，同比增长16.6%。其中，国税部门组织收入819亿元，增长16%；海关代征税收94亿元，增长21.3%。分税种看，国内增值税完成399.9亿元，同比增长15.6%，其中“营改增”收入9.9亿元；国内消费税完成124.7亿元，增长21.6%；企业所得税完成235.9亿元，增长11.6%；车辆购置税完成58.3亿元，增长27%。分级次看，中央级收入完成713.1亿元，同比增长16.2%；地方级收入完成200.4亿元，增长18.1%，其中市级收入完成94.2亿元，增长16.7%。

一、税收特点

一是税收收入稳中有进。2013年，全市经济发展稳中有升，与此对应，全市国税收入发展也呈现稳中有进的态势。月份税收增速除2月、5月以外，均达到两位数；季度增速从一季度的9.8%，逐季提升到四季度的19.4%；全年税收总量突破900亿，增速比上年提高9.2个百分点，分别高于全国和西部地区平均税收增幅6.9和10个百分点。全市工业税收增长13.5%，其中工业增值税增长12.8%；商业税收增长10.4%，其中商业增值税增长12.4%，比较客观反映了全市经济运行状况。

二是各税种协调增长，地方级收入快于中央级。国内增值税、国内消费税、企业所得税、车辆购置税均实现两位数增长，增速分别快于上年10.6、5.9、7.7和9.4个百分点，分别高于全国6.6、16.8、1.8和10.5个百分点。剔除惠普减收4.6亿元因素，企业所得税增长15.2%。由于营改增影响，货物劳务税与所得税比重由上年的70:30调整为71:29，地方级收入增速快中央级1.9个百分点。

三是重点税源支撑明显，汽车行业税收贡献最大。全市重点监控的1300户企业入库税收511.2亿元，同比增长16.8%；占全市国税收入62.4%，同比提高0.4个百分点。13个重点行业入库税收620亿元，同比增长15.6%，占全市国税收入比重75.7%。税收增量主要集中在汽车、房地产、商业和金融行业，4个行业入库税收397.3亿元，增长23.8%，增收76.5亿元，税收总量占比近50%，税收增量占比近70%。其中，汽车行业贡献最为突出，入库税收128.9亿元，增长44.4%，增收39.7亿元；税收占比15.7%，同比提高3.1个百分点；拉动全市国税收入增长5.6%。

四是营改增运行平稳，减税效应持续显现。至2013年底，共有3.7万户纳税人经确认后纳入营改增试点范围，其中一般纳税人0.5万户，占13.8%；小规模纳税人3.2万户，占86.5%。试

点纳税人共入库营改增增值税9.9亿元,其中交通运输业3.8亿元、部分现代服务业6.1亿元。全市纳税人因营改增减税8亿元。其中,非试点纳税人扩大抵扣范围5.9亿元;试点纳税人与按原营业税方法计算税额相比,减税近2.1亿元。一般纳税人中约0.2万户税负增加,小规模纳税人约0.1万户税负略有增加,分别占试点纳税人总户数5.4%和2.7%;综合减税面92%。综合计算,因营改增试点实际增加税收约4亿元,拉动全市国税收入增长0.6个百分点。

二、依法治税

牢固树立“不落实税收优惠政策也是收过头税”的理念,坚持应退尽退、应抵尽抵、应免尽免。认真落实各项税收优惠政策和结构性减税政策,暂免征收部分小微企业增值税,严禁在落实增值税起征点调高政策中随意调整定额,加快办理出口退税进度,加强对税收政策的宣传辅导和落实效应分析,充分发挥了税收稳增长、调结构、促改革、惠民生的职能作用。加强税务稽查,在主城九区全面推行跨区稽查,抓好医药、电力等9个行业的税收专项检查,加大对发票违法犯罪活动和偷逃税案件的打击力度,共查补税款11.9亿元,进一步规范了税收秩序。

三、纳税服务

以提高税法遵从度和纳税人满意度为重点,把纳税服务贯穿于税收管理全过程,不断丰富服务内容、拓展服务领域、创新服务形式、完善服务体系。加强办税窗口建设,梳理简化办税服务厅工作流程,完善领导干部带班制度、突发事件应急预案,促进了窗口服务标准化。改进办税服务手段,坚持一窗全办、同城通办、自助办税等多种办税方式,完善外网主页纳税服务功能,拓展12366纳税服务综合平台功能,推广使用手机端APP软件,提升了办税服务效率。维护纳税人合法权益,加强税收规范性文件管理,依法取消3项税务行政审批权限,按季通报并整改12366纳税服务热线问题,按总局要求组建注税行业党委推进行业发展,增强了纳税服务的针对性。精心筹划税收宣传,以第22个全国税收宣传月为平台,扎实开展“税企心连心、企业走访行”等主题活动,与地税、财政共同承办重庆纳税50强评比表彰活动,《重庆日报》等主流媒体连续跟踪报道,营造了依法诚信纳税的良好氛围。纳税服务工作成效得到了社会各界的充分肯定,在重庆民主法治“五百”示范工程创建中,市局和5个区县局被评为了学法用法示范单位。

四、税收征管

加强税收征管,以风险管理为导向,以分类管理为基础,深入开展税收征管状况监控分析,高度关注出口退税、跨境跨区域税源管理、农产品收购发票管理、代开增值税发票以及招商引资中税收管理风险的防范,提升了税源管理质效。深入推进金税三期工程试运行工作,严格落实总局部署安排,扎实做好人、财、物保障,逐步扩大试点成果,确保了各个阶段目标任务的圆满完成。相继实现了金税三期核心征管、决策支持1包、外部数据交换系统单轨运行,纳税服务子系统在部分单位上线应用。单轨运行后,集中全力保障系统平稳运行,及时快速地解决各类运维问题2万多个,问题解决率达97%。目前,主要征收业务处理基本正常,系统整体运行基本稳定,金税三期工程试点工作取得了阶段性成果。在此基础上,认真做好决策支持2包、电子档案、行政管理整合、网络发票等子系统的上线准备工作,已有部分系统投入了用户测试和试点运用。按照总局和市政府的统一部署,加强与地税部门的协作配合,大力推进营改增试点工作,强化对纳税人的纳税申报、纳税评估等日常征管工作和税源、税负变化情况的数据分析,保证了营改增试点工作的顺利实施。8月1日通过金税三期核心征管系统开出第一张营改增网络版普通发票,9月1日顺利启动营改增后首个征期的申报征收工作,开局良好、工作平稳。

五、队伍建设

始终围绕激发活力、创新管理,加强领导班子和干部队伍建设。抓好班子,围绕思想建设,举办3期党的十八大精神专题培训班,把全市国税系统领导干部全部轮训一遍,深入学习领会党的十八届三中全会、市委四届三次和四次全会精神。围绕组织建设,按照德才兼备、以德为先的标准和组织工作程序,加强了领导干部梯队建设,优化了领导班子结构。围绕监督管理,认真落实领导干部个人重大事项报告制度。带好队伍,着力培养骨干人才,以专业化培训为主线,分级分类开展大规模培训,鼓励干部参加学历教育和职业资格考试,有3名干部被确定为首批全国税务领军人才培养对象。着力培养年轻干部,坚持落实初任培训、周转房、多岗位锻炼、市局机关工作人员遴选等制度,从生活上关心、工作上锻炼,搭建了年轻干部成长成才的良好平台。全市国税系统取得了全国模范职工之家、全国青年文明号、全国五一巾帼标兵岗等多项荣誉称号;在刚刚结束公示的全国税务系统先进集体和先进工作者拟表彰对象中,有3个单位和2名个人入选。

持续加强党风廉政建设。重点围绕中央八项规定和总局、市委实施意见,从责任分解、责任考核、责任追究等关键环节入手,严格"一岗双责",层层抓落实。及时制定贯彻落实办法,从改进调查研究、规范会议活动、精简文件简报、简化考核评比、坚持勤俭节约5个方面制定18项措施,改进工作作风、密切联系群众见到了实效。修订党风廉政建设责任书,把纪律建设、作风建设和构建惩防体系纳入责任书内容,加大落实责任,坚持市局与区县局、区县局与税务所、分管领导与部门负责人签订党风廉政建设责任书,形成了责任主体明确、工作环环相扣的责任链条。强化监督检查,认真组织开展会员卡清退、提升效能服务市场主体发展、"三清三察三审"等活动,扎实做好信访举报和案件查办工作,积极参加地方政府组织的政风行风评议,促进了政风行风的持续有效转变。

(作者单位:重庆市国家税务局)

重庆地税

张照舒

一、2013年发展回顾

2013年,地方税收规模突破1000亿。全年累计组织税费收入1688.4亿元,同比增长13.8%。税收收入突破千亿大关,达到1024.7亿元,同比增长14.4%;社会保险费收入稳中有升,征收614亿元,同比增长12.5%,五大险种当年计划征缴率均保持在98%以上。主体税种支撑有力,营业税收入规模突破400亿元,同比增长14.98%;企业所得税收入规模突破100亿元,同比增长21%;个人所得税入库93.8亿元,同比增长13%。财产行为税发展壮大,总量突破400亿元。土地、房屋交易税收管控水平明显提高,契税收入突破100亿元,同比增长32.3%,成为地方税收重要增长点。"三税"清理卓有成效,土地使用税"调标"迅速到位,土地使用税、房产税、耕地占用税分别入库44.2亿元、31.4亿元、36.9亿元。土地增值税管理力度进一步加大,入库税收80.7亿元。

(一)教育实践活动深入开展

结合地税工作实际,扎实开展了党的群众路线教育实践活动。认真落实孙政才书记提出的"走在全市前列并作出示范"的要求,坚持上下联动,高标准、高质量地抓好各个环节的工作。特别注重开门纳谏,广泛征求意见,主动揭短亮丑,切实找准了"四风"问题。坚持边查边改,大力推行"挂单整改、阳光整改",市局领导班子的34个整改事项销号27项,市局机关的119个问题整改落实98个。推出优化纳税服务的九项具体举措和7项配套措施以及转变作风的系列规定,系统上下积极向上的风气日渐浓厚,干部职工的服务意识明显增强,群众的满意度不断提升。2013年全局的投诉举报量同比下降14%,信访量同比下降25%。市委活动办和市委督导组对该局的教育实践活动开展情况给予了充分肯定,市委书记孙政才先后三次到地税局指导活动开展,对地税工作给予了较好的评价。

(二)服务经济发展更加有力

围绕转变经济发展方式和产业结构调整,努力发挥税收调控经济、调节分配的职能作用,认真落实市委、市政府的决策部署,围绕调整产业结构、支持民营经济和小微企业发展、改善和服务民生等方面,全面落实税收优惠政策,全年办理政策性减免税近130亿。深化税务行政审批制度改革,下放行政审批事项2项,取消3项市级审批项目。积极支持两江新区开发建设,下放10项管理权限。扎实推进交通运输业和部分现代服务业的"营改增"试点工作,如期完成全市3.2万户纳税人名单核查和移交。深化个人住房房产税改革试点,进一步积累了改革经验。

(三)内外并举加强税收法治建设

修订《税务行政处罚裁量权基准制度》,全面推行定税公开,规范自由裁量权行使。清理税收规范性文件131件,全文废止103件,提高了规范性文件管理水平。逐步完善市局、区县局、税务所三个层次的执法督察工作体系,加大执法督察和监察力度,对15个区县局的重点督察发现并纠正违规问题407项,涉及税费1.8亿元。认真落实《重庆市地方税收征管保障办法》,加强部门配合,深化与国土房管部门协作,搭建房产、土地信息交换应用平台,深化与公安边防部门配合,依法采取阻止出境等手段加大欠税追缴力度,综合治税能力明显增强。大力整顿税收秩序,集中开展税收专项检查和重点税源企业轮查,加大发票违法犯罪活动打击力度,查处各类税收违法案件1432件,全年稽查查补税款16.8亿元。

(四)税收征管质效持续提升

围绕"两提高、两降低"的目标,积极探索税源专业化管理改革,不断完善与税源分布相适应的征管模式。强化征管基础数据管理,删除垃圾数据242万条,修正数据422万条,较好地解决了基础信息不完整、不真实等问题,为信息管税奠定坚实基础。改进欠税公告方式,加大欠税追缴力度,全年追缴入库欠税3.2亿元。深入推进纳税评估,新建立了8个行业的评估模型和88项风险预警指标,开展了建安房地产、交通运输、股权转让等领域的专项评估。全面推广网络发票,试点手机开具发票,发票管理综合改革走在西部地区前列。2013年全系统人均税费征收额达到2900万元,比上年的人均水平提高了300多万元。

(五)纳税服务不断优化

采取多种形式加强税收宣传和政策辅导,改版升级重庆地税网站,拓展地税微博互动功能,依托纳税人网络学校开展培训5.5万人次。延长12366热线服务时间,全年接受咨询量近14万个。出台《纳税服务投诉管理办法》,对投诉事项实行分级管理,为纳税人解决了一批实际问题。全面简化二手房交易办税流程和资料报送,在渝北、璧山等局的办税服务厅试点推行"集中受理、内部流转、限时办结、窗口出件"的服务模式,在江北区局试点"免填单"等服务举措,有效提高了办税质效。推行多元化申报缴税方式,电子缴税业务量占比达90%以上。

(六)扎实做好金税三期系统试点工作

作为全国首家承担金税三期系统单轨上线试点任务的单位,全系统干部职工团结一致、加班加点、群策群力、全力以赴,经历了双轨试运行、全员培训、数据迁移等各个阶段的严峻考验,确保了金税三期系统在重庆成功单轨上线运行。上线以后，迅速搭建了以市局运行保障平台为核心，以各区县局技术团队为依托，覆盖全系统的运维保障机制，解决各类技术问题3.4万个，为“营改增”试点和税费收入任务的完成提供了有力支撑，为金税三期系统功能完善和全国推广做出了积极贡献。

（七）干部队伍建设进一步加强

进一步完善了党组中心组学习制度，充实加强了各级领导班子，组织32名区县局副局长到综合部门挂职锻炼，提升了领导班子的整体能力。有序推进非领导职务晋升工作，晋升处级非领导职务41名，主任科员以下196名。拓展高层次人才培养渠道，与高校合作启动了硕士研究生的委托培养工作，扎实开展了业务骨干的脱产专题培训，积极培养领军人才，2名同志入围全国税务领军人才。加强业务技能培训，“841”财会培训计划（一期）全面完成。全系统45岁以下干部，通过会计从业资格、初级会计师、中级会计师及以上考试的比例，分别达到92.2%、55.4%、10.2%，标志着重庆地税干部职工的专业技能得到了新提高。

（八）党风廉政建设水平明显提升

全面落实中央八项规定和市委“七条实施意见”，严格执行党员干部政治纪律“八严禁”和生活作风“十二不准”的规定，全系统干部职工遵章守纪的意识明显增强，工作作风进一步转变。扎实开展“责任意识强化年”主题活动，出台《党风廉政建设责任追究办法》，进一步强化了各级领导干部的责任。加强廉政文化建设，健全各项规章制度，系统的内控机制进一步完善。对15个单位开展巡视检查，有力促进了区县局领导班子建设。对10个单位的主要领导开展了经济责任审计，提出了50多条整改意见。结合全市开展的正风肃纪专项行动，大力整治系统的突出问题，严肃查处了6起违法违纪案件，对6人给予了党纪政纪处分。启动了“三察三促”专项工作，系统上下积极响应，工作开展扎实有效，得到了市纪委、监察局的充分肯定。

二、发展中存在的问题

征管基础工作有待进一步加强，征管质效有待进一步提高；纳税服务方式有待完善，服务质量需进一步提升；税收执法还不够规范，执法监督仍然存在薄弱环节；金税三期系统应用不够稳定，信息技术与征管实际融合度有待进一步增强，数据应用亟待改进；干部队伍的业务水平还满足不了税收工作的需要，高层次、专业化人才匮乏；违法违纪行为时有发生，党风廉政建设需要进一步加强。

三、2014年发展目标

2014年全市地税工作的总体要求是：全面贯彻党的十八届三中全会、市委四届三次、四次全会和全国税务工作会议精神，认真落实孙政才书记在群众路线教育实践活动中作出的系列指示，围绕推进税收现代化建设的奋斗目标，牢牢把握“提升站位、深化改革、夯实基础、转变作风、稳中求进”的总要求，以“三基一化”建设为抓手，努力推动依法治税、税收征管、纳税服务、队伍建设、行政管理迈上新台阶，努力完成税收工作任务，为重庆又好又快发展作出新贡献。主要目标是：确保全市地方税收收入同口径增长13%，社保费征缴率达到95%以上。

（作者单位：重庆市地方税务局）

科技管理

陈青林

一、2013 年科技发展回顾

2013 年，重庆市科技战线以开展党的群众路线教育实践活动为动力，以支撑和引领经济社会发展为己任，大力实施创新驱动发展战略，全市科技事业发展势头继续向好。一是科技与经济结合更加紧密。围绕产业链部署创新链的战略有力实施，技术创新市场导向机制初步形成，企业技术创新需求库建设和应用扎实推进。决定 70%以上市级科技研发资金投向，财政科技发展资金 50%以上投向科技重大专项、科技支撑示范工程及重大新产品产业化等集成示范类项目，并要求在 3~5 年内有高于本地区平均水平的经济社会效益。依托“151”科技重大专项和“121”科技支撑示范工程探索建立市场为导向、企业为主体、产学研合作技术创新新模式的工作稳步推进。成立科技金融集团，科技金融支撑引领创新活动的体制机制逐步建立健全，科技金融试点城市建设取得重要进展。项目和奖励评审的企业专家比例大幅提高，并设立企业技术创新奖以引导和鼓励各类企业加强技术创新。二是科技支撑引领作用显著增强。全年新增重点新产品和高新技术产品 1595 个、专利产品种类 2900 类。预计全年重点新产品和高新技术产品产值 4200 亿元、专利产品产值 2400 亿元，分别占规模以上工业总产值 29%和 16%。长安汽车集团形成“五国九地”研发格局和中汽院新基地建设等有力地支撑了汽车产业快速发展。我市成为全球最大的跨座式单轨交通研发与生产基地、国内最大的快速充电客车生产基地和国家新一轮新能源汽车示范城市。5MW 风电齿轮箱获德国劳氏船级社 A 级认证并进入欧洲市场，“重庆造”材料成功应用于国家重大航天工程；重庆华数工业机器人即将量产，两江创投推进的基于“6 新”理念的汽车升级转型技术研发取得重大进展。三是创新成果不断涌现。在国际上首次发现 25 个决定创伤后机体反应性和脓毒症风险性的高危基因型，成功研制出世界上首个猪圆环病毒乙型多肽疫苗、国内首片 15 英寸的单层石墨烯、国内首台大尺度并联 3D 打印机器人。全年登记科技成果 1802 项，获得国家科学技术奖项 6 项。同时，全市专利申请 4.78 万件、授权 2.48 万件，同比均增长 20%以上；每万人口发明专利拥有量 2.92 件，增加 0.58 件。四是科技创新实力稳步提升。全市区域创新能力综合排名同比提高 5 个位次，列全国第 8 位、西部第 1 位，综合潜力列全国第 1 位。综合科技进步水平指数排名提高两位，列全国第 11 位，增幅连续八年全国第一。全市科技战线成功申报国家各类科技计划项目 1228 项、获得国拨资金 36.2 亿元，分别增长 18.5%和 1 倍多。全社会 R&D 经费占 GDP 比重 1.39%。科技富民强县示范区县达 32 个；区县全部通过国家县市科技进步考核，优秀区县 20 个。

(一)科技计划管理

1.市级科技计划管理

2013 年，重庆市科委受理科技计划项目 4724 项，组织实施市级科技计划项目 1675 项。其中新上科技计划项目 1446 项，安排总拨款 83366.69 万元，当年拨款 54671.22 万元；推进在续项目 229 项，安排续拨款 7329.65 万元。2013 年新上项目按承担单位性质分，企业承担 297 项，高等院校承担 630 项，研究院所承担 207 项，其他单位承担 312 项；按计划类别分，决策咨询与管理创新计划项目 240 项，集成示范计划项目 278 项，应用开发计划项目 211 项，前沿与基础研究计划项目504项，科技平台与基地建设计划项目37项，科技人才培养计划项目72项，科技创新服务计划项目5项，科技攻关计划项目99项；按技术领域分，主要分布在电子信息、环境保护、交通城建、能源资源、汽车摩托车、现代农业、消费品制造、新材料、医药卫生、装备制造、综合化工等领域。

2.国家科技计划管理

2013年，重庆市成功组织申报国家科技计划项目1228项，经费36.19亿元，同比增长18.53%和209.86%，实现历史性突破。其中，新能源汽车推广城市和示范工程建设得到科技部大力支持，共获国拨经费12.95亿元，对全市新能源汽车发展提供了强有力的支撑；国家科技重大专项项目共争取75项、国拨经费5.99亿元，同比增长134.38%和126.89%；973计划项目1项，争取经费2000万元；863计划项目55项，争取经费299932.28万元；国家创新基金项目135项，争取经费10967万元；国家自然科学基金项目752项，争取经费40000万元。

(二)科技创新基地及人才队伍建设

1.重点实验室建设

2013年，重庆市新增市重点实验室12个，市级及以上重点实验室达到85个，其中：国家重点实验室5个、企业国家重点实验室3个、省部共建国家重点实验室培育基地3个、重庆市重点实验室73个、川渝共建重点实验室1个。全年投入经费72528万元，固定资产原值达到122442万元，建筑面积达到18.38万平方米。新增仪器设备2563台/套，总值达4.2亿元，其中20万元以上仪器设备302台/套，总值3.1亿元。新承担各类科研项目516项，其中国家级项目176项，省部级项目145项，其他项目195项；获得项目资金达42381万元，其中国家拨款经费总额29246万元。获得国家级奖励7项，省部级奖励76项，其他奖励16项。出版专著41部；发表论文2041篇，其中SCI收录890篇，EI收录195篇；申请专利204项，其中发明专利173项；获权专利275项，其中发明专利199项。主办、承办或协办学术会议102次，其中国际会议22次；参加学术会议388人次，其中国际会议74人次。

2.工程技术研究中心建设

2013年，重庆市新增市级以上工程技术研究中心19个，累计达到142个，其中：国家工程技术研究中心10个、重庆市工程技术研究中心132个。全年投入经费131305万元，其中国家拨款17245万元、市级部门拨款11551万元，自筹资金98513万元，其他投资3995万元；固定资产原值达到289146万元，建筑面积达到64.31万平方米。新增仪器设备2770台/套，总值3.5亿元，其中20万元以上仪器设备506台/套，总值1.7亿元。新承担项目390项，获得项目经费57058万元；获得省部级以上奖励110项，其中，国家级奖励5项，省部级奖励105项；申请专利428项，其中发明专利337项；获权专利626项，其中发明专利307项。发表期刊论文或会议论文共计1466篇，其中SCI收录326篇、EI收录198篇；出版专著30部；成果转化收入达24.2亿元，对外服务收入达33.1亿元。

3.企业工程技术研究中心建设

2013年，重庆市新建市级企业工程技术研究中心42个，累计达到171个。全年投入经费89005万元，固定资产原值达到62349万元，建筑面积达到48.39万平方米。新增仪器设备1789台/套，总值1.8亿元，其中20万元以上仪器设备337台/套，总值1.6亿元。新承担项目67项，获得国家拨款3170万元。获得省部级以上奖励79项，其中，国家级奖励4项，省部级奖励75项。申请专利248项，其中发明专利151项；获权专利486项，其中发明专利106项。发表期刊论文或会议论文共计101篇，出版专著4部；成果应用转化产生收益26.3亿元，对外服务收入1.1亿元。

4.科技人才培养

2013年，重庆市新增国家级人才31名，其中，973计划首席专家2名，国家“千人计划”人选9人、国家科技部创新人才推进计划人选7名，国家“杰青”2名、“优青”1名，“长江学者”特聘教授2名，新世纪百千万工程国家级人才8名。新增"重庆市科技创新创业人才支持计划"、"重庆市百名工程技术高端人才培养计划"等市级科技人才50名。

(三)重点领域创新

1.基础与前沿研究创新

2013年，重庆市基础与前沿研究工作紧紧瞄准国家战略需求,结合地方优势和特色,围绕"6+1"支柱产业、"121"科技支撑示范工程、"151"科技重点工作,突出"立地顶天"目标,积极对接国家计划、优化基础研究环境,推动全市基础研究整体水平显著提高。全年争取国家973计划项目2项、973计划项目子课题10项、国家自然科学基金计划项目765项、国家"杰青"项目2项,获得国家经费资助5.5亿元。发表SCI检索收录3580篇、同比增长28%,EI检索收录2816篇、同比增长5%；已发表的SCI论文中,IF≥5的论文142篇、IF≥10的论文25篇，分别发表在《*Nature Biotechnology*》、《*Developmental Cell*》、《*Scientific Reports*》等国际知名期刊上。在桑树基因组测序、输变电装备故障、球形聚焦超声、创伤救治、运筹学等方向的关键科学问题实现突破,十余项成果达到国际领先或一流水平。

2.高新技术创新

2013年，重庆市全面掌握跨座式单轨交通装备系统集成、整车集成、单轨道岔研制等关键技术,填补了多项国内空白,研发能力达到国际先进水平，使重庆已成为世界上最大的跨座式单轨交通研发与生产基地。新建成5个模块化轿车整车开发平台,开发出9款车型;成功获批国家新一轮新能源汽车示范城市，快充客车获得第八届国际客车大赛"最佳新能源创新奖"、全国最佳新能源客车奖。新组建重庆华数工业机器人有限责任公司,按照"生产线—整机—关键零部件—共性技术—平台"链条,逐步实现了机器人研发与生产的模块化、通用化、网络化、智能化、标准化的创新路径。开发出手持智能终端、车载智能终端、智能仪器仪表、智能家居终端等10余个系列的新产品,1.2万台出租汽车智能服务终端投入使用,实现了车辆在线定位、出租车计价、后台管理等功能的融合与行业的智能化管理。自主研发的LED大屏亮相中美工程前沿研讨会，四联光电成为全国行业技术领军企业前20强。西南铝研制的高性能铝合金关键构件应用于"嫦娥三号"探月工程、"神舟十号"飞船,各项指标达到国际先进水平。

3.农业科技创新

2013年，重庆市新育成的农作物新品种16个通过审/鉴定（国审/鉴定两个),122个新组合(新品系)参加市(省)和国家级各项试验。Q优、渝优系列水稻新品种在越南、泰国、孟加拉、坦桑尼亚等国家通过审定并大面积推广,糯玉米、蔬菜新品种在全国20多省市区推广,并首次进入东南亚国家市场。首次设立市级农业科技成果转化资金专项,"国家二类新兽药孟布酮的转化与产业化"等30个项目获得首批立项支持。新开发农业新技术、新工艺24项,建立试验示范基地93个,培训农(移)民47652人次,取得了较好的经济效益和社会效益。推进科技特派员"一帮一"创业扶贫工作,累计引进推广新技术695项、新品种832个,带动农民就业4.9万人,培育企业、专业合作社1297个,新增产值21.5亿元,带动全市91个贫困村实现脱贫。

4.社会发展科技创新

2013年,重庆市深入实施科技惠民计划,启动中药材种植加工、医疗信息化、临床技术推广、公共安全综合服务和节能建筑改造等5项重庆市科技惠民计划示范工程，共安排经费2000万元,筛选支持52个项目,将面向基层应用示范与推广164项适宜技术与创新产品,覆盖区县30个以上,惠及群众2000万人以上。"重庆创新药物孵化基地"通过验收,累计投入资金近10亿元，获得新药证书14个、临床批件42个、药品注册批件61个,突破新药研发与产业化关键技术51项,完成26个大品种技术改造,孵化出45家创新型中小企业,培育上市公司10余家,聚集生物医药企业超过200家,累计产生直接经济效益47亿元,间接经济效益172亿元。

治疗中风后遗症独家专利新药“八味芪龙颗粒”、抗癫痫药物普瑞巴林原料药、抗消化道溃疡药物埃索美拉唑原料药及其肠溶胶囊分别获得国家新药证书和生产批件,抗糖尿病新药“苯甲酸复格列汀”和抗肿瘤新药“pan-HER”实现国外市场权转让,合同金额达3.88亿欧元。开发城市生活垃圾生物制气新工艺、新产品7项,获得发明专利授权4件。成功攻克山地城市排水管网安全与面源污染控制、库区污水处理厂功能提升及优化运行调控等11项关键技术,建成10个示范工程,为西部类似地区(流域)水污染防治提供了典型经验。开发出性能指标可调控的钛钨粉制备工艺和适用国产钛钨粉的催化剂配方,实现了钛钨粉的国产化。开发出煤矸石基料环保装饰面板、无机复合烧结页岩空心砖等13项新产品,认定推广66项新技术(产品)。

(四)科技开放合作

1.国内科技合作

2013年,重庆市政府与科技部成功举办第四次部市工作会商会议,签订新一轮部市会商合作议定书,确定了“以发展新一代电子信息与智能制造产业为牵引,推动产业转型升级”,“以农业信息化为手段,加快推进农业现代化”,“以科技惠及民生为核心,促进社会管理与建设创新进步”,“以提升科技创新能力为重点,促进科技经济融合”等四个未来五年合作主题。同时,双方就今后两年关于“推动信息化和工业化深度融合,培育新一代电子信息与智能制造产业”、“加快国家农村信息化示范省建设,促进现代农业发展”和“实施重庆汽车产业重大技术创新专项,促进新能源汽车产业发展壮大”等合作重点进行了深入的沟通和交流,并达成了一致的意见。中科院重庆绿色智能技术研究院基本建设、人才队伍、科研平台、项目申报等工作有序推进,综合科研楼主体工程竣工并实现搬迁入驻。举办了清华大学、北京大学、中科院科研成果发布及对接会;组团参加了西博会、杨凌农高会、深交会,成功促成转移技术成果4000项以上。其中引进国内技术成果并实现转化2000项以上。

2.国际科技合作

2013年,西南大学与加拿大温莎大学联合共建“中国—加拿大三峡库区污水处理及生态环境保护联合研究中心”;重庆大学与英国剑桥大学等联合共建“低碳绿色建筑与节能设计研究中心”;重庆文理学院与澳大利亚皇家墨尔本理工大学联合共建“中澳共建三维快速制造联合研究中心”;中国农业科学院柑橘研究所与美国华盛顿州立大学共建“柑橘信息化精准管理技术国际联合研发中心”;重庆前卫仪表责任有限公司与俄罗斯远东科学院共建“中俄海洋水下石油装备研发中心”;重庆市畜牧科学院与英国剑桥大学共建“人源化抗体转基因动物的合作研究中心”;重庆邮电大学与芬兰坦佩雷理工大学共建“高速多载频调制系统研究中心”等一批国际联合研究中心。成功举办“2013国际知名研发机构重庆行动”,吸引了来自40多个国家和地区的600余家研发机构,500余所知名大学,万余名海内外专家齐聚重庆,先后组织开展了高新技术对接、新产品开发研讨、国际学术交流、政府高层论坛等44项对接与交流活动,促成引进并运用先进、实用技术500项,形成联合研发团队100个,助推开发新产品100个,共建联合研发中心50个。新获批两江清洁能源汽车国际创新园、重庆科学院国际技术转移中心、重庆邮电大学工业物联网国际科技合作示范基地,累计建成13个国家级国际科技合作基地。

(五)科技金融

1.整合资源组建科技金融集团

2013年,重庆市积极整合科技和金融资源,促进科技成果转化,在原重庆科技金融平台框架下,以重庆科技资产控股有限公司为核心企业,联合其下属全资、控股子公司、参股公司以及行业协会等机构新组建重庆科技金融集团,致力于通过围绕促进科技成果转化和扶持科技型企业发展,开展股权投资、基金组建、融资担保和创投服务等主营业务。目前,集团资产规模近20亿元,投融资能力近100亿元,已累计投资科技型企业181家,涉及电子信息、汽车、机器人、生物医药等行业,投资金额20亿元,带动社会投资100亿元。

2.大力实施技术价值投资策略

2013年,重庆科技创业风险投资引导基金新参股组建基金3只,基金总规模8亿元。截至目前,引导基金已与IDG资本、软银中国、德同资本等知名机构合作,签批组建基金17只,协议总规模近60亿元。参股基金今年新增投资项目20个,累计投资项目112个,带动总投资额达103亿元。其中重庆隆鑫通用已在主板上市发行,重庆博腾、慈铭体检已过发审会,随视传媒和九恒星成功申报新三板并挂牌。完成风险投资1.16亿元,推动6家企业完成股份制改造、5家企业进入上市辅导。在医药、IT、电子、环保、制造业等领域,已累计投资近108个科技型企业和高新技术产业化项目,累计投资总额9亿多元。成功搭建天使投资孵化平台2个,完成天使类项目投资7个,总额3000万元。聚焦汽车产业,打造商用车、乘用车领域两个模块化、一体化、开放性产业发展支撑平台,支持汽车产业转型升级。目前,客车平台已取得匈牙利市场35台的订单,进入样车阶段。

3.创新支持科技成果转化方式

2013年,重庆市新成立两江新区创业六环科技发展有限公司,通过创新成果产生和集聚、成果工程化、成果鉴定与评估、成果展示、成果交易与市场化运作、企业育成,实现不同类别的创新成果从产生到产业化的不同阶段的无缝对接。以机器人产业为切入点,探索组建市场化的技术集成研发公司,通过整合高校、科研院所、企业、投资机构等资源,共同推动知识产权股权化、技术成果资本化,真正培育技术价值的创造、输出能力。探索对接国家和市级重点产业、科技计划的方式,与获得国家科技计划支持的香港科技大学软物质领域专家合作组建公司,推动其专利技术产品化、产业化。参股蔚源创新研究院,整合高校、企业资源,与以美国PARC研究中心为代表的国际知名研发机构合作,打通了引进国际先进技术在重庆孵化落地的通道。同时,与乌克兰国家科学院合作组建中乌技术创新中心,与匈牙利合作组建中国匈牙利两江创新创业中心,与以色列合作基金进入管理公司,为重庆技术实力提供强大动力。

4.创新科技金融服务产品

2013年,重庆科技金融集团与国家开发银行、三峡担保公司以及高新区管委会共同建立统贷平台,通过整合多方资源,简化审批流程,为园区内企业提供更便捷的融资支持;与重庆高新区、兴业银行开展“互助贷”合作,集合多家小微企业,批量授信分别放款,提高企业融资效率;与大渡口区科委、重庆银行大礼堂支行尝试建立风险池,通过放大风险池基金倍数为企业提供担保。针对科技型企业特点,不断创新业务产品,推出知识产权质押担保、股权质押担保、高端人才多层次贷款担保、产业链整合担保、履约担保和招投标担保等多款担保产品。截至2013年底,重庆科技融资担保公司已累计为近两百家科技企业提供贷款担保9.5亿元,其中科技型企业占80%。

(六)科技奖励

2013年,重庆市共评出科学技术奖拟奖成果180项、企业技术创新奖拟奖企业10家,科技突出贡献奖拟奖个人1人,国际科技合作奖拟奖个人2名。180项拟奖成果中:一等奖14项(自然科学奖3项,技术发明奖2项,科技进步奖9项),二等奖56项(自然科学奖6项,技术发明奖1项,科技进步奖49项),三等奖110项(自然科学奖13项,技术发明奖6项,科技进步奖91项)(见表1、表2)。

(七)技术市场

1.技术交易

2013年,重庆市办理国家和涉外技术合同认定登记5071项,技术交易额167.98亿元。其中,技术开发类2830项,交易额47.07亿元;技术转让类296项,交易额86.15亿元;技术咨询类501项,交易额9.13亿元;技术服务类1444项,交易额25.63亿元。从数量上看,电子信息领域技术类交易居各类技术领域的首位,共成交

表1 2013年重庆市获国家科技奖项目表

序号	项目名称	获奖等级	完成单位	完成人
1	1.1类原创新药—口服重组幽门螺杆菌疫苗	技术发明奖二等奖	中国人民解放军第三军医大学	邹全明（中国人民解放军第三军医大学）,童文德(芜湖康卫生物科技有限公司),毛旭虎(中国人民解放军第三军医大学),郭刚(中国人民解放军第三军医大学),鲁东水（中国人民解放军第三军医大学),吴超(中国人民解放军第三军医大学)
2	柠檬果综合利用关键技术、产品研发及产业化	科技进步奖二等奖	重庆长龙实业(集团)有限公司	刘群
3	混凝土裂缝分龄期防治新材料和新技术及其应用	科技进步奖二等奖	东南大学,重庆大学,河海大学,西卡(中国)有限公司，科之杰新材料集团有限公司，山东省建筑科学研究院，南京派尼尔科技实业有限公司	钱春香,钱觉时,蒋亚清,孙伟,麻秀星,王瑞兴,高桂波,郭景强,叶德平,李敏
4	螺旋锥齿轮数控加工关键技术与成套装备	科技进步奖二等奖	天津大学，天津第一机床总厂,重庆理工大学,天津精诚机床股份有限公司	王树新,柴宝连,郭晓东,霍津海,张连洪,何柏岩,杜鸿起,陈永亮,王威,刘德全
5	电网大范围冰冻灾害预防与治理关键技术及成套装备	科技进步奖一等奖	湖南省电力公司，中国电力科学研究院,重庆大学,国网电力科学研究院,湖南省气象台，浙江省电力公司,长沙理工大学,特变电工衡阳变压器有限公司，北京中星微电子有限公司，湖南省汇粹电力科技有限公司	陆佳政,蒋兴良,鲁先龙,吴维宁,方针,李海翔,胡建林,黎祖贤,荆平,李波,曾祥君,罗兴赤,王浩,张红先,蒋正龙
6	保密成果	科技进步奖二等奖	解放军后勤工程学院参与完成	

表2　2013年重庆市科学技术奖一等奖项目表

编号	成果名称	获奖等级	主要完成单位	主要完成人
1	光散射纳米探针及其分析应用	自然科学奖一等奖	西南大学	黄承志、李原芳、刘忠德、张立、武丽萍
2	最优化中的对偶理论研究	自然科学奖一等奖	重庆师范大学	杨新民
3	创伤脓毒症的分子遗传学机制与临床应用研究	自然科学奖一等奖	中国人民解放军第三军医大学、重庆市急救医疗中心、解放军总医院附属第一医院	蒋建新、张连阳、都定元、姚咏明、顾玮
4	宽带无线移动接入网传输控制技术	技术发明奖一等奖	重庆邮电大学、华为技术有限公司、中国人民解放军重庆通信学院	李云、庄宏成、刘期烈、李国军、张志东、刘占军
5	面向新能源汽车的动力电池系统关键技术	技术发明奖一等奖	重庆长安新能源汽车有限公司、重庆邮电大学、重庆长安汽车股份有限公司	任勇、周安健、苏岭、朴昌浩、姚振辉、杨辉前
6	信息系统安全可控关键技术开发及应用	科技进步奖一等奖	重庆邮电大学、国家信息技术安全研究中心、重庆爱思网安信息技术有限公司、北京北信源软件股份有限公司	刘宴兵、杜江、李京春、胡建斌、徐光侠、周由胜、罗珮允、王少杰、秦超、白志、高曦
7	内燃机高效减排与目标特征控制关键技术开发及应用	科技进步奖一等奖	中国人民解放军重庆通信学院、重庆海特汽车排气系统有限公司、深圳市希力普环保设备发展有限公司	沈卫东、陈兆海、宋思洪、王盛春、徐嘉锋、王建立、董劲、巫刚、王培文、阮喻、刘选俊
8	大型机械炉排式生活垃圾焚烧发电集成技术及产业化	科技进步奖一等奖	重庆科技学院、重庆三峰卡万塔环境产业有限公司、重庆理工大学	朱新才、王定国、周雄、司景忠、林顺洪、杨伟、胡桂川、丁又青、彭泽均、胡文金、李长江
9	气体绝缘电气设备状态监测关键技术及其应用	科技进步奖一等奖	重庆大学、国网重庆市电力公司电力科学研究院、川开电气股份有限公司、重庆博森电气(集团)有限公司	唐炬、张晓星、何建军、侯兴哲、姚强、陈伟根、李剑、罗安栋、李松辽
10	乳腺癌个体化诊疗的基础和临床研究	科技进步奖一等奖	中国人民解放军第三军医大学、重庆医科大学	陈正堂、糜漫天、吴诚义、陈鑫、孙建国、卓文磊、王斌、韦娜、陈红、朱俊东、邓莉
11	创伤厌氧菌感染现场快速检验关键技术及其应用	科技进步奖一等奖	中国人民解放军第三军医大学、西南大学	蒲晓允、袁若、蒋栋能、项贵明、柴雅琴、吴杰红、刘畅、刘飞、罗福康、李蒙
12	脊柱结核治疗关键技术及临床应用	科技进步奖一等奖	中国人民解放军第三军医大学、生物芯片北京国家工程研究中心	许建中、郭永、周强、张泽华、罗飞、邢婉丽、代飞、王璨、程鹏、何清义
13	人口老龄化与心血管病危险因素相关性及防治策略研究与应用	科技进步奖一等奖	重庆医科大学、解放军总医院	陈庆伟、郭豫涛、李兴升、柯大智、郑敏明、邓玮、李桂琼、王丽、袁忠明、罗仕兰、王小琳
14	儿童肾小球疾病慢性化进程的机制研究及临床应用	科技进步奖一等奖	重庆医科大学	李秋、阮雄中、王墨、张高福、阳海平、唐雪梅、陈压西、李成荣、杨锡强、吴道奇、刘玮

2122项合同;城市建设与社会发展类共成交721项;新能源与高效节能类共成交467项,居第三位;其余依次是先进制造类450项、农业类420项、环境保护与资源综合利用类275项、生物、医药和医疗器械技术类242项、现代交通类195项、新材料及其应用158项、航空航天技术16项、核应用类5项。从金额来看,先进制造技术获居首位,成交金额50.15亿。电子信息领域技术成交金额48.57亿元,排名第二位。其次是生物、医药和医疗器械技术,现代交通,城市建设与社会发展,新材料及其应用,新能源与高效节能,环境保护与资源综合利用技术,农业技术,航空航天技术,核应用技术。

2.技术输入

2013年,重庆市技术合同交易中,从国外买入技术74项,其中技术吸纳地域不仅限于国内(包括港澳台地区),还有美、英、日等海外地区,合同金额77.7亿元,占技术合同交易总额的46.3%。从国际技术交易来看,特别是吸纳外国技术在全市技术交易体系中占有重要地位。

3.技术输出

2013年,重庆市技术输出合同4998项,成交额90.28亿元,占成交总额的53.7%,比去年增长67.1%。企业、高校、院所技术输出合同成交额分别是71.03亿元、11.36亿元、5.68亿元,占输出总额的78.7%、12.6%、6.3%。其中中央在渝院所技术输出合同成交额3.96亿元,市属院所技术输出合同成交额1.71亿元。技术输出流向重庆市内共2495项,金额108.7亿元,流向重庆市外共2069项,金额53.8亿元。其余主要流向地域是:北京市5.3亿元、四川省5.1亿元、广东省3.1亿元、新疆维吾尔自治区1.8亿元、云南省1.8亿元、江苏省1.4亿元、贵州省1亿元、上海市1亿元、山西省0.9亿元。

(八)区县科技工作

1.科技支撑引领区县经济社会发展作用明显

2013年,重庆市新认定各区县高新技术企业266家,有效期内高新技术企业累计达到658家;新认定市级创新型企业37家,全市创新型(试点)企业达到223家。新培育重点新产品585个、高新技术产品1010个,高新技术产品产值1207亿元。178个企业税前扣除企业研发费20.5亿元。135家科技中小企业获国家创新基金立项支持8997万元,26家企业获市级民营经济发展专项资助2130万元,33个区县(园区)获科技型小微企业培育试点计划支持743万元。成功举办“2013·百名农学博士重庆行”、科技下乡等活动;选派科技特派员3809人,引进新品种、推广新技术128项(个),解决技术难题144个,培育农村科技型企业、农民专业合作社1460个,带动农民就业6.1万人。启动首批科技惠民计划示范工程5项,推广适宜技术与创新产品164项。丰都县组织科技特派员赴宁夏等省市区学习设施农业、红心柚加工、水稻和玉米育种等,促进区域之间的交流合作。南岸区组织企业、高校、院所和相关部门成立协同创新联盟,云阳县与科技金融集团联合开展科技金融助推云阳生态经济示范建设活动;渝中、大足、潼南、奉节、巫山、武隆、石柱等分别与市科研院、市农科院、市中药院、重庆大学、西南大学、重庆理工大学等建立战略合作关系。

2.市区(县)科技联动深入推进

2013年,重庆市启动36个区县科技支撑示范工程,累计新增销售收入约120亿元,新增利税近6亿元。北碚区实施LED道路照明系列、LED商业照明系列获重庆市优秀新产品一等奖,兴国金科等LED企业认定为高新技术企业,LED产业年产值达到16亿元。永川区新栽早熟梨1万亩,建成早熟梨气调库2200吨,完成了10000吨梨浓缩汁产业化论证,2万亩高换新品种梨投产,种植户人均增收3500元。区县科技企业孵化器在孵企业1589家,毕业企业236家。璧山农业科技园区成功创建国家农业科技园区。开县科委设立创新发展办公室,万盛经开区管委会组建创新发展局;南川区建成集科技宣传、产品展示、技术服务、科学普及于一体的科技展厅;黔江区深入开展“科技服务工业园区”行动;大渡口成功引进邦科生产力促进中心、中科院重庆研究院智能工业设计分中心等机构；沙坪坝区率先开展乡镇和企业基层创新示范试点建设；彭水县着力推进科技招商，引进农业科技项目 4 个，科技旅游项目 1 个，完成引资 2800 万元，合同投资总金额为 3.3 亿元；渝北区荣获“中国最具产业创新活力城区”称号。

3.区县科技进步水平大幅提升

2013 年，重庆 38 个区县再次全部通过国家县（市）科技进步考核，沙坪坝、北碚、南岸等10 个区，梁平、璧山、荣昌等 10 个县被科技部评为 2013 年全国科技进步考核先进区县，20 个区县的党政有关负责人和区县科委主任、干部共 80 人被评为 2013 年全国科技进步考核先进个人。各区县制定和完善了系列科技创新的政策文件，长寿区制定了《科技创新促进办法》，城口县制定了《鼓励和支持科技创新的若干意见》，万州、合川、荣昌、酉阳等区县纷纷制定了加强科技创新的政策文件，大足、铜梁、垫江、忠县、秀山等区县还制定了科技创新资金管理办法和科技创新项目管理办法，规范了资金使用和项目管理程序。各区县登记科技成果 1802 项。其中，应用技术成果 1634 项，软科学成果 84 项，基础研究成果 84 项，同比增长了 11.3%；科技成果转化 1076 项，转化率达到 65.85%，实现技术合同 5071 项，成交金额 167.9 亿元。

二、2014 年科技工作展望

2014 年，重庆市科委将深入贯彻党的十八大、十八届三中全会、中央经济工作会及全国科技工作会精神，按照市委四届三次、四次全会和市“两会”的部署，坚持以改革统领科技事业发展全局，以推进“重庆制造”向“重庆创造”战略转变为目标，以推进科技重大专项和科技支撑示范工程为重点，深入实施创新驱动发展战略，增强科技对建设五大功能区与推进新型工业化、信息化、城镇化和农业现代化的支撑引领作用，加速长江上游科技创新中心和创新型城市建设进程。在高新技术领域，重点要开展新一代信息终端、云计算、大数据、通信、物联网、集成电路、软件等新产品开发和应用示范，支持大型整车企业和关键零部件企业基于“6 新”理念开发新产品和共性新技术，示范应用以机器人为核心的自动化生产线，抓好服务于笔电产业的石墨烯、LED、纳米材料、镁铝合金、电子化学品和高端表面处理材料的开发应用，建设电子商务服务创新示范基地，培育文化与科技融合示范园区和企业，依靠科技创新培育战略性新兴产业、改造提升传统产业、促进服务业与制造业深度融合、推动加工贸易向研发设计环节拓展，力争高新技术产品产值增长 20%以上，新产品对工业经济增长的贡献率超过 25%，万元 GDP 能耗下降 2.5%。在农村科技领域，重点要建好市级农村信息化综合云服务平台建设，研发推广山地丘陵适用农机具，推动良种繁育、疫病防控、农产品质量安全、冷链物流等关键技术研发应用，建设丘陵山地特色农业示范基地，推进农产品精深加工，选派科技特派员团队深入贫困区县开展技术服务，开展村镇规划建设、污染控制、民居保护及能源利用等领域技术集成与示范应用，依靠科技促进山地农业综合开发、支撑百亿级特色效益农业产业链培育、助推秦巴山区和武陵山区连片扶贫开发，力争创建农村信息化示范基地 10 个，推广农作物新品种 2000 万亩，转化应用新技术、新成果 100 项，新增产值 100 亿元。在民生科技领域，重点要推广应用矿山开采、危化运输、特种设备、食品安全、灾害治理等公共安全技术，支持基于医疗信息化、网络化技术支撑的分级诊疗转诊，加快生物医药产业链、创新链和人才链建设，示范应用国产医疗器械，推进应急救援、烟气处理、垃圾气化、页岩气开采、环境监测等装备开发，利用科技保障人民群众生命财产安全、推动生物医药、应急装备、环保装备产业发展，力争推广民生适宜技术与创新产品 100 项以上，示范应用本地创新医疗器械示范产品 15 种以上，开发生物医药产品 50 个以上，应急装备、环保装备产业年产值突破 100 亿元，惠及群众 2000 万人次以上。

（作者单位：重庆市科学技术委员会）

重庆交通

易军

一、2013年交通工作回顾

2013年，在市委、市政府的坚强领导下，全市交通行业科学应对各种困难和挑战，抓重点、攻难点、创亮点，圆满完成了全年目标任务，交通保持了又好又快的发展态势。

（一）交通建设融资取得重大突破，争取国家支持和交通投资规模双双创历史新高

紧跟宏观经济形势走向，千方百计保证建设资金，积极争取银行信贷支持，在建高速公路项目落实贷款近800亿元；两年未突破的农村公路融资工作终见成果，市政府50亿元支持"十二五"农村公路建设的扶持政策得以实施。坚持多元化融资，继续以"BOT+EPC"模式招商引资，成功引进中铁建等大型央企修建秀山至松桃等高速公路项目。全力争取国家层面政策资金支持，在新的《国家公路网规划》中，我市新增高速公路1300公里、国道3900公里，这些项目全部建成后，我市国家公路路网密度为全国平均水平的2倍、超过周边和西部所有省；加强与交通运输部汇报衔接，全年落实补助超过90亿元。在强有力资金保障下，一年来，全市公路水路交通继续保持大投入、大建设的发展态势，累计完成固定资产投资近450亿元，同比增长9.8%。其中，其中高速公路投资完成突破200亿元、达到220亿元，创历史新高。

（二）高速公路建设喜获"大丰收"，新增通车里程403公里

集中力量推进新1000公里高速公路建设，强化质量和进度管控，如期建成了成渝复线、主城至涪陵、涪陵至丰都、丰都至石柱、南川至涪陵、万盛至南川以及奉节至巫溪7个项目，全市通车总里程超过2300公里，结束了丰都、巫溪两县不通高速公路历史，成为"二环八射"建成以来高速公路通车项目最多、里程最长的一年。新1000公里高速公路其余的重庆至广安、黔江至恩施等在建项目建设全面铺开、进度加快；江津至习水、酉阳至沿河等项目实现开工。高速公路通行效率和服务能力不断提高，新增ETC不停收费站21个、车道54个，ETC收费站点覆盖率提高到40%以上，成为全国ETC推广最快的省市之一，在春节、国庆等节假日小型客车免费通行、车流量倍增的情况下，全路网未发生长时间、大面积拥堵。

（三）区域和农村公路网络不断完善，养护管理全面加强

干线公路建设提速，城万快速通道建成通车，最边远的城口县到主城行车时间大大缩短，"4小时重庆"全面实现；津粉房湾长江大桥等一批重点项目建成投用。新改建农村公路8000公里，新解决了528个行政村不通畅问题，使全市行政村通畅率达82%。克服各种困难，在西部率先启动撤并村公路建设，并将其作为全年首要民心工程，建设撤并村通达工程1000公里，新解决300个撤并村通达问题。普通公路管理养护力度加大，新改造国省道6000公里，全国干线公路年度检查取得较好成绩；农村公路管养不力局面得到初步扭转，80%乡镇实现了管养机构、人员、经费"三落实"。

（四）长江上游航运中心建设稳步推进，水运经济逆势增长

嘉陵江三期30公里、乌江河口45公里三级航道整治工程基本完工，库区抱龙河、梅溪河等重要支流航道整治启动实施。全国内河在建的最大枢纽型港口—主城果园港正式开港营运，万州神华码头等建设进展顺利，共新增港口货物和集装箱吞吐能力600万吨、50万标箱，分别达到1.51亿吨、350万标箱。优化运力结构、缓解

供需矛盾，拆解各类老旧船舶220艘。重庆航交所功能进一步发挥，融资担保公司和人才服务中心组建成立，争取市政府出台了“航运业务增值税给予五年财政补助”、“集装箱码头作业费延长补贴”等优惠措施，全年实现交易额50亿元，同比增长20%。在全国水运生产持续低迷的形势下，全市水运指标持续快速增长，港口吞吐量和货运量均实现两位数增长，分别达到1.4亿吨，1.3亿吨。

(五)主城“面的车”退市等改革攻坚任务出色完成，交通运输便民利民水平明显提高

坚持公交优先发展，大力实施“公交都市”工程，提前完成了1134辆“面的车”退市的艰巨任务，并同步新增或调整公交线路81条、投入运力900余辆，开行次支道路穿梭巴士20条线路，极大延伸了公交覆盖深度和广度，解决了广大市民“最后一公里”出行问题。轨道营运里程达到143公里，发车密度和综合正点率进一步提高，与公交接驳换乘更加便捷，最大日客运量近150万人次。出租汽车行业稳步发展，主城出租汽车运价调整工作基本完成、新投放运力2400辆，全市出租汽车发展到1.4万辆，“打的难”问题得到一定缓解。农村客运政策扶持力度加大，营运直接补贴试点范围扩大到27个区县，全市行政村客车通达率提高到90%，农村客运初步实现“开得通、留得住、有效益”。交通一系列便民举措效应显现，主城区公交“1小时免费优惠换乘”政策全面实施，公交、轨道以及长江索道等全部纳入优惠范围，日均换乘近100万人次，全年为市民节约出行成本超过5亿元；客运联网售票扩大到全市二级客运站，网上和手机购票功能开通运行；主城出租汽车全部安装智能终端，电召服务启动推行。圆满完成了春运、国庆黄金周等重大运输保障任务。

(六)促安全保稳定综合措施并举，行业和谐发展局面不断巩固

安全保障体系建设加快，新增公路“安保工程”1500公里，建设经验得到国务院肯定，继续在全国推广；改造危桥103座、危隧11座、完成渡改桥13座。新增高速公路速度反馈仪20套、移动执法平台20个。“交通运行监测和应急调度中心”顺利组建、24小时运行，对重点部位初步实现“看得见、听得到、喊得应”，远程指挥和应急调度能力大幅提高。安全生产基础进一步夯实，企业安全生产标准化建设扎实推进，“打非治违”回头看等专项整治深入开展，事故防控能力稳步提升。全行业安全事故数和死亡人数同比分别下降13.3%和15.7%，地方水域连续三年保持“零死亡”。工程质量安全管理更加严格，高速公路和重点水运项目一次性抽检合格率达90%，在交通重点建设项目分散、桥隧比例增大、高墩大跨结构物增多的形势下，工程质量安全总体处于受控状态。全力确保行业稳定，成功化解了18个远郊区县出租车“双到期”、运输业“营改增”、车辆报废年限调整、CNG附加返还减少等带来的多重不稳定因素，及时稳妥处置了长寿、大足、秀山、江津等地运输领域的集访事件。

(七)交通依法行政能力继续提升，科技和人才教育工作全面推进

交通立法工作得到加强，《重庆市道路运输管理条例》(修订)被市人大审议通过，《重庆市汽车租赁管理办法》等政府规章颁布施行。交通综合执法体制改革深入推进，高速公路第四支队和5个基层执法大队组建成立，高速公路违章协作专网建立运行、违章扣分被纳入公安部门车辆年审，执法监管手段进一步强化。交通科技工作继续加强，争取部级科技项目和规范10项，交通运输部《公路隧道养护规范》等2项规范编制完成，《山区农村公路安全保障工程实施指南》等项目成果被投入实际应用。交通信息资源加快整合，全行业77项业务数据接入信息中心数据库，“全国高速公路(重庆段)光纤联网工程”等初步建成，“出租汽车服务管理信息系统试点工程”、“公众出行信息发布系统”、“交通网上办事大厅”建成投用，交通信息化水平明显提高。

二、发展中存在的问题

一是交通与经济社会发展水平不相适应的

问题仍然存在。随着工业化、城镇化和农业现代化建设提速,经济快速增长并持续向好,人流物流明显加快,使得我市加快交通发展步伐的压力越来越大。二是交通公共服务体系不完善的问题仍然存在。公交基础设施依然薄弱,农村客运通达深度不够,运输服务便捷性、舒适性不高,使得我市顺应各方期盼、提高公众对交通行业满意度的压力越来越大。三是关键领域制约发展的体制机制性问题仍然存在。建管养运协调发展的格局仍未形成,农村公路管养还未完全到位,安全事故和不稳定问题时有发生,使得我市调结构转方式、促进交通可持续发展的压力越来越大。四是区域竞争优势不强的问题仍然存在。当前周边省交通加快发展,使得我市增强整体实力、全面建成长江上游地区综合交通枢纽的压力越来越大。

三、2014 年发展目标

2014 年是"十二五"规划承上启下的重要一年,全市交通要做好以下七项重点工作:一是保持合理的发展速度和投资规模,完成交通固定资产投资 400 亿元。二是继续加快高速公路交通建设,力争建成铜梁至合川、永川至江津两个高速公路项目、新增通车里程 87 公里;积极做好第四个 1000 公里高速公路的前期工作,年内确保秀山至松桃项目开工建设,力争启动实施合川至长寿、江津至习水、南川至"两江新区"3 个项目,争取新开工项目达 4 个。三是扎实做好普通国省道改造,完成改造任务 800 公里,努力实现路容路况上档、成绩排名升位。四是着力提高农村公路通畅率,建设农村公路 8000 公里,使行政村通畅率超过 85%。稳步实施撤并村公路建设,完成通达工程 2000 公里,着力解决撤并村不同公路问题。五是着力改善航运基础设施条件。完成嘉陵江三期、乌江河口至白马三级航道整治,完成主城果园进港铁路主体工程、新增集装箱吞吐能力 20 万标箱,加快万州新田港、巴南佛耳岩二期、丰都水天坪等项目建设。六是加强运输组织保障工作。全面促进公交加快发展,开行 50 条接驳公交线路。加快农村客运发展,建设村级招呼站 1000 个,实现行政村客运通达率达到 92%。七是着力夯实安全生产基础,实施安保工程 1200 公路,完成危桥改造100 座,危隧改造 10 座,渡改公路桥完工 10 座。

(作者单位:重庆市交通委员会)

市政管理

张弛

一、2013 年工作回顾

2013 年,全市市政系统深入贯彻落实党的十八大精神,坚持"在继承中创新、在巩固中发展、在完善中提升"的思路,以建设"法治市政、规范市政、民生市政、智慧市政、平安市政"为引领,以市容环境集中整治和民生实事为抓手,低调务实、少说多干,敢于担当、积极作为,市政管理各项工作继续保持良好态势。

一是精心管护市政设施,不断增强城市综合承载力。加大设施维护管理工作,全市共改造城市道路 520.9 万平方米,整治检查井 1.3 万个,检测结构设施 428 座,安全监测率达 100%。加大防涝设施病害整治力度,整治暴雨积水点 27 处。指导推进公共停车楼场建设,主城区新增经营性停车场楼 265 个,停车场楼累计达到 3585 个,新增停车位 10.83 万个,停车位累计达到 60.68 万个。新改建污水管网 1021 公里,处理污水 9.2 亿立方米,主城区污泥资源化无害化处理率达 100%。全年维护路灯 16.3 万余盏(次),新、改建路灯2.55万余盏，新建改造灯饰项目200余项，全市道路照明设施完好率达98.3%，城市亮灯率达98.5%。规范管理户外广告，拆除大型高立柱广告16块，督办整改各类违章广告计1300余块，城市公共空间更加通透。

二是稳步提高环卫水平，持续优化人居环境品质。加大冲洗保洁力度，提高机械化作业水平，主城区道路机扫率达87%，远郊区县达到85%。全市无害化处理生活垃圾496万吨，城市生活垃圾无害化处理率达到99%。主城区收运餐厨垃圾总量约29.2万吨，28个主城外区县启动了餐厨垃圾的集中收运处理，日均处理572吨。清理漂浮垃圾17.86万吨，消落区垃圾7.9万吨。加快环卫基础设施建设，新改建垃圾收集设施74座，新增3吨以上垃圾箱体943个，新设置公交车站果皮箱2931个，新增环卫车辆292辆。组织完成了主城区54处交叉地带市政管理勘界划定工作，从根本上解决了长期职责不清、管理责任不明的问题。

三是着力维护市容秩序，有序推进各项城管执法。开展了占道经营严控管理街区、占道经营规范管理街区、“六无街区”以及“扬尘控制示范道路”创建工作。处罚并纠正各类不文明施工、冒装撒漏、带泥上路等违法行为1976件，有效控制了道路扬尘污染。及时处理市容秩序投诉和纠正违章占道经营行为，处罚占道经营案件11632件。全年未因市政执法不当引发重大群体性或人员伤亡事件，实现了城管执法行政复议零撤销、行政诉讼零败诉、行政效能零问责。

四是扎实开展专项整治，大力保障市政行业安全。集中开展了化粪池下水道安全专项整治，清掏化粪池8275座，疏浚排水管道2900公里。强力推进市政行业建筑施工“两防”专项整治，累计组织检查5545人次，排查整改安全隐患648处。全年用于市政行业安全专项整治和推进“安全保障型城市”重点项目建设资金超过1亿元，实现了“行业较大事故零发生、系统责任伤亡事故零发生”目标。

五是加快推进数字城管，逐步夯实智慧市政基础。推动出台《重庆市数字化城市市政管理办法》，进一步完善数字化城市管理规范。全市已有34个区县(管委会)完成了数字城管平台建设任务，24个区县成立数字城管指挥中心。主城区数字城管主动发现问题144.45万件，按时结案率达到93.55%。12319热线、市政舆情、短信平台年内受理市民咨询投诉58534件，总体结案率98.9%，市民满意度达98%以上。

六是认真办好民生实事，全力解决群众生活难题。把主城区居民住宅一户一表暨二次供水设施改造和公厕建设等两件民生实事作为全年重点工作进行推动落实。超额完成主城区10.12万户居民供水一户一表改造工作，按期新建公厕162座并全部投入使用，有效缓解了市民“如厕难”问题。

二、市政管理中存在的问题

一是占道经营、游商摊贩、夜间烧烤等问题一直是市民投诉反映的焦点，长效解决占道经营突出问题的任务十分艰巨，市政部门承担的压力很大。二是对背街小巷、城乡结合部、待建工地、人流集中的公交车站、交叉地带等区域的管理力度依然不够，市政管理的触角还需要进一步向全域覆盖。三是市政管理的精细化、标准化水平还有待提高，因管理不到位而导致的市容市貌、城市秩序等方面的问题还时有发生。

三、2014年市政管理工作重点

2014年，全市市政系统将着力提高精细化管理水平，着力深化体制机制创新，着力从以下十个方面推进全市市政管理工作统筹发展、协调发展、健康发展。

一是着力加强体制机制创新。有序开展主城区市政设施管理体制改革，研究提出主城区市区两级市政设施分级管理改革方案。着力研究垃圾处置、污水处理等市政服务收费项目的市场决定机制。积极配合相关部门开展城管执法体制改革调研，积极开展农村垃圾处置、污水处理方面的探索实践。按照五大功能区的定位特点，分类优化市政管理考核内容，建立更加完善、更加科学、适应五大功能区的城市管理考核评价体系。

二是着力加强道桥设施管护。继续做好城市快速路、主干道维护管理，稳步推进商业中心、老旧小区市政设施改造维护。重点加强结构设施安全检测，继续加强城市道路挖掘、占用审批管理，确保市政道路设施综合完好率95%以上、市管设施达到98%以上。强化人行道和地下通道设施管理，抓好道路附属设施的涂装维护，逐步统一和规范施工工地围挡、标志标牌，进一步加强公共停车楼场及占道停车管理。

三是着力加强市容环卫管理。深入推进环卫全域化管理与精细化作业，确保主干道、重点路段机械化清扫保洁率达到88%以上。继续开展在建、待建和拆迁工地及边坡的暴露垃圾专项整治。加强生活垃圾无害化处理，城市生活垃圾处理率达到99%。加强主城区餐厨垃圾集中收运处理，收集覆盖面达到85%以上。推进主城区全年110座公厕建设。启动主城区饮用水源船舶废弃物“零”排放接收工作，继续保持三峡库区江清岸洁。

四是着力加强供水排水保障。抓好供水设施改造建设，完成主城区20万户居民一户一表改造年度任务。确保城市供水水质合格率达98%以上，完成全市各区县的城市排水防涝专项规划编制。加强雨污分流改造，计划新改建污水管网800公里，确保城镇污水处理率达75%以上。

五是着力加强城市照明维护。编制完成《重庆市城市照明规划》，继续推进绿色照明节能工作，进一步加强快速路、背街小巷、老旧社区和城乡结合部功能照明新建改建。新改建路灯两万盏以上，确保城市照明设施亮灯率、设施完好率维持在98%和95%以上。

六是着力加强广告店招管理。抓好主城区商圈户外广告设置规划编制和机场路、内环快速路及渝遂路户外广告位经营权公开出让工作。完善审批和监管机制，严格控制临时广告设置区域和时间，确保规范有序。

七是着力加强市政监察执法。积极探索和推进夜市特色街区创建和统一管理，实现市容与民生的统一协调。以落实建设施工工地、违章行为查处、建筑垃圾消纳场和道路冲洗保洁“四个台账”为依托，通过抓源头控尘、运输控尘、消纳控尘，三管齐下，实现道路扬尘的有效治理，确保大气污染防治和“蓝天”目标实现。

八是着力加强行业安全监管。认真落实安全监管责任，强化行业应急管理，深入开展安全生产大督查大检查，突出“八防”重点，着力抓好地下供排水管网、化粪池、照明管线、通道、城市隧道六类市政地下管网设施安全隐患排查整治，继续开展市政领域建筑施工“两防”专项整治以及市政环卫工人安全作业专项治理。

九是着力加强科技手段建设。继续推动数字城管平台建设，力争实现全市建成区“数字城管”全覆盖，进一步提升发现问题和处置问题的能力。加大信息系统建设和整合力度，开发建设环卫监控管理平台、市政设施综合管理平台、智慧市政信息共享平台、市政行业视频会议等系统平台，进一步强化市政管理科技手段。

十是着力加强标准法规建设。推动出台各项立法调研和预备项目。编制行业标准体系建设计划，重点启动一批急需的标准规范编制，加强给水、排水和环卫设施规划研究，并及时启动市政行业“十三五”规划前期研究工作。

(作者单位:重庆市市政管理委员会)

重庆水利

任春霞

一、2013 年发展回顾

2013 年，全市争取到位市级以上水利水电投资 71.5 亿元，与上年持平。完成各类水利水电投资 222 亿元，同比增 7.8%。截至 2013 年底，全市已建成各类水库 2982 座，总库容 118.13 亿立方米。其中：大型水库 17 座(电力部门管理的发电水库占 15 座)，总库容 77.10 亿立方米；中型水库 87 座，总库容 22.99 亿立方米；小型水库 2878 座，总库容 18.04 亿立方米。全年水利工程供水量达到 83.08 亿立方米。新增有效灌面 14.3 千公顷，因建设占地等原因减少有效灌面 0.3 千公顷，有效灌溉面积累计达到 679.32 千公顷；全年有效实际灌溉面积 477.2 千公顷。新增节水灌溉面积 10.17 千公顷，累计达到 181.24 千公顷。

(一)水利规划及前期工作

在“十二五”规划落实情况进行中期评估基础上，结合全市五大功能区建设，对“十二五”规划进行了调整完善，并已经市政府常务会议审议通过。早思考、早谋划，提早启动了“十三五”水利规划的编制工作。针对不同类型、不同规模的项目，通过勘察规划、科学论证，建立了水利项目库，始终保持一定数量的项目储备。建立激励机制，对前期工作到位的项目优先支持启动实施，将区县前期工作完成情况纳入年度工作考核。金佛山大型水库完成初步设计批复，观景口大型水库可研报告通过水利部审查，藻渡大型水库完成方案编制，41 座中型水库前期工作全面推进，112 处中小河流治理项目完成初步设计审查，储备项目总投资 381 亿元。

(二)民生水利建设

重点水利工程。按照“开工一批，建成一批，发挥效益一批”的思路，全市重点水利工程建设以骨干水源、城市堤防、中小河流治理为主，保持着新开工、续建、竣工迭次推进的良好势头。金佛山大型水库主体工程开工，46 处重点水源工程(其中 33 座中型水库)全面推进，涪陵红星、酉阳九龙眼、万盛青山湖(二期)、渝北苟溪桥 4 座主体工程新开工建设，忠县白石、梁平蓼叶、渝北观音洞 3 座完成竣工验收。城市堤防建设加快，新建(续建)城市防洪工程 32 处，璧山熊家桥等 8 处新开工建设，大渡口长江堤防等 5 处完工，建成堤防 32.5 公里。中小河流治理工程全面推进，实施项目 123 处，其中：新开工 46 处、完工 77 处，治理河道长度 315 公里。

民生水利实事。2013 年盛夏期间全市再次遭遇严重高温干旱灾害，市委常委会研究决定，结合党的群众路线教育实践活动，将解决我市人畜饮水最困难地区 500 万人饮水安全问题、完成 7.4 万口山坪塘整治两件实事，纳入全市 22 件民生实事范围，在 2015 年前完成。在调整优化“十二五”水利任务、投资时，更加突出了最困难地区饮水安全和最急需整治山坪塘 2 件民生实事的资金安排。市水利局成立局民生水利实事工作办公室，及时开展普查摸底、区县调研、部门协调，商市发展改革委、市财政局共同编制农村饮水安全和山坪塘整治 2 件民生实事工作方案，市政府副市长张鸣连续召开五件民生实事 4 个片区推进座谈会。截至年底，建成各类供水工程 4018 处，解决了 202 万农村居民饮水安全问题，极大地改善了受益群众的生活条件，提高了健康水平，同时为全市高山生态扶贫搬迁、新农村及城镇化建设提供了供水保障；山坪塘整治开工 18492 口、完工 12105 口，新增恢复蓄水能力3107 万立方米，相当于新建 3 座中型水库，为部分最缺水地区提供了水源保障。

农田水利基本建设。围绕全市农业增产、农民增收,加快农田水利基本建设,取得了明显成效。全市累计完成投资122.7亿元、投工投劳1.3亿个工日、土石方1.65亿立方米,分别较上年增长21.3%、18.2%、17.9%。共修复水毁工程6072处,新修防渗渠道1429公里,新建中小型水源工程1.88万处;新增旱涝保收面积20.5万亩,新增有效灌面40万亩,恢复改善灌面115万亩,新增节水灌面36万亩。

小农水建设。继续推行"先建后补",通过"定额补助"提高项目业主、村社群众投入水利建设的积极性,落实区县及群众自筹;通过简化招投标等程序,降低建设成本,加快建设进度;通过群众参与与专业监理相结合,提高工程质量和效益。争取中央新增15个"五小水利"重点县,基本覆盖全市农业区县。全面完成2012年下达计划的29个第二、第三、第四批小农水重点县及专项工程建设任务,启动实施2013年第三、四批小农水重点县项目。建成"五小水利"工程4705处,新增高效节灌面积21.4万亩。

病险水库除险加固。我市列入全国规划的983座重点小(2)型病险水库在2013年底前完成除险加固,彻底消除了病险安全隐患,提高了防洪保安能力,水库防洪、灌溉、供水及生态等综合效益明显。一是消除了病险水库安全隐患。病险水库除险加固后,使水库防洪标准低、大坝稳定性差、坝体坝基渗漏等突出险情问题得以解决,工程安全隐患得以消除,并经受住了大洪水的考验,无一水库再次出现险情。二是提高了防洪减灾能力。除险加固的重点小(2)型水库在2013年防洪减灾中发挥了显著作用,新增或恢复防洪库容约0.88亿立方米,确保下游298.28万人和425.12万亩耕地的防洪安全,年新增或恢复防洪效益2.63亿元。三是发挥了抗旱减灾效益。除险加固后的重点小(2)型水库增强了水资源调控和抗御干旱灾害能力,保障了城乡供水安全,提高了灌溉用水保证率。四是改善了库区生态环境。我市在实施除险加固的过程中,对生态环境的保护特别重视,始终坚持以生态为先的科学整治理念。已完成除险加固的小(2)型水库陆续投入运行,水质得到明显改善,库区植被茂盛,坝面整齐美观。五是经济效益显著。水库除险加固后,库区农业综合生产能力明显提高,粮食增产、农业增收、农民得到实惠。同时,水库环境得到改善后,促进了水库生态水产养殖、观光旅游等项目的综合开发和利用,有效地拉动了周边经济增长,新增或恢复养殖效益3731万元,新增其他效益1160万元,为全市第三产业的发展提供了较好的平台和途径。

水生态环境建设。市政府出台水资源管理制度考核办法,并分解"三条红线"控制指标的文件由水利部印发全国借鉴。永川水生态文明建设试点方案通过水利部评审,永川、南川区节水型社会建设试点通过水利部终期验收,铜梁县获水利部节水型社会建设试点示范城市称号。按照"注重特色、规模治理、效益优先"的建设思路,抓好水土流失治理与市级现代农业园区和生态清洁型小流域建设的结合,全市共计治理水土流失1527平方公里,其中:水土保持重点工程治理479平方公里,社会及其他部门治理1048平方公里。进一步规范农村小水电项目的前期工作、建设程序、质量安全、营运等管理,加强农村水电安全监管职责,全市1400多座农村水电站已经落实安全生产监管主体和责任主体"双主体责任"。中小水电建设新投产34座、新增投产装机25.34万千瓦。2013年国家下达我市水电新农村电气化和小水电代燃料26个项目,总装机容量6.523万千瓦、总投资6.85亿元。小水电代燃料项目后评价工作通过水利部验收,组织开展2009~2015年小水电代燃料工程规划中期评估工作。

(三)防汛抗旱

洪旱灾情。2013年,我市总体上呈现"旱涝交替,高温伏旱较常年偏重,暴雨与常年持平"的特点。先后出现10次区域暴雨天气过程;6条中小河流出现8站次超警洪水(4站次超保证),

其中琼江潼南泰安站出现有历史记录(1951 年)以来最大洪水,洪峰水位达 253.07 米,超保证水位 5.07 米。全市 6~8 月出现了高温伏旱天气,极端最高气温为 43.5℃(江津,8 月 7 日)。

洪旱灾害总体属正常年份,高温伏旱灾害略重于常年,由于应对处置工作有力有序有效,灾害损失较以往有所下降。全市 37 个区县 231.21 万人受灾,因灾死亡 7 人,直接经济损失 23.06 亿元(为近 5 年来均值的 50%),其中水利设施直接经济损失 3.15 亿元。旱灾累计致农作物受旱面积 404 万亩,64.97 万人、28.77 万头大牲畜临时饮水困难,造成直接经济损失 16.12 亿元。

防灾减灾。我市科学应对,打赢了防灾减灾的主动仗。孙政才书记先后 7 次对防汛抗旱工作作出重要批示并亲临市水利局、市防办检查指导。在春旱和伏旱时,孙政才书记率领相关部门深入灾情最重的綦江、石柱等区县的乡镇,查看灾情,慰问群众,共商抗旱方略。黄奇帆、刘光磊、翁杰明、吴政隆、张鸣等市领导先后对防汛抗旱工作作出批示和赴受灾现场指导,市政府及时安排 1500 万市级资金,支持各地开展救灾工作。国家防总先后派出 6 个工作组莅渝检查指导,下达我市防汛抗旱特大经费 1.63 亿元,山洪灾害防治资金 1.88 亿元。张鸣副市长年初主持召开全年洪旱灾害趋势会商会、全市防汛抗旱工作电视电话会,对年度工作进行了全面研究和部署,主汛期又两次紧急召开会商会,对全市的防汛抗旱工作进行再部署。市防指先后组织成员单位召开会商会 10 次,强化 24 小时防汛抗旱值班制,及时发布江河洪水 III 级预警和山洪灾害 II 级预警 1 次,启动防汛Ⅲ级应急响应 2 次,发送防汛短信近 3 万条次,发布重要水雨情通报 66 期,发布水情公告 160 期,报送防汛抗旱专报 84 期。将抗旱工作与群众路线教育实践活动相结合,先后派出 29 个工作组赴 20 多个区县指导抗旱工作,做到旱情不除、人员不撤,前后调拨 3 批次价值 500 余万元中央物资和 11 批次价值 300 余万元市级物资支援灾区救灾工作。市防指各成员单位各司其职,恪尽职守,气象、水文、国土等部门充分利用预测预警预报系统,加大监测密度,及时分析、会商,快捷、准确地进行滚动式信息发布。民政、卫生等部门在灾情发生时及时赶赴现场,妥善安置灾民。公安、武警、消防等部队积极投入抢险,建成紧密的军民联防体系。财政、交通、环保、市政、通信、海事、电力等部门全力做好保障工作。市、区县两级明确了全市 2975 座水库、533 处堤防、820 处山洪防御区的行政、技术、管护“三个责任人”及职责,并向全社会进行了公示。各新闻媒体积极营造了良好的舆论氛围,市级主流媒体累计播发防汛抗旱稿件 830 余条(篇)。

此外,我市山洪灾害防治县级非工程措施项目全部投入试运行(除渝中区外),中小河流的 4540 个雨量站、840 个水位站、216 个水文站、67 个墒情站全部投入使用。中央防汛抗旱物资重庆仓库建成投用,武警水电部队进驻仓库并实现军地联合管理。全市所有小(1)型以上水库实现信息实时报送,水库、区县、市级、国家四级实时数据共享。成功抗御持续高温伏旱,全市累计抗旱浇地 120 多万亩,解决 42.3 万人、16.4 万头大牲畜临时饮水困难。近年来新修的水利工程在抗旱减灾中发挥了积极作用,与 2006 年相比,旱灾损失大幅减轻(农作物受旱面积减少 1800 万亩,饮水困难人口和牲畜分别减少 778 万人、732 万头;需送水解决饮水困难 7.38 万人,仅为 2006 年 147 万人的 5%)。有效应对“6·30”等 10 次强降雨天气过程及琼江 50 年一遇最大洪水等洪峰过境,未发生一起水库垮坝等重大险情,未发生一起人员死亡事件和次生灾害,合川城区居民两次实现零转移目标。

(四)水利改革

以水利改革试点为契机,进一步加强与发展改革、财政等市级部门的沟通联系,固化各类水利项目市及市以上补助标准,整合水利资产进行质押、抵押,建立水利投入稳定增长机制,落实市级资金近 30 亿元;充分调动区县政府投入水利建设的积极性,落实地方财政资金 27 亿元,通过银行信贷融资36.6亿元;市水务资产经营公司发行中期票据28亿元用于水利建设。圆满完成农村水电增效扩容改造试点任务,新增农村水电装机14.6万千瓦,获财政部、水利部绩效评价工作组好评。彭水、潼南、忠县、梁平4个试点县农业水价综合改革稳步推进。按照受益户"一事一议"方式,有序推进农村饮水安全供水水价改革,确保农村饮水安全工程管得好、用得起、长受益。基层水管体制改革给力纵深推进,基层水利服务体系建设进展良好,除渝中区外的38个区县完成了机构设置任务。

二、2014年发展目标

2014年,全市力争完成各类水利水电投资200亿元。加快推进南川金佛山大型水库及在建中型水库工程建设,完成5座以上中型水库竣工验收,力争完成观景口大型水库初设审批,力争新开工中型水库5座;解决200万农村人口的饮水安全问题;建成城镇达标堤防25公里,完成65处中小河流治理项目建设,新开工70处以上中小河流治理项目,全面完成重点小(2)型、基本完成一般小(2)型病险水库除险加固;推进7处大型灌区、新开工4处以上中型灌区,整治山坪塘3.2万口,新增和恢复改善灌溉面积30万亩;新增农村水电装机25万千瓦,治理水土流失400平方公里。

——都市核心区和拓展区,围绕建成现代化大都市,经济社会发展及产业布局,加快推进渝北苟溪桥、巴南龙岗2座骨干水源工程,加强水源地和水功能区保护,以提高城镇供水保障能力为重点,优先利用城镇水厂管网延伸,解决11.85万农村居民饮水安全问题,逐步提高核心区和拓展区特大干旱和突发水安全事件的水源保障能力。

——城市发展新区,按照"四化"同步发展的要求,围绕建成人与自然和谐共生的大产业集聚区和现代山水园林城市,以建设江河提水及当地水源工程并重,加快推进南川金佛山、铜梁小北海等8座骨干水源工程及一批小型水库工程,整治山坪塘2666口,实施一批城镇水厂管网延伸和新扩建集中供水工程,解决89.1万农村居民饮水安全问题。加快节水型社会建设和城市供水管网改造,加大工业节水技改力度,提高工业用水重复利用率,加强农业高效节水技术示范与推广,强化水源地保护,严禁肥水养殖,关、停、并、转污染严重的小型企业,逐步解决工程性缺水问题,保障城镇、农村居民饮水以及特色产业集群、特色效益农业等供水需求。

——渝东北生态涵养发展区,按照"加快经济社会发展与保护生态环境并重,三峡后续发展与成片特困地区扶贫并举"的要求,以库区水土流失综合治理和库区水质、水环境保护为重点,因地制宜进一步开发利用当地水资源和过境水资源,加快推进垫江盐井溪、巫山中硐桥等6座骨干水源工程,整治山坪塘14107口,解决76.5万农村居民饮水安全问题,着力解决工程性缺水和农村饮水安全问题,保障库区国家重点生态功能区和农产品主产区供水需求,为打造长江上游特色经济走廊、长江三峡国际黄金旅游带和特色资源加工基地,实现库区人民安稳致富提供有力的水利支撑。

——渝东南生态保护发展区,以生态环境保护为前提,加快推进酉阳九龙眼、石柱东方红等6座骨干水源工程,整治山坪塘1556口,解决22.5万农村居民饮水安全问题,提高城乡供水保障水平,促进特色产业加工、生物医药、特色旅游等产业发展;治理水土流失110平方公里,加强农田水利基本建设,推广应用山区节水技术,提高规模化农业基地农业节水技术,为高效生态农业示范区和特色农业基地提供有力的支撑。

(作者单位:重庆市水利局)

重庆外贸

刘渝川

一、2013年发展回顾

(一)开放型经济

2013年,在市委市政府的领导下,全市外经贸高位求进,创新发展,推动内陆开放高地建设取得新进展。全年进出口增长29.1%,达687.1亿美元,其中出口增长21.3%,达468亿美元,进口增长49.7%,达219.1亿美元;进出口总额、出口总额均进入全国十强、中西部第一,进口增幅全国第二。实际利用外资105.97亿美元。实际对外投资增长11%,达10亿美元;对外承包工程增长77%,达10亿美元。服务贸易增长30%,达105亿美元;离岸服务外包执行额增长33%,达11亿美元。

1.积极承接国内外产业转移

完善引进外资体制机制。坚持“三会一通报”制度,即市领导外资调度会、市级部门同主城区与开放平台联席会、重大外资项目协调会及外资月通报制度。开辟重大外资项目“绿色通道”,支持跨国公司地区总部和功能性机构落户两江新区、保税港区、国家级开发区和主城区。与市经信委共同努力,提高工业外资部口径比例;协助国土房管局完成房地产领域外资项目备案;参与国资委产权重组架构设计;会同金融办完善金融领域外资准入办法;协同外管局、税务局加快办理外汇登记结汇、税收减免等问题。推进重大外资项目落地。全年投资总额上亿美元大项目达20个,累计已落户世界500强230家。韩国SK、川维爱思开BDO项目、7~11便利店、台湾新光三越等重大项目签约落地,两江新区产业园三井、日晖顺利到资,佳程智能总部开工。重庆市被商务部批准为西部首个商业保理试点城市。与新加坡、香港两地8部门达成10个项合作,中新农业园、香港工业园、香港城等重大项目落户。渝北、渝中、北部新区、沙坪坝实际利用外资均突破10亿美元大关,巴南、大渡口、璧山、大足、綦江、武隆、万盛经开区等实际利用外资同比增长均超过40%,渝东北生态涵养发展区和渝东南生态保护发展区也都有新的外资项目落地。

2.推动外贸稳增长调结构

坚持一般贸易、加工贸易和保税贸易三管齐下,产品结构进一步优化。外贸进出口连续7个月保持全国第十,位居中西部第一。以笔电为代表的高新技术产品出口占比近50%,摩托车和通机出口全国第一,汽车出口量全国第二,南岸、经开区实现手机出口零突破。促进贸易与产业结合,“出口基地、服务平台、境外营销网络”建设稳步推进。九龙坡和长寿分别获批有色金属和西药国家外贸转型升级示范基地,黔江、涪陵、合川、永川、开县、忠县、丰都、梁平等区县建立了标准化农产品出口生产示范基地。拓展外贸新业态,培育外贸新增长点初见成效。渝北、保税港区引进贵金属深加工、国际中转分拨企业落户,开展保税加工、保税物流、转口贸易等外贸新业务,全市保税贸易进出口突破80亿美元,空港保税港区贵金属保税加工进出口45.5亿美元。加大外贸经营主体培育和国际市场开拓力度。引进沿海有订单、有市场、有信息企业落户,建立区域总部。全年新增外贸经营主体1000家,达到8000家,其中进出口额超过50亿美元的2家,超过20亿美元的2家,超过10亿美元的6家。积极开拓国际市场,组织企业参加非洲、欧美等展会现场签约上亿美元,重庆出口知名品牌畅销全球200多个国家和地区。

3.支持企业走出去配置资源

牵头完善对外投资工作协调机制。制定出台全国首部地方性境外投资规划《重庆市对外投资规划纲要》。解决水务集团境外投资架构设置、力帆集团投资乌拉圭经营认证等实际困难,推进大渡口区三峰环境集团投资印度、北部新区装典百货投资香港卖场、荣昌县喜果农业投资法国、巴南区宗申矿业投资缅甸钛矿等10余个重点项目取得实质进展。成功举办“投资美国”、“投资非洲和拉丁美洲”等14场对外投资推介和项目对接会。引导对外承包工程企业提速出海。全年新批工程企业12家,是前三年新增主体数量的总和。全年新增主体实现营业额5.3亿美元,占全市营业额一半以上。对外承包工程合同额突破11亿美元,是历史最好水平;营业额首次突破10亿美元,达到10.3亿美元,是2012年1.8倍,创历史新高。海外工程项目进一步优化升级,房屋建筑、交通运输建设等传统劳动密集型项目比重进一步下降,电力工程、通信工程、废水(物)处理项目等技术含量高、附加值高的“两高”项目比重由2012年的11%上升到39%。

4.打造服务外包经济增长绿色引擎

加快实施服务外包十百千万工程,引导大学生创业创新创富。着力推进万州、江北、北碚、江津、西永等18个外包示范区建设,服务外包占全市97%,初步形成以软件技术服务、工业设计、动漫创意等6大特色领域的服务外包产业集群。新增服务外包企业500家,新增大学生就业2.6万人。出台示范区管理评价办法,完善绩效考核体系,争取全国示范城市平台建设资金500万元,向18个服务外包示范区拨付建设资金2065万元,为服务外包企业申报人才培训资助1952万元,同比增长47%。渝中区软岛、南岸区沃智、永川区先特等15家企业入围商务部全国重点联系服务外包企业。商务部、国家外汇管理局同意将惠普重庆每年20~30亿美元的跨境收付纳入商务部服务贸易统计。2013年重庆荣获中国服务外包“西部最具竞争力城市”。

5.推进口岸物流大通关

全面落实外贸稳增长便利化措施。协调口岸查验单位和运营单位,进一步优化作业和查验流程;推行“一次申报,一次查验,一次放行”和保税区“分送集报”、保税货物直通放行等便捷通关措施。结合五大功能区战略,完善城市发展新区国际物流网络布局。发挥保税港区平台优势,发展保税物流、保税仓储和国际中转贸易,提升保税港区辐射影响力和货物集聚能力。大力发展国际多式联运,全力保障进出口货物运输。利用我市水陆空综合交通和口岸优势,发挥长江黄金水道、渝深班列、渝新欧国际铁路和航空货运航线等大通道作用,大力开展江海联运、铁海联运和陆空联运等国际多式联运,帮助企业解决江海联运中转、三峡过闸和空运转关等瓶颈制约,保障进出口货物运输“通畅、便捷、高效、安全”。全年全市国际物流总量完成997万吨,增长38%;进出口集装箱总量52.2万标箱,增长21.1%。

6.提升国际会展及国际合作水平

第16届“渝洽会”吸引50多个国内外政府代表团、235家世界500强、1600多家跨国公司参会,签约项目共654个,投资总额7077.35亿元,被评为“2013中国十佳品牌展览会”、“2013年度中国十大影响力展览会”。第八届市长国际经济顾问团年会,共有36家世界500强企业CEO或高层参会,签约韩国浦项制铁与重钢集团、拉法基与重庆万科等重大项目,投资总额达40亿美元。第五届国际服务贸易(重庆)高峰会,共有420多家全球知名服务贸易企业参展参会,共签约项目99个,总额298亿元。举办中国—中东欧国家地方领导人会议商务主题系列活动,罗马尼亚、马其顿两国总理等中外嘉宾逾千人参会,共同发起“重庆倡议”,启动“重庆—中东欧研究中心”和“中国—匈牙利—两江创新创业中心”,为中国中东欧合作搭建新的载体。

(二)进出口贸易

2013年重庆市坚持进出口并重发展,加快外贸转方式调结构，推进“出口基地、公共服务平台、营销网络”三项建设，培育以技术、品牌、质量、服务为核心的出口竞争新优势，推动外贸转型升级，外贸进出口实现历史性突破，全面完成年初目标任务，外贸发展的质量和效益取得良好进展。2013 年全市外贸进出口总额 687 亿美元，实现历史性突破同比增长 29.1%，增幅位居全国第三。其中，出口 468 亿美元，同比增长 21.3%；进口 219 亿美元，同比增长 49.7%，进口增幅位居全国第二，进出口、出口和进口增幅分别高于全国平均水平 21.5、13.4 和 42.4 个百分点。全年外贸进出口总额连续 7 个月进入全国 10 强，首次位列中西部第一；出口总额继续位居全国第十位，列中西部第一位；进口总额排全国第十四位。

1.进出口商品结构进一步优化

贯彻落实《国务院办公厅关于促进进出口稳增长、调结构的若干意见》精神，积极推进汽车、船舶、生物医药等国家级出口示范基地和摩托车、苎麻、玻璃纤维、有色金属和西药等国家级外贸转型升级示范基地建设，促进重点传统出口产品保持稳定增长，其中摩托车和通机出口额全国第一，分别出口 20.9 亿美元和 14.2 亿美元；汽车出口量全国第 2，出口额增长 27.8%；苎麻增长 153.9%，合成药及中间体增长 21.8%。创新出台进口支持政策，鼓励企业在国际市场配置资源，通过引进消化再创新，进口促进成效明显，全年进口占比达到 31.9%，较去年提升 4.4 个百分点，其中高新技术设备、关键零部件进口 121.2 亿美元，同比增长 40.9%；部分资源性产品进口大幅增长，大豆进口 8.8 亿美元，增长 19.5%；铁矿砂进口 8.2 亿美元，增长 78%。建立“整机+配套”、“制造+研发”、“生产+结算”笔电全产业链的服务体系，全年笔电类产品实现进出口 348 亿美元，同比增长 56%，撑起半壁江山，占全市外贸总额的 50.7%，其中出口笔记本电脑 4868.3 万台，价值 198.1 亿美元，同比分别增长 37.4%和 58%；出口打印机 1908 万台，价值 22.7 亿美元，同比分别增长 1.5 倍和 1.7 倍，拉动外贸强势增长。

2.外贸发展方式加快转变

创新加工贸易模式，构建内陆开放型产业大集群，设立 11 个加工贸易示范园区积极承接国际和产业转移，加快配套产业招商，推动加工贸易由水平分工变为垂直整合，全面提升整机加零部件生产的全流程产业链；出口产品结构不断丰富，由传统笔记本电脑向打印机、显示器和平板电脑扩展。优化保税区功能，搭建服务内陆开放大平台，推动重庆两路寸滩保税港区和西永综保区向物流、高端制造、研发、维修、销售、结算等方向转型升级。2013 年，全市加工贸易进出口 328.2 亿美元，同比增长 89.6%，占全市外贸的 47.8%，较去年提升 15.2 个百分点。保税物流进出口 87.6 亿美元，同比增长 32.6%，占全市外贸的 12.7%，较去年提升 0.3 个百分点。一般贸易出现小幅下滑，实现进出口 264.3 亿美元，同比下降 5.5%，占同期外贸总额的 38.5%。

3.努力培育外贸经营主体

通过全程保姆式服务和创新政策支持，营造良好的投资环境和政策洼地，吸引外地有订单、有市场、有信息的企业落户，2013 年新增外贸经营主体近千家。全市民营企业进出口 266.8 亿美元，同比增长 6.7%，占同期全市外贸进出口总额的 38.8%，其中民营企业进口增速明显，同比增长 83.6%。外资企业增幅位居首位，实现进出口 376.5 亿美元，同比增长 50.9%，快于同期全市外贸总体增速的 21.8 个百分点，占外贸的 54.8%，较去年提升 7.9 个百分点。此外，国有企业所占比重有所提升，实现进出口 43.9 亿美元，同比增长 34.0%，占外贸的 6.4%，提升 0.2 个百分点。

4.拓展传统和新兴出口市场

大力实施市场多元化战略，鼓励企业全方位、多层次开拓目标市场，支持企业以自建境外营销服务网络，“走出去”参展参会，巩固并深度开发欧盟、美国等传统市场，重点开拓东盟、非洲等新兴市场，重庆出口产品畅销全球 209 个国家和地区。2013 年欧盟、东盟和美国为我市前三大贸易伙伴,我市对欧盟、东盟、美国的双边贸易额分别为140.8亿美元、121.8亿美元和106.5亿美元,分别增长16.7%和24.1%和14.3%,三者占到全市外贸的53.7%。同期,我市与新兴市场双边贸易额为122.2亿美元,同比增长20.6%,其中与马来西亚、印度、巴西、南非、俄罗斯等主要新兴经济体双边贸易额分别为53亿美元、19.5亿美元、13.9亿美元、9.6亿美元和7.3亿美元,分别增长24.6%、78.6%、25.6%、72.5%和77.6%。受中日紧张局势影响,对日本双边贸易额为17.7亿美元,同比下降5.6%。

5.开放平台引领示范效应明显

充分发挥两江新区内陆开放门户效应,进一步凸显台在全市内陆开放高地建设中的示范引领作用。2013年,两江新区进出口305.1亿美元,同比增长43.0%,占同期全市外贸进出口的44.4%,提升4.3个百分点;两路寸滩保税港区和西永综合保税区分别实现进出口204.6亿美元和231.2亿美元,分别增长33.9%和31.3%,两者占到同期全市外贸进出口的63.4%,较去年提升1.6个百分点;重庆经开区、重庆高新区、万州经开区和长寿经开区四个国家级开发区合计进出口26.5亿美元,同比下降16.7%,占同期全市外贸进出口的3.9%。

(三)外商直接投资

1.外商直接投资中西部领先

2013年1~12月,我市新批外商投资企业248个,同比下降15.65%;合同外资40.57亿美元,同比下降27.46%;实际利用外资105.97亿美元,同比增长0.19%。

表1 2013年外商投资分方式情况表

单位:万美元

利用外资方式	项目数	合同外资金额	实际使用外资金额
中外合资企业	44	51197	61584
中外合作企业	4	6298	6516
外资企业	144	326615	329643
外商投资股份制	0	-1651	16610

2.区县利用外资稳步增长

2013年14个区县实到外资超过亿美元。分别是:渝北区,144576万美元;渝中区,129699万美元;沙坪坝区,125991万美元;巴南区,79796万美元;大渡口区,59969万美元;九龙坡区,48246万美元;南岸区,43748万美元;长寿区,40764万美元;江北区,33791万美元;江津区,27694万美元;合川区,21697万美元;永川区,16906万美元;璧山县,16905万美元;万州区,11331万美元。

表2 2013年1~12月区县利用外资情况表

单位:万美元

地区	实际使用外资	地区	实际使用外资
渝北区	144576	铜梁县	3508
渝中区	129699	双桥经开区	3392
北部新区	129641	黔江区	3142
沙坪坝区	125991	荣昌县	3010
巴南区	79796	潼南县	1100
大渡口区	59969	綦江区	648
两江新区直管部分	51514	酉阳县	550
九龙坡区	48246	武隆县	500
南岸区	43748	万盛经开区	405
长寿区	40764	南川区	405
江北区	33791	忠　县	380
江津区	27694	巫山县	371
经开区	25811	云阳县	159
高新区	21944	开　县	145
合川区	21697	奉节县	143
永川区	16906	彭水县	80
璧山县	16905	石柱县	65
万州区	11331	丰都县	0
北碚区	8384	垫江县	0
大足区	5002	巫溪县	0
涪陵区	4485	秀山县	0

3.来渝投资国家地区相对集中

2013年,有43个国家(地区)的外商来渝投资。合同外资金额列前三位的分别是香港地区、新加坡和毛里求斯，其合同外资占全市的86.38%。实际使用外资列前三位的国家(地区)分别是：香港地区、新加坡和英属维尔京群岛，其到位资金总额占全市总额的80.82%。

表3　2013年国别地区利用外资情况表

单位：万美元

国别(地区)	实际使用外资	占比
总计	1054164.97	100.00%
亚洲	811100.77	76.94%
文莱	199	0.02%
香港地区	708478	67.21%
印度	1.4	0.00%
伊朗	0	0.00%
日本	11402	1.08%
澳门地区	458	0.04%
马来西亚	607	0.06%
巴基斯坦	9.89	0.00%
新加坡	82947	7.87%
韩国	3974	0.38%
叙利亚	0.48	0.00%
泰国	1602	0.15%
台湾省	1422	0.13%
非洲	46949.64	4.45%
毛里求斯	45316	4.30%
尼日利亚	1.64	0.00%
塞舌尔	1630	0.15%
南非	2	0.00%
欧洲	42200.56	4.00%
比利时	120	0.01%
英国	2282	0.22%
德国	36910	3.50%
法国	1.56	0.00%
爱尔兰	0	0.00%
意大利	308	0.03%
荷兰	0	0.00%
西班牙	1590	0.15%
奥地利	8	0.00%
瑞典	883	0.08%
瑞士	96	0.01%
阿塞拜疆	2	0.00%
俄罗斯	0	0.00%
南美洲	99754	9.46%
巴哈马	5188	0.49%
伯利兹	69	0.01%
开曼群岛	33941	3.22%
墨西哥	17	0.00%
英属维尔京群岛	60539	5.74%
北美洲	26118	2.48%
加拿大	1375	0.13%
美国	22995	2.18%
百慕大	1748	0.17%
大洋洲	9174	0.87%
澳大利亚	17	0.00%
新西兰	0	0.00%
萨摩亚	8331	0.79%
西萨摩亚	810	0.08%
其他太平洋岛屿	16	0.00%
其他	18868	1.79%
股权投资公司投资	0	0.00%
投资性公司投资	18868	1.79%

4.第三产业外商直接投资比重提高

2013年第一、二、三产业合同外资分别为396万美元、80512万美元、301551万美元，所占比重分别为0.10%、21.05%、78.85%。实际使用外资第一、二、三产业分别为240万美元、439588万美元、614336万美元，所占比重分别为0.02%、41.70%、58.28%。合同外资主要属于房地产业(184198万美元)、制造业(80669万美元)，比重分别为48.16%、21.09%；实际使用外资主要来源于制造业(436398万美元)、房地产业(285397万美元)，比重分别为41.40%、27.07%。

(四)国际经济技术合作情况

1.企业境外投资快速发展

2013年，全市对外实际投资101046.66万美元，同比增长11.17%。其中内保外贷42289.06万美元。民营企业对外实际投资35816.73万美元，占全市总额的35.45%。国有企业对外实际投资53076.35万美元，占全市总额的52.53%。在渝央企对外实际投资12153.58万美元，占全市总额的12.02%。对外实际投资目的国家(地区)

表 4 2013 年分行业利用外资情况表

单位:万美元

行业	项目数
总 计	192
第一产业	3
农、林、牧、渔业	3
第二产业	49
采矿业	0
制造业	47
电力、燃气及水的生产和供应业	1
建筑业	1
第三产业	140
交通运输、仓储和邮政业	8
信息传输、计算机服务和软件业	8
批发和零售业	29
住宿和餐饮业	8
金融业	8
房地产业	14
租赁和商务服务业	52
科学研究、技术服务和地质勘查业	5
水利、环境和公共设施管理业	3
居民服务和其他服务业	1
卫生、社会保障和社会福利业	1
文化、体育和娱乐业	3
公共管理和社会组织	0

21 个，主要是：香港地区 52610.04 万美元(52.07%)、英属维京群岛 16950.09 万美元(16.77%)、巴西 10188.94 万美元(10.08%)、新加坡 6016.3 万美元 (5.95%)、加拿大 5010.87 万美元(4.96%)、荷兰 4911.51 万美元 (4.86%)、美国 2127.31 万美元 (2.11%)、阿根廷 1295 万美元(1.28%),共计占全市总额的 98.08%。对外实际投资主要集中在采矿及矿物制品业(32296.49 万美元)、批发零售业(16630.24 万美元)、商务服务业(16571.17 万美元)、农业(7803.92 万美元),分别占全市总额的 31.96%、16.46%、16.4%、7.72%。

2.对外工程承包规模扩大

2013 年，对外承包工程业务新签合同额 11.1 亿美元，同比上升 3.5%；完成营业额 10.3 亿美元,同比上升 77.1%。新签合同额在 1000 万美元以上的项目 15 个,合同额共计 4.4 亿美元,占新签合同总额的 39.9%。在亚非地区的承包工程新签合同额、完成营业额分别为 9.6 亿美元、8.6 亿美元，占到我市对外承包工程合同总额、营业总额的 87.7%和 85.6%。对外承包工程主要集中在工业建设项目合同额 3 亿美元,占 27.1%;交通运输建设项目合同额 2.5 亿美元,占 22.7%;电力工程建设项目合同额 1.9 亿美元,占 17.5%;其他项目合同额 1.6 亿美元,占 14.6%;房屋建筑项目合同额 1.5 亿美元，占 13.7%;废水（物）处理项目合同额 4728.68 万美元,占 4.3%；通讯工程建设项目合同额 164.5 万美元,占 0.1%。

3.外派劳务收入明显提高

对外劳务合作劳务人员收入 12358 万美元,同比上升 109.2%;新派各类劳务人员 10416 人,同比上升 3.5%；月末在外各类劳务人员 23900 人,同比上升 3%。其中,承包工程项下派出 1464 人，劳务合作项下派出 8952 人。派出劳务人员分布位居前十位的国家(地区)依次为:安哥拉、新加坡、越南、马来西亚、科威特、巴西、日本、阿尔及利亚、阿联酋、土耳其。其主要工种为:建筑类、制造及加工类、餐饮服务类、渔业等行业。

二、发展中存在的问题

从国际看,世界经济延续缓慢复苏态势,国际货币基金组织预计 2014 年增长 3.6%,世贸组织预计 2014 年世界贸易量增长 4.5%，均快于 2013 年,但也存在不稳定、不确定因素,特别是美国明年起退出量化宽松政策，将导致全球流动性的大规模收紧,欧元区经济止跌回升,但根源问题并未彻底解决，巴西等新兴市场国家通胀压力上升,内生增长动力不足。从国内看,全面深化改革将释放新的动力活力，世行预测 2014 年中国经济将增长 7.7%，与 2013 年大体持平,但发展稳中有忧,存在产能过剩、影子银行、地方债务,以及流动性等风险,正面临经济增长速度换挡期、结构调整阵痛期、前期刺激政策消化期三期叠加的困难。

从国内看,也面临巨大的压力。落实3号文件提出的"建立健全发展内陆开放型经济的政策体系,营造与国内外市场接轨的制度环境",面临着"追兵四起"的局面。1月6日,国务院批准设立了陕西西咸新区和贵州贵安新区。国务院批复明确提出,要把贵安新区建设成为内陆开放型经济新高地、把西咸新区建设成为我国向西开放的重要枢纽。加上我们的邻居一直强力推动的"天府新区","长株潭城市圈"和"武汉城市群"两个"两型社会综合配套改革试验区",中西部地区争夺内陆开放高地的竞争必将十分激烈。

三、2014年发展目标

贯彻落实党的十八届三中全会、中央经济工作会议、全国商务工作会议、市委四届四次全会及全市经济工作会议精神,围绕"科学发展、富民兴渝"总任务和五大功能区域发展战略,把握内陆扩大开放新机遇,以改革创新为动力,按照"实现大通关、建设大通道、构建大平台、发展大产业、营造大环境"的要求,推动内陆扩大开放,加快利用外资及管理方式创新;积极培育外贸竞争新优势;完善"走出去"促进支持体系;加快服务贸易发展;构建开放型经济新体制,开创开放高地建设新局面。2014年预期目标:外贸进出口增长15%,力争突破800亿美元;利用外资100亿美元以上;服务贸易增长30%,达到130亿美元,离岸外包增长40%,达14亿美元;对外投资10亿美元,对外工程10亿美元。外经贸企业达1万家。重点工作是:一是落实深化改革重点任务,完善内陆开放体制机制。积极对接自贸园区战略,探索内陆地区国际贸易和投资便利化新模式,探索建立国际贸易单一窗口,建立对外投资政府引导基金,建设两江新区等开放大平台,创新口岸开放新模式。二是贯彻五大功能区发展战略,不断提升招商引资水平。分类指导不同功能地区扩大招商引资,争取试点推进外资负面清单管理,扩大服务业开放,打造"五低"投资环境。三是加快传统贸易转型升级,培育外贸竞争新优势。做强做大一般贸易,延伸一般贸易产业链,建设进口展示交易中心,打造内陆加工贸易大集群,建立应对贸易摩擦产业联盟。四是加快"走出去"步伐,构建对外投资合作体系。建立国际并购发展基金,支持建设中东欧等境外产业园区,扩大对外承包工程,消化过剩产能。五是大力发展服务贸易,建设服务外包示范城市。出台促进服务贸易发展的实施意见,办好第六届国际服务贸易(重庆)高峰会,联合中邮、中免等大力发展跨境贸易电子商务,建设18个服务外包示范区。六是开展国际物流通关合作,提升贸易便利化水平。进一步完善"渝新欧"、江海联运、铁海联运,加强国际贸易大通道建设,推进内陆同沿海沿边大通关。七是参与国家战略多双边经贸合作,优化开放空间布局。推进"一带一路"经贸往来,加强与丝绸之路经济带和21世纪海上丝绸之路沿线国家地区经贸合作,为打通中印孟缅经济走廊南向贸易通道做好基础工作。构建交流合作大平台,精心筹备第十七届"渝洽会"。

(作者单位:重庆市对外贸易经济委员会)

重庆海关

张媛媛

2013年,重庆海关累计监管进出境货物1000.3万吨,同比增长38.2%;税收净收入库112.3亿元,创历史新高。

一、积极促进重庆外贸稳定增长

认真落实重庆海关促进外贸稳定增长"20+

16"项支持措施，支持扩大进口、增加出口。结合党的群众路线教育实践活动，关领导先后20多次带队赴两江新区、沙坪坝区、万州区、璧山县等地开展调研，为区（县）开放型经济发展出谋划策。认真落实关区企业座谈会制度，做好"12360"海关服务热线，宣传政策，了解需求，提供服务。2013年重庆市外贸进出口总值687亿美元，排名全国第10位，在西部12省市中居第1位。

二、大力推动重庆内陆开放高地建设

积极寻求海关总署的支持，提出有关建议，促成了署市领导会谈。主动到市级有关部门开展工作对接，深入两路寸滩保税港区、西永综保区管委会以及企业开展工作调研，形成推进合力。开展保税商品展销、试点非国产货物进境入区维修、试点"委内加工"、推行"渝深快线、区域联动"便捷监管通关模式、试行非保税货物入区同库堆存、建设集散分拨中心，都已制定监管方案，并开展试运作；开展跨境贸易电子商务服务试点，配合市有关部门完成了试点业务实施方案的编制工作，已获海关总署的批复同意；国家口岸办于12月25日批复同意重庆铁路口岸临时对外开放。

三、全力配合有关部门推进跨境贸易电子商务服务试点

全力支持重庆成功获批为全国首批开展跨境贸易电子商务服务试点的5个示范城市之一，全力配合市级有关部门研究编制试点业务实施方案。该方案是全国5个试点城市中唯一一个包含4种通关模式（即一般进口、一般出口、保税进口、保税出口）的方案，其中，重庆海关研究提出的一般出口模式引入区域通关理念，实现本地报关异地放行，解决结汇和退税问题；保税出口模式可以解决保税货物分拨海关特殊监管区域时按货物实际出区状态征收货物税或个人行邮物品税的问题。2013年9月4日市政府正式向海关总署报送试点业务实施方案，并顺利获批。与此同时，还积极帮助引进电商企业进行运行测试。

四、积极支持重庆市2个海关特殊监管区域拓展功能

积极组织开展加工、物流等方面的先行先试，推进两路寸滩保税港区和西永综保区加工贸易和保税物流并重发展。2013年，重庆市加工贸易和保税物流进出口值为416.8亿美元，占同期重庆市外贸进出口总值的60.6%，其中两大海关特殊监管区域加工贸易占重庆市加工贸易进出口值的96.3%。

五、强力推进"渝新欧"班列常态化运行

配合海关总署研究制定中哈海关关于"渝新欧"铁路集装箱运输海关监管实施技术规程，及时协调解决货物在国际段被盗、被频繁查验等问题。将"渝新欧"班列正式纳入中欧安全智能贸易航线试点计划，实现了"安智贸"项目从海运方式向铁路运输方式的延伸。积极支持开展冬季保暖集装箱的运行测试。组织召开"渝新欧"班列便捷通关监管座谈会。主动加强与沿途各国、各地区海关的合作，通过创新监管通关模式，确保"渝新欧"首趟回程班列在过境通关过程中无一查验，国外段运行时间仅10天。全年监管"渝新欧"班列36趟，监管进出口集装箱3300标箱。

六、积极支持重庆企业"走出去"

研究制定了重庆海关支持企业"走出去"若干措施，积极帮助企业解决通关难题。为支持重庆粮食集团所属重庆红蜻蜓油脂有限责任公司在境外建立优质大豆种植基地，主动加强与海关总署的汇报沟通，并积极协调口岸海关，在企业提供有效担保的前提下，解决了该企业因为属于B类管理，不适用"属地申报，口岸验放"区域通关模式的问题，累计为企业节约物流成本近500万元。为支持重庆五矿机械进出口有限公司承接约旦JAFCCO联合化工项目，主动协调上海、宁波等口岸海关，采用"属地申报，口岸验放"区域通关模式，累计为企业节省运输费用

近 300 万元。

七、努力促进贸易便利化

争取海关总署支持，积极探索以诚信通关体系建设为核心的综合监管改革，开发启用了接单环节派单叫号系统,大力推进集拼箱业务。推行通关作业无纸化改革，采用该模式通关的报关单，从企业申报到电脑自动审核结关放行仅需 15 秒。创新“渝深快线、区域联动”便捷通关监管模式，据企业测算，较之原铁路运输方式,在通关时效上提高了近四分之一;相比原陆路运输方式,可降低 35%的运输成本,相比原铁路运输方式,可降低 10%的运输成本。通过一系列监管通关业务改革,极大地提高了通关时效、降低了运输成本。

八、积极维护正常的对外贸易秩序

牵头召开重庆市打私工作会议，深入推进反走私综合治理;组织开展“绿篱”、“加强旅客行李物品监管”、打击洋垃圾走私、毒品走私、濒危物种走私、枪支弹药走私等系列专项行动,成功查办“7·22 邮递渠道走私毒品”、“10·16 奢侈品走私”等系列大要案。

九、不断提升队伍素质能力

深入开展以“为民务实清廉”为主要内容的群众路线教育实践活动,学习教育、征求意见,查摆问题、开展批评,整改落实、建章立制等各环节工作扎实稳步推进;拟定党的群众路线教育实践活动整改落实、建章立制工作方案,确保群众意见及时得到回应。深入学习贯彻习近平总书记系列重要讲话精神、十八大及十八届三中全会精神、市四届三次全会精神,凝聚助推内陆开放的进取意识、机遇意识和责任意识。坚持内涵学军,持续推进准军事化海关纪律部队建设。加大“走出去”学习力度,分四批组织共 79 人赴深圳海关跟班学习，在上海海关学院举办处科级干部专题培训班,组织完成成都海关和我关 103 名新关员初任培训。拟定《重庆海关文明创建倡议书》,强化各窗口单位文明创建自律意识。开展“就业、职业、事业”大讨论,组织青年关员“中国梦”座谈会、“五四”主题团日等活动。

(作者单位:重庆市海关)

城乡规划

黄鸥

一、2013 年城乡规划工作回顾

2013 年，全市城乡规划工作紧紧围绕贯彻落实五大功能区发展战略，以深化城乡总体规划为抓手,着力优化城乡空间布局、完善城市功能、突出自然文化特色,提升规划服务水平和效率，助推科学发展、富民兴渝和新型城镇化建设,圆满完成了全年各项目标任务。

(一)深化城乡总体规划,着力提高全域空间资源管控能力

一是城乡总体规划深化取得阶段性成果。积极协调相关市级部门、科研院所,开展 4 个方面、13 个分项、60 余子项基础课题研究，重点研究了全市发展战略、五大功能区与城镇空间布局、产业与发展、人口分布与梯度转移等重大课题。同步组建技术团队,开展总体规划深化工作,总体形成了城市性质和职能、市域城镇体系、大都市区空间组织、主城区空间布局、人口和建设用地规模、交通基础设施布局、市政基础设施布局等 7 个方面、17 项具体内容的深化成果。

二是充实完善各级规划。着眼全域空间资源管控,梳理形成市域、主城、区县、镇乡、村五个

层级的空间规划体系，研究制定城乡规划全覆盖工作计划，力争用2~4年时间，实现全市城乡规划全覆盖。规范区县总体规划编制和局部修改审批管理，开展总体规划修编修改23项，完成14项。完成94个远郊区县重点中心镇总体规划实施评估，开展51个农民新村和集中居民点规划。

三是扎实开展各层次规划研究。紧贴发展实际和管理需要，开展规划法制建设、临空经济区规划、工业用地管理、教育用地规划标准、小城镇及乡村规划对策等近200项应用型课题研究，并将成果转化为具体的规划措施和策略。《新型城镇化背景下山地小城镇发展策略研究》等8项课题获市级科技进步奖。

（二）促进发展和服务民生，着力完善城市功能

一是完成主城九区分区规划。建立以行政区为单元的规划平台，将总体规划中确定的主城1200万城镇人口、1188平方公里城镇建设用地、5.5亿平方米住宅建筑总量以及相关的基础设施、公共服务设施等指标在各行政区进行细分落实，以此为基础形成主城建设用地量和居住建筑量调控方案，有序引导城市开发建设。

二是加强城市综合交通体系梳理。完成主城区次支路网网络化规划，系统开展内环以内中心地区交通缓堵规划，以及九龙半岛、化龙桥等片区交通优化规划，制定重要路段及节点拥堵改善方案。建立重大基础设施预可研和重大建设项目交通影响评价制度，完成总体规划中未落地的10座过江桥梁控制性方案设计，开展黄花园隧道、鹅公岩大桥等设施改造方案预研究。系统研究静态交通布局问题，提出扩大供给、科学规划和综合治理三大策略，以及建设立体停车场库、完善停车换乘设施、配套公共停车用地等12条具体举措。

三是突出做好民生相关规划。落实民生22件实事，完成主城拟建的86所中小学和幼儿园规划落地，并建立新建成小区与配套学校同步覆盖、同步规划、同步建设、同步报审、同步验收"五同步"机制。开展主城区养老设施专项规划，分区分级规划设置养老服务设施。制定主城区城市棚户区危旧房改扩建规划建设管理办法。高质量完成主城区总部基地规划，高效服务公租房，以及轨道交通环线、成渝客运专线等100余个重点项目。

（三）融合人文与自然风貌，着力提升城市品质

一是彰显江城山城本底特色。开展美丽山水城市规划，综合利用主城大山大水、中山中水、小山小水，着力构建生态网络、游憩服务、特色交通、文化资源等四大体系。完成"四山"管制规划实施评估，研究增添游憩功能、休闲功能和公共服务功能，完善基础设施配套。深化山地城乡规划标准体系研究，出台建筑材质、色彩、屋顶等一批规划技术导则。推进低碳生态城市建设，完成悦来生态城总体城市设计。渝中区步行系统、北部新区慢行系统示范项目获中国人居环境示范奖。

二是保护和传承历史文脉。推进历史文化名城保护总体规划编制工作，深入挖掘重庆特色遗产类型，建立完整的评价体系、空间保护体系、规划编制体系。完成50余项事关历史文化名城保护的重要项目选址及方案审查。规范历史文化名城名镇名村保护规划审批管理，完成大足区铁山古镇、渝北区龙兴古镇、涪陵区青羊古镇等5个历史文化名镇保护规划。出台优秀近现代建筑规划保护指导意见。

（四）创新规划管理体制机制，着力提升服务水平和效率

一是大力推进城乡规划一体化管理。市政府常务会审议并明确各区县都均设立规划局，在镇街（乡）一级明确规划管理职能、机构和专职人员；将规划管理纳入市政府对区县的目标考核和区县对镇乡的目标考核；市级财政每年安排4000万元补助区县规划编制工作，并将控规编制经费纳入土地出让成本。进一步简政放权，强化分局的区级行政主管部门职责，做好区级空间资源管控。加强区县规划工作指导，完善

首席规划师制度,推行典型引路,助推区县规划规范化管理。

二是优化完善规划运行机制。开展规划编制管理、建设项目管理、规划监察执法、内部职能优化等10项专题研究,系统梳理控规编制与修改、建设项目审批许可、批后管理和违法建设查处全过程、各环节流程。建立规划和测绘行业诚信管理制度,强化规划测绘成果质量终身责任意识,规范行业行为。优化规划编制组织工作规程,形成“编、审分离”和“共编、共管、共用”机制。建立控规修改快速反应和差异化的修改程序,建立拟出让地块常态化预研究机制,控规修改时限由半年以上缩减到3个月内。在放验线、建筑外立面审查、多地块指标平衡等多个方面创新举措,完善现场踏勘、管理联络员、指标核算等制度,建设项目审批时间较原来减少1/3。加强规划批后管理,将违法建设的发现、制止、报告等职责向镇(街)乡、社区延伸,探索快速查处、多样化处罚违法建筑等创新举措,主城区全年拆除违法建筑264万平方米。

三是加强规划法制建设。修订《查处城乡规划违法建设行为若干规定》、《工业用地容积率指标管理办法》、《行政处罚裁量基准》等规范性文件,着力解决规划建设用地外特殊项目的许可、规划行政自由裁量权的规范、违法建筑查处主体的责任等管理工作中的实际问题。研究评估建设领域并联审批制度、局审区办制度,完善主协办部门间高效合作机制,探索对市级公益项目实行互不为前置审批。

(五)建设智慧重庆,着力提升测绘地理信息公共服务能力

一是启动全市首次地理国情普查工作。编制全市普查工作方案并通过市政府常务会审议。推动建立全市及各区县普查机构和地理国情普查专业组,落实经费和人员,开展技术培训,完成永川普查试点项目。启动综合市情系统建设,初步形成人口、经济、城镇建设等10大类数据体系。

二是推进“智慧重庆”建设。与国家测绘地理信息局的部市合作协议顺利签订,争取到政策、资金、技术等支持。制定《智慧重庆公共信息平台建设发展纲要》,“智慧重庆时空信息云平台”获批国家试点。稳步推进“智慧两江”建设,启动“数字潼南”、“数字万州”、“数字綦江”建设,强化“数字永川”应用,“数字长寿”获中国地理信息优秀工程金奖,“数字黔江”获全国数字城市建设示范区称号。

三是丰富测绘地理信息产品。编制完成《重庆市历史地图集》、《重庆立体地图》等一批专题地图。创新开展“每周一图”工程,在市政府网站开通便民地图专栏,累计推出主城赶场、登山步道、郊野钓鱼等40余种特色地图。推动“爱尚重庆”地图网站提档升级,完善“重庆通”移动便民服务产品。继续在机场、商圈、地图书店等做好赠阅地图工作,累计发放各类地图100余万份。

二、2014年城乡规划工作目标

2014年,城乡规划的总体思路是:紧紧围绕贯彻十八届三中全会、中央城镇化工作会议精神和市委四届三次、四次全会精神,坚持全市规划工作一盘棋,以法定城乡规划和规划管理两个全覆盖为抓手,认真落实五大功能区发展战略,深化实施城乡总体规划,完善国家中心城市功能,构建重庆美丽山水城市,切实提升规划水平和服务效率,以科学规划促进全市经济社会健康发展和民生持续改善。

(一)做好城乡总体规划深化后续工作

主要包括完善市域、大都市区、主城区各层级规划。市域的重点是完成综合交通体系规划,深化公路网、港口码头等专项规划;大都市区的重点是完成大都市区总体规划,以及江津、璧山、合川与主城连片地区协调发展规划;主城区的重点是完善国家中心城市区域经济组织功能体系,开展综合交通规划评估和深化,完成重庆美丽山水城市规划。

(二)推进法定城乡规划和规划管理两个全覆盖

法定规划全覆盖的重点是:主城区开展交

通、市政、公共服务等基础设施专业专项规划及镇村规划,做好控制性详细规划的动态完善;远郊区县开展区县城乡总体规划、区县城总体规划和镇乡村规划,提升区县城控规覆盖率。规划管理全覆盖的重点是:主城区在镇一级设立规划管理机构和专职人员;远郊区县全部成立规划局,并在镇乡一级落实规划管理机构和相对固定人员。

(三)推进城市综合品质提升

重点是推进生态环境建设,开展主城二环生态廊道规划,划定主城城市发展边界,继续推进四山后续规划工作;保护和传承历史文脉,完成重庆历史文化名城保护规划修编,开展人文与自然资源系统性保护利用规划;提升城市中心区环境品质和建筑品质,推进观音桥、解放碑等商业步行街的标识化、人性化城市设计。

(四)加强规划公共政策研究

做好桥隧、立交、换乘枢纽等重点设施预研预控,开展主城中心城区人口密集区域的轨道交通站点覆盖密度研究,做好事关民生、事关发展的热点、难点问题研究和规划管理中的实际问题研究。

(五)严格依法行政

重点是推进阳光规划,完善规划公众参与、公开公示,以及民主决策相关制度;加强城乡规划工作监督考核,完善市对区县、区县对镇街的规划目标管理制度;加强违法建筑查处,完善快速处置和综合执法机制,遏制新增,成片整治存量。

(六)提高规划服务效能

重点是优化规划审批机制和审批内容,深入推进规划管理流程再造;强化科技信息支撑,建立规划管理数据一张图、行政管理一张网;加强对区县的技术指导和智力支持,推进区县规划管理水平提升和科技进步。

(七)全力推进全市首次国情普查工作

重点是完成地理国情普查工作各项年度目标任务,建设全市综合市情系统;实施测绘覆盖策略,推进智慧重庆建设示范工程。

(作者单位:重庆市规划局)

食品药品监督管理

王盈

2013年,重庆市食品药品生产经营企业检查覆盖率达100%,共没收销毁不合格食品3600余公斤,查扣违法保健食品数量3万余盒(瓶);立案查处各类食品药品案件1000余起,向公安机关移送案件100余件。餐饮量化分级实施率达98.6%,小餐饮无证经营户较上年减少47%。药品注册现场核查和药品生产企业原辅料监督检查达到全覆盖,依申请医疗器械生产企业考核实施率、基本药物品种电子监管实施率、抽验率及合格率均达100%,在11个区县(自治县)的3600余家企业开展了零售药店电子监管试点。40%的药品生产企业取得国家食品药品监督管理总局新版GMP证书,通过率居全国第七。共建成国家级、市级餐饮服务食品安全示范区5个,市级、区县级示范街150余条、示范店3200余家;4个区县开展了创药品安全示范区(县)工作。

一、监管体系建设

机构改革。按照国务院和国家食品药品监管总局的要求,重庆市人民政府出台了《全市食品药品监管体制改革实施意见》、《关于改革完善区县(自治县)食品药品监管体制有关问题的通知》、《市食品药品监督管理局"三定"规定》等文件，明确重庆市食品药品监督管理局(挂重庆市食品药品安全委员会办公室牌子) 为重庆市人民政府正厅局级单位，并于2013年11月25日正式挂牌。市级层面的食品药品监管机构组建、职能整合、人员划转工作，已于2013年底全部完成；各区县(自治县)和乡镇(街道)层面的食品药品监管机构改革于2014年3月底完成，村(社区)食品药品安全协管员于2014年6月底到位，统一权威的食品药品监管体系正在逐步形成。

队伍建设。重庆市食品药品监督管理局设16个内设机构，有11个直属事业单位(市食品药品检验所、稽查总队、认证中心、不良反应监测中心、医疗器械质量检验中心、医药科技学校、中国药业杂志社及万州、黔江、涪陵、永川4个食品药品检验所)。重庆市食品药品监管系统有40个区县(自治县)食品药品监督管理分局、食品药品监督管理局对各区县(自治县)食品药品监督管理分局实行垂直管理。

能力建设。加大投入，努力解决各区县(自治县) 食品药品监管局和全市食品药品检验所的技术装备和办公场所等问题，不断提升技术支撑能力。2013年，重庆市食品药品检验所、重庆医疗器械质量检验中心的检验能力分别覆盖7大领域548个参数、448个产品1012个参数，万州、黔江、涪陵、永川食品药品检验所已正式承担食品药品检验职能。不断扩大抽样覆盖面，增强抽验针对性，全年累计抽检“四品一械”样品11万余批次。着力提升风险预警和处置能力，建立健全风险评估、舆情监测和重大信息报送机制，组织开展应急演练，全年共完成不良反应报告2.3万余份。针对新职能新业务，强化监管人员特别是一线执法人员的能力培训，提升干部素质；加大基层急需人才招录力度，优化队伍结构。

二、食品药品安全监管

餐饮服务食品安全百日整治。为严厉打击餐饮服务环节“违禁超限、假冒伪劣”等食品安全违法行为，全面巩固食品安全整治工作成果，保障人民群众的饮食安全，从2013年4月中旬开始，重庆市食品药品监督管理局开展了为期3个月的餐饮服务食品安全百日整治行动。百日整治行动期间，重庆市累计出动执法人员40000余人次，检查餐饮服务网点45000万余户，发出监督或整改意见书15224份，立案处罚559起，罚没款256.3万元，没收或销毁不合格食品3620.42公斤。向公安机关及时通报涉嫌食品安全犯罪线索20起，移送案件1起。

药品“两打两建”专项行动。根据国家食品药品监督管理总局统一部署，2013年7~12月，重庆市食品药品监督管理局开展了药品“两打两建”专项行动，重点打击中药饮片及提取物违法行为、整治药品生产企业非药用原辅料使用与不规范的委托生产行为，打击中药材专业市场、药品批发零售企业及镇街医疗机构违法经营行为。共出动执法人员20000余人次，检查涉药单位6104家次，完成药品抽验2235批次，涉及2162个品种，发现不合格药品96个批次(其中生产企业2个批次，药品批发企业21个批次，药品零售企业42个批次，医疗机构31个批次)，发出责令整改意见书543份(不含零售药店)，立案查处260件。10个试点区县(自治县)均已完成电子监管平台建设工作，药品经营企业基本实现全覆盖入网，大中型医疗机构已开始试运行。

保健食品“打四非”专项整治。按照国家食品药品监督管理总局要求，2013年5~10月，重庆市食品药品监督管理局开展了为期5个月的保健食品“打四非”专项活动，重点打击保健食品非法生产、非法经营、非法宣传、非法添加的突出问题。共出动执法人员20927人次，督查暗访25次，检查生产企业50家次、经营企业11016家次，抽检578批次 (其中不合格36批次)，立案85起，移送公安机关案件1起，查扣违法保健食品数量31768盒(瓶)，罚没金额2705万余元。特别是依法查处了被公安部定为全国2号打假案件，国家食品药品监督管理总局将其列为挂牌督办的李东生团伙涉嫌经营假冒伪劣保健食品案，引起了较大的社会反响。

医疗器械专项检查。重庆市食品药品监督管理局在全市范围内开展定制式义齿生产使用环节专项检查，共检查定制式义齿生产企业 35 家次，医疗机构 975 家次，其中发现并处理了存在问题的生产企业 6 家，医疗机构 364 家，取缔无证生产定制式义齿黑窝点 1 家。开展了第Ⅰ类医疗器械（含贴敷类）产品注册专项检查，对全市尚在效期内的第Ⅰ类医疗器械产品（含贴敷类）注册审查案卷进行了重点回顾性检查。

三、法制建设

地方立法。配合有关部门，把《重庆市药品监督管理条例》纳入重庆市人民政府 2013 年度立法调研项目，并开展了前期立法调研工作。力争以政府规章形式，把《重庆市化妆品监督条例》列入了重庆市人民政府规章。

普法工作。组织开展了餐饮质量安全宣传周、“全国安全用药宣传月”、食品安全宣传周、“12·4”法制宣传日以及各类食品药品专项行动宣传等活动，加强对餐饮服务食品安全和药品医疗器械法律法规宣传。联合华龙网开办《重庆市食品药品安全手机报》，并发布 12 期。共开展各项法制宣传活动共计 570 场次，制作展板横幅 631 块，发放各类宣传资料 988890 份，受教育群众达 676452 人次。

依法行政。编写了《重庆市食品药品监管局行政执法制度汇编》，完善了食品药品监管系统监督执法制度框架。组织 93 名新进执法人员参加了执法资格培训并及时申领执法证件，完成了 61 名现有执法人员证件变更，对 1039 名行政执法人员基本信息录入了重庆市行政执法人员信息库录。对法律法规有所修订和废止的执法项目进行了相应调整，确定了重庆市食品药品监督管理局现行行政执法项目 184 项，并在重庆市食品药品监督管理局公众网站进行了公布。

四、制度创建

认真落实党的十八届三中全会关于建立最严格的覆盖全过程的监管制度的要求，重庆市食品药品监督管理局及时研究出台《贯彻党的十八届三中全会〈决定〉改革工作方案》、《关于全面深化改革创新的贯彻实施意见》，对现行监管制度进行梳理，对创新监管制度工作做出研究部署。结合监管实际，先后制定了《餐饮服务食品安全监督量化分级管理制度实施细则》和《日常监督指南》、《药品安全“黑名单”管理实施细则》、《医疗器械生产企业安全信用分类管理暂行办法》、《保健食品经营信用等级分类管理制度（试行）》和《食品药品风险管理办法》等，切实加强监管制度的探索设计。修订完善了《涉企执法行为规范》和《行政处罚裁量权实施基准》等制度，进一步规范执法行为。

五、行政审批

全面清理行政审批项目，重庆市食品药品监督管理局行政审批项目达 22.5 项，其中 4 项审批权限下放到各区县（自治县）食品药品监督管理分局。实施行政审批电子监察，全年行政审批事项法定时限办结率均达到 100%。2013 年，重庆市食品药品监督管理局完成药品生产质量管理规范认证 13 件，法定时限为 120 个工作日，实际完成的平均时限为 38 个工作日，压缩 68%；完成 GMP 证书延期检查 8 件，法定时限为 65 个工作日，实际完成的平均时限为 16 个工作日，压缩 75%；完成药品经营质量管理规范认证 94 件，法定时限为 35 个工作日，实际完成平均时限为 25 个工作日，压缩 29%。对外地来渝投资商及边远地区办事人员采取便捷程序，开设审批“绿色通道”，实行先受理、边办理边由企业补充完善相关资料。

六、政府信息公开

建立健全政府信息资源共享机制，坚持和完善政府信息公开制度，依托“重庆市食品药品监督管理局公众信息网”,辅以在办公场所和行政审批受理服务中心设立电子触摸屏,制作公示牌(栏)等信息化手段和多种方式,把行政执法的法律法规和行政规章依据、职责范围、程序、流程、办理要件、期限以及行政收费的项目和标准等进行公开,统一发布重庆市食品药品监管局、重庆市食品药品监督稽查总队、各区县(自治县)食品药品监督管理局的24小时举报投诉电话和联系方式。对重大行政许可实行事前网上公示,事后网上公告。2013年,重庆市食品药品监管局共发布政策法规类信息79条,行政审批类信息634条,最新动态157条,食品安全信息1460条,执法动态655条,市长公开信箱281件,涉药(械)违法广告消费安全警示4次,各类假劣药品查处信息、消费警示等120条。

七、医药产业发展

围绕重庆市“千亿级医药产业”发展目标,重庆市食品药品监督管理局出台了包含26条举措的《加强政务服务促进医药产业发展实施细则》及3个配套文件,进一步简政放权,提高审批效率,降低企业研发成本。争取国家食品药品监督管理总局支持,全年有11个新药获得国家食品药品监督管理总局新药证书和生产批准文号;帮助解决3家企业20个品规的药品技术从外省转让回渝问题;争取国家食品药品监督管理总局同意保留10家药品生产企业的24个药品批准文号。2013年,重庆市实现医药工业生产总值342.8亿元,同比增长24.6%;销售产值323亿元,同比增长23.7%;出口交货值23.1亿元,同比增长51.5%。

(作者单位:重庆市食品药品监督管理局)

重庆审计

冉晓艳

2013年,重庆市审计机关共审计(或审计调查)单位3187个,查出主要问题金额34,577,273万元,其中:违规金额1,600,875万元、损失浪费金额14,277万元、管理不规范金额32,962,121万元。审计处理处罚3,345,753万元,其中:应上缴财政590,149万元、应减少财政拨款或补贴182,263万元、应归还原渠道资金835,006万元、应缴纳其他资金29,150万元、应调账处理金额1,596,904万元;已上缴财政1,426,036万元、已减少财政拨款或补贴168,158万元、已归还原渠道资金408,242万元、已缴纳其他资金29,641万元、已调账处理金额1,311,198万元。移送司法机关、纪检监察机关、有关部门处理落实事项178件。提交审计工作报告3153篇,被批示701篇;提交审计信息3219篇,被采用1683篇。

2013年,重庆市审计局审计(或审计调查)单位118个,查出主要问题金额22,432,838万元,其中:违规金额344,998万元、损失浪费金额6974万元、管理不规范金额22,080,864万元。审计处理处罚217,793万元,其中:应上缴财政107,926万元、应减少财政拨款或补贴3144万元、应归还原渠道资金85,446万元、应缴纳其他资金630万元、应调账处理金额20,645万元;已上缴财政995,688万元、已减少财政拨款或补贴45万元、已归还原渠道资金79,733万元、已缴纳其他资金19,050万元、已调账处理金额54,251万元。移送司法机关、纪检监察机关、有关部门处理落实事项21件。

一、财政预算执行审计

审计结果表明,市级预算执行和其他财政

收支情况总体良好。全市各级各部门应对经济下行压力,组织落实政策资金;坚持财力下沉,推动区域协调发展;加大民生投入,提高公共服务水平;完善规章制度,强化财政管理。

(一)市级财政预算执行审计情况

重点检查了市级财政预算管理、资金分配和国库集中支付管理情况,延伸抽查4个部门和28家企事业单位,审计发现存在预算编制不够准确,批复不够细化;预算分配下达不够合理;财政资金使用绩效有待提高;财政预算单位管理不够规范等问题。

(二)市级税收预算执行审计情况

重点检查了土地税收征管情况,抽查4个区地税局和50户纳税人,审计发现存在税务机关税收征管不够严格、部分纳税人申报缴纳税款不合规等问题。

(三)市级部门预算执行审计情况

对6个市级部门和单位预算执行情况进行了审计,发现存在预算编制与执行不严格、财务核算管理不规范、收入征缴和资产管理不规范等问题。

(四)区县财政决算审计情况

对9个区县(自治县)财政决算情况进行了审计,发现存在应收未收土地出让收入、耕地占用税、城市建设配套费、土地使用税,先征后返、补贴等形式违规减免土地出让收入、税金,财政收支反映不实,挤占挪用专项资金等问题。

二、地方政府性债务审计

2013年8月至9月,根据审计署统一部署,审计署驻重庆特派办和重庆市各级审计机关837名审计人员,对重庆市本级、38个区县、824个乡镇的政府性债务情况进行了全面审计。此次债务审计采取统筹安排、整合力量、上下联动的方式,按照"摸清底数、反映问题、揭示风险、提出建议"的总体要求和"见人、见账、见物,逐笔、逐项审核"的原则,突出工作重点,认真审查债务资金举借、使用、偿还和监管环节存在的问题,关注债务管控的措施、成效和问题,摸清了政府性债务的规模、结构及变化情况,揭示了部分地区存在的债务风险隐患和违规问题。针对审计发现的问题,及时分析判断债务风险,准确评估风险状况,提出加强政府性债务管理的意见和建议,推进了债务管控制度的健全完善,防控债务风险的能力进一步提高。

三、重点民生专项资金审计

(一)远郊区县城镇保障性安居工程跟踪审计情况

重点抽查了346个安居工程开工、竣工情况和294个工程建设情况,以及3829户家庭。审计结果表明,有关区县(自治县)及部门认真落实城镇保障性安居工程建设管理的要求,积极推进建设,在健全完善住房保障体系、推进基本公共服务均等化等方面成效明显。但审计也发现存在建设资金管理不够规范,工程建设管理不够到位,税费、贷款利率优惠政策执行不够严格,保障性住房分配管理不够规范等问题。

(二)蔬菜产业发展资金审计调查情况

重点抽查了市农委、10个区县及178个项目,涉及资金3.1亿元,占资金总额的62%。审计调查结果表明,有关部门和区县加强蔬菜产业发展项目和资金管理,取得较好成效,蔬菜产业成为全市农业的重要产业,较好地解决了市民的"菜篮子"问题,促进了农民增收。但审计调查也发现存在现行资金和项目管理制度尚不完善、资金管理使用不规范、项目建设管理不规范等问题。

(三)农村公路建设项目审计调查情况

审计调查了市交委、37个区县(自治县)及万盛经开区。结果表明,各区县(自治县)采取有效措施推进农村公路建设,在改善农村交通设施、推动新农村建设进程等方面取得了较好成效。但审计调查也发现存在建设项目计划管理和执行不严格、建设专项资金使用不规范、项目建设质量控制不严等问题。

(四)农村义务教育学生营养改善计划资金审计调查情况

重点抽查了14个区县(自治县)241所学

校，涉及在校生 18.1 万人，分别占总数的 8%、20%。审计调查结果表明,各试点区县(自治县)教育等主管部门因地制宜创新供餐机制,积极推进计划实施,改善了贫困地区农村学生的营养状况。但审计调查也发现存在学生营养改善计划政策未能严格执行、学生营养改善计划资金管理使用不规范、部分学校财务管理薄弱等问题。

(五)民营经济发展资金审计调查情况

重点抽查了市经济信息委、市农委以及 12 个区县(自治县),涉及资金 7.3 亿元,占资金总额的 37%。审计调查结果表明,民营经济发展资金管理总体较规范,为促进民营经济的发展发挥了积极作用。但审计调查也发现存在部分民营企业虚报冒领补助资金、市级和区县(自治县)主管部门向不具备补助条件的民营企业补助资金和向不符合补助规定的项目补助资金、部分区县(自治县)挤占挪用或滞留补助资金等问题。

(六)微型企业财政补助资金审计调查情况

重点抽查了市微企办、5 个区县及 336 户微型企业。审计调查结果表明,市级有关部门和区县制定多项配套制度和扶持措施，支持微型企业发展,取得了以创业带动就业,促进民营经济发展的成效。但审计调查也发现存在部分税收和金融扶持政策落实不够、部分微型企业未遵守税收等相关规定、部分微型企业弄虚作假骗取或套取补助资金等问题。

(七)主城区次级河流水环境综合整治项目资金审计调查情况

重点抽查了市环保局、11 个区县以及 84 个项目。审计调查结果表明,污染治理工作有效推进,次级河流水质持续改善,基本达到了综合整治考核目标。但审计调查也发现存在部分综合整治项目任务未完成、部分区县综合整治措施执行不到位、少数综合整治项目后期运行管护不到位等问题。

四、政府投资项目审计

(一)竣工决算审计情况

对渝湘高速公路洪安至酉阳段、长寿范家桥水库等 7 个市级重点建设项目进行了竣工决算审计,审计投资总额 177.9 亿元,核减工程投资 6.3 亿元。审计结果表明,相关部门和单位加强项目建设的组织管理，较好地完成了建设任务,取得了良好的经济效益和社会效益。但仍存在虚增工程造价、多计项目成本、项目招投标和合同管理制度执行不严格、项目建设管理不够规范等问题。

(二)跟踪审计情况

为及时发现和纠正项目建设中出现的问题,自 2012 年起对成渝高速公路复线重庆段和西永保税区监管大楼实施 3 年跟踪审计。2012 年首次跟踪审计情况表明,2 个项目建设单位积极创新项目融资和管理模式，有序推动工程建设,项目进展总体良好。跟踪审计资金总额 47.9 亿元,发现存在超拨或多计工程进度款,工程设计不完善,监理未完全履职,未严格执行招投标等问题。

五、国有重点企业审计

对重庆交通开投集团、重庆旅投集团等 6 户国有重点企业资产负债损益情况进行了审计。审计结果表明,企业注重推进自身发展,完善公司治理,改进内部管理,经营规模扩大,核心竞争力增强。但审计也发现存在 1 户企业因决策不当、管理不善形成损失浪费,1 户企业使用财政资金不规范,4 户企业资产、损益核算不实,2 户企业少计少缴税金等问题。

六、审计整改情况

对审计发现的上述问题，重庆市审计局已依法出具审计报告和审计决定；对涉及宏观层面的苗头性、倾向性问题和经济运行中的新情况、新问题,已及时向市政府报送审计要情。市政府高度重视审计整改工作，要求完善审计整改报告、督查、联动、问责、公开五大机制。主要领导及分管领导及时对审计报告和审计要情作出批示,责成相关职能部门研究落实整改措施。2013 年 7 月 8 日,市政府第 15 次常务会议专题审议了审计结果报告,要求有关区县(自治县)、市级部门、国有重点企业要高度重视审计提出的问题,进一步强化整改措施,务必尽快整改落实到位。

七、内部审计

2013 年,全市各部门、各企事业单位(含中央在渝单位)设内部审计机构 3151 个,其中专职机构 1152 个;配备内部审计人员 9875 人,其中专职审计人员 2864 人。2013 年,全市各级内部审计机构共完成审计项目 3.09 万个,增收节支 12.6 亿元,提出的建议和意见被采纳 2 万余条,移送纪检监察机关和有关主管部门建议给予党纪政纪处分 107 人。

(作者单位:重庆市审计局)

检验检疫

王卿

2013 年,重庆检验检疫局共监管验放出入境货物 31.5 万批次、货值 453.8 亿美元。检验检疫出入境货物 6.5 万批次、货值 71.17 亿美元,检出不合格货物 838 批,货值 1.07 亿美元。检疫集装箱 32.87 万箱、飞机 10371 架次、进出境邮件 23.42 万件。查验出入境人员 136.03 万人次。实施健康检查 1.55 万人次,艾滋病监测 1.50 万人次,预防接种 2.55 万人次,检查发现传染病例 1013 人次,非传染病例 8017 人次,截获外来有害生物 241 种 713 种次,其中检疫性有害生物 13 种 55 种次。

一、签证管理

2013 年,重庆检验检疫局全年共签发检验检疫证书证单 92787 份,其中证书 6308 份,证单 86479 份。签发普惠制产地证 8255 份,签证金额 74095 万美元,区域优惠产地证 6282 份,签证金额 47032 万美元,一般产地证 7084 份,签证金额 253756 万美元。接受自理报检单位备案登记的外贸企业 1020 家,通过报检员注册 118 人,代理报检单位注册登记 7 家。组织 1 次报检员资格统一考试,共 628 名报检员报考,302 人取得报检员资格证。

二、出入境检验检疫及管理

受法检目录调减影响,重庆检验检疫局全年检验检疫动植物及其产品、食品、纺织品、轻工品、化矿产品、金属产品、机电产品等出境货

表 1　出入境检验检疫报检单位出口报检批次前十位

名次	单位名称	批次(批)	货值(万美元)
1	中国检验认证集团重庆有限公司	7434	82561.55
2	重庆中检报关服务有限公司	7012	65228.32
3	重庆三方报关有限公司	2417	16786.79
4	重庆力帆实业(集团)进出口有限公司	2351	55155.25
5	重庆美联国际仓储运输(集团)有限公司	2150	43920.62
6	重庆三海报关行	1928	22728.98
7	重庆欣海报关服务有限公司	1412	38999.47
8	重庆民生报关有限公司	1392	1989.903
9	重庆中远国际货运有限公司	1366	52.97998
10	重庆隆鑫机车有限公司	1349	17372.34

表 2　出入境检验检疫报检单位出口报检货值前十位

名次	单位名称	批次(批)	货值(万美元)
1	中国检验认证集团重庆有限公司	7434	82561.55
2	重庆中检报关服务有限公司	7012	65228.32
3	重庆力帆实业(集团)进出口有限公司	2351	55155.25
4	重庆美联国际仓储运输(集团)有限公司	2150	43920.62
5	重庆欣海报关服务有限公司	1412	38999.47
6	重庆欧达佳物流有限公司	1146	36220.91
7	重庆保时达保税物流有限公司	436	25216.88
8	重庆三海报关行	1928	22728.98
9	重庆航天巴山摩托车制造有限公司	1197	18563.61
10	重庆隆鑫机车有限公司	1349	17372.34

表 3　出入境检验检疫报检单位进口报检批次前十位

名次	单位名称	批次(批)	货值(万美元)
1	重庆三方报关有限公司	4515	50611.86
2	重庆中检报关服务有限公司	4124	35525.76
3	重庆民生报关有限公司	2579	21961.97
4	中国外运重庆有限公司	1923	6725.746
5	中国检验认证集团重庆有限公司	1800	16452
6	重庆三海报关行	1673	15345.48
7	重庆美联国际仓储运输(集团)有限公司	1057	7667.035
8	重庆通达报关服务有限公司	974	9055.733
9	玖龙纸业(重庆)有限公司	859	7755.341
10	重庆外贸报关行有限公司	735	9892.387

表 4　出入境检验检疫报检单位进口报检货值前十位

名次	单位名称	批次(批)	货值(万美元)
1	重庆三方报关有限公司	4515	50611.86
2	重庆中检报关服务有限公司	4124	35525.76
3	重庆民生报关有限公司	2579	21961.97
4	重庆安捷国际运输代理有限公司	524	16458.14
5	中国检验认证集团重庆有限公司	1800	16452
6	重庆三海报关行	1673	15345.48
7	重庆外贸报关行有限公司	735	9892.387
8	重庆通达报关服务有限公司	974	9055.733
9	玖龙纸业(重庆)有限公司	859	7755.341
10	重庆美联国际仓储运输(集团)有限公司	1057	7667.035

物 4.95 万批,货值 49.57 亿美元,较去年有所下降。其中不合格产品 237 批,货值 2392.94 万美元,不合格原因主要为货证不符、包装不合格、规格不符、无警告标识、品质缺陷、商品制造或装备不良、车辆灯具不合格、食品添加剂超标等。检验检疫出境集装箱 19.98 万箱,入境集装箱 12.9 万箱;检疫出境飞机 5183 架(次),入境飞机 5188 架(次);查验口岸出境人员 68.34 万人次,入境人员 67.68 万人次;实施传染病监测,监测体检出境人员 1.26 万人次,艾滋病监测 1.25 万人次,发现艾滋病感染、乙肝病毒携带者等监测性病例 920 例,预防接种 2.55 万人次;实施入境人员健康检查 2987 人次,艾滋病监测 2457 人次,发现艾滋病感染、乙肝病毒携带者等监测性病例 1501 例。

在进境集装箱检验检疫中,对 11.88 万标箱进境集装箱实施了卫生除害处理,共检出携带疫情及有毒有害物质等不合格集装箱 510 标箱,检出率 1.24%。货物输出国主要为美国、斯里兰卡、韩国、澳大利亚、巴西、苏丹、泰国等国家和地区,装载的货物主要是植物及植物产品、纺织品、动物产品、机电产品、进口废纸等。从来自巴西、斯里兰卡、中国台湾、捷克、法国、德国、印度等国家的集装箱中截获嗜卷书虱、小蕈甲属、湿薪甲、缩颈薪甲、双齿谷盗、鹰嘴豆、曲霉属、小蜂科、闫虫科、褐蕈甲、长蝽科、蜘蛛目、米扁虫等 64 种有害生物。

机电轻工、化矿、服装、丝类产品等为重庆进出口主要商品。

检验出口摩托车 16765 批,350.54 万辆,货值 17.24 亿美元,同比批次、数量、货值分别上涨 8.45%、4.80%、7.92%, 检出不合格 56 批,7726 辆,货值 385.42 万美元,批次和货值不合格率分别为 0.33%和 0.22%。不合格原因主要为:产品未取得与进口国法律、法规相一致的形式试验报告;产品设计不符合标准规范;安全警告标贴问题等。主要出口国是缅甸、阿根廷、墨西哥、菲律宾、尼日利亚等,出口国多达 140 多个国家和地区。目前重庆辖区的摩托车产品质量状况良好,近年来一次检验合格率高,2013 年无国外退货,无系统性、全局性的质量安全事件发生。

检验出口全地形车产品 721 批次,52472 辆,货值 5718.91 万美元。同比批次下降 6.12%,数量下降 2.55%,货值增长 4.91%。检出不合格 36 批次,1548 辆,涉及货值 151.62 万美元,批次和货值不合格率分别为 4.99%和 2.65%。不合格原因主要为:产品未取得与进口国法律、法规相一致的形式试验报告; 产品设计不符合标准规范;安全警告标贴问题等。处理方法为返工整理合格与不予出境。主要出口国是阿根廷、墨西哥、土耳其、俄罗斯、美国。从检验、国外通报几方面来看,2013 年重庆地区出口全地形车产品质量比较稳定,没有出现系统性、区域性的质量问题,未发生因质量问题引起的预警、通报、召回等情况。

检验出口汽车 1311 批,73555 辆, 货值 68097.8 万美元。同比批次、数量、货值分别增长 32.96%、32.04%和 44.52%。共检出不合格 25 批,922 辆,不合格货值 1033.2 万美元,批次和货值不合格率分别为 1.90%和 1.52%。主要不合格原因为货证不符、灯具不合格、标识不合格等。主要出口国家为伊朗、阿尔及利亚、俄罗斯、智利、埃塞俄比亚、哥伦比亚等。2013 年全年,重庆出口汽车总体质量稳定,没有重大质量问题,未发生因质量问题引起的预警、通报、退运、召回等情况。

共受理进口旧机电产品备案申请 129 批,涉及金额 4224.99 万美元, 同比批次下降 5.15%,金额下降 37.81%,无不予备案情况。办理备案(含核准)的旧机电产品申请中按大类统计,主要为机械及设备、金属制品和电器电子产品,未涉及再制造用途旧机电产品的备案。主要进口国家和地区是美国、日本、欧盟。

检验进口金属材料及其制品 1319 批,重量 11.03 万吨,货值 10623.5 万美元,同比分别增长 49.9%、90.83%和 73.43%。主要包括冷轧钢卷(板)、热扎钢卷(板)、不锈钢板、镀锌钢卷(板)、钢丝绳、轴承钢、膜片带材、连续变截面辊轧板、热轧合金钢条、铝合金板材等商品。主要进口国为韩国、日本、瑞典、美国、德国、奥地利、丹麦、捷克、法国等9个国家和地区。一次检出不合格33批，重量1100.4吨，货值57.99万元，不合格检出率2.50%。不合格原因主要包括标识不合格、钢板表面锈蚀、钢丝绳散丝等。

检验进出口危险化学品1290批，重量42852.4吨，货值8473.96万美元，同比批次增长8.86%，重量减少10.93%，货值增长11.02%，共涉及65个品种，涉及联合国编号47种，危险类别为第3类、第4类、第5.1类、第6.1类、第8类、第9类。其中，进口危险化学品15个品种，涉及企业6家，联合国编号6种，危险类别第3类、第4.2类、第8类；出口危险化学品50种，涉及企业37家，联合国编号41种，危险类别第3类、第4.1类、第4.3类、第5.1类、第6.1类、第8类、第9类。检出不合格24批次，重量196.56吨，货值43.35万美元，不合格检出率为1.86%。不合格原因主要是包装不合格和安全标识不合格。检验保税航空煤油25批，97677吨，9247.5万美元，同比分别增长25%、37.4%、25.9%。

检验出口仅用于工业用途的人类食品和动物饲料添加剂及原料产品(124类商品)1976批，65924.1吨，货值11838.3万美元，同比批次增长11.3%，重量增长8.5%，货值减少1.8%。主要包括高锰酸钾、硝酸钠、亚硝酸钠、聚乙烯醇、硫酸铵、六水氯化锶、1-萘酚、磷酸二铵、醋酸锶等37种商品。出口目的国包括韩国、印度、荷兰、俄罗斯、澳大利亚等59个国家和地区。共计检出不合格81批，1959.1吨，332.9万美元，不合格检出率为4.1%。不合格原因主要是货证不符。

完成出口危险货物包装性能检验331批、123.2万件。同比批次增加14.1%，数量减少1.3%。其中，钢桶62批，26.7万件；纸板桶49批，12.1万件；塑料桶(罐)37批，25.3万件；瓦楞纸箱42批，4.6万件；集装袋78批，2.4万件；塑料编织袋57批，50.3万件；纸塑复合袋4批，1.7万件；胶合板箱2批，0.05万件。检出不合格3批，不合格检出率为0.9%。

完成出口危险货物包装使用鉴定981批，数量91.7万件。同比批次减少1.5%，数量增加12.1%。其中，钢桶292批，29.1万件；纸板桶65批，0.9万件；塑料桶(罐)233批，18.7万件；瓦楞纸箱28批，1.4万件；集装袋40批，1.5万件；塑料编织袋287批，36.8万件；纸塑复合袋36批，3.2万件。检验不合格12批，不合格检出率为1.2%。

检验进口废纸1254批、41356标箱、47.03万吨、货值11415.50万美元，同比分别减少11.57%、19.90%、22.49%、11.73%。主要来源国家为美国、荷兰、英国、比利时、德国等12个国家或地区。检出不合格16批，478标箱，重量2871.77吨，货值70.71万美元，不合格检出率为1.28%，全部为检疫不合格，无环保不合格和重量不合格检出。

检验出口丝类商品478批、372.58吨、货值1472.20万美元，同比批次减少13.72%、数量增长25.23%、货值增长91.15%。其中，生丝385批、329.61吨、货值1317.87万美元；双宫丝93批、42.97吨、货值154.33万美元。主要输往印度、韩国、意大利。全年未检出不合格。

检验出口金属制餐厨具863批、重量4319.90吨、金额1654.31万美元，批次、数量、货值较2012年分别增长44.07%、57.51%和65.60%，主要出口国家和地区有缅甸、意大利、俄罗斯、美国、瑞典、德国、西班牙，全年未检出不合格。检验出口陶瓷餐厨具472批、1208.70吨、货值1768.90万美元，批次、数量、货值较2012年分别减少16.01%、9.45%和12.61%，主要出口国家有法国、德国、俄罗斯、意大利、美国，检出不合格3批、重量25.4吨、货值4.9万美元，批次和货值不合格率分别为0.63%和0.28%。

检验出口玩具227批次、数量3167万套、货值998.4万美元；出口批次、数量、货值较2012年分别增长18.85%、30.33%和36.94%。共分11大系列、23个品种，主要包括塑胶玩具、电玩具和童车，其中童车(儿童滑步车)为新增出口品种。主要出口欧盟、东南亚、拉丁美洲等国家。检出不合格1批，为儿童滑板车，数量1680辆、4.5万美元，属于货证不符。全年批次和货值不合格率分别为0.44%和0.45%。

检验各类进口服装472批、64256件（套），进口总值367.99万美元，批次和货值较2012年分别增长72.89%和71.22%。检出不合格服装145批、4192件(套)、货值31.77万美元，不合格原因主要为标识查验不合格。批次和货值不合格率分别为30.72%和8.63%。不合格批次、数量和货值分别较2012年上涨314.29%、241.92%和158.33%。辖区进口服装原产国别和地区主要是意大利、中国、土耳其等，贸易国别和地区主要是中国香港、意大利、法国等。进口服装的品种有衬衫、单衣、裤子、裙子、童装、T恤、睡衣、睡裤等多个品种。

检验金属餐厨具、塑料制餐厨具、玻璃制品、陶瓷餐厨具四类进口食品接触产品19批、17.41吨、货值26.12万美元，批次、数量、货值较2012年分别增长18.75%、17.18%和42.23%。进口国家和地区有德国、中国香港、日本等。全年未检出不合格。

检验进口仿真饰品25批、364千克、货值21.59万美元，批次、数量、货值较2012年分别减少30.56%、增加137.91%、增加160.75%。其中检出2批、10.8千克、货值0.385万美元仿真饰品重金属含量超标，判定不合格。批次和货值不合格率分别为8.0%和1.78%。进口国家和地区主要有法国、中国香港、美国、德国和意大利。

检验进口棉花32批、49495包、9868吨、货值2357.39万美元，批次、重量、货值较2012年分别减少44.83%、47.02%和53.56%。进口国家有美国、印度、巴西和澳大利亚等。全年未检出不合格。

检验进口羊毛48批、重量794.79吨、货值867.96万美元，批次、重量、货值较2012年分别减少20.0%、42.32%和50.17%。进口国家为澳大利亚。全年未检出不合格。

三、服务重庆外向型经济发展

新建成万州鱼泉榨菜国家级示范区和开县供港活大猪市级示范区；协请市政府同意，与经信委、外经贸委联合下发市级出口工业产品质量安全示范区建设指导意见，启动出口汽车、摩托车示范区建设工作。积极开展质量月、“3·15”、“实验室开放日”等质量宣传活动，营造了质量社会共治氛围。结合重庆实际，研究制订18条检验监管落实措施，有效确保了重庆局法检制度改革顺利进行；着力加强质量安全监管，累计查获禁止进境物1139批次，截获外来有害生物241种713种次，其中检疫性有害生物13种55种次，包括假高粱、印度蒺藜草等全球危害程度较高的检疫性有害生物，为重庆农林业生产避免了可能带来的数亿元的损失；检出不合格货物838批，货值1.1亿美元；退运销毁不合格进口食品40批；检查发现疟疾、登革热等传染病例920人次，非传染病例6608人次，有效确保了群众生命健康安全。

指导团结村铁路货运站完善检验检疫监管基础设施，争取质检总局支持，帮助铁路口岸实现临时对外开放；指导两江新区管委会和重庆机场集团开展进口水果指定口岸申报工作，成功获批立项建设，目前机场口岸已顺利试运行；对进出境国际快件实现监管全覆盖，有效促进重庆跨境电子商务的发展；主动服务“渝新欧”首趟回程实验班列，实现“渝新欧”铁路返程货运的快速、便捷通关；与四川局和香港国泰航空联合签署直通放行合作备忘录，为重庆产品出口海外开辟又一空中通道；积极服务长安鱼嘴千亿汽车城、巴斯夫MDI等30余个大项目建设，帮助企业近20亿美元的进口设备顺利入境，助推项目早日落户重庆；广泛推行直通放行、绿色通道、无纸化报检等信息化报检手段，全年共监管验放出入境货物31.5万批次、货值453.8亿美元。检验检疫出入境货物6.5万批次、货值71.2亿美元；积极指导企业开展国外技术贸易壁垒应对、原产地证书和地理标志申报、免于强制性产品认证申请等工作，累计签发原产地证书2.2万份，签证金额37.5亿美元；认真落实费用减免政策，累计减免各类检验检疫费3417万元，有力推动重庆外向型经济发展。

（作者单位：重庆市检验检疫局）

邮政监管

周曦

2013年，重庆市邮政行业业务总量完成39.11亿元，同比增长25.1%；业务收入(不包括邮政储蓄银行直接营业收入)完成38.56亿元，同比增长26.5%。其中，快递业务量完成1.06亿件，同比增长93.1%；最高日处理量突破37万件。快递业务收入完成13.70亿元，同比增长32.4%。快递服务满意度连续5年稳步提升。全市完善省级以下邮政监管体制工作顺利完成，邮政监管工作有序运行，行业管理成效明显。《重庆市邮政条例》正式施行，有效推动了全市邮政基础设施建设、市场秩序规范及提高邮政业服务水平的提升。

一、服务群众用邮，以村邮站建设为代表的农村普遍服务基础设施建设工作效果显著

为满足我市边远和农村地区人民群众对邮政普遍服务的需求，13区县政府出台了村邮站建设和运营相关政策。市财政对全市村邮站建设落实资金562万元，共建成村邮站2418个。同时，2013年西部和农村地区邮政普遍服务和机要通信基础设施建设项目中央预算内资金、市级财政配套资金和邮政企业自筹资金共计8149万元已全部到位，共完成投资5812万元。空白乡镇邮政局所补建工程建设工作基本完成，部分网点已投入运营，全市农村邮政普遍服务能力得到提升。

二、引领全市快递企业顺势而上加快发展

抓住国务院给予重庆市试行跨境网购寄递政策和全市大力推动网络零售产业发展的良好机遇，按照黄奇帆市长“着眼电子商务的快速发展，研究有序放开市场，引进大型快递企业及区域总部，加快邮政快递业务的发展”的批示，全市快递企业顺势而上加快发展。加大力度推进快件集散中心建设，项目选址已确定，总投资计划28亿元，占地面积175.7公顷，建筑面积超过100万平方米；经初步测算，建成后年税后利润可实现3.6亿元以上。万州、涪陵等地物流园区建设取得进展。市第四届城乡规划委员会已审议通过了《主城区物流快递园区及网点布局规划》，对物流快递园区的分区范围、规模、容量，以及合理布局园区用地等内容进行了规划。顺丰公司在重庆机场起降的自营航班增至每天一班，提高了业务处理时效，缩短了快递的处理时限。

三、优化行业法治环境，服务企业发展

依据《重庆市邮政条例》，协调相关部门完成了对主城区130余辆和万州、涪陵、永川等区县140辆快递企业服务车辆通行证的发放工作，解决了困扰企业多年的快递车辆进城投递难、停靠难问题。精心组织实施规范和清理快递企业经营范围相关工作，共下达整改通知6份，约谈快递企业负责人10人次；到2013年底，实现了主要网络型快递企业均在我市设立直营机构。

四、邮政普遍服务与机要通信监督工作稳步推进

开展全市邮政设施普查工作，进一步摸清了我市邮政普遍服务设施情况。经过积极争取，市政府办公厅印发文件，要求进一步做好《重庆市都市区邮政设施专项规划(2008~2020年)》实施工作，并明确由市局负责全市邮政设施专项规划实施工作的监管和指导。该文件受到社会舆论的广泛关注；《重庆日报》对此进行了专题报道，并被各大网络媒体广泛转载，起到了积极的宣传作用。市邮政机要通信用户调查综合满

意度平均值达93.45%，同比增幅超过全国平均水平。全市邮政普遍服务社会监督员布局适时调整，形成了邮政普遍服务类监督员对38个区县(自治县)和2个计划单列的市级经开区的监督全覆盖。妥善处理消费者对邮政普遍服务问题的有效申诉达76件，电话回访消费者对申诉处理的满意率为100%。

五、加强监管，维护邮政市场秩序

11月11日至17日"双11"快递服务旺季期间，全市进口快件量达到6541175件，出口快件量达到1993187件，进出口量再创新高。及时开展24小时旺季服务保障工作专项检查，实现了全市快递企业网络运行安全、平稳、有序、畅通，杜绝了分拨中心爆仓和滚存积压等现象，有效维护了用户合法权益。根据国家邮政局部署，强化了对全市邮政快递企业收寄验视制度和邮件快件加盖验视章工作的监管，确保寄递渠道安全事故"零发生"，保障了广大人民群众的用邮安全。指导各派出机构完成我市787家快递企业及分支机构的备案工作，摸清了快递企业和分支机构的底数和基本情况。针对消费者反映强烈的快件延误、野蛮分拣、用户信息泄露、丢失损毁赔偿难等热点问题开展检查整治，共检查企业190家，立案处罚4起，有力地规范了市场。市局"12305"申诉中心全年共受理并妥善调解消费者有效申诉3612件，为消费者挽回经济损失292417余元；消费者申诉处理满意率达到94.7%。

(作者单位：重庆市邮政管理局)

非公经济和中小企业

蒋志强

一、2013年发展回顾

2013年，面对复杂严峻的国内外经济形势，在市委、市政府的坚强领导下，全市非公经济和中小企业系统认真贯彻落实中央及市里系列决策部署，牢牢把握稳中求进的工作总基调，强指导，优措施，重服务，全市非公经济和中小企业总体保持稳中有进的发展态势。

(一)创业活力持续释放，市场主体培育成效明显

一是从总量来看。2013年底，全市非公有制经济产业活动单位达到147.5万户，中小微企业达到39.8万户。

二是从增量来看。非公经济活动单位新增16.1万户(非公企业新增6.4万户，个体户新增9.7万户)；中小微新增6.3万户。

三是从注册资金来看。以民营经济为例，民营经济注册资金7271.1亿元，户均达49.4万元，户均增5.3万元。其中：个体户均达4.6万元，户均增5千元；民营企业户均达189.7万元，户均增加6.2万元。

四是从行业分布来看。新增市场主体按行业来看，批发和零售业、农林牧渔业、信息传输、计算机服务和软件业、制造业、金融业，五大行业分别新增1.8万户、1.2万户、0.9万户、0.6万户、0.5万户，五大行业新增户数占新增总数的比重达81.2%。

(二)总量继续攀升，经济效益同步提高

全年非公经济实现增加值7784.1亿元，按可比价格计算，同比增长12.4%，高于全市GDP增速0.1个百分点，占全市GDP的比重为61.5%，对全市GDP增长贡献率达到66.5%，拉动全市经济增长8.2个百分点。其中，民营经济实现增加值6201.9亿元，按可比价格计算，同比

增长 14.5%，高于全市平均水平 2.2 个百分点，较上年加快 0.3 个百分点；占全市 GDP 的比重达到 49%，对全市 GDP 增长的贡献率达到 60.1%，较上年提高 10 个百分点。

中小企业增加值达到 4556.5 亿元，同比增长 12.3%，占全市 GDP 的比重达到 36%，对全市 GDP 增长的贡献率达到 47.8%，拉动全市经济增长 5.9 个百分点。乡镇企业增加值达到 2203.8 亿元，同比增长 10%。

全年非公经济、中小企业分别实现利润 1258.7 亿元和 716.9 亿元，同比增长 17.6%和 17.3%，增速分别高于去年同期 8.7 和 9.8 个百分点。据全市中小企业生产经营监测平台数据显示：2013 年监测企业百元收入利润率为 4.8%，较去年同期提高 1.1 个百分点。

（三）工业生产稳健运行，汽车电子“双引擎”支撑明显

2013 年，全市非公规上工业实现销售产值 1.2 万亿元，同比增长 17.3%，高于全市平均水平 2.8 个百分点，对全市规上工业产值增长贡献率达 88.9%。从行业来看，38 个工业大类中，31 个行业产值实现不同程度增长，23 个行业增长 10%以上，14 个行业增长 20%以上，10 个行业增长 30%以上。其中：汽车、电子信息制造业“双引擎”支撑明显，实现销售产值分别同比增长 22.9%和 24.1%，分别高于平均水平 2.2 和 1.2 个百分点，两大支柱产业共实现产值 5172.3 亿元，占非公规上产值比重达 42.6%，较上年末提高 2.3 个百分点。从产品来看，重点监测的 30 余种工业产品有 23 种产品实现不同程度增长，增长面为 71.5%，其中：增长 10%以上的产品有 15 种，其余产品实现了不同程度的增长。从重点企业来看，汽车板块产值增势明显，如北汽银翔汽车有限公司全年完成产值 22.5 亿元，增长 9.5 倍；小康汽车实现产值 37.2 亿元，同比增长 54.2%；福特汽车产值同比增长 46.3%。

（四）外贸出口稳健上扬，投资保持平稳增长

2013 年，受汽车热销、微型计算机设备、打印机等产品达产放量带动，全市非公企业完成出口 454 亿美元，同比增长 22.1%，高于全市平均水平 0.8 个百分点，占全市出口比重 97%，较上年末提高 0.6 个百分点，对全市出口增长贡献率达 100%。按注册类型来看，外资企业无论总量还是增速，均保持领头位置，1~12 月全市外资企业出口同比增长 59.7%，连续 6 个月处于 50%以上高位增长水平；私营企业下半年的出口降幅持续收窄，在连续 6 个月两位数负增长徘徊后，到 12 月底首次收窄到负 6.7%个位数增长。与此同时，三类经济固定资产投资继续保持平稳增长。1~12 月，全市非公经济、中小企业固定资产投资基本保持在 21%和 16%以上增长水平，非公经济投资增速高于平均水平 1 个百分点以上。

（五）就业主体地位明显，税收支撑作用增强

在市场主体数量增长带动下，非公有制经济、中小企业在安置社会就业方面进一步发挥主体作用。截至 2013 年末，全市非公有制经济、中小企业从业人员分别达到 961.3 万人、564.5 万人，当年新增从业人员分别为 51.2 万人、41.5 万人。同时，税收支撑作用明显。全年全市非公有制经济上交国地税收 1280.6 亿元，同比增长 13.3%，对全市税收增长贡献率达到 58.3%，拉动全市税收增长 9 个百分点。其中民营经济贡献更为突出。1~12 月，全市民营经济上交国地税收 932.2 亿元，占全市税收比重 48.1%，同比增长 15.7%，高于全市平均水平 0.4 个百分点，对全市税收增长贡献率达 49.8%。

（六）市场需求逐步回升，发展信心有所增强

据国家工信部中小企业生产经营监测重庆平台数据显示：2013 年，近五成的企业订单维持原有水平，较去年同期高出 10.7 个百分点；18.8%的企业反映国内市场订单需求增加，较去年同期高出 3.4 个百分点；反映订单减少的占比大幅下降 7.8 个百分点。市场需求的回暖，增强了企业的发展信心。36%的中小企业预期生产经营状况将有好转，这一比例较去年提高 0.8 个百分点；55.4%的企业预计将保持目前的经营态势，同比提高 1.7 个百分点；预计形势不乐观的

企业占8.6%,较去年同期下降2.4个百分点。

二、发展中存在的问题

近年来,我市出台了一系列扶持非公经济和中小企业发展的政策措施,着力降低创业成本,激发创造活力,市场主体快速增长,吸收社会就业成效显著,助推经济增长效果明显。但仍然存在制约和影响我市非公经济中小企业的主要问题:非公经济总量小、产业结构不尽合理、高新技术产业占比不高、企业市场核心竞争力不强、用工难、融资难融资贵、市场准入等方面的问题。

三、2014年发展目标

2014年,全市非公有制经济增加值增长11.5%左右(民营经济增长12%左右),新增从业人员50万人;中小企业增加值增长11%左右,新增从业人员40万人;乡镇企业增加值增长10%,新增从业人员5万人。

(一)优化发展环境,激发创造活力

一是主动加强与有关部门协调,切实兑现已出台支持发展的各类政策措施。二是研究全市非公经济、中小企业特别是如何支持“6+1”产业中的中小工业企业发展的政策措施,营造良好政策环境。三是加强宣传,积极协调各类主流媒体加大对全市促进非公经济、中小企业发展情况的宣传力度,继续办好《重庆中小企业》杂志,为发展营造良好舆论环境。

(二)围绕功能定位,加强分类指导

按照全市五大功能区产业布局要求,分类指导各区县发展适宜的中小企业产业集群。在都市核心区,以都市工业园(楼宇)为载体,鼓励支持“6+1”和“2+10”产业的中高端制造业、现代物流、电子商务、创意文化产业、设计、软件、信息服务等为主的现代服务业集聚发展。在都市拓展区和城市发展新区,以小企业创业基地和中小企业特色产业基地为载体,大力推进“6+1”产业的中小工业企业开发、配套,加快产业链建设。在渝东北和渝东南两大生态区,重点培育农产品加工企业做大做强,延伸产业链,提高附加值。

(三)整合各方资源,实施成长工程

一是认真落实市政府《关于实施万户中小企业成长工程的意见》,建立工作推进机制。力争新遴选成长型中小企业1500户,累计达到9000户,进一步发挥其集聚带动作用。二是加大指导力度,增强区县政府重视、支持成长工程工作的责任感,将其作为所在区域新的经济增长点来培育,为成长型中小企业做大做强营造良好发展环境。三是加强督促管理,尽快完成万户中小企业成长工程信息平台建设,为入库企业提供方便快捷服务。

(四)加快技术创新,推进转型升级

一是大力实施创新驱动发展战略,促进产学研结合。重点支持“6+1”产业的中小工业企业科技创新,开发高新技术产品700项以上、重点新产品认定450项以上;加强中小企业信息化建设,重点推进中小企业“两化”深度融合,提升管理水平和效率。二是引导支持有条件的中小企业建立研发机构,全年新培育“中小企业技术研发中心”60家。三是坚持以科技为导向,支持引导中小企业科技成果转化。

(五)深化融资服务,缓解融资难题

一是进一步落实国家和我市支持担保行业加快发展的各项优惠政策,加强引导担保机构为更多中小企业提供融资担保服务。二是继续加强银政合作,加大与金融机构战略合作力度,实施各类金融服务计划,为重点支持行业和区域,特别是针对“6+1”产业的中小工业企业、现代服务业和纳入“万户中小企业成长工程”的企业“量身定做”融资支持方案,确保融资服务活动“接地气”。三是积极搭建融资对接平台,全年开展10~20次对接活动,新增中小企业担保额900亿元,新增中小企业融资额1000亿元,分别占当年新增量的90%、70%,较好缓解部分企业融资难题。

(作者单位:重庆市中小企业局)

卫生工作

罗师贤

一、卫生事业发展综述

2013 年重庆市卫生工作在市委、市政府的坚强领导下,认真落实市委四届三次、四次全委会精神,以深入开展党的群众路线教育实践活动为载体,不断深化医药卫生体制改革,紧紧围绕“科学发展、富民兴渝”总任务,科学布局、稳步推进,成效明显。

经市政府批准,撤销原重庆市卫生局、原重庆市人口与计划生育委员会,重新组建重庆市卫生和计划生育委员会,2013 年 12 月 31 日正式挂牌成立。截至 2013 年底,重庆市有医疗卫生机构 18923 个,其中综合医院 382 家、中医医院 46 家、社区卫生服务机构 493 个、卫生院 960 家、村卫生室 11009 所,疾病预防控制机构 42 个、妇幼保健机构 40 家、采供血机构 11 个、卫生监督机构 40 个。全市有病床床位 14.74 万张,平均每千人有病床 3.92 张;卫生技术人员 14.22 万人,其中平均每千人口拥有卫生技术人员 4.23 人、执业(助理)医师 1.64 人、注册护士 1.65 人。全市人均期望寿命监测数据为 77.61 岁;孕产妇死亡率为 17.12/10 万,婴儿死亡率为 6.54‰,5 岁以下儿童死亡率为 10.01‰,三项指标较 2012 年均略有上升,但仍处于低位运行;三岁以下儿童系统管理率 88.69%。

(一)医药卫生体制改革

公共卫生服务均等化不断提高。全市基本公共卫生服务补助标准达到年人均 30 元。免费向全市城乡居民提供基本公共卫生服务内容达 11 类 41 项,农村居民、妇女儿童、老年人、特殊群体和困难群体得到重点保障,健康档案建档率达 91.23%,电子建档率达 77.60%;高血压、糖尿病患者规范化管理人数分别达到 145.87 万和 45.52 万,老年人和儿童中医药健康管理目标人群覆盖率达到 30%以上;重性精神病患者管理人数 9.63 万人;完成“两癌”检查 86 万人,免费增补叶酸 21 万余例,孕产妇住院分娩补助 17 万人;免费治疗结核病患者 2.31 万例,实施贫困白内障患者复明手术 3.52 万人,免费救治和应急处置重性精神疾病患者 3032 人。

药品供应体系不断完善。正式实施 2012 年版国家基本药物目录,地方基药目录增加到 310 种。新版基本药物目录全部挂网交易,已挂网国家基药 5050 个品规,市补充药物 3118 个品规,所有区县完成组建基本药物采购联合体。重庆药交所注册会员达到 1.3 万家,挂牌品规达 4.3 万个,全年交易金额达 133 亿,其中基本药物 55.8 亿元、非基本药物 68.8 亿元、医疗器械 8.4 亿元。药交所总体挂牌价比全国中标均价低 9.22%,比周边五省(云贵川湘鄂)药品中标价总体低 4.90%,配送到货率 93.59%,60 天限时结算率 98.02%。基层医疗卫生机构全部配备使用基本药物,药品价格降幅30.48%,共为群众节约药品费用支出 12.34 亿元,次均节约药品费用 35.15 元。

公立医院改革持续深入。新增 10 个区县 20 所公立医院开展综合改革试点,试点区县达到 20 个,覆盖全市 50%的区县。实施区县级公立医院药品零差率补偿政策。出台《关于进一步加强全市公立医院药品费用控制的意见》,制定公立医院管理综合评价办法和评价标准,强化公立医院运行监管。组建重医附一院、重医附二院等医院集团,促进优质医疗资源纵向流动。社会办医逐步扩大,全市非公立医院共有 245 个,占全市医院总数的 46.6%,床位数占全市医院总床位数的 18%。

基层医疗机构综合改革全面实施。建立多渠道投入补偿机制,“一般诊疗费” 在基层医疗卫生机构实施。基层设施建设、设备购置纳入财政预算安排。在乡村两级医疗机构推广标准量化计分绩效考核机制。乡村医生补偿渠道由3个拓宽到5个，年均补助水平达到1.6~2万元。全市96.5%乡镇卫生院、100%社区卫生服务中心设置了中医科和中药房,70%以上乡镇卫生院和社区卫生服务中心中医类别医师占医师总数达到20%以上。在19个区县启动乡村医生签约服务试点，乡村医生签约户数已达39万余户，受益村民136万人。

卫生信息化建设不断加快。基于电子健康档案、电子病历、门诊统筹管理的基层医疗卫生信息系统试点项目建设基本完成，成为通过国家验收的省级卫生信息平台,被评为A3级。完成4个区县平台，接入5所综合医院与辖区内所有基层医疗卫生机构，装载居民电子健康档案200余万份。永川、巫山实现了区域内基本医疗及基本公共卫生服务无缝衔接,实现医保、大病救助及医疗结算“一站式”服务。建立全市远程医疗平台,接入三甲医院4家,区县级综合医院11家，开展远程会诊520例。顺利推进全市基层医疗卫生机构管理信息系统项目,12个区县完成基本医疗与基本公卫一体化建设。“12320”卫生公益热线正式运行。

(二)突发公共卫生事件处置

2013年,全市报告突发公共卫生事件57起(其中一般事件54起，较大事件3起)，导致2430人发病,无人死亡。当年,全市突发公共卫生事件以传染病为主,占事件总数的87.72%,其中乙类传染病疫情6起、丙类传染病疫情25起,食物中毒、其他中毒分别占总数的7.02%和5.26%。发生在学校的突发公共卫生事件占总数的91.07%，其中农村小学和幼儿园发生数占学校突发事件的56.86%。全市突发公共卫生事件数较2012年相比减少16.18%，发病数减少16.32%。27个区县报告有突发公共卫生事件,报告事件数居前6位的区县依次是开县(11起)、南岸区(5起)、万州区(4起)、北碚区(3起)、綦江县(3起)、潼南县(3起)。

公共卫生应急处置能力不断增强。全市乡镇卫生院及以上医疗卫生单位正式运行卫生应急指挥决策系统。制定了《重庆江北国际机场突发公共卫生事件应急预案》、《重庆市长寿经开区危化品事故紧急医学救援预案》、《重庆市重大地震灾害卫生应急预案》等应急预案。国家(重庆)突发中毒事件应急处置队、国家(重庆)紧急医学救援队通过国家卫生计生委正式验收。成功举行“生命守卫2013”卫生应急综合演练,组队参加“2013国家卫生应急演练”。圆满完成“4·20”芦山强烈地震卫生应急任务,成为全国第一支到达芦山的省外医疗队，受到国家卫生计生委充分肯定。

(三)健康教育

统筹开展中央补助地方健康素养促进行动项目年度工作,圆满完成公益广告、健康巡讲、重点疾病或领域、地域性疾病健康教育等健康教育子项目工作任务;开发制作《常见慢性病及高风险人群》、《拒绝二手烟》等8部公益广告片,在市级主流媒体播出1188次、区县播出近60万次;围绕重点健康问题,深入社区、企业、院校等开展健康知识巡讲662场，发放宣传材料32万余份，覆盖近21万人次;利用微博等网络新媒体,开展口腔疾病健康知识、“防治职业病、幸福千万家”以及食品安全等宣传活动。指导开展全市基本公共卫生项目健康教育服务工作,制作完成居民健康动画66条和5大类15种DVD音像传播资料、5种健康教育手册,印发宣传折页50余万份。集中组织开展“第26个世界无烟日”、第18个“世界防治结核病日”大型义诊和“全球洗手日”等健康教育宣传活动。继续巩固无烟医疗卫生系统创建成果，成功举办全市戒烟服务与吸烟相关疾病防治培训班,600余人参训;在“全国创建无烟医疗卫生系统暗访评估”中排名第二。

二、疾病预防与控制

(一)法定传染病疫情概况

2013年,重庆市报告甲乙丙类传染病30种

157128例,死亡579例。其中:全市报告无甲类传染病;报告乙类传染病21种,发病74966例,死亡556例。甲乙类传染病报告发病率254.55/10万,死亡率1.89/10万,病死率0.74%;与2012年相比,发病率上升3.65%,死亡率上升0.02%,病死率下降3.51%。报告发病率居前10位的传染病依次为:肝炎(83.84/10万)、肺结核(83.31/10万)、梅毒(38.59/10万)、痢疾(31.21/10万)、淋病(6.20/10万)、艾滋病(6.16/10万)、麻疹(1.43/10万)、甲型H1N1流感(1.24/10万)、猩红热(1.16/10万)、乙脑(0.43/10万)。与2012年相比,无新增传染病。发病率上升的病种有13种,依次为:甲型H1N1流感(+7147.95%)、麻疹(+333.60%)、布病(+300.00%)、登革热(+197.08%)、百日咳(+82.76%)、伤寒+副伤寒(+55.38%)、疟疾(+55.08%)、出血热(+32.12%)、艾滋病(+11.19%)、痢疾(+10.74%)、梅毒(+5.19%)、肝炎(+4.32%)、淋病(+2.95%)。

报告的甲乙类传染病分布于全市38个区县,发病率在155.51~470.00/10万之间。发病率居前五位的区县依次为:渝中区(470.00/10万)、南岸区(376.20/10万)、黔江区(365.06/10万)、九龙坡区(331.93/10万)、渝北区(320.57/10万),高于全市发病率的区县有19个。全年各月均有发病病例报告,发病数居前3位的月份依次为1月(7384例)、7月(6960例)、8月(6871例),三个月的发病数占甲乙类传染病发病总数的28.30%。发病病例分布在20种职业,发病数居前3位的职业依次为:农民(30679例)、家务及待业(11160例)、散居儿童(6216例),3种职业发病数占甲乙类传染病发病总数的64.10%。每个年龄组均有病例发生,发病数在131~7633例之间。发病数居前三位的年龄组为:40~岁组(7633例)、45~岁组(7296例)、55~岁组(6006例),三个年龄组发病数占甲乙类传染病发病总数的27.93%。

甲乙类传染病中,主要的5类传染病报告发病情况分别是:(1)肠道传染病报告发病5种,11629例,死亡1例,发病率为39.49/10万,死亡率为0.0034/10万,病死率为0.01%;发病数占发病总数的15.51%,死亡数占甲乙类传染病死亡总数的0.18%。与上年相比,发病率上升11.39%,死亡率、病死率持平。其中霍乱无病例报告,甲肝上升3.55%,戊肝上升56.07%,肝炎(未分型)下降12.38%,痢疾上升10.74%,伤寒+副伤寒上升55.38%。(2)呼吸道传染病报告发病6种,25726例,死亡98例,发病率为87.35/10万,死亡率为0.33/10万,病死率为0.38%;发病数占发病总数的34.32%,死亡数占死亡总数的17.62%。与上年相比发病率下降0.25%,死亡率上升10.38%,病死率上升11.76%。其中甲型H1N1流感上升7147.95%,麻疹上升333.60%,肺结核下降2.63%,猩红热下降24.38%,百日咳上升82.76%,流脑下降0.58%。(3)自然疫源及虫媒传染病报告发病8种,231例,死亡32例,发病率为0.78/10万,死亡率为0.94/10万,病死率为13.85%;发病数占发病总数的0.31%,死亡数占死亡总数的5.76%;与上年相比,发病率下降16.74%,死亡率下降31.03%,病死率下降17.21%。狂犬病下降38.82%,疟疾上升55.08%,出血热上升32.12%,布病上升300.00%,乙脑下降28.48%,钩体病下降50.44%,血吸虫病下降1.45%,登革热上升197.08%。(4)血源及性传播传染病报告发病5种,37375例,死亡425例,发病率为126.91/10万,死亡率为1.44/10万,病死率为1.14%;发病数占发病总数的49.85%,死亡数占死亡总数的76.44%。与上年相比,发病率上升4.36%,死亡率上升1.26%,病死率下降2.56%。其中艾滋病上升11.19%,梅毒上升5.19%,丙肝上升12.57%,乙肝上升2.20%,淋病上升2.95%。(5)新生儿破伤风报告发病病例5例,无死亡,发病率为0.02‰;发病数占发病总数的0.01%,与上年相比,发病率下降1.61%,今年和上年均无死亡病例。

(二)免疫规划

2013年,全市新增21个示范接种门诊,累计达到232个,有98.51%的接种单位完成国家儿童信息系统建设,区县实施率达到100%。

2013年“四苗”全程接种率维持在98%以上，甲肝、乙肝、乙脑、流脑疫苗接种率均维持在92%以上，圆满完成民心工程任务。对秀山等7个区县进行了免疫规划工作调研；接受卫计委、WHO对中国消除麻疹进展联合评估；启动卫计委、WHO和UNICEF支持的加强西部麻疹监测项目；开展全市免疫规划督导评估工作；积极应对康泰乙肝疫苗事件。开展了8月龄-4岁儿童麻疹疫苗查漏补种，补种了203222人，补种率97.52%。开展对涪陵区等14个区县2月龄~47月龄儿童脊灰疫苗强化免疫，共完成743236剂次接种。

(三)艾滋病防治

扩大高危人群行为干预覆盖面，全市建成美沙酮固定门诊32个、流动门诊3个，覆盖30个区县，累计入组23424人，在治病人15309人，每天服药人数6194人，保持率76.4%；累计干预暗娼17.65万人次、干预男男性行为14.40万人次，干预吸毒28.89万人次。顺利完成中盖艾滋病延期项目，举办全市预防艾滋病、性病、丙肝培训班。规范艾滋病感染者和病人管理，提高流调、随访工作质量，抗病毒治疗完成新增治疗病人3761人，累计治疗病人8990人，病人随访率96.4%，治疗覆盖率84.2%。CD4检测比例达77.5%。艾滋病疫情上升势头有所减缓，至2013年底，全市累计报告现存活HIV/AIDS 17041人，其中2013年新增4874人。

(四)结核病防治

完成“十二五”规划年度指标任务，认真开展“三位一体”新型结核病防治服务模式试点工作，顺利完成中央转移支付、全球基金、中盖、“十一五”重大专项等结核病项目任务，积极推进全市耐药结核病防治工作，耐药医保跨区域实时结账软件正式开通。加强学校结核病防治工作，开展高二学生结核病筛查，关注精神病患者中伴发结核病人群，确定了精神病伴发结核病定点医院。开展“3·24”结核病防治日宣传活动，发放宣传材料304万份。全年免费治疗肺结核患者2.31万例。

(五)地方病和慢病防治

累计创建国家级慢性病综合防控示范区12个、省级慢性病综合防控示范区11个，创建全民健康生活方式示范单元687个、打造支持性环境372个。开展儿童口腔疾病综合防治，实施口腔检查3.7万人、窝沟封闭3.4万人、专项健康教育300万余人次。全市糖尿病管理率31.29%，血糖控制率56.78%；高血压管理率36.44%，血压控制率58.92%。在38个区县开展了碘盐监测工作，合格碘盐食用率为88.67%。继续实施改炉改灶项目，完成改炉改灶39096户，累计完成改炉改灶41万户，我市13个燃煤型氟中毒区县改炉改灶率达到了100%。在15个重点区县开展麻风病防治项目，共发现22例新发麻风病例，延迟期2.7年，II级畸残率为27.3%，年底现症病例71例。完成发热病人血检44988人次，发现阳性病例31例，均为国外输入性病例，其中恶性23例、间日4例、卵形4例。

(六)精神卫生

进一步完善市和区县级卫生行政、精神卫生专业机构及基层防治机构三级防治网络，新增巫溪等6个国家重性精神疾病管理治疗示范区县，累计建立26个示范区。至2013年底，全市累计登记建立居民健康档案并且录入系统的重性精神疾病患者9.63万例，同意接受社区随访管理患者人数8.56万人，全年随访患者人数23.24万人次，实际到访21.52万人次；2013年26个示范区免费服药患者1756人，应急处置1276人，住院治疗补助439人；继续加强心理援助热线工作，免费开通12320等8条心理咨询热线，全年共接受市民咨询25045人次。

(七)病媒生物防制

全市38个区县开展了以鼠、蚊、蝇、蟑螂为主的病媒生物密度监测，其中鼠密度监测4次，蚊、蝇和蟑螂密度监测8次，掌握了全市病媒生物侵害状况和密度消长情况，监测覆盖区县100%。完成大渡口区、南岸区德国小蠊对拟除虫菊酯类(高效氯氰菊酯)、有机磷类(乙酰甲胺磷)、氨基甲酸酯类(残杀威)卫生杀虫剂的抗药性监测，掌握了德国小蠊对常用卫生杀虫剂的抗性情况。

三、农村卫生

(一)农村卫生服务能力

全市824个建制乡镇共设置乡镇卫生院960个。完成新一轮村卫生室规划设置，全市8575个行政村共规划设置11009个村卫生室，基本实现行政村全覆盖。实施政府民生实事“撤并村”卫生室建设，新增规划设置“撤并村”卫生室2606个。继续开展基层医疗机构标准化建设项目，至2013年底，全市基层医疗机构标准化率达96.28%。利用中央民生项目资金2亿元和市财政补助资金750万元，完成4000个行政村和300个“撤并村”卫生室标准化建设，村卫生室标准化率达67%。实施中西部农村卫生人员培训项目，培训农村卫生管理人员、乡镇卫生院业务骨干、乡村医生共计113851人次。实施城市二级医疗机构对口支援乡镇卫生院项目，选派252名二级以上医疗机构人员对口支援18个贫困区县的84所乡镇卫生院。制定了《关于开展乡村医生签约服务试点转变农村基层卫生服务模式的指导意见》，以基本公共卫生服务为主，免费向农村居民提供契约式服务，已在19个区县开展试点工作，乡村医生签约户数达39万户，受益村民136万人。

(二)改水改厕和卫生创建

近三年来，全市争取各级财政资金3.92亿元，新建56万户农村卫生厕所，至2013年底，无害化卫生厕所普及率达到62.98%，位居西部前列。近三年对全市3333个农村饮水安全工程水样进行了水质卫生监测。农村饮用水水质卫生监测网络覆盖率为89%，提前2年达到十二五规划目标。目前，创建国家卫生城区的大渡口区、南岸区、合川区已通过国家技术考核，待国家正式命名；九龙坡区、万盛经开区已通过国家卫生区暗访，即将接受国家技术考核；2013年武隆县、忠县成功创建为国家卫生县城，全市的国家卫生县城已达50%；南川区古花乡成功创建为国家卫生乡镇，实现我市国家卫生乡镇创建零的突破。全市38个区县全部建成市级卫生区县，152个乡镇建成市级卫生乡镇，市级生态卫生村已覆盖20%的乡镇，市、区县(自治县)级卫生单位已覆盖全市所有社区。

四、妇幼保健

完成2001~2010年“两纲”监测评估和2011~2020年新“两规”的编制。投入8150万元，加强区县级妇幼保健机构能力建设。继续开展县级妇幼保健机构等级创建工作，成功创建二级甲等妇幼保健机构1个。推广新生儿窒息复苏、儿童疾病综合管理等适宜技术，圆满完成国家卫生计生委爱婴医院复评估预试验任务。加强新生儿遗传代谢病筛查管理，全年筛查新生儿23.37万例，筛查率达80.30%。继续实施住院分娩孕产妇和婴幼儿保险工作，全年出生缺陷儿治疗赔付590例，补助治疗费用488万元。加强预防艾滋病、梅毒和乙肝母婴传播工作，开展孕产妇艾滋病、梅毒、乙肝筛查28万例。加强计划生育技术服务、优生优育及生殖健康工作，严厉打击非法接生，集中开展“两非”整治专项行动，成功查处“两非”案件2起。

五、社区卫生

2013年，全市投入2.56亿元，实施社区卫生服务中心标准化建设项目43个，竣工42个，建设规模达9.22万平方米，社区卫生服务中心标准化率达99.4%。全面推进社区卫生信息化，在24个区县运行系统软件，实现公共卫生和基本医疗一体化管理、区域数据共享。圆满完成三年示范社区卫生服务中心创建工作。三年累计创建市级示范中心44家，国家级示范中心17家，国家级示范中心数在西部省市排名第二。16个社区卫生服务中心开展医疗养老服务，69个社区卫生服务中心创办了中医馆，逐步满足辖区居民不同服务需求。继续实施中西部社区卫生服务中心人员能力建设项目，培训社区卫生服务中心主任200余人，培训全科医生、注册护士、预防保健人员等近2000人。

六、中医事业

中医药补偿机制改革取得重大进展，初步建立以市场、医保、财政、价格相结合的补偿机制。2013年，全市中医医院诊疗人次增长9.7%，出院人次增长32.5%，中医技术应用增长69.8%、中药饮片调剂量增长31.4%，中药院内制剂使用量增长1.6倍，全市65岁以上老年人中医体质辨识和0~36个月儿童中医调养服务达到目标人群覆盖率为30%。出台《关于基层中医药服务能力提升工程的实施意见》。永川区、铜梁县中医院成功创建三级甲等医院，万州区等17所中医院完成二级中医院评审和复评工作。中医药健康管理服务项目纳入国家基本公共卫生服务，组织开展省级师资和各级人员培训。43所中医医院加入国家中医药适宜技术推广视频网络，3.5万余人次参加培训。推进中医优质护理服务工作，全市三级中医医院中医优质护理服务工作开展率100%，二级中医医院开展率在50%以上。新增6个国家临床重点专科建设项目和7个国家农村医疗机构中医特色优势重点专科建设项目，评估验收8个市级重点专科。评选市级33个重点专科建设项目。中医皮肤学等3个国家局“十一五”重点学科通过了中期评估，药用植物学等4个国家局“十二五”重点学科建设顺利启动，建成针灸学等5个局级重点学科。完成首批高级人才培养项目。启动中医类别住院和全科医师规范化培训工作。完成首批18个区县中药资源普查工作。

七、医疗管理

(一)医疗服务能力

制定重庆市卫生局关于贯彻《中共重庆市委重庆市人民政府关于科学划分功能区域加快建设五大功能区的意见》的实施意见。出台《重庆市医疗机构设置规划》。加强城乡医疗卫生服务体系建设，市级十大公共卫生项目已完工5个，成功创建三甲医院3所(不含中医院)。全市有37个区县级医院达到二甲以上水平(不含中医院)，342个基层医疗机构标准化建设项目竣工311个，全市标准化率达96.93%。加强临床重点专科建设，新增国家临床重点专科建设项目9个，全市国家临床重点专科建设项目总数达30个，西部领先。2013年市财政拿出专项资金500万元，组织实施市级临床重点专科建设项目，评审确定急诊医学科、检验科、麻醉科3个专业28个市级临床重点专科。

(二)医疗质量安全

编写出版了《医疗服务质量管理手册》，新成立25个专科质量控制中心，全市各专科医疗质量控制中心达到59个，基本涵盖各临床专业。制定了《重庆市医疗质量控制中心考核评价标准》，对各质控中心开展工作情况进行了考核。对市级医院开展医疗服务满意度第三方调查和医疗服务管理第三方督查。加强抗菌药物临床应用管理，制定了《重庆市医疗机构处方专项点评指南》，在全市各级医疗机构推进处方点评，促进合理用药。在5家医院开展护理岗位管理工作试点，推进优质护理服务。组织市级专家对43家医院215份病历进行评审，引导医院加强病历管理。印发《重庆市预防与控制医院感染工作方案(2012~2015年)》，对全市二级及以上医院消毒供应中心进行专项检查。对全市66家医疗机构申请的363项13类二类医疗技术进行了准入检查。完成国家卫生计生委委托我委组织开展的胰腺小肠移植第三类医疗技术的准入评审、上报工作。推进“平安医院”创建工作，启动全市维护医疗秩序打击涉医违法犯罪专项行动。全年共成功调解医疗纠纷1944件。全市28个区县3188个医疗机构参加了医疗责任保险，1255个医疗机构建立了辖区内的医疗风险基金，293个医疗机构为医生购买了意外伤害保险。

(三)医德医风建设

扎实开展“提升效能服务市场主体发展”和“正风肃纪”专项行动，查找服务意识、政务公开、纪律作风等8个方面存在的问题29个，并狠抓整改。联合市政府纠风办在全市卫生计生系统开展"优质服务窗口"创建，评选出56个市级优质服务窗口。深入开展反腐倡廉"五个一"活动：举办一次"检察长说法"法制宣传专题讲座、观看一部"以案为镜"反腐倡廉教育宣传片、举行一次"廉驻我心"原创公益廉政短语大赛活动、开展一次"警钟长鸣"党风廉政警示教育、组织一次"人民喜爱的健康卫士"宣传，全系统共组织教育活动320余场次，覆盖11万医务人员。与重庆电视台《拍案说法》栏目组联合制作《天使折翼》大型卫生警示教育片，在广大干部职工和医务人员中引起强烈震撼。2013年我市医疗纠纷、投诉有所下降。经第三方测评机构抽样调查，我市医疗机构平均满意度为87.36%，12家市级医院医疗服务的总体满意度得分均高于80分。

八、卫生法制与监督

(一)卫生监督体系建设

2013年全市40个卫生监督机构挂牌独立运行，并全面参照公务员法管理。2013年有2个区县(巴南区、垫江县)设立辖区卫生监督派出机构11个。全市卫生监督机构现有人员编制1436个，实有监督员1164人。35个卫生监督机构办公用房建设完工13个，开工13个。全市各级卫生监督机构投入868.5万元，购置快检设备、执法取证工具1605台(件)，投入457.9万元加强信息化建设。推进新版卫生监督移动执法终端运用，市卫生监督局装备51套，南岸区等10个区县装备54套，均已投入使用。开展卫生监督管理人才和卫生监督业务骨干培训1648人次。积极推进网络培训，卫生监督员网络培训参加率达99.7%。获得全国省级卫生监督机构传染病及医疗领域现场快速检测技术比武考核一等奖。目前，全市共有专兼职卫生监督协管员3060人，卫生监督信息员8073人。卫生监督协管员在服装、证件及协管服务流程等方面逐步规范。全年开展打击非法行医、生活饮用水巡查、职业卫生咨询等卫生监督协管服务189731户次，卫生监督协管服务覆盖城乡。

(二)卫生专项整治

全市统一开展餐饮具集中消毒单位、学校卫生、职业病防治、乡镇卫生院及村卫生室、人类辅助生殖技术管理等五大专项监督检查行动。专项行动期间，全市共检查各类学校3977所，医疗机构2147家，乡镇卫生院、村卫生室(所)11199家，检查餐饮具集中消毒单位105家、抽检消毒餐饮具1038件(套)。专项行动中，各级卫生行政部门共责令改正1809户次，罚款28万余元，暂停执业30户、11人。

(三)卫生监督执法

加强职业卫生、放射卫生、生活饮用水、涉水产品、传染病防治、公共场所、学校卫生等重点领域的卫生监督执法工作，抽检国产小型水质处理器、化学处理剂、现制现售饮用水20件，合格17件，合格率85%。组织完成打击无证行医和非法采供血重点监督检查，实施行政处罚938户次、罚款金额196万余元，停业整顿1户，取缔无证行医1437户次，没收违法所得18.3万元，移送公安部门涉嫌无证行医刑事案件47件，判处非法行医罪20人。组织开展了医疗废物专项监督检查，查处医疗废物处置不符合要求的单位108家，共计罚款16万余元。组织开展餐饮具集中消毒单位专项监督检查。全市共检查餐饮具集中消毒单位106家，检查合格78家，不合格28家；抽检消毒餐饮具产品1038件(套)，合格数951件(套)，合格率为91.6%；立案查处22家，共计罚款44800元。联合市公安局、市食药监局、重庆市警备区、武警重庆总队开展打击非法行医专项行动。在专项行动集中整治期间，全市共查处无证行医、医疗机构超范围、聘用非卫生技术人员、非法鉴定胎儿性别等违法案件156件，罚款29.19万元，没收违法所得8.99万元。加大医疗广告监管力度，及时查处群众举报、相关部门移送的违法发布医疗广告案件，医疗广告违法率较上年下降9.38%。继续推进公共场所量化分级管理，公共场所量化分级管理实施率为97.85%，其中住宿场所、游泳场所量化分级管理实施率均达到100%。2013年,各职业病诊断机构诊断新增职业病5217例,其中尘肺5062例,职业中毒68例,职业性皮肤病8例,职业性耳鼻喉口腔疾病55例,其他职业病24例。开展职业病防治法、生活饮用水卫生宣传周活动,接受咨询93万人次,发放宣传资料64余万份。

九、医学教育科研与合作交流

2013年,卫生系统新增两江学者4人,西部之光学员2人,现有国家级人才30余人,享受政府特殊津贴专家130人。新增医学重点专科2项、医疗特色专科7项,推广适宜技术18项。获得国家科技进步二等奖1项,重庆市科技突出贡献奖1名,自然科学一等奖1项,科技进步一等奖5项。启动重庆市中青年医学高端后备人才出国培养计划。开展4个国家级全科医生临床培训基地建设,建立市级住院医师规范化培训基地226个,具备每年培训4510人的能力。

十、供血、用血

目前,全市共设置采供血机构25个(不含解放军血站),其中血液中心1个(重庆市血液中心),中心血站6个(万州、涪陵、黔江、合川、南川、奉节),中心血库11个(万盛、长寿、江津、铜梁、璧山、荣昌、大足、垫江、綦江、秀山、城口),单采血浆站7个(武隆、开县、忠县、潼南、巫溪、彭水、石柱)。2013年,全市采血116375人次,同比增长5.4%;采血41.34吨,供血56.58吨,分别增长4.3%和4.9%。制定了《重庆市采供血机构设置规划》,明确了各采供血机构的设置和采供血范围,建立完善政府主导、多部门协作、全社会参与的无偿献血长效工作机制;开展无偿献血优质服务活动,提高采供血工作质量;建立完善了血液应急保障机制,保障了医疗用血需求。加强血液安全工作,对全市18个血站、7个单采血浆站进行了拉网式质量督查;对全市二级医院开展临床用血管理专项调查。

(作者单位:重庆市卫生和计划生育委员会)

重庆烟草

周振

一、烟草专卖管理

2013年,全市各级烟草专卖管理部门坚持国家烟草专卖制度,认真贯彻落实国家烟草专卖局决策部署和重庆市烟草专卖局工作要求,深入推进打假破网、市场监管、行政许可和基层建设四项任务,依法履责,务实进取,圆满完成各项工作任务。2013年,全市烟草专卖工作保持卷烟打假高压态势,实现打假破网保量增质。全市共查处各类涉烟案件10500起,破获网络案件29起,其中国家局级23起、部级督办案件4起,涉案总金额1.9亿元,刑拘147人,判刑35人。重庆市烟草专卖局稽查总队荣获全国卷烟打假先进集体称号。

(一)打假破网成绩显著

一是破网质量持续提升。各地突破地缘因素限制,借力大兵团集群战役,卷烟打假实现从市内单兵作战到跨省追溯源头再到公安部集群战役的三级跳,呈现出“不分大小、不分远近、齐头并进”良好态势。全市部级督办案件较同期成倍增加,其中涪陵“7·16”案件渝粤闽三地联动,抓捕60余人,极大震慑了涉烟犯罪;渝粤“6·8”案件被国家烟草专卖局、公安部评为全国卷烟打假精品案例。二是司法协作持续深入。联合重庆市公安局打假总队,邀请重庆市检察系统办案部门召开协调会,积极争取在证据采集、刑事强制措施的使用和法律适用方面的支持，形成“专案研讨、个案分析”的长效工作机制，为涉烟犯罪追刑工作开展提供保障。三是区域协作日趋完善。根据国家烟草专卖局、公安部集群作战工作部署，行业内外跨区协作更加紧密。西南五省市从信息互通、联合打击、成果共享方面正式形成了卷烟打假协作机制，为区域协作联合打假奠定了基础。

(二)市场监管不断加强

一是优化市场监管体系。编制《零售终端市场监管工作指导手册》，统一监管工作流程和标准，实现标准化、流程化、规范化。完成市场监管信息系统和案件处理系统开发，为进一步提升监管效能提供技术支撑。强化市场暗访检查，督促基层单位守土有责，全市卷烟市场抽查净化率达96.6%，市场公开摆卖假私非烟的现象基本消除。二是持续开展专项整治。将市场监管与打假破网结合，在全市范围内开展“雪茄烟”专项治理和“铁路沿线、名烟名酒店、娱乐服务场所”专项整治活动，通过异地拉动集中整治、辖区责任落实到位、专销结合强化监管、破网积极跟进等措施，全市检查涉烟宾馆、酒店75家，名烟名酒店135家，查获案件45起，违法卷烟4800条，破获网络案件4起，涉案金额800余万元。其中，市烟草专卖局统一指挥开展“利剑-13”行动，以战代训，将大兵团作战与名烟名酒店整治相结合，对渝北区17户“名烟名酒店”进行突击检查，查获违法卷烟148条。三是开展卷烟零售大客户情况专题调研。为全面掌握卷烟市场状况，规范卷烟零售大客户经营行为，真正实现“客户更满意”目标，牵头组织了卷烟零售大户专题调研，针对大客户经营现状、行为规范程度、对卷烟零售价格影响等内容开展调研，并提出相应意见和建议，市场监管的针对性和有效性更加凸显。

(三)许可证管理有效开展

一是加强调研夯实工作基础。以实地调研、市场走访、基层座谈等方式，对全市许可证管理情况进行排查摸底，全面掌握全市许可证后续管理的基本状况，夯实许可证后续监管的工作基础。二是修订布局条件提供政策支撑。分片区对全市39家单位召开合理布局规定修订审定会，逐一审定各单位布局规定，从修订内容和修订程序上加强指导、统一尺度，为后续监管工作顺利开展提供了政策保障。三是有序稳妥开展清理整治。加强法律法规和政策指导，注重方式方法，积极稳妥、有序有效地开展许可证异常现象整治活动，未出现社会负面反应和群体性事件。四是工作大胆创新，有所突破。针对后续监管中突出的许可证转租转借现象，在尊重历史、尊重市场的基础上，在法律框架内采取妥善方式予以解决。全市约9000余户因历史原因积累的人证不符、证址不符问题得以妥善解决。

(四)依法行政全面推进

一是切实规范执法行为。积极受理并依法解决举报投诉和信访，严格依照有关程序进行调查处理，及时纠正违法行为，妥善化解矛盾，实现全市行政执法“行政诉讼零败诉、行政复议零撤销”的预期目标。二是开展全市行政执法案卷评查。全年分两期组织开展全市行政执法案卷评查。全年共评查39家单位案卷1161份，其中行政处罚案卷649份，行政许可案卷512份，行政处罚案卷优秀率96.76%，行政许可案卷优秀率99.61%。三是组织编写全市专卖管理典型案例。为进一步促进开展依法行政工作，组织全市专卖骨干参与编写专卖管理典型案例。案例编写按行政处罚、行政许可、市场监管、打假破网、队伍建设等五大模块，以现行法律政策为基础，对疑难问题、创新措施等进行梳理，对依法行政具有较强指导意义。

(五)队伍建设全面提升

一是基层执法示范点建设有力推进。启动全市专卖基层执法示范点建设工作，从硬件设施、工作流程、执法行为、内部管理和队伍建设等方面进行打造，以点带面，全面推进基层建设，展示执法形象、增强社会认同，推动专卖管理再上新水平。二是开展专卖技能竞赛。在重庆市烟草专卖局统一部署和安排下，各区县局开展了真假烟识别、专卖法律法规基础理论、案卷文书制作等岗位技能竞赛，从一线执法最需要的实际能力、专业知识及程序规范等方面强化专卖队伍业务能力，全面提升了专卖人员业务素质。三是加强专卖队伍培训。以技能鉴定培训和岗位技能培训为抓手，切实提升专卖队伍整体素质。推荐两期35人赴郑州参加专卖师鉴定考核，考试合格率60%。组织24人参与专卖内训师培训班。组织两期全市专卖技能鉴定考前培训，培训300人次。组织政务大厅、重案稽查队、市场稽查队三期岗位培训，培训450人次。联合市委党校精心组织全市专卖骨干脱产培训班，培训内容涵盖专卖政策研读、行政法理论、行政执法实务等内容，全面提升了专卖骨干队伍素质。

二、烟叶种植业

2013年全市共落实种烟面积66.24万亩，占计划的99.5%；收购烤烟154.67万担，占计划的99.53%；种植白肋烟面积8951亩，收购白肋烟2.13万担。全市烤烟上中等烟比例达到99.03%，创历史新高。全市实现烟农总收入18亿元(不含补贴)，烟农户均收入7.64万元(不含补贴)，同比增加12.35%。

(一)烟叶生产水平稳步提升

加强科技成果应用转化，大力推进标准化生产，集成推广先进适用技术，烟叶生产整体水平持续提升。一是全面落实烟叶标准化生产。大力推广封闭式育苗、棚中棚育苗等先进技术，全市无病壮苗率达98%以上。在奉节、巫溪等地积极推广单粒播种，平均每个工场化育苗大棚减工10个左右，节约费用近3000元，降低了烟农种烟成本。全面推广“321”小苗移栽和井窖式移栽技术，移栽时间提前20天以上。创新烘烤技术，部署运行烘烤工场远程监测系统，大力普及“三段六步式”烘烤工艺，投入1700万元对800座烤房实施散叶烘烤装烟方式改造，烟叶烘烤质量稳步提高，烘烤用工持续减少。二是深入优化烟叶结构。将不适用鲜烟叶田间处理的补贴标准从75元/亩提高到170元/亩，并分环节及时兑现，确保烟农减产不减收，有效提高了烟农积极性和自觉性。三是积极推进烟叶GAP管理，重点加强烟叶病虫害立体监控和安全防治，构建绿色植保体系，提高烟叶质量安全水平。全市推广防蚜黄板380万张，覆盖烟田近10万亩；同时示范推广生物降解膜70吨，覆盖烟田2万亩。

(二)现代烟草农业加快发展

坚持以品牌导向型基地单元建设为载体，加强工商研三方协同，现代烟草农业建设成效明显。一是基地单元建设取得新进展。2013年全市新增国家局基地单元5个，市局基地单元5个，基地单元总数达27个，基地单元种植面积已占全市总面积的86.9%。其中彭水润溪基地单元建设成效显著，获国家烟草专卖局通报表扬，并被评为全国优秀烟叶基地单元。二是工商研合作更加密切。邀请工业客户在武隆召开工商座谈会，进一步深化基地单元工商研合作共建机制；江苏中烟、红云集团与河南农业大学合作在石柱、彭水、武隆开展“K326关键配套栽培和烘烤技术研究”项目，广东中烟在彭水、武隆实施“提高重庆烟区优质烟叶原料保障能力研究”项目。三是规模化种植再上新台阶。2013年全市共发展40~120亩烤烟种植专业户4686户，培育120亩以上烤烟家庭农场388个，两者经营面积占全市烤烟总面积的46.6%，同比提高4.4个百分点。全市烤烟户均规模达到28.68亩，同比增加5.8亩，提高25.35%，跃居全国第四位，西部第一位。四是合作社建设成效明显。积极整合惠农资金和政策，切实加强项目扶持，全市已经注册成立烟农专业合作社59家，其中行业示范社4个，市级示范社、达标社21个。依托烟农专业合作社，全市累计开展专业化分级散叶收购100.34万担，占收购总量的64.57%；分别开展专业化育苗、机耕、植保65.34万亩、41.3万亩(冬耕、起垄合计)、47.1万亩(两次合计)，分别占种植面积的100%、31.6%、36.5%。

(三)烟区生产生活条件持续改善

在市级相关部门指导帮助下，举全市行业

之力，打响烟叶生产基础设施建设大会战，基础设施建设各项任务圆满完成。一是第一轮烟草惠民工程圆满收官。3528座烤房全部完工；32500亩基本烟田土地整理全部完成；2000公里烟区道路项目建设基本结束；武隆县接龙水库续建工程和丰都县太平水源工程均已顺利启动。根据市级相关部门验收结果，惠民工程项目规划设计总体科学，建设程序规范，监督管理严格，整体建设质量较高，受到了烟农的普遍好评。二是烟叶生产基础设施常规项目建设水平持续提升。在抓好惠民工程建设的同时，继续推进常规项目建设，烟叶生产配套设施更加完善。全市以加强项目监理为抓手，统一招标确定监理单位，全程参与工程建设。重点根据各类项目特点合理划定施工工序，严格执行工序报验制度，确保程序规范、质量达标。2013年度项目共完成工场化育苗大棚99座；烟水工程4450立方米；烟田机耕路30公里；卧式密集烤房1685座，并建成烘烤工场2处，维修更换烤房设备1225套；全面完成农机购置2239台；基本烟田土地整理在烟叶收购结束后已经陆续启动。

三、烟草工业

重庆烟草工业由卷烟制造和烟叶复烤加工两部分组成。其中卷烟制造企业为重庆烟草工业有限责任公司，拥有重庆分厂、涪陵分厂、黔江分厂等3个生产点；烟叶复烤加工企业为重庆烟叶复烤有限公司，拥有彭水复烤厂、万州复烤厂2个加工点。2003年全国烟草工商管理体制分开后，重庆卷烟制造工业划归川渝中烟工业有限责任公司管理，烟叶复烤加工企业仍由市烟草专卖局管理。

（一）卷烟制造

重庆烟草工业有限责任公司为川渝中烟工业有限责任公司全资子公司。公司现有资产85.5亿元，所有者权益41.8亿元，卷烟生产计划114.2万箱，年创税利110亿元以上，主要生产娇子品牌天子系列、龙凤呈祥系列等产品。公司曾获得全国五一劳动奖状、全国精神文明建设先进单位、全国模范职工之家、全国质量效益型特别奖企业等荣誉称号。

一是产销规模不断扩大，经济效益稳步提高。2013年，公司计划规模和卷烟产量达到114.2万箱，同比增长3.6%。销售卷烟114.2万箱，增长4.1%，产销比率100%。销售结构进一步提高，一类烟增长26.3%，二类烟增长9.2%，三类烟增长14.3%，一、二、三类烟合计占总销量比重由上年的68.7%上升到75.6%。完成工业总产值148.5亿元、工业增加值117亿元，分别增长8.1%、7.9%；卷烟销售收入149亿元，增长10.7%，实现税利总额114.3亿元，增长11.6%，其中利润21.1亿元、税金93.2亿元，分别增长14.5%、10.9%。单箱卷烟调拨价格13047元，增长6.4%；单箱税利10005元，增长7.2%。

二是技术创新持续推进，重点改造进展较好。全年累计完成基建技改投资5.6亿元，同比增长30.2%。涪陵分厂易地技改项目正抓紧实施，2014年4月底可望达到搬厂条件；黔江分厂易地技改项目在获得国家烟草专卖局批复的基础上，正式启动项目建设准备工作；片烟中心库项目已上报国家烟草专卖局，正在争取批复。工艺技术基础研究积极推进，形成了一批创新成果，产品维护工作取得实质性成效，信息化硬件建设和资源利用有了新的进展。

三是管理升级积极推动，规范水平持续提高。继续升级内部管理，加大绩效管理推进力度，研究制定年度工作计划，构建了绩效管理的目标体系、业务流程和工作系统，切实推进现行制度规定转换为标准化文件工作；深入开展对标贯标和创建优秀卷烟工厂活动，继续加强对物耗、成本、质量、效率、节能减排等重点指标的监控分析和专项攻关，企业对标体系进一步完善，生产运行指标进一步优化，优秀卷烟工厂的创建基础不断夯实；积极开展“三项工作”自查整改，深入推进审计监督和招标管理，配合开展常规审计、专项审计和跟踪审计，进一步增强了干部职工的规范意识，提高了企业运行的调控能力和规范水平。

四是队伍建设切实开展，组织凝聚不断增强。认真贯彻落实中央八项规定，出台具体实施意见，切实转变作风，认真解决企业运行发展过程中的突出问题，进一步密切了干群关系，提高了工作绩效；以开展党的群众教育路线实践活动为契机，大力加强党的组织建设、群团组织建设和基层班组建设，进一步增强各级党组织的凝聚力和向心力，广大党员和干部职工激情创业、克难奋进，在工作岗位上做出了积极贡献，企业发展健康持续，内部和谐稳定，职工安居乐业，人气不断提升。

五是多元产业发展提速，整体实力有效提升。多元产业企业积极应对市场竞争加剧的严峻挑战，着力优化产品结构、拓展市场、强化管理、提升效益，保持了较好发展，对烟草主业的配套服务能力不断增强，整体运行质量进一步提升。宏声集团全年累计完成工业总产值15亿元、销售收入16.5亿元，实现税利2.8亿元，同比分别增长6.1%、5.6%、17.6%。

（二）复烤加工

重庆烟叶复烤加工企业为重庆烟叶复烤有限公司，公司两个加工点为重庆烟叶复烤有限公司彭水复烤厂（以下简称彭水复烤厂），重庆烟叶复烤有限公司万州复烤厂（以下简称万州复烤厂）。

2013年，根据《国家烟草专卖局中国烟草总公司关于重庆打叶复烤企业重组整合的批复》和《中国烟草总公司重庆市公司关于成立重庆烟叶复烤有限公司的通知》依法成立重庆烟叶复烤有限公司。取消重庆万兴烟草有限责任公司、重庆金益烟草有限责任公司法人资格，变更为重庆烟叶复烤有限公司所属非独立法人分支机构，名称分别为：重庆烟叶复烤有限公司万州复烤厂、重庆烟叶复烤有限公司彭水复烤厂。

彭水复烤厂：复烤厂地处彭水县，占地面积约200亩。建筑面积8.4万平方米，其中仓储面积4.8万平方米，烟叶整选场0.86万平方米。复烤厂拥有国内较先进的麦克它维奇打叶、普洛克特复烤、菲思本型预压打包等3万吨生产线配套设备，采用集散控制系统，生产自动化水平较高，同时配备有布拉本德、赫尔森烘箱、TM710红外线水份仪等质量在线检测仪器，采用柔性打叶、低温慢烤片烟工艺技术，加工质量稳定，采用静电除尘加涡轮增压湍流除尘脱硫装置，节能减排成效显著。2013年，复烤厂坚持“强化基础，严格规范，提升活力”的中心任务，按照“巩固管理基础，确保稳定发展”的工作思路，重抓“标准化建设、绩效管理、现场管理和TPM管理、预算管理、团队建设”等重点工作，进一步夯实管理基础。全年完成原烟加工4.31万吨，产出成品2.69万吨；实现税利4083.48万元，其中利润2078.18万元；产品质量稳定，客户满意度持续提升。

万州复烤厂：复烤厂地处万州区，主要从事烟叶（烤烟、白肋烟）的加工及出口备货，是国家烟草专卖局和重庆市烟草专卖局重点扶持的三峡库区移民迁建技改企业。复烤厂占地面积约7.4万平方米，仓库面积约5.2万平方米，烟叶整选用地约0.72万平方米。主要工艺设备为“仿马克他维奇”型打叶线、“普洛克特”型复烤线和“高多丽”型预压打包线，拥有先进完备的检测设备，建立了三级质量监督检测站，具备检测烟叶各项理化指标的能力，产品加工质量达到或超过行业标准。2013年，万州复烤厂紧紧围绕“严格规范、富有效率、充满活力”总体要求，较好完成全年各项生产任务。全年加工原烟3.52万吨，同比增长44.26%；产出成品2.29万吨，增长48.7%。实现税利1632.79万元，利润423.36万元。

四、烟草商业

重庆市卷烟商业实行母分公司管理体制，市公司下属销售分公司、烟叶分公司、物流分公司3个专业分公司和38个区域分公司，以及1个多元化企业投资管理公司。2013年，在国家烟草专卖局和市委、市政府的正确领导下，围绕“卷烟上水平、对标升位次”工作中心，坚持“稳增长、调结构、强基础、上水平”工作主线，扎实开展各项工作,取得了显著成效。实现主营业务收入272.8亿元,同比增长14.3%;税利总额63.5亿元,增长15.7%;销售卷烟112万箱,增长1.6%,单箱含税销售收入24778元,增长10.6%;12月末资产负债率15.09%,同期减少8.56个百分点。"客户更满意、队伍更纯洁、运行更规范、发展更健康"取得显著成效。

一是提升市场营销水平。坚持稍紧平衡货源投放策略,以市场调研、货源组织和货源投放为抓手,着力调整市场状态,卷烟销售保持了平稳增长的良好态势。深入开展品牌调研及专题调研活动,全面了解全市经济发展、消费变化、人口变动、收入增减、客户盈利及消费偏好等趋势,准确把握市场需求变化,全市月均销量预测吻合度达到98.2%,同比增加2.9个百分点。加强与工业企业货源衔接,完善协议品牌结构,优化月度调运计划,合理调配各分库货源,提高货源入库效率,保障全年货源供应,并根据市场状况合理调整卷烟购进工作。全市全年签订协议量112.8万箱,同比增长3.4%。持续完善大宗品牌投放策略,不断优化高端卷烟投放规则,按照"总量控制、稍紧平衡"调控方针,制定针对投放策略,持续优化客户总量限量和单品分类轮次投放,满足客户需求。

二是强化重点品牌培育。通过明确重点、有序进退、合理布局、创新培育等措施,全市全年卷烟品牌培育成效显著,重点品牌规模持续扩张。发布《2013年重点品牌目录》,引导各区县分公司结合自身实际培育品牌。按照《重庆市烟草行业卷烟品牌引入退出实施办法》,严格品规进出审查把关,进一步营造重点品牌良好成长环境。通过完善服务平台版面,深推重点品牌营销活动,取得较好成效。

三是加强零售终端建设。以终端建设为网建工作的重点,不断完善现有功能,提升零售终端建设水平。通过细分市场、细分客户,各市场类型、各重点区域的现代零售终端覆盖面达到100%,各业态、各档次类型的现代零售终端覆盖面达到100%。根据各区县单位和客户实际情况,优化调整现代终端客户系统应用"三到位"评价标准,出台《重庆市烟草行业网络营销平台终端应用激励办法》,现代零售终端建设推进有力。全年安装现代终端客户2363户,累计实现现代终端客户3017户。现代终端扫码销售客户达到3017户,网上配货客户比21.7%,客我互动率达77.7%;全市电视订货客户数达2008户,使用率83.1%。

四是深入推进客户更满意。坚持以市场为导向、以客户为中心,积极营造"让客户更满意"浓厚氛围,行业干部职工服务客户的自觉性和主动性不断增强,客户满意度持续提升。发布《客户经理工作规程》,建立网上拜访、电话拜访、实地拜访相结合的工作机制,全年客户拜访服务满意度为94.8分,较同期上升0.4分。修订完善《重庆市烟草行业卷烟零售客户满意度评价办法》,通过开展业务培训、咨询解答、投诉处理、跟踪检查、分析评价等措施,专销服务平台的作用得到较好发挥。全年受理客户投诉1.8万余次,处理率达100%,诉求者满意度达96.3%。深入开展增值服务,推进零售终端银行贷记卡结算工作,启动邮政银行贷记卡结算试点工作,全市参与贷记卡结算客户达到16083户。通过优化客户供货档次标准、稍紧控制品规投放节奏,推进区县公司面向客户的品牌阳光公示等举措,全市客户综合毛利率增加0.87个百分点。

五是卷烟物流运行效率提升。全市行业物流运行平稳,多项指标态势良好。全年分拣配送卷烟112万箱,同比增长2%;物流费用率同比下降8%,物流费用占三项费用比率下降0.9%;仓储分拣费用、物流管理费用分别降低1%和4%;分拣差错率同比降低50%,卷烟皱损率降低29%;人均物流效率同比增加8%,库存周转次数增加4%。

(作者单位:重庆市烟草专卖局)

民政工作

梁万琴

一、2013 年工作回顾

2013 年，重庆民政工作认真贯彻落实党的十八大、十八届三中全会和全国民政工作会议精神，按照市委、市政府的决策部署，坚持以建设人民群众满意民政为主题，以保障和改善民生为主线，凝心聚力，务实多干，积极作为，全市民政事业实现了新突破新发展，呈现出基本民生持续改善，社会治理创新推进，社会服务不断提升的良好态势。

（一）着力“管理规范”，社会救助水平明显提升

一是建立“1+5”低保制度体系。认真贯彻落实国发 45 号文件精神，制定出台《重庆市人民政府关于切实加强和改进最低生活保障工作的意见》，并配套出台《重庆市最低生活保障条件认定办法》、《重庆市最低生活保障申请审批规程》等 5 个政策文件，低保制度更加公开、公平、公正，切实筑牢保障困难群众基本生活的安全网，群众认可度和满意度大幅提升。二是城乡低保水平常态提升。继续实施社会救助“双联动”机制，城乡低保平均标准分别调整提高到每人每月 350 元和 200 元。2013 年底，全市有低保对象 107.57 万人，其中城市低保对象 44.91 万人，占非农业人口的 3.48%；农村低保对象 62.66 万人，占农业人口的 3.09%。年支出城乡低保资金 30.23 亿元。三是医疗救助水平不断提高。全面开展重特大疾病医疗救助工作，不断夯实医疗救助信息平台，全面实现异地就诊“一站式”医疗救助服务。全年累计支出医疗救助资金 7.3 亿元，救助困难群众 437.9 万人次。其中医疗救助重大疾病 42.1 万人次，困难群众政策范围内的住院自负部分比例从 25%下降到 17%。四是临时救助力度不断加大。市级专项投入 1 亿元临时救助资金，扩大临时救助范围，规范临时救助程序，全年共投入临时救助资金 2.8 亿元，救助群众 16.4 万户次，为困难群众解急难发挥了重要作用。

（二）加强“综合防御”，自然灾害救助及时高效

一是灾害应急救助及时有序。积极应对干旱、风雹、滑坡、洪涝等多种自然灾害袭击，及时启动市级应急响应 6 次，报请民政部启动四级响应 1 次，紧急下拨救灾资金 3.33 亿元和大量救灾物资，及时救助、妥善安置受灾群众 159 万人，确保了灾民基本生活和灾区社会稳定。二是防灾备灾不断加强。修订出台《重庆市自然灾害救助应急预案》，全面完成中央在渝救灾物资储备库和市级储备主库前期准备工作，38 个区县救灾物资储备点充分发挥作用。建立完善市级应急灾害救助指挥平台，自然灾害灾情预警机制更加健全，培训基层灾害信息员 4000 余人。三是倒房重建稳步推进。探索推进受灾人员集中安置点规范化建设，集中安置点建设竣工 23 个，分散重建住房竣工 2314 户，6700 户因灾倒房困难群众春节前入住率达 97%。四是农房保险制度试点先行。探索农村住房保险救助机制，运用金融保险手段提升防灾减灾能力，部分区县农村住房保险试点工作稳步实施。五是援川抗震倾情倾力。“4·20”四川芦山地震发生后，我市先后向芦山地震灾区组织运送棉被 7110 床、大衣帐篷 9300 件，组织捐赠救灾款物 8229 万元，续写了川渝一家亲的手足情谊。

（三）推进“适度普惠”，社会福利事业加快发展

积极发展适度普惠型社会福利体系，不断

提升居民的福利水平和幸福指数。一是养老服务能力显著提升。积极应对老龄化趋势,把养老服务业发展纳入“调结构、稳增长、促转型”中心任务予以重点部署安排。2013 年底全市共有各类城乡养老机构 1398 家,床位 14.3 万张,每千名老人拥有床位 24.5 张。不断提升养老保障水平,城市“三无”和农村五保对象月均最低供养标准分别提高到 430 元和 300 元,同比分别增长 3.6%和 11.1%。二是养老服务管理更加规范。全面推进养老服务机构规范化建设,制定出台《重庆市敬老院建设标准》、《重庆市敬老院管理服务标准》、《重庆市敬老院等级评定实施办法》,组织开展养老机构负责人、骨干护理员业务培训,实施敬老院等级评定工作,评选星级敬老院 33 所。试点实施农村五保供养机构公办民营,逐步探索五保供养机构服务管理与市场经济相适应的运行方式。三是孤残儿童生活得到切实保障。健全困境儿童分类保障制度,孤儿和困境儿童生活补贴政策全面落实,集中供养孤儿每人 1000 元/月、分散供养孤儿每人 600 元/月、事实无人抚养困境儿童每人 600 元/月。儿童福利机构建设稳步推进,孤儿集中供养服务条件不断改善。积极推进“明天计划”,完成孤残儿童手术治疗与康复 43 例。四是慈善福彩事业稳步发展。广泛开展慈善救助活动,全年接收慈善捐赠款物 5.6 亿元,惠及困难群众 186 万人次。加大福彩销售力度,全年销售福利彩票 43.51 亿元,筹集公益金 14.19 亿元,同比分别增长 14.05%、17.23%。

(四)注重“政社互动”,基层社会治理创新推进

坚持把创新基层社会治理、激发社会活力作为转变政府职能的重要突破口,狠抓城乡社区建设,培育发展社会组织,推进社工队伍建设,取得了较好实效。一是基层群众自治不断深化。颁布实施《重庆市实施〈村民委员会组织法〉办法》,从法规层面明确村务公开的内容、程序、方式、时间,全面规范和深化村务公开民主管理工作。第九届村和社区“两委”换届选举工作稳步推进,全市 8318 个村、2721 个社区有序实施换届选举。二是城乡社区建设深入推进。创新基层社区治理体制机制,市委、市政府制定出台关于减轻社区工作负担、强化村(社区)服务功能的政策性文件,重点就建立社区公共服务事项准入制度,探索实施政府购买服务,提高社区干部待遇等提出明确要求。创新公租房社区管理服务机制,市政府制定出台《关于加强公租房社区建设工作的意见》,有针对性地解决了公租房社区困难人口多、社区规模大、管理难度大等突出问题。不断加强社区服务平台建设,2013 年新建城市社区服务站 236 个。三是社会组织服务功能不断增强。加大社会组织培育发展力度,推进“四类”社会组织登记管理制度改革,全市现有登记社会组织 13154 家,较上年增长 10.6%。制定出台《重庆市异地商会登记管理暂行办法》、《重庆市社会组织评比达标表彰活动管理实施办法(试行)》,全面开展社会组织评估工作,社会组织服务社会能力明显提升。四是加快社会工作发展,全市社会工作专业人才总量超过 7000 人,实施社工人才分级培训 1.2 万人次。开展社工专业服务,实施社会工作专业服务项目,惠及人群 120 余万人。

(五)促进“融合发展”,军政军民关系更加巩固

一是双拥氛围更加深厚。制定出台市委、市政府《关于进一步做好新形势下拥军优属工作的意见》,建立起地方支持部队建设的长效机制。市委常委会专题召开议军会议,研究解决 19 件驻渝部队棘难问题;全年各级各部门和社会各界向驻渝部队赠送慰问金(慰问品)累计达 4300 余万元,军民融合式发展不断深化。二是优待抚恤政策全面落实。实施优待抚恤补助标准正常增长机制,28.57 万名优抚对象抚恤金和生活补助资金平均增长 12%~15%。健全“五位一体”的优抚医疗保障制度,全年优抚对象享受医疗实惠 2 亿余元。建立立功受奖军人奖励制度,对荣立一等功、二等功、三等功、优秀士兵的军人分别增发当年优待金的 100%、70%、40%、20%。加强烈士褒扬工作,烈士纪念设施维修保

护工作有序实施。三是退役士兵安置制度稳步实施。全面建立城乡一体退役士兵安置制度,对符合安排工作条件的退役士兵，全部安置到国家机关、事业单位、国有以及国有控股和国有资本占主导地位的企业。建立退役士兵自主就业一次性经济补助金城乡统筹机制。全年完成政策性安置1692人,办理自主就业9694人,发放一次性经济补助金2.85亿元。制定出台《重庆市退役士兵职业培训管理办法》,加强退役士兵职业教育和技能培训,4430名参训退役士兵全部实现就业。不断加强军休机构规范化建设,全年军供保障新老兵和过往部队12.97万人次。

(六)着眼“优质高效”,社会事务管理拓展延伸

一是区划地名工作稳步推进。稳慎推进行政区划调整,有序实施撤乡设镇、地名审批和审核备案工作。全面完成鄂渝线省界和17条县界联检任务,编制完成《重庆市行政区划图》、《中国政区大典·重庆卷》。二是殡葬管理服务能力大幅提升。稳步推进殡葬改革,全市火化率达到41%。全面推行惠民殡葬政策,共为13134名困难群众免除基本丧葬费1720万元。启动建设城市公益性公墓。三是婚姻登记服务质量明显提高。全面推进婚姻登记机构等级创建工作,全市实施集中和相对集中婚姻登记的区县覆盖率达到92%,全年办理婚姻登记42万对。儿童收养家庭评估试点工作探索推进，全年共办理收养登记350件。四是流浪乞讨主动救助形成常态。积极开展“流浪孩子回校园”、“夏季送清凉”、“冬季送温暖”专项行动,全年共救助流浪人员5.5万人次，其中未成年人2230人次，并帮助563名孩子返校复学。

(七)围绕“整改四风”,教育实践活动取得实效

市民政局机关和直属单位按照“为民、务实、清廉”要求,开展了学习教育、查摆问题、整改落实、建章立制等活动,坚决贯彻落实中央八项规定和市委七个方面的实施意见，制定出台并认真实施民政改进作风十项具体措施。全面梳理为民服务25项办事流程，简化办理程序，缩短办结时限,群众办事更加方便快捷。积极推进市委市政府确定的两大民生实事，大力实施“能力提升工程”,对全市民政领导干部、基层干部和民政专业人才进行大规模培训,2013年共培训8280人次,民政干部为民服务能力和水平进一步提升。尤其是在北京大学、清华大学举办的民政领导干部社会管理创新研修班，干部反响热烈。大力推进党风廉政建设,有序实施民政专项执法检查,稳步开展“三项治理”,严控“三公经费”支出,民政反腐倡廉教育进一步深入人心,政风行风建设进一步深化,干部廉洁自律意识进一步增强。民政直属事业单位基础设施建设力度加大,内部管理进一步强化,服务水平不断提升。

二、2014年工作目标

2014年，重庆民政工作的主要目标是健全社会治理、社会救助、社会福利体系,强化国防保障服务和社会公共服务,切实履行好民政保障基本民生、创新社会治理、提供社会服务的职能。

(一)健全社会治理体系

强化社会组织登记、备案、年检监督管理，规范社会组织评比表彰活动。强化村(社区)服务功能,稳步推进社区“减负提标”工作。全面完成全市第九届村（居）委会换届选举，指导村(居)委会做好建章立制、干部培训工作。深化村(居)务公开,加强村(社区)民主监督。大力实施“万名社工专才培养计划”,实施“边远贫困地区社工人才支持计划”。积极组织社会工作从业人员参加各级社会工作者职业水平考试。实施社会工作专业服务项目,重点开展对特殊群体、困难群体等的专业服务。

(二)健全社会救助体系

完善低保信息系统,推进低保规范管理;完善临时救助制度,规范救助范围、标准和程序。继续推进中央和市级救灾物资储备库建设,加强救灾物资储备管理。积极推动城乡减灾示范社区创建活动。

(三)健全社会福利体系

新建和改扩建乡镇敬老院100所，新建城镇社区养老服务设施200个、农村幸福院800个。贯彻落实《国务院关于加快发展养老服务业的若干意见》、《养老机构许可办法》和《养老机构管理办法》，规范养老机构管理服务。开展养老服务业综合改革试点。继续做好市儿童爱心庄园后期建设工作。

(四)强化国防保障服务

深入开展双拥共建活动，积极组织动员社会力量参与拥军优属工作。认真组织开展双拥模范城(县)创建活动，推动双拥工作持续健康发展。全面落实各项抚恤优待政策，加大优抚医疗力度，推进解决重点优抚对象住房困难。完成全市零散烈士纪念设施抢救保护任务，做好新式《烈士证明书》、《残疾军人证》换发工作。深化退役士兵安置改革，落实退役士兵安置政策，加强退役士兵职业技能培训，培训合格率和培训就业率分别达到100%。

(五)强化民政公共服务

审慎进行乡镇行政区划工作。启动第二次全国地名普查工作。实施湖南、重庆行政区域界线第三轮联检工作，完成市内16条1098公里县界联检任务。深化殡葬改革，加强殡葬服务设施建设，建成首个市级城市公益性公墓；推进区县城市及较大乡镇公益性公墓、村安葬点建设，推进区县火化殡仪馆、殡仪服务站建设。完善基本殡葬服务惠民政策，加强收费价格管理，推动殡葬服务标准化、规范化建设。依法开展婚姻收养登记，规范登记服务行为，推动婚姻家庭服务工作，协调制定婚姻登记优惠政策，推进婚姻收养登记机关标准化建设。加强救助基础服务设施建设，推动救助管理机构等级创建工作。继续实施“流浪孩子回校园”专项行动，强化流浪未成年人救助保护工作。

(作者单位：重庆市民政局)

重庆物价

高霞

一、2013年重庆市价格运行情况

(一)价格运行总体情况

2013年，重庆市居民消费价格保持良好运行态势，CPI同比上涨2.7%，低于全年价格调控预期目标0.8个百分点，涨幅排序居全国31个省(区、市)第十八位，居西部12个省(区、市)第10位，居4个直辖市第三位。

(二)居民消费价格运行特点

八大类商品价格“七涨一降”。衣着、食品、居住、家庭设备用品及维修服务、娱乐教育文化用品及服务、医疗保健和个人用品、烟酒及用品价格同比分别上涨6.3%、4.1%、2.8%、1.6%、1.4%、1.0%、0.6%，交通和通讯价格同比下降1.7%。食品、医疗保健及个人用品、烟酒等价格涨幅在2012年基础上有所回落。

阶段性波动较明显。第三季度价格涨幅较大，CPI连续3个月同比涨幅突破了3%。

食品价格仍是推升CPI上涨的主要因素。食品价格累计同比上涨4.1%，拉动CPI上涨

表1 2013年重庆市居民消费价格运行情况表

月度	1月	2月	3月	4月	5月	6月	7月	8月	9月	10月	11月	12月
环比	101.0	100.9	99.1	100.1	99.6	99.9	100.6	100.6	100.7	99.6	99.9	100.1
同比	102.0	103.4	102.6	102.5	102.1	102.5	103.3	103.2	103.1	102.5	102.5	102.0
累计	102.0	102.7	102.7	102.6	102.5	102.5	102.6	102.7	102.8	102.7	102.7	102.7

1.24个百分点，占总涨幅的45.9%。从全国情况看，重庆市食品价格同比涨幅低于全国平均水平0.6个百分点，其中，粮食、肉禽及制品、蔬菜、水产品价格同比涨幅分别为3.0%、3.7%、6.4%、2.7%，分别较全国平均水平低1.6、0.6、1.7、1.5个百分点。

二、2013年重庆市价格工作概况

(一)价格总水平保持基本稳定

一是组织开展通胀预期管理督查工作。切实履行通胀预期管理牵头组织和协调职能，促进“米袋子”、“菜篮子”等各项稳价安民措施的有效落实。二是强化价格监测预警。启动主要农副产品周报制度和蔬菜价格旬报制度，着力抓好四川芦山地震、禽流感等突发事件以及春季强降雨、夏季高温伏旱极端性气候等敏感时期市场价格监测调控。及时启动生猪价格调控预案，猪肉价格3月触底回升，猪粮比价渐趋合理，有效稳定了生猪生产预期。三是全面落实国务院降低流通费用的价格政策措施。积极实施生猪、蔬菜等生产用电、用水价格优惠政策，同时，加强农产品市场摊位费管理，推进建立农产品市场明码标价制度。

(二)价格改革取得积极进展

平稳实施国家新的成品油价格改革措施，落实成品油质量升级加价政策。利用经济回调，市场煤价回落的有利时机，取消电煤价格双轨制，电煤价格完全实现市场调节。加大脱硝、除尘和可再生能源电价附加等环保电价实施力度。坚持处理好改革与稳定的关系，通过适当下调燃煤发电企业上网电价，疏导国家部分电价政策调整形成的价格矛盾，保持了终端销售电价的稳定。建立反映市场供求和资源稀缺程度的天然气价格动态调整机制，出台综合门站价格改革措施。制定实施主城区居民住宅用水“一户一表”改造收费及二次供水同城同价政策，为推进居民阶梯水价改革奠定了基础。进一步完善地下水水资源费、危险废物处置、乡镇污水处理、垃圾处置等环保收费政策，充分利用价格杠杆促进节能减排和生态文明发展。推进完成主城区出租汽车价格调整工作。

(三)清费减负力度不断加大

会同财政部门取消、免征47项行政事业性收费，每年将减轻企业和社会负担约1.05亿元；降低公安、司法、住房和城乡建设、交通运输、农业、卫生计生、国有资产管理等部门17项行政事业性、经营服务性收费标准，涉及证照发放、登记、执业资格考试、检验检疫等收费项目。规范和完善畜牧兽医、基层法律服务、银行卡刷卡手续费等收费政策，督促全面落实小微企业减免收费政策。降低五一、国庆期间部分旅游景区门票价格，降幅达20%，有效拉动旅游消费。围绕千亿级医药产业发展目标，积极争取国家价格政策支持。

(四)民生价费政策进一步完善

一是教育收费。进一步明确公办基础教育、中职及以下学校教育收费政策，适度上调初中毕业生暨高中招生收费标准。组织市内公办、民办高校开展高校教育成本监测和收费政策改革专题研究。二是医药价格。推进公立医院价格改革试点，药事服务收费改革试点范围由原10区县10家公立医院扩大至20区县39家公立医院。加强药品价格管理，降低偏高的20类400多个品种药品价格，平均降幅达20%。修订出台中药饮片、医疗机构自配制剂价格管理政策，促进中医药产业的健康发展。按照“总量控制、结构调整、有升有降”的原则，基本完成《全国医疗服务项目规范(2012版)》11大类9300余个项目对接工作。三是其他民生价格。继续强化保障性住房价格管理。会同市民政部门加强殡葬收费管理，全面开展殡葬基本服务收费项目定价和非基本服务项目确定工作，降低群众殡葬负担。进一步完善市内部分景区门票或索道票价管理政策，促进旅游业健康发展。

(五)价格监管工作取得明显成效

组织开展涉农、涉企、教育、医疗、旅游等价费专项检查和重大节假日市场监管。积极推进反价格垄断执法机构建设，经市编办批准，重庆市物价局价格监督检查分局更名为重庆市物价局价格监督检查与反垄断分局。加大反价格垄断工作实践,积极参与全国水泥、白酒、乳粉等行业反价格垄断调查工作。配合国家发改委检查组开展银行收费检查。认真处理价格举报投诉,及时化解价格矛盾和纠纷。全市共查处各类价格违法案件632件,实施经济制裁2821万元,退还消费者429万元。受理价格咨询投诉2.7万件,立案查处841件,退还消费者1003万元。

(六)价格基础工作有效提升

启动《重庆市政府定价目录》修订工作,根据社会经济发展变化情况以及价格管理的需要,先后放开主城轮渡客运价格,下放生猪屠宰收费价格管理权限,调整有线电视收视维护安装收费管理权限。价格监测、成本监审立法工作取得积极进展,《重庆市价格监测办法》经市政府法制办审查通过,《重庆市政府制定价格成本监审办法》列为2013年市政府规章立法预备项目。开展万州区蓝莓、大渡口区香葱、长寿区沙田柚、酉阳土家族苗族自治县苦荞、垫江县黑花生、云阳县山羊、石柱县莼菜7个特色农业种养殖成本及收益调查,特色农业成本收益调查领域不断拓展。成本监审工作再上新台阶,全市18个行业55个项目成本监审工作顺利完成,涉及金额近58亿元,核减不合理成本5.4亿元。价格认证工作机制进一步完善,出台道路交通事故车物损失价格鉴定管理政策,建立主城九区车物定损联合工作机制,全市共受理各类价格鉴定和价格认证2.2万余件,鉴定认证金额47亿元。完成旅游景区门票价格、公办及民办高校收费改革等课题研究。

三、2014年价格工作思路

2014年物价工作的总体思路是深入贯彻落实党的十八届三中全会、中央经济工作会议、市委四届四次全委会、全国物价局长座谈会议精神,坚持稳中求进工作总基调,将改革创新贯穿于价格工作各领域、各环节,加快完善主要由市场决定价格的机制,保持价格总水平的基本稳定,推动重点领域价格改革取得新突破,进一步保障和改善民生,努力为全市经济发展营造良好的价格环境。

(一)以改革创新统领物价工作,积极深化资源环境价格改革

推进销售电价分类结构改革,开展电力用户与发电企业直接交易试点,修订完善丰枯峰谷电价政策。进一步完善天然气综合门站价格政策。深化水利工程水价改革,逐步建立反映商品价值的水价形成机制。积极实施阶梯价格政策,适时启动居民阶梯水价、居民阶梯气价改革工作。全面落实燃煤机组环保电价监管措施和脱硫、脱硝、除尘环保电价政策。稳步调整水资源费标准。

(二)围绕保持价格总水平基本稳定首要任务,健全价格调控监管体系

一是健全通胀预期管理和价格监测预警机制。发挥通胀预期管理牵头职责,切实落实各项保供稳价措施。建立健全价格监测预警机制,加强价格运行分析研判,提高价格调控的前瞻性、有效性和针对性,及时处置苗头性、倾向性问题。构建价格监测信息发布平台,集中公示主城区涉及民生的重要商品价格,合理引导生产、经营和消费。二是重点抓好生猪、蔬菜等重要农产品价格调控。完善生猪价格调控预案,继续实施区县蔬菜价格月度涨幅排序通报制度,配合相关部门推进平价商店建设、农超对接、重要商品储备等工作。三是进一步整顿规范价格秩序。开展涉企、涉农和民生领域价格专项检查。注重市场价格行为监管,开展价格诚信建设,严厉打击以次充好、虚假打折等价格欺诈行为。推进反价格垄断执法,及时查处滥用市场支配地位垄断价格以及捏造散布涨价信息、串通涨价、哄抬物价等违法行为,营造公平竞争的市场价格环境。推进全市12358价格举报平台的联网工作,提升工作效率,维护好广大群众的价格合法权益。

(三)围绕增强经济发展内生动力和活力,优化价格环境

一是减少政府价格干预。紧紧围绕市场在资源配置中起决定作用,进一步厘清政府与市

场作用的边界,修订完善《重庆市定价目录》。梳理服务领域价格项目，逐步放开市场竞争充分的经营服务性收费。同时合理划分市、区县两级价格管理事权,进一步下放价格管理权限。二是加大清费减负力度。会同市级有关部门加大行政事业性收费治理力度,取消不合理收费项目,降低偏高的收费标准。深入治理涉企收费,全面清理取消违规收费,规范金融收费行为。

(四)进一步完善民生价格政策,着力保基本保民生

完善学生公寓收费管理，推进公办高校收费改革,研究逐步放开民办教育收费。全面落实区县级公立医院药品零差率补偿办法和药事服务收费政策,扩大按病种收费的试点范围,改进低价药品价格管理方式,完善二类疫苗价格管理政策,出台新版医疗服务项目价格政策。推进物业服务、停车服务、有线电视基本收视维护价格形成机制改革。完善保障性住房价格政策。会同相关部门研究完善物价联动机制方案,切实保障低收入群体生活水平不因物价上涨而降低。

(五)围绕“定规则、搞服务”,强化物价工作基础

积极推进价格成本监审调查的立法工作,修订完成物业、停车场、丰枯峰谷电价、汽车客运等规范性文件。围绕服务农业产业结构调整和产业化发展，提高农产品成本调查信息的针对性和实效性。拓展价格认证服务领域,积极参与农村“三权”担保抵押价格认证,探索公路路产赔偿、补偿、占用收费认证试点工作。针对物价工作中的热点难点问题加强价格政策理论研究,为全面推进价格改革、强化价格调控监管提供理论支撑。

(作者单位:重庆市物价局)

重庆口岸

邓诗

一、2013 年发展回顾

(一)口岸数量及分布

截至 2013 年底，重庆市共有 3 个国家对外开放口岸:重庆江北机场航空口岸、重庆寸滩水运口岸、重庆团结村铁路口岸。另有 12 个口岸区域,分别为 3 个原二类口岸区域:万州水运口岸、涪陵水运口岸、上清寺邮政口岸;2 个保税功能区:两路寸滩保税港区、西永综合保税区;1 个保税航油库：机场保税航油库;6 个具有通关功能的作业区:九龙坡港、南岸经开区、永川理文纸业码头、江津玖龙纸业码头、新港、长寿化工码头。

(二)口岸经济运行情况

1.重庆航空口岸

截至 2013 年,重庆共开通国际客货运航线总量 43 条(客运 24 条,货运 19 条)。其中,2013 年内新开通国际航线 6 条(旧金山、洛杉矶、悉尼、岘港、清迈、哥打基纳巴卢),加密国际航线 1 条(曼谷),恢复包机国际航线 4 条(济州、马累、暹粒、长滩)。重庆到美国航班达到每周 10 班,重庆到悉尼航线每周 2 班。国际(地区)直达客运航点 24 个,洲际枢纽航点 2 个,国际航线体系进一步完善,以东南亚、港澳台为基础,覆盖欧洲、大洋洲、北美洲、亚洲的客货运航线网初步形成。同时,空港进境水果指定口岸功能和 72 小时过境免签政策为重庆江北机场空运口岸提供了稳定的客货运量支持。

2013 年，重庆江北机场航空口岸国际航班起降 10368 架次,同比增长 17.5%;国际旅客量达到137.3 万人次,同比增长 46.35%;办理落地

签证(注)4787 人次,同比增长 31%;国际货邮量 18 万吨(其中保税航油加注量 6.4 万吨),同比增长 20%。

2.重庆水运口岸

2013 年,重庆寸滩港水运口岸内外贸集装箱吞吐量达到 50 万标箱,同比增长 12%;外贸货物吞吐量完成 1050 万吨,同比增长 17%。

3.重庆铁路口岸

2013 年 12 月 26 日,重庆团结村铁路集装箱中心站获批临时对外开放。该口岸是我国西部内陆地区最早对外开放的铁路口岸,标志着重庆已形成水、空、铁全面开放的口岸格局。团结村铁路口岸作为渝新欧国际铁路联运大通道的起点站、重庆及西部地区与欧洲经贸往来的“桥头堡”,国家批准其为对外开放口岸,对于强化重庆市开放型经济的通道及平台建设,加快构建内陆开放高地具有十分重要的意义。

2013 年,重庆团结村铁路口岸外贸集装箱吞吐量完成 3.7 万标箱,同比增长 100%;外贸货物吞吐量达到 35 万吨,同比增长 180%。开行渝新欧班列 36 趟,发送集装箱 3290 标箱;开行渝深铁海联运班列 334 趟,发送集装箱 3.13 万标箱。

4.电子口岸

2013 年 1 月,重庆电子口岸中心完成原国际贸易电子数据交换中心的划转工作。3 月,经重庆市人民政府办公厅批准,重庆电子口岸中心公开招聘 8 名事业编制人员。11 月,重庆电子口岸中心顺利通过重庆市编办新设事业单位机构编制执行情况评估。截至 2013 年,成功开发并上线运行 3 个应用项目:重庆边检旅客申报系统、航空物流综合信息系统、“渝深快线、区域联动”信息系统,正在开发应用项目 5 个:铁路口岸通关辅助系统、加工贸易综合信息系统、航空口岸通关综合管理系统、检验检疫安全接入网、全市口岸视频监控系统。

(三)口岸综合管理

2013 年,重庆市政府口岸办在各部门和口岸各单位支持配合下,开拓进取,扎实工作,圆满完成各项任务,开创了口岸工作新局面,全市口岸经济迅猛发展,各项指标保持高位运行,内陆开放高地建设态势可喜。

1.完善口岸功能及硬件配套

协调保税港区落实建设用地,同步建设进口肉类和进口水果指定口岸的冷链查验设施;推进航空口岸联检大楼建设工作;完成铁路口岸联检大楼建设,并已投入使用;改扩建 2.2 万平方米铁路口岸监管查验场所。

2.积极推进大通关建设

召开航空和水陆口岸季度工作联席会,协调解决影响口岸运行问题。加强区域合作,转关物流规模迅速发展。协调解决集装箱车高速公路通行收费优惠问题。协调重庆海关允许非重庆关区企业在保税区内享受“分送集报”快速通关服务。协助富士康公司解决产品出口转关受限问题。切实服务重大活动和重点招商项目,做好渝洽会、中东欧国家地方领导人会议、市长国际经济顾问团年会、重庆台湾周等大型活动要客通关服务工作。

3.扎实推进口岸立法工作

为规范口岸开放,优化口岸布局,完善口岸设施,提高通关效率,促进内陆开放高地建设,口岸办组织联检单位调研形成《重庆市口岸管理和服务办法》(审议稿),该办法已列为市政府立法预备项目。

4.开通 72 小时过境免签功能

2013 年 10 月 16 日,国务院正式同意重庆开通 72 小时过境免签功能,重庆成为继北京、上海、广州、成都之后第 5 个拥有该项政策的城市。

5.开通进境水果指定口岸功能

2013 年 11 月 20 日,江北国际机场、两路寸滩保税港区两个进境水果指定口岸获得立项批复(2014 年 1 月 23 日,重庆空港进境水果指定口岸正式投用)。该口岸是西部内陆地区开通运行的第一个、全国第十五个进境水果指定口岸,对于完善我市口岸功能、进一步优化重庆市物流环境、推动开放型经济加快发展具有重要的促进作用。

6.承担“加快内陆地区口岸发展问题研究”等课题

2013年，国家口岸办委托重庆市口岸办开展加快内陆地区口岸发展问题调研。重庆市口岸办会同内陆地区12省市口岸办，认真进行研究，从与时俱进发展口岸定义，完善内陆地区口岸发展规划布局、制度体系及环境，优化空间布局体系，完善发展政策体系，制定发展保障体系，加强内陆地区口岸信息化体系建设等方面提出了措施和建议。承担中国国际经济交流中心主导的《渝新欧国际贸易大通道战略研究》子课题《渝新欧国际贸易大通道与重庆铁路口岸开放研究》，有效推动了重庆铁路口岸开放和在重庆铁路口岸设立汽车整车进口口岸工作。

(四)口岸监管与服务

1.海关

重庆海关完成“海关支持‘向西开放’国际物流大通道建设”署级课题研究，并配合海关总署研究制定中哈海关关于渝新欧铁路集装箱运输海关监管实施技术规程，及时协调解决货物在国际段被盗、被频繁查验等问题。渝新欧班列正式纳入中欧安全智能贸易航线试点计划，实现了“安智贸”项目从海运方式向铁路运输方式的延伸。积极支持开展冬季保暖集装箱的运行测试。积极协调渝新欧沿途各国、各地区海关的合作，确保首趟回程班列通关顺畅。自2011年开通以来，重庆海关累计监管渝新欧班列94趟，监管进出口集装箱6780标箱。

重庆海关积极探索以诚信通关体系建设为核心的综合监管改革，开发启用了接单环节派单叫号系统，大力推进集拼箱业务。积极推动通关作业无纸化、“两单一审”、“属地申报、属地放行”以及“渝深快线、区域联动”等监管通关业务改革和创新，简化通关手续，方便物流进出，为企业减负增效。

2.海事

重庆海事局始终坚持“海事监管为经济社会发展服务，海事人员为行政相对人服务”的理念，以依法监管为前提，以规范管理为重点，以行政相对人满意为目标，不断提高服务水平。

2013年长江三峡北线船闸由于进行计划性检修，船闸通过能力不足，船舶通航压力增大。根据长江航务局和长江海事局《2013年三峡船闸检修期水上安全监督管理工作方案》，集装箱船舶属于受控船舶必须实施分段签证。为确保重庆—上海外贸货物快班轮不受影响，重庆海事局积极协调，为集装箱快班轮开辟了绿色通道。船闸检修期间，重庆海事局共计为53艘次集装箱快班轮优先办理了直航签证，为集装箱班轮快捷、高效运输提供了力所能及的服务。

3.检验检疫

重庆检验检疫局积极健全与环保、反恐部门应对口岸核与辐射突发事件合作机制，成功应对入境磷矿石集装箱放射性测超事件，实现口岸核生化监测信息互通和有效联动。切实加强“心防、人防、物防、技防、联防”五位一体的防控体系建设，妥善应对了H7N9疫情防控，首次截获法国野燕麦、新波罗灰粉蚧、假高粱、印度蒺藜草、美洲蒺藜草等5种检疫性有害生物，并首次从送检的空调冷凝水中分离、鉴定出3株嗜肺军团菌，引起广泛关注。

重庆检验检疫局与四川检验检疫局和香港国泰航空公司联合签署直通放行合作备忘录，为重庆电子信息产品出口海外开辟又一空中通道，降低了产品出口海外的物流成本。

4.边防

重庆边防总队根据口岸业务量快速递增的工作实际，结合落实新编制工作，强化基础调研，实施顶层规划，强力推进勤务模式改革。通过对重庆口岸航线、航班、流量等基本情况以及未来3到5年间的口岸发展趋势进行科学评估分析，确立了“小机关、大基层、小单元、大勤务”的勤务模式改革思路，精简机关，壮大基层，将每日勤务工作拆分为出境入境两个执勤单元，分别由不同科队承担，同时在勤务高峰期建立不同执勤单元之间联合执勤、机关支援基层以及勤务中队战士帮勤的大勤务统筹机制，优化了警力配置，有效解决了警力虚耗、浪费问题，为服务地方经济社会发展提供了强有力的组织支撑。

2013 年，先后策划了《出境入境管理法》实施新闻发布会、口岸流量破 100 万大关、文明使者访谈、“8·19” 中国边检服务品牌宣传推介等新闻宣传活动。按照部局开展边检警营开放日试点工作的要求，成功举办了以“文明使者铸忠诚，青春梦想亮国门”为主题的边检警营开放日活动，采取开放警营、观摩警务、现场演示、发放宣传册、播放宣传片等多种形式，全方位展示了边检机关在服务地方经济社会发展、加强队伍建设、职业文化建设等方面取得的丰硕成果和官兵扎实的专业素质、良好的精神风貌，开辟了与社会进行沟通互动的新途径。

二、2014 年发展目标

(一)继续保持口岸经济指标大幅增长

航空口岸旅客量达到 2800 万人次，同比增长 12%，国际旅客量达到 160 万人次，同比增长 15%，国际货邮量 20 万吨，同比增长 10%；水运口岸实现外贸集装箱和外贸货物吞吐量 55 万标箱和 1200 万吨，同比分别增长 10%、15%；铁路口岸完成外贸集装箱和外贸货物吞吐量 4 万标箱和 40 万吨，同比分别增长 15%、14%。

(二)大力推进航空口岸建设

以基础设施建设和国际航线开发为重点推进航空口岸建设。一是推进完成江北机场四期扩建项目。新建一座 53 万平方米的 T3A 航站楼，一条长 3800 米、宽 75 米、飞行等级为 4F 级的第三跑道（能够起降目前世界上最大的民航客机空中客车 A380）以及相关配套设施，预计 2015 年建成投用。同时，还将在空港保税区内建设一个 2 万多平方米的保税货库，以及 7 万平方米国内货运库和 4.5 万平方米的其他仓库。完成四期扩建的重庆江北机场，拥有 70 万平方米航站楼(5 座)，实现 3 条跑道运行，年旅客吞吐能力将达 4500 万人次，年货邮吞吐能力 55 万吨，中转率达 20%。二是大力开发国际航线。以欧美国家远程国际航线、亚洲重要国家国际航线为重点，用好用活过境旅客 72 小时免签证政策，携手旅游、外事部门，引进国际国内有实力的航空公司，进一步丰富航线网络。同时不断增加运力投放，扩大航线覆盖面，加大货运航线开发力度，增加航线班次，为笔电产品提供更加方便、快捷的空运保障。

(三)积极推进水运口岸建设

一是加快建设完善基础设施和监管查验场所；二是强化区域通关协作，推进口岸通关便利化，全力构建和打造政策最优、功能最全、优势明显的新型海关特殊监管区域和一流的内陆水运通关口岸；三是全面加强与上海港等长江各水港口岸的交流与合作，不断提高吸纳、辐射能力；四是积极推进万州等二类水运口岸和江津珞璜港等多个口岸后续监管区的基础设施建设，扩大港区规模，完善口岸设施，增强口岸功能。

(四)重点推进口岸后续基础设施建设和铁路物流园区建设

一是重点建设和完善口岸通关查验区、检测作业区、监管仓及堆场、展示交易及配套服务区、整车及其他指定口岸作业区等各类口岸基础设施；二是打造进出口商品产业链，发展铁路口岸保税物流、保税加工、保税展销、检测维修等加工贸易和服务贸易业；三是与渝新欧铁路沿线国家加强通关协调，争取实现查验通关及物流数据实时交换，进一步提高跨国通关效率和物流速度。到 2020 年，重庆铁路口岸将建成 50 万平方米的口岸作业区、3 平方公里的铁路综合保税区，实现 1000 亿元的铁路物流贸易额，成为中西部内陆地区西向对外大通道的战略起点、重要平台和重要的铁路物流集散地。

(五)加快电子口岸建设

全面推进“口岸管理相关部门信息互换、监管互认、执法互助”，下一步将研究开发重庆国际快件中心监管系统、加工贸易综合服务平台(二期)、重庆航空物流综合信息化管理系统(二期)、渝新欧物流综合信息化管理系统(二期)、重庆电子口岸视频监控系统、重庆移动互联通关综合信息查询平台和移动智能查验系统、旅客携带物卫生检疫查验管理系统、转关运抵报系统、重庆海关数据交换及审批管理硬件系统升级、重庆进出口领域公共数据仓库及大交换系统等多个应用项目，全力助推联建单位高效监管和通关便利化。

(六)推动指定口岸建设

将依托已有航空、水运、铁路一类口岸，积极申报建设植物种苗口岸、原木口岸等指定口岸，进一步丰富口岸进出口商品种类，做大做强口岸经济。

(作者单位:重庆市政府口岸管理办公室)

重庆民防

卢芳

2013年，全市民防系统坚持以科学发展观为统揽，按照年初工作部署，求真务实，真抓实干，推进各项工作持续健康发展。全市已有36个区县建成应急应战指挥平台。新批建防空地下室面积增长38.3%，再创历史新高；竣工验收防空地下室面积同比增长41.3%；收取防空地下室易地建设费增长40.5%。全市民防工程有效开发利用率达74%。加大应急训练力度，在全国首次人防训练比武竞赛活动中取得优异成绩。“百日纳凉送爽”工程取得显著的社会效益，得到广大市民和孙政才书记、黄奇帆市长等领导的充分肯定。

一、加快推进重点工程建设

一是指挥平台体系建设进展较快。各区县举全力推进，大足、石柱、荣昌、云阳、忠县、开县等地精心组织施工，切实提高建设质量；万盛、垫江、彭水、秀山、巫山等地已招录专职人员加强维护管理；各区县加强统筹协调，接入当地应急、地震、公安、消防、卫生、市政等部门信息系统，逐步建立起应急联动协同机制。历时近三年的全市防空袭方案和重要经济目标防护方案修订全面完成。二是民防工程体系建设提速明显。坚持规划先行，万州、渝北、南川、秀山、云阳等地基本完成民防工程建设规划。市办与渝中区政府签署合作协议，为朝天门、解放碑等核心地区地下空间整体开发奠定了基础。加快推进公共民防工程项目，持续规范“结建”工作，全市防空地下室批建量和易地建设费收取量大幅增长。不断提高工程质量水平，新成立市民防工程质监站，着力完善规章制度，强化技术培训，整合质监力量，形成良好工作机制。

二、持续夯实基础性工作

一是信息化建设成果得到巩固。对全市民防指挥信息传输网络升级改造，建成市到区县光纤宽带专网，确保信息传输稳定可靠。优化卫星组网，形成以市级为总站，万州、涪陵、黔江、永川为分站的两级组网模式。全市警报音响覆盖面进一步扩大，“6·5”警报试鸣放活动效果良好。

二是应急训练力度不断加大。组织市区两级指挥所联动训练、机动指挥车专项训练、短波电台组网训练120多次，累计训练3600人次。市机动指挥所圆满完成重庆警备区首长机关实兵射击与实弹投掷演练、武警水电部队应急救援演习的卫星通信保障任务，应急应战指挥通信能力得到有效检验。四川芦山地震发生后，市办第一时间派出指挥通信保障分队赶赴灾区，在现场灾情信息收集、卫星通信传送等方面发挥了积极作用，得到国家、成都军区人防办和市政府高度肯定。积极参加全国首次人防训练比武竞赛活动,市办获得全国优胜集体奖、成都军区优秀组织奖,我市组队代表成都军区参加全国人防知识竞赛获二等奖,我市一大批民防干部职工获得国家和成都军区人防办表彰。

三是依法行政水平明显提高。积极推进政策法规建设,新制定和完善了疏散基地、宣传教育、行政执法等方面的规范性文件,完成了《人民防空法(修订)》征求意见工作,启动了防空地下室施工图审查要点、竣工验收细则等行业技术标准的拟制,开展了对民防工程损毁赔偿标准调整的调研工作。市人防监察队核查已建和在建项目1124个,新立案查处项目27个。市办首批成功创建"学法用法示范机关"。

三、不断提升为民服务能力

一是疏散基地建设规范有序。制定下发工作手册,进一步规范建设标准,细化建设内容。加大投入,为基地农户改厨改卫、硬化道路,深受好评。全市新建成基地40个,达到疏散安置140万城市人口的能力。

二是民防工程开发利用成效明显。精心开展"百日纳凉送爽工程",全市111个纳凉点共接待群众185万人次,开展健康讲座、免费义诊等活动98场,获得社会各界广泛好评。深挖民防工程开发利用潜力,九龙坡、渝中、江北等地民防地下商场的品牌地位得到进一步巩固。结合住宅小区防空地下室建设,为社会新提供停车位1.1万个,累计达4.5万个,提高了城市承载能力。强化民防工程安全管理,全系统保持无安全责任事故和突发事件发生的良好态势。

三是民防宣传教育不断深入。深化与市教委的合作机制,实现民防教育全市初级中学全覆盖,受教初中学生达到36万人。在全国率先开展民防教育进高校,教育部和国家人防办给予高度肯定,要求及时总结经验向全国推广。修订印发民防应急手册、防空防灾专刊等资料14万册,保障了宣传教育需要。各区县在全国防灾减灾周、"6·5"警报试鸣放活动中,通过电视广播、媒体专栏、手机短信、广场宣传、防空防灾演练等形式,深入开展民防宣教活动,参加的学生、市民达80多万人次。市民防宣教中心采取"迎进来、走出去"等方式,开展主题宣教活动39场次,影响力不断提升。

(作者单位:重庆市民防办公室)

第五编
产业状况

第一产业

农村经济发展

罗祖斌

一、2013年发展回顾

2013年，全市认真贯彻落实中央和市委、市政府的决策部署，紧紧围绕"保供增收惠民生、改革创新添活力"的目标，从市情农情出发，坚持以特色效益农业为核心，大力推进农业现代化，实现了农业农村经济持续发展。全年实现农林牧渔业增加值1002.68亿元，比上年增长4.7%。其中，种植业678.67亿元，增长4.3%；畜牧业246.96亿元，增长3.5%；林业35.07亿元，增长8.0%；渔业41.98亿元，增长17.0%。农民人均纯收入8332元，比上年增长12.8%。其中，人均工资性收入4089元，增长20.2%；人均家庭经营收入3136元，增长5.4%；人均财产性收入235元，增长33.7%；人均转移性收入872元，增长4.8%。

（一）农业基础产业稳步发展

突出抓好了抗灾自救、技术推广、高产创建等重点工作，整建制高产创建和增产模式攻关试点效果明显，建立优质稻基地300万亩，"双低"油菜基地210万亩。播种粮食3380万亩，产量连续6年稳定在1100万吨以上。油料总产量53.2万吨，增长6.1%，实现了"七连增"。有效应对生猪价格长期低迷和周边禽流感疫情影响，安排畜牧资金8亿元，市政府及时出台临时收储等6条措施，促进了生猪、家禽产业迅速恢复。出栏生猪2104万头、家禽2.3亿只，分别增长2.6%、4.2%，肉类总产量达到207万吨，增长3.1%。安排蔬菜专项3亿元，争取后扶资金10亿元，继续加大蔬菜基地建设，设施配套不断完善，抗灾能力不断提升，品种结构不断优化，蔬菜产量1600.6万吨，增长6%，蔬菜均价比全国平均低1成左右，确保了市场有效供给。

（二）农业产业结构不断优化

围绕"五大功能区"建设，坚持"稳粮猪"、"壮牛羊"、"扩多经"、"提水产"、"搞休闲"的思路，推进特色效益农业差异化发展，农业结构不断优化，粮猪产值比重逐步下降，特色养殖、园艺作物、生态渔业等占比明显上升。落实专项投入10亿元，整合及区县配套42亿元，吸引社会投入113亿元，重点推进了柑橘标准化基地建设，面积达到277万亩、产量223万吨，分别增长4.5%、9.9%，晚熟柑橘产销两旺，产地收购价同比上涨39%，全市水果总面积540万亩、产量396万吨，增长3.4%、8.5%。牛、羊出栏分别达到59万头、227万只，增幅均在7%以上。水产品产量40.7万吨，增长12.6%。茶叶稳量增效，产量2.8万吨，产值12.6亿元、增长16.3%。都市农业初具规模，全市发展农家乐2万余家，年营业收入30亿元，农村三次产业融合发展。

（三）农民收入持续稳定增长

农业部新型职业农民培育试点成效明显，建成农民田间学校300所，开展农村实用技术人才培训300万人次。支持农民就业创业，新增转移富余劳动力20万人，农民工返乡就业创业30.6万人，市内务工占比提高到54%。引导农民发展种养加等特色项目，各类专业大户加快发展。积极挖掘增收潜力，大力推广"稻鳅双千"、"鱼菜共生"、"粮经菜"套作等复合型种养模式，实现增产、增效双赢。扎实开展测土配方施肥，全年实施3700万亩，亩均节本增效50元以上。农业社会化服务快速发展，农机服务面积570

多万亩，开展代耕代种460万亩次。积极发展产地加工，农产品加工业产值达到1500亿元。农村资产的租金、股息、红利及土地流转费呈上涨趋势，使农民财产性收入较快增长。转移性收入继续保持平稳增长。

（四）农业农村条件持续改善

扎实推进"民生实事"，落实高山生态扶贫搬迁资金37.7亿元，签订搬迁协议23.9万人，完成搬迁安置17.7万人。启动实施620个行政村环境连片整治，累计建设沼气155.8万口、沼气工程2286个，养殖污染得到初步控制。投入农业综合开发10.5亿元，建高标准农田20万亩，改造中低产田16万亩。加强农业科技组装集成，推广作物新品种105个，标准化健康养殖等技术加速应用。推广农机23.2万台套，耕种收综合机械化水平达到36%。以"12316"为核心的"三农"信息服务进一步加强，服务质量明显提升。

（五）农产品质量安全水平不断提高

农业标准化加快推进，制定实施地方标准和技术规范51项。认证"三品一标"460个，总量达到2868个，认定市级名牌农产品品牌48个，累计123个。生猪、蔬菜、乳业三大安全产业链深入建设，县级质检站达到33个，蔬菜检测合格率95%、地产水产品合格率98.7%、畜产品和生鲜乳监测合格率100%。畜禽屠宰监管职能移交顺利实施，畜产品监管进一步加强。扎实开展重大动物疫病防控，春秋两季防疫面达到100%，主要道口动植物检验检疫不断加强，有效防范了外疫及有害生物传入。切实加强农业综合执法，深入推进"绿剑护农"专项行动，共查处各类农业违法案件2106件。全市未发生重大农产品质量安全事件和重大动物疫情。

（六）农村改革稳步推进

农民合作社达到1.86万个，参合率44.9%，农村股份合作社达到1845个，培育家庭农场8955个。农业龙头企业达到2430家，销售收入2025亿元。国家级重庆（荣昌）生猪交易市场挂牌运营，组建"重庆农产品电商联盟"，西部农交会影响力不断提升。引导和规范"城市资本下乡"，实现投资380亿元。重庆农业"走出去"步伐加快，承担国家援助坦桑尼亚农业示范项目扎实推进。农业适度规模经营有序发展，流转土地1365万亩，占承包面积38.4%。农村土地流转市场及服务体系不断完善，仲裁机构实现全覆盖，受理解决纠纷1196件。农民负担监管不断强化，信访查处率100%，有效化解了农村矛盾。"三资"管理不断加强，村委换届审计全覆盖，集体产权制度改革试点稳妥推进。农村土地承包经营权抵押融资53亿元，农业担保贷款56亿元。农业保险增加到24个险种，保额89亿多元，受益130余万农户。

二、发展中存在的问题

一是增加主要农产品产量与农业资源环境承载压力大的矛盾突出；二是农业生产成本上升与比较效益下降的矛盾突出，尤其是种粮；三是农民工转户进城与农业劳动力结构短缺的矛盾突出，"谁来种地"问题不断凸显；四是保供给与促增收、稳产量与提质量的矛盾突出，特别是保障农产品质量安全面临更大挑战；五是农业基础设施仍很薄弱，难以有效抗御日益频发重发的自然灾害，农业经营体系仍以千家万户的小生产为主，利益连接、风险防范等机制还不完善，难以有效应对不断加剧的市场风险。此外，还存在一些体制机制的束缚，难以适应新型经营主体加快发展的要求。

三、2014年发展目标

2014年的农业农村工作，按照中央和市委市政府的统一部署，千方百计稳定以粮食为重点的主要农产品生产，千方百计促进农民持续增收，确保粮食产量稳定在1100万吨左右，农业增加值增长4%左右，农民人均纯收入与经济发展同步增长，高于城镇居民收入增长水平。

（一）稳扎稳打地推进各项改革

坚持稳中求进的基本原则，注重统筹推进的基本方法，把握市场化方向、防止"非农化"倾向和切实维护农民权益的基本要求。重点探索推进农村产权交易、稳定和完善家庭承包经营、农村股份合作、农业扶持政策、农业保险、农村“三资”管理六项改革。

(二)毫不放松地抓好产业发展

在稳定粮食、生猪、蔬菜生产,保障好“米袋子”、“菜篮子”的同时,着力抓好柑橘、牛羊、生态鱼、土鸡、调味品原料、中药材、茶叶等“七大产业链”建设,扶持区县发展区域性特色产业。扎实推进国家现代畜牧业示范区和潼南、荣昌、南川3个国家现代农业示范区建设,加快市级现代农业园区建设。

(三)扎实办好农村“民生实事”

推进高山生态扶贫搬迁,把“搬得出、稳得住、逐步能致富”作为工作目标,统筹搬迁安置与后续发展,努力增强群众自我发展和可持续发展能力。2014年新启动15万人的搬迁。加强农村面源污染防治,积极协调配合规划、环保等部门,完善村庄规划,明确整治方案,保护农村生态环境。

(四)强化农产品质量安全监管

全面落实中央“四个最严”的要求,从源头抓起,加强农业投入品监管,严格农产品基地准出、市场准入。完善农产品质量安全标准体系,重点抓好蔬菜、水果、茶叶和畜禽、水产养殖标准化建设。推进“三品一标”认证,大力培育安全农产品品牌。

(五)不断夯实农业发展基础

推进高标准农田建设和中低产田改造,抓好标准化生产基地和农业园区建设。推进农田水利设施建设,增强水利支撑保障能力。完善农机购置补贴政策,加大小微型农机具研发,推广农产品初加工机具,普及应用农产品储藏、保鲜、烘干等设备。完善新型农民培育的模式、途径和方法,加快培育一批有文化、懂技术、会经营、善合作的新型职业农民。

(作者单位:重庆市农业委员会)

农业机械化

周正华

2013年末,全市农业机械总动力达1198.88万千瓦,其中耕整机58.13万台,大中型拖拉机0.38万台,小型拖拉机0.78万台;联合收割机0.576万台;插秧机1.162万台;农用排灌动力机械96.21万台;机动脱粒机63.11万台,农产品初加工作业机械108.74万台;农产品初加工动力机械95.78万台;畜牧养殖机械60.28万台;农业机械原值98.90亿元,净值81.24亿元。

2013年,全市机耕作业面积200.04万公顷,机收作业面积27.26万公顷;水稻机插面积12.30万公顷;机电浇灌面积44.50万公顷;机械深施化肥面积1.77万公顷;机械化秸秆还田面积9.49万公顷;机械脱粒粮食589.49万吨;机械初加工农产品数量1265.25万吨;农机运输收入34.31亿元;农业耕种收综合机械化水平达到36.1%。

一、农机技术推广

2013年共推广各类补贴农机具23.26万台(套),比上年增长5.5%,实施中央农机购置补贴资金2.52亿元。完成机耕作业面积2808.9万亩,示范推广水稻机插秧185万亩,比上年新增1.05万亩,水稻机收作业390万亩,比上年增长5.4%,油菜机播1.164万亩、机械化植保作业554.05万亩、机械化秸秆还田139万亩。拖拉机、联合收割机“三率”水平全国排名第二位。在全市首次开展的秋冬种生产机械化试验示范项目喜获成功,示范面积共5000亩,其中油菜3850亩,马铃薯880亩,紫云英270亩。马铃薯生产机械化项目顺利实施,试点推广马铃薯播种机2台、杀秧机2台、收获机6台。引进了农用无人航空植保机械和油菜免耕直播机、油菜秸秆粉碎还田机。探索推进了农机化条件下的稻油(薯)连作模式,经有关农机合作社示范田块实测,油菜生产全程机械化平均亩产 325 斤(入仓产量),稻田免耕稻草全程覆盖种植马铃薯(二季)亩产 1600 多斤,经济效益、社会效益和生态效益可观,这对我市"冬闲田"充分利用、建立新型农机合作组织经营模式、实现农业增产和农民增收、深入推进特色效益农业有着重要的现实意义。全年耕种收综合机械化水平达 36%,比上年增长 3 个百分点,农机综合机械化水平实现"五连升"。

(一)突出重点,加快普及推广先进适用农机新机具新技术

一是调整优化机型装备结构,重点促进大中型拖拉机、高性能联合收割机、大型烘干设备等机具的推广应用,2013 年大中型拖拉机、联合收割机等农业机械需求增加,推广量分别比去年增长 60%和 67%。二是试点引进农用无人航空植保机械和油菜免耕直播机、油菜秸秆粉碎还田机。三是探索推进农机化条件下的稻油(薯)连作模式,研究制定《重庆市"稻油"连作机械化轻简生产模式技术要求和"稻薯"连作机械化生产模式技术要求》。四是总结提升推广水稻机插秧技术经验,制订出新的《重庆市水稻机械化育插秧技术规程》,指导各地生产作业。五是继续强力推进机插秧作业补贴试点工作,安排下达补贴资金 796.8 万元,全市共建设完成机插秧作业补贴示范面积 26.5 万亩。

(二)完善机制,科学规范实施农机购置补贴政策

一是制定出台了《重庆市农业机械购置补贴管理办法》和《重庆市 2013 年农业机械购置补贴实施方案》,为购置补贴工作提供了政策依据。二是结合重庆丘陵山区特点,经专家评审等相关程序,确定了《重庆市 2013 年农机购置补贴机具补贴额一览表》,共 12 大类 32 个小类 74 个品目纳入中央财政补贴机具种类范围。三是安排农机推广专项工作经费 1100 万元,其中农机购置监管工作经费 630 万元,基层硬件设施建设投入 470 万元,各区县配套了相应经费 368 万元。四是加强廉政风险防控机制落实,印发了《重庆市农机购置补贴廉政风险防控机制建设实施方案》、《2013 年度农机购置补贴政策落实延伸绩效管理工作实施方案》,规定了 24 条防控措施。五是切实加大监督检查力度,全年共完成专项督导检查 2 次、农业部督办工作任务 2 次、市级电话抽查机具 4973 台(套)、发现并及时处置问题 59 起、受理投诉举报 37 起、重大事件调查处理 5 起。

(三)政策扶持,不断提高农机专业合作组织社会化服务能力

一是在积极开展市级农机合作社示范社的基础上,重点实施了农机专业社生产能力提升工程,累计投入专项资金 730 多万元,扶持农机合作社购置大中型农业机械,改善基础设备条件。二是与有关高等院校合作,实施推进了"农机高端应用人才星火计划",对农机合作社经理人、农机修理工等进行了专业技能培训。三是坚持"走出去"战略,百家农机专业合作社"组团"参加了郑州农机展、青岛国际农机展及海峡两岸农机展等颇具影响力的行业"窗口"展示展览平台,及时了解、接触和掌握前沿农机化先进技术。四是研究出台了《2013 年农机融资试点项目实施方案》,着力解决农机融资难问题,大力调动农机服务市场主体购置农业机械的积极性。

(四)强基固本,深入开展农机化教育培训

先后组织举办了 3 期农机购置补贴管理培训班、1 期水稻机插秧作业补贴示范点图斑制作培训班、1 期农机项目管理工作会议、10 期农机合作社经理人、10 期农机修理工培训班、2 期农机推广人员知识更新培训班、3 期全市 2013 年基层农技服务体系农机推广人员知识更新培训重点班、1 期拖拉机教练员培训班,全市共培训农机行业从业人员 1230 多人次。开展了 15 批次的农机特有工种的职业技能鉴定工作,参加鉴定 987 人,鉴定合格 908 人。

（五）监管有力，农机安全保持平安稳定态势

一是农机安全责任制度得到全面有效落实。二是基本完成了基层农机监理执法车和事故处理设备的配备。三是“平安农机”示范创建超目标完成任务。四是公安驻农机警务室试点工作推进顺利，拖拉机交通违法违规行为和事故明显下降。五是初步建立了外籍拖拉机安全监管机制，基本形成了动态管理台账。六是农机安全专项治理活动效果较好，有效防范了农机安全事故发生。七是及时调解处理农机质量投诉9起，为农民挽回经济损失3万元，维护了群众切身利益。

（六）构筑平台，依靠科技创新推动农机化事业全面进步

为使西南丘陵山地现代农业装备创新中心建设工作更加科学合理，特邀请了一批全国农机化界的顶级专家学者莅临重庆指导，对《西南丘陵山地现代农业装备创新中心规划》进行论证评议。该平台建成后，将充分发挥重庆机械制造工业优势，打造全市农机科研创新高地，建设覆盖丘陵山区主要农作物的各个生产环节，与丘陵山区自然禀赋和地理条件以及农艺要求相适应的现代农业装备产品体系，推动农机要素集成配套，体现农业现代化气息和特征。

二、农机安全监理

创建全国“平安农机”示范县一个，“平安农机”示范乡（镇）28个，示范村（居）210个。建成全国农机监理“为民服务、创先争优”示范窗口两个，巴南区农机监理站、南川区农机监理站荣获2012~2013年度全国农机安全监理“为民服务创先争优”示范窗口，3名同志荣获2012~2013年度全国农机安全监理“为民服务创先争优”示范岗位标兵，以上创建工作超额完成了市政府和农业部下达的目标任务。拖拉机、联合收割机上牌率达到97.6%，与上年持平；检验率81.5%，同比增长1.8%；驾驶员持证率96.6%，同比增长0.2%，这三项指标均保持全国前列水平。全年共发生一般农机事故7起，死亡1人，受伤11人，农机安全事故死亡人数在控制指标内。发生拖拉机上道路交通事故20起，死亡人数5人、受伤人数20人，这三项指标比上年分别下降45%、29%和60%。

一是认真组织开展农机“安全生产月”、农机安全“两化一整治”、农机安全大检查、农机安全大培训、“绿剑护农·农机安全执法”等一系列专项整治活动，着力发现和解决农机安全生产作业违规行为和事故隐患，做到了坚决打击，有效治理。

二是把“平安农机”创建工作作为农机安全生产工作助推器，纳入政府考核，增加经费投入；对一些区县的创建工作进行重点指导、重点帮带，作用较为明显；开展了“为民服务创先争优”示范窗口创建活动，进一步增强全市农机安全监理人员的服务意识，改进工作作风，提高工作标准。

三是严厉整治农机安全生产隐患。加强与公安、安监、交通等部门协作，开展联合执法检查，严肃查处拖拉机无牌无证行驶、驾驶人无证驾驶、拖拉机违法载人、疲劳和酒后驾驶以及使用伪造、变造登记证书、牌证、检验标志、保险标志等违法违章行为。全市共组织检查组2415个，出动农机安全执法人员5120人次，检查单位2298个，查处非法违法行为815起，警告324起，责令改整改、限期整改、停止违法行为548起。

三、农机服务体系建设

2013年末，全市有各类农机化作业服务组织及农机户998845个，从业人员144.29万人，其中农机专业合作社834个，从业人员7.45万人；有农机户99.27万户，从业人员133.55万人，其中农机化作业专业户18.11万户，从业人员24.50万人；农机化中介服务组织394个，从业人员1626人；农机维修网点3649个，从业人员9790万人；农机经销企业322个；农机经销点2618个；乡村农机从业人员110.28万人。

（一）农机经营

全市农机经营总收入93.69元；农机化作业

收入79.29亿元；农机维修收入2.86亿元；其他收入11.81亿元；农机化经营利润总额17.71亿元。

(二)农机试验鉴定与农机质量监管

2013年，共受理检验项目525项，其中部推175项、省推193项，任务总量是上年的1.6倍，已完成356项，其中部推完成111项、省推191项、推广鉴定证书变更25项。完成上报农业行业标准2个，申报地方标准4个。完成了国家行业科技项目丘陵山地小型农机具技术研究与示范子项目玉米收获机改进研发任务。完成了第六版质量手册、程序文件、3个大纲、8个样章的制(修)订，全面清理了标准、大纲、细则、规程。调解处理农机质量投诉案件9起，为农民挽回经济损失3万元，切实维护了农民群众切身权益。

(三)水稻机械育插秧技术示范

继续坚持开展水稻机插秧作业补贴试点，以水稻优势产区为重点，以种植环节为关键着力点，以专业合作社为主要载体，加强农机农艺融合，努力普及机耕、大力突破机插，全力推广机收，不断增强粮食综合生产能力。通过近年来的不懈努力，水稻机械化育插秧技术示范推广工作和水稻机收工作快速发展，2013全市共完成了机插秧任务面积185万亩。

(四)农业机械跨区作业助农增收工程

2013全市机收总面积达到了400万亩，在去年的基础上猛增28万亩，增长幅度达7.37%，全市30%左右的水稻种植面积实现了机械化收割。

(作者单位：重庆市农业委员会农机综合处)

农村扶贫开发

李耀邦

2013年，重庆市扶贫开发工作紧紧围绕市委五大功能定位和武陵山、秦巴山两大片区扶贫示范区建设要求，以片区攻坚为主战场，以减少贫困人口和增加贫困农民收入为主攻方向，突出高山生态扶贫搬迁、整村整片开发、特色产业发展、人力资源开发、社会扶贫和资金监管等六大重点，着力改革发展，机制创新，全面完成目标任务。2013年，全年减少贫困人口36万人，完成450个贫困村整村扶贫任务，实现高山生态扶贫搬迁20万人，新建及改扩建乡村公路5100公里，解决22万人安全饮水，完成培训和资助14.6万人，扶贫开发工作重点区县农民人均纯收入高于全市3个百分点。

一、扶贫资金投入

2013年全市可安排的财政专项扶贫资金合计15.6亿元，其中，中央安排我市财政扶贫资金10.5亿元，市级配套和市级安排专项资金5.1亿元。争取中央国家定点扶贫资金预计4亿元，山东政府援助资金4200万元，集团扶贫资金2亿元左右，一圈帮扶两翼实物量4.4亿元。市老促会为市革命老区共募集捐款1800多万元；市扶贫开发协会筹集资金280多万元，启动成立了支持大学生村官创业扶贫开发投资股权基金，募集来自16家单位的股权基金1.58亿元。借助党员干部结对帮扶和中国扶贫开发协会、中国扶贫基金会、曹德旺基金会、香港道德会等民间组织，共筹集资金2000多万元。

二、扶贫资金管理

先后出台和完善资金监管、全程参与、专账专户、竞争入围、公告公示、联席会议、信访投诉、义务监督、审计监察、绩效考评等10项制度，确保扶贫资金安全高效运行。对全市新启动的140个整村推进村280名义务监督员、90余名报账员以及负责监管工作的干部进行系统培训,不断提高他们的监管能力。在巫溪、奉节等重点县引入中介机构参与扶贫项目计划编制、预算评审、决算审计等相关工作,规范管理,阳光操作,受到国扶办领导的充分肯定。

三、连片特困地区扶贫攻坚

按照"区域发展带动扶贫攻坚、扶贫开发促进区域发展"思路,会同市发展改革委、财政局、民宗委完成武陵山、秦巴山片区实施规划,上报国务院扶贫办、国家发展改革委,获得国家批复同意实施。在武陵山、秦巴山两大片区启动项目98个,完工15个,续建69个,新开工14个,完成固定投资200多亿元。积极协调市级相关部门,配套编制交通、旅游等行业扶贫规划,加大"两山"片区出口通道建设,乡村公路、小流域治理、农村电网改造等基础设施建设投入,提高交通、水利、能源保障和农田设施建设水平,着力实现片区内通村畅乡、人畜安全饮水等各项目标。按照分类指导、以点带面、因地制宜的原则,有序推进重点区县18个小片区的扶贫项目建设,惠及39.8万户、131万农村人口。截至目前,18个重点县完成县级以上投资22.96亿元,1810个项目纳入规划,目前完成619个、在建463个、规划建设728个。

四、贫困村整村推进

2013年,重庆市共实施1040个贫困村整村推进,其中新启动了140个贫困村整村推进工作,对2011年全市启动的第三批450个贫困村的整村推进村进行验收,全部达到整村推进要求。完成整村推进的450个贫困村实际完成各类投资49.4亿元,平均每个村达到1097.2万元。其中财政扶贫资金7.1亿元、整合其他部门投入23.6亿元、群众投工投劳12.4亿元、扶贫集团帮扶等其他投入6.3亿元。总投入和扶贫资金投入之比达到7:1,有效发挥了扶贫资金"四两拨千斤"的杠杆作用。通过把整村扶贫与片区开发有机对接、激活土地承包经营权、创新到人到户机制等方式,突破了长期制约贫困地区的基础设施薄弱、产业增收能力差、公共服务保障水平低三重束缚,贫困村农民人均纯收入增幅超过了所在区县(自治县)平均水平,贫困村面貌实现了根本改善。

五、产业扶贫

出台《扶持贫困地区产业发展的暂行办法》、《重庆市级扶贫龙头企业认定和运行监测管理办法》,统筹安排特色效益农业资金、科技扶贫资金、信贷扶贫资金等产业发展资金1.5亿元,专项支持特色产业发展。全市投入财政扶贫专项资金2.28亿元,在32个区县1313个贫困村开展互助资金试点,累计发放借款3.98亿元,惠及11.8万农户,到期还款率达97%,较好解决贫困农户产业发展资金短缺问题。坚持分类指导、因地制宜的产业开发方针,重点支持武陵山片区发展草食牲畜、烟叶等扶贫特色产业,支持秦巴山片区发展林果、中蜂、中药材等支柱产业,产业覆盖80%以上贫困群众。大力支持乡村旅游发展,编制乡村旅游扶贫规划,举办第二届乡村旅游扶贫开发仪式暨百万市民避暑休闲活动,开通乡村旅游扶贫网站,新发展农家乐3000多户、床位5万多张。2013年,全市177个贫困村共发展旅游接待户1万余家,接待游客606万人次,接待农户户均收入5.8万元。

六、高山生态扶贫搬迁

重庆市扶贫办始终瞄准"扶贫开发工作重点区县、贫困村、贫困户",制定高山生态扶贫搬迁规划。突出专项扶贫搬迁这一硬任务,调整优化资金结构,落实差异化补助政策。将财政扶贫资金、小额到户贷款、整村扶贫资金和互助资金进行打捆使用,将山东省对口援助的5000多万财政资金和中央机关定点扶贫、市级集团扶贫、圈翼帮扶等社会扶贫资金的50%用于扶贫搬迁。全年下达专项资金4.04亿元,启动安置点建设525个,完成搬迁扶贫对象5万人。

七、雨露计划

围绕贫困地区发展林、果、药、桑、菜、鸡、牛、羊、兔、蜂等十大扶贫主导产业，开展农村实用技术培训7.9万人。围绕市场用工需求，依托招投标的11所技工学校开展雨露技工培训0.5万人，实现定向招生、定向培训、定向就业。围绕增强发展的带动示范能力开展创业培训，培训专业大户业主、家庭农场主、合作经济组织负责人、集体经济组织带头人、乡村旅游带头人1万人。围绕提高贫困地区干部带领群众脱贫致富的本领，举办8期500名贫困区县乡镇和村支“两委”干部培训。围绕推动贫困地区公益事业发展，培训贫困地区乡村医生2500名。启动成立支持大学生村官创业扶贫开发投资股权基金，募集股权基金1.58亿元。举行“赢在乡村，圆梦中国”活动支持大学生村官成长工程公益行动。全年资助大学生1200名，资助金额320万元。投入5050万元支持全市47768人就读中高职校。在重庆旅游职业学院和重庆市安全职业技术学院实施“雨露计划·职教扶贫”项目，定向招收培养农村扶贫对象户家庭应届初中毕业生201人，免费接受中、高职学历培养。

八、社会扶贫

对市级扶贫集团进行调整，对市级扶贫集团成员单位进行充实，新增成员单位200余个。狠抓中央国家机关单位定点扶贫、东西扶贫协作、鲁渝扶贫协作、集团扶贫、圈翼扶贫、社团扶贫、社会爱心扶贫。争取社会各界直接投入资金18亿元，引进投资22亿元。会同市工商联出台共同推进民营企业参与新一轮农村扶贫开发的实施意见。精心组织开展以圆梦为主线，以奉献爱心、消除贫困为主题的民营企业支持贫困区县发展项目对接会，签约项目25个，会议签约金额近58亿元。

（作者单位：重庆市扶贫开发办公室）

农业综合开发

陈科

一、2013年发展回顾

2013年，重庆市农业综合开发紧紧围绕全市经济社会发展大局，认真落实《重庆市“十二五”农业综合开发专项规划》，按照将重庆市农业综合开发项目区打造成为“全国山地农业综合开发示范区、西部现代农业发展先行区”的工作目标，大力实施农业综合开发，走现代农业综合开发之路。坚持发挥农业综合开发优势，努力为全市保障粮食安全、农副产品基本供给、发展特色效益农业和推进农业现代化贡献力量。全年农业综合开发投入财政资金104720万元，同比增长16.8%，其中中央财政资金6.74亿元，同比增长16.5%。全年立项实施土地治理项目72个、产业化经营项目171个、集中使用科技推广费项目42个、部门项目71个，立项实施国家农业综合开发现代农业园区试点项目1个、龙头企业带动产业发展项目2个、“一县一特”产业发展试点项目3个。进一步提升了项目区农业综合生产能力，改善了项目区农村生态环境，推进了项目区农村经济结构调整，壮大了项目区优势特色产业，带动了项目区农户群众增收致富。在全国农业综合开发项目资金绩效考评中，重庆市在全国37个省级农业综合开发机构中列第三名，创历史最好成绩。

（一）农田基础设施持续改善

2013年，全市农业综合开发土地治理项目投入财政资金63528万元，改造治理土地面积

53.85万亩。其中,投入财政资金21049.5万元,改造中低产田16.5万亩;投入财政资金15791.5万元,完成生态综合治理16.8万亩;投入财政资金26687万元,建设高标准农田20.55万亩。自2009年农业综合开发实施高标准农田示范工程以来,全市累计建设高标准农田面积已达62.4万亩,实施区县达到15个。项目区经过土地治理后,水利排灌、农机耕作、交通运输、土壤肥力等农业生产条件和农村生态环境进一步改善,农业综合生产能力特别是粮食生产能力进一步增强,为保障全市粮食安全做出了积极贡献,为各地规模发展优势特色产业奠定了基础。全市农业综合开发土地治理项目区年可新增灌溉面积11.85万亩,改善灌溉面积13.8万亩,新增粮食生产能力5113万公斤,新增种植业总产值5.76亿元,项目区农民收入增加总额2.27亿元。

(二)优势特色产业持续壮大

坚持"围绕产业抓开发,抓好开发促产业"的工作思路,结合各地资源优势立项开发,围绕各地优势特色产业发展实施土地治理,同时充分利用产业化经营项目对产业带动能力强的重点龙头企业和农民专业合作社重点扶持。全年投入财政资金17496万元,扶持龙头企业100家,农民专业合作社71家,其中投入财政资金5600万元,实施龙头企业带动产业发展和"一县一特"产业发展试点项目5个,促进了粮油、柑橘、蔬菜、猕猴桃、金银花等优势特色产业的发展壮大,新建粮油基地25万亩,柑橘基地3万亩,蔬菜基地5万亩,其他特色产业基地8万亩,为打造三峡库区柑橘品牌,保障全市"菜篮子"、支持区县发展特色产业发挥了重要作用,为打造从"一粒种子"到"一杯橙汁",从"一根青草"到"一块牛肉干",从农田到餐桌等一系列完整产业链条持续贡献力量。

(三)农业园区建设持续推进

贯彻落实《重庆市农业综合开发办公室关于支持现代农业综合示范工程的意见》,支持市发改委、市农委、市财政局、市国土房管局、市水利局、市农综办等6部门联合命名的20个市级现代农业综合示范工程建设,投入财政资金17155万元,配套完善园区内农业基础设施,促进园区产业发展,提升农业科技和进行农民培训等。支持农业部、财政部确定的荣昌县国家现代农业示范区开展农业改革与建设试点,投入财政资金2336万元。实施取国家农业综合开发现代农业园区试点项目1个,在潼南县实施,财政投资共计7200万元,分3年建设。

(四)农业科技水平持续提升

农业综合开发通过土地治理项目科技措施费的有效使用和市级集中科技推广项目的大力投入,将农业科技推广应用与优势特色产业发展结合起来,大力引进粮油、柑橘、蔬菜、水果等名优新品种,推广节本增效型、资源节约型、环境友好型先进适用技术。全年土地治理项目科技措施投入财政资金4000多万元,其中安排1470万元实施市级集中科技推广项目42个,加快了农业科技成果转化,农业科技水平进一步提升,项目区名优新品种覆盖率达到98%以上,有力地促进了项目区农业增效农民增收。

(五)积极参与部门项目管理

2013年,全市实施农业综合开发部门项目71个,投入财政资金21296万元。其中,中央财政备案资金为13310万元,比2012年增加3850万元、增长达40%。全年组织召开了两次部门项目工作会,参与了2013年度部门项目的实施管理、部分部门项目的检查验收和2014年度部门项目的评审及上报工作。

(六)大力推进外资项目建设

全市世界银行贷款可持续发展农业项目前期工作有效开展。2013年,项目社会风险评估报告通过了国家农发办及世行的审查,项目追溯计划经世行审查同意,项目可行性研究报告通过国家发改委的审批,项目已经世行董事会批准立项,项目前期准备工作全面完成。2014年开始正式实施。

(七)开发管理制度持续完善

立足于精细化管理,建立健全以"四制"为核心的管理制度,继续完善资金管理、项目管理、综合管理制度体系。编制了《重庆市农业综合开发高标准农田建设实施规划（2011~2020年）》，印发了《关于进一步规范农业综合开发土地治理项目区公示牌和工号牌的通知》，进一步加强土地治理项目工程建设监理考核工作，召开了项目前期工作培训会，进一步规范项目前期工作管理，促进了项目资金管理制度化、规范化。

（八）开发工作机制持续创新

将创新作为农业综合开发事业向前推进的一大法宝。在资金分配上，继续完善因素分配法，将自然资源因素和工作考核成绩统筹考虑，合理安排财政资金；在项目安排上，继续完善公开竞争立项机制，竞争立项已覆盖到各类项目；在项目建设上，完善项目建设与产业发展结合机制，探索了各类农综项目之间的结合机制；在项目验收上，坚持项目竣工审计决算制，继续完善中介机构资金检查机制和农民评价机制；在工作考核上，引入绩效评价理念，形成了项目绩效考核和项目验收考评相结合的机制。在工作机制不断向前推进中，提升了开发质量和效益，也为其他支农项目管理提供了借鉴。

二、发展中存在的问题

一是农业综合开发资金投入与需求矛盾越来越突出。目前我市农业综合开发财政资金只有10个多亿，每年只能进行50万亩左右的田土治理，加之重庆属山区，开发成本较高，财政资金增幅缓慢，很难满足全市大面积中低产田改造与高标准农田建设的任务需要。

二是农业综合开发实施难度越来越大。由于农业比较效益不高，随着城镇化进程的加快，农村人口结构发生变化，导致农业综合开发建设的劳动力不足。

三是农业综合开发资金量占全市财政支持“三农”资金总量越来越小，逐渐失去农业基础建设主导地位，面临边缘化的境地。

四是区县农业综合开发机构队伍不稳定，与逐年增加的开发任务不相适应。

三、2014年发展目标

2014年，全市农业综合开发将紧紧围绕“科学发展、富民兴渝”的大局，坚持“一统三化两转变”的发展战略思想，认真贯彻落实党的十八大、十八届三中会精神，以及市委第四次党代会和四届三次全委会议精神，坚持国家政策导向与重庆“三农”工作大局有机结合，发挥农业综合开发优势，大力推进以特色效益农业为核心的农业现代化建设，走现代农业综合开发之路，为全市农业农村经济社会发展贡献更大力量。

（一）围绕一大定位

坚持把打造“全国山地农业综合开发示范区、西部现代农业发展先行区”作为重庆市农业综合开发目标定位。立足全市五大功能分区，在都市核心区和都市功能拓展区重点支持发展都市城郊型现代农业；在城市发展新区重点支持发展丘陵高效型现代农业；在渝东北生态涵养发展区和渝东南生态保护发展区重点支持发展山地生态特色型现代农业，着力打造“山地农业综合开发示范区”。

（二）突出两大任务

一是努力增强项目区农产品有效供给能力。突出抓好10个国家级产粮大县建设，加快高标准农田建设，坚持设施建设与基地发展配套，藏粮于田、藏菜于地，增强项目区综合生产能力，提高农产品品质，为保障全市粮油、蔬菜、水果等主要农副产品持续稳定、优质安全供给发挥重要作用。二是努力提高农业产业化水平。坚持产业开发，围绕我市确定的11大重点产业统筹安排农业综合开发各类项目，大力推进项目区农业生产的标准化、集约化、规模化、信息化、科技化和市场化。

（三）实现四大转变

一是在开发目标上，从注重提高生产能力向注重提高生产水平转变。积极转变项目建设方式和项目区农产品生产方式，项目目标从过多的重视数量和产能过渡到重视质量和水平，真正实现生态环保、资源节约、优质高效、持续发展。二是在开发路径上,从注重项目建设向注重产业建设转变。着力加快优势特色产业的发展,统筹安排实施好项目。把农业综合开发各类项目的立项建设融入到优势产业建设之中,实现从分散的项目建设向产业建设转变,全力提高农业综合开发的产业化、市场化和组织化程度。三是在开发模式上,从注重综合治理向注重特色发展转变。针对我市各区县自然地理、经济社会条件千差万别的现状,坚持因地制宜、分类指导,从过去主要强调山水田林路综合治理,转到着力解决项目区产业发展的障碍性因素,更多地探索不同区域各具特色的开发模式。既要做出特色,又要向特色要效益。四是在开发机制上,从主要依靠行政计划向更多依靠市场法制转变。积极转变职能,对项目和资金管理更多通过市场手段和竞争机制来运作。加快推进《重庆市农业综合开发条例》调研,力促尽快出台,努力使农业综合开发走上法制化轨道。

(四)抓好六大重点

一是夯基础。努力建设“旱涝保收、稳产高、节水高效、生态良好、科技先进”的高标准农田36万亩,为农业现代化发展奠基础,为确保全市粮食总产量稳定在1100万吨以上贡献力量。二是重特色。坚持实施生态综合治理项目与优势特色产业发展相结合,改造治理生态面积15万亩,促进柑橘、蔬菜、特色水果、茶叶、中药材等特色产业发展。三是抓示范。坚持把农业综合开发项目区建设成为现代农业发展先行区。切实抓好农业综合开发现代农业园区示范建设项目,以项目区为平台,投入财政资金3亿元,合力打造20个市级现代农业综合示范工程,再争取一个国家农业综合开发现代农业园区试点项目。四是扶龙头。改变分散化、小额补助型、被动贴息型的投资方式,按照扶优、扶特、扶大、扶强的原则,支持龙头企业与专业合作社与农田紧密衔接,大力实施龙头企业带动产业发展和“一县一特”产业发展项目,促进农业发展产业化和合作化。五是强科技。进一步运用科技措施费用,加大新品种新技术推广和农民培训力度,拟投入科技经费5000万元,其中计划重点实施市级集中科技项目30个,培训农民20万人次。六是增能力。以实施世界银行贷款农业可持续发展项目为契机(贷款额为3000万美元),努力学习借鉴世行先进管理经验,进一步增强我市农业综合开发资金和项目管理能力。

(五)加强资金和项目管理

进一步优化完善重庆市农业综合开发资金项目管理绩效评价考核办法;加大管理制度执行力度,健全项目工程质量监控体系,建立健全资金监督体系,建立健全项目监测评价体系;在项目管理上重点实施“三改两简化”,为区县化积案解难题办实事,调整改变项目立项、规划审批,计划变更工作,简化项目批复和中期检查;改进农民满意度测评制度,试行典型农户调查制度,并且融入到项目申报、立项、实施、验收、管护等项目各环节中。

(作者单位:重庆市农业综合开发办公室)

林业

黄海

2013年,在市委、市政府的坚强领导和国家林业局的精心指导下,全市林业系统紧紧围绕“科学发展、富民兴渝”总任务,认真开展党的群众路线教育实践活动,扎实推进生态文明建设,林业各项事业持续健康发展。全市森林覆盖率达到42.1%,林木蓄积量达到1.9亿立方米,林业增加值增长8%。共争取市级以上林业投入35.8亿元,其中:中央投入24.4亿元,市级投入

11.4 亿元。2013 年林业投入比 2012 年增长 20.1%。

一、狠抓重点工程，推进国土绿化

以退耕还林、天然林保护、石漠化治理等国家重点工程以及三峡水库生态屏障区植被恢复等项目建设为依托，推进城乡绿化一体化。全年完成营造林 353.6 万亩，其中，人工造林 233.4 万亩、封山育林 120.2 万亩；完成中幼林抚育 202 万亩。全年有 2100 万人次参加义务植树，植树超过 6500 万株。

二、深化林业改革，盘活森林资源

积极探索承包权、经营权“两权分离”改革，为非林地上造林经营业主颁发《林木证明》，经营业主凭《林木证明》可申请林权抵押融资，2013 年“两权分离”融资达 8200 余万元。建立健全林权纠纷排查调处长效机制，全年调处林权纠纷 1.54 万件。开展森林景观资源的有偿使用流转，面积 91 万亩。鼓励农户、林业大户、林业企业采取多种方式开展林权抵押融资，全年新增贷款 26.8 亿，全市林权抵押贷款累计达到 153.5 亿元。继续推进森林保险工作，森林保险面积达到 3000 万亩。推动区县林权管理服务机构标准化建设，扩大林权交易量。创建林业专业合作社、森林人家、家庭林场等新型林业经营主体，推进林地适度规模经营，全年流转集体林地 513 万亩，流转金额 13 亿元，林业合作组织达到 1313 个，参加农户 63 万户。

三、加强资源管理，夯实生态基础

一是认真落实森林资源目标责任制，将林地保护管理、森林采伐限额管理、公益林管理、森林防火和林业有害生物防治等纳入目标责任制考核内容。二是加强林地保护管理，认真实施《重庆市林地保护利用规划 (2010~2020 年)》，指导区县编制实施县级林地保护利用规划。严格林地征收占用审核(批)管理。三是开展森林经营，实施森林抚育工程，加强中幼林抚育管理，森林单位面积蓄积量提高到 63.5 立方米 / 公顷。四是全面加强湿地、自然保护区和野生动植物保护管理。五是严厉打击破坏森林资源的违法犯罪行为，全市森林公安机关共办理涉林案件 4808 起，侦破查处 4761 起。打击处理各类违法犯罪人员 5402 人，收缴木材 6175 立方米，野生动物 4160 只(头)。侦破“4·7”网络贩卖野生动物专案，查获小熊猫、穿山甲、鹦鹉等国家重点保护野生动物及其制品 39 只。

四、强化责任落实，主动应急防控

一是狠抓森林防火。进一步落实森林防火行政首长负责制，加强防火宣传和高森林火险期全天候巡山守卡，建立森林消防专业队伍，强化春夏两季防火关键期飞机巡航、扑救，形成地面、空中、卫星“三位一体”的防控体系。国家森防指和市森防指共发布森林火险红色预警 7 次、橙色预警 7 次，市气象局发布高温红色预警 12 次、橙色预警 30 次。全年共发生森林火灾 34 起，受害森林面积为 83.6 公顷，无重特大森林火灾发生，森林火灾数量和受害森林面积较去年同期分别减少 10.5%、11.5%，为近 8 年来最少的一年。二是狠抓林业有害生物防控。防治各类林业有害生物 231.78 万亩，其中无公害防治 224.82 万亩，清理枯病死松树 192.7 万株，涉及松林面积 82.7 万亩。三是加强野生动植物疫源疫病监测。

五、加强政策引领，发展特色产业

继续加大森林旅游、森林食品、木竹加工、苗木花卉、中药材、生物质能源六大林业产业发展，产业基地面积达到 1400 多万亩，实现林业产值 435 亿元，林农人均增收 720 元。会同市旅游局联合下发《关于加快森林旅游发展的意见》，支持渝东北、渝东南发展“森林人家”，全年森林旅游人数达到 5300 万人次，森林旅游收入为 72.6 亿元。指导黔江、武隆两区县林业发展项目列入欧洲投资银行贷款 3000 万欧元计划。

六、坚持科技创新，强化成果应用

全年获得创新课题立项33项，推进国家和市级林业科技创新研究30多项，建设“武陵山国家森林生态定位研究站”等科技创新平台8个，建成科技示范基地约2万亩，完成技术培训达3万余人次，派出科技特派员50余名，获得国家行业标准编制4项，新增地方标准11项。开展中央财政林业科技推广示范项目39项，推进国家行业标准编制修订10项和地方规程编制8项，开展寿竹、油茶和核桃3项全国林业标准化示范区建设。推进“国家林业局重庆林产品质量检验检测中心”和“国家林业局重庆林木种苗质量检验检测中心”筹建工作，推进知识产权试点、油茶遗传资源调查编目、森林认证试点、林业专利管理、植物新品种保护，其中专利取得近50项、商标和地理标识及版权取得达60余项。

七、抓好队伍建设，转变机关作风

一是深入开展党的群众路线教育实践活动，查找“四风”突出问题11条予以切实整改；精简行政审批事项，委托下放区县审批及取消停止的审批事项31项，占现行审批事项的67.4%；扎实开展“一感知活动、四专项行动”，创建学习型、服务型、效能型、创新型、廉洁型“五型”机关；切实加强行业内部审计工作，建立健全一系列工作制度。二是加强教育培训，提升能力素质，举办全市生态文明建设专题培训班，培训区县政府、林业部门领导干部160余人。三是切实开展生态文明宣传，加强干部队伍法制教育，深入推进廉政建设。

（作者单位：重庆市林业局）

第二产业

重庆工业投资运行与发展

强华松

一、2013 年发展回顾

2013 年，重庆市工业投资工作在市委市政府领导下，全面贯彻落实市委四届三次全会和新型工业化大会精神，紧扣稳增长、调结构、促转型、增效益的总目标，坚持以增量调结构、以创新促升级，创新工作思路和举措，以实施“十大”、“双百”项目计划和百项技术改造工程为抓手，推动全市工业投资总量平稳增长和工业投资质量显著提升，超额完成年度目标任务。

(一)基本情况

2013 年，全年累计完成工业投资 3529.9 亿元，同比增长 15.2%，占全社会投资比重为 31.5%，拉动全社会投资增长 5 个百分点。其中，工业企业技术改造投资 1502.5 亿元，同比增长 15.8%，占工业投资的 42%左右。

1.工业建设项目情况

2013 年，全市工业建设项目（计划总投资 500 万元以上，下同)6677 个，同比增长 15.8%；其中，新开工项目 4973 个，增长 22.8%。在建项目平均规模为 1.46 亿元，同比下降 1.2%；新开工项目平均规模为 0.79 亿元，同比增长 11.5%。重庆海尔年产 300 万套新型节能环保空调生产线、重庆四联高品质蓝宝石晶体产业化二期等 80 余个项目已投产或基本完工；长安福特马自达整车及零配件生产线、重庆博腾制药研发基地等 50 余个项目正按计划推进；北汽银翔合川基地二期、上汽通用五菱重庆基地等 50 余个项目实现开工建设。技改项目中，重庆铝业环保搬迁、长安福特三工厂等一批项目已投产，华峰己二酸扩建、耐德环境装备工业园等一批项目顺利推进中。

2.工业投资构成情况

2013 年，全市国有及国有控股企业完成投资 1027.4 亿元，增长 4.4%，占全市工业投资比重为 29.1%；非国有投资完成 2502.5 亿元，增长 20.3%，占全市工业投资的 70.9%。其中，工业民间投资完成 2073.9 亿元，增长 25.8%，占比 58.8%。

3.支柱产业投资情况

2013 年全市工业投资中，投向“6+1”支柱产业的投资达 3236.5 亿元，同比增长 15.8%，占全市工业投资的 91.7%。其中，化医工业完成 411.2 亿元，增长 21.8%；能源工业完成 475.2 亿元，增长 18.9%；装备工业完成 515.8 亿元，增长 17.5%；汽车工业完成 394.2 亿元，增长 16.6%；消费品工业完成 487.1 亿元，增长 15.2%；材料工业完成 525.2 亿元，增长 11.9%；电子制造业完成 427.8 亿元，增长 10.5%。

4.工业建设项目资金来源情况

2013 年全市工业建设项目到位资金 4042.9 亿元，其中，国内银行直接贷款 521.2 亿元，增长 4%，占比 12.9%；企业自筹资金 2976.9 亿元，增长 18%，占比 73.6%；其他资金 544.8 亿元，占比 13.5%。

5.区县工业投资情况

2013 年全市永川、璧山等 15 个区县工业投资过百亿大关，比 2012 年增加 1 个。15 个区县共完成工业投资 2437.8 亿元，占全市的 69.1%。其中，永川、璧山、江津列总量前三位，分别为 230.6 亿元、211.9 亿元、195.6 亿元。垫江、潼南等 21 个区县工业投资增幅超全市平均水平，垫江、潼南、合川工业投资增幅较高，分别为 74.1%、53.8%、40.2%。

(二)主要特点

1.工业投资进入平稳增长期,全年增幅呈高开低走后企稳态势

从各月的发展轨迹看,工业投资占全社会固定资产投资比重稳定在29%~32%之间,保持了相对稳定的态势。由于2012年1~2月基数较低,全年工业投资增速呈现先扬后抑的走势,前5月增速领先于全市投资增速,至6月开始有所走低,增速开始落后于全市投资增速。

2.工业投资领域开放度、市场化趋势进一步加强,民间投资高速增长

2013年,非国有投资完成2502.5亿元,增长20.3%,占全市工业投资的70.9%。其中,民间投资2074亿元,同比增长25.8%,延续2012年以来高速增长态势。

3.产业政策执行成效明显,高能耗行业投资放缓

2013年,全市高耗能行业投资559.1亿元,同比下降3%,低于工业投资增速18.2个百分点,较2012年下降16.4个百分点。其中,化学原料及化学制品制造业投资170.2亿元,下降18.3%;黑色金属冶炼及压延加工业投资75.5亿元,下降26.5%。投资结构的变化与全市产业结构的调整趋势基本一致。

4.区域差异化发展效果显现,五大功能区投资分布持续优化

2013年,城市发展新区完成工业投资1851.5亿元,增长24.8%,占全市投资比重首次突破50%达到52.4%,拉动全市投资增长12个百分点。都市功能核心区及拓展区完成工业投资771.6亿元,增长3.5%,占全市的21.9%,拉动全市投资增长0.8个百分点。渝东北生态涵养发展区完成工业投资637.8亿元,增长10.4%,占全市的18.1%,拉动全市投资增长2个百分点。渝东南生态保护发展区完成工业投资269亿元,增长4.8%,占全市的7.6%,拉动全市投资增长0.4个百分点。

二、发展中存在的问题

一是工业投资基数较高,保持快速增长压力越来越大。二是盈利能力过低,导致企业投资欲望下降。三是受化解过剩产能、消费品国家政策等因素影响,材料、化工、消费品等行业投资放缓。四是国内外市场需求不振,影响了企业投资热情。

三、2014年发展目标

2014年,继续保持工业投资平稳增长,全年力争完成工业投资4000亿元。加快推进京东方液晶面板、石墨烯产业链、MDI一体化等重点项目实施进度,进一步优化投资结构,推动工业转型升级。

(作者单位:重庆市经济和信息化委员会)

重庆工业经济发展综述

吴涛

一、2013年发展回顾

2013年,面对错综复杂的国内外经济形势,在市委、市政府坚强领导下,重庆工业战线干部职工坚持稳中求进工作总基调,认真贯彻落实市委市政府“以增量调结构、以创新促升级”总要求,统筹推进“稳增长、调结构、促转型”等重点工作任务,沉着应对,积极作为,通过强化工业经济运行调度、推进重点项目投产达产、支持新产品研发上市、开展工业企业降本增效、实施困难企业专项会诊行动等一系列综合措施,有力地助推了工业经济发展,重庆工业运行呈现

稳中有进、稳中有为、稳中提质的良好势头。

(一)基本情况

2013 年,重庆全口径工业产值 1.83 万亿元,同比增长 13.8%,是 2010 年的 1.8 倍。其中:重庆规模工业实现总产值 15824.9 亿元,同比增长 14.5%,新增 2700 亿元,为近十年来的最高纪录。全口径工业实现增加值 5249.7 亿元,同比增长 13.1%,占地区 GDP 的比重为 41.5%,工业对地区 GDP 增长的贡献率达 53.4%,拉动经济增长约 6.6 个百分点。其中重庆规模工业增加值增长 13.6%,排名全国第 2 位,西部第 1 位;规模工业实现利润 878.4 亿元,同比增长 42.5%。

2013 年重庆重点关注的 55 个工业产品中有 43 个实现不同程度的增长。分类型看,电子整机多样化特征凸显,平板电脑、打印机等新增量的注入,形成了品牌多种、ODM 多种、产品多样的“三多”格局,生产笔电 5471 万台,增长 35.7%,实现全球每 4 台电脑就有 1 台重庆造,单台价值提高 12.5%;显示器 995 万台,增长 23.2%;打印机 1944 万台,增长 1.2 倍;手机 3546 万台,增长 2.3 倍。汽车产品结构大幅调整,在长安福特新福克斯、翼虎、翼搏,长安股份逸动、CS35 等十余款新品带动下,2013 年重庆汽车产量突破 200 万辆达 215 万辆,增长 23.3%,其中轿车 108 万辆,增长 18.3%,汽车单台价值提高 7%。

2013 年电煤实现常态储备 150 万吨左右,可供发电 30 天;最高负荷 1580 万千瓦,最大外购电力 600 万千瓦;用电量 813 亿千瓦时,增长 12.4%,其中工业用电 515 亿千瓦时,增长 10.3%;成功应对 52 年来最热夏季,实现不拉闸限电目标。天然气消费量 71.8 亿立方米,增长 1.5%,工业用气大户需求满足率达 95%以上。渝新欧开行频率稳定在 1 周 1~2 班,实现返程货零突破;渝深快线区域联动成功运行,开行频率每周 3 班;国际及地区货运航线累计达 19 条,定期货运航班达 40 班/周,支撑江北机场货邮总量中西部第一。

(二)主要特点

1.规模工业经济运行稳中有进

2013 年,重庆规模以上工业增加值增长 13.6%,高于全国 3.9 个百分点,增速排位从一季度的第 9 位,上升至上半年的第 4 位和全年的第 2 位,累计上升了 7 位。从运行轨迹看,3 月以来规模工业累计增速始终位于 13.4%~13.9%的中高区间,在经济增长速度的换挡期、结构调整的阵痛期、前期刺激政策消化期,没有出现大起大落,实现了经济稳定和健康的发展。

2.产业结构调整进一步加快

电子信息产业产值比重达到 23.7%,较上年提高 3.7 个百分点,成为第一大支柱产业;汽车产业占比 18.1%,较上年提高近 1 个百分点。装备、材料、化工、消费品、能源等支柱产业比重也调整在 7%~15%之间,形成齐头并进态势。值得一提的是,2013 年电子、汽车两大产业分别增长 22.9%、20.7%,对重庆工业增长的贡献近六成,电子、汽车两大产业“双轮驱动、多点支撑”格局特征凸显。

3.工业经济效益稳中向好

2013 年,规模工业实现利润 878.4 亿元,同比增长 42.5%,高于全国 30.3 个百分点,增幅继续居全国第一。其中,汽车、电子两大产业利润同比增长 88.4%和 45.4%,利润总额排前十位的行业增长 47.6%,对重庆利润增长贡献率为 75.6%。全员劳动生产率为 23.4 万元/人,增长 11.6%;工业经济效益综合指数 257.8%,提高 23 个百分点;企业亏损面 10.1%,下降了 2.8 个百分点。此外,工业能源利用效率延续了去年以来较低能耗实现较快工业增长的良好态势,规模工业度电产值达 29.3 元,同比提高 1.6 元,其中电子制造业为 190.4 元、汽车 78 元,远高于化医的 14.3 元、冶金的 11.5 元。

4.区县工业规模不断壮大

2013 年渝北、沙坪坝、九龙坡、涪陵等 4 个区县规模工业总产值过千亿元,其中渝北区产值突破 2500 亿元,南岸、江津、璧山等 9 个区县突破 500 亿元,以上 13 个区县规模工业总量合计占重庆近八成,对重庆工业增长的贡献率达 87%。同时,重庆“1+2+7+36”工业园区平台全面推进,产业聚集效果更加凸显,“两江”加“一圈”

园区的汽摩产业集群，两个保税区加渝西园区的笔电产业集群，长涪万三大化工基地，北部新区、九龙、西彭、茶园等汽车、装备制造、有色金属、物联网、军民结合等国家新型工业化示范基地快速发展。

5.市场主体培育进程呈加快态势

2013年新增规模企业859家，其中由中小微企业升入规模以上的企业达609家，创历史新高。2013年重庆产值过亿的企业数达到2211户，比2012年增加336户；产值超过10亿的达237户，相比2012年增加47户；超过100亿的有16户，相比2012年增加3户(以上全部按企业法人计算)。2013年大中型工业企业总产值占规模以上比重达70.5%，对重庆规模工业的贡献率达到63.6%，发展势头继续向好。

6.企业创新水平进一步提高

2013年，企业R&D经费突破140亿元，增长20%；企业研发投入强度0.9%，稳居西部前列；企业专利授权数突破7000件，综合实力西部第二；国家级企业技术中心累计20家，数量位列西部第二。同时，通过滚动实施"三个一百"重点新产品研发及产业化计划，2013年重庆机床大型高精度蜗轮滚齿机、力帆电喷变频发电机等31个产品达到国际领先水平，新蒙迪欧、长安睿骋、致尚XT等一大批新产品顺利上市，新产品产值率继续保持20%的高位。

7.工业投资结构进一步优化

以"十大工业项目"和"双百计划"项目为主抓手，大力推动京东方8.5代液晶面板、SK海力士芯片、北汽银翔、上汽通用五菱等重点开工建设；巴斯夫MDI、长安福特三工厂等50余个项目加速推进。2013年完成工业投资3529.9亿元，增长15.2%，其中民间投资额达2073.9亿元，占比达到58.8%；全年工业投资占重庆投资总额的31.5%，对重庆投资增长的贡献为25.5%。

8.工业外向型步伐不断加快

2013年工业实际利用外资额40亿美元，连续三年保持在此水平，居全国前列；新增世界500强工业企业7家，累计达191家，占入渝世界500强企业总数的83%，继续领跑中西部。与之对应的是，2013年外商及港澳台企业工业总产值增速为24.7%，高于重庆平均水平10.2个百分点，对重庆工业总产值增长的贡献率达43.1%；规模以上工业实现出口交货值2256.2亿元，增长32.5%，实现加工贸易和保税物流进出口值为416亿美元，占同期重庆外贸进出口总值的60.6%。与此同时，韩国浦项、香港力劲数控机床等100余个项目签约落户，硬盘、汽车电子、机器人等一大批项目取得阶段性突破，助推工业招商开放进程持续加快。

二、发展中存在的问题

一是工业品出厂价继续低迷，企业经营成本刚性增加，经营环境欠佳。二是传统产业受宏观环境影响较大，增长乏力。三是全国部分行业产能过剩的影响或将进一步凸显。四是要素供应缺口仍较大，保障供给的难度越来越大。

三、2014年发展目标

工业总产值突破2万亿元，其中规模以上工业总产值1.79万亿元，增长13.5%；规模工业增加值增长12.5%；工业投资增长15%；规模工业利润增长12%；全员劳动生产率增长10%。

全年采购电煤2085万吨，增长21.5%；全年用电量900亿千瓦时，同比增长10.7%，力争全年不拉闸限电。

预计全年天然气满负荷供应86亿立方米，增长20%，其中工业用气53亿立方米。

(作者单位：重庆市经济和信息化委员会)

企业改革

胡少钦

一、2013 年企业改革工作回顾

2013 年是重庆工业"十二五"承上启下的关键之年，围绕推进新型工业化，重庆市坚定不移实施企业兼并重组，推动工业企业结构调整和转型升级；努力推进企业改革，化解改革遗留问题，确保社会和谐稳定；积极探索管理创新，促进企业降本增效，进一步提高核心竞争力。

（一）全面推动企业兼并重组

重庆市多措并举，建立健全协调机制，推动汽车、医药、轻工等企业实施兼并重组，推进实施 8 个兼并重组市级重点项目，实现交易额 58 亿元。一是成立重庆市促进企业兼并重组工作领导小组，统筹协调全市企业兼并重组工作。市级有关部门按照职责分工，共同推进兼并重组。二是落实国家和市政府推进兼并重组的工作要求，推动钢铁、汽车等重点行业实现产业结构调整。三是建立企业兼并重组市级重点项目协调制度。向社会公布了 2013 年度重庆市企业兼并重组市级重点项目名单。重庆直升机产业投资公司收购美国恩斯特龙直升机公司等 8 个项目纳入了市级重点项目，市级民营发展专项资金对民营企业的项目给予了资金补助。四是建立企业兼并重组项目信息库。在尊重企业主体意愿的基础上，充分发挥政府平台的作用，推动有意向的企业实施兼并重组。五是建立企业兼并重组工作联络员制度，推动市级部门的对口帮助与服务工作。

（二）努力推进企业改革改制

2013 年，重庆市针对企业改革的重点和难点问题，集中力量化解矛盾，维护社会稳定。一是组织实施国有企业水电气剥离。印发《重庆市国有企业生产与职工生活用水电气剥离实施办法》，提高财政补助标准，全年推动市属国企剥离 1.5 万户职工住户；调研西南铝、川维厂等在渝央企水电气剥离情况，积极向国家争取政策和资金支持。二是推进解决企业改革遗留问题。继续对原重庆市"老 17"户国有破产企业职工享受社保及医疗保险优惠补贴工作进行审核，涉及参保人员近 2500 余人。会同市区两级相关部门协调解决原重庆印染厂、重庆轮胎厂破产后遗留问题处理。三是开展央企职幼教退休教师生活补贴审核认定。协调市级相关部门完成 1900 多名退休教师资格审核、待遇套算、教师资格证补办和 2011~2013 年生活补贴发放等工作；推动解决厂办大集体"混岗"教师诉求；调研中小学未移交教职工等边缘性群体的情况报市领导及相关部门。四是指导区县国有和集体企业实施改革工作。下达了重庆市青木关陶瓷厂纳入国企计划破产的批复意见，重点指导 3 户国有企业和 14 户集体企业实施改革。五是做好厂办大集体改革相关准备工作。对全市中央在渝企业的 150 个厂办大集体调查摸底，积极配合市国资委制定重庆市贯彻实施意见，认真接待上访群众，耐心宣传政策。六是努力化解矛盾维护稳定。据不完全统计，全年累计接待涉及改革改制、企业教师等各类职工来访近 1500 人次。

（三）帮助企业管理创新降本增效

继续开展企业管理创新降本增效工作，重点帮助 30 户企业实施管理深度提升，推动 10 户示范企业实现成本降低的目标。一是开展提升企业管理创新水平公益活动。对江华泵业、施能电力等15 户企业进行管理创新深度提升，提高员工的管理意识和企业的管理水平，优化生产工艺，助推了企业经营效益提升。二是组织开展"企业转型升级与精益生产沙盘演练"培训，帮助培训者寻求企业增盈的途径。三是推荐企业管理创新成果。按照创新性、示范性等评选原则，推荐重庆银行“小微金融改革创新发展模式”、重庆医药集团“基于提升核心竞争力的医药企业标准化管理”等2个项目报送国家企业管理创新成果审定委。四是帮助企业做好上市培育。会同市金融办开展企业上市资源调查，并举办工业企业上市培育公益讲座。五是鼓励工业企业非核心业务外包工作。

二、改革中存在的问题

改革遗留问题较多。一是区县国有和集体企业改革改制中涉及职工安置、社保欠费等问题，因政策障碍一时难以解决。二是在渝央企及市内改革、改制企业涉及的住房移交、退休职工属地管理等社会职能剥离难度大。

在渝央企厂办大集体企业改革涉及安置政策、资产处置等，多数企业职工安置资金缺口大，难以推进。

国家出台的涉及部分职工待遇政策与职工期望相差大，部分涉及职工的社保政策不一致，引发相关人群信访不断。

企业水、电、气剥离工作因成本上涨，推进难度加大。特别是在渝央企水电气剥离需求资金大，目前缺乏资金支持，短期内解决难度大。

三、2014年改革重点

坚持以科学发展观为指导，全力贯彻落实十八届三中全会精神，围绕全市经济工作中心和市委、市政府改善民生、维护社会稳定等重点工作，推动企业兼并重组，开展厂办大集体改制，努力解决国企改革遗留问题，促进企业管理创新，努力提高企业核心竞争力。

(一)推进落实企业兼并重组工作

一是抓落实。继续落实国务院和市政府关于推动企业兼并重组的文件精神，促进钢铁、水泥、汽车、医药等重点行业实施企业整合，实现产业结构调整。二是抓重点。继续实施兼并重组重点项目制度，以“一企一策”方式，研究解决重点项目推进中存在的难题。三是抓服务。充分发挥市级部门兼并重组协调作用，打造兼并重组信息平台，做好信息传递，推动中介机构加大服务力度，带动面上企业兼并重组。

(二)全力推进企业改革各项工作

一是开展中央在渝企业厂办大集体改革工作。二是全面启动在渝央企水电气剥离工作。三是推进市属国企水电气剥离，降低企业负担，提高职工用能质量。四是做好在渝央企涉教相关群体工作。完成新增人员审核和2014年生活补贴申报和发放。继续推动中小学未移交教职工等群体上访诉求的落实，维护社会稳定。五是加大对万州区、渝中区、北碚区、石柱等区县企业改革的指导力度，2014年力争完成10户城镇集体工业企业改革任务。六是推动改革遗留问题的解决，重点解决原印染厂职工安置遗留问题。

(三)积极推进管理创新

一是抓指导。结合国家关于企业改革和管理创新的要求，制定重庆市推进企业管理创新的指导意见，指导企业深化管理工作。二是抓重点。积极抓好50户重点示范企业深化管理创新工作，为全市企业降本增效创造更多经验。发掘企业管理现代化创新的典型案例，加大企业管理现代化创新成果的推广和运用。三是抓培训。开展以强管理降成本为主题的各类培训，帮助更多中小企业提升管理水平。

(作者单位：重庆市经济和信息化委员会)

汽车工业

王昭杰

一、2013 年发展回顾

2013 年,中国汽车产销再次蝉联全球第一,重庆汽车工业继续保持稳定快速增长,产销增长超过 20%,销售产值增长超过 30%,产品结构得到改善,产业转型升级效果呈现,对重庆市工业经济增长和转型起到了重要支撑作用。

(一)基本情况

截至 2013 年底,重庆市有汽车生产企业 26 家,其中整车生产企业 13 家,专用车生产企业 13 家,已形成年产 300 万辆的综合生产能力;有规模以上汽车零部件企业约 600 家,已具备发动机、变速器、制动系统、转向系统、车桥、内饰系统、空调等各大总成较完整的供应体系,具有 70%的汽车零部件本地配套化率。

2013 年,重庆市规模以上汽车工业完成销售产值 3036.5 亿元,同比增长 30.6%,全市占比 19.6%,其中,汽车整车制造业完成销售产值 1780.7 亿元,同比增长 38.5%,专用车制造业完成销售产值 104 亿元,同比增长 1.3%,汽车零部件制造业(含轮胎制造业)完成销售产值 1151.7 亿元,同比增长 22.9%;完成主营业务收入 3052.4 亿元,同比增长 27.8%,其中,汽车整车制造业完成 1804.5 亿元,同比增长 32.7%,专用车制造业完成 101.8 亿元,同比增长 1.1%,汽车零部件制造业(含轮胎制造业)1146.1 亿元,同比增长 23.4%;完成汽车产销 215.1 万辆和 216.9 万辆,同比分别增长 23.3%和 32.1%。

(二)发展特点

1.生产运行

2013 年,重庆市汽车工业销售产值增速一季度实现增幅超过 20%,在三、四季度进一步走高,并在年底达到 30.6%的全年最高点,高于全市工业 13.4 个百分点,净增 711 亿元,对全市工业销售产值增长贡献率达到 35.4%。汽车产量累计增幅一直超过 15%,领先全国行业平均水平,并在 1~4 月累计和 1~11 月累计领先全国超过 10 个百分点。2013 年,重庆汽车产量增幅(23.3%)领先全国(14.8%)8.5 个百分点,并继续保持汽车产量规模全国排名第二。

2.产品结构

2013 年,重庆市乘用车和商用车产量占比分别为 86.1%和 13.9%;乘用车产量占总产量的比重提高 2.2 个百分点,达到 86.1%,比全国高 4.3 个百分点。乘用车中,狭义乘用车产量达到 139.3 万辆,同比增速达到 35.9%,占全市汽车产量比重达到 69.5%,同比提高 7.7 个百分点。狭义乘用车中,轿车、SUV 和 MPV 产量分别达到 96.4 万辆、27.1 万辆和 15.8 万辆,分别增长 7.3%、68.5%和 71%,占全市汽车产量的比重分别达到 48.1%、13.5%和 7.9%,轿车占比下降 6 个百分点,SUV 和 MPV 占比分别提高 11.4 和 2.3 个百分点,对重庆汽车产量增长贡献率分别达到 68.7%和 19%。

3.经济效益

产品结构改善带来经济效益的提升。2013 年,重庆市汽车工业实现利润 244 亿元,同比增幅达到88.3%,高于主营业务收入增速 60.5 个百分点;汽车单车价值提高了 10%,由 7.3 万元提高到 8.1 万元,单车利润同比净增 3400 元/辆,达到 7310 元/辆,单车利润率提高 3.7 个百分点,达到 8.7%。

4.骨干企业

2013 年,长安福特和长安股份分别成为全国狭义乘用车领域增速最快的合资和自主企业,并为重庆市汽车工业产量和销售产值增长贡献了主要力量。2013 年,长安福特和长安股份销售产值分别达到 745.5 亿元和 350.7 亿元,分别同比增长 82.1%和 25.5%,对重庆汽车工业销售产值增长贡献率分别达到47.3%和10%；产量分别达到63.6万辆和66.9万辆，分别同比增长69.5%和21.6%，对重庆汽车产量增长贡献率分别达到64.2%和29.3%。2013年，华晨鑫源和北汽银翔产销均达到6万辆，合计为重庆市汽车产量贡献了10万辆的净增量；上依红止住前两年连续下滑的势头，产量、销售产值增幅分别同比上涨73.2%和70.2%；长安跨越产量达到6.4万辆，同比上涨38.5%；力帆汽车产量达到5.2万辆，同比上涨4.2%。产量比2012年下滑的骨干企业有长安铃木、力帆轿车和东风小康，分别同比下滑16.9%、26.2%和26.2%。庆铃集团2013年生产汽车8.9万辆，同比基本持平。

5.出口情况

2013年，全国汽车整车出口量同比下降7.5%，而重庆市汽车整车出口却逆市增长，达到11.7万辆，同比增长9.3%，出口量全国省市排名第二。其中，力帆汽车在2013年俄罗斯车市整体下跌5%的情况下，逆市增长约33.7%，累计在俄罗斯销售汽车27467台，市场占有率增长约28%，市场占有率连续三年领跑中国车企。

6.新车型

2013年，重庆汽车新产品上市超过15款。其中，长安福特上市了3款全新车型，其中两款SUV：紧凑型SUV翼虎和小型SUV翼博分别于2013年1月和3月上市，售价分别为19.38~27.58万元和9.48~12.78万元，全年销量分别达到9.6万辆和6万辆；全新一代蒙迪欧于8月上市，售价17.98~26.58万元，2013年累计销售3.6万辆。长安铃木上市了SUV锋驭，售价10.98~15.48万元，是长安铃木公司2009年新奥拓上市以后推出的又一款全新车型。4月，长安汽车推出了全新中高级轿车—睿骋，售价10.98~20.08万元，是长安自主品牌汽车中最高端的车型。此外，2013年，力帆分别在3月和10推出了720和630轿车，东风小康在6月推出了MPV产品风光，其他企业也推出了各种全新或改款车型。

7.区县发展

2013年，全市汽车工业销售产值千亿级区县实现零的突破，百亿级区县达到8家，同比增长2家。排名前20的区县中，除巴南外，均实现正增长。汽车工业销售产值排名前十的区县合计净增580亿元，对全市增长贡献率达到85%。其中，受益于长安福特、上依红等企业的高速增长，渝北区汽车工业销售产值突破1000亿元大关，同比增长达到49%；大足、北碚汽车工业销售产值快速增长，突破100亿元，与江北、九龙坡、璧山、巴南、江津、沙坪坝等区县一起，成为重庆汽车工业百亿级区县；合川区在北汽银翔的带动下，汽车工业销售产值净增超过20亿元，同比增长超过100%，成为重庆汽车工业增速最快的区县。

8.研制开发

2013年，重庆垫江试车场等重大研发设施投用，汽车工业新增7家市级技术中心，R&D投入强度继续提高，全市汽车及零部件自主创新能力提升明显，并直接带来产品竞争力的提升。长安股份多年来坚持R&D投入保持在国内行业领先水平，自主研发能力连续多年保持全国汽车行业自主品牌第一，带来产品销量不断走高。其SUV产品CS35在2013年正式放量，部分车型甚至出现自主品牌汽车难得的加价提车的情况，全年产销近8万辆，同比增长10倍；逸动轿车保持稳定上升态势，全年产销超过8万辆，同比增长达到85%。

9.招商引资

2013年，重庆汽车工业FDI金额达到5亿美元，引进了部分产业链缺环项目。2013年，重庆市邀请上汽集团、韩国现代汽车集团、德国大陆集团、耐世特公司、LG化学公司等公司高层来渝考察，上通五两江新区基地、耐世特汽车电子转向器生产基地等项目落户，北京现代四工厂、LGC工程塑料生产基地、德国大陆制动系统生产基地、法雷奥车用照明系统项目、博世汽车电子项目等重大项目引进达成共识。

10.项目投资

2013年，重庆汽车工业年度固定资产投资超过400亿元，一批重大项目投产和放量。长安福特二工厂、北汽银翔合川基地等整车项目开始正式放量,长安福特发动机、长安铃木二工厂等重大项目建成投产,长安福特变速器、科云汽车空调、平伟高端汽车模具改造等项目进展顺利,长安鱼嘴整车二期、汽研总院项目启动设计。

二、发展中存在的问题

一是产品结构不尽合理,附加值和效益较低。2013 年,传统微车占全市汽车产量的比重近四分之一,比全国高约 10 个百分点。随着市场消费升级和替代产品增多,传统微车市场不断萎缩,使重庆部分微车产品占比较大的整车企业增长乏力,并导致重庆地产汽车产品的单车附加值较上海、北京等发达地区偏低。

二是零部件发展落后于整车,关键技术有待突破。重庆市汽车零部件相对缺乏同步开发能力,基础研究很少,很多技术含量较高的关键零部件,如自动变速器、汽车电子、涡轮增压、高压共轨、总线系统、高强度钢材等主要靠市外采购。

三是制造能力有待提升,装备水平需要进一步提高。重庆数控机床、加工机器人等高端制造设备的装备率偏低,部分企业质量管理体制还不健全。这导致配套产品平均质量水平相对不高,汽车零部件 PPM 指数与先进地区相比较高。

三、2014 年发展目标

2014 年,重庆汽车制造业将坚持强化运行调度,确保稳定增长,保障重点项目建设顺利推进,持续引进新的整车和关键零部件项目,提升零部件本地配套能力,推动产业集群式发展,加大研发、创新投入力度,促进产品结构调整和优化,增强产业链整体竞争力的工作思路。

2014 年,重庆市汽车工业年度发展目标是:完成产销汽车整车 252 万辆,同比增长 17.2%,力争达到 260 万辆,同比增长 20.9%;规模以上工业实现销售产值 3520 亿元,同比增长 15.9%,力争达到 3600 亿元,同比增长 18.6%。

(作者单位:重庆市经济和信息化委员会)

摩托车工业

黎良斌

一、2013 年发展回顾

2013 年,全市现有摩托车生产企业 32 家,已形成 1200 万辆整车、2000 万台发动机的生产能力。重庆市摩托车产业在全国行业平稳发展的大环境下,经济运行呈现如下特点:

一是产销下滑幅度高于全国。2013 年 12 月当月,重庆市摩托车产销量为 74.1 万辆和 71.9 万辆,同比下降了 4.7%和 4.8%,下滑幅度分别高于全国 1.5 和 3.4 个百分点。2013 年重庆市摩托车产销累计 837.8 万辆和 811.3 万辆,同比下降了 3.7 和 2.6 个百分点,下滑幅度均高于全国 1.1 个百分点。按车型看,2013 年,二轮摩托车产销 817.5 万辆和 791.2 万辆,同比下降 4.7%和 4.8%,,三轮车产销均为 20.2 万辆,增幅与去年持平。

二是摩托车整车出口占全国总量 40%以上。2013 年,重庆市出口摩托车 370 万辆,以去年基本持平,低于全国出口摩托车同比增长 2.6%,但重庆市摩托车出口量占全国出口总量(全国出口摩托车 916.8 万辆)的 40.4%份额。重庆市摩托车生产企业累计出口金额 21.3 亿元美元,同比增长 2.8%。其中:摩托车整车出口金额 18.3 亿美元,同比增长 2.6%,摩托车零部件出口金额 3.2 亿美元,同比增长 3.1%。

三是经济效益小幅增长。2013 年,全市规模以上摩托车行业完成工业总产值 1094 亿元,同比增长17.6%。其中:摩托车整车完成492亿元,同比增长6.7%,重庆市摩托车整车工业总产值占比全国摩托车行业工业总产值1217.5亿元的40.4%,同比增幅高于全国4.2个百分点;摩托车零部件完成602亿元,同比增长10.9%。

四是重庆市摩托车生产企业稳居全国行业主导地位。2013年全国摩托车销售量前10家中重庆市摩托车生产企业共有6家:隆鑫152.12万辆排名第二、力帆148.21万辆排名第三、宗申106.36万辆排名第六、建设105.55万辆排名第七、银翔98.45万辆排名第九、嘉陵94.92万辆排名第十。相比去年,重庆市增加了银翔1家,银翔从去年的第十上升到第九,并在前10名销量企业中增幅最快。除嘉陵从2012年排名第九下滑到2013年第十名外,其他生产企业与去年排名保持不变。重庆市这六家企业销售摩托车总量705.61万辆,占全国前10家销售总量的55.9%,占全国摩托车销售总量30.8%,占重庆市摩托车销售量的84.2%。

2013年,全国摩托车营业收入前10家企业中,重庆市摩托车企业力帆以126.6亿元排名第一,超过全国生产规模最大的大长江101.5亿元。宗申以113.7亿元排第二,隆鑫以110.6亿元排第三,建设以46.3亿元排第十。力帆、宗申、隆鑫、建设的营业收入总额占全国前10名总额的50%,占全国摩托车营业收入总额的31.9%。

二、发展中存在的问题

2013年,由于国内外市场因全球经济问题影响而持续低迷,且受到电动助力车和三轮车冲击,摩托车行业整体销量大幅下降,全国摩托车市场逐年下滑。摩托车工业发展中遇到的主要问题:

一是宏观经济波动。2014年,国内经济将进行全面改革、经济结构持续调整等带来的需求效应的不确定性,可能存在一定的短期波动。全球经济回暖趋缓,发达经济体有所增长,新兴经济体增速下滑,下行风险加大,市场需求疲弱,外需增长仍将乏力。这些因素将会影响消费者需求,进而影响摩托车生产企业的经营状况和盈利水平,对企业经营业绩形成一定风险。

二是出口市场消费者购买力下降。美国已确定将逐步退出量化宽松政策,重庆市摩托车出口附加值高的重要销售国家,如墨西哥、阿根廷、委内瑞拉等市场货币贬值严重,可能导致当地消费者购买能力下降。

三是原材料上涨。随着全球经济复苏,2014年原材料价格可能上涨,从而导致摩托车企业采购成本上升,影响企业盈利。

三、2014年发展目标

2014年,摩托车产销量预计达到830万辆,同比与上年持平,摩托车工业总产值预计达到1150亿元,同比增长5.1%。其中摩托车整车达到500亿元,同比增长1.6%,摩托车零部件总产值达到650亿元,同比增长8%。

(作者单位:重庆市经济和信息化委员会)

重庆电力

张戈

一、2013年发展回顾

2013年,全市经济运行稳中有进,我市电力需求呈现恢复性平稳增长态势,供需基本平衡,电力保障良好形势贯穿全年。按照“前期”、“开工”、“在建”、“投产”四个关键环节,全力推进“千万千瓦”电源项目、农村电网改造升级、弃管小区电力设施改造等重大电力项目和民生工程建设。

(一)电力消费恢复性增长,供需形势良好

2013年全社会用电量为813亿千瓦时,同比增长12.4%,其中:第一产业用电量2.4亿千瓦时,同比增长13.7%;第二产业用电量535.9亿千瓦时,同比增长10.3%;第三产业用电量134.3亿千瓦时,同比增长20%;城乡居民生活用电量140.7亿千瓦时,同比增长13.6%。受6、7、8月极端高温天气来袭影响,统调电网最大电力负荷创历史新高,达1405万千瓦,比去年最大负荷增长18.1%,未出现拉限电情况。全市电力总装机容量1514万千瓦,发电量588.6亿千瓦时,分别同比增长13%、7.5%。全年购市外电量256亿千瓦时,同比增长10.6%。

(二)"千万千瓦"电源项目建设有力推进,电力结构进一步优化

奉节电厂、习水二郎电厂、安稳电厂扩建工程、合川电厂二期第二台机组获得国家核准,毕节电厂、白马枢纽电站取得国家"路条"。我市核准和获得路条的电源项目总规模达到1896万千瓦。合川电厂扩建工程第一台机组于6月建成投产。石柱电厂、万州电厂、两江燃机项目工程建设有序推进。南桐低热值煤发电项目、重庆电厂环保迁建、习水二郎电厂二期正在开展前期工作。我市首个抽水蓄能电站——綦江抽水蓄能电站核准申请报告通过国家审查。巫溪中梁、云阳盖下坝、奉节渡口坝等中型水电站全面投产发电。石柱狮子坪风电场6月并网发电,建成武隆分散式接入风电试点示范项目。我市首个农林生物质发电项目——丰都凯迪生物质发电厂6月建成投产,万州垃圾焚烧发电厂核准开工建设。

(三)城网、农网建设齐头并进,电网体系日趋完善

全年完成电网投资74亿元,同比基本持平。建成投产220千伏江北龙头寺变电站、合川电厂二期送出工程、张家坝至秀山线路,110千伏江津兰家沱变电站、渝中顺城街变电站二期等输变电工程。按照市委实施22项民生实事的要求,启动弃管小区电力设施改造工作,计划三年内完成全市1424个弃管小区电力设施改造,2013年全面完成45个小区改造任务。顺利完成2012年农网改造升级工程;积极争取国家下达我市2013年农网改造升级工程投资计划15亿元,其中,中央预算内投资资金3亿元,截至年底完成计划的80%。

(四)转变职能,简政放权

切实贯彻落实国家转变政府职能简政放权要求,结合重庆实际,主动下放部分电力审批事项。除全市主要河流上的水电项目、非主要河流上联合梯级开发及跨区县建设的水电站项目外的其他水电站,35千伏及以下电压等级电网工程均下放区县核准。

二、2014年发展目标

2014年,按照市委、市政府加快建设五大功能区的意见,开展全市五大功能区能源发展规划工作,加强对各区县电力保障建设的布局指导。倒排重点电力项目工作时序,全面提速工作进度,全力推进重点项目建设。一是加快推进重点火电项目。建成投产合川电厂二期第二台机组、石柱电厂、两江燃机等项目,加快建设万州电厂、安稳电厂扩建工程、习水二郎电厂等项目,争取习水二郎电厂二期获得国家核准,南桐低热值煤发电项目、重庆电厂环保迁建项目前期工作取得突破。二是积极推进可再生能源重点项目。争取国家核准綦江抽水蓄能电站,加快推进白马枢纽电站前期工作。开工建设丰都三坝、石柱大堡梁、万州蒲叶林等风电场。建成垫江、酉阳生物质发电厂。三是加强电网建设。开工建设二郎电厂、奉节电厂500千伏送出工程,渝北明月山、涪陵五马500千伏输变电工程,加快一批220及110千伏输配电网项目建设。继续实施民生实事——弃管小区电力设施改造工作,计划2014年完成700个改造任务。完成2013年农网改造升级工程,争取2014年农网改造升级投资15亿元并启动实施。四是积极开展电力战略规划研究。结合五大功能区定位和发展重点,优化五大功能区电力保障规划,以规划

编制引导产业布局，推动项目实施，实现差异化发展。开展《重庆市风电场三期规划》、《区县煤层气发电规划》等编制工作。

（作者单位：重庆市发展和改革委员会）

化学工业

兰劲

一、2013年发展回顾

（一）基本情况

2013年重庆市化学工业有规模以上工业企业311家，其中：基础化学原料制造业69户、化学肥料制造业38户、化学农药制造业11户、涂料颜料染料制造业29户、合成材料制造业15户、专用化学用品制造业40户、炸药火工及焰火产品制造30户、化学纤维制造业4户、橡胶制品35户、其他40户。产品涉及化学矿山、化学肥料、化学农药、基础化学原料、涂料、颜料、染料、化学试剂、催化剂及助剂、粘合剂、炸药及火工产品、信息化学品、塑料、合成橡胶、合成纤维、橡胶制品、化工设备制造等17个大类。资产总额1002亿元，从业人员9.5万人。

规模以上化工企业完成工业总产值988.5亿元，比2012年增长10%；完成销售产值963.8亿元，比2012年增长9.6%；完成出口交货值25.3亿元，比2012年增长14.2%；产销率为97.5%，比2012年减少0.3个百分点；实现主营业务收入951.7亿元，比2012年增长9.7%；实现利税总额71.8亿元，比2012年增长38.7%(其中利润总额21.2亿元，比2012年下降4.7%)；完成工业增加值248.2亿元，比2012年增长10.8%。

规模以上化工企业实现主营业务收入951.7亿元，比2012年增长9.7%。按行业类别分：基础化学原料制造业247.3亿元，比2012年增长5.4%，占化工行业的26%；化学肥料制造业195.1亿元，比2012年增长9.5%，占化工行业的20.5%；化学农药制造业18.3亿元，比2012年增长33.8%，占化工行业的1.9%；涂料颜料染料制造业36.7亿元，比2012年增长1%，占化工行业的3.8%；合成材料制造业54.6亿元，比2012年降低32.4%，占化工行业的5.7%；专用化学产品制造业109.6亿元，比2012年增长1.9%，占化工行业的11.5%；炸药火工及焰火产品制造30.9亿元，比2012年增长9.5%，占化工行业的3.2%；化学纤维制造业4.8亿元，比2012年增长98.7%，占化工行业的0.5%；橡胶制品业144.8亿元，比2012年增长30.4%，占化工行业的15.2%；其他制造业80.3亿元，比2012年增长13.9%，占化工行业的8.4%。

2013年重庆化工主营业务收入在全国排18位(与2012年相同)，占全国化工的1.1%，全国化工增长12.7%；全国31个省市增长的有25个，下降的有6个，重庆增幅排第20位(比2012年下降3位)。

在西部排3位(与2012年上升1位)，排西部前2名的是：四川、内蒙古；西部12个省市增长的有8个，下降的有4个，重庆增幅排第6位(比2012年上升2位)。

（二）经济运行特点

1.生产总量平稳增长

2013年在市场需求不振、原料价格上涨、产品价格下滑等不利因素，尤其是天然气价格上涨后，对于主要以天然气为原料的基础化学原料、化学肥料等行业的巨大冲击，使重庆化工行业经历了形势最为严峻的一年。在年初生产总量下降的情况，全力稳增长、调结构、促转型，实现了全年工业总产值增长10%。

2.主要行业中类保持增长稳定且产销同步

基础化学原料、化学肥料制造、专用化学品

制造、橡胶制品、中成药制造、化学品原药、化学药剂制造等主要行业中类产值增长稳定且产销同步。

受国家扶持农业政策和种植业刚性需求，2013年化学农药制造继续保持大幅度增加。国际国内轮胎市场需求坚挺，橡胶制造业保持良好增长势头。主要合成材料生产企业蓬威石化今年由于受原料供应、下游需求等影响，开工不足，效益下降。

3.重点企业化工增长的乏力

化工30户，同比增长的有17户、降低的有13户。重点企业2013年完成工业总产值527.1亿元，(占化工工业总量的60.4%)，降低0.9%，化工重点企业工业总产值为负增长，对行业拉动力减弱。

4.重点产品产量有升有降

在监测的22种重点化工产品中，产量增长的有12种，下降的有10种。其中，增幅较大的有：润滑油(69.9%)。受成本价格上升、市场需求、相关政策等多种因素影响，单晶硅(-58.5%)和多晶硅(-100.0%)下降幅度较大。

5.基础化工亏损导致行业经济效益下降

2013年实现利润总额21.1亿元，同比下降4.7%。从分行业类别看10个行业中类中7个增长、3个下降，其中：基础化学原料制造亏损8.8亿元（2012年亏损5.1亿元），占亏损总量的58.5%；合成材料制造亏损2.4亿元(2012年盈利1亿元)；化学肥料制造利润总额4.8亿元、比2012年下降40.1%。保持利润大幅增长的行业有：橡胶制造实现利润总额9.3亿元，比2012年增长52.3%；专用化学品利润总额3.9亿元，比2012年增长增长79.1%；其他制造实现利润总额5.6亿元，比2012年增长48%。

(三)招商引资工作有序推进

2013年招商引资工作有序进行，重庆市化医工业外资到位4.0亿美元，同比增长16.7%。其中，巴斯夫外资到位约3.0亿美元，占到位外资的75%，是外资的最大贡献者。化工招商引资方向明确，有序前进。MTO、炼化一体化及聚碳酸项目、彭水氟化工前期基础工作有序进行，已经初步确定意向投资商和合作大企业。

(四)重大项目建设进展顺利

2013年重庆市化学工业完成工业投资411.1亿元，同比增长21.8%，市级“一号工程”MDI一体化项目建设顺利推进。巴斯夫原来确定的80亿元投资累计完成55亿元，进入设备安装高峰期，超过90%的设备已交付，现场施工完成70%。紫光化工涪陵偶氮二异丁腈项目、华歌生物毒死蜱中间体项目等一批重大项目顺利建成投产。

二、发展中存在的问题

化工产业作为重庆的支柱产业，未来发展还面临诸多挑战。一是产业规模小。2013年，化工产业(6+1)全口径产值1047.2亿元，占全市工业总量的比例不到7%，在重庆工业体系中排第6位。二是原料结构单一。重庆市化工产业对天然气依存度较大，天然气化工占全市化工行业总产值的60%左右。2013年受天然气供应量不足、气价上涨，天然气化工遭遇了前所未有的困难，企业面临经营困难、效益亏损的局面。化学工业利润21.1亿元，同比降低4.7%。基础化学原料制造业和合成材料制造行业全面亏损。三是产业结构不合理。2013年，重庆市基础化学原料和肥料制造业占全市化学工业产值比重达46.1%，比2012年高出2个百分点，比全国平均水平高，而合成材料、专用化学品等下游高端产品比例较低。四是核心竞争力不强。且产能过剩产品比重较大，效益水平较低。重庆化工大宗产品合成氨、甲醇、烧碱、醋酸等产品全国市场占有率不到2.5%。缺乏具有自主知识产权的核心技术，其中，化工产品中的石化产品、有机化工产品、精细化工产品和高附加值产品比重较低，中低端产品比重较高。五是资源和环保仍是行业发展的瓶颈。随着化工行业的快速发展，资源供需矛盾日趋突出，特别是石油、天然气、煤炭等既是化工行业的生产原料，又是行业的燃料、动力。重庆是天然气化工的重要生产基地，部分企业主要原料天然气受到供应不足的限制，导致企业生产负荷不高，开停车次数较多，对经济效益造成一定影响。同时化工行业又是高污染行业，节能减排、三废治理是该行业的重中之重。因此，资源和环保仍是行业发展的瓶颈。

三、2014 年发展预测

2014 年重庆化工行业经济运行在市场需求不振、原料价格上涨、产品价格下滑等不利因素，尤其是天然气价格上涨后，对于主要以天然气为原料的基础化学原料、化学肥料等行业的巨大冲击，调整转型升级短时间又不能见效等因素，使 2014 年重庆化工行业经历了形势最为严峻的一年。预计全年化工行业 10%增长。

（作者单位：重庆市经济和信息化委员会）

医药工业

兰劲

一、2013 年发展回顾

2013 年重庆市医药工业有规模(2000 万元)以上工业企业 123 家，其中：化学药品原药制造 26 家、化学药品制剂制造 15 家、中药饮片加工 16 家、中成药制造 22 家、兽用药品制造 15 家、生物和生化药品制造 14 家、卫生材料及医药用品制造 2 家、制药专用设备制造 3 家、医疗仪器设备及器械制造 11 家。行业资产总额 433.4 亿元，从业人员 4 万人。

2013 年重庆市医药工业继续保持较快发展，主要经济指标比 2012 年均在 20%以上的增长。规模以上医药工业企业全年完成工业总产值 342.8 亿元，比 2012 年增长 24.6%；完成销售收入 323.1 亿元，比 2012 年增长 23.7%；完成利税总额 53.7 亿元，比 2012 年增长 27.2%；完成出口交货值 23.1 亿元，比 2012 年增长 51.5%。医药工业主要产品产量：化学药品原药 1.1 万吨，比 2012 年增长 29.9%；中成药 8.2 万吨，比 2012 年增长 6.0%。其中：化学药品原药制造销售收入 56.0 亿元，比 2012 年增长 17.0%，占医药工业的 17.3%；化学药品制剂制造 53.5 亿元，比 2012 年增长 13.2%，占医药工业的 18.1%；中药饮片加工 19.4 亿元，比 2012 年增长 56.5%，占医药工业的 6.0%；中成药制造 121.7 亿元，比 2012 年增长 19.4%，占医药工业的 37.7%；兽用药品制造 30.0 亿元，比 2012 年增长 37.7%，占医药工业的 9.3%；生物和生化药品制造 15.5 亿元，比 2012 年增长 91.3%，占医药工业的 4.8%；卫生材料及医药用品制造 2.3 亿元，比 2012 年增长 26.9%，占医药工业的 0.7%；制药专用设备制造 2.8 亿元，比 2012 年增长 48.9%，占医药工业的 0.9%；医疗仪器设备及器械制造 16.7 亿元，比 2012 年增长 21.6%，占医药工业的 5.2%。

（一）生产总量继续保持较快增长

2013 年全市规模以上医药工业企业完成工业总产值 342.8 亿元，比 2012 年增加 67.7 亿元，增长 24.6%(比上年增长 4.5 个百分点，全国医药工业回落 2.7 个百分点)。其中：中成药比 2012 年增加 21.1 亿元，增长 22.1%，占全市医药工业增长量的 31.1%；化学药品原药制造比 2012 年增加 11.4 亿元，增长 22.1%，占全市医药工业增长量的 16.9%。中成药和化学药品原药制造成为增长的主力，占增量的 48.0%。

（二）亿元以上企业成为增长的主力

67 户亿元以上企业 2013 年实现工业总产值 312.2 亿元，比 2012 年增加 68.5 亿元，同比增长 28.1%，占全市医药工业总产值的 91.1%。

（三）产销衔接基本平衡

2013年全市规模以上医药工业企业生产继续保持较快增长，生产总量增长了24.6%，产销率比2012年下降了0.7个百分点，9个行业中类的产销率有3个同比提高，产销基本平衡。

（四）重点企业是发展的重要支撑

重庆市医药工业排名前10户重点优势医药工业生产企业2013年完成工业总产值158.5亿元，占全市医药工业完成工业总产值的46.2%。在重庆医药工业的发展中起到了重要支撑作用。

（五）行业经济效益总量大幅增长

在国家宏观政策调控、药品价格下降、生产企业盈利空间变窄的情况下，重庆市规模以上医药工业经济效益继续保持增长势头，2013年实现利税总额53.7亿元，比2012年增加11.6亿元，增长27.2%；实现利润34.5亿元，比2012增加14.0亿元，比上年增长67.5%。从分行业类别看：除卫生材料及医药用品制造下降外，其余8个行业种类均保持增长。

（六）重庆在全国和西部医药排位情况

2013年重庆医药主营业务收入完成292.0亿元，在全国排20位（比去年持平），占全国的1.35%，同比增长22.3%，高于全国平均水平4.4个百分点（全国医药增长17.9%）。全国31个省市医药同比增长速度，重庆增幅排第10位（比去年上升2位），在西部12个省市医药主营业务收入同比增长排7位（比去年下降1位），排西部前6名的是：西藏、内蒙、贵州、广西、新疆、甘肃。

二、发展中存在的问题

一是经济总量小。2013年，重庆市规模医药工业主营业务收入292.0亿元，占全国行业1.35%，居全国第20位、西部第4位，落后西部的四川（全国第8，西部第1）、陕西、广西，仅相当于山东的1/10、江苏的1/9，比不上扬子江药业一个企业的产值。发展速度不快，总量与四川的差距由直辖之初的1.5倍拉大为2013年的3.1倍。

二是产业集中度低。大型龙头企业少，规模小。无百亿级和五十亿级的医药龙头企业，十亿级企业也仅6户。无医药工业产值全国前10强企业，前20强也仅太极集团1户，其产值不到国药控股的1/11。企业分布散，未形成集聚、集群发展态势。全市100多户规模企业分布在30多个区县，没有一个区县和园区医药工业销售产值超过50亿元。产业特色不突出。

三是产品市场竞争力低。集中体现为“六少”：国家级专利新药少；在药品招标采购中有优势的首仿药少；单独定价、优质优价的药品少；进入国家医保目录的独家品种少，仅7个；高端产品少，占比不到10%，低档普药占75%（高于全国6个百分点），医疗器械以中低端的常规医疗器械和卫生材料为主；大品种、大品牌少，单品种销售额超10亿元的品牌产品仅3个。

三、2014年发展目标

2014年预计完成工业总产值450亿元，比2013年增长31%。

（作者单位：重庆市经济和信息化委员会）

煤炭工业

龚世平

2013年是我市煤炭行业发展较为困难的一年，煤炭市场呈现了供大于求、相对宽松、结构性过剩态势。自年初以来，煤炭需求延续2012年以来的走势继续下滑，外地入市煤炭大幅增长，价格持续下降，企业应收账款大幅增加，中小煤矿企业出现停产，煤炭企业生产经营困难重重。进入7月份以后,煤炭市场出现了一些积极变化,火力发电增长,电厂库存减少,煤炭价格回稳。2013年我市煤炭工业总体呈现出继2012年以来的低位运行态势。

煤炭安全生产方面,2013年,全市煤炭行业特别是各级煤矿安全监管监察部门坚守安全生产“红线”,坚决贯彻落实“双七条”,紧紧围绕全市煤矿死亡人数降到100人以下这个总目标,强监管,严执法,全市煤矿事故起数、死亡人数、百万吨死亡率连续第8年保持两位百分数下降,再次实现了历史性突破。

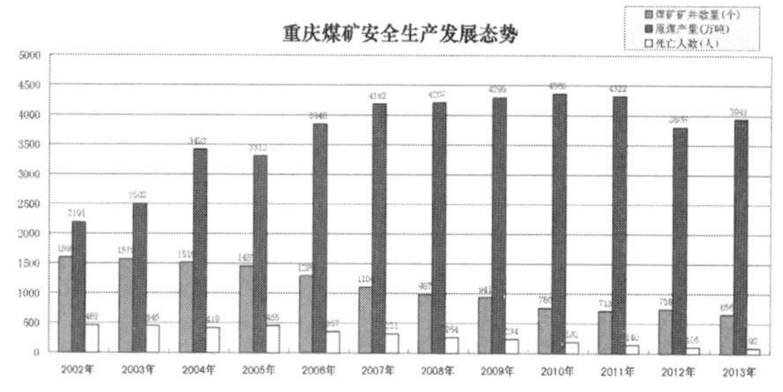

一、煤炭资源和矿井基本情况

截至2013年底,全市煤矿保有煤炭储量43.34亿吨,其中,可采储量18.32亿吨。可采储量中国有重点煤矿9.25亿吨,国有地方煤矿0.09亿吨,乡镇煤矿8.98亿吨。按煤种分,无烟煤占40%,炼焦烟煤占40%,一般烟煤占20%。

重庆煤炭资源贫乏,探明煤炭资源总量不到全国的0.1%。由于地质条件复杂,煤层薄,倾角大,断层多,瓦斯、煤尘、水害、自燃发火、顶板等自然灾害严重,因此重庆的煤矿与全国其他省市比较,煤矿规模小,开采成本高,机械化程度低,安全状况差。

重庆煤炭工业产能在全国同行业中所占份额约1%。通过近年产业结构调整,重庆市煤矿矿井数从2005年1453处下降到2013年底的672处,核定年生产能力4681万吨。其中国有重点煤矿42处,核定年生产能力1641万吨;国有地方煤矿9处,核定年生产能力46万吨;乡镇煤矿621处,核定年生产能力2994万吨。按生产规模分,672处矿井中,年产90万吨及以上的大型矿井5处,核定年生产能力740万吨;年产45至90万吨的中型矿井5处,核定年生产能力258万吨;年产45万吨以下的小型矿井662处,核定年生产能力3683万吨。占全市煤矿数量90%以上的乡镇煤矿平均年生产能力为5.6万吨。

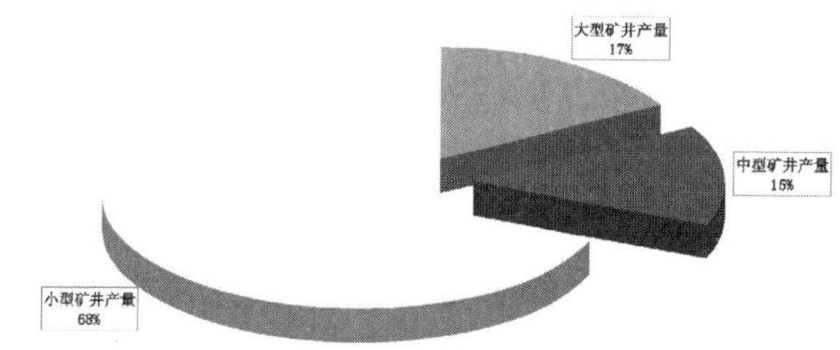

全市现有672处生产矿井中,煤与瓦斯突出矿井93处,高瓦斯矿井95处,其余为低瓦斯矿井。

二、2013年煤炭工业经济运行概况

(一)煤炭生产情况

2013年,全市煤炭生产经营总值235.53亿元,同比增加18.46亿元,上升8.51%。其中,煤炭产值176.27亿元,同比增加0.35亿元,上升0.20%;非煤产值25.64亿元,增加5.87亿元,上升29.69%。

2013年,全市原煤产量3942万吨,同比增加134万吨,上升4%。其中,国有重点煤矿1464万吨,同比增加57万吨,上升4%;区县煤矿2478万吨,同比增加77万吨,上升3%。继2012年以来,国民经济需求持续下降,钢铁、建材等行业不断压减产能,对能源需求减少。全国煤炭供大于求的情况下,市外优质煤炭大量入渝,对我市开采成本高、煤炭质量低的煤矿企业形成冲击,尽管我市火电全年耗煤同比增长17%,但因我市煤炭工业竞争乏力,区县煤矿煤炭产量和销量处于近年低位。

国有重点煤矿和区县煤矿原煤产量分别占全市原煤产量的37%和63%。我市国有重点煤矿的产能稳步增长,其产量在全市煤炭总产量

的比重逐年增大。乡镇煤矿通过关闭和整合,数量逐年减少。

2013年全市国有重点煤矿生产洗精煤567万吨,同比增加100万吨,上升21.41%。

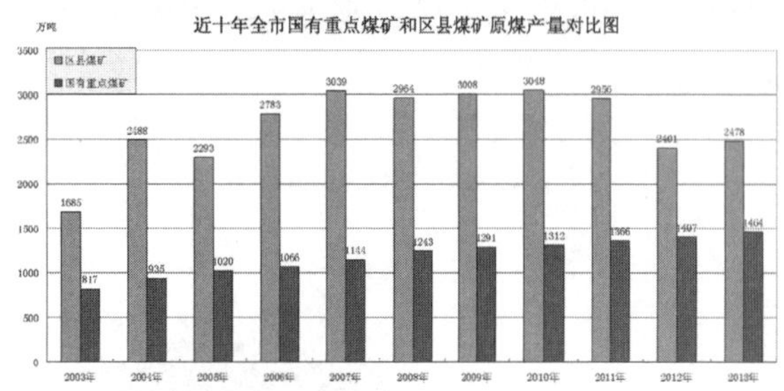

(二)煤炭销售情况

2013年全市煤矿商品煤销售量3524万吨,同比增加129万吨,上升4%。其中,国有重点煤矿1047万吨,同比增加43万吨,上升4%;区县煤矿2477万吨,增加86万吨,上升4%。

全市2013年销往市外煤炭1058万吨,同比增加17万吨,上升2%。

按照国家发改委《关于取消重点合同,推进电煤价格并轨》的文件要求,2013年起取消煤炭重点合同,实施电煤价格并轨,这标志着电煤完全市场化。2013年,全市主力电厂消耗电煤1705万吨,同比增加253万吨,上升17%;购入电煤1719万吨,同比增加312万吨,上升22%。其中,从市内煤矿购入电煤1001万吨,同比减少22万吨,下降2%;从四川、宁夏、贵州、陕西、秦皇岛等地合计购入电煤718万吨,同比增加334万吨,上升87%。外地优质煤炭大量入渝,我市电煤市场明显受到市外电煤的挤压。

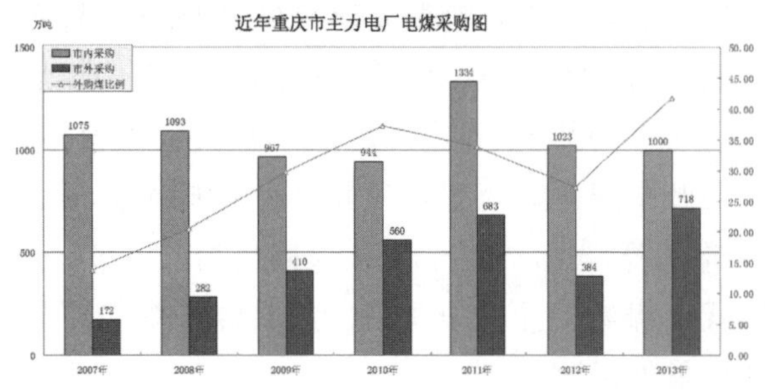

2013年,外地入渝电煤已占我市电煤消耗总量的40%以上。随着全国煤炭行业压产能、调结构和国家新的北煤南运及加快落实小煤矿关闭政策的实施,占我市煤炭工业半壁江山的乡镇小煤矿将被逐步淘汰出局,我市煤炭市场将由过去自给自足逐步转向依赖外地进口煤炭为主发展。

(三)煤炭价格情况

年初以来,煤炭价格承接2012年下滑继续走低。7月份,我市商品煤平均售价达到最低为380元/吨,较2012年初下降25元/吨。7月以后,煤炭价格企稳,但回升缓慢,截至2013年12月底,商品煤平均售价405元/吨。由于我市煤炭赋存条件差、地质条件复杂、煤炭开采成本高,加上近年有关煤炭生产的各种规费的增加,使煤炭生产经营成本增加。在煤价持续下滑情况下,部分乡镇煤矿煤炭开采成本已高于煤价,出现关门停产的情况;国有煤矿出现应收账款大幅增加,工人工资发放困难,新建和扩建项目停止和暂缓建设等情况。尽管2013年下半年开始,各地政府出台政策降低煤炭生产企业负担,煤炭需求季节性回暖,煤炭价格有所回升,但不少煤炭生产企业仍处于亏损或保本状态中经营。

(四)煤炭库存情况

由于2012年底煤矿企业和煤炭基地煤炭库存处于高位,2013年以来,煤炭基地持续削减库存,全市煤炭库存比年初减少80万吨。至年底,全市煤矿企业煤炭库存33万吨,比年初下降24万吨,下降42%;主力电厂库存186万吨,比年初增加11万吨,上升6%;煤炭基地两年来经营困难,煤炭全部清库。至年底主力电厂煤炭库存可维持发电一个月以上。

三、2013年煤矿安全生产形势

2013年全市煤矿共发生死亡事故64起,死亡92人,同比减少27起、13人,分别下降30%和12%。其中顶板事故死亡39人,同比减少16人;瓦斯事故死亡21人,同比增加15人;机电事故死亡3人,同比增加1人;运输事故死亡7人,同比减少7人;放炮事故死亡3人,同比减少3人;水害事故死亡2人,同比减少2人;无火灾事故，同比持平；其他事故死亡 17 人，同比减少 1 人。1~12 月，全市国有重点煤矿发生死亡事故 13 起，死亡 16 人，同比增加 6 起、7 人，上升 86%和 78%；区县煤矿发生死亡事故 51 起，死亡 76 人，同比减少 33 起、20 人，下降 39%和 21%。

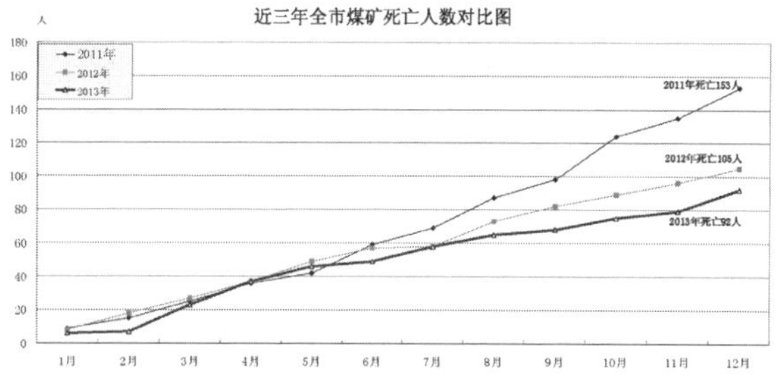

2013 年全市煤矿发生 3 人及以上较大事故 7 起，死亡 28 人，同比增加 3 起、15 人，同比上升 75%和 115%。

2013 年全市煤矿原煤生产百万吨死亡率为 2.33，同比下降 15%。其中国有重点煤矿百万吨死亡率为 1.09，同比上升 91%，区县煤矿百万吨死亡率为 3.07，同比下降 23%。

我市煤炭生产死亡事故总量和百万吨死亡率逐年减少，但受我市煤炭赋存条件差，地质条件复杂，自然灾害严重，资源状况无法实现规模化机械化开采等先天性因素制约，与全国煤矿安全水平比较，仍有较大差距。

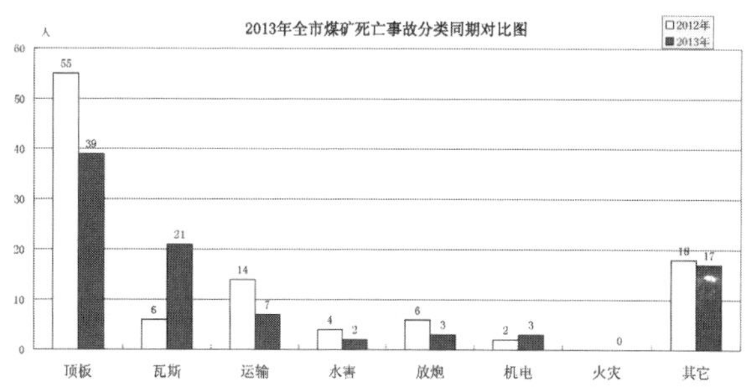

四、2013 年煤炭工业主要成绩

(一)突出"关小"和"打非"，煤矿安全生产秩序进一步规范

一是组织 8 个市级部门持续开展"打非治违"联合执法行动，责令 6 个煤矿停止生产建设，查处超层越界非法开采 3 个，提请地方政府关闭 1 个。二是继续关闭小煤矿，全年验收关闭小煤矿 68 个，超 28 个完成关闭任务，淘汰落后产能 352 万吨。三是矿井技改提速，全年竣工验收新改扩建和资源整合矿井 170 个，新增产能 591 万吨。四是完善法人治理结构，兼并重组小煤矿 95 个，组建了集团性煤炭企业 15 家，平均产能达到 45 万吨/年。

(二)突出落实主体责任，安全专项治理进一步强化

全市煤矿落实企业主体责任全部达到 C 级以上，A、B 级 629 家，创建优秀企业 84 家。建成了 8 个一级、219 个二级安全质量标准化矿井，所有矿井全部达标。煤矿职业危害定期申报率达 98%，建立和完善了 13 种防治职业危害制度。开展"三项治理"，建成瓦斯治理工作体系示范区县 20 个，示范矿井 150 个，完成了 131 个高突矿井瓦斯防治能力评估，推广应用瓦斯治理新技术，累计抽采瓦斯 5.25 亿立方米，利用 3.66 亿立方米。强化隐患排查治理，累计排查隐患 4.3 万条，整改率 100%，挂牌督办重大隐患 46 条，整改销号 44 条，整改率 96%。开展全员培训近 12 万人次，安全投入 3.51 亿元，其中争取国债和上级财政配套资金 1.23 亿元。

(三)突出"七条规定"的宣传贯彻和"百日安全"督查，有效扭转了事故一度多发的被动局面

关爱矿工生命"七条规定"宣贯活动中，对 1233 名矿长、业主进行了集中培训和考试，开展"敬畏生命"大讨论，宣贯活动形式多，声势大，震动大。全力实施七大攻坚举措，启动了重点产煤区县"攻坚战"。有针对性地开展大宣教、大排查、大整改、大执法"百日安全"督查活动，分片区召开宣贯动员大会，开展蹲点督查，查处隐患 1185 条，责令矿井停产 41 个次，停止采掘作业 42 次，立案调查 61 件，3 个先关闭后整合长期非法生产矿井彻底关闭到位，有效扭转了三四月份事故多发局面。

(四)突出安全法治，安全生产违法行为查处力度进一步加大

全年开展监察监管执法 1261 矿次，实施行政处罚 337 矿次，罚款 3415 万元。严格事故调查

处理，全年调查事故64起，结案62起，按期结案率98%，事故罚款1826万元，停产整治61矿次，建议行政处分7人，移送司法机关30人，约谈地方政府5次，约谈监管部门和煤矿59次，制作发放了2800套警示教育片。受理群众举报68件次，办结64件次，克服困难，深挖细究，对巫山官河煤矿"9·13"非法生产较大瓦斯事故进行了严肃调查处理，全年共查实瞒报事故2起。开展检查指导179次，发监察监管建议书、意见书37次。组织对8个执法单位（部门）执法监督检查，发现和处理执法问题98条，开展重大处罚事前沟通指导和咨询6次。

（五）突出"三基"工作，安全保障能力进一步增强

落实3300万元专项资金，加快区域矿山救援队天府（安稳）基地建设，申报特级救护队1个、一级4个，验收二级救护队12个、兼职救护队170个，出动抢险救援10次，参加了芦山地震救援。召开2次"推先"现场会，投入162万元支持14个重点科技项目，推广15项先进适用新技术新装备，开展了薄煤层综采自动化配套设备和急倾斜极薄煤层"无人工作面"开采技术研发。加大培训力度，培训各类煤矿人员3.2万人次，举办了5期煤矿安全监管人员培训班，培训基层执法人员366人，完成了10个区县职业技能鉴定培训2432人。"五长五队"和班组建设取得新进展。建成了20个标准化煤管局、4个标准化监察分局（办事处），8个执法示范单位和15个信息调度统计标准化煤管局建设初见成效。《重庆市煤炭条例》列入市政府后三年立法调研计划，立法前期工作基本就绪。

（六）突出抓整改转作风，深入开展党的群众路线教育实践活动

在总局和市委督导组的指导下，成立了教育实践活动领导小组和办公室，组织专题研究教育实践活动有关工作18次。通过教育实践活动，取消各类领导小组22个，撤销考核评比项目20项，局涉及"四风"的规章制度保留79件，废止39件，修订25件，新制定22件，废止和修订工作已经完成。贯彻落实"八项规定"，各类会议和会议费同比分别减少26%和40%，公务接待费、公务用车费用同比分别下降32%和17%，出国费用零发生。取消了煤炭生产许可和培训机构资质确认，技术服务机构管理下放到区县监管部门，进一步完善了行政审批"两集中"和"一站式"服务，全年新办、延期、变更安全生产许可证288件。

事业单位全面完成了主要目标，136队实现收入3.26亿元，结余2243万元，消灭了重伤以上事故；安培中心（工程学校）实现收入2050万元，结余550万元；科能学校实现收入3326万元，结余129万元；安技中心实现收入1710万元，结余440万元；职业病医院实现收入4085万元，结余180万元；机关服务中心实现收入843万元，结余191万元。

五、煤矿安全生产存在的主要问题

尽管2013年各方面工作取得了显著成绩，但我们要清醒地看到存在的薄弱环节和问题。

一是安全形势依然严峻。事故总量大，事故起数居全国第二位，死亡人数居第四位，百万吨死亡率是全国平均水平的近8倍，较大事故起数占全国总起数的9%，顶板事故总量大，瓦斯事故上升。

二是安全法治意识有差距。少数区县先关闭后整合矿井非法生产、乱采滥挖、超层越界、边建设边生产等现象时有发生，瞒报事故没有杜绝，个别区县执法阻力大，干扰大，部分煤矿安全生产主体责任不落实，一些煤矿对"四化"建设认识不足，多数煤矿监控系统运行不正常，隐患排查整改不力，"三违"现象比较普遍，职工培训和安全投入存在一定差距。

三是煤矿安全生产基础依然薄弱，安全生产保障能力仍然不强。煤炭赋存条件和开采条件差，自然灾害严重是影响和制约煤矿安全生产的客观因素。小煤矿多、小、散、弱、低、差的状况没有根本改变，生产集约化程度低。小煤矿开采工艺、支护方式落后，采掘机械化和安全技术

装备水平低，从业人员素质差，科技支撑脆弱。

四是事业单位工作有差距。直接服务煤矿安全生产的力度不够，安全生产公共服务功能有待增强；在市场开发遇到困难的情况下，挖掘增收潜力不够，安培中心（矿业学校）债务负担重；少数单位应收账款额度大，到年底，136队经清理和处理后仍高达1.2亿元，安技中心高达919万元；内部管理还存在疏漏，136队发生放射源丢失，影响很大；个别单位干群关系不够和谐，一些老问题没有根本解决。

六、2014年工作目标

以党的十八大和十八届二次三中全会精神为指针，深入贯彻中央经济工作会议精神，全面贯彻落实上级安全工作部署，牢固树立"红线"意识和矿工"生命至上"意识，贯彻落实国务院办公厅99号文件和总局"双七条"规定，筑牢"三基"，治本攻坚，推进"四化"，提升素质，巩固活动成果，转变工作作风，增强保障能力，构建长效机制，控制较大事故，杜绝重特大事故，不断推进全市煤矿安全生产形势稳定好转。2014年全市煤矿生产安全事故死亡人数力争控制在80人以内，比2013年下降10%以上，较大事故控制在4起以内，杜绝重大以上事故，煤炭产量稳定在4000万吨左右，百万吨死亡率力争控制在2以内。全面完成"十二五"小煤矿关闭和兼并重组任务。完成监管监察执法计划。

（作者单位：重庆市煤炭工业管理局）

冶金工业

吴贻琨

一、2013年发展回顾

重庆冶金材料工业由黑色金属材料工业和有色金属材料工业两部分组成。拥有炼铁、炼钢、轧钢、耐火材料、焦炭、金属制品、功能材料、粉末冶金、磁性材料、电解铝、电解铜、电解镍、电解锰、铝加工、铜加工等生产工艺技术，常年生产2000多个品种的冶金产品。主体企业有重钢集团、西南铝企业、万达薄板和博赛集团等。重庆钢铁工业在全国同行业中所占份额1.15%。重庆有色金属工业共有大中型企业84户，按生产类型划分，加工企业78户、冶炼企业6户。加工企业资产占总资产的66.25%、冶炼企业资产占总资产的33.75%。

（一）经济规模再创新高

2013年，全市冶金行业完成工业总产值1383.78亿元，同比增长16.5%；工业增加值254.09亿元，同比增长16.1%；销售收入1321.88亿元，同比增长13.78%；实现利润27.35亿元，同比下降8.74%；出口交货值12.12亿元，同比下降18.82%。

生产粗钢898.08万吨，同比增长17%；钢材1269.57万吨，同比增长17.63%；生铁556.22万吨，同比增长7.53%；焦炭348.51万吨，同比增长13.53%；铁合金52.77万吨，同比增长21.69%。

生产十种有色金属34万吨，同比增长11.29%；原铝（电解铝）31.49万吨，同比增长17.63%；氧化铝112.13万吨，同比增长34.93%；铝材107.88万吨，同比增长13%；铜材12.98万吨，同比增长11%；铝合金及再生铝82.85万吨，同比增长51.94%。

（二）节能减排发展低碳经济成果显著

1.多管齐下，化解产能过剩矛盾

一是严控过剩产能，不再新批电解铝、水泥项目；二是推动依托重钢浦项项目，完成300万吨钢铁行业兼并重组方案；三是共淘汰炼钢产能2万吨，焦炭56万吨，铁合金14.7万吨，锌冶炼5700吨,水泥306万吨,平板玻璃167万重量箱,圆满完成国家交办任务。今年以来重点支持南川、永川、铜梁、城口、巫山等区县的产业结构调整。

2.切实加强行业管理,促进材料工业健康发展

一是完成了全国钢铁行业、有色行业集体和劳动模范考察工作。二是于5月推动成立了重庆市冶金工业协会,进一步畅通了使企业与政府之间沟通协调的渠道。三是积极开展“日清周进”和“三位四同六步工作法”,共走访企业100余户,252次,提高了服务发展的质量和水平。四是根据产能过剩的实际情况代为市政府起草了《关于进一步加强冶金、建材产品质量监管工作的通知》。

3.推进企业节能减排,提高绿色发展质量

重钢焦化、烧结、高炉、转炉能耗和吨钢耗新水指标分别比《钢铁行业规范条件(2012年修订)》规定指标低14.1%、36.23%、14.7%、110.1%和2.4%,富余煤气、余热余压等发电量占总耗电量的65%以上,成为全国最先进的环保型钢铁企业之一。

二、发展中存在的问题

一是市场竞争加剧,部分行业效益严重下滑。钢铁、电解铝等行业产品价格跌至历史最低谷,企业运行困难,其中电解铝工业全行业亏损,处于近年来的最低水平。二是产业链发展不完善,产品结构仍不合理。

三、2014年发展目标

2014年全市冶金工业预计完成目标:按照“6+1”产业划分,重庆市冶金工业规模以上企业预计完成冶金工业完成1450亿元,同比增长8.2%。

(作者单位:重庆市经济和信息化委员会)

重庆盐业

黄科

一、2013年发展回顾

2013年,面对日益严峻的经营形势,重盐集团遵循中央“以科学发展为主题,以加快转变经济发展方式为主线”的要求,扎扎实实把推动发展的立足点转到提高质量和效益上来,坚持效益与规模并重,通过转方式、调结构稳增长,转作风、抓实干求实效,强管理内挖潜力、抓销售外拓市场,战胜各种困难和挑战,取得新的发展业绩,全年实现营业收入38.40亿元,同比上升15.7%;利税1.68亿元,同比上升7.75%;资产总额42.99亿元,同比增长11.5%;净资产12.41亿元,同比增长5.3%。荣获了重庆市企业100强、化医集团“先进企业党委”、“四好领导班子”、“效益贡献二等奖”、“安全环保先进单位”等荣誉称号。

(一)调结构稳增长,商贸板块效益明显提升

全年实现主营业务收入24.6亿元,同比增长13.46%,实现利润7279万元,同比增长50.52%。一是丰富品项,食盐结构调整成效显著;二是效益优先,非盐经营质量稳中向好;三是固本强基,营销网络建设成果初显;四是拓展业务,专业经营效益大幅提升。

(二)降成本拓市场,制盐板块产销两旺

制盐企业通过降能耗、调结构、拓市场,实现营业收入4.65亿元,同比增长51.2%;利润1543万元,同比增长36.65%。一是多措并举,促进能耗明显下降;二是优化策略,市场拓展局面良好;三是调整结构,盈利空间明显提升。

(三)对行标挖潜力,食品板块强力扭亏

2013年,食品调味品板块通过调结构增新

品,降成本拓市场,实现大幅减亏。一是严控源头,狠降成本;二是产品创新,抢占市场;三是模式创新,强化营销。

(四)调战略重质效,管理效能稳步提升

一是加大科技投入,强化品牌推广,投入研发和技改资金1.59亿元,共开发新产品13个,申报专利11项获批7项,申报成功市级技术中心3个;二是加强成本控制,盘活存量资源;三是突出效能审计,强化风险排查;四是优化薪酬考核,激发员工热情;五是严格投资管理,加快建设进度;六是坚持以查促管,狠抓安全措施落实。

(五)严执法控风险,促进盐业有序发展

开展全面整治食盐市场活动,全年查获盐业违法案件19件,查获违法盐产品64.35吨,罚没款13.47万元。

(六)鼓干劲聚能量,党建工作求实效

改进党建工作推进方式,出台《基层党建工作目标考核办法》,实现基层党建工作从粗放型模糊管理到目标量化管理;认真开展党的群众路线教育实践活动,深入查找"四风"突出问题;加强干部队伍建设,抓好后备干部培养;发挥群团组织优势,构建和谐发展氛围;加强党风廉政建设,层层签订目标责任书,聘请党务公开监督员,有力促进了全司廉洁发展。

二、发展中存在的问题

企业内部发展速度与发展质量还不平衡;集团品牌形象、品牌效益还没有得到有效发挥,产品附加值不高、竞争力不强;部分新建项目产业竞争环境恶化,经营效益不佳,产业布局、产品结构亟待调整;企业规模增长与职工收入增加不平衡,少数员工收入较低,绩效考核激励机制有待进一步优化,解决和战胜前进中存在的困难和问题刻不容缓。

三、2014年的发展目标

2014年的发展目标:经营利润5500万,应收款1.5亿,营业收入31亿,完成6600万投资建设任务。

(一)整体谋划系统设计,构建发展改革导向体系

一是做好集团层面发展改革顶层设计;二是做好任务分解,明确发展改革责任;三是改进完善考核方式,推进工作落实;四是整合智力资源,加强管理创新研究。

(二)优化流通发展方式,稳中求进提高经营效益

一是鼓励营销模式创新,提高企业经营能力;二是深化食盐结构调整,夯实食盐市场网络基础;三是优化非盐产品结构,提升产品盈利空间;四是改进物流配送流程,加强成本控制;五是鼓励先行先试,拓展专业化经营领域。

(三)努力降本增销,提升制盐企业市场竞争能力

一是加强工艺流程改造,强化综合成本管理;二是加大产品创新力度,积极拓展新的市场。

(四)强化创新驱动,积极培育食品行业利润增长点

一是加强市场研究,加大畅销品的研发力度;二是强化模式创新,调动渠道各方积极性;三是强化内部管理,发挥成本控制中心作用。

(五)搞好资源整合,提高企业资本运营效率

一是提高资金使用效率;二是加大资源整合力度;三是盘活闲置物业资产。

(六)优化总部管控职能,强化管理保障功能

一是强化质量意识,加强品牌管理;二是加强员工管理,强化人力资源保障;三是畅通信息渠道,加强企业运行监控;四是坚持整改导向,强化审计监督职能;五是完善管理机制,强化企业风险管控;六是加强储运管理,增强设施保障。

(七)提高盐政执法效能,维护市场经营秩序

加强盐政执法队伍建设,增强支队盐政执法办案的实战能力和指导办案的能力;加强与周边省市盐务局的合作,继续抓好对出口盐、行业盐、两碱工业用盐的监管。

(八)务实为民转变作风,发挥好党建工作助推作用

一是贯彻中央精神,统一发展改革认识;二是丰富文化内涵,倡导适应发展改革的新理念;三是汇聚全员正能量,营造良好工作氛围;四是强化队伍建设,促进机关作风转变;五是树立法纪意识,完善反腐倡廉惩防体系。

(作者单位:重庆市盐业局)

国防科技工业

王刚

一、2013 年发展回顾

2013 年, 重庆市国防科技工业经济实现了快速增长,年产值首次突破 2000 亿元。

(一)经济快速增长,产销衔接较好

2013 年, 全市国防科技工业实现工业增加值 411 亿元, 同比增长 52%; 完成工业总产值 2037 亿元,同比增长 30.4%。从分月来看,基本都保持 30%左右的增幅,走势较为平稳。

全年实现营业收入 2162 亿元, 同比增长 29.4%, 完成出口交货值 49 亿元, 同比增长 11.8%,工业品产销率 99.2%,同比提高 17.2 个百分点,产销衔接情况较好。

实现利税总额 260 亿元, 同比增长 65.2%, 其中利润总额 114 亿元,同比增长 67%,随着产销总量增长,效益也大幅度提高。

(二)军转民成果持续显著

重庆市国防科工经济的快速增长, 主要得益于民用产品的发展。增长最快带动最强的是汽车整车及零部件行业, 其中重庆长安汽车股份有限公司生产增长 44.2%, 汽车产量增长 21.1%,车用空调压缩机增长 37.6%,车身电子系统增长 46.9%。

除传统的汽车、摩托车等行业外,重庆市国防科工企业近年也拓展了一些新的民用领域, 并取得较好成绩。重庆海装风电设备公司在风电行业的激烈市场竞争中, 通过在新疆等地投资建厂,2013 年产值增长 34%, 利润也实现增长; 重庆前卫科技集团有限公司在稳固发展煤气表、水表产业基础上,海洋石油产业、电子产业方面的发展也上了一定规模。

(三)新产品提升产品结构,促进经济增长

全年完成新产品产值 1225 亿元,同比增长 46%,新产品产值率(新产品占工业总产值比重) 60.1%,同比提高 6.4 个百分点。新产品成为增长的重要促进因素, 如重庆长安汽车股份有限公司新产品产值增长 64.7%,增长较快的新车型主要有长安股份公司的逸动、悦翔 V3、CS35 等,长安福特公司的翼虎、翼博、新致胜等。

二、发展中存在的问题

受市场环境等因素影响, 近三成企业产值负增长,二成企业亏损;在主要民品中,摩托车产量同比下降 2.5%, 而同为支柱产业的汽车增长 21.1%,反差较大,这种行业、产品之间的发展差异也反映在主要民品产量表中。

(作者单位:重庆市经济和信息化委员会)

纺织工业

柏潇

一、2013年发展回顾

2013年，我国纺织行业生产受国际国内经济环境影响，增速总体减缓。重庆纺织服装企业积极应对，努力克服外部环境变化的极大压力和自身存在的困难问题，保持了全年经济运行平稳增长。

(一)行业克服困难，经济运行保持稳定增长

全市纺织服装规模以上企业223户，完成工业总产值297.73亿元，同比增长12.6%；实现主营收入282亿元，同比增长13.9%，高于全国纺织行业平均增速2个百分点。实现税利总额37.13亿元，同比增长47.42亿元；实现利润总额21.72亿元，同比增长42.34%，增速高于行业平均水平20%以上；从业人数48085人。重庆纺织行业利润率达到7.7%，高于全国行业平均利润率两个百分点，反映了重庆纺织服装行业在2013年更加注重研究市场需求开发产品，控制成本，加强产品质量品质管理，在经济总量稳步增长的情况，实现了效益较大幅度增长。在全国省市纺织经济总量规模上列全国第十八位，西部第三位，增速西部第二位。

进出口方面，根据海关统计，2013年重庆市纺织原料及服装出口12.35亿美元，同比增长22.7%，其中，服装出口11.51亿美元，同比增长23.1%。

一批行业龙头企业对行业经济发展发挥了重要的支撑作用。其中重庆三峡技术纺织有限公司2013年实现销售收入49.58亿元，排名第一，排在二、三位的企业是：重庆润江羊绒制品有限公司(12.10亿元)、重庆雅戈尔服饰有限公司(9.16亿元)。排名前20位的企业在全市规模以上企业总数中占比不足10%，销售收入在全市纺织服装总产值中的占比超过50%。重庆雅创服饰集团通过各种途径开拓市场，除主打品牌欧碧倩，还通过多品牌代理，实现销售收入超10亿元，成为第一个本土服装销售过10亿元企业。

(二)产业园区布局明晰，建设项目推进初见成效

1.渝东北生态涵养发展区

以万州为中心，以重庆三峡技术纺织品有限公司为龙头建设的中国西部纺织城一期项目于2012底正式启动，2013交地开工建设。项目内容为“一基地，四中心”，即：纺织服装产业生产基地、技术研发中心、商贸中心、物流中心、生活服务中心。工业生产基地主要包括：5000万米面料、1000万件高档衬衫、25万锭紧密纺、1000万件针织休闲装、1000万套高档家纺等。项目总投资150亿元，其中工业项目及配套100亿元，商住项目50亿元。总规划净地面积约3500亩，总规划建筑面积约450万平方米。其中工业用地约1000亩，“前店后厂”专业市场商业用地约1000亩，物流、楼宇及配套公共建设用地约500亩，商住用地约1000亩。2013年一期工业项目25万锭紧密纺和5000万米高档色织布项目厂房主体结构建设完成，预计2014年下半年建成投产。

2.城市发展新区

重庆中鼎睿石有限公司在合川投资建设的西部服装创意项目建设用地1200亩，总投资约50亿元。2013年6月该公司拍得土地首期项目用地开工建设，全年完成标准厂房和配套设施建设10万平方米，已有数家企业入驻进行设备安装调试，部分企业安装了国内先进的自动吊挂生产系统，进行试生产调试，进行品牌服装加

工,产品以销往国际市场为主。

合川西部服装创意产业园区2012年被中国纺织工业联合会列为为中国纺织产业转移试点园区,该建设项目2013年被重庆市政府确定为市级重点项目。

重庆金考拉服装有限公司为主体在江津珞璜投资建设的重庆金考拉(国际)纺织服装产业城项目,总投资60亿元,占地面积1000亩,由面料加工区、品牌骨干企业区、中小型加工企业区、微企创业区、科研创意区、博览展示区、教育培训区、仓储物流区、信息交易区等部分组成,建成后总产值约80亿元。2013年园区项目已完成产业审查、一期建设项目土地出让,方案设计,并于2013年10月开工建设。2013年8月10日在重庆市人民政府外事侨务办公室隆重举行法国箩伦诗服饰(国际)有限公司入驻金考拉(国际)纺织服装产业城签约仪式。与此同时,西南大学纺织服装学院也将金考拉(国际)纺织服装产业城作为学院定点设计研发基地及学生实践基地。

江津重庆金考拉国际纺织服装产业城2013年9月25日被中国纺织工业联合会列为全国纺织产业转移试点园区,该建设项目2013年被重庆市政府确定为市级重点项目。

3.都市功能拓展区

巴南区麻柳工业园,重点企业重庆拓为有限公司的重庆(中国)轻纺服装城项目于2013年7月11日开工建设,全年完成约6万平方米标准厂房建设并将陆续交付使用,重庆本土服装加工企业将入驻投产。

重庆尚盟实业有限公司投资建设重庆西部时装产业园项目正式签约。该项目位于开发区木洞组团重庆轻工产业基地核心区,项目一期占地371亩,投资总额近7亿元,达产后年产值约15亿元,年税金约4000万元。

渝北回兴服装城转型升级,发展服装商贸、物流和总部经济基地规划已经启动,将在2014年取得实质性突破。

4.渝东南生态保护区

重庆黔江区具有国内得天独厚的优质蚕茧生产的生态和气候环境,是重庆市生产出口欧美、日本高档蚕茧、生丝产品基地。以引进浙江桐乡丝绸企业建设的桐乡丝绸工业园区,总占地面积600亩,一期供地220亩,计划总投资51780万元。2013年1月正式开工建设,全年完成投资36270万元,入驻企业6户,并实现当年建成投产,实现工业总产值25691.9万元,实现销售产值24933.9万元,产销率达到97%。另外,重庆双河丝绸有限公司作为桐乡丝绸园的投资企业和黔江皮革服装代表企业重庆澳特尔服装皮具有限公司,2013年分别实现工业总产值32223.1万元、16677万元。

(三)尝试互联网络营销,拓宽市场渠道

2013年重庆纺织服装企业,努力迎接互联网络营销新模式的挑战,积极尝试,开拓创新。由重庆市金考拉服饰有限公司牵头成立的重庆纱线产品交易中心为中国首个纺织纱线、产品电子交易平台,已通过市金融办的验收,获得中国纺织工业联合会授权的“全国纱线产品登记确权中心”、“纱线产品数据备份中心”和“纱线电子交易示范基地”。经两个多月的开业运行,现日均交易资金流水已达到2个亿。为企业节约交易成本20%以上。

同时,一批服装企业近年来积极学习和尝试建立自己的网上销售店,努力探索线上线下结合,网络店与实体店结合的新的营销模式。

(四)整合利用资源,改善行业发展的环境

一是借重庆市纺织工业联合会成立之机,继续争取国家纺织工业联合会、中国服装协会和各相关纺织分会的指导、支持和帮助,通过联合会的平台加强与兄弟省市行业协会的合作交流。

二是纺织联合会的成立,凝聚了行业力量,建立起更广泛的信息交流和资源共享平台,密切了行业与政府的联系,更有利于行业发展得到各级政府部门的指导、支持。

三是学习交流,跨界合作,增强了可持续发展的动力。企业学习培训积极性高,文化建设、品牌培育意识不断增强,纺织服装上下游产业链的结合,与服装相关联的服饰、珠宝、眼镜、箱包、鞋帽等时尚产业发展的结合,为行业发展开拓了更多的发展空间。

二、2014年发展展望

一是优化存量,促进产业持续发展。通过建设承接本土中小服装的产业园区,不断发展和完善配套产业链和公共服务平台,提供良好的发展环境。逐步使全市纺织服装构建成100亿级园区引领,50亿级企业龙头、5~10亿级企业中坚、亿元企业集聚中小企业良性发展的阶梯式发展格局。

二是抓好增量,推动产业科学发展。在万州以三峡技术纺织品有限公司为基础建设西部棉纺织服装产业基地;在合川、江津则重点建设纺织服装科技创意产业基地;在涪陵则以新型化纤产业链培育和新兴产业用纺织品为重点;巴南区的都市轻纺服装城,则主要以承接本土都市服装制造业,配套发展服装服饰面辅材料市场和商贸物流服务平台,渝北区服装业将站在发展的新起点上,逐步由服装加工制造业转型为现代服装商贸、总部基地和设计创意基地;在黔江则重点打造重庆市特色丝绸产业链生产基地。形成重庆市纺织服装产业新的增长点。

三是加快两化融合,创新产业发展和营销模式。抓住以互联网和移动互联网为支撑的智能化、小批量高端和规模化、数字化定制生产方式,探索消费者个性化消费时代的营销模式,积极发展电子商务和移动互联销售渠道,建设重庆纺织服装电商平台。要重视技术成果转化,技术创新的应用,如机器人技术、3D打印技术等,及时洞察纺织服装产业的制造模式和消费者购买产品的体验方式的变化,制定好重庆纺织服装品牌建设、运营模式和营销手段发展策略,实现产业健康可持续发展。

(作者单位:重庆市经济和信息化委员会)

电子制造业

周杨

一、2013年发展回顾

2013年,重庆市电子制造业保持快速增长,产业规模跃居全市第一位,成为重庆市经济高速发展的支柱行业之一,为全市工业稳健增长和转型升级做出了重要贡献。

2013年,电子制造业实现工业总产值2935亿元,同比增长31%,占全市工业总产值的18.6%,增速全市第一。累计生产计算机5593万台,同比上升34%;打印机1943万台,同比上升115%;显示器995万台,同比上升23.2%;手机3546万台,同比增长224%。

(一)招商引资硕果累累

1.引进了SK海力士"半导体芯片封装项目"

经艰苦努力,韩国SK海力士集团于5月10日与重庆市签订协议,在渝投资建设半导体后工序加工服务(包括封装、测试、模组)生产线。SK海力士项目总投资12亿美元,其中,首期投资5亿美元,建成达产后可实现产值65亿美元。

2.引进液晶面板配套企业

重庆市邀请近百家知名液晶面板配套企业高层来渝考察,最终促成福华电子、河北捷盈光电子、吴江腾达包装等9家企业于7月17日签约两江新区,协议投资总额28亿元人民币,建成达产后可实现产值50亿元人民币。

3.引进法国液化空气集团电子气体项目

经主动跟踪、洽谈,法液空于10月30日与重庆市签订投资协议落户西永微电园,首期主要为重庆爱思开海力士半导体、京东方配套生产氮气、氢气和氧气等大宗气体，投资1亿美元，预计2014年3月建成投产，双方正在协商将重庆作为法液空中国的结算中心进行试点，预计年内签约落户。同时，计划未来在电子大宗气体和电子特气、大工业气体和通用工业气体等领域追加投资。

4.抓紧通信手机招商

一是同中国三星高层进行沟通。二是奇帆市长赴深圳中兴通讯总部洽谈中兴手机及配套搬迁重庆事宜。三是拜访华为高层，联系华为、烽火等公司来渝下单、合作等事宜。四是联合南岸区、潼南县等引进手机整机和配套企业。5月28日11家手机配套企业签约落户潼南县，8月开始投产，预计年内实现产值7.5亿元。

5.积极开展IC产业招商工作

联系相关企业策划来渝投资、开展项目合作等事宜。目前已基本与十余家IC设计公司达成协议，已开始陆续落户，计划2014年9月底前签约十家以上。

6.努力推进SMT及家电产业招商

与英国励展博览集团合作主办了“中国电子智造高峰论坛·重庆——中国西部地区SMT高科技会议”，与17家参会企业进行商务洽谈。在家电领域，向工信部、中国家电行业协会等单位咨询，积极联系国内外家电行业巨头。

(二)重大项目推进卓有成效

1.SK海力士项目

重庆市与SK海力士紧密配合，项目签约后仅67天就完成了从签约到开工的大量工作。期间，重庆市主要协调完成项目立项、前置预审、环评编制、污水处理、输电线路、项目平场等工作，确保了项目桩基工程于2013年7月18日顺利动土，基建工程于11月12日开工建设，预计2014年6月竣工投产。

2.京东方项目

积极协调各部门推进京东方项目奠基动工。京东方8.5代项目于2012年12月21日签约后，于2013年7月17日顺利举行项目开工仪式，按计划项目将于2015年4月竣工投产，年产值将达近千亿元。

3.中航微电子扩产项目

重庆市为帮助中航微电子切入LED、笔电产业链，积极联系美国HP、四联光电和策划收购。目前，已收购台湾探微47台设备，具备MEMS生产能力，正与HP打印机团队洽谈为其生产打印机喷头MEMS项目。

4.四联光电与中航微电子合作项目

帮助四联光电公司协调市政LED照明工程，帮助其与中航微电子在蓝宝石衬底PSS深加工和MEMS方面开展合作。现PSS方面双方已进行试产，MEMS方面已在技术层面展开探讨。

5.集成电路虚拟IDM、IC设计基地项目

主动策划、开展集成电路虚拟IDM、IC设计基地建设工作。虚拟IDM将引进10家以上IC设计公司，IC设计基地将打造重庆通讯、物联网和功率器件的芯片设计基地。虚拟IDM方案于10月21日获第九次委主任办公会议通过，IC设计基地方案获委领导充分肯定，均进入正式实施阶段。

6.法国液化空气项目

与法液空共同建立项目推进时序表，目前开始协调项目立项、工商注册、项目用电等事宜。

(三)服务企业取得实效

1.积极组织企业申报项目

组织市内企业参与国家和市级的项目专项扶持资金申报。推荐山外山、大龙网、国虹等9个项目申报国家资金项目。由上海普华软件牵头、重庆市部分企业参与申报的“国产汽车电子基础软件平台产品研制及产业化”、重庆山外山申报的“血液透析机及其关键控制技术产业化”已获得国家核高基科课题立项。2013年重庆市电子产业共获国家资金支持项目2个，支持资金2000万；获得市级工业振兴资金支持项目10个，支持资金1305万元，获得市级民营发展资金支持项目12个(前5批)，共计资金760万元。

2.帮助重邮信科公司改制

协调重邮信科改制后人员社保缴纳事宜，

推动重邮信科股权改革事宜，目前重邮信科股权改制方案正在各市级部门传签。

(四)地位作用进一步凸显

1.增长带动作用明显

2013年,行产值同比增长31%,在全市“6+1”行业中排名第一,超过全市工业平均增速17个百分点,拉动工业增长4.4个百分点,增长贡献率为26%,已成为重庆工业第一增长动力。

2.行业地位日益提升

2013年,重庆市电子制造业产值占全市工业比重达到23.7%，较上年提高3.7个百分点,成为第一大支柱产业;占全国电子制造业工业总产值的2.4%,排名第11位,比年初上升了1位。

3.生产效率持续提高

2013年，重庆市规模以上电子制造业共耗电154124万千瓦时,度电产值190元,同比提升4.3%;全员劳动生产率为134万元/人·年,同比增长9%。

4.社会贡献进一步增大

2013年，重庆市规模以上电子制造业从业人员达到20万人,比上年增长33%;上缴税金3.7亿元,同比增长85%。电子制造业在重庆市国民经济中的重要性不断提高。

二、发展中存在的问题

(一)增速呈下降态势

受产业基数增大、缺乏新增长点等因素影响,重庆市电子制造业2013年末累计产值增速比2012年下降了25个百分点。12月单月增速29%,比年初下降了39个百分点。

(二)效益较去年有所下滑

全行业2013年实现利润74亿元(不含结算中心),同比增长19%,销售利润率为2.6%,比去年下降了0.1个百分点。全行业亏损企业43家,亏损额9亿元,同比增长50%。

(三)行业结构过于单一

计算机产业一枝独秀，占全行业比重高达64%,增长贡献率达79%,处于行业支柱地位。电子制造业对计算机产业依赖度较高，抗风险能力不强。

(四)区域分布尚不平衡

行业基本聚集在主城地区，区县发展十分薄弱。都市功能拓展区电子制造业占全市比重达80%。城市发展新区占比11.2%;都市功能核心区占比6.8%；渝东北生态涵养区占比2%;渝东南生态保护区占比仅0.08%。

三、2014年发展目标

把握重要战略机遇期，以产业集群为主攻方向,以龙头产品为牵引,以龙头企业为依托,力争超额完成电子信息产业总产值的年度目标,保持重庆第一支柱产业地位。

2014年全年产值3520亿元，同比增长20%。其中,笔电整机1970亿元,同比增长21%;笔电配套280亿元，同比增长13%；其他行业1270亿元,同比增长19%。

(作者单位:重庆市经济和信息化委员会)

计算机和通信产业

张珉

一、2013年发展回顾

2013年重庆市以电脑为主的计算机和通信产业在全球及国内经济下行压力增大的形势下保持快速增长，成为重庆市经济高速发展的支柱行业之一，为全市工业稳健增长和转型升级做出了重要贡献。

(一)电子整机产业规模稳步提升

2013年全市生产电脑5593万台,同比增长33%，其中西永综保区笔记本电脑出货量3406

万台，同比增长5%；保税港区笔记本出货量2187万台,同比增长99%。打印机1940万台,同比增长120%;显示器996万台,同比增长23%;网通产品8850万件,同比增长26%。全球每三台电脑就有一台“重庆造”,全国最大的笔记本电脑生产基地和惠普全球打印和成像设备生产基地已基本成形。

2013年重庆市电脑产业(整机)全年实现产值1570亿元,同比增长38%,对全市电子信息产业增长的贡献达79%，成为电子信息产业增长的“第一发动机”。同时,配套产业全年实现产值493.7亿元,同比增长47.8%。电脑产业占全市规模以上工业产值比重达到10%，以电脑整机制造业为代表的电子信息产业占全市规模以上工业产值比重达到23.7%,较上年提高3.7个百分点,有效地促进了重庆工业转型升级。

(二)配套体系基本形成

截至2013年年底,全市已引进显示模组、电池及电池芯、机壳、散热器等战略物资生产企业25家,PCB、电源适配器、转轴、连接器、连接线、键盘、扬声器、晶体振荡器、EMI等关键零部件企业434家。已签约配套企业覆盖42个大类中的36个,除硬盘、内存、显卡、声卡、网卡外,其他零部件均可在本地生产,机壳、键盘、散热器、转轴等零部件企业达产后可以满足ODM厂商需求,品种覆盖率达86%,投产覆盖率为83%,价值配套率达38%。随着新普、展运、群光、致伸、力耀等龙头企业产量不断刷新,川亿、精亿、精元等自建厂房完工并正式投产;奂鑫、达方、万旭等重点企业上量达产;大泰、精永、双禾、凯逸等重点企业开工,引进的817家企业中,已开工投产企业595家,80%配套企业已开工投产（以4月份740家为基数),49家重点配套企业有36家购地自建厂房,占比70%以上,为实现搬不走的电脑产业基地打下了坚实基础。

(三)项目引进工作稳中求进

通过艰辛谈判，东芝全球笔电生产基地正式落户重庆,2013年下单量达600万台,2014年突破1000万台,预计为重庆工业创造500亿产值,同时开启了日系笔电品牌入渝的新篇章。

(四)两大保税区厂房建设进度加快推进

为推动重点项目加快建设,实现达产达效,与保税港区、西永综保区、相关企业相互沟通配合,促进了显示器、打印机、旭硕订制厂房等重点项目有序推进。及时协调保税港区将F05和F07厂房交付代工企业,有力支撑了笔电企业的产能扩充。

(五)人力资源调度按需跟进

通过协调，保税港区增加了公交车运营班次,协调区内商贩降低物价,一定程度提高了当地社会配套水平。同时保税港区还在每个企业派驻3名协调员,有效缓解了学校与企业、学校与学生工、学生工与企业之间的矛盾,提升了保港三家重点电子企业的招工吸引力。

(六)加强服务落实兑现政策

在处理具体问题的过程中，坚持原则性与灵活性相结合，比较圆满地解决了旭硕、纬创SMT产线搬迁补贴、惠普公司引进人才个人所得税返还等问题。按照“三位四同六步工作法”和“日清周进”的工作要求,深入园区和企业调研,帮助解决具体问题165个,提出解决措施、建议86条。

(七)中高层经贸交流频繁

2013年,为了落实各品牌商订单,陈和平副市长率20余人团队访台，惠普公司梅格总裁、宏碁王振堂董事长、华硕公司施崇棠董事长、东芝公司田中久雄总裁来渝拜访市委市府主要领导,惠普公司、宏碁公司、广达公司、富士康公司、仁宝公司、东芝台湾公司等企业高层拜访了市政府主要领导并进行工作会谈等活动30多次。圆满完成了东芝重庆基地、中国民营企业家重庆行等签约活动。

二、发展中存在的问题

一是引进龙头型基地型新项目难度加大。在全球消费市场疲软的情况下，世界500强纷纷放缓了在华投资步伐，这加大了笔电基地引进龙头型基地型新项目的难度。

二是笔电企业用工形势严峻。随着笔电代

工企业的订单放量,人力资源需求将急剧增加,加之笔电代工企业社会工和学生工的用工结构不尽合理,2013 年年底至 2014 年年初将面临人力资源爆发式需求的严峻考验。2013 年因缺工,共造成 160 万台笔电订单未能在重庆生产。

三、2014 年发展目标

生产笔记本电脑 7000 万台(包括平板电脑 600 万台),其中西永 4200 万台,保税港区 2800 万台;打印机 1800 万台;显示器 1500 万台;网通产品 9000 万件。预计 2014 年整机实现产值 1970 亿元, 同比增长 21%; 配套产业实现产值 280 亿元,同比增长 13%。

(作者单位:重庆市经济和信息化委员会)

软件和信息服务业

王蓓

一、2013 年发展回顾

(一)基本情况

2013 年, 重庆市软件和信息服务业主营业务收入 1072 亿元,同比增长 31%,产业增速连续十三年保持在 30%以上,利润总额 38.7 亿元,较 2012 年同期增长 58%。其中,软件业务收入总计 712 亿元,同比增长 36%,预计产业规模居全国第 10 位,西部第 2 位,从业人数超过 12 万人。软件和信息服务业占国民经济比重进一步提高, 对社会生产和生活各个领域的渗透和带动力不断增强。

重庆市营业收入超亿元的软件和信息服务业企业 31 家,超过 5000 万元的企业 52 家。2013 年重庆市共登记认定软件企业 58 家,共登记认定软件产品 298 个; 登记认定电子商务企业 11 家; 通过计算机信息系统集成资质认证的企业有 35 家,1 家企业通过 CMMI 认证。截至 2013 年底,重庆市累计通过认定的软件企业超过 535 家,软件产品登记达到 1952 个;累计通过重庆市认定的计算机信息系统集成资质认证的企业 122 家,通过国家计算机信息系统集成资质认证的企业 94 家,其中一级资质认证 3 家,通过 CMMI 认证的企业达到 20 家。

(二)工作成绩

海关总署批复重庆市跨境贸易电子商务试点业务方案,重庆市成为全国唯一具有四种模式全业务的试点城市。2012 年 8 月,国家发改委、海关总署正式批准重庆市为跨境贸易电子商务服务试点城市。经前期积极工作,2013 年 10 月,海关总署正式批复重庆市跨境贸易电子商务服务试点业务实施方案,同意重庆试点方案中包括的“一般进口”、“一般出口”、“保税进口”和“保税出口”等跨境电子商务全业务,重庆市成为全国唯一具有四种模式全业务的试点城市。四种业务模式可以支持现行各种跨境电子商务销售模式和物流模式下的跨境商品出入境通关服务,将全面提高对跨境贸易电子商务这一新型贸易方式的管理和服务水平,使重庆跨境电子商务政策和运行机制在全国处于领先地位。

获得支付机构跨境电子商务外汇支付业务试点城市, 重庆市成为跨境贸易电子商务双试点城市。2013 年 2 月, 国家外汇管理局下发了《支付机构跨境电子商务外汇支付业务试点指导意见》,将重庆确定为支付机构跨境电子商务外汇支付业务首批 5 个试点省市之一。重庆与上海一起成为“双试点城市”,加上认证中心独有的创新机制，将使重庆市在跨境电子商务金融结算领域优于沿海发达地区，使重庆市成为跨境电子商务支付结算中心和资金汇集地。

依托电子商务实现集聚发展，打造多种新型产业园区。2012年5月,西部首个“网商产业园”正式落户重庆市江北区,截至2013年10月,已有淘宝聚划算、大渝商城等125家网商及配套企业进驻,日成交包裹量达1万件以上,年成交额超过100亿元。2013年9月,以深圳福田电子商务产业园为基础的“重庆国际电子商务产业园”正式落户南岸区,目前已入驻电子商务龙头企业约50余家。2013年10月,“重庆电子商务虚拟产业园”也已顺利落户北部新区并正式开始运营。2013年年底,以知名跨境电商平台企业-大龙网为主体打造的“龙工场—跨境电商产业园”在渝中区正式开园,重庆市电子商务产业园区实现集聚发展。

积极申报，四家企业入选国家电子商务集成创新试点工程项目。2013年10月,工信部正式下达通知，由重庆市推荐申报的重庆长安汽车股份有限公司采购一体化管理信息平台项目、重庆金算盘软件有限公司工程机械行业备件电子商务平台示范应用及推广项目、重庆澳达科技有限公司重庆智慧城市电子商务信息服务云平台项目、重庆橙旅通网络科技有限公司实时旅游要素交易平台项目四个项目通过专家评审,成功入选2013年国家电子商务集成创新试点工程项目。

招商成果显著，重大项目落户完善产业链条。经积极引进,一批重大项目相继落户。2013年5月，重庆汉昌文化产业集团携手中金控股集团有限公司落户重庆北碚,投资10亿元建设重庆移动互联网未来城项目。赞奇科技有限公司高性能图形渲染集群渲云平台子平台项目落户合川。2013年11月,万达信息股份公司与重庆市签约投资约4亿元建设“中国第二基地”项目。在跨境电商领域的项目引进也取得重大突破,截至2013年11月,上海元初、递四方科技集团、深圳大地通科技有限公司、深圳市通拓科技有限公司等20家跨境电子商务知名企业落户重庆。天猫国际、亿赞普、东航科技、富士康、迪拜凤城等一批重大项目进行洽谈。此外，微软WIN8项目、美国UNITY游戏产业园、西安新长澍公司高端知识离岸外包(KPO)项目等也在有力推进。

(三)主要特点

1.认证中心创新机制,深入推进跨境电子商务试点工作

自2012年8月重庆市获批国家跨境贸易电子商务服务试点城市以来，依托认证中心创新工作机制,深入推进跨境电子商务试点工作。通过与重庆海关密切配合,编写《重庆市跨境贸易电子商务服务试点业务方案》上报海关总署,2013年10月,重庆市业务方案正式获批。目前,跨境电商平台建设工作正顺利推进,为2013年年底前跨境电商项目试点正式启动试运营奠定了良好基础。

2.出台管理办法和鼓励政策,保障行业健康发展

2013年以来，重庆市陆续出台了一系列鼓励和支持软件和信息服务产业发展的政策法规。主要包括:《关于印发〈重庆市互联网企业认定暂行管理办法〉的通知》、《关于进一步规范重庆市软件和信息服务业第三方机构授权服务的通知》、《关于规范重庆市软件及信息化工程造价相关工作的通知》等。同时正在研究制定《重庆市网络产品生产基地认定管理办法》等相关文件。这些文件的出台进一步强化了重庆市软件和信息服务产业的规范化管理，促进了重庆市软件和信息服务企业生产能力和水平的不断提高。

3.增强产业服务功能,成立多个产业支撑服务机构

为支撑行业快速发展，进一步增强产业服务功能。2013年1月,重庆市经济和信息化委员会批复成立了“重庆市现代软件产业促进中心”。2013年3月,重庆市经济和信息化委员会联合重庆市知识产权局共同推动成立了“重庆

市国产软件产业化促进中心”。2013 年 4 月，依托华龙网成立了“重庆移动互联网促进中心”。这一系列产业服务支撑机构的成立，为帮助传统软件企业应对云计算、大数据等模式的冲击，促进重庆市软件产业升级发展起到了极大的支撑服务作用。

4.完善人才培养结构，“软件蓝白金”人才培养体系持续发力

2013 年，重庆市继续推进“软件蓝白金”分层人才培养体系建设，全年“软件蓝领万人培养工程”共培养软件蓝领 9969 名，累计培养软件蓝领 31039 名。中高级人才培养方面，“软件白领千人培养工程”共为重庆市培养 230 名软件中高级人才，到 2013 年年底，顺利完成累计培养 600 名软件白领的阶段性任务。

二、发展中存在的问题

一是传统的 ERP 模式，正在遭受云计算、社交软件、移动互联网等各种新模式和新应用的冲击。加上商业模式不合理等多种因素的影响，传统软件企业生存和发展越来越艰难。二是软件产业大多数是中小企业，抗风险能力较弱，生产要素获取的难度大，许多中小企业经营困难，效益偏低。三是宏观经济形势趋缓对软件产业发展必然形成制约，过去几年 35%以上的高速增长将难以为继。四是人才支持不足，软件对人才的需求非常突出，在企业人力成本快速上升的形势下，重庆软件人才引进难、留不住的矛盾加剧，吸引人才、培养人才方面的不足对软件产业发展的制约亟待解决。

三、2014 年发展目标

重庆市软件与信息服务业主营业务收入力争达到 1500 亿元，软件业务收入达到 1200 亿元，从业人员达到 20 万人；培育 30 家年销售收入超亿元的重点骨干软件企业；引进跨境电子商务龙头企业 10 家以上，国际电子商务交易认证结汇量达到 5 亿美金，产业规模进一步扩大。

（作者单位：重庆市经济和信息化委员会）

节能环保

沈翱

一、2013 年发展回顾

2013 年，重庆市深入贯彻党的十八届三中全会精神，认真落实节约资源和保护环境的基本国策，积极开展生态文明建设，按照“五大功能区”差异化发展原则，分类推进节能降耗工作，把其作为调整产业结构和转变经济发展方式的突破口，狠抓节能基础管理和措施落实，取得了显著成绩，超额完成了节能年度目标和“十二五”整体进度目标，有力地促进了重庆经济的健康快速发展。

2013 年重庆市万元 GDP 能耗同比下降 5.1%，下降至 0.842 吨标准煤，超额完成 3.4%的下降目标，与 2010 年相比累计下降 15.1%，完成了“十二五”整体节能目标任务的 95%；规模以上万元工业增加值能耗下降至 1.19 吨标准煤，同比下降 6.7%；万元 GDP 电耗同比下降 4.5%，整体工业度电产出首次突破 30 元。

（一）节能降耗

1.优化调整产业结构

近年来，重庆市加快产业结构调整和发展方式转变，以笔电、汽车为代表的低能耗产业迅速崛起，2013 年全市生产笔记本电脑 5000 万台，电子信息产业产值增长超过 26%；汽车产量

突破200万台,产值同比增长17.2%,两者合计产值占全市工业总产值比重达40%。

2.加速淘汰落后产能

推出淘汰落后产能的"时间表",细化、量化淘汰任务，全市工业累计淘汰焦炭10万吨、铁合金19.6万吨、电石1.8万吨、水泥214万吨、平板玻璃60万重量箱。

3.落实节能目标责任制,加强考核评价

印发了《重庆市"十二五"节能目标责任评价考核办法》，组织市级相关部门开展2012年度节能目标任务完成情况的评价考核，并将考核结果纳入区县经济社会发展实绩考核内容。

4.实施固定资产投资项目节能评估和审查制度

按照《固定资产投资项目节约能源评估和审查暂行办法》,将能评作为项目核准、审批和备案的前置条件,从源头控制能耗过快增长。

5.加强万家企业节能管理工作

组织市节能中心、市轻工能源监测站等机构对重庆市221家万家企业2012年度节能目标完成情况进行了评价考核，全市万家企业2012年实现节能量67.16万吨标准煤,考核结果向全社会公布。

6.加强节能监察监测力度

开展全市范围内水泥行业国家新能耗限额标准执行情况的监督检查,涉及重庆市水泥(熟料)30家生产企业;安排市轻工能源监测站对30家企业的120台工业锅炉(窑炉)、风机、水泵等耗能设备能效水平进行定期测试；市经信委、市机关事务局联合对部分大型公共建筑的空调温度控制情况和节能灯使用情况进行了监督检查。

7.组织实施重点节能工程

2013年，组织节能技术改造项目和循环经济项目46个,获国家和市级财政奖励资金4600余万元,预计可实现节能量30余万吨标准煤。

8.大力推广先进节能技术产品

组织节能产品惠民工程，按照国家任务安排积极推广节能照明产品，大力支持企业购买国家补贴目录内的高效工业机电产品。2013年，全市共推广节能灯400万支,3家企业购买工业节能产品获得国家补贴资金30余万元。

9.积极推行节能新机制

积极组织企业申报节能服务公司备案。截至目前，重庆市共有已通过备案的国家级节能服务公司36家、市级节能服务公司46家。

10.开展节能宣传培训工作

开展以"践行节能低碳,建设美丽家园"为主题的节能宣传周和全国低碳日活动，营造全社会共同参与节能减排的良好氛围。市经信委组织开展重点用能企业节能培训，对重点用能企业的节能管理人员,就节能形势政策、节能量计算方法、能耗限额标准、电机能效提升计划等内容进行了培训。

(二)工业环保方面

1.大力调整工业布局,开展污染企业搬迁

从2002年起,重庆市实施主城区污染企业环保搬迁工作，通过在搬迁过程中实施产品结构升级、工艺提升、节能技改等一系列手段,达到了节能减排的目的。2013年完成主城区污染企业搬迁14户,累计已完成174户企业的搬迁。

2.积极推进环保"五大行动"

分解下达环保"五大行动"工业方面的目标任务,并建立了工作督查和信息报送制度。

3.积极推进清洁生产工作

组织推荐秀山县嘉源矿业公司等6户企业成为2013年重点行业清洁生产示范企业。大力推进清洁生产审核,市经信委、市环保局对125户企业下达了清洁生产审核计划。

二、发展中存在的问题

目前,重庆市正处于城镇化、农业现代化、全面小康社会的加快推进阶段，能源消耗增长的幅度和强度明显加大，这为未来节能减排工作带来了更大的挑战。具体反映在：

一是基数高，工业占比大的局面并没有改变。2013年重庆市单位GDP能耗下降到0.842吨标准煤/万元,仍将远高于全国平均水平。工业能耗占全市能耗比重将超过60%，这导致重庆市的节能减排工作对工业的依赖过大。同时重庆市第三产业产值占比为37.9%,与全国第三产业占比44.6%、上海60%、北京76.4%相比,重庆市差距明显,其发展有待进一步提速。

二是工业节能对全市节能的贡献越来越小。重庆市前7年GDP能耗的下降中工业节能占了很大比重,前7年间万元工业增加值能耗平均年均下降速度为8.91%,而GDP能耗平均仅下降4.82%。本年重庆市工业增加值能耗下降6.7%,低于历年的平均水平,下降速度仅高于2006年的6.34%,也将是前7年中与GDP能耗下降速度最接近的一年。

三是基本能源消费需求不断增加。随着城镇化建设的推进,大量农民工进城,拉高了人均能源消费水平。而农业机械化水平的提升,生活消费层次的提高,也将推高能源消费的增长。2012年,重庆市第一产业、生活消费用能分别增长11.3%和21.2%,由于这两方面增加值低或者没有增加值,从而在未来将不断拉高重庆市单位GDP能耗水平。

三、2014年发展目标

万元GDP能耗同比下降2.5%;工业固体废弃物综合利用率继续保持81%以上;力争全年完成12户企业的搬迁。

(作者单位:重庆市经济和信息化委员会)

装备制造业

陈娟

一、2013年发展回顾

2013年重庆市装备制造业在面临产能过剩、市场需求疲软、传统产业转型升级压力加大,劳动力成本逐年增加,用工难等严峻形势下,全年工业总产值保持了两位数增长,对全市工业经济平稳发展做出了重要贡献。

经过多年的发展,重庆市装备制造业加大了投资力度,加快产业结构优化调整,加强了重大项目的策划和实施,产品结构更趋合理,技术创新能力得到了进一步提高,已形成较为完整的现代工业生产体系,具有较强的机械制造能力和零部件加工配套能力,逐步向产业聚集、产业集群发展,目前已形成风电装备、轨道交通、输变电装备、仪器仪表、数控机床、机器人、内燃机、船舶、环保装备、国防装备等多个特色装备制造产业基地,提升重庆装备制造业竞争力。

(一)经济运行态势良好

1.主要经济指标完成较好

2013年全年重庆装备制造业规模以上企业完成工业总产值1501亿元,同比增长14.1%;实现工业销售产值1457亿元,同比增长13.6%;工业产品销售率为97.1%;实现利润93亿元,同比增长29.6%。

2.重点行业发展不平衡,传统产业转型升级缓慢

——通用设备:累计完成工业总产值485亿元,同比增长16.9%,扭转了一季度负增长的格局,且逐月回升。其中增速超过20%的有4个小类,分别是物料搬运设备制造、泵、阀门、压缩机及类似机械制造、轴承、齿轮和传动部件制造、文化、办公用机械制造;金属加工机械制造发展仍然趋缓,与当前整个经济形势和市场需求低迷有关。

——专用设备制造业:累计完成工业总产值263亿元,同比增长25.9%,全年均保持较好的增长。受笔电产业快速发展的带动,电子和电工机械专用设备制造累计同比增长43%,印刷、制药、日化及日用品生产专用设备、环保、社会公共服务及其他专用设备,同比增幅均在30%

以上，带动了专用设备的快速增长。

——电气机械及器材制造业：累计完成工业总产值912亿元，同比增长11.2%。其中电机制造、非电力家用器具制造、电线、电缆、光缆及电工器材制造和其他电气机械及器材制造增速超过20%，带动整个行业增长。

——仪器仪表制造业：累计完成工业总产值145亿元，同比增长7.1%，处于较低增长时期。

——铁路、船舶、航空和其他运输业：累计完成工业总产值1332亿元，同比增长7%，增速较缓。其中城市轨道交通设备制造和自行车制造影响较大，分别下滑69.8%和62.1%。

（二）重点项目进展顺利，产业结构更趋合理

——机器人产业：一是出台《重庆市关于推进机器人产业发展的指导意见》；二是编制行业规划，引导机器人研发生产企业有序向园区集中；三是成立机器人与智造制造产业联盟、机器人专家咨询委员会，用市场引导机器人研发、生产与用户之间合作。

——数控机床行业：一是确定在永川和大足布局重庆市数控机床产业基地，重点发展数控机床整机、重要零部件和机床工具；二是积极推进重庆市数控机床产业基地的规划编制工作；三是推进数控机床研发中心和检验检测中心的建设，争取尽快达成合作协议；四是机床集团搬迁项目（一期）主体工程已竣工，正在安装调试设备，预计将于2014年12月投产。

——轨道交通：一是成立重庆市都市快轨装备联合开发中心，实现技术创新和产业实践相统一，研发、制造、营运相衔接，促进重庆“都市快轨”系统在国内“先试先行”；二是推动北车集团在重庆投资，北车集团下属单位青岛四方车辆研究所与重庆长客共同出资组建重庆北车四方所科技有限公司，用于生产地铁车辆牵引系统，北车集团将以BT方式参与4号线或9号线建设，北车集团已与单轨公司、轨道设计院、机电集团成立了单轨项目投标联合体，参与泰国、印度项目招投标，并积极帮助重庆长客轨道车辆公司参与国外项目投标；三是本地化工作推进有序，川仪电牵引、长征重工转向架、重齿和凯瑞传动的齿轮箱已装车试运行。

（三）招商引资取得良好进展

——数控机床产业：与香港力劲科技集团达成合作协议，在永川建设加工中心（及其自动化外设、夹治具等）生产基地。目前该项目已正式签约落户永川凤凰湖园区，预计一期占地40亩，投资2000万美元，计划在项目建成3年内达到销售产值4亿元的规模；与云南台正机床联盟体已签订战略合作协议，通过组建数控机床产业联盟体，打造数控机床“工业超市”，实现了集群发展、集成创新和集聚效应。该项目预计将吸引20家左右联盟体企业来渝布局，初步预计需要10万平方米左右的标准厂房。

——机器人产业：有序推进KUKA与元创公司合作，新松、广州数控、ABB等机器人知名企业招商引资正在推进中。

——美国康明斯签大功率发动机：美国康明斯公司与重庆机电股份有限公司签署了一系列合作项目，将在渝引入具有世界先进水平的QSK50、QSK60和QSK72全电控大马力柴油发动机平台，建设成为世界级的大马力发动机制造基地，目标到2017年达到10亿美元的销售收入，2022年达到20亿美元的销售收入；新建重庆康明斯大马力柴油发动机新产品生产基地；开发燃气发动机产品，由美国康明斯提供技术支持，推动合资公司开发天然气、页岩气、沼气、煤层气和石油伴生气等燃气发动机；新建重庆康明斯大功率发动机研发中心，具备研发、检测、试验职能。

——泰雷兹集团智能轨道交通装备：法国泰雷兹集团与重庆机电控股(集团)公司（以下简称泰雷兹）签署合作协议，共同打造智能轨道交通装备产业。培育本地团队的技术设计、系统集成和工程管理能力，待条件成熟时共同在渝组建国内首家具备轨道交通项目弱电系统（包括信号、综合监控、通信以及自动售检票系统）深度集成实力的合资公司。

(四)公共服务平台推进较好

为解决制约透平机械的制造和应用行业的发展瓶颈,创新组织方式,由工业发展产业基金投入 1000 万元,整合市科委等市级相关部门和机电控股、重庆科学院、重庆通用集团等单位力量, 成立了重庆市大型高端装备动平衡检测公共服务平台。新建透平机械工程服务中心可以极大减少用户的检测时间 (平均减少 10~15 天),使企业在产品研发、试验、检测等方面的能力得到大幅提升,增强行业的整体竞争力。

(五)重大技术装备进口税收退税政策取得突破性进展

积极组织相关企业开展了重大技术装备进口税收政策有关目录的修订工作,重点对"大型石化设备和石油钻采装备"、"大型清洁能源发电设备"、"大型施工机械和基础设施专用设备"3 方面提出了修改意见。重庆齿轮箱有限责任公司生产的混凝土搅拌运输车减速器、旋挖钻机行星减速机、挖掘机行走行星齿轮箱、应用于摊铺机、水平定向钻、压路机、铣刨机和推土机等工程装备的分动箱减速器作为替代进口的产品,已从退税目录中删除,对企业此类产品的国内销售具有重要的意义。

二、发展中存在的问题

一是成套能力较差,产业集群层次较低。二是基础产业薄弱。三是部分市场下滑形势仍未见好转。四是传统行业转型升级任重道远。五是新兴产业才起步,难度大。六是各类人才紧缺。

三、2014 年发展目标

紧紧围绕加快产业结构调整, 推动产业优化升级,形成特色产业集群的思路,坚持构建微笑曲线全产业,弥补产业短板,延伸产业链条,强化自主创新与引进消化吸收, 大幅度提高大型成套装备制造能力、关键零部件技术水平和工艺水平,加大招商引资力度,确保重点项目投产达产。预计 2014 年装备制造业规模以上企业完成工业总产值 1650 亿元,同比增长 10%。

(作者单位:重庆市经济和信息化委员会)

建材工业

洪平

一、2013 年发展回顾

2013 年,全市规模以上建材企业 567 户,比去年增加 61 户(按新口径统计)。完成工业总产值 948 亿元,同比增长 18.6%;主要产品产销率达到 98%,同比增长 1%;实现利润 72 亿元,同比增长 59.5%;完成出口交货值 20.6 亿元,同比下降 1.1%;全员劳动生产率 22.7 万元,同比增加 7.3%;从业人数 13.8 万人,同比增长 10.9%。

(一)专项资金助推行业提档升级

2013 年重庆市规模以上的 26 户民营建材企业获得市级民营经济发展专项资金, 补助金额 3260 万元。中央预算内投资计划中,重庆国际复合材料有限公司低成本高性能无硼无氟 ECT 玻璃纤维获得补助资金 1500 万元,玻纤前炉全氧燃烧(节约标煤 7458 吨)改造项目获国家发改委奖励资金 223 万元。通过技术改造,促进了结构调整和行业健康发展, 有力推动了重庆市材料工业的发展进程。

(二)重点企业不断发展壮大

2013 年重庆市建材重点企业不断发展壮大,在行业中的主导地位更加明显。重庆国际复合材料有限公司产能 60 万吨, 其中海外产能 8.2 万吨,资产 88 亿元,成为全国第二大玻纤生产基地; 中国建材重庆西南水泥公司已形成 1370 万吨的水泥产能,拉法基、重庆冀东、重庆东方希望和重庆海螺均形成700万吨以上的水泥产能,销售收入均超过20亿元;星星套装门、美心木门、小南海水泥、天助水泥、金九水泥、富皇水泥、三圣特种建材、富丰水泥、渝琥玻璃、福耀玻璃、顾地塑胶等建材企业跨入10亿元俱乐部,超亿元的企业成批出现。

(三)绿色建材产业发展迅速

2013年10月,第一批15户建材企业获得"重庆市绿色建筑与建筑节能产业化示范基地"授牌。其中包括:重庆瑜琥玻璃有限公司800万平方米LOW-E玻璃生产线,重庆金阿建材公司新型烧结砖制品生产线。

(四)加强建材产品质量监管工作

2013年,市质监局、市经信委、市城乡建委、市公安局、市国土局、市市政委和市工商局联合下发《关于进一步加强冶金、建材产品质量监管工作的通知》,进一步强化了对重庆市建材产品的质量监管,建立健全了建材产品质量监管的长效机制。

(五)化解产能过剩矛盾初见成效

一是严控过剩产能,不再新批水泥、平板玻璃项目;二是通过开展淘汰落后装备、落后工艺、落后产品与落后企业,实现供给优化,2013年关闭水泥企业15户,淘汰落后产能241万吨;关闭玻璃企业1户,淘汰落后产能60万重量箱;三是加快全市淘汰机的立窑改造粉磨站工作,共18户企业符合条件。同时重点支持南川、永川、铜梁、城口、巫山等区县的产业结构调整;四是配合重庆"蓝天行动",开展墙材企业综合治理工作,关停淘汰墙材企业17户,升级改造20户,共淘汰落后产能2亿块标砖。

(六)积极推动行业准入申报和监督工作

为促进行业健康发展,积极组织水泥、平板玻璃等企业申报行业准入工作。2013年重庆市7户水泥企业9条生产线通过了工信部审核,进入第五批准入公告名单;2户平板玻璃企业3条生产线通过工信部审核,进入第六批准入公告名单。此外,按照水泥、平板玻璃行业准入公告管理暂行办法要求,结合化解过剩产能和防治大气污染工作,对本地区已公告的生产线保持准入条件情况开展抽查。

二、发展中存在的问题

一是建材行业受国家宏观调控影响,新项目储备不足,投资受阻,增速放缓。

二是产业链发展不完善,产品结构仍不合理。玻璃纤维行业原材料、市场"两头在外",产业链发展不均衡、新材料发展缓慢、高强混凝土用添加剂离标准要求还有差距,萤石及深加工等关键技术尚未得到完全突破。

三、2014年发展目标

2014年,以《重庆市材料工业三年振兴规划》为纲,以围绕加快转变发展方式为行业转型升级的突破点,把合理化解产能过剩作为规范行业的助推点,把科技创新作为行业发展的关键点,把节能减排和资源综合利用作为行业进步的主攻点,把提高资源配置水平和利用效益作为企业优化存量、兼并重组和提升行业经济效益的支撑点,把积极拓展市场空间和发展新材料作为行业新的增长点,不断加强技术改造和新产品开发,加快行业结构调整,促进全行业健康可持续发展。按照"6+1"产业划分,2014年全市建材工业预计完成1050亿元,同比增长10.8%的目标。

(作者单位:重庆市经济和信息化委员会)

天然气工业

沈翱

一、2013 年发展回顾

2013 年全市累计使用天然气 71.8 亿立方米，同比增长 1.5%，其中：中石油供应 54 亿立方米，同比增长 3.7%；中石化供应 17.2 亿立方米，同比下降 8.1%；垫江浅层气自产 0.6 亿立方米。按用气结构分：民用 21.67 亿立方米，增长 5.5%；CNG7.15 亿立方米，增长 1.7%；工业 42.88 亿立方米，下降 1.9%。

（一）深入开展天然气安全专项治理

为认真贯彻国务院安委会"关于深入开展餐饮场所燃气安全专项治理"有关精神，按照市政府安委会统一安排，经信委印发了《关于开展餐饮及特殊用气场所天然气安全专项治理工作的通知》，安排部署了餐饮及特殊用气场所天然气安全专项治理工作的目标任务、工作内容、工作步骤及有关要求。专项工作开展中，各区县经信委和各天然气经营单位对餐饮场所和特殊用气场所 24597 户进行了检查，共查找隐患 6129 个，完成整改 6129 个，停气 86 户。专项治理工作的顺利开展，确保了全市城镇天然气安全形势稳定，全年无重大安全责任事故的目标可望实现。

（二）规范天然气设施建设项目管理

多年来，重庆市天然气设施建设存在项目不报批，竣工不验收，验收不备案等问题，极易造成燃气安全隐患。为此，经信委强化了项目审批和验收工作。一是明确责任。市经信委负责审批重庆燃气集团公司、凯源石油天然气公司、渝川燃气公司、川港燃气公司共 4 家重点燃气企业的工程建设项目。二是明确程序。在天然气项目实施前，要求企业必须到天然气主管部门办理立项、初设审批手续，并持立项审批手续到规划、国土、环保、消防、建设等有关单位办理其他相关审批手续。三是严格竣工验收。项目完工后，企业要及时组织竣工验收，自验收竣工合格之日起 15 日内将验收情况报送项目审批部门备案，并将工程档案移交规划、建设等有关档案机构。

通过规范管理的一系列措施，目前，重庆市城镇天然气设施建设项目管理工作得到提高，基本保障了重庆市城镇天然气设施建设项目依法建设、有序实施，避免和减少安全隐患，有力推动重庆市城镇天然气行业安全、快速、有序发展。

（三）开展天然气从业人员资格培训

按照《城镇燃气管理条例》规定，天然气经营企业主要负责人、安全生产管理人员以及运行、维护和抢修人员需经专业培训并考核合格。为此，针对三个不同层次培训人员，组织专家编制了重点不同的三种培训教材，对渝川燃气公司、川港燃气公司和重庆燃气集团公司新入职的 225 名工作人员进行了专业培训，考核合格人员，取得了《重庆市城镇天然气从业资格证》。

（四）强化天然气燃烧器具安装维修资质管理

为进一步消除燃气燃烧器具安装维修不规范带来安全隐患，市经信委加强了天然气燃烧器具安装维修企业和人员的资质管理。开展燃烧器具安装维修单位资质办理工作，对 21 家企业换发了《建筑业企业资质证书》，为 12 家新办企业颁发了《建筑业企业资质证书》，同时对 80 余家企业的 605 名从业人员进行了专业培训。各天然气企业也进一步落实完善了燃烧器具通气查验制度，对安装不符合要求的或无单位资质和岗位证书人员安装的，不予开通天然气。通过这些措施，切实把好源头关，将安全隐患消灭在萌芽状态。

(五)积极开展天然气安全宣传活动

2014年结合特殊用气场所专项整治工作，区县经信委开展了用气安全宣传活动，据统计共发放宣传资料31000余份。重庆燃气集团在6月份开展了主题为"强化安全基础、推动安全发展"的"安全生产月"活动，通过开展"安全知识一百题"考试和安全教育、宣传咨询、警示教育、演练等活动，扎实开展安全生产宣传教育活动，大力提高职工和客户的安全素质。渝川燃气公司，通过手机群发向用户发送燃气安全使用短信10万余条，发放各类宣传单5000余份，安全使用手册2万余册，张贴宣传标语200余幅。通过宣传活动进一步提升了居民依法用气、科学用气、安全用气意识。

(六)开展老旧管网改造调查统计工作

按照住建部《关于请上报全国城镇燃气老旧管网改造项目的函》的要求，开展了全市城镇天然气行业老旧管网2013~2017年改造项目统计工作。此次调查统计的范围包含了运行15年以上的天然气管道、有严重安全隐患的燃气管网，以及因燃气发展。天然气进入城镇后需要改造的管网，通过调查共收集到各类改造项目206项，今后五年计划投资3.9亿元。

二、2014年工作思路

一是加强制度建设。研究出台《重庆市城镇天然气安全生产和经营服务年度评估制度》、《重庆市城镇天然气入户安检技术规程》、《重庆市城镇天然气验收通气技术规程》等。

二是加强资质管理。加强对各区县乡镇天然气经营企业燃气经营许可证核发工作的监督检查；做好《天然气燃烧器具安装维修资质》到期复查和核发工作；加强天然气从业人员的专业技术培训。

三是加强项目管理。加强对新建天然气工程项目管理，规范天然气项目申报审批和竣工验收。

四是加强安全督查。推进老旧管网改造，排查设施安全隐患，确保天然气设施运行稳定、安全。加强安全知识宣传。

(作者单位：重庆市经济和信息化委员会)

循环经济

沈翱

一、2013年发展回顾

(一)加强循环经济宏观指导

市政府印发《重庆市循环经济发展战略及近期行动计划》，提出"到2015年，主要资源产出率比2010年提高20%，资源循环利用产业总产值达到1200亿元，重点领域循环经济试点取得突破，循环经济产业快速发展，初步建成中西部地区发展循环经济的示范区"的目标。2014~2015年，将在工业、建筑、交通、商业、市政、公共机构和农村领域，实施资源综合利用示范、工业园区循环化改造示范、再生资源回收体系示范、"城市矿产"基地建设示范、餐厨废弃物资源化利用示范、节能示范、节水示范、农业循环经济示范、循环型服务业示范、资源循环利用技术产业化示范十大示范工程。

(二)加强循环经济技术研究

投入集中型沼气科技示范工程专项经费2000余万元，编制完成《重庆市集中型沼气新技术工程规范》，第二批13个集中型沼气科技示范工程项目通过验收，实现年产沼气400万立方米、年处理废物20万吨，100余家种养企业、100万村民受益。以生活垃圾处置及资源化利用为重点，形成了"进料—破碎—制浆—均质化—

高温厌氧消化"成套餐厨垃圾处置体系，获得实用新型专利授权6件。开发第三代垃圾处理技术—垃圾气化技术、垃圾污泥混烧技术，截至2013年底，在国内外实施技术示范应用项目41个项目，建成81条焚烧装备线。大型机械炉排式生活垃圾焚烧发电集成技术及产业化成果获得重庆市2013年科技进步一等奖。

(三)推进资源综合利用

认真贯彻落实国家有关资源综合利用鼓励和扶持政策，全市认定资源综合利用增值税减免企业共计251户，所得税减免企业30户，企业享受资源综合利用政策税收优惠约1.9亿元。工业固废综合利用率超过80%，再生资源年回收总量达到447万吨，资源综合利用发电总装机71.4万千瓦，赤泥、磷石膏以及工业废气、废渣、废水的资源综合利用扎实推进，资源综合利用规模不断扩大。

(四)开展清洁生产审核

印发《关于下达2013年度强制性清洁生产审核计划的通知》，125户企业实施清洁生产审核。组织申报并向工信部推荐了秀山县嘉源矿业公司等6户企业作为2013年重点行业清洁生产示范企业。落实工信部废钢准入公告的要求，重庆市协钢金属材料有限责任公司通过工信部审查并被纳入第一批公告。

(五)推动循环经济试点

市级循环经济试点工作全面完成，全市23家循环经济试点单位以节能减排、减少废物排放、提高废弃物循环利用为主要目标，以企业为重点、产业为主线、园区为载体，实施各类循环经济项目共279个，完成投资达55亿元，在园区上中下游产业链一体化、农业和农产品加工业循环、工业领域资源综合循环利用、城市垃圾资源化利用四个方面初步形成了一批具有重庆地方特色的循环经济示范试点典型。试点单位年均产值增长率达23.52%，单位产值能耗平均下降18.29%，水重复利用率平均81.52%，工业固体废弃物利用率平均为92.76%。长寿化工园被纳入国家园区循环化改造试点，大足区被纳入国家循环经济示范城市试点。

二、发展中存在的问题

一是全民意识还有待提高。主要表现在区县一级政府尚未将循环经济理念融入经济社会发展全过程，超前规划、同步实施；部分企业还未意识到循环经济是促进节能减排，提高自身经济和环境效益的有效手段；广大民众参与生活废物分类回收处置利用的主动性、积极性不强。二是管理基础工作有待完善。循环经济发展统计体系尚不健全，纳入法定统计的循环经济指标数据不够全面，各领域循环经济底数、发展情况评价尚不够客观、科学。三是技术和经济支撑还有待加强。利用专家、科研机构服务循环经济的机制尚不健全，对企业进行规划指导、技术诊断、改造服务等方面的作用有待提升。对循环经济发展项目的财政、金融支持力度还需加大。

三、2014年工作目标

(一)进一步夯实基础工作

一是建全统计体系，一方面依托统计部门，增加统计指标，加强法定数据统计，另一方面依托节能中心和行业协会，开展部分循环经济数据指标统计工作。二是开展循环经济意识培育，一方面通过循环经济项目补助、开展试点，提升企业循环经济发展意识，另一方面通过宣传、培训，提升公众及基层政府循环经济意识。三是开展循环经济发展课题研究。充分借鉴国内外循环经济发展的先进经验、技术和管理手段，进一步明晰循环经济发展思路，为当前及"十三五"循环经济发展奠定基础。

(二)进一步突出重点工作

一是开展第一批市级循环经济试点总结评估并在此基础上，针对园区、企业探索建立符合重庆实际的循环经济发展标准评价体系。二是适时启动第二批试点。根据第一批试点情况和当前循环经济发展的新要求，科学合理确定第二批试点的范围、内容等，力争取得更好的示范带动效果。三是充分发挥循环经济综合管理部门职责，加强其他部门循环经济工作的指导、协调等工作，确保《重庆市循环经济发展战略及近期行动计划》落到实处。四是做好永川城市矿产基地、大足国家循环经济试点城市等试点示范创建的跟踪指导工作。五是做好资源综合利用认定管理工作，强化企业资源综合利用过程管理和监督。

（三）进一步强化保障工作

一是推进循环经济立法工作，进一步修改完善《重庆市循环经济促进条例》（征求意见稿），力求更符合重庆实际，更有力推动循环经济发展。二是建立完善技术支撑机制。建立完善循环经济专家库。分行业领域开展专家诊断、指导服务活动。鼓励企业、高校、研发机构研发、推广循环经济技术、设备。三是强化循环经济项目金融支持和服务，提高企业发展循环经济的积极性。

（作者单位：重庆市经济和信息化委员会）

第三产业

道路运输

罗泽仙

一、2013 年发展回顾

2013 年，重庆道路运输完成客运量 16.5 亿人次、客运周转量 522 亿人公里，同比增长 8.7%和 10.8%，占综合运输客运总量的 97%和 63 %；完成货运量 8.1 亿吨、货物周转量 840 亿吨公里，同比增长 13.2%和 14.8%，占综合运输货运总量的 85%和 30%。

2013 年，重庆市道路运输行业有客货运输业户 10.28 万户，其中班线客运业户 438 户，货运业户 10.12 万户，出租车业户 1075 户，城市公交 63 户，轨道运输业户 1 户。重庆市汽车维修业户 1.05 万户。全市有营业性客货运输车辆 30.9 万辆，其中班线客运车辆 1.92 万辆，货运车辆 25.73 万辆，出租车辆 2.04 万辆(主城：1.26 万辆，远郊：7829 辆)，城市公交车辆 1.21 万辆。

全市轨道交通新增里程 39 公里，运营总里程达 170 公里，运营车站 96 座，新开通 9 座，上线运营车辆 110 列、开行 2032 列次，日均载客量 110 万人次，轨道交通年累计载客量 4 亿人次，同比增长 68%。运行图兑现率 99.96%，综合正点率 99.97%。

道路运输行业持有道路旅客运输从业资格证人员 24.18 万人(2013 年新增 8758 人)，持有货运从业资格证人员 49.78 万人 (2013 年新增 3.84 万人)，持有出租汽车从业资格证人员 17.19 万人(2013 年新增 1.76 万人)，持有公交从业资格证驾驶员 2.81 万人(2013 年新增 2705 人)，持有危险货物运输从业资格证人员 1.21 万人(2013 年新增 1446 人)，持有维修从业资格证人员 1.55 万人(2013 年新增 4008 人)，持有驾驶员培训资格证教练员 2.18 万人(2013 年新增 5238 人)，持有危险物品押运、装卸从业资格证人员 1.28 万人(2013 年新增 1757 人)。2013 年各类从业资格证人员合计 100.18 万人，合计新增持有各类道路运输从业资格证人员 8 万人。

(一)城市综合运输体系日趋完善，公共交通服务水平显著提升

深入推进重庆城市公共交通改革，形成了以轨道交通为骨干、地面公交为主体、站场节点为支撑，其他交通运输方式为辅助，有效衔接、和谐发展的城市公共交通综合运输体系，公共交通服务的广度、深度和质量显著提升。

1.公交改革持续深化

深入实施公交优先发展战略，主城区绕城高速公路以内 1134 辆定线客车和最后 144 辆班线客车平稳退市，提前 1 年完成市政府下达的改革任务，实现了绕城高速公路以内区域公交全覆盖。不断优化公交线网布局，新增、调整公交线路 133 条、站点 801 个，投入运力 1100 余辆，切实保障了主城次支道路、重点商圈、新交付使用公租房等重点区域群众的出行需求，较好解决了市民“最后一公里”出行问题。“1 小时免费优惠换乘”政策全面实施，主城公交、轨道和过江索道、客运扶梯电梯全部纳入优惠换乘范围，日均换乘近 100 万人次，全年享受优惠的旅客流量 2.9 亿人次，为市民节约出行成本约 5 亿元。公交电子站牌手机查询工作稳步推进，实现 50%公交车到站实时信息查询，共涉及 230 条公交线路，2300 个停靠站点、5300 辆公交车，公共交通智能化管理和服务水平大幅提升。远郊区县公交快速发展，线路达到 388 条，车辆 3483 辆；全市公交“一卡通”工程有序推进，5 个远郊区县实现了与主城区的互刷通用；加大政

策落实力度,28个远郊区县公交实行政府购买服务,更多群众享受到优质公交服务。

2.出租行业稳步发展

圆满完成出租汽车服务管理信息系统建设,主城区1.27万辆出租汽车全部安装车载智能终端,自主完成研发手机自助召车软件,制定《手机召车软件接入技术规范》和《出租汽车电召服务规范》,主城区出租汽车全部具备了电召服务和刷卡付费功能。平稳实施运价结构调整,主城区出租汽车运价调整听证会顺利召开;远郊各区县燃气附加费与起租费的并价工作顺利完成。平稳投放出租汽车运力,全市共新增、更新出租汽车2549辆,其中主城区995辆,远郊区县1554辆。报请市政府批准,启动了主城区新一轮出租汽车投放方案听证工作。出租汽车经营者安全服务质量考核全面实施,投诉服务中心和失物招领中心工作有效开展,行业服务质量得到较大提升。全年,受理乘客有效投诉同比下降18.9%,车容车貌合格率同比提高5.8%,共为乘客找回失物4473件。

3.轨道交通快速增长

新开通运营3号线南延伸段、6号线北延伸段和国博支线,运营里程达170公里,运营车站96座,运营里程保持中西部第一、全国第五。强化运营管理,提高发车频率,缩短行车间隔,合理增加行车编组,最大日上线运营车辆110列,运能超过180万人次,有效缓解了高峰期客流压力。开展首届轨道交通运营岗位技能竞赛活动,行业员工服务技能进一步增强。2013年,轨道载客量达4亿人次,同比增长68%,轨道交通骨干作用日益突出。

(二)道路客运网络结构有效优化,城乡客运发展水平显著提升

坚持城乡、区域客运统筹发展,有效优化客运网络结构,不断扩大农村客运通达深度和广度,城乡道路客运一体化进程加快推进。

1.农村客运发展持续加快

加大农村客运政策扶持力度,政府集中购买保险达到5300万元,农村客运营运补贴试点增加到27个区县,农村客运发展活力进一步增强。推进农村客运通达建设,新建农村客运站33个、农村招呼站1665个,投入3000万元加强武陵、秦巴山区站点建设;全市新开、调整农村客运线路172条,增加农村客运车辆341台,乡镇和行政村通客车率分别达到100%、89%,超额完成"双百"目标年度任务,农村群众出行条件进一步改善。

2.道路客运发展稳步推进

加快推进公路客运联网售票系统延伸建设,联网售票范围扩大到全市62个一二级客运站和部分三级客运站,启动代售点进社区、乡镇、农村工作,开通运行手机购票功能,市民购票更加便捷。继续开展全国长途客运接驳运输试点工作,3家长途客运企业纳入试点范围。启动包车客运管理信息系统,实现了对包车客运车辆的有效管理。结合高速公路开通,不断优化客运线网,完成客运线路年度评审,新开行省际客运班线55条、县际客运班线80条,运输旅客能力进一步增强。圆满完成春运、"十一"黄金周等重大运输保障任务。

(三)传统货运转型升级加快推进,现代物流服务水平显著提升

积极引导货运企业转型升级,着力提升企业经营管理能力,不断延伸物流产业链条,加快产业融合发展步伐,促进传统货运向现代物流转型。

1.传统货运转型步伐加快

在交运集团长江水路甩挂运输和公运集团多点式甩挂等4个全国第二批甩挂运输试点基础上,重庆嘉峰物流集团纳入全国第三批甩挂运输试点项目,全市甩挂运输试点企业增至5个,在西部省市中名列第一。不断增强宏观调控手段,率先纳入交通运输部"道路货运价格指数"试点省份,"以重庆市为中心,对外辐射八条公路物流大通道为对象"的定期发布价格指数理论体系基本建立。公路运输集团建立"同城配送智能运行调度系统",城市配送物流发展步伐明显加快。

2.物流保障水平明显提高

强化重庆84个道路货运站场和集散地的市场辐射能力，华荣货运站建立起全市第一个货运集中交易要素市场，多层次、多功能、多方向的货运站场辐射网络不断完善，道路货运市场货运集结能力达1.1亿吨。继续发挥与四川、湖北等省份道路货运发展协议的“带动效应”，深化企业战略合作关系，不断壮大骨干支柱企业，5家企业年产值突破10亿元，19家企业年产值突破亿元，物流保障水平明显提高。

(四)科技强运战略深入实施，创新型行业建设水平显著提升

继续深入实施科技强运战略，充分运用科技手段推动行业创新，着力推进信息化建设和节能减排工作，不断促进行业高效、绿色、低碳发展。

1.信息化建设全面提速

完成“交通综合出行服务信息”、“行政许可网上受理”运输分平台建设，建成运政数据中心，有效整合业务系统信息资源，加快建设道路运输综合管理服务系统(一期)工程，制定《重庆市客运枢纽站信息化建设指南》，建成出租汽车公交IC卡刷卡付费清分等系统，实施IC卡电子证件在进站报班、货运站场承运资质认证、危险品货物运输全程监管中的应用，管理效率明显提高。

2.行业节能减排有力推进

积极开展重庆环境保护“五大行动”交通环境保护工作，推进绿色低碳交通运输体系建设、绿色循环低碳交通城市区域性试点项目，完成“汽车尾气排放与治理对策研究”，深化长江水陆甩挂运输、汽车模拟驾驶仪等工作，投入100辆新能源出租汽车，推广水性漆等环保材料在维修行业的应用，行业节能减排工作有效加强。

(五)重点领域法制建设稳步推进，依法行政能力显著提升

加快构建适应综合运输体系发展的道路运输法规体系，积极推进依法行政，“法治运管”建设迈上了新台阶。

1.法规体系不断完善

牵头完成全国《轨道交通试运营系统测试检验规范》，颁布施行《重庆市道路运输管理条例》(修订)、《重庆市出租汽车客运管理办法》，审议通过《重庆市汽车租赁管理办法》。制定《轨道交通服务规范》、《道路危险货物运输业务办理规范》等行业规范性文件，行业法规体系不断完善，较好适应行业规范化发展的需要。

2.行政水平不断提高

强化道路运输行政审批和行政执法工作，实施主城区公共汽车客运线路经营许可、客运包车等7项网上申报试点，统一行政执法文书和案卷制作标准，区县运管处所全部完成执法场所外观改造，行政执法自由裁量权规范力度不断加大，依法行政能力不断增强。2013年，全市共受理审批3.7万件，办结率100%；运管机构共查处案件4.6万件，其中非法营运5196件，较好地保障了道路运输市场发展。

(六)道路运输相关行业不断规范，市场保障能力显著提升

强力规范道路运输相关行业，加大培训、维修市场整治力度，服务质量进一步提升，市场保障能力显著增强。

1.培训市场规范有序发展

强化行业管理措施，认真落实新《机动车驾驶培训教学与考试大纲》，制定重庆《驾培行业发展规划(2014~2020)》，修订《驾校安全服务质量信誉考核实施细则》、《机动车驾驶培训协议》，统一全市教练车标识，升级IC卡计时培训系统，规范驾驶培训场地和招生点，加大驾校投诉处理和重点驾校监管力度，驾校管理不断规范，投诉率大幅下降。强化从业人员培训，推进标准化考场建设，加强考试管理工作，从业人员素质不断提升。2013年完成1794名定线客车驾驶员转岗培训、5万人次道路运输驾驶员继续教育、8万人次从业资格培训，10万人次从业资格考试工作。

2.维修市场持续健康发展

《机动车维修服务规范》达标整治深入开

展,"一汽特维"等行业品牌带动作用日渐明显,中汽西南等快修连锁经营模式快速发展,较好满足了高速增长、日益多元化的机动车维修服务需求。车辆技术管理不断强化,二级维护联网管理积极推进,全市客运车辆春运综合性能检测工作有力开展,车辆技术管理效能大大提高。

(七)行业发展环境持续向好,安全稳定水平显著提升

将安全稳定工作摆在更加突出的位置,强化基层基础,注重事前预警,加强排查整改,促安全、保稳定,实现了行业安全发展、和谐发展。

1.安全管理扎实有效

认真贯彻落实"全覆盖、零容忍、严执法、重实效"的总要求,深入开展"两化一整治"、安全大检查和大排查大整治大执法大督查活动。有效强化春节等重要时段安全检查,重点加强区县民营客运企业安全监管,企业安全主体责任进一步落实。继续强化企业安全主体责任成果,目前客运企业、危化企业100%进入考评,企业安全管理水平、责任意识得到较大提升。积极推动安全管理现代化,GPS系统基本覆盖了旅游包车、三类以上班线客车以及农村客运车辆、危险化学品运输车辆,所有区县处所配备安全监管车辆等设施设备,与公安、安监等部门信息共享有力推进,安全监管能力进一步提升。全年共发生道路运输事故67起,死亡79人,事故次数、死亡人数同比均下降20%,行业连续80个月未发生死亡10人以上道路运输事故,2年未发生客运3人以上责任事故,安全形势持续向好。

2.行业稳定形势良好

面对出租汽车到期、车辆报废年限调整、班线客运双到期、行业"营改增"和财政CNG附加返还标准调整等诸多压力,坚持工作关口前移,加强一线信息收集,强化稳定风险评估,注重不稳定苗头化解,妥善处置了1138辆出租汽车到期后重新出让问题,班线客运承包人集访等不稳定事件;平稳实现1226辆出租汽车依法按期报废,行业保持了总体稳定。

(八)自身建设不断加强,行业服务水平显著提升

紧紧抓住推动发展的根本,不断加强队伍自身建设,持续深化行业精神文明创建,服务能力和水平不断提升,行业形象牢固树立。

1.运管队伍建设全面加强

深入开展党的群众路线教育实践活动,存在的"四风"问题得到切实整改,建立健全《市运管局改进工作作风密切联系群众实施意见》等17个内部管理制度,推出了午间不间断服务、工作延时承诺制、非重要非紧急会议一律为群众让路、"五心"承诺活动等4项便民措施,加快推进了一批行业民生实事,有力开展了"提升效能服务市场主体"等五大专项行动,活动取得明显成效。严格落实中央"八项规定"及市委八严禁、十二不准等纪律要求,加强办公品采购、从业资格考试等重要事项的过程监督,推进廉政教育、党风廉政建设责任落实等基础工作。市运管局和九龙坡所、开县所、合川处分别获得全国道路运输工作先进单位,市运管局和南岸所、轨道集团分别获得全国新时期道路运输业发展大调研及成果转化应用工作先进单位。全系统县级以上文明单位达到100%,市级文明单位达到25个。

2.精神文明创建深入推进

全面深化行业精神文明建设,加大行业宣传力度,强化与《重庆日报》、重庆电视台等新闻媒体的合作。陆续推出主城公交、轨道、农村客运、《道条》宣贯等多期"阳光重庆"和华龙网"办好民生实事、服务群众出行"访谈节目,加强与群众的沟通,真正了解老百姓关心的热点、难点问题。充分发挥政务微博舆情引导的作用,不断凝聚行业正能量。深入开展"擦亮交通窗口,扮靓重庆形象"、"文明优质服务"竞赛等活动,推出的"雷锋的士"创建活动成为道路运输行业的一张名片,受到了中央文明办和市委宣传部的充分肯定。行业涌现出全国五一劳动奖章、工人先锋号等先进集体,全国交通行业文明职工标兵杨君、戴航天,全国见义勇为好司机杜义等一大批先进典型。

二、2014年发展目标

(一)加快建设高效便捷的公共交通体系

全面推进"公交都市"创建。稳步推进公交区域化经营,加强次支道路和大型居民聚集区等重点区域公交保障。加强公交与轨道接驳站点的配套建设,延伸轨道交通服务范围,同步开行公交接驳线路。适时优化轨道列车运行,提高轨道交通运能,推进轨道交通管理规范化、标准化。进一步完善"1小时免费优惠换乘"政策,加快推进公交电子站牌系统的建设与完善,结合新(改扩)建公交站场布局,打造一体化公交换乘节点,为市民提供更加安全、优质的公共交通服务。加大远郊区县政府购买公共服务落实力度,稳步扩大公交覆盖面,规范公交运营管理,不断提升区县公交服务保障能力,进一步方便群众出行。

(二)着力促进出租汽车行业提档升级

继续巩固主城发展成果,强化远郊区县指导,确保主城规范提升,远郊稳定规范。推广和拓展出租汽车服务管理信息系统功能,完善电召服务规范和刷卡付费的相关政策和规则,试点固定终端电召系统,远郊区县逐步开展出租汽车服务管理信息系统建设,扩大系统使用范围。完成主城区出租汽车计价器的调校,密切监控运价调整后的行业运营情况。完善安全服务质量考核评价体系,制定以安全服务质量为主要条件的出租汽车经营权招标、协议出让办法。适时组织实施运力投放,逐步推动主城出租汽车营运方式改革,进一步缓解群众"打的难"。优化车型结构,提升车辆档次。深化"雷锋的士"创建工作,开展星级出租汽车评定,提升重庆出租汽车行业服务水平。加强汽车租赁管理,规范汽车租赁经营,推进汽车租赁市场有序发展。

(三)纵深推进城乡客运统筹发展

加快农村客运发展,全面推行农村客运营运补贴,新增和调整农村客运线路80条,新增车辆160辆,实现符合客车通行条件的行政村客运通达率达到92%,推动农客"双百"目标实现。加大乡镇客运站建设力度,建成村级招呼站1000个。优化整合城乡公共客运资源,加强道路综合客运枢纽管理,稳妥实施农村客运公交化改造,促进城乡道路客运有效融合和合理衔接。妥善处理好班线客运与高铁、轨道等运输方式的关系,指导客运企业转变发展方式,增强班线客运的竞争力。推广应用"包车客运管理信息系统",规范包车客运网上审批的办理。大力推进客运联网售票系统延伸建设,扩大联网售票及代售机构的覆盖范围,完善手机售票服务功能,积极探索电子客票的应用。

(四)提速传统货运转型升级步伐

加快推进甩挂运输工作,逐步实现试点单位甩挂运行"常态化、规模化、效益化",不断扩大试点效应,确保通过国家试点验收。确定15个区县、30家货运企业作为道路货运价格信息采集点,正式启动道路货运价格指数定期编制发布。加强危险货物运输企业、专用车辆和专职从业人员资质清理和整改,严格落实《道路危险货物运输管理规定》。强化危险货物运输专用车辆GPS监控,定期开展专项应急演练,全面提升危险货物运输企业安全管理水平和应急处置能力。加大城市配送、农村物流和货运联盟发展,推动全市货运产业上档升级。

(五)积极构建智慧绿色道路运输行业

启动公共交通一卡通、联网售票一站通、维修救援一网通建设,不断完善道路运输出行服务网络。推进智能公交信息系统建设,实现城市交通的精细化管理。开展公共物流信息平台建设,整合各地物流信息资源,引导发展电子商务,不断促进货运物流信息化应用。强化动态监测,推广应用北斗卫星、高速网络、大数据等信息技术,完成重庆北斗技术应用中心与"两客一危"平台的对接;整合安全监管和运营调度系统,搭建管理部门与企业协同互动的道路运输运行监测综合平台,切实增强行业运行监测能力。

(六)有效规范相关行业市场秩序

全面执行驾培行业发展规划,进一步规范驾校许可、监管等相关行政管理措施。加强教练员管理，不断深化诚信考核，建立健全退出机制，开展职业技能鉴定，提高教练员的整体从业素质。全面清理从业人员培训资质，加强考场软硬件建设，不断提升行业服务质量。加大对维修行业品牌建设和连锁经营的政策支持力度，促进维修行业提档升级。组织开展维修技能竞赛，不断提升维修从业人员技能水平。强化车辆技术管理工作，重点完善二级维护联网系统，建立健全企业二级维护管理制度。深化行业节能减排工作，确保长江水陆甩挂运输、模拟驾驶器、新能源汽车应用等项目按计划推进。

（七）切实增强运管队伍依法行政能力

加快推进《重庆市公共汽车客运管理办法》立法修订，制定《重庆市主城区出租汽车电召管理办法》、《重庆市公共交通优先发展指导意见》等规范性文件。加强《重庆市道路运输条例》、《重庆市汽车租赁管理办法》的落实力度，规范道路运输市场。推动区县运管机构积极开展跨区域、跨部门执法联动，提高执法成效。继续加强区县运管处所行政执法和执法形象建设“六统一”工作。完善行政执法统计，规范区县运管机构行政处罚案卷和法律文书。深化行政审批网上申报工作，进一步便民利民，优化提升行政管理水平。

（八）全力实现行业和谐发展

不断强化行业安全监管保障，努力实现“工作规范化、生产标准化、监管常态化、考评精细化”。加强安全基层基础和基本素质建设，有效落实“一岗双责”和企业主体责任，形成全员皆安的工作氛围。加强事前监管、严格行政审批、抓好薄弱环节、强化科技手段、注重隐患排查、落实责任追究，始终将安全监管贯穿于道路运输工作全过程。抓好应急处置，强化队伍建设，完善应急预案，完成年度应急演练，进一步提升应急保障能力。建立健全干部下访工作长效机制，落实稳定工作属地责任和企业稳定主体责任，加强横向和纵向沟通，切实解决稳定工作源头性、根本性问题，着力排查和化解行业矛盾，强化预防和处置群体性事件，全面提升工作水平，确保行业总体稳定。

（作者单位：重庆市道路运输管理局）

航空运输

盛李欣

一、2013 年发展回顾

（一）运输生产持续快速增长

2013 年，民航重庆地区共保障安全起降 218824 架次，同比增长 9.98%；重庆江北国际机场完成旅客吞吐量 25248483 人次、货邮吞吐量 279542.2 吨，同比分别增长 14.47%和 4.06%，平均客座率 81.8%，同比增加 1.4 个百分点；其中国际（地区）旅客吞吐量 1290052 人次，货邮吞吐量 71656.8 吨，同比分别增长 48.64%和 0.32%；重庆万州五桥机场完成旅客吞吐量 318835 人次、货邮吞吐量 1791.02 吨，同比分别增长 14.52%和 2.86%；重庆黔江武陵山机场完成旅客吞吐量 95602 人次、货邮吞吐量 59 吨，同比分别增长 14.04%和 15.01%。江北机场客运继续保持快速增长，旅客吞吐量首次突破 2500 万人次；由于外需不足，一季度货邮运输明显下滑，随着经济企稳很快转为增长趋势，但增长速度明显放缓。万州机场旅客吞吐量首次突破 30 万人次。

（二）生产规模不断扩大

2013 年 4 月 26 日，山航股份重庆分公司正式挂牌运行，成为江北机场第五家基地航空公司,截至年底在江北机场共投放8架B737系列飞机;全年,国航股份重庆分公司减少1架B737-800,新增3架B737-700,机队规模32架;重庆航空公司新增2架A320,机队规模11架;西部航空公司新增4架A320,机队规模13架;川航股份重庆分公司新增2架A320系列,机队规模14架;华夏航空重庆基地减少1架CRJ-200、增加4架CRJ-900,机队规模10架;除去基地航空公司在外站过夜的飞机,加上其他航空公司在江北机场过夜的飞机,江北机场过夜机队规模保持在75架左右。

(三)安全态势总体平稳

2013年,民航重庆地区共收到不安全事件报告信息378条;按事件性质划分:一般事故征候4起(鸟击超标3起,山东航空天气颠簸1起),一般不安全事件374起;按原因进行分类:机械原因76起、机组原因28起、地面保障原因13起、空军航行管制1起、天气及意外原因170起、空中交通管理原因1起、其他原因89起(其中爆胎/轮胎脱层/扎破35起)。一般事故征候数量同比明显下降,未发生人为责任原因事故征候,安全形势总体平稳。

(四)发展环境持续改善

2013年,中共中央政治局委员、中共重庆市委书记孙政才在重庆分别会见了南航集团总经理司献民、党组书记谭万庚一行,首都机场集团总经理董志毅、党组书记刘彦斌一行,国航股份董事长王昌顺一行,高层互动频繁。12月10日,民航西南地区管理局新上任的吕尔学局长来渝拜会了重庆市人民政府陈和平副市长,通报了重庆民航整体情况和下一步工作思路。

2013年3月,重庆进近03号扇区正式开放运行,进近管制区容量进一步提升;9月,江北机场高峰小时容量标准调整为42架次,日均起降达到600架次左右;11月14日,江北机场区域导航RNAV1飞行程序试运行。江北机场第三跑道及东航站区扩建工程全面推进,2013年完成投资70亿元左右,累计完成投资90亿元左右,力争2016年投入使用。万州机场、黔江机场改扩建工程启动,巫山机场建设召开可研报告初审会,武隆机场预可研报批工作有序展开。

4月,民航局批复同意江北机场按照分跑道阶梯式设置净空障碍物限制面,历时一年多的江北机场净空保护区障碍物限制图优化调整工作圆满完成,为类似多跑道之间存在高差机场的净空障碍物限制图设计提供了有益参考,为地方经济发展和城市建设提供了巨大支持。

12月30日,江北机场正式实施72小时过境免签政策,与北京、上海、广州、成都一起成为享受这一特殊政策的5个城市。

(五)国际航线取得突破

2013年,江北机场国际(地区)航线迎来大发展。8月,中国国际航空公司、东方航空公司分别开通重庆—北京—旧金山、重庆—上海—洛杉矶航线,重庆首次拥有连接北美的国际客运航线,“一机到底、行李直挂”模式减少了中转手续,缩短了旅行时间;12月20日,四川航空公司开通重庆—悉尼航线。至此,重庆已拥有连接欧洲、北美、澳大利亚、中东,覆盖东亚、东南亚的国际(地区)客运航线网络,实际执飞国际(地区)客运航点18个、航线18条;执飞国际(地区)全货机航点12个、航线13条。

(六)以航班正常为抓手提升服务质量

重庆民航继续重点抓好航班正常和大面积航班延误专项处置工作。6月4日,重庆地区运行协同决策系统(CDM)开始试运行,并于6月30日转入正式运行。经过不间断地进行数据录入、修订和确认,江北机场的航空器协同放行以CDM数据为主要依据,CDM开始发挥在治理航班延误、减少关舱门后地面长时间等待中的作用。重庆机场集团制定了《江北机场大面积航班延误处置方案》,建立决策、指挥、执行、监督四个体系,设立九个工作小组,明确了工作责任和程序。民航重庆监管局严格实施航班正常率监控整改制度,每月对江北机场正常率低于50%且排名后10位的航班下发通报,督促进行整改。

(七)通用航空快速发展

2013年,民航重庆监管局采取运行合格审定与经营许可审查同步进行的方式，高效率、高质量地完成了重庆通用航空有限公司、飞行学院重庆通用航空培训有限公司的运行合格审定，填补了重庆地区甲类通用航空企业的空白，标志着重庆通用航空产业完成制造、运行、培训的立体布局。目前，重庆已有通用航空企业3家，筹建中9家，正筹备成立通用航空协会。

（八）安全工作常抓不懈

2013年，民航重庆监管局全面利用FSOP系统开展行业监管工作，FSOP应用在全国处于较好水平；民航局启用了飞行人员资质管理系统，重庆地区已完成过渡工作；督促落实民航局《关于加强客舱安全管理工作的意见》，重点加强了客舱安全工作；顺利完成维修单位新版《培训大纲》审批工作；重庆航空、西部航空、国航股份重庆分公司九寨RNPAR和重庆航空、西部航空拉萨RNPAR共五个PBN项目正式实施，航行新技术的大量应用有效提升了安全裕度；开展货邮运输危险品专项整治；民航重庆监管局在不安全事件调查中采用创新的“督导式安全调查”，主要包括事件评估、督导调查、调查评审、督导总结四个阶段，推动了企业落实安全主体责任，强化自身安全管理能力。

二、发展中存在的问题

（一）周边竞争问题

近年来，江北机场运输生产量的持续快速增长一定程度上得益于成都、昆明机场的容量饱和。2013年，成都双流国际机场新航站楼和第二跑道全面启用，昆明长水国际机场成功投入运行，两家机场运行环境显著改善，运输生产量呈现爆发式增长，给江北机场造成巨大竞争压力。综合看来，江北机场运输生产量增速已经有所放缓。

（二）市场份额问题

江北机场目前缺少具有较高市场份额的基地航空公司，基地航空公司之间实力、份额相对平均，市场竞争十分激烈。2013年，江北机场旅客吞吐量中，国航、川航、南航（含重航）、海航（含西部）市场份额分别为14.2%、14.9%、18.8%、16.4%，其他航空公司占35.7%。2013年，山航股份重庆分公司的成立、西部航空转型低成本航空、民航局取消机票价格下浮幅度限制，一定程度上加剧了市场竞争。引导合理竞争、规范市场秩序、提高经营品质的工作压力很大。

（三）高铁竞争问题

渝利铁路（重庆至湖北利川）2013年底正式通车，“沪汉渝蓉”高铁大通道2014年全线贯通，重庆借此经武汉融入全国高铁网络，下一步重庆至长江沿线及华东地区主要城市的列车运行时间将明显缩短，高铁将给民航带来巨大竞争压力，部分中短途航线可能出现经营困难局面。

（四）新技术应用问题

西南地区高原、复杂航线数量众多，航行新技术应用多、步子大，运行门槛明显提高。2013年，拉萨、九寨机场RNPAR限制运行迫使基地航空公司取消大量航班，造成巨大损失。由于基地航空公司机队规模偏小，经营压力较大，航行新技术的应用存在较大影响。

（五）基础建设问题

江北机场第三跑道及东航站区扩建工程工期长、范围广、投资大，征地工作任务艰巨，重庆机场集团面临较大时间压力和资金压力。配套的空管、油料工程决定着扩建工程能否按期投用，需要重点关注。空域已成为制约重庆民航发展的最大瓶颈，白市驿机场整体搬迁后的空域调整方案将对重庆民航长远发展产生深远影响。

（六）安全基础问题

运输生产量持续快速增长带来的监管资源、保障资源不足的矛盾将进一步加剧；江北机场大规模扩建将给整体运行造成较大安全压力；空防安全不确定因素增多，形势复杂严峻；通用航空安全基础薄弱，快速发展过程中的安全保障压力较大。

三、2014年发展目标

（一）运输生产保持较快增长

江北机场旅客吞吐量达到2750万人次，货邮吞吐量28.6万吨，同比分别增长10%和6%；万州机场旅客吞吐量达到33.5万人次，货邮吞吐量1800吨；黔江机场旅客吞吐量10.5万人次，货邮吞吐量100吨。

(二)确保持续安全运行

杜绝运输航空事故；防止劫机、毁机事件，杜绝空防事故；防止重大航空地面事故和特大航空维修事故；人为责任原因严重事故征候万时率同比下降。

(三)扎实推进基础建设

要在确保运行安全和工程质量的基础上，继续加快全面推进江北机场第三跑道和东航站区建设；启动万州机场改扩建工作，完成武隆机场可研报告评审工作。

(四)加快推进枢纽建设

按照"巩固洲际、拓展周边、开发产品"的目标，大力发展国际航线；以国际为重点、以快件为突破、以普货为基础，大力发展航空物流，加快推进江北机场枢纽建设。推进万州机场航空口岸开放相关工作。

(五)不断提升服务质量

继续做好航班正常和大面积航班延误处置工作，抓好行业规章颁布前的宣贯和颁布后的落实工作，持续提升服务质量。

2014年，重庆民航将在民航局、重庆市人民政府的正确领导下，确保航空运输持续安全，力争实现又好又快发展。

(作者单位：民航重庆监督管理局)

重庆水运

黄昌顿

一、水路生产

2013年完成货运量1.43亿吨、货运周转量1983亿吨/公里，同比分别增长11.5%、14%；完成港口货物和集装箱吞吐量1.37亿吨、91万标箱，同比分别增长9.5%、12.8%，再创历史新高。全市水运货物周转量占综合运输比重60%以上，全市95%以上的外贸物资通过水运完成，周边省市到重庆中转货物量占全市港口货物吞吐总量的40%以上，水运对经济社会发展的支撑作用更加明显。

二、水运建设投资

全年，完成水运固定资产投资32亿元，同比增长6.3%。

(一)航道建设

嘉陵江三期三级航道整治工程基本完工，乌江河口至白马航道建设进度加快，库区抱龙河、梅溪河等重要支流航道整治启动实施，嘉陵江草街至利泽、乌江白马至彭水等支流航道建设前期工作有序推进，主要支流航道碍航应急抢通和乌江白涛旧桥清障工程及时完成。

(二)港口建设

全国内河最大的"铁、公、水"联运物流枢纽港口—重庆主城果园港开港运行，寸滩三期码头前沿平台和二期后方堆场扩建完成，万州神华等重点港口建设有序推进，全年新增吞吐能力600万吨、50万标箱，达到1.51亿吨、350万标箱。

(三)港口、航道结构逐步优化

加大港口岸线资源整合，实施老旧散小码头整合搬迁，淘汰转型老旧码头70座，收回岸线6400米；港口泊位向专业化、大型化发展，100万吨级泊位的货物吞吐能力占比达到43%，货物集聚度增加。航道整体通过能力有效提高，全市四级以上高等级航道达到1075公里，占航道总里程的24%，昼夜通航里程875公里，支流对干流的货运贡献率达到23%。

（四）运力结构显著改善

全年核准拆解各类老旧运输船舶310艘、28万载重吨，运输船舶总数量净减230艘，新增标准化运力10万载重吨，全市运力规模达590万载重吨，“量减质增”趋势明显。全市货船平均吨位达到2460载重吨(其中长江干线达到3300载重吨)，船型标准化率达到70%，均居全国内河第一，经济效益、单位过闸量和安全保障能力全面提升。积极发展专业化运输方式，集装箱运力快速增长、化危品运力稳步发展、豪华邮轮快速发展，分别达到6.7万标箱、48万载重吨、8107客位，高附加值船舶比重大幅提升。

三、水运安全

2013年，重庆水上安全形势继续保持稳定。全市长江干线及支流共发生一般等级及以上事故3起，死亡失踪6人，沉船11艘。全市地方水域发生一般等级以上事故水上交通事故1起(8月27日乌江“紫荆698”翻沉事故)，沉船9艘，与去年同期相比，事故件数持平，沉船艘数上升900%，地方水域继续保持“零死亡”。全市水上交通已连续126个月未发生一次性死亡失踪10人以上的重特大事故，连续131个月未发生重大船舶污染事故，地方水域连续三年保持“零死亡”，确保了水上安全形势总体平稳。

四、水运市场

（一）企业规模不断扩大

引导水运企业通过兼并、重组等方式整合资源，发展规模化、集约化经营，全年企业总量减少11家；企业公司化营运达到95%以上，上市水运企业已达3家，20万载重吨以上运力骨干企业3家，30万载重吨以上1家，企业的市场竞争能力和抗风险能力显著增强。充分发挥市场调节作用，引导企业积极应对航运低谷。

（二）水运物流提升综合效益

发挥水运比较优势，引导企业延伸产业链，实施铁公水联运，发展综合运输，开辟企业新的利润增长点。以港务物流集团为代表的港口企业实施“全程物流”，实现由单一的装卸服务转向港口、物流相互融合发展；以河牛公司为代表的运输企业积极发展“综合物流”，实现由单一的货运承运人向生产、运输、销售“一条龙”转型。伴随“万蓉”进港集装箱班列的开通，散装白酒槽罐车滚装运输的试点，多式联运物流模式进一步发展。

（三）“东扩西进”拓展市场空间

积极实施“东扩西进”战略，鼓励企业开辟航运新市场。旅投集团、新世纪邮轮等客运企业以安徽池州、江苏常熟等为新支点，开辟长江中下游邮轮市场；民生公司积极发展台湾近海航线，开通“泸州至重庆”集装箱内支线；川江船务、三益物流等航运企业开通“九江至上海”集装箱班轮和“武汉至南通”危化品专线，有效化解运力过剩。

五、公共服务与管理

2013年，一是抓安全投入，促强基固本。投入2.8亿元资金，促安全本质提升：全面完成411艘短途客船标准化改造；农村渡口改造128座、渡改人行桥11座，建成高洪水位公共应急地锚设施270处；新增7个海事现场监管站点，升级4个航道养护管理示范站；继续购买农村渡运保险，发放库区渡运船舶补贴；更新客渡船GPS终端100台、免费发放救生衣3000件；实施小安溪、大庙等5座老旧枢纽拦河闸坝安全鉴定；完成80个重点港口、13个重点航段以及380艘四客一危重点船舶的视频信号接入；培训各类安全监管人员4000余人次。二是抓企业主体，促责任落实。督促企业投入安全专项资金约1亿元，整改各类隐患210项，完善视频监控、船岸通信等保障设施，开展港口从业人员和运输企业安全管理人员培训1200余人次，落实企业安全主体责任。以企业安全生产标准化建设为抓手，完成市内客运、危化企业达标考评工作，其中港口企业80家、运输企业43家，对8家未达标企业实施关停处理。三是抓监管责任，促隐患整改。全年排查安全隐患313起，隐患整治达98.1%，挂牌督办

5起，约谈3个区县港航管理部门；实施严管重罚，停航整顿事故船舶6艘，对6家经营资质不良企业限期整改，对6起违法建设非法经营码头进行处罚。四是抓应急建设，促能力提升。有序推进主城、合川、彭水应急基地建设；“交通抢险1号”交付使用，高速救生艇、多功能应急抢险车等专业抢险装备配备到位，重要应急物资多点储备，应急搜救抢险能力有效提升。完成“地方水上应急体系”中期评估，确保项目建设更加科学合理。完善应急预案，开展实战演练，组建防汛抢险专家库，汛期有效应对10次洪峰过境，成功施救失控船舶14艘，处置突发险情12起，救助被困人员43人，挽回经济损失近3000万元。五是积极作为，便民惠民。积极向市政府及行业主管部门争取政策支持，为企业脱困发展营造良好环境。争取“营改增”补助、集装箱作业补贴、燃油补贴、老旧船舶拆解补贴等共计约4.5亿元；坚持做好三峡船闸通航协调工作，重点时段成立工作组进驻三峡坝区协调重点物资优先过闸，全年协调集装箱快班轮优先过闸900班次，切实保障我市重点物资运输。

（作者单位：重庆市港航管理局）

通信业

乐琴

一、2013年发展回顾

2013年市通信管理局深入贯彻党的十八大和重庆市第四次党代会精神，认真落实工业和信息化部与重庆市委市政府的要求和部署，以“科学发展、富民兴渝”为主题，以服务经济社会发展为中心，稳步推进通信行业的创新发展和转型升级，为全市经济社会发展提供了高效的信息通信服务支撑。

（一）加强规划引导，通信行业发展取得新成绩

1.行业增长态势良好

电信业务总量276亿元，同比增长12.2%；电信收入218.8亿元，同比增长9%；固定资产投资累计完成65亿元，其中3G投资13亿元。

全市通信能力显著提高。固定交换机容量1070万门，移动交换机容量3700万户，短消息中心容量10980万条；光缆线路长度47万皮长公里；3G/4G基站新增4026个，总数达到2.4万个；新增无线局域网接入点2.7万个，总数达到8.6万个。

宽带接入能力不断增强。宽带接入端口650万个，光纤到户覆盖家庭新增90万户，已达到250万户，新增互联网出口带宽720G，总量达到1.92T，行政村光纤通达率达到了69.4%。

服务水平不断创新。全市电话用户数新增315万户达到2960万户，固定电话580万户，移动电话2380万户；固定宽带接入用户新增88万户达到505万户，其中农村宽带用户达到67.7万，同比增长了48.9%；三网融合发展IPTV用户数达到40.4万户。按照全市常住人口2949万人计算，电话普及率达100.4户/百人。全市增值电信企业新增30家，注销17家，目前共有306家，跨地区增值电信业务经营许可证备案908家。

2.加强形势研究，发挥规划指导作用

2013年是“十二五”时期的关键一年，为发挥通信业对国民经济和社会发展的积极作用，市通信管理局坚持以科学发展为指导，印发了《2012年重庆电信业发展蓝皮书》、《2013年重庆电信行业发展滚动规划》，发布了《重庆市电信通信工程规划导则》，启动了《重庆市“五大”功能区通信基础设施发展战略规划》编制工作，开展了《重庆市国民经济和社会发展第十二个五年规划通信业专项规划》的中期评估，推动重点

任务落实。

3.开拓监管思路,深入开展课题研究

市通信管理局围绕电信基础设施建设与保护、重庆农村信息化建设、通信行业农民工工资支付等工作,走访调研、总结提炼,完成了《彭水县农村信息化服务调研情况报告》、《关于“营改增”对企业影响的调研报告》等报告,为深化监管提供支撑。

(二)加快信息通信网络基础设施建设,服务能力有效提升

1.重庆国家级互联网骨干直联点申报成功

市通信管理局抓住全国新增国家级互联网骨干直联点的机遇，按照重庆市委市政府的要求,不辱使命、不负众望、积极协调、全力申报。重庆已被确定为国家级互联网骨干直联点增设城市之一。市通信管理局乘势而上,积极研究建设思路，一方面积极推动各互联单位确定重庆骨干直联点建设方案并指导建设，另一方面落实建设资金及用电用地、网间结算补贴等政策，全面启动直联点建设。

2.宽带中国2013专项行动实现各项任务目标

市通信管理局将“光网·无线宽带重庆”建设与“宽带中国2013专项行动”相结合,编制出台实施方案。在争取地方各级政府支持、狠抓光纤到户、强化农村通信设施建设、开展宽带测评、组织万余名用户参加宽带免费体验计划、推动宽带普及等方面下功夫。宽带接入端口、光纤到户覆盖家庭、互联网出口带宽、光缆线路总长、3G及4G基站、无线局域网AP数分别较2013年初增长了15.0%、52.4%、41.7%、27.7%、29.6%及37.5%，全市宽带用户4M及以上占比达到73.2%,全面完成各项任务。市通信管理局还带领各基础运营企业主动履行社会责任,自我加压，全市100所贫困农村地区中小学实现了“校通宽带”。

3.推动政策出台支持TD-LTE 4G建设

市通信管理局积极协调市政府出台了《重庆市人民政府办公厅关于加快推进我市TD-LTE建设发展工作的通知》，组织召开了全市电视电话会议,部署统筹推进TD-LTE建设,预计两年内4G网络建设资金将超过50亿元。

(三)加强建设市场监督管理,构建和谐发展环境

1.共建共享向深层次迈进

2013年市通信管理局突出重点场所共建共享管理，强化共建共享考核，扩大共建共享范围,优化共建共享流程,提高共建共享数量,全市共建率和共享率均高于考核指标。与此同时,市通信管理局还对驻地网小区的维护管理、代维企业管理进行了有益探索。

2.维护通信建设招投标的公平公正

加强对企业招投标宏观管理及关键环节的管控,推动监理和设计项目由“未招标”或“邀请招标”向“公开招标”转变,充实评标专家库达到400余人，所有通信建设项目的评标专家均从专家库中随机抽取，保证了招投标的公平公正公开。

3.推进光纤到户落实两项国家标准

市通信管理局组织了光纤到户两项国家标准的培训工作,加强驻地网光纤质量监督,进行老旧小区光纤到户改造试点。全市驻地网联合工作组受理的楼盘中合格楼盘612个、用户规模40多万户,直接节省投资约6.92亿元。主城区驻地网建设光纤到户占比达99%，区县驻地网建设光纤到户占比达95%，驻地网新规范在全市得到了较好的执行与推广。

4.重视建设领域质量管理

全年组织通信工程质量专项检查4次,对检查中发现的问题督促限时整改。对通信铁塔、管道线路和电源等高危专业现场安全措施进行检查,2013年未收到一起人身伤亡事故报告。市通信管理局积极解决电力供应保障、三电设施保护联动机制等问题，开展农民工工资支付专项检查,促进社会和谐稳定。

5.拓展互联互通工作新思路

深入调研互联网互联互通现状，加强监测系统的运行维护。2013年我市语音、短消息和互

联网互联互通整体情况良好，语音网络接通率达到94.5%以上，短消息发送成功率达到99.77%，无一起重大、恶性互联互通事件发生。

6.严格码号资源行政审批

码号资源系统建设已进入试运行阶段。截至目前全市共有局号1944个、96短号码80个、1062短消息代码243个、1063短消息代码18个，1066和1069短消息代码在我市备案489个。

(四)创新电信市场监管手段推动行业可持续发展

1.扎实开展行业纠风

加大行风建设力度，提高企业依法经营水平，集中整治服务营销、资费收费、网络质量和垃圾短信四方面问题。联合市物价局、工商局对9个区县72个营业厅进行检查，抽查电信用户协议3000余份，责令企业整改资费公示、夸大宣传等方面存在的问题。处理垃圾短信息投诉3100余起，过滤6725万垃圾短信息，清理关闭56个端口，我市被举报的数量在全国排名靠后。圆满完成了百万用户申诉率季度不超过20人次、全年不超过70人次的指标。

2.加强电信市场监管

联合市教委、市工商局对校园市场进行源头治理，开展集中巡查，调查处理校园竞争事件8起，全市校园电信市场秩序相对稳定。规范“家校沟通”业务取得重大突破，实现了本网及异网用户全面开放、收费标准和服务内容完全一致。启动我市固定电话网语音业务和不对称数字用户(ADSL)宽带接入业务计费性能检测，提高了公众电信网计费准确性。处理企业间市场竞争问题12个，全年下发责令整改通知书8份。督促企业清理资费套餐6090个，对10个涉及资费的问题责令企业整改。落实电信用户真实身份信息登记规定，组织了四次大规模巡查暗访，涉及全市22个区县66家分公司520家营业网点，对4个分公司进行了行政处罚。截至2013年底，全市新增电话用户实名登记率达到100%，所有电话用户实名登记率达到76%，比实施前提高了4个百分点。

3.规范和扶持并重

坚持增值业务分类管理，完成网络托管业务管理规定的修订。委托第三方公司对本地255家企业的1000个增值业务进行了拨测，接入管理问题较往年有明显下降。简化增值电信业务审批的申请流程，对符合地方经济发展目标的重点企业申请实行绿色通道，全年许可增值企业30家，对239家省内企业、742家跨省企业进行了年检。

4.电信服务质量显著提升

2013年重庆通信质量和服务质量均达到满意水平。在全国率先开展通信行业全业务流程穿越测试，共梳理2000~2013年间电信管理文件54个，涉及13个营业网点和20个固话、宽带、移动业务及融合套餐，共计1018个样本，通过订购各类业务发现问题督促企业改进。持续加强12300基础设施建设和人员能力培养，2013年受理用户咨询申诉11919人次，为用户挽回经济损失48623元，用户满意率93.7%。

5.积极促进行业人才建设

联合市人力社保局、市总工会、共青团市委等单位成功举办行业内规格最高、规模最大的一次技能大赛，光缆线务开通及运用、网络与信息安全两个专业第一名获重庆市“五一”劳动奖章，并评选出重庆市十大青年职业技能标兵，选拔出一批爱岗敬业、善于解决技术难题的高技能人才。开展基础电信企业、增值电信业务企业和在校学生的技能鉴定共计1100人，较上年增加30%；完成通信工程师考评工作，全市共计1247人参加通信工程师初中高级考试报名；累计培训概预算、安全生产、监理工程师等各类通信建设个人资格人员2242人，较上年增加15%；有力推动了我市通信专业技术人才队伍建设。

(五)加强安全保障，社会管理能力持续提升

1.网络与信息安全保障有力

积极开展基础电信企业网络与信息安全责任考核，加强督促检查狠抓落实。出台《重庆市互联网新技术新业务信息安全评估实施细则》，

对互联网新技术新业务进行评估。积极开展2013年度通信网络安全防护和公共互联网环境治理，组织木马与僵尸网络、移动恶意程序、互联网垃圾邮件等专项打击行动共21次。通报网络安全事件738起、处置323起，通过积极防范、及时处置，全年无重大网络安全事件发生。

2.认真履行互联网行业管理职责

注销空壳网站及空壳主体信息共9589个，全市已备案网站主体信息49460条，网站总数59162个。接入服务商网站备案率连续4个月达到100%，网站备案主体信息准确率达到93.4%位居全国前列。与其他互联网管理部门一起开展打击互联网违法违规行为的专项行动12个，移送和处理违法违规网站78个，有效净化了我市的互联网环境。

3.全面完成国防信息动员和应急通信保障工作

正式发布《重庆市突发事件预警短信息发送实施细则》，编写制作《国防信息动员工作手册》，推进战备应急通信和国防信息动员军民融合式发展。推动国家通信网应急指挥调度系统平台与市政府、警备区相关平台的互联，各基础运营企业预警短信发送能力大幅提高，全部达到发送要求。开展了突发事件预警短信发送综合应急演练、重大突发事件应急通信信息报送专项演练等多种形式的演练，应急通信保障能力得到提升。组织通信行业快速反应支援芦山地震通信保障，完成了“云博会”、“渝交会”等重大活动的重点保障。

二、2014年发展展望

2014年是全面深化改革年。通信行业按照中央部署积极推进和参与重要领域、关键环节改革。一是深化行政审批制度改革，按照宽进严管原则加强电信市场监管，突出监管能力建设。二是创新行业管理方式，进一步规范行业准入和公告管理，清理依据不足的准入条件和管理事项。引导行业自律，推进企业社会责任建设。三是支持非公有经济健康发展，支持互联网企业、增值电信企业做好做强。四是深化重点领域改革，做好民间资本进一步进入电信业，开展民资进入移动转售、接入网等竞争性业务市场试点，完善电信资费市场化形成机制。

2014年，重庆市通信行业将全面贯彻落实党的十八届三中全会及全国工业和信息化工作会议精神，把改革创新贯穿于工作各个方面，以“发展、监管、保障”三条主线提升行业持续发展活力。坚持通信发展不动摇，紧紧围绕“宽带中国”战略加快我市信息通信基础设施建设，按照重庆五大功能区的战略部署完善信息通信基础设施的网络布局。增强监管意识的改革和监管方式的创新，更多地根据市场规则、市场价格、市场竞争办事，落实电信领域改革的各项举措，解决好社会关注、涉及民生的热点难点问题。加强网络和信息安全保障促稳定，提高互联网行业管理水平，注重队伍和手段建设，要从战略、规划、政策标准、安全监管等方面多管齐下，建立自主可控的网络信息安全保障体系。

2014年，全市通信行业发展主要预期目标是：电信业务总量达到306亿元，同比增长11%；电信主营业务收入完成237亿元，同比增长8%；电话用户达到3100万户，同比增长4.7%；宽带用户达到530万户，同比增长5%；电话普及率达105.4户/百人。

（作者单位：重庆市通信管理局）

商贸流通业

李巡府 蒲新

2013年，全市商贸流通业紧紧围绕市委市政府“科学发展、富民兴渝”总任务，着力保障市场供应，建设完善城乡统筹的商贸网络体系和整顿规范市场经济秩序的长效机制，稳中求进，务实创新，居民消费继续保持平稳较快增长。全市社会消费品零售总额达到4511.8亿元，增长14%，增速比全国快0.9个百分点，列全国第三位；商品销售总额达到14282.5亿元，增长17.6%；商业增加值1214.2亿元，占GDP的比重达到9.6%，比上年提高0.5个百分点；商贸行业实现税收入库额270亿元，占总入库额比重达到13.9%；商贸行业从业人员达到380万人，继续稳居非农行业首位。

一、基本运行态势

2013年，我市消费品市场保持13%以上的较快增长率，整体呈现“低位开局—强势反弹—完美收官”的前抑后扬走势。从各月社零总额累计增速看，年初在宏观经济企稳和物价趋稳双重影响下，我市与全国走势一致，消费增速预期性回落至13%。市商委及时预警，市政府据此果断出台振兴商业经济的八条适应性措施，止住下滑态势，上半年增速回升至13.5%。进入下半年，我市抓住消费旺季，开展系列惠民促销活动，既满足了市民消费需求，又提升了企业销售业绩。重庆百货零售额累计增速从9月的1.7%，提升至全年的9.8%，对全市商贸经济强势反弹贡献显著。特别是在我市积极组织冬季惠民促销活动叠加作用下，从11月开始消费品市场增长提速较快，11月累计增速达到13.7%，全年增速达到14%，在全国的位次也从前三季度10名开外的中游水平，最终挤进全国前三甲，实现完美收官。

二、主要运行特点

从供给端来看：

(一)商贸市场经济主体集聚程度进一步提升

大企业发展呈现批发零售“双突破”。以三四级市场(区县、乡镇、社区店)为批发对象的海尔产品销售商——重庆新日日顺家电销售额突破五百亿，达到529.8亿元，增长13.1%，成为我市第一家销售上五百亿的单一法人企业。重庆永辉超市加大在渝布局力度，已签约门店100家，开业门店80家，覆盖区县30个，零售额突破百亿，达到101.2亿元，增长12.8%，成为我市第一家销售上百亿的超市企业。企业经济运行质量明显提升。限额以上法人企业实现零售额2930.5亿元，占社零总额比重达到65%，比年初提高4.5个百分点，比全国高14.3个百分点。商社集团等10家重点监测商贸流通企业(集团)销售额1029.5亿元，增长10.2%。商社集团、重庆医药、国美电器等增长达到两位数。市场布局进一步调整优化。在二环周边布局建设了大川建材、巨龙钢材、花木世界、双福国际农贸城、朝天门国际商贸城、和润汽摩、海领工程机械、白市驿九州汽摩城、明品福冷链物流等一批大型

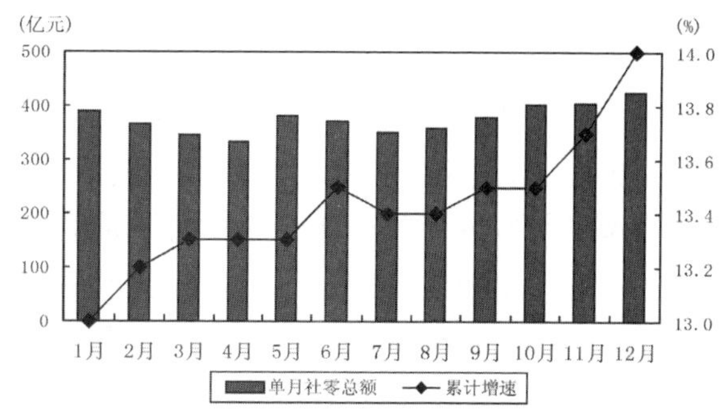

图一 2013年各月全市社会消费品零售总额及累计增速

商品交易市场。花木世界开市纳客,大川建材、巨龙钢材、双福国际农贸城、九州汽摩城、明品福一期基本建成。

(二)商圈经济和会展经济双轮驱动作用明显

实施大商圈发展战略。五大成熟商圈品质不断提升,中央商务区建设提速,重点推进主城江北嘴、九宫庙、茶园、西永、礼嘉、大坪、嘉州等续建、新建商圈建设,效果初显。全市百亿商圈达8个,其中解放碑商圈突破400亿元,永川渝西广场突破100亿元。纳入统计的17个商圈实现零售额2275.5亿元,增长14.1%。商圈占社零比重达到50.4%,全市过半的消费在商圈实现。会展之都建设加快推进。西部最大、全国第二的国博中心正式投入使用。成功举办渝交会暨火锅美食文化周、第十六届中国(重庆)国际投资暨全球采购会等展会活动。全年举办各类展会603个,增长15.7%,展出总面积514.8万平方米,增长16.6%,举办各种会议活动4931个,增长2.3%,举办节庆活动487个,增长13.5%,举办各种赛事活动201个,增长11.1%,创造直接收入65.7亿元,增长23.7%,拉动消费520.2亿元,增长22.1%。

(三)增长方式转变是全年商贸经济发展新亮点

行业领先企业入渝提升我市商贸产业层级。全国自主B2C市场的最大网络零售商京东集团电商项目落户巴南区公路物流基地,投资建设现代化电商产业园,占地约1000亩,预计2020年将达到1000亿元的产业规模,可提供就业岗位2万个以上,对我市商贸产业结构调整和网络零售行业发展具有重要意义。全球最大连锁便利店7~11在渝连开两店,不仅有丰富的早餐品类,还售卖麻辣口味的便当和炸酱面,对我市小型店铺零售市场升级带来助力。传统零售企业业态调整力度明显加大。重庆苏宁"去家电化"进程提速,解放碑、观音桥EXPO店相继重装开业,增加快速消费品、百货、家居等商品,同时进一步转型升级拓展网上销售,公司升级为重庆苏宁云商,将重庆苏宁易购网络零售业务全部并入,统一管理核算,启动"店商+电商+零售服务商"的O2O云商模式,初步实现了由家电3C零售商向综合产品零售商的转型。此外,重庆百货、远东百货、时代广场等传统百货企业均加大了业态调整力度,增加超市、休闲餐饮等业态种类,北城天街、时代天街、星光时代等大型商业综合体进一步丰富一站式消费业态,重点打造体验式消费。

从需求端来看:

(一)内生动力是推动消费需求升级的主旋律

高端消费成为"稳增长"的助推器。在全年消费市场总体企稳,大众消费支撑作用有所减弱的背景下,高端消费的抗风险和抗分流能力逐渐凸显,成为增长引领者。时代广场作为我市高端商品聚集地,通过打造西南首个高端童装聚集地,开展"国际家庭乐"等独特的主题活动,增设电子钢琴等文化娱乐设施为商场新景点,在全市首推"代客泊车"增值服务等,有效稳定和扩大了高端消费人群,零售额增幅超过30%,达到30.1%,比其他主力百货高20个百分点以上,成为全市增速最快的中高端百货商场。金银饰品消费也持续看好,增幅达到18%。汽车消费仍是稳定消费增长的主力。伴随交通设施的改善,加之我市人均汽车保有量仍有较大的提升空间,汽车消费需求强劲。作为我市消费最大的单品,汽车实现零售额705.7亿元,增长20%,占社零的比重达到15.6%,拉动社零增长3个百分点,对社零增长的贡献达到21.2%,对稳定我市消费增长贡献突出。在汽车消费带动下,石油及制品实现零售额327.5亿元,增长11%。

(二)时尚潮流消费和住房相关消费热情未减

时尚潮流商品消费方兴未艾。信息技术革命日新月异,智能手机成为信息时代的时尚潮流商品。国务院促进信息消费扩大内需政策出台,进一步带动以手机为代表的通讯器材零售额增速超过30%,达到30.3%,继续保持高增长态势。化妆品、体育娱乐用品等时尚商品增势也不遑多让,增幅分别达到12.5%、49.3%。住房相关商品依然是一大消费热点。随着住房消费逐渐回稳，加之公租房建设和棚户区改造等民生工程加快推进，带动家具、建材商品零售额分别增长22.4%、17.7%。特别是在持续近一年的一位数低增长之后，家用电器消费走出低迷，家电类商品再次回到18.1%的两位数增长。

(三)生活必需品等民生消费依然举足轻重

“吃、穿、用”消费保持稳定增长。“吃”、“穿”、“用”消费分别增长11.9%、9.5%和19.6%，占限额以上企业零售额的比重较上年降低1.3个百分点，但依然达27.6%。健康消费需求快速成长。得益于医改的不断深入和居民对健康生活的不断追求，中西药品类零售额增长29.2%，比上年提高2.2个百分点，其中绿色环保的中药类增长达31.4%，提高2.5个百分点。居民消费领域不断拓宽。以古董、邮票、书画、土特产品、花鸟鱼虫及宠物相关商品为代表的其他消费增长较快，增速达30.8%，是居民消费领域延伸的新热点。

从保障端来看：

(一)商贸经济运行分析和调度稳健有力

密切监控预警商贸经济运行态势。针对年初以来商贸经济主要经济指标预期性回落的走势，及时预警并深入分析消费增速放缓原因，提出对策和建议。推动市政府及时出台振兴商业经济的八条适应性措施，对稳定我市消费市场发挥了重要作用。商贸经济运行调度成效明显。召开季度重点商贸企业经济运行调度会，稳定商贸经济发展的主力军。特别是针对大型商贸企业增长乏力、拖累全市增长的情况，找准问题症结，到重庆百货等大企业开展调研，做好数据测算，联合统计局多次向市领导报告商贸经济运行情况，进而形成大企业带动下的岁末惠民促销大环境，最终促使全市商贸经济运行形成明显的前抑后扬走势。

(二)商贸经济发展政策体系进一步完善

发展目标和方向进一步明确。推动市政府出台关于加快建设长江上游地区商贸物流中心的意见，明确了未来五年发展规划、扶持政策和保障措施，为全市商贸经济发展注入了强大动力。及时提出关于推进五大功能区商贸服务业发展的实施意见，明确五大功能区商贸服务业的发展目标和思路。发展重点进一步凸显强化。成立电子商务处，将网络零售作为重点发展产业，推动市政府出台关于促进网络零售产业加快发展的意见，提出加快发展的15条具体政策措施。打造商贸经济发展的核心增长极，推动市政府出台关于中央商务区建设的意见，推动中央商务区建设全面提速。

(三)商贸经济发展软硬环境进一步优化

商贸发展软环境建设成效显著。开展向“优质服务标兵、诚信经营模范”学习活动和“山城百店无假货”、“文明餐桌行动”等品牌创建活动，营造诚信经营的良好氛围。整顿和规范市场经济秩序工作持续开展，商业预付卡规范管理、酒类流通备案登记工作和溯源管理等工作进一步加强。狠抓商贸执法，全年立案346件，结案317件，公开集中销毁假冒伪劣酒4800瓶，总价208万元。积极改善居民消费硬环境。办好民生实事，实施“八大商贸民生工程”。新建社区便民商圈50个、累计建成公租房小区商业设施106万平方米。新增市级早餐工程试点企业8家，改建规范化早餐经营网点100个。建成主城区96980和万州95081家政服务平台，培育家政服务品牌企业25个。指导区县加强菜市场管理，推动市政府出台加强菜市场管理工作的通知。

三、2014年运行展望

2014年是全面贯彻落实党的十八届三中全会、市委四届四次全会精神，全面深化改革的重要一年，也是调结构、促消费、保民生的重要一年。全市商贸发展的预期目标是，社会消费品零售总额增长13%左右，商品销售总额增长16%，商业增加值增长10%，住宿餐饮业营业额增长13.5%，会展产业直接收入实现75亿元以上，网络零售额力争实现400亿元，粮油供需总量平衡。虽然目前国内外经济环境依然错综复杂，但总体发展预期较好。从全国来看，2013年12月先行指标制造业采购经理指数(PMI)为51%,继续位于临界点以上,保持在景气区间;从重庆的企业景气调查结果看,企业景气指数和企业家信心指数均居于较景气区间。随着“调结构、促消费、保民生”一系列政策的逐步发酵以及“五大功能区”商贸服务业的协调发展,必将引领全市商贸经济实现提质增效,预计2014年我市商贸经济将继续保持平稳较快增长态势。

2014年我市将从以下方面开展商贸流通工作:全面深化商贸流通体制改革,建设完善城乡配送网络体系,推进会展经济市场化产业化发展,加快推进餐饮住宿业转型发展,大力培育商贸领域市场主体。积极推进公益性农产品批发市场建设,构建主城、区域性中心城市、区县城和乡镇(社区)四级农产品市场体系和冷链物流体系,拓展农产品对接模式。助推服务贸易五大工程建设,抓好重庆进口商品贸易工作,开展消费促进活动,打造农家乐集群,活跃夜市经济。抓好电子商务发展,实施网络零售产业发展规划,鼓励创建电子商务基地、园区和楼宇,引进行业领先电子商务企业入渝投资,鼓励推动大型传统商业企业和市场开展网上销售。进一步整顿和规范市场经济秩序,加快商务诚信体系建设,营造公平有序的市场秩序。切实保障市场供应,加强对重要生活必需品市场的监测预警,加强重要生活必需品和应急物资储备管理,着力提升应急保供能力。

(作者单位:重庆市商业委员会)

新闻出版业

李为祎

2013年,重庆新闻出版系统有重报、出版、新华三大国有文化集团;图书出版社3家(重庆、西南大、重大),音像电子出版单位6家,互联网出版单位13家;报纸46种(其中公开报纸27种、高校校报19种),期刊135种,连续性内部资料550种;印刷企业1670家,其中出版物印企(含专项)184家、规模以上包装印企600多家、复制企业4家,复打印经营户2200家;出版物批发企业180多家,零售个体2400多家。总计从业人员近7万人,其中印刷复打印4万多人、发行1万多人、各类出版1万人。重庆新闻出版行业(不含数字出版、版权产业)初步估算实现增加值96.8亿元、收入289.7亿元、利润18.7亿元、资产334.7亿元,分别增长16%、16%、18%、15%。

2013年,重庆新闻出版系统围绕文化强国、文化强市战略部署,整体推进与之适应的新闻出版强市“五个体系”建设:特别是按中央意识形态工作要求深化传播体系建设,按总局生产引导机制要求深化产品体系建设,对接重庆五大功能区规划深化产业体系建设,落实三中全会改革决定深化市场体系建设,按市政府职能转变要求深化服务体系建设;“十二五”中期规划目标和教育实践活动整改任务全面完成,新闻出版强市的基础构架进一步奠定,事业繁荣产业发展的机制进一步建立,服务型机关的工作作风进一步转变,为市文化委组建、大文化工作体系形成和文化强市进程提速打开了局面。

一、抱牢传播导向

2013年,重庆新闻出版系统按党管媒体的原则,始终把牢传播导向。

把关导向的长效机制建立。出台了加强出版导向管理的办法,形成图书音像电子、市属报刊媒体、区县报三个把关机制。在严格选题审批、出版物审读等行之有效的制度基础上,探索了选题社会征集、资助答辩、时政分析通气等机制创新。全年审批出版选题4487个,征集重大选题95个，核发书号2574个，市新闻出版局被总局评为管理工作先进单位。把区县报等重要内刊纳入审读范围，充实专家队伍，尝试专题、综合审读，全年编发《重庆报刊审读》186期，促进了内容品质提升。

数字出版实时监管全覆盖。实现数字出版监管平台上线运行，启动新闻出版公共数据库采集。完成重庆ICP备案网站排查，将第一批互联网出版、第二批书报刊数字出版、第三批内容服务共498家网站全部纳入数字出版监管平台覆盖范围，进行实时自动监测。开展内容网站自我约束机制建设，及时封堵非法和不良信息，净化了网上舆论。

采编人员上岗培训全覆盖。落实总局从业准入规定，强化编辑记者职业资格管理，把采编人员凡进必训、持证上岗范围从书报刊社拓展到区县报等重要内刊和互联网出版。结合马克思主义新闻出版观教育和记者证换发，启动在岗人员三年轮训计划，全年培训编辑记者4000余名。在采编队伍中严肃了宣传纪律，增强了政治定力。

二、打造精品力作

2013年，重庆新闻出版系统以服务人民为中心，悉心打造精品力作。

中国梦主题出版精彩纷呈。围绕社会主义核心价值体系，组织策划“十八大”、“中国梦”、“富民兴渝”等时政选题120余种，其中《当代中国马克思主义理论与实践》、《美丽中国·我的中国梦》、《你的梦·我的梦·中国梦》、《雷锋精神的时代写照》、《廉政文化丛书》等50余种主题图书已首批出版，《中国特色社会主义“五大建设”丛书》入选“十八大”全国重点书目，唱响了主旋律。

重点出版工程纵深推进。新落实国家出版基金250万元、市级出版资金500万元，资助了《中国西南古建筑典例图文史料》等27个项目。《马·恩·列画传》等13个受助项目在本年度顺利结项。《中华大典》工程新出《法律典·行政法分典》、《地学典·气象分典》，已出5大分典18卷，整体进度过半。《域外汉籍珍本文库》新出76种，已出200种，被国家出版基金委员会誉为“光彩照人”。巴渝历史文化研究工程的文库编纂工作启动。

渝版精品书系彰显效益。《万卷方法丛书》累计付印106种，成为国内社科研究方法第一书。《惠民小书屋丛书》累计付印110种，成继《农家丛书》后又一惠民读物品牌。《小书大传承》、《名师工程》、《青蓝工程》、《青少年文丛》等精品书系渐成规模。《冰与火之歌》销售超过100万册。在第三届中国出版政府奖评选中，重庆《忠诚与背叛》、《中国特色社会主义理论体系研究》、《中国昆虫生态大图鉴》、《现代交通医学》、《大足石刻》等共获7个奖项，为历届之最。

三、促进出版产业升级

2013年，重庆新闻出版系统以重大项目为支撑，促进产业抱团升级。

产业立项取得显著成果。新设立重报手机数据库、出版企业债券、巴渝非物质文化、江北中心书城、西南大学“国培计划”、重庆大学职教网、普天印务等7个总局重大项目。新规划重报印务环保搬迁、重庆广告园、茶园印发物流园等3个市级重大项目。新建成出版传媒创意中心、重报移动报业、数字出版监管平台、远大个性化印刷、瑞丰环保印刷、鼎盛包装印刷等6个规划内重大项目，完成出版企业债券发行，完成元大·创意重庆(原天健创意产业基地)、现代印包基地调规。

产业资助创历年之最。全年落实产业资金6340万元。其中中央文化产业资金资助解放碑时尚文化城、元大·创意重庆、出版企业债券、西南大学“国培计划”、重庆大学进城务工网等5项，市级文化产业资金资助重报印务环保搬迁、中国出版发行交易云平台、课堂内外电子书包、重庆印包价格网、云梯网、猪八戒网版权保护、维普资讯云立方、精典书店文化讲坛、新华印刷厂改制、十大书城等10项。此外推动科技创新、工业振兴、财政专项建设等资金投入各大项目。

产业促进机制建立。对接重庆五大功能区，提出出版经济聚集区、新兴出版培育区、印包发行配套区、版权资源开发区科学布局的初步规划。建立重点企业定向联系、重大项目跟踪服务机制，对基地园区、技术创新项目实行分类指导。完成9家经营性出版单位、27种非时政类报刊转企改制"回头看"。对24个总局重大项目进行全面督查:16个项目进度过半,15个项目总计获各渠道资助9181万元,7个项目申报全国示范。

四、加快数字出版

2013年，重庆新闻出版系统以数字转型为路径，加快出版科技融合国家基地完善配套平台。新设立数字出版专项资金,实现了国家基地建设市财政配套零的突破，首期150万元资助少先报"亲子成长"、晨报"魔扣"等9个项目。中国出版发行交易云平台一期上线,并引新华文轩跨境入股，已签约合作商200多家。基地服务平台云梯网一期建成,锁定入驻基地的骨干企业为核心客户群。组团参加深圳文博会,获展示奖。市区互动的基地延伸园正在布局,九龙坡区等启动建园前期工作。

转型创新荣膺全国示范。总局在渝召开数字出版转型现场会,重报集团、课堂内外被评为首批全国示范单位。市新闻出版局与重庆移动签署数字出版战略协议,搭建跨界出版平台。新创办电脑报、武陵都市报等2家互联网出版单位。课堂内外自主研发的电子书包投入量产并外销十余个省市。出版物云终端(RFID)获数字出版年度技术创新奖,并入围行业标准筛评。西南大学"名师e课堂"上线公测。数字出版产业统计方法研究和摸底工作填补空白。

五、培育大报名刊

2013年，重庆新闻出版系统以品牌扶持为带动,积极培育大报名刊。

渝版报刊方阵首秀全国。继续投入200万元市级报刊资金，扶持10种品牌报刊和20种重点学术期刊。《重庆日报》、《重庆晨报》、《党员文摘》、《改革》入选首届全国报刊百强。成功创办《万州时报》。协调总局为14种报刊更名,推动了办刊定位调整和结构优化。组织102种渝刊集体亮相首届中国(武汉)期刊博览会,重庆展团获组织奖、创意设计奖,渝版报刊方阵受总局肯定推介。

行业管理更加规范。完成重庆46种报纸、135种期刊、537种内刊、79家记者站及3600余个记者证年检,进一步规范报刊内刊出版、记者站运行、记者证使用。开展"豪华"内刊专项整治,发出节俭、绿色、品位办刊的倡议书,对违规刊登广告的2种内刊勒令整改。开展少儿出版专项整治,坚决抵制低俗出版,查处2起违规出版行为。开展图书质量专项检查，通报批评16种编校不合格图书。出具出版物鉴定书11件。

六、出版惠民

2013年，重庆新闻出版系统以群众共享为依归,实施文化惠民工程。

全民阅读活动重心下沉。第六届重庆读书月策划群众性读书活动525项，市民参与近千万人次。变集中书展为惠民巡展,陆续在荣昌等19个区县设展，并首次走进渝交会，市民观展100万人次。首届全国"书香之家"重庆选区市民投票377万人次,被总局表彰"书香之家"28个。印发全民阅读活动手册千余份,开展"好书伴我行"、"中华魂"、"红岩少年"、读书报告会、读书沙龙等特色活动,举办"阅读与生活"摄影及微视频创作大赛,开通书香重庆网手机版,策划"中国梦"访谈等数字阅读活动,营造了"书香重庆"氛围。

农家书屋工程建管用并重。落实财政投入1354万元，完成重庆8575个农家书屋90万册出版物续配工作。实施农家书屋交叉检查,拍摄相关电教片，完善了书屋建管用相结合的长效机制。会同财政调研保障书屋后续运行的投入机制。评选表彰了50个市级示范农家书屋。启动数字农家书屋建设的试点工作。开展社区书屋、职工书屋出版物捐赠活动。

七、优化版权兴业环境

2013年，重庆新闻出版系统以监管服务为抓手，优化版权兴业环境。

政府机关正版化全面完成。强力推进软件正版化工作，38个区县政府机关全部完成整改，总计采购正版软件金额7294万元，其中国产办公软件占比升至六成。启动高校、勘察设计业软件正版化工作。探索全社会联动的软件正版化长效机制。继续开展打击网络侵权盗版的“剑网行动”。对38个区县执法人员、113家企业实务人员进行版权培训。重庆办理并公示作品版权35370件，同比再次翻番，居全国第四；实现版权贡献率11亿元。

版权社会化服务开拓。在猪八戒网设立全国首个创意版权保护中心，在广电集团设立西南首个媒体版权服务机构。继续推进上门服务，走访相关企业87家，与18家重点企业签订版权服务协议，促成版权质押贷款300万元。组团参加法兰克福、伦敦、博洛尼亚等国际书展。推动出版集团与韩国子音母音、法国菲利浦皮克尔等合作。重庆备案版权贸易361件，同比增长30%；其中输出74项，增幅高于输入。

八、助推印发行业发展

2013年，重庆新闻出版系统以市场建设为重心，助推印发行业发展。

现代书城体系加快构建。十大书城和区县中心书城建设陆续推进，解放碑时尚文化城、江北中心书城完成拆迁，涪陵、黔江、渝中书城投入使用，合川、永川书城完成主体工程，万州、渝北书城启动拆迁，沙坪坝、南岸书城落实选址。开展中小学教辅专项治理，协调重庆小学3至6年级规范使用教辅，协调解决新华集团教材发行及回款问题。做好了“十八大”文件和中小学教材发行工作。开展发行职业资格鉴定，新授初中级发行员120人。组织140余家发行企业参加北京图书订货会和海南全国书博会，获组织奖、活动奖，达成订货8570万元。

绿色印刷市场提速推广。继续实行绿色印刷认证专项补贴，新增金雅迪、远大等10家印企通过国家绿色认证。实现重庆中小学教材八成品种绿色印刷，总印数达1888万册。顶正、华林、重报等3家入围新一届全国印企百强。举办首届重庆印刷技能大赛，九龙坡等8个区县分片承办，已有200人在大赛中晋级取证，被誉为印刷人才的绿色通道。

九、加强自身建设

2013年，重庆市新闻出版局以转变作风为根本，切实加强自身建设。

善始善终抓好教育实践活动。以反对“四风”、服务群众为重点，着力在查摆问题、解决问题、建立长效机制上下功夫，确保“规定动作”做到位，“自选动作”有特色。先后组织党组中心组学习10次、支部集中学习28次、专题辅导5次、上党课4次、警示教育3次，召开征求意见座谈会12个，收集意见建议266条，梳理汇总成113条，其中涉及“四风”问题36条，班子成员提出相互批评意见25条，对症下药制定整改措施30条，逐条明确责任处室和整改要求，建立完善整改台账，优化工作流程10项，解决群众反映突出问题26个，建立完善制度规范15项，文件、会议同比减少10%、16.7%，“三公”经费压缩20.7万元，减幅14.3%，取得了干部受教育、问题得解决、作风大改善、形象再提升、人民更满意的阶段性成效。

稳扎稳打抓好干部队伍建设。树立重德才、重实绩、重作风、重口碑的选人用人导向，新提任处级领导干部5名(正处3名、副处2名)，公开招录事业人员3名，选送2名处级领导干部参加市级机关处长培训班、2名正处级领导干部到企业挂职锻炼。狠抓干部队伍思想政治工作，特别是在机构改革中，做到思想不涣、干劲不减、工作不断、纪律不松、秩序不乱。成功换届期刊协会、区县报研究会和出版职称评审委员会。

不折不扣抓好党风廉政建设。严格执行中

央八项规定、《党政机关厉行节约反对浪费条例》、《党政机关国内公务接待管理规定》、市委七条实施意见以及党员干部政治纪律“八严禁”和生活作风“十二不准”等规定，认真贯彻党风廉政责任制。通过签订党风廉政责任书，组织党员干部到廉政教育基地接受警示教育，印制《廉文荐读》，重大节假日编发“节假日廉洁自律温馨提示”，开展廉政风险点防控、廉政承诺等活动，督促党员干部切实做到廉洁自律，筑牢拒腐防变思想防线。

（作者单位：重庆市新闻出版局）

知识产权

孙健

一、2013 年发展回顾

2013 年，在市委、市政府的正确领导下，市知识产权局认真贯彻落实党的十八大、十八届三中全会、市委四届二次、三次、四次全会精神，大力实施知识产权战略，切实加强知识产权运用和保护，着力推动发展方式转变，各项工作有序推进。全市每万人口发明专利拥有量达到 2.92 件；专利申请 47833 件，同比增长 22.89%；专利授权 24828 件，同比增长 21.92%。全市规模以上工业企业专利产品种类达到 13850 类，专利产品产值达 2347 亿元，占工业总产值比重达 14.8%。

（一）围绕支撑产业转型升级，促进知识产权创造运用

一是实施企业专利提升工程，提高企业盈利能力。举办企业总裁知识产权培训、拟上市企业知识产权辅导、专利信息利用、知识产权与经济发展沙龙等专题培训班 32 次，引导企业实施知识产权战略、掌握和运用知识产权制度。企业专利申请、授权分别占全市总量的 56.26%、53.56%，其中企业专利授权同比增长 32.41%。力帆集团、紫光化工、海扶医疗等企业跻身首批全国知识产权示范企业行列。四联光电、东风小康、重庆水泵厂等 50 家企业成为首批执行知识产权管理规范国家标准的企业。中冶赛迪专利申请量和授权量均处于同行业领先水平，实现专利产品合同金额 71.3 亿元。金山科技通过实施“食道酸碱度无线监测定位系统、装置及方法”发明专利，新增销售收入 1.5 亿元、利润 6000 万元。川仪自动化公司凭借“用于弱电流的滑动电接触材料”发明专利打破滑动电接触材料领域的国外垄断，在国内同行业中占据龙头地位，新增专利产品销售额 8000 万元。长安汽车、金山科技、建设摩托车、梅安森等企业拥有的 6 个专利项目荣获第十五届中国专利奖优秀奖，获奖项目新增销售额 127 亿元、利润 15.8 亿元。

二是实施产业专利促进计划，支撑工业稳步回升。立足支撑“6+1”产业发展，联合市经济信息委出台《关于加强企业知识产权工作推进新型工业化的意见》，推出产业专利战略研究、重点产业专利审查评议、建设产业专利数据库等具体措施 12 项，有力推动重点产业产值专利密度和产品质量同步提升。全市利润总额排名前十位的汽车制造、电器机械制造、铁路船舶等其他运输设备制造、通用设备制造、非金属矿物制品、医药制造、电力热力生产和供应、农副食品加工、计算机通信及其他电子设备制造、专用设备制造行业产值专利密度高于全市平均水平。十个行业专利产品产值达到 2014.56 亿元，占全市工业总产值的 13.4%。作为拉动全市经济增长主动力的汽车和电子信息两大产业产值专利密度增幅较大。汽车产业产值专利密度达到 1.098 件/亿元，与 2012 年相比增长 0.203 件/亿

元,增幅达到23.16%;电子信息产业产值专利密度达到1.078件/亿元,与2012年相比增长0.217件/亿元,增幅达到26.34%。围绕电子信息、生物医药、汽车工业、装备制造等重点产业,建立超声治疗医疗器械、外贸企业、摩托车产业知识产权联盟,开展主导产品专利分析,落实专项补助经费310万元,带动企业投入3168万元,节省研发经费10.35亿元。举办针对药友制药、华邦制药、太极集团、西南合成等医药产业龙头企业的仿制药关键技术分析会,通过开展专利侵权判定和规避研究,帮助华邦制药预测出抗凝血药HP-152市场前景,促使企业加快临床药品开发,预计到2020年企业产品将占全国销售份额的10%、产值达到10亿元。推广国家知识产权局的LED产业专利分析成果,介绍了LED行业专利申请态势、专利领域布局、技术演进、重要专利、发明人等内容和近年该行业发生的一些诉讼案件及337调查的管辖、救济措施、特点,为四联集团、星河光电、龙悦照明、雪伦科技、佳明灯具等企业了解行业技术发展趋势和竞争对手专利布局情况、避免低水平重复研发、规避侵权风险有很大帮助和指导作用。

三是发展知识产权服务业,提高市场配置创新资源效率。设计完成区域中心(专利云)建设和运营方案,引入民营资本成立了专利云市场化运营主体—重庆帕特克劳知识产权服务有限公司,初步构建市级专利云平台,区县(园区)应用推广基地,企业工作站、特派员的三级服务体系,与35家国内外知识产权服务商形成知识产权服务联盟,征集964家企业知识产权服务需求,为蓝黛变速器、卓美华视裸眼3D技术、国际复合低介电常数玻纤材料等15个项目开展专利侵权风险、专利预警和技术路径分析,建立垃圾焚烧、钢铁冶炼等5个企业专利专题数据库,为汽摩、生物医药等18个技术领域320家企业开展信息推送。建立企业与专利审查员一体化衔接的知识产权服务体系,争取国家知识产权局84名专利审查员赴我市为西南铝业、美的通用、重邮信科、科瑞制药等47家“6+1”产业龙头企业解决知识产权难题247件。开展西部地区1000家企业知识产权需求征集分析工作,完成10个产品的专利分析预警。其中,为康达公司与美国密西西比公司的知识产权纠纷提供专业的侵权分析、规避方案和谈判支撑,使康达公司以支付30万元前期合作费用为价,避免了付出1000万元专利技术使用费的损失,扫清了在香港上市的一个重要障碍。加强知识产权支撑重庆云计算产业发展专利分析成果推广应用,初步建成云计算产业知识产权服务平台,帮助10家试点单位开展技术创新、知识产权风险管理和招商引资。西南政法大学、重庆大学、重庆邮电大学完成云计算知识产权示范合同文本、云计算知识产权商业保护指导守则、云计算知识产权论文汇编、云计算知识产权侵权纠纷案例汇编,正围绕云计算知识产权纠纷解决机制及办法等开展研究。广东、上海、北京等省市知识产权管理部门纷纷来渝考察我市云计算知识产权服务有益经验。开设网上展示交易平台,发布专利项目8300多个,实现专利实施许可合同备案146项、合同金额450万元。支持长寿化工园区建成化工新材料专利信息服务平台,为川维、扬子乙酰、BSF等300余家企业进行新产品、新工艺、新材料的研发,提供了丰富的全球专利信息。推动九龙坡区建成铝镁钛材料加工专利信息服务平台,服务西彭铝产业园63家企业,为企业技术创新、市场开拓提供有效支撑。引进国内外服务机构来渝解决知识产权服务高端人才短缺的燃眉之急,上海汉之光华、北京汇泽等知识产权代理公司纷纷来渝设立分公司。“猪八戒网”创意设计作品交易模式不断完善,知识产权保护机制基本建立。

(二)围绕营造良好创新环境,加强知识产权保护

一是深入推进打击侵权假冒工作,建设公平透明市场环境。积极推进知识产权保护长效机制建设,与市检察院、市监察局、市政府法制办共同推进行政执法与刑事司法衔接信息平台建设,预计明年初建成市与区县两级信息共享

平台。与市高法院开展重点产业知识产权纠纷课题研究，探索侵权假冒现状对产业发展环境影响的评价机制。全市各级行政机关共立案查处案件4446件，移送司法机关案件47件，捣毁窝点291个，涉案金额13.96亿元。我市跻身2012年度打击侵犯知识产权和制售假冒伪劣商品考核全国前3名。重庆市知识产权保护能力提升工作项目顺利通过国家知识产权局检查验收，获得90分优异成绩。《国家知识产权保护社会满意度调查报告》显示，重庆知识产权保护社会宣传效果全国第一、社会满意度全国第五。

二是开展重大经济活动知识产权评议，增强产业抗风险能力。开展重大经济科技活动知识产权分析服务工作，对重庆隆鑫集团内燃机节能减排技术项目和重庆国际复合材料公司的无碱玻璃纤维海外合作项目涉及的知识产权状况和风险提出了对策建议，为企业技术引进、跨国并购提供了重要参考。探索建立重点产业知识产权风险预警机制，以手机、新能源汽车、LED等领域为突破口，与长安汽车、恒通汽车、四联光电、国虹手机等企业开展合作，启动全球专利纠纷对我市产业发展的影响分析。推动人才引进、招商引资等领域的知识产权分析服务工作，加强与市委组织部、市人力社保局、市外经贸委、重庆两江新区汽车产业发展办公室等部门合作，积极推进相关工作研究。我市连续3年成为国家重大经济科技活动知识产权分析服务工作试点地区。

三是加强执法维权体系建设，降低企业知识产权维权成本。配合市人大开展《重庆市专利促进与保护条例》实施情况调研，全面了解专利工作纳入国民经济发展规划、专利保护、企事业单位专利工作、专利职称评定、重大经济活动专利特别审查等工作的落实情况，与区县、企业共同分析条例实施中遇到的突出问题，向市人大提出提升知识产权主管部门管理与服务能力、实施知识产权引导计划、全面落实条例的各项规定、适时启动条例修订工作等政策建议。积极推进市与区县专利行政执法联动机制，全年共受理专利侵权纠纷94件，同比增长56%，假冒案件35件，同比增长40%，结案率达到90%，同比增长10个百分点。充分发挥知识产权维权机制作用，为重庆康明斯发动机公司提供商标、质量监督、商业秘密保护等方面的法律咨询和维权援助，增强了美国投资方对康明斯公司的投资信心；指导重庆城投金卡公司制定专利维权策略，避免了"重庆交通信息卡"陷入全面停用的危机；依托渝粤专利执法协作机制，帮助隆鑫集团在广交会上实现快速维权，增强了企业主要客户的信心，有效保住了相关产品的市场份额。我市成功跻身专利行政执法考核全国前5名、知识产权维权援助考核全国前10名。

（三）围绕服务改革发展大局，强化知识产权能力建设

一是加强人才队伍建设，增强知识产权工作后劲。制定并实施2013年重庆市知识产权人才培训计划，采取专题培训、强化培训、实战演练、高级研修班、主题沙龙等多种形式开展专利分析培训等各类培训，推动各区县、园区、知识产权服务机构、企业、高校举办知识产权培训班92个，累计培训各类知识产权管理、执法、实务、服务人员近28000人次。国家知识产权培训(重庆）基地继续承担了发展中国家知识产权培训班、汽摩行业知识产权高级研修班等培训项目，帮助建设摩托车初步完成骑式、全地形车产品的导入和批量出口，东风小康公司产品出口到非洲、南美、拉美、东南亚等地区。整合高校、企业、中介机构等多方面的知识产权人力资源，建立起知识产权代理服务专家库、培训师资库、高层次人才库等市级知识产权人才库3个。重庆邮电大学与中国知识产权培训中心合作成立知识产权远程教育平台重邮分站。全市拥有各类知识产权人才3000多人，其中首批国家知识产权专家库人才9人、全国知识产权领军人才3人、国家知识产权局"百千万知识产权人才工程"百名高层次人才培养人选13人、全国专利信息领军人才1人、全国专利信息师资人才4人、专利代理人82人。

二是深化知识产权市场化改革，拓展知识产权价值实现渠道。联合保监会重庆监管局共同出台《关于开展专利保险试点工作的实施意见》,推出制定配套政策、确定保险产品、搭建服务平台、加强业务监管等具体措施7项,为我市专利保险工作提供了政策依据，标志着专利保险这一知识产权与金融保险结合的新形式在我市落地。在保险产品、保费补贴、服务平台建设等方面积极探索，搭建企业和保险机构需求对接平台,形成“人保财险—保险经纪人—企业”的专利保险模式,有效保障企业专利价值,降低企业维权成本。隆鑫通用、和航科技、银钢科技成为首批专利保险试点企业，涉及保险金额48万元。促成北京连城资产评估有限公司入驻蔡家工业园开展知识产权质押融资和评估工作。推动两江知识产权投融资服务平台顺利运行，与167家科技型企业开展需求对接。探索出以“征集需求、对接服务、业务指导、政策引领”为指导思想的“政府+银行+知识产权评估”质押贷款新模式，为企业进行知识产权质押融资探索出新路。指导我市优势企业价值知识产权战略规划和管理体系建设,推广专利价值分析体系，强化企业知识产权资产管理工作，大力推动知识产权金融产品和服务方式创新。山外山科技公司大力实施企业知识产权战略,运用42项专利质押融资1000万元,解决了企业在创新发展和研发面临的资金难题；重庆三华工业公司利用专利质押融资3000万元,推进了企业专利成果转化和新产品的规模化生产。全市知识产权质押融资达到2.45亿元。

三是加大宣传力度，强化全社会知识产权意识。一方面,扩大宣传范围,促进全社会知识产权文化观念传播。举办知识产权宣传周、专利展示交易周宣传活动和专利好新闻评选活动，调动市级部门、区县、园区、高校、企业和媒体共同参与,营造良好的社会舆论氛围。召开新闻发布会，发布重庆市知识产权保护状况白皮书和重庆知识产权司法保护十大典型案例，邀请驻渝使领馆官员出席和境内外媒体参与报道；制作工作专题宣传片并在重庆电视台播出，知识产权文化观念传播遍及千家万户。在重百、中百仓储等大型超市向消费者和工作人员，开展知识产权宣讲,传授假冒伪劣商品辨识知识；配合市工商局建立市场主体知识产权信用体系。目前,91.2%的重庆市民对知识产权有一定认知。另一方面,挖掘宣传深度,彰显知识产权支撑经济发展重要性。新华社《半月谈》杂志在全国两会期间刊发了《破解知识产权侵害下的创新困局》,重庆日报刊载“身边的知识产权故事”系列报道,宣传我市企业在自主创新、转变发展方式等方面的做法和成效,人民网、新华网、中国经济网、中国共产党新闻网等纷纷转载,引起社会各界广泛关注。

(四)围绕凝聚建设知识产权强市工作合力，完善知识产权管理体系

一是加强部门联动,增强统筹协调能力。围绕深入实施创新驱动发展战略，充分发挥统筹协调职能,联合市工商局、市版权局等32个市级部门起草完成《重庆市知识产权战略纲要》(征求意见稿),目前已进入征求意见阶段。促成市政府办公厅印发《2013年重庆市战略性新兴产业知识产权工作要点》,确定了加强知识产权分析评议等8大任务34项具体措施。联合市发展改革委等9部门联合出台《关于印发加快培育和发展知识产权服务业的实施意见》,推出发展我市各类知识产权服务主体、增强服务能力、提升服务品牌的7项举措。研究制定《重庆市高等学校知识产权管理制度》。市知识产权工作领导小组组织实施的全国地方知识产权战略实施阶段性总结评价工作有序推进。完成《重庆市国民经济和社会发展第十二个五年规划》中年发明专利授权量等指标中期评估、《重庆市“十二五”科学技术和战略性新兴产业发展规划》中的知识产权目标、任务推进情况评估。我市2013年专利事业发展战略推进计划执行情况获得国家知识产权局高度评价。

二是激发区县活力,夯实基层工作基础。指导各区县健全和完善专利资助政策，渝北、巴

南、璧山、垫江等35个区县调整了专利资助政策,将资助重点向企业专利、国外专利、发明专利倾斜。九龙坡区设立知识产权转化资助项目,支持企业知识产权创造和产业化。高新区,北部新区在科技创新和产业发展政策中突出支持知识产权的创造、运用和保护。大渡口评选企业发明专利成果转化奖,奖励企业120万元。江津对获权发明专利给予5万元重奖。南岸、经开区出台支持物联网、手机产业发展优惠政策。璧山对引进的战略性新兴产业、支柱产业国外核心专利给予资助。开县拿出财政收入的1%约2000万元对自主知识产权产业和企业给予支持。支持区县创建国家级知识产权试点示范平台,北部新区、高新区、水土高新园、巴南区、江津区、永川区启动国家云计算产业知识产权(重庆)试验工作,围绕招商引资重点项目知识产权评议、云计算产业专利分析成果及专利信息数据库的推广应用等探索创新。江北区启动国家知识产权示范城区培育工作。沙坪坝区、九龙坡区、南岸区顺利通过国家知识产权试点城市考核验收。九龙坡区正积极开展示范城市创建工作。巴南区成为国家知识产权试点城市、璧山县成为国家知识产权强县工程试点县。重庆高新区、长寿化工园跻身国家知识产权试点园区行列。

三是扩大对外合作,服务开放型经济发展。着力构建"上下联动、内外协调"的知识产权开放合作机制,重点在加强知识产权对外合作上下功夫,推动成立重庆市外贸企业知识产权联盟,凝聚行业合力应对海外经营知识产权风险。举办"渝新欧"国际贸易中的知识产权问题高级研修班,邀请商务部条法司、重庆海关、比亚迪知识产权部等知识产权实务界专家,为市知识产权示范试点单位、市重点出口知名品牌企业负责人进行重点企业国际贸易中面临的知识产权风险及对策等主题内容培训,增强了企业负责人知识产权意识。建立我市企业与土耳其、埃及、印度尼西亚、泰国等专利申请目的国的联系机制,促进我市企业向国外申请专利,进一步提高我市企业在国外获取知识产权的效率,强化海外专利布局。2013年,我市资助26家企业向海外申请专利78件,资助金额195.1万元。加强与英国等驻渝领事馆、外商投资协会、欧盟商会的联系合作,了解欧盟在渝企业和我市出口欧洲企业存在的知识产权问题和需求,帮助长安汽车公司专利产品批量出口俄罗斯、埃及等国家,新增销售收入152亿元,隆鑫通机申请国际专利247件,实现专利产品出口1.5亿美元,平均利润率达到30%,力帆集团申请国际专利135件,在俄罗斯、越南、土耳其、泰国等国家建立海外生产基地,实现专利产品出口额5.06亿美元,国际复合材料公司专利产品跻身海外高附加值产品市场,出口创汇贡献率超过75%。

二、2014年发展目标

全面贯彻落实党的十八届三中全会、市委四届三次、四次全会、中央和全市经济工作会议精神,着眼服务全市五大功能区建设,以深入实施知识产权战略为统揽,以深化知识产权市场化改革为主线,加强知识产权运用和保护,健全技术创新市场导向机制,发挥知识产权的制度、价值和工具属性,在完善鼓励原始创新、集成创新、引进消化吸收再创新体制机制中的重要作用,提高企业知识产权运用能力,增强市场对技术研发方向、路线选择、要素价格、各类创新要素配置的导向作用,加快推进知识产权强市和创新型城市建设,支撑经济更有效率、更加公平、更可持续发展。力争每万人口发明专利拥有量达到3.2件,继续保持在全国前10位。企业专利申请和发明专利申请增长5%;专利授权增长20%,其中发明专利授权增长10%。全市规模以上工业企业专利产品数量达到16000类,实现专利产品产值2700亿元,预计占工业总产值的比重达到16%。

(作者单位:重庆市知识产权局)

保险业

廖仁治

一、2013 年保险业发展概况

2013 年,重庆保险业在市委、市政府和中国保监会的坚强领导下,围绕中心、服务大局,坚持“抓服务严监管防风险促发展”,全力参与现代金融、社会保障、防灾减灾、农业保障、社会管理五大体系建设,努力发挥保险的经济补偿功能,行业发展保持稳中有进的良好态势,为服务和保障重庆经济社会发展做出积极贡献。

业务增长平稳回升。实现保费收入 359.23 亿元,同比增长 8.5%,比上年提高 2.36 个百分点。保费规模列全国第 18 位,西部第 3 位,增速同比上升 2.3 个百分点,落后全国水平 2.7 个百分点。保险深度 2.84%,保险密度 1210 元。在渝注册的安诚产险、利宝产险、中新大东方人寿等 3 家保险法人机构实现保费收入 31.27 亿元,同比增长 30.95%。

保障能力持续提升。保险赔付支出 124.60 亿元,同比增长 35.8%。累计为全市经济社会发展提供 10.38 万亿元风险保障,同比增长 60.5%。累计为社会养老和健康风险积累准备金 970.55 亿元,较 2012 年末增长 16.55%。

经营效益继续改善。财产保险公司实现承保利润 5.74 亿元,同比下降 4.3%,承保利润率 5.64%,同比下降 1.36 个百分点,但高于全国 5.14 个百分点。寿险公司短期险承保利润 2.14 亿元,同比增长 116.1%。全行业累计缴纳各种税收 10.55 亿元,同比增长 13.6%。

行业总资产稳步增加。保险业总资产达到 941.39 亿元,同比增长 12.0%,高出保费增速 3.5 个百分点。全市保户储金及投资款共计 163.74 亿元,同比增长 28.2%。保户储金及投资款净增加 21.93 亿元,同比增长 75.5%。投连险独立账户新增交费 2.39 亿元。

市场主体基本稳定。现有保险总公司 3 家、分公司 41 家、中心支公司 75 家、支公司 431 家、营业部 39 家、营销服务部 596 家,共计 1141 家机构。净增加中心支公司 6 家,支公司 13 家,营业部 1 家,营销服务部 11 家,总计净增加 31 家分支机构。保险中介法人机构 26 家,保险从业人员 7.90 万人,同比下降 7.1%。其中,保险营销员 6.35 万人,同比下降 8%。

二、2013 年保险业发展成效显著

(一)积极服务经济社会发展

2013 年 4 月 12 日,中国保监会主席项俊波与重庆市委书记孙政才在渝会谈并取得重要成果。全市保险业以贯彻落实“4·12”会谈成果为核心任务,紧紧围绕市委、市政府中心工作,加强工作协调,推动重点业务发展,全面提升保险业服务地方经济社会发展的能力和水平。

创新支持五大功能区建设。按照在都市功能核心区建设长江上游金融中心的要求,重庆保监局围绕在重庆设立相关保险法人机构等重点工作,加强向保监会的汇报,为市政府和保监会的紧密合作做好沟通协调工作。在渝东南、渝东北生态区,大力推广政策性森林保险,承保林木 1744.3 万亩,同比增长 511%。积极推进环境污染责任保险试点,与市环保局联合出台《重庆市深入推进环境污染责任保险试点工作实施方案》,推动环境危害大、风险高、易发生污染事件的企业参加环境污染责任保险,全年新增 11 户投保企业,保险金额达到 1754.3 万元。与市民政局、财政局联合出台《关于开展农村住房保险试点工作的通知》,首批在黔江区、南川区、丰都县等试点农村住房保险。

协调促进保险资金来渝。重庆保监局加强与保监会相关部门的对接协调，保监会领导两次率领相关保险公司负责人来渝考察，探索建立保险资金投资对接机制，大力促进保险资金来渝投资。中国平安保险集团、阳光保险集团等保险法人机构分别与市政府签署战略合作协议,全行业协议投资金额超过1000亿元。其中，太保资产管理公司投资45亿元参与重庆轨道三号线建设,人保资产管理公司投资15亿元参与重庆龙洲湾公租房建设，阳光保险集团投资24亿元购买商业楼宇。

积极推动农业保险扩面。以实施《农业保险条例》为契机,推动市政府办公厅出台《关于加快推进农业保险工作的通知》。文件明确,从2013年起将围绕重点特色产业每年新增实施2~3个农业保险品种,力争到2017年,基本建立以中央财政和市级财政补助项目为主、以区县(自治县)财政补助项目为辅的政策性农业保险体系。商业性农业保险及其他涉农保险事业加快发展,实现11个重点特色产业农业保险全覆盖,全市农业保险保障总额达到120亿元,农业保险在全部财产保险业务中的比重达到全国平均水平。农业保险实现保费收入2.67亿元,同比增长39.91%，赔付支出1.74亿元，同比增长65.92%。同时，积极开展生猪价格指数保险试点；推广农村小额人身保险和外出务工农民意外伤害保险，共为292万人次提供风险保障594.1亿元。

有力促成大病保险启动。促成市政府办公厅出台《重庆市城乡居民大病保险暂行办法》(渝府办发〔2013〕214号),正式启动由政府向商业保险机构购买大病保险制度。文件明确,我市大病保险的实施范围为参加城乡居民合作医疗保险的城乡居民、在渝高校大学生、独立参保的新生儿三类人群。重庆保监局积极履行监管职能,认真做好大病保险的资质审核和公示、专题培训、方案制定等工作,确定首批5家在渝保险机构经办全市业务。大病保险保费合计6.74亿元,惠及2700余万人,覆盖面达到85%,在全国名列前茅。

稳步推进小额贷款保证保险试点。2013年,在市政府相关支持政策的引导下，小额贷款保证保险快速发展，参与金融机构扩大到人保产险、阳光产险、工商银行、兴业银行,实现38个区县全覆盖,共承保贷款7295笔,保证贷款发放4.47亿元,同比增长461.6%,有效支持小微企业和城乡创业者解决融资困难。

全面深化出口信用保险发展。中国出口信用保险公司重庆营管部探索建立支持企业“走出去”的投资主体、国际知名投行、会计师事务所、律师事务所和信用保险“1+4”模式,获得市政府主要领导批示肯定,并纳入《重庆市对外投资规划纲要》。出口信用保险为海外投资项目提供风险保障1.6亿美元,同比增长280%。推进区县政府小微企业出口信用险统一投保平台建设，全年共承保小微企业225户，同比增长60%。帮助69户企业获得23.32亿元信用保险项下融资,支持重庆企业开拓国际市场。

(二)大力保护保险消费者权益

重庆保监局坚持为民监管的核心价值理念，把保护保险消费者权益作为履行保险监管职责的出发点和落脚点，着力加强制度机制建设，深入开展车险理赔难和寿险销售误导综合治理，引导全市保险业走以消费者为中心的经营发展之路。

完善寿险销售误导防范制度。一是扩大人身保险需求分析试点范围,将个险渠道试点区县由3个扩大到12个，专业中介代理渠道全面试点。推行电子化销售和系统自动审核问卷,提高运行效率和需求分析精确度。二是加强销售行为规范管理。修订《重庆保监局人身保险销售误导行为认定规则》。出台加强中老年消费者权益保护的销售管理制度,严禁向年龄60周岁以上的消费者推销期交型人身保险产品，向65周岁以上消费者推销人身保险产品。出台人身保险新单回访管理办法,首次明确规定“在回访成功前,不得支付该笔业务的佣金、薪酬或手续费”。

健全保险合同纠纷调解机制。积极协调重庆市高级人民法院出台推进保险纠纷诉调对接机制相关文件，并在市一中院、五中院和渝中区、江北区等法院首批得到落实，市保险行业协会与多个远郊区县法院建立联系协作机制，稳步开展保险合同纠纷案件流转对接。指导市保险合同纠纷调解工作委员会规范运作，受理保险消费者调解申请66件，调解成功63件，为消费者挽回经济损失487万元。支持万州、涪陵等区县保险行业协会成立保险合同纠纷调解工作委员会。

深化车险理赔难综合治理。一是制定车险人伤理赔服务标准。出台《重庆市机动车辆保险人伤理赔"零距离"服务标准》，要求千元以内小额"人伤"案件实现事故现场、客户理赔环节的"一次性"处理。对符合条件的大额人伤案件，按照不低于预估医疗费赔偿金额40%进行预赔付。同时，要求公司应在事发后7日内探视伤者，并提供"一跟一"人伤专人咨询服务。二是实施理赔人员资格认证和分类管理。指导市保险行业协会出台《重庆市机动车辆保险理赔从业人员资格认证和分类管理办法》(渝保协发〔2013〕6号)，建立认证考试、后续教育、准入退出、资格运用等配套措施，通过资格认证的持证人数达到1448人。三是深化车险理赔服务测评。委托市保险行业协会开展2次车险理赔服务质量现场测评，并在查勘现场测评环节引入新闻媒体、社会监督员参与，将测评结果向社会公开，提升测评的透明度、公正性，倒逼公司改进理赔服务。

强化消费者投诉处理实行信访投诉"一把手"工程，加大消费者投诉办理督查力度，凡是投诉人对办理结果不满意、不接受、不认可的投诉必须由"一把手"批准结案。与市纪委、市政府纠风办、市广电集团签署合作协议，对接"阳光重庆网情民意处理系统"，受理保险咨询投诉，参与市政府纠风办开展的群众满意度测评。督促保险公司开展"总经理接待日"等活动，主动化解纠纷。重庆保监局共收到保险消费者投诉3513件，帮助消费者维护经济利益2035.8万元。

加强保险"正能量"宣传。指导全行业以"3·15"国际消费者日、"7·8"全国保险宣传日为契机，开展一系列宣传活动，引导新闻媒体宣传保险业改革发展、服务民生的典型事例和突出成效，传播保险"正能量"。局主要负责人接受《重庆日报》专访，分管副局长率相关处室负责人做客重庆广播台"阳光重庆"节目接听公众热线，市行业协会发布2012年全市保险十大赔案、双"十佳"文明服务标兵和各保险机构服务承诺。中央和重庆主流媒体分别围绕重庆农房保险、环境污染责任保险试点等重点工作开展专题报道，"保险让生活更美好"的理念更加深入人心。

(三)防范和化解保险市场风险

重庆保险业严格按照中国保监会的部署要求，紧紧依靠市委、市政府和相关部门的大力支持，沉着应对复杂多变的经济金融形势，牢牢守住风险底线，积极创新制度机制，扎实开展风险排查和监测，有效确保了全年未发生系统性区域性风险事件。

细化风险监测和预警。加强对保险公司业务、财务、现金流、资产匹配的分析监测，健全保险市场动态信息直报网络。完善产险、寿险分类监管指标体系，加强分类监管结果在现场检查等方面的应用。在全国保险监管系统率先建立保险中介风险监测指标体系。完善监管数据库指标体系和运行框架，开展行业运行监管数据分析和违规业务筛查。通过下发监管函、监管谈话等手段，及时向保险公司警示风险、提出要求，确保风险防范和化解抓早抓小。

加强寿险满期给付和退保风险防范处置。针对寿险业进入满期给付和退保高峰期，重庆保监局主动加强向市委、市政府的请示汇报，争取相关市级部门大力支持。与重庆银监局合作建立银保双方重大事件联合应急处理机制，联合人民银行重庆营管部开展渝湘黔毗邻地区金融突发事件应急演练，督促辖区寿险公司开展退保风险和满期给付风险排查和专项检查，妥善处置全国"3·15"网络晚会"保险消费陷阱"报道和合川区钱塘镇银行网点群体性退保纠纷。

强化保险案件和保险欺诈风险防范。先后出台《保险案件风险防控指引》、《案件风险管理实施细则》、《重大案件应急预案》，指导行业防控案件风险。与市公安局经侦总队联合建立反保险欺诈中心，强化对保险欺诈案件的统一受理、协商研判和联合打击。指导市保险行业协会建立反保险欺诈专项基金，出台举报奖励办法及涉嫌保险欺诈信息登记管理办法，组织开展反保险欺诈培训。通过公安机关的侦办，全年共有 24 件保险司法案件结案，涉案金额共 304.57 万元，其中车险诈骗案件 20 件。

(四)强力规范保险市场秩序

重庆保监局认真贯彻落实中国保监会“严监管”的工作要求，严格执行《保险法》等法律法规，从严打击各类保险违法违规行为，强力规范保险市场秩序。

依法公正开展现场检查。严格按照《现场检查对象确定暂行办法》，通过量化评测方式，确定自主开展现场检查的对象。结合保监会相关部门的部署，统筹开展综合性现场检查、专项检查和信访投诉检查，加大对市场突出问题、重点公司和关键业务的检查力度。共派出 170 个检查组，投入检查人力 3914 人天。检查各类机构 170 家次，其中检查产险机构 60 家次、寿险机构 38 家次、保险中介机构 71 家次。其中，针对多个区县农业保险业务开展专项检查，查实一些严重违法违规问题，受到保监会、市政府的高度重视。现场检查每千家机构覆盖率达 153.99，列全国第三位。

从严查处违法违规案件。完成行政处罚案件 65 件，查处违法行为 86 项，同比增长 21.13%，处罚 69 家次机构、81 名责任人，案均追究责任 1.25 人。实施 260 项行政处罚，同比增加 31.31%。其中责令 2 家保险机构停止接收新业务，撤销 2 名高管任职资格，没收违法所得 5.76 万元。共计罚款 931.2 万元，同比增加 31.9%，其中，对机构罚款 746.1 万元，对责任人罚款 185.1 万元。

密切与司法部门协作联动。加强与公安机关联合执法，深入开展保险公司中介业务大检查，取缔非法中介机构 1 家。加强与市检察院的联系协调，促成两部门联合出台《关于建立协作配合机制的意见》。加强与市工商局的沟通合作，就预防和打击商业贿赂、非法集资等违法行为建立协作配合机制。

(五)不断深化保险监管自身建设

重庆保监局继续加强依法监管的基础性制度建设，坚决把监管权力关进制度的笼子，成功创建重庆市民主法治“五百”示范工程，是唯一命名为“学法用法示范单位(机关)”的中央驻渝单位。以开展党的群众路线教育实践活动为抓手，全面加强机关党的建设和干部队伍建设。

深入推进法治保监局建设。一是压缩裁量空间，透明行使处罚权。两次修订完善行政处罚裁量标准，根据法律依据的调整及时删除、增补违法行为的裁量规定。修订《行政处罚程序规定》和《行政处罚委员会工作规则》，完善执法回避制度，强化及时立案等。将行政处罚裁量标准上网公开，接受社会监督。二是严明执法规则，公正行使检查权。制定《重庆市车险理赔违法行为认定规则》、《现场检查工作质量管理办法》，修订《人身保险误导行为认定规则》和《现场检查对象确定办法》。三是落实简政放权，创新行使许可权。修订审监分离制度，优化行政许可工作流程。取消机构准入计划式调控政策，切实保障市场主体自主权。四是开展清理测评，规范日常监管权。出台《规范性文件监督管理办法》。参照市政府依法行政工作标准，开展依法行政测评。

认真开展党的群众路线教育实践活动。一是抓实“学习教育”，认真开展党委班子中心组学习和支部集中学习。创建活动简报、学习墙报、“E 堂党课”等学习阵地，在全局开展学习效果测试和现场抢答测试，提升学习效果。二是“沉下去、请进来、面对面”听意见，局班子成员亲自暗访保险机构，分别召开市级部门、保险公司、社会监督员等参加的座谈会。三是抓准“查摆问题、开展批评”。组织召开高质量民主生活会，聚焦“四风”问题，开展批评和自我批评。四是认真“整改落实、建章立制”，对查找出来的问题逐一明确整改措施和完成时限，并向全局干部通报，接受群众监督。

全面加强党风廉政和干部队伍建设。严格执行党风廉政建设责任制实施及考核办法，深化监管岗位廉政风险量化防控机制创新，建立监管效能监察量化考评指标体系。积极配合中国保监会党委专项巡视工作，认真开展巡视问题整改落实，全面提升党风廉政工作水平。推动全局干部分级分类培训有效开展，稳步推进干部选拔任用与轮岗交流工作。

三、2014年保险业发展展望

重庆保险业将把改革创新贯穿于行业发展各个环节，坚持“抓服务、严监管、防风险、促发展”，继续保持行业平稳持续健康发展。

一是严守安全底线，全力防范和化解风险。做好满期给付和退保风险防范，保持行业稳健发展。重点关注市场异动风险，提高系统性和区域性风险的预判性和制度完备性。积极推进反保险欺诈中心建设，防治保险道德风险。

二是维护良好市场秩序，着力提升市场环境和行业形象。规范发展农业保险，提升行业服务“三农”能力。保持市场秩序检查力度，依法实施处罚。扎实开展保险中介清理整顿，优化保险中介市场结构。

三是提高全民保险意识，推动消费者权益保护工作提质升级。强化责任落实，提高投诉处理工作水平。探索源头治理，完善防范销售误导制度体系。推广诉调对接，促进保险纠纷高效化解。加强保险知识宣传，提高公众维权意识和能力。提升保险服务，切实争取消费者信任。

四是着力深化改革创新，提升保险业服务能力。落实简政放权，促进市场功能作用发挥。全力协调沟通，促进大病保险规范开展。大力推动责任保险发展，拓宽保险服务领域。加快产品和服务创新，推动农业保险提质扩面。

（作者单位：中国保险监督管理委员会重庆监管局）

文化产业

陶宏宽　王榆

一、2013年发展回顾

2013年，重庆文化产业继续向着成为全市支柱产业的目标砥砺前行。得益于十八届三中全会利好政策和文化体制改革效应的不断释放，全市文化产业在国内经济持续下行的巨大压力下仍然保持了平稳较快增长。预计全年文化产业增加值达440亿元，同比增长20%，高于GDP增速10个百分点以上；占GDP比重为3.48%。

（一）文化产品生产持续增长，文化消费日渐繁荣

1.影视动漫

表1　全市文化产业增加值对照表

年份 项目	2010年	2011年	2012年	2013年 预计
增加值(亿元)	220	290.08	365.89	440
增长率(%)	21.27	31.85	26.13	20
占全市GDP比重(%)	2.80	2.90	3.2	3.48

2013年生产制作广播节目65487小时、电视节目59467小时，广播影视收入33.5亿元。备案电影20部、拍成10部；备案电视剧16部，发行1部52集；备案动画片3部，发行1部780分钟。《刘伯承元帅》、《母亲，母亲》、《雾都》等6部

影视作品参评第29届“飞天奖”,涌现出《青年朱德》、《兄弟兄弟》、《小猪班纳2》等优秀影视剧、动画片。全年纪录片产量200小时,总库存量3604小时。重庆电影集团投拍的贺岁片《私人订制》全国票房破7亿。重庆网络电视台获总局批准。有线电视用户达596万,其中数字用户380万,数字化率达到63.76%。双向化覆盖率91.1%,领先于全国36.8%。

2.新闻出版

2013年全市出版图书3000种、音像制品和电子出版物1250种、手机报5种,维普中文期刊数据库完成期刊作品数字化加工400多万篇。全市图书销售总码洋15.82亿元,利润1.29亿,较2012年增长4.81%。重庆、西师、重大3家图书出版社整体进入全国百强,其中重庆出版社总体经济规模列全国第三、地方社第一。4家报刊进入全国报刊百强。

3.电影放映

2013年,全市经营性影院达102家,新增银幕142块,银幕总数达646块。其中,IMAX厅数达到5个,居西部第一。UME解放碑店率先建成全市首个4D放映厅。城市影院全年共放映影片100万余场,观众2000万人次,票房收入6.7亿,较去年同期分别增长30%、32%、22.49%,票房已连续五年保持20%以上高增长。全市上千万元票房的影院38家,比2012年增加20家。

4.文艺演出

2013年全市共拥有文艺表演团体253个,占全国总量的3.47%,演出经纪机构135家,演出场馆31个,观众座位2.6万个,从业人员5348人。全年商业演出活动2.89万场次、观众1258万人次、演出收益3.88亿元。特别是第三届重庆演出季期间共开展各类商业演出200余场,进一步培育了重庆演出市场;杂技剧《花木兰》完成商演总场次1300余场,实现总收入达1000余万元;重庆演艺集团2013年实现收入1.34亿元,同比增长21%,资产总额达到2.81亿元。

5.休闲娱乐

传统网吧开始向连锁经营转型,全市网吧数量小幅下降至3256家,但开始呈现出品牌化、规模化和多元化经营格局,也促进了存量市场结构性调整。全市文化娱乐场所达2925家,营业收入17亿元,利润总额4.9亿元。在市场深刻调整和消费泡沫挤出后,一批经营能力强、经营行为规范的业主脱颖而出,实现品牌增值、良性发展。

6.会展节庆

2013年全市举办会展603个,增长15.7%;展出面积514.8万平方米,增长16.6%;举办节庆活动487个,增长13.5%。会展产业直接收入65.7亿元,拉动消费520.2亿元,分别增长23.7%和22.1%。重庆当选为“2013金五星-优秀会展城市奖”和“2013中国十佳会展城市”。设施一流、场馆规模全国第二的重庆国博中心正式投入营运,标志着建设长江上游地区会展之都的核心平台正式建成。

(二)发展方式不断转变,开放水平逐步提高

1.产业集聚

按照储备一批、启动一批、建设一批、完成一批总要求,建立市级文化产业重点项目库,新储备项目53个。国泰艺术中心、重庆美术馆、重庆悦来国际会展城正式投用,重庆自然博物馆主体工程完成,重庆国际马戏城一期工程启动,重庆工业博物馆、大足石刻博物馆、九龙珠宝城、万盛动漫园建设按计划推进。截至2013年底,全市已建成国家级文化与科技融合示范基地暨国家数字出版基地1个,国家级文化产业示范基地(园区)7个,新闻出版广电总局入库项目24个、市级文化产业示范基地(园区)46个。以文化产业园区、基地为载体的发展方式持续增效,2013年成功引进130余家企业入驻发展,新增就业14300余人,年销售额达105.3亿元,规模化、集约化、专业化水平进一步提升。

2.品牌塑造

2013年,重庆有10家企业参与动漫企业认定,华莱集团等10家企业新入选全市重点民营文化企业,三峡绣、堰兴剪纸等30批(件)产品

被命名为“2013年重庆市特色文化新产品”。涌现出一批全国知名的文化企业品牌：猪八戒网注册用户突破千万，年交易额达15亿元，成为国内最大的威客网站和第三产业交易平台；《商界》、《课堂内外》、《少年先锋报》、《中国眼镜科技》的发行量和影响力在全国同类报刊中均占据前茅；维普资讯研究开发的《中国科技期刊数据库》是国内最大的综合性文献数据库；金夫人集团荣获中国摄影行业唯一“中国驰名商标”，在全国拥有360余家门店，累计纳税额超过一亿元，居全国同行业首位；笛女阿瑞斯已跻身全国电视剧制作企业第一线，电视剧年生产量120集以上，作品《母亲，母亲》获29届“飞天奖”；重庆享弘数字影视有限公司成长为西部最大的民营动漫企业，动画产品出口到中东、北美等20多个国家和地区；年度传媒成为国内广告代理巨头，代理渠道覆盖全国各大城市的报刊、电台、网络、户外、数字移动等全媒体，以及38个省级电视台黄金时段，年营业额逾10亿元。北京保利集团、大连万达、深圳华强集团、香港思远影业公司、香港皇廷珠宝等龙头企业也看好我市文化产业，纷纷入渝投资。

3.交流合作

2013年文化外贸销售初步统计达到3000万美元，比2012年略有增加。其中，夏布等非遗产品出口2000多万美元，动漫出口278.2万美元，杂技国外商演728场，收入47.3万美元。全年对外交流合作频繁，成果颇丰。成功举办第五届中国西部动漫文化节，美国暴雪娱乐等150家国内外动漫龙头企业参展，影响空前，展销成交额2.6亿元，项目签约205亿元；组织壹秋堂夏布、堰兴剪纸、綦江版画等50余家文化企业参加深博会、海峡两岸文博会等展会，签订招商项目5个，引进资金5.5亿元，签订产品销售合同2.2亿元；全年引进演出和展览152项，海外来渝商演146项2159人次；数字电视、动漫产品多次远赴欧、美、澳各国参加电影节、动漫展等国际交流活动；演艺集团海外公司在西班牙巴塞罗那注册成立；重庆出版集团与韩国子音与母音出版集团、法国菲利浦皮克尔出版社正式签署了“中韩法国际合作出版项目”协议书，与国际出版业界深入开展图书出版、版权贸易、数字出版、网络出版、手机出版、新兴媒体的合作。

（三）发展环境持续改善，产业发展动力增强

1.考核机制

2013年，文化产业首次被纳入市委市政府对区县经济社会发展的实绩考核。其中，对五个功能分区的文化产业实行不同的考核指标和分值，充分体现了遵循功能导向、加强分类指导、促进科学发展的原则。考核办法的出台，极大调动了区县的积极性，为重庆文化产业注入了强心剂。

2.政策环境

2013年，借力十八届三中全会建设现代文化市场体系的东风，强化了政策制度对产业的扶持和引导。出台了《重庆市电影精品生产奖励扶持办法》、《关于进一步推动互联网产业发展若干政策的意见》、《关于支持转企改制国有文艺院团改革发展的实施意见》等，启动了《重庆市文化产业发展促进条例》立法调研。7月，为配合文化创意、广播影视等现代服务业“营改增”试点，应对部分企业税负不降反增的局面，财税部门及时出台《关于实施营业税改征增值税试点过渡性财政扶持政策的通知》，加上国务院一系列过渡性政策，大大降低了“营改增”对重庆文化产业的影响。

3.融资平台

扶持资金、投资基金、融资担保、产权交易、债券融资“五位一体”的投融资体系持续良好发展态势，基本化解文化企业融资难问题。2013年全市遴选21个项目申报中央文化产业发展专项资金，6个项目共获资金5680万元，同比增长469.3%。修订完成《重庆市文化产业发展专项资金管理办法》，落实市级文化产业专项资金5000万元，其中民营文化企业专项扶持资金1020万元。为31家影院争取减免政策税600万元，争

取国家资金资助3000万元。2010年成立的文化产业融资担保公司,累计担保项目338个,担保额达25.89亿元。市文资公司注册中期票据、短期融资券,实现债券融资25.8亿元。市文化产权交易中心完成试运行。成立了48亿元规模的文化股权投资基金。

4.市场秩序

2013年,下发了《关于推进网吧连锁工作和加强网吧管理的通知》、《关于贯彻娱乐场所管理新办法实施意见》和《关于调整行政审批有关事项的通知》,通过一系列政策调整,激发文化产业市场活力。开展了全市演艺单位星级评定工作,27家实力强、经营规范的表演团体、演出经纪机构、演出场所经营单位成为演艺行业标杆。6家舞美工程企业分别获得了国家一、二级舞美工程资质。

二、发展中存在的问题

(一)全市文化产业的发展氛围不浓

自十七届六中全会提出“文化大繁荣大发展”后,全国20余个省市陆续出台了扶持文化产业发展的政策文件,从降低门槛、减免税收、融资支持、用地保障、人才待遇等方面给予文化企业扶持。这些省市不仅用扶持政策吸引了优质的产业发展资源,更实现了文化产业的跨越式发展。反观我市,迟迟未能出台产业扶持政策。尽管将文化产业发展纳入了考核,但不少区县(自治县)仍然看不到自身优良的文化资源禀赋,看不到文化产业的发展潜力,更看不到文化产业对经济社会全局的推动作用,在文化产业发展上“雷声大,雨点小”,许多还停留在提目标要求上,没有多少切实的措施和办法,观念转变也尚需时日。

(二)产业结构还需进一步调整

从上表可以看出,我市文化产业结构明显存在传统行业偏高、新兴产业偏低的局面。新闻出版发行和广播电视电影是我市传统优势行业,又承接了文化体制改革中的诸多转制企业,两行业增加值占整个文化产业增加值的33.8%。

表2 2012年度全市文化产业分行业统计表

类别	增加值(亿元)	结构(%)
合计	365.89	100
第一部分 文化产品的生产	278.44	76.1
一、新闻出版发行服务	75.39	20.60
二、广播电视电影服务	48.29	13.20
三、文化艺术服务	27.07	7.40
四、文化信息传输服务	20.09	5.49
五、文化创意和设计服务	39.82	10.88
六、休闲娱乐服务	49.25	13.46
七、工艺美术品的生产	18.53	5.06
第二部分 文化相关产品的生产	87.45	23.9
八、文化产品生产的辅助生产	40.53	11.08
九、文化用品的生产	45.23	12.36
十、文化专用设备的生产	1.69	0.46

文化相关产品的生产因与传统工业关联,各地有较强发展动力和发展基础,占比达23.9%。然而,作为新兴产业的文化信息传输、文化创意和设计等占比只有5.49%、10.88%,说明这些新兴产业在资源集聚、企业集群和人才集中方面的优势还不明显,动漫游戏、数字文化、文化会展等新兴文化产业开发还有很大增长空间,爆发式增长时点尚未出现。工艺美术品行业长期处于小、散、弱的发展态势,产品市场化程度不高,鲜有国内外知名品牌,占比只有5.06%。因此,大力发展新兴文化产业,优化产业结构依然是当前的重要任务。

(三)产业主体实力不强,集聚度不高

文化企业整体上偏弱,四大国有文化集团合计总收入只相当于一个安徽出版集团或一个上海文广影视集团。大多数民营文化企业规模小,核心竞争力弱,同质同业竞争现象普遍存在,产品间缺乏必要的差异和互补。至今没有文化企业实现上市融资(全国70多家文化企业先后在主板和创业板上市),无一家企业入选“全国文化企业30强”,没有国家级文化产业示范园区,更缺少像北京798艺术区、上海张江文化产业园、西安曲江新区那样在全国有影响力、竞争力的产业园区品牌。现有园区基地多数处于“集而不群”的状态,只解决了文化企业的空间集中,而没有形成企业间联系紧密的产业链,信息、技术、劳动共享等集群优势并不明显。

(四)文化产业高级人才缺乏

人才是文化企业发展的核心竞争力。动漫产业之所以位居西部前列，就是依托四川美术学院的优势人才资源。但即便如此,动漫产业链的衍生和开发仍存在诸多不足，基本处于产业链的最底端，充分暴露出文化产业高级经营人才和高级技术人才的紧缺。

三、2014 年发展目标

2014 年是重庆文化产业发展的关键之年。十八届三中全会确定的转方式、调结构的改革方向将继续惠及文化产业，考核机制对我市文化产业的推动作用也将逐步显现，酝酿已久的产业扶持政策将于今年出台，必将大大改善我市文化产业发展环境。新的一年,文化产业发展工作的重点是：

一是构建政策体系。《关于把文化产业培育成为国民经济支柱产业若干政策的意见》预计 2014 年上半年出台，在此基础上进一步建立健全政策体系。制定文化与金融等相关行业融合发展的配套措施，制定发布我市鼓励类文化产业发展指导目录,深入开展文化企业“营改增”税收影响对策研究等。

二是优化产业布局。对接我市五大功能区规划,将我市文化产业规划布局调整为“两区两带一高地”,即都市核心区着力建成长江上游文化发展高地；都市拓展区着力打造以数字技术为支撑的现代文化产业集聚区；城市发展新区着力建成文化及其相关产品生产集聚区；生态涵养发展区要着力打造特色文化旅游产业带；生态保护发展区突出民族民俗民间文化主题，打造特色文化产业带。

三是实施龙头带动。开展文化企业调查摸底,启动实施“成长型微型文化企业培育计划”、“民营文化小巨人培育计划”、“行业龙头文化企业培育计划”和“上市文化企业培育计划”,不断壮大市场主体。建立文化产业项目动态管理库,建成出版传媒创意中心、丰盛古镇、“烽烟三国”实景演出等重点工程,继续推进十大书城、万盛动漫产业园等重大项目。继续以创建国家级文化产业示范园区、基地为抓手,不断引导文化企业、文化资源向园区、基地聚集。

四是健全融资机制。积极争取国家文化产业发展专项资金，在继续用好市级文化产业发展专项资金的同时，建立以市场为导向的文化产业股权投资基金,并逐渐形成各有侧重、互为补充的文化产业投资机制。促进金融与文化的深度融合,与金融部门建立有效合作机制,针对文化产业不同门类企业的特点和规律，创新金融产品和金融服务。

五是促进文化消费。探索建立政府购买文化服务的新模式和新机制，继续举办好第六届中国西部动漫文化节、第四届重庆演出季、第五届中国(重庆)交响音乐季、第七届中国(重庆)万石博览会、第三届文化产业博览会等品牌展会活动,组团参加西部文博会、深圳文博会、两岸文博会等重要展会，整合以互联网为依托的文化信息服务平台,推动我市文化产品、工艺美术品的生产和销售。

(作者单位:重庆市文化广播电视局)

旅游业

韩小刚

一、2013 年发展回顾

2013 年，全市旅游行业深入贯彻落实党的十八大和市第四次党代会精神，按照“314”总体部署，紧紧围绕“科学发展、富民兴渝”总目标，以“美丽中国之旅、重庆非去不可”为主题，着力实施“五大工程”，培育“五大集群”，构建“五大体系”，推动全市旅游经济持续健康有序发展。全年全市旅游接待总人数达 3.08 亿人次，同比增长 6%以上；旅游总收入 1770.19 亿元，同比增长 6.5%。其中，全市接待过夜游客 6809.32 万人次，同比增长 6.2%；接待入境旅游者 242.45 万人次，同比增长 8.1%，增幅位居全国第二，高于全国 10.61 个百分点。重庆首次被携程网评为“全国十大旅游目的地之一”，连续两年居福布斯中国大陆旅游业最发达城市排行榜第四位。

(一)旅游项目规划建设推进有力

全市在建旅游大项目共 106 个，全年共完成投资 318.8 亿元。26 个市级旅游重点项目完成投资 77.5 亿元，六大精品景区完成投资 109 亿元，50 个温泉旅游重点项目完成投资 43 亿元，227 个乡村旅游项目完成投资 89.3 亿元。全市旅游招商签约项目 85 个，签约总金额 1095.5 亿元，其中合同项目 37 个，金额 376.2 亿元。

编制完成了《重庆市乡村旅游发展规划》以及《巫山县乡村旅游发展规划》、《酉阳县旅游业发展规划》等 5 个旅游规划，重点推进了《城口县旅游业发展规划》、《合川区旅游业发展规划》等 4 个旅游规划，启动了《重庆市休闲旅游规划》、《垫江县旅游业发展规划》、《南川区乡村旅游发展规划》等 5 个旅游规划编制。

设立旅游商品研发专项资金，通过对旅游商品生产企业的各种奖励与政策扶持，涌现出“乡坛子”、三峡石、三峡绣等特色旅游商品。在2013 年中国旅游商品大赛中，共选送 15 种、68 件旅游商品参赛，获得 2 银 2 铜的佳绩，获奖数量全国第二。

(二)重庆非去不可宣传持续升温

一是整体形象宣传力度强劲。整合市、区县两级资金近 6000 万元，在央视综合频道、国际频道、新闻频道等栏目黄金时段，集中投放了全市旅游整体形象宣传广告。积极与重庆日报、晨报、中国旅游报、中国西部杂志及新浪网、华龙网、大渝网、新华网等主流媒体合作。据不完全统计，全年各类媒体推出全市旅游专题报道 100 余版，文字、图片报道 3500 余篇，视听报道 1800 余分钟，专业新闻网站和综合网站相关旅游资讯 5000 余条次。“重庆非去不可”被环球时报等多家中央媒体联合评为“2013 最具网络影响力旅游口号”。

二是旅游节会活动精彩纷呈。坚持以旅游“四季歌”为载体，以主流媒体为依托，策划推出“美丽中国之旅、重庆非去不可”旅游线路，基本形成重点线路 12 条、特色旅游线路 39 条、“二环八射和黄金水道”旅游线路 90 条。实施温泉产业博览会、“中国旅游日” 主会场活动暨第三届西部旅游产业博览会、第十七届都市旅游节暨第五届城际旅游交易会等旅游活动。中国旅游日主会场活动暨第三届中国西部旅游产业博览会参展旅行社、旅游景区等旅游企业达 105 个，签约总金额达 500 多亿元。第十七届都市旅游节暨第五届城际旅游交易会全国 19 个省区市近 1000 名代表以及美国、德国、新加坡等国家 80 多个城市的百家旅游组团大社参会，签订了 20 万游客的“客源互送”合作协议。举办武隆国际山地户外运动公开赛、渝东南民俗文化节、大足石刻文化节、巫山红叶节、垫江牡丹花节、潼南菜花节等区县节会活动 150 余个。

三是旅游新闻发布常态化。坚持旅游新闻发布会制度,策划媒体进区县、景区和企业专项采访活动,全年共举办旅游新闻发布会13次。市旅游局5个官方微博综合排名进入重庆政务微博前10位,微博发布总量达2万条,微博粉丝总量达60万个;创办了《重庆旅游资讯报》,实现了手机版、电子版、微博版3版联动,每期查询浏览量近100万次。公布重庆旅游电子地图,举办"在线旅游大赛",推出"重庆非去不可"旅游休闲卡。

四是旅游宣传品不断丰富。编印《重庆旅游指南》、《重庆非去不可旅游地图》。出版《国民旅游休闲纲要亲民绘本》等专著共100万余册、《2013中国旅游日惠民手册》10万册,景区宣传资料等200余万份。免费向市民、游客发放"旅游安全温馨提示"宣传光碟及宣传折页。针对72小时过境免签国家编印了《重庆72小时过境免签入境须知》和《重庆72小时过境免签旅游服务指南》英文版、韩文版、俄文版。在机场、码头、火车站设立宣传资料架,免费供游客索取重庆旅游宣传资料。

(三)旅游市场营销不断深入

全年整合市区两级投入旅游营销资金3.1亿元,通过走出去、请进来等多种方式开展各类营销活动达百余次。

一是实施入境旅游奖励政策。继续实施《重庆市入境旅游奖励办法》,对入境旅游每人奖励60元,设递进增量奖、包机奖等。重庆旅游营销中心与90家境外旅行社签订了《入境旅游合作协议》,与66家市外旅行社签订了《长江三峡旅游合作协议》,设立境外营销办事处14家、市外营销办事处13家。全年兑现市旅游营销奖励资金740万元。

二是及时调整入境旅游营销方式。开展了"世界500强在渝企业外籍高管人员与专家体验重庆温泉旅游"、"驻川渝使领馆人员乘坐邮轮体验长江三峡"等在渝外籍人士重庆旅游体验宣传活动。借力中国—中东欧国家地方领导人会议等大型会展宣传营销。与芬兰国家旅游局、迪拜政府商业及旅游业推广局、日本振兴机构、阿联酋航空、德国汉堡中国之旅等近30个国际机构共商游客互送。全年邀请韩国、泰国、俄罗斯、澳大利亚、台湾等多个国家和地区旅行商来渝考察10多批次;境外旅行商及媒体赴大足、武隆、万盛等区县景区考察、踩线达30多批次。

三是积极参加各类旅游推荐活动。参加世界旅游城市联合会2013北京香山旅游峰会、广东国际旅游博览会、厦门国际旅展等营销重庆旅游。全年赴境外营销14批次,开展活动24场,涉及15个国家及地区。

(四)旅游品牌创建成效显著

一是"增A"工程成效显著。2013年末,全市共有A级旅游景区153个,新增23个。其中:5A级旅游景区6个,成功创建南川金佛山-神龙峡为国家5A级旅游景区,推荐江津四面山景区申报创建国家5A级旅游景区;4A级旅游景区49个,创建11个,获批5个;3A级旅游景区62个,新增18个。5A至3A级景区分别占全市A级旅游景区总数的3.9%、32.1%、40.5%。

二是"添星"工程稳步推进。2013年末,全市旅游星级饭店共257家,新增星级饭店15家,撤消星级饭店24家,同比减少9家。其中:五星级24家,增加重庆碧桂园酒店、重庆恒大酒店、重庆喜来登大酒店、重庆合川华地王朝华美达广场酒店等5家;四星级54家,减少1家;三星级135家,增加2家。新增合川华地王朝华美达广场酒店金叶级绿色旅游饭店1家。

三是长江三峡豪华游轮提档迅速。全市共有五星级及按五星级标准建造运营的游船共31艘,其中已挂牌五星级游船15艘。全年新增五星级游船7艘。全年重点五星级及其标准游船共接待游客达40.3万人次,同比增长20.4%。

四是旅行社发展数质双升。2013年末,全市共有旅行社513家。其中:出境旅行社50家,新增17家;一般旅行社463家,新增41家。新增赴台游旅行社1家,全市达8家。严格执行旅行社、领队管理相关规定,严格出境团队审核,全年共审核出境旅游团10719个,287785人;其中赴台团1886个,45280人。出境游旅行社及赴台游旅行社出境和赴台旅游团队网上填报率达100%,在全国排名前列。全年共完成出境游旅行社及赴台游旅行社领队培训及考试9批、1499人,其中新考领队培训1034人,领队换证培训465人。

(五)旅游服务质量明显提升

一是宣贯执行《旅游法》,在全行业持续开展学习贯彻《旅游法》专题活动,营造“依法治旅、依法兴旅”良好环境。为全面落实《国民旅游休闲纲要(2013~2020年)》,出台了《关于贯彻落实〈国民旅游休闲纲要(2013~2020年)〉的意见》。二是启动制定《重庆市旅游交通标识牌设置规范》、《重庆市旅游业标准体系》、《重庆市乡村旅游示范区评定标准》、《中国温泉旅游名镇标准》等一系列旅游行业标准。三是持续推进重庆市旅游数据网上直报系统建设,完成了重庆市旅游办公自动化系统建设,新开发建成了重庆旅游门户网、政务网、英文网,编制完成了《2014年重庆市智慧旅游建设实施方案》。2013年,全市游客满意度居全国60个重点旅游城市第11位。全年无重大旅游安全责任事故。

(六)旅游行业改革不断深入

一是市旅游协会改革前期筹备基本到位。按照国家旅游局关于旅游协会改革《指导意见》的总体部署和要求,市旅游协会向“市场化、民间化、国际化”改革,实现政社分开,逐步建立体制合理、功能完备、结构优化、行为规范的协会体系。启动市旅游协会与市旅游局脱钩前期工作,现协会所属旅行社分会、旅游饭店分会、旅游景区分会、温泉旅游分会、旅游教育分会、旅游商品分会、导游分会、游轮游艇分会、自驾游分会等九个分会拟逐步转变为法人社团组织。

二是局管国有企业改制工作迅速推进。市旅游局局管国有企业——重庆旅游文化传媒(集团)有限责任公司从2013年4月全面启动改制工作。其中,旅文建司7月在联交所挂牌交易,顺利完成增资扩股,成为民营控股的混合所有制企业;重庆旅文广告有限责任公司正依法按程序清算注销;参股的重庆旅游新报社有限公司依法按程序转让全部股权。重庆旅游产业发展(集团)有限公司拟在联交所挂牌进行增资扩股。旅游资产管理公司旗下重庆昌辉文化传播股份有限公司拟对市旅游营销中心、旅游规划研究院进行兼并重组,牵头组建重庆国际旅游交易中心。

(七)旅游人才队伍建设取得新突破

实施《重庆旅游人才队伍建设规划(2012~2020)》。设立高层次旅游人才培养资金,与重庆大学合作,招收了重庆市旅游系统首批博士研究生5名,推荐旅游系统人员就读高级管理人员工商管理硕士19名。大力开展旅游行业教育培训工作,全市旅游系统全年共组织15余万人次培训。联合市人社局开展了旅游系统评比达标工作,对渝中区旅游局等40个先进集体和明族等80名先进个人予以表彰。

(八)党的群众路线教育实践活动成效明显

按照中央、市委统一部署,认真开展党的群众路线教育实践活动。教育实践活动以“为民、务实、清廉”为主要内容,以贯彻落实中央八项规定和市委七条实施意见为切入点,以反对“四风”问题为聚焦点,按照“照镜子、正衣冠、洗洗澡、治治病”的总要求,认真开展学习教育,广泛征求意见,深入查摆“四风”问题,严肃开展批评与自我批评,扎实抓好整改落实,努力形成长效机制,积极参与全市“五个专项行动”,着力建设“服务型、效能型、廉洁型”机关,党员干部政治素质有新提高、服务基层群众意识有新增强、机关作风有新转变、旅游工作有新突破。全年全局印发文件数同比下降15%,旅游简报同比下降33%。严格执行“三公”经费管理相关规定,全年全局“三公”经费同比下降72%。认真落实党风廉政建设责任制,组织了“会员卡”清退工作,局机关、直属事业单位及局管国有企业中层以上干部共115人签填“零持有”报告,覆盖面达100%。组织集中观看《苏联亡党亡国20年祭》、《四风之害》等影视教育资料。

切实改进工作作风。坚持和创新"12301"咨询电话和旅游投诉24小时值守、重大投诉案件会审、旅游服务质量季度分析通报、网上服务质量公示及游客代表座谈会等制度。旅游投诉法定时效内结案率达100%。全年共接到旅游咨询投诉电话4090个，书面投诉204件，涉及游客1087人，理赔金额约64万元。

二、发展中存在的问题

一是旅游产品结构性矛盾突出。总的来看，全市旅游整体上还处于观光旅游阶段，产品还普遍存在"小、散、弱"的问题。

二是旅游发展协作配合不够。各地区旅游业发展依然以各自为阵、单打独斗为主，难以形成符合旅游行业特点、特色鲜明、方便快捷的旅游线路产品，旅游竞争力和吸引力难以有效提升。

三是旅游业与其他产业的融合发展缓慢。全市旅游业与涉旅产业，如文化、商业、工业、金融、科技等行业的融合深度、广度严重不足，旅游产品跨界发展不充分。

四是智慧旅游发展欠账较多。从行业来看，远远不能满足全市旅游业快速发展的市场监管、数据统计、景区监测等需要。从产品宣传营销来看，旅游电商发展相对滞后，市场空间难以有效拓展。

五是定向精准营销不够。如何在正确的时间和地点、向潜在的游客市场传达正确的旅游信息，是全市旅游转型升级时期必须深入思考的问题。

六是文明旅游还需进一步规范提升。旅游市场不规范，监管不到位，旅游欺诈、拉客宰客现象依然存在。文明导游不够，讲解低俗的问题依然存在。文明旅游宣传不到位，对游客文明出游引导不够。

三、2014年工作目标

2014年是深入贯彻党的十八届三中全会精神、全面深化改革的第一年。全市旅游工作的总体思路是：全面贯彻落实党的十八大、十八届三中全会及市委四届四次全会精神，紧紧围绕旅游业发展成为国民经济战略性支柱产业和人民群众更加满意的现代服务业两大战略目标，坚持稳中求进工作总基调，坚持依法兴旅、依法治旅，着力深化改革开放，着力转变旅游发展方式，着力激发市场活力，着力扩大旅游消费，着力加强旅游公共服务体系建设，促进旅游业持续健康发展，打造"一心三带"区域旅游经济带，加快推进国内外知名旅游目的地和西部地区旅游高地建设步伐。2014年，全市旅游接待总人数、旅游总收入分别增长12%以上，达到3.5亿人次、1982.6亿元；入境游客、旅游外汇收入分别增长8%，达到260万人次、13.6亿美元；过夜游客增长6%，达到7177万人次，全年全市游客满意度力争在全国60个重点旅游城市排名进入前10位，全市旅游保持良好增长态势。

（作者单位：重庆市旅游局）

房地产业

罗继明

2013年，在国家经济保持"稳中求进"的总基调下，重庆市房地产市场整体运行较为平稳。主要表现为房地产开发投资保持增长态势，增速冲高回落后趋于稳定；商品房新开工、施工、竣工面积于年初短期波动后实现稳健推进；随着商品房销售面积增速由高位不断回落，房地产开发企业三大主要资金来源增速有所放缓，资金保障充裕度小幅下降。

一、房地产开发投资增速冲高回落趋于平稳

2013年，重庆市房地产开发企业完成投资突破3000亿大关，达3012.78亿元，同比增长

20.1%。较一季度回落5.2个百分点,比上半年回落7.6个百分点,比前三季度回落0.5个百分点,开发投资增速呈现出冲高后快速回落,逐渐趋于平稳的发展趋势。从房地产开发投资增速波动中能看出“国五条”政策调控的清晰痕迹,表现出全市房地产开发市场趋于良性发展的态势。

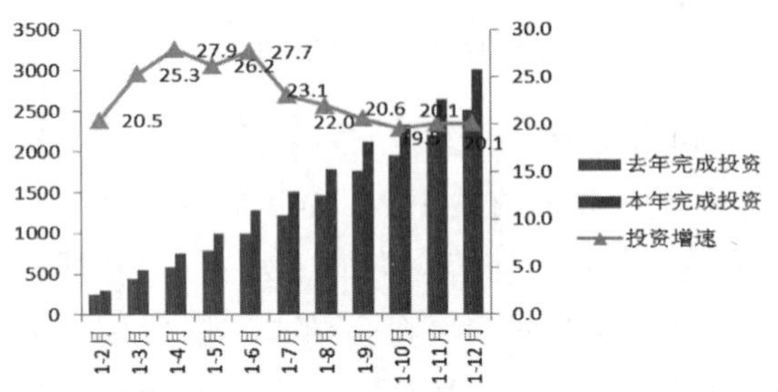

图一 2013年重庆市房地产开发投资情况

单位:亿元,%

(一)住宅投资成为房地产投资增长的重要支撑

从开发投资类型来看,2013年重庆商品住宅投资总额2044.24亿元,同比增长19.8%。从全年房地产开发投资增速走势情况看,商品住宅投资增速成为引导开发投资二季度冲高、三季度回落、四季度平稳的主要因素。二季度各月商品住宅投资增速从28.2%提高到34.3%,有效带动全市房地产开发投资增速由25.3%提高到27.7%,而三季度商品住宅投资增速从前期的年内高位快速回落至19.4%的年内低点,导致全市三季度各月房地产开发投资增速分别为23.1%、22.0%、20.6%,呈现持续回落态势,四季度商品住宅投资增速与全市房地产开发投资增速基本一致。

(二)建安投资冲高后回落,拉动开发投资作用逐渐减弱

从开发投资构成来看,2013年重庆房地产建安投资2106.41亿元,同比增长17.7%,较一季度回落12.9个百分点,比上半年回落14.0个百分点,比前三季度回落0.9个百分点。对比房地产开发投资增速和建安投资增速来看,建安投资对房地产开发投资的拉动作用在逐渐减弱。一季度,建安投资增速高于投资增速5.3个百分点;二季度,建安投资增速高于投资增速4.0个百分点;三、四季度,建安投资增速分别低于开发投资增速2.0和2.4个百分点,全年增速差呈现持续回落态势,建安投资的拉动作用逐渐减弱。同时,2013年费用类投资906.37亿元,同比增长26.0%,对投资贡献率为37.1%,拉动投资增长7.5%,较上半年拉动力略有增强,提高2.2个百分点。

二、商品房新开工、施工、竣工面积于年初短期波动后实现稳健推进

2月份“国五条”出台,部分房地产企业觉得市场发展前景不明,无法判断后市的发展,对新项目的开工变得谨慎,有意放缓在建项目进度。致使全市新开工面积增幅自开年的47.2%迅速跌至3月的11.6%,达全年最低点;竣工面积增幅自开年的19.1%跌为4月的-8.3%;施工面积增速也有小幅下降;整个房地产市场的项目建设出现短期波动。随着“国五条”细则应声落地,受其中“增加普通商品住房供给及供地供应”的影响,重庆市房地产企业景气指数和企业家信心指数双双走高,企业开始稳健推进新项目的开工和在建项目的进度。截至12月底,全市商品房施工面积26251.89万平方米,同比增长19.3%;全市商品房新开工面积7641.63万平方米,增长31.4%;受施工周期及去年基数影响,商品房竣工面积略有回落,全市商品房竣工面积3084.36万平方米,下降4.7%。

三、商品房销售面积总量平稳,增速高开低走、逐渐回落

2013年全市商品房销售面积4817.56万平方米,同比增长6.5%,其中商品住宅销售面积4359.19万平方米,增长6.2%。自2010年以来的4年,全市商品房销售面积均保持在每年4500万平方米左右,表明了我市房地产销售市场的一个稳定发展态势。本年全市商品房销售面积增速呈现出高开低走、不断回落至个位数增长的趋势。延续去年末较好的销售态势,1~2月

24.5%的增长速度为全年最高,也是近三年的高位,3~7月增速维持在17%左右小幅波动,下半年步入持续回落的下降通道。

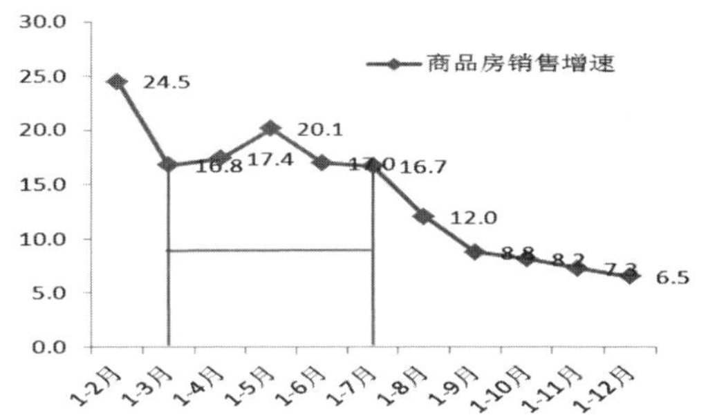

图二 2013年重庆市各月商品房销售面积增速 单位:%

四、三大主要资金来源同时放缓,资金充裕度小幅下降

2013年,房地产开发企业资金来源合计5846.84亿元,同比增长14.5%,较上半年增速下降5.6个百分点,较三季度增速下降1.7个百分点,其中本年到位资金4614.06亿元,同比增长19.1%,较上半年增速下降16.8个百分点,较三季度增速下降5.6个百分点。

(一)三大主要资金来源同时放缓

国内贷款、自筹资金和其他资金三项资金来源合计占本年到位资金比重达99%,一直是重庆房地产开发企业的主要资金来源,下半年均出现增速放缓态势,并导致全市资金来源总量增速放缓。其中,国内贷款1112.29亿元,增长54.3%,较上半年下降22.4个百分点;企业自筹资金1263.70亿元,增长6.8%,较上半年下降5.3个百分点;以定金、预售款和个人按揭款等回笼资金为主的其他资金2193.89亿元,增长12.6%,较上半年下降21.2个百分点。

(二)资金充裕度小幅下降

金融危机之后,全市房地产市场于2009年起快速复苏,一度呈现供销两旺的局面,现金流的快速回笼为全市房地产开发企业资金循环投入提供强劲保障,致使房地产开发企业资金充裕度在2011年创历史最高水平,达220.0%。2012年起国家宏观调控政策效果开始显现,企业资金充裕度呈现出逐年下滑的趋势。而本年房地产开发企业开发资金到位率为194.1%,较去年降低9.6个百分点,资金充裕度小幅下降,2014年全市房地产市场资金压力或将有所显现。

表1 近五年来重庆市房地产开发投资资金来源情况 单位:亿元、%

年 份	本年完成投资总额	资金来源	资金到位率
2009	1238.91	2202.67	177.8
2010	1620.26	3439.37	212.3
2011	2015.09	4433.28	220.0
2012	2508.35	5108.30	203.7
2013	3012.78	5846.84	194.1

五、新划分功能区对优化房地产市场结构的促进作用渐显

2013年9月底重庆市出台新功能区规划,五大功能区的功能定位、目标任务比较明确。重庆市经济发展的主战场相对集中在城市发展新区,势必会影响全市整个房地产市场的发展。在新功能区确定后的3个月,全市各区域房地产市场的投资、销售结构相应发生了细微变化。2013年全市投资和销售的重点仍然集中在都市功能核心区和拓展区,本年完成投资和商品房销售面积占比分别为64.2%、48.0%,但占比较1~9月均有下降;城市发展新区本年完成投资和商品房销售面积占比分别为24.5%和29.8%,其中投资占比较1~9月增加1.5个百分点,销售面积占比较1~9月减少1.3个百分点;渝东北生态涵养发展区本年完成投资和商品房销售面积占比分别为8.1%、17.8%,其中投资占比较1~9月减少0.4个百分点,销售占比较1~9月增加1.7个百分点;渝东南生态保护发展区本年完成投资和商品房销售面积占比分别为3.2%、4.4%,较1~9月占比均有下降。各种占比的细微调整透露出:五大功能区格局的形成对优化房地产市场结构的促进作用渐显。

(作者单位:重庆市统计局)

建筑业

吕磊

2013年，在国家稳中求进的宏观政策调控和全市固定资产投资平稳增长的拉动下，全市建筑业企业努力开拓市场，加强经营管理，生产经营向好。全市总承包与专业承包（以下简称“总专包”）建筑企业完成建筑业总产值4731.88亿元，比上年增长19.0%，比1~3季度回落0.7个百分点，全年波动幅度在1个百分点以内。建筑业增加值突破千亿，达到1148.27亿元，增长14.9%，占GDP比重达到9.0%，比上年提高0.3个百分点，呈现平稳发展态势。

一、全市建筑业平稳发展，产值增速小幅波动

（一）签订合同额增长较快

2013年，全市总专包建筑企业签订合同额为8774.81亿元，比上年增长26.8%，其中，本年新签合同额5058.94亿元，同比增长21.1%；上年结转合同额3715.87亿元，同比增长35.6%。企业签订合同额仍保持20%以上的高位增长，企业发展后劲增强，为全市建筑业生产可持续发展夯实基础。

（二）建筑业平稳发展，产值增速小幅波动

2013年，全市固定资产投资11205.03亿元，增长19.5%，投资的较快增长，拉动建筑业生产平稳前进，产值增速略有回落。全市总专包建筑企业完成建筑业总产值4731.88亿元，增长19.0%，增速比1季度、上半年、1~3季度分别回落0.6、0.3和0.7个百分点，产值增速小幅波动。

从企业规模看，2013年，全市总专包建筑业企业户均完成产值1.83亿元，同比增长18.8%。总产值过亿的企业800家，共完成建筑业总产值4279.28亿元，比上年分别增加107家和772亿元，分别增长15.4%和22.0%；亿元以上企业完成建筑业产值占全市建筑业总产值的90.4%，比上年提高2.2个百分点，企业规模扩大，集中度提高。

从产值增速看，除2012年1季度增速达到28.2%外，其余各季度均在19%左右，增速波动保持在1个百分点之间，产值震荡波幅收窄，建筑业发展呈现平稳态势。

从产值构成看：建筑工程产值4309.26亿元，增长20.0%；安装工程产值268.15亿元，增长5.2%；其他产值154.47亿元，增长18.4%。

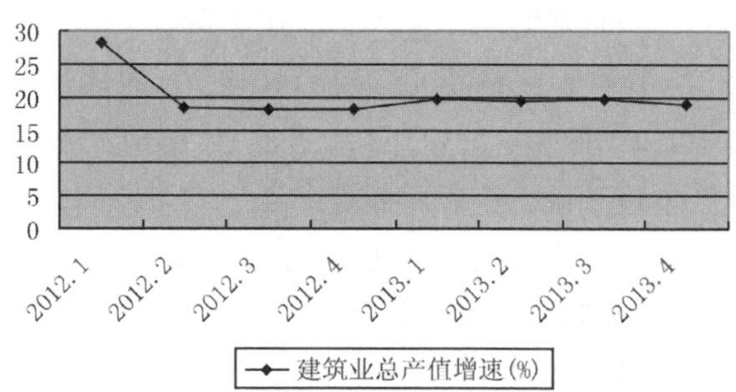

图一 2012~2013年各季度建筑业总产值增速情况

（三）混合所有制企业不断壮大

直辖以来，我市建筑企业顺应市场变化潮流，实行现代企业管理制度，在市场竞争中，不断进行资产重组及企业兼并，使建筑企业所有制结构得到有效调整。混合所有制建筑企业的规模与市场竞争力不断提高，成为建筑市场生力军。2013年，全市混合所有制总专包建筑业企业2409家，占全市总专包企业数比重93.0%，完成总产值3428.34亿元，同比增长22.0%，占建筑业总产值的比重达到72.5%，占比较上年提高1.8个百分点，混合所有制建筑企业不断壮大。

（四）施工总承包企业数量少、规模大

2013年，全市施工总承包一级资质及以上企业166家，占总专包企业比重6.4%，完成建筑业总产值2259.65亿元，增长14.7%，占全市产值比重达到47.8%；签订合同额5192.54亿元，增长27.1%，占全市签订合同额的59.2%；竣工产值965.18亿元，增长1.5%，占全市竣工产值的40.4%。我市施工总承包一级资质及以上建筑企业虽然数量占比不足一成，但产值占比近五成，合同额占比超五成，对优化资源配置、推动行业发展起了重要作用。

二、建筑业区域发展情况

（一）五大功能区建筑业协调发展，助推全市平稳增长

都市功能核心区、都市功能拓展区和城市发展新区作为都市带，经济实力强，辐射面广，引领建筑业区域发展，共完成建筑业总产值3541.61亿元，增长17.8%，占总产值比重为74.8%，比上年回落0.8个百分点，对建筑业产值贡献率为70.9%，比1~3季度回落5.3个百分点，拉动产值增长13.5个百分点。渝东北生态涵养发展区完成建筑业总产值1087.22亿元，增长21.7%，占总产值比重为23.0%，对建筑业产值贡献率为25.6%，比1~3季度提高4.7个百分点；渝东南生态保护发展区完成建筑业总产值103.05亿元，增长34.0%，占总产值比重为2.2%，贡献率为3.5%，比1~3季度提高0.6个百分点。

（二）积极拓展外省市场，产值占比逐步提高

2013年，在宏观调控以及通胀压力的双重影响下，全市总专包建筑企业积极开拓市场，市外工程项目逐步增加，在外省完成产值1022.22亿元，增长22.7%。在外省完成产值占总产值比重为21.6%，比1~3季度提高0.7个百分点。

三、建筑业发展面临的问题

从西部地区看，根据国家反馈2013年1~3季度数据分析，重庆总产值占西部地区比重为16.2%，总量排第二位，比四川少2000亿元，比第三位陕西高出300亿元，与第一差距拉大，与第三差距缩小，处于受挤压状况，形势不容乐观。

与建筑大省比较分析，2013年1~3季度，全国建筑业总产值排名前六位的分别是江苏省、浙江省、山东省、辽宁省、湖北省。重庆建筑业总产值相当于江苏省的22.8%、浙江省的23.8%、山东省的56.2%、辽宁省的58.0%、湖北省的58.5%。我市从业人员130.73万人，仅占江苏省的18.4%、浙江省的23.2%、山东省的48.6%，辽宁省的67.1%和湖北省的86.6%，劳动力外流现象严重。2013年我市建安投资8144.99亿元，建筑业总产值占建安投资的58.1%，超四成的市场蛋糕被外省企业分走，受企业生产规模与从业人员普遍外流的双重影响，我市与建筑大省的差距较大。

四、重庆建筑业发展展望

“十二五”时期是重庆建设长江中上游金融中心、内陆开放高地和全面建设小康社会的战略机遇期。但我们同时也要看到，随着开放建筑业市场，外省具有竞争力的企业进入，势必将分走重庆市场一杯羹，对全市建筑业发展带来严峻挑战。2013年重庆建筑业增加值占GDP比重达到9.0%，要进一步发挥我市建筑业的支柱行业作用，必须支持鼓励建筑企业提升竞争力，稳固本地市场，开拓外埠市场。

（一）提高建筑企业经营管理水平，提升竞争实力

一是要推进专业结构调整。建筑企业必须审时度势，在巩固和提高房屋建筑工程总承包优势和能力的同时，努力适应国家投资方向的变化，实行产业结构调整和转型升级，提高建筑工程附加值。特、一级总包企业要不断优化专业结构，建筑施工企业要积极向环保、水利、铁路、机场、地铁等高附加值的基础设施领域发展，改变全市施工企业经营比较单一的状况。二是要推进经营模式调整。建筑企业要通过经营模式创新，加快资本运营步伐，有效提高企业的综合

竞争力和经济效益。

（二）强化科技、人才和文化引领作用

持续开展行业文明创建，强化企业主体、监督主体责任落实，完善监督保证体系建设。建筑企业要积极引进和培养人才、提高技术装备能力和加大科技创新投入，争创精品工程、打造企业品牌。力争做到别人不能干的，我们能干，别人能干的，我们干得更出色。

（三）立足本地，放眼全国

全市重点建设项目，优先使用本地建筑企业，大力支持企业参与城市综合成片开发，提高市场占有率，使本市的重点项目建设中，看到更多的渝籍建筑企业。同时，努力开拓外省市场，继续稳定西南区域市场；不断扩大中部地区重要的外省市场；继续积极参与长三角及环渤海区域的建筑市场的激烈竞争。对外拓份额大的企业，要在资质评定和评先评优奖励方面予以扶植，使重庆建筑企业在全国越做越大，越做越强。

（作者单位：重庆市统计局）

广播电视业

张宏酬　龙高平

一、2013 年发展回顾

2013 年，重庆广电集团（总台）围绕“服务改革发展大局，舆论引导保障有力”的工作重点，圆满完成各项宣传任务的同时，还“实施转型拓展增效，加快产业发展步伐”，实现了经济的良好运行。产业发展注重质量和效益，重大项目取得新的进展，总体保持良好态势。集团（总台）总收入达到 30.47 亿元，合并总资产达到 78.88 亿元。

（一）有线网络传输业务发展快速

2013 年，重庆有线电视网络有限公司紧紧围绕“固强、攻弱、外拓、快打”总体工作思路，市场响应能力、业务创新能力、基础运营能力、管道支撑能力等核心能力得到新的提升，全网发展实现新的跨越。新增数字电视用户 80 多万户，数字电视用户累计近 420 万户；新增高清、互动终端近 90 万台，高清、互动终端累计达到 197 万台；净增在线宽带用户约 10 万户，在线宽带订户达 15 万户左右，在重庆个人宽带市场跻身前四位。实现总收入 18.49 亿元，同比增长 25.36%；全网增值业务占比 22%，同比拉升 5 个百分点；全网人均创收 29.45 万元，同比增长 17.33%。2013 年，公司申报创建“高新技术企业”通过国家科技部评审取得相应资质，先后荣获 13 项各级各类殊荣，下属 6 个单位分别获得国家级和市级先进称号。

1.荟萃内容资源，业务形态多元

坚持“高清化、专业化、差异化、本地化”打造直播产品。到 2013 年，重庆有线面向全市范围传输的数字电视基本节目包括 128 套标清节目、33 套高清节目、1 套 3D 节目，为全国传输高清电视内容最多的城市之一。专业化方面，以满足用户多元需求为目标，集成少儿、旅游、游戏、体育等节目，为目标收视群体服务。差异化方面，凸显央视 3、5、6、8 高清频道独特优势，打包进入相关产品套餐。增加本地化内容，改版“爱看专区”，推出了“赏大片”、“追热剧”、“最重庆”、“专题汇”和“渝乐圈”5 个专栏，全方位满足群众视讯需求。在优化点播产品上，重庆有线投入巨资引进了一批院线热门电影、欧美剧及韩国综艺娱乐节目，打造“高清娱乐、高清电视剧”等品牌栏目，推出精彩纷呈的互动电视节目。截至 2013 年年底，重庆有线为用户提供 3 天 28 个标清频道和 10 个高清频道的电视回看、2 小时 28 个标清频道和 10 个高清频道的频道时移服务，在线3万多小时的互动点播服务,50多套专业付费频道。在广电宽带服务方面,重庆有线通过建设互联网数据中心、优化内网资源、改造接入网等措施,极大地提升了宽带支撑能力以及用户体验,为有线电视用户提供1M至10M的家庭宽带接入服务,让用户看电视、上网同步。

2.夯实网络基础,强化技术支撑

近年来,重庆有线加大网络基础设施建设力度,有线电视网络已成为集图像、数据、语音传输为一体的高速综合信息网,成为全市信息化建设的重要基础设施之一。建成了连接全重庆密集波分骨干网络、大容量城域网、覆盖全市的HFC网络以及近10万公里接入网,并实现了与全国广播电视网络的互联互通。建成了全数字电视集成播出业务平台、数据通讯业务平台等8大综合业务平台。为全市600多万用户提供模拟电视、数字电视、数据、互联网等多种服务。2013年,公司基本完成各区县城区双向网络改造工作,区县城域网环网干线光缆建设超过1万公里,B、C级机房基本建成,改造D级机房225个,主城区的所有业务和服务已在全部区县开通。截至2013年底,全市数字电视用户累计达到420多万户,全市高清、互动终端累计197万台全国领先,全市在线宽带用户15万户。此外,重庆有线着力推进下一代广播电视网的研发和建设。公司的NGB建设项目被列为国家和重庆市重点建设项目,云媒体平台已经完成系统端建设,初步具备了多屏直播点播、社交分享、终端互动等能力,服务对象从机顶盒扩展到移动多终端。移动互联网项目已经完成"智慧社区"试点,正在向"智能商圈"、"智能校园"、"智能医疗"等拓展。

3.创新体制机制,服务更接地气

重庆有线坚持"厚德、至诚、互度、共生"的企业核心价值观,以用户需求为导向,推进体制机制变革创新,不断提升服务水平和质量,更好地满足用户需求、提升用户体验、获得用户认可,汇聚发展的正能量。首先,公司对组织架构进行了再优化,所有区县分公司按照"市场为中心、服务为根本、业务为导向"的总体原则完成"三定",更多人员直接服务市场和用户,社区经理覆盖全市城乡,上门服务、主动运维、快速响应用户能力增强。公司自上而下建立了以业绩和服务为重点倒逼绩效的考核制度,促进全网服务质量从根本上提升。其次,以便利群众为原则,推进业务受理体系建设。实体渠道围绕"五大功能区"战略布局,不断增加自有标准化营业厅数量,主城区现有20个、区县50个;组建了配置覆盖主城区的直销队伍300余人;与银行、邮政、超市、家电卖场、社区物管等合作部署营业网点数百个,配置流动营业车,安装一大批固定、移动POS机,扩大服务范围。电子渠道日益完善,陆续推出网上营业厅、电视营业厅、96090自助服务平台、电视银行、自助服务终端等电子渠道,不断改善用户体验。最后是建立了以客户满意度为核心的客户服务质量管理体系。制定了售前、售中、售后各项服务质量管理制度,通过以1小时内响应、2小时内到达、24小时内排除故障等可量化指标精细化考核服务工作。

2013年,重庆有线在自身做强做大的同时,不忘"奉献爱心、回报社会",树立大型国有文化企业的良好形象。公司"义工团"连续开展关爱留守儿童、帮扶空巢老人、慰问灾区群众等一系列公益活动,以承担企业社会责任,实现企业社会价值。

(二)广告经营拓展市场

面对日趋严峻的广告创收形势,及时调整精细化营销策略,加强与4A广告客户的沟通,积极开拓本地广告市场,着力开辟新的经济增长点。全年电视广告(含公司化频道)创收实现8.7亿元,广播广告创收实现1.77亿元。

1.电视广告业务

2013年,重庆广播电视集团(总台)电视广告中心在新媒体对传统媒体的分流、媒体竞争格局不可逆转以及更有市场格局变化而带来的紧迫与责任的情况下,及时调整经营思路,通过采取精细化经营、打开本埠市场、开展跨频道经营、创新营销模式等措施,以积极的态度向市场寻求增量，为传统经营的破茧革新奠定坚实基础。

精细化经营，全面提升数据营销能力。在4A客户全面转投省级优势卫视的大背景下，电视广告中心通过不同客户的市场需求，经历了从收视保点销售到VIP广告套餐，再到单一品牌独立销售的不断摸索，逐渐实现了精细化经营，实现了资源的有效利用。在非4A方面，及时拟定特殊行业套餐、淡旺季促销办法等多种方案以应对不同客户及市场需求。同时，针对部分行业广告开发乏力的情况，推出系列定制项目，创造了广告增量。

以活动营销为突破口，打开本埠市场。在传统客户开发有限的背景下，中心在深入研究造成被动局面的原因后，结合活动营销接地气、聚人气、线上线下联动效应等特质，制定了以"活动营销撬动重庆本土客户市场"为突破口的经营思路。开发重心锁定为本土旅游、政务、金融、地产、整形机构等极富本地市场特色的行业，先后策划并执行了《下一站天后》、重庆第一届旅游地产节、重庆大学生创业大赛、金融明星服务评比、酉阳《望龙门客栈》等系列活动营销项目，开拓了金佛山旅游、龙湖地产、恒丰银行、农商行、酉阳旅游等系列新客户，填补了一些市场空白。

加强本地客户的培训和沟通。针对不少客户以及代理公司虽然精通行业领域却缺乏媒体运营知识，对策略制定、投放排期、效果评估等知识缺乏这一情况，中心重点启动了系列专项培训。为配合本埠广告市场及行业开发，中心邀请了国内知名媒介专家——视远航文化传播有限公司执行董事兼北京公司总经理徐岚，对本地广告代理公司销售人员进行一次为期2天的集中封闭培训，同时还召开了旅游客户会、地产客户沟通会，增强了客户的专业能力，增进了客户与媒体合作的沟通和了解。

创新推广模式，稳中求胜。中心本着"节俭办会，注重实效"的原则，摒弃奢侈办会的思路，在推广模式上进行创新，务求实效。一是启动互动推广。在一年一度的推广会上，除了给客户带来丰富的媒体资源，在推介方式、会议形式、台上台下互动等方面，务求实现"实效与高效"。尤其是在推介方式上，会议引入了新媒体APP发布环节，同时启用了实时互动，让在场客户现场体会了一把新媒体与传统媒体联动的全新感受。二是邀请客户"走进集团"，展现重庆广电集团的综合实力，向广告客户展现了集团新形象，重塑客户信心，节约了营销费用，提升了会议影响力。三是针对4A客户召开点对点客户恳谈会，与公司高层面对面深入交流，总结经验得失。

2013年，电视广告中心以笃定的信念，扎实推进各项工作，全年电视广告创收实现8.7亿元。

2.广播广告业务

2013年，重庆广播电视集团(总台)广播广告中心面对激烈的市场竞争环境和众多制约经营的实际情况，以创收为目标、以创新为手段、以保障为途径、以管理为抓手，通过经营管理团队的共同努力，圆满并超额完成年度经营创收目标，使广播广告经营管理工作再上新的台阶。

以创收为目标，确保中心工作完成。广播广告中心始终坚持"四位一体"的经营理念，为履行广播媒体责任、提升广播传媒公信力，积极制作和播出公益广告，总台六频率总计播出广告33615次，总时长9484分钟。为此，中心也被国家新闻出版广电总局评为"2013年度广播电视公益广告制作播出示范单位"。

以创新为手段，强化业务营销工作。中心坚持"巩固优势频率、突破弱势频率、助推潜力频率"的经营思路，对各个频率的经营工作各有侧重，通过这一有效方法，交通、音乐两个频率全年播出量同比增长14%和38%，优势得到继续巩固；重庆之声、经济频率增长35%和26%，都市频率增长45%，文艺频率增长174%，实现了广播六频均衡健康发展。

以中心保障为途径，提升控管工作水平。对

广播广告管理系统的各项功能进行了完善，完成了播出系统全行业全公司录入方式，把工作重心转型到订单审查上来，不仅提升了工作效率，提高了财务数据准确性，更重要的是为安全播出提供了有力保障。同时，中心还改原有三级审查制度为四级审查制度，有效杜绝了违法违规广告的上播，完善了广播广告播出事故的处理流程，最大限度保障总台广播广告创收不受损失。

以管理为抓手，加强内部团队建设。中心强化党支部的战斗堡垒作用和党员先锋模范作用，以学习贯彻党的十八届三中全会精神为主线，以“党的群众路线教育实践活动”为契机，以确保中心各项工作的圆满完成。中心还坚持“走出去、请进来”的员工业务培训模式，组织员工分期分批外出参加具有较高实战经验理论、引领广播广告行业营销风向的专业培训，邀请业内专家讲师来渝对员工进行专题讲座，不断提升全体员工的业务素质和工作能力。

2013年广播广告创收1.77亿元，相比2012年增长24.6%。

(三)影视剧产业规模扩大

1.电影集团产业

从2012年3月23日正式挂牌成立，运行近2年时间，重庆电影集团已理顺发展思路、完成内部组织架构搭建、招聘和调入一批专业技术骨干员工到岗、成功投拍多部影视剧作品、围绕电影开展多媒体多平台互动营销宣发、有序开展电影院投资建设、初步筹划影视基地项目合作模式，各项工作已步入正轨。

重庆电影集团2012年投入2420万元，2013年全部收回，实现投资收益578万元，投资收益率达到24%。2013年影视剧总投入3370万元，预计投资收益超过600万元，在财政没有投入的情况下，实现了国有资产的保值增值。

重庆电影集团抓住主营核心业务，在电影和电视剧投拍上狠下功夫。一是投拍电影在数量和质量上全面突破。成立迄今，已投拍电影9部，其中2012年投拍2部，2013年投拍7部，

表1 2012~2013年重庆电影集团影视项目

影视项目	2012年投拍项目	2013年投拍项目
电影项目	历史灾难电影《一九四二》主旋律电影《走过雪山草地》	贺岁电影《私人订制》；惊悚电影《朝内81号》；军旅电影《男兵女连长》；亲情电影《爸爸的晚餐》；本土电影《黄连有点甜》青春爱情电影《闺蜜》；悬疑电影《闯入者》
电视剧项目	电视连续剧《小鬼子走着瞧》电视连续剧《猎杀》电视连续剧《好家伙》电视连续剧《利箭行动》	革命历史题材电视剧《毛泽东》；电视连续剧《十月围城》；电视连续剧《刺刀英雄》；电视连续剧《大茶商》

涉及主旋律、青春爱情、悬疑、亲情、军旅等多种类型，且无一项目出现亏损，取得了良好的社会效益和经济效益。一方面在成功投资《一九四二》的基础上，继续与华谊兄弟公司深度合作，联合投拍冯小刚喜剧电影《私人订制》。这是电影集团在确保无风险固定收益的情况下，“借船出海”，“借力造势”的品牌营销典范。另一方面联合恒业电影、银润影业共同投拍多部商业类型片。包括惊悚大片《朝内81号》、青春爱情片《闺蜜》、悬疑剧情片《闯入者》不仅主创阵容强大，而且还通过风险控制模式提前锁定了收益。同时，电影集团还联合本地民营影视机构以及石柱、万盛区政府，成都军区政治部等，力推本土题材和中小成本电影，力求共同做大做强“重庆造”电影。目前已相继开机拍摄的有本土电影《黄连有点甜》、亲情电影《爸爸的晚餐》、军旅电影《男兵女连长》等，拟于2014年对外公映。二是投拍电视剧实现了品牌宣传和经济效益双丰收。重庆电影集团共投入3200万元，投拍电视连续剧8部，平均投资收益率超过25%。继2012年投拍4部，2013年电

视剧再投拍 4 部，包括革命历史题材电视剧《毛泽东》、商业片《十月围城》、《刺刀英雄》、《大茶商》等。电视剧《毛泽东》已于 12 月 25 日在央视一套黄金时段播出，其他商业剧也将在全国各大卫视强势播出。

此外，重庆电影集团围绕电影和电视剧，广泛开展衍生业务拓展，在多媒体多平台互动营销宣发上取得大的突破。为获取稳定现金流，重庆电影集团在打通影视产业链上做文章。一是大力拓展影院投资。綦江区荣润凯旋天街影院是重庆电影集团推进区县影院布点的第一个项目，预计 2014 年可投入运营。同时，电影集团已完成全市 20 余家区县影院的调研工作，为下一步区县影院合作布点工作打下了良好的基础。二是积极规划筹备建设影视拍摄基地。目前与荣昌万灵山古镇的授牌已经完成签约工作。永川松溉古镇等旅游景区的影视拍摄基地合作工作也在进一步的洽谈联系中。2013 年提前完成了“重庆电影集团影视拍摄基地制片服务中心”的签约合作工作，今后将以影视拍摄基地项目合作为基础，积极拓展影视拍摄基地制片服务领域相关工作，寻找更多合作商机。最终达成“基地一个群、产业一条链、服务一条龙”的新模式和新格局，打通影视基地开发、规划、建设、营销、服务的产业链，为重庆电影集团影视拍摄基地建设的可持续性发展打下坚实基础。

2.电视剧产业

剧龙广电影视公司。它是广电集团旗下以电视剧生产、制作、发行及销售为主业的单位。2013 年公司主要投拍运作《屠狼刀》、《大茶商》、《决战燕子门》、《兄弟兄弟》、《纵横四海》等多个电视剧项目。到 2013 年 12 月底，公司已投资投拍制作发行电视剧 23 多部，695 集。各电视剧的具体情况如下：《浦江危情》项目，总投资 3850 万元，公司投资 385 万元，占投资比例为 10%，固定回报 20%。本年公司已全额收回投资成本及回报 462 万元。《刀影》项目，总投资 3060 万元，公司投资 306 万元，占投资比例为 10%，固定回报 20%。该剧已在上海、北京等台热播，本年已全额收回投资成本及回报。《屠狼刀》项目，总投资 1000 万元，公司投资 100 万元，固定回报 25%。《大茶商》项目，总投资 4200 万元，公司以联合摄制单位方式投入制作费用 500 万元，占总投资的 11.9%，目前该剧正在热拍中。《决战燕子门》项目，总投资 4000 万元，公司投资 10%即 400 万元。以风险投资方式，取得 10%版权和相应收益权。该剧已在重庆、贵州、河南、山西等卫视热播。《兄弟兄弟》项目，总投资公司投资 300 万元，固定回报 20%。目前该剧已完成拍摄，进入后期制作阶段。《纵横四海》项目，总投资 3500 万元，公司投资 400 万元，固定回报为 20%。

截至 2013 年 12 月 31 日，剧龙公司总资产 6757 万元，净资产 2650 万元；总收入 1041 万元，实现利润 186 万元。

重庆音像出版社有限责任公司。2013 年，公司平稳发展，预计公司全年实现收入 845 万元，实现利润 200 万元。一是抓区县供片，稳定生存之本。2013 年公司向全市 33 家区、县电视台提供合法正版电视剧 12 万集，其中《830 联播剧场》提供了精选电视剧 26 部/728 集，共计 18018 小时，广告销售收入 80 万，节目新颖、故事精彩。为了提高节目的质量，从 5 月份开始节目视频由原来采集的 4M 码率改进为 8M 码率（高清），有 28 家电视台由原来提供 DVD 碟片的改换成使用硬盘，节目事故率也得到极大的防控。二是抓出版发行，提升整体实力。公司全年申报了 2 个重点出版选题，其中大型文献纪录片《红星照耀中国》获得重庆市新闻出版局 2013 年度出版专项资金资助。全年出版发行了《重庆印象》等 30 个版号的音像制品，《重庆人文地理志》完成 4 家区县（渝北、南川、忠县、城口）征订，销售《重庆人文地理志》（合辑）220 套。三是抓内容生产，塑造品牌形象。以投拍《刘伯承元帅》为例，作为央视综合频道黄金时段跨年度大戏，该剧第一轮在央视首播，反响热烈；第二轮从 6 月 13 日起在广东卫视黄金时段、6 月 14 日起在重庆卫视黄金时段播出。上海、云南、河北卫视在非黄金时段播出。至此，该剧投资的3200万元已全部收回。同时，该剧已获得第29届电视剧“飞天奖”长篇电视剧二等奖。

3.动漫产业

2013年，面临严峻的收视竞争环境，少儿频道开启了“快乐触手可及”的优质少儿媒体理念，创新编排策略，升级频道形象包装，通过线上线下的互动活动和优质健康的品牌服务，持续性地把频道打造成为西部最具影响力的少儿影视内容生产机构和运营机构。

2013年，视美动画公司完成4795万元创收，实现利润约32万元。

动画生产。2013年，视美动画公司开始了首部动画前期业务《变战记》的制作，动画前期业务的接单标志公司整体创作实力的飞跃，为公司原创动画走入国际市场打响第一枪。9月，公司与广东奥飞动漫联手打造的52集大型精品二维动画《神魄》杀青，该片作为视美动画目前投资额最大的精品二维动画，剧情设定、角色设计、场景渲染等方面都代表了同行业的最高水准。《神魄》投放全国市场后收视数据及产品销量双线飘红，为其明后年在日本及美国市场的播出运营打下了坚实的基础。衍生产品销售额突破了1亿元。此外，公司2012年取得发行许可证的动画作品《东方少年之击斗战车》，在2013年年初，荣获国家广电总局2012年度少儿精品发展专项资金及国产动画发展专项资金项目评审动画精品二等奖。

动漫产业基地。2013年8月27日，重庆“十二五”重点文化产业项目、年度市级重点在建项目——视美动漫产业基地项目正式签约落户铜梁。视美动漫产业基地规划总用地面积约1645亩，总投资约64.2亿元，主要建设包括原创动漫产业基地、游戏研发中心、创意微企孵化园、人才培养基地、园区总部基地、动漫主题街、会展中心在内的项目内容，以动漫全产业复合价值链贯穿，通过开放互动体验式空间，吸引青少年及陪伴人群主动游玩及消费，形成集创意文化、动漫产业、自然生态、主题旅游为一体的全国创意产业文化高地。预计项目建成投入运营后年产总值约29.8亿元，年上缴总税收约3.66亿元。

中国西部动漫节。2013年9月30日至10月3日，由重庆市政府、国家新闻出版广电总局共同主办，集团(总台)承办，视美动画承办执行的2013第五届中国西部动漫文化节成功举行。本届动漫节以“发展动漫产业、繁荣动漫文化”为宗旨，以“动感城市、漫优生活”为主题，汇集350家国内外动漫企业、研发机构、动漫院校、社会团体参与其中，顺利举办开幕式、竞技大赛、论坛会议、项目合作、动漫展销、人才供需六大主题19项重点活动，参观市民达到13万人次，现场销售总额超过6000万元，重点项目签约金额总计51亿元。

(四)新媒体业务势头良好

移动电视累计在280条公交线路、5300辆公交车、3000辆出租车、500辆迷你穿梭巴士安装14000个接收终端，日均受众达700多万人次，成为我国西部最大的户外电视媒体。2013年，移动电视全年创收5112万元；全年利润1213万元；全年人均创收71.02万元；全年净资产收益率26%；生产指标、安全指标等均逐一达标；全年无任何违规违纪事件发生。牵头举办了首届全国微视频大赛，共征集到微视频作品1589部、微视频剧本678部，并启动了第二届赛事。

新财经、汽摩、魅力时装三个付费数字电视频道积极探索新的经营形态，除了商务节目、收视分成、植入式广告、内容销售收入外，订制节目成为了新的收入来源。

2013年，完成了视界网从华龙网的割接，视界网日均点击量达到45万次，以此为基础建立的网络广播电视台已开通直播、点播业务。手机电视用户达到30万户。IPTV可接收200多路高清和标清电视信号，用户达到38万户。搭建了网络广播电视台构架，实现了IPTV业务的正式上线和运营创收的稳步增长，频道广告创收再创新高，广播电视新媒体微视频大赛市场化、产业化、规模化初见成效，新媒体业务实现了跨越式的增长。创收 2034 万元，比 2012 年增长 106%,实现利润总额为 907 万元,比 2012 年增长 103%,净资产收益率为 79%。

(五)项目建设与产业拓展顺利推进

重大项目取得进展有线产业大厦项目已获得立项批准,取得了规划证、产权证,正在协调新增项目用地和调整用地性质的事宜。重庆有线媒体云项目平稳推进。视美动漫产业园项目已与铜梁县政府签订了合作协议，完成了一期土地规划,初步完成了项目整体创意设计。重视传媒总部基地项目用地已获得正式批准,完成了初步设计和部分招投标。平顶山发射台园区开发项目已拿出方案,并与多家意向合作方进行了洽谈。新媒体产业园等项目正在进行论证和选址调研。

歌舞团公司和鹰乃腾传媒文化公司积极发展艺术培训业务,扩大了生源和教学规模,拓展了新的经济增长点。

歌舞团 2013 年营业收入总额为 2600 万元,主要为商业演出收入、培训收入及租赁收入。较 2012 年同期增加 412.16 万元，增幅为 18.84%。本年收入较去年同期有所增长,原因为:努力立足区县市场。今年,公司承接了垫江牡丹节项目、江津春晚、渠县项目、奉节项目、巫山红叶节闭幕式等大中小型项目，直接为公司增加演出收入 110 万元;艺培学校分校开办,培训规模扩大,为公司增加收入 200 万元;舞美设备租赁市场不断拓展,全年设备租赁收入达到 90 万元。2013 年公司净利润为 150 万元，较 2012 年同期减少 153.18 万元。主要原因:受“国八条”等政策影响,区县大型节目演出市场逐步萎缩,演出场次及规模不断削减,导致利润率急剧下滑。艺培开办分校,初期资金投入较大,致使利润减少。

重庆鹰乃腾广电传媒文化开发有限责任公司通过加强校际合作,新建教学点 ,开拓新业务等措施，全年收入 1035.90 万元；其中净利润 38.71 万元。

二、2014 年发展目标

2014 年，广播电视改革发展的任务将更加繁重。集团(总台)要在市委、市政府和市委宣传部的坚强领导下,进一步开拓进取、锐意创新,抓住机遇、积极作为,努力增强整体实力和竞争力，在新的一年实现新的跨越。主要经济目标是:集团(总台)资产总额突破 80 亿元,总收入和利润在上年基础上增长 10%以上。

(一)壮大有线网络传输业务

继续推进有线网络从单一的传输平台向全业务、全功能综合信息服务运营平台转型。大力发展增强型视频业务，实现 DVB、VOD、OTT 多业务运营；启动政务综合信息平台等重点项目的建设,拓宽市场领域;扩大宽带互联网业务规模;推进增值业务开发。全市有线数字电视用户达到 450 万户，高清互动终端规模达到 180 万户,宽带用户累计达到 30 万户。

(二)发展内容产业

一是抓好重点影视剧目的生产和投拍。启动电视剧《青年朱德》、《大江东去》的拍摄,完成自制电视剧《望龙门客栈》和投拍电视剧《男兵女连长》、《傻儿传奇》、《大茶商》、《渗透》、《江湖论剑实录》的生产,同时抓好中小成本电影和本土题材电影的创作。二是扩大自制剧目和动画片的营销。做好《冷暖人生》、《莲花闹海棠》等栏目剧在中央台和各省市台的发行，完成纪录片《大后方》的拍摄制作并进入市场销售。动画片《变战记》、《神魄》力争进军美国、日本等国际市场。三是搭建内容产业链。在重点影视剧项目的运作中,要将策划、编剧、制作、播出、发行、广告植入、其他衍生品和新媒体播放版权资源开发等环节链接起来,实现内容产业收益的最大化。四是推出重点歌舞剧目。积极介入区县群众文化、旅游文化、旅游剧目演出市场,策划推出面向市场的高品质小型商演剧目，重点打造好大足石刻文化题材旅游剧目《千手观音》和少数民族题材剧目《西兰卡普》。五是办好重要活动。重点办好第六届中国西部动漫文化节、第二届中国广播电视新媒体微视频大赛。

(三)拓展广告经营

一要开展精细化经营。要认真研究经济形

势走向和国家关于广告播出管理的规定，制订更为灵活、更为奏效的经营政策，根据频道频率的收听收视表现和广告吸附能力，合理编排广告时段，统筹调配资源投放，实现资源价值最大化。二要强化活动营销。广告经营部门和频道频率要协作配合，策划各类营销活动，加强受众、客户、节目的多元互动，利用媒体影响力增大广告创收。三要继续拓展本地市场。重点要大力开发本土旅游、政务、金融、地产等行业广告，开拓新的领域。

(四)推进新媒体发展

办好视界网和网络广播电视台，与各频道频率形成良性互动，并启动商业运营。扩大移动电视业务，巩固现有公交车平台，拓展户外公众信息平台，抓好机场静屏、车载移动大屏和户外LED大屏项目。稳步发展IPTV业务，推进增值业务开发。推进全市网络联盟建设，积极发展OTT业务，搭建全市面向多屏的云平台，开发移动互联网产品。以CTV掌上重庆和平板电脑客户端为平台，大力推广流媒体手机电视业务，抓好手持电视频道运营。完成新媒体视听节目集成播控平台第三期的建设，构建起集生产、分发、存储、传输、播控功能为一体的云平台。

(五)实施重点产业项目

加快推进重视传媒总部基地项目建设，完成主体工程封顶；完善视美动漫产业园项目总体规划并及早开工建设；实施好有线媒体云项目，抓紧完成有线产业大厦项目的土地扩增、调规和施工方案设计；做好平顶山发射台园区开发项目的规划和引资合作；推进新媒体产业园项目的选址立项工作；抓好区县电影院合作项目的建设和经营。另外，继续拓展艺培艺考教育产业，延伸至艺术高中、老年大学的合作培训，新开办8~10所歌舞演艺培训学校；完成美堤雅城商铺招商和地下车位销售等工作。

(六)加强财务工作

继续以预算管理为手段、以资金保障为重点，拟进一步加强财务管理，强化财务监督，规范财务行为，理顺财务关系，积极争取财税政策，确保集团发展的资金需求。主要包括：进一步抓好财务建章立制工作，拟对集团差旅费、财产物资管理、重大项目投资管理等规章制度进行修改和配套完善；按照“保需求、控总量、调结构、降成本”的工作思路，继续抓好银行贷款授信和资金计划管理工作；做好部门、单位年度财务预算指标的核定、考核工作，参与集团绩效考核办法的修改、完善；积极争取财税优惠政策，努力协调落实高清电视财政补助和集团本部企业所得税优惠政策等。

(作者单位：重庆广播电视集团(总台))

证券业

陈晓洁

一、2013年重庆资本市场发展情况

在市委、市政府的正确领导和大力支持下，重庆证监局坚持“监管与服务并重”，全力助推我市资本市场发展，服务地方经济建设。

(一)直接融资多渠道发展，融资额大幅增长

2013年，在境内IPO暂停的情况下，推动引导我市企业多渠道直接融资，上市公司再融资和中小企业私募债等新型融资工具发展势头良好。我市企业全年利用境内证券市场直接融资165.98亿元，比上年增长98.54%。其中：有6家上市公司完成股票再融资和重大资产重组，融资总额131.23亿元；1家上市公司发行公司债15亿元；有17家中小企业获得19笔中小企业

私募债发行备案,备案金额49.55亿元,已发行11笔,金额合计19.75亿元,较上年增长311.46%。此外,2013年重庆银行成功赴香港上市,净募集资金38亿港元。西南证券正式控股重庆股份转让中心,重庆区域性股权市场也迎来新的发展。

(二)上市公司业绩稳步增长,服务地方经济能力不断提高

我市上市公司逐步成为推动地方经济发展的重要力量。截至2013年12月末,我市在境内上市的37家上市公司总市值2805.99亿元,较年初增长28.39%。2013年37家上市公司扣除非经常损益后的净利润78.75亿元,同比增长43.55%;支付税费111.95亿元,同比增长28.05%。一批优质上市公司促进了我市经济发展方式转变和产业结构调整,在打造优势产业和促进就业等方面发挥了重要作用。如,我市汽摩行业上市公司已达7家,最具代表性的几家国有、民营汽摩企业均已上市,2013年直接提供就业岗位近5万个,并带动了上下游产业链的发展,其中长安汽车全年实现净利润35.06亿元,同比增长达142.46%。涪陵榨菜等上市公司则积极服务"三农",据统计,涪陵榨菜每年直接带动的农户就业人数约20万人,间接带动的农户就业人数约50万人,2013年促进农户平均增收幅度在800至1200元。

(三)证券期货经营机构规范发展,创新取得初步成效

截至2013年12月末,我市证券营业部达141家,较年初增加29家;证券投资者开户数203.31万户,较年初增长5.82%,客户资产1768.58亿元,较年初增长46.29%,累计代理证券交易额14349.28亿元,同比增长51.75%;期货营业部34家,较年初增加4家;期货投资者开户数7.06万户,较年初增长20.04%;期货交易保证金余额31.80亿元,较年初增长18.50%;累计代理期货交易额9.79万亿元,同比增长65.52%;新华基金管理14只基金,较年初增长5只,管理资产总规模101.43亿元。2013年4月新华基金创新设立子公司—深圳新华富时资产管理有限公司,年末管理资产已超百亿元。2013年大力支持西南证券发展,核准其在全国新设41家证券分支机构,核准代销金融产品、创新业务资管,支持西南证券定向增发43.10亿元获批,成功收购西南期货,获准在香港设立子公司,2013年再度被评为A类券商。指导支持我市期货公司申请证券投资基金代销资格,中信建投期货成为全国第一家拥有证券投资基金代销资格的期货公司。

(四)区域风险有效防范,发展合力不断增强

2013年我市证券期货市场总体平稳运行,没有发生重大区域性、系统性风险。2家上市公司彻底化解退市风险。证券公司开展自营与资管业务专项风险排查,防范类似光大证券"乌龙指"事件。证券投资咨询公司因整合关联公司造成的遗留问题有效化解。证券期货经营机构信息系统安全运行。另外,重庆证监局与公、检、法、人民银行和银监局等部门建立起沟通协作机制,与人行重庆营管部签署了监管合作备忘录;与市金融办、市科委、市中小企业局等联合调研并共同举办"中小企业私募债培训暨机构对接会";联合中国金融期货交易所、市金融办、重庆银监局举办国债期货培训会;与市国资委共同举办国企套保业务系列宣讲活动中的首次培训会。同时,深入听取各方意见和建议,及时向证监会反映情况,争取证监会对重庆市场的支持,市场发展合力不断增强。

二、2014年工作重点

(一)大力推动我市企业上市在全国股转系统挂牌

抓住当前IPO重启的契机,推动我市已申报的企业尽快落实IPO发行审核的新要求,尽快上市。强化拟上市企业培育,优化拟上市企业辅导监管流程,强化辅导质量监督,督促辅导机构勤勉尽责,提高拟上市企业诚信意识和法治意识。加强与市金融办、国资委等相关部门的协作,培育和引导我市更多企业在全国股转系统

挂牌。做好非上市公众公司的监管、服务工作。

(二)积极支持上市公司再融资和市场化并购重组

充分发挥资本市场资源配置功能，为我市产业转型升级、经济结构调整提供服务。积极鼓励上市公司采用配股、增发、非公开发行等多种方式实施再融资。重点推动已公告再融资方案的上市公司开展工作,做到“逐家核查、及时上报”。支持我市上市公司充分利用并购重组分道制,实现快速重组,做大做强。支持符合条件的上市公司发行公司债,关注公司债风险,及时向证监会相关部门通报情况，争取对我市市场的支持。

(三)进一步推动私募市场健康发展

促进我市中小企业私募债发展,在2013年开展市场培育的基础上，加强对企业的跟踪和服务,深入推动企业和券商、投资者、担保机构的对接;推动出台有关财税扶持政策,推动建立协作培育机制和风险防控机制。支持重庆股份转让中心发展,加强区域性股权市场建设。支持私募股权投资基金、风险投资基金发展,引导民间资本、外资参与我市创业投资,促进我市中小企业发展。

(四)大力支持证券经营机构创新发展

积极支持西南证券做大做强，推动公司新增营业网点建设,自主择机发行公司债、证券公司次级债等融资工具;支持西南证券在托管、支付等基础功能方面的拓展和创新，大力发展柜台交易业务，建立以客户为中心的财富管理账户体系。鼓励支持我市符合条件的企业申请新设基金公司或合资证券公司等。推动辖区证券分支机构及时申请变更证券经营范围，以创新转型为突破口，打造为区域实体经济服务的金融综合业务平台。支持新华基金发行债券类等固定收益新产品。

(五)推动期货经营机构创新,服务实体企业发展

支持我市期货经营机构取得更多业务资格和开展创新业务,提高核心竞争力;推进期货公司设立风险管理服务子公司，全面开展基差交易、仓单服务、合作套保和定价服务等风险管理创新业务;支持期货公司通过重组、增资、吸收新股东等方式增加公司资本金，增强期货公司实力、竞争力和抗风险能力。联合相关部门共同举办国企套保业务系列培训，提高重庆国有企业利用期货市场管理风险的能力。

(六)加强监管执法,切实保护投资者合法权益

强化以信息披露为核心的上市公司监管工作,加大上市公司现场检查力度。加强证券期货经营机构的监督检查。坚决打击证券期货违法犯罪行为,维护市场秩序。强化与公、检、法的执法合作，提升执法效率。深化与人行重庆营管部、银监局的监管合作,增强发现违法违规线索的能力,丰富案件调查手段。多层次、多渠道开展投资者教育，提高投资者防范风险的意识和能力。

(作者单位:中国证监会重庆监管局)

船舶工业

曾昞民

2013年，重庆市船舶销售产值174.8亿元，同比下降6.1%；其中船舶制造业销售产值40.3亿元，同比下降30.5%；实现营业收入33.6亿元,同比下降24.3%;实现利润1951万元,同比下降56.1%。船舶配套业销售产值134.5亿元，同比增长4.9%。

三大造船指标明显下降。2013年完工船舶46.7万载重吨,同比下降40.9%,完工船舶合同金额23.5亿元,同比下降43.9%;新承接船舶订单32.2万载重吨,同比下降33.5%,新承接船舶

订单合同金额 13.5 亿元，同比下降 51.7%；手持船舶订单量 23.2 万载重吨，同比下降 39.5%，手持船舶订单合同金额 19.3 亿元，同比下降 22.1%。

一、注重科研投入，提升创新能力

骨干船舶生产企业转变发展思路，加大科技投入，提升创新能力和企业核心竞争力。2013 年重庆东港船舶产业有限公司加大技术中心投入，按照现代化总装造船模式要求，全面推行数字化生产设计，实现壳、舾、涂一体化总装造船，11 月被认定为“市级企业技术中心”；帝力游艇公司与意大利韦尔梅设计公司签订合作协议，拟合作投资 2000 万元在重庆设立游艇研发设计院，共同设计研发系列高端游艇，将成为西部地区首家游艇设计中心；中江船业发挥新型工业化资金的带动作用，正在组建企业技术中心。

二、规范建造行为，提升建造能力

截至 2013 年底，重庆市已有 37 家船舶制造企业通过了生产能力评价。通过生产能力评价，船舶制造企业进一步规范了建造行为，提高了管理水平，加大了设施投入，改善了生产条件，提升了建造能力。中江船业建成重庆市最大龙门吊，龙门吊最大起吊能力达到 250 吨，具备了较强的分段总装能力，改建的一号船台，能同时分段合拢 6 艘 440 箱标准化集装箱船舶，生产能力由二级二类提升为一级三类；丰都船舶公司建成一座 80 吨龙门吊，具备了分段建造能力。

三、骨干企业引领，提升行业集中度

在船舶市场低迷、企业竞争加剧的情况下，以川东船舶重工、东风船舶公司为龙头的一批骨干企业依托自身良好的信誉和过硬的产品质量，不断开拓创新，寻求市场订单，发挥了主力支撑作用。船舶制造进一步向骨干企业和优势地区集中。2013 年，川东船舶重工、东风船舶公司、中江船业、泽胜造船厂、丰都航道处船舶公司等骨干企业，其工业销售产值占重庆市总量的 60%，销售收入占重庆市总量的占比超过 50%；涪陵区船舶制造业产值和三大造船指标对重庆市的支撑作用明显，其工业总产值约占重庆市总量的 70%；船舶完工量占重庆市总量的 66%；新承接订单占重庆市总量的 60%，手持船舶订单占重庆市总量的 74%。

四、培育品牌效应，提升核心竞争力

川东船舶重工注重培育品牌，成为我国中小型不锈钢化学品制造基地，船舶产品出口英国、挪威、新加坡、日本等欧美和亚洲发达国家，2013 年公司承接的出口韩国 7700 吨加油船，是中国同类船舶首次向韩国出口，表明我国在该领域已经具备与世界造船强国的竞争优势。东风船舶公司依托 2008 年建成的西南地区最大的现代化船台、西南地区最先进的船舶设计与研究中心，自行设计建造了 5 艘世界内河上规模最大、最豪华、最舒适的“黄金系列”大型邮轮。东风船舶公司已经成为内河豪华邮轮的代名词。

五、培养新的增长点，提升游艇产业知名度

2013 年重庆市游艇产业持续发展，游艇制造企业由 3 家增加到 5 家，游艇销售产值近 1 亿元，占重庆市船舶制造业销售产值的 2.5%。帝力游艇公司建造的 58 英尺、价值近千万元的游艇顺利交付艇主，是西南地区建造的尺度最长、工艺最复杂、内饰最豪华的游艇。京穗游艇公司建造游艇 259 艘，其中 30 英尺钓鱼艇出口到欧洲多国。泽胜船厂完工交付了 3 艘 33 米钢制游艇，是内河水域首艘钢制游艇。重庆远舟游艇公司成功研制生产了 20 英尺铝质游艇。重庆市游艇产业首次实现了从低端小艇到豪华游艇，涵盖以玻璃钢、铝合金、钢玻复合等为主要材料的系列游艇产品。

六、开拓非船业务，提升抵御后金融危机能力

在造船业务不景气的环境下，船舶企业通

过积极开拓非船产品业务，经济总量和新签合同金额同比大幅增长。2013年，企业非船产品销售产值18.6亿元，占船舶制造业销售产值的46.0%，成为重庆船舶制造业脱困发展的重要支撑。川东船舶重工为万州长江大桥制造的桥梁防撞装置，是国内首次自行设计制造的此类大型钢结构产品；公司预热器及其配件产品继出口沙特、土耳其、印度、印度尼西亚之后，承接了我国第一台出口南美洲国家的高端预热器产品（委内瑞拉1#）。东港船舶公司2013年开工永川长江大桥、丰都长江二桥等桥梁钢结构及海工产品2万吨。中江船业也先后与重庆建工集团等单位合作，承建了仁义沼气罐、郭家沱码头跳板、李渡火车站房屋轻型钢结构夹芯板工程、永南物流通道步桥等钢结构工程。

（作者单位：重庆市经济和信息化委员会）

生产服务业

吕立

2013年全市生产性服务业预计实现增加值2200亿元，同比增长18.9%。创意产业预计实现增加值600亿元，同比增长20%。

一、工业营销初见成效

包销工作实现预定目标。开展“下一代互联网电脑推广工程”、“西部行动” 等专项活动，出台政策明确部门和区县政府采购任务，协调落实教育系统、长安集团、烟草集团、小微企业等重大笔电采购订单。服务钢铁市场营销，结合重钢产品特点和重庆市汽摩企业用钢需求，协调重钢与庆铃、上汽依维柯红岩等车企开展用钢对接，初步促成庆铃和上依红等车企采购重钢车厢板及大梁用钢等钢材产品。

推进本地产品进入家电惠民政策目录。将重庆造电脑、打印机、空调及汽车等产品纳入重庆家电惠民政策产品类别。积极组织惠普、宏碁、东芝、美的等企业申报重庆家电惠民产品目录，享受相关优惠政策。

二、工业商务成果凸显

成功举办第十三届中国金属冶金展、第十四届立嘉国际机械展，展会面积、参会企业、签约金额创历年之最，成为全市产业专业化和市场化运作的展会典范。印发《工业和信息化展会活动内容组织导则》，对工业和信息化类展会进行管理和清理。按照市政府要求，共清理出我委牵头的市政府主办的展会、论坛及活动16项，经协调市政府后，结合重庆市具体产业现状，保留重庆汽车工业展、重庆摩托车工业展和重庆云博会三个展会项目为市政府主办。

初步建成“重庆造·全球销”门户网站和重庆市工业产成品信息库，整合全市装备制造、汽摩、电子信息、冶金建材等7大行业企业及产品信息，帮助企业拓展国际国内市场。

三、工业设计加快发展布局

开展工业设计引领转型升级指导性计划项目申报和实施工作。积极组织项目单位与国内外知名设计公司对接，鼓励采取“设计外包、购买服务”的方式，委托专业设计公司实施项目，提高产品设计水平，扩大设计产业市场规模。开展国家级及市级工业设计中心创建工作。印发《重庆市级工业设计中心认定管理办法（试行）》，启动了2013年市级工业设计中心申报。锦辉陶瓷西南日用陶瓷工业设计中心获国家级工业设计中心称号，长安、隆鑫、雷士照明、迪科等企业正加快创建市级工业设计中心。利用市工业振兴专项资金重点支持工业设计平台及产品设计项目11个，资金890万元。

牵头举办2013年“长江杯”工业设计大赛和2013国际设计周等活动。“长江杯”大赛征集参赛作品已超过5000件,其中,法国、韩国等境外参赛作品达到132件,参赛作品数量和质量位居国内同类型赛事前列。同期,将第八届“中国工业设计周”,使得重庆成为中西部地区第一个举办此活动的省市,国际设计周活动影响范围更广、专业交流特色更加鲜明。

四、开展体验中心建设

引导工业企业探索从用户角度研究消费者的行为习惯和心理偏好,以设计体验为突破口,提升工业产品设计水平,探索电子商务等现代营销模式与产品研发、展示相结合,拓展产品市场。目前,首批30个体验中心试点建设项目已建成10余个,正开展第二批试点项目申报和市级工业设计体验中心认定工作。长安公司汽车已建成2000平米设计体验中心。惠普体验中心建设推进顺利,华硕体验中心正在完善建设方案。

开展消费者行为调查。与法国EFG公司共同开展了2013重庆汽车工业展、2013重庆云博会消费者行为调查。汽车工业展完成长安商用、长安福特、东风小康、庆铃集团等车企调查问卷2000余份,通过EFG公司专业分析,给相关企业出具了详实的分析报告,为重庆车企产品更新提供了必要数据。云博会完成惠普、华硕、微软等企业调查问卷2000余份,正进行数据分析。积极引导市内传统企业开展消费者行为调查,周君记工业旅游体验中心已对30多万到访游客开展了消费者行为调查,推进了传统产品更新升级。

五、积极开展招商引资

主动出击,先后到北京、上海、广东等东部发达省份开展设计招商活动,洛可可、嘉兰图、浪尖、凸凹、海尔设计中心、日本GK等公司先后来渝考察。目前,与法国EFG初步达成在南岸建设“亚欧市场调研中心”项目的意向。

(作者单位:重庆市经济和信息化委员会)

第六编
开发区与园区建设

重庆市特色工业园区综述

刘文婷

一、2013年发展回顾

2013年，全市开发区及工业园区（以下简称园区）认真贯彻落实党的十八大和重庆市委四届三次全委会精神、推进五大功能区建设，努力推动各项工作较好开展，全面完成了既定工作目标，为园区的进一步发展奠定了较好基础。

经过十二年建设发展，全市工业园区已经构建起较为完善的"1+2+7+36"塔形架构体系。园区按照新型工业化和五大功能战略部署，紧紧围绕"差异发展、联动发展、协调发展"要求，科学规划、合理布局、统筹推进，建设发展取得显著成效。

（一）发展速度快于全市

积极应对国内外经济下行压力，园区工业稳定健康发展。2013年，园区工业投资、销售产值增速均高于全市工业平均水平。2013年园区完成工业投资2664亿元，同比增长17%，高于全市1.4个百分点；实现销售产值1.35亿元，增长21.3%，高于全市1.7个百分点。

（二）承载能力显著提升

园区基础设施快速建设，服务功能进一步完善。全市园区新增建设用地28平方公里，新增建成面积20平方公里，建成区面积累计达到447平方公里；新建道路141公里、污水处理厂5个；新建标准厂房158万平方米，累计达到1230万平方米，其中租售1130万平方米，保障了1370户中小企业入园发展需要。

（三）对外开放再创佳绩

招商引资强力推进，外资利用持续稳定。全市园区新落户世界500强工业企业8家，累计达到192家，占入渝世界500强企业237家的81%。新引进工业投资项目1300多个，协议投资超过5000亿元，其中协议引资100亿元以上的园区有两江新区、经开区、长寿经开区以及江津、永川、铜梁、荣昌、綦江、正阳等21个园区。全市园区326家外资企业完成工业销售产值4348.9亿元，增长34.2%，高出全市工业19.7个百分点。

（四）产业特色更加凸显

园区错位发展和特色发展加速推进。两江新区、西永综合保税区、经开区三大电子基地，长寿、涪陵、万州三大化工基地基本形成；北部新区千亿汽车城基本建成，鱼嘴千亿汽车城加快推进，规划建设以江津园区为中心的第三大千亿汽车城；两江新区、江津、璧山机器人，高新区石墨烯，永川与大足数控机床，垫江与巫山钟表，潼南与秀山手机，大足环保装备，万盛镁铝合金等新兴产业扬帆起航；合川与酉阳服装，武隆铸钢，涪陵、綦江、忠县与城口食品，荣昌、秀山医药，开县与梁平门业，西彭、南川与綦江铝材等传统产业日益崛起。

（五）集中度显著提高

除矿产开采外，新增工业基本向园区集中，产业集群加速形成。已构建起"5+6+800"世界级电脑产业集群，电脑产量达5500万台；汽车产量达215万辆，稳居全国第二大汽车基地；摩托车保持828万辆，占全国60%。西永综合保税区、北部新区成为千亿级园区；正阳、梁平突破百亿，百亿级园区26个，其中五百亿级园区7个，千百亿级园区支撑全市园区工业95%。

二、发展中存在的问题

从国际看，巴西、印度和南非等新兴经济体增速明显放缓，发达国家政策调整，国际地缘政策的风险等问题，都可能对我国对外贸易产生一定影响。

从国内看，企业生产经营困难问题短期内难以明显缓解，劳动力成本持续上升使企业负担加重，中小企业融资难、融资贵等问题日益凸显，产能过剩矛盾逐步从传统行业向新兴行业、上游资源类企业蔓延，持续影响企业总体经济效益。

从重庆市看，工业园区自身存在一些突出问题制约进一步发展。一是园区用地空间受限，大部分园区存在城规、土规规模受限、企业落地难等问题，亟须有序开展园区拓区工作。二是集群发展水平较低，龙头企业较少，关联企业占比不高，研发、检测、试验等平台较少，产业链条不完整，配套体系不完善，除电脑、汽车产业集群外，真正的产业集群并不多。三是园区融资偿债压力越来越大，土地质押融资全面受限，政府对平台公司举债管控从严，园区建设资金对土地的依赖依然严重，部分园区已进入还贷高峰期，园区建设和发展举步维艰。

三、2014 年发展目标

2014 年，是全面深化改革开放、建设五大功能区的开局之年。全市园区将认真贯彻落实党的十八大及十八届三中全会、市第四次党代会和市委四届三次、四次全委会精神，坚持以加快五大功能区建设为统领，以改革、开放、创新为动力，以集群、智能、绿色、和谐发展为方向，强化产业、城市、物流、生活、环保五大功能，把工业园区建成产城融合、四化同步、五位一体的现代化开发区。

2014 年，全市园区将完成固定资产投资 3000 亿元，工业增加值增长 13.5%，工业销售产值增长 15.3%、达到 1.58 万亿元，工业集中度达到 75%。

（作者单位：重庆市经济和信息化委员会）

两江新区

王博坤

2013 年，两江新区紧紧围绕国务院赋予的五大功能定位及市委市政府五大功能区战略部署，坚持高起点开放、高强度投入、高标准建设，与各行政区、功能区及开发主体紧密合作，全力攻坚，新区开发建设快速推进，各项工作再上新的台阶。

一、2013 年开发开放情况

（一）坚持质量与速度统一，基础设施建设全面提速

以鱼复、龙兴、水土 3 个工业开发区为主战场，全年基础设施建设继续保持高强度投入，重点实施 163 个项目建设，完成投资 380 亿元。一是平稳推进征地平场工作。3 个工业开发区完成征地 7.1 万亩，实施平场工程 1.3 万亩。二是加快推进主干道路桥梁建设。建成道路 61 公里，累计通车 169 公里，两江大道、方正大道、盛唐大道、渝江路、星光立交等主要道路和节点工程实现通车，两江新区骨干路网初步成型。渝万城际、渝利铁路，渝广高速，轨道六号线、会展支线和三号线北延伸段，双碑嘉陵江大桥，寸滩长江大桥，机场立交、石门立交等 4 项立交节点，悦清大道等 7 项市政道路正在加快建设，立体交通格局逐步形成。三是加快水电气讯污配套工程建设。完成龙兴园区天然气管网整体迁改，完成给排水管网迁建 104 公里；建成水厂 2 座，日供水能力从 4 万吨/天升至 24 万吨/天；建成污水处理厂 2 座，日污水处理能力从 0.6 万吨/天升至 6.6 万吨/天；建成电站 9 座，迁建电力线路 533 公里；建成通讯基站 42 座，迁建通讯管网

427公里。四是加快推进总部楼宇、标准厂房及保障房建设。全年建成厂房354万平方米、办公楼宇65万平方米。建设公租房400万平方米，安置房189万平方米，完成分房102万平方米，安置2.7万征地拆迁群众。

(二)狠抓招商和项目落地,产业集群式发展成效明显

坚持“基地化布局、垂直化整合、集群化发展”,打造产业链,提升竞争力。一是抓招商引资。同步推进汽车、电子信息、高端装备及电子商务、总部结算、大型专业贸易市场等服务业招商工作,汽车和电子信息产业基地基本成型。全年累计正式签约项目约240个，合同投资额超过1000亿元。二是抓项目落地。加大项目落地推进力度，全年累计开工和在建项目65个,实现了包括京东方、上通五、鞍钢冷轧钢生产等重大项目在内的41个项目的新开工建设;全年累计竣工投产项目34个,实现了包括莱宝新型触摸屏、超硅蓝宝石、SK正级材料、尼玛克发动机零部件等20个项目顺利投产。三是抓转型升级。推动企业加快产品升级,产业竞争力明显提升。以新蒙迪欧、翼虎为代表的一批高利润率、高技术含量产品集中投放市场,带动了汽车、电子信息、家电等产业快速增长。全年汽车产业完成产值1685.30亿元,比上年增长39%,汽车产量149.71万辆,增长30.5%。电子产业完成产值784.60亿元，增长91.2%，笔记本电脑产量2164.46万台,增长1.4倍,智能家电,电冰箱、空调产量分别增长67.3%、44.3%。

(三)充分发挥功能平台优势,内陆开放门户加速崛起

以保税港区公司、江北嘴集团、港务物流集团、悦来集团等4家企业划转两江新区管理为契机,在确保企业平稳过渡的情况下,加快4大片区建设,推动金融、保税、物流、会展等功能充分发挥。一方面,功能平台硬件建设加快推进。江北嘴开工建设金融楼宇420万平方米，金融城轮廓线已初步展现；保税港区启动建设5万平方米综合性展示交易中心，为保税商品展示打下良好基础;果园港正式开港运营,形成了集装箱40万标箱、件散货300万吨、商品滚装车50万辆的吞吐能力，中国内河最大水港初具规模。国际博览中心16个场馆全部建成投用,悦来生态城完成征地总量的86%。另一方面,功能平台聚辐作用逐渐显现。保税港区全年实现进出口总额180亿美元，同比增长17.8%,进出口外贸集装箱31万标箱,海关监管货物货值达250亿美元;保税商品展销业务开展试运营,50余家企业入驻，销售商品涵盖汽车、酒类、食品、医疗器械等3000余种;非国产货物进境入区维修、集散分拨中心、跨境贸易电子商务服务等投入试运行,加快推进进口肉类指定口岸、进口水果指定口岸的基础设施建设和检测设备安装。国博中心成功举办第十三届中国金属冶金展、渝洽会、重庆车展等13个展览，展出面积达85万平方米，实现收入5700万元。港口货物吞吐量稳步提升,完成集装箱吞吐量81万标箱，成为长江上游和西部地区江海联运的物资集散地。

(四)大胆探索先行先试,政策及体制机制创新逐渐破题

一是顶层设计和政策争取力度显著加大。在市政府支持下，争取国家海关总署和商务部等部委支持，积极推进深化内陆开放高地建设的“10+1”举措;依托国家生产力促进协会,完成了内陆自由贸易园区建设申报课题；争取国家发展改革委支持，拟定了部际联席会议制度方案。二是国家重大改革试点加快推进。争取国土资源部支持，继续对新区土地实行征转分离和低丘缓坡试点,有效缓解了新区土地瓶颈问题;争取商务部支持，开展国家现代服务业综合试点,每年补贴3亿(共3年),促进了新区现代物流、电子商务、信息服务等现代服务业发展,同时,获批开展中西部唯一的商业保理试点;争取建设部支持,开展全国智慧城市建设试点。三是加快推进行政管理体制改革。积极协调市人大常委会审议通过《关于两江新区行政管理有关事项的决定》,明确了直管区域范围,以地方性

法规形式对两江新区管委会及职能机构、市级部门派驻机构进行授权，为完善新区行政管理体制和加快开发建设提供了法治保障。设立财政金库，并适当调整财税收入解缴方式。推行大部制和扁平化管理，整合招商团队，将原有15个招商板块减少为10个，充实做强鱼复、龙兴、水土三个工业开发区，进一步理顺了管委会、集团、开发区的关系。

（五）深化行政审批改革，营造国际化政商环境

秉承精简、高效、便捷的服务理念，简政放权、提速增效，一站式审批职能得到有效发挥，全年行政审批事项办结率达99.8%。一是积极对接市级审批管理权限下放。出台《关于向两江新区下放市级行政审批等管理事项和权限的决定》，下放行政审批等管理事项和权限283项，通过审批流程再造，实现"常事快办、特事特办、急事急办、难事帮办"。二是创新推行新型审批服务。在全市率先开展工商登记制度改革试点工作，对招商引资企业实施先照后证、资本认缴、一址多照和一照多址制度，建立"宽进严管"的市场准入制度；在项目建设管理领域，按照部门审批"互不为前置"要求，探索开展园区前期准备工作和部门实质审查提前介入、并行办理，入园企业反应良好。三是建立健全"绿色通道"服务机制。出台《两江新区行政审批绿色通道服务实施意见》以及企业注册登记、项目建设管理并联审批、建设项目"一费制"和"联合竣工验收"等"1+4"绿色通道服务制度，创新25条优化措施、7项服务机制。牵头开展提升效能服务市场主体发展专项行动，建立完善"服务专员"代办制度，开展"服务专员"提前介入、专人负责、全程协办的一条龙保姆式服务。全面推行政务公开，建立完善行政审批项目库。

（六）调结构保增长，主要经济指标稳中有进

2013年，两江新区经济发展总体步伐加快，先进制造业快速增长，现代服务业迅猛发展，利用外资结构优化，工业占比超过六成，发展态势日趋向好。2013年，全年完成GDP1650亿元，比上年增长16%；工业总产值3569.52亿元，增长32.8%；固定资产投资总额1367.5亿元，增长10.2%；社会消费品零售总额755.04亿元，增长11.2%；公共财政预算收入223.94亿元，增长17.2%；进出口总额305.14亿美元，增长43%；实际利用外资31.71亿美元，实际利用内资1010亿元。

二、发展中存在的问题

一是发展速度与期待有差距。经济下行、投资低迷的影响短期内难以扭转。二是重大改革创新破题不多。与上海浦东、天津滨海等新区相比，金融改革、科技创新、行政职能转变等体制机制还有较大探索空间。三是重大产业项目引进乏力。具有国际影响、行业引领性的国家级重大项目还比较少。四是区域发展不平衡问题显现。受资源环境的刚性约束，处在都市核心区范围内的成熟地区的增长空间有限，面临较大的转型压力。处在都市拓展区的开发新区尚未形成有力支撑，新区对全市经济总量贡献有限。

三、2014年工作重点

2014年两江新区工作的总体要求是"保增长、抓改革、强投资、出亮点"。保增长就是要全面发挥两江新区在全市功能区发展战略中的龙头带动作用，全力以赴推进开发建设，确保主要经济指标增速高于全市50%以上。抓改革就是要紧扣贯彻党的十八届三中全会精神，在全面深化改革上积极探索两江实践，推动5个方面40条改革事项，着力增强改革动力，释放改革红利。强投资就是要继续加强投资力度，推动政府投资和社会投资齐头并进，力争形成产业投资、地产投资、基础设施建设投资的4:4:2格局。出亮点就是要加快推进江北嘴、保税港、悦来、礼嘉、果园港、水土、鱼复、龙兴等重点片区开发，实现两江新区发展水平、聚辐功能、城市面貌、开放形象、政务环境5个明显提升，全面展示出国家级新区的初步形象。

2014年两江新区的工作重点：

一是加快发展，在落实全市五大功能区战略上取得突破。深入贯彻落实市委市政府关于科学划分功能区域的战略部署，充分发挥两江新区的龙头带动作用。

二是深化改革，在重大政策创新上取得突破。全面贯彻落实党的十八届三中全会精神和市委《2014年重庆市全面深化改革重点任务》各项部署，以加快两江新区发展为总目标，坚持问题导向、项目导向、需求导向，坚持整体推进与重点突破相结合，解放思想、大胆探索。

三是夯实功能，在内陆开放上取得突破。积极争取融入丝绸之路经济带、21世纪海上丝绸之路经济带和长江经济带建设。发挥开放引领和改革示范作用，加快打造内陆开放门户。加快推进申报自由贸易试验区前期准备工作，积极争取放宽金融、教育、文化、医疗等服务业领域外资准入限制试点，争取放宽汽车、新能源、通用航空等一般性制造业的股比限制。

四是招商引资，在重点产业发展上取得突破。继续加大工业招商引资力度，以增量促结构优化，以集群为导向推动现代制造业基地建设。

五是加大建设，在城市基础设施配套上取得突破。以完善区域骨架路网、公共服务、能源保障、市政设施为重点，进一步增强新区配套能力、承载能力。

六是强化风险管控，做好投融资稳控平衡。抓好投融资平衡工作，确保债务风险可控。按照"债务要有数、规模要有度、债务要分类、管理要有规、用债要有方、结构要调整、偿债要有责"的总要求，创新融资渠道，构建银行贷款、保险、上市企业债等多渠道融资体系，确保两江新区在大开发阶段的资金需求。

七是精简高效，在提高行政效能上取得突破。遵循市场规律，在市场准入、行业管制等领域加大改革力度，让政府、市场和社会各归其位、协调运行。

（作者单位：两江新区管委会）

北部新区

邓爽

一、2013年发展回顾

2013年，北部新区党工委管委会在市委、市政府领导下，认真学习贯彻党的十八大和十八届三中全会、习近平总书记系列重要讲话、市委四届三次全会精神，立足北部新区功能定位和发展实际，牢牢把握科学发展主题和转变发展方式主线，真抓实干、积极作为，统筹推进开发建设、经济社会发展和党建各项工作，取得了经济快速发展、城市日益完善、民生持续改善、社会安全稳定的优异成绩，圆满完成了各项目标任务。全年地区生产总值实现480.7亿元，比上年增长19.5%，工业总产值实现1331亿元，比上年增长32.8%，社零总额实现156.4亿元，增长20%，全社会固定资产投资实现311亿元，增长20.6%，区域税收收入实现216.8亿元，增长26%，地方财政收入实现66.6亿元，增长9.8%，地税、国税税收规模全市第一，进出口总额实现33亿美元，增长33.1%，实际利用内资70亿美元，增长16.7%，实际利用外资12.96亿美元，国资公司总资产迈上500亿元大关，工业利润同比增长146%，每度电、每方气产出分别是全市平均水平的5倍、100倍以上。

（一）招商引资

2013年，全年实现合同外资1.26亿美元，同比下降90.5%。实到外资12.96亿美元，同比下降7%，但仍位列全市第三。全年实际利用内资70.21亿元，同比增长17%。长安福特重庆发动机项目、力帆发动机扩能项目、蒂森克虏伯激光拼焊项目、重庆机电股份公司项目、NEC、腾讯、神州数码、宜家家居卖场等一批重点招商项目进展顺利。

(二)产业发展

2013 年，全区实现第二产业增加值 317.64 亿元，增长 21.5%；第三产业增加值 163.10 亿元，增长 15.9%，第二产业和第三产业增加值比重为 66:34。第二产业对新区经济增长的贡献率为 72.4%，拉动经济增长 14.1 个百分点；第三产业对新区经济增长的贡献率为 27.9%，拉动增长 5.4 个百分点。全区产业发展体现出四个特点：一是工业经济再创新高，汽车产业贡献突出。全年实现工业增加值 283.61 亿元，比上年增长 22.4%，对全区经济增长的贡献率为 67.7%，拉动经济增长 13.2 个百分点。汽车产销两旺，产值首次突破千亿大关，达到 1164 亿元，同比增长 34.8%，对工业增长的贡献率达 78.6%。全年生产整车 77.9 万辆，其中轿车 55.9 万辆，分别占全市的四成和五成。二是服务业发展势头良好。全年实现社会消费品零售总额 156.4 亿元，同比增长 20%；实现商品销售额 500.3 亿元，同比增长 34.5%；实现增加值 17.1 亿元，同比增长 23.4%；实现税收 15.1 亿元，同比增长 76.2%。商贸服务业新增 4 家大型商业体，顺利推进宜家项目建设。金融服务业新增 26 家金融机构；金融行业税收增长 50%，实现 15 亿元。软件及信息服务业总收入全市第一，达到 510 亿元，引进了腾讯、神州数码、NEC 等领军企业，提升了我区作为重庆软件及信息服务产业基地的实力。新增了中电投、九龙电力、华帝御豪等 3 家总部企业，重庆机电财务也正式迁入，全区现代服务业总部累计 36 家、注册资本 169 亿元。三是经济外向度有新的提高。实际利用外资 12.96 亿美元，连续 3 年超过 10 亿美元，占两江新区半壁江山。进出口实现了 33%的高增长。四是创新资源有新的集聚。长安福特研发中心、中船重工重庆研究院等签约，高技术服务产业基地开工，全区高新技术企业总量达 123 家。

(三)服务企业

2013 年，全区深入持续推进优化发展环境工作。区委领导直接联系区内重点企业 30 余家，及时了解企业的生产经营状况，对收集到的 136 个问题，在定时间内解决和回复，确保企业反映问题“事事有回音、件件有落实”。坚持开展企业来文专项督办工作，全年共回复企业来文 387 件，回复率达到 100%，企业满意率达到 97.6%。2013 年 9 月，管委会成立了北部新区产业楼宇企业服务管理工作领导小组，负责统一领导、统筹协调入驻产业楼宇企业服务管理工作，专题研究了优化北部新区产业楼宇标识导视、餐饮、乘车、停车等问题的工作方案，积极解决“找路难”、“吃饭难”、“乘车难”、“停车难”等热点难点问题。为帮助区内企业解决“招聘难”问题，组织区内 81 家企业，共 3000 多个岗位赴重庆大学、西南大学、邮电大学和理工大学举行专场招聘，共收到求职简历 7000 余份，取得良好成效。启动实施 “楼宇库”、“企业库”、“资源库”和“公共服务信息平台”建设和园区服务管理与产业展示平台建设工作，力争 2014 年基本建成“三库、一平台”，同时对北部新区 5 个国家级产业基地进行集中展示，逐步搭建园区企业交流、展示等线下公共服务平台。2013 年 5 月，长安福特供应商敏特公司遭受火灾，全面停产，管委会立即开辟绿色通道，对企业急需解决的道路整治、厂房搬迁、通关手续等特事特办，帮助敏特公司 10 天即恢复生产，重庆敏特汽车零部件有限公司专程给管委会送来“大火无情人有情，助人为乐显真情”的锦旗和感谢信。2013 年，全区上下在改进工作作风、提高行政效能、提升服务质量、优化发展环境的工作目标上迈出了坚实步伐，获得了良好的社会效应。

(四)城市建设

全年全社会固定资产投资 311.02 亿元，比上年增长 20.6%。其中，基础设施项目全年完成投资 16.05 亿元，建设道路 109 公里，建成 32 公里，基本贯通金通大道，全线施工金海大道，礼嘉商务区路网工程、重庆火车北站综合交通枢纽工程等全面铺开建设，推进14座立交桥建设，建成星光立交、沙井湾立交。人和高级中学、人和花园小学、金溪初级中学、民安小学、区一院门诊综合楼、两个街道卫生服务中心、礼嘉敬老院扩建工程等一批民生项目进展顺利，民心佳园农贸市场、儿童医院项目等建成投用。完成照母山森林公园景观提升，新建成金山公园、金山社区公园、火凤山农耕园、火凤山交通园、人和园、颐和生态园、光能森林公园、竹林公园、江与城体育公园等9个公园绿地，面积2874亩。累计建成公园绿地44个，面积22374亩。全区森林覆盖率37%，绿地率39.9%，人均公园绿地24.7平方米，处于全市领先水平。

(五)社会治理

全面推进平安新区建设，疑难信访问题、重大矛盾纠纷化解率达分别达89%、92%、98%。全力维护特殊敏感时期全区政治大局稳定，重点打击影响新区经济社会发展的各类刑事案件，整治了11个治安重点地区，公安工作列全市第5、主城第1，群众安全感主城第2。强力推进“打非治违”专项行动，未发生较大以上安全生产事故。新创全国安全社区1个，创建消防安全示范社区24个。积极创建和谐街道、和谐社区，在全市率先探索建立区级示范单位创建机制，累计创建全国和谐示范街道、示范社区各1个，市级示范街道、示范社区15个，和谐社区创建工作居全市前列。充分发挥群团职能作用，工青妇慈等群团组织积极主动参与社会治理创新，促进了社会和谐稳定。

(六)民生和谐

社会保障。全年就业再就业培训3072人，登记失业率为1%，发放各类就业补贴2509万元、小额贷款2196万元，发放创业补贴50万元，扶助300人成功创业，累计带动就业1000人，“荟茗茶文化”创业项目获市二等奖。全年“五险”均超额完成市级目标任务，推行单位部分参保业务下沉街道办理，将金保专线连通至28个社区，在全市率先开展并实现99%的参保单位网上征缴，各街道就业社保服务中心建设全面达标，基本实现企业和群众就近就地享受社保服务。在全市率先实现辖区工业制造类大中型企业调解组织组建率100%，受理劳动争议仲裁案件728件，受理工伤认定申请1812件、劳动能力鉴定申请534人次，非标准工时工作制度审批219件、集体合同备案1042件。新创国家级减灾示范社区2个，慰问各类对象8419人次、378万元。成立一年以上社区创建区级合格社区率达100%，走在全市前列，成立一年以上的25个社区服务站全部安装了“中国社区”标识。人和街道就业社保平台、北部新区社会保险局分别成功创建国家级、市级优质服务窗口。

基础教育。紧紧围绕打造“名师名校名校长”工程，以“教育质量提升”为主题，合力推进教育优质、优先、优化发展，努力把教育事业发展成为与新区作为重庆的“宜居城市示范区”相一致的“优质教育示范区和展示区”。2013年，顺利通过义务教育均衡发展重庆市和国家督导评估认定，办学基本条件、校际差异系数，公众满意度居全市第一，新区财政全额保障教育需求，投入“不设上限”，学校建设同等标准、设施设备同等配置、师资同等条件、入学享受同等机会，成为全市义务教育均衡发展的示范和引领。完成《北部新区教育设施布点规划》编制，教育用地总量扩展到4173.6亩，可满足新区120万规划人口入学需求，深入推进优质学校建设，启动12所学校建设工程，项目计划总投资19.9亿元，完成政府投资4亿元，制定开发小区配套学校建设标准和移交协议，开发企业建校移交工作有序进行。校舍校地权证办理工作顺利推进，公办学校办证率居重庆市各区县之首，成为全市经验并得到教育部督导专家高度评价。出台《关于进一步提高基础教育质量工作的意见》，落实《北部新区中小学教学管理基本规范》，形成教育教学质量保障制度体系。中小学功能室和信息化建设投入专项经费1376万元，提前一年实现《重庆北部新区中小学教育信息技术与装备“十二五”规划》各项任务，功能室建设和使用管理经验在全市推广。严格执行2013年义务教育阶段学校招生工作相关要求，全区义务教育阶段新生入学率100%，巩固率100%，进城务工人员、公租房子女、转户人员等三类群体学生的受教育权利充分保障。新区师生获得各级各类国家级奖项238人次，市级奖项1282人次。人和小学“内置无线网卡设置”获得国家专利，经开育才中学获得市级化学赛课一等奖，星光小学获第三届全国绿色运动健身大会跳绳比赛金奖、第八届中国青少年艺术节钢琴专业总评选银奖。

医疗卫生。启动北部新区第一人民医院门诊综合大楼、第二人民医院新址建设项目，礼嘉社区卫生服务中心投入使用，康美(原大竹林)社区卫生服务中心完工，人和、鸳鸯社区卫生服务中心启动建设，管委会投入5000万元，为各医疗机构配置设施设备，极大地改善区级医院的技术装备条件，更好地满足群众不同层次的需求，“区级综合医院、街道社区卫生服务中心、社区卫生服务站”三级卫生服务网络雏形基本形成。区属四所公立医疗机构全部实现基本药物上线交易，并对今年正式实施的2012年版国家基本药物目录520种及市级增补目录310种，全部实行了“零差率”销售，两所区级综合医院基本药物配备使用品规数和销售额比例均在40%以上，基本药物销售额达2590.97万元，让利群众388.64万元。全年公共卫生服务共计投入535.98万元，印制发放各种宣传资料23.5万份，建立居民健康档案99325份，60岁以上老年人健康体检2604人，高血压患者健康体检1371人，重性精神病患者健康管理135人，“四苗”全程接种率98.5%，“两癌”筛查8672人，叶酸发放423人，孕产妇“艾梅乙”三项检查1558人，人和街道汪家桥社区卫生服务站通过重庆市示范化预防接种门诊验收。

文化体育。启动新区体艺中心、礼嘉街道文化中心建设，建成翠云街道文化中心投入使用，新区首批10个社区文化室标准化建设全部完成并通过市级验收。北部新区社会发展局荣获国家体育总局“全国群众体育先进单位”荣誉称号，1名同志被评为“全国群众体育先进个人”。人和街道勇夺全市第五届社区运动会羽毛球团体冠军，天宫殿街道获得健身操舞第三名，新区选手在全市“市民学校”青年羽毛球比赛中获得女子单打冠军；新区足球协会成功组建，金山小学、礼嘉中学成为新区首批市级青少年足球俱乐部；强化社会体育指导员培训，国民体质监测合格率达93.7%，社区健身路径向“全覆盖”目标稳步迈进。新区现有各类文体团队148支，人和摆手舞、大竹林威风锣鼓、天宫殿腰鼓等文化品牌深受喜爱，“专业文艺院团送演出到基层”文化惠民形成机制，《毛泽东词》、《向云天》、《风景线》等书法、美术、摄影作品在全市联展中分获二等奖和三等奖，开展“文体活动促和谐”课题调研。做好市级文物蹇义墓原址保护和区级文物王家大坟石刻建筑群搬迁保护的前期工作，协调于学忠将军旧居保护，完成文物系统安全大检查、汛期文物安全工作检查、开发建设中文物保护情况检查和金海大道道路及配套工程涉及文物遗址保护，完成第一次可移动文物普查工作，启动市、区级文物保护单位划定保护范围暨设立标识说明工作。

(七)环境保护

成立了北部新区环保五大行动领导小组，领导小组办公室下设“督查考核”、“蓝天”、“碧水”、“宁静”和“绿地田园”行动五个推进组，建立健全环保“五大行动”各部门齐抓共管的工作机制，制定了《生态建设与环境保护协同推进工作实施办法》、《加强环境噪声污染防治管理实施细则》、《大气环境质量持续改善实施细则》、《次级河流污染整治巩固工作实施细则》、《工业企业环境保护管理实施细则(试行)》等长效机制。

“蓝天行动”。建立健全大气污染管理机制，编制了北部新区大气环境质量持续改善实施细则、北部新区蓝天行动实施方案等。2013年全区空气质量(AQI指标)达标天数为168天。

“碧水行动”。开展城市污水管网普查，全面清理次级河流、湖库污水排口，开展污水排口整治，全年排查管网292公里、161条管线。完成辖区14个湖库的污染调查,编制完成“一湖一策”整治方案。加强污水整治力度,完成盘溪河一期综合整治工程,建成九曲河污水处理厂配套管网10.2公里,规范处置城镇污水处理厂污泥。

“宁静行动”。建立健全噪声污染管理机制,编制了北部新区宁静行动实施方案及交通噪声、固定声源噪声、社会生活噪声、建筑工地噪声、工业企业噪声等防控整治方案。创建两个市级安静小区。目前,环境噪声监测平均值为52.4dB(达标)。

“绿地田园行动”。精心编制“绿地田园行动”实施方案,落实目标任务,明确责任,2013年新建绿地14.98万平方米,改建绿地3.2万平方米。

二、2014年发展目标

地区生产总值553亿元,增长15%;规模以上工业总产值1480亿元,增长13%;固定资产投资392亿元,增长26%;商品销售总额610亿元,增长22%;社零总额195亿元,增长25%;公共财政预算收入73亿元,增长11%;进出口总额34.1亿美元,实际利用内资73.5亿元,实际利用外资13亿美元。

(作者单位:北部新区管委会)

万盛经开区

唐煜斌 杨杰

一、2013年发展回顾

2013年,是万盛历史上项目建设最多的一年,是发展速度最快的一年,是百姓受益最大的一年。这一年,在市委、市政府和党工委的坚强领导下,园区围绕“转型发展、富民兴区”主线,大力实施“3·15”发展战略,以“稳中求进、进中求快、快中求好”为总基调,精诚团结、实干苦干,推动经济驶入提速发展轨道。全年实现地区生产总值86亿元,同比增长18%;地方财政收入18.2亿元,同比增长21.1%;工业总产值106.1亿元,同比增长27.6%;社会消费品零售总额30.6亿元,同比增长23.4%;全社会固定资产投资80.8亿元,同比增长68.3%;城镇居民人均可支配收入、农民人均纯收入分别达18496元、9486元,分别同比增长14.2%、15.4%。

(一)科学划分功能区域

根据市委四届三次全会精神,进一步深化完善“3·15”发展战略,把建设全市煤电化工基地、新型材料基地、生态旅游度假基地和渝黔合作先导区作为在全市实施五大功能区发展战略中的主攻方向,并结合实际明确万盛区域功能定位。划分三大经济发展区。着眼区域优化布局,将全区划分为中部城市经济发展区(包括万盛街道、东林街道全域和万东镇、南桐镇、黑山镇部分区域)、西部及南部工业经济发展区(包括万东镇、南桐镇处于绕城环线以外区域和关坝镇、青年镇处于万梨公路沿线及以西区域)、东部及北部生态旅游经济发展区(包括黑山镇、石林镇、丛林镇、金桥镇全域和关坝镇、青年镇处于万梨公路以东区域)。优化重点产业布局。着眼集群化发展,工业按“一轴、三园、五大产业”布局,打造千亿工业;旅游按“一环、两区、若干主题景点”布局,推进全域旅游;现代商贸服务业按“三大体系、四级商圈、五大特色”布局,实现商旅融合;农业按“一园、四产、八特色”布局,促进农旅互动。明确镇街主体功能。着眼差异化定位,万盛街道、东林街道定位为中心城区城市功能核心区,建设旅游城、运动城、宜居城;万东镇定位为中心城区城市功能配套区,建设宜居宜业新城区;南桐镇定位为中心城区产业功能承载区,建设重庆产城融合示范镇;黑山镇、石林镇定位为旅游产业主要承载区,建设国家级旅游度假区;关坝镇定位为重庆煤电化工产业集聚区,建设渝南黔北工业重镇;青年镇定位为城乡统筹示范区,建设渝南黔北旅游文化名镇;丛林镇定位为城市北部拓展区,建设重庆特色旅游城镇;金桥镇定位为农旅融合示范区,建设全市生态农业和养老休闲基地。

(二)重点产业增势强劲

积极应对复杂的宏观经济形势,开拓创新、精准发力,三次产业齐头并进。工业经济快速增长。着力扩总量、育支柱、调结构,工业总产值迈上百亿台阶,达106.1亿元。完成工业投资33亿元,同比增长103.83%。扎实推进62个工业项目建设,在建项目总投资首超百亿,达102.1亿元。南天门风电场、220万套汽车玻璃、盛镁镁合金深加工等9个续建项目全面推进,中色永磁新材料、多普泰GMP技改等12个新建项目全面开工,神华国能电厂、南桐低热值煤发电等10个前期类项目进展顺利。煤炭采选业占规模以上工业比重下降9.8个百分点,工业转型升级步伐明显加快。全年实现工业增加值40.6亿元,同比增长18.3%。旅游商贸蓬勃发展。旅游开发提速,黑山谷"6·24"灾后重建高质高效完成,黑山谷景区荣膺全国最美森林景区称号;旅游地产新开工面积达60万平方米,竣工22万平方米,完成销售16.65万平方米;南门污水处理厂和天然气一期工程建成投用,黑山供水厂、羊喝坪水库、八角污水处理厂动工建设。全年完成旅游投入10.4亿元。旅游营销升级,成功举办"万盛旅游形象大使"选拔赛等14个节会活动,在主城5大商圈、泸州等9个城市开展旅游及旅游地产推介,实现境外团队接待零的突破。旅游市场红火,来区游客大幅增加,全年接待游客712.8万人次,旅游综合收入35.6亿元,分别同比增长7.4%、9.2%。商贸繁荣旺盛,大力发展特色商贸业和现代物流业,新增27户限上商贸企业;举办节庆活动拉动人气商气提升,消费市场活跃,批发零售业销售额、住宿餐饮业营业额分别同比增长38.2%、40%。现代农业提质增效。加速打造现代农业园区,编制完成《万盛现代农业园区总体规划》,加快建设5大万亩级特色农产品基地,新发展茶叶、方竹笋、猕猴桃、花椒、经果林2万亩。加快产业化发展,农产品"三品"认证达25个,龙头企业达28家。顺利通过国家级"方竹笋栽培"标准化示范区验收,成功申报国家级"万亩优质稻"标准化示范区建设。大力推进全国乡村旅游示范区创建,黑山八角小城被认定为全国休闲农业与乡村旅游示范点,"五和梨花节"等5个镇级农业旅游节会成功举办。农村经济总收入40.1亿元,同比增长13%。

(三)发展基础夯实提升

着力夯基础、搭平台,万盛大开发、大建设格局逐渐形成。工业园区快速拓展。园区规划面积拓展到10平方公里(远期28平方公里),千亿工业支撑平台逐步构建。投入7亿元,实施4600亩工业园区征地拆迁,开工3600亩工业用地场平,园区建成面积4平方公里,在建面积3.5平方公里。园区入驻企业41户,产值达60.2亿元。城市建设提速推进。绕城公路进展迅速,万盛大道南延线、东城大道南北延线、羽毛球雕塑至职中段建成通车,中心城区"四横三纵"的路网骨架基本形成。城区完成房地产开发投资12.71亿元,同比增长137.1%;商品房销售面积52.22万平方米,同比增长97.3%,创历史新高;新开工房屋面积55.1万平方米,竣工41.8万平方米,地产开发面积达170万平方米。深入实施"五创",全面启动两河四岸综合整治,扎实开展集中拆除违法建筑行动;投入1400万元,加强道路、路灯、观景平台等市政设施建设;建成公共自行车取放点11个,投放公共自行车220辆。行政服务中心、规划展览馆基本建成,游泳馆正式开建,城市功能逐步完善。要素保障显著增强。全年争取土地指标3030亩,落实项目建设用地5050亩。南万高速建成通车,三万南铁路、关坝支线铁路全面开建,青山湖二期快速推进,鲤鱼河引水工程全面启动,长期影响万盛发展的交通、用水瓶颈制约得到有效缓解。开投集团资产总额达150亿元,成功发行债券13亿元,实现融资

19.3亿元；全年增加金融机构3家，存贷款余额突破181.6亿元，金融支撑能力明显提升。设立500万元人才专项资金，引进优秀人才150余人，人才保障得到强化。

(四)改革开放深入推进

着力深化改革、扩大开放，经开区体制优势不断显现，活力不断增强。重点领域改革启动。为充分发挥"经开区+行政区"体制优势，经反复调研、深入论证，出台《关于改革完善经开区运行机制的意见》，启动政府机构、行政审批、行政执法、经济管理和财政体制等重点领域、关键环节改革。招商引资成效显著。全年引进重大项目32个；实际利用区外资金40.5亿元，同比增长78.8%，创历史新高。其中，引进投资50亿元的神华国能电厂、投资30亿元的南桐低热值煤发电、投资15亿元的耀皮建筑节能玻璃等工业项目10个；引进低空通用机场、太空风洞、室内滑雪场等旅游项目8个。对外合作不断深化。强化与市级部门的合作，加强与重庆大学等重点院校、权威科研机构的联姻，强化与高新区、两江新区等在城市建设、产业发展等方面的交流，加强与周边区县在基础设施和能源产业上的合作，努力推动基础共建、产业互动、资源互利、市场共享。

(五)社会民生大幅改善

高度重视民生福祉，财政投入民生资金11.8亿元，占公共财政预算支出的55%。社会事业全面发展。"义务教育发展基本均衡区"顺利通过国家验收，49中提档升级、进盛中学改扩建正式启动。三甲医院建设有序推进，完成7个镇街卫生院改扩建，人口自然增长率3.47‰。文化馆、图书馆实现全功能免费开放，图书馆创建为国家一级馆，海孔抗战军工遗址群成功申报为全国重点文物保护单位，成功举办第二届羽毛球旅游文化节等25项重大文体活动。启动科技创新战略，新培育高新技术企业2家，高新技术企业产值达8亿元，同比增长166.7%。民生保障明显增强。设立4500万元专项资金，出台10条扶持政策，开展全民创业就业行动。发放小额担保贷款8236万元，同比增长43.7%；新增市场主体2608户（其中微企654户），新增城镇就业7778人，城镇登记失业率2.67%，为历年最好水平。"五险一金"扩面提标，发放城乡最低生活保障、医疗救助等社会保障救助资金5909万元，惠及群众28.2万人次。启动社会福利中心建设。建成4634套、26.7万平方米保障性住房；筹措5.8亿元启动采煤沉陷区受损农房治理，投入2.7亿元实施2503户、37.3万平方米AB级危房维修加固，启动37.5万平方米CD级危房改造。建成关坝等5镇集中式供水厂，完成15个行政村农村环境连片整治。建成农村公路通畅工程100.17公里，创历史新高。社会管理不断加强。顺利完成村(社区)"两委"换届选举。健全社会治安防控体系，夯实安全生产基础，全年无重特大事故发生。扎实开展矛盾纠纷排查调处，重要会议、重大活动期间无一人到市进京非访。大力开展市民素质提升行动，查处10种违法违规不文明行为，成立120支志愿者服务队伍，开展2万人次志愿服务行动。其他各项工作也取得新成效。

二、发展中存在的问题

万盛发展的基础还不牢固、底子依然较薄，"属于不发达地区、处于不发达阶段"的基本区情还未根本改变。一是经济运行不稳定，抵御市场风险能力差。二是产业发展不均衡，第三产业在经济总量中的占比较低，消费对经济增长的贡献不足。三是要素保障不充分，资金、土地等资源捉襟见肘。四是居民收入增长与经济增长不匹配，群众共享发展成果的水平还有待提升。

三、2014年发展目标

2014年是全面贯彻落实党的十八届三中全会精神和深入推进我市五大功能区建设的开局之年，也是万盛经开区转型发展"上台阶"的关键之年。万盛将围绕"转型发展、富民兴区"主线，深入实施"315"发展战略，以"全面发力、上档升级”为总基调，以改革统领经济社会发展全局，进一步打好“转型牌”和“体制牌”，着力加快速度、做大总量、优化结构、改善民生，积极探索资源型城市可持续发展有效路径，全面加快“三大经济发展区”建设，确保GDP迈上百亿台阶，促进经济持续健康发展、社会和谐稳定。

2014年经济社会发展的主要预期目标是：地区生产总值增长16%(力争18%)，地方财政收入增长20.6%，工业总产值增长33%，全社会固定资产投资增长45%，社会消费品零售总额增长18%，城镇居民人均可支配收入增长16.5%，农民人均纯收入增长17%，城镇登记失业率控制在3%以内。

(作者单位：万盛经济技术开发区)

长寿经开区

刘柏林

2013年，长寿经开区在市委、市政府和区委、区政府的坚强领导下，面对国内外工业经济下行压力，狠抓创新驱动和集群发展，各项经济发展指标均实现较大突破，经济运行保持了稳定增长的良好势头。

一、2013年发展回顾

规模以上工业企业实现产值586亿元（含电力产值36亿元），同比增长16%；完成固定资产投资183亿元，同比增长8%；完成税收13亿元，同比增长18%；实际利用外资4.07亿美元，连续三年位居全市四个国家级开发区之首；完成外贸进出口额11.12亿美元，同比增长40%；新签约项目21个，协议引资329亿元。

(一)产业招商成效显著

外引内联，成功引进总投资170亿元的FINEX项目、投资63亿元的醋酸一体化项目等，新签约项目共计21个(实际23个)，引进世界500强4家，协议引资总额达329亿元(实际356亿元)。石油化工、装备制造产业集群稳步推进。

(二)产业结构不断优化

四大产业结构性占比小幅变化：化工、钢铁、新材料、装备制造分别完成产值135亿元、284亿元、59亿元、64亿元，同比分别增长5.46%、12.75%、37.94%、35.69%，产值占比为25:52:11:12。与2012年相比，化工、钢铁产值占比下降2个百分点，装备制造、新材料产值占比上升2个百分点。医药、其他产业发展势头趋好：医药板块逆势上扬，博腾等5家企业产值超10亿元，斯泰克、飞腾、鼎联、睿哲等一批医药企业即将投产，成为新的亮点。除四大产业外的其他规模企业完成产值4.33亿元，同比增长62.17%。

(三)企业生产经营总体平稳

2013年新增投产企业13户，新增规模企业19户，新增10亿以上产值企业2户，投产企业累计达169户。经济总量快速增长：重点企业支撑作用凸显，12户10亿级企业完成产值436亿元，产值贡献率达74.5%。重钢船板钢产销量全国第一，环松科技全地型车销量北美市场居第六，正新橡胶日产轮胎达2万条以上，小康汽车产值一举突破20亿元大关。经济效益明显提升：重钢集团被确定为首批国家级知识产权优势企业，钢铁制造流程研发技术、锅炉钢管性能控制与节能技术顺利转产；川维VAE技术升级及锅炉脱硝、国复玻纤输配系统改造等一批重大技改项目顺利实施；紫光节能改造及甲醇钠MVR精馏一期改造、达尔凯锅炉高压风机变频改造等20余个节能项目按期完工，企业实现扩产、降本、增效。工业产出强度超60亿元/平方公里，单位能耗降至4.10吨/万元，单位新鲜水消耗降至48立方米/万元。

(四)重大项目建设推进顺利

新开工重大项目21个，建成投产项目13个;开工面积25万平方米,竣工面积20万平方米;重大项目完成投资162亿元,全年完成固定资产投资183亿元。市级重大项目:协助完成巴斯夫项目建设审批手续，主体结构完成90%以上,设备安装完成50%以上;完成化医热岛、甲醛、硝酸等配套项目建设审批手续,项目建设加快推进;亚太纸业项目完成可研、总平布局及部分长周期设备订购，取得袁家沱码头前期工作函;BDO、醋酸一体化项目已取得3个分项目核准,启动平场,到位项目注册资本金1800万美元。区级重大项目:中橡炭黑、远嘉矿业等13个项目按期投产,怡能钢管、三杭电梯、紫光氰化钠等项目实现当年开工、当年投产。斯泰克、新崛物流完成主体建设,中远化工、昊华再生资源设备安装完成60%以上。

(五)生产要素保障有力

资金保障方面,千方百计筹集资金63.38亿元,较好地满足了开发建设资金需要;充分发挥工作主动性，帮助企业争取各类专项资金2300余万元,兑现企业产业扶持资金2933万元,帮助贷款4.5亿元,一定程度上缓解了企业生产经营资金困难问题。土地保障方面,按照“三位一体”工作模式,上报征地件22个,报件总面积8192亩;获批15个项目用地,批复面积6710亩;千方百计完成招拍挂土地14宗，供地面积2049亩，满足了怡能钢管等企业当年开工当年投产的用地需要;坚持能源优质优供和每月召开保障协调会，协调用电54亿千瓦时、天然气13亿方、煤669万吨、蒸汽79万吨,较好地保障小康、正新等已投产企业和中橡等新投产企业达产见效用能需要。组织企业参加招聘活动17场次,招聘员工1000余人;建立了“长寿-万州人力资源战略合作联盟”,为企业人力资源输送疏通了渠道。办公室积极搭建劳动技能大赛平台,帮助企业提高劳动生产率；同时依托吉林大学雄厚的教育资源,帮助企业开展高端人才培养。

二、发展中存在的问题

(一)受宏观经济不利形势持续影响较大

钢铁及化工产业整体性延续需求疲软、价格低位运行态势，重钢及川维均出现严重亏损。迫于减亏压力，重钢3#高炉从11月停炉检修,型钢及棒线材生产线从11月全线停产,预计2014年前4月钢材产量大幅下降；川维12月份停车检修，预计2014年一季度工业销售值下滑。

(二)天然气保障仍然制约企业的正常生产经营

川维日用气需求430万方，而实际仅能保障220万方;建滔日用气需求150万方,而实际仅能保障105万方；卡贝乐的天然气保障仍存在不确定性。经开区全年天然气缺口约10亿方,影响产值约80亿元。

(三)受市场预期、土地等因素影响,固定资产投资有所放缓

拜耳聚氨酯项目受市场预期影响全面退出；云天化4500万平方米超薄电子玻纤布、丰卓1500万件空调电机外壳等5个项目受市场预期影响延缓建设；泓淋科技8000万支线束、鼎联医药中间体等7个项目受土地抵押等影响无法开工建设。亚太纸业12万吨高档生活用纸、50万吨高档未涂布文化纸畜牧、川维20万吨BDO项目、攀钢10万吨钛白粉项目均受一些因素影响,项目推进未达预期。

三、2014年发展目标

2014年,根据市、区要求,经开区力争完成规模企业工业产值620亿元,实现税收15亿元,完成固定资产投资180亿元。

(一)不遗余力推进产业链招商,抓好优质项目签约

一是根据产业规划锁定的优质项目，主动适应市场变化、技术进步和产业调整大环境,不断调整优化产业链,实现耦合发展。以中石化川维厂为龙头，重点推进投资150亿元60万吨

MTO一体化项目,投资20亿元45万吨己二醇,投资10亿元20万吨MMA项目,壮大天然气化工产业集群。以重钢龙头,重点推进投资50亿元的200万吨冷轧镀锌板项目,投资10亿元20万吨钢丝绳,壮大钢铁冶金产业集群。依托韩国浦项项目,有效承接两江新区打造千亿汽车城项目,重点推进投资50亿元汽车零部件项目、投资10亿元30万套汽车车身总成项目,投资10亿元汽车轮毂项目,壮大装备制造产业集群。二是务实推进炼化一体化项目前期工作,力争沙比克PC一体化项目上半年与合作伙伴签署合资合作协议。三是大力引进研发机构、技术中心、中试基地等项目,培育战略新兴产业,促进经开区产业转型升级,实现由经开区制造向经开区创造的转变,全力推进支柱产业高端化、新兴产业规模化、传统产业新型化"三化"建设,打造五大产业集群在新型工业化道路上的"联合舰队"。

(二)不遗余力搞好要素保障,快速推进重大项目建设

一是继续坚持区委领导联系重大项目建设制度,积极化解各种不利因素影响,创新服务机制,创造一切条件快速推进"四大百亿级"项目。MDI一体化项目:全力配合业主单位做好各项服务工作,确保各关键装置按期推进,确保项目按期试运行。亚太纸业项目:加快协调取得项目用地征地批文,快速开展征迁及土地整治工作。BDO-醋酸一体化项目:加快全面完成平场和土建相关工作。FINEX项目:全力做好项目前期相关工作,确保建设顺利推进。二是继续实施项目经理负责制度,千方百计加快推进植恩药业等15个项目建设,确保年内建成投产,为全面完成年度目标任务注入动力。

(作者单位:长寿经济技术开发区管委会)

高新技术产业开发区

张巍

2013年9月,市委、市政府明确高新区由九龙坡区统一管理,高新区主要负责经济发展、开发建设、招商引资等职能。一年来,在市委、市政府和区委、区政府的坚强领导下,在区人大、区政协的监督支持下,高新区积极应对复杂多变的经济形势和在新的发展阶段面临的新问题、新挑战,进一步深化认识、理清思路、强化举措、重点突破,发展特色更加明显、发展路径更加清晰、发展成效可圈可点。全年实现地区生产总值290.7亿元、增长7.6%;固定资产投资200.4亿元、增长25.2%;规模以上工业总产值319.3亿元,其中规模以上高新技术工业企业产值增长25%、占规模以上工业总产值的17.3%;商品销售总额1043亿元、增长17.6%;高技术服务业收入69亿元、增长20%;三次产业结构调整为1:37.5:61.5。一年来,高新区还先后荣获技术市场金桥奖先进集体等19项国家或市级表彰,高新区的知名度和影响力进一步提高。

一、规划编制

2013年,高新区进一步深化完善"十二五"规划和产业发展规划,并根据全市五大功能区和全区八大功能板块划分,制定"一基地两中心"发展战略。按照"一区一带一圈"总体布局,西区板块打造国家级综合型高新技术产业基地,大力发展电子信息、生物医药、高端装备等先进制造产业及现代物流业;东区石桥铺板块高技术服务中心,主要发展以软件及信息技术、研发设计、成果转化、科技金融为主的高技术服务产业;彩云湖板块二郎片区高技术服务中心,重点发展以研发设计、电子商务、总部经济、信息服务为主的高技术服务产业。三大板块共梳

理重点项目218个，总投资超过900亿元，并完成西区土地利用优化分析和东区存量土地规划研究，推动2600余亩重点地块规划调整。

二、产业发展

2013年，高新区以“做大增量、壮大存量，夯实基础、做强园区”为突破，推动产业结构不断优化、规模效益不断提升。电子信息产业支撑得力，聚集格力电器、世纪精信、梅安森科技、台晶电子等26家电子信息规模以上企业，完成产值166.9亿元，占规模以上工业总产值的52.3%；金凤电子信息产业园入驻企业突破90家，投产42家，产值同比增长1.1倍。高端装备制造产业稳步发展，65家规模以上装备制造企业实现产值119.1亿元，同比增长9.5%；东方鑫源、秦安机电等一批重点企业蓬勃发展，鑫源农机等一批重点项目开工建设。生物医药产业发展迅猛，植恩药业等4家规模以上企业产值同比增长69.9%，前沿生物、富进生物、金域医学检验等一批高技术服务型生物医药企业加快发展，中元生物、赛诺药业等3家企业加快增资扩能。现代服务业提速发展，打造电商产业园并吸引6家企业入驻，开设全市首个阿里巴巴特色产业带专区并吸引300家企业上线交易。商贸物流产业蓄势待发，新签约“粮、冷、商、油”四大市级专运线项目，红星美凯龙、西部冷链物流中心等18个项目加快建设。

扶持企业发展力度加大，及时出台工业稳增长、电商产业发展、区内产业转移等扶持政策，兑现各类奖励扶持及补助资金1.32亿元，培育亿元级企业达到46家，新增规模以上工业企业28家，新增产值15.2亿元。

三、城市建设

2013年，高新区坚持项目投资拉动，着力加快项目建设、改善发展环境，形成开发建设新格局。全年共实施各类项目196个，完成建设与改造投资128.1亿元，增长14.4%。

东区石桥铺片区全面启动城市路网综合改造，五四大道北段、香榭里街道改造等项目顺利完工，朝阳路东段、白新路等断头路和配套道路建设进展顺利，区域交通条件更加畅通优化。高标准实施房地产开发建设，城上城、浙商大厦等项目加快推进，巴山陶瓷建材城二、三期工程及运宏水晶城、半山公馆等项目顺利完工，累计完成房地产建设141.9万平方米。注重公园绿化建设，渝高公园完成改造、全新亮相，美茵运动公园、烟灯山公园二期等一批公园绿化及配套设施基本建成，新增绿地面积7.9万平方米。切实抓好华硕第二营运总部、江厦·星光汇等重点项目建设方案优化工作，为下一步石桥铺商圈形象品质提升奠定良好基础。

二郎片区着力构建畅通路网，顺利启动五四大道南段、科城路东段等道路建设。着力抓好产业重构，加快存量土地开发和楼宇产业发展，积极推进二郎商业步行街、二郎总部经济楼、兴茂·盛世国际二期、汽车后市场商贸中心等项目建设，红星美凯龙博览家居生活广场、世纪精信格力配套厂四期、千叶·中央街区L6地块等项目顺利完工。

西区交通体系更加完善，含青路、高腾大道、白彭路拓宽改造等道路工程进展顺利，快速路一纵线高新区段、高龙大道等“两横四纵”骨架路网全面贯通。配套设施建设步伐加快，272万平方米标准厂房、安置房和公租房加快建设，新建成投用标准厂房29万平方米、安置房10万平方米；西区孵化楼主体完工。能源基础设施同步推进，花卉园110kV变电站、宝洪220kV变电站启动建设，D711天然气管线物流园区段完成改迁。发展用地保障有力，实施征地拆迁1.3万余亩，打造“七通一平”产业发展用地1100亩，供应土地2115亩。

四、科技创新

2013年，高新区大力实施创新驱动战略，加强科技管理服务，不断完善科技创新体系，为经济持续健康快速发展注入新的动力。一年来，以企业为主体的创新创业能力显著提升，新增国家级高新技术企业37家、市级创新型企业6家,数量全市第一;新开发重点新产品98件、高新技术产品134件;新增国家和市级知名产品、商标34件,市长质量管理奖实现"三连冠"。知识产权工作不断加强,获批国家知识产权试点园区,新增专利授权1137件,同比增长25.1%;新增知识产权试点企业18家,数量全市第二,累计达到40家;梅安森发明专利"煤与瓦斯突出实时诊断方法"荣获中国专利优秀奖。技术服务平台加快聚集,新获批建设市级企业工程技术研究中心10个,重庆石墨烯研究院挂牌成立,国家质检中心基地、市医疗器械检测中心、重医GLP中心、国家职业危害实验基地齐聚金凤。创新孵化能力加快提升,新建成投用孵化厂房35万平方米,IT微企孵化园产值突破5000万元;辖区企业获国家创新基金立项30项,争取科技经费近8000万元。改革财政经费投入模式和方向,由直接前期项目资助形式向后补助、研发补贴、贷款贴息、引导投入转变,基本保证90%以上的科技经费直接投入到企业。推动科技金融创新,积极支持科技企业多渠道、多方式融资发展,出资组建科兴乾健、高新金控2家科技风险投资公司,为植恩药业、巨创计量等多家企业提供了股权融资支持;助保贷、就业贷帮助各类型科技企业融资1.5亿元,渝万通、安运科技等4家高新技术企业通过"新三板"非正式预审,沃克斯公司成为市级重点拟上市企业。人才工作深入推进,获批"海外高层次人才创新创业基地",建立企业需求与人才储备库,柔性引进"千人计划"增至6人,新增两江学者2人、国家和市级创新创业人才5人,兑现高层次人才资助资金近200万元,富进生物入选国侨办第三批"重点华侨华人创业团队",延续了每年全市均只有高新区企业获此殊荣的优势。创业氛围更加浓厚,新增市场主体7333家,总数突破5万户。

五、招商引资和对外开放

2013年,高新区始终坚持将招商引资和扩大开放作为推动新兴产业加快发展的重要抓手,紧紧围绕主导产业,创新开展以商招商、中介招商、行业招商取得较好成效。一年来,成功引进全球最大规模单层石墨烯薄膜生产线项目,国内首家主营科技融资租赁业务的华科公司全国总部落户高新区,累计签约各类产业项目61个,实际到位资金178.9亿元,同比增长39.8%,其中:实际到位外资2.19亿美元,实际到位内资130.9亿元。加快外向型经济发展,积极壮大外经贸主体,培育新的外经贸增长点,完成服务贸易执行额2403万美元,实现外贸进出口总额8.07亿美元,位居全市国家级开发区首位。其中,2013年生物医药企业出口额同比增长7倍,实现了新的历史性突破。

六、财政和金融

2013年,高新区切实加强税收征管,积极培育新的财税增长点,完成区级税收19.91亿元,同比增长24.1%。严格控制"三公"经费支出,同比减少27.46%。积极争取上级资金支持用于民生建设,含谷公租房建设获市级专项补助9000万元,争取中央2013年基础设施项目贷款财政贴息资金681万元。大力引进培育金融机构,成功引入三峡银行、民生银行、成都银行等4家银行类金融机构及重庆涵纳融资担保有限公司、申银万国期货有限公司等5家非银行类金融机构,全年金融机构人民币存款余额379.7亿元,同比增长25.3%;贷款余额343.4亿元,同比增长15.9%。积极助推企业在多层次资本市场发展,强化挂牌指导培训和资金政策支持,走访、接待企业和中介机构130余家(次),成功培育储备了一批重点拟上市企业。

(作者单位:高新技术产业开发区管委会)

西永微电子产业园区

刘思余

2013年,重庆西永微电子产业园区开发有限公司(以下简称西永公司)深入贯彻党的十八大精神,以开展党的群众路线教育实践活动为契机,以科学发展和加快转变经济发展方式为目标,紧紧围绕市委、市政府和市国资委的部署要求,团结一心,攻坚克难,各项工作取得长足发展。

一、产值产量稳步提升

一年来,西永微电子产业园区(以下简称西永园区)累计生产电子终端产品6400万台件,同比增长60%,其中生产笔记本电脑3364万台、打印机1944万台、显示器981万台、笔记本电脑电池组件3035万块,同比分别增长5%、118%、57%、22%;新增平板电脑20万台、交换机63万台。实现工业产值1047.58亿元,同比增长20%;服务贸易18亿元,同比增长20%;外贸进出口总值231.2亿美元,同比增长29%。

二、产业结构提档升级

不断巩固和做大电子信息产业,实施"以商引商"、"产业链招商",全年引进项目12个,合同投资额10.76亿元,优化和提升了产业结构,西永园区开始从原来的信息产品终端生产、芯片制造和软件研发三大产业结构,调整为信息制造业、高新技术产业和现代服务业,形成新的三大产业。

一是巩固发展信息制造业。在推动笔电产量继续向上攀升的同时,新增打印机、显示器、交换机、服务器、平板电脑等其他种类电子信息产品的生产,实现产品结构多元化。

二是加快发展高新技术产业。引进SK·海力士项目,以此为突破口做大集成电路产业,全力确保SK·海力士项目今年上半年建成投产;继续深化与中航工业的芯片产业合作,延长芯片产业上下游产业链。园区集成电路产业全年生产芯片27万片,实现销售收入7.7亿元,同比增长142%。

三是大力发展现代服务业。巩固和发展软件产业,在稳定惠普GDCC、NTTDATA、中软国际、中科院软件所重庆分所等企业继续发展的基础上,以磊强科技入驻西永园区为契机,进一步扩大软件产业规模;以发展服务贸易为目标,开展大数据应用及增值服务、离岸金融结算、跨境电子商务、保税商品展示交易、进口商品综合交易、现代物流、软件和服务外包、终端产品设计研发、集成电路设计和金融等现代服务业。

三、基础设施配套更加完善

一是全部建成达丰F4、F6等笔电基地二期厂房和21万平方米的打印机项目厂房,基本完成英业达生活区一期CDE栋、海关监管大楼和研发楼三期的建设收尾工作。二是按时完成SK海力士项目等平场整治工作,同步完成工程建设项目水电气讯配套。三是不断完善富士康重庆园区配套功能及设施需求,全力打造宜居宜业的产业环境。

四、全力打造西永商务中心区形象

西永园区从去年开始启动城市建设,进入产业发展和城市建设齐头并进发展时期。西永商务中心区控规编制和土地整治已全部完成,建成14公里的城市干道,土地出让工作拉开序幕。全年出让综合用地1800余亩,实现土地出让综合价金70亿元,到账资金35亿元,首创、龙湖、金科等房地产企业的楼盘先后开工建设。西永公司承建的10公顷的西永商务中心区城市广场也进入施工状态，与开发商形成互动，掀起了城市建设高潮，产城融合协调发展的新局面开始显现。

五、西永综保区功能业务新拓展

积极与海关、国检、企业沟通协调，建立系统故障处理的快速工作机制，提供24小时保障，确保监管信息系统运行稳定，西永综保区管理工作名列全国前茅。在此基础上，不断深化和拓展西永综保区功能业务，一是贯彻落实市政府提出的“10+1”深化内陆开放高地建设的发展思路，开展了返区维修、委内加工试点工作，完成委内加工6批次3万多台液晶显示器；二是开拓展示交易、集散分拨等领域的招商引资工作，引进惠普亚太采购中心“离岸结算”项目、“白玛斯德”国际奢侈品中国保税展销中心暨集散分拨中心项目。西永综保区深化推进加工贸易、保税物流、国际贸易、返区维修等业务，大力发展跨境贸易电子商务、保税商品展示交易、离岸金融结算、委内加工等新业务，进一步促进了西永综保区业务多元化。

六、融资工作有新突破

在保持银行贷款直接融资的基础上，发行中期票据直接融资50亿元，并运用信托、融资租赁、企业债、工程保理等多渠道开展融资，全年共融资80余亿元，保证了西永园区发展需求。

（作者单位：西永微电子产业园区管委会）

重庆港城工业园区

刘杰

一、2013年发展回顾

2013年，在区委、区政府的正确领导下，港城工业园区继续以“产业升级、功能配套、形象提升、管理服务、新区开发”五大工程为抓手，较好地完成了全年各项工作任务。全年实现工业总产值320亿元，较上年增长6.7%，其中：规模以上工业总产值305亿元，较上年增长7.4%；实现税收25亿元，较上年增长19.9%。完成固定资产投资25亿元，实际利用内资10亿元，新增城镇劳动力就业人员2000人。

（一）产业结构加速优化

一是现代制造业持续发力。电子电器制造业、汽车零部件制造业等两大主导产业分别实现工业总产值190亿、60亿元，同比增幅达到16.5%和15.4%。中钢报废汽车拆解回收、海尔东区结构化模块配套项目建成投运，新增产能20亿元。二是现代物流业蓄势待发。中钢物流一期、海尔物流二期投入运营，凯尔国际冷链物流产业园项目建设快速推进。三是生产性服务业初具规模。以楼宇产业园为载体，生产性服务业成为园区调结构、促转型的重要方向，2013年新建成产业楼宇30万平方米，引进鹏方交科、广建股份、中设股份等设计、咨询类生产性服务业企业70余家，累计引进生产性服务业企业180余家，全年实现经营性收入70亿元，同比增长75%。

（二）配套功能持续完善

一是基础设施建设取得新进展。全年启动和实施道路建设约7公里，园内路网体系进一步优化完善；五里坪公交站场投入运营，新增公交线路两条，企业职工出行更为方便。二是综合配套持续改善。教育医疗设施陆续开建，五里坪实验校新校区、两江二甲医院建设启动建设，新建成寸滩卫生服务中心。商业配套全面升级，38万平方米港城印象房地产项目完成主体工程的20%，两江国际酒店完成总工程量的10%；东田中小企业科技孵化园商业街开街运营，依托新建成的星辰丽苑安置房、产业楼宇等新增银行网点3个,新增便利店、餐饮等便民服务设施30余个。

(三)城市形象逐步提升

一是城市环境有效改善。全年拆除违法建筑面积3.3万平方米,实施拆违复绿工程2.85万平方米,有效遏制非法侵占土地的违建行为。通过协同辖区街道执法部门采取集中整治和长效管理,占道经营和"三乱"现象得到有效控制,园区环境明显改善。二是靓化工程继续推进。移栽花卉、丰富植被,完成A、D片区3公里的景观大道绿化升级,并逐步统一园区标识标牌系统,生态园区建设初见成效。

(四)管理服务不断加强

一是推动企业科技进步。园区科学技术协会、博士后创新实践基地、科技信息服务工作站点相继建成，为科技工作者搭建起学习交流平台，实现了全市科技信息服务平台相关专利信息共享。园区企业全年专利申请量达61个,专利授权数32个。二是强化产业政策落实。召开政策解读会,加强国家、市区各级产业发展政策宣传;通过项目包装,全年为园区企业争取获得各类产业发展扶持资金约1.23亿元。三是保障企业劳动用工。全年帮助企业招工1500余人;成立劳资纠纷处理小组，解决企业劳资纠纷15起。四是缓解企业资金压力。开展点对点的银企对接活动,推动银企合作,促进银行创新融资模式,推出适合园区企业的融资产品,有效降低了园区企业融资成本。

(五)新区开发稳步推进

一是科学规划港城新区。出台了打造鲁家山软件产业园、桥溪河智慧产业园、B区临港总部基地"两园一基地"的发展"蓝图",全新规划为以高端产业楼宇为主,商务配套、休闲同时发展的综合功能区。二是迅速推动基础建设。9条市政道路完成方案设计,B区一期场平及电力迁改全面启动。三是积极促成片区转型。与区域内华冠等3家混凝土企业达成转型升级初步意向，引导蓝海智慧产业园等高端产业楼宇落地新区。

(六)安全生产形势持续好转

2013年，园区安全工作始终坚持"安全第一,预防为主,综合治理"的工作方针,切实加强领导,突出重点,强化监督检查,以深化安全生产"打非治违"专项行动为抓手,努力降低生产安全事故总量，有效防范和坚决遏制重特大事故,特别是6月以来,按照"全覆盖、零容忍、严执法、重实效"的总要求,在园区所有行业领域,所有生产经营单位和人员密集场所，开展了安全生产大排查、大整治、大执法、大督查专项行动,保持了对非法违法行为的强大威慑力,为园区的发展营造了安全稳定的良好环境。园区安全工作连续三年被评为目标考核优秀单位和安全生产先进集体。

二、发展中存在的问题

一是转型升级"换档期"经济持续增长压力较大;二是产业层次有待提升;三是功能配套建设相对滞后;四是管理服务水平尚需提高。五是空间、交通等瓶颈制约明显。

三、2014年发展目标

2014年园区总体要求是：深入贯彻落实党的十八届三中全会、市委四届三次、四次全会、区委十一届四次全委会精神，在经济工作上按照发展新型工业化和产城融合的理念，着力推进产业升级、功能转型和服务提升,加速传统工业提档升级,推动"两园一基地"建设,进一步完善城市功能,全面实施园区转型升级战略。

主要工作目标是：力争全年实现规模以上工业总产值335亿元,增长10%;实现服务业总收入215亿元，增长7.5%实现税收27.5亿元，增长10%;实现固定资产投资25亿元,新建成产业楼宇面积30万平方米。

(一)加快推进传统产业提档升级

一是加快传统工业转型。持续推进电子电器、汽车零部件等传统优势产业升级,大力推进海尔结构化模块配套等项目尽快达产，增强园区先进制造业发展后劲。二是推动物流基地形成。督促中集车辆物流园、凯尔国际冷链物流一期等项目建成投运。加快推进中钢物流产业中心三期等项目建设。三是加大新兴产业培育。建成研发设计、创意类楼宇产业园30万平方米，引进珠宝设计加工、文化创意、研发设计类生产性服务业企业70家，形成新兴经济增长点。

(二)全面启动“两园一基地”平台建设

一是启动桥溪河智慧产业园建设。优化片区城市设计，启动桥溪河东区、西区、南区土地整治工程，实施桥溪河滨河公园绿化、内部环道建设，推动片区内聚峰国际二期等3个产业园项目建设。二是推进鲁家山软件产业园转型升级。加强对片区9户企业转型升级引导，完成该项目城市设计及产业定位研究，启动华冠·菁华金园等3个项目开工建设。三是加快临港总部基地(港城B区)基础建设，力争完成B区一期场平及一期电力迁改工程，实现B区安置房及18条市政道路开工。

(三)尽快完善园区城市功能和形象

一是完善园区路网建设。完善建成区内17号道路等3条交通路网，协助推动海尔路复线建设，增强园区对外交通能力。二是推进桥溪河滨河公园建设，实施双溪河河道整治和绿化景观设计。三是加大城市功能配套建设。加快佳音·两江医院、港城印象、两江国际酒店等项目建设进度，力争完成A区商业中心项目前期工作。启动污水处理厂二期工程，进一步强化园区环境承载力。四是完成A区3~6号高层安置房建设，实现B区、D区安置房开工建设。五是全力做好市政管理移交工作。

(四)着力优化园区转型升级软环境

一是夯实服务载体。初步构建形成“市级工业服务平台+区级(港城)综合服务平台+楼宇工业园专业服务平台”的三级服务平台体系。二是延伸服务内容。依托服务平台，重点开展经济监测、政务协调、增值服务、要素保障四大服务功能，启动高端人才创业基地项目，充分发挥科协、博士后科研工作站等引才引智平台作用，解决企业发展对人才的需求，推动企业创新发展。

(五)不断夯实安全保障基础

一是全面加强综合安全监管能力建设。建立健全“党政同责、一岗双责、齐抓共管”的安全生产工作责任体系。二是深入开展安全生产专项整治。构建安全生产大排查大整治大执法大督查长效机制。对园区企业隐患落实情况进行跟踪督办。三是深入开展企业安全生产标准化达标创建活动。通过标准化建设督促企业落实安全生产主体责任，不断提升企业本质安全水平。四是加强安全氛围营造。以“强化红线意识、促进安全发展”为主题，强化“安全生产月”系列宣传活动，提升全园安全文化素质。五是加强应急救援队伍建设。通过加强企业应急救援预案与园区应急预案衔接，强化园区应急队伍的建设，与上级部门、辖区街道、企业形成应急救援联动体系，提高园区处理突发事件的水平，有效防控较大事故，坚决遏制重特大事故，为园区经济实现新的腾飞保驾护航。

(作者单位：港城工业园区管委会)

万州经济技术开发区

刘城

万州经济技术开发区(以下简称“万州经开区”)前身为万州工业园区，于2010年经国务院批准升格为国家级开发区，总体规划面积58.56平方公里，按照高峰园、天子园、五桥园、盐化园、新田园“一区五园”的格局开发建设。至2013年底，建成区面积12平方公里，入驻企业179家(规模以上企业50家)，初步形成能源建材、特色化工、机械电子、纺织服装、食品药品五大特色产业集群。

一、经济发展

2013 年，万州经开区新增规模以上工业企业 11 户，新增就业 1 万人。完成规模以上工业产值 405.46 亿元，同比增长 16.89%。实现工业企业利润 18.34 亿元，同比增长 47.54%；完成固定资产投资80.34 亿元，同比增长 24%，其中产业投资 50.12 亿元；实现进出口总额 2.07 亿美元；完成全口径财政收入 15.67 亿元，同比增长 13.4%，其中地方财政收入 12.88 亿元，同比增长24.1%。

二、资金融通

2013 年，万州经开区累计争取三峡后续、中央财政贴息、保障性住房补助、对口支援等各类政策性资金 3.84 亿元。所属重庆三峡产业投资有限公司成功发行企业债券 10 亿元，正在推进二期企业债券申报工作；重庆万林投资发展有限公司注册发行私募中票，已取得交易商协会特别会员资格。不断优化资金结构，债务风险安全可控，债务资金成本由年初的 7.44%下降到 7%。

三、招商引资

2013 年，万州经开区新签约项目 50 个，协议投资总额 164.2 亿元。其中，科创万州医药产业园、东方医药产业园、迪鹿特种车改装、渝东表面处理中心、北京朗途融通落地式电子商务 5 个项目协议投资额在 10 亿元以上。华歌生物年产 5 万吨毒死蜱中间体项目一期、施耐德电气西部智能终端生产基地、明邦建材 100 万立方米新型建筑材料等 13 个项目竣工投产；科创万州医药产业园、长江三峡流域生态经济产业林油一体化、红太阳三药中间体等 30 多个项目开工建设；神华神东万州港电、西部纺织城、中船重工万州船舶工业园、康师傅矿物质水及相关包装材料生产基地等 8 个重点产业在建项目加快推进；正在跟踪洽谈近 100 个项目。

四、征地拆迁

2013 年，万州经开区土地储备中心获批进入国土资源部土地储备机构名录，顺利通过了国土资源部"低丘缓坡"试点中期评估。全年新取得征地批复 6 平方公里，完成供地 2.8 平方公里；新启动神华大件码头等项目征地补偿 3.33 平方公里，累计启动拆迁补偿 25.33 平方公里，涉及 8 个镇街 29 个村 8587 户 31000 人。全年安置销号 1000 户 4000 人，拆除房屋 750 栋，累计安置销号 8301 户 30062 人、拆除房屋 7655 栋，拆迁进度超过 95%，较好地保证了项目用地需求。

五、规划建设

2013 年，万州经开区完成新田园控规规划方案，实现了各片区控规全覆盖。实施基础设施建设项目 74 个，其中竣工 15 个、续建 7 个、新开工 31 个、储备 21 个，总投资 77 亿元，当年完成投资 17.2 亿元，总体按序时进度推进。全年推进还房建设 161 万平方米，其中 60 万平方米完成主体工程。全年竣工标准厂房 2.4 万平方米，开工建设高峰标准厂房 6.3 万平方米；有序推进保障性住房建设 45 万平方米，基本建成 15 万平方米；有序推进 35 公里道路桥梁建设，其中经开大道、上海大道延伸段实现初通，玉城大道完成桥梁主体工程，百安大道延伸段、经开大道 C 段连接道、鄂楚进场道路开工建设。全年完成场平工程约 2 平方公里，高峰、玉城等片区高压铁塔和管网正加快搬迁，其中科创园 110KV 及玉城 35KV 高压线已完成迁建，一批环保和其他配套基础设施建设项目推进顺利。

六、安全稳定

2013 年，万州经开区按照"党政同责""一岗双责""属地管理"原则，认真落实综合监管、行业主管、企业主体责任，立足"大事不出，小事少出"，加大对重点行业、重点部位、重点环节、重要岗位和重大危险源的执法检查力度，全年开展专项检查 59 次、联合执法 23 次，下达执法文书 35 份，整改隐患 1592 项、落实整改资金 2700 万元，整改率 97.4%，未发生较大及以上生产安全事故。有效处理信访挂牌案件，实现了信访总量、重复上访、到区集访"三个下降",到市集访、到市进京非访"两个零"目标,保持了和谐稳定的开发建设氛围。经开区治安支队正式成立,消防特勤中队装备设施不断完善,中心检察室运行有序,安全稳定处置能力得到较好提升。

七、生态环保

2013年,万州经开区加快完善环保基础设施,五桥园污水收集管网系统工程、高峰污水处理厂等7个环保基础设施项目有序推进。靠前服务入驻企业,积极争取环保专项资金,全年完成科创医药园、东方医药园、超逸沥青等35个项目的环保申报预审工作。联合区环保局、重庆华歌生物化学有限公司承办了2013年次生突发环境事件应急演练。强化日常监管,积极开展沿江企业环境管理情况调查、生产化学品环境情况调查、环境安全大排查大整治大执法大督查等专项行动,全年现场巡查企业212家,出动人员448人次,排查隐患17处,整改17处,整改率达100%,无较大及以上环境污染事故发生。

八、自身建设

2013年,万州经开区狠抓制度建设,制定了《党工委、管委会工作规则》一级制度1个,制定、修订和沿用《财政性资金支出审批暂行办法》、《土地储备资金财务管理办法》、《中介机构备选库管理暂行办法》等二级制度38个、各部门各单位内部三级制度110个,建立健全了一二三级制度体系。制定出台万州经开区全面贯彻落实全市功能区域划分的实施意见和招商引资、规划建设、生态文明三个方面的专项实施意见"1+3"文件,进一步明确了万州经开区在生态涵养发展中点上开发的目标、原则、重点和路径。切实加强党风廉政建设,2013年,"三公"经费支出同比下降28%,各类文件、简报同比下降20%,各类会议同比减少18%。在队伍建设上经开区着力控总量、优结构、强素质、严管理,对重庆三峡产业投资有限公司、重庆万林投资发展有限公司、重庆市玉罗实业有限公司3家直属公司230名招聘人员进行了测评和考核,解聘29名,聘用人员结构和素质进一步优化;会同区委组织部对抽借调干部进行到期轮换,抽调79名优秀干部到经开区帮助工作,较好地丰富了经开区人力资源;不断规范内部管理,保持了经开区干部队伍在思想、工作和运行上的稳定,凝聚力、向心力不断增强。服务能力、运行效益大为提升。

(作者单位:万州经济技术开发区管委会)

建桥园区

陈胤垚

一、2013年发展回顾

2013年,园区预计实现工业总产值168亿元,完成限上批发零售业销售额14.1亿元,完成固定资产投资30亿元,出让经营性土地335亩,争取上级资金620万元,公司收入10亿元,实现融资21.12亿元,落实征地批文1137亩。

(一)总部经济

划定总部楼宇经济发展区,从总体上构筑"一核集聚、两区拓展"的总部楼宇经济发展格局。确定以国内上市公司、行业领先优强企业、重庆及周边省市"小巨人"企业总部为重点的总部经济发展定位。入驻中冶建工、天安数码、三峰环境、单轨公司、中铁电气化局等10家总部企业。目前,正在对总部企业入园门槛、总部企业认定标准进行进一步研究。

(二)资金保障

采取贷款、租赁、信托、基金、担保、证券等方式,完成农发行、建设银行、交通银行、浦发银行、兴业银行、招商银行、新华信托、招商基金、智玺基金等9个融资项目,到位资金211182万元,保证了园区的资金需求。同时,园区共组织资金约12亿元用于征地拆迁和项目建设工作。

(三)招商引资

共签约引进赛玛特、中美国际、大清生物、团金科技、万家雅迪等5家企业。与台湾海峡投资顾问、台湾华翔航太科技、台湾东宇生物科技、台湾震升科技等4家企业签订合作意向书。在谈项目有:河北冀商大厦、年度智谷、润锦总部、华伦医疗器械产业园、深圳联合金融集团、重钢非钢产业总部、台湾化妆品运营中心等7个总部研发中心项目,通用直升机、潜能滤油机等6个工业类项目,约160余亩商业居住类项目。正在积极推进天安数码城、万商国际二次招商和园区9栋标准厂房招商工作。

(四)项目推进

重点项目总体推进顺利,天安数码一期项目已完工;长鹏汽车内饰、万商国际一期、亿和数码模、三峰SITY2000垃圾焚烧炉产业化项目等项目基本完工;晋愉江州、煤研院安检基地、中升4S店、中石化润滑油、建桥创新育成中心、J2~6安置房等项目加速推进。同时,单轨总部、中铁电气化总部、鑫鹏总部、钢研所厂房等一批企业项目,建桥大道延伸段工程、9栋标准厂房配套道路工程等一批基础配套项目,按进度有序推进。

(五)征地供地

取得批文面积1137亩,涉及土地5宗;完成征地1000余亩;完成土地供应5宗,面积108.35亩。

(六)政策争取

纳入国家老工业基地改造政策范围;C区土地调规获批;争取上级资金120万元,协助小南海水泥厂、万吨冷储、海坂等3家企业减免城市配套费共计约4300万元;争取西永微电子园优惠政策前置工作园区四至范围认定,已上报国土资源部审批。

(七)体制改革

完成建桥公司法人结构治理工作,公司董事会、经营班子搭建完毕,员工薪酬制度改革完成第一阶段工作,公司内设部门职能分工进一步细化和调整。与南京卓远公司签订战略合作协议,借助其优势资源和先进理念,尽快研究确定公司发展战略。积极探索资产证券化途径,盘活利用好现有的资产资源。已组建物管公司,正积极筹建开发公司、基金公司等。

二、发展中存在的问题

一是资金"瓶颈"制约持续存在。园区现有"净地"少,新征地成本高,而园区建设投入面广、量大、时急,资金运行依然十分紧张,特别是受国家对平台公司融资限制、抵押物不足、融资项目欠缺等因素影响,贷款融资困难重重,资金供应一直处于欠缺状态。

二是经济总量增长乏力。现有工业主导企业龙头带动作用不明显;部分行业发展形势低迷,影响企业生产经营;部分企业正处于转型和新产品推广阶段,企业效益短时间内难以显现;部分新投用企业属于生产性服务业,难以纳入工业统计;部分企业已处于生产饱和状态,受有限的土地资源影响,生产规模难以进一步提升。

三是投资项目推进困难重重。部分项目建设过程中,手续不全,建设要素办理不及时;部分建设项目与周边环境协调难度加大,如农民群众阻工、钉子户拆等;有的企业挂牌意向不明确,设计方案时间过长,资金供应不足等。

四是招商竞争压力日益加剧。园区与两江新区、西永微电子园、保税港区等特色园区相比,缺乏明显的政策比较优势。因此,近年来园区虽然引进了一些企业,但仍然缺乏具有震撼性的大企业、大项目。同时,随着主城二环时代的到来,项目引进困难将进一步加大。

五是管理体制尚未理顺。园区法人治理结构刚刚建立,公司与上级主管部门的管理职责之间、公司与入园企业的社会事务管理之间、公司与内设部门的管理考核之间的关系尚未完全理顺,难以达到公司化运作要求。

三、2014 年发展目标

(一)深化 A、C 区产业转型,做好区域规划

A 区总部经济区以城市规划设计为引领,进一步明确产业发展重点板块,深化产业转型,重点打造生产性服务业产业园、建筑产业园。C 区以楼宇工业厂房为发展重点,大力引进一批占地少、效益高、技术新的电子信息业、高端制造业、汽摩配件业中小企业,实现产业集聚发展。

(二)"一企一策"分类研究,推进工业企业转型改造

以推动 A 区工业企业转型升级为突破口,改造提升现有第二产业。对现有入驻企业进行分类研究,鼓励 A 区现有生产型企业走搬迁改造、转产经营、合资合作等道路,"一企一策"地推动企业转型升级。同时,引导 B 区危化品仓储企业转移搬迁。

(三)加快土地征收整治,保障重点区域用地

全面启动园区剩余土地的征地征收工作,力争 2 年内全部完成。重点加快西城大道以东、袁茄路以西的总部经济片区征地拆迁工作,确保 A 区总部经济区域内地块征地拆迁尽快完成,提速总部经济发展。开展 C 区北部片区已征土地预整治,玻纤产业园片区征地拆迁工作,为 C 区发展创造条件。

(四)完善功能配套,为区域发展集聚人气

一是发展生产性服务业。A 区依托以天安数码为代表的商务总部楼宇,发展科技服务、信息服务、金融服务、咨询服务等产业,为总部经济发展提供强大后盾。C 区着重发展 IT 信息服务业,如软件业、商品检测认证、设备检测等;二是配套生活性服务业。A 区滨江区域尽快推进晋愉江州五星级滨江国际酒店、10 万方休闲 Shopping Mall、商业街等商业项目,以及天安数码、晋愉江州房地产项目,在 A 区总部企业集中区域,引入中高端中餐、西餐、快餐、中央厨房等,满足 A 区生活休闲娱乐配套需求。C 区在鞍子山背后、纱帽石片区引入开发业主建设城市综合体,修建高、中端住宅,配套建设餐饮、娱乐、休闲运动中心等设施,满足园区企业员工、跳磴片区居民的居住需要;三是完善基础配套设施。加大园区特别是 C 区内部路网建设密度和水、电、气等能源基础设施覆盖范围,完善公共交通体系建设,促进区域开发建设。

(五)以企业为中心,提升园区服务软实力

加大对企业高管人才、基层工人的指导培训,帮助企业强大人才力量。建立与高等院校、科研机构的人才合作联系机制,第一时间帮助企业解决用人难问题。加强银企沟通,为企业提供多种融资渠道。坚持到企业走访调研,解决实际问题。广泛开展企业家沙龙、管理人员培训会,使企业在产业转型调整方面相互借鉴、共同促进。全面建成园区数字化管理系统,推动服务企业网格化管理。

(六)深化经营体制改革,推进园区走经营发展之路

一是抓好现有资产经营。充分利用园区土地储备中心,用好土地资源,策划包装一批经营性用地,通过使用权经营权出让、租赁、控股参股经营等方式,寻找开发合作项目,促进土地资产增值增效。加强对经营性门面、房屋、标准厂房等资产的经营运作,在出售、租赁经营的基础上,尝试采取与企业、个人合作经营的方式,促进公司优势资产增效;二是做强实体企业。成立园区物业管理公司,探索成立开发建设公司、基金公司等实体企业,整合现有资产资源、做大经营业务,通过实体经济增强园区综合实力,促进国有资产保值增值;三是理顺体制机制。理顺"政企分开"体制机制,建立完善激励制度,充分激发园区内部活力。

(作者单位:建桥工业园区管委会)

九龙园区

邓朝军

一、2013 发展回顾

2013 年，在九龙坡区委、区政府的坚强领导下，九龙园区紧紧围绕“东城再造、西城再战”和八大功能板块的总体部署，全力以赴推进开发建设，坚定不移加快转型发展，较好地完成了主要目标任务。

一是经济持续增长。2013 年，完成工业总产值 580 亿元，同比增长 12%，其中完成规模以上工业总产值 210 亿元；完成工业增加值 162 亿元，同比增长 9%；技工贸收入完成 1000 亿元，同比增长 11%；全社会固定资产投资完成 41 亿元，同比增长 60%，其中工业固定资产投资 12 亿元。

二是土地利用效益逐步提高。抓好土地出让。出让土地 1806 亩，总价 37 亿元，完成全年任务目标。抓好用地指标。取得陶家公租房配套道路、标准厂房二期、庆铃、北奔、旺龙等 9 个项目征地批复，共计 2459 亩。做好征地安置。配合完成 C 区中央公园、环湖路、闭合路网、标准厂房二期、柏景等项目共涉及 6 个村、30 个社、2160 亩土地的征地拆迁补偿工作，建成盘龙新苑、石龙小区、西城新苑三期安置房，安置居民 1800 余户。

三是重点项目加快建设。2013 年累计完成全社会固定资产投资 30 亿元，同比增长 13%。建成基础设施项目 4 个，在建项目 7 个。其中 4 大区级重点项目：盘龙新城城市基础设施、B3 区市政道路及河道改造工程、陶家公租房配套工程等三条骨干道路累计完成投资 14.8 亿元，完成总任务的 89%；标准厂房一期项目提前 2 个月建成并开始招商。其中两大区级重点项目悦康药业建成开业，皇庭珠宝城项目累计投资 2 亿元，目前正在开展方案设计和场地平整工作。徐工二期、宝汇钢结构等项目 12 月底建成投产。

四是招商引资促进产业转型。全年引进重大项目 18 个，总投资 158 亿元，新增内资企业 226 家。突出产业特色招商。重点围绕主导产业和新型产业招商，签约引进新加坡大成国际投资的节能环保产业园项目、隆鑫宝马 850 大排量摩托车发动机项目等一批产业项目。积极促成万科地产、方兴地产、皇庭珠宝城、美每家城市综合体等项目落户建设。培育经济增长点。通过利用已建成的标准厂房和在建的孵化楼进行招商，积极发展楼宇工业和总部经济。其中标准厂房已入驻企业 9 家，出租面积 2.3 万平方米。

二、2014 年发展目标

2014 年，九龙园区紧紧围绕“东城再造、西城再战”和八大功能板块总体部署，科学规划定位，优化产业结构，加快转型发展，努力将九龙园区建设成为“产城融合”示范区，为早日实现“千亿园区”打下基础。2014 年计划完成工业总产值 630 亿元，规模以上工业总产值 226 亿元，技工贸收入 1100 亿元，全社会固投 30 亿元。

（作者单位：九龙园区管委会）

重庆西部国际涉农物流加工区

蒲孟

2013年,重庆西部国际涉农物流加工区(以下简称园区)按照区委十一届四次全委会关于深入推进“东城再造、西城再战”,着力八大功能板块建设的重大战略部署,划入高新区西区板块,全力打造现代商贸物流集聚区。围绕年度计划和重点工作,苦干实干、努力推进各项工作,取得了显著的建设成效。

一、2013年发展回顾

(一)经济指标稳步增长

园区全年累计完成固定资产投资233270万元,同比增长20%,完成年度目标任务的101%(其中工业固投48728万元,同比增长20%);实际到位资金183724万元,完成年度目标任务的123.97%(其中内资123058万元,完成年度目标任务的107%);筹融资100803万元,完成年度目标任务的100.8%;实现工业总产值195197万元,规模以上工业总产值94039.9万元。

(二)全力推进项目建设

1.政府投资类项目建设加快推进

续建项目5个;新开工项目6个;加快26个项目前期手续办理。重点项目:至2013年底,白彭路改造(一期)完工;D711天然气管道迁改已于2013年11月底前完工;物流加工区四横线东段明品福生产基地段道路完工;农业园区安置房(三期)完成主体工程量的80%。亮点工作:完成重点项目农产品冷链物流中心永久用电工程,并于2013年11月29日通电,为企业及时解决了用电的重大问题。

2.社会投资类项目建设日新月异

续建九州国际汽摩城、农产品冷链物流中心2大项目,新开工沁园总部基地、五金机电采购中心2大项目。至2013年底,九州国际汽摩城完成项目一期主体工程量的90%;农产品冷链物流中心完成项目总工程量的20%;沁园总部基地完成项目一期主体工程量的30%;五金机电采购中心完成项目征地和土石方施工,已启动地下车库建设。正在开展16个项目前期手续办理工作。

(三)努力开展招商引资

新签约引进重庆天界混凝土搅拌站、重庆电子电器综合仓储物流项目、重庆西部国际涉农物流园公交站场、重庆德远鲜果物流加工基地、重庆市上桥粮食中转库粮食铁路专用线整体迁建项目、重庆三利城市快速配送服务中心、重庆市冷链物流园等项目7个,协议引资额41.66亿元。

(四)确保资金运作有序

全力做好与金融机构项目贷款、借款、信托事宜的对接、跟踪工作,广泛争取社会企业投资和政策性补助支持,实现了资金运转有序和项目建设的顺利推进。西部物流建设公司全年资金来源累计138877万元,资金支出累计132837万元。

(五)科学利用土地资源

一是全力以赴,成功获得1741亩土地征地批文,拥有2134亩用地指标(其中地票393亩)。二是攻坚克难,基本完成约1557亩土地征收及扫尾工作;同时启动了粮食集团及大河村约2662亩的土地预征收工作;完成土地供应56亩(划拨)。三是积极配合,协助推进渝黔铁路征地工作。四是加快推进,申报约1800亩用地指标申请、征地报建工作。

二、2014年发展目标

(一)明确“1441”工作思路

2014年,西部物流建设公司将按照“1441”

工作思路加快物流园区建设步伐，即围绕项目建设1个中心工作，咬紧经济运行4大目标，抓好项目、资金、规划国土、内部管理4方面具体措施，力争实现1个重大商贸物流项目全面建成投入使用。

(二)咬紧4大经济目标任务

全年预计累计完成固定资产投资24亿元，其中工业固投11亿元；实际到位资金13.4亿元，其中内资11.5亿元；完成筹融资10亿元。园区全年实现工业总产值18.8亿元，规模以上工业总产值12.2亿元。

(三)抓好4项重点任务举措

1.全力推进项目建设工作

政府投资类项目21个，其中续建四横线东段道路、沁园总部基地市政道路等4个项目，新建一纵线北段道路、一横线道路、物流园区支线等17个项目，完工沁园总部基地市政道路、农业科技园区安置房(四期)连接道工程等项目5个。社会投资类项目24个，其中续建九州国际汽摩城、农产品冷链物流中心等项目4个，新建农副产品粗加工、保时来货运物流枢纽等项目5个；沁园总部基地1个重大商贸物流项目全面建成投入使用(预计九州国际汽摩城B、C区也将建成投入使用)；做好九龙珠宝产业园等15个拟建项目的用地指标申请、征地拆迁等前期工作。主要措施：一是全面加强工程质量、安全、工期、工程变更和验收及决算审计全程管理工作；二是全力筹集建设资金，保证重点项目建设全面有效推进；三是加快推进政府投资类项目前期工作进度，加强社会投资类项目相关手续办理、用地、工程建设等协调服务工作。

2. 全面加强资金运作工作

全年预计资金总需求(支出)382745.1万元，资金来源278245.1万元，资金缺口104500万元。主要措施：一是全力做好与金融机构项目贷款、证券、信托事宜的对接工作，广泛争取社会企业投资和上级政策性补助支持；二是周密安排年度资金计划，全力保证重点项目和银行还款资金需求，保证工程建设、资金链接、稳定工作顺利推进。

3.继续做好规划国土工作

规划工作方面：继续优化园区控规、土规调整，推进园区二期4.68平方公里控规获批以及园区向西北(真武村)方向控规拓展论证编制工作，协助项目业主办理相关规划手续。国土工作方面：一是力争新增用地计划指标3900亩，新增用地批文5000亩，实施征地拆迁2500亩；二是努力做好五金机电市场、西部工业博览城、冷链物流中心二期等项目共计1800亩土地的供应工作；三是全面完成国有企业搬迁项目用地协议签订工作，加快推进用地指标、征地批文申报及征地拆迁工作；四是继续配合相关部门做好渝黔铁路项目的征地拆迁工作。

4.统筹做好内部管理工作

深入贯彻落实中央、市、区重要会议和文件精神，充分发挥公司党委的政治核心和战斗堡垒作用，加强党风廉政和领导班子建设，全面完善管理制度和激励机制，切实加强职工队伍建设，并全力做好安全稳定工作，提升管理工作水平，为建设高新区西区“千亿级”现代商贸物流集聚区不懈奋进！

(作者单位：九龙坡重庆现代都市农业科技园区管委会)

巴南经济园区

石荣贵

一、2013年发展回顾

2013年，区经济园区公司在区委、区政府的坚强领导下，紧紧围绕“工业经济攻坚年”主题，以推动产城融合为发展方向，以提高工业经济增长质量和效益为中心，加快基础设施建设，加大战略招商引资力度，不断创新资本运营方式，园区经济呈现出平稳向好发展。2013年，园区累计完成工业总产值494.68亿元，同比增长7.1%，其中，界石数码产业园完成33.73亿元，同比增长65.44%；累计完成固定资产投资61亿元，同比增长17.67%；实际利用内资42亿元，同比增长58.4%，超额完成区委、区政府下达的各项指标任务。

(一)实现三大突破

一是规划工作实现突破。界石9.55平方公里规划和金竹648亩控规修编获市政府批准，新增城规指标近4平方公里，长期制约园区发展的规划问题得以破解。

二是土地储备工作实现突破。园区土地储备中心获国土资源部批准，成为全市首批拥有土地储备职能的工业园区，不仅拓宽了园区自身融资渠道，还能为其他产业类平台公司提供服务。

三是资本运作实现突破。在抵押物奇缺的情况下，创新10余种融资方式，新增融资21.5亿元，居平台公司之首；实现土地出让收入5.7亿元，同比增长139%，资产经营收入超2500万元、同比增长102%；成立投资公司，以股权合作方式获得北京信托9年期6.5亿元资金；与新科组建合资公司，共同开发新科城市广场；参股兴农担保、网能、聚君担保三家公司。

(二)呈现五大亮点

一是战略招商助推产城融合。成功签约项目16个，引资36亿元，包括年产值80亿元惠科电子，占全市笔电机壳总量一半的台湾圣美，填补重庆通用航空业空白的金泰无人机，引领下一代互联网技术的北京网能，以及渝港两地政府合作打造的重庆·香港工业园，工业地价达55万/亩，23万平方米标准厂房提前半年全部招商完毕。引进30万平方米纯商业综合体万象城市广场，产城融合初见成效，园区渐成鼎沸之势。

二是强力促建实现产能翻番。自筹资金10.9亿元，力保长安铃木二工厂如期投产，首款新车型“锋驭”成功上市，一座现代化整车厂巍然屹立于樱花山下，长江之畔。曙光一期49万平方米标准厂房陆续封顶，宁辉创业园全面开工。惠科、圣美等10个项目实现当年签约当年投产，界石组团产值超33亿元，增长翻番。

三是征地拆迁创新速度。全年新征地3500亩，上报征地批文4200亩，保障了二工厂、光宇摩托、四方混凝土等项目建设，其中界石B区1200亩项目用地两个月就完成征地拆迁量的95%。

四是配套完善提升园区人气。一年来，园区长高长壮，骨架更强健了，东城大道B段、入口大道、工横南一路、梨花大道实现初通；天然气管网建成通气，消防站投入使用、标准厂房改造宿舍入驻首批员工。

五是倾注民生维护社会稳定。界石1175套限价安置房完成分房工作；鹿角一期安置房进展迅速；累计支付各项工程款近5亿元，有效维护了社会稳定。

二、2014年发展目标

2014年是深入贯彻落实党的十八大和十八届三中全会精神，推动全面深化改革的关键之年。园区将在区委、区政府的坚强领导下，围绕全区“四区一基地”的主体功能定位，以打造先进制造业基地、形成产业集群为重点，以实现产城融合、推动园区可持续为发展方向，加大基础设施、招商引资、征地拆迁、资本运营等各项工作力度，力争实现工业总产值560亿元，征地拆迁3000亩，融资29亿元。

（作者单位：巴南经济园区管委会）

西彭铝产业区

谢永宏

一、2013年发展回顾

2013年，是全面贯彻落实党的十八大精神的开局之年，也是落实区委、区政府八大功能板块建设，推进西彭板块加速发展的谋篇之年。面对日趋激烈的竞争态势和较大的经济下行压力，在区委、区政府的坚强领导下，在区人大、区政协的大力支持和监督下，西彭铝产业区紧紧围绕九龙西城建设这个主题，全力推进打造中国铝加工之都，较好地完成了年度目标任务。

（一）主要指标平稳增长

2013年，铝产业区经济发展呈现出“稳中向好、平稳上升”的良好局面，实现工业总产值471亿元，同比增长14.8%；实现规模以上工业产值195亿元，同比增长24%；工业增加值92亿元，同比增长7.9%；预计完成全社会固投37亿元、工业固投25亿元。

（二）项目建设总体顺利

2013年，计划开竣工和推进项目共计45个，包括政府投资类19个，社会投资类26个，预计全年完工19个项目。其中，萨帕支路道路工程、新城中路一标段道路工程、西干道南段道路工程、J标准分区志成等地块平基土石方工程、A标准分区道路路网工程、J标准分区道路路网工程等一批政府投资类项目相继完工。公安驾考中心、西南铝熔铸、天泰铝业大板锭、上海通用西南地区PDC、中铝萨帕交通用铝、铝王铝业等一批社会投资类项目先后建成。J标准分区道路路网工程、森迪时代安防科技产业园等一批项目有序推进。

（三）资金筹措多元并进

在各大金融机构收缩对政府融资平台贷款的形势下，铝产业区，想方设法筹集资金，确保建设开发资金不断链。2013年，铝产业区预计完成筹措资金20亿元，提前超额完成年初制定的19.1亿元目标，其中，向金融机构贷款5.5亿元、发行信托产品融资9亿元、土地出让等其他筹资5.5亿元。

（四）招商引资重点突破

按照“招大、招强、招特”思路，从招商向选商转变，对优质招商项目进行重点对接，重点突破。2013年，正式签约引进福芝生汽车配件生产线、天益智造基地建设项目、宁波SMR华翔汽车镜项目、香港全呈农产品精深加工产业园等5个项目，合同引资29.9亿元。

（五）规划用地保障发展

切实加强土地指标争取、征地拆迁工作，为项目落地建设提供必要的空间。2013年，取得土地指标1400余亩，实施供地17宗共计约1500亩，实施征地765亩，正在实施653亩土地征收，推进新增控规面积3151亩编制，保障项目用地需求。

（六）营销策划与对接职能同步推进

立足于西彭地区的“山、水、港、城、铝、园”等资源要素，提出了把西彭建设成为集工业、商贸、物流和乡村旅游为一体的“临港工业新城、宜居宜业都市、乡村休闲乐谷”的营销主题，并与专业策划公司合作，拟通过展会活动、峰会论坛等各种有效方式，对外推介西彭，提升地区形象。同时，积极与各级职能部门对接，力争把下放到园区的职权用好。积极与区级相关部门对接,成立了西彭园区土地储备中心,并积极筹备运作,拟通过土地储备提高融资能力。

二、2014 年发展目标

(一)发展思路

以"产城融合、转型发展"为主体思路,切实做好"产"、"城"两篇文章。以大投资促增长、大资源促效率、大项目促升级、大板块促融合、大营销促形象"五大五促"为抓手,构建"一区两园多点"空间发展格局。

(二)年度目标

以打造"临港工业新城、宜居宜业都市、乡村休闲乐谷"为总体目标,2014 年,努力实现工业总产值 542 亿元,同比增长 15%;规模以上工业产值 295 亿元(含西南铝),同比增长 17.5%;工业增加值 106 亿元,同比增长 15%;完成全社会固投 40 亿元、工业固投 25 亿元。

(三)细化发展路径

实施"六措"并举,培育铝产业、新材料、装备制造与模具、商贸物流、农副产品及食品加工、乡村旅游产业"六大产业体系",提升交通、资源、教育医疗"三大配套功能",全面推进西彭板块建设。

一是筹措资金保发展。以"保链、保运转、保发展"统筹融资工作,充分发挥土地储备中心效能,积极与各类金融机构合作,确保 2014 年筹融资 26 亿元以上,其中财税收入 1.2 亿元,土地出让收入 5 亿元,贷款融资 20 亿元。

二是优化产业促增长。按照重庆市都市功能拓展区产业定位和园区产业发展实际,引进高端装备制造、新材料、商贸物流等产业。全力"招大招强、好中选优",力争引进 5 个重点工业、1 个城市综合体和 1 个房地产项目,引进 10 个注册企业。

三是抓好供地谋储备。完成 2.7 平方公里新增控规编制,取得征地批文 1500 亩、用地计划指标 1000 亩;完成森迪安防二期、奇爽二期、香港全呈等 7 个项目 1896 亩土地征收;编制供地出让计划 2100 亩,当年完成供地 1500 亩;编制完成 15990 亩土地储备计划,推进新增 11200 亩土地储备,当年完成储备 3000 亩。

四是推进项目促建设。创新项目制管理模式,按照"拟定项目抓报批、已批项目抓开工、开工项目抓进度、实施项目抓质量、竣工项目抓投产"的节奏安排,全力提速项目建设。2014 年园区计划建设项目共 50 个, 总投资 76.8 亿元,年度投资 26.1 亿元,当年建成 28 个,其中:政府投资类重点推进西铜北路、DJ 分区土地整治、四期安置房、园区绿化水利和电力配套等 21 个项目,总投资 12.1 亿元,当年投资 6.7 亿元,当年建成 16 个;社会投资类重点实施宁波华翔 SMR 汽车后视镜、北京首创、恒重锻造、宏钢数控二期等 29 个项目,总投资 64.7 亿元,当年投资 19.4 亿元,当年建成 12 个。

五是优化服务强保障。做好区政府"简政放权"的承接工作,依法高效行使行政审批权,做到办事不过夜。加强能源保障对接,提前介入解决好入驻企业水、电、气等能源需求;建立用好交通用铝应用研究中心等产学研平台, 支持鼓励企业技术创新、转型升级。

六是联系群众夯基础。深刻领会中央、市委和区委对第二批群众路线教育实践活动的总体部署,找准园区突出问题,确定方法载体,坚持园区经济建设与教育实践活动 "两手抓、两不误、两促进、两满意",为园区发展提供强大内生动力。

(作者单位:西彭铝产业园区管委会)

白涛化工园区

徐勇

2013年，面对复杂严峻的经济形势，白涛园区党工委、管委会围绕“城市拓展年”活动主线，以园区形象提升年为主题，抓项目稳增长，攻招商促发展，重安全保稳定，转作风强服务。园区基础设施、公用工程、产业发展、招商引资、安保环保等各项工作全面推进。全年实现工业产值77.68亿元，同比增长42.01%，占全年目标80亿元的97.01%；固定资产投资33.28亿元，占全年目标30亿元的110.9%；招商引资到位资金24.01亿元，占全年目标20亿元的120.1%；新开工项目8个。

一、招商引资

2013年全年共新签约项目6个（其中年产值50亿元项目1个），总投资50亿元，达产值约138亿元。成功落地5个，占新签约项目83.3%。6个新签约项目分别是：中防基业100万吨车用醇型燃油项目，总投资15亿元，年产值60亿元；华峰集团10万吨聚氨酯树脂项目，总投资5亿元，年产值20亿元；华峰集团6万吨差别化氨纶项目，总投资20亿元，年产值30亿元；新氟公司氟化工项目，总投资9亿元，年产值15亿元；天原化工四氯乙烯项目，总投资6500万元，年产值1.5亿元；华峰公司二元酸项目，总投资5000万元，年产值1亿元。6个签约项目中，除中防基业100万吨车用醇型燃油项目外，其余5个项目实现了当年签约当年开工建设的目标。

二、产业项目建设

2013年园区共有在建产业项目10个，项目总投资108亿元，顺利完成了年度投资建设计划，除华峰化工己二酸一期扩建、聚氨酯树酯、差别化氨纶等3个项目将在今年底建成投产外，能通公司热电联产、弛源化工聚四氢呋喃、嘉惠环保电子化学品、紫光富鑫偶氮二异丁腈、新氟公司氟化工、天原化工四氯乙烯、华峰公司二元酸等7个项目将在2014年1季度相继建成试车。

三、基础工程建设

2013年，园区加大了道路、管网、码头、保障房等基础配套项目建设力度。中石化天分公司配气站、四合燃气天然气分配站、化中大道、散杂码头开工建设，园区保障房一期、公共服务中心加快推进，中石化江汉油田天然气脱水站、麻溪河综合治理工程一期、在建企业配套污水管网工程和华峰氨纶场平工程全面建成，新建天然气输气管道11公里，全年共完成基础设施投资3.6亿元。

四、安全环保监管

园区组建了园区安全生产专家库，建立了园区安全生产专家交叉检查工作制度。园区和各企业签订了安全生产目标责任书，实现了职业健康调查工作全覆盖。开展了危险化学品行业事故隐患集中整治专项行动、安全生产大排查、大整治、大执法、大督查“四大”活动和建筑施工“两防”专项整治，先后完成了建峰集团、天原化工、腾泽化学、能通开发公司物流分公司、建峰浩康、紫光天原等6套在役化工装置诊断工作。全年未发生一起重大安全生产事故。

强化了园区环保监管，园区各污水处理厂和企业环保设施运行正常，达标排放，未发生一起影响环境安全的事故。完成了华峰化工等项目的环保拆迁任务，推进了一般固废处置场、白涛河应急闸坝和环境应急指挥中心等园区环境风险防范体系设施建设。

五、党政自身

园区党工委、管委会认真贯彻落实中央"八项规定"、重庆市"实施意见"、"八项禁止"、"十二不准"和区委"八项措施",深入开展党风廉政建设,不断完善园区管理制度,坚持民主决策,科学决策,实行重大事项、重大问题、重大项目建设和大额资金使用集体决策，严格执行项目建设委托代理制、招投标制,加强在建项目的监督和管理，从源头上和过程中杜绝不正之风和贪污腐败的发生。以反"四风"为切入点,狠抓了机关作风建设,坚持政务公开,坦诚接受监督,有力地促进了机关作风的转变和服务型机关建设,全年"三公"经费开支减少30%左右。

(作者单位:白涛工业园区管委会)

空港工业园区

郭昌盛

一、2013年发展回顾

2013年,在渝北区委、区政府的坚强领导下,在区人大、区政协的悉心关怀下,空港工业园区认真贯彻落实党的十八大精神,贯彻落实重庆"五大功能区"建设和渝北"临空都市区"建设战略部署,围绕建设"千亿级国际生态工业城"的奋斗目标,攻坚克难,开拓进取,各项工作取得积极成效。1~12月完成工业总产值663.4亿元,同比增长10.34%;出口交货值完成40.01亿元,同比增长7.84%;到位资金90.4亿元,同比增长6.6%;税收完成25.8亿元,同比增长28.56%。

(一)拓展空间,破解园区发展难题实现新突破

一是拓展规划空间。由于二期6.76平方公里已全部划归保税港区,严重制约了发展空间。通过上上下下的努力，同德拓展区4.82平方公里规划已获市政府审批。二是拓展开发空间,打好"两个新区"开发的提前量。其中工职院以北片区1070多亩征地完成了报件资料准备,购买了地票900.3亩(费用约2.2亿元),原有气管和光缆开始搬迁改建,土地平场、路网建设方案已完成设计优化;同德拓展区南面入口1500亩征地报件和相关建设方案设计等前期工作已经启动。三是拓展存量空间。园区没有新的发展空间,园区管委会便鼓励企业向空中要地,多建标准厂房。在园区自建5万平方米厂房完工的同时,40多户企业累计开建厂房约110万平方米,已建成近70万平方米。待这些标准厂房全面建成投用后,可快速聚集新兴产业项目。

(二)竭诚服务,助推企业做大做强取得新进展

园区秉承"企业至上、服务第一"的理念,深入开展"转作风、促发展、解企忧"活动,帮助企业排忧解困,助推企业加快发展、做大做强。用地类项目新交地2宗,新开工1个,新投产4个项目;长安汽车冲焊件、银翔摩托车发动机配件等33个技改扩能项目建成或基本建成26个;执行兑现或协调落实30户企业优惠政策,返还企业配套费2600多万元；协助4户企业获得科技项目资助金260万元,新增市级技术研究中心6个;免费为83户企业举办专场招聘会,帮助企业解决用工1000余人等。通过一系列助推服务措施,园区企业发展良好,骨干企业的支撑和带动作用增强,全年产值过亿企业达41户。

(三)多管齐下,招商引资全面开花跃上新台阶

园区管委会实施"请进来、走出去"和以商招商战略,充分利用现有资源,全力开展五大招

商行动。一是工业地块招商。签约引进申宇北斗导航、天圣药业、北京凌讯电脑触摸屏等5个项目,计划总投资近30亿元,预计年产值60多亿元。二是企业厂房招商。引进了家成珠宝、汤正科技等项目20多个,计划投资近10亿元,预计年产值45亿元。三是综合地块招商。成功挂牌出让土地2宗、274亩,出让总价约6.9亿元,其中园区可收到成本3亿多元。四是以商招商。促成北方奔驰、智得热工等现有企业成功招商,引进了德国采埃孚乘用车变速器、法国苏伊士公司节能服务等项目,预计投资15亿元,新增产值40亿元以上。五是注册招商。经多方协调,南方英特、嘉陵本田、重视传媒等13户企业已完成在园区内的工商、税务注册登记。

(四)筹措资金,债权债务实现自求平衡

报经国土资源部批准成立了土地储备所,园区重获土地储备资格,并清理可储备土地600多亩,抓紧办证用于抵押贷款。全年实现土地款收入约6亿元,融资到位5亿元,2.34亿元贷款如期偿还。从目前看,在产业不断壮大、税收不断增加的同时,园区债权债务基本能够实现自求平衡。

(五)维护稳定,强化安全监管和信访稳定

强化安全生产监管,全面深入开展安全大排查、大整治、大执法专项行动,全年无较大安全事故和群访集访事件发生,保持了平安稳定局面。强化信访稳定工作,调处化解企业矛盾纠纷30余起,解决征地遗留问题10余起,化解A、B类重点信访件3起,协调解决了安置房屋产权证办理问题,长安火工区完成安置房分配93户,海领市场租地搬迁问题得以妥善解决。做好就业推荐和服务工作,园区新增就业3000多人;关心征地农转城人员的切身利益,依法妥善解决了征地遗留问题40余件。

二、发展中存在的主要问题和困难

(一)发展空间受限

园区一期规划土地基本用完,二期规划区域全部划归保税港区,同德拓展区刚获规划审批,园区没有现存的工业布局发展空间。

(二)转型升级难度较大

战略性新兴产业和现代服务业的培育发展受多方制约,要形成规模尚待时日。

(三)体制机制有待优化

园区自主权不够。行政审批事项较多,手续和程序复杂,不适应加快发展的要求。征地拆迁、生产建设等矛盾问题尖锐,纠纷易发频发,安全维稳压力大。园区社会事务工作任务繁重,牵扯大量时间和精力。

三、2014年发展目标

2014年,空港园区将按照“转型升级、提量提质、开拓新区、产城互进”的工作思路,抢抓重庆都市功能拓展区和渝北临空都市区开发建设机遇,着力推进园区开发建设、产业及配套项目建设、转型升级发展、标准厂房建设,努力建设千亿级临空制造业基地。园区发展的预期目标是,地区生产总值达到105亿元,工业总产值确保450亿元、力争500亿元,全社会固定资产投资30亿元,其中工业投资20亿元,招商引资到位资金30亿元,出口交货值10亿元,税收15亿元。

(一)统筹推进“三区”开发建设

一是推进工职院以北片区开发。加快征地报批和拆迁,力争年内完成1500亩征地工作。加快征地报批和拆迁,力争年内完成1500亩征地工作。加快管线迁改,全面完成片区内天然气管道和光缆搬迁改建。加快土地整治建设,完成1500亩土地平场,开工建设桃源大道北延伸段等骨架路网,显现片区开发雏形。二是完善一期规划区建设。完成剩余全部约300亩征地拆迁和平场整治。加强路网建设,开工建设观月大桥,完成观月西路、凤鸣路建设和庆荣物流道路拓宽建设。改造安装LED节能路灯1468套。部分建成跳蹬河东侧1200米污水干管。建成投用红树林公园一期管理用房及附属设施。三是适时启动同德拓展区建设。首先是做好该片区开发模式的研究分析,其次是作好入口平场方案和污水处理厂建设前期方案。

（二）全力推进产业及配套项目建设

一是推进新建项目。完成天圣医药项目用地挂牌，促成其落地开工建设；推动申宇北斗、重视传媒、佳文投资等项目开工建设；促成采埃孚变速器、镭宝机器人、鑫源盛LED、金泰金属、恩达实业、奥投科技、天威实业等项目建成投产。二是盘活企业未建闲置土地。督促17户企业330多亩二期未建土地尽快投入建设，对确实无法建设的，予以依法收地，或由园区进行回购，重新安排项目建设，实施"腾笼换鸟"。三是推进技改扩能建设。加快长安冲焊生产线、银翔摩托车发动机配件、鸽牌辐照交联轨道交通车用电缆、海特汽车尾气三效纳米催化剂、再升特技保温绝热材料、博耐特汽车电机检测中心、中南橡胶、渝江机械等技改扩能项目建设，提升技术水平，提高产能。四是推进配套项目建设。推进区中医院搬迁项目和北城致远、千荣、千威房地产项目、长安工业公司职工宿舍等项目开工建设，促进桃源居小区和泽科房地产开发项目加快建设，进一步增强园区配套服务功能。

（三）鼓励支持企业标准厂房建设

一是加快在建标准厂房建设。强化政策支持和协调服务，促成企业约40万平方米在建标准厂房尽快完工，累计形成厂房总面积超100万平方米的项目承接平台。二是鼓励企业厂房"拆单层建多层"。经清理，园区有40多家企业建有单层厂房，用地约5000亩。对有意愿改建多层厂房的企业，争取给予专门的优惠政策，鼓励支持其"拆旧建新"，建设多层标准厂房，在满足现有产能的基础上，力争新增标准厂房50万平方米，为承接招商项目提供平台。

（四）着力推进产业转型升级

一是培育发展新兴产业。实施"百万方标准厂房招商工程"，全力引进汽摩关键零部件、电子信息、临空制造、电子商务等优质项目，加快培育形成200亿元以上的新产能。继续开展"以商招商"，鼓励现有企业与国际国内知名企业集团联合重组、合资合作，新建优质项目。抓好同德拓展区产业规划，谋划布局发展智能装备、临空制造、电子信息等产业。二是强化技术创新驱动。鼓励支持企业提升研发能力，加快技术进步和新产品开发，提升核心竞争力。鼓励支持现有研发中心脱离母体成为独立的法人实体，同时新引进技术研发机构，完善园区产业发展的技术研发支撑体系。实施品牌战略，鼓励支持企业多出名牌、争创品牌，形成一大批"园区制造"，提升工业发展的规模、档次和质效。

（五）切实增强运行发展保障

一是增强资金保障。加快土地挂牌和价款回收，积极办理土地储备证用于押抵，加强与银行的融资合作，全年力争组织资金10亿元以上，满足开发建设的资金需要。二是增强服务保障。切实"转作风、促发展、解企忧"，为企业在手续办理、用工用能、融资贷款、优惠政策执行等方面提供优质服务，全力助推企业建设发展。三是增强安全维稳保障。抓好安全生产和信访稳定工作，切实维护平安稳定，确保开发建设平稳有序运行。

（作者单位：空港工业园区管委会）

珞璜工业园区

张睿

一、2013年发展回顾

珞璜工业园，是承接重庆主城产业转移和功能疏解的重要区域，是重庆都市功能拓展区、城市发展新区融合发展的"黄金口岸"。2013年，是珞璜工业园招商引资、项目建设、环境配套三大突破年，园区以重庆市实施五大功能区划分为契机，围绕区委十三届四次全委会、"一五七六”发展思路，狠抓招商引资、项目促建，环境配套建设，着力破解土地、资金、能源瓶颈制约，完善内部管理体制，力促园区发展取得新成绩。园区现规划面积50平方公里，分为A、B区，目前已建成面积约15平方公里。

(一)经济运行提质增效

2013年，面对复杂多变的经济形势，园区紧抓五大功能分区和低丘缓坡的政策优势，实现经济平稳较快增长。一是经济总量增长加速。全年完成工业总产值320亿元，同比增长35.6%，占全区规模工业总产值的1/3。二是规模企业效益提升。新增规模以上工业企业21户，规模以上工业企业户数达73户，占全区规模工业企业户数的1/3。规模工业总产值、规模工业增速、规模以上工业增加值、新增规模以上企业等指标均列江津四大园区第一。三是入库税金大幅增加，全年入库税金4.29亿元，同比增长74%，其中工商税收3.37亿元，同比增长44.6%。四是园区投资逐步增加。全年完成固定资产投资62.7亿元，同比增长40%，其中企业固定资产投资49亿元，同比增长32%。五是招商引资稳步增长。新引进项目68个，协议引资240.8亿元，实际到位资金90.6亿元，同比增长78.3%。

(二)项目建设快速推进

2013年，全园新建成投产项目93个、新开工项目18个、在建项目37个、拟建项目43个，完成固定资产投资62.7亿元，占全年目标任务118.3%，同比增长40%。其中基础设施建设完成投资13.7亿元，同比增长77.9%，企业建设完成投资49亿元，同比增长32.1%。玖龙三期、西部服装城、伟星新材等8个区领导联系重点项目均超额完成目标任务，完成固定资产投资24.4亿元，占全年目标任务221.6%。

(三)招商引资成效明显

围绕主导产业，突出招优招大招强，围绕低丘缓坡政策，突出项目集约节约用地，围绕产业转型升级，突出项目效益和税收回报，园区招商呈现工业项目扎堆入驻、商贸物流业发力的良好氛围。逐步形成以机电集团、建工、万虎、北易车业为龙头机械制造产业，以玖龙纸业、哈韦斯特、天助、伟星为引领的新材料产业；以金考拉服装产业园为载体的纺织服装产业和以中国物流、中国工艺术集团、冠强国际汽车城入驻为基础的专业物流市场群。全年共引进项目68个，协议引资额达240.8亿元，其中投资10亿元以上的项目6个，引进外资项目2个。

(四)要素保障全力跟进

一是狠抓资金保障。按照“税收平衡财务费用、工业用地平衡征地拆迁、融资及综合用地平衡债务及工程建设”的思路，保障园区建设资金需求。首先通过土地资产注入、增加注册资本金等方式做实开发公司，公司注册资本金由1亿元增加到8亿元，为融资创造有利条件。合理控制融资规模及融资成本，适时投放信贷资金，全年新获得银行授信11.1亿元，到位资金9.85亿元，综合成本控制在9%以内。其次通过合理投放土地，适度提高工业地价(综合单价由2012年17.5万元/亩提高到22.5万元/亩)及首付比例，实现土地款收入5.6亿元。加大税收征管力度，合理开源节流，税收入库9.3亿元。再次实行“总工、工程、计监三权分离”管理体制，做到工程建设设计、施工管理与工程造价计量监督有机结合，有效地节约了资金投入，加快了基础设施建设。二是狠抓用地保障。抓住低丘缓坡试点政策优势，在国土房管部门和珞璜镇政府的大力支持下，完成土地拆迁5992亩，新取得征地批文3648亩。充分利用低缓征转分离的政策，按照“建多少供多少”原则，严格把企业建设规模与土地出让面积相结合，在保证企业建设用地需求的同时，促进企业加快投资建设，这样既有利于项目促建，又有利于节约集约用地。三是狠抓水电气保障。加快长合220kV变电站和马宗110kV变电站建设，启动B区循环管网建设，加快推进污水处理厂建设，确保企业正常生产需求。

(五)服务环境不断优化

以行政审批权下放为契机，创新行政审批流程，优化企业服务，连续三年获得全区优化环境服务考核前三名。一是开通办件“绿色通道”，全年共办理各项手续审批件1005余件,其中自建项目200件,企业项目887件。二是全面落实重庆市《关于支持实体经济发展的实施意见》,帮助企业争取财政补助2000万元。其中:伟星等4户企业获得重庆民营经济发展专项资金350余万元;创辉等17户企业申报江津民营经济专项资金500余万元;龙冠等3户企业申报财政贷款贴息资金150万元;另有近20户企业获得各级财政支持约1000万元。三是积极开展校企对接,加大适用性人才培训力度,协助威马农机、万虎机电等企业与江南职校合作,搭建学生就业平台和提供教学支持,实现了企业和学校的双赢。

二、发展中存在的问题

(一)部分项目开工滞后

一是因拆迁遗留问题及电力杆线搬迁等影响,企业进场动工时间推迟。二是受宏观经济形势影响,企业自身建设积极性不高,园区某些项目开工时间严重滞后。

(二)与国家级经济技术开发区差距较大

一是总体规划、综合功能配套和整体形象还需要进一步提升。二是在工作中还存在惯性思维,全员素质、执行力等与打造国家级开发区和争当领头羊等有较大差距,有待进一步提高。

三、2014年发展思路

2014年是园区"上台阶、求突破、出形象"的关键一年。园区总体思路是:深入贯彻落实十八届三中全会、市四届三次全会、区十三届四次全会精神,牢牢抓住"五大功能区划分"重要历史机遇,按照全区"一五七六"发展思路的总体要求,以打造"千亿级工业园,产城融合新区"为目标,以发展工业为首要任务,努力在规划管理、招商引资、项目促建、环境配套、干部队伍建设等方面取得新突破。

2014年,力争工业总产值360亿元以上,规模工业总产值330亿元以上,入库税金9亿元以上,工商税收3亿元以上;新增规模企业15家,协议引资200亿元以上,实际到位资金60亿元以上,市外国内资金50亿元以上。

(作者单位:珞璜工业园区管委会)

涪陵工业园区

徐海

一、2013年发展回顾

2013年,实现工业总产值548亿元,同比增长20.7%,其中,规模以上工业产值535亿元,同比增长19.15%,完成全年目标520亿元的105.38%。完成全社会固定资产投资155亿元,完成全年目标175亿元的88.57%,其中,工业投入85亿元,完成全年计划70亿元的121.43%;城市建设投入70亿元,同比增长66.7%,完成全年计划105亿元的66.7%。招商引资到位资金77亿元,完成目标任务的77%,其中实际利用外资2105万美元,完成目标任务的42.1%。实现各类收入56.38亿元,完成全年计划的112%,其中,全口径财政收入32.4亿元,完成全年计划的122%,融资到位资金20.5亿元,完成全年计划的103%。

(一)产业发展取得突破

全年引进华晨鑫源汽车、云河特种车、巴里菲尔斯医药及现代医药物流、华兰生物疫苗项目、中国网库"电商谷"、超力高科汽车关键零部件产业集群等19个项目,协议投资181.29亿元,协议产值共577.5亿元,其中,三产项目7个,协议投资45.99亿元;工业项目12个,协议投资135.3亿元,协议产值577.5亿元,100亿级工业项目4个(云河特种车、华晨鑫源汽车、攀华精密钢管、超力高科汽车关键零部件产业基地)。紧紧围绕华晨鑫源招商引资,已有34家配套企业到新区考察,其中20余家明确表示到涪陵投资建厂,重庆伟恩机电制造有限公司、柳州市中铨机械制造有限责任公司、重庆豪翔机械制造厂等15家企业已与华晨鑫源达成书面约定。加大三产、总部经济和微企发展力度,共引进高速公路运营中心、商贸交易批发市场、大型商贸基地等项目,51家微企入驻。全年在建工业项目36个(续建22个,新建14个),其中攀华二期、长兴电子、强箭气体、国奥电梯、深特发等11个项目建成投产,新增产能约330亿元,烟厂、葵花药业、云河特种车等25个项目加速推进。

(二)城市建设提速提质

一是城市核心区启动建设。完成CBD项目公司组建及CBD总体设计和市政公用基础设施方案设计,正加快推进前期开发建设的公共广场、环道和单体建筑的深化设计,公建部分正在开展场平。已与工商联、民投集团、建筑业协会等投资业主达成了6栋写字楼招商意向并对协议约定等事项达成共识。二是城市开发如火如荼。金科中央公园二期、奥体中央公园、恒大山水城、红星国际广场等9个项目115万平方米在建,总体进展顺利,其中50万平方米建成投用。三是城市功能配套上档提速。4个行政服务项目、10所中小学及5个卫生项目总体推进良好,其中,中医院加快装修,确保门诊年内投用,中心医院分院正在加紧场平,区公安局指挥中心已接近尾声,涪高中、十一小、十四小、十五小方案设计。

(三)基础设施配套增强

一是路网建设全面铺开。全年实施道路项目32个,总长37.73公里,其中,涵盖主干道延伸及CBD片区、太乙片区、玉屏片区次支干道,4条道路建成投用。二是管网工程全部覆盖,涞滩河东线污水收集管网等8个在建项目加快推进,部分管网工程年底前建成投用。三是能源保障进一步夯实。杨柳冲变电站已完成土建,正在筹备设备安装,涪杨万110千伏电力线、枣子湾变电站等正在做前期工作;黄旗至李渡天然气管线建成投用,聚源大道一期天然气管道工程基本完工。

(四)建设管理显著提高

一是规划管控水平提高。实行专家评审论证制度、规划建设项目两级审批制度,严把项目选址及用地关、方案品质关、指标控制关。全年完成《涪陵新城区北部片区控制性详细规划及城市设计》、《涪陵区李渡组团R标准分区控制性详细规划》、《涪陵新城区综合交通规划》等7项规划编制,办理城建、工业、市政等各类项目“一书三证”共174件。二是建设审批程序进一步优化。对重点建设项目开辟绿色通道,实行质监、安监提前介入,工作效率显著提高,建设行政审批事项及时办结率达100%。三是加大违法违章建筑处罚力度。制止违法建设228起6万平方米,立案查处违法建设56件,强拆58起,拆除10280平方米,较好地维护了新区建设秩序。四是市政管理日益加强。“申”字形景观绿化工程全面铺开,其中聚龙大道西段成功创建“重庆市园林式市街”,城市夜景灯饰工程全面启动,同时加强河道环境、施工扬尘污染治理,环境卫生明显改善。

(五)资金保障平衡有力

全年融资到位资金总计20.5亿元,其中,工行、农发行等银行贷款资金7.5亿元,外贸租赁公司、中信证券等非银行金融机构贷款资金7亿元,其他非传统方式取得资金6亿元;全口径财政收入30.34亿元,其中,公共财政收入6.65亿元,基金收入23.69亿元;争取廉租房、公租房、三峡后扶、市级营业税返还等上级补助资金3.48亿元;全年合计到位资金53.66亿元。全年支出53.07亿元,其中贷款还本付息支出12.09亿元,征地拆迁7.18亿元,基础设施建设等支出23.47亿元,企业优惠政策兑现9.33亿元,其他支出1亿元,保持了资金供求总体平衡。

(六)社会民生持续改善

一是安民工程。全年实施保障房工程10个

项目103万平方米，在建8367套61.4万平方米，其中，杨二坪、踏水桥等5621套38.61万平方米保障房建成投用并完成分配，春节前将有5000套33.6万平方米保障房建成投用，同时开展大鹅、倪峰安置房前期工作。二是惠民工程。积极开展民政、计生、后扶、殡改及社区卫生等服务工作，累计发放各类救灾、救助、津贴、慰问等资金336万元，申请后规补助资金1.6亿元；城乡居民养老保险参保17556人，医疗保险参保约58659人。三是富民工程。统筹做好下岗失业人员、失地农民的就业工作，帮助3000余名失地、无业农民实现了再就业，扶持70余名失地农民及返乡农民工创业，申报小额贷款286万元，实现新增就业5000余人。同时通过吸纳本地富余资金投资新区建设的利息分红形式，让本地居民分享新区建设成果，并因地制宜、因势利导推动农业经济发展，实现农村经济总收入5.25亿元。

(七)社区建设逐步规范

一是根据城市建设发展之需，按照新型城市社区管理模式组建了杨二坪社区，拉开了新区城市社区规范化建设管理的序幕，也为后续城市社区建设管理积累经验。二是积极探索适应新区建设发展的社区管理模式，对社区设置、干部配备、驻社区干部管理等方面进行了研究，并出台了相关措施。三是加强了社区档案建设，根据区委办、区档案局要求，对18个社区开展了统筹城乡村级档案标准化创建工作，迈出了社区档案标准化管理的第一步。四是实施了平安社区建设，积极开展安全生产监督管理和矛盾纠纷排查化解及信访稳定工作，确保一方平安。

二、发展中存在的问题

一是资金平衡面临较大压力。由于正值新区建设发展加速期，各类投入较大，加之又值前期融资还贷付息的高峰期，且已无资产作抵押融资，因而资金平衡压力大。二是用地形势依然紧张。用地指标趋紧、拆迁越来越困难，土地保障压力大。三是安置房建设滞后。目前待安置户较多，有的在外过渡已达5年以上，加上新区发展拆迁量大，待安置量越来越大，而安置房建设受资金、土地等要素影响，推进进度严重滞后，群众要求安置的愿望十分强烈。

三、2014年发展目标

2014年，根据“城市发展新区”、“三区一城”的战略定位，坚持“产业兴城，产城融合”的发展方向，按照“集群化产业发展，精品化城市建设”的原则，以“集聚产业、拓展城市、完善配套、强化保障、关注民生、确保平安”为工作主线，全力打造一流产业集聚平台和高水平城市新区。全年GDP达到170亿元，实现规模以上工业产值620亿元，完成固定资产投资175亿元，实现本级财政收入31亿，招商到位资金80亿元。

(作者单位：涪陵工业园区管委会)

合川工业园区

向海波

一、2013年发展回顾

2013年，在区委、区政府的正确领导下，工业园区围绕“3421”工作思路，紧握“开工、投产、达产”3个抓手，全力打造“装备制造、电子信息、生物制药、品牌服装、休闲食品”5个亮点，践行清新从政理念，全面实行项目经理制度，变因循守旧为开拓创新，变四平八稳为敢于争先，用改革的办法全力推进各项工作，园区建设取得了良好成效。工业园区“一园四区”实现工业总产值282.08亿元，同比增长62%；累计完成工业增加值90.27亿元，同比增长60.45%；营业收入

267.97 亿元，同比增长 59.70%；应收工商税收 3.71 亿元，同比增长 70.96%；应收财政完成 7.76 亿元，同比增长 49.81%。其中，累计完成规模工业总产值 164.38 亿元，同比增长 30.3%。园区工业经济发展保持上扬态势，经济效益平稳增长。

(一)强化招商项目质量，凸显产业集聚特色

2013 年，园区秉承“招大、招优、招实、招外”的宗旨，通过项目评审、量化评估等方式严把项目质量关，引入德国萨固密、韩国宝罗电子等 39 个项目落户园区，协议总投资约 220 亿元。其中，德国萨固密、瑞阳汽车、元创汽车等项目再添装备制造业新动力，青阳制药、健能医药等项目再注生物制药产业新活力，韩国宝罗电子、台湾宝丰电子、奔流电子成为电子信息产业新生力，工业园区产业集聚日益凸显。

(二)强化项目建设效率，刷新园区发展速度

2013 年是园区的“项目建设年”，为高效推进园区项目建设，园区全面实行项目经理制度，创建“计划机制、约谈机制、例会机制、汇报机制、问题回复机制、信息报送机制”等 6 项推进机制，每月下达项目建设任务，每半月召开由企业和园区确定责任人、明确职责、工作任务、解决问题的项目推进汇报会，每周召开片区建设项目推进会，及时解决项目推进情况及存在问题，集中精力推进项目建设投产。同时，通过逐一约谈台湾元创汽车、青阳药业、兴意电梯等 40 个“双十工程”、重点项目企业负责人，园区明确锁定初设评审、水电气安装、基础动工等 26 项手续办理流程时间节点。全年园区实现中鼎睿石、中控仪表、百花药业、本基生物等基础开工项目 46 个，其中新建项目 26 个，续建项目 4 个，租赁装修 16 个，已经投产项目 15 个。

(三)强化基础设施建设，完善园区功能配套

2013 年，园区实际完成基础配套投资 8.2 亿元。园区资金主要使用在三类项目上。一是民生配套项目。目前在建拆迁还房项目共计 7 个，90 余栋楼宇，80 余万平方米，可以满足 2.7 万人，65%在春节前交钥匙；二是前期配套项目。目前已经完成或者基本完成平场的项目约 5500 亩，平场的地块大部分都已经安排企业落户；三是同步配套项目。为使园区支路畅通、水电气和排污管道入户，保障企业建成后正常投产，在企业建设的同时，园区开工建设了 10 余条支路和 5 个用电开闭所、1 个变电站、2 个污水处理厂的建设。

(四)强化多元融资模式，缓解资金瓶颈压力

2013 年，园区不断转变思路，提出多元融资理念，抢抓机遇，慎重选择推进融资项目，并取得了较好成效，全年实现到位资金 29.8 亿元，而且全年平均融资成本控制在 10%以内，融资质量明显提升，资金基本保障了发展需要。为园区基础设施项目建设和全区维护稳定提供了强有力的资金保障。

(五)强化征地拆迁补偿，展现和谐稳定景象

园区已获取消防站、友军等 3 宗土地批文，15 宗待批，工业园区新获取土地批文 3490 亩，土地指标 1390 亩。同时，园区坚持“程序、补偿、安置三到位”的原则，采取“整建制”拆迁的办法，稳步推进拆迁工作，新启动核心区、沙溪、城北拆迁项目 18 个共 1556 亩，拆迁房屋 510 户，拆除房屋面积约 5.6 万平方米，妥善处理信访问题 21 个，遗留问题 13 个，进行保护性施工 15 次，发放安置补偿款约近 2 亿元，为项目推进提供了重要保障。

二、发展中存在的问题

与上级部门要求相比，还存在较大差距；园区的功能配套滞后，基础设施和企业建设进度还需加快，企业达产率亟待提高。

三、2014 年发展目标

2014 年，是工业园区跨越发展的关键之年，工业园区将以十八届三中全会召开和“城市发展新区”功能定位为契机，秉持“质量与效率并重”的发展理念，朝着工业总产值突破 450 亿元，财税总收入突破 10 亿元的总体目标，全力推进服务型园区、科技型园区和生态园区建设。

坚持抓项目开工,着力推动青阳药业等50个骨干项目开工建设;坚持抓项目投产,加快中控仪表等25家企业建成投产;坚持抓企业达产,实现新增达产企业10家、规模入统企业20家;坚持抓配套保障,实施征地拆迁3000亩,获取土地指标2500亩;到位融资资金22亿元,有序推进建设33万方保障性住房、9.6公里道路、30万方标准厂房、10万商住配套;坚持思想作风,以"传播正能量"为主题,开展"新年总结大会、团队潜能开发培训、交心谈心、园区企业互动、感动工业演讲、服务企业辩论等6项活动;坚持强化改革创新意识、爱岗敬业意识、高效执行意识、质量发展意识、协作竞合意识、廉洁安全意识和产城融合意识等7项意识,努力实现工业园区科学发展、快速发展。

(作者单位:合川工业园区管委会)

永川工业园区

何泽雄

一、2013年发展回顾

2013年,在市特色工业园区建设管理领导小组的关心支持下,在区委、区政府的领导下,重庆永川工业园区以科学发展观为指导,按照"稳中求进,进而求质"的总体要求,狠抓基础设施投入,切实保障要素需求,全力加快项目建设,各项工作推进顺利,千亿级特色工业园区成效明显。

(一)园区产业不断壮大

永川工业园区围绕"4+1"产业区域布局,着力引进配套项目、拉长产业链,不断壮大产业集群。2013年,园区新引进项目33户,入驻企业累计达到321户,招商引资实际到位资金170.6亿元;全年完成工业固定资产投资149.1亿元,同比增长15.76%;实现工业总产值522.9亿元,同比增长24.2%,实现工业增加值162.8亿元,同比增长20.27%,园区工业集中度达到74.5%;实现本级财政收入19.6亿元。

(二)基础设施更加完善

凤凰湖工业园兴龙大道B段完成路面硬化,正在完善管网和绿化;昌东大道顺利进场施工;累计完成G区场平及道路、白果路改建、成渝铁路下穿顶进涵洞、大安危岩治理、台川边坡支护等工程。"一纵一横"的三教园区1、2号线主干道全线贯通,2号线延长线建设完成,已启动三板路(三教至板桥园区段)改造工程。全年园区投入基础设施建设资金达39.6亿元。

(三)要素配套满足需求

凤凰湖廉租房二期工程1、2号楼交付区公租局。凤凰雅苑主体工程全面完成,初装饰工程接近尾声;凤凰丽苑保障性住房完成60%主体工程;完成2号开闭所线路工程建设和洞白支线、汇桐线10kV线路搬迁工程,完成G区工业天然气主管的设计方案。三教园区天然气站管网铺设已完工,启动110kV变电站建设。港桥园区完成了港桥新城开闭所、永十二中、廉租房一期、二期正式用电安装、消防站水电气安装等配套设施建设;完成了6.8平方公里起步区天然气环网及路网、供排水管网、弱电系统和输变电线路建设,正式启动松溉片区110kV变电站设计建设。

(四)项目建设成效较好

争取到重庆数控机床产业基地落户永川。全年新开工中捷数控、飞达机械、川淞机械、青岛新天地、理文高档生活用纸生产等项目45个;新增赛特尔机械、天鸿木业、盈川机械等投产项目13个;渝久金具、永高塑业等6个重点转型升级项目已基本完成,工业园区经济增长亮点纷呈。

(五)园区发展后劲十足

充分发挥三大工业园承接产业转移的主阵地作用,重点围绕"4+1"主导产业进行招商,以大公司、大财团、大客商和世界500强为目标，重点招引技术含量高、产业关联度强、财政贡献率大的项目，引进上下游关联产业，打造产业集群。2013年，共引进台正数控机床联盟、力劲集团、东方科力重工、重庆交运等项目33个，协议引资265亿元，实际到位资金170亿元，有效增添了园区发展后劲。

二、2014年发展目标

2014年，永川工业园区建设发展目标任务初步确定为：工业总产值达到650亿元，工业增加值175亿元，实现税收25亿元，完成固定资产投资180亿元。

（一）完善产业链条，增强园区集约集聚度

按照都市型工业园区建设模式，加大标准厂房建设投入力度，探索民营资本为主体的工业房地产开发新路子，加快推进公路交通基础设施建设、保障性住房工程建设。以产业集群高度集中，配套能力显著增强，建设用地高度集约为目标，对主导产业的配套小企业，采取“园中园”的模式，按照“打捆入园、统一规划、统一建设、相互配套、拉长链条、形成集群”的原则集中修建，在提高集约用地程度的同时，切实改变产业配套能力不足的局面。

（二）建好基础设施，夯实园区承载平台

按照“骨干路网先行、区域功能配套、逐步拓展建设”的原则，以“七通一平”为基本要求，全面完成兴龙大道、昌东大道、港桥大道、北鼎大道等主干道建设，加快完善塘湾路、特川支线、永铜路等区间道路及支线建设，在园区内形成循环互通的道路交通网络体系。进一步加快重庆港永川港区朱沱作业区建设进度，力争启动成渝铁路改线工程，打造园区立体交通网络。加快推进凤凰湖电镀产业园及配套污水处理设施建设，建成三教工业园污水处理厂，进一步提升园区承载能力。

（三）保障发展要素，满足园区发展需求

突出土地征收、电气配套三大重点，以项目征地为主要手段，争取市园区办、配套办和国土部门大力支持，力争新增用地指标6000亩，满足入驻项目用地需求。进一步加大供电供气部门协调配合力度，加快推进华科、莲花、三教和港桥起步区4座110千伏变电站建设，有序推进输电路线、开闭所等配套设施建设。完成港桥配气站二期和三教配气站及输气管网建设，新建港桥加油站1座。

（四）培育龙头企业，促进产业转型升级

着力实施重点龙头企业培育工程，每个主导产业确定10户龙头企业，围绕龙头企业合理布局相关上下游产业，提高企业集聚度和关联度，培育壮大产业集群。充分发挥“重庆市新型工业化产业示范基地”——机械制造示范基地示范带动作用，进一步加快产业培育力度，促进永川机械制造业加快发展。

（五）强化招商引资，助推园区加快发展

围绕园区“4+1”主导产业布局，开展产业链招商，做大产业集群，做强产业支撑。不断优化服务环境，实现“引得来、留得住、强服务、促发展”的目标，确保招商实效。突出重点项目的招商洽谈工作，注重引进整机装配等总装项目，调优园区产业结构，打响“永川制造”品牌，增强发展后劲。全年力争协议引资300亿元，实际到位资金200亿元。

（六）加快项目建设，培育园区产业支撑

着力开展“工业项目建设推进年”活动，继续推行项目秘书和“保姆式”服务，加快推进华科事业群、理文高档生活用纸、再生资源“圈区管理”交易市场、立劲机械、台正数控机床联盟天等续建工程。进一步清理已签约项目，加快推进工商登记和建设手续办理，确保升科、特军等30家企业开工建设。全年力争新增投产企业30户，新增产值50亿元。进一步加大以华科事业群为龙头的电子信息产业，以中捷数控、台正机床等为龙头的机械装备产业，以新格再生铝为龙头的金属回收及压延产业，和以理文造纸为龙头的纸及纸制品产业培育力度，打造百亿级产业集群，为永川工业园区加快发展提供强力支撑。

（作者单位：永川工业园区管委会）

南川工业园区

赵萍

一、2013 年发展回顾

2013 年，南川工业园区按照上级的统一部署，在市级相关部门的指导下，在南川区委、区政府的正确领导下，迎着重庆市五大功能区和资源型枯竭城市转型发展的历史机遇，不等不靠、迎难而上，着力夯实园区发展载体。

目前园区建成主干道 24 公里，标准厂房 30 万平方米，水、电、气、通讯等基础配套设施基本完善，投资环境优越，中铝、鸿庆达、南邦铝业、威鹏药业等 139 家企业入驻园区，现有投产企业 96 家，规模以上企业 25 家。

(一)主要指标全面完成

全年完成固定资产投资 31.19 亿元，同比增长 17.7%；实现工业总产值 108.77 亿元，同比增长 9.1%；实现税收 2.71 亿元，同比增长 8.5%，就业总人数 15869 人，新增就业约 1800 人。

(二)招商引资成效明显

按照一园三组团各自产业定位，积极对外招商，跑遍北京、天津、上海、浙江、广州、深圳等大半个中国，全年洽谈项目 150 余个，签约落地项目 16 个，标准厂房新出租 3.8 万平方米。

(三)项目落地实现突破

倾力服务入园企业，积极协调水电气等要素保障，落实土地、规划、建设等相关手续，新开工项目 6 个，新投产项目 10 个，新增规模以上企业 8 家。目前，中铝“80 项目”现已具备达产条件，镁合金项目一期即将投产，顶典化工、恒亚铝业、环洲建材、方略精控、泰日建材等相继建成投产。

(四)基础配套有序推进

编制完成《南川工业园区发展规划》和龙岩组团、南平组团产业发展规划。加大基础设施建设，龙岩组团东区安置房一期 C 标装饰工程完成 85%，D 标主体工程全部完工，天然气管网、10kV 开闭所建成投用；水江组团广场路安置点主体完工，水江大桥及其搭接道竣工投用，天然气管网已进入园区，220kV 宏墙变电站平场工程完工，土建和线路走廊启动建设；南平组团 110kV 陈家场变电站完工投运，10kV 开闭所建成，标件路完成路基基础工程。

二、发展中存在的问题

一是资金缺口大。2014 年急需大量建设资金，由于缺乏融资抵押担保，融资额度受限，银行还款压力也十分巨大。二是土地储备少。由于受本区两规调整限制，园区未来发展的空间受限，影响企业引进。三是龙头企业少。园区除水江组团有投资 67 亿元的中铝和投资 50 亿元的鸿庆达项目外，其他两个组团都缺乏龙头企业。

三、2014 年发展目标

2014 年，南川工业园区将以全市五大功能区划分为契机，抢抓工业经济发展先机，提高共识、完善基础、狠抓对接，积极推进新型工业化进程，为早日建成千亿级工业园区奠定坚实基础。

园区预期发展目标是：新签约项目 30 个，新落地项目 20 个，新竣工投产项目 30 个，新培育规模以上企业 20 家。

(一)抓好产业招商，打造产业集群

实行工业招商和商住地产招商并驾齐驱，积极培育壮大本土企业，大力引进国内外知名企业前来投资，力争形成产业发展的内生机制。坚持发挥比较优势、突出特色产业、协调错位发

展，在重点产业、重点产品、重点项目方面实现突破。依托特色资源优势，积极争取全市重大工业项目布局在南川园区。

(二)集聚要素资源，夯实发展基础

龙岩组团开工建设污水处理厂和纵三路延伸段，推进职工公寓建设，建成东区安置房一期项目，配合水、电、气经营部门完善园区供水、供电、供气管线建设。水江组团争取打通水江大道、建成广场路、兴盛安置房，推进宏墙220kV变电站尽早建成投用。南平组团争取启动污水处理厂、眉湖公园等项目建设，建成中央大道、横一路、纵一路等主干道路。

(三)创新服务方式，提升现实生产力

加大企业服务力度，推进行政审批改革，积极满足在建企业的要素保障和用地需求，协助投产企业申报技改项目和上级扶持政策，推进投产企业的迁建、技改、扩能、转产和淘汰落后产能等服务，力促镁合金一期、威鹏药业、创生生物、邦莱赤泥、南平标准件等在建项目竣工投产，推进10家以上投产企业实施技改。

(四)狠抓产城融合，助推新型城镇化

在产业发展的同时，注重生产、生活配套设施的同步推进，将工业化和城镇化发展结合起来。加快企业引进和培育，推进产业工人向园区集中，不断积聚商机人气。加快商住地块的策划包装，引进有实力的地产商开发建设，不断提升土地价值。发挥已建成的标准厂房优势，吸引农民工返乡创业，积极发展楼宇工业和总部经济。加快龙济大道延伸和城市功能配套，引领城区向东、向北扩展。

南川具有深厚的工业积淀和发展新型工业的良好基础。南川工业园区将抢抓功能区划分带来的新机遇，坚持“产业跟着功能定位走，人口跟着产业走，土地跟着人口和产业走”的原则，以产城融合模式加速推进园区开发建设，加快铝镁材料和先进制造业发展，全力打造具有带动性产业集群。

(作者单位：南川工业园区管委会)

潼南工业园区

江晓珊

一、2013年发展回顾

2013年完成工业总产值105.39亿元，同比增长78.8%；完成固定资产投入46.94亿元，同比增长30.6%；实现销售产值101.09亿元，同比增长96.2%；实现工业增加值31.85亿元，同比增长76.26%；税收3.17亿元，同比增长124.8%；利润6.31亿元，同比增长173.4%；解决就业11500人；新增入园企业31家；开工企业30家；投产企业13家；完成土地征转2273亩；融资到位资金10.5亿元。

(一)合理规划，强力推进基础设施配套建设

一是产业规划更加科学。2013年，园区充分利用县内资源优势，依托交通干线，经多方论证，对南区控制性详细规划进行了调整；同时，紧抓“城市发展新区”机遇，重新修订工业园区三区“空间规划”，拓展园区面积，弥补因土地不符“两规”而供地不足的情况。

二是道路管网日益完善。按“突出重点、适度超前”原则，强力推进基础设施建设。续建项目中北区仁豪物流场平、南区Z4、Z7、H4、东区T2道路等11个项目已竣工并投入使用；绕城路、创新大道、HH1道路、翠柏路、Z4、Z3、Z5、205线排水工程等正在加紧建设。新建项目中东区电镀园场平、六期安置房配电工程、K3排水工程、截流干管A、D段、风潼西线6个项目已竣工，北区H1道路、南区Z1道路、风潼东线、哨楼变电站等项目正按计划推进。

(二)依法拆迁，切实保障征地农民利益

按照依法、依规、灵活处置、公开、公平、公

正原则，积极维护和保障拆迁群众利益。完成了南区Z1道路、健能食品、污水截流干管、潮阳湖大桥、大桥砖厂片区，北区K3、Z2、H1道路、仁豪物流及东区金属表面处理区等15个重点项目用地的拆迁安置补偿相关工作。

签订了原朝阳二社200亩，北区4个社约300亩的用地协议；完成433户1072人拆迁；拆除建筑物面积71880平方米；拆除企业4家，面积4154平方米。完成六期安置房587户1964人的选房分配及钥匙发放工作；为330人办理农转非及社保资料收集；正着手完善六期安置房门市分配准备工作。

（三）大力招商，着力打造产业集群

签约企业31家，占地1153.7亩，计划投资59.9亿元，投产后实现产值152.2亿元，税收3.8亿元，解决就业7900人。其中合才化工等化工类企业7家；清洁能源类企业1家（液化天然气(LNG)综合利用项目）；华机车载天然气瓶生产项目等装备制造类企业4家；天远微动力等电子信息类企业17家；盈裕丝绸等消费品产业类2家。

（四）持续发展，项目建设如火如荼

开工企业共30家。续建企业9家，占地面积364亩，总投资8.74亿元，其中温氏畜牧等5家已投产；其余均已进入厂房、办公楼的建设或装修阶段。新开工企业21家，占地面积1004亩，总投资22亿元，其中愚吉机械等4家已基本完成厂房建设；汇达柠檬等9家企业正加紧进行厂房建设；三期标准厂房、优尚包装等7家企业正做基础建设。

（五）凝聚税收，力促在建企业加速投产

新投产企业13家，其中生产性企业11家，已完成投资6亿元，计划实现产值8.58亿元，年利税6250万元；商服性企业1家，辰宇汽车占地60亩，已完成投资1亿元，计划实现年销售值1.5亿元，年利税1200万元；基础建设类企业1家，中民燃气已完成投资1900万元，可实现天然气日输配能力30万立方米。

（六）强化服务，营造产业发展的良好环境

建立企业服务台账，通过电话、网络、邮件等方式，为企业提供快速、高效的全方位服务。锐升科技、扬明电子等17家企业通过规模以上企业评审，华轩铝业、双喆玩具等6家企业申报民营经济发展专项资金，德海服装、凌峰橡塑等4家企业办理出口业务。定期召开企业发展座谈会，为全鑫农机、和喜包装等8家企业解决要素保障问题，为双喆玩具、愚吉机械等51家企业解决办件、销售等相关问题254起，组织25家企业开展3次现场招聘会，为1100余人提供就业岗位。探索企业办件审批新机制，各职能部门对企业服务全覆盖。

（七）狠抓融资，增强园区跨越发展能力

融资新获批项目9个，金额7.19亿元。融资到位总额10.5亿元，其中2012年获批的朝阳湖流域综合建设项目、新建标准厂房2个项目，2013年到位3.31亿元；2013年获批并到位7.19亿元。

已出让30宗土地共2337.04亩，其中出让居住用地7宗，面积740.34亩；出让商服用地4宗，面积180.24亩；出让工业用地17宗，面积1365.81亩；出让教育用地1宗，面积33.63亩；划拨用地1宗，面积17.02亩。

（八）抓好信访，确保安全稳定

不断加强安全生产管理，认真搞好信访工作。全年信访积案化解率100%，处理率100%，累计受理来信来访7件200人次。开展下访群众18次，公开接访15次、约访11次。分别在拆迁、企业、建筑民工领域建立了三条社情民意信息反馈渠道，搜集民意信息13篇。开展矛盾排查20次，化解矛盾隐患12起。

二、2014年发展目标

按照“量力而行、尽力而为、适度超前”的原则，努力推进园区建设。2014年，计划完成37个基础设施项目建设，推进29个入驻企业项目按期开工。力争引进企业20家，到位资金18亿元，开工企业22家以上，新投产项目21家。完成工业固定资产投入40亿元，全年新增规模企业8家，实现工业总产值150亿。

（作者单位：潼南工业园区管委会）

大足工业园区

张传友

2013年，重庆市大足区工业园区管理委员会在大足区委、区政府的正确领导下，以邓小平理论、“三个代表”重要思想、科学发展为指导，深入学习贯彻落实党的十八大、十八届三中全会、市委四届四次党全会、区委一届五次全会精神，紧紧围绕区委、区政府提出的“138”发展思路，聚势合力，团结奋进，真抓实干，多措并举，大力推进园区各项建设和发展工作。在开发建设进入第十个年头的时候，大足工业园区交出了一份出色的成绩单。

全年共引进项目105户，占年度目标任务的525%。总占地2322亩，合同投资额82.85亿元，预计年产值159.38亿元。其中，投资2亿元以上项目7个，投资5000万元以上项目57个。21个重点项目建成投产。完成6.1公里道路建设和4.6万平方米电子标准厂房建设。实现工业总产值达到330亿元。

一、战略升级乘势聚力

重庆大足工业园区是大足实施“工业强区”战略、推动工业发展、打造工业强区而推出的重大举措。2003年7月，经国家发改委和重庆市人民政府批准，重庆大足工业园区正式设立。它属于省(市)级特色工业园区，设立时由龙水园区、邮亭园区和万古园区三部分组成。园区的产业定位，是以现代五金、汽摩配件、机械制造为主导产业，发展聚光光伏、创意产业，力促IT零部件、塑胶、通用航空制造产业。园区规划面积40平方公里，其中，龙水园区24平方公里，万古园区16平方公里。

2013年10月，大足区浓墨重彩地推出了“138”发展战略，提出了打造现代新兴产业城市的新奋斗目标，把新兴工业城作为了三大发展定位之一，并力争到2020年工业总产值突破2000亿元。为推动工业发展，大足将全力推进和实现以双桥经开区为龙头、大足工业园区为支撑、8个小企业创业基地为配套的“1+2+8”大工业发展格局。

二、基础设施不断完善

2013年，工业园区多方筹集建设资金，累计投入4.63亿元。一是完成6.1公里道路路面、人行道及路灯等修建、安装，铺设沥青砼6.48万平方米、安砌青石人行道3.84万平方米、安装各种管网18公里、安装路灯118盏。二是开工龙水园区拓展区3平方公里道路、场平、管网等基础设施建设，已完成场平土石方246.5万平方米、路基3公里、雨污管网2.4公里。三是全面推进标准化厂房建设，完成4.6万平方米电子标准厂房。四是完成5.5万平方米钢材模具城一期项目。目前，园区已建成基础设施基本完善，承载力显著增强。

全年入驻园区企业实现工业总产值330.6亿元，同比增长18%；实现工业增加值82.2亿元，同比增长16%；主营业务收入324亿元，同比增长18%；利润23.1亿元，同比增长20%；出口交货值4.4亿元，同比增长13%；税收6亿元，同比增长20%，增幅较明显。在已投产的180户企业中，规模以上企业达136户。

三、产业集群初具雏形

通过不断的发展，园区产业集聚效应在2013年已经明显凸显了出来，四大百亿级产业集群初具雏形。

200 亿级五金制品及汽摩配件产业不断壮大。以刀具集团、翔锋工具、利锋五金、杰利来、国恩工贸、凯罗尔、平顺机械等项目的投产,形成了集日用五金、建筑五金、工具五金、模具、汽摩配件等门类较为齐全的五金及汽摩配件产业。

100 亿级五金材料及再生资源循环利用产业集聚度不断提高。以鑫业船锚、通达铁路技改项目、红蝶锶盐和联航金属、正大金属等一批新项目的建设,培育以废旧金属回收、复合冶炼、锶矿焙烧和精深加工的稀有金属和再生金属产业群,形成集回收、冶炼、压延加工、精密加工等较为完整的产业链,进而成为重庆市重要的再生金属制品和稀有金属材料生产基地。

100 亿级农用机械产业初具雏形。以奇骏 50 万台微耕机、田坡机械制造有限公司为龙头的百亿级农用机械产业初具雏形。

300 亿级家居产业快速推进。一是编制完成家居产业园产业链总体规划初稿,规划家居产业区、综合馆、体验馆等 6 大功能区,面积达 6.15 平方公里。二是招商引资进展顺利,已引进重庆木门协会、家具协会、橱柜协会等协会企业 80 余家落户,总投资 105 亿元,占地 2500 亩,可实现年产值 180 亿元,初期年可创税收近 2 亿元,解决劳动力就业 3 万人。三是通过到重庆现场办公、召开项目推进会等方式,加大家居产业园项目服务力度,提供项目建设手续全程代办服务,目前,已有 60 余户企业取得用地红线图,30 余户正委托设计单位设计。

全年共引进项目 105 户,占年度目标任务的 525%,总占地 2322 亩,合同投资额 82.85 亿元,预计可实现年产值 159.38 亿元。其中,投资 2 亿元以上项目 7 个,投资 5000 万元以上项目 57 个。目前,工业园区累计引进企业 331 户,计划投资额 255.45 亿元,占地 10310 亩,预计可实现产值 526 亿元,税收 17 亿元,可提供就业岗位 8 万余个。全年,在建项目 30 余个,新开工建设项目 15 个,包括国恩工贸、通达铁路车辆配件等签约项目相继开工建设,已有杰利来家用电器及日用制品、荣充电子设备、正大金属年产 30 万吨五金专用材料、三诺电机等 21 个项目基本完工。

四、开发建设大力推进

2013 年,园区大力推进各项开发建设工作,确保了社会稳定,实现了多项重点攻坚工作的突破,园区建设进入了良性发展阶段。

加强对征地拆迁工作的领导和力度,确保社会稳定。一是积极支持配合龙水镇开展征地拆迁工作,园区专门成立了征地拆迁工作领导小组,主要领导亲自挂帅,抽调专人负责协调处理园区征地拆迁工作;二是加大征地拆迁力度,多方筹措资金及时支付安置补偿及社保等资金,全年开展了西一 1、7 队,十里 1、2、10、11 队,黎明 1 队,江明 7、8、9 队,龙东 4 队及保竹 4、5 队等 13 个队的征地拆迁工作,新征用土地 3806 亩,占年度目标任务的 192%,已拆迁 3806 亩,拆迁农户 718 户,安置 2860 人,拆迁房屋约 38.37 万平方米,已支付各种补偿款项 2 亿元。三是加快安置房建设,确保社会稳定。目前,已开工建设农民安置还房 41.65 万平方米,已累计建成约 33 万平方米,已安置 1000 余户。通过以上几个措施,园区范围内未发生上市进京上访事件发生,保证了鑫业船舶、电镀酸洗园、通达铁路等一批园区重大新建项目的顺利建设,在促进园区地方安全稳定,保障园区经济快速发展等方面具有重要意义。

园区资产步入良性循环发展阶段。园区公司注册资本金 2 亿元,公司总资产达 48.02 亿元(是园区成立时的 48 倍),总负债 24.11 亿元,净资产 23.91 亿元。公司下辖 3 个全资子公司,即天矿公司、创投公司、公路建设总公司,以及参股恒祥建材公司。今年实现营业收入 9497 万元,营业外收入 1527 万元,利润 1413 万元,上交税金 2191 万元。全年共实现融资 7.43 亿元,使园区资产步入良性循环发展阶段。

(作者单位:大足工业园区管委会)

璧山生态工业园区

饶静 董文华

一、2013 年发展回顾

(一)经济总量突破千亿大关

今年，工业园区实现工业产值 1005.2 亿元，增长 43%,其中规模以上企业完成 565.3 亿元,增长 28.9%;完成工业投资 160.1 亿元,增长 32.6%。

(二)主导产业规模明显提升

装备制造、电子信息、食品医药三大主导产业实现工业产值 733 亿元,占园区产值的 72%。其中以嘉陵、蓝黛等为代表的装备制造业实现产值 522.2 亿元,增长 87%;以展运、精元等为代表的电子信息业实现产值 165.8 亿元，增长 45%;以乐百氏、统一、美多等为代表的食品医药业实现产值 45 亿元,增长 123%。

(三)生态工业园区建设快速推进

遵从工业生态学原理和循环经济 "3R"原则，实现产业与城市的完美融合。启动新建 20 平方公里生态工业园区控规编制，拓展发展空间。完成园区道路 30 万平方米绿化,统一园区建筑色调，为 69 家企业外观实施外观形象改造,从标识、标牌入手引导企业建立"CI"系统,对高污染、高能耗企业实行"零容忍"。按照"20 分钟步行半径",加快园区生活服务设施建设。

(四)项目承载能力明显提高

一是基础配套设施建设进展顺利。污水处理厂已建成并投入试运行,完成沿河路、中兴安置区 2 期、两山秀苑等共计 15 公里道路,园区建成区已拓展至 12 平方公里。二是征地拆迁快速推进。争取 2550 亩用地指标,实施 3675 亩集体土地拆迁。三是保障性住房有序推进。观音塘、塘坊、清明共计 31.2 万平方米公租房及配套廉租房已建成。10.4 万平方米两山景苑廉租房已进场施工建设。10.6 万平方米两山秀苑定向经济适用房正开展房屋销售分配工作。四是标准厂房建设全面完成。目前,包括塘坊片区、清明片区 105 万平方米标准厂房已全面建成。

(五)企业发育能力进一步增强

——招商引资成效显著。今年共新引进 65 家企业,总投资达到 134.3 亿元。其中包括中联重科、惠科电子 2 家 100 亿级企业,红宇精工、天圣制药等 3 家 50 亿级企业。在引进的企业中,笔电配套 21 家,累计达到 201 家,装备制造企业 44 家,累计达到 145 家。

——项目落地建设顺利推进。今年以来,工业园区按照社会投资"扩容"要求,举行 5 次集中开工仪式,实现开工建设 53 家。同时,全力做好企业服务，切实解决企业项目落地建设中的困难和问题，已有 38 家笔电配套企业实现投产,33 家装备制造企业投产达效。

二、2014 年工作计划

(一)经济总量实现较快增长

2014 年，工业产值力争达到 1350 亿元,其中装备制造完成工业产值 700 亿元，电子信息完成工业产值 240 亿元，食品医药完成工业产值 70 亿元，三大主导产业占比提高到 75%以上;实现工业投资 200 亿元。

(二)进一步加快生态工业园区建设

一是对高污染、高能耗企业继续实行"零容忍"，按照工业生态学原理和循环经济 "3R"原则，对已建成的 12 平方公里工业园区不断优化,进一步改善园区环境和经济行为,加快传统工业园区向生态工业园区转变。二是继续坚持"高调的森林,低调的建筑",倾力打造园区园林景观,实施绿化工程 20 万平方米。三是继续为企业导入"CI",提升企业品牌价值。四是完成黛山大道以西片区、成渝客运专线以北接璧泉片区控规覆盖范围以南、成渝客运专线以南接原青杠片区控规覆盖范围以北片区等20平方公里生态工业园区控规编制。

(三)进一步提升项目承载能力

一是加快完善基础设施建设。完成沿河路、铬山路、锂山路南段等共计15公里道路建设。二是快速推进征地拆迁。向上争取用地指标2000亩,实施征地拆迁3000亩,园区建成区面积扩大到14平方公里。三是加大保障性住房建设力度。完成两山景苑廉租房主体工程,两山丽苑定向经济适用房及配建廉租房开工建设。

(四)进一步增强企业发育能力

一是加大招商引资力度。坚持招大引强,突出产业链招商,以"品牌聚集"和"链条补缺"促进产业聚集,形成倍增效应。力争引进一批100亿级50亿级、20亿级企业;新引进光电装备和机器人制造企业20家、台资企业10家,重庆台商工业园入驻总量达到80家。二是加快项目落地建设。实现新开工企业50家,50家企业投产达效。

(作者单位:璧山县政府办公室)

丰都工业园区

吴坤

2013年,工业园区以党的十八大精神为指导,以"项目建设年"和"企业服务年"为主题,全面落实市委四届三次全委会精神和县委、县政府工作部署,深入开展"躬身践行·服务发展"活动,以资金筹措、项目建设、征地拆迁、园区招商、新区开发、产业发展、企业服务、安全稳定、队伍建设等九大工作为抓手,新引进项目10个,合同引资88.8亿元;49个重点项目新开工9个、竣工12个。全年预计实现工业总产值68亿元,实现工业增加值20.5亿元,工业固定资产投资25亿元,同比分别增长1.5%、1.5%和3.2%。

一、资金筹措成效显著

园区新获批贷款5.945亿元,到位3.667亿元。其中农商行贷款1.23亿元,到位1亿元;三峡银行贷款7150万元全部到位;新华信托融资1亿元到位4720万元,智玺股权转让融资3亿元。偿还银行本息及支付工程款4.242亿元。及时报批成立园区土地储备中心,全年收入土地出让综合价金1.88亿元。争取并获得三峡后续扶持资金、南岸对口支援资金等其他资金2937万元。

二、重点项目推进有力

园区确定49个重点项目,召开专题推进会7次,项目建设目标明确,责任到人。全年新建成化工园区消防站等12个项目,续建携港楼宇一期等7个项目,新开工华美工业园等9个项目,即将开工烽峦电磁等7个项目,推进前期工作14个项目。

三、征地拆迁稳中较快

新获用地批文2253亩。完成废钢项目57亩、20万吨油库237亩征地拆迁,东拓展区1.7平方公里征地加快推进。安置房建设加快,镇江化工园一期已安置35户、133人,水天坪二期已安置456户、1596人,创业园安置房二标段全面竣工、一标段主体工程已完工。完成轻纺园和创业园拆迁户户籍清理、农转非和养老保险。征地扫尾工作稳步推进,征地遗留问题有效化解,征地新旧政策有效衔接。

四、招商引资成果丰硕

完成园区招商画册编印、招商宣传片制作,

确定光电产业、机械制造、建筑石材、楼宇工业、工业物流等为重点招商产业，新策划工业招商项目50个。接待客商到园区考察40余批，新引进20万吨油库等项目11个，合同投资88.8亿元。目前在谈项目有PMMA、东本汽车、西部石材城等项目3个。

五、新区开发全面启动

完成水天坪东拓展区骨干路网、管网施工设计和H2路招投标，曹溪隧道全面完成，曹溪回填场平后期移民扶持项目启动招标，完成部分征地。完成玉溪产业园金鹰集团差别化项目退出谈判，启动新的玉溪产业园产业规划、建设规划及110千伏变电站等基础设施建设的前期工作。

六、产业发展势头良好

新建成创美石材等9个产业项目，金籁电子生产规模进一步扩大，新引进并开工产业项目14个。全年预计实现工业总产值68亿元，实现工业增加值20.4亿元，工业固定资产投资25亿元，同比分别增长1.5%、1.5%和3.2%。

七、服务企业效率提高

召开3次企业服务恳谈会和5次企业现场办公会，举办5场企业用工招聘会，协调企业解决职工住宿、劳务纠纷、手续办理、生产经营等一系列困难和问题。大力开展"保姆式"全程代办服务，全年办理行政审批手续130余件。对接工商局出台工商服务园区企业发展措施。组织县内10家银行开展"金融服务进园区"活动。投资300多万新接管廉租房120套用于解决企业职工住宿难。

八、安全稳定总体可控

组织召开安全生产专题会议25次，与企业签订安全生产目标责任书34份，编印《丰都园区安全》12期，开展安全日巡查600余人次，制作安全法规宣传展板5块，印发安全知识宣传资料1000份。多次召开信访稳定现场协调会，积极化解民工工资纠纷、堵工、堵路、堵厂等事件，及时处理"3·8"意外安全事故，建立园区气象预警平台，园区安全稳定形势总体可控。

九、作风建设全面加强

深入贯彻党的十八大和十八届三中全会精神，严格执行中央"八项规定"、市委"七条意见"和县委"六带头，六不准"，召开作风整顿大会2次，深入落实"躬身践行·服务发展"行动，全面开展"十坚持、十反对"活动，园区十大领域作风专项整治。进一步修订完善《工业园区管理制度》，层层签订工作目标责任书，实行"月计划、周安排"和每月重点工作制，园区作风得到进一步改进。

（作者单位：丰都工业园区管委会）

垫江工业园区

李萍

一、2013年发展回顾

全年工业园区实现工业产值135亿元，同比增长27.8%；实现工业增加值41.58亿元，同比增长29%；实现利税总额7亿元；完成固定资产投资25亿元；解决就业12000余人；全年累计签约项目25个，协议金额37.48亿元。

（一）明确定位，科学编制规划

按照"构筑大平台、发展大产业、扶持大企业、引进大项目、实现大发展"的工作思路，明确了重点发展的八大产业方向：机械加工、钟表计时及精密加工、电子电器、铜加工、精细化工、医药食品、轻纺服装和农副产品深加工；按照渝东北生态涵养发展区功能定位，编制完成了园区绿色、循环、低碳园区建设工作方案，并通过了市发改委专家评审；同时根据园区产业特色，编制完成了汽车和钟表两大产业园区规划。

(二)突出重点，力推项目建设

一是迅速启动集聚区平台建设。澄溪集聚区长1700米、宽32米的民生大道全面油化并投入使用，长3500米、宽24米的厚生大道，不足一个月时间顺利完成房屋拆迁任务的86%，即将进入施工阶段，建成以后，集聚区将新增工业用地空间达4000余亩；高安集聚区投资126万元，完成了雅特力首期新征土地面积138亩的拆迁和安置及平场、食品园120亩拆迁和安置及平场工作，同时完成了重庆恒利食品一期厂房及重庆尹华厂房建设，完成两条道路及管网铺设。

二是加快县城园区基础设施建设。完成了园区污水处理厂场地平整、文毕安置房招投标、朝阳一路南延伸段道路的方案设计、施工图设计；朝阳二路全面完工投入使用；春花安置房场地平整土石方工程已进场施工；重庆维安电气有限公司投资修建的5万平方米标准化厂房项目已经启动建设；启动了朝阳二路南延伸线道路的方案设计；启动了园区主干道路建设2.3公里，场地平整2500亩，给排水管网18公里；新建电力主干线4.5公里，新建电信、广电等弱电管线30公里。

三是狠抓招商项目落实。坚持"签约项目抓落地、落地项目抓建设、建设项目抓投产"的工作方针，对重点项目进行跟踪督促，最大限度地压缩建设期。今年园区新增开工企业14家，新增投产企业8家，包括富灿机械、中昆铝业、三丰玻璃、辉虎二期、金龙科技二期、镜辰美科技二期、凯尊机械、双鲜食品等。

四是快速推进两大产业园区建设。2013年，钟表产业园初期414亩土地范围内拆迁补偿工作及钟表产业园场地平整工程基本完成，朝阳一路南延伸段道路已进场施工；汽车产业园区已完成三期范围内首批630亩用地的征用，正式启动拆迁，与此同步，启动了朝阳二路南延伸线的方案设计，完成了东方大道南延伸线的方案设计、施工图设计，已于10月12日进场施工。

(三)创新方式，狠抓招商引资

始终坚持把招商引资作为加快发展的重中之重和推进跨越式发展的"第一抓手"，做好企业服务，完善产业链招商，重点在汽车配件及总成，钟表及精密加工产业中寻找有较高投入产出、有较高经济效益、有较高影响和示范效应的项目，全年引资项目25个，其中超亿元项目11个，协议金额37.48亿元，实际到位内资81328万元。

(四)多措并举，提升服务水平

一是认真落实"园区领导联系企业制度"，分片包干，强化落户项目推进，认真分析梳理，强化跟踪，落实责任，确保签约项目尽快履约，履约项目尽快动工，动工项目尽快建成，建成项目尽快投产达效；二是不断更新服务方式，以"知企情、解企忧、排企难"为出发点，主动了解和协调解决企业在建设、生产、经营和生活中的困难和问题，能解决的当场解决，不能解决的经及时协调后解决；三是积极为企业争取国家、市、县的资金支持，促进企业开展项目技改、合作，扩大生产规模；四是加强与金融部门、担保公司等部门的对接，着力破解项目推进资金瓶颈，帮助企业解决融资难的问题。

(五)落实责任，强化安全监管

紧紧围绕县政府下达的安全生产责任目标任务和年初制定的安全生产工作计划，始终坚持"安全第一，预防为主"的方针，通过集中开展安全大检查活动和"四大行动"，认真落实"一岗双责"制和企业主体责任制，确保了全年无死亡事故发生的目标；通过全面启动，重点达标的方式推动了企业标准化达标和职业健康安全规范化创建活动，完成了规模以上企业100%，规模以下50%的安全达标和创建2家市级职业健康安全规范化企业的目标任务。

二、发展中存在的问题

一是基础设施建设滞后，签约项目落地难。

由于拆迁缓慢，道路、管网等基础设施建设滞后，园区已签约的项目迟迟不能落地，落地项目建设周期长，投产达效慢；园区标准厂房偏少，对小微企业的接纳能力弱，加大了供地矛盾。园区现有已签约等待供地项目52个。

二是资金短缺，融资困难。由于基础设施建设资金不足，多项工程进展缓慢，基础设施配套不完善，严重影响企业落地。

三、2014年工作目标

2014年，园区工业总产值达到140亿元，固定资产投资50亿元，利税10亿元；力争招商引资签约项目30个，协议金额70亿元。

(作者单位：垫江工业园区管委会)

忠县工业园区

李心国

一、2013年发展回顾

2013年，忠县工业园区在县委、县政府的正确领导下，深入贯彻落实党的十八大、市第四次党代会及县第十三次党代会精神，紧紧围绕“工业强县、民营富县”战略部署，抓招商、抓项目、抓融资，强力推进生态工业园区平台建设，承载能力大幅提升，园区建设形象初显。

预计园区完成固定资产投资17.5亿元，实现工业总产值89亿元，利税6亿元，工业增加值29亿元，新增加劳动力用工4000人，同比分别增长16%、6%、20%、16%、33%，整体发展态势良好。

(一)园区规划日臻完善

一是坚持“产城融合、园城互动、绿色生态、产业集聚”理念，编制完成《重庆沿江万亿工业走廊忠县段规划研究》，同期完成现阶段园区工业用地和商住服务详细规划。二是全面完成了忠县工业园区各组团区块面积确认和拐点坐标核查工作。三是编制完成了《忠县移民生态工业园总体规划》。四是正抓紧落实园区拓展申报前期工作，市政府核准面积达到30平方公里。五是按照“五规合一”(经济社会发展规划、城镇规划、土地利用规划、产业规划和环保规划)要求，启动了符合重庆五大功能区定位的忠县生态工业园区发展规划编制工作。

(二)基础建设提质提速

一是道路建设。一期骨干道路(长3公里、宽30米)、海螺至红蜻蜓项目道路 (长1.26公里、宽10米)、移民生态工业园至船舶园码头连接道(长1.2公里、宽16米)路基框架基本形成，年底可初步通车，并完成了“青瓦路”(青岭—瓦坝)硬化。二是房屋建设。5.5万平方米标准厂房主体已封顶，正在进行外部装修，年底可望实现企业入驻；3万平方米公租房完成主体工程；移民生态园安置房13.8万平方米完成基础工程，年底可完成近5万平方米的主体框架；乌杨船舶工业园安置房完成主体建设任务。三是电力电信线路建设。10kV同塔双回电力线路年底可向入驻企业供电，同步满足入园企业生产用电需求；通讯线路已开工建设。四是自来水厂、天然气配气站、污水处理厂、乌杨消防站、固体废物处置中心等配套设施建设正同步推进。五是场平工作。全年完成场平1475亩。

(三)土地征收成效明显

一是获取移民生态工业园用地指标1514亩(含移民指标866亩)，完成移民生态工业园575亩、红蜻蜓项目312亩地块的征地报件工作，正在等待用地批文。二是完成土地征收1346余亩，拆迁房屋201户，住房安置580人，并及时启动了相关土地的“招拍挂”工作，较好地解决了好康建材、恒达改性沥青、中海油成品油库、海螺二期三线、红蜻蜓粮油加工、牧牛源肉牛等一批重大工业项目的用地难题。三是对移民生态工业园900亩征地项目和红蜻蜓粮油加工项目360亩地块进行了实物丈量等拆迁安置情况的摸底调查。四是多次开展征地拆迁攻坚行动和保护性施工,确保了项目建设的形象进度。

(四)招商引资喜获丰收

一是招商引资成果显著。2013年新引入园企业15家,开工建设10家,投产6家,协议引资45亿元,实际到位10亿元,意向性项目12家,意向引资20亿元,在谈项目6家,在谈引资8亿元。二是企业服务效果明显。始终将“工作零失误、差错零容忍、服务零空白”的要求贯穿工作一线,入园项目推进顺利。海螺二期三线项目主体工程已于9月底正式开工建设,预计2014年10月点火投产;恒达3万吨改性沥青储运项目全面投产并完成绿化等外环境施工;120万吨煤炭洗选项目办公楼及厂房完工,并完成生产设备安装,正在进行试生产;氧化锌、主流生物、中美兽药等项目基本完成主体工程;长安跨越、聚融建材、海顺石化、锂离子电池、红蜻蜓粮油等一批签约项目也相继开工,可望2014年上半年将陆续实现投产。

(五)融资工作有所突破

一是完成了移民生态工业园1#、2#地块储备土地的出让工作,破解了与金融机构合作无抵押物的窘境。二是获市农发行到位资金2.7亿元,并与长江委沟通协调,年内将到位三峡后扶资金1亿元。三是努力创新通瑞公司经营模式,积极主动与各商业金融机构商洽,融资渠道有望进一步拓展。

(六)安全维稳常抓不懈

一是构建了四级安全监管、五级联动安全隐患排查机制,狠抓制度落实,结合安全生产“四大行动”,切实开展园区安全隐患大排查、大整治、大执法、大督查,一年来安全生产例行排查30余次,排查整改安全隐患10处,确保了园区安全生产零事故。二是不断提高园区接访处突能力,及时解决各种遗留问题和群众合理诉求,一年来共接待来信来访共计867余人次,处突4次,全力维护了园区的稳定大局。

(七)环境保护力度加大

一是严守“五条底线”,大力开展环保宣传教育,切实提高辖内群众和入园企业的环保意识,使之主动参与到环保行动中来。二是严格落实园区环保评审制度,把好项目准入关口,杜绝污染企业入园。三是特聘环保局专家担任园区环境保护特约人员,强化对环境的全方位、全过程监管,预防环境污染事故发生。

(八)园区自身建设全面提高

一是强化学习教育,提升队伍整体素养。通过“集中学习+自觉学习”、“网络学习+书本学习”等多种方式,提高园区干部思想认识、政治素养和依法行政能力,坚定了理想信念;严格落实“干部帮联”制度,不断提升队伍素质能力和业务水平,做园区工作的“行家里手”。二是认真贯彻落实中央“八项规定”和重庆市“八禁止、十二不准”,以“益廉室”为载体,组织干部接受廉政洗礼,共计参观“益廉室”500余人次,播放廉政视频40学时,召开廉政专题会9次,集中解决“四风”问题,提升服务效能。三是“树四种意识,比四种精神”。深入开展“解”、“促”活动和创先争优“标杆”评选,扎实推进党风廉政建设,保持了队伍先进性和纯洁性,增强凝聚力和战斗力。

一年来,通过扎实细致的工作,我办取得了较好的成绩,但仍存在建设资金短缺、征地拆迁阻力大、体制运行不畅、信访维稳压力大等诸多问题,在一定程度上制约着工业园区建设的顺利推进。

二、2014年发展目标

2014年,是工业园区强力推进、快出效益之年。园区将深入贯彻落实市委四届三次全委会及县十三届三次全委会精神,以移民生态工业园区为核心,坚持发展与生态并重,强化“七抓七新”,打造特色经济板块,不断开创园区发展新局面,为打造渝东北生态涵养发展示范县而不懈努力。

2014年发展目标：力争工业园区新建成面积1平方公里，总体达到12平方公里，新引进企业5家，工业总产值达到100亿元，实现利税7亿元，新增安置就业人员1000人以上。

（作者单位：忠县工业园区管委会）

开县工业园区

黄琴

一、2013年发展回顾

2013年，开县工业园区党工委、管委会在县委、县政府的坚强领导下，在县级相关部门和属地党委、政府的大力支持下，以深入贯彻学习党的十八大和市委四届三次全会精神为主旋律，紧紧围绕以推进全县工业化进程为总目标，以平台建设为重点，以招商引资为落脚点，全力推进园区开发建设，努力促进项目落地，各项工作都取得了明显成效。

（一）征地拆迁有序开展

园区征地拆迁工作紧紧围绕“快安置、保用地、排障碍、保稳定”工作目标有序开展。一是创新思路，破解了部分土地征收难题；二是积极筹资，解决了人员安置结算工作；三是积极排障，确保了招商项目落地建设；四是积极化解，确保了征地区域的社会稳定。

（二）平台建设稳步推进

一是强化“园城融合”功能配套。完善了保障性住房、商贸物流、交通通讯、文化娱乐等配套设施建设，8万平方米配套公寓已全面建成投入使用；篮球场及2个休闲广场建成投用，新增的帅乡广场正在加速建设；10万平方米廉租房正在抓紧装修；超市、食府酒店、网吧、移动通讯等生活配套商户已入驻营业；赵家幼儿园、赵家二小逐步建成投用，周边道路管网等基本配套；赵家组团污水处理厂、110千伏变电站全面建成；绿化、亮化等进一步实施完善。二是努力推进赵家新区拓展。赵家拓展新区1.2平方公里已基本完成，场平、主干道道路管网及安置小区内道路管网已完成，已交付使用通车并满足群众安置建房需求。三是继续完善西部新区基础设施建设。平桥场平、主干道路管网、桥梁、涵洞等相关基础设施已完成，区内安置小区道路基部分已交付百姓安置建房。四是有序推进开县污水处理厂迁建工程。项目征地拆迁及相关前期工作基本完成，已完成土石方开挖回填60余万方，隧道已启动建设。

（三）企业服务提质增效

园区按照“在谈项目快签约、签约项目快开工、开工项目快投产、投产项目快增效”的原则全方位推进企业服务工作，促进入园企业健康快速发展。全年为续建、新建项目代办各类审批事项200余件次，协调解决完成重大难审批事项20余件次，协调处理劳资纠纷事件10余件，会同派出所查处办理治安案件8件次。截至2013年底，园区共入驻企业80家，投产企业63家。入园企业经济运行良好，新建、续建项目快速推进，全年实现工业总产值160.4亿元，同比增长25.9%；实现销售产值156.4亿元，同比增长25.3%；实现税收3.1亿元，同比增长0.4%；解决就业2.2万人。

（四）招商引资势头良好

园区围绕乡情和资源两大招商管道，围绕市上产业布局和万州汽车产业发展定位，引进了投资9.5亿元的千能机械年产30万台汽车冲压、车厢及车桥生产线，投资6亿元的斗星动力机械汽车发动机缸体生产项目，投资1亿元的奥翔五金汽车配件等项目。采取“以商招商、产业链招商、内外结合招商”的方式，大力开展招商引资工作。全年共走出去对接招商20余次，接待来开考察企业300余人次，新引进项目13

个,合同金额13.14亿元,到位资金26.46亿元,实际利用内资24.73亿元。

(五)财务融资保障有力

为有效保障园区征地拆迁、基础设施建设、还本付息等资金需求,园区通过加大土地出让开发力度,积极争取政策性扶持资金,强化自身造血功能等方式,多渠道、多方式组织和筹措资金。2013年策划融资项目4个计10.3亿元,全年共筹集资金9.1亿元,有力地保证了政府信誉、社会稳定和园区建设发展资金需求。

(六)安全生产规范有序

园区安全生产工作扎实有序开展,全年无违规违纪违法现象发生,园区已连续4年无安全责任死亡事故发生。一是强化安全监管。全年共开展安全检查512次,查出安全隐患247项,整改245项,整改率达99%。二是强化宣传教育。全年共制作安全宣传展板70余块,张贴安全宣传挂画1000余幅,悬挂安全宣传标语608幅、印发安全宣传资料4000余份。

(七)党建工作再上台阶

一是加快服务型党组织建设。着力推进非公企业党建工作,对入园投产企业进行了全方位的调查摸底,努力扩大两个覆盖,不断提升党建科学化水平。二是加强党风廉政建设。严格执行中央八项规定、市委"八个严禁、十二个不准"等规定,认真落实党风廉政建设责任制,干部职工廉洁服务意识明显增强,全年无违法违纪现象发生。三是扎实开展各类专项活动。深入开展了"转变作风、强化学习"和"五个专项行动"等系列活动。全年共组织开展集中学习(专题讨论)活动20余次,园区机关干部职工理论水平有了较大提升,工作作风得到了切实转变。

二、发展中存在的问题

一是征地拆迁推进难度较大;二是国家金融政策调整,筹融资难度较大。

三、2014年发展目标

2014年,开县工业园区将按照县委、县政府的总体部署,以产业集群发展、特色发展为导向,进一步创新思路,细化目标,加快空间拓展,强推项目建设,全力招商引资,力促企业投产,奋力实现园区经济提质提速发展。

到2014年底,力争入园企业达100家,投产企业达80家,规模以上企业达52家;实现工业总产值200亿元,安置就业2.5万人,完成固定资产投资18亿元;在招商引资上,力争实现招商引资实际到位资金13亿元。

(作者单位:开县工业园区管委会)

巫溪工业园区

钟霜玲

一、2013年发展回顾

2013年,在县委、县政府的正确领导下,在相关部门和单位的大力支持和密切配合下,巫溪工业园区严格按照《巫溪县人民政府关于印发2013年政府工作报告主要任务分解方案的通知》文件要求,坚持科学发展,打破常规,真抓实干,攻坚克难,扎实推进各项工作并取得了积极进展。

(一)经济指标稳步增长

一是全年园区完成固定资产投资6.82亿元,超目标任务1.32亿元。二是全年实现工业总产值7.3亿元(含渝溪集团1.2亿元),超目标任务0.8亿元,其中规模以上企业完成总产值6.15亿元(含渝溪集团1.2亿元)。工业增加值1.9亿元,超目标任务0.2亿元。企业到位资金6000万元,完成目标任务120%。新引进企业4户,完成目标任务100%。另销售收入7.25亿元,利润0.6亿元,产销率达到99%。

(二)融资与转固工作力度加大

一是加大融资力度。截至目前,共融资到位14889万元,完成目标任务115%。其中土地出让收入6889万元,银行融资8000万元。二是完成尖山主骨架道路资产转固工作。

(三)土地征用及出让工作取得突破性进展

一是凤凰组团完成土地征收93亩,花台组团完成50亩征地公告,现正对人口进行统计及耕地面积核对。二是完成用地指标376亩。其中以花台组团一期标准厂房和安置房项目争取批文148亩,凤凰组团北岸辰龙制药和一期标准厂房项目取得用地指标228亩,现正在筹备报件资金争取用地批文。三是完成车管所服务中心用地指标146亩项目立项、备案、选址等前期工作。四是全年共出让土地86亩,总土地出让收入6000余万元,目前已到位2900万元;正在走招拍挂程序的103亩,其中尖山组团86亩,凤凰组团17亩。

(四)规划建设推进有序

一是柏杨河一号桥、柏杨河二号桥、小溪河桥项目已完成主体工程,预计2014年3月底三座桥梁全部完工。二是总投资800万元,回填土石方量24万方北岸场平工程基本完成。三是凤凰组团北岸一期道路工程项目已完成初设方案,因于三期防洪河堤需更新设计方案,目前正在修改设计方案。四是凤凰组团2万平方米标准厂房项目,已完成项目选址和场平工程。五是完成凤凰组团河道整治工程200米。

(五)招商引资与入园企业建设进展顺利

园区新引进入园企业4家,签约项目总投资5.3亿元。一是开县房地产水电开发花台配煤场项目已签订入园协议,正在进行优化选址。二是尖山宏达化工项目正在进行前期基础设施建设。三是尖山红池药业项目自建厂房基础设施已开始建设,机器设备已订购,同时与园区签订标准厂房租用协议。四是凤凰迪纳木业年产1万吨木塑型材生产项目可研、选址已完成,目前正在进行方案设计,场平工程即将完工。

入园企业建设快速推进。一是辰龙制药技改搬迁项目已完成选址工作。二是渝惠屠宰加工项目已完成厂房建设2000平方米,目前机器设备正在运输安装、调试过程中。三是利互石材项目矿山开采相关手续办理基本完成,先期租凭园区尖山组团1号标准厂房已签订协议,矿山开采设备全部安装完成,现已正式开采,厂房内生产机器设备已进场,正在对厂房内部分设施进行整改。四是后溪河电站项目已完成引水隧洞开挖6公里;引水压力管道调压井土石方开挖完成80%,压力管道槽土石方开挖完成60%;电站厂房正在做场平等前期工作。

(六)企业服务不断提升

一是建立企业服务档案,目前已建立24户企业服务档案,实现了入园企业“一企一档”制度。二是协助逸恒木业、腾翔毛衫、金闽渝服装公司搞好项目技改、策划工作。园区成功升规企业两家。其中金闽渝服装于2013年7月成功申规,红池药业于2013年11月成功申规,争取各项资金和银行贷款支持近1000万元。三是进一步完善了《巫溪县工业园区招商引资优惠政策》及入园企业管理相关政策,确保入园企业公平、公正,各项优惠政策落到实处。四是为企业排忧解难,帮助企业从用电、招工、企业管理等解决问题。帮扶逸恒木业解决了原材料购进并及时恢复生产。到12月底,该企业产值已达1300万元。同时加强对利互石材、乾鼎石材全程跟踪服务,帮助办理公司注册、建设、国土、林地征占等手续,为巫溪石材产业的做大做强奠定了一定基础。

(七)强化安全责任意识,构建平安和谐园区

一是以“平安巫溪”建设为载体,切实加强综治安全检查监督,建立健全安全生产制度和安全台账,定期检查企业及建筑工地安全生产情况,及时排查安全隐患,促进安全生产监管工作经常化、规范化。2013年园区召开安全专题会议10余次,安全检查150余次,下发整改通知书

40余份，整改率达100%，真正实现了全年无一起重大安全责任事故，为园区各项工作顺利开展奠定了坚实基础。二是深入开展园区信访，综治及征地矛盾排查化解工作。在做好常见性、多发性矛盾纠纷排查化解工作的基础上，针对比较突出的、群众反映比较激烈的问题，集中开展排查调处，最大限度地减少了园区不和谐因素。三是严格执行节假日领导带班制度，落实节假日24小时人员轮流值守，并按节假日规定落实各项值班报告制度。

二、发展中存在的问题

(一)建设资金严重匮乏

截至目前，园区总债务46494万元。2014年园区需还贷本金、利息、担保费12346万元。历年工程欠款9000万元，同时2014年需征地启动资金8000万元，工程建设启动资金7000万元。

由于2009年园区向市农发行贷款1.7亿元，受政策影响，中途暂停放贷，园区发展受到影响，加之巫溪县整个财政收入偏低，虽然政府对园区建设的投入已尽了最大努力，但却远远不能满足园区发展所需。

(二)招商引资日益困难

由于受运输成本、物流效率、产业配套和投资环境等多方面因素的制约，要引进具有牵动性和影响力的大项目较为艰难，且园区建设刚起步，功能配套相对滞后，缺乏竞争力，特别是在吸引带动地方经济发展的大项目、好项目方面难以取得实质性进展。

(三)规划控制面积较小

工业园区总的规划面积13.53平方公里。目前，已批准核定面积3.38平方公里(其中凤凰组团1.38平方公里，尖山组团1平方公里，宁港组团1平方公里)，与原规划面积相差甚远。因此，园区拓展面积受到较大影响。

三、2014年发展目标

紧紧抓住“生态涵养发展区”建设和构建县域“一城两带两区”发展战略这个主题，优化产业布局，培育壮大资源依托强、环保水平高、吸纳就业多的特色优势产业，重点发展特色资源加工、轻纺食品、生物医药、清洁能源、商贸物流等；严格控制并逐步淘汰落后产业，确保2014年完成工业总产值6.5亿元，固定资产投资4亿元，工业增加值1.8亿元，规模以上企业实现产值5亿元。

(作者单位：巫溪工业园区管委会)

第七编
区县经济

万州区

杨明博

一、2013 年发展回顾

2013 年，万州区认真贯彻落实党的十八大、十八届三中全会和习近平总书记系列重要讲话精神，全面落实市委四届二次和三次全会、委四届三次和四次全会精神，紧紧围绕"科学发展、富民兴渝"总任务和万州区"331"发展目标，坚持稳中求进、好中求快，全区经济社会发展取得了新的成绩。全年完成地区生产总值 702 亿元，比上年增长 12.5%。一二三产业增加值分别增长 5.5%、12.4%和 13.6%。公共财政预算收入 47.6 亿元，增长 15.9%。固定资产投资 507.6 亿元，增长 23.7%。社会消费品零售总额 219.4 亿元，增长 16%。城镇居民人均可支配收入 24224 元、增长 11%，农村居民人均纯收入 8618 元、增长 13.8%。

（一）工业经济稳中有进

实现工业增加值 293.2 亿元，增长 11.6%。完成工业投资 174 亿元，增长 4.5%。规模以上工业企业 190 户，总产值 586 亿元，增长 14.9%；主营业务收入 532.4 亿元，增长 13.8%；实现利润 25.9 亿元，增长 37.8%。年产值超过 10 亿元的工业企业 15 户，其中 30 亿元以上的 6 户，重庆宜化年产值超过 50 亿元。万州经开区规模以上工业产值占全区规模以上工业产值的 69.2%。施耐德西部智能终端生产基地一期、中船重工船舶工业园一期、明邦建材新型墙体材料一期等项目竣工投产，神华神东万州港电一期工程、如意西部纺织城等项目加快建设，康师傅矿物质水、重庆经纬林油一体化、科创医药产业园等项目开工建设。"诗仙太白盛世唐朝"被认定为中国驰名商标。谭木匠公司主导制订 1 项行业标准。索特盐化、长江涂装等 4 户企业的 4 个产品被评为重庆名牌产品或知名产品。

（二）第三产业提质增效

实现批发和零售业销售额 612.7 亿元，增长 22.2%。住宿和餐饮业营业收入 48.5 亿元，增长 17%。万达商业广场及酒店正式营业，城市之星商业综合体主体竣工。新增电子商务企业和经营户 2055 户，网络零售额 10.1 亿元。镇乡规范化农贸市场实现全覆盖。建成社区便民商圈 2 个、城区"早餐示范工程"网点 4 个。全年销售汽车 3.25 万辆，销售额 39.8 亿元、增长 28.2%。商品房竣工面积 141.5 万平方米、增长 9.4%，商品房销售面积 206.1 万平方米、增长 3.6%。金融机构人民币存款余额 743.4 亿元、贷款余额 378.4 亿元，分别比年初增长 19.4%和 24.7%，存贷比由上年的 48.7%提高到 50.9%。兴业银行万州支行挂牌营业，中银富登村镇银行试营业。新增保险公司 3 家、小额贷款公司 2 家。旅游业接待游客 1228 万人次、旅游收入 46.5 亿元，分别增长 9%和 11.2%。

（三）城市及交通建设步伐加快

城市建成区面积 57.6 平方公里，城区人口 80.5 万，城镇化率 59.76%。高峰片区建设开始起步，江南新区格局进一步拉开。经开大道全线贯通，上海大道延伸段竣工，玉城大桥主体完工。长江三桥江南连接道、万云高速公路天城入城大道、南滨大道上段等景观绿化工程竣工，太白岩山顶公园建设、西山公园静园改造、西山钟楼修缮完工，南山公园、沱口九曲花街等建设加快。整治背街小巷 15 条。新增和改造公厕 12 座。鸽子沟综合整治工程基本完工。天仙湖拦沙坝通车。新增停车场 26 个、停车泊位 9027 个。渝万客运专线、万忠高速公路（南线）、万利高速公路建设顺利推进，万州港区新田作业区一期港池工程基本完工，神华神东万州港电大件码头泊位建成。万州机场停机位由3个增加到5个。

(四)统筹城乡发展力度加大

粮食总产量52.4万吨，蔬菜总产量88.7万吨,肉类总产量7.8万吨。新增耕地3877亩,新建成高标准基本农田15.2万亩。耕地流转率39.4%，集约经营率31.6%。新建柑橘基地3万亩、蔬菜基地5100亩、标准化规模畜禽养殖场101个。新建特色产业基地4.2万亩。孙家分水市级现代农业综合示范工程和甘宁区级现代农业示范园建设扎实推进。新发展区级以上农业产业化龙头企业22户、农民合作社98个。新增中国地理标志商标3件。完成行政村通畅工程261公里,行政村通畅率提高到85.3%。大滩口水库蓄水发电,除险加固病险水库40座。理顺了集镇集中供水和镇乡污水处理管理体制，集镇集中供水技改项目完工20个、在建20个。开工镇乡污水处理项目6个，启动7个镇乡污水处理新工艺试点。建立“镇乡收集、区运输处理”的镇乡垃圾收运体系,16个镇乡垃圾收运系统试点运行。29个贫困村整村扶贫验收达标,启动高山生态扶贫搬迁1.3万人，全年新脱贫2.4万人。获批部级农村综合改革标准化试点村5个、市级“美丽乡村”建设试点村14个。太安镇凤凰村被评为首批全国“美丽乡村”建设示范村。长岭镇龙立村被评为全国防灾减灾示范社区。

(五)改革开放取得新成效

开展交通运输业和现代服务业营业税改增值税试点。试行企业注册资本货币零首付。公务卡结算制度改革试点单位由5个扩大到95个。经开区核准发行企业债券10亿元。新增农村土地承包经营权、林权、农村居民房屋产权抵押融资12亿元。完成地票交易1.7万亩,直拨地票价款20.4亿元。实施招商引资经济合作项目120个,外方到位资金162.7亿元。成功举办第九届全国对口支援三峡工程重庆库区经贸洽谈会和长江流域商务协作会第十一届年会。复星星泓天贸城、五洲国际商贸城、纵横国际机电汽贸城等大项目落户万州。实施对口支援无偿援助项目68个,落实无偿援助资金1.2亿元。进出口总额突破4亿美元,增长21.8%。服务外包执行额5230万美元,增长49.6%。实际利用外资1.1亿美元。净增内资企业492户、个体工商户7091户,市场主体达到7.9万户。“鱼泉”榨菜、“谭木匠”梳子、“蓝希络”猪肉被命名为重庆出口畅销品牌。万蓉铁水联运集装箱快班列开通运行。

(六)生态环境有效改善

大力实施“蓝天、碧水、宁静、生态、田园”五大环保行动。实施污染物总量减排项目68个，主要污染物减排完成年度目标。城区空气质量优良天数337天。城区、镇乡集中式饮用水源水质达标率分别为100%、93%。苎溪河、龙宝河、五桥河水环境综合整治推进有力，陈家坝污水管网工程一期投入使用，城市污水集中处理率91%,长江干流万州段水质总体保持Ⅱ类。垃圾焚烧发电厂主体竣工，城区生活垃圾无害化处理率保持100%。新建城区噪声达标区7平方公里。完成造林绿化15.1万亩,其中长江两岸绿化9.8万亩,全区森林覆盖率47.5%。农村面源污染得到有效控制。地灾防治“金土工程”搬迁避让557人。武陵镇、龙沙镇分别被评为国家级、市级生态镇。

(七)社会事业协调发展

立项科技项目148个，其中国家级和市级30个。获得授权专利324件。新增国家级高新技术企业2户、市级企业技术中心2个。新增市级高新技术产品4个。柠檬综合利用集成技术等4项科研成果获市政府科技进步奖。完成校安工程132个,建设镇乡中心幼儿园20所、农村教师周转宿舍项目24个。高中阶段入学率96.2%。平湖技师学院(筹)建设、教师进修学院创建有序推进,重庆服装工程职业学院建成招生,重庆三峡学院获批硕士学位授予单位。区第五人民医院成功创建国家二甲综合医院，重庆三峡妇女儿童医院、区人民医院住院综合大楼投入使用。竣工基层医疗卫生机构标准化项目9个、村卫生室标准化项目217个。落实基本公共卫生服务专项经费4741万元。人口自然增长率1.61‰,符合政策生育率87.44%。川剧《鸣凤》获第十四届"文华奖"优秀剧目奖,广播剧《守护》获第二届中国微广播剧大赛金奖。《万州时报》正式创刊。区档案馆新馆开馆。天生城遗址入选第七批全国重点文物保护单位。成功承办第二十四届全国城市中老年篮球赛、全国女子篮球俱乐部联赛、全国青年男子手球锦标赛。组团参加重庆市第三届全民健身运动会获区县组第一名。经常参加体育锻炼人口比例46%。

(八)民生保障有力有效

2011年度~2012年度三峡后续项目竣工23个、在建40个,到位专项补助资金16.6亿元。获批2013年度项目91个、专项补助资金17.2亿元。发放农村移民后期扶持直补、城镇移民困难补助和特殊救济5696.2万元。新增城镇就业岗位5万个,新增城镇就业人员4.2万人,城镇登记失业率2.66%。新发展微型企业2365户,累计突破1万户。五大社会保险累计参保279.8万人次,兑现社会保险待遇252.8万人次、34.3亿元。补贴国有企业困难人员社保金1.8万人、7570万元。企业职工月人均基本养老待遇从1667元提高到1889元。发放城乡低保金2.05亿元。发放重点优抚对象抚恤金、五保供养金、长寿补贴、孤儿基本生活费、临时救助金、困难群众慰问金等1.98亿元。维修改造敬老院13个、村(社区)养老服务中心15个,新增社会养老机构2家。实施法律援助1016件。建成廉租房公租房10.2万平方米、征地安置房17.4万平方米,改造农村危房7620户。公共安全支出3.8亿元。改造"三无"老旧住宅电梯30部,建成2个镇政府专职消防队。安全生产事故起数、死亡人数均下降40%,无较大以上事故发生。化解区级排查的信访突出问题和重大不稳定因素48件。建成群众工作信息管理系统并在全市推广。区级信访件次、人次分别下降10.4%和31%。恢复和新建公安派出所5个、村(社区)警务室85个,组建社区治安巡防队87支323人。八类主要刑事案件发案率下降17.6%。成功创建全国法治先进区、全国平安建设先进区,被中央综治委授予全国综治工作"长安杯"。

二、发展中存在的问题

万州仍处于欠发达阶段、仍属于欠发达地区,发展还面临一些困难和问题。生态文明建设还需加强,转方式调结构任务繁重;城乡二元结构矛盾突出,农村基础设施、公共服务等与群众愿望还有不小差距;困难群众较多,民生改善任务重,维护社会稳定压力较大;汽车保有量快速增加,城市交通管理面临严峻挑战。

三、2014年发展目标

2014年万州区发展思路和预期目标:按照区委"123"总体思路,紧紧围绕"科学发展、富民兴渝"总任务和万州区"331"发展目标,坚持突出首要、彰显特色、面上保护、点上开发,以产业发展为支撑、以生态涵养为前提、以改革开放为动力、以民生改善为目的,集中力量抓好一批重大产业项目、一批重大基础设施项目、一批重大改革事项、一批重点民生实事、一批重大不稳定因素化解,着力加快转方式调结构,促进经济持续健康发展、社会和谐稳定,加快建设重庆第二大城市和三峡库区经济中心。预期地区生产总值增长11%,固定资产投资增长15%,社会消费品零售总额增长13%,公共财政预算收入增长12%,城镇居民人均可支配收入增长11.5%,农村居民人均纯收入增长12%,居民消费价格涨幅控制在3.5%左右,城镇登记失业率控制在3%以内,生态环境指数保持在60以上,单位地区生产总值能耗下降2%,人口自然增长率控制在4‰以内。

(作者单位:万州区政府办公室)

黔江区

杨方顺

一、2013 年发展回顾

2013 年，面对错综复杂的宏观环境和艰巨繁重的发展稳定任务，黔江区在市委、市政府的坚强领导下，深入贯彻落实党的十八大、十八届三中全会和市委四届三次全会精神，紧紧围绕建设渝东南中心城市和在渝东南率先实现全面小康“两个核心目标”，强力实施工业强区、城市东进、大通道建设“三大战略”，全区经济社会实现了持续健康发展。全年地区生产总值完成167.8 亿元，比上年增长 13.1%；规模以上工业增加值 70.7 亿元，增长 13.3%；全社会固定资产投资 212 亿元，增长 20.6%；社会消费品零售总额60.2 亿元，增长 16.2%；公共财政预算收入 17.4亿元，增长 17.1%；城镇居民人均可支配收入20444 元，增长 12%；农村居民人均纯收入 7060元，增长 13.6%。

（一）三次产业加快发展

完成工业投资 86 亿元，实现规模以上工业总产值 175 亿元，增长 19.7%。工业平台进一步拓展，正阳片区基本成型，物流基地加快建设。新入围规模以上工业企业 27 户，总量达到 79户。现代服务业加快发展。新培育限额以上商贸企业 16 家，累计达到 119 家。启动冷链物流配送中心、渝东南粮油储备配送中心等一批区域性商贸项目建设。启动小南海 5A 级景区和濯水古镇—蒲花暗河 4A 级景区创建工作。成功创建全国休闲农业与乡村旅游示范区县。加强区域旅游合作，建立航旅联盟，开通旅游包机，游客人数、旅游综合收入分别增长 32.7%、34.4%，其中过夜游客达到 160 万人次，占游客人数的38.5%。现代农业取得新进展，出栏生猪 80.1 万头，连续 6 年成为全国生猪调出大县。收购烤烟13.9 万担、蚕茧 7.2 万担。现代农业综合示范工程加快推进，建成红心猕猴桃基地 4.4 万亩、无公害蔬菜基地 5 万亩。

（二）城市建设显现新形象

完成城市建设投资 80 亿元，城镇化率提高到 43.8%，中心城区达到 22.7 平方公里、19.8 万人。新版城乡总规获市政府批准，城市规划面积增加 18 平方公里。新城公共服务中心、专业市场、房地产、安置房等项目建设加快推进。三岔河片区综合整治工程全面完成，成为黔江城市“客厅”。新谭路、三台山环线建成通车。商品房开工 73.9 万平方米，完工 54.9 万平方米。常态化推进“两违”整治，依法拆除违法建筑 3.6 万平方米。集中力量推进城市环境综合整治，通过市级卫生城区复查验收。

（三）基础设施不断改善

黔恩高速公路建设加快推进，正青复线隧道实现初通。建成正阳、百花园汽车站。武陵山机场新开通广州、成都航线，加密上海航线，形成“米”字形 6 条航线网络布局。黔张常铁路、黔石高速公路项目前期工作有序推进。太极水库基本建成，小南海补水和干渠整治加快推进，开工建设老窖溪水库、阿蓬江防洪治理工程，建成生态河堤 56 公里。与国电和乌电签订战略合作协议，建立国地电网 220 千伏联网通道。启动天然气长输管道复线和储备天然气项目建设。完成通信枢纽布局规划，建成 3G、4G 基站 760 个。

（四）各项改革取得新进展

主动对接落实全市五大功能区域发展战略，着眼渝东南生态保护发展区中的重点开发区定位，遵循“面上保护、点上开发”原则，科学划定城市集聚发展区、生态旅游发展区、生态农业保护区三个功能区域，推动全区差异化发展、特色发展。全面推进“4个1”相对集中居住体系建设,4个市级中心镇和重点集镇、边贸重镇建设加快推进,新增集镇面积1.3平方公里。新启动建设农民新村12个,新改造特色院落70个。完成地票交易5100亩,实现收益10.7亿元。新增农民工转户2600人。新增农村“三权”抵押融资2.6亿元,组建农村资金互助社76个,扩大农业保险试点范围,减少农民损失1000万元。培育8个国市级农民专业合作示范社,8个农产品获绿色认证。大力实施高山生态扶贫搬迁,启动81个集中安置点建设,完成建房79万平方米,安置农户4451户、17795人,完成149户特困户兜底扶贫搬迁工作。18个贫困村实现整村脱贫,减少贫困人口9800人。

(五)环境保护进一步加强

开展环保“五大行动”,实施“城区取缔燃煤设施、推广清洁能源工程”,加强建筑工地扬尘治理,加大环卫清扫保洁密度,全年城区空气质量优良天数达320天。开展生态乡镇、安静小区创建。完成4个乡镇污水处理厂建设,竣工9个农村环境连片集中整治工程。医疗废物处置中心竣工运行。稳步推进节能减排,完成重啤黔江分厂“煤改气”和弘龙水泥烟气脱硝治理,关停3家环保不达标企业,查处环境违法案件27件。完成造林5.7万亩,全区森林覆盖率提高到53.9%。推进石漠化治理,完成水土流失综合治理24平方公里。

(六)发展活力进一步增强

争取到位上级各类补助资金29.1亿元,占当年公共财政支出的63%。卷烟分厂易地技改、铝加工一体化等12个项目获国市投资计划审批。争取民贸企业贷款享受中央财政贴息3000万元。新签约招商项目48个,到位资金120亿元,同比增长20%。扎实开展“提升效能服务市场主体发展”专项行动,加强行政效能监察、纠风专项治理。规范公共资源交易,全面推行网络电子招投标制度。建立行政审批服务绿色通道,实行“联审会办”优化程序,行政审批效率明显提高。认真落实“民营经济八项制度”,建立重庆市非公人才培训基地,新发展微型企业844户。

(七)民计民生持续改善

全年投资13.6亿元,全面完成了22件民生实事年度目标任务。实现城镇新增就业2万人,动态消除零就业家庭。各类社会保险参保人数突破80万人次,社会保障实现全覆盖。正阳中学一期工程建成投用,桐坪小学基本完工。国家级农村职业教育示范区通过评估验收。高考录取率达83.2%,居渝东南首位。义务教育学生营养改善计划惠及7万余名中小学生。有序推进科技企业孵化基地建设,科普益民行动取得实效。中心医院通过“三甲”达标验收,中医院、妇幼保健院成功创建“二甲”医院。乡镇卫生院和社区服务中心标准化率达到100%。文化建设取得新成效,《云上太阳》等民族特色文化精品走出国门展演。成功举办“重庆黔江杯”全国象棋冠军争霸赛。全面开展安全隐患排查治理和专项整治,有效防控安全事故,连续6年被评为全市安全生产优秀区县。不断完善“一体化”大综治体系,深入开展干部下访接访工作,有效排查化解社会矛盾纠纷,荣获全国综治最高奖—“长安杯”。

二、发展中存在的问题

一是征地拆迁推进难度大,安置滞后的矛盾仍然突出;二是政府性债务削减总量、改善结构的压力很大,风险不容忽视;三是政府性投资项目存在超预算、超工期现象,招投标管理需进一步规范;四是社会治安和安全稳定存在防控盲区。

三、2014年发展目标

2014年,黔江经济社会发展主要预期目标为:地区生产总值增长12%;公共财政预算收入增长13%;规模以上工业增加值增长14%;社会消费品零售总额增长13%;固定资产投资同口径增长18%;城镇居民人均可支配收入和农村居民人均纯收入分别增长12%、12.5%;金融机构新增贷款余额30亿元;城镇化率提高1.5个百分点;节能减排等约束性指标达到上级要求。

(作者单位:黔江区政府办公室)

涪陵区

冉瑞

一、2013 发展回顾

2013 年,全区实现生产总值 690.04 亿元,与上年可比增长 13.0%, 人均生产总值 10214 美元, 增长 12.0%。三次产业结构由上年的 6.7:61.3:32.0 调整为 6.6:62.5:30.9。地方财政收入 90.59 亿元,增长 15.6%,其中公共财政预算收入 44.82 亿元,增长 19.6%;地方财政支出 135.9 亿元, 增长 15.1%, 其中公共财政预算支出 88.47 亿元,增长 15.5%。年末,金融机构人民币存款余额 528.49 亿元,比年初增长 15.9%,其中城乡居民储蓄存款余额 292.34 亿元,增长 12.8%;贷款余额 403.77 亿元,增长 20%。金融机构存贷比由上年的 76.3%上升为 76.4%,银行不良贷款率下降至 1.42%, 金融机构全年利润收入 11.03 亿元,增长 2.8%。

全社会固定资产投资 501.46 亿元, 增长 14.1%。按三次产业分,第一产业投资 7.23 亿元,下降 29.5%; 第二产业投资 195.04 亿元, 增长 19.6%;第三产业投资 299.19 亿元,增长 12.4%。按类别分, 建设与改造投资 433.74 亿元, 增长 12.6%; 房地产开发投资 67.72 亿元, 增长 25.2%。按区域分,区内投资 452.20 亿元,增长 16.9%;跨区投资 49.26 亿元,下降 6%。四合燃气管网建设全面铺开, 涪陵燃气黄旗至李渡管线建成投用,工业用气"瓶颈"制约得以缓解。国家电网、聚龙电网实现互联互通,龙桥、白涛热电联产项目一期建成投用。

社会消费品零售总额 179.69 亿元, 增长 16.8%。其中限额以上零售总额 118.92 亿元,增长 22.1%;限额以下零售总额 60.76 亿元,增长 7.6%。年末有限额以上批发零售、住宿餐饮单位 273 户,增长 11.42%;实现增加值 63.39 亿元,增长 9.9%。销售额在 1 亿元以上的流通企业 47 户,增加 3 户,其中 5 亿元以上企业 12 户,10 亿元以上企业 9 户。泽胜中央广场、金科世界走廊建成投用。年末有各类市场 108 个,市场总面积 51.14 万平方米。其中成交额上亿元的商品市场 6 个,实现销售额 45.15 亿元,增长 18.6%。城镇居民人均可支配收入 24650 元,增长 9.6%;农民人均纯收入 8998 元,增长 13.3%,城乡居民收入比由上年的 2.83:1 缩小为 2.74:1。全区全面建成小康社会实现程度为 92%。

外贸进出口总额 12.10 亿美元,下降 6.7%。其中,进口 3.55 亿美元,下降 39.6%;出口 8.55 亿美元,增长 20.5%。新签招商引资项目 169 个,实际利用外商直接投资 0.45 亿美元, 下降 66.7%;实际利用内资(市外境内)202.87 亿元,增长 3.9%。

全年实现农业总产值 67.36 亿元,现价增长 8.3%;增加值 45.53 亿元,可比增长 5.3%。粮食播种面积 9.67 万公顷,减少 0.5%;蔬菜种植面积 7.25 万公顷,增长 4.2%,其中青菜头种植面积 4.85 万公顷,增长 3.6%。主要农产品产量:粮食 43.80 万吨,与上年持平;蔬菜 188.5 万吨,增长 6.3%,其中青菜头 144.30 万吨,增长 7.4%;生猪出栏 81.41 万头,增长 3%;羊出栏 2.35 万头,增长 11.8%;家禽出栏 725.5 万只,增长 6.4%;蚕茧 3010 吨,增长 3.8%;水产品 2.04 万吨,增长 1.0%;果品 12.19 万吨,增长 8.5%。实施农业科研课题 29 项,完成秸秆沙质土壤改良材料研制与推广示范、涪陵红心萝卜种植资源收集鉴定与育种应用、涪陵青菜头(茎瘤芥)生物保鲜技术的研究与应用和育成晚熟杂交榨菜新品种"涪杂 8 号"等科研成果。生产榨菜种子近 3 万公斤、水稻种子近 10 万公斤,承担国家水稻品种区域试验5个组、品种60个，承担重庆市水稻、玉米品种区域试验9个组、品种85个、新培养农业科技示范户1050户、总数4050户，新建农业科技示范基地5个、总数29个，培训基层农技人员105人。新发展农民合作社64个，农户参合率45%。新培育"昌兰家庭农场"等示范农场3家，新发展涉农微企877个，累计3597个。推进土地经营制度创新，新发展农村新型股份合作社18个，总数77个，加入成员1.8万户，入股承包地面积2226.7公顷。新增流转农民承包地1100公顷，累计3.6万公顷，耕地规模经营集中度34.8%。新增"红昇"、"渝橙"、"大地通"、"渝杨"、"小字辈"等5件知名商标；新认证无公害农产品12个、绿色食品8个，全区"三品"(无公害农产品、绿色食品、有机食品)总数达122个。先后举办"涪陵榨菜嘉年华·乡村旅游体验行"、"魅力涪陵·三峡库区杨梅节"和"涪陵南沱龙眼节"活动，将农产品销售与乡村旅游有机结合，探索农业产业化经营模式。继续实施青菜头鲜销"走出去"战略，在国内北方市场鲜销45万吨，涪陵已成为国家"南菜北运"的重要基地之一。

工业总产值实现1130亿元，增长11.5%；工业增加值380.22亿元，增长16.6%。全区47种主要工业产品，13种产量下降，34种产量上升。全年完成工业投资193.83亿元，同比增长19.9%，占全社会固定资产投资额的38.7%，总额继续居全市各区县第4位。成功引进产值50亿元以上项目6个；华晨鑫源汽车、超力高科汽车零部件、万丰轮毂、云河特种车、东本专用车等优势项目落地，汽车及配套产业加速集聚；牵手化医集团打造重庆综合化工产业基地，华峰集团再投差别化氨纶和聚氨酯树脂项目，攀华集团新建高强度螺纹钢和精密钢管项目，化工、高端型材产业加速壮大。新开工中远特种车辆环卫机械、华晨鑫源汽车整车及发动机、钢龙工贸商城、大朗铝业大板锭和铝用碳素等项目；加快推进万达汽车板、龙海石化重油深加工、华通电脑高密度互连印制电路板(HDI)、华峰化工己二酸扩建一期、新氟科技氟化工、江森自控蓄电池等项目；基本建成龙桥热电联产改扩建和白涛园区热岛、驰源化工聚四氢呋喃、嘉惠环保科技公司电子化学品、紫光富鑫偶氮二异丁腈等项目；竣工投产万达汽车板2号镀锌板机组、博鼎铝业年产10万吨铝合金锭、国奥电梯年产6000套电梯及配套设施、仓兴达年产1.2亿台微型电机、格森箱包年产1300万件(套)箱包制品、中泽塑胶塑料包装制品等项目。焦石页岩气勘探开发取得重大突破，成功获批为全国第三个国家级页岩气示范区，11口气井相继投产，日产气量达到180万立方米，规模和质量国内领先。

产业园区化、集群化。三大工业园区、六大支柱产业产值占工业总产值比重分别达到73.5%、80.9%，"三大工业园区"(涪陵工业园区、白涛化工园区、清溪再生有色金属特色产业园区)工业总产值830.38亿元，占规模以上工业企业总产值82.9%，其中涪陵工业园区李渡组团产值548.15亿元、增长21.6%，龙桥组团产值127.23亿元、下降24.1%；白涛化工园区产值77.68亿元，增长42.1%；清溪园区产值94.66亿元，增长27.4%。"三大工业园区"固定资产投资233.99亿元，增长13.4%，占全社会固定资产投资的46.1%。"三大工业园区" 完成工业投资155.74亿元，其中涪陵工业园区李渡组团完成工业投资83.95亿元、龙桥组团完成工业投资30.11亿元，白涛化工园区完成工业投资30.79亿元，清溪园区完成工业投资10.89亿元。重点发展的六大百亿级产业链(集群)共实现总产值643.4亿元，其中高端钢材产业链实现产值192.5亿元，石油化纤纺产业链实现产值50.6亿元，特种船舶产业链实现产值66.5亿元，天然气化工产业链实现产值76亿元，食品产业集群实现产值170.6亿元，医药产业集群实现产值87.2亿元。全区规模以上工业企业实现总产值1001.85亿元，增长16.2%，产值规模在全市各区县中保持第4位，在重庆市五大功能区的"城市发展新区"各区县中位列首位，规模以上工业企业亏损面控制在15%以内，产品产销率95%以上，规模以上工业企业经济效益综合指数比全市高66

个百分点。30户重点工业企业完成总产值766.39亿元，增长11.1%，占全区规模以上工业企业产值76.5%。产值10亿元以上企业21户，其中50亿元以上企业2户，百亿级企业1户。全年新增规模以上工业企业16家。

全区有资质以上建筑企业135户，总产值303.69亿元，增长13.8%。区内增加值51.19亿元，可比增长17.1%。商品房施工面积671.83万平方米，增长12.7%；竣工面积114.61万平方米，下降17.2%。商品房销售面积95.25万平方米，销售额46.64亿元，分别下降18.1%和17.8%。其中住宅销售额43.73亿元，占商品房销售额的93.76%。

交通运输、仓储和邮政业实现增加值50.06亿元，可比增长10.9%。公路和水上运输货运量5494万吨，增长17.5%；货运周转量494.53亿吨公里，增长20.1%；客运量1.09亿人次，增长13%；客运周转量15.72亿人公里，增长8.9%。港口货物吞吐量2016万吨，增长9.1%。境内公路里程4714公里，增加162公里。"三高两铁"(涪陵分别至南川、丰都、南岸高速公路和渝利铁路、渝怀铁路二线涪陵段)建成通车，区境高速公路里程130公里，铁路里程168公里。行政村公路通达率100%，通畅率83%、增长9个百分点。机动车保有量14.07万辆，其中营运汽车9756辆；营运船舶386艘。邮电业务收入6.74亿元，增长9.8%。年末固定电话普及率为每百户46部，每百户增加1部；移动电话普及率为每百人87.7部，每百人增加6部；互联网用户15.98万户，增长10.9%，互联网户普及率为34.5%。

全年接待游客626.77万人，增长33.4%。其中国内旅客626.58万，增长15.6%；入境旅客1912人次，增长20.4%。旅游总收入31.05亿元，增长41.5%。有三星级以上饭店5家。星级农家乐19家。涉外饭店床位1272张。涪陵白鹤梁水下博物馆正式通过国家旅游局4A级景区评定，并通过市级首批旅游服务标准化试点单位达标验收。专门组建涪陵武陵山旅游区、江北旅游区管委会，实施两大旅游聚集区建设开发工作。云南华川集团、重庆泽胜集团、美心集团等知名企业共计投资涪陵旅游建设25.4亿元。国际酒店管理集团万豪、国际温泉养生策划公司意大利潘踏集团和法国薇姿集团落户涪陵。

非公经济加快发展。全年实现非公经济增加值434.89亿元，中小企业增加值321.4亿元，乡镇企业增加值141.79亿元，分别增长13%、14.7%和16%。全区非公有制企业增加3660个，增长34.3%，总数达到14355个；非公经济上缴税金26.33亿元，增长10%；支付劳动者报酬106亿元，增长11.6%。新引进了哈尔滨银行和招商证券公司，银科担保公司注册资本金增加至1.5亿元。除银行外，3家小额贷款公司和3家融资担保公司突出服务中小微民营企业。加强市级统筹民营经济发展专项资金组织申报和协调争取工作，获得市级统筹民营经济发展专项资金额度在全市各区县中由上年的第5位升至第2位。重庆涪商投资集团、重庆民投控股集团成功组建，注册资本金分别达10.81亿元、13亿元，全区民营企业进入抱团发展、合作共赢新阶段。

二、发展中存在的问题

由于世界经济形势依然复杂严峻，国内经济处在增速换档期和结构调整阵痛期，经济下行压力依然较大。受此影响，涪陵经济发展中存在以下问题：一是部分工业品销售价格持续低位。由于价格低迷，尽管部分工业品产量增加和能源消耗增长，但工业产值增加有限。二是一些企业生产经营依然困难，部分行业产能过剩，竞争激烈，利润下降，生产不正常。三是新投产达产项目产值低于预期。如万达汽车板生产线开工不足。四是少数项目进展较慢。产业招商补链工作受多种因素影响进展不顺，缺乏新的增长点，受国内外经济下行压力和宏观调控政策影响，特别是市场低迷和国家严格控制项目和土地审批，导致一些签约项目落地难、开工难，影响工程建设进度，抑制了投资的增长。五是完成市上下达全年万元GDP能耗下降5.5%的目标任务难度大。

三、2014年发展目标

2014年全区经济社会发展主要预期目标为:地区生产总值增长12%,规模以上工业产值增长14%,固定资产投资增长15%,社会消费品零售总额增长13%,公共财政预算收入增长15%,城镇居民人均可支配收入增长9%,农民人均纯收入增长10%,城镇登记失业率控制在3.5%以内,单位生产总值能耗下降3.2%,主要污染物减排达到市上约束性要求。增强产业主导力。围绕产业集群化、规模化发展,着力扩增量、调结构,深度融入全市主体功能区产业布局,促进全区工业整体上档升级,力争六大支柱产业产值突破1000亿元。增强园区承载力。围绕建设"千亿园区",同步推进园区产业项目、公用工程、环保设施、物流配送、综合服务建设,大力提升产业承载能力,打造全市综合产业集聚的示范平台。增强创新驱动力。围绕培育"百亿企业",着力实施创新驱动战略,打造一批技术水平领先、核心竞争力明显的企业航母,确保产值10亿元以上企业达到25户,其中产值50亿元以上达到4户。增强要素保障力。加快建设坚强智能电网,打造市内最优供电环境;全力建设国家级页岩气开发示范区,力争年产量达到10亿立方米,建立地方气网,提高页岩气开发利用对地方经济发展的贡献度。

(作者单位:涪陵区政府办公室)

渝中区

周子栋

一、2013年发展回顾

经济运行稳中有进。地区生产总值804.2亿元,增长12%;固定资产投资274.4亿元,增长13.5%;社会消费品零售总额538.9亿元,增长11.1%;区域税收169亿元,增长3.2%;区级公共财政预算收入45.3亿元,增长2.4%。

服务业改革深入推进。率先实施"营业税差额征收",推行营业税改增值税,降低企业税负。争取国家和市级资金支持8.7亿元、市级部门简政放权8项。新引进世界500强企业4家、总部企业15家、税收亿元楼宇2栋。

社会民生持续改善。财政累计投入民生资金38亿元,占公共财政预算支出的60.5%。城市居民人均可支配收入27827元,增长9.5%,低收入家庭人均可支配收入16888元,增长15.5%。新增就业5.5万人,城镇调查失业率控制在4.48%以内。

(一)多措并举稳增长、促发展

抓投资拉动,加强项目前期科学论证,协调推进高端载体、产业发展、基础设施、民生建设等99个市区重点项目;新竣工商务商住楼宇106万平方米,完成12.6万平方米危旧房攻坚扫尾、5万平方米棚户区改造。抓消费带动,商品销售总额2205.1亿元,增长11.2%。抓开放推动,实际利用外资13亿美元,增长39.8%;利用内资205.2亿元,增长9.5%;外贸进出口总额17.2亿美元,增长27.8%;服务外包总额1.25亿美元,增长43.1%。

(二)持续优化调整产业业态

金融业促稳提质,市级以上金融机构新增12家,传统类市级以上金融机构占全市的60%以上,要素市场成交额增长50.6%。高端特色消费向好,新引进普拉达等国际知名品牌15个;改造调整业态,30°街吧和恒通云鼎奥特莱斯建成开放;解放碑商圈零售额突破400亿元;大石化地区龙湖时代天街等新开项目零售额突破20亿元。商务服务优势提升,新增知名商务服务机构6家;重庆商务服务公共平台成功上线运行。加大旅游业发展政策扶持力度,带动人气显著提升,接待旅游者 3280 万人次,旅游收入 182.1 亿元。新兴产业培育效果明显,苏宁易购、大龙网、齐家网、奇虎 360 等 200 多家电子商务企业发展势头强劲,实现交易额 800 亿元;新增创意企业 32 家,建成大溪沟设计创意产业园区博士后创新实践基地。

(三)不断提升城市规划水平

加强规划科学研究,邀请美国能源基金会宇恒可持续交通研究中心、丹麦杨盖尔建筑师事务所、中国城市规划设计院、上海大翰建筑设计公司等国内外高水平规划设计机构,开展渝中区城市发展战略规划、综合交通规划、解放碑中央商务区优化提升规划、文化展示与发展规划等重要规划,完成山城中央公园等重点地块和重大项目规划,会同市轨道集团深入开展轨道线网优化和扩展研究论证,大大提高全区城市发展和建设各类规划的科学性和前瞻性水平。

(四)提速推进全域渝中建设

国泰艺术中心和国泰广场竣工投入使用,威斯汀酒店、重宾保利等项目相继建成,凯德来福士广场等项目有序推进,谊德大厦、万豪二期、联合国际等“四久工程”处置基本完成;龙湖时代天街建设加快,英利国际广场建成开业,高九路重庆总部城 7 万平方米写字楼竣工;化龙桥瑞安天地项目建设进度加快,新增签约企业 50 家,服务辐射功能开始显现;上清寺互联网产业园区新增载体 2 万平方米,大溪沟设计创意产业园远见中心等项目完工,“两极引领、多点支撑”的全域发展格局逐渐成型。

(五)进一步完善城市基础设施功能

东水门大桥和千厮门大桥基本建成,解放碑地下停车场及连接通道工程进展顺利。红岩村变电站投入运行,七牌坊、大坪等变电站加快施工,改造车行道和人行道 3.7 万平方米、排水管网 4.9 公里,新建公厕 7 座,改造公厕 13 座,改造垃圾站 3 座。坚持精细化、长效化、常态化城市管理,加大力度拆除违法建筑。新增公共停车位 4100 余个。蓝天、碧水、绿地、宁静“四大行动”进展良好。加强园林绿化工作,绿化覆盖率达到 40%。

(六)推进社会事业发展取得新进步

全国文明城区复查验收取得进入前列的好成绩。获评“2013 中国城市管理进步奖”。成功创建首批国家公共文化服务体系示范区。深入推进母城历史文化风貌区规划建设。罗汉寺等重点寺观教堂保护修缮项目加快实施;周顺恺美术馆建成开放。巴渝文化原创小品《杀出重围》获文化部群星奖。七星岗、菜园坝、化龙桥文化中心建成投入使用;实施“文化大礼包”、“双百双送”等惠民工程。完成治理义务教育择校乱收费工作;完工人民公园小学新建工程;与西南大学共建“国家教师教育创新实验区”。市软件评测企业工程技术研究中心等 3 家科研机构落户,扶持科技创新项目 73 个,新增重庆市高新技术产品及重点新产品 26 个,专利授权增长 34.5%。基本公共卫生服务补助标准提高至人均 41 元;推进健康管理服务进社区、进家庭;建成全区药品电子监控系统;实现重庆中药材市场搬迁升级。成功举办区第三届运动会等群体健身活动。

(七)进一步改善社会民生

帮助 5015 名就业困难对象实现就业,开发公益性岗位 1619 个,推出创业项目 24 个,发放小额担保贷款 5164 万元,新增微型企业 606 户、带动就业 4764 人。落实最低生活保障与经济发展、物价上涨“双联动”机制,完成 4 个街道劳动就业社保服务中心规范化建设,累计发放低保金 6644 万元,设立 9 个街道社会救助工作站,办理法律援助案件 623 件。新增养老床位 300 张,率先推行养老服务机构责任保险。帮扶残疾人 5500 人次。建成全国青春健康教育示范基地,免费孕前优生健康检查 3476 人。投入 1.49 亿元深入实施“人生关怀”活动。完成 200 台“三无”老旧住宅电梯、7349 户水表“一户一表”、9 个弃管小区电力设施改造。

(八)全力保持社会安全稳定

以“四社一工”为重点推进社区建设,解决社区办公用房 10 个,各类志愿者扩充至 8.4 万人,实施社工专业服务项目 14 个,新增社会组织 406 家,完成第九届社区居委会换届选举。深入开展机关干部“社区工作日”活动和“幸福社区·邻里如亲”睦邻行动。深化“平安渝中”建设，调解民间纠纷5100余件，成立区物业纠纷调处中心。化解各类信访积案120余件，完成企业改制19户，协调解决54.5万平方米“两证”办理遗留问题，上级交办疑难信访案件19件已化解18件，化解率95%。破获刑事案件6674起，批捕1439人，起诉1998人，查处治安案件35529件，八类暴力犯罪案件下降18.6%。社区服刑人员等特殊人群心理矫治取得良好效果。排查一般隐患2.1万余项，整改重点隐患627项，未发生较大以上安全生产事故。食品药品安全形势持续向好。两路口、大溪沟街道成功创建为全国安全社区。完成5处地质灾害隐患点治理，整治无主化粪池360处，完成447栋高层建筑消防管网修复，启动全区燃气安全整治。国防动员与应急管理资源的整合工作扎实推进。

二、发展中存在的问题

一是在全国稳中求进的宏观经济形势背景下，渝中发展还处于自身独有的转型困难期，经济下行压力较大，经济运行面临的困难和风险仍不可低估。二是解放碑中央商务区就业人群就地、就近居住生活的条件还不够完善，产城融合度还不够高，中心区域人气虽在回升，但集聚度仍显欠缺。三是作为中心区和老城区，基础设施欠账多、环境老化严重，部分地区交通拥堵、停车困难、物业管理水平不高等矛盾还比较突出。四是社会治理面临新形势、新问题，社会事业和公共服务发展水平与群众日益增长的需求还有差距。五是区属国有资产的运营管理体制机制还有待完善，效益水平还需提高。

三、2014年发展目标

综合考虑各种因素，2014年主要指标为：地区生产总值增长11%左右，固定资产投资增长12%，社会消费品零售总额增长11%，公共财政预算收入同口径增长5%，实际利用内资240亿元、利用外资7亿美元，城市居民人均可支配收入增长9%、低收入家庭人均可支配收入增长15%，城镇调查失业率控制在4.5%以内，人口自然增长率控制在2‰以内。

（作者单位：渝中区政府办公室）

大渡口区

高孝娥

一、2013年发展回顾

2013年，在区委区政府的坚强领导下，全区紧紧围绕“转型发展攻坚年”主题和“三四三四”总体工作思路，坚持“稳中求进”工作总基调，着眼长远打基础，抓住重点求突破，在城建经济较快发展、工业经济小幅回暖、社会消费稳步缓升带动下，全年全区GDP增长7.1%，较上半年和前三季度增速均提高0.1个百分点，实现“稳中有进”。

（一）经济增长总体高开低走，全年趋于平稳

2013年，全区实现GDP总额136.6亿元，同比增长7.1%，全区经济增长总体高开低走，全面趋于平稳。主要行业板块运行各有特色：

一是工业经济个位低速增长，年底小幅回升。一季度，工业经济沿续2012年以来低速增长态势，全区工业增加值同比增长3.2%；二季度工业经济持续低迷，上半年增长3.0%；三季度，工业经济继续低位下探，前三季度增长2.0%；四季度，工业经济止滑小幅回升，全年工业增加值增长3.9%，较前三季度和上年全年增速分别加快1.9和1.3个百分点，虽然总体延续2012年低位态势，但年底出现小幅回暖迹象。

二是投资增长呈现低开高走，全年高位运

行。2013年,全区实现固定资产投资总额146.7亿元,同比增长20.0%,居主城第3位。投资增速除年初低开外,季度增速均超过20%,增势总体平稳,且明显高于上年。分板块看,“一升两降”特征明显:全区实现房地产开发投资96.8亿元,增长54.1%;基础设施投资30.6亿元,下降13.7%;工业投资13.4亿元,下降29.3%。

三是社会消费市场运行平稳,增速逐季小升。2013年,全区实现社会消费品零售总额40.0亿元,增长10.8%;批发和零售业实现商品销售额145.8亿元,增长11.3%;住宿和餐饮业实现营业额7.4亿元,增长16.1%。社会消费市场季度运行总体平稳,主要指标均呈“逐季小幅走高”态势。

四是财税收入增长低开高走,全年增长较快。2013年,全区实现公共财政预算收入13.6亿元,同比增长15.3%,速度和走势与上年基本相当,其中:区级实得增值税、营业税和企业所得税分别增长17.9%、26.4%和9.0%。公共财政预算收入增速逐季上升,主体税种均呈较快增长态势。

五是金融规模高基数上持续扩大,年末出现回落。12月末,全区银行存款、贷款余额达到345.6亿元、412.3亿元,同比分别增长9.5%、12.6%,较前三季度分别回落7.5和7.6个百分点,主要是受金融机构年末资金趋紧影响。

(二)经济结构持续优化,城建经济发展较快

2013年,全区第三产业增加值占全区GDP比重达55.4%,在上年快速提高的基础上再度提升0.7个百分点,三产占比在主城区和全市38个区县均居第3位,仅低于渝中区和江北区。重钢环保搬迁后,全区第三产业发展速度明显快于一、二产业,经济结构持续优化,为全区经济转型奠定良好基础。

随着全区土地征收、出让进度加快,建设项目推进力度加大,区域经济发展和增长动力逐步由过去的工业经济转变为当前的城建经济。2013年,全区固定资产投资快速增长20%,带动建筑业和房地产业增加值分别增长15.9%和5.9%,共同拉动GDP增长2.3个百分点,贡献率达31.0%,比两行业增加值占全区GDP的比重(20.8%)高10.2个百分点,有力支撑了全区经济发展稳健前行。

二、发展中存在的问题

一是工业经济支柱作用明显弱化,全区经济增长尚处于调整期。从1995年行政区划调整到2011年,全区经济在传统行业工业的支撑下持续快速增长,GDP年均增长12.7%,总体高于全国和全市增长水平。2012年以后,外部环境因始于2008年的全球金融危机蔓延而持续严峻,内部发展因重钢环保搬迁滞后影响逐步显现,全区工业经济发展进入低迷期。工业经济支柱作用明显弱化,成为当前经济发展最大短板,区域经济发展被迫进入转型调整期,经济增速不仅低于全国而且低于全市,加快转型发展要求更加紧迫。

二是服务业发展不平衡,第三产业整体提速困难。2013年,全区第三产业增长主要依靠金融业和非营利性服务业保持较快增长,其余行业增速均低于GDP增速。

三是投资增长结构失衡,长期增长基础欠稳。2013年,全区投资快速增长主要靠房地产开发投资支撑,其中与民生保障相关的保障类房地产投资比重大、增速快,是拉动全区投资保持快速增长的主要因素,而与工业经济息息相关的工业投资持续萎缩,与城市发展密切相关的基础设施投资连续下降,工业投资和基础设施投资规模萎缩较大制约投资效应的充分释放,从而制约全区经济持续增长。

三、2014年发展目标

2014年,区政府将按照区委十一届五次全会的要求,坚持以经济建设为中心、以改革创新为统领,把握稳中求进、积极作为的工作基调,处理好当期与长远、政府与市场、统筹协调与重点突破、自力更生与借力发展“四个关系”,加快实施都市功能核心区和拓展区发展战略,加快

推动经济、城市、社会转型，不断提高经济社会发展的质量和水平，努力建设“生活品质之城、新兴产业之区”。2014年全区经济社会发展主要预期目标为：地区生产总值增长8%；规模以上工业总产值增长9%；全社会固定资产投资增长10%；社会消费品零售总额增长11%；区级公共财政预算收入增长12%；城市居民人均可支配收入、农村居民人均纯收入分别增长8%和10%；万元地区生产总值能耗下降3%。

（作者单位：大渡口区政府办公室）

江北区

何旭

一、2013年发展回顾

2013年，江北区紧紧围绕“稳中求进”的总基调和全区改革发展稳定大局，积极应对和驾驭复杂局面，妥善处理投资、消费、出口关系，加强经济运行调节，着力做好稳增长、调结构、促改革、惠民生各方面工作，全区呈现出经济平稳增长、产业结构趋优、民生不断改善、社会和谐稳定的良好态势。

（一）综合实力稳步提升

地区生产总值达554.9亿元、同比增长9%。地方财政收入完成87亿元，增长8.1%；其中，公共财政预算收入完成74.1亿元，增长21.1%，总量位居全市第一；区级税收收入达63.7亿元，占公共财政预算收入的86%，总量连续三年位居全市第一。规模以上工业总产值达618.9亿元，增长4.2%。社会消费品零售总额达369.6亿元，增长8.5%；商品销售总额达3129亿元，增长17.2%，总量连续四年位居全市第一。受国内外宏观经济形势影响，全社会固定资产投资415.8亿元、同比下降6.3%，进出口总额54亿美元、同比下降56.9%，实际利用外资3.4亿美元、同比下降47.7%，实际利用内资分别为216.1亿元、同比下降48.6%。城乡居民收入预计分别达27332元和13347元，增长10%和12%。

（二）产业结构更加优化

三次产业结构调整优化为0.2:30.6:69.2，第三产业比重提高4.3个百分点；非公有制经济占全区生产总值比重达70%。规模以上工业利润预计增长40%、经济效益综合指数提升8.3个百分点，高新技术企业实现产值约400亿元、占工业总产值比重达64%。先进制造业集群效应初步显现，汽车制造等三大支柱产业实现产值470亿元、占规模以上工业总产值比重达75.9%。港城新兴产业园海尔结构化模块配套、智飞流脑疫苗产业化等10个项目建成投运，新建产业楼宇30万平方米，新入驻研发、设计等生产性服务企业70余家。鱼复工业开发区超额完成征地任务，“五横五纵”路网建设轮廓初显，奥特斯、东风小康等33个项目加快建设，新增尼玛克、霍尼韦尔等5个项目投产。编制完成观音桥商圈产业升级规划、夜经济总体策划方案，以及大石片区、北滨路经济带商业发展规划。观音桥商圈成功创建全国首个服务业标准化试点示范商圈，“太阳谷”、东原D7购物中心、渔人湾码头等一批大型项目以及社区便民商业设施加快建设。重庆网商产业园加快发展，易迅网等200余家电商企业入驻江北。新引进人保财险、民商集团等金融和总部企业42家，辖区各类金融机构达200余家、规模以上总部企业达140余家，金融资产规模突破9000亿元，金融和总部经济对财政税收的贡献突破100亿元。寸滩港区全面建成，果园港二期开港运行，中钢物流一期建成投用，保税港区保税商品展示交易中心一期和中烟物流基地启动建设，全区实现物流收入100亿元。五宝“一业多园”顺利布局，万亩竹产业、千亩生态示范农庄加快建设。“铁山十景”全面建成，铁山坪森林公园创建国家4A级旅游景区通过市级初评，铁山坪被评为“重庆美丽小城镇”。都市旅游加快发展,全区旅游直接收入达54.5亿元。

(三)城市建设有序推进

在全市率先编制城市管理规划，完成玉带特色商城、小苑地区、港城B区等城市设计。站前路江北段、鱼嘴水厂等30个基础设施项目开工建设,盘溪路石子山段、果园港立交等项目建成投用。北滨路沿线250万平方米房地产开发稳步推进。成功申报国家“智慧城市”试点。完成农村征地近1.7万亩、城市房屋拆迁和征收18万平方米、城中村拆迁5万平方米,董家溪、鹞子丘、原观音桥街道地块等17个续拆项目成功扫尾。拆除违法建筑36.8万平方米。96万平方米棚户区改造纳入全市计划。深入实施环保“五大行动”,“国模”创建成果进一步巩固,实现PM2.5实时监测,次级河流全部纳入网格化监管范围,城市生活垃圾、生活污水处理率分别达98.2%和95%。园林绿化主要指标全市领先,建成区绿地率、绿化覆盖率分别达40.7%和43.4%，人均公共绿地面积达22.6平方米。

(四)社会事业协调发展

优质均衡教育水平持续提升，教育资助体系和农村义务教育学生营养餐实现全覆盖,接收流动人口子女的义务教育学校增至34所,10所学校升级改造加快实施，普惠性学前教育全市领先,高考优生数量位居全市区县第一。公立医院改革深入推进，公立医院药品零差率销售累计让利3200万元,五宝和寸滩社区卫生服务中心竣工投用。区图书馆跻身国家“一级馆”,11个街镇文化中心、29个标准化社区文化室建成投用，兵器工业旧址被纳入第七批全国重点文物保护单位。全民健身活动连续四年荣获全国先进。全国文明城区创建加快推进。完善街镇“一中心一平台”综治工作模式,创新综治特邀委员工作机制,“老马调解工作室”荣获“全国模范人民调解委员会”称号,市级交办信访积案化解率达100%。新建、改扩建社区服务站20个,村居两委换届有序推进。

(五)民计民生持续改善

全年民生投入占公共财政预算支出比重达50.9%,农村危旧房、老旧住宅电梯改造等“22件民生实事”年度任务圆满完成。率先在全市启动创业型城市创建,城镇新增就业4.55万人,城镇登记失业率控制在1.68%;在全市率先完成社保经办机构区级整合,城乡养老保险参保率、医疗保险参保率分别达91.5%和94.6%。新建、续建农转非安置房等各类保障房267万平方米、竣工3.1万套。投入1亿元救助困难群众,医疗救助、临时救助、孤儿救助水平全市领先。在全市率先试点计生特殊家庭养老帮扶。加快完善立体化治安防控体系,扎实开展安全生产大排查、大整治、大执法、大督查行动,狠抓食品药品安全,群众安全感指数位居主城前列,连续两届被评为“全国平安建设先进区”。

(六)自身建设切实加强

依法行政不断深化，自觉接受区人大及其常委会的法律监督和工作监督、区政协的民主监督和社会各界监督，坚持重大事项向人大报告、提请政协协商及通报制度。办理区人大代表建议意见377件、政协提案328件，办结率达100%、满意率和基本满意率达99%以上。开展行政处罚案卷评查76925件，办理行政复议案件29件,报备规范性文件8件。积极引导督促领导干部运用法治思维和法治方式深化改革、推动发展、化解矛盾、维护稳定。行政效能有效提升,改进调查研究,清理文山会海,核减节庆活动,政府系统会议和文件简报减少1/3以上，区级“三公”经费压缩20%。全面清理行政许可及非许可类审批项目。严格执行政府投资预算评审和结算审计制度。进一步加强公共资源交易管理。事业单位分类改革取得新进展。廉政建设切实加强,严格执行中央“八项规定”和市委、区委实施意见,落实“五个专项行动”,大力整治“四风”问题。深入推进惩治和预防腐败体系建设,严肃查处各类违法违纪行为，着力营造风清气正的干事创业环境。

二、发展中存在的问题

一是经济下行压力依然较大，资源环境约束不断加剧，实现经济较快增长难度不小；二是全市推进功能区建设对江北的发展要求更高，加快转型升级的任务还十分艰巨；三是关系群众切身利益的教育、医疗、就业、社保、生态环境、食品药品安全、社会治安、安全生产等方面，仍存在一些突出问题和薄弱环节，社会治理体系亟待加强；四是政府自身建设仍需加强、职能转变还需加快。

三、2014年发展目标

2014年，江北区国民经济和社会发展的主要预期目标是：地区生产总值增长11%，规模以上工业总产值增长11%，全社会固定资产投资增长15%，社会消费品零售总额增长11%，公共财政预算收入(不含两江鱼复园区金库收入)增长10%，城乡居民收入分别增长10%和12%，单位生产总值能耗下降3%，主要污染物排放总量下降1%，城镇登记失业率控制在2.5%以内。

(作者单位：江北区政府办公室)

沙坪坝区

向宇华

一、2013年发展回顾

2013年，全区实现GDP701.3亿元，增长9.1%；公共财政预算收入50.6亿元，增长14.6%；固定资产投资452.3亿元，增长13.5%；社会消费品零售总额312.4亿元，增长11.2%；规模以上工业总产值1482.4亿元，增长11.3%；城市居民人均可支配收入27079元，增长8.5%；农村居民人均纯收入13135元，增长12.1%；城镇登记失业率2.43%，人口自然增长率1.24‰，单位GDP能耗降低3.3%。

(一)工业经济进一步发展，转型升级得到促进

1.电子信息产业集群发展

平板电脑、富鸿达电子配套等项目投产，SK海力士芯片、沙特基础工业热塑等项目开工。年产笔记本电脑3307万台、平板电脑20万台、显示器995万台、打印机1944万台、交换机63万台、芯片36万片，高技术产业增加值增长28.3%。

2.传统制造业升级发展

旺成机械、智博高科等5个项目开工，西南药业GMP生产线改造等50个技改项目全部启动并完成34个，康明斯QSNT发动机项目研发成功，金华电器等5户企业成为市级知识产权保护试点。

3.企业“两化”融合发展

华洋电器等3户企业被评为“两化融合”示范企业，大中型企业数字化设计工具普及率达70%、ERP使用率达65%、关键工艺流程数控化率达60%。微电园、物流园2个国家级标准示范基地创建成功，物流标准信息平台试运行。

(二)现代服务业进一步发展，资源优势转化得到深入

1.生产性服务业稳步发展

获准团结村铁路口岸试点，铁路编组站、中集物流中心A区、永辉生鲜库建成投用，重庆医药物流基地、中石油化工仓储物流中心开工，“渝新欧”开行班列36列，中心站办理集装箱33.5万标箱。新增厦门银行等金融机构3家。服务外包培训平台完成升级，科技创新综合服务信息平台启动建设，离岸服务外包执行额9196万美元，软件和信息服务业销售收入16亿元。

2.生活性服务业稳步发展

东原ARC商业广场、旭阳·台北城商业中心一期、华润万家超市及1个社区便民商圈、1个

标准化农贸市场、18个社区便民店建成投用，富力五星级酒店主体工程完工，万科、龙湖、首创等商业服务类项目开工，火车站综合交通枢纽改造一期房屋征收完成94%，三峡广场商圈片区综合改造开展前期工作。

3.特色服务业稳步发展

西部旅游策划方案、歌乐山风景名胜区总体规划完成编制，磁器口新引入"老字号"18家、新增非遗项目3个，融汇泉里小镇建成开业，莲花湖景区完成市级旅游度假区申报。大学城文化创意产业园、小龙坎微企孵化园入驻企业239家，产值6000万元。

（三）规划建设进一步发展，城乡一体化得到加强

1.城乡规划布局得到优化

出台功能分区意见，确定"两带三集群"产业发展布局。启动青木关国家发展改革试点小城镇建设规划等3项综合性规划编制，完成"一镇一图"等6项社会服务类规划编制。优化分区规划，控规新编、修编51.1平方公里，开展土地利用总体规划中期评估。

2.城市建设管理水平得到提升

双碑隧道双向贯通，双碑大桥主桥完工，马房湾片区市政道路一期建成投用，11条市政道路按时推进，嘉陵江磁井段防洪护岸工程完成可行性研究报告；人行天桥新增5座，红绿灯优化配时34处，智能交通信息系统启动建设。新、改建公园2个、垃圾中转站11个、公厕32座，改造"一户一表"1.2万户、老旧电梯100台。危旧房、城中村拆迁2.1万平方米，危旧差改造1万平方米，安置房竣工33万平方米，廉租住房保障新增356户。整治老旧居住区22个、背街小巷20条，拆除违法建筑36万平方米，新创建无违小区200万平方米，清掏无主化粪池350座，整治窨井1643座，疏浚排水管网243公里，新建背街路灯665盏，照明设施亮灯率达99%。环卫、绿化、市政设施管护分类定级标准编制基本完成。建立健全城市房屋征收制度，调整征地补偿安置实施细则，启动4个征收项目，征地3800亩，出让3549亩。修订了物业专项维修资金管理制度。

3.新农村建设得到加强

联网公路建成100公里，白改黑20公里，行政村公交实现全覆盖。梁滩河土主段堤防工程基本完工。农村危旧改完成150户，巴渝新居建成100户。认证"三品一标"农产品10个，新建特色效益农业产业基地3个、农业观光园4个，曾家都市农业园完成市级示范园申报。新建农村专业合作社2个，上桥村完成集体经济组织产权制度改革。发展专业大户15户，培育农产品流通型企业3家；实施农转城4133人，培训农村劳动力6745人，转移就业2422人；流转土地2900亩，土地规模化经营率达40%。

（四）人与自然进一步和谐，生态文明水平得到提高

1.生态修复进一步加强

歌乐山森林视频监控系统完成前期工作，建成生物隔离带14公里、防火通道11公里，完成退耕还林后续产业基地、宜林地块植被恢复各1000亩。推进中梁—歌乐山生态保护与发展规划优化调整；完成地灾高风险区重要集镇地质勘查，治理地灾8处，处置险情47起。

2.资源利用进一步节约

淘汰金仑机械等落后产能企业，实施16个节能项目并完成8个，更换节能光源2万余只，新建居住建筑、公共建筑节能率分别达65%、50%。划定500公顷永久性基本农田，完成1个土地整理项目，新增耕地15.3公顷。

3.环境监管及质量进一步改善

建成四级环境监管与网格化管理体系，完成217项环保"五大行动"任务，41家环境管理标准化企业持续达标，超额完成总量减排任务，大气二氧化硫、二氧化氮平均浓度分别下降6.3%、10%，"两河一溪"水质稳定，饮用水源水质持续全面达标，区域环境噪声平均值低于54分贝。

4.生态文明制度进一步落实

落实错峰差别电价制度。严格公共机构节

能审查，3家企业实施合同能源管理。落实排污权交易等政策，13家企业有偿使用二氧化硫433吨，5家企业通过清洁生产审核，“环评”和“三同时”执行率100%。建立巩固创模成果长效机制。

（五）园区经济进一步发展，对外开放得到扩大

1.“一城三园”基础设施不断完善

23万平方米安置房、2座变电站、2座消防站建成投用，27公里道路、20万平方米公租房、西永中央广场有序推进。新增社区商业街7万平方米、银行网点5个、临时市场3个、公厕15所，康居西城小学、富康新城和康居西城社区卫生服务中心建成投用。新增公交、轨道接驳线路3条、公交运力10台，优化公交线路2条。

2.招商引资扎实推进

完善重点招商项目区领导推进机制、招商引资机制、外来投资办法和“一企一策”扶持政策。围绕优势产业和重点区域包装31个重点项目，参加“渝洽会”、“服务贸易高峰会”等大型经贸活动，签约项目18个，落地项目12个，到位内资345.6亿元、外资12.6亿美元，实现进出口总额258.7亿美元。

3.园区经济牵动力进一步增强

新入园企业59家，发展园外配套企业156家，带动就业15万人。园区规模以上工业总产值实现1275.7亿元，占全区总量的86%，实现税收37.1亿元。

（六）社会事业进一步发展，民生实事得到推进

1.教育资源更加优质均衡

新增公办幼儿园3所，学前三年入园率达95.3%。改、扩建中小学4所、开工2所，新增“六大功能室”49间，建成国家义务教育发展基本均衡区。立信职教中心创成国家首批示范中职，在全国职业技术大赛中连续五年总分位列全市第一。建成全国社区教育示范区。坚持义务教育划片招生、就近入学、不收择校费，全面落实学生营养计划等10余项资助政策，惠及学生11万人次。

2.就业创业及服务更加充分

成立创业就业促进会，城镇新增就业6.2万人，就业困难人员就业再就业5498人，就业技能培训8198人；新增微型企业566家、个体工商户6003个；建成劳动保障监察“两网化”区级监管中心，实现街镇联网；劳动争议仲裁结案率达95.5%。

3.社会保障更加完善

完成社保扩面，建立公示、核查机制，规范救助管理；城乡低保、节日慰问、医疗救助、临时救助支出9282万元，保障困难群众基本生活。新增养老床位750张、社区托老中心10个。按时发放孤儿生活费每人每月830元，救助流浪未成年人624人、返家57人次。完成“惠残2013工程”。

4.文化事业更加服务基层

建成4个街镇文化中心、44个标准化社区文化室。送图书1.2万册、文化消费券4.6万张、电影及各类演出1744场；谐剧《电话响过之后》获中国艺术节群星奖。启动第一次全国可移动文物普查，郭沫若旧居等4个单位列为全国重点文物保护单位。严格执法检查，有效维护文化市场秩序。

5.健康保障更加惠民

建成青木关医院、4个社区卫生服务中心、19个标准化村卫生室；投入3558万元，实施各类公共卫生服务82项，惠及群众260万人次；实现基层医疗机构基本药物制度和零差率销售全覆盖，让利群众1000万元。建成药品电子监管网络，全年无食品药品安全事故。新建街镇体育中心2个，增设健身设施64处，成功举行大型群众体育活动12次。

6.人口工作更加为民

免费孕前优检目标人群覆盖率达97.2%，免费生殖健康检查近5万人。生育关怀等政策性投入1800万元，惠及4万余人。成立妇女儿童维权律师团，维护妇女儿童合法权益。

7.社会治理更加深入

成立建筑企业和婚姻家庭纠纷人民调解委

员会,调解成功率达98%。在全市率先建成投用社会管理综合治理信息系统,实现社区网格化管理全覆盖。设立看守所法律援助工作站,挂牌成立“社区矫正帮教服务中心”,成功创建首批市级“法治区县”。建成社会服务管理中心21个、社区服务站10个,制发指纹身份证12488个。创建11个全市民主法治示范单位。加强国防建设,军民融合发展取得新成绩。

8.社会生活更加平安

“三所一队”、消防特勤中心开工建设,新建社区警务室9个,在全市率先开展“4+1”社会治安防控体系建设,重点地区发案数下降50%。推进安全生产标准化建设,重点行业、重点领域企业A、B级达标率94%,石井坡街道通过全国安全社区认证授牌。建成国家卫生应急综合示范区和2个区级应急管理平台,修订区级预案6个。深化“三访”制度,处理群众诉求1750件次,结案1665件次,市交办疑难信访案件和进京非正常上访案件结案率达94%。

(七)创新型试点城区建设进一步加快,创新驱动得到强化

1.创新平台建设进一步推进

在全市率先开展区级科技企业孵化器认定工作,认定孵化器3家。重大科技园新增6000平方米孵化楼并实现市场化运作。重庆信息产业产学研合作创新创业基地二期投入使用。新增科技创新服务平台2家、孵化企业96家。

2.企业技术创新主体地位进一步增强

新增国家高新技术企业7家、创新型企业3家、企业研发中心4家、科技中介机构3家,71个项目获国家、市级科技进步奖励。

3.产学研合作进一步深化

促进高校、科研院所、企业和金融机构之间的合作,为83个区级项目提供资金支持470万元;获国家级和市级科技项目480项,争取资金3.2亿元;区域科技研发投入16.5亿元,其中区级财政投入1.4亿元,同比增长16.5%。

4.创新成果转化进一步强化

出台《沙坪坝区企业知识产权能力提升项目管理办法》,新增17个国家高新技术产品,科技成果转化率达55%以上,万人发明专利拥有量24.5件。

(八)民营经济进一步发展,投资环境得到改善

1.发展环境不断优化

规范执法检查、年审流程,取消、免征、降低行政事业性收费15项,依法打击制售假冒伪劣产品、价格欺诈等不法行为3103起,设立“民营经济发展法律服务窗口”,组建“法律服务专家团”,义务为民营企业提供“法律体检”40余次,解决问题62个。

2.扶持政策落实到位

支付政策性扶持资金1502万元,整合各类专项资金2亿元,支持技改扩能、自主创新等8类项目。发放微企资本金补助、中小企业项目补助3959万元。做实“1+4+5”微企帮扶成长体系,引导大企业帮扶微企960户,新增非公经济市场主体9162户。

3.服务企业取得实效

“一企一策”进一步深化,搭建银企合作平台,建立中小企业互助担保基金,帮助企业融资8亿元。帮助民营企业参与制定标准98个,取得专利1020件,新增中国驰名商标1件、重庆市著名商标22件、重庆名牌10件。开展服务市场主体专项行动,解决企业水、电、气等问题262件次,帮助企业招工1.8万人,落实企业用房8.6万平方米。

二、发展中存在的问题

一是多点支撑的产业格局尚未形成,笔电产业后续增长面临挑战,传统工业综合竞争力不强,现代服务业发展依然缓慢,调整优化结构任务艰巨。二是城乡区域发展仍不平衡,城乡一体化建设有待加强,农村居民收入水平有待提高。三是财政收入增长缓慢,税源不足,结构不优,政府性债务规模较大,可支配财力有限,资金调度仍然困难。四是土地等资源要素瓶颈难以突破,部分企业外迁,具有牵动力的招商项目

较少，经济发展后劲不足。五是征地拆迁、地质灾害、物业管理等引发的社会矛盾仍然突出，安置房建设亟待加速。

三、2014年发展目标

2014年是全面贯彻落实十八届三中全会、市委四届三次、四次全会及区委十一届五次全会精神，全面深化改革的开局之年，是全面完成“十二五”规划的关键之年，是开展群众路线教育实践活动、加快功能区建设、打造经济升级版的重要一年。今年经济社会发展预期目标是：GDP增长11%，公共财政预算收入增长12%，固定资产投资增长5%，社会消费品零售总额增长11%，规模以上工业总产值增长13%，城市居民人均可支配收入增长8%，农村居民人均纯收入增长10%，城镇登记失业率控制在3%以内，人口自然增长率控制在3‰以内，单位GDP能耗降低1.8%。

（作者单位：沙坪坝区政府办公室）

九龙坡区

吕晋

一、2013年发展回顾

2013年，九龙坡区坚持科学发展、转型发展、加快发展，坚持低调务实、少说多干、敢于担当、积极作为，经济发展与社会民生并重，转型升级与提速扩量并进，双城联动与板块建设并举，较好完成区十七届人大三次会议确定的主要目标任务，坚实迈出“科学发展、富民强区”新步伐。

（一）综合实力稳中有升

发展性指标稳步增长。全年实现地区生产总值823.6亿元，同比增长7%；规模以上工业总产值1025.6亿元，增长2%；固定资产投资474.8亿元，增长18.2%；社会消费品零售总额421.6亿元，增长13.3%；公共财政预算收入52亿元，增长13.2%。其中高新区实现地区生产总值290亿元，增长7.6%，占全区经济总量34.5%；固定资产投资200亿元，增长25%；税收收入19.9亿元，增长24%。单位生产总值能耗下降4.6%，城镇登记失业率控制在2.23%，人口自然增长率控制在2.45‰以内，常住人口城镇化率达91.5%。

民生事业总投入45亿元，20件民生实事扎实推进，城乡居民收入分别达到27125元和12865元，增长9.5%和10%。成功创建国家卫生应急综合示范区，获全国群众体育工作先进集体等国家级表彰奖励58项、重庆市市长质量管理奖等省部级表彰奖励174项。

（二）转型升级扎实推进

新型工业化步伐加快。规模以上工业实现增加值280亿元，新兴产业占比达11%；工业固定资产投资105亿元，实施技改项目117个。三大园区新建标准厂房70.3万平方米，成功引进32个项目，全球最大石墨烯薄膜生产线当年引进、当年投产，西南铝22万吨铝熔铸等13个项目有序推进，中铝萨帕等14个项目建成投产，实现规模以上工业总产值663亿元。新增重点新产品120项、高新技术企业46家，居全市第一；新增市级工程技术研究中心13个，新增授权专利2600项、驰名著名商标21件，建成知识产权服务中心，获批国家知识产权试点城市，高新区成为国家知识产权试点园区。兑现各项产业扶持资金2.7亿元，保障重点企业用工3万人次，高新、大堰110kV变电站建成投用。大力扶持民营经济发展，争取专项资金3390万元，实现民营经济增加值504亿元、增长7.5%。

现代服务业集聚发展。新增大型商业面积17.3万平方米，实现商品销售总额2310亿元，服务业增加值418亿元，第三产业对区级税收贡献率达75%。杨家坪商圈完成北拓规划研究，石桥铺IT数码商圈加快升级改造，陶家商圈完成3项规划编制，华润中心、九龙滨江有序推进，皇庭珠宝城、江厦星光汇动工建设，九州汽摩城等15个项目顺利实施，22家重点专业市场实现交易额735亿元。打造电商产业园，新增电商企业252家，成功引进全球知名电商阿里巴巴。新增富滇银行等金融机构9家，存款、贷款余额分别达1405亿元和1212亿元，增长14.8%和19.7%。新增文化创意企业150家，文化产业实现增加值45亿元。举办旅游节会11场次，实现旅游接待2530万人次，旅游收入63.3亿元、增长25.7%。市场主体总量达9.75万户、工商企业达4.25万户，均居全市第一。

农业现代化特色突出。打造农产品精深加工商贸城、德远鲜果物流加工基地，新增产业化龙头企业7家、新型股份合作社12个，建成优质果品、花卉等基地3700亩，农业土地规模经营度达34%。启动建设美丽乡村10个，新建农民新村4个，16个村实施农村环境连片整治，改建农村公路69公里，新开通西彭环城等西部公交线路9条，白市驿镇、走马镇获评“重庆美丽小城镇”。

(三)城市建设提速提质

西城再战成效初显。深入开展“西城建设形象展示”主题年活动，编制西城产业规划和三大聚居区规划方案，征地2.4万亩，完成固定资产投资226亿元，实施项目242个。华岩隧道、快速路一纵线、成渝客运专线、渝黔铁路新线等市级重点项目加快推进，小塆立交、学敬路等33个基础设施项目建成投用，高新区西区初步形成“两横四纵”路网体系。东城再造更新提质。完成固定资产投资234亿元，实施项目186个、建成35个。编制杨家坪交通综合改善规划，完成九龙半岛整体开发论证，重庆电厂搬迁取得实质进展，轨道5号线及环线、嘉华大桥南延伸段二期建设进展顺利，半山转盘改造完成，福茄隧道建成投用。危旧房、城中村改造拆迁攻坚行动成效明显，完成新华村等3个片区拆迁扫尾，实施棚户区改造2万平方米，完成房屋征收30万平方米。房地产开工量580万平方米，增长3.6%；商品房销售面积374万平方米，增长10%。

城市管理提档升级。深入开展十二大专项整治行动，整治农贸市场30个、老旧社区6个，新改建垃圾站53座，国家卫生区创建通过暗访验收。启动谢家湾正街等建筑外立面改造，新改建市政道路36万平方米、排水管网34.3公里，改造公交场站5个，新增停车位8000个。铁腕实施“两违”整治，查处违法用地375亩，拆除违法建筑46.7万平方米。加强环境保护和生态建设，深入实施环保五大行动，PM2.5监测实现全覆盖，次级河流水质持续改善，新建和改造城市公园7个，建成鹅公岩公园服务区，新增园林绿地191万平方米。

(四)改革开放不断深化

发展体制机制逐步完善。切实承担对高新区统筹管理的责任，最大限度赋予自主权利，全力推动高新区三次创业。科学划分功能板块，建立健全园区及功能板块开发建设运行体制。理顺财政管理体制，完善高新区、园区财税政策，设立建设和产业发展专项资金；完善区对镇财政管理，设立镇级建设资金，建立生态补偿机制。华岩镇中梁山街道、石桥铺街道行政区划调整方案已经市政府审批通过。重点领域改革稳妥实施。深化行政审批制度改革，向园区简政放权，委托、下放行政审批管理权限和优化行政服务59项。深化农村产权制度改革，完成16个村集体资产股权量化，农村“三权”抵押融资1.1亿元。深化综合治税工作，实施专业市场税收委托代征和增值税发票有奖激励。深化交通运输管理改革，实现定线班车平稳退市和公交无缝衔接。深化教育、卫生等领域改革，推进义务教育阶段公办学校择校费治理，完善公立医院财政补偿机制。

开放水平加快提升。实施目标化精准招商，建立资源要素信息库，签约项目118个，引进行业龙头企业5家，实际到位资金295亿元，实际利用外资4.5亿美元；加快企业“走出去”步伐，发展年出口超千万美元企业3家，百家外贸企业获商务部"诚商"认定，服务外包执行额6700万美元，外贸进出口总额22亿美元，成功申报国家外贸转型升级有色金属材料示范基地。

（五）民生事业持续改善

实施积极就业政策，免费培训城乡劳动者5765人次，新发展微型企业1050户，新增城镇就业8.1万人。城乡居民养老保险参保10万人，国家基本医疗保险参保83.4万人，城乡低保标准分别提高到360元和205元，发放各类救助金1.3亿元。新改建公厕34个，改造"三无"老旧住宅电梯55台、"一户一表"1万户。建成公租房106万平方米、安置房29万平方米。提速学校建设，动工建设12所学校，杨家坪中学、铁路中学改扩建基本完成，火炬小学建成投用，新增校舍面积6.4万平方米；教育质量大幅提升，重点本科上线人数再创新高，青少年科技创新市长奖实现重大突破，成功创建市级社区教育示范区。完成区一院改扩建，渝州路社区卫生服务中心主体建成；基本公共卫生服务补助标准提高15.5%，基本药物制度惠民金额累计达470万元，在全市率先出台老年离岗乡村医生生活困难和医疗补助办法。坚持计生基本国策，促进人口长期均衡发展。成功申报国家公共文化服务示范项目，区图书馆创建国家一级馆，音画评书《巴国魂》入围全国群星奖，举办幸福文化课堂等群众活动210场次；承办世界青少年国际象棋大赛和法网推广活动，老年体育等群众体育活动蓬勃开展，培养输送各类体育运动人才137名。

（六）社会局面和谐稳定

新成立社区6个，新增社区用房7720平方米，建设标准化社区5个，完善社区工作人员报酬自然增长机制，清理减少社区行政事务78项。严格落实企业安全主体责任，排查治理隐患企业6436家，整治销号重大安全隐患9个，未发生较大以上安全生产责任事故。加强食品药品安全监管，推行小餐饮量化分级管理，成功创建市级药品安全示范区。启动基层应急管理规范化建设，建成西城应急物资库、高新区消防指挥中心。实施摩托车综合治理，查处违法行为2.5万件次。深入开展干部下访群众工作，健全群众合理诉求解决机制，群众来信来访件次和人数分别下降12%和15.4%，市区交办疑难信访案件化解率达92.9%，上级交办重点信访案件全部办结。创新立体化社会治安防控体系，完善巡逻处警和警务运行机制，提升执法公信力和打击犯罪能力，新改建标准化警务室32个，八类暴力犯罪案件、110刑事类警情分别下降17.8%和22.4%，命案侦破率100%。

二、发展中存在的问题

一是传统行业生产经营依然艰难，战略性新兴产业亟待培育，挖掘新的经济增长点迫在眉睫。二是牵引性、带动性强的龙头项目和企业不多，招商引资难度加大，扩大对外开放势在必行。三是"东城西乡"形态没有根本改变，八大功能板块建设亟须全面发力，"东城再造、西城再战"任重道远。四是部分领域社会矛盾依然突出，部分群众生活还比较困难，保障和改善民生压力较大。五是政府自身建设存在薄弱环节，个别部门、工作人员谋发展、解难题的办法不多，转变职能和提升效能十分紧迫。

三、2014年发展目标

2014年经济社会发展主要预期目标：力争地区生产总值增长10%，规模以上工业总产值增长13%，固定资产投资增长13%，社会消费品零售总额增长13%，公共财政预算收入增长10%，单位生产总值能耗下降3%，主要污染物减排达到国家约束性要求；城乡居民收入增长与经济增长基本同步；城镇登记失业率控制在2.8%以内。高新区力争地区生产总值增长12%、占全区经济总量35%以上，规模以上工业总产值增长15%，固定资产投资增长15%，区级税收收入增长10%。

（作者单位：九龙坡区政府办公室）

南岸区

李少龙

一、2013 年发展回顾

2013 年，南岸区按照全市五大功能区域发展战略，确立"宜居创新区、江南增长极"发展定位和"三区两带"战略布局，统筹推进"优化环境、调整结构、改善民生"三大任务，狠抓"一件大事、两大特色、四大载体"，经济社会发展取得较好成绩。

(一)综合经济实力进一步增强

地区生产总值达到 532 亿元、增长 13.2%。公共财政收入达到 69.9 亿元、增长 14.5%，其中税收收入达到 44.4 亿元、增长 20%。固定资产投资完成 456.5 亿元，增长 13.2%。社会消费品零售总额达到 347.4 亿元、增长 12.5%，商品销售总额突破 1000 亿元、增长 18.5%。工业总产值突破 1000 亿元、增长 24.8%，其中规模以上工业总产值达到 930.9 亿元、增长 22.5%，工业效益指数达到 347.9%。实际利用内外资分别达到 202.8 亿元和 4.4 亿美元，进出口总额达到 7.5 亿美元。人民币存款余额突破 1000 亿元、贷款余额达到 690 亿元。城乡居民收入分别达到 27053 元和 14016 元，分别增长 9.7%和 12.7%，农民人均纯收入连续 13 年排名全市第一。万元生产总值能耗、人口自然增长率、居民消费品价格指数等约束性指标均完成目标任务。

(二)经开区开发建设推动有力

积极适应经开区由委托管理向统一管理转变，按照"三统一、三不变、三强化"的原则，不断增强国家级开放平台功能。经开区自 2010 年回归以来，加快形成大开发、大建设合力，统筹推进，协同发展，地区生产总值年均增长 19.5%，规模以上工业总产值年均增长 16.2%，固定资产投资年均增长 24%，公共财政收入年均增长 18.1%，进出口总额年均增长 33%，实际利用内外资三年累计达 221 亿元和 6 亿美元，综合实力在全国 131 个国家级经开区中排名第 34 位、上升 8 位，在西部 22 个国家级经开区中排名第 4 位、上升 1 位。2013 年，经开区拓展区地区生产总值达 182 亿元、规模以上工业总产值达 538 亿元、固定资产投资达 105 亿元、进出口总额达 5.3 亿美元，分别占到全区比重的 34.2%、57.8%、23%和 70.7%，成为全区经济增长的强大引擎。

(三)产业结构调整持续推进

三次产业结构比例由 1：62.3：36.7，调整为 0.9：62.1：37。以电子信息为重点的产业集群加快形成。"三大集群"产值占比达到 58%。新引进手机及配套企业 12 户，手机出货量超过 3500 万台。以车联网为重点的 27 个物联网应用示范项目全面铺开，交通部通信信息中心西部中心、重庆赛迪工业和信息化研究院成功落户。美的家电、隆鑫机车技改等项目投产。传统产业加快升级改造，工业产品产销率达到 98%。竣工标准厂房 75 万平方米，清理盘活存量楼宇近 10 万平方米。创新型金融发展取得突破。重庆再生资源交易中心、重庆纱线产品交易中心、重庆联合产权交易所矿权交易中心、重庆药交所医药公信网落户营运，要素市场交易总额达 380 亿元。引进人民银行全市金融综合服务基地，易九金融、投融宝等互联网金融企业上线运行，新增小贷和融资担保公司 5 户。总部经济区 12 栋楼宇加快建设。电子商务、文化创意等新兴业态初具规模。重庆国际电商产业园、重庆亿象城投入营运，重粮集团生活电商平台等项目落地，新增有重大带动性的电商企业 30 户。成功引进重庆国际时尚发布中心、洛可可文化创意中心、昌辉文化传播公司、欧亚市场战略研究中心等企业。

出版传媒创意中心竣工，当代艺术中心加快建设。商贸旅游和都市农业联动发展。制定和落实促进消费的系列措施，南坪商圈实现社零总额276亿元、增长13.5%，会展收入突破50亿元；茶园商圈加速布局，商业配套不断完善。朝天门国际商贸城完成平场，西部医药城完成供地，首钢华贸等重点市场和物流项目基本完成征地拆迁。南滨路创建全国商旅服务产业知名品牌示范区全面启动。星级酒店集群逐步形成并加快营运转型。米市老街一期工程主体完工。迎龙湖都市现代农业示范园区加快推进。旅游收入达67.5亿元、增长20.2%，游客数量超过3200万人次、增长15.9%。

(四)城市规划建设管理水平不断提升

以宜居创新为特色，加快形成“三区两带”城市总体格局。城市规划体系优化完善。形成全区重点区域城市风貌规划设计导则。完成江南新城规划整合及新都会、通江大道沿线、一号科技园、苦溪河流域、广阳湾等区域城市设计。完成弹子石中央商务区整体风貌设计。基础设施逐步完善。沿江高速南岸段、黄桷湾立交一期工程顺利通车，南山隧道及连接道全线贯通，南坪枢纽地下空间工程投入使用，茶园综合交通换乘枢纽、广阳岛防洪护岸二期工程竣工。白洋滩水厂、“阳光100”变电站建成。房地产业健康发展。完成开发投资240亿元，实现增加值18.4亿元、增长5.7%，新开工和竣工面积分别达443万平方米和200万平方米，商品房销售面积达285万平方米、销售额达232亿元，分别增长7%和21%。征地征收有序推进，供应土地33宗。城市管理日益精细化。改造老旧供水管网1.5万米，新建城市排水管网2万米，市政设施完好率达98%。“两违”整治面积达35.2万平方米。城市交通组织和公交体系加快完善，“定线车”退市公交接替平稳完成。全国文明城区创建工作扎实推进，创建国家卫生区通过国家验收。智慧城市建设稳步推进。形成“智慧南岸”建设总体方案，“智慧南岸”体验中心一期建成投用，重庆抗战遗址博物馆智慧景区一期工程竣工，智慧商圈基本建成，智慧城管平台功能不断完善，智慧小区试点进展顺利。环境保护力度加大。全面实施环保五大行动，完成南滨路沿线市政排污口整治，开展苦溪河流域、南山老厂片区污染治理。城市集中式饮用水源水质达标率、重点工业企业稳定达标排放率、危险废物规范处置率均达100%，环境质量持续改善。

(五)改革开放创新继续深化

积极主动作为，加快融入全市改革开放大局。重点领域改革稳步推进。创新投融资体制，企业债券融资、股权投资等方式效果明显，融资金额达53.8亿元。国库集中支付改革、“营改增”试点进展顺利。财政运行稳健，完成政府性债务审计和年度债务管控目标，政府债务风险可控。街镇财政支出管理、国有资产管理规范有效。设立非公经济发展专项资金，新增市场主体8600户、其中微型企业703户。农村产权制度改革有序推进，农村土地集中流转率达到30%。协同创新取得突破。成立全区协同创新联盟和主导产业协同创新中心，建立全区产业资源共享平台和融资服务平台，建设市级网络与终端协同创新基地、智能终端研发中心。企业创新主体地位不断巩固，新建市级以上重点实验室和企业工程技术研究中心8个；新增高新技术企业9户、高新技术产品120个。招商引资有新成效。引进微软全球服务交付中心等项目101个，签约金额达485亿元。新增电子信息企业70户，新引进商投石化等总部企业27户。培育引进泰翊等服务外包企业4户，离岸外包执行额超过7500万美元。

(六)民生举措有效落实

建立民生工作长效机制，市级22件民生实事中涉及我区的13项任务加快落实，圆满完成区级10件年度民生实事。城镇新增就业5.7万人，城镇登记失业率控制在1.8%。城乡居民养老和医疗保险参保率分别达到95%和98%，城乡居民二级及以下医院住院政策报销比例达76%，全面开展重特大疾病医疗救助。建立工会企业工资集体协商和集体合同签订率达90%以上。竣工保障房180万平方米,公租房签约入住1.7万户。通过全国首批义务教育发展基本均衡区督导评估验收,完成鲁能珊瑚小学、雅居乐天台岗小学建设等教育十大项目,治理择校乱收费成效显著。11项免费公共卫生服务实现全覆盖,东南医院建成投用,设立生育关怀资金,中医药服务网络基本建成。文化馆、图书馆等公共设施免费开放,新建标准化社区文化室40个,区档案馆被评为国家二级档案馆,弹子石摩崖造像、抗战遗址群等23处文物点成为全国重点文物保护单位。环南山健身步道不断完善,成功举办2013重庆国际马拉松赛和世界行走日等活动。

(七)社会管理创新展现特色

以"三高一降"为目标,以"两委一室三平台"网格化服务为基础,全面推进55项创新社会管理特色工作。开展"乐和家园"试点,建立社区社工服务站12个,社区社会组织达686个。平安南岸建设加快推进,配齐村居综治专干,建立138支治安义务巡逻队,优化社会面警务运行机制,全区110刑事类和治安类警情分别下降20.7%和27.2%。安全生产目标考核连续第7年荣获全市一等奖。应急管理两个平台建设通过市级验收,药品电子监管系统、危险化学品全过程动态监控系统建成投用。完善信访代理双向承诺、领导干部"网格工作日"、公开听证调处矛盾纠纷等制度,矛盾纠纷调处率达90%以上。

(八)优化发展环境初显成效

扎实开展"五个专项行动"。以转变政府职能为重点,深入实施"六个一批"发展环境综合整治行动。清理行政审批事项261项、取消11项,减少审批环节237个,全部行政审批事项承诺时限累计提速34.1%。公开行政审批项目库、规范性文件目录等政务信息。电子政务加快推进,"智慧南岸"手机客户端上线运行。完善"双向评价"机制,企业满意率达93%。建立14项督导奖惩制度,对35人实施效能问责。严格执行中央"八项规定"和市委"七条意见"、"八严禁、十二不准"等纪律要求,开展明查暗访,查处违规违纪55人次。完成行政事业单位公务车辆编制核定。明确公务卡结算目录,实现一级、二级预算单位公务卡全覆盖。

二、发展中存在的问题

一是经济增长的内生动力不足,支柱产业集群效应有待增强,信息服务业、电子商务、创新型金融等新兴业态培育尚需时日,传统产业转型压力较大,第三产业提升缓慢,科技创新与市场结合不紧。二是综合利用市场手段推动工作的意识和能力有待加强,单纯依靠行政手段、科层管理、政府投入的惯性思维仍未有效转变,通过商业模式创新,放大政府资金效益、激活市场活力的措施不够。三是开放型经济体系不够完善,开放意识不强,外资结构不优,开放平台功能不全。四是政府资源布局较为分散,国有资产效益有待提升,聚焦重点形成合力不够,各街镇板块发展不够平衡。五是生态环保任务艰巨,南山生态保护和苦溪河流域环境治理未见明显成效,扬尘治理尚需加大力度。六是改善民生、创新社会治理的群众参与度和满意度不够高,关系群众切身利益的教育、医疗、就业、社保、交通管理、食品药品安全、老旧小区和危旧房改造还存在不少问题。七是发展环境还需进一步优化,政府职能转变还不够到位,一些政府工作人员改革创新、服务群众、服务发展的意识和能力不强,推诿扯皮、消极拖延、吃拿卡要等问题时有发生。

三、2014年发展目标

2014年经济社会发展的主要预期目标是:地区生产总值增长13%,规模以上工业总产值增长18%,公共财政收入增长15%,固定资产投资增长15%,社会消费品零售总额增长13%,商品销售总额增长18%,服务业增加值增长13%,金融业增加值占地区生产总值的比重达到8%,进出口总额达到8亿美元,实际利用内外资分别达到220亿元和5亿美元,金融机构人民币贷款余额增长15%,建筑业和房地产业增加值分别增长15%和12%，城镇登记失业率控制在2.5%以内，城乡居民收入增长与经济增长基本同步。完成市政府下达的节能减排目标任务。经开区地区生产总值增长16%，规模以上工业总产值增长28%，固定资产投资增长20%。

（作者单位：南岸区发展和改革委员会）

北碚区

侯玉聆

一、2013年发展回顾

2013年，北碚区坚持科学发展、稳中求进，统筹做好稳增长、调结构、促改革、控风险、惠民生工作，扎实推进经济社会发展。完成地区生产总值371.58亿元，增长10%；规模以上工业总产值632.56亿元，增长11.2%；公共财政预算收入28.23亿元，增长20.8%；区级税收24.14亿元，增长16.4%；全社会固定资产投产487.33亿元，增长23.1%；社会消费品零售总额136.67亿元，增长12.5%；城乡居民收入分别达到27003元和11240元，增长9.2%和12.2%。

（一）保持经济平稳增长

加大投资力度，统筹推进产业、基础设施和社会民生等138个重点项目建设，完成重点项目投资392亿元。促进大众消费，扩大出口，完成商品销售总额297.14亿元、出口总额4.6亿美元。保持物价水平总体稳定。新引进兴业银行等4家金融机构，金融机构人民币存款余额479.56亿元，贷款余额344.79亿元。完成征地2267公顷，供地489公顷。获批土地储备指标431公顷。

（二）加快产业发展

以发展高新技术产业为重点，引进腾讯数据中心等24个重点项目，京东方8.5代液晶面板、干细胞与再生医学工程中心等15个重点项目开工建设，推进重庆联通数据中心、华能燃机电厂等16个重点项目，莱宝高科、上海超硅一期、瑜煌电力等10个重点项目竣工投产。新建市级企业技术中心4个、技术创新项目40个。新增高新技术企业13家、高新技术产品59个、重点新产品27个，高新技术产品产值达到353.4亿元，增长13.2%，占规模以上工业总产值的55.9%。完成房地产开发投资164.49亿元，增长27.1%。新开工商品房596.23万平方米，销售161.21万平方米。金科城、东原·碧云天、沿海·赛洛城等18个地产项目开盘，佳程广场等11个地产项目开工，新引进保利、融创等全国20强房地产企业。编制《北碚区休闲旅游业发展纲要（2013~2020年）》。加快休闲旅游业发展，推进颐尚温泉改造，开展金刚碑历史文化街区改造前期工作。金刀峡成功创建4A景区。悦榕庄酒店开业，云顶酒店试营业，心景酒店竣工。北碚被评为全国五个最佳温泉旅游目的地之一。2013年入碚游客762万人次，实现旅游收入20.2亿元。

（三）加快城市建设

2013年，完成《北碚区分区规划》、《温泉城拓展规划研究》编制，推进北碚中心城区、两江蔡家新区、两江水土高新技术产业区、澄江生态休闲旅游区控规编制，开展《北碚区规划全覆盖框架》、《滨江地区规划》等规划研究。轨道交通六号线礼嘉至北碚段提前一年试运营。北碚火车站恢复客运。草街航电枢纽专用大桥向社会开放。建成龙门大桥、悦复大道北碚段、绕城高速公路渝武立交，推进云汉大道静观段、渝广高速公路北碚段建设，开工快速路——横线中梁山歇马隧道。新开工城市道路67.5公里，建成33公里。龙凤大道全线贯通。碚峡路人行天桥投入使用。新开通公交线路7条、班线客运线路4条，建成56个城区公交停车港湾。红工水厂扩建一期工程和温泉城供水、供气干管投入使用。京东方变电站、水土二变电站开工，澄江变电站土建完工,五星变电站、灯塔变电站主体建成。新安装路灯1580盏。新增公共停车位3280个,对外开放住宅区停车位3230个。拆除违法建筑14万平方米,创建无违小区100万平方米。通过国家土地例行督察和年度卫片执法检查,获得第二届国土资源部节约集约模范县(市)称号。城区菜市场综合整治取得阶段性成果。深入开展环保"五大行动",中心城区空气质量优良天数保持主城第一。新建森林防火通道37公里,植树300万株。新(改)建城市公园6个,新增绿地88万平方米,人均公园绿地面积26.04平方米。蔡家污水处理厂基本建成,水土污水处理厂开工建设,镇级污水处理厂实现全覆盖。城镇污水集中处理率和生活垃圾无害化处置率分别达到86.1%和98.2%。成功创建重庆市生态区。

(四)加强"三农"工作

实现农业总产值20亿元,花木、蔬菜、休闲观光等特色效益农业产值比重达到73%。新建休闲农业园10个、果蔬标准园15个、花木精品园2个。新增农产品商标114件、绿色食品25个,"三品一标"认证产品62个。农业良种覆盖率97.5%,农产品优质率、商品率分别达到70%和69.4%。建成龙凤石曹上、复兴三树村供水工程,完成18座小(二)型病险水库、156口山坪塘、34公里渠道整治,梁滩河歇马段、竹溪河三圣段综合整治完工,新增和改善灌溉面积2187公顷,新解决4万人饮水安全问题。新建农村公路58公里,行政村通客车率达到88%。新建农民新村2个,改造农村危旧房510户。4个市级贫困村实现整村脱贫。

(五)推进改革开放

加快政府职能转变,取消行政审批事项14项。在重庆股份转让中心挂牌企业达到3家。"1+X"财政专项资金监管体系基本建成。"营改增"试点工作稳步开展。调整征地补偿安置标准。成立区土地管理委员会,2家土地储备机构成功备案。到位招商引资资金380.12亿元。新引进腾讯数据中心、凯联制药等项目45个,芬梅卡尼卡等8家中外500强企业入驻北碚。新增进出口企业10家。对口支援重庆巫山县、西藏类乌齐自治县资金1700余万元,与阿根廷圣达菲市建立友好合作城市关系。新发展市场主体4149户,其中微型企业443户。新建微型企业村1个。积极落实支持民营经济发展的各项政策,为中小微企业担保贷款4.1亿元。

(六)保障和改善民生

全面推进各项民生事业,完成涉及交通、水利、环境、卫生、教育、电力、保障房建设、农村危改旧、实施配套建设等方面的"18件民生实事"。开展各类职业技能培训2.6万人次。城镇新增就业3.2万人,城镇登记失业率控制在2%以内。发放社保基金23.92亿元、救助金8880万元。2.2万人参加城乡居民小额人身保险。两江名居公租房累计入住9767户,万寿公租房20万平方米交付使用、77.9万平方米主体竣工,思源公租房50万平方米主体完工。建成101.5万平方米农转非安置房,和欣家园二期、和源家园一期等66万平方米安置房分房入住。天府煤矿棚户区改造安置小区基本建成。第一轮主城区危旧房改造完成拆迁。新增幼儿园10所。完成柳荫中学等7所农村中小学校舍改造。建成兼善中学蔡家分校等3所学校。规范义务教育阶段招生。高考重点本科上线1318人,较上年增加137人。重庆市第九人民医院通过国家三甲医院复审,门诊住院大楼主体建成。蔡家岗镇中心卫生院迁扩建竣工,完成31个村卫生室标准化建设。率先在全市实施计划生育家庭年老失能人员护理扶助和"失独"家庭临终关怀制度。新建8个城镇社区养老服务站,改(扩)建20个农村幸福院。区老年大学获得全国首届"敬老文明号"称号。启动国家公共文化服务体系示范区创建,深入开展群众性文化活动,舞蹈《高山流水》等3件文艺作品获得第十届中国艺术节"群星奖"。成立两江艺术团。卢作孚纪念馆等11处文物点纳入第七批全国重点文物保护单位名单。完成有线电视数字化整体转换5.2万户。缙云登山健身公园、缙云文化体育公园体育馆全面投用。

(七)加强社会管理

完成第九届村居换届工作，规范和完善社区组织工作用房保障机制，加强村居组织建设。做好安全生产“基层、基础、基本”工作，安全事故起数和死亡人数分别下降45%和34%。完善应急应战和应急预警两个平台。建成矫正帮教管理服务中心，推进平联工程建设，严厉打击各种违法犯罪行为。

二、发展中存在的问题

一是经济总量较小，结构不够合理，质量效益还需提高，政府性债务管控还需进一步加强。二是城市功能还需进一步完善，城市管理还需进一步加强，城市品质还需进一步提升。三是区域发展不平衡，少数农村地区用水和交通等民生问题需要加快解决。

三、2014年发展目标

全区生产总值增长10%，公共财政预算收入增长12%；完成重点项目投资430亿元，全社会固定资产投资增长10%；新增发明专利增长15%，高新技术产品产值增长10%；实现外贸进出口总额4.9亿美元；单位生产总值能耗下降2.5%，环境噪声达标区覆盖率达到95%；城乡居民收入增长与经济增长基本同步，城镇新增就业2.6万人，城镇登记失业率控制在2%以内。

(作者单位：北碚区政府办公室)

渝北区

周巧

一、2013年发展回顾

2013年，在全球经济形势错综复杂、国内经济下行压力加大的背景下，渝北区抢抓全域纳入都市功能拓展区发展机遇，着力稳增长、调结构、惠民生、保稳定，全年地区生产总值完成1002亿元、增长14.1%，人均GDP突破1万美元，经济增长速度和质量效益同步提升，经济社会发展站在了新的历史起点上。

(一)汽车与笔电双轮驱动，工业经济高位增长

全区规模以上工业总产值完成2555亿元、增长35.1%，总量继续位居全市第一，工业增加值实现549亿元，增长23%。笔电制造业拉动作用明显，全年汽车制造业完成产值1318亿元、增长28.8%，长安汽车产量突破100万辆，生产笔电2180万台，产值达590亿元，增长133.4%。企业经济效益同步增长，规模以上工业企业实现利税299亿元，增长59.5%，实现利润总额180亿元，增长98.6%，工业经济效益综合指数达306.8%，较上年提高59.8个百分点。大力推进创新驱动，企业竞争力不断增强，在第三届中国自主创新年会上被评为“中国最具产业创新活力城区”。

(二)重点项目建设顺利推进，固定资产投资稳步增长

全社会固定资产投资完成689亿元，增长12.8%，总量继续保持全市第一，其中工业投资完成154亿元，增长8.4%，占固定资产投资总额的22.3%；房地产开发投资完成315亿元，增长6.2%，占固定资产投资总额的45.7%。全年市、区两级重点项目累计完成投资300亿元，在区市

级重点项目顺利推进，重庆新闻传媒中心等项目实现开工，机场立交二期、SK锂电等项目进展良好，轨道6号线会展支线等项目完工。区级重点项目有序推进，两江春城、公园置尚购物广场、水木天地都市广场等29个项目实现开工，数字影院建设等6个项目进展良好，春华别院(一期)、丹翼汽车配件生产基地、奔力建材市场等15个项目完工投用。

(三)批发和零售持续趋旺，消费实现平稳增长

全年完成商品销售总额885亿元，增长21.8%；新增限额以上商贸企业45家，社会消费品零售总额实现388亿元，增长13.9%。其中，批发和零售业销售额完成883亿元，增长21.4%；住宿和餐饮业营业额完成57.5亿元，增长12.6%。限额以上法人企业汽车销售额达334亿元，增长16.2%，占全区商品销售额的37.8%。商品房销售面积456.5万平方，增长8.9%；销售额356亿元，增长14.8%，占全区商品销售额的40.2%。会展业坚实起步，直接收入6亿元，带动消费43.4亿元。

(四)招商引资成效显著，进出口保持良好势头

招商引资工作有序开展，全年招商到位内资348亿元，实际利用外资27.5亿美元，新引进香港置地、北京凌汛、小康总部、山东航空等68个重大项目及知名企业。进出口总额继续保持高速增长态势，全年实现进出口总额245亿美元、增长184.7%，其中出口154亿美元、增长227.5%，服务外包合同执行金额6000万美元。

(五)金融业持续向好，财税结构更加优化

全区金融业实现增加值67.5亿元，增长20%。新引进总部型企业和小贷、基金、金融中介、银行支行共34家，金融机构年末存贷款余额2883亿元、2309亿元，比年初增长30%、21%。单位和个人存款余额分别为1996亿元、829亿元，比年初增长34.8%、23.3%。区属地方财政收入45亿元，增长8.4%；公共财政预算收入42.4亿元，增长13.8%。税收收入38亿元，增长16.8%，占公共财政预算收入的89.5%，其中，增值税、营业税、契税分别为2.48亿元、12.09亿元、7.69亿元，分别比上年增长56.9%、11.7%、30.8%，非税收入4.4亿元，比上年下降6.7%，财政收入结构更加优化。

(六)农业农村亮点突出，统筹城乡进展顺利

"一区三带十基地"建设快速推进，农业园区兴隆拓展区"四季田园"建成开园，特色农业基地加快建设，新增设施蔬菜和农业标准化基地9000亩，新建标准果园1万亩，新发展农业产业化龙头企业15家，新流转土地2.4万亩。农村基础设施建设扎实推进，"村村通自来水"工程全面启动，苟溪桥水库实现开工，新建和改建农村公路150公里、改造危桥23座。出台生态涵养区发展意见，启动10个"美丽乡村"示范村建设。乡村旅游加快发展，统景印盒成功创建3A级生态景区，兴隆杨梅、木耳葵花等8大都市休闲农业节庆活动接待游客50余万人次，实现旅游综合收入4000多万元。

(七)民生实事扎实推进，居民收入稳步增长

扎实推进28件民生实事，一批涉及广大群众切身利益的居住出行、社保医保低保等问题得到有效解决。全年建成安置房30.6万平方米，完成就业创业培训2.2万人次，职工"五险"扩面10.3万人次，医疗救助惠及群众17万人次，城镇新增就业5.2万人，登记失业率1.33%。城乡居民收入继续保持稳步增长，农村居民人均纯收入10575元，增长12.8%；城市居民人均可支配收入27157元，增长9.8%。

(八)市级平台共同发力，开放开发加快推进

全面参与两江新区开发建设，与北部新区、保税港区、悦来公司和机场集团签署战略合作协议，统筹协作，共进共荣。龙兴工业开发区两江大道等项目建成投用，博林特电梯投产，韩国SK锂电池试产，上汽通用五菱厂房开建，意大利维龙物流进场施工。保税港区空港功能区电子信息、黄金加工、保税贸易集聚发展，为电子信息产业招工1.37万人，社会管理服务进一步加

强。国际博览中心建成投用，成功举办“渝洽会”、国际车展等大型展会，展出面积85万平方米。江北机场T3航站楼、第三跑道加速建设，国际客货航线分别增至22条、18条，全年客货吞吐量分别达到2525万人次、28万吨，跃升至世界百强机场第63名。

二、发展中存在的问题

一是区属板块发展空间不足，镇域板块基本无建设用地，部分大项目、好项目无法落地，不能满足加快发展的需要。二是产业结构单一，工业经济占比高，服务业比重相对较低，结构调整亟待加快。三是农村基础设施滞后，农业现代化水平不高，农民持续增收能力不强，统筹城乡发展任务十分艰巨。四是征地拆迁、城市建设、社会保障、安全生产等方面的矛盾易发多发，维护安全稳定和加强社会治理的压力较大。五是教育、医疗、交通等公共服务相对滞后，与城市迅速拓展、人口快速增长的需要不相适应，改善社会民生任务繁重。

三、2014年发展目标

2014年全区将深入贯彻落实党的十八届三中全会、市委四届四次全会、区委十三届四次全会精神，坚持稳中求进工作总基调，按照“稳增长、调结构、惠民生、保稳定”的总体思路，以改革创新统揽经济社会发展全局，着力扩大开放，调整和优化产业结构；着力推进体制创新，提升社会治理能力和水平；着力抓好制度建设，保障和改善民生，切实提高经济发展质量和效益，促进经济持续健康发展与社会和谐稳定。

综合考虑各方面因素，2014经济社会发展主要预期目标为：地区生产总值增长11%，规模以上工业总产值增长15%，社会消费品零售总额增长13%，固定资产投资增长15%，区属公共财政预算收入增长8%，城镇居民人均可支配收入和农民人均纯收入增长与经济增长基本同步，城镇登记失业率控制在3%以内。单位生产总值能耗和主要污染物减排达到国家约束性要求。

（作者单位：渝北区政府办公室）

巴南区

章兵

一、2013年发展回顾

2013年，巴南区深入贯彻党的十八大精神，认真落实市委、市政府一系列决策部署，紧紧围绕“一城一极一区”目标定位和“一带三区”功能定位，以“强工业、抓建设、促效益、惠民生”为工作主线，全面抓好新型城市化、信息化、新型工业化、农业现代化、国际化和城乡一体发展等重大工作，扎实推进社会建设和民生改善，有力推动了全区经济社会持续快速发展。

（一）经济运行平稳向好

统筹推进“五化一体”建设，经济运行稳中趋好。实现地区生产总值465.9亿元，同比增长11.8%。全社会固定资产投资535.6亿元，增长24.8%；社会消费品零售总额186.7亿元，增长14%。公共财政预算收入25.2亿元，增长20.8%；其中税收收入21.3亿元，增长20.1%。出让土地实现成本收入57.1亿元，综合财力达到133.9亿元。城镇居民人均可支配收入26942元，增长9.4%；农村居民人均纯收入10600元，增长12.5%。金融机构存款余额483.3亿元，比年初增长14.9%；贷款余额395.6亿元，增长9.1%；存贷比81.9%。市场主体4.36万户，增长15.1%；外资企业新增28户，增长2.3倍。

(二)工业经济加速回升

狠抓结构调整和产业升级，工业经济企稳回升。实现工业总产值645亿元，增长11%，比上年提高7.1个百分点。规上工业总产值538.4亿元，增长10.9%，比上年提高8.9个百分点。工业综合效益指数233.8%，提高19.8个百分点。完成工业投资132.9亿元。新引进工业项目27个，协议投资额103亿元。数码电子等新兴产业从无到有，实现提速发展。经济园区新建标准厂房48万平方米，建成部分已完成整体招租。长安铃木二工厂新车下线投产，金泰航空等12个项目投产，深圳惠科等12个项目开工。麻柳沿江开发区建成标准厂房10万平方米，新希望等7个项目启动建设。全区规模工业研发投入8.2亿元。高新技术产品和重点新产品实现产值277亿元，占工业总产值的42.9%。在全市率先推进企业精益管理创新，重点企业人均产能提高30%以上，被评为全市精益管理示范区。锦晖陶瓷创建全市首家国家级工业设计中心，4家企业获评全市技术创新示范企业。

(三)第三产业势头强劲

推进内需拉动、扩大消费，社零总额增速连续6年领跑全市。商品销售总额完成542.9亿元，增长18.3%。铠恩国际等四大特色专业市场实现销售420亿元，增长18.5%。商社汇·巴南购物中心建成开业。引进城市综合体万达广场，商业体量达70万平方米。成功举办家博会等10余场大型商贸活动，实现销售60亿元。公路物流基地入驻项目快速推进，新引进京东商城等6个项目。温泉旅游、乡村旅游等持续升温，接待游客1577万人次，增长32.1%；实现旅游综合收入48.6亿元，增长28.6%。南温泉整体开发二期商业步行街、五星级酒店主体完工。丰盛、东温泉入选"重庆美丽小城镇"。新增金融机构12家。银行金融机构实现利润11.3亿元，增长9.7%。

(四)城市建设提速升级

推进新型城镇化和"大美巴南"行动，城市建设扩量提质。商品房施工面积1467.6万平方米，销售面积200.8万平方米，销售额119.4亿元，分别增长22.4%、27.6%、46.9%。龙洲湾滨江片区完成投资100亿余元，建成276.6万平方米。滨江城市经济带在建城市综合体等项目23个，建筑面积达770万平方米。龙洲湾B区开发正式启动，旭辉城等项目开工。鹿角新城开发建设加快，引进融创集团竞得土地1924亩。沿江高速巴南段建成通车，境内高速公路形成"二环三射"路网。在全市率先启动4G试验网建设，光纤入户新覆盖1.7万户。新开工建设4座变电站，建成天然气主管线27公里。完成一批人行道、车行道、下水道整治，新增隔离护栏2000米，新增停车位5700多个，新增城市绿地61万平方米，新建污水管网19公里。城镇生活垃圾处置率达到98.9%，城市生活污水处置率95.4%。森林覆盖率达到43%。

(五)城乡统筹一体发展

致力于"三化"解决"三农"问题，农业农村稳步发展。财政投入3.5亿元，支持都市效益农业和特色小镇、幸福农庄建设。深入实施农业产业化十大工程、七大亮点项目，新发展优质蔬菜、水果、茶叶等特色农业生产基地4万余亩。光大奶业一期投产，重庆茶业集团被评为全国农业产业化重点龙头企业。二圣集体村被确定为西部唯一、全国首批5个之一的现代生态农业创新示范基地，接龙荷花村等5个村被确定为全国和市"美丽乡村"创建示范点。在国际上首创猪蓝耳病防控新技术，引起国内外广泛关注。首创鱼菜共生瓜果类立体蔬菜种植技术在全市推广。新增高效节水灌溉面积12900亩，获评全国规模化节水灌溉试点区。加快农民职业化，培育新型职业农民550人，发展种养大户476户，累计发展农民专业合作社329个。加快农村社区化和基础设施建设，建成社区公园、农贸市场等特色小镇项目98个，建成幸福农庄、农民新村14个28万平方米，惠及农民2399户。硬化建设农村公路200公里，新增农村人行便道500公里、沼气池500口。龙岗水库大坝建成，完成20座病险水库整治。三峡后续工作实施规划有序推进，争取项目35个、专项资金2.3亿元。

(六)改革开放步伐加快

着力深化改革、扩大开放，发展活力日益增强。被纳入全国首批农村信用体系建设试验区，完成农村土地股份化、集体资产股权化、集体建设用地使用权流转改革试点。加快内陆开放高地建设，与重庆海关建立共同促进开放型经济合作关系。实际利用外资7.98亿美元，增长101%；进出口总额13.3亿美元。招商引资再创新高，新签约项目总投资额487亿元，增长41%。实际利用内资370.9亿元。引进香港工业园、香港城，推动重庆中央活动区、重庆——东盟物流大通道上升为市级战略。

(七)社会民生保障有力

扎实推进“大善巴南”建设，促进民生发展。财政对民生支出37.7亿元，占公共财政支出的70.5%。城镇新增就业4万余人，城镇登记失业率2.6%。社会保险参保达176.7万人次，基本实现全覆盖。支出1.2亿元资助救助困难群众。在全国率先探索计划生育特殊家庭养老帮扶模式。花溪中学建成投用，新建11个镇街中心幼儿园。接龙、丰盛卫生院改扩建完工投用，完成71个村卫生室标准化建设。广泛开展群众体育活动和全民健身行动，参与群众达30万人次。成功举办环中国国际公路自行车比赛等10余项重大赛事。推进安全保障型城市建设，连续多年实现重特大事故“零目标”。投入19亿元完成一批区级民生工程。建成公租房230万平方米，建成入住廉租住房1368套，完成5620户农村危旧房改造。建成42个农村饮水工程，红层找水打井1200口，解决5万人饮水安全问题。二环内基本实现公交全覆盖。最后4个贫困村实现整村脱贫。

二、发展中存在的问题

当前，巴南正处于爬坡上坎、转型升级的关键时期，面临的困难和问题还不少：经济总量特别是工业经济总量偏小；税收结构不优，财政收支矛盾突出；融资成本较高，债务总量和偿债压力较大，潜在风险不容忽视；“三农”问题仍然突出，城乡一体发展任务繁重；公共服务还不能满足群众需求，事关群众切身利益的种种矛盾问题仍很明显等等。对这些问题，我们不回避、不绕道，务必切实加以解决。

三、2014年发展目标

主要预期性目标为：地区生产总值增长12%左右；工业总产值增长15%；公共财政预算收入增长14%；全社会固定资产投资增长15%；社会消费品零售总额增长16%；城镇居民人均可支配收入增长12%，农村居民人均纯收入增长13%。万元地区生产总值能耗降低2.5%；空气中细颗粒物浓度下降4%；城镇登记失业率控制在3%以内。

(作者单位：巴南区政府办公室)

长寿区

陶中荣

一、2013年发展回顾

2013年，长寿区紧紧围绕“科学发展、富民兴区”总任务，坚持稳中求进总基调，统筹推进稳增长、调结构、促发展、惠民生、保稳定等各方面工作，较好地完成了区十七届人大三次会议确定的年度目标任务。全年实现地区生产总值374亿元，比2012年增长（以下简称增长）12.1%；地方财政收入65.6亿元，增长13.2%，其中公共财政预算收入27.2亿元，增长7.6%；全社会固定资产投资358.8亿元，增长19.9%；社会消费品零售总额91.6亿元，增长16%；农村居民人均纯收入10120元，同口径增长15%；城镇居民人均可支配收入24072元，同口径增长13%；城镇登记失业率1.87%；人口自然增长率3.7‰。

（一）切实加快产业结构调整

强化工业引领支撑。以长寿经开区为龙头，以街镇工业走廊为配套，全力推进新型工业化，全年完成工业投资184.4亿元，增长5.3%；实现规模以上工业总产值632.8亿元，增长13.6%。长寿经开区五大主导产业被列入城市发展新区重点培育的千亿、百亿级产业集群规划，完成各类投资183亿元，实现规模以上工业总产值550.5亿元，占全区总量的87%；全年新签约项目21个，利用外资额连续四年列全市国家级开发区之首。街镇工业走廊完成投资13.5亿元，实现规模以上工业总产值11.4亿元，成为重庆市知识产权试点园区。

夯实农业农村基础。发挥现代农业园区的示范作用，“1+5+2”特色效益农业发展格局初步形成，全年农业总产值达到49.3亿元，增长8.9%。全区渔业和禽蛋产量居全市第一。颁证认定家庭农场105家，新发展各类合作社39家，90家农民合作社与市场建立了稳定的产销关系。新建改建农村公路115公里，范家桥水库工程竣工。完成整村脱贫计划任务。实施三峡后续一期建设项目14个，落实广西对口支援资金630万元。

加速旅游文化开发。以三大百亿级旅游开发项目为引领，带动全区旅游业发展，强化旅游与文化深度融合，推动旅游开发提速提质。长寿湖东岸环湖路一期、西岸环湖路二期竣工投用，景区酒店群和旅游地产项目全面开工，长寿湖被命名为全市首批省级旅游度假区。菩提山文化旅游区建设快速推进，菩提寺改扩建、菩提圣灯复建及相关旅游配套项目开工，长寿古镇创4A级景区通过初评。滨江长寿谷综合开发前期工作有序推进。成功举办首届中华长寿文化暨巴寡妇清学术论坛。全年接待游客475万人次，旅游收入29亿元，分别增长18.8%和7.4%。

繁荣活跃商贸流通。以化工、钢材两大特色专业市场为重点，着力打造“一圈六市场”。全年实现社会商品销售总额152亿元、餐饮住宿营业额21亿元，分别增长16.8%和16.6%。引进各类商贸物流企业53家，举办各类促销展会16场。新崛物流钢材市场、城中城商业广场及家居建材市场、陶然居长寿山庄、中再生资源回收基地完成主体工程，新恒阳码头一期、长航钢城码头一期、清明上河坊二期、长寿古镇二期、时代广场、石堰镇商业中心等项目建成投用。工业品综合市场、货运市场、农副产品市场、汽车市场启动前期招商。电子商务产业园起步发展。

促进非公经济发展。认真落实扶持非公经济发展的政策措施，积极推进微型企业工商登记制度改革,全社会创业创新创造活力增强。非公经济实现增加值205亿元,增长16%,占全区经济总量的54.8%。民营市场主体达到4.6万户。安排专项资金3000万元,帮助民营企业转型升级。引导发展文化创意、现代物流、信息技术等新兴产业,新发展微企1100户,发放资本金补助3110万元,带动就业6978人。

(二)切实加强经济运行调度

推进重大项目建设。统筹推进基础设施、产业发展、社会民生等152个重大项目,完成投资275亿元,新开工项目56个,竣工35个,其中17个重大工业项目竣工投产,新增工业产能40亿元,新增供配电能力36万千瓦,新增旅客输送能力800万人次,新增货物通过能力600万吨,提供统建安置房6648套。健全重大项目管理和考核办法,组建了限额以下政府投资项目施工单位和中介服务机构资源库,完善了责任分解、问题协调、联合督查等管理机制。

加强财税债务管理。坚持应收尽收原则,全力组织财政收入,完成辖区内税收34.3亿元,增长12.4%,其中地税征收22.3亿元,增长15.3%;国税征收12亿元,增长8.1%。引导重钢部分下属企业注册地迁入长寿。开展"营改增"试点。坚持分类指导原则,优化支出结构,年初预算到位率92%。加强项目评审,全年接审项目192个27.8亿元,审减投资5631万元。加强政府采购管理,组织采购2739件次2.4亿元,节约资金2671万元。以国家审计署开展地方政府性债务审计为契机,进一步清理核实政府性债务,有效压缩投资项目,建立完善了举债审批制度,严控债务规模和融资成本,防范了债务风险。

强化资源要素保障。全年获批征地6873亩,完成了18个项目13442亩土地征迁任务,竣工验收增减挂钩项目1325亩。增强金融聚合力,中银富登村镇银行、浦发银行、富邦财险、阳光人寿先后入驻长寿,金融机构年末各项存款余额380亿元,较年初增长20.2%;各项贷款余额230亿元,较年初增长19.6%。保险机构全年理赔2.9亿元,增长93%。协调区内各银行新发放贷款137亿元,政府平台上账资金38亿元。加强资金调度保障,全年共拨付平台土地成本和税费奖补资金27亿元。强化能源、重要原材料保障,协调落实电力、天然气、煤炭供应量分别达67.6亿度、13亿立方米和730万吨。

深化改革激发活力。清理规范行政审批项目,承接落实市级部门下放审批事项,优化了部分区级审批项目办理流程。稳妥推进事业单位分类改革,实现了管办分离和事业单位分类管理。继续深化国库集中支付改革,推进69家单位国库集中支付试点运行,启动了102家二级预算单位国库集中支付。按照区委的统一部署,整合规范政府平台,将原14个不同类型的政府平台整合为6个,形成了"1+6"的政府平台管理格局,并做实区土地储备中心,对应承担我区建设"三地一中心"、实现"三大愿景"和社会民生建设发展任务。

扩大开放促进发展。以聚商选资为抓手,扩大对内对外开放。坚持产业链招商,加强化工、钢铁项目下游补链招商,促成韩国浦项镀锌冷轧板项目启动,引进保利、泽京、蓝光等知名企业参与长寿房地产开发。全年新引进项目121个,合同引资605亿元,实际到位资金236亿元,实际利用内资137亿元。全年实际利用外资4.1亿美元、外贸进出口总额11.9亿美元,分列城市发展新区区县第一和第二位。

(三)切实加快统筹城乡步伐

统筹城乡发展规划编制。坚持规划先行战略,深化中心城区、小城镇和新农村建设发展规划,完成了城乡总体规划修编方案和综合管网、城市风貌等20余个专项规划,全区各层次详细规划实现全覆盖,为统筹城乡发展提供科学引领。试行首席规划师制度,进一步提升规划水平。"数字长寿"地理空间框架建设获"2013年中国地理信息产业优秀工程金奖",实现了全国区县城市的"两个率先"和"六个第一",为推进智慧城市建设打下坚实基础。

统筹城乡基础设施建设。实施城乡建设重大项目72个,建成城镇骨干道路23公里,维修改造城镇道路23.3万平方米，铺设各类管网43.6公里。中心城区各片区功能进一步完善，桃西片区和渡舟片区骨干路网建成投用，阳鹤山片区、晏家片区的主次干道加快施工。220kV八颗输变电工程建成投用，110kV江家(田坝)输变电工程完成土建。经开区生态屏障建设项目快速推进，完成签约搬迁87.9%。清理规范城乡“两违”建筑面积33.3万平方米，收回土地15.6万平方米。

统筹城乡公共环境管理。启动了市级生态园林城市创建工作，推进城市绿化、亮化、美化工作。加强了市容环境综合整治，户外广告、城市照明和排水防涝设施管理进一步规范。强化了市政园林设施管护，实施道路停车服务管理，推进城市管理网格化、标准化、精细化和数字化。建成小城镇污水处理厂11座，其中9座投入试运行，小城镇二、三级污水管网建设启动。城镇污水处理率、垃圾无害化处理率分别达到91%和98.9%。

统筹城乡生态环境保护。加强节能减排项目管理，单位地区生产总值能耗下降了3%，化学需氧量、二氧化硫、氨氮、氮氧化物等主要污染物年排放量分别下降了1.3、0.4、1.4和0.7个百分点，工业固体废弃物综合利用率达到96%。认真落实大气污染联防联控措施，城区空气质量优良天数达315天，优良率86.3%。完成长寿湖生态环保专项治理项目12个，城区集中式饮水源地水质合格率达100%。噪声达标区实现了建成区全覆盖。全区森林覆盖率44.5%，城市建成区绿地率42.2%，成功创建市级森林城市。完成了25个村庄环境连片整治项目，创建市级生态镇1个、生态村1个。全年未发生重特大生态环境损害事件。

(四)切实加强社会民生保障

社会事业全面发展。“121”科技支撑示范工程有序推进，争取国家级科技项目2项、市级14项，企业专利授权966件，完成科技成果登记47件。基本普及学前三年至高中阶段教育，完成城区学校布局专项规划，努力推进城乡教育资源均衡配置，高中教育质量稳步提升。完成了18个街镇文化站标准化建设，启动了长寿博物馆规划设计。举办各类文化活动1000余场次，新发展文化经营单位60余家。12项基本公共卫生服务项目全面落实，基层医疗机构标准化建设全面完成。区医院通过国家卫计委三级甲等医院现场复核，区中医院通过二级甲等中医院评审，区妇幼保健院通过二级甲等妇幼保健院复评。出生缺陷三级干预工作处于全市领先水平，人口出生政策符合率84.5%。全区人均体育占地面积1.45平方米，被国家体育总局评为“全国群众体育先进单位”。深入推进文明城区、文明单位、文明村镇创建活动，群众性精神文明建设活动深入开展。

就业创业环境优化。认真落实就业促进政策，新增就业3.4万人。成立了创业服务中心，加大了微型企业和syb创业培训力度，建成机械加工、化工操作、餐饮服务、农业技术等6大实训基地，开展各类就业技能培训2.1万人。支持发放由政府全额贴息的小额担保贷款1.33亿元。新增城镇就业、城镇登记失业人员就业再就业、帮助城镇就业困难人员就业三项指标分别完成目标任务的148%、173%和116%。

社会保障日趋完善。城乡居民养老保险参保率92%，城乡居民医疗保险参保率100%，“五险”基金征收首次突破10亿元。全区累计缴存住房公积金27.75亿元，当年增长6.8%，累计提取、放贷额分别达到15.79亿元和13.67亿元，支持职工购房82万平方米。加强社会救助体系构建，实施城乡最低生活保障动态管理，做到应保尽保，全年发放城乡低保金5044万元，资助4.95万名困难群众参加合作医疗保险，支出救助金2084万元。

民生实事扎实办理。按照“六有”要求，投入财政性资金33亿元，推进22件民生实事办理和事业发展。加强食品药品监管，成功创建全国首批餐饮服务食品安全示范区和重庆市药品安全示范区。保障基本生活品供应，加强市场管控，物价水平合理受控。新建集中供水工程45

处,解决了9.23万人饮水安全问题。竣工保障性住房72.6万平方米,完成了876户公租房和346户廉租房受理配租。争取上级补助资金5255万元,用于农民新村建设和农村危旧房改造。组建了长寿区渝运国有公交公司,新增城市公交线路3条,新开通农村客运班线5条,群众出行条件明显改善。

(五)切实推进社会治理建设

社会治安稳定可控。加大要害部位、重要设施、公共场所及重大工程安全保障力度,健全了治安管理信息研判机制,努力做到预知预警预防。定期开展邪教人员摸底调查。完善治安防控体系,实施"打侵财、控发案"、"打盗抢、保民安"等专项行动,破获20起重特大案件,八类刑案发案率下降了54%,现行命案破案率达100%。群众安全感指数92.8%。

安全生产形势稳定。坚持开展"打非治违"和重点领域专项整治,实施安全生产"大排查、大整治、大执法、大督查"专项行动,推进企业安全生产标准化、规范化、制度化建设,有效防范了较大以上安全事故,全区安全生产形势持续好转,安全生产死亡事故起数和人数分别下降了18.5%和18.1%。加强应急指挥平台建设,防灾减灾能力得以提升。消防安全形势稳定。

矛盾纠纷有效化解。重点开展矛盾纠纷源头预防,深化矛盾纠纷联排联调,开展重大决策事项社会稳定风险评估。推进干部下访常态化,开展"化积案、解难题、办实事"专项行动,健全群众权益维护机制,解决群众诉求4806件次,重点矛盾纠纷到期化解率达100%。法律援助实现应援优援。大力开展"社区工作日"、"村(居)民开放日"活动,帮助村居和群众解决了大量实际困难和问题,圆满完成了特殊敏感时期的维稳工作,实现了"五个坚决防止"和"四个零发生"目标,有效促进了社会和谐稳定。

(六)切实加强自身建设

民主法治建设加强。坚持重大事项决策前向区委请示、向人大报告和与政协协商制度,落实人大常委会决议、决定、审议意见、视察意见和评议意见19件,办理人大代表议案、建议、意见226件,办理政协委员提案363件,办复率均达100%,满意度分别达92.5%和92.3%。进一步加强了与各民主党派、工商联、人民团体、党外人士和人民群众的联系。完善人民调解、行政调解、司法调解联动工作体系,规范群众诉求表达、矛盾调处、利益协调、权益保障渠道。民主评议政风行风活动深入开展,行政执法监督进一步加强。"六五"普法深入推进。

机关作风建设加强。扎实开展"作风改进年"活动,坚决执行中央关于改进工作作风、密切联系群众的"八项规定"和市委、区委实施意见,取消节庆、论坛、展会活动20余项,政府系统会议和文件简报分别减少16.3%和8%,区级"三公"经费压缩了14.1%。严格因公出国管理,出国考察培训批次、人次有效精减。着力推进提升效能服务市场主体发展专项行动,行政审批工作周期平均缩短1.5天,效能投诉下降11%。强化公共资源交易监管,优化交易服务,增收节资5.9亿元。

反腐倡廉建设加强。加大案件查办力度,重点查处了一批发生在群众身边的腐败问题,行政监察、政务督查工作进一步加强。深入开展专项巡查,对责任不落实、履职不到位、纪律涣散的单位和个人进行问责,6个单位受到通报批评,31名干部受到问责处理,给予政纪处分6人。充分利用阳光政务咨询平台,广泛接受社会各界监督,投诉办结回复率达100%。

二、发展中存在的问题

改革创新、开放发展的氛围还不浓,力度还不够大;经济总量不大与结构不优并存,政府性债务风险防控任务重,非公经济、中小企业、微型企业和现代服务业发展不够;城乡发展面貌差异较大,农村公共服务保障水平较低,特别是在农村产业支撑、基础建设和民生保障方面仍显精力投入不足、财力保障不足、物力匹配不足;以生态环保为核心的主体责任体制和管理约束机制尚未完全建立起来,为求经济利益不惜牺牲公共环境利益的现象和行为还存在;安全稳定基层基础工作薄弱,社会管理粗放,社会治理建设步伐较慢;政府职能转变不够到位,一些干部干事创业的精神状态不佳,“四风”问题不同程度存在。

三、2014 年发展目标

2014 年,全区经济社会发展的主要预期目标是:地区生产总值增长 10%左右。地方财政收入增长 6%,其中,公共财政预算收入同口径增长 3%。全社会固定资产投资增长 11%。社会消费品零售总额增长 13%。单位地区生产总值能耗下降 3%,主要污染物减排工作达到市下达约束性目标要求。农村居民人均纯收入增长 10%,城镇居民人均可支配收入增长 8%。城镇登记失业率控制在 3%以内,人口自然增长率控制在 4‰以内。

(作者单位:长寿区政府办公室)

江津区

马小玲

一、2013 年发展回顾

2013 年,江津区实现地区生产总值 486.6 亿元,同比增长 14.1%;规模以上工业产值 1100 亿元,增长 24.6%;固定资产投资 459 亿元,增长 30.7%;公共财政预算收入 38.5 亿元,增长 25.3%,其中税收收入 23.3 亿元,增长 29.1%;社会消费品零售总额 175 亿元,增长 15.8%;城镇居民人均可支配收入 24108 元,增长 9.9%;农民人均纯收入突破万元大关,达 11279 元,增长 13.4%。

(一)功能区域发展战略全面落实

认真学习贯彻市委四届二次三次全会、区委十三届三次四次全会精神,进一步明确江津的功能定位,坚持并深化完善“一五七六”发展思路,努力推进全区一体化、区域发展差异化、资源利用最优化和整体功能最大化。中心城区建设突出“融城、扩容、提质”,着力打造产城融合的美丽滨江城市。产业发展坚持“工业为要、五业互动”,致力打造全市重要的先进制造业基地、城郊特色效益农业示范基地、商贸物流集散地、休闲度假旅游胜地以及金融后援服务聚集区。七大平台突出主体功能、明确目标定位,实现错位发展、差异发展、特色发展;各镇街坚持因地制宜、分类指导,形成了优势互补、协调发展的格局。“六大行动”进一步深化,为推动全区经济持续健康发展、社会和谐稳定提供了坚实保障。

(二)新型城镇化强力推进

市政府常务会审议通过《重庆市江津区城乡总体规划》(2013 年编制),进一步拓展了城镇发展空间。坚持旧城改造与新区开发并重并举,中心城区规模扩大、品质提升,面积达 57.5 平方公里、人口达 52 万人,全区常住人口城镇化率提高到 60.5%。几江半岛东部新城功能进一步完善,鼎山公园一期基本建成开放,改造人、车行道 40 万平方米,增加停车泊位 6000 个,改建污水管网 93 公里,散旧楼院和医院、学校周边环境综合整治初见成效。滨江新城建设加快,行政中心、游泳馆等主体完工,金科·中央公园、滨江春城等重点开发项目加快推进。双福新区建成恒大二期等综合体 140 万平方米,商业中心、福城医院、交通枢纽站等配套设施加快建设。支坪防洪堤护岸主体工程基本完工,第三军医大学江津校区项目用地通过审批。中心城区空气质量优良天数 324 天,成功创建“重庆市环保模范城区”。用地保障有力,被评为“全国国土资源节约集约利用模范区”。

加速构建交通路网。融城交通更加快捷,鼎山长江大桥、小墙立交、西彭B道、云篆山隧道建成通车,珊瑚立交加快建设,大渡口跳蹬—江津几江新型城际轨道交通纳入市级十大基础设施项目群。联动周边优势更加突出,渝泸高速江津段建成通车,渝黔铁路新线开工,三环高速江永段、江綦段加快建设,江习高速公路开工准备工作有力。中心城区路网明显改善,南北大道、江洲大道一期完工投用,几江长江大桥、迎宾大道、浒溪路等项目加快建设。

加强小城镇建设。坚持规划引领,大力实施中心镇"561工程"和小城镇基础设施建设工程。油溪、石蟆、永兴完成城镇道路"白改黑"。珞璜污水处理厂竣工投用,实现建制镇污水处理厂全覆盖。城镇清扫保洁、园林绿化及垃圾污水治理水平有效提高,镇容镇貌大为改善。村镇违法违章建设专项整治行动取得实效。中山镇被评为"2013重庆美丽小城镇",吴滩郎家村成为"全国美丽乡村创建示范点",慈云凉河、永兴黄庄农民新村荣获"重庆市级农民新村示范点"。

(三)经济发展速度和质量效益同步提升

坚持工业首要地位,工业主导力明显增强。规模以上工业企业增至273家,总产值906亿元,增长24%,产值10亿元以上企业增加5户,达20户,华能珞璜电厂产值突破50亿元。装备制造、汽摩及零部件、新型材料、电子信息、食品工业等产业集群实现产值783亿元、增长25%。双福、德感、珞璜工业园跻身300亿级园区,白沙工业园发展态势趋好。规模以上工业企业用电量45亿千瓦时,增长17.3%。中卫至贵阳天然气管道夹滩分输站建成通气。深入推进科技创新,科技成果转化率增长两倍以上,专利新申请、新授权量分别增长38%、50%。德感工业园成功创建重庆市博士后创新实践基地。重齿公司被评为"国家首批知识产权优势企业和技术创新示范企业",重庆潍柴发动机公司荣获"重庆市市长质量管理奖"。

加快发展现代服务业。遗爱池城市商圈建设有序推进,国际农贸城、和润汽摩城商户签约入驻,攀宝钢材市场交易额达36亿元,冠强汽车商贸城首期启动,西西里国际家居生活广场建成开业,全年港口货物吞吐量1100万吨、集装箱吞吐量6万标箱。批发零售单位实现销售额347亿元、增长20.8%。完成建筑业在地总产值234亿元,房地产开发投资96亿元、销售191万平方米,被评为"全国建筑劳务输出示范基地"。四面山创5A级景区通过重庆市初评,新增陈独秀旧居陈列馆等4个3A级景区,恒大酒店被评为五星级饭店,"爱情天梯"营销策划获评"中国旅游十大营销创新奖",乡村旅游蓬勃发展,全区接待游客人次、旅游综合收入分别增长34%、36%。重庆金融后援服务中心加快建设,实现8家金融机构托管运营。浦发银行江津支行、华夏银行江津二级支行实现开业,西南证券即将开业。全区金融机构存贷款余额(人民币)分别比年初增长19.2%、17.6%,存贷比达52.2%。

强力推进"三农"工作。农林牧渔业实现总产值96.5亿元、增长9%。粮油、蔬菜等主导产业稳步发展。畜牧兽医工作获全国先进。依托中国科学院地化所完成富硒资源普查,全区中高硒土壤占比达90.2%;依托市质监局制定《重庆市富硒农产品地方标准》,推出了一批富硒产品,新建无公害富硒种植业基地8.7万亩。现代农业园区被农业部命名为"国家农业产业化示范基地",新引进企业8家,建成"橘香四季"无病毒种苗繁育中心、普乐湿地休闲公园等项目,市区共建国土整治整镇推进龙华项目加快实施。新培育农民合作社88个、家庭农场225户。完成粮食基础能力建设5.6万亩、土地治理1.9万亩,耕地和基本农田得到有效保护。除险加固小Ⅱ型病险水库92座。动态减少贫困人口7400人,实现所有贫困村整村脱贫。争取三峡后续资金近2亿元。

(四)社会民生事业不断加强

全区公共财政预算支出67.5%以上用于民生,在"学有所教、劳有所得、病有所医、老有所养、住有所居"上有新进步。努力办好22件重点民生实事。完成高山生态扶贫搬迁530人。整治山坪塘635口。解决农村饮水安全15万人。改造农村危房6000户。竣工农民新村居民点30个。启动30个行政村(社区)环境连片整治。开工及续建农村公路350公里、硬化农村人行便道600公里。农网改造惠及近5万农户。建成农村教师周转宿舍1000套。新建农村养老服务站30个、城镇社区养老服务中心(站)7个,新增社会办养老机构床位300张。殡仪馆迁建工程基本完工。启动43个弃管小区电力设施改造。建成公租房2208套,其中林改房1030套。建成征地拆迁还房8800套。

认真做好就业创业和社会保障。全年回引创业就业1.6万人,发放小额担保贷款1.8亿元,完成“五大保险”扩面任务,实现社保基金总收入13.8亿元,获“全国人社系统优质服务窗口”称号。财政支出4.4亿元,救助各类困难群众30万人次。

优先发展教育事业。东城小学一期、浒溪学校、鼎山幼儿园、特殊教育学校等加快建设。高考上线率90%,重本上线1200余人,位居全市前列。重庆工商学校成功创建全国首批中职示范学校,“园团互动服务产业”集团化办学模式得到教育部肯定并推广全国。在津高校招生突破5万人。

繁荣发展文体事业。聂荣臻元帅故居、石门大佛寺获评“全国重点文物保护单位”。中华楹联文化艺术馆积极筹建。实施白沙张爷庙、几江江公享堂等一批保护性修缮工程。投资拍摄的电视剧《聂荣臻》在央视1频道黄金时段播出。完成数字电视整体转换,荣获“全国广播电影电视系统先进集体”。开展送文化下基层活动700余场。成功举办全区第二届运动会、全国门球邀请赛等赛事,参加国家级体育竞赛获3金5银优异成绩。

加快发展卫生事业。巩固基本药物制度,全年药品让利群众5000余万元。区中心医院通过三甲医院评审,区中医院、区妇幼保健院通过二甲复评。四面山、广兴、珞璜卫生院迁建顺利推进。改造完成120个村卫生室。荣获“全国农村中医工作先进单位”,人口计生工作获全市考核一等奖。

切实加强社会治理。深入推进平安江津建设,公安“三所一队”建成投用,指挥中心主体完工,各村(居)实现综治工作站全覆盖。加快完善立体化治安防控体系,严厉打击各种刑事犯罪,群众安全感指数进一步提升。全区非煤矿山通过安全标准化验收,客运及危险货运车辆全部安装GPS卫星定位系统。全年未发生重特大食品、药品安全事故。充分发挥阳光江津网作用,开通网上信访及视频接访,群众诉求表达及权益保障渠道更加畅通。加强法治江津建设,“六五”普法成效明显,依法治区有新进步,法律援助中心被评为“全国便民服务示范窗口”。组建应急应战指挥平台,新建白沙、石蟆、贾嗣专职消防队。完成第九届村(居)民委员会换届选举,提高村(居)离任干部生活补助标准,减轻基层负担,加强工作保障,村(居)服务功能明显增强。

(五)改革开放取得新突破

推进行政管理体制改革。共向七大平台下放行政审批权48项、执法权12项,优化服务事项20项,审批项目、审批要件分别减少7.6%、17.9%,审批时限缩短58.1%。行政服务中心深化一次性告知、绿色通道、委托代办、多证联办等审批方式,审批效率不断提高。大力推进白沙镇行政管理体制改革试点,首批下放91项经济社会管理权限。积极稳妥推进事业单位分类改革。出台个人独资企业转办有限责任公司新政策,推进工商登记制度改革,全区市场主体增加到6万户、小微企业突破4000户,分别增长14.9%、33.3%。

实施统筹城乡综合配套改革。推进农村产权、土地利用、农村金融、乡村治理等系列改革。全年新增转户5400人,累计达16.2万人。新增土地流转2.8万亩,累计流转度达36%,居全市前列。新增“五权”抵押融资5.6亿元。油溪大坡、龙华燕坝等乡村治理结构改革加快实施。

加大招商引资力度。成功引进北京汽车、中

国物流、普洛斯、三一重工、上海浦东线缆、山东鲁花等一批世界500强和中国500强企业，新引进亿元以上项目125个、10亿元以上项目27个，引资总额超过1000亿元，实际利用内资299亿元、增长55.8%，实际利用外资2.8亿美元。

(六)工作作风明显转变

自觉接受区人大及其常委会的法律监督、工作监督和区政协的民主监督，建立区长向区人大常委会、区政协常委会报告半年工作制度，全年人大代表建议意见办理满意、基本满意率达95.1%，政协委员提案办理满意、基本满意率达99.7%。围绕农业园区、农村公路、商贸物流、乡村旅游、配套费征管等制定系列文件，经济管理规范化水平有所提升。认真贯彻落实中央"八项规定"和区委实施意见，出台《关于进一步改进工作作风建设人民满意政府的决定》，利用政府常务会举办微讲座，开展"转作风、强执行"活动，合并取消各类考核评比项目200余项，政府系统会议及文件简报数量大幅下降，"三公"经费零增长，全面清理、依规推进办公用房建设。狠抓会计、统计、审计，加强监督、监管、监察，阳光交易节资溢价近3亿元，廉政建设取得实效。

二、发展中存在的问题

一是总体经济实力还不够强，总量、质量、结构都与新的功能定位有较大差距；二是经济增长内生动力不足，具有牵动性作用的项目储备不多；三是产业结构不够优化，第三产业仍是短腿，对市场的培育力度仍需加大；四是农村基础设施建设与群众期望相比还有差距；五是土地、资金等要素保障还需强化，债务化解任务较重；六是社会矛盾依然突出，部分群众生活还比较困难；七是政府公共服务和依法治理能力还需提升，政风行风还需进一步改进。

三、2014年发展目标

2014年，全区经济社会发展主要目标是：地区生产总值增长13%，全社会工业总产值增长22%，公共财政预算收入增长15%，社会消费品零售总额增长15%，全社会固定资产投资增长18%，城乡居民收入增长与经济增长基本保持同步，城镇登记失业率控制在3%以内。单位生产总值能耗下降3%，主要污染物减排达到国家约束性要求。

(作者单位：江津区政府办公室)

合川区

邓文

一、2013年发展回顾

2013年，在市委、市政府的坚强领导下，全区统筹协调、求真务实，稳中求进、开拓创新，深入实施"3421"工作思路，以"双十工程"为抓手，全力以赴稳增长、调结构、促发展、惠民生，经济社会保持平稳健康发展。全年实现地区生产总值387.4亿元，同比增长11.9%；固定资产投资361.9亿元，增长28.5%；公共财政预算收入29.7亿元，增长18.2%；社会消费品零售总额166亿元，增长14.8%；城乡居民收入分别达23848元和10989元，增长9.5%和13%。

(一)工业不断集聚发展

工业园区、镇域工业新落户项目65个、新开工62个、新建成投产64个。工业总产值突破800亿元，增长33.8%；工业投资167.3亿元，增长40.2%。工业质量不断提升。实施技改扩能72项，企业专利授权119项，新增高新技术产品24个。顺博铝业、金九集团获评"2013年重庆市企业100强"；希尔安药业、中机西南等4家企业获评"2013年重庆市制造业100强"；鼎工机电、文达机械等6家企业获评"2013年重庆市100户成长之星工业企业”。产业规划更加完善。编制完善装备制造、材料、生物制药、电子信息、农产品加工等产业规划，引导产业提档升级。发展平台不断夯实。建成核心区福山路、渭沱化工产业区主干道等道路6条14公里，银翔大道二期、津沙路等20条22.5公里道路开工建设，双槐电厂运煤铁路专线建成投运；建成水电气管网31公里、标准厂房65万平方米，核心区、草街拓展区和农创园污水处理厂开工，北汽银翔配套水厂实现供水，大石220kV智能变电站建成投用，蓝宝商业广场4.3万平方米配套服务区建成。工业结构逐步优化。主导产业集聚度提高，汽摩及装备制造、材料、消费品等产值达568亿元，占工业总产值的70%。

(二)城市不断扩容提质

规划引领作用增强。完成城市总体规划局部修编，以及高职教城、小安溪、花滩等3个标志区城市设计和控规修编，严格城市通廊、开敞空间和建筑细节控制，强化城市规划区、控制区管控，严厉查处违法建设行为。城市建设有序推进。完成城区道路“白改黑”和人行道整治15万平方米，建设还迁房30万平方米，商品房竣工198万平方米。花滩片区九华路、花滩大道路基成型，白鹿山片区尚信国际、新加坡风情度假酒店完成地下基础，金九城和凤凰城项目开工建设，小安溪片区金涪路、赵家渡堤防加快推进，高职教城片区路网骨架更趋完善。城市管理精细提质。深入推进“五城联创”，大力实施城市美化、净化、亮化工程，国家卫生区创建取得成功，精细化、全覆盖、高效率的城管长效机制渐趋完善，城市面貌焕然一新。

(三)现代农业提质增效

优势农业蓬勃发展。建成万亩粮油高产示范片5个，粮食产量、生猪出栏、水产产量继续稳居全市第一，蔬菜、水果产量分别为64.6万吨、10万吨，新发展林下经济3万亩。现代农业园区推进建设。构建“一轴双核三园五产业”结构布局，启动10万亩现代农业园区建设；引进16个现代农业项目落户，完成投资2.6亿元，建成品有、理植等农业观光园6家。农业综合效益稳步提升。建成高标准农田1.8万亩，完成土地整治4300余亩；农村土地流转率45.4%，集中经营率38%，农业机械化率43%。新培育嘉隆西海等区级龙头企业16家。新成立专业合作社32个。渭沱镇七星村被农业部认定为“全国一村一品示范村”。新注册中国驰名商标1个、重庆市著名商标2个、重庆市名牌产品4个，新增“三品一标”农产品61个，青草坝萝卜成为合川首个国家地理标志登记保护农产品。

(四)城乡统筹协调发展

小城镇加快建设。完成土场、双凤等镇总规修编，全面推进5个市级中心镇“561”工程及其他各镇道路、管网、车站等设施建设，建成沙鱼、龙市等14个污水处理厂，三汇镇成功创建国家园林城镇，涞滩镇入选农业部“美丽乡村”创建试点。交通条件日趋改善。改造干线公路4条，建成通畅公路200公里，解决10个撤并村道路通达问题，新增大型新能源公交客车10辆和出租车50台，新增班线客运、农村客运21条，交通行业荣获“全国道路运输工作先进集体”称号。新农村建设扎实推进。建成市级农民新村示范点3个，新建集中供水工程27处，解决6.6万人饮水安全问题，整治山坪塘523口、小(二)型病险水库20座，发展农村户用沼气3000口，农村生产生活条件进一步改善。生态环境保护加强。创建市级生态镇、生态村各2个、区级生态村30个，启动20个村庄环境连片整治，完成27个畜禽养殖场综合治理，治理水土流失16平方公里，新增造林6500亩。

(五)旅游商贸持续繁荣

现代旅游业提速发展。钓鱼城景区陈列展览馆、九口锅遗址保护、半边街游客中心等项目建成投用，成功创建4A级景区，被列为国家考古遗址公园；涞滩古镇入选第一套“中国古镇”特种邮票，历史街区立面整治、二佛寺下殿保护修缮工程完工，鹭峰峡漂流项目建成运营；文峰塔、卢作孚故居完成修复并对外开放，文峰街成功创建3A级景区；钓鱼城旅游文化节评为重庆十大知名旅游品牌节会。全年接待游客435万人次,实现旅游收入6.7亿元。城乡商贸繁荣活跃。大润发3万平方米商城建成开业,金科世界城等24万平方米商业设施完工,茂田国际建博城三期、重庆北部再生资源市场等快速推进,义乌小商品市场日趋成熟。全年举办啤酒节、汽车展等会展19场次,拉动消费50余亿元。金融、物流等现代服务业加速发展。新增恒丰银行等金融机构2家,小额贷款公司1家,存贷比58%,新增三权抵押贷款6.7亿元。渭沱物流产业园、沙溪万强物流园等项目加快推进,中塑博美等大型交易市场入驻合川。

(六)社会民生不断改善

集中投入16亿元,全面完成重庆22件民生实事年度任务。就业创业稳步推进。新增城镇就业3.1万人,开发公益性岗位安置3600余人,新增农民工返乡创业1166户,发展微型企业1050户,建成市级微型企业孵化园1个、区级微型企业创业示范基地11个。教育事业协调发展。新建、改建农村寄宿制学校4所,完成20所中小学231间功能室设备配置,新建农村教师周转房268套,建成6个职业教育实训基地,育才学院成功转设为重庆首家民办独立本科院校。城乡文化成果丰硕。全年获得市级以上奖项39项,《合川儿童画进校园》获中国第十届艺术节"群星奖",小沔李湾农家书屋被评为全国服务农民、服务基层文化建设先进集体。健康服务水平不断提升。基本完成区人民医院建设工程,完成30个卫生院及社会卫生服务中心、200个村卫生室标准化建设,改造17个撤并村卫生室;竞技体育获得市级以上金牌21块、银牌45块。社会保障持续加强。城乡居民养老、医疗保险覆盖95%以上,城镇职工"五大保险"新增参保13.6万人,13个村实现整村脱贫,成功创建重庆市残疾人"人人享有康复服务"示范区,完成棚户区改造7.5万平方米。

(七)平安建设进一步深化

社会治理能力不断增强。"三所一队"及突发事件预警信息发布平台建成投用,公安指挥中心大楼主体完工,成立特警支队,建成社区(驻村)警务室93个,有序推进"百镇千村平安示范工程",深入开展干部下访、"村(居)民开放日"活动,社会大局保持稳定。公共安全保障水平提高。实施"打侵财、控发案"、"扫毒害、保平安"等专项行动,严厉打击各类犯罪,八类案件下降0.7%,现行命案侦破率100%。持续深化道路交通、建设施工、食品药品等重点行业领域专项整治,安全生产事故起数和死亡人数实现双下降。

二、发展中存在的问题

一是综合经济实力不够强,支撑型、领军型龙头企业不多,工业配套和服务跟进滞后,产业集中度和质量效益有待进一步提升。二是政府负债仍然较重,保发展、保民生、保偿债、保运转压力较大。三是关系群众切身利益的就业、教育、医疗、社保、食品药品安全等方面还存在一些比较突出的问题,社会治理体系亟待加强。

三、2014年发展目标

2014年,合川将贯彻党的十八大、十八届二中、三中全会和市第四次党代会、市委四届二次、三次、四次全会精神,进一步增强忧患意识、先行意识和责任意识,善抓机遇、攻坚克难,敢于担当、务实重行,强化底线思维,搞好统筹兼顾,围绕建设重庆经济强区、西部宜居江城和中国知名旅游城市"三大奋斗目标"和"一心两区一走廊"功能布局,大力实施工业提速、城市提质、三产提档、农业提升、旅游开发、基础夯实、社会治理、民生改善、文化发展、党建创优"十大工程",加快推进城市发展新区建设,不断增强发展的稳定性、协调性和可持续性。主要预期目标是:地区生产总值增长11%左右,固定资产投资增长15%,公共财政预算收入增长12%,社会消费品零售总额增长13.5%,城镇居民人均可支配收入增长10%,农民人均纯收入增长13%。

(作者单位:合川区政府办公室)

永川区

李鸿飞

一、2013 年发展回顾

2013 年，面对复杂的宏观经济形势和繁重的改革发展稳定任务，在市委、市政府的坚强领导下，区委、区政府紧紧依靠全区人民，认真贯彻落实党的十八大和十八届三中全会精神，坚持低调务实、少说多干，敢于担当、积极作为，实现了经济平稳发展、民生持续改善、社会和谐稳定。全年地区生产总值（同口径）实现 432.4 亿元，增长 12%；全社会固定资产投资 465.5 亿元，增长 21.7%；社会消费品零售总额 188.9 亿元，增长 16.4%；地方公共财政收入 32.3 亿元，同口径相比增长 13.5%；城镇居民人均可支配收入 24535 元，比上年增长 9.3%；农民人均纯收入 11313 元，比上年增长 13.1%。

（一）确保经济平稳增长

始终把“稳增长”放在第一位，认真贯彻落实宏观调控政策，及时出台一系列有力有效政策措施，确保经济平稳较快增长。发挥投资的关键作用和消费的基础作用，以“项目推进年”为抓手，大力推进区级重点项目建设，带动社会投资 240 亿元；实施汽车惠农、家电惠民补贴政策，发放补贴资金 582 万元；执行国家结构性减税政策，推进“营改增”试点，减负让利 6.7 亿元，发放民营经济专项补助资金 3000 万元；实施“三转两升”，激发市场主体活力。完成永高电力专线、110kV 玉清输变电站、中卫主管网建设和兰成渝输油管线迁建，西永天然气管线正式启用；积极争取用地指标，清理闲置土地，多渠道开展融资，要素配置和发展后劲进一步增强。

（二）加快产业结构调整

加快推进产业转型升级，培育壮大电子信息、机械装备制造、城市矿产、纸及纸制品、软件与信息服务外包五大产业集群，努力推动“永川配套”向“永川制造”迈进。三次产业结构调整为 9.8：55.1：35.1。完成工业投资 230.6 亿元，规模以上工业总产值实现 666.6 亿元，增长 20.5%。规模以上工业企业达 290 户。装备制造业和电子信息产业分别实现产值 121.1 亿元、72.6 亿元，占比分别提高 0.8、2.2 个百分点；传统产业占比下降 5.72 个百分点。工业园区实现总产值 523 亿元，增长 24.2%。园区工业集中度达到 69.2%。成功授牌国家软件公共服务平台——重庆平台，西安炎兴科技等 32 个软件与信息服务外包产业项目落户永川。淘汰落后产能，单位生产总值能耗下降 3.7%。

（三）推动新型城镇化建设

获批国家智慧城市试点。同北京市海淀区、上海市浦东新区等一道被评为“中国经济最具竞争力城市”。修编城乡总体规划。提升城市配套功能，启动建设高铁永川东站枢纽工程、昌州古城片区，加快推进软件服务外包 B 区等项目，观音山公园二期全面竣工。新建城市道路 14.96 公里，新增城市公共建筑面积 26.6 万平方米。探花公园 C、D 区建成，文曲广场全面竣工。实施老城区背街小巷综合整治和弃管小区变压器改造。新改建城区供排水管网 35 公里，松溉长江提水工程全面竣工，城区第三水厂建成投运。区域综合交通枢纽建设迈出新步伐，成渝铁路客运专线、重庆三环高速公路永川至江津段顺利推进，永川长江大桥成功合龙。建成镇街“十项公共服务设施”项目 18 个，完成 4 个中心镇“561 工程”建设，入选全国“魅力新农村十佳区县”。城区空气质量优良天数达到 337 天。森林覆盖率达到 43.1%。常住人口城镇化水平达到 61.72%。

(四)统筹城乡协调发展

粮食产量达到50.5万吨，荣获全国粮食生产先进区。现代农业园区建设有序推进,新增核心区面积1.1万亩。特色产业基地规模稳步扩大,新增蔬菜基地5000亩、茶叶基地3000亩、水果基地2000亩、规模化绿色稻米基地2万亩。镇街特色农业园区相继启动建设。新发展农民专业合作组织67家、家庭农场256户,培育龙头企业15家。农村土地规模经营集中度达到47%。完成农产品“三品一标”认证25个,建成社区绿色农产品直销连锁店10家,发放农村三权抵押贷款5.09亿元。农村基础设施持续改善,金鼎寺水库建设全面推进,整治山坪塘371口,农村水厂扩网219公里，解决5万余人农村居民饮水安全问题;改造农村危房2769户,建设农民新村10个;改建干线公路70公里,硬(油)化农村公路138公里，新建泥结石路150公里,修建人行便道427公里。

(五)培育壮大现代服务业

批发业和零售业商品销售额实现394.9亿元,继续保持渝西领先。区域性核心商圈加快形成,渝西广场、人民广场商圈扩容提质,俊豪中央大街一期、帝都商业中心建成运营,协信城市综合体加快推进,商圈零售额达到120亿元。加快专业市场培育,汽摩机电城一期、商贸城三期家博中心建成,交易额达150亿元。大力发展现代物流业,渝西(永南)物流中心建成运营。城乡商贸体系日趋完善,三教、来苏、朱沱等镇级商业中心建设加快。金融机构总量渝西第一,新引进成都银行、中信银行等金融机构6家,金融业增加值达10.2亿元。旅游产业提档升级。重庆最大的主题游乐公园乐和乐都盛大开园，茶山竹海、松溉古镇分别成功创建国家4A级和3A级旅游区。

(六)加大招商引资力度

坚持以招商引资扩增量调结构，组建软件与信息服务外包、数控机床、主城产业转移3个产业招商组，深入推进点对点招商、产业链招商。成功引进香港力劲机械、台正数控机床联盟体、东方科力重工、文思海辉、韩国乐天玛特、青岛新天地城市矿产等170个项目。新泰机械、台川橡塑、致伸科技、川亿电脑等企业出口大幅增长,占全区出口总额60%以上。自营进出口总额3.7亿美元,增长86.7%。新批外资企业5家,增资企业2家。合同利用外资额5亿美元，增长27.07%;实际利用外资1.7亿美元,增长0.41%。

(七)切实保障和改善民生

坚持抓紧抓实具体民生项目和健全完善长效机制并举,实施26件民生实事,民生支出占公共财政支出50%以上。鼓励、扶持“全民创业”,新增个体工商户7525个、微企1050家,民营经济从业人员达29万人。支持大中专毕业生、返乡农民工、城镇就业困难人员就业创业,城镇新增就业2.8万人。实现镇街公办幼儿园或小学附设幼儿园全覆盖。加快建设兴龙湖小学,完成永川中学新校区一期工程。新改扩建城区6所中小学校,有效缓解城区“大班额”问题。新改扩建农村寄宿制学校12所。初中毕业生升入高中阶段学校比例达到96%。高等教育毛入学率达到37%。深化产教融合、校企合作和园校互动,职教品牌不断提升。

全面完成村(社区)“两委”换届,实施村(社区)“两委”成员与专职工作者选聘分离。实现五大社会保险市级统筹，提高企业退休人员基本养老金和城乡居民医保报销比例。提高城乡低保保障标准和城市“三无”人员、农村五保对象供养标准。建成保障性住房41万平方米。新建村(社区)养老服务中心69个,改建镇敬老院4所，扶持民办养老机构2所。在全市率先实施“先住院、后付费”制度。推进乡村医生“计工分”工作。建立社区医生和居民契约服务机制。区中医院成功创建三级甲等中医院。免费实施出生缺陷二、三级干预。深入开展全民健身运动和“万人同书中国梦”等群众文化活动。

扎实推进平安永川建设，强化突出治安问题整治,现行命案破案率保持100%,八类暴力犯罪案件下降12.5%，建成标准化社区警务室45个、治安岗亭6个,群众安全感进一步增强。

12345 政府服务热线办理群众反映的热点难点问题 1 万余件(次)。实施社区工作日和干部下访"化积案、解难题、办实事"行动,初信初访办结率达到 99.1%,重点矛盾纠纷化解率达 94%。开展安全生产大检查,着力推进隐患排查整治、执法督查、标准化创建和重点行业专项整治,全年安全生产事故起数和死亡人数实现双下降。

二、发展中存在的问题

一是实力不够强,经济发展水平与区域定位还有较大差距。二是结构不够优,工业体系中传统产业占比过重,受全国部分行业产能过剩影响,不少企业经营困难,新兴产业亟待培育壮大。三是后劲不够足,牵动性和支撑力强的龙头项目不多。四是关系群众切身利益的交通、饮水、教育、就业、医疗等方面,与群众的期望还有较大差距。

三、2014 年发展目标

2014 年,全面贯彻党的十八大、十八届三中全会精神和习近平总书记系列重要讲话精神,认真落实市委四届三次、四次全会决策部署,紧紧围绕重庆五大功能区域发展战略,紧扣"园区"和"城区"两篇文章,解放思想,开拓创新,稳中求进,奋发有为,着力稳增长转方式调结构,着力深化改革扩大开放,着力保障和改善民生,着力转变政府职能,促进经济持续健康发展、社会和谐稳定,努力建设重庆大都市区重要组团、城市发展新区重要增长点。主要预期目标为:地区生产总值增长 12%左右。公共财政预算收入增长 12%。单位生产总值能耗下降 3.5%,主要污染物减排达到重庆约束性要求。城乡居民收入增长与经济增长基本同步。城镇登记失业率控制在 2.8%以内。

(作者单位:永川区政府办公室)

南川区

袁仕宏　荣立澜

一、2013 年发展回顾

2013 年,面对复杂严峻的宏观经济形势,全区上下积极应对、奋力拼搏、锐意进取,实现 GDP160.5 亿元,同比(下同)增长 11.2%,完成公共财政收入 16.95 亿元,增长 21.3%。发展趋势稳中向好,发展目标稳中有进,较好地完成了年度国民经济和社会发展计划。

(一)三次产业质量提升

工业发展后劲增强。实现工业总产值 424 亿元,增长 9.8%;规模以上工业总产值 117.96 亿元,增长 4.9%;工业增加值 44.71 亿元,增长 7.6%。顶典化工、泰日建材、方略精控等项目竣工,鸿庆达电石一期、邦莱赤泥等项目即将投产。博赛集团与美国密尔斯公司合作刚玉项目签约。安坪电镀机加产业园环评获批,花盆、兴隆成为市级小企业创业基地。

农业农村发展稳定。实现农业总产值 49.29 亿元,增长 4.7%。农业产业化基地、西南大学种业基地、生态农业园区产业示范基地、金佛山现代农业展示项目二期等重点项目开工,南城高标准农田等重点项目竣工。粮油产量分别实现 33.25 万吨、2 万吨,增长 0.8%、3.7%。玄参产量达到 7800 吨,香菇种植达到 1000 万袋,开始成为新的产业。新增农业产业化龙头企业 14 家、农民合作社 155 个,培育家庭农场 75 户,建立 8 个区级产业协会。农产品"三品一标"认证全市第一。新建农村饮水安全工程 472 处,解决 5.7 万人饮水安全问题。

旅游商贸协同发展。过夜游客突破 130.5 万人次,实现旅游综合收入 36.3 亿元、增长 21%。金佛山—神龙峡景区成功创建国家 5A 级旅游景区,金佛山申世遗取得阶段性成果,新建药池坝、牵牛坪两个换乘中心,竣工投用喀斯特遗产展示中心,新建绝壁栈道、凌空步道等步游道10公里,旅游发展迈上新台阶。实现社会消费品零售总额80.01亿元、增长15%。名润广场全面竣工,城市核心商圈加快构建。浙商国际商贸博览城、亿联五金建材家居、丰绿农产品批发市场和美源汽车交易市场等市场建设加快推进。建成南平镇、鸣玉镇等乡镇商圈和上海城社区便民商圈。加强商贸企业培育,新增限上企业7家。

(二)项目建设成效明显

重点项目全力推进。收紧拳头,集中精力,突出抓好60个重点项目。细化任务节点,落实工作责任,确保每个项目有领导牵头、有单位推进、有业主实施、有办法考核。实行"周督查、月通报、季排名"及定期效能监察制度,公示排名较好和较差的单位各10个,加压交责,追比赶超。每季度召开重点项目专题推进会议,集中力量解决资金、土地、拆迁、阻工等"硬骨头"问题,60个重点项目完成投资84.04亿元。37个续建项目取得明显进展,18个项目顺利开工,8个项目竣工投运。

保障能力不断提升。金融机构各项存款余额173.27亿元,各项贷款余额135.12亿元,存贷比77.98%。积极推动11亿元园业债、2013渝惠农债发行工作,综合运用基金、信托、短融等方式融资,积极争取上级支持,合理调度财政资金,金融机构负债偿还未出现逾期。获批建设用地3082亩,征收土地4254亩,拆迁房屋20.5万平方米,开展村镇建设用地土规局部调整工作,23个项目、3874亩土规局部调整获市政府批复,大项目用地基本保障。全区工业供电9亿度、增长30%,供气1.5亿方、增长40%,保障了全区工业企业用电、用气需求。

(三)城乡面貌日益改善

城镇开发务实推进。完成城市总规修改报批,新增城市建设用地3.8平方公里。加快推进新区开发,商务中心、市民广场完成主体工程,成教中心、传媒中心主体竣工。城西片区、硫磺大院、河滨游园片区等旧城改造项目有序推进。建成凯撒豪庭、香格里拉西苑、中央花园等小区,完成商品房销售74.9万平方米。开展了三泉、金山、鸣玉、大有等4个新增市级中心镇和大观等10个风情小镇的规划编制,完成了大观、黎香湖、头渡、大有、山王坪等乡镇总规修编及大观园片区、金山湖片区概规编制。全区城镇建成区面积扩大1.83平方公里,新增城镇常住人口1.17万人,常住人口城镇化率增加1.4个百分点,达到52.57%。

美丽乡村建设扎实起步。开展了42个美丽乡村规划选址,完成了古花天池、金山金狮、铁村隆兴等36个美丽乡村规划编制,整合各类资金5.3亿元,开工建设美丽乡村示范点33个。大观金龙村被列为全国村庄规划28个示范点之一。结合美丽乡村建设,大力发展乡村旅游,新发展乡村旅游示范户103户,提升改造农家乐196户。

城乡基础设施不断完善。南涪、南万高速建成通车,南道高速开工建设,三南铁路加快推进,南川至两江新区高速纳入国家高速路网规划,区域交通枢纽地位巩固加强。升级改造省县道41公里,完成城区至鸣玉段道路改造工程,获评"市级文明路"。新改建农村公路220公里,行政村通客率达80%。黄泥垭隧道工程开工建设。驾考中心建成投用。金佛山水利工程导流洞全线贯通,枢纽工程完成招投标;移民搬迁、公路建设等工作全面展开。鱼枧水库、撕栗坪水库等水利工程前期工作顺利推进。110千伏陈家场变电站、35千伏风门变电站竣工投用,龙岩、水江、南平等工业园区天然气管网继续完善,巴南姜家至南川天然气管网前期工作加快推进。

(四)改革开放有序推进

改革工作创新推进。把改革放在突出位置,各项改革取得积极成效。组建南商集团,出台企业互相担保办法。平稳整合11家投融资平台,完成资产债务清理。有序推进农村金融创新,累计发放农村"三权"抵押贷款2.17亿元,建立扶贫互助社55个、资金规模1000万元,对接三峡银行为农民合作社协会搭建融资平台。推进土地入股集中,新流转耕地 1.8 万亩,流转总面积达到 42.56 万亩,农民获得土地流转总收入突破 3 亿元。农村土地集中经营率达到 39.2%,提高 1.6 个百分点,建立土地入股合作社 40 个。完成村级公共服务中心规范化建设 157 个,50%的城市社区实行了网格化管理。成立了区政策法律咨询中心、医患纠纷调解中心,累计接待群众咨询 226 件,代办法律援助申请 68 件,调解医患纠纷 16 起。行政服务中心功能转型为行政审批代办中心,提供代办服务 1000 余件次。

开放水平不断提升。完成全区资源普查,建立资源信息库,强化项目储备,有序推进项目包装。清理并统一全区招商优惠政策,组建五个产业招商团,46 个项目落户南川。实施返乡创业行动,新增返乡创业实体 3186 户,创业带动就业 1.6 万人,回引农民工返乡就业 1.2 万人,城镇新增就业 1.24 万人,城镇登记失业率下降至 2.32%。发放小额担保贷款 3329 户 3.67 亿元。加大对微型企业扶持力度,新发展微企 1015 户,累计发展微企 3331 户,吸纳民间投资逾 2 亿元,解决就业 2.5 万人,发放财政补助资金 8473.6 万元。加大市场主体培育力度,新发展各类市场主体 6736 户。

(五)社会民生持续改善

社会事业蓬勃发展。积极推动南川中学与东胜中学、道南中学与西胜中学融合办学,隆化一小等城区 18 所优质学校与薄弱学校结对帮扶,优化配置全区教育资源。区人民医院创“三甲”完成阶段性指导,与区二院平稳整合。创建成为国家卫生应急综合示范区,东城社区卫生服务中心创建为全国示范社区卫生服务中心,宏仁医院创建为重庆市首个“二乙”综合民营医院。164 个村卫生室完成标准化建设。城乡居民医疗保险参保率达到 96.8%,医保受益群众达到 65.4 万人,225 个村(居)卫生室实现医保网络全覆盖。文化中心户标准化建设通过文化部专家评审验收,举办了足协杯及四国国奥男篮等赛事,“乡村小舞台”下乡村演出 400 场次,不断丰富群众文体生活。开展城乡低保清理工作,实现应保尽保,临时救助与低保制度有效衔接,帮扶特殊困难群体 8.1 万人次。完成 5 所乡镇敬老院改扩建、7 个社区中心(站)和 15 个农村社区养老服务站建设,新增城镇社会养老床位 108 张。

生态环境持续改善。启动“蓝天、碧水、绿地、宁静、田园”环保“五大行动”。扩大城区推清成果,新增天然气用户 2000 户,开展水江镇、鸣玉镇、山王坪镇 3 个基本无煤场镇创建,创建城区基本无煤社区 5 个。完成 5 家企业落后产能淘汰。统筹推进城乡环境保护,实施了 38 个畜禽养殖减排项目,完成了 2 个村庄环境整治项目。创建“重庆市环境保护模范区”,城区空气环境质量优良天数达到 316 天。累计完成人工造林 7.3 万亩,植树超过 500 万株,森林资源总量稳步提升。累计实施石漠化治理 4.4 万亩,城周荒山荒坡日渐变绿。

二、发展中存在的问题

一是南川属于欠发达地区,仍处于欠发达阶段,与城市发展新区的要求还有巨大差距,总量不大、结构不优、速度不快仍然是最主要、最突出、最现实的问题。二是工业基础薄弱,规模以上企业数量偏少、质量不高、效益不好,对国民经济的支撑能力不足,现实生产力有待进一步发挥,接续替代产业有待进一步培育,招商引资有待进一步提速。三是资金、土地、能源、环境、拆迁等制约加剧,要素保障能力不足,可持续发展能力不强。

三、2014 年发展目标

2014 年度经济社会发展预期目标是:GDP 增长 10%左右,公共财政收入增长 12%左右,工业增加值增长 15%以上,城乡居民收入分别增长 10%、11%,城镇登记失业率控制在 3.2%以内。

2014 年度重点项目建设计划是:实施 60 个重点项目,计划新开工 30 个、续建 30 个,竣工 7 个,总投资 126.6 亿元。其中,工业化项目年度投资 20.6 亿元、占 16.3%,城镇化项目年度投资

38.1 亿元,占 30.1%;农业现代化项目年度投资 7.7 亿元,占 6%;商贸旅游项目年度投资 14 亿元,占 11.1%;基础设施项目年度投资 24.5 亿元,占 19.3%,城市建设项目年度投资 21.7 亿元,占 17.2%。

(作者单位:南川区发展和改革委员会)

綦江区

张光强

一、2013 年发展回顾

2013 年,綦江区认真贯彻落实党的十八大精神,紧扣主题主线,紧密结合綦江实际,团结依靠全区人民,抢抓机遇、锐意进取,攻坚克难、奋力开拓,较好完成了区一届人大三次会议确定的年度任务。全区地区生产总值实现 251 亿元,增长 12.5%;公共财政收入 21.45 亿元,同口径增长 16.5%;规模以上工业总产值 294 亿元,增长 20%;全社会固定资产投资 252 亿元,增长 18%;社会消费品零售总额 85.5 亿元,增长 13.5%。

(一)沉着应对困难,稳定经济增长

加强投资管理,落实政府性投资,大力助推市场主体投资项目建设,发挥了投资对稳增长的支撑作用。坚持扩大内需方针,及时出台促进商业发展的适应性措施,举办购物节、展会等 10 余次,落实家电汽车补贴 360 多万元,有效激活大众消费。加大财政专项资金对企业贷款贴息和贷款担保补贴的力度,在 416 户企业开展"营改增"结构性减税试点,助推企业提高了生产经营能力。强化房地产市场调控,确保了房地产业的平稳有序发展。

(二)着力调整结构,力促产业转型

加速推进新型工业化,加大对企业的服务、政策支持和要素保障力度,确保了旗能电铝等 19 个项目按期投产,新开工项目 126 个,新增规模以上企业 16 家;突出抓好优势产业发展,材料、能源、装备制造、食品加工四大支柱产业产值占规模以上工业总产值达 90%。加速提升现代农业,新发展龙头企业 15 家、新型股份合作社 32 个、家庭农场 82 户,建立无公害农产品基地 14 个,永城农博园成功开园,兰花高科技产业项目一期工程开工建设,20 多个知名农产品远销国内外。加速拓展第三产业,重百、肯德基等名店入驻凯旋天街,普惠豪生大酒店投入运营,通惠商圈·红星国际广场开工建设,商贸服务业加速升级;古剑山景区基础设施建设加速,东溪古镇"两宫"修复有序展开,成功创建 3A 级景区 4 个。不断积聚转型发展后劲,全区科技成果增长 56%、授权专利增长 169%,成功引进新加坡麦达斯等 10 亿元以上项目 10 个,安稳电厂二期正式获国家发改委批准,重庆蟠龙抽水蓄能电站前期工作进展顺利。

(三)突出建管并重,提速城镇建设

推进城乡总体规划、土地利用总体规划等各类规划修编,为城乡建设提供了坚实基础。切实加强中心城区建设,体育中心完成金属屋面安装,通惠河亲水休闲带状公园、南方翻译学院一期主体工程基本完工,新建、改造一批城市道路管网,城市功能不断完善。大力推进特色城镇建设,城镇基础设施加速完善,打通、永新、赶水等 3 个镇获市批准上报国家级重点镇,东溪镇入围"重庆美丽小城镇"。着力推进美丽乡村建设,新启动建设 16 个农民新村,3 个农民新村成功打造为市级示范点,永新镇石坪村入选重庆市首批特色景观旅游名村,开工建设高山生态移民集中安置点 2 个。完成棚户区改造 27.5 万平方米,改造农村 C、D 级危房 6850 户。不断强化城镇管理,启动"五城同创",城区市容市貌加快改善,城市公交、停车场(位)管理进一步优化,新建 4 个镇污水处理站,南部 8 镇垃圾中转站建成投用,城市和集镇品质都得到不断提升。

(四)全力破解瓶颈,夯实发展基础

加强土地工作,征地拆迁面积创历年新高,较好保障了发展用地。加强投融资改革和金融工作,成功发行企业债12亿元,银行存贷款余额分别增加到276.5亿元和182.5亿元,贷存比提高到66%,为建设发展提供了有力的资金保障。全力推动园区基础设施和公辅设施建设,供电、供气、供水、污水处理能力提高。全力推动交通建设,渝黔高铁新线、三南铁路所有控制性工程全面动工,赶扶铁路开工,三环高速綦江段路基轮廓基本形成,万梨公路即将完工,实施国道、省道改造提升196公里和区级道路建设170公里,硬化农村公路250公里。全力推动水利建设,新龙庄水库、高庙水库完成主体工程,茶树湾水利工程、鸡爪岭水库开工建设,维修整治各类水利设施4200处,解决10.26万人饮水安全问题。加强生态环境建设,森林覆盖率达到43.5%,单位GDP能耗下降3.4个百分点,空气质量二级以上天数达到311天。

(五)坚持以人为本,改善社会民生

强化公共财政功能,全年民生事业支出达24亿元,占公共财政预算支出的53.8%。认真落实社会保障政策,新增城镇就业人员10907人,支出城乡社会保险21亿元,发放城乡低保金9238万元。优先发展教育,建成通惠小学等3所城区小学,完成中小学建设8.3万平方米,教育发展改革成果入编全国义务教育均衡发展丛书和教育改革丛书。加强卫生计生工作,人民医院三甲创建二期工程进入主体施工,精神卫生中心综合楼建成投用,公立医院改革稳步实施,群众饮食用药安全全面保障,“幸福家庭”创建被列为国家级试点区。文化体育事业蓬勃发展,成功举办第三届綦江农民版画艺术节等文体活动。严格落实安全生产责任制,大力排查整改隐患,安全生产形势持续稳定。切实加强社会管理,扎实开展社会治安综合治理,刑事发案率下降23.2%。国防动员、民防、民兵预备役工作进一步加强,妇女、儿童、残疾人和老年人权益得到更好保障。

(六)加强自身建设,提升政府形象

实施“两集中、两到位”行政审批制度改革,推行并联审批和“一站式”服务,提高了审批服务效能。强化工程招标、政府采购和产权交易监管,“阳光政府”建设取得新进展。全面落实中央八项规定和市委、区委的实施意见,改进调查研究,精简文件、会议。严格执行全市党员干部八个严禁、十二个不准,深入开展正风肃纪、提升效能服务市场主体等五大专项行动,促进了政府工作人员的勤政廉政。

二、发展中存在的问题

一是经济总量较低,地区经济持续快速增长的基础薄弱。二是传统产业竞争力下降,新兴产业尚未形成规模。三是工业园区产业承载力不够,城市发展动力不足。四是干部队伍思想有待进一步解放,政府工作效能有待进一步提升。

三、2014年发展目标

2014年綦江区经济社会发展的主要预期目标是:全区生产总值增长12%,公共财政收入增长13%,规模以上工业总产值增长17%,固定资产投资增长18%,社会消费品零售总额增长12.5%,城镇居民人均可支配收入增长11%,农民人均纯收入增长12%。单位生产总值能耗下降3.3%以上,主要污染物减排达到国家约束性要求。城镇登记失业率控制在3.5%以内。

(作者单位:綦江区政府办公室)

大足区

黎耿

一、2013年发展回顾

2013年,全区地区生产总值278.3亿元。三次产业结构比12.3:57.2:30.5。固定资产投资319.2亿元。地方财政收入63.02亿元。社会消费品零售总额78.4亿元。农民人均纯收入和城镇居民可支配收入分别为10440元、23721元。

(一)工业

全区工业总产值650亿元,规模工业总产值324.4亿元,规模工业企业309户。工业园区化水平为96.9%。产值过亿企业70户。工业投资完成123.3亿元。汽车及零部件、装备制造、现代五金、循环经济等支柱产业加快集聚,重庆家居产业园、"上依红"车桥、百亿机电装备工业园、再生资源产业园等落户。

(二)农业

农业总产值50.4亿元。已有优质粮油基地30万亩、蔬菜基地10万亩、枇杷基地10万亩、葡萄基地3万亩、荷莲基地5万亩。建成70万头生猪、6万只黑山羊基地,出栏生猪68万头。农业龙头企业达141家,其中国家级1家、市级17家。

(三)旅游

全年接待游客1001.8万人次,旅游总收入31.6亿元,分别增长25.2%、20.9%。宝顶山景区提档升级、千手观音修复、龙水湖温泉水世界主题乐园等项目顺利推进,昌州古城、石马真原堂正式开放。石刻国际旅游文化节、郁金香节、花雕节等成功举办。

(四)商贸流通

市场主体达到4.2万个,微型企业3105户。限上商贸企业387户,增加123户。注册商标1866件,重庆市著名商标27件。100亿级商圈建设加快推进,优丹、童萌等百货商场正式营业,新城"七星伴月"建设正式启动,"大足印象"、重百、中国西南城等项目有序实施。龙水五金市场年交易额达到228亿元、增长39.8%,五金商贸城、汽摩配件市场及仓储中心、汽博中心、普洛斯物流园等市场物流项目加紧建设。

(五)对外开放

引进投资额5000万元以上项目90个,实际利用内资120.6亿元、外资5000万美元。实现自营进出口4600万美元。对台招商进展顺利,成功引进台湾中小企业园、标准厂房、台商国际学校等项目。

(六)城市建设

城镇建成区增加1.83平方公里,达到47.25平方公里,常住人口城镇化率达到48.7%。建筑业总产值69.9亿元。新开工房地产面积246.5万平方米,房地产开发完成投资39.3亿元。城区绿地率达44.3%,城镇生活垃圾无害化处理率、污水集中处理率分别达92%、97.4%。

(七)社会事业和人民生活

初升高比例95%,高考上线率达92.8%。引进重庆正大软件等一批职业院校,重庆电信职业学院揭牌投用。三甲医院加快建设,经开区人民医院业务综合楼正式投用,中医院、区二院、精神卫生中心等各类医院迁扩建顺利推进。规范实施基本药物制度,药品电子交易正式启动。城镇新增就业17241人,城镇登记失业率为2.6%。城乡医保参保率98%以上。新建、续建保障房面积达80.3万平方米,改造农村危旧房15680户。解决133.2万平方米土地房屋"两证"遗留问题。

二、发展中存在的问题

一是综合经济实力不够强,产业核心竞争力不明显;二是土地、能源、环境保护压力不断加大;三是一些民生领域投入不够、欠账较多,离群众的要求还有较大差距;四是一些工作人员服务意识不强、办事效率不高、工作作风不实等问题依然存在。

三、2014 年发展目标

地区生产总值增长 13%左右;地方公共财政预算收入增长 13%以上;全社会固定资产投资增长 17%;社会消费品零售总额增长 13%;城镇居民人均可支配收入、农村居民人均纯收入分别增长 12%、13%以上。

(作者单位:大足区政府办公室)

潼南县

石磊

一、2013 发展回顾

在市委、市政府的坚强领导下,潼南抢抓全市五大功能区域发展战略重大机遇,以“科学发展、富民兴潼”为主题,紧紧围绕“新型工业基地、西部绿色菜都、生态文化旅游目的地、川渝合作示范区”发展定位,全力促发展、惠民生、抓稳定,经济社会实现持续快速发展。2013 年全县地区生产总值 190.77 亿元,增长 14.4%;工业总产值 203.36 亿元,增长 73.3%;地方财政收入 30.18 亿元,增长 22.5%;全社会固定资产投资 184.37 亿元,增长 47.3%;社会消费品零售总额 62.1 亿元,增长 13.9%;城乡居民收入分别达到 22276 元、9508 元,增长 9.8%和 12.9%。三次产业结构由 2012 年的 23.2:41.6:35.2 调整为 21.4:45.9:32.7。

(一)工业经济快速发展

大力推进企业建设,民丰化工维生素 K3 等 13 个项目竣工投产,西南国际灯具城一期标准厂房等 30 个项目有序推进。狠抓招商引资和外经外贸,引进投资 18 亿元的微动力电池等各类项目 96 个,到位资金 45 亿元,其中工业项目 35 个,到位资金 20.4 亿元;外贸进出口总额 2200 万美元,实际利用外资 1100 万美元。完善工业园区基础设施,南区污水处理厂、东区电镀园场平等 16 个项目竣工,110 千伏哨楼变电站、南区污水截流干管等 12 个项目加紧建设,建成标准厂房 20 万平方米。强化要素保障,工业用电量增长 13.1%,用气量增长 27.6%。发展民营经济,培育民营企业 3396 户,其中微型企业 834 户。全年完成工业投资 71.1 亿元,增长 53.8%;新增规模以上工业企业 89 家,达到 153 家;规模以上工业企业总产值 116.62 亿元,增长 91.1%。

(二)新型城镇化稳步推进

完成 22 平方公里城市总体规划局部修改,启动城乡总体规划编制和县城城市总体规划修编工作。开工建设“一坝三堤”滨江水体,滨江路二期建成通车,规划展览馆、滨江湿地公园、渝遂高速公路潼南收费站改造等工程竣工并投入使用。加强城市管理,深入开展“五城同创”,市级卫生县城通过复查验收,城镇生活垃圾无害化处置率 90%,城区人均公园绿地面积 8.4 平方米,城区绿化覆盖率 36%。大力推进中心镇和特色小城镇建设,实施场镇基础设施项目 39 个,开工建设农民新村 23 个,完工 12 个,改造农村危旧房 11542 户。全年新增城镇人口 1.1 万人,城镇化率 43.41%。新改建城镇排水管网 59 公里,完成 11 个镇级污水处理厂建设、13 个村环境连片综合整治和 15 个规模化畜禽养殖场污染综合治理,城区饮用水源地水质达标率 100%,建制镇集中式饮用水源地水质达标率 90%,全县森林覆盖率 41%,空气质量优良天数 343 天。

(三)现代农业提档升级

加快国家现代农业示范区建设,100 平方公里示范区核心区规划和20平方公里现代农业综合示范工程规划通过市发改委、市农委审批。坚持点面结合、示范推动,全面启动“百村百园”建设。加紧筹备蔬菜博览会,展示区温室大棚、设施蔬菜和露地蔬菜基地基本成型。推行“产加销一体化”,全县流转土地51.7万亩,市县级龙头企业达到58家,新型股份合作社、专业合作社633个,蔬菜深加工企业5家。狠抓品牌建设,新认证无公害蔬菜产品5个、绿色蔬菜产品20个,建成部级农产品质量安全检验监督站,被评为全市唯一的全国农业标准化优秀示范区和国家农业综合开发现代农业园区试点县。不断提升农业综合生产力,农村建设用地复垦3600亩,整治土地6万亩、新增耕地5200亩,建设高标准农田7.8万亩;承担全市唯一的部级整县推进水稻高产创建项目,建成万亩高产示范片25个。全年粮食种植面积90万亩、产量39万吨,蔬菜基地面积30万亩,全县蔬菜种植面积90万亩、产量180万吨,油菜种植面积25万亩、产量3.3万吨,蔬菜、油菜种植面积和产量均居全市第一。

(四)商贸旅游日渐活跃

完善商业设施,隆鑫集团投资30亿元的新城商圈开工建设,滨江商圈一期10万平方米主体工程竣工,西南国际灯具城二期完工、三期启动建设并完成主体工程,仁豪物流园完成场平工作;培育骨干商贸流通企业,引进重庆百货等亿元级商贸流通企业3家。全年新增限上商贸流通企业115家、达到197家;新增注册商标223件、全市著名商标3件。打造旅游“升级版”,完成全县旅游总体规划修编,启动陈抟故里景区建设,以西门片区为重点的大佛寺景区修缮一新,景区配套设施日趋完善,接待能力明显增强。成功举办第六届菜花节,崇龛镇成为全市首批特色景观旅游名镇。全年接待游客391万人次,实现旅游综合收入13.9亿元。

(五)项目建设大力推进

坚持“先急后缓、量力而行、尽力而为”的原则,“我承诺、你监督”,倒排工期,倒逼责任,扎实推进重点项目建设。包装策划总投资244亿元的132个重点项目,涪江二桥安置房等30个项目竣工,绕城路、鹭鸶溪大桥等58个项目加紧建设,完成投资58亿元。“八个一”重点工程中的东安大桥、“一校一园”等5个项目开工建设,大石桥水库、金福岛等3个项目正在加快推进前期工作。同时,着力保障项目用地和资金需求,全年征收集体土地3088亩,储备土地4500亩,出让土地3402亩;融资项目获批16个、16.14亿元,到位资金10.73亿元。

(六)社会事业全面发展

科技创新成效明显,加快推进“121”科技支撑示范工程,实施市县级科技计划项目51项、增长24%,专利授权216件、增长13.7%,被评为全国科技进步先进县。教育事业稳步推进,完成全县学校规划布局和教育重点项目建设方案;改造农村薄弱学校64所,建成农村教师周转房1.8万平方米;加快整合阛公职中、恩威职中教育资源,免费培训中职学生3200余人,输出专业劳务人员1800余人。文体工作迈上新台阶,全县各级各类文化设施全面免费开放,图书馆被评为国家一级图书馆;崇龛镇千佛崖、上和镇独柏寺被确定为全国重点文物保护单位,金大佛保护修复工程被评为全国十佳文物维修工程;建成江北体育场,体育公园成为全国户外活动基地,荣获全国群众体育工作先进单位称号。卫生事业成效显著,县医院住院综合楼投入使用,中医院住院综合楼和中心供应楼主体工程竣工,县妇幼保健院整体搬迁方案通过世行审查,县医院、中医院成功创“二甲”;建成标准化村卫生室140个;加强防疫防控,公共卫生服务水平明显提升。新闻工作有所创新,在全市率先建成广电安全播出监测系统,《潼南网》成为全市首批具有新闻资质的区县新闻网站。

(七)民生工作取得新成效

直面老百姓关注的热点、难点问题,全力办好10件民生实事和市委、市政府22件民生实事涉及全县的12件,全年各项民生支出27.5亿元、占公共财政预算支出的72%。努力扩大就业创业，建成微型企业孵化园，入园企业52户；培训城乡劳动力3383人，新增城镇就业人员1.95万人，城镇登记失业率3.2%。不断健全社会保障体系，城乡居民养老保险、合作医疗保险参保率分别达到89.4%、98.2%；新建敬老院3所，建成社区养老服务站3个、村级公益性公墓3个；下决心开展城乡低保全面清理，规范低保救助秩序，正本清源，维护社会公平正义。加大扶贫开发力度，实施高山生态扶贫搬迁2330人，全县贫困人口减少8540人。扎实推进计生惠民事业，发放奖扶、特扶金978.2万元，"孕优"参检4700人。大力改善交通出行条件，开通6路公交车，完成1路公交车更新，投放出租汽车40辆，新增农村客运线路5条，新建农村公路310公里，全县行政村通畅率100%。不断完善水利基础设施，完成双江镇、小渡镇等28公里中小河流治理，整治病险水库8座，新建、整治山坪塘386口，红层找水打井2030口。

二、发展中存在的问题

县城城市总体规划的建设用地已全部用完，发展空间严重不足；经济总量偏小，经济结构不优；重点项目推进较为缓慢；加快发展的压力与财政困难、资金紧张矛盾突出。

三、2014年发展目标

2014年是全面贯彻落实中央和市里各项改革举措的开局之年，是加快建设潼南城市发展新区的开拓之年，是全面冲刺"十二五"规划目标的关键之年，潼南将不折不扣地贯彻落实中央的方针政策和市委、市政府的总体要求，进一步解放思想，创新思路，迎难而上。2014年的主要发展目标是：地区生产总值增长13%，工业总产值增长28%，地方财政收入增长13%，全社会固定资产投资增长30%，社会消费品零售总额增长15%，城乡居民收入分别增长11%和13%。

（作者单位：潼南县政府办公室）

铜梁县

王刚

一、2013年发展回顾

2013年，面对国内外复杂多变的经济形势，坚持以科学发展观为指导，深入贯彻党的十八大精神，抢抓铜梁纳入重庆城市发展新区的重大机遇，统筹做好稳增长、兴产业、促开放、惠民生各项工作，扎实推动经济社会又好又快发展，迈出了建设幸福美好新铜梁的坚实步伐。

（一）致力于加快产业发展，综合实力明显增强

始终坚持聚精会神搞建设，一心一意谋发展，全县经济稳中有升，综合实力明显增强。全县实现地区生产总值255.3亿元，增长14.1%；三次产业结构比调整为12.4:59.9:27.7；实现固定资产投资364.3亿元，增长35.8%；公共财政预算收入18.7亿元，增长32.2%；社会消费品零售总额75.1亿元，增长14.6%；城乡居民存款余额193亿元，增长13.3%。预计城镇居民人均可支配收入达25255元，增长10.5%；农村居民人均纯收入达11361元，增长13.5%；城镇化率提高1.8个百分点，达到46.7%。

强力推进千亿级工业。工业园区完成征地6366亩，集中平场1300亩；金川大道、龙安大道、产业大道基本建成，全面拉开20平方公里园区骨架；水电气管网、淮远河生活配套区等配套设施建设顺利推进。新开工神驰机电、华龙盈科等项目65个，竣工投产普利特、涪柴动力等项目40个。用好用活民营经济发展专项资金，引导企业提档升级，规模以上工业企业累计达276家，实现产值319亿元，占整个工业总产值

的67.6%。其中,机械制造、电子信息、新型材料三大主导产业实现产值189亿元,占全部规模以上工业产值的59%。新培育市级重点新产品和高新技术产品40个,新创重庆名牌7个,国家高新技术企业达到12家,获评"全国科技进步先进县"。全县实现工业总产值472亿元,增长27.2%;工业增加值130亿元,增长17.1%。

积极发展特色效益农业。围绕蔬菜、水产、竹木、生猪四大主导产业,带动全县土地流转49万亩,其中规模经营40.2万亩,集中度达42%。累计建成蔬菜基地17.3万亩,全县蔬菜播种面积36.2万亩、产值12.4亿元,分别增长27.6%和21.9%;水产品总产量2.5万吨、产值4.4亿元,分别增长25%和23.6%;竹木销量45.2万吨,实现收入2.7亿元;新建万头标准化生猪养殖场2个,全县年出栏生猪70.6万头。巩固粮食生产,全年粮食总产量达36.8万吨。发展农村新型股份合作社28个,累计达55个;新发放农村"三权"抵押贷款7.5亿元,累计达18.3亿元。全县实现农业总产值46.9亿元,增长8.2%;农业增加值31.8亿元,增长4.6%。

全面打造区域性物流中心和休闲度假胜地。新增商业设施面积11万平方米,累计发展限额以上商贸企业339家。新城核心区商圈成功引进商会大厦、五星级酒店、中铁华夏传媒等商业项目;物流园区基础设施建设基本完工,签约入驻企业8家、协议引资17亿元;淮远古镇一期成功创建市级美食街,二期建设进展顺利。全面推进"一城三区五朵花"乡村旅游精品景区建设,核心景观基本成型,配套设施逐步完善,安居古城初具规模。全年共接待游客264万人次,实现旅游总收入6.7亿元。

(二)致力于重点项目建设,发展基础不断夯实

以重点项目建设为抓手,推动经济社会快速发展,99个重点项目完成投资135.2亿元,渝蓉高速公路铜梁段等27个项目竣工投用,三环高速公路铜梁段、龙腾大道等56个在建项目扎实推进,南环路等16个项目前期工作进展顺利,全县发展基础更加坚实,要素支撑更加有力,公共服务更加完善,民生保障水平进一步提高。

(三)致力于扩大开放,引资质量明显提升

围绕三大主导产业,利用台商工业园、西部承接国际产业转移基地、笔电配套产业园等发展平台,瞄准重点项目、龙头企业,创新招商模式,努力实现重大项目引进新突破。全年新引进工业项目81个,协议引资207.3亿元,其中,新引进国展电子等10亿元以上项目6个。实际利用内资192.2亿元,增长20.3%;实际利用外资3508万美元,增长25.5%。

(四)致力于城乡建设,宜居环境不断改善

城市建设快速推进。启动县城总体规划修编,建成城市三维仿真系统。完成新城核心区总体城市设计和控规编制,广龙路、迎春路东段等12个重点工程全面推进,景观大道竣工通车,新城核心区轮廓初现。人民公园二期建成投用,完成2个夜市、3个公共停车场、4座公厕等便民工程建设,城市功能更加完善。城区管网改造和巴川河综合整治工程基本完工,城区69条街道基本实现雨污分流,巴川河水开始清澈。完成沥青路面铺设、人行道面板铺装等街道综合整治工程。推进"拆违"专项行动,累计拆除违法建筑44万平方米。实施城市管理"三整治一改革",理顺城市管理体制,投入1430万元添置市政环卫设备;整治农贸市场21个,增设便民摊点1000余个;取缔非法营运两轮、三轮摩托车1500余辆;增设机动车临时停车位3000余个,自行车、摩托车临时停靠位3500余个,城市更加整洁靓丽。

镇村环境逐步改善。完成25个镇总体规划和80个村规划编制。累计投入1.5亿元,实施场镇提质扩容工程,场镇形象不断提升。实施12个村农村环境综合整治。新建农民新村10个,改造农村C级危房6600户,重建D级危房1400户,农村居住条件得到改善。整治病险水库21座,新建山坪塘66处,完成"红层找水"打井3070口,新建农村饮水安全工程9处,解决3万

人饮水安全问题。

交通事业加快发展。推进南、北汽车站迁建工程。完成公交运营体制改革,优化公交线路,新增出租汽车60辆、公共自行车200辆。改造国省道15.8公里,建设农村联网公路172公里;完成13座危桥加固,实施农村公路"安保工程"56公里;新开通农村客运线路6条,建设农村客运招呼站42个,群众出行更加便捷。

(五)致力于要素保障,可持续发展能力显著提升

资金保障更加坚实。强化税收征管,实现税收收入10.2亿元。投入5000万元设立风险基金,发行区域集优集合债券,助力中小企业发展。三峡银行正式营业,县内银行累计达9家;新成立小额贷款公司1家,累计达3家,金融服务体系更加完善。全县贷款余额达167.2亿元,存贷比达68.1%,创历史新高。

用地保障支撑有力。完成10个县级土地整理项目,新增耕地4813亩;完成宅基地和废弃工矿用地复垦3731亩。争取用地指标9005亩,完成征地9017亩,有力保障了全县重点项目和城市发展用地需求。

能源保障持续提升。小北海水库和安居提水工程顺利推进。建成云雾山110千伏和土桥35千伏变电站,开工建设玄天湖110千伏和侣俸35千伏变电站,启动1000千伏特高压变电站建设前期工作。中卫至贵阳天然气长输管线铜梁段及分输站、遂宁至铜梁天然气长输管线复线建成投运。

生态屏障建设深入推进。加快推进全国生态文明示范县试点工作,实施环保"五大行动",完成57个减排项目,关闭煤矿和非煤矿山8家、造纸企业5家。运用膜处理工艺建成污水处理厂10个,在全市率先实现场镇生活污水处理全覆盖;场镇生活垃圾无害化处理率达91%。大力开展节水工作,获评"全国节水型社会建设示范区"。推进国土资源保护,成功创建"全国国土资源节约集约模范县"。植树造林3.3万亩,全县森林覆盖率达44.1%。南城街道成功创建市级生态镇(街)。全社会化学需氧量、氨氮、二氧化硫、氮氧化物排放量分别削减1.1%、2.2%、0.1%、0.9%。

(六)致力于统筹协调,社会事业加快发展

教育事业全面发展。投入2.8亿元用于教育重点项目建设,启动东城中学、教师进修学校等8所城区学校建设,实施61所农村中小学扩容改造,新改扩建公办幼儿园11所,教育环境不断改善。开展"卓越课堂"教学改革,中考700分以上人数占全市13.8%,高考上线率96.4%,超市平5.2个百分点,基础教育质量不断提高。加快推进重庆艺术工程职业学院等3所院校建设,启动自考助学基地、职教中心实训基地项目,职教体系更加完备。

卫生事业加快推进。统筹推进新人民医院、妇幼保健院、中医院骨科分院、精神卫生医院建设,基本建成东城街道社区卫生服务中心和230个标准化村卫生室。中医院成功创建"三甲"医院,高楼、维新成功创建市级卫生镇。完成农村改厕9000户,累计达7.8万户。深化基本公共卫生服务,儿童"七苗"接种率达95.3%,孕产妇保健覆盖率达97%。深入开展食品药品监管,全年无重大食品安全事故发生。统筹人口发展,人口自然增长率控制在3.8‰以内,出生人口缺陷发生率控制在8‰以内,出生人口性别比趋于正常。

文体事业持续进步。完成视美动漫基地前期策划,启动建设老年大学。巴川、南城文化服务中心主体竣工,新建社区文化活动室57个,实现社区全覆盖。加大非物质文化遗产挖掘保护力度,铜梁彩灯舞成功列入第四批市级"非遗"名录。积极发展文化产业,全县文化企业达到429家,实现产值16.8亿元。推进体育设施建设,全民健身中心二期建成投用,新建健身路径3条、农民体育健身工程35个。开展老年体育等全民健身运动,成功举办全国技巧冠军赛、第十二届全运会男子篮球预赛等体育赛事。

(七)致力于保障民生,群众幸福感不断增强

启动24件民生实事,着力解决群众最关

心、最直接、最现实的问题。

创业就业工作成效明显。坚持创业带动就业，新发展微型企业802户，新增市场主体5079个，发放再就业小额贷款5125万元，帮助2.4万人实现就业。健全覆盖城乡的就业服务体系，提供就业岗位1.9万个，城镇新增就业3.1万人，城镇登记失业率控制在2.7%以内。新转移农村劳动力8500人，实现劳务收入1.1亿元。

社会保障体系不断完善。扩面提质“五大保险”，城乡居民社会养老保险和医疗保险实现全覆盖。企业退休人员月均基本养老金提高至1827元；社会保险参保人数达141万人次；城乡医疗保险实现全市统筹。医疗救助应救尽救，全年累计救助7.8万人。城乡低保标准分别提高至每人每月350元和200元，城市“三无”人员和农村五保对象供养标准分别提高至每人每月430元和300元。全力做好“6·30”特大暴雨洪灾灾民生活救助和倒房重建工作。加快推进85万平方米保障性住房建设。健全社会化养老服务体系，新改扩建敬老院4所，新办民办养老机构1所、社区养老服务站28个，新增养老床位200张。

社会管理综合治理稳步推进。加快安全生产标准化建设，强化专项整治和安全监管，事故起数和死亡人数继续实现双下降。应急应战指挥平台和预警信息发布平台建成投用，推进消防二中队建设，应急救援能力不断提升。坚持“五访”制度，办理来信来访1209件次、2232人次，化解疑难信访案件17件。开展“六五”普法，实施法律援助1466件，获评“全国法治城市法治县创建活动先进单位”。加强公安基层基础建设，全面夯实大刑侦工作格局和社会面巡逻防控体系，深入开展治安重点地区打击整治等专项行动，公众安全感指数保持在全市较高水平。

二、发展中存在的问题

一是经济总量还不大，支柱产业不够强，产业集群度不够高，缺乏特大项目支撑。二是镇街发展活力不足，农村基础设施仍然较为薄弱，农业效益不高，统筹城乡发展任务艰巨。三是民生保障能力与群众期望还有一定差距，改善民生任重道远。

三、2014年发展目标

深入贯彻落实党的十八届三中全会和市委四届三次、四次全会精神，坚持以科学发展观为指导，大力弘扬改革创新精神，坚持科学谋划、准确定位、产业分区、突出重点、差异发展的原则，紧扣打造重庆工业经济重要增长极、文化旅游城市、特色农产品生产基地和渝西地区重要生态屏障的科学定位，大力实施工业强县支撑战略、农业特县基础战略、商贸活县先导战略、旅游兴县突破战略、环境立县永恒战略，坚持改革引领、创新驱动、民生优先、项目推进的科学路径，按照一年打基础、两年见成效、三年大变样的工作目标，进一步解放思想、深化改革、扩大开放，努力建设工业迅猛发展、农业特色鲜明、城市魅力彰显、旅游亮点纷呈、城乡统筹发展、民生极大改善、社会稳定和谐的幸福美好新铜梁。全县经济社会发展主要预期目标是：地区生产总值增长14%，达到288亿元；工业总产值增长28%，达到604亿元；工业增加值增长20%，达到145亿元；固定资产投资增长20%，达到437亿元；社会消费品零售总额增长14.5%，达到86亿元；公共财政预算收入增长20%，同口径达到22亿元；城乡居民收入与经济发展实现同步增长。

（作者单位：铜梁县政府办公室）

荣昌县

刘百书

一、2013 年发展回顾

2013 年，荣昌县实现地区生产总值 261.03 亿元，比上年增长 14.0%。其中，第一产业增加值 38.88 亿元，增长 5.2%；第二产业增加值 160.09 亿元，增长 18.0%；第三产业增加值 62.06 亿元，增长 9.1%。第一产业增加值占地区生产总值的比重为 14.9%，比上年下降 0.1 个百分点；第二产业增加值比重为 61.3%，比上年提高 1.3 个百分点；第三产业增加值比重为 23.8%，比上年下降 0.7 个百分点。按常住人口计算，2013 年全县人均生产总值 3.88 万元，比上年增长 13.2%。全年地方公共财政收入 20.12 亿元，比上年增长 31.0%；其中税收收入 9.43 亿元，增长 18.2%。政府性基金收入 15.09 亿元，下降 31.0%。地方公共财政支出 42.45 亿元，增长 13.1%；政府性基金支出 16.27 亿元，下降 21.6%。全年金融业增加值 5.07 亿元，比上年增长 10.3%。其中新型金融业实现增加值 4493 万元，同比增长 49.7%。年末全县金融机构各项存款余额达到 197.55 亿元，比年初增长 16.0%。其中，个人储蓄存款余额 146.31 亿元，比年初增长 15.4%。年末金融机构贷款余额达到 128.61 亿元，比年初增长 17.3%。不良贷款率为 0.07%，比年初下降 0.07 个百分点。

（一）农林牧渔全面发展

全年完成农林牧渔业总产值 55.75 亿元，比上年增长 5.1%。全年粮食种植面积 47876 公顷，比上年减少 591 公顷，下降 1.2%；油料种植面积 10430 公顷，比上年增加 671 公顷，增长 6.9%；蔬菜种植面积 16304 公顷，增加 746 公顷，增长 4.8%。主要农产品产量：粮食产量 30.92 万吨，增长 3.0%；蔬菜产量 42.65 万吨，增长 6.5 %；肉类总产量 7.35 万吨，增长 4.1%；油料产量 2.39 万吨，增长 7.2%；生猪出栏 75.04 万头，增长 3.5%；羊出栏 1.09 万头，增长 3.7%；家禽出栏 960.56 万只，增长 6.1%；禽蛋产量 9627 吨，增长 3.4%；牛奶产量 2324 吨，增长 6.2%。以交易平台为比较优势，全国十大农产品交易市场之一——国家级生猪交易市场于 2013 年 1 月 9 日成功落户荣昌，国家级生猪价格形成中心、信息传播中心、科技研发中心、会展贸易中心和物流集散中心"五大中心"将在荣昌陆续建成。生猪市场建设各方按照部市共建备忘录"空间分离、体系联通、六位一体"的总体思路，坚持"政府引导扶持、社会主体投入、企业市场运作"的原则，投资 3 亿元建成，成为西南规模最大、档次最高、功能最全、信息最灵的专业交易平台和物流、信息流、资金流相融合的现代枢纽，商贸、会展经济活跃。

（二）工业经济提速增效

全年实现工业增加值 132.17 亿元，比上年增长 15.3%；规模以上工业增加值增长 16.8%；规模以上工业企业实现总产值 497.67 亿元，同比增长 19.6%。规模以上工业经济效益综合指数 330.4%，比上年提高 36.6 个百分点。其中：总资产贡献率 33.2%，比上年提高 2.7 个百分点；成本费用利润率 9.5%，比上年下降 1.4 个百分点；全员劳动生产率达到 20.01 万元/人，比上年增长 50.0%。规模以上工业企业主要产品产量：原煤 278.66 万吨，增长 7.0%；洗煤 249.63 万吨，增长 8.3%；饲料 59.12 万吨，减少 10.3%；鲜、冷藏肉 5.28 万吨，增长 60.5%；精制茶 5.77 万吨，增长 14.1%；苎麻布（含苎麻≥55%）386.5 万米，减少 23.0%；焦炭 14.78 万吨，增长 16.4%；不锈钢日用制品 3.99 万吨，增长 0.8%；阀门21.0 万吨，增长 20.2%;电子元件 3.47 万只,减少 8.6%;印制电路板 9.73 万平方米,增长 77.0%;发电量 6.73 亿千瓦时,增长 9.4%。

出台强兴工业 15 条政策,设立商标发展奖、质量强县奖、税收贡献奖,修订完善招商引资优惠政策和奖励办法,全年实现工业总产值 550 亿元,增长 18.5%,工业经济持续快速发展。园区集聚度不断增强。坚持项目向产业集中、企业向园区集中,充分发挥园区承载产业的主导作用。“一区三园”入驻项目 293 个,投产企业 257 家。园区工业总产值实现 390 亿元,占全县的 71%;工业固定资产投资完成 87 亿元,占全县的 63.5%。主导产业持续壮大。围绕“4+1”主导产业,狠抓现有企业发展,主导产业实现工业总产值 409 亿元,增长 19.6%,占全县规模以上工业的 82.6%。其中:生物医药产业 31.8 亿元,增长 19.4%;装备制造产业 126.8 亿元,增长 35.4%;电子信息产业 3.1 亿元,增长 35.4%;农副产品深加工 95 亿元,增长 1.6%;其他产业 152.3 亿元,增长 21.4%。招商引资成效显著。优化“1+6+19”招商模式,共引进项目 146 个,其中上亿元的项目 26 个,合同资金 123.7 亿元,到位资金 66.5 亿元。基础设施建设有力。坚持园区建设与产业发展同步推进,不断完善基础设施。“一区三园”完成土地平场 1660 亩,道路 8 公里,雨污管网 18 千米,建成标准厂房 32.5 万平方米,安装高压线路 1.5 千米。板桥园区污水处理厂建成投入使用。要素制约逐渐缓解。完成武城 110 千伏变电站建设并正常供电。成功争取中贵线永川—荣昌延伸段项目,并上报西南油气田分公司完成预审。促成自贡团山配气站的改造、河包天然气新井的开采、螺二井站供气交接点的增加,每天新增天然气供气量 10 万立方米。

建筑业实现增加值27.92 亿元,比上年增长 33.8%。年末在荣昌注册具有资质等级的总承包和专业承包的独立核算建筑业法人企业 40 家,从业人员 1.78 万人。全年建筑企业房屋施工面积 448.4 万平方米,比上年增长 54.1%;房屋建筑竣工面积 195.1 万平方米,比上年增长 14.5% 。

(三)交通运输、邮政电信快速发展

实现交通运输、仓储和邮政业增加值 8.84 亿元,比上年增长 10.4%,占全县生产总值的比重为 3.4%。全年公路客运量完成 5993 万人次,比上年增长 19.0%;公路旅客周转量 18.01 亿人公里,增长 22.0%;公路货运量完成 661 万吨,增长 19%;公路货物周转量 6.29 亿吨公里,增长 20%。水路客运量 11.11 万人,下降 11.0%;客运周转量 77.78 万人公里,下降 11.0%。年末,全县拥有营运汽车 5981 辆,其中货车 5172 辆、客车 589 辆。全县出租汽车 220 辆。年底全县公路总里程 2266.48 公里。按行政等级划分:国道(高速公路)29.8 公里,省道 134.86 公里,县道 238.49 公里,乡道 327.16 公里,专用公路 11.59 公里,村道 1524.58 公里。按技术等级分:高速公路 29.8 公里、一级公路 24.93 公里、二级公路 167.59 公里、三级公路 77.68 公里、四级公路 1712.76 公里,等外公路 253.72 公里。全年完成邮电业务总量 4.03 亿元,比上年增长 12.3%。其中,邮政业务总量 5178 万元,增长 14.4%;电信业务总量 3.51 亿元,增长 12.0%。年末固定电话用户数 10.74 万户,移动电话用户 46.56 万户,互联网用户 6.16 万户。

(四)固定资产投资不断增长

全年固定资产投资完成 306.49 亿元,比上年增长 24.0%。其中基础设施建设投资 76.87 亿元,增长 9.3%。分城乡看,城镇投资 241.39 亿元,增长 14.5%;农村投资 65.10 亿元,增长 78.8%。分产业看,第一产业投资 13.16 亿元,增长 41.3%;第二产业投资 143.64 亿元,增长 32.7%;第三产业投资 149.69 亿元,增长 15.5%。

工业投资 143.06 亿元,增长 33.4%,占全县固定资产投资总额的 46.7%;房地产开发投资 34.70 亿元,下降 7.9%,占全县固定资产投资总额的 11.3%。

(五)内外贸易发展较快

外贸进出口总值完成 3.40 亿美元,增长 27.5%。其中:出口总值达 3.35 亿美元,增长 26.4%。分品种看:茶叶类出口 494 万美元,增长

20.2%；夏布类出口 4908 万美元，增长 122.3%；不锈钢出口 4227 万美元，增长 44.7%；高锰酸钾出口 2949 万美元，下降 15.0%。

全年实际利用外资 3010 万美元，增长 17.3%。实际利用内资 71.24 亿元，比上年增长 2.4%，其中 1000 万元以上项目实际利用内资 64.30 亿元，比上年增长 2.7%。

全年批发和零售业实现增加值 15.83 亿元，比上年增长 10.8%，占全县生产总值的 6.1%；住宿和餐饮业实现增加值 5.73 亿元，比上年增长 8.2%，占全县生产总值的 2.2%。

全年社会消费品零售总额 70.70 亿元，比上年增长 16.0%。按消费形态分，商品零售额 57.34 亿元，同比增长 16.6%；餐饮收入 13.36 亿元，增长 13.2%。限额以上企业中，汽车类增长 13.2%，粮油食品类增长 63.8%，家用电器和音响器材类增长 21.7%，石油及制品类增长 22.9%。

全年批发和零售业实现销售额 111.14 亿元，增长 20.0%。住宿和餐饮业实现营业收入 22.64 亿元，增长 17.5%。

全年接待游客 185.86 万人次，比上年增长 17.6%；实现旅游综合收入 4.59 亿元，比上年增长 18.0%。年末拥有按五星级标准建设的酒店 1 家，按四星级标准建设的酒店 2 家，实有四星级酒店 1 家、三星级 5 家、二星级 1 家。

(六)城乡面貌持续改善

城乡规划更加完善。有序推进土地利用总体规划和城乡建设总体规划局部修编工作。编制完成万灵山旅游度假区规划以及燃气、雨水、通讯等控制性详细规划和专项规划。完成县域城镇化布局研究、城区建筑物信息调查工作。城市建设提档升级。加快老城区提档升级，有序推进新城区开发建设。新建城市道路 10.5 公里，雨污管网 7.84 千米。新开工房地产开发项目 38 个，面积 115 万平方米。新建棚户区住房 1138 套，新建荣峰河廉租房 585 套。城市建成区面积达到 26 平方公里。风雨廊桥、荣峰河猪文化长廊、红旗桥小游园、人民公园等项目全面完工。中国人居环境范例奖顺利通过评审。城乡管理扎实有序。推进城镇精细化管理，以现代理念管理城市，新增清扫保洁面积 107 万平方米，城区环境卫生管理实现全域化。农村生活垃圾集中收运达到 64 个行政村，实现镇街全覆盖。实施老城区污水管网及人行道升级改造，铺装人行道面积 3.67 万平方米。小城镇建设卓有成效。基本完成清流伊斯兰特色风貌镇建设。安富、盘龙绕城公路等建设工程有序推进。完成 25 个农民新村示范点建设。完成农村土地整理项目 9 个，新增耕地 4600 亩。实施农村建设用地复垦项目 141 个，复垦土地 5170 亩，实现地票交易 2657 亩。完成 6 个村庄环境连片整治。坚持公路建管养并重，完成 30 公里省道升级改造和大修工程，交通条件不断改善。

(七)社会事业全面进步

全县有各级各类学校 373 所。其中，普通中学 29 所(含 4 所高完中)，中等职业学校 2 所，小学 146 所，幼儿园 195 所，特殊学校 1 所。普通初中招生 7941 人，在校 22941 人，毕业 7902 人；普通高中招生 4319 人，在校 12858 人，毕业 4386 人；小学招生 8742 人，在校 49201 人，毕业 7941 人；中等职业学校招生 1617 人，在校 5027 人，毕业 1348 人。学前教育在校生数 24268 人，特殊学校在校生 275 人。2013 年全年全县初中的毛入学率为 100%，小学的入学率为 100%。初中的辍学率为 2.86%，小学的辍学率为 0.9%，分别比上年下降 0.05、0.03 个百分点。

成功举办第四届青少年科技创新县长奖活动，6 项科技成果获重庆市科学技术奖励，有 2 个创新产品分获第二届重庆市青年农业科技创新创业大赛一等奖和三等奖，荣获全国科技进步先进区县奖。受理专利申请 654 件，获得专利授权 102 件。新认定重庆市著名商标 1 件。

全县文化馆 1 个，图书馆 1 个。有线电视用户 130059 户，其中数字电视用户 83963 户。乡镇文化站 21 个。

年末，全县拥有卫生机构 32 个，其中，妇幼保健院(所、站)1 个，疾病预防控制中心 1 个，卫生监督机构 1 个，血站 1 个，社区卫生服务中心

5个,企业医院2个,私人医院3个。卫生机构床位数2908张,卫生机构人员总数3223人,执业医师和执业助理医师978人,注册护士1002人。卫生机构卫生技术人员2535人,其中,乡镇卫生技术人员945人。

(八)民生及社会保障

全县城镇居民人均家庭总收入25020元,增长8.6%,其中人均可支配收入23920元,增长9.7%。总收入中,工资性收入15015元,增长8.7%;经营性收入2250元,增长6.8%;财产性收入612元,增长27.5%;转移性收入7143元,增长7.6%。城镇居民恩格尔系数38.5%,比上年下降0.2个百分点。

全年农村居民人均纯收入10849元,增长13.1%。其中,工资性收入4736元,增长18.3%;家庭经营收入4829元,增长7.7%;财产性收入439元,增长35.6%;转移性收入845元,增长7.8%。人均生活消费支出7548元,增长20.6%;其中,衣着、居住、家庭设备用品、医疗保健等消费分别增长11.5%、38.1%、26.3%和0.8%,交通通讯消费增长25.6%。农村居民恩格尔系数42.3%,比上年下降2.1个百分点。农村居民人均住房面积43.4平方米,比上年增加2.7平方米。

2013年城镇新增就业人员14517人,新增转移农村劳动力4096人,保持"零就业家庭"动态为零。年末城镇登记失业人数3107人,城镇登记失业率2.96%。

全县参加城镇职工基本养老保险人数为78654人,比上年增长4.8%,其中,企业职工40912人,个体37742人;城镇职工基本医疗保险参保人数77012人,增长6.5%;参加失业保险34046人,增长23.0%;生育保险参保人数22553人,增长18.9%;参加城乡居民养老保险人数34.49万人;参加工伤保险110231人,增长3.3%。

共有收养单位101个,其中敬老院22个,五保家园79个,共有床位数3421张,供养五保老人2845人。救助站救助流浪乞讨人员542人次。城乡居民最低生活保障10931户20413人,比上年减少5223人,下降20.4%,其中城镇居民最低生活保障人数为7544人,比去年减少2459人,城镇居民最低生活保障4318户,比去年减少1172户;农村居民最低生活保障人数为12869人,比去年减少2764人,农村居民最低生活保障6613户,比去年减少1395户。全年共救助城乡低保对象20413人,发放低保金10931万元,其中农村低保发放2685.8万元,城镇低保发放2824.6万元。城市居民和农村居民低保标准分别由330元/月提高到350元/月、185元/月提高到200元/月,分别比上年增长6.1%和8.1%。

全县714251名城乡居民参加了2013年度的城乡居民合作医疗保险,全年城乡居民合作医疗基金补偿总额20362万元。

二、发展中存在的问题

一是由于"一产偏重、二产偏弱、三产偏小",三次产业结构需要进一步优化;二是煤炭、化工等传统产业优势逐渐弱化,生物医药、装备制造、陶瓷生产等新兴产业仍处于起步阶段,经济发展处于转型升级的调整阵痛期;三是企业创新驱动乏力,企业科技水平、研发能力对经济增长的内生动力和后劲支撑不够;四是政府性债务处在还本付息高峰期,"控总量、调结构、防风险"的压力较大;五是政府自身建设存在薄弱环节,少数部门"中梗阻"现象时有发生。

三、2014年发展目标

2014年经济社会发展的预期目标是:地区生产总值增长12%左右;工业增加值增长15%;县级公共财政收入同口径增长13.4%;固定资产投资总额增长15%;社会消费品零售总额增长15.5%;进出口总额增长5%;城镇居民人均可支配收入增长12%;农民人均纯收入增长13%;城镇化率提高1.7个百分点;城镇登记失业率控制在3.3%以内;人口自然增长率控制在5‰以内;万元GDP能耗下降4%。

(作者单位:荣昌县政府办公室)

璧山县

饶静　董文华

一、2013 年发展回顾

2013 年，璧山围绕“增强功能、走在前列”，始终将发展作为第一要务，坚持“低调务实、少说多干”，实现经济社会快速发展。

（一）着力提升综合实力，地区价值“持续攀升”

地区生产总值实现 301.9 亿元，增长 16.6%，增速全市第一。人均 GDP 预计达到 7500 美元，高于全国和全市平均水平。固定资产投资完成 454.4 亿元，增长 31.2%。地方财政收入突破百亿，达到 102.4 亿元，增长 27.6%；公共财政预算收入完成 38.1 亿元，增长 17%。工业总产值达到 1368 亿元，增长 35.2%。社会消费品零售总额实现 82.3 亿元，增长 16.1%。三次产业比重调整为 5.9:68.4:25.7。非公经济占 GDP 的比重预计达到 73.3%，居全市前列。平台公司资产总量达到 656 亿元，比年初增加 119 亿元。交通银行、民生银行等 4 家金融机构进入璧山，全县金融机构达到 36 家，存款余额 284 亿元，存贷比 80.6%。“城规”修编、“土规”局部修改通过市政府审批，城市建设用地规模扩大到 53.5 平方公里。城镇化率达到 59%。“中国人居环境范例奖”、“国家新型工业化示范基地”、“国家城市湿地公园”、“国家农业科技园区”等“国”字号名片花落璧山。

（二）着力强化产业支撑，区域经济“优化升级”

工业经济持续壮大。完成工业投资 211.9 亿元，增长 31.8%，占总投资的 46.6%。实现工业增加值 185.9 亿元，增长 19.5%，拉动 GDP 增长 12.6 个百分点。装备制造、电子信息、食品医药三大主导产业实现产值 821.8 亿元，占比达到 60.1%。规模以上工业企业 275 家，预计实现利润 47.3 亿元，增长 46.5%。工业经济外向度进一步增强，实现进出口总额 27993 万美元，实际利用内外资分别达到 178.7 亿元、16905 万美元。工业集中度达到 82%，进入全市先进行列。工业园区建成区面积扩大到 12 平方公里，跨入“千亿俱乐部”，实现产值 1005.2 亿元，增长 43%；中联重科、惠科电子等 100 亿级企业入驻园区，新引进企业 65 家，总投资 134.3 亿元，入园企业达到 838 家；新开工项目 53 个，新投产 71 个；建成园区道路 15 公里、标准厂房 105 万平方米和园区污水处理厂一期工程，实施道路绿化 30 万平方米。农业产业化快速推进。璧北十万亩蔬菜基地播种面积扩大到 10.8 万亩，产量 25 万吨，实现产值 2.9 亿元。璧南十万亩苗木基地、璧西五万亩果木基地建成面积分别达到 7 万亩、3.2 万亩，产值分别达到 8.5 亿元、6.1 亿元，“璧山葡萄”获国家地理标志认证。全力稳粮保供，粮食产量达到 17.3 万吨。新发展农民合作社 34 个、农业“龙头”企业 14 家。新增绿色食品 12 个、市名牌农产品 3 个。现代服务业创新发展。160 万平方米天安城市综合体正式开工，完成 10.5 万平方米金融街及商业配套设施建设，砂之船奥特莱斯、摩登时代广场开门迎客。重庆餐投集团明清风格餐饮综合体、巴渝古建筑文化村、红星美凯龙家居生活广场等项目落户璧山。科学设置城区旅游景观标识，观音塘湿地公园创建国家 4A 级景区通过市级评审。全年接待游客 495 万人次，旅游收入 9.7 亿元。建成房地产交易市场，首批入驻房地产企业 15 家。新开工商品房 223 万平方米，竣工 109 万平方米，销售 152 万平方米。第三产业实现增加值 77.6 亿元。

(三)着力完善宜居功能,新型城乡形态"轮廓初现"

绿岛新区建设集成推进。理顺新区管理体制机制，赋予新区更大发展空间。投入82.2亿元,建设重点项目27个,建成城市道路20.5公里,新区建成区扩大到8平方公里。启动7平方公里御湖新区控规编制,建成公共服务中心,后勤服务中心、文化艺术中心正在实施内装修。登云公园、瀚恩公园建成投用,东岳公园、体育公园启动建设。大量引入乡土植物进城,城市植物品种达到2000种。城市园林绿化面积1200万平方米,建成区绿化覆盖率46%,人均公园绿地面积23平方米。新建休闲亭19个、标准公厕3座,安装和改造路灯1400余盏,更换花岗石路沿15公里,改造人行道板4.5万平方米,新增公共停车位2000个，全面完成城区背街小巷街面整治。基础设施全面提升。渝蓉高速璧山段建成通车;成渝高铁璧山段路基、桥梁、隧道工程全面完成,高铁换乘枢纽及连接线工程开工建设;黛山大道南段新区至高铁段路基工程基本完工;积极争取轨道1号线进入璧山，启动缙云山隧道建设前期工作。盐井河水库扩建工程基本完工,千层岩水厂扩建二期工程完成80%工程量,县城污水处理厂二期、璧南5个污水处理厂(站)投入试运行;东岳水库建成投用,大岚水库完成95%工程量,城区水域面积达到3.3平方公里。秀湖、狮子变电站建成投用,温泉、四平变电站开工建设,茅莱变电站正在开展拆迁工作。完成相国寺储气库天然气管道璧山段、中贵天然气管道马坊阀室和工业园区天然气配气站建设,改造虎溪至璧山天然气管道。启动4G网络建设,建成"无线城市"网络热点185个。城乡环境进一步优化。改造国省道路46公里,新建和改造农村公路126公里。推进城乡客运一体化,新增和调整城乡公交线路21条,11个镇街开通公交车;新投放出租车53辆。建设各类水利工程2500余处，完成18座病险水库除险加固,新增蓄水能力450万立方米，恢复改善和新增灌溉面积1.9万亩。新建沼气池1500口,改厕6000户。村镇环境整治取得阶段性成果,启动生态村镇创建工作,新建垃圾收运站4个,城镇垃圾无害化处理率达到98%;完成11个村农村环境连片整治,3个村获得部级和市级"美丽乡村"称号;新建和改造市民广场11个、场镇管网28公里,新建、扩建农民新村22个;青杠创建为国家级生态镇街,丁家、大路、八塘创建为市级生态镇街。开展涉水企业专项普查,新关停污染企业和养殖场等各类污染源140个、整治1317个;璧南河、璧北河保持在Ⅳ类水质,梅江河稳定保持在Ⅲ类。成功创建为"重庆市环境保护模范县"。

(四)着力增强百姓福祉,民生民计"和谐幸福"

75.8亿元民生投入再创新高，占财政支出的64.2%。对接落实全市22件民生实事,投入约5亿元，建成24公里撤并村公路，整治山坪塘185口,改造农村危房3600户,实施30个村饮水安全工程,解决5.6万人饮水安全问题,新建、改建15所学校食堂,实施棚户区改造竣工房屋397套,建成4个社区养老服务中心。高度关注住房保障，新开工和续建保障性住房159万平方米,可解决5.7万人住房问题。提前谋划教育基础设施布局，启动城区学校布局调整规划编制工作；基本建成硬件条件全市领先的璧中新校区和实验小学B区,改造中小学10所、幼儿园4所；城北小学成为全国首批教育信息化试点单位，全市教育信息化建设与应用现场会在璧山召开;与新加坡伊顿国际教育集团签约,引进国际教育资源打造高品质学前教育基地;高考再创历史最好成绩，上线率90.5%,3名学生梦圆北大;继续实施学生"爱心午餐"和饮用奶计划,对2579名留守儿童进行"1+1"亲情帮扶。完成人民医院主体工程,妇幼保健院建成投用;启动公立医院改革,实行基本药物"零差率"销售,门诊和住院次均费用分别下降8%、6%,居民电子健康档案建档率达到85.6%;建成标准化镇街卫生院15个、村卫生室150个,实现镇街和行政村全覆盖。新增城镇就业19752人,新转移农村劳动力3274人;新发展微型企业616家;发放小额担保贷款2亿元,帮助1620人实现创业梦;城镇零就业家庭和农村零转移家庭实现动态清零,城镇登记失业率控制在3%以下。城乡居民收入分别达到25781元和11618元,分别增长10%、13.5%,农民人均纯收入连续16年居全市各县第一。加大"五险"扩面征缴力度,提高4.3万名企业退休人员、城镇超龄人员和征地农转非人员养老待遇。受理各类劳动争议案件1776件,为劳动者挽回损失5680万元。城乡低保、城市"三无"人员和农村"五保"供养标准全面提标,1.8万名城乡低保对象领取低保金4987万元,为1715人发放城市"三无"人员待遇902万元,3427人纳入农村五保供养,发放供养金1137万元。1.7万名80岁以上老人享受高龄营养补贴,547个"失独"家庭获得特别关爱金。新建、改扩建敬老院2所,完成县殡仪馆迁建和新公墓建设征地工作。加强对外文化交流,赴台举办晏阳初华西实验区历史档案展;县图书馆获国家一级图书馆称号;成功申报"璧山微刻"等3个市级非物质文化遗产项目;音乐《田坝腔》、舞蹈《咏莲》获第十届中国艺术节"群星奖"。新建农村体育广场1个、农民体育健身工程15个、全民健身路径10条;成功举办第五届"县运会",被国家体育总局评为"农民体育健身工程建设先进县"和"全国群众体育先进单位"。布设33个社区警务室,组建6支社区专职巡逻队;整治社会治安重点地区15个,安装镇街背街小巷视频监控镜头396个。建立网络留言交办制度,受理网上投诉建议2621件,回复率100%。全县综合性应急应战指挥平台建成投用,全市民防工作会在璧山召开。连续102个月未发生较大及重特大生产安全死亡事故。

(五)着力提高行政效能,深化改革"大胆稳健"

大力推进"政府投资瘦身,社会投资扩容",每周至少开工1个5000万元以上社会投资项目,政府投资与社会投资比例优化为1:6。开展"走进矛盾、破解难题"活动,县级领导一对一落实信访案件,化解各类信访积案47件,信访件次下降4%、人次下降13.8%。开展"走进企业、助推发展"活动,每个县级领导联系2个社会投资项目,首批84个项目快速推进。开展"走进村社、融入群众"活动,30名党员县级领导、102个县级部门、26家重点企业和28个镇街机关支部分别结对包建1个村社,组建54支群众工作队进驻村社。建立"干部对账"制度,落实"建账、派账、报账、统账"机制,将对账结果作为干部年度考核依据。建立镇街结对帮扶制度,街道向结对镇提供1400万元项目资金支持。实施"三年千人引才计划",引进和培养硕士研究生和副高级职称以上人才368名。加快外向型经济建设,与重庆海关签订加速融入内陆开放高地合作备忘录。坚持"三道防线"控制负债,10.6%的资产负债率降到历史低点。坚持公共资源"阳光交易",交易金额90.2亿元,为政府增收节支2.8亿元。严格执行中央八项规定,自觉抵制"四风",政府公文数量下降20.3%。厉行勤俭节约,严控行政成本,"三公"经费下降10%。着力解决损害群众利益的不正之风和腐败问题,立案查处违纪违法案件53件,党纪政纪处分59人。主动接受人大政协监督,办结人大代表建议和政协委员提案341件,满意和基本满意率达到100%。开通"阳光璧山114政务咨询热线",提供咨询服务1.4万人次,办结群众诉求763件。

二、发展中存在的问题

一是经济总量与主城区相比仍有较大差距,经济结构优化调整任重道远;二是城市扩张与生态涵养、工业发展与环境保护,以及城乡差距的矛盾有待破解;三是土地约束、资金调度的压力依然较大;四是社会管理创新不足,公共服务水平有待提高,与人民群众期盼还有一定差距;五是部分公职人员的思维方式、发展手艺、执行能力、工作状态还未适应璧山发展的新要求。

三、2014年发展目标

发展思路:全面贯彻落实党的十八大、十八

届三中全会和市委四届三次、四次全会精神，坚持"稳健前行"的发展基调，深化改革开放，转变发展方式，调优产业结构，着力抓好重庆"城市发展新区"的生态宜居区、新型工业化示范区、统筹城乡先行区建设，打造和美璧山。预期目标：地区生产总值增长15%，地方财政收入增长17%，公共财政预算收入增长27%，全社会固定资产投资增长20%，工业总产值增长30%，社会消费品零售总额增长15%，实际利用内外资均增长10%，进出口总额增长20%，城乡居民收入分别增长10%、13%，城镇登记失业率控制在3%以内，单位GDP能耗降低2.5%，空气质量优良天数占比达到85%，县城噪声达标区合格率保持在100%。主要措施：一是立足"承载功能"，在提升经济发展质量上实现更大进步；二是立足"绿色低碳"，在打造宜居城市典范上取得更好成绩；三是立足"招大引强"，在推进新型工业化基地建设上迈出更快步伐；四是立足"提速倍增"，在激发三产发展活力上开创新局面；五是立足"先行先试"，在探索城乡统筹新路上谋求更多突破；六是立足"民生关怀"，在构建和美幸福家园上达到更高水平；七是立足"群众路线"，在加强政府自身建设上拿出更实举措。

（作者单位：璧山县政府办公室）

梁平县

张鹏程

一、2013年发展回顾

2013年以来，在市委、市政府的坚强领导下，梁平县认真学习贯彻党的十八大、十八届二中、三中全会精神和习近平总书记系列重要讲话精神，深入贯彻落实市委四届三次、四次全会精神和市委、市政府各项工作部署，紧紧围绕"科学发展、富民兴梁"总任务，以生态涵养为根本前提，以经济发展为首要任务，大力推进"五个主题年"建设，扎实推进各项工作，全县经济社会发展呈现出"稳中有进、进中见好"的良好态势。

（一）经济实力明显增强

地区生产总值达到182.7亿元，同比增长（下同）13.9%，增速超过全市平均水平，名列渝东北生态涵养发展区第一。公共预算收入达到13.2亿元，增长19.5%。固定资产投资188.7亿元，增长35.6%。工业总产值突破200亿元，达到220亿元，增长21.6%；增加值79.7亿元，增长16.7%。社会消费品零售总额59.7亿元，增长14.3%。城镇居民人均可支配收入22644元，增长10.5%；农民人均纯收入8999元，增长13.6%。金融机构各项存贷款余额均实现较快增长，存款余额达到235亿元，增长19.6%；贷款余额达到66亿元，增长43.8%，贷款增速名列全市第一。

（二）城乡面貌持续改善

大力推进双桂新区建设，新城形象日渐显现。建成13条标美路、8座桥梁，完成2.6公里河道整治，中央公园、正龙寺公园面向市民开放，体育场、兴茂时代商业广场轮廓初现，建成26万平方米回居房，开发商品房200万平方米。按"三级同建"的原则，完成城市总体规划编制，完成12个乡镇总体规划修编和7个农民新村规划，科学布局城镇体系。有序实施旧城改造，完成旧城区部分人行道提档升级，开展车行道整治，改造城市道路4.3万平方米，旧城面貌持续改善。启动36个美丽乡村建设，建成10个农民新村。全县城镇建成区面积突破30平方公里，新增城镇人口1.8万人，达到32.4万人，城镇化率提高2.8个百分点，达到45.3%。

（三）工业经济持续发力

全县完成工业投资47.3亿元，增长21%，规模以上工业总产值达到116.7亿元，其中，园区工业总产值突破100亿元，增长37.6%。工业园区建成面积超过4平方公里，基础设施不断完善，建成公租房1.2万平方米，完成3.5万平方米标准厂房主体工程，新架设和迁改电力线30公里，铺设天然气管道3.2公里、自来水管道5公里。平伟光电园、东创机械、金漫电子等13个项目建设加快推进。全县市级小企业创业基地达到5个，入驻企业87家。引进巨源不锈钢加工、中财管道等项目37个，合同引资达到105亿元。实际利用内资84.5亿元，增长69.9%，增速排名全市第一。新发展微型企业1000户，新增市场主体7000户，市场主体总量突破3万户。

（四）现代农业提质增效

万亩名柚园、万亩现代渔业园、8万亩高产粮油基地、10万头生猪规模化养殖场等重点项目加快推进。新发展县级龙头企业26个，全县新型股份合作社达到109个，培育大户287个，土地流转率达到49%。深入实施现代农业综合示范工程，完成测土配方推广100万亩。大力推广农业技术应用，良种覆盖率达到95%以上，耕种收综合农机化率达到54.2%。全县粮食产量达到39.96万吨，出栏生猪78.7万头、水禽930万只，实现农业增加值31亿元，增长5.3%。

（五）商贸旅游蓬勃发展

全年商品销售总额达到95.8亿元，增长18.3%，餐饮住宿营业额达到15.4亿元，增长17.5%。亿联建材家居五金城一期工程投入运营，二期完成主体工程，渝惠农产品批发市场一期全面竣工。戴斯酒店完成主体工程，大世界酒店建成营业，平野园林酒店被评定为五星级农家乐。乡镇商圈启动建设，“智慧的餐桌”电子商务平台项目有序推进。成功举办“2013中国·双桂堂”旅游盛典暨禅宗文化节。累计接待游客180万人次，旅游直接收入5亿元，分别增长20%、25%。

（六）统筹示范初显成效

完成统筹城乡示范走廊建设总体规划和7个美丽乡村规划。特色产业项目加快建设，基础设施更加完善。深入开展“环保五大行动”，启动市级环境保护模范县创建。推进工业、交通、建筑等重点领域公共机构节能示范工程，万元GDP能耗下降4%。综合配套改革稳步推进。农村产权交易中心正式运行，全年完成交易120余宗，完成三权抵押贷款1.3亿元。实施农村建设用地复垦项目149个9800余亩，完成地票交易2500余亩，累计办理“农转城”转户1.9万余户6.3万余人。

（七）社会事业协调发展

大力实施民生工程，对接落实市级22件民生实事。实施“蟠水柏调”等人饮工程，整治山坪塘269口，改善、解决9.5万人饮水安全问题，民生水利工作荣获全市“禹王杯”一等奖。改造农村危旧房7000户，完成高山生态移民1350人。建成教师周转房1.2万平方米。农村交通在渝东北率先实现行政村通畅率100%。三甲医院主体工程完成85%，基层医疗机构标准化率实现100%。公众安全感指数达到95.3%，公安工作综合考核排名全市第一。光电科技产业被列为重庆市“121”科技支撑示范重点工程，获批为全市首个县级国家可持续发展实验区，荣获“全国科技进步先进县”。城镇登记失业率控制在3.31%以内，城乡低保实现“应保尽保、应退尽退”。成功创建重庆市首批博士后创新实践基地。

二、发展中存在的问题

全县经济总量仍然较小，产业支撑尚未形成；水生态环境极其脆弱，生态赋予经济社会的发展空间受制；优势资源开发利用不足，财政支撑和改善突出民生问题能力不足。同时，在关系群众切身利益的教育、医疗、就业、社保、食品药品安全、安全生产、社会治安等领域也存在一定问题，政府自身建设任重道远。

三、2014年发展目标

2014年，梁平县将全面贯彻落实党的十八届三中全会、中央经济工作会精神，按照市委四届三次、四次全会和县委的部署，坚持“137”总体部署不动摇，一手抓经济大发展，一手抓环境大保护，聚力推进“效益农业提升年”、“特色工业突破年”、“商贸旅游促进年”、“重点项目推进年”、“生态环境治理年” 等5个主题年建设,着力转方式,调结构,促开放,上项目,惠民生,保安稳,加快县域生态涵养发展。

2014年全县经济发展目标是:地区生产总值增长12.5%;公共预算收入增长13%;固定资产投资增长20%以上;工业总产值增长20%以上,工业增加值增长19.5%,规模以上工业总产值增长18.6%;社会消费品零售总额增长15%;城乡居民收入分别增长12.5%、13.5%;城镇化率提高2.5个百分点;万元GDP能耗下降4%;人口自然增长率控制在5‰以内;存贷比达到40%,力争达到50%,贷款余额突破100亿元。

(作者单位:梁平县政府办公室)

城口县

高超

一、2013年发展回顾

2013年,在市委、市政府的坚强领导下,城口县紧紧围绕“科学发展、富民强县”总任务,紧扣主题主线,着力强基础、稳增长、调结构、促改革、惠民生,统筹推进新型工业化、信息化、城镇化和农业现代化,全面推进经济建设、政治建设、文化建设、社会建设和生态文明建设,县域经济社会发展呈现稳中有进的良好态势。

全年实现地区生产总值44.9亿元,增长10.2%;完成固定资产投资72.5亿元,增长24.4%;地方预算内财政收入42752万元,增长20.2%;实现社会消费品零售总额10.2亿元,增长15.7%;城乡居民收入分别达17670元和5843元,增长9.9%和13.1%。

(一)基础设施建设不断加强

城万快速公路通道于2013年8月全面建成通车,“4小时重庆” 目标圆满实现。开(县)城(口)岚(皋)高速公路成功纳入国家高速公路网规划,城口至镇坪、平利、紫阳公路纳入全市新一轮普通省道公路网规划。城口通用机场进入选址论证阶段。完成省道S202线庙坝至通渝隧道路面大修、通渝隧道排危整治工程,任河右岸公路、任河四桥开工建设,猫儿碥至巴山、左岚至后裕公路和蚂蟥垭隧道等续建工程建成投用。太和场二级中心客运站和货运物流中心建设加快推进。实施村通畅工程200公里,村通畅率达51%。完成县城防洪堤二期工程年度建设任务。完成龙峡水库前期工作,三合水库加快建设。推进中小河流综合治理,完成渝北东大灌区建设年度任务,新增灌溉面积0.41万亩,整治山坪塘16口。建成中小河流水文监测系统104个雨站、12个水位点。完成东安乡、双河乡场镇供水工程建设。建成220千伏聚(宝)城(口)线输变电工程,实施葛城110千伏变电站增容改造,完成高观110千伏变电站二期工程,推进咸宜、双河、沿河35千伏输变电工程建设,完成高中低压线路改造200公里。县城新增管道燃气用户700余户,启动乡镇场镇管道LNG(液化天然气)项目建设。实施农村清洁示范工程4个。

(二)工业经济不断转型步伐加快

实现工业总产值32.6亿元,增长6.8%。大力发展实体经济,持续推进民营经济发展,市场主体达到9550户,增长16.8%。工业园区“一区三组团”和产城融合项目加速推进,高燕组团、庙坝组团产业集聚效益明显,累计入驻企业41家,产业集中度达到65%。工业园区二期3亿元融资到位,为巴山组团启动建设创造了条件。通过优化重组,全县形成了年产5万吨国标硅锰合金、年产25万吨非标硅锰合金、年产1万吨电解金属锰、年选10万吨废锰矿渣磁选精品锰矿的生产能力。28万吨钡新材料产业园和6万吨氯化钡项目完成前期工作。年处理原矿10万吨生产四氧化三锰项目启动前期工作。3000千瓦余热发电项目开工建设。淘汰机立窑原地技改粉磨站及配套商混站项目启动建设。大力淘汰落后产能,万元GDP能耗下降至1.69吨标准煤/万元。完成原煤生产30万吨。

(三)信息化水平不断提升

启动城区热点区域无线局域网建设,新建光纤线路500公里,建成基站89个,完成光纤到户1050户。县城有线电视数字化整体转换工作加快实施。3G网络乡镇全覆盖,村村通有线宽带覆盖率达81%。推进农村信息化运用,全县25个乡镇(街道)、47个部门建立农村信息化平台。启动水、电、气"一卡通"建设,推进供水、供气网上查询、缴费系统建设。推进商贸信息化网络服务,安装使用"农商通"180台。建成城口县应急应战指挥平台和城口县突发事件预警信息发布平台。

(四)新型城镇体系不断完善

启动城乡总体规划和土地利用总体规划修编,完成6个中心镇总体规划修编和60个行政村规划编制工作。完成县城规划区房屋征收10万平方米。县城五大片区旧城改造和五大片区新区开发全面发力,天田·阳光水岸、腾宇·中央新城一期工程全面竣工,园区·桂花苑、龙乡苑·水晶丽城、协享·未来城、名豪·百年商业文化广场、崇扬·逸城国际、美都香榭等房地产开发项目加快推进,新开工商品房21万平方米,竣工15万平方米。红军纪念公园、大东门隧道引道项目开工建设,建学路综合改造工程、柿子坝片区市政道路、城万快速公路通道木瓜坝段景观绿化工程等加快推进,城区新增道路面积2万平方米,新增绿地3万平方米。规划建设双拥大道。完成县城污水处理厂二期项目前期工作,实施雨污管网改造2.2公里。全面启动新一轮"五城联创",较好完成年度目标任务。加快推进7个市县级中心镇"561"工程。建成乡镇生活污水处理项目8个、乡镇垃圾收运系统9个。改造农村危房5150户,建成农民新村市级示范点1个。全县城镇化率提高2个百分点,达到30%。

(五)现代农业加快发展

农业园区建设成效初显,山地现代农业形象得到展示。粮食播种面积50万亩,总产量11.46万吨,农业总产值9.88亿元。新增高标准农田10000亩,补充耕地3787亩。实施农业综合开发土地治理12700亩,规范流转土地面积9.99万亩,新增农村土地承包经营权流转651亩。启动城口山地鸡标准化建设,生猪养殖规模稳定发展,城口老腊肉加工销售2800吨,中蜂10.5万箱,干果产量5320吨,中药材在地面积32万亩。"三品一标"农产品有效认证28个。农产品注册商标146件,微型企业注册商标26件,重庆市著名商标6件,重庆市名牌产品累计达5个,重庆著名农产品商标5件。发展农民专业合作社377家。"扶贫攻坚推进年"工作成效明显,制定出台"1+10"扶贫开发政策体系,建成扶贫骨干产业园2个。成立贫困村村级互助资金管理中心,发展互助资金协会76个,资金规模达3000万元。发展旅游扶贫示范片区3个、示范村10个,培育示范户600户。完成20个贫困村整村脱贫任务,减少农村贫困人口8300人,贫困发生率下降3.6个百分点。

(六)商贸物流业发展提速

"商贸流通提升年"工作扎实开展。完成《城口县建设秦巴地区区域性边贸中心总体规划》和核心商圈建设、餐饮住宿业、现代物流业等专项规划编制工作。秦巴山货交易市场动工建设。重客隆超市、百事达汽车4S店开业营运。南后街大巴山特色美食街和太和场汽摩汽修专业街初见雏形。取缔文东巷片区占道经营市场,建成腾宇·中央新城农贸市场和巴山、鸡鸣、双河3个乡镇农贸市场。成功举办第一届中国大巴山(重庆·城口)山货交易会、城口山地鸡品牌推介会、第二届"城口名菜"评选和春秋两季购物美食节活动。成立城口县餐饮住宿行业协会。开展农超对接活动,实现农产品网上交易3000万元。发展网络零售业,成立宅乐居专业网络零售公司。新增限额以上商贸企业10户,商贸流通市场主体突破5000户。

(七)旅游业持续活跃

完成《城口县旅游发展规划(2012~2020)》

修编和《城口县"一城两乡"旅游规划》编制工作,启动高楠方斗坪景区、明通高山峡谷风情古镇旅游规划编制和休闲度假地产规划编制前期论证。完成中国亢谷景区第一期建设任务。川陕苏区城口苏维埃政权纪念公园成功创建国家3A级景区。全国红色旅游经典景区建设项目、北温带苗木种源基地建设加快推进。崇扬·城口大酒店、亢谷假日酒店建成投运。新发展"大巴山森林人家"339户。东安乡兴田村、黄金村被评为全市最佳避暑休闲乡村。成功举办第二届中国大巴山（重庆·城口）消夏养生节、第四届中国大巴山(重庆·城口)彩叶文化旅游节、"中国旅游日"重庆宣传周、"今年消夏去城口"重庆宣传周等节会活动。全年接待游客107.9万人次，增长73.8%；实现旅游收入1.4亿元,增长99%。

(八)文化建设持续加强

县图书馆被评为国家二级馆。完成政府机关软件正版化工作。组织开展第一次可移动文物普查工作，有序开展第二批县级非物质文化遗产申报工作。加快推进社区文化服务中心建设,乡镇文化站评估定级全部达标。"渝州大舞台"、"巴山大舞台"送演出下乡62场,送电影下乡2446场。发展文化微型企业10家。山神漆器·花瓶系列成功申报为2013年重庆市特色文化新产品。成功举办红四方面军挥师城口80周年系列纪念活动。

(九)社会建设稳步推进

新开工建设学校校舍2.5万平方米,改造薄弱学校37所，建成教师周转宿舍106套。成功举办城口县第二届运动会，建成农民体育健身工程30个、农民体育健身广场2个。县人民医院创二甲工作有序推进，实施3所乡镇卫生院标准化建设,完成46个村卫生室标准化建设任务。食品药品安全监管不断加强。人口自然增长率控制在6.73‰。城镇新增就业2037人。开展就业创业培训1784人次，完成信产招工1574人，累计转移农村富余劳动力7.4万人。发放小额信贷1.18亿元,培育发展微型企业230户,工业园区庙坝组团微型企业孵化园成功申报市级重点孵化园。城乡居民养老保险、医疗保险参保率分别达88.9%和95%,工伤保险实现机关事业单位全覆盖。深化"平安城口"建设,全县群众安全感指数达93.2%。建立完善调解工作联动机制,调处矛盾纠纷29469件。深化领导干部接访下访机制,受理信访1198件,化解矛盾纠纷4784件。完成3个乡撤乡建镇区划调整申报和8个村撤村建社区工作。扎实开展户口清理整顿工作。深化打非治违、农村红白喜事安全监管等专项行动，安全生产形势持续稳定。加强地质灾害防治,隐患监测预警实现全覆盖。

(十)生态建设和环境保护不断加强

扎实推进创建市级生态县工作，深入实施天然林资源保护二期工程,落实318.4万亩天然林管护责任。完成营造林17.5万亩，义务植树110万株,实施生态修复8万亩。巴山湖国家湿地公园加快建设，实施城万快速公路通道绿化工作。农村改灶节柴试点工作有序开展。生态环境质量指数73,森林覆盖率62.9%,两项指标均位居全市第一。深入实施环保"五大行动",县城空气环境质量优良天数352天,位居全市前列。县城和乡镇集中式饮用水源水质达标率100%,县城噪声达标区覆盖率85%，县城生活污水集中处理率88%，县城生活垃圾无害化处理率94%，农村面源污染和点源污染得到有效防治。全面完成主要污染物总量减排任务。有序推进大巴山国家级自然保护区一期基础设施建设，持续开展野生动物疫源疫病和负氧离子监测。成功举办大巴山生物多样性保护研讨会。

(十一)改革开放持续深化

积极稳妥推进政府职能转变和事业单位分类改革。持续深化行政审批制度改革,清理合并行政审批事项60项,承接17项,集中办理217项，全年受理行政审批申报56387件，办结55408件,办结率98%。稳步推进公共资源交易改革,累计完成交易额11.6亿元,节约资金7600万元。推进财税体制、预算管理和国库集中支付改革,推进部门预算公开,启动"营改增"试点。

深化金融服务体制改革，贷款余额26.93亿元，发放农村“三权”抵押贷款2.78亿元。健全完善政府性债务风险预警机制，严格控制政府性债务。积极推进资源配置体制改革，增强政府对资源要素调控能力。继续深化医药卫生体制改革。稳妥推进地票交易，完成地票交易1453.3亩。完成国营城口县茶场和国营城口县航空茶场解散工作。推进农民工户籍制度改革，累计完成农转城3.95万人。成功举办浙江金华“重庆非去不可”招商推介会、山东临沂招商专题推介会和“新时空·新商机”消夏养生城口投资洽谈会，与青岛智邦、重庆家博士等签订项目投资合作协议，协议引资102.5亿元，实际到位资金14.1亿元。

(十二)政府自身建设不断加强

“发展环境优化年”工作取得实效，“十个一批”重点工作有序推进。健全重大决策运行规则和程序，坚持依法决策、科学决策和民主决策。推进政府信息公开，办理市长、县长公开信箱信件614件，公开公共资源交易信息793条，20个预算单位公开年度预算。自觉接受县人大及其常委会的法律监督、工作监督和县政协民主监督，高质量办结人大代表议案、建议和政协提案。强化审计监督，实施部门预算和领导干部经济责任审计6个，审计政府性投资项目29个。持续强化行政监察，建立行政权力运行监控点数据库和发展环境监测点工作制度。扎实推进“六五”普法工作。举办提升政府公共行政能力专题培训3期。17个乡镇(街道)建成政务服务大厅。扎实开展工作作风和窗口行业行风评议工作。立案查处公务人员违纪违法案件34件，给予纪律处分36人。推进公务卡制度改革，“三公”经费支出同比下降6.98%。

2013年，中国气象学会授予城口“中国生态气候明珠”金字招牌。中国气象局、市政府在我县举办中国秦巴山区(重庆·城口)典型气候研讨会，市委宣传部、市政府新闻办在我县召开中国生态气候明珠新闻发布会。城口县还被评为“全国新农村建设示范县”、“亚洲金旅奖·大中华区最佳绿色生态旅游名县”、“中国天然富硒农产品之乡”、“中国绿色生态板栗之乡”、“中国绿色生态中药材示范县”。河鱼乡、岚天乡岚溪村被农业部确定为全国美丽乡村创建示范乡、试点村，东安乡兴田村被评为重庆市第一批特色景观旅游名村。城口的知名度、美誉度和影响力显著提升。

二、发展中存在的问题

一是县域经济量小质弱，三次产业结构不优，转方式调结构任务十分艰巨。二是发展要素集聚难度大，土地供需矛盾加剧，融资难融资贵现象仍较突出，资源、能源等要素保障压力大。三是基础设施薄弱，交通、水利、能源等基础设施建设任务异常繁重。四是市场发育滞后，市场作用发挥不够，市场主体培育不充分。五是开放程度不高，部分群众思想观念仍然较为保守，创业兴业意识不强。六是政府自身建设仍存在薄弱环节，职能转变有差距，一些部门和单位落实中央八项规定和市委、县委实施意见有差距，违纪违法现象时有发生。

三、2014年发展目标

综合考虑各方面因素，2014年经济社会发展的主要预期目标：地区生产总值增长12%；地方预算内财政收入增长14%；社会消费品零售总额增长17%；固定资产投资增长20%；城乡居民收入分别增长10%和12%；新增市场主体1000户以上；城镇登记失业率控制在3.2%以内。人口自然增长率、单位地区生产总值能耗、主要污染物减排等指标控制在市里下达的目标之内。

(作者单位：城口县政府办公室)

丰都县

隆杰

一、2013年发展回顾

2013年，丰都县深入贯彻党的十八大和十八届二中、三中全会及市委四届三次全会精神，努力克服外部复杂环境的不利影响和自身发展中的各种困难，紧扣主题主线，坚持稳中求进，着力稳增长、调结构、促改革、惠民生，推动全县经济社会实现了平稳较快发展。全县地区生产总值实现119.7亿元，同比增长10.3%；三次产业结构比调整为20.6:44.1:35.3；地方财政收入实现20亿元，同比增长19.3%，其中公共财政预算收入增长38.3%；社会消费品零售总额实现51.1亿元，同比增长16.2%；COD消减1.65%；新增市场主体5745户；城乡居民收入分别实现19981元、7861元，同比分别增长10.2%、13.4%。

（一）培育壮大骨干工业

启动2.1平方公里工业园区新区建设，建成标准厂房12万平方米、安置房4.3万平方米，消防站、污水处理厂建成投用。东方希望1000万吨干法水泥全面投产达能，凯迪生物质发电、德贤120万吨洗选煤、创美石雕艺术品加工等项目建成投产，水天坪综合码头、恒都牛肉精深加工、丰舟钢铁、风力发电等项目加快推进。新增金籁电子等规模以上企业6户。培育科技型企业2家，获取国家专利147件，转化科技成果16项。全年工业增加值实现28.6亿元，同比增长12.6%；其中规模以上企业增加值实现22.9亿元，同比增长13.4%。

（二）加快新型城镇化进程

启动城市规划调整，完成4个乡镇总规修编、5个村级规划和农民新村规划。龙河东高速公路互通、兴丰大道建成投用，龙河新桥、寨子沟道路、城市综合体等项目加快建设。峡南溪铁路桥改隧工程全面完成，泄水洞工程全线贯通，火车站连接道建成投用，统建安置房、农产品批发物流市场等项目稳步推进。3个市级中心集镇“561”工程和一般乡镇“10个有”基础设施逐步完善，完成13个乡镇场镇升级改造。改造农村危房1.2万户，建成市级农民新村4个。建成商品房45万平方米，新增城镇面积2平方公里，城镇化率提高1.5个百分点达到39.41%。深入推进“五城同创”，城乡更加宜居宜业。

（三）提升繁荣旅游商贸

名山景区古建筑改造基本完成，五鱼山玉皇圣地对外开放，澜天湖景区建设稳步推进，厢坝旅游度假镇启动建设，完成旅游开发建设投资15亿元。全年接待游客705万人次，实现旅游综合收入22.5亿元，游客接待人数稳居库区区县榜首。龙河东核心商圈加快建设，高家镇商贸中心、光明食品1万吨国家级冻肉储备库建成投用，建成乡镇标准化农贸市场8个并实现全覆盖，成功创建市级餐饮示范街1条、示范店7家。深入开展四季购物美食消费节活动和商贸五大行动。

（四）大力发展特色效益农业

推动肉牛产业转型发展，发展500头规模养殖场10个、庭院牧场503户，新增肉牛饲养量5.5万头，国家级出口牛肉质量安全示范区通过复检。建成武平国家级、三坝市级烟叶基地单元，收购烟叶10.8万担，散烟烘烤新技术在全市推广。打造5000亩以上林业基地3个。种植榨菜16.5万亩，新发展红心柚2万亩。新培育县级龙头企业4家，规范发展农民专业合作社91个，其中国家级示范社2个，土地规模经营度达到28.5%。新认证无公害农产品、绿色食品、有机食品、中国驰名商标及地理标志证明商标10个，启动“丰都肉牛”中国驰名商标认证。丰都辣椒、丰都花椒被评定为辛香料国家标准。全县农业总产值实现36亿元,同比增长5.4%。

(五)持续改善城乡基础面貌

渝利快速铁路、涪丰石高速公路建成通车,结束了丰都不通铁路和高速公路的历史。丰忠高速公路、长江二桥分别完成工程量的46%、40%,丰彭路龙河东至九溪沟段完成升级改造,马良至厢坝二级路改扩建工程开工,改造6个场镇过境公路,全县通村通畅率提高到60%。梨子坪中型水库初设获准市级批复,太平坝水库坝体填筑有序推进,285高程水厂扩建主体工程完工,新建农村饮水安全工程99处,完成病险水库除险加固12座,扎实推进346口山坪塘整治,新增、恢复、改善有效灌面1.6万亩。渝利铁路丰牵线220千伏、保合110千伏、澜天湖35千伏输变电工程和LCNG加气中心竣工投用。

(六)稳步推动改革开放

“三权抵押”、行政审批、事业单位分类改革等稳步推进。户籍制度改革完成“农转城”5159人,累计转户8万人。招商引资新引进项目95个,合同引资301.2亿元,利用内资99.1亿元,20万吨成品油库、粮食仓储加工等一批投资上亿、上十亿的重点项目签约落户。外贸进出口总额实现3433万美元,同比增长15.5%;其中榨菜出口8000吨,居全市第一。

(七)强化财税金融支撑

坚持依法征收、应收尽收,全县地方财政收入、公共预算收入、基金收入分别实现20亿元、11.8亿元、8.3亿元。全面推行国库集中支付,强化预算约束,加强资金调度,地方财政支出52.5亿元,同比增长15%,有效保障了民生事业发展和重点项目建设。加强政府性债务管控,全年偿还银行贷款本息8.8亿元。强化银政企合作,银行贷款余额92.8亿元,同比增长29%,高于全市14.3个百分点。存贷比提高4个百分点达到46.3%。

(八)推进生态建设和环境保护

扎实开展环保五大行动,全年空气质量优良天数达330天。加强包鸾河流域生态治理,整体搬迁恒都公司包鸾养牛场,流域内地表水环境质量保持在Ⅱ类标准以上。城市垃圾无害化处理率、污水集中处理率分别达100%、93%。治理水土流失21平方公里,完成营造林10.2万亩,森林覆盖率提高到43.9%。加强噪声源头预防,城区环境噪声稳定达标。加强农村生活污水、垃圾、畜禽养殖污染综合整治,完成22个行政村村庄连片整治。

(九)抓好扶贫攻坚与三峡后续工作

18个贫困村整村扶贫建设通过市级验收,22个贫困村整村扶贫扎实推进,贫困人口减少1.6万人。新修和改造村级公路464公里,解决贫困村1.9万人饮水安全问题,完成扶贫培训和劳动力转移培训6969人。成功举办重庆市第二届乡村旅游扶贫避暑休闲开村仪式。编制完成2013年度三峡后续项目实施规划,获批项目87个、资金5.4亿元。争取对口帮扶资金5000万元。完成移民就业培训4500人,新增移民就业劳动力转移2105人。

(十)着力保障和改善民生

市上下达的13件民生实事和县政府年初承诺的10件民生实事全面完成。消除教育债务1.5亿元,新建(维修)校舍2.9万平方米,丰都二中二期教学楼建成投用。继续实施农村义务教育阶段学生营养改善计划,惠及10.4万学生。课改教改取得初步成效,高考重点本科上线556人,同比增长14.2%。三甲医院启动建设,中医院综合楼完成主体工程并启动装修,市级卫生县城通过复核验收。人口出生率控制在11.7‰以内。提档升级30个乡镇综合文化站,成功创建国家二级图书馆。深入开展文体活动,获全国群众体育工作先进县称号。城镇新增就业7600人,城镇登记失业率控制在3.51%以内。“五大保险”参保人数扩面10.3%,城乡居民养老保险、居民医疗保险参保率分别达94%、96%。民政事业支出2.1亿元,建成城乡社区养老服务站15个,获“全国敬老文明号”荣誉称号。建成廉租住房2057套。办理法律援助案件429件。市上挂牌的

10件信访积案全部化解，全县信访总量同比下降47.1%。加强社会治安综合治理，现行命案侦破率连续8年保持100%，治安警情同比降幅全市第一，群众安全感指数达94.9%。扎实推进安全生产大宣教、大排查、大整治、大执法、大督查专项行动，社会总体保持稳定。

二、发展中存在的问题

一是随着金融政策收紧，新建项目普遍开工不足，2013年全县生产总值、固定资产投资增速等未能实现预期目标。二是县域经济缺乏骨干支柱项目，产业集约化程度不高，自主创新能力不足，环保压力较大。三是就业岗位不足，群众自主创业能力不强，全县尚有7.4万群众生活在贫困线下。四是社会建设滞后，历史遗留与发展新生的问题相互交织，贫富差距造成的矛盾日益突出。五是地方财力薄弱，收入结构不合理，政府性债务问题不容忽视。

三、2014年发展目标

2014年，丰都县将坚定不移践行重庆五大功能区战略，紧紧围绕“生态涵养、绿色崛起”主题，提速推进新型工业化、农业现代化、信息化、新型城镇化、旅游精品化“五化”建设，突出抓好“工业立柱、城市聚气、农业夯基、旅游靓牌、生态铸魂”五大任务，以改革求突破、以创新添动力、以转型提质量、以发展惠民生，为建设“三峡库区明珠、重庆生态低碳经济重地、国际旅游文化名城” 而不懈努力。力争地区生产总值增长12%，地方财政收入增长20%，单位生产总值能耗、化学需氧量排放、二氧化硫排放量分别下降0.4%、1.5%、0.8%，城乡居民收入分别增长11%、12%，城镇登记失业率控制在3.7%以内，为全面建成小康社会打下坚实基础。

（作者单位：丰都县政府办公室）

垫江县

湛伟

一、2013年发展回顾

2013年，垫江县紧紧围绕“科学发展、富民兴垫”总任务，大力实施“一统三化两转变”战略，统筹做好抓发展、促改革、惠民生各方面工作，确保了全县经济社会持续健康发展。全年实现地区生产总值198.3亿元，增长13.9%；公共财政预算收入11.4亿元，增长13.2%；全社会固定资产投资204.8亿元，增长42.2%；社会消费品零售总额62亿元，增长14.5%；城镇居民人均可支配收入22576元，增长10%；农民人均纯收入9176元，增长13%。

（一）工业经济快速增长

实现工业总产值342亿元、增长20.6%，工业增加值94.2亿元、增长15.3%。新增规模以上工业企业22户，累计89户，实现两年翻一番。“一园四集聚区”建设提速。新增工业用地3000亩，新建标准化厂房5万平方米，建成朝阳二路、民生大道等园区主干道3.8公里。园区投产企业37户，产值115亿元、增长27.8%。项目建设快速推进。新建、续建工业项目139个，完成投资59.6亿元、增长42.6%。十大工业项目、十大工业基础设施项目进展良好，重庆汽车综合试验场建成投用，富灿机械、中昆铝业等15个新增项目相继建成，富源化工“硝基复合肥”、天圣制药“大输液瓶”等技改项目顺利投产。新投产较大工业项目24个，新增产能40亿元。“6+2”特色产业体系基本形成。机械制造、生物医药、精细化工、新型建材、电子电器、食品加工等支柱产业实现产值111.3亿元，占规模以上工业企业产值的84.2%。中国西部（重庆）钟表计时及精密加工产业园建设取得突破，完成414亩土地场平工程，成功引进成表企业香港精密钟表厂有限公司在垫江注册重庆市钟表有限公司，香港侨辉钟表公司等3家配套企业相继入驻。

(二)城乡建设步伐加快

县域规划逐步完善。编制《垫江县城乡空间发展战略规划》,完成县城三维仿真平台系统建设、城市重点片区总体布局及空间形态规划,乡镇总体规划实现全覆盖,村规划覆盖率达60%。城乡建设提档升级。长安大道、明月大道南段建设稳步推进,明月、桂北、牡丹湖片区开发提速,尚品今典、明悦天街启动建设,碧桂园、牡丹城、中央华府建销两旺，建筑业实现增加值14.6亿元、增长34.7%。全力配合推进渝万城际铁路垫江段建设，拆迁安置和工程进度均居沿线各段首位。完成垫道路“白改黑”和永平、三溪等7个乡镇场镇过境路改造。硬化农村公路251公里,新开通农村客运线路6条。改造农村危房9500户,建设农民新村10个。城市管理规范有序。完成工农路、人民路人行道升级改造,实施背街小巷综合整治22条,切实加强清扫保洁和机扫冲洗，城市卫生状况大为改观。新投放出租车50辆,有效缓解市民出行难问题。生态环境保护有力。认真实施“环保五大行动”,推进迎春河、桂溪河和龙溪河流域综合整治,建成沙坪、普顺等5个乡镇污水处理厂,城镇生活垃圾无害化处置率85.6%、污水集中处理率75.6%。超额完成总量减排目标任务，县城区空气环境质量优良天数318天。新增城区绿化面积14万平方米,城市绿化覆盖率34.9%。植树造林6.8万亩,森林覆盖率41%。

(三)现代农业稳步实施

实现农业生产总值46.1亿元、增长5.4%,农业增加值30.7亿元、增长5.2%。重庆粮仓、都市菜园、花果之乡和食品加工、劳务经济“3+2”特色产业体系初步形成。产粮38万吨、油料1.5万吨,种植榨菜13万亩、蜜本南瓜10万亩,出栏生猪98万头、家禽1800万只,水产养殖6万亩,成为重庆蔬菜“4+4”基地县。“五点三区”和现代农业示范园区建设加快。实施农业综合开发、粮食能力建设等项目44个,完成高标准基本农田建设16.5万亩。综合生产能力明显提升。引进重粮、商投、农投、中一种业等19户龙头企业从事特色种养、产品加工等。培育龙头企业55户、农民专业合作社586个、家庭农场301家。认定无公害基地16个、无公害农产品20个、绿色食品5个,34个产品进入地标名录。推广农机具9910台(套)。完成水利投资5.6亿元,龙滩水库工程正式立项并完成初步设计审查，盐井溪水库主体工程建设顺利推进，迎春河引水工程完工并实现通水。解决6.4万城乡居民饮水安全问题。完成沼气国债项目3000户。硬化森林防火通道30公里。完成高山生态移民搬迁355户,7个村实现整村脱贫。

(四)第三产业蓬勃发展

新增限上商贸企业61户、累计170户,新增规模以上服务企业10户、累计33户,新增个体工商户3874户、微企700户。商圈建设有序推进。县城中心商圈建设项目完成入户调查和方案设计,明悦天街城市综合体方案完成,澄溪、高安等区域性商贸中心镇商圈规划完成。专业市场加快建设。温州商贸城成功调整经营业态,佳艺美庭家居购物商城开门营业，引进大众4S店等汽车销售店8家，兄弟国际家居建材广场入驻。渝东粮食仓储物流园启动建设。全国首批电子商务示范企业奇易网签约垫江，步步高超市成功入驻。建成城市小区和农民新村规范化商业网点14个。商贸流通繁荣活跃。成功举办春秋两季购物美食消费节、特色商品展销会、冬季商品巡回展销会等活动。全年商品销售总额95.2亿元、增长19%。汽车消费活跃,销售额4.2亿元、增长66%。商品房销售面积65万平方米、销售额29.1亿元,分别增长195%、268%。客、货运量分别为2780万人、1193万吨,增长11.4%、18.6%。旅游经济持续发展。乐天花谷四季花开,成为西南地区首家欧式风情专业花卉外景拍摄基地,金桥荷园成为我县旅游新亮点。澄溪通集牡丹文化园和新民牡丹观赏园相继建成。牡丹园、油菜花大观园、李花观光园等景区基础设施进一步完善。成功举办第十四届牡丹文化节。全年接待游客120.6万人次、旅游综合收入2亿元,分别增长13.3%、12.9%。金融机构运行平稳。各项存款余额209.9亿元、增长16.4%,贷款余额91.9亿元、增长25.7%,存贷比43.8%,不良贷款率控制在0.39%以下。外经外贸持续增长。新增外贸经营主体5户,累计35户,进出口总额8200万美元。

(五)改革开放纵深推进

统筹城乡综合配套改革成效明显。率先在全市编制完成统筹城乡综合配套改革专项规划,高安河兴新型社区示范点启动建设,建立健全户籍改革长效机制,平稳有序转户1023户4849人。农村建设用地复垦3900亩,"地票"交易2134亩,储备商住用地3700亩,落实移民用地计划3500亩。新增流转土地3.8万亩,土地规模化经营率26.5%。争取上级专项资金得到加强,政府性融资不断扩大,农村"三权"抵押贷款10.7亿元,兴农担保公司在保余额1.3亿元,瑞泰源小贷公司发放贷款1.4亿元。三峡银行垫江支行即将营业,中银富登垫江村镇银行已获得中国银监会批准。妥善处理西山煤矿、卧龙化工等企业改革历史遗留问题。对外开放进一步扩大。组织整台丹乡艺术节目赴台湾成功交流演出。与香港表厂商会、中国钟表协会、中商协钟表分会、福建省重庆商会、市经信委和建工集团等建立战略合作关系。在外垫江商会促进发展、推介垫江、维权服务作用发挥充分。长寿对口帮扶有力支持了垫江教育发展、扶贫攻坚和环境治理。全年招商引资签约项目183个,实际到位资金132.6亿元,实际利用内资125.6亿元。

(六)民生事业持续改善

全年民生支出19亿元,占公共财政预算支出的56.2%。社会保障水平提高。完成职业技能和创业培训2.9万人次,新增城镇就业1.3万人,城镇登记失业率控制在3%以内。县劳动仲裁院获评全国优质服务窗口。城乡居民养老、医疗保险参保分别达41.2万人、86.3万人。城乡低保救助1.2万人,医疗救助6.2万人,临时救助3176人,发放救助资金总额4837万元。强化留守儿童、妇女、老年人关爱工作。老年公寓全面建成,5个社区养老服务站建成投用,成功举办渝东北片区老体协联席会。改建城市公益性公墓1个。开工建设安置房68万平方米,交付使用20万平方米。科教事业长足发展。8个科技项目被科技部、市科委批准立项,获得资金2205万元。认证市级高新技术产品4个、重点新产品3个、创新型企业1个。取得专利授权308件,转化科技成果31个。成立文化路小学,建成农村寄宿制学校5所、教师周转房项目13个,实施农村薄弱学校改造项目65个,完成牡丹湖小学、桂东小学项目前期工作。创新成立9大片区教育管理中心,探索建立学区管理"五个统筹"模式。营养改善计划惠及学生10万余人次。教育教学质量全面提升,高考重本上线人数创直辖以来最好水平。卫生事业持续进步。县人民医院通过国家卫计委三甲综合医院现场复核。县中医院风湿疼痛科被国家卫计委和国家中医药管理局评为"十二五"中医重点专科建设单位。乡镇卫生院标准化建设达标率100%,62个村标准化卫生室建成投用,实现268个村卫生室社保卡联网刷卡适时结算。连续4年实现孕产妇零死亡率目标,连续20年无重大传染病疫情发生。设立7个片区卫生监督所,卫生监督体制改革走在全国前列。阳光计生行动深入开展,免费孕前优生健康检查覆盖率92.5%。文体事业亮点纷呈。占地300亩、投资4亿元的体育文化公园建成投用,成为市民健身、休闲、娱乐的综合场所。县图书馆主体工程完工。第三届县运会成功举办。"垫江开山号子"和"垫江酱瓜"成为重庆市非物质文化遗产。首届牡丹诗歌奖全国诗歌大赛暨牡丹诗会吸引了45位全国知名诗人齐聚垫江、宣传垫江,极大地提升了垫江的知名度和美誉度。

(七)社会管理不断进步

全面加强公安基础设施和视频监控系统建设,成立乡镇治安巡逻队,社区警务室实现全覆盖,社会治安防控体系进一步完善。妥善处置突发公共事件,严厉打击各类刑事犯罪,八类主要刑事案件下降 26.5%。人民群众安全感指数 95.3%,居全市第四位。"六五"普法深入推进,依法治理、人民调解、行政调解、司法调解联动工作体系更加完善。加强流动人口、特殊人群服务管理,社区矫正工作扎实有效。政府应急应战指挥和突发事件预警信息发布平台建成投用,基层应急管理规范化建设取得明显成效。深化干部接访、下访,积极开展矛盾纠纷排查化解,圆满实现了重点时段、关键节点信访维稳"四个零"目标任务。进一步加强食品药品安全监管,成功创建重庆药品安全示范县。建立安全生产综合督查常态机制,全面开展安全生产大检查、"打非治违"专项行动,深入开展重点场所、重点行业安全突出问题专项整治,全年无较大生产安全事故发生,获得全市安全生产工作目标考核优秀。

二、发展中存在的问题

一是经济总量不大,质量不高;产业结构不尽合理,现代服务业发展相对滞后;二是征地拆迁、重点项目推进缓慢;三是节能减排任务艰巨,生态环境质量与群众的期望还有较大差距;四是有的工作人员激情不足、担当不够、效能不高、执行不力等问题较为突出,发展环境仍需进一步优化,服务质量有待进一步提高。

三、2014 年发展目标

2014 年,全县经济社会发展的主要目标是:地区生产总值增长 12%。公共财政预算收入增长 11%。全社会固定资产投资增长 20%。社会消费品零售总额增长 15%。城乡居民收入增长与经济增长基本同步。单位生产总值能耗下降 2.5%,完成主要污染物减排任务。城镇登记失业率控制在 4%以内。居民消费价格涨幅控制在 3.5%以内。人口自然增长率控制在 4‰以内。

(作者单位:垫江县政府办公室)

武隆县

冉洪

一、2013 年发展回顾

全年实现地区生产总值 107.91 亿元,增长 13.5%,其中一产业增加值 16.13 亿元,增长 5.2%,增速居全市第 5 位;二产业增加值 43.14 亿元,增长 23.3%,增速居全市第 2 位;三产业增加值 48.64 亿元,增长 8%。地方财政收入 18.37 亿元,增长 22.4%。固定资产投资 141.6 亿元,增长 12.5%。社会消费品零售总额 36.09 亿元,增长 16.1%,增速居全市第 6 位。城镇居民可支配收入 22985 元,增长 11.5%,增速居全市第 2 位;农民人均纯收入 7633 元,增长 14%,增速居全市第 1 位。万元 GDP 综合能耗、化学需氧量、氨氮、二氧化硫、氮氧化物分别下降 3.5%、1%、1.4%、0.3%、0.9%。

(一)旅游商贸蓬勃发展

全年接待游客 1750 万人次,增长 8.7%(其中乡村旅游接待游客 262.3 万人次,增长 25.7%);"印象武隆"公演 275 场,收入 4500 万元。武隆旅游工作成为直辖以来唯一获得市政府单独通报表扬的先进典型。黄奇帆市长主持召开专题会议研究推进我县旅游重大项目建设。成功创建全市首个国家生态旅游示范区。仙女山国家森林公园获得"全国最美森林旅游景区"称号。完成了乡村旅游发展总体规划和白马山旅游发展规划编制。天生三桥电梯、仙女山室内滑雪场、芙蓉江索道、黄柏渡水上乐园、木棕河漂流等项目加快推进。仙女山旅游度假区七色天街开街营业,夜宴仙女山、布鲁克林商业街、餐投集团商业街、仙山流云商业街、赛马会公园酒吧街等项目有序推进。国内三大男高音齐聚武隆唱响"川江号子"。美国好莱坞大片《变形金刚 4》在武隆取景拍摄。成功举办第十一届国际山地户外运动公开赛、仙女山露营音乐节等活动。国家级服务业综合标准化试点工作通过国家标准委验收。游客综合满意度居全市第 1 位。坚持可持续发展战略,科学规划,统一管理,武隆喀斯特世界自然遗产保护工作不断加强。与此同时,商旅实现融合联动发展,全年实现住宿餐饮营业额 17.51 亿元,增长18.2%,增速居全市第 8 位;新增限额以上商贸企业 15 家;个体工商户净增 1504 户;新增农家乐和家庭公寓 168 家、避暑休闲农家 120 家;县城芙蓉西路获得"市级美食街"称号。

(二)工业发展势头强劲

全年实现工业总产值 80 亿元,增长 17.43%(其中规模以上工业产值 43 亿元,增长 22.33%)。工业增加值 19.92 亿元,增长 22.1%,增速居全市第 3 位;规模以上工业增加值增速 23.5%,居全市第 4 位;规模以下工业增加值增速 19.1%,居全市第 3 位。新培育规模以上工业企业 8 家、微型企业 760 户。完成工业投资 46.55 亿元(其中工业企业技改投资 3.3 亿元)。工业园区全年新建和续建基础设施项目 27 个,完成投资 5.4 亿元;平桥组团污水处理厂及污水管网工程等 16 个项目建成投入使用;长坝组团场平工程等 11 个项目加快建设;白马组团和平桥组团天然气主管道完成安装。玉堂号豆制品、钢奥机械、旭涛机械等 5 家企业建成投产。通耀铸锻、盛勋机械等 6 家企业实现试生产。港升机械等 10 家企业开工建设。国家发改委同意开展白马电航枢纽前期工作。浩口电站完成招投标,已启动移民安置。罗洲坝电站已开展招投标工作。坚持集团招商与专业招商相结合,全年正式签约项目 16 个,签约总额 63.5 亿元;新动工项目 23 个,到位投资 14.2 亿元。

(三)农业发展效益明显

全年实现农业总产值 25.26 亿元,增长 7.1%。粮食作物播种面积 75.58 万亩,产量 16.53 万吨。新发展农民合作社 101 个,新增市级示范社 4 个。新培育和申报市级龙头企业 4 家。深入推进全国新型职业农民试点工作,培育新型职业农民 600 人,培训农村实用人才 10000 人次。完成农村沼气"一池三改"2000 户。改造中低产田 1.11 万亩。新建烟区道路 220 公里。高山蔬菜农业园区成为全市第二批博士后创新实践基地。双河乡荣获第三批全国"一村一品"示范村镇。特色产业发展取得新成效,蔬菜播种面积 36.75 万亩,产量 45 万吨;烤烟产量 17.7 万担;出栏生猪 47.7 万头、山羊 12.6 万只、家禽 104.4 万只,分别增长 3.84%、10.3%和 8.35%。新增"三品一标"认证 10 个。全面启动白马山片区综合扶贫开发;完成了 14 个贫困村整村脱贫任务;1.2 万贫困人口实现脱贫。完成营造林 21 万亩;成为全国首批林业信息化示范县。

(四)城乡面貌焕然一新

坚持党政主导、部门协同、整体联动、齐抓共管,举全县之力打好"基础设施建设、市容整治、环境保护、卫生管理、健康教育、疫病防控、秩序整顿、长效机制建设"八大攻坚战,成功创建国家卫生县城,城市面貌焕然一新。全年完成城乡建设投资 46.8 亿元。城镇化率提高 1.5 个百分点。城镇化考核获得"两翼"区县第一名。加快全县土地利用总体规划中期评估和县城总体规划修编。完成仙女山旅游度假区规划(草案)、白马园城一体化规划和羊角场镇避让搬迁新址规划。完成乡镇总体规划 7 个,村规划 10 个。县城中心城区建设扎实推进,利丰印象望江苑 1 号楼和宜居佳苑主体工程全面完工;升级改造公厕 13 座,新增停车位 500 个。仙女山国家级旅游度假区创建工作加快推进。白马镇通过全国重点镇市级评审,成功创建重庆市市容整洁镇。平桥镇、江口镇场镇风貌二期工程完成改造。26 个乡镇农贸市场、公厕、路灯实现全覆盖。打造市级农民新村 5 个。启动了石桥场镇及浩口至务川公路沿线农房风貌改造。

(五)基础设施持续完善

全年完成交通建设投资 4.6 亿元;涪南高速

武隆段建成通车；土坎乌江大桥动工建设；五岔路至土地公路大修、319国道整治工程全面启动。交通考核获得全市第4名。完成水利投资8.12亿元；新开工水利项目35个，完工15个。接龙烟草水源援建工程开工建设；新增高效节灌面积5500亩；完成老盘河农场河段等6个中小河流项目整治；除险加固青木池等8座小(2)型水库。武隆民用机场取得突破性进展，市政府同意加快推进。争取三峡后续项目47个，资金2.85亿元。政法基础设施建设不断加强。民兵训练基地、人防应急平台、突发事件预警信息发布平台建成投入使用。国家级生态县、全国生态文明示范工程试点县建设有序推进。扎实开展环保“五大行动”，新建成文复等5个乡镇污水处理项目和鸭江等3个乡镇垃圾处理收运项目，县城集中式饮用水源地水质和乡镇饮用水源达标率100%，城区生活污水集中处理率、垃圾收集无害化处理率分别为92.1%、96%，地表水达到国家水域功能标准，空气质量优良天数338天。

(六)社会事业协调发展

全力办好民生实事。加快推进高山生态扶贫搬迁，启动建设市级示范点11个、县级示范点26个，实施搬迁4875户、17064人。完成和顺等9个乡镇标准化水厂建设，新增解决3万农村人口饮水安全问题。新建和整治塘坝33口、渠堰123公里。完成农村公路建设250公里，新增农村客运线路10条、农村客运车辆24辆。完成农村危旧房改造10330户。完成10个村农村环境连片综合整治。完成村卫生室改造115个，县人民医院成功创建二甲医院。新建成农村寄宿制学校4所，武隆一中完成征地和设计工作，编制完成了县城新建一所小学规划。全面实施学生营养改善计划，惠及学生2.8万人。建成巷口镇中嘴社区等5个社区服务站，全面启动了26个乡镇公共(社会)管理服务中心建设。完成了仙女山旅游度假区垃圾处理场可行性论证、工业垃圾处理场规划选址、污水处理厂迁建项目论证方案。县城良天子危岩完成治理。新建了白马、火炉公益性公墓。完成11个弃管小区电力设施改造申报工作。建成社区养老服务设施20个。完成油房沟和红豆农贸市场整治。中心庙水库水源地保护工程启动建设，新封闭渠道4800米。扎实推进社会事业。全年新增城镇就业8168人，登记失业人员就业4356人，困难人员就业1149人，城镇登记失业率下降到2.35%，回引农民工返乡就业创业4680人，农村劳动力累计转移就业11.29万人；全县7.7万人享受养老保险。教育事业加快发展。改扩建校舍项目36个；职业教育持续发展；学生资助体系和留守儿童管理体系更加完善；高考上线率93.3%。卫生事业加快发展，成功创建市级卫生应急示范县。食品药品安全实现“零事故”。文体事业加快发展。县图书馆在第五次全国县以上公共图书馆评估中，被评为“国家一级图书馆”；新建成乡镇健身广场2个、全民健身路径2条、农民体育健身工程30个，荣获“2009—2012年全国群众体育先进单位”。科技事业加快发展。“科普惠农兴村计划”全面实施，荣获“2013年全国科技进步先进县”。

二、发展中存在的问题

一是经济增长动力不足，重大项目储备不够，投资持续能力不强，产业延伸和带动能力不够。二是旅游国际化、新型工业化、城镇化、农业现代化建设任务艰巨。三是土地、资金、人才等要素制约依然存在，亟待破解。四是政府性债务管控力度还需加大。五是教育、医疗等公共服务水平与人民群众的期望还有差距。六是发展环境还需优化，行政效能不高，执行力不强，“四风”问题和不作为、缓作为、乱作为的现象还不同程度地存在。

三、2014年发展目标

实现地区生产总值122亿元，增长13%；公共财政预算收入10.03亿元，增长12%；辖区工商税收收入11亿元，增长5%；固定资产投资140亿元；社会消费品零售总额41.5亿元，增长

15%;城乡居民收入25513元、8625元,分别增长11%、13%;城镇化率提高1.5个百分点;城镇登记失业率控制在3%以内;万元GDP综合能耗、化学需氧量、氨氮、二氧化硫、氮氧化物分别下降3.2%、1%、1.4%、0.3%、0.9%。

(作者单位:武隆县政府政策研究室)

忠县

邓元军

一、2013年发展回顾

2013年,忠县实现地区生产总值182.63亿元,增长13%,三次产业结构由2012的17.9:45.3:36.8调整为16.6:48.8:34.6。实现社会消费品零售总额55.7亿元,增长15%。实现工业总产值225.84亿元、增长25.5%,增加值67.94亿元、增长16.7%,拉动经济增长6个百分点。固定资产投资完成184.89亿元,增长23.1%;其中第二产业投资42.45亿元,增长18.9%。全县地方财政收入完成20.22亿元,增长15.4%,其中地方财政一般预算收入完成10.78亿元,增长12.7%。年末各项金融存款余额263.13亿元,比年初增长11.4%。贷款余额81.28亿元,比年初增长24.5%。个人存款余额198.68亿元,增长14.2%。城镇居民人均可支配收入22912元,农村居民人均纯收入8849元。

(一)加强经济运行调度,县域经济稳健发展

做强通达、通瑞等投融资平台公司,新增平台贷款7.03亿元。创新银企对接机制,发放企业贷款17.78亿元。安排工业、民营、农业等发展专项资金9500万元,助推特色产业发展。转变土地收储方式,新征建设用地5210亩,储备土地5137亩,用地难题有效缓解。兑现汽车惠农、家电惠民政策和节能产品补贴,稳步推进“营改增”,为企业减税让利近600万元。煤电油运有效供给,保障大宗工业用电4.13亿度,天然气过江管道工程竣工。深化“四个一”工作机制和“123”项目推进机制,采取现场办公会、半年经济形势分析会、专项督查督办等措施,切实为企业排忧解难。

(二)大力培育特色产业,三次产业不断壮大

扎实开展“工业发展项目推进年”活动,装备制造、新型建材、农副产品加工、能源化医和轻纺服装、电子信息等“4+2”集群产业加快发展。新落户工业企业16家,开工15家,投产3家,新增规模以上企业14家。打造小企业创业基地6个,建成微型企业孵化平台4个,新发展市场主体7717户。粮油生产持续稳定,粮食、油料总产量分别达到41.3万吨、3.1万吨。出栏生猪70万头、肉兔600万只、肉禽395万只,水产品达到8600吨。国家农业科技园区建设加快,新建柑橘基地果园4万亩,产量达到21万吨,派森百橙汁营销到20个城市。新增县级龙头企业23家,发展股份合作社31个,新建家庭农场18个。注册三峡鱼等商标290件,新增市级著名商标2件、名牌产品2个,认证无公害农产品31个、绿色食品18个、有机食品5个。完成核心商圈规划,中国柑橘交易市场通过验收。举办展销活动8次,实现销售收入1.5亿元。2家五星级酒店签约,三峡港湾项目有序推进。配套完善景区基础设施,成功举办第四届“中国柑橘文化旅游节”,接待游客228万人次,实现综合收入6亿元,分别增长40.7%、99.8%。

(三)纵深推进城乡统筹,城乡面貌逐步改观

完成县城总体规划局部修改,启动城市发展极限规划编制工作,实施白公片区、中心城区交通改造和港口岸线等规划修编设计,石宝、拔山等5个乡镇总规完成修编。完成房地产投资19.5亿元,竣工商品房88.5万平方米。白石高速出口建成通车,石垫路、渝巴路等国省道大中修加快推进。建成周家溪滚装码头,开工建设城西

客运枢纽站。实施城区治堵工程，香山路整治、顺溪场白改黑顺利推进，忠州广场五岔路口地下通道、汽车总站至忠万路连接道基本建成，玉溪桥东桥头、大桥路等人行梯道建成投用，新增停车位2500个。城区空气质量优良天数达到310天，长江干流及主要次级河流水质达标率为100%。新建和改造公厕21座，整治地下管网38公里，开工建设乡镇污水处理厂14个，城区污水集中处理率、生活垃圾无害化处置率分别达86%、96%。建成农民新村10个，改造农村危旧房8072户，完成农村通畅公路350公里。整治小Ⅱ型病险水库7座，新增有效灌溉面积4.2万亩，整治山坪塘121口，红层找水500口，解决6万人的农村饮水安全问题。完成复兴天子、白石中坪等7个农村环境连片综合整治项目。

(四)加快推进改革创新，发展活力进一步增强

将全县划分为县城发展区、特色生态工业园区、农产品主产区、生态涵养旅游发展区，因地制宜引导乡镇发展。取消26个行政审批事项，行政效能逐步提高。建成新立、拔山、汝溪等10个乡镇便民服务中心，群众办事更加方便。启动公务卡改革，建立电子化采购交易平台。西南证券在忠设立营业部，金融机构存贷款余额分别达258亿元、81亿元，增长9.2%、24.1%，银行存贷比提高3.8个百分点。办理转户居民养老保险1.92万人，户籍制度改革稳妥推进。复垦宅基地5400亩，"地票"交易5400亩，实现收入11亿元，"三权"抵押融资7.88亿元。创新农业生产经营方式，发展农民专业合作社80个，农民入社率达50%。加强与商会、行业协会对接，开展招商推介活动20余场次。争取三峡后续补助13.04亿元、对口支援资金2360万元，开工后续项目67个，建成10个。

(五)着力保障和改善民生，和谐稳定局面持续巩固

实施重点科技计划项目38项，获专利授权97件，新认定国家高新技术产品13个、企业2家。新建校舍5.2万平方米，完成"数字校园"建设，市级特色学校达5所。落实资助资金6561万元，惠及学生26万人次，"蛋奶工程"实现全覆盖。基层医疗机构基本药物实现网上统一采购，县人民医院迁扩建加快推进，完成28个乡镇卫生院、152个村卫生室标准化建设任务。继续稳定低生育水平，人口自然增长率下降至3.39‰。举办大型体育赛事20场次、文化活动66场次，县图书馆获评国家一级图书馆。完成高山生态扶贫搬迁签约4910人，2.17万贫困人口脱贫。新增城镇就业1.02万人，城镇登记失业率控制在3.4%以内。城乡居民社会养老保险覆盖率达92%，城乡居民合作医疗参保率达96.3%。发放救灾救助资金1.03亿元，困难受灾群众生产生活保障有力。续建廉租房13.03万平方米、公租房2.97万平方米，摇号配租115套。全年调处信访纠纷2860余件，调处成功率达93%。全面落实安全生产主体责任制，建成突发事件预警信息发布平台和应急应战指挥平台，全年未发生较大以上安全生产事故。吴林香获评"全国道德模范"和"最美孝心少年"，冉海获评"诚实守信中国好人"。

(六)努力强化自身建设，行政效能有效提升

主动接受人大、政协监督，办理人大代表建议、政协委员提案满意率、基本满意率达100%。扎实开展"六五"普法，出台重大决策程序实施办法等规范性文件5个，依法行政、科学执政水平进一步提高。加强工程建设项目招投标管理，规范公共资源交易，节约资金1.3亿元。落实中央八项规定，精简全县性大会、活动30余次，全年"三公"经费下降10%，政府性债务绿色可控。完成村居换届选举工作，基层民主政治建设进一步加强。开展"解放思想见实效，转变作风促发展"活动，对133个行政事业单位、102名中层干部进行效能测评，政府执行力进一步增强。加大腐败案件查办力度，办结违纪违法案件34起，移送司法处理6人。

二、发展中存在的问题

县域经济总量不大、结构不优等问题依然

突出，缺乏大项目、好项目支撑，项目推进速度不快；市场主体整体竞争力较弱，受资金、资源、环境制约明显，企业生产经营困难；教育、卫生等社会事业还不能满足人民群众需求，就业、住房等社会保障机制尚不完善，保民生、促和谐的任务仍然较重；少数干部解放思想不够，执行力不强，监管服务不到位，“中梗阻”现象依然存在。

三、2014年发展目标

按照县委十三届四次全委会的部署，2014年政府工作的总体要求是：高举中国特色社会主义伟大旗帜，以邓小平理论、“三个代表”重要思想和科学发展观为指导，以“科学发展、富民兴忠”为总任务，以“稳中求进、稳中提质”为总基调，以改革创新贯穿各领域各环节，坚持加快发展和生态涵养并重，坚持保障和改善民生，坚持深化改革和扩大开放，统筹推进新型工业化、信息化、城镇化和农业现代化，协调推动四个功能区联动发展，努力打造渝东北生态涵养发展示范县，为建设库区工业高地、重庆品位小城、中国幸福橘乡打下坚实基础。

综合考虑各种因素，2014年主要预期目标是：地区生产总值增长12%以上；工业增加值增长18.5%；固定资产投资增长15%；社会消费品零售总额增长13.5%；地方财政收入增长12%；实际利用内资增长15%；城乡居民收入增长与经济增长基本同步；城镇化率、森林覆盖率分别达39.5%、48.5%；城市人均公园绿地面积达到9.8平方米。主要约束性目标是：长江干流忠县段水质保持在Ⅱ类以上，居民消费价格涨幅控制在4%以内，人口自然增长率控制在6‰以内，单位生产总值能耗下降3.5%。

（作者单位：忠县政府办公室）

开 县

余定胜

一、2013年发展回顾

2013年，是开县有效应对复杂局面、战胜各种困难挑战、取得重要发展成就的一年。全县人民在市委、市政府和县委的坚强领导下，深入贯彻党的十八大、市委四届三次全会、县第十三届二次党代会精神，全力以赴稳增长、调结构、促改革、惠民生，较好完成了县十六届人大三次会议确定的年度任务。全县生产总值达到265.5亿元，比上年增长13.8%。地方财政收入达到31.6亿元，增长26.5%，其中公共财政预算收入增长32.7%。固定资产投资完成256亿元，增长25.8%。社会消费品零售总额达到108.5亿元，增长13.9%。城乡居民收入分别达到20078元、8238元，分别增长10.1%、13.3%。在宏观经济增长放缓的大背景下，开县实现了经济增速和质量效益同步提升。

（一）更加注重科学调度，推动经济增长

面对错综复杂的宏观环境，坚持稳中求进，树立底线思维，定期研判经济形势，强化经济运行监测调度，有序推出释放内需潜力、提高招商实效、优化产业结构、改善融资环境等一揽子政策措施。实施重点项目175个，建设一批基础设施、城镇开发、产业发展、生态环保、社会事业等重大项目，为经济增长、结构调整、财税增收、民生改善提供了有力支撑。新培育限额以上商贸企业43家，实施汽车惠农、家电惠民等消费促进政策，成功举办渝川陕鄂商品交易会、服装节、滨湖美食节等营销活动，强化产品质量和物价监管，激活了城乡消费。全面落实各项优惠政策，推进营业税改征增值税试点，取消、免征行政事业性收费和政府性基金47项。争取中央和市级补助资金52.4亿元，新增金融机构融资53亿元，获市政府批准征地3897亩，加强能源和

用工调度,有效缓解了经济发展要素制约。

(二)更加注重结构调整,转变发展方式

以集约发展、转型升级为主攻方向,加快提升传统产业,培育壮大新兴产业,不断提高经济发展质量和效益。三次产业结构调整为17.3∶49.5∶33.2。

工业集群效应初显。围绕全市五大功能区战略,以开放眼光优化产业布局,主动对接“万开云”经济板块,启动浦里工业园区发展规划。坚持园城融合、产城互动,推动“一区三园”建设全面发力。赵家园功能配套更加完善,新区拓展有力推进,承载能力明显增强。临江园、临港园完成征地拆迁2.5平方公里、场平2500亩,局部满足企业入驻条件。园区面积达到10.5平方公里,入驻企业80户,园区工业集中度达到67.1%。着力培育能源、新型建材、食品医药、纺织服装、智能小家电、天然气综合利用六大产业集群,千能机械、千一电器等28个项目开工建设,科旺油脂、天御玻璃等17个项目竣工投产,川东北天然气、斗星动力等11个项目加快推进,特色鲜明、多业支撑的格局基本形成。规模以上企业达到83户,其中产值超亿元的企业31户。工业总产值达到300亿元,增长23.1%,对经济增长的贡献率达到43.6%。工业发展质量明显提升,规模以上企业利润增长37%,新产品产值达到45.2亿元。

现代农业提质增效。完善强农惠农富农政策,财政“三农”支出达到10.9亿元,增长36.5%。大力发展特色效益农业,扎实推进市、县、乡镇三级现代农业园区建设,农业转型升级步伐加快。粮食产量达到59.8万吨,生猪、家禽、蔬菜等传统产业增量提质,柑橘、中药材、山羊、生态鱼、肉兔等特色产业快速成长。加快构建新型农业经营体系,累计发展县级以上龙头企业85家、专业合作社1385个、专业大户2870户、社会化服务组织158个,农业组织化、标准化、规模化、集约化水平明显提升。农业综合机械化水平达到29%。加强农商对接、网络促销和社区直销,建成农产品销售市场152个、县外农产品直销点45个,建立订单农业基地35万亩,主要农产品顺产顺销、价格平稳。精心培育特色知名品牌,新增无公害农产品、绿色食品、有机食品和地理标志农产品26个。

第三产业提档升级。大力发展生产性服务业。哈尔滨银行、西南证券入驻开县,各类金融机构达到37家。银行存贷款余额分别达到346.3亿元、144.5亿元,存贷比提高到41.7%。产业金融、小微金融、农村金融、消费金融快速发展,股份转让系统挂牌企业达到3家,金融服务实体经济力度加大。产品展示中心对外开放,成为推动三次产业融合发展的重要平台。电子商务开始起步。做大做强生活性服务业。加速打造“百亿商圈”,安康商圈入选重庆十大“我最爱逛商圈”,东、西部片区商业中心初具形象,7天连锁酒店等知名企业入驻开县,商业业态更加丰富。建成乡镇综合超市57个、村级便民店420个,农村商贸网络日趋完善。高起点规划建设汉丰湖、雪宝山等重点旅游景区,“滨湖城市一日游”、“周末游”等纳入三峡特色旅游线路。出台乡村旅游发展扶持政策,生态休闲、避暑养生等特色旅游持续活跃。接待游客180.3万人次,实现旅游收入7.8亿元。

(三)更加注重城乡统筹,推进开发建设

坚持高起点规划、高水平建设、高效能管理,推动县城、集镇和农村协调发展,城乡面貌明显改观。

城镇功能品质明显提升。启动城乡总体规划编制,县城、小城市和重点小城镇联动发展的城镇体系初步形成。城镇建成区达到75平方公里,城镇化率提高到41.06%。强力推进县城拓展和功能开发,北部新区、红光片区启动建设,东、西部新区日渐成型,环湖开发上档升级,建成区达到30平方公里,常住人口32万。石龙船大桥至东河大桥滨湖路和寻盛桥建成通车,东部新区开州大道延伸段基本完工,开达高速公路、北环路升级改造、开州港综合项目、南山旅游公路环线进展顺利,城市交通路网更加完善。移民档案馆基本建成,二、三级地下管网和新一轮人行道改造有序推进。滨湖景观生态修复全面展开,建成防洪护岸20公里、滨湖公园175万平方米。明镜石公园基本建成,汉丰湖国家湿地公园加快建设,文峰岛等一批文化修复项目启动实施。城市功能不断完备,品质明显提升,彰显出青山环抱、绿水环绕、山水交融的独特魅力。郭家等重点集镇提档升级,一批精品小区形象初显,基础设施和公共服务加快完善。国家卫生县城通过验收,国家文明县城创建扎实开展,违法建设、土地非法交易、车辆非法营运、城区道路交通秩序、汉丰湖水上秩序等专项整治有力有效,城镇管理水平显著提高。

城乡基础条件不断改善。交通、水利、能源等重大基础设施建设掀起新高潮,一批打基础、增后劲、利长远的重大项目相继建成。万开、开达、开城高速公路纳入国家高速路网规划,近300公里省县道升格为国道,硬化农村公路210公里,行政村通畅率提高到65%,对外大开放、对内大循环的大交通格局初步形成。兴建各类水利工程4270处,销号小(二)型病险水库32座,新解决10万人饮水安全问题。整治山坪塘890口,新增改善灌面9万亩,整治城镇堤防16公里,治理水土流失15平方公里,建设高标准基本农田4.5万亩,农村基础设施长效管理机制基本建立。新增电力装机1.4万千瓦,主干电网建设和农村电网改造加快推进。结合高山生态扶贫搬迁,大力推进美丽乡村建设,累计启动建设美丽乡村点209个,主体完工156个,搬迁入住5329户。建设巴渝新居3255户,改造农村危房7089户。

三峡后续工作成效显著。优化完善后续规划,完成后续项目申报156个,获得上级批复项目139个。全年实施项目86个,完工31个,完成投资25.7亿元,建成一批产业项目、基础设施和公共服务设施,库区发展明显提速。完成移民培训基地建设,加大职业教育和就业培训力度,一大批移民成功创业就业。积极解决移民当前困难和长远发展问题,群众生活水平不断提高。推进地质灾害治理,实施临水危房避险搬迁,强化蓄、退水期间安全监测与防范,保障了群众生命财产安全。

(四)更加注重生态环保,建设美丽开县

强力推进节能减排,单位生产总值能耗下降和主要污染物减排任务圆满完成。扎实开展"碧水、蓝天、绿地、田园、宁静"五大环保行动,环境质量持续改善。全面普查污染源,科学编制汉丰湖流域、鲤鱼塘水库和次级河流水环境保护方案,建立"河长制",实施综合治理。建成乡镇污水处理厂24个,垃圾无害化处置体系覆盖所有乡镇街道。划定汉丰湖、澎溪河流域畜禽养殖禁养区和限养区,全面完成县城43个排污口整治,重点污染源得到有效治理。完成鲤鱼塘水库一、二级保护区环境综合整治,启动紫水、麻柳场镇雨污分流工程,扎实推进库周人口减载和生态屏障建设。汉丰湖、鲤鱼塘水库和江里、东里、浦里三条河流水质总体保持Ⅲ类。加强县城周边"四面山"保护。县城空气质量优良天数达到331天,创监测以来最高纪录。新增造林10.3万亩,森林覆盖率达到45%。城市绿化覆盖率达到46%,人均公园绿地达到15平方米。完成10个行政村环境连片整治,新建农村沼气池3000口,卫生改厕7000户。投入资金6860万元,深化镇乡环境综合整治,新增垃圾桶6700余个、垃圾池620余个,拆除雨棚4.1万平方米,清理河道205公里,"治脏、治乱、治水"成效明显。大力整治噪声污染,声环境质量全面达标。

(五)更加注重改革开放,增强发展动力

务实推进财税体制改革,有效防控债务风险,政府性债务被市政府确定为"绿色"范畴。完善非公有制经济扶持体系,新增市场主体9200余户。加快人口梯度转移,农转城1.6万人、农迁农8600人。农村新型股份合作社达到278个,带动规模经营土地53万亩。鼓励城市资源下乡,新增下乡创业1253户。生产地票1.8万亩,验收地票6500亩。深化农村金融创新,"三权"抵押融资达到35.2亿元。落实扩权强镇改革措施,乡镇街道发展活力不断增强。出台加强文化建设的《决定》和8个配套措施,推动文化领域改革。

建立网格化、精细化的社区管理机制，创建市级和谐示范社区6个。实施更加主动的开放战略，开放型经济水平进一步提升。千能机械等7个投资超亿元的项目落户开县，实际利用内资170.6亿元，增长16.9%。对外贸易实现新突破，成功创建“供港活大猪市级质量安全示范区”，进出口总额达到2928万美元；出口结构明显优化，生产型企业出口占比达到99%。

（六）更加注重以人为本，增进民生福祉

将经济发展与民生改善紧密结合，共建共享美好家园，使发展成果惠及千家万户。

社会事业全面进步。教育综合改革卓有成效，统筹城乡教育经验获教育部肯定，村校管理经验被新华社内参刊载。高考重本上线1125人，跻身全市区县前列。初中毕业生升入高中阶段学校比例达到96%。职业教育办出区域特色。化解教育债务4.29亿元，建成文峰、赵家幼儿园和汉丰七校、九校，新改建幼儿园27所，启动建设中小学校2所，新增农村寄宿制学校16所。农村义务教育学生营养改善计划惠及13.7万人，9万留守儿童享受政策照顾，教育资助、教育慈善惠及16.7万人次。获国家专利293项，新增市级以上科技成果15项。引进各类人才1000余名。公共卫生服务水平明显提升，食品安全事故和传染病疫情得到有效防控。居民健康档案建档率达到99.7%。建成三甲医院1所、二甲医院2所、一甲医院13所，乡镇卫生院、行政村卫生室建设全部实现标准化；基本药物制度全面落实，药价平均下降30%，群众看病难、看病贵问题得到较好解决。人口自然增长率控制在5‰，计生民生工程惠及14.7万人次。人均体育场地达到1.4平方米，全民健身运动广泛开展，国民体质抽样合格率提高到92%。公共文化服务体系加快建设，文化惠民工程惠及450余万人次，以“开州大舞台”为标志的群众文化活动蓬勃开展，“快乐星期六——农民工子女免费才艺培训”获文化部表彰。刘帅故居被评为国家重点文物保护单位。全面推进安全标准化创建，深化重点领域专项整治，安全生产形势持续向好。扎实开展干部下访和信访稳定“三无”创建，一批积案难案得到妥善化解。不断健全治安防控体系，强化基层基础建设，严厉打击违法犯罪，群众安全感进一步增强。建成突发事件预警信息发布平台，灾害防御能力有新提升。

人民生活持续改善。大力促进创业就业，发放小额担保贷款5.2亿元，扶持5968人自主创业，带动就业2.4万人；指导帮助7685人就业再就业。城镇新增就业22456人，城镇登记失业率下降为3%。城乡居民养老、医疗保险参保率分别达到90%、95.3%，失业、工伤、生育保险覆盖面不断扩大。城乡居民医保待遇稳步提高。五大保险累计参保人次达到246.4万，发放各类保险待遇20.3亿元。高山生态扶贫搬迁1.1万人，22个贫困村整村扶贫通过验收，减少贫困人口2.5万人。城乡低保应保尽保。发放民政惠民资金4.3亿元，惠及群众50余万人次。医疗救助困难群众21.8万人次、6500余万元。减免困难群众电视收视维护费203万元。改造乡镇敬老院9所，新建居家养老日间照料所10个，民营养老服务机构床位达到2200张。着力解决困难群众、教师、医生住房问题，建成保障性住房45.5万平方米，在建31.5万平方米，规模、进度位居全市前列，公租房配租正式启动。

二、发展中存在的问题

我县仍处于欠发达阶段，仍属于欠发达地区，总体发展水平不高；传统产业比重较大，经济增长方式比较粗放；城乡二元结构矛盾突出，统筹城乡发展压力较大；资源环境约束趋紧，生态建设任重道远；公共服务水平仍然较低，民生改善任务艰巨；政府职能转变、作风建设还需加强。

三、2014年发展目标

2014年预期目标：全县生产总值增长12%。公共财政预算收入增长13%。固定资产投资增长20%，社会消费品零售总额增长13%。城乡居民收入分别增长12%和13.5%。城镇登记失业率控制在4%以内。常住人口城镇化率达到43%。完成市上下达的单位生产总值能耗下降和主要污染物减排任务,森林覆盖率达到46.5%,县城空气质量优良天数比例达到90%以上,乡镇集中式饮用水源地水质达标率达到90%。

(作者单位:开县政府办公室)

云阳县

余勇军

一、2013年发展回顾

2013年是云阳经济社会发展"稳中有进、稳健前行"的一年。面对错综复杂的宏观经济环境,在市委、市政府和县委的坚强领导下,全县人民扎实苦干,较好地完成了县十六届人大三次会议确定的目标任务。实现地区生产总值150亿元,增长12.5%;人均GDP达到16577元,增长19%;三次产业结构由25.3:36.9:37.8调整为23.3:40:36.7。完成地方财政收入17.6亿元,增长30.4%;其中公共财政预算收入10亿元,增长25.4%。完成全社会固定资产投资171亿元,增长17.7%。金融机构人民币存款余额251.9亿元,增长12.4%;人民币贷款余额87.3亿元,增长19.2%;存贷比提高2个百分点,达到34.7%。城乡居民收入分别增长9.2%和13.2%。

(一)始终坚持"提升产业",不断夯实发展基础

工业经济支撑有力。实现工业产值126亿元,增长32.6%。工业增加值净增10亿元,增幅在渝东北排名第一。完成工业投资47.7亿元。新增规模以上工业企业22家,总数达到56家,规模企业产值77亿元,增长41.4%。新增产值过亿元企业4家,亿口鲜、科云空调产值超过5亿元。红旗水泥粉磨站技改搬迁、博大农牧技改等10个项目开工,新型节能建材、金特电子等10个项目试生产,云阳盐化、云能发电等10个项目投产。60万吨真空制盐产品纯度99.8%,高于国家优标0.7个百分点。工业园区实现产值73亿元,投产企业产出强度超过每平方公里50亿元。6个返乡创业园新建厂房1.7万平方米,新增落地项目13个,实现产值11亿元。建成市级中小企业技术创新中心2个,开发工业新产品30个,其中有4个市级新产品。认证高新技术产品2个,重庆知名产品3个,名牌产品、著名商标、地理标志各1个,"云阳曲轴"成为中国驰名商标。

农业产业稳步提高。稳定粮食播面150万亩,粮食产量增长3.1%。出栏生猪87.8万头。有效管护柑橘30万亩,建成柑橘商品化处理线7条、产地预贮预冷库及中心冷链气调库11个,冷链能力超过2万吨。建成牛羊标准化养殖小区110个,出栏肉牛、山羊分别增长7%、9.2%。蔬菜、中药材、茶叶、黑木耳、中蜂、生态渔业等产业规模不断壮大。人和、凤鸣农业综合园成为市级示范园,有机菊花种植基地成为国家级农业标准化示范区。新培育专业合作社、新型股份合作社182家,家庭农场200户,市级农业产业化龙头企业达到32家。新增"三品一标"22个,泥溪黑木耳、渝峰乌天麻成为市级名牌农产品。农村土地规模化经营率达到35.8%,农业综合机械化率提高8.8个百分点,宝坪镇成为重庆市"平安农机"示范镇。

旅游产业上档升级。全年接待游客161万人次,旅游业综合收入8.5亿元,分别增长30.6%和39.1%。成功争取市委、市政府将云阳纳入渝东北特色旅游经济带。龙缸地质遗迹保护建设通过市级验收,完成"天下龙缸"5A级景区提升规划,石笋河、大安洞开发快速推进,草缘酒店正式营业,歧山旅游地产首期主体完工。完成张飞庙景区生态文化广场、景区停车场和绿化工程,游客接待中心开工建设,游览区域扩大

1倍以上。"三峡梯城"创建国家4A级景区通过市级初验。幸福云阳"一日游"、"二日游"深受欢迎,深化与重庆主城和利川、达州等周边地区旅游合作,团队游客总量增长1.5倍。巴阳枇杷节、盘龙美食节、栖霞油菜花节等乡村旅游节会精彩纷呈,新增星级农家乐5家。"重庆市最佳避暑休闲乡村"花落清水土家族乡清水村、歧山村。

商贸经济持续走旺。实现社会消费品零售总额65.6亿元,增长16%;批发和零售业销售总额110.6亿元,增长18.8%;住宿和餐饮业销售收入15.4亿元,增长18%。新增限上商贸单位181家,总数达到352家,中石化云阳经营部、鑫冠商贸销售收入首过亿元。亿联家居建材汽车城签约落地,盐业集团渝东北物流配送中心、城中城购物广场主体开工建设,农产品综合交易市场主体封顶,完成2个城区菜市场改造,天宫农贸市场投入使用。春季美食购物消费节及汽车、房产展会拉动消费效果明显。

(二)始终坚持"统筹城乡",不断改变城乡面貌

新型城镇化水平得到提升。常住人口城镇化率提高2个百分点,达到37.53%。县城"拥江发展、东进北拓"快速推进,开工商品房67万平方米,竣工58万平方米,滨江大道延伸至黄岭,为城市"东进"创造了条件;北部新区发展格局基本拉开,北城大道二期、纱滨路路基和爱国路、稻场路硬化完工,木古110千伏变电站开工建设。加快建成区改造升级,修建人行步道3000米,整治人行道7.4万平方米,拓宽改造大雁路、关坪路等城市道路,安装红绿灯系统5套,新增停车泊位2000余个,增设公交上下客站30个。开展道路交通安全和城区综合整治"双百"行动,车辆乱停乱放、市场占道经营、乱搭灵堂扰民、街面社会治安得到有效整治。完成县城总规局部修改并通过市政府批复,编制故陵、普安、泥溪、蕉草、新津5个乡镇总规及控规。江口、南溪、高阳、凤鸣等镇域功能不断完善,水口、后叶等一大批集镇形象得到提升,江口镇、渠马镇成为重庆市卫生镇,黄石镇获评"重庆美丽小城镇"称号。

城乡基础设施不断改善。完成国省道改造75公里,整治盛堡大桥等6座危桥,养鹿大桥、南溪河桥开工建设,村通畅率提高11个百分点,达到63%。建设乡镇客运站6个、招呼亭50个,新增和调整客运线路33条。启动安装道路"安保工程"744公里。整治病险水库25座、山坪塘1031口,治理中小河流12.7公里,新建塘坝78座。梅峰水库主坝、副坝主体完工,开工建设青杉中型水库和大阳黄柏沟、蕉草双竹2座小(二)型水库。实施农业综合开发生态治理2万亩,开发整理农村土地1.5万亩,新建耕作便道165公里,建设高标准基本农田3.4万亩。

(三)始终坚持"生态兴县",不断加强生态环保

深入实施环保"五大行动",建成污水处理厂3个、垃圾处理场1个,完成21个村庄连片整治,创建市级生态乡镇3个、生态村14个。渠马镇成为市级园林城镇。城区空气质量优良天数比例达95.3%。"一江四河"水质保持Ⅱ-Ⅲ类。县城和乡镇集中式饮用水源地达标率分别为100%、90%,垃圾无害化处理率分别达到95%、62%,污水集中处理率分别达到73%、43%。完成绿化造林19.7万亩,森林覆盖率达到48%。强力推进节能降耗,拆除水泥立窑生产线4条,关闭煤矿12家、非煤矿山6家,万元GDP能耗下降4%。持续开展地灾隐患点排查,治理地质灾害6处,应急处置突发地灾28处,地灾搬迁1660人。建成农村生态家园沼气池6000户。连续12年获党政一把手环保实绩考核一等奖,全市区县仅此一例。

(四)始终坚持"民生导向",不断提升幸福指数

民生实事全面完成。新增城镇就业13300人次,创业培训830人次,发放小额担保贷款1.4亿元,城镇登记失业率控制在3%以内。新增五大保险参保11000人次,发放各类保险待遇14.4亿元。救助低保、五保、"三无"等困难群体3亿

元,改扩建乡镇敬老院3所,新增城镇养老床位500余张。新建蔬菜基地2500亩。完成农民“阳光工程”和实用技术培训3.9万人次。新建、改扩建城乡供水工程161处,14万人饮水安全问题得到解决。完成农村通畅工程452公里,实施撤并村通达工程64公里。建成廉租房5.1万平方米。改造农村危旧房1.15万户。整治居民小区5个,新修或整修化粪池22处、污水管网29公里,硬化院坝3800平方米,安装路灯187盏。实施高山生态扶贫搬迁10840人,26个村整村脱贫,贫困人口减少2.8万人。资助贫困学生15.2万人次1.1亿元。完成210个规范化村卫生室和20个撤并村卫生室建设。免费孕优检查8000人。LNG调峰站和1.2万立方米天然气储气罐建成投入使用,县城居民“用气难”得到有效缓解。红狮等乡镇11000户居民、县城1200多户廉租房住户用上天然气。40万平方米征地拆迁安置房全部开工。

社会事业协调发展。化解教育债务2.58亿元,青龙小学秋季招生,高考上线率94%,3人被北京大学录取,高考综合指标连续三年渝东北第一。被教育部确定为全国农村学校艺术教育实验县,“银黛帕”舞蹈在“魅力校园”活动中获全国金奖。县中医院开门应诊,县人民医院迁建主体工程开工,建成标准化乡镇卫生院15所,高阳、龙角等8所卫生院升级为一级甲等医院,县残疾人康复医院挂牌接诊,基本药物“零差率”销售在基层公立医院全覆盖。免费开放“五大文化阵地”,全市优秀话剧《彭家楼子》在第九届中国·深圳文化产业交易博览会、重庆“舞台艺术之光”演出,彭氏宗祠晋升为国保单位,新增省(市)级非物质文化遗产4项。县图书馆晋升为国家一级馆。全面启动电视台达标升级工作,发展高清互动电视用户1.8万户。实施市级以上科技项目12项,授权专利187件。全面落实计生奖扶特扶政策。体育馆、游泳池主体完工。成功举办“9·28幸福云阳·全民登高”活动和“三峡梯城·天下龙缸”铁人三项邀请赛。全面完成第九届村(居)委会换届选举工作。

社会保持和谐稳定。狠抓综治平安基层基础,推行县乡村逐级走访制度,得到中央联席办的充分肯定。全面完成村(社区)社会服务中心规范化建设。应急工作“两大平台”投入使用。新建乡镇公安派出所3个,增设社区治安岗亭11个,建立24小时治安巡逻制度,刑事案件发案总体下降,群众安全感指数提高到93.4%。安全生产事故起数、死亡人数分别下降29%和30%,实现重特大安全生产事故“零目标”。

(五)始终坚持“攻坚克难”,不断增强发展后劲

三峡后续工作持续推进,实施2011—2012年度项目68个,完工35个。争取2013年度项目126个,批复使用后续资金11.4亿元。争取移民用地指标1.09平方公里,兑付“两笔资金”3300万元,移民技能培训8726人。启动三峡水库基金、移民遗留问题及农村后期扶持结存项目300个,完成125个,移民生活水平稳步提高。

整合国有资产,组建城投集团,加快实体化运作进程,城投集团总资产由44亿元扩大到75亿元,为城市建设提供了有力的资金支持。为提高工业园区投入产出率,强力实施“满园工程”,收回久供不建工业用地202亩,促进了园区土地节约集约利用。强力遏制“两违”建设,拆除违法建筑2100平方米,追收欠款2.1亿元,城乡建设秩序基本规范有序。推进统筹城乡改革试点,转移农村人口6128人,实施建设用地复垦4300亩,交易地票6.2亿元,农村“三权”抵押融资累计达到13.9亿元。在县属155家单位推行国库集中收付和公务卡改革,落实政府投资财评、专项资金绩效评价、预算执行动态监管制度,财政资金使用绩效得到提高。招商引资签约重大项目13个,总投资107亿元。

(六)始终坚持“优化服务”,不断加强自身建设

扎实开展“服务优化年”活动,全面履职尽责,政府执行力和公信力得到提升。自觉接受人大法律监督、工作监督和政协民主监督,办理人大代表建议意见186件、政协提案294件,办复

率和满意率均为100%。加强与各民主党派、工商联、无党派人士和群团组织的联系,通过"民生面对面"、"行风热线"等广泛听取和接受人民群众的建议意见。规范县政府议事决策制度,邀请人大、政协领导列席县政府常务会议,提高了政府决策质量和效率。坚持"文不过夜、事不过周",推行效能综合评比,行政审批时限缩短67%,开展办件"一事一评",群众满意率99%。坚决落实中央"八项规定",精简文件会议,压缩行政成本,"三公"经费下降30%以上。按照"机构设一拆一,编制增一减一"的要求,严格机构编制管理。坚持敢于担当、积极作为,面对复杂的矛盾和问题,不回避、不退缩,积极稳妥地处置了职教中心南区违法建设等问题。认真开展反腐败斗争和政风行风建设,严厉打击破坏发展环境的人和事,查处违纪违法案件48件。

二、发展中存在的问题

一是经济总量仍然偏小,发展速度不够快,人均经济总量、人均财力在全市靠后。二是经济结构不优,产业基础还不牢固,尤其缺乏大产业支撑,部分企业适应市场的能力较差,转型发展任务十分艰巨。三是发展瓶颈仍然存在,自身造血功能不足,资金调度平衡、用地保障等压力仍然不小。四是民生保障有待进一步加强,贫困人口总量仍然偏大,教育、医疗、住房、出行、农村饮水等民生需求方面的矛盾依然突出,安全生产和社会稳定压力较大,构建和谐社会任务重。五是政府自身建设存在薄弱环节,职能转变尚不到位,一些政府工作人员改革创新和服务群众的意识不强,谋发展解难题的办法不多,推诿扯皮、消极懈怠时有发生。

三、2014年发展目标

2014年经济社会发展的主要预期目标是:全县地区生产总值增长12%,人均GDP达到19000元。地方财政收入增长13%以上,其中公共财政预算收入增长12%,辖区工商税收增长12.5%。全社会固定资产投资增长16%,社会消费品零售总额增长15%。城乡居民收入分别增长10%、13%。主要约束性目标为:单位生产总值能耗下降4%,化学需氧量、二氧化硫削减量达到市里约束性指标要求,城镇登记失业率控制在3.5%以内,居民消费价格涨幅控制在3.5%左右。

(作者单位:云阳县政府办公室)

奉节县

钱塘岭

一、2013年发展回顾

2013年,全县实现地区生产总值1601148万元,比上年增长12.4%,其中:第一产业实现增加值316124万元,比上年增长4.6%;第二产业实现增加值584731万元,比上年增长20.3%;第三产业实现增加值700293万元,比上年增长9.3%。按常住人口计算,实现人均地区生产总值20201元,比上年增长14.8%。地区生产总值中三次产业结构比例为19.7:36.5:43.8,三次产业对经济增长的贡献率分别为6.7%、58.2%、35.1%。

(一)总量稳步增长

农业经济突特显效。农、林、牧、渔业增加值316124万元,比上年增长4.6%。其中,农业增加值226336万元;林业增加值5164万元;牧业增加值73833万元;渔业增加值6579万元;农林牧渔服务增加值4212万元。第一产业对经济增长的贡献率为6.7%,拉动GDP增长0.8个百分点。全年粮食播种面积137.7万亩,产量43.28万吨,比上年增长4.0%;畜牧业实现产值22.6亿元,出栏生猪74.92万头、牛2.08万头、羊13.29万只、家禽247.97万只,同比分别增长3.5%、

5.6%、9.0%、6.8%；蔬菜种植面积25.61万亩，增长5.2%；脐橙种植面积达30万亩，产量23万吨，综合产值突破10亿元；种植油橄榄5万亩、中药材15万亩、烟叶4.3万亩。

工业经济趋稳回升。工业增加值258684万元，比上年增长13.5%。其中：规模以上工业企业39个，增加值增速13.0%，实现经济效益综合指数140.3%，比上年下降18.1个百分点。工业对经济增长的贡献率为18.9%；拉动GDP增长2.3个百分点。全年完成工业主要产品产量：水泥81.79万吨，比上年下降16.15%；电力21450万千瓦时，比上年增长115.9%；煤炭162万吨，比上年下降26.7%。全年实现建筑业增加值326047万元，比上年增长26.9%；建筑业对经济增长的贡献率为39.3%，拉动经济增长4.9个百分点。在地建筑业总产值1792486.9万元，比上年增长30.4%。

消费需求快速增长。全年实现社会消费品零售总额471611万元，比上年增长15.1%。批发和零售业销售总额1301397.8万元，比上年增长20.4%。住宿和餐饮业营业额115532.9万元，比上年增长18.6%。实现批发和零售业增加值160341万元，比上年增长11.0%，占全县GDP总量的10.0%，对经济增长贡献率为8.9%；住宿和餐饮业增加值45207万元，比上年增长7.1%，对经济增长贡献率为1.2%。全年共接待游客731.37万人次，比上年增长21.3%，实现旅游综合收入234107.5万元，比上年增长26.2%。全年实际利用内资600762万元，比上年增长3.1%。全年进出口总额645万美元，比上年增长29%。全年实现交通运输、仓储和邮政业增加值139487万元，比上年增长6.9%。完成全社会货运量2021.4万吨，比上年增长9.3%；全社会客运量2073.8万人，比上年增长5.2%。年末全县公路里程9217.24公里。其中：等级公路里程4110.92公里，比上年增长1.7%，二级公路里程508.997公里。全年实现邮政电信收入37203.3万元，比上年增长10.3%；年末拥有电话用户63.2万户，其中：固定电话8.46万户，比上年下降3.2%；移动电话用户54.74万户，比上年增长8.6%。移动电话普及率70部/百人（按常住人口计算），互联网用户数6.25万户，比上年增长17.3%。

（二）质量不断提升

财政收支状况良好。全县财政收入突破20亿元大关，达到21.95亿元，同比增长28.2%，其中税收完成5.18亿元，增长11%。加上向上争取转移支付补助收入43亿元和上年结转17.1亿元，全县财力总量达到83亿元，创历史新高。全年地方财政支出618862万元，比上年增长13.8%，其中：教育事业费支出109110万元，比上年下降1.8%；医疗卫生支出47421万元，比上年增长17.1%，实现了收支平衡。收回无法实施项目的专项资金1.5亿元，公共财政支出专项结转额由2012年的11亿元下降至9亿元，降幅18%。政府性基金收入完成92072万元，同比增长54%。国有资本经营收入完成11000万元。

金融运行态势稳健。全年实现金融业增加值34850万元，比上年增长14.7%。年末全县银行机构人民币存款余额1644994.31万元，比年初增长15.4%，其中个人储蓄存款1142372.73万元；金融机构人民币贷款余额789808.88万元，比年初增长30.6%，存贷比达到49%，提高了5个百分点。中银富登村镇银行入驻我县，全县银行机构在我县缴纳税款5884万元。新增担保公司和小额贷款公司各一家，融资及小贷公司注册资本达5.7亿元，融资能力明显提高。全年保险公司保险费收入17790万元，比上年增长8.1%；其中：人寿保险业务保险费收入12092万元，比上年增长35.2%；财险业务保险费收入5698万元，比上年下降24.1%；支付各类赔款及给付10638万元，比上年增长34%。

群众生活稳步改善。城镇居民可支配收入18028元，比上年增长9.7%，城镇居民人均消费性支出11375元。农村居民人均纯收入6746元，比上年增长13.0%，农村居民人均生活消费性支出5045元，比上年增长13.9%。城乡居民收入比从上年的2.75:1变为2.67:1。

(三)后劲明显增强

固定资产投资不断增长。全年完成全社会固定资产投资总额1822174万元,比上年增长8.7%。其中:房地产投资288589万元,比上年下降5.4%;工业投资359689万元,比上年增长5.8%。按产业投资分组,第一产业投资246050万元;第二产业投资359689万元;第三产业投资1216435万元。商品房销售面积比上年增长19.6%。

产业支撑更加坚实。实施"9+1"重大项目建设,完成投资63.5亿元。开工建设华电奉节电厂,渡口坝水电站并网发电,推进金凤山风电和茅草坝水电等项目建设,引进了一批综合与专业市场,预计支撑就业人数5000人以上、营业额150亿元左右。三大空间有序推进,西部新区完成投资37.8亿元,移民生态工业园完成投资3.3亿元,兴隆旅游新城完成投资5亿元。

各项改革纵深推进。加快简政放权步伐,大力推进行政审批改革,按照房地产、工业项目、政府投资三大类,厘清行政审批环节和时限,大力推动集中办结、并联审批,切实提升审批效率。修订完善招商引资优惠政策,建立移民生态产业园招商引资项目库,确立园区为重点产业项目承接基地,所有经营性、资源性招商不再匹配零地价政策,招商引资更加注重质量。强化县属国有企业管理,进一步完善法人治理结构,宏安投资(集团)公司全年融资15亿元,产业债券发行完成前期准备工作。强化国有资产管理,清理整顿部门办公司,推进经营性公共资源开发经营权进场交易。妥善解决华建缆车项目、锦绣苑及人和家园房产证办理等18个历史遗留问题。

(四)社会事业蓬勃发展

教育事业扎实推进。安排教育偿债资金3.3亿元,销号47个债务单位。奉中初中部、幸福中学二期工程等顺利推进,完善农村9所寄宿制学校功能。妥善解决进城务工人员子女入学难题,小学大班额下降到4.3%。整合白帝职中、奉节师范到职教中心,重庆行知学校总部迁到我县办学,输送产业工人4810人。落实各类助学金7416万元,发放助学贷款5089万元。

健康保障水平提高。全县群众基本公共卫生覆盖率达99.9%、受益率达96.5%,基本实现公共卫生服务均等化。县人民医院扩建和县中医院迁建等项目快速推进,乡镇卫生院和社区卫生服务中心全面实现标准化,村卫生室标准化率达70.1%。深入推进"六个计生",符合政策生育率86.5%,出生人口性别比105.98,流入人口服务管理覆盖率94.7%;加大积案清理和特殊人群违法生育查处力度,依法征收社会抚养费5300万元。

文体惠民全面推进。基本建成县文化馆、体育馆、图书馆,启动建设夔州古城;新创作奉节旅游歌曲8首,开演"诗城之夜"群众文化活动,放映"惠民工程"电影6150场,乡镇综合文化站、农家书屋免费开放率达100%。圆满承办"陕汽杯"2013全国超级卡车大赛奉节分站赛,连续6年被评为"全国群众体育先进县"。数字电视转换8000户,广播综合覆盖地域达72%。申请专利86件、授权149件,获全市科技进步奖1项。新增注册商标216件。

(五)民生大事全面落实

全年民生支出22.94亿元,占公共财政支出的57%,集中力量推进22件民生实事。完成水利投资8.9亿元,解决7万人的安全饮水问题。完成交通建设投资8.8亿元,奉溪高速公路建成通车,改造国省道37公里,实施村通畅工程350公里,安装防护栏80公里。转移农村富余劳动力30.27万人,新增城镇就业9671人,城镇登记失业率降为3.5%。发放低保和救助金5.3亿元,惠及困难群众35万人次。建设农民新村10个,改造农村危旧房4425户,高山生态扶贫搬迁11620人。全县拥有污水处理厂6座,垃圾处理厂2座。SO_2排放量11706.35吨,COD排放量89603吨,城镇生活垃圾无害化处理率100%,城镇污水处理率80%。森林覆盖率42.58%。园林绿地面积405公顷,其中:公共绿地面积126公顷;

建成区绿化覆盖率达41%；人均公园绿地面积11.99平方米；城镇人均公园绿地面积6平方米。

二、发展中存在的问题

奉节正处在蓄势提档、奋力赶超的发展阶段，转型调整还存在诸多困难和矛盾。主要表现在：经济总量不大，产业结构不优，乡镇实力不强，土地、资金等制约明显，生态保护和经济社会发展任务繁重；教育、卫生等公共服务不均，饮水、出行等困难突出，摩的、噪声、油烟等整治不彻底，在更高起点改善民生、促进社会和谐任重道远；干部队伍勇于担责、善于创新、敢于突破的胆识和智慧与新形势发展有差距，执行力不强、办事效率不高等问题依然存在，提升政府服务水平和办事效率迫在眉睫。

三、2014年发展目标

2014年全县经济社会发展的总体要求是：深入贯彻落实党的十八大精神，将改革创新贯穿于经济社会发展中，围绕生态涵养发展区的功能总定位，以实施“5+1”重大项目群为载体，坚持生态和发展并举，改善生态环境、提质城镇建设、培育生态产业、注重安全发展、巩固民生基础、优化发展环境，努力提高经济质量和效益，确保经济社会持续科学发展。主要预期目标是：全县生产总值增长12.5%，全县财政预算收入增长15%，全社会固定资产投资增长12%，社会消费品零售总额增长15%，城乡居民收入分别增长11.5%和13.5%。

（作者单位：奉节县政府研究室）

巫山县

黎远培

一、2013年发展回顾

2013年实现地区生产总值75.1亿元，增长10.8%；全社会固定资产投资84.3亿元，增长20.5%；社会消费品零售总额29.4亿元，增长14%；公共财政预算收入7亿元，增长15.1%。城乡居民人均收入分别达19688元、6265元，增长9.1%、12.9%。

（一）着力产业结构优化，综合经济稳中有进

特色农业提质增效。生产粮食25.1万吨、油料1.9万吨、蔬菜54.8万吨。产烟22.9万担，上等烟比例、收购均价和亩产值全市第一。新增中药材3万亩。销售柑橘、核桃、李子等果品7.3万吨。出栏生猪62万头、山羊50万只、土鸡500万只。基本建成3个万亩、10个千亩、100个百亩特色效益农业示范园。农业龙头企业达43家。新增专业合作社100个、新型股份制合作社20个，农民入社率40%。新建山羊养殖专业村18个，生猪、山羊规模化养殖率分别达47.8%、55.7%。农业机械化综合水平32%。实现农业总产值27.9亿元。

生态产业稳步发展。新增规模以上工业企业12户。千丈岩一、二级电站正式发电，增效扩容农村小水电站25座。煤矸石空心砖项目建成投产。万吨粉丝技改、邓家消失模铸造、后溪河水电站等项目加快推进。职教工业园区产值达8亿元。实现煤炭产值13亿元、税费1.3亿元。发电1.8亿度，供电4.4亿度。供应天然气850万立方米。生产水泥25万吨。实现工业总产值30亿元，增长13%。

生态旅游特色凸显。神女景区完成一期建设并对外开放。成功创建神女4A级、博物馆3A级旅游景区。江山红叶酒店投入运营，新增商务宾馆20家、星级农家乐15家、床位2000张。红叶节实现内涵式转型，居重庆十大影响力节庆之首。《巫山神女》舞台剧完成本土化移植。打造望天坪、朝元观乡村旅游扶贫示范区，基本建成紫阳台、营盘等乡村旅游点12个。推

出精品旅游线路30余条,自驾游增长迅速。宣传营销和区域合作不断深化。全年接待游客650万人次,旅游综合收入22.6亿元,分别增长29.7%、22.8%。

商贸金融更加活跃。龙水生猪定点屠宰场、渝东农产品综合交易市场等项目稳步推进。建成便民商圈3个、标准化农贸市场17个。培育粮油连锁经营龙头企业1家、餐饮品牌2个,新增限额以上商贸企业20家。电子商务快速发展,举办红叶美食节和四季购物美食消费节,强力拉动消费。"银政企"合作不断深入,新山公司资产总额达17.6亿元,农村"三权"抵押融资2.5亿元,发放小额贷款2.7亿元。

(二)着力城乡提质发展,人居环境不断改善

县城品质不断提升。完成江东组团控制性详细规划调整、优化设计方案。江东库岸综合整治水下抛石12万立方米,启动江东中医院、龙门花园、安置小区、"两横两纵"主干道建设。职教工业园拓展区征地拆迁全面完成。文峰公园一期对外开放,朝云、暮雨公园二期加快推进。新建城市公厕3座、停车场3座、垃圾收集点17个。环湖路三期AB段、杨柳坪艺术村和城市房屋美化项目有序推进。扩大建成区面积0.6平方公里。新增商品房22.8万平方米。建成数字化城市管理平台,持续开展公共秩序整顿,城市公共服务水平不断提高。

美丽乡村内涵发展。完成"一乡镇一图集一特色一风貌一方案"和8个新农村规划编制。2个市级中心镇配套项目全面完成。新增农民新村30个、文明院落100个。新建乡镇垃圾收集房13个、卫生厕所7000户,改炉改灶2.2万户。升级仙桥等3个、新建福坪等34个集中安置点。实现21个村、推进33个村整村扶贫,基本完成官渡万梁村和巫峡青山村八社、三溪后椅村三社"整体搬迁"。土地开发整理新增耕地1万亩,农村建设用地复垦3000亩,"地票交易"农民获益2.2亿元。

基础设施加快改善。高速路早阳服务区和绕城路、巫山至大昌快速公路、平河至九湖等主干道加快推进。景观大道、楚阳连接道、大风口至田家和220公里烟路全面建成。升级改造通乡公路80公里、通村通畅公路235公里。改造短途标准化客船32艘。建成乡镇集中式供水工程5个。完成庙宇和官渡小农水重点县项目建设。整治病险水库3座、山坪塘103口,新建蓄水池83口。后溪河110千伏送出工程、龙门110千伏输变电工程投入使用。新增通信基站183个。建成三星级L—CNG加气站2个。

(三)着力和谐库区建设,生态文明显著提高

三峡后续强力推进。完成移民92新增住房补助资金核查兑现、大昌剩余统建房清理处置和移民安置销号。三峡后续首批项目竣工16个;2013年度项目通过国家审批99个,批复专项补助6.2亿元;优化项目15个8.4亿元。巫峡现代设施农业、大昌特殊困难移民小区帮扶、移民技能培训"三大试点"效益凸显。排查地质灾害隐患点776处,实施专业监测项目29个。基本完成望霞危岩二期、14个滑坡、9段库岸治理和青石滑坡应急处置,"金土工程"搬迁避让300人。实现汛期和蓄退水期间"三无一稳定"目标。

生态建设深入开展。实施生态屏障区植被恢复、天然林保护、退耕还林、万亩红叶园等工程造林24.4万亩。开展石漠化综合治理26.5平方公里。建成区绿地率34.2%,人均公园绿地面积12.6平方米。五里坡晋升为国家级自然保护区。276万亩公益林得到有效保护。森林资源二类调查、林地保护利用规划通过市级评审。建成林业要素市场,流转林地3.2万亩,发放森林生态效益补偿资金3506万元。

环境质量持续好转。环保"五大行动"不断深入。新建、改建城区污水管网23公里。建成乡村污水垃圾处理项目9个,建平等8个乡镇污水垃圾处理项目加快推进。城镇污水集中处理率73%、垃圾集中处置率80%。长江干流水质保持Ⅱ类。公共建筑节能深入推进,圣泉小区成功创建安静居住小区。启动6个村环境连片整治。单位GDP能耗降至0.8吨标准煤,化学需氧量、氨氮、二氧化硫、氮氧化物等主要污染物排放量

稳步下降。空气质量优良天数达333天。

(四)着力民计民生改善,社会事业协调进步

教育发展再创佳绩。巫山中学龙门校区二期、大昌中学兴隆校区、官渡中学新校区一期工程竣工。改扩建中小学18所、幼儿园31所,寄宿制学校功能进一步完善。全面消除村校“三无”,农村义务教育阶段营养改善计划全覆盖。学前三年入园率79.2%。高考上线率94%。职教中心建成创业孵化基地,开展职业技能培训2.2万人次、职业技能鉴定0.5万人次,创“国家中职教育改革发展示范校”通过市级验收。获全市教育综合改革实验项目试点先进单位。

卫生计生全面进步。建成卫生监督检测实验楼。改扩建标准化乡镇卫生院3个、村卫生室117个,新建撤并村卫生室10个。国家居民健康卡、远程医疗建设试点县稳步推进,卫生信息化项目通过国家验收。免费实施贫困群众白内障复明手术400例。儿童“四苗”接种率98.7%。“计生民生新十条”全面落实,免费实施“孕优”检查3960人,符合政策生育率85.9%。

文化建设不断繁荣。电影院主体工程竣工。完成神女文化创意产业园项目策划及概念规划。出版《丹青巫山》、《巫山诗文》、《巫山文化丛书》。广播电台“高唐之声”正式播音。建立非物质文化遗产名录体系,启动第一次全国可移动文物普查工作。农村宣传文化体育“五个一”工程稳步推进,建成乡镇文体广场12个。文化馆、图书馆、乡镇文化站等公共设施免费开放。文化下乡、“周末广场”、体育活动蓬勃开展。

保障体系更趋完善。新增城镇就业2981人。城镇职工“五险”实现统征,城乡居民养老、合作医疗保险参保率分别达90%、95%。县福利中心投入使用。农村“五保”老人集中供养率48.2%。城乡低保实现应保尽保。救助大病患者1.9万人次、受灾群众7万人次。资助困难学生5.7万人次。妥善照顾和培养1.5万名留守儿童及失依儿童。实现70岁以上老人和Ⅰ、Ⅱ级残疾人免费乘坐城区公交。

深化“县校合作”,实施重点科技项目23个,引进推广新品种新技术66个,登记并转化科技成果11项。专利申请1207件、授权443件。注册商标310件,“绿根”、“紫薯丸”认证为全市著名商标。启动第三次全国经济普查。国防动员、双拥共建不断加强。工商、质监、食品药品、物价执法力度不断加大。民族、宗教、修志、侨台、外事、地震、保密、档案、邮政、气象等工作取得新成效。

(五)着力政府职能转变,服务水平持续增强

民主政治大力推进。认真执行县委决策部署。自觉接受人大政协监督,办理议案建议91件、提案146件,满意率分别达99%、100%。严格落实重大决策程序、风险评估、责任追究和民主集中制。“平安巫山”深入推进。安全生产、信访稳定“党政同责”、“一岗双责”和企业主体责任全面落实,安全生产“五大行动”和重点行业专项行动深入开展,化解疑难信访案件161件。建成突发事件应急应战指挥平台。流动人口、特殊人群和重点青少年群体管理不断加强。村居法律顾问全覆盖,社区矫正对象监管率100%。禁种铲毒实现“零产量”。群众安全感指数达95.2%,居全市前列。廉政建设务实推进。严格执行中央“八项规定”,深化作风大整顿、干部大测评和民意大调查。行政服务中心接件7万余件,办结率99.9%。强化重点领域管理、监察和审计,土地招拍挂溢价率25%,政府集中采购资金节约率7.6%。“三公”经费同比下降20.4%。政府公信力稳步提高。

二、发展中存在的问题

一是缺乏重大产业支撑,内生动力不足,经济体量小;二是安全稳定压力大,建设环境不优,重点项目推进难;三是受宏观经济下行和政策调整影响,部分项目未能如期启动,个别指标未能实现年初预期目标。

三、2014年发展目标

总体要求是:立足“两地一区一名片”生态涵养发展功能定位,全面深化改革创新,加快发

展方式转型和政府职能转变,坚持生态立县、产业富县、文化育县、科教兴县、民生稳县战略,不遗余力建设山水港湾旅游新城、巴渝魅力美丽乡村、国际知名旅游胜地、生态产业经济体系、特色效益农业高地和生态文明示范区县,全面推进经济、政治、文化、社会和生态文明建设。奋斗目标是:实现地区生产总值86.7亿元,增长11.5%;全社会固定资产投资突破100亿元,增长20%;社会消费品零售总额33.2亿元,增长13%;公共财政预算收入7.9亿元,增长13%。城乡居民人均收入分别达21900元、7000元,增长11.5%、12.5%。

(作者单位:巫山县政府办公室)

巫溪县

一、2013年发展回顾

全年实现地区生产总值60.22亿元,增长11.8%;三次产业结构调整为21.8∶37.8∶40.4;全社会会固定资产投资124亿元,增长20.4%;社会消费品零售总额21.75亿元,增长16.1%;公共财政预算收入5.35亿元,增长12.6%;金融机构存款余额97.8亿元、增长17.1%,贷款余额35.46亿元、增长13.2%;城镇居民可支配收入16375元、增长9%;农民人均纯收入5826元、增长12.8%。

(一)着力培育骨干产业,县域经济稳中有进

1.特色农业稳步发展

实现农业总产值20.5亿元,增长5.8%。启动实施“巫溪县百万只优质山羊产业规划”,新建种羊场7个、扩繁场48个,出栏山羊50万只。生产脱毒马铃薯原种5000万粒、鲜薯67万吨。种植烤烟4.68万亩,收购11.6万担,产值1.35亿元,烟农户均收入8.2万元。新发展中药材5万亩,建成种源基地3300亩、示范基地2.06万亩。大宁河鸡、核桃、特色水产等稳步发展。流转土地24.8万亩,发展家庭农场358户、种养专业户501户。引进农业企业4家,申报市级龙头企业9家。新组建专业合作社43个,农民参合率达28.3%。通过有机品牌认证4个、无公害农产品认证14个,创市级名牌农产品2个。

2.工业经济持续增长

完成工业投资20.4亿元,增长19.8%。实现工业增加值10.3亿元、增长14%,规模以上工业实现总产值17.3亿元、增长19.3%。完成发电量9亿度,增长28.5%;生产水泥50万吨,增长19.7%;生产原煤60万吨,实现恢复性增长。县供电公司产值突破3亿元,远大电力、腾翔毛衫、渝溪集团3户企业产值过亿元。工业园区新签约入驻企业4户,文峰小企业创业基地新入驻小微型企业16户。园区工业集中度22.4%,提高1.8个百分点;产出强度每平方公里45亿元,增长12%。

3.商贸旅游快速发展

批发零售贸易业商品销售总额41.88亿元、增长21%,住宿餐饮业营业额4.75亿元、增长19.6%。新增城市商业设施5.5万平方米,联嘉物流配送中心全面建成投运。全年接待游客246万人次、增长32.7%,实现旅游总收入10.2亿元、增长26.4%。红池坝景区成功举办“重庆市第三届山地自行车邀请赛”,兰英大峡谷景区顺利开园。帝豪、水韵等8家酒店开业,接待能力明显提升。乡村旅游快速发展,实现收入1200万元。积极申报了国家旅游扶贫试验区。

(二)着力加强城乡建设,城乡面貌持续改善

1.城乡建设统筹推进

不断完善城市规划体系,扩大城镇建成区面积0.7平方公里,新增城镇人口0.69万人,城镇化率提高1.24个百分点。实施城市建设项目88个,完成投资30.5亿元。开工城市房屋40万平方米、竣工21万平方米。5个限价房小区和4

个安置房小区动工建设。完成5个全国可再生能源建筑应用示范县项目建设和马镇坝城市道路“白改黑”。加强规划管控,强力推进建设领域“打非治违”工作,有效遏制了非法建设势头。24个集中居民点全面开建,开工房屋52万平方米、竣工39万平方米,12个集中居民点完成一期主体工程。推进中心镇“561”配套工程建设,集镇功能逐步完善。实施农村危旧房改造8000户。启动建设白鹿镇大坪村等3个市级美丽乡村示范村和古路镇白家村等8个农村基本公共服务标准化示范试点村。

2.基础条件逐步改善

奉溪高速公路正式开通,天红路建成通车,红溪路一期开工建设。整治31座省县道危桥。实现100%乡镇通客车。新建、改建农村公路200公里,行政村通畅率达到45%。文峰、中岗、田坝等中小河流治理工程竣工,完成3座病险水库除险加固、54口山坪塘整治。解决4万人安全饮水。完成农村宅基地复垦3300亩,土地开发整理新增耕地6000亩,改造中低产田1.59万亩。

3.城乡创建深入开展

制定实施《“四城一奖”创建工作总体规划》。强化网格管理,开展专综整治,升级改造小区市政环卫基础设施,推进小区物业管理和楼院居民自治,加强清扫保洁,广泛开展群众性创建活动,城乡市容环境面貌、城镇管理水平巩固提升。

4.生态环境稳定优化

完成市下达节能减排目标任务。空气质量优良天数保持全市第一。后溪河、大宁河分别满足国家一类、二类功能水质。完成造林11.5万亩、封山育林3万亩,森林覆盖率提高1个百分点,荣获“全国绿化模范县”。治理水土流失1.59万亩,地质灾害防治有力有效。建成8个乡镇污水处理厂、4个乡镇垃圾收容设施。完成农村“一池三改”4000户。完成3个村、获批10个村的农村环境连片整治项目。创建市级生态镇1个、市级生态村10个、县级生态村67个。

(三)着力推进改革开放,发展活力逐步增强

深入推进行政审批改革,取消县级审批82项,委托乡镇(街道)审批3项,便民服务体系逐步完善。新发展内资企业266户、微型企业406户、个体工商户2141户。实施营业税改增值税试点,清理规范行政性收费,为企业让利减负近3000万元。大力招商引资,实际到位资金35.2亿元。积极发展外经外贸,实现自营出口1400万美元。事业单位分类、户籍制度、“地票”、农村“三权”等改革稳步推进。全口径财政预算、政府债务管理、“公务卡”制度、公共资源交易、财政投资评审、国企国资管理等改革逐步深入。

(四)着力改善民计民生,社会大局和谐稳定

1.扶贫开发成效明显

完成高山生态扶贫搬迁14774人,完成70个整村扶贫村年度建设任务,2011年启动的25个贫困村整村扶贫建设顺利通过市政府验收,减少贫困人口17800人。

2.社会事业协调发展

投入资金7579万元,改善中小学及幼儿园的办学办园条件。完成文峰幼儿园、白鹿小学、镇泉小学迁建。学前三年入园率达到78%。普高本科上线率51.5%,重本上线率12.5%。职教中心实现整体搬迁,完成招生1602人,毕业生就业率达到95%。落实学生营养改善计划补助资金1941万元。发放困难学生资助金3607万元。天元乡高楼小学教师刘坤贤荣获“全国最美乡村教师”荣誉称号。完成县人民医院迁建主体工程,推进县中医院二甲创建。全面完成年度乡镇卫生院和村卫生室标准化建设改造任务。创建“慢病综合防控示范区”通过市级验收。人口自然增长率2.56‰,符合政策生育率85.6%。实施科技项目8个,专利授权192件,转化科技成果21项,新建市级专家大院1个,荣获“全国科技进步先进县”。荆竹坝岩棺群被国务院命名为“全国重点文物保护单位”,建成30处群众体育健身工程。

3.社会保障力度加大

城镇新增就业3214人,登记失业人员就业

再就业1637人，就业困难人员就业再就业803人，城镇登记失业率稳定在3.9%以内。市外农民工返乡就业创业9107人。发放小额担保贷款6700万元。“五大保险”累计参保77.65万人次，征收社会保险费3.84亿元，发放社会保险待遇4.31亿元。401人享受城乡居民重大疾病医疗费用特别补助438万元。实施城乡低保、优抚和特殊人群救助，投入各类民政资金1.15亿元，保障困难群众的基本生活。累计建成廉租房18.1万平方米，配租入住1853户。

4.社会大局平安稳定

公安基层基础建设有序推进，立体化治安防控体系逐步完善。开展“打盗抢，保民安”、“打四黑，除四害”等专项行动，破获刑事案件472起。安全生产形势持续稳定好转，全年发生安全生产事故17起、死亡19人，分别下降11%和21%，没有发生较大及以上安全事故。应急管理工作有力有序，突发事件预警信息发布平台建成投用。加强矛盾纠纷排查化解、源头预防，扎实开展干部下访“化积案、解难题、办实事”专项行动，没有发生影响较大的群体性事件。

二、发展中存在的问题

一是经济总量小，产业支撑弱，要素保障难。二是公共服务、社会事业、民生保障与群众的期盼还有较大差距，部分群众生活困难。三是安全隐患仍然突出，社会矛盾明显增多，平安稳定风险加大。四是政府自身建设存在薄弱环节，职能转变还不到位，政府工作人员不同程度存在“四风”问题。五是政府工作目标未能全面实现，城乡居民收入没能达到预期增幅，南滨路城中村改造等项目没能如期推进。

三、2014年发展目标

全县地区生产总值增长10.5%左右，全社会固定资产投资增长18%，公共财政预算收入增长12.5%，社会消费品零售总额增长15%，城镇居民人均可支配收入增长10%，农村居民人均纯收入增长12%，城镇化率提高1.8个百分点，森林覆盖率提高1个百分点，城镇登记失业率控制在4%以内，人口自然增长率控制在5‰以内。

（作者单位：巫溪县政府办公室）

石柱土家族自治县

陈森林

一、2013年发展回顾

2013年，面对错综复杂的经济形势，石柱在市委、市政府正确领导下，深入贯彻党的十八大、十八届三中全会精神，围绕“科学发展、富民兴石”总任务，大力实施“生态立县、开放兴县、工业强县、商旅活县”战略，全面推进经济建设、政治建设、文化建设、社会建设和生态文明建设，各项工作取得新的明显成效，全县呈现出经济持续发展、社会全面进步、干事创业环境风清气正、人民群众安居乐业的良好态势。

县域经济平稳较快增长。地区生产总值和工业总产值双双突破百亿元大关，预计分别达到104亿元、100亿元，分别增长13%、20.5%。实现全社会固定资产投资137亿元、增长3.6%，社会消费品零售总额41亿元、增长16%，地方财政收入16.1亿元、增长14.2%。

生态保护发展有序推进。围绕全市功能分区新部署，加快推进以保护生态为首要任务的经济社会转型发展。以全县转型发展“四个定位”为指导，各类规划逐步完善，切实加强“面上保护”。围绕工业园区、“大黄水”旅游开发、城镇开发等重点，更加突出“点上开发”。

重点领域取得新突破。渝利高速铁路顺利通车，石柱人民实现百年梦想；茶涪丰石高速公路全线贯通。5万千瓦狮子坪风电场并网发电，

70万千瓦大唐火电项目即将投产，建成100万千瓦电源工程指日可待。成功组建县国资集团公司，工业园区融资平台法人治理结构加快完善，“一团一区”投融资新格局初步形成。全县新一轮《城乡总体规划》获市政府批准，火车站片区和甑子坪片区开发加快，“一城五组团”城市骨架已具雏形，城市规模有序拓展。强力推动房地产开发，建成商品房65万平方米，投放市场64万平方米。基本完成南宾工业园C区基础设施建设和生态工业园场平。土家大型歌舞《天上黄水》震撼上演，旅游产业增添文化内涵。

——社会民生持续改善。新增城镇就业5633人，城镇登记失业率控制在3%以内。城镇居民人均可支配收入21056元、增长10.5%，农民人均纯收入7807元、增长14%。城乡居民养老保险、医疗保险参保率分别达到93.4%、95%。居民消费价格涨幅控制在3%以内。基本完成17件民生实事年度任务。

2013年，主要抓了八个方面的工作：

(一)全力稳增长扩总量

严格管控新增债务，积极化解存量债务，政府性直接债务减少4.8亿元。狠抓100个重点项目建设，其中28个重大项目完成投资81.8亿元。加强商旅联动、农商农超对接、市场促销、节会营销，实现商品销售总额78亿元、增长20%。签约招商项目24个，合同引资125亿元，到位资金52.3亿元；完成立项争资27.2亿元；新增贷款余额15.5亿元，存贷比达到42.8%。坚持集约节约用地，深化土地“增减挂钩”工作，新增耕地4911亩。完成土地复垦5004亩，争取用地指标3011亩。

(二)着力调整产业结构

立足“一产提质、二产做强、三产盘活”调结构，三次产业结构由19.5:45.5:35调整为18.9:46.3:34.8。

着力发展特色效益农业。辣椒、中药材、兔业等优势产业巩固提升，烤烟、冷水鱼、水果等高效产业势头强劲。烤烟种植超过4万亩，中蜂突破5万群，肉兔、土鸡分别出栏410万只，建成100亩冷水鱼养殖基地，28个种植专业村、20个规模养殖园建成达标，成功挤进全市“4+4”蔬菜重点基地县。“大黄水”现代农业综合示范工程28个重点项目加速推进。推广各类农机具9500台，农业机械化率达到36.6%。引进推广应用科技成果69项，获“全国科技考核先进县”。建成农业标准化生产基地70万亩，获“三品一标”认证22个。流转土地31.6万亩，新发展农民合作社46个，注册成立全市首个家庭农场。预计全县实现农业总产值30.5亿元、增长9.5%。

全面提升工业经济运行质量。南宾工业园累计入驻企业53家，完成A区调规和整体搬迁资产评估，增加B区配套设施，改善C区企业入驻条件。华冶钢构、海庆风电设备、东田药业迁建、德华飞机内饰件等项目加快建设。生态工业园累计完成投资12.5亿元。煤矿年产能达到171万吨。铅锌产业尾矿处理取得初步成效。预计全年实现规模以上工业产值80.4亿元、增长28%；实现工业增加值33.1亿元、增长19%，拉动经济增长5.9个百分点。

实施“商旅活县”战略，促进旅游业和商贸业加快发展。编制完成《“大黄水”旅游区总体规划》、《乡村旅游发展规划》。建成天上黄水大剧院及广场、“大黄水”景区形象大门、冷黄互通鲜花大道、重医大附属黄水康复医院主体工程。油草河漂流项目初步建成营运，太阳湖水上游乐项目初步建成开放。完善千野草场景区生态厕所、生态停车场。黄水万胜坝、冷水八龙被评为“重庆市最佳避暑休闲乡村”。成功举办多项旅游、消费节会活动。接待游客470万人次、创综合收入23.5亿元，分别增长17%。完成火车站物流园、西沱临港物流园规划。

(三)强化城乡建设和管理

全面建成都督大道、甑子坪互通连接路、体育场、火车站及站前广场、旗山风雨廊桥。实施县城精细化管理，成功通过市级卫生县城复查验收。房地产项目迅速发展。乡镇场镇市容市貌持续好转。西沱、黄水建设加快，11个小城镇独具特色。建成农民新村10个，改造农村危旧房

4200户。鱼池被评为“2013年重庆最美小城”，黄水万胜坝成为首批国家级“美丽乡村”示范村，冷水八龙、三河拱桥等3个村成为首批市级民族团结进步示范村，冷水至黄水沿线被确定为市级民族团结进步旅游示范带，石家黄龙等3个村列入首批中国传统村落名录。城镇化率提高1.6个百分点。

（四）深化改革开放

农村户籍制度改革、事业单位分类改革试点、水利改革试点、财税金融改革有序推进。启动县级公立医院综合改革，基本药品实行零差率销售。继续推进清理在编不在岗及“吃空饷”专项行动。建立政府部门协商协调制度，理顺部门之间职责关系。承接、取消行政审批事项327项。培育壮大民营经济，发展微型企业502户。云南对口扶贫、江津“圈翼”对口帮扶、山东淄博东西扶贫深入推进。成功引进三峡银行、中银富登村镇银行，实现金融业增加值2.4亿元。

（五）加强基础设施建设

江家槽码头取得工可批复并引进建设业主。完成县际主干道大修工程43公里，300公里省道升级为国道。完成村通畅工程351公里，改造烟区道路180公里，建设13个撤并村通达工程57公里，实现行政村通畅率75%。燃气实现“双气源”保障，电网建成“双回”线路。稳步推进万胜坝渠系、东方红水库建设，曹家湾水库上报国家审批，各类水利工程蓄引水能力达到8200万立方米，有效灌溉面积16万亩。

（六）切实保障和改善民生

完成高山生态扶贫搬迁8440人。20个整村脱贫村通过市级验收，实现1.1万人稳定脱贫。建成安置房20万平方米、廉租房3056套。新增农村客运线路7条、车辆28台，行政村客车通达率达到76.5%。安装道路安全防护栏60公里。实施山坪塘整治116口。解决5万城乡居民饮水安全问题。学生营养改善计划全覆盖，完成6所寄宿制学校、10所幼儿园、10所学校教师周转房建设。县人民医院整体迁建工程有序推进，完成5个乡镇卫生院、149个村卫生室标准化建设。符合政策生育率达到91.4%，人口自然增长率控制在5.35‰以内。完成县城人文景观雕塑工程，电视村村通、广播村村响实现全覆盖。争取三峡后续规划项目资金2.3亿元。城镇登记失业人员就业2103人，协助市重点产业招工4751人。为城乡低保户17065人发放低保金4960万元。残疾人实现免费乘坐公交车。继续做好人身意外伤害保险工作。深入推进全国民族团结进步示范县创建工作。全年民生领域投入资金20亿元，占公共财政预算支出59.2%、增长7%。

（七）持续改善生态环境

深化大气污染联防联治，县城空气质量优良天数保持在320天以上。推进龙河流域综合整治，城乡饮用水源水质达标率100%，城市生活垃圾无公害处理率、生活污水处理率分别达到95%、89%。松材线虫病防控取得阶段性成效。完成植树造林12.4万亩，森林覆盖率达到53.2%，成功创建市级森林城市。启动行政村连片环境整治工程。污染物总量减排通过市上验收。

（八）扎实推进平安建设

治安案件查处率上升6.4%，主要刑事犯罪案件下降45%，人民群众安全感指数达到97.2%。强化安全稳定“一岗双责”，事故起数、死亡人数、经济损失与去年同期相比呈现“三个下降”，安全生产考核荣获全市优秀称号。一批信访积案和重点信访案件得到化解。应急预警信息发布平台、应急应战指挥平台通过市级验收，成功处置各类突发事件。

二、发展中存在的问题

一是群众生产生活仍然很困难，农村交通、水利、教育、医疗条件改善相对滞后，扶贫攻坚任重道远。二是经济总量较小，结构调整乏力，工业企业集群化程度不高，市场主体培育不够，商贸偏弱，投资趋缓，解难题、求突破、促转型的办法不多。三是要素制约瓶颈仍未打破，建设用地难、筹资难等问题依然突出。四是政府自身建设存在薄弱环节，“玻璃门”、“弹簧门”、“中梗阻”现象在一些领域和环节仍然存在，一些政府工作人员工作效率、服务质量有待提高。

三、2014 年发展目标

围绕“科学发展、富民兴石”总任务和建成绿色生态经济强县目标，坚持稳中求进的工作总基调，以改革统揽经济社会发展全局，大力实施“生态立县、开放兴县、工业强县、商旅活县”战略，着力推进经济转型发展，着力加快新型城镇化，着力保障和改善民生，着力强化生态保护，促进经济持续健康发展和社会和谐稳定，为加快建设扶贫开发民族团结进步示范县、民俗文化生态休闲旅游目的地、绿色农产品和优势资源生产加工基地、天蓝地绿水净的宜居美好家园奠定基础。

经济社会发展的主要预期目标是：实现地区生产总值 120.5 亿元、增长 11.5%，工业总产值 120 亿元、增长 20%，全社会固定资产投资 144 亿元、增长 5.0%，地方财政收入 18.5 亿元、增长 14.7%，社会消费品零售总额 46.5 亿元、增长 13.5%，城镇居民人均可支配收入 23267 元、增长 10.5%，农民人均纯收入 8861 元、增长 13.5%。城镇登记失业率控制在 3.5%以内。居民消费价格涨幅控制在 3%以内。单位地区生产总值能耗下降、主要污染物总量减排达到约束性要求。

（作者单位：石柱县政府办公室）

秀山土家族苗族自治县

张凯

一、2013 年发展回顾

2013 年，秀山县坚持以邓小平理论、“三个代表”重要思想、科学发展观为指导，深入贯彻党的十八大和十八届二中、三中全会及市委四届三次、四次全会精神，围绕“科学发展、富民兴秀”总任务和县委融合式产业发展思路，牢固树立生态发展理念，坚持“面上保护、点上开发”和“在保护中发展、在发展中保护”的原则，全县呈现出经济持续发展、民生不断改善、社会和谐稳定的良好态势。全县生产总值实现 114.6 亿元，增长 15.3%，三次产业结构为 14.4:51.3:34.3。固定资产投资完成 121.7 亿元，增长 28.4%。社会消费品零售总额实现 42.6 亿元，增长 16%。规模以上工业增加值实现 41.1 亿元，增长 28.6%。公共财政预算收入达到 12.5 亿元，增长 23.8%。城镇登记失业率为 3.67%。城乡居民收入分别实现 21267 元、6647 元，分别增长 10.9%、13.4%。

（一）三农地位持续巩固

有效应对重大旱情、山银花网络舆情风波和 H7N9 禽流感等系列挑战。生产粮食 30.2 万吨、蔬菜 25.9 万吨，出栏生猪 46.3 万头。启动中药材“一库两中心一基地”建设，收购银花 3.2 万吨，完成山银花药食同源认定公示；秀山土鸡完成三世代选育，出栏土鸡 1191 万只；油茶、茶叶、高端猕猴桃基地分别达 12.7 万亩、7.5 万亩、3 万亩；红香椿、油桐、皂荚、水产等特色产业加快发展。新增农业龙头企业 25 家、农村合作经济组织 85 个、家庭农场 201 户。农村土地规模经营集中度达 35.4%。农业机械化综合水平达 44.01%。被认定为全国首批农业农村信息化示范基地。隘口水库枢纽工程累计完成投资 9.6 亿元，桐梓水库项目启动实物调查，除险加固病险水库 6 座，基本完成 376 口山坪塘整治。新解决 3 万名农村居民饮水安全问题。平凯至大路、膏田至茅坡、梅江至云隘公路改造全面推进，川河盖公路竣工，硬化行政村四级公路 170 公里，行政村通畅率达 83.5%。新建农民新村 36 个，完成高山生态扶贫搬迁 2.22 万人，改造农村危房 1.35 万户。21 个贫困村整村扶贫通过市级验收，减少贫困人口 1.44 万人。15 件重点民生实事完成投资 8.7 亿元。

(二)工业水平稳步提升

完成工业投资38.3亿元,增长35.7%。工业经济效益综合指数达150.5%,提升32.8个百分点。工业园区新增投资27.9亿元,20万平方米标准厂房基本投用,园区二路一标段建成通车,农机产业园等15个项目进展顺利。新入驻扬子门业、品岱科技等20家企业,新投产奇秀饮料、渝窖酒业等5家企业,累计入园企业119家、投产企业94家,全年实现工业产值75亿元,增长21%,占全县工业总产值的78.5%。以中药材为主的特色农产品加工业、电子及装备产业等加速发展,非锰产业占比达61.1%。锰业重组工作稳步推进,嘉源矿业5项技术指标处于全国领先水平。安排3.1亿元帮助锰、硅企业过渡性生产,电解金属锰、工业硅产量分别增长33%、60.8%。南部锰矿整装勘查、页岩气勘探工程进展顺利。

(三)商贸物流快速发展

批发零售业商品销售额、住宿餐饮业营业额分别实现74.7亿元、8.1亿元,分别增长17.3%、18%。花灯广场商圈新增汇豪世纪和滨江公园商业区;城东商圈初具雏形,花灯美食街破格创建为市级美食街。新增限上商贸企业18家,累计达55家,新增亿元级市场主体3家。成功举办第二届武陵山商品交易博览会。新增电子商务市场主体25家,组建武陵山网商联盟,中药材买卖通和云智网商城线上交易5000万元,全年电子商务交易额实现2.4亿元,增长30.2%。全县道路运输经营户达1389家。物流园区新增投资15亿元,竣工投用会展中心一期等15个项目。8个专业批发市场签约商户3989户,其中5个市场789户商户入驻营业。组建园区货运调度中心和组货平台,建成铁路集装箱站、长大笨货场和化工品专线,运输、装卸费用明显下降。园区全年实现货物周转量174万吨、市场交易额72.6亿元,分别增长58%、103%。

(四)旅游开发扎实推进

深化"大边城"旅游开发理念,启动全县旅游总体规划和川河盖、酉水河、龙凤花海景区规划编制工作。建立重点景区建设协调机制,组建旅游开发公司,旅游发展体制机制更加完善。完成旅游开发投资5.2亿元,增长71.2%。洪安边城景区竣工道路"白改黑"等4个项目。西街完成民房风貌改造,启动天后宫、八卦井等历史建筑群修复工程。黑洞河漂流完成试漂。川河盖、酉水河、龙凤花海等景区接待能力和水平明显提升。乡村旅游提速发展。盐水井项目扎实推进。新增商务酒店3家。完成特色村寨民居风貌改造538户。成功举办油菜花节、渝湘黔边区龙舟赛等系列活动。全年接待游客152万人次,实现旅游综合收入6.3亿元,分别增长42.7%、47.7%。

(五)城镇建设提档升级

完成城镇建设投资39.4亿元(不含园区),县城建成区面积达17.1平方公里,县城人口近17万人,城镇化率为34.67%。启动城市总规修编工作。违法用地违法建设得到有效遏制。香林街城中村、平凯片区、雷家河片区土地房屋征收取得突破。凤凰新城、东大街四期、火车站配套工程等项目进展顺利,渝秀大道、国道319线两侧"填空"基本完成,黔龙·阳光御园、美丽·泽京等项目积极推进。新建、续建房地产180万平方米,竣工22万平方米,销售35万平方米。"五城同创"扎实开展。人行道改造升级持续推进,垃圾中转站、公厕、路灯等配套设施加速完善。乡镇"五个一"、"六个有"项目分别完成68%、89%,清溪场、洪安、雅江3个市级中心镇形象有新提升,清溪场、龙池、溶溪、梅江等集镇开发逐步启动。

(六)改革开放全面深化

农村建设用地复垦累计入库2.1万亩,正在施工7000余亩,地票交易累计完成1.1万亩,交易金额达21.3亿元。完成土地开发整理3.5万亩,新增耕地2万亩。新增个体工商户1934户、微型企业531家,分别达14573户、1841家。新增国家地理标志证明商标2件、重庆市著名商标1件、名牌农产品2件。县内金融机构存贷款余额分别达108亿元、82.1亿元,分别增长15.7%、30.7%。西南证券秀山营业部开业运营。

新增“三权”抵押贷款9.7亿元、就业创业小额担保贷款1.1亿元,争取“两民”企业利差补贴2511万元。国资监管力度加大,国有企业资产总额达134.3亿元,增长18.9%,扭转了亏损局面,实现利润3031万元。321个财政投资评审项目审减资金1.1亿元,通过公共资源综合交易平台节支4056万元,政府采购协议供货电子交易平台交易额居渝东南第一。地方政府性债务是全市风险管控较好的区县之一。新增外贸自营出口权企业4家。利用市外资金72.5亿元,增长30%。

(七)社会民生不断改善

义务教育阶段学校标准化率达80%。启动秀一中高中新区建设,新建农村寄宿制学校8所、农村教师周转房392套。高考取得新突破,重点本科上线496人,北大、清华录取5人;高级中学成功创建市级重点中学,高考上线率连续两年居渝东南单校第一。认定普惠性幼儿园73所,占全县幼儿园的59.3%。县医院迁建工程门诊部投入运行,乡镇卫生院标准化建设全面达标,村卫生室标准化率达61.7%,建成撤并村卫生室16个。人口自然增长率为5.88‰。“文化五馆”进入装修阶段。群众文体活动更加丰富。累计建设保障性住房27.3万平方米,竣工12.4万平方米,配租320套。住房公积金归集1.51亿元,使用1.37亿元。新增城镇就业5014人。超额完成社会保险扩面征缴任务。提高城乡居民最低生活保障标准。五保老人集中供养率达65%,敬老院床位利用率达93%,均居渝东南前列。

(八)平安建设成效明显

加强基层基础建设,调配增加派出所警力50人。推进立体化治安防控体系建设,严厉打击各类刑事犯罪,破获刑事案件1209件,八类暴力案件下降26.5%,群众安全感指数达91%。扎实开展安全生产大排查、大整治、大执法、大督查专项行动,安全生产事故死亡人数下降14.3%,安全生产工作连续六年获全市优秀。狠抓食品药品重点领域、重点环节、重点品种排查整治,保障了群众饮食和用药安全。扎实开展干部下访“化积案、解难题、办实事”活动,化解市级交办疑难信访案件11件,重点矛盾纠纷化解率100%,群众到县来访批次下降17%。办理法律援助案件518件。突发事件预警信息发布平台运行良好,应急应战指挥平台全面建成。

二、发展中存在的问题

一是经济总量不大,产业结构不优,缺乏支柱产业支撑;二是发展要素制约仍较突出,城乡基础设施不配套,社会事业发展不平衡,公共服务水平不高;三是政府职能转变尚不到位,干部作风亟待进一步转变,发展环境还需不断优化。

三、2014年发展目标

2014年,秀山经济社会发展主要目标为:全县生产总值增长12%左右;公共财政预算收入增长13%;单位生产总值能耗下降3%以上,主要污染物减排达到市上约束性要求;城乡居民收入增长与经济增长基本同步,城镇登记失业率控制在3.8%以内。

(作者单位:秀山县政府办公室)

酉阳土家族苗族自治县

田洪波

一、2013年发展回顾

围绕渝东南生态保护发展区功能定位,努力践行“一化促四化、推进城乡一体化”战略路径,履职尽责,积极作为,经济社会实现持续较快发展。全年预计实现地区生产总值101亿元,增长11.5%,经济总量首破百亿元大关;完成全社会固定资产投资112.9亿元,增长8%;组织财政收入23.6亿元,增长16%,其中,地方财政收入19.2亿元,增长18.3%,公共预算收入10.4亿元,增长20.1%;城镇居民人均可支配收入、农民人均纯收入分别达16790元、5848元,分别增长10.5%、13.5%;实现社会消费品零售总额38.8亿元,增长14%。

(一)产业培育有新进展

一是旅游发展持续升温。完成全县旅游产业发展规划。建成开放五柳广场,完工桃源大舞台和桃花源大酒店主体工程,实施酉州古城文化提升工程。龙潭古镇开街迎客,龚滩古镇创建中国历史文化名镇通过住建部初审,河湾山寨被评为全市唯一国家级少数民族特色村寨。黑水桃花谷、毛坝群贤居、楠木庄等乡村旅游景点提速发展。成功举办第三届桃花源国际休闲旅游文化节,著名歌唱家腾格尔、王莉两曲《桃花源》唱响全国,在中央电视台、旅游卫视等投放桃花源旅游主题广告,在香港凤凰网推出了酉阳旅游专栏。推出"张家界—凤凰—桃花源"、"重庆—龚滩—桃花源"等10余条旅游专线产品,湖南、广东等游客市场有效拓展。全年共接待游客600万人次,实现旅游综合收入20亿元,同比分别增长29%、22.9%。二是工业经济加快转型。着力做大做强做特做优工业,预计全年实现工业总产值80亿元,同比增长23.1%;实现工业增加值30亿元,同比增长14.5%;入库工业税收4亿元,完成工业投资30亿元,带动就业1.6万人。"4+1"支柱产业体系初步形成,酉水河酒业、华武制药、九鑫水泥、金叶珠宝等重点企业快速成长,钦晟贵金属、青花椒精深加工、琥珀茶油等重点工业项目有序推进。"一区四园"发展框架基本建成,入驻规模以上工业企业38户,实现工业产值48.2亿元。实施工业企业节能环保改造,实现工业节能降耗4%。三是特色效益农业迅猛发展。围绕绿色、生态、有机方向,宜居茶叶、后坪苦荞、龚滩现代烟草、两罾蜂蜜、泔溪青花椒、腴地中药材、麻旺鸭、涂市山羊、圆梁山高山蔬菜、兴隆大鲵、偏柏脐橙等特色产业基地迅速壮大,特色效益农业占一产业比重提高10.1个百分点,"一村一品、一乡一业"发展格局初步形成。全县产业大户、规模经营组织达3200个,新开发11个系列100余个农特产品,农产品商品化率提高13个百分点。注册"酉阳贡米"、申报"酉阳茶油"国家地理标志证明商标,可大油茶籽和茶油获批有机食品认证。设立重庆主城区农产品销售网点,开通农产品电子商务中心。渝东南现代农业科技园加快发展。动植物防疫实现清净无疫,粮食总产量达36.8万吨。

(二)发展后劲有新增强

一是争资立项力度加大。全年到位各类补助资金32.4亿元,其中财力性补助10.4亿元、专项补助22亿元。争取城乡工矿建设用地规划3平方公里,获得建设项目用地指标1063亩,完成608亩建设用地规划调整。全面启动1400平方公里页岩气国家优化区块勘探。酉阳至彭水高速公路挤进全市新增1000公里高速公路规划,酉阳至永顺高速公路纳入重庆市远期建设规划,渝怀铁路复线酉阳段有望开工建设。四大库区移民纳入市移民局统一管理。二是重点项目提速推进。实施重点建设项目110个,完成投资52亿元。酉阳至沿河高速公路加快建设,完成投资8.5亿元;县城防洪堤三期工程建设成效明显;完工龙潭古镇风貌改造,配套建设整体推进;酉一中扩高工程建设瓶颈有效破解,土建项目有序启动;九龙眼水库导流洞掘进顺利,开工建设上坝公路;大泉水库上报国家烟草专卖局审查。三是基础设施不断改善。完成国道326线酉阳段路面改造、省道304线酉阳至龚滩段二期罩面加铺。建成烟草惠民公路266公里,竣工行政村通畅工程265公里,行政村通畅率达58.6%,同比提升10个百分点。建成撤并村通达公路35公里。新开通农村客运线路20条。完成水利投资10.1亿元,实施董河、小河坝河等中小河流治理19公里,除险加固病险水库7座,启动山坪塘整治231口,整修新建渠系33公里,解决7.1万农民饮水安全。完工小坝、天馆等变电站建设,升级改造农村电网442公里。全县光纤到户实装1.8万户，在全市率先实现“光网城市”。改扩建13个乡镇邮政所。

(三)城乡面貌有新变化

一是旅游城市更加靓丽。实施城市建设重点项目55个,完成投资16.3亿元。阳光溪谷、桂芳街片区、翠屏水岸、土家八千等房地产开发有序实施。城南片区开发初见成效,小坝组团、板溪组团建设有序推进。建立“两违”整治常态化管理机制,严厉打击土地非法买卖行为,拆除城市组团违法建筑2.3万平方米。城区环境卫生、城市照明、交通秩序等管理常态有效,城郊结合部、车站及校园周边等重点部位整治有效加强。开建县城二、三级污水管网24.5公里。新增建成区绿化面积5万平方米。国家园林县城创建进入命名公示阶段。二是集镇建设掀起高潮。依托高山生态扶贫搬迁等政策,强化市场化运作,加快建设集镇“十个一”工程,实施集镇建设项目215个,完成集镇建设投资9.2亿元,新增集镇建成区3.6平方公里,带动4.8万人口向集镇聚集。西酬、李溪、丁市集镇申报“国家级重点镇”。庙溪、浪坪、南腰界、偏柏等集镇建设成效显著,宜居乡宜居村创建“市级农民新村示范点”。三是生态环境持续改善。加快实施国家生态文明示范试点工程,推进7个生态文明小集镇建设。加强321.6万亩生态公益林管护,全年实施营造林25.8万亩,森林覆盖率达52.2%。加强292个地质灾害点监测预警。县域主要河流断面和饮用水质达到国家规定标准,基本建成苍岭等12个乡镇污水处理厂。实施10个村连片环境综合整治，改造农村危房1.2万户，建成沼气池2000口,实施农村改厕1500户。环保“五大行动”扎实推进，巩固桃花源大道无煤示范街区创建成果,空气质量优良天数达335天。

(四)商贸金融活力有新提升

一是城市商圈打造成效明显。桃花源广场旅游购物和西州古城住宿餐饮、文化展示及旅游观光等功能业态逐步完善,永辉超市、国美电器等国内知名商家入驻碧津现代城市商圈,桃源新都会、华章财富等城市商业体不断壮大。二是城乡商贸体系加快培育。推进中石化5万立方米成品油库建设。成功举办第四届中国·酉阳桃花源美食节。新增商业营业面积5.5万平方米,新培育限上商贸企业18户,发展5000万元级企业5家、1000万元级企业10家，实现商品销售额49.8亿元。仓储运输、物流配送、电子商务等行业加快发展。三是金融业务加快拓展。住房公积金归集2.2亿元,使用1.9亿元。银行业运行平稳,金融机构年末存贷款余额分别达119亿元和66亿元,比年初分别增加8.7亿元和9.4亿元。

(五)社会事业有新进步

一是教育事业快速发展。实现教育支出9.6亿元,占公共财政支出的24%。强力推进农村中小学标准化建设,新改扩建校舍3万余平方米。启动“义务教育发展基本均衡区县”创建。强化师德师风建设,实施教师素质提升工程。高考重点本科上线867人,5人被北大、清华录取,均居渝东南首位。民族小学建成国家级科普教育基地。义务教育阶段学生营养改善计划实现全覆盖。学前教育、特殊教育和继续教育整体发展,社会力量办学规范有序。二是居民健康水平不断提高。挂牌重庆医科大学附一院酉阳医院,完工县公共卫生服务中心主体工程，乡镇卫生院标准化建设全覆盖,完成197个行政村和11个撤并村卫生室建设；开展慢性非传染性疾病综合防控示范区创建，全年无重大公共卫生事件发生。人口计生工作扎实开展,人口自然增长率控制在7.9‰以内。成功举办全县首届民族运动会，土家摆手韵律操荣获全国广场健身操作品征集评选二等奖。三是文化科技取得新成效。新闻中心建成投用,赵君陶图书馆主体工程完工,档案修志取得新进展。县文化馆、图书馆免费对外开放,均获国家一级馆称号。竣工县电影院改扩建。完成《桃花源》微电影和《桃花源》歌曲MV、电视连续剧《望龙门客栈》外景摄制。成功举办中国武陵山区土家摆手舞大赛。《高台狮舞》等5项非遗项目列入市级名录。创建6个市级农村科技创业示范基地。

(六)民生保障有新改善

一是创业就业扎实有效。发放再就业小额担保贷款 3.1 亿元，开展各类技能培训 5499 人次，实现创业就业 1.8 万余人。扶持 1.3 万名返乡农民工创业,充分就业村实现全覆盖。城镇新增就业 7183 人,城镇登记失业率控制在 2.9%以内。二是社会保障不断加强。“五险”参保 119.5 万人次。城乡居民合作医疗报销比例提高到 70%以上。发放城乡低保 6171.7 万元,兑现临时性生活救助 285 万元,9.6 万名 60 岁以上农村老人基本养老实现全覆盖。完工县养老中心和儿童福利中心一期主体工程。建成配租廉租房 1200 套,改造城市棚户区 3.4 万平方米。三是扶贫开发有力推进。启动 10 个贫困村整村脱贫，完成 28 个贫困村整村脱贫达标验收,减少贫困人口 2.7 万人;产业扶贫深入推进,10 个乡村旅游示范村加快建设。实施 65 个高山生态扶贫搬迁集中安置点建设,完成搬迁安置 14620 人。

(七)改革开放有新成效

一是各项改革稳步推进。成功试点公务卡制度,实现国库集中支付向乡镇延伸扩面。清理行政审批事项 28 件，建成投用县行政服务中心。加强公共资源交易监管,经营性建设用地和公共资源配置一律实行招拍挂。国有平台公司管理更加规范,实体化发展迈出有力步伐。户籍制度改革稳步推进,殡葬改革深入实施。二是发展活力不断增强。坚持围绕产业链招商、突出资源优势抓招商,严格兑现招商引资优惠政策。新培育微型企业 607 家，全县各类市场主体突破 2.2 万个,注册商标总量达 525 件,内资企业总量列渝东南六区县第一位。三是对外协作不断加强。突出重点交通建设、游客互送和产业培育等重点,加强了武陵山连片扶贫开发区域协作。市政府办公厅扶贫集团落实帮扶项目 15 个,到位渝北·酉阳圈冀扶贫资金 3040 万元，推进山东东营东西扶贫协作。

(八)社会治理有新成果

一是安全稳定形势持续向好。深入推进“平安酉阳”建设,持续开展安全生产大排查、大整治、大执法、大督查行动,安全生产死亡事故起数、人数实现双下降。建立信访调解终结制,成功化解历史遗留信访积案 48 件,调处各类矛盾纠纷 9554 件，全年未新增一起重大信访事项。建立常态化治安巡逻防控机制，现行命案侦破率达 100%,八类主要刑事案件发案数同比下降 12.4%,群众安全感指数高于全市平均水平。突发事件预警信息发布平台建成投用，应急应战指挥平台建设稳步推进，基层应急管理标准化建设试点工程加快实施。国防动员成效明显。二是法治建设有效加强。全面推进“六五”普法,深入开展“法律八进”活动。审查和清理政府规范性文件 189 件，评查行政处罚案卷 84 宗。民族宗教工作有新进步，成功举办自治县成立三十周年庆祝活动。依法加强妇女儿童权益保护,行政监察、审计监督力度加大。第三次全国经济普查依法推进,经济社会调查工作有序实施。三是行政效能有效提升。“阳光政务”建设扎实推进,政府信息更加公开透明。加强财政预算管理,政府性债务安全可控。规范公务用车、公务接待和政府采购等管理,“三公”经费同比压缩 9.75%。

二、发展中存在的问题

一是经济总量仍然不大，结构调整还有很大差距,主导产业培育处于起步阶段,支柱产业尚未形成。二是基础设施建设欠账大，综合交通、防洪灌溉、能源保障、社会事业等急需改善。三是现有生态保护及效益补偿机制不够完善，受益成果有限。四是旅游产业仍处该片区无差异化竞争中。

三、2014 年发展思路

2014 年，酉阳县紧紧围绕渝东南生态保护发展区功能定位,着力发展生态产业,加快经济转型步伐。

(一)大力发展生态旅游

一是打造全国著名生态旅游景区。围绕“一主五辅”发展格局,突出各景区的特色定位,统筹协调推进景区景点建设。二是建设中国酉阳桃源国家生态公园。加强对重点景区、景区沿线和景观带等美化绿化、水体净化、森林增值、荒坡添绿等工程建设，大力推进中国酉阳桃源国家生态公园建设。三是创建酉阳桃花源国家级旅游度假区。加快二酉山文化旅游地产开发，打造“凉都酉阳、避暑天堂”品牌，全力推进酉阳桃花源国家级旅游度假区建设。四是实施酉阳城市品牌旅游形象营销战略。通过节会和著名媒体、新媒体，创意策划开展旅游营销活动，提高酉阳生态旅游城市形象的市场认知，创建“中国最佳避暑胜地”、“中国最佳生态旅游城市”等生态旅游品牌，让世界上有两个桃花源，一个在您心中，一个在重庆酉阳享誉海内外。

(二)大力发展生态工业

一是培育壮大特色产业集群。以推进生态工业向园区集聚为方向，以资源型优势特色产业发展为重点，加速推进生物质能源开发，着力抓好龙头山、青华盖等风电场建设，启动实施页岩气产业化开发。围绕药业、生态酒业、珠宝服饰、贵重金属加工、食品加工和旅游产品加工项目，大力开展招商引资，加快启动建设板溪轻工业园珠宝服饰产业园，打造珠宝服饰产业集群。二是扎实推进企业技术升级改造。争取国家和重庆循环经济试验园区的政策支持，推进技术落后、资源浪费严重的企业实施技术升级改造，大力推广采用先进的工艺、技术与设备，鼓励企业使用清洁能源和原料，促进资源的循环利用和污染物减量排放。三是加快生态园区建设。不断配套完善园区水、电、路、气、通讯、垃圾和污水处理等基础设施功能，加快推进工业“一区四园”生态化改造，最大限度地减少工业生产对生态环境的损害，增强园区的生态承载力和吸引力。

(三)大力发展生态农业

一是优化产业布局。坚持宜农则农、宜林则林、宜牧则牧，科学规划产业布局，突出打造以酉东片区为重点的青花椒产业基地，以酉西片区为重点的优质烟叶基地，以酉中北片区为重点的优质中药材基地和以酉中南片区为重点的青蒿产业基地和优质山羊基地。二是做强主导产业。坚持规模化种植、标准化生产、产业化经营的理念，做大做强青花椒、油茶、青蒿、烤烟、山羊和肉牛“六大”支柱产业，强化农业产业支撑作用；围绕做特做优，大力发展苦荞、油菜、高山蔬菜、水果、茶叶、麻旺鸭等山地生态特色效益农牧业，促进农业增效、农民增收。三是强化龙头企业带动。扶持壮大华武制药、酉水河酒业、和信农业等重点农业龙头企业，有序规范发展农民专业合作社，打造“产加销”一条龙、“农工商”一体化产业链条。四是争创绿色品牌。以提高农牧产品质量、增加科技含量为着力点，积极开展无公害农产品、绿色食品、有机食品和地理标志保护产品创建，争创国家和市级名牌产品。着力完善农产品流通体系，加强农产品推介和品牌推广，积极开展“农超对接”、“农商对接”，促进农产品变商品，不断提高农产品的附加值。

(作者单位：酉阳县政府办公室)

彭水苗族土家族自治县

孟亚许

一、2013年发展回顾

2013年，彭水自治县面对复杂严峻的宏观经济形势，在市委、市政府和县委的坚强领导下，团结带领全县广大干部群众，坚持“稳中求进”总基调，着力稳增长、调结构、促改革、惠民生，推动经济社会平稳较快发展，努力完成了县十六届人大三次会议确定的目标任务，在全面建成小康社会的征程中迈出了坚实步伐。全年实现地区生产总值97.5亿元、增长12.2%，规模以上工业总产值41.5亿元、增长1.9%，固定资产投资115.4亿元、增长13.9%，地方财政收入

17.1亿元、增长20%,社零总额44.1亿元、增长15.3%,城乡居民收入分别增长11%、13%。

(一)着力扩投资促消费,经济保持较快增长

主动承接国家宏观调控政策,着力化解生产要素瓶颈制约,争取上级补助资金26.8亿元,累计发放银行信贷46亿元,新增建设用地指标3128亩;坚持涵养财源与加强征管并重,实现地方财政收入17.1亿元、增长20%。全力攻坚项目建设,三江口水利枢纽、凤升水库、彭石公路、页岩气勘探开发等重点工程稳步实施,县城防护工程、摩围山隧道等重点项目基本完工,完成固定资产投资115.4亿元、增长13.9%。努力激活城乡消费,提速打造县城核心商圈、5个集镇商圈,新增限额以上商贸企业52家、星级农家乐20家,举办购物美食消费节,兑现家电惠民、汽车惠农政策,完成社会消费品零售总额44.1亿元、增长15.3%。在投资、消费的强劲拉动下,全年实现地区生产总值97.5亿元、增长12.2%。

(二)着力调结构增效益,发展基础更加坚实

大力发展特色效益农业,烟叶产量稳居全市首位,魔芋、油茶、高淀粉红薯种植规模位居全市前列,获评"全国生猪调出大县"、"中华蜜蜂之乡",郁山被评为全国"一村一品特色村镇";培育市级产业化龙头企业25家、新型股份合作社60个、家庭农场45个,完成"三品一标"认证6件,晶丝苕粉等特色农产品畅销全市、远销境外。依托保家工业园区,有效承接产业转移,成功引进太极集团、渝烟集团等10家企业落地,新增规模以上工业企业9家。加快实施摩围山、郁山古镇、蚩尤九黎城等旅游项目,阿依河成功创建国家4A级景区,彭水荣获"美丽中国·生态旅游十佳示范县"等称号;举办"一节一赛",发展乡村旅游,周家寨开门迎客,靛水、鞍子、长生等地旅游活动收效明显,全县游客接待量突破550万人次,旅游综合收入增长67%。

(三)着力打基础优环境,城乡面貌明显改观

新城场坪完成总工程量的65%,开工14条骨干道路,完成防洪工程3.6公里,竣工安置房3.4万平方米,迁建500kV电力线路,公共配套建设有序推进。旧城改造危旧房10万平方米,实施河堤景观工程9.9公里,摩围山乌江大桥建成通车,下塘至县城快速通道提速建设。着力打造9个特色集镇、15个农民新村,加快完善36个集镇基础设施,竣工9个乡镇污水处理厂、9个乡镇垃圾中转站。切实规范城镇管理,深入开展"两违"整治,全面启动"五创"工作和城乡清洁工程,城乡环境更加清洁、靓丽。提速改善基础条件,建成农村公路730公里,新增、恢复蓄水能力320万立方米,治理水土流失面积35平方公里,实施石漠化治理1.8万亩。扎实开展环保"五大行动",森林覆盖率达47%,县城空气质量优良率达91%,城乡集中式饮用水源地水质达标率为100%,乌、郁两江地表水均符合Ⅱ类水质标准。

(四)着力抓关键破难题,创新成果惠及全民

深化财政改革,国库集中支付、公务卡改革实现预算单位全覆盖,财政投资评审审减率达13%,公共资源交易节约率达5.2%。深化农村综合改革,完成农村集体"三资"清理,发放农村"三权"抵押贷款5亿元,实现"地票"交易4亿元,农村土地规模经营集中度达32%。深化扶贫开发,摩围山旅游扶贫示范区初具规模,完成23个贫困村脱贫验收,实施高山生态扶贫搬迁12790人,减少低收入人口2.2万人。深化经济体制改革,激活民营实体经济,新发展个体工商户2849户、内资企业464家、微型企业603个。深化收入分配改革,着力拓宽增收渠道,城乡居民收入分别增长11%、13%。规范殡葬服务管理,县城文明治丧入馆率达100%。加强对外交流合作,成功招引45个项目落地,实际利用内资27亿元、增长31.7%,争取合川、聊城帮扶款物1787万元,新发展外贸企业5家,出口创汇1200万美元。

(五)着力办实事强服务,社会民生有效保障

围绕22件民生实事统筹抓好各项社会事业,累计完成民生支出21.9亿元,占公共财政预算支出的63.4%。推进城镇学校扩容和农村薄弱学校改造,新增校舍3.5万平方米;开展城乡支

教活动,小学、初中入学率分别达99.9%、98.9%,高考重本上线341人。县医院整体迁建工程即将完成,乡镇卫生院全面实现标准化,新建215个标准化村卫生室,基本公共卫生服务项目有效实施。公共文化服务体系日益完善,开展各类大中型文体活动200余场次,参加市级以上文体赛事获奖22项,点校出版《彭水概况(民国本)》、《彭水清代方志集成》。科技支撑示范工程扎实推进,农村科技创业扶贫示范基地建设名列全市第一。启动出生缺陷二、三级干预工程,免费孕前优生健康检查获"国优",出生人口符合政策生育率为87.1%。新增城镇就业1.1万人,引导返乡就业创业1.5万人,城镇登记失业率为3.2%。"金保工程"上线运行,城乡居民养老保险、医疗保险参保率分别达85%、95%。创建10个市级残疾人康复社区,新建、恢复13个乡镇敬老院,动态管理城乡低保对象2.7万人。完成保障性住房实物配租1.8万平方米,改造农村危旧房4000户,地灾避险搬迁430人。

(六)着力转作风严管理,政府效能明显提升

自觉接受县人大及其常委会的法律监督、工作监督和县政协的民主监督,人大代表建议和政协委员提案办结率、满意率均为100%。深入推进"六五"普法,积极开展法律援助、司法救助,办理法律援助案件592件。积极构建"大调解"格局,推动干部下访接访常态化、规范化,化解疑难信访案件39件,调处各类矛盾纠纷1万余件。加强社会管理综合治理,构建立体化治安防控体系,优化社会面巡逻机制,严厉打击违法犯罪,群众安全感指数位列全市第七位。着力夯实安全生产基层基础,建成应急应战指挥过渡平台和高危行业监测监控中心,安全生产事故件数和死亡人数分别下降57%、55.6%,连续9年获全市一等奖。稳步推进政府职能转变,深化行政审批制度改革,精简行政审批事项73项,撤销议事协调机构22个。扩大基层民主,加强村民自治,完成村民委换届。加大政府信息公开力度,开通阳光政务热线,政府运行更加透明。严格转变工作作风,深入开展干部作风整顿,强化跟踪督查与问责,政府效能不断提升。加强审计、监察工作,深入开展以公共资源交易、工程建设领域为重点的源头治理,推进机关单位厉行节约反对浪费,反腐倡廉纵深推进。

二、发展中存在的问题

一是经济总量仍然偏小,主导产业规模不大,支撑发展的大项目、大企业较少,新的经济增长点不多,自我发展保障能力不强;二是自然生态十分脆弱,环境保护仍是经济发展的薄弱环节,生态文明建设任务艰巨;三是工业化、城镇化、农业现代化水平不高,公共服务与群众需求存在差距,县域人口聚集和承载能力十分有限;四是政府自身建设存在薄弱环节,一些政府工作人员改革创新和服务群众意识不强,谋发展解难题办法不多,有令不行、有禁不止、推诿扯皮、消极懈怠等现象依然存在。

三、2014年发展展望

2014年经济社会发展主要预期调控目标为:地区生产总值增长12.5%;规模以上工业总产值增长14.5%;固定资产投资增长9%;社会消费品零售总额增长14%;公共财政预算收入增长13.5%以上;城乡居民收入分别增长11%、13%;城镇化率提高1.8个百分点以上;城镇登记失业率控制在3.5%以内;人口自然增长率保持在8‰以下;万元生产总值能耗下降3%;森林覆盖率达48%;建成区绿地率达35%。

(作者单位:彭水县政府办公室)

第八编
附 录

2013年重庆市经济大事记

1月

5日 巫溪县天然气供应(一期)工程正式通气，并投入试运行，标志着重庆市天然气实现“县县通”规划建设基本完成。

重庆直升机产业投资有限公司成功收购美国恩斯特龙直升机公司，这是国内航空企业首次成功并购欧美直升机整机公司。

8日 日本东芝公司在渝设立全球电脑基地。

重庆两江新区人力资源开发服务中心正式挂牌成立。

9日 农业部与重庆市政府在荣昌启动建设国家级重庆(荣昌)生猪交易市场，将发挥重庆生猪产业优势，整合重庆农畜产品交易所、重庆(荣昌)畜牧产品交易市场功能，用5年时间，将其建设为国家级生猪产品价格形成中心、信息传播中心、科技研发中心、会展贸易中心和物流集散中心。

10日 由国家农业部、台盟中央和重庆市政府共同主办的第十二届中国西部(重庆)国际农产品交易会在南坪国际会展中心开幕。

17日 重庆市召开全市农村工作会，全面部署今年的“三农”工作。

18日 第九届中国会展经济国际合作论坛在重庆开幕。

25日 重庆市政协四届一次会议开幕。

26日 重庆市四届人大一次会议开幕。

30日 全球第四个开放式城市中央公园—重庆中央公园正式开园。

2月

16日 重庆市四届政府第二次常务会议，审议通过《重庆市人民政府关于废止、修改和继续实施部分政府规章的决定》、《重庆市环境噪声污染防治办法(修订案)》。

17日 两江国际云计算服务中心主体工程在北碚水土完工。项目建成后将为内陆城市融入全球化，发展服务外包、离岸数据处理、国际结算等现代服务业奠定坚实的基础。

19日 重庆市计量质量检测研究院获得国家认证认可监督管理委员会批准，成为中西部地区首家微型计算机、便携式计算机3C认证指定实验室。

20日 雅安—重庆—武汉1000千伏特高压输变电工程的两个重要支点工程—1000千伏重庆变电站、万州变电站项目，获得环保部的环评批复，这标志着重庆市1000千伏输变电工程建设正式启动。该项目整体投运后，将极大缓解本市的电力供应紧张局面。

22日 国家发改委正式批复《重庆市城市轨道交通近期建设规划(2012~2020年)》，获批规划项共8个，全长215.04公里，项目总投资约1097亿元。

23日 重庆市委、市政府出台《关于2013年农业农村工作的意见》，确定了今年农业农村工作的目标：农村居民人均可支配收入增长14%，粮食产量稳定在1100万吨以上，减少农村贫困人口30万人，高山生态扶贫搬迁20万人。

25日 中国石化集团四川Ⅰ维尼纶厂、爱思开综合化学投资有限公司(SK综合化学)在渝签署1,4—丁二醇(BDO)项目合资合同暨章程，双方将共同投资建设一套世界级规模的20万吨/年BDO装置，并适时发展BDO下游衍生物产品。加上已有的天然气化工产业，重庆建设世界级天然气化工基地已逐渐成型。

26日 中科院重庆绿色智能技术研究院和上海南江(集团)有限公司“大面积单层石墨烯产业化项目”在渝正式签约。此举标志着15英寸单层石墨烯将率先在重庆实现产业化。

3 月

7 日 由重庆市再生资源集团打造的重庆再生资源产业园正式落户双桥经济技术开发区。该项目总投资 30 亿元,其中,作为一期重点建设工程的进口再生资源加工区,设计年进口拆解加工能力 50 万吨以上,实现产值 150 亿元。

18 日 从德国杜伊斯堡发车的"渝新欧"首趟回程试验班列顺利抵渝。这对重庆打造内陆开放高地、更好地落实国家西部大开发战略,以及推动中欧经济、贸易发展等具有重大意义。

22 日 重庆与海南、四川、贵州三地签署《医疗保险异地就医合作推进协议》。四省市今后将实现医疗保险参保人员的无障碍就医、结算。

25 日 西部最大的会展中心—重庆国际博览中心正式运营。重庆主城区最大公租房项目—歇马缙云山居开工建设。

27 日 经重庆市第四届人大常委会第二次会议表决通过,重庆与瑞士苏黎世州建立友好市州关系。

太平洋电信重庆数据中心在两江新区水土云计算产业园竣工投运。该项目总投资 1.5 亿美元,将形成 4 万台服务器运营规模,相当于目前重庆市的全部数据处理量。

30 日 重庆市政府发布落实"国五条"实施细则,在强调和明确已有政策基础上,进一步深化差别化调控措施。

31 日 重庆市最大抱团式发展的本土民营企业—重庆市渝商投资控股集团股份有限公司成立。

4 月

6 日 台湾百货巨头新光三越正式签约落户重庆。

8 日 国务院正式批复国家发改委会同科技部、工业和信息化部、财政部编制的《全国老工业基地调整改造规划(2013~2022 年)》。大渡口区作为重庆市唯一区县纳入此项规划。

9 日 重庆市政府与 NEC (日本电气株式会社)在渝签署战略合作备忘录,共同推进云计算产业的发展。

11 日 第六届中国(重庆)国际绿色低碳城市建设与建设成果博览会在南坪会展中心开幕。

14 日 重庆市政府出台《关于支持农业产业化龙头企业发展的实施意见》,提出到 2017 年,将培育市级以上重点农业产业化龙头企业 1000 家以上,实现年销售收入 3500 亿元以上,龙头企业辐射带动农户 350 万户以上。

15 日 渝港经贸合作推介会暨签约仪式在香港举行,双方签约 35 个项目,签约金额 129.63 亿美元,涉及土地开发、金融、工业、物流、商贸等领域。

公路隧道建设技术国家工程实验室在重庆交科院揭牌,标志着重庆市整个公路隧道实验体系跻身国家级序列。

16 日 全球两大汽车零部件巨头英纳法、埃驰在重庆北部新区同时投产,标志着重庆北部新区汽车产业基地配套能力进一步增强,也为重庆市汽车产业竞争力增添重磅砝码。

21 日 中意两国政府就意大利在重庆设立总领事馆以互换照会的形式达成协议,中国政府同意意大利在重庆设立总领事馆,领区范围为重庆、四川、云南和贵州四省(市)。

24 日 世界 500 强企业美国通用电气公司(GE)携手重庆机电控股(集团)布局两江新区龙兴工业园,成为两江新区 110 多家世界 500 强企业中的新成员。

5 月

2 日 重庆市政府出台提振商业经济 8 条措施,于 5 月 1 日正式实施,执行时间暂定一年。

重庆机场东航站区和第三跑道建设工程可研报告获得国家发展改革委批复,这标志着该工程的前期工作取得重大突破。

8 日 重庆市政府出台《关于贯彻落实<国民旅游休闲纲要>的实施意见》,为我市旅游休闲产业发展制定了“分两步走”的时间表和路线图。

重庆出台《重庆市最严格水资源管理制度考核办法》,明确了水资源管理的责任主体和考核对象。

9 日 重庆市政府、中国联通、北京磊强科技有限公司在渝签订共建云端智能城市战略合作框架协议,携手在渝打造“融信通”全国基地。

14 日 世界 500 强企业—加拿大麦格纳国际集团旗下全资子公司卡斯马汽车系统(重庆)有限公司,在两江新区北碚蔡家组团投产。

15 日 全球第一大笔记本电脑机壳企业巨腾集团签约重庆,将在我市高新区金凤电子信息产业园投资新建铝镁合金笔电机壳生产基地,预计 2014 年初建成投产,年产镁铝合金机壳 3000 万套以上 。

16 日 第十六届中国(重庆)国际投资暨全球采购会在重庆国际博览中心开幕。

20 日 重庆再生资源交易中心在南岸区揭牌,这是全国再生资源行业首个电子交易平台。

21 日 重庆市政府与招商局集团在渝签订投资发展项目合作备忘录,双方将在物联网产业基地建设、推动新型城镇化开发建设与运营管理等方面进行战略合作。

重庆高新技术产业开发区、长寿经济技术开发区被国家知识产权局确定为国家知识产权试点园区,试点期限为三年。

29 日 重庆市政府与微软签约合作共建微软全球服务交付中心,这是国内首个具有提供软件咨询、应用、开发和交付能力的全球服务交付中心,也是目前国内唯一能够承接和结算服务外包业务的交付中心。

重庆市政府第 11 次常务会议,审议并原则通过关《于进一步推动互联网产业发展的若干政策》、《重庆市人民政府关于促进网络零售产业加快发展的意见》、《重庆市主城区尘污染防治办法(修订案)》。

6 月

6 日 以“变革 ·创新—迎接汽车市场营销新时代”为主题的首届中国汽车市场发展高峰论坛在渝举行,这是全球汽车论坛框架下的专业论坛之一。

7 日 2013 年重庆汽车工业展在悦来国博中心正式开幕。

西南最大塑料新材料生产基地落户重庆双桥经开区,该项目投资 45 亿元,占地 1500 亩,主要进行改性塑料、工程塑料、高分子材料等战略新兴新材料的研制、生产、销售和废旧塑料循环利用。

国内首个云计算专利数据库服务平台在渝正式开通上线。

11 日 两江新区成立总规模达 10 亿元的 LED 产业基金,进一步吸引国内外知名 LED 厂商入驻,共同做大做强战略性新兴产业。

17 日 重庆国家高技术服务产业基地植恩创新药物工程研究中心等五大重点项目在北部新区集中开工,总投资 20.13 亿元。

中铁建西南投融资总部项目、高联渝富西部增长基金项目、法国 BRED 大众银行向其子公司增资项目、重庆凯鑫融资租赁项目等四大金融项目,集中签约落户两江新区,投资总额涉及内资 50 亿元,外资近 4 亿美元。

18 日 华创机器人制造公司等 5 家机器人重点企业携手中科院重庆绿色智能研究院,与两江新区签订正式投资协议,项目计划在未来 5 年完成总投资近 36 亿元,实现总产出 200 亿元。这标志着重庆两江机器人产业园正式扬帆启航。

19 日 长安福特发动机工厂在北部新区正式投产。标志着我市整车+零部件垂直整合产业集群结出又一硕果,重庆汽车工业高端零部件本地配套迈出实质性的一大步。

20 日 重庆市政府与腾讯科技公司在渝签订共同推动云计算产业发展战略合作框架协议,腾讯将在重庆建立其在中西部地区的首个大型云计算数据中心。

26 日 重庆首座公轨两用斜拉桥一江津鼎山长江大桥建成通车,这使得江津到主城核心区的通勤时间缩短一半。

28 日 上汽依维柯红岩公司 30 万根车桥项目在双桥经济技术开发区工业园区举行奠基仪式,整个项目预计将在 2016 年建成投产。

7 月

3 日 意大利最大的物流仓储商维龙正式落户重庆两江物流园。该项目总投资 8000 万美元,一期工程明年二季度投入使用。届时,将有一大批进口汽车品牌零部件配送、奢侈品、高端进口食品冷链等跨国企业入驻。

“中国—中东欧国家地方领导人会议”在重庆南坪国际会展中心举行,这是我市继 AAPP 会议、亚太城市市长峰会后,举行的又一次大型国际会议。

7 日 我市首个大型机组风电项目—国电石柱狮子坪风电场正式投产发电。

12 日 页岩气勘探新型高性能材料装备制造、页岩气开发利用、页岩气开采服务等 4 个重点项目集中签约落户两江新区鱼复工业园,这标志着重庆两江页岩气产业基地正式扬帆起航。

14 日 由中国作物学会马铃薯专业委员会、重庆市人民政府联合主办的中国第十五届马铃薯大会在重庆市巫溪县开幕。来自比利时、韩国、荷兰等 6 个国家及中国 30 多个省市自治区马铃薯业界的 700 余名专家学者参会,共商马铃薯产业如何带动农村经济发展。

22 日 市政府第 17 次常务会议审议通过《重庆市人民政府关于推进主城区城市棚户区(危旧房)改造的实施意见》。

8 月

1 日 重庆市正式实施营业税改增值税。

我市与乌鲁木齐市正式签订《对口援疆重庆市—乌鲁木齐市科技合作框架协议》,从今年起至 2020 年,我市将发挥自身的科技资源优势,支持乌鲁木齐科技发展。

5 日 住房和城乡建设部对外公布 2013 年度国家智慧城市试点名单,确定 103 个城市(区、县、镇) 为 2013 年度国家智慧城市试点,其中重庆市永川区、江北区列入试点。

8 日 市政府第 19 次常务会议审议通过《重庆市人民政府关于进一步支持小微企业健康发展的实施意见》。

9 日 市农投集团“重庆市冷链物流园”项目签约落户白市驿西部现代物流园区,计划将在 5 年内建成 34 万吨冷库、冷冻批发市场和配套设施。

14 日 我市首个 500 强总部聚集区—重庆佳程广场在两江新区蔡家组团正式动工。该项目建成后将成为全市最大的跨国公司总部聚集区。

市政府与中信银行签署《重庆市政府与中信银行推动重庆市城镇化建设与现代服务业发展战略合作框架协议》。协议承诺,未来三年内,中信银行将通过多元化的融资手段,重点支持重庆城镇化建设和现代服务业的发展。

16 日 市政府与中国平安集团签署战略合作协议。根据协议,双方将在城镇化建设、工业重点项目、小微经济、金融创新等领域开展广泛深入的合作。中国平安将充分发挥集团综合金融优势,在未来三年投资 1000 亿元支持重庆发展。

重庆市发展改革委出台《关于切实做好取消和下放投资审批事项工作的通知》。

21 日 阿里巴巴旗下阿里小微金融服务集团的全资子公司—重庆市阿里小微融资担保公司和重庆市阿里小微小额贷款公司在两江新区注册成立。标志着两江新区与阿里巴巴集团在金融行业进入深度合作阶段。

22 日 市科委、市发改委、市农委等七部门联合成立重庆市柑橘产业技术创新战略联盟。

9 月

4 日 经商务部批准同意,两江新区将在中西部地区率先开展商业保理试点。

国家知识产权局公布国家知识产权试点城

市(城区),我市巴南区和璧山县分别列入试点市和试点县。

5日 重庆机电控股(集团)公司与法国泰雷兹集团签署合作协议，共同打造智能轨道交通装备产业。

重庆市政府召开电视电话会议，正式启动全市提升效能服务市场主体发展专项行动。

6日 重庆与美国密西根州签署战略合作协议,双方将重点推动汽车及周边产品制造、电子信息及服务外包业、旅游业、商贸物流业以及教育培训、现代农业、新能源等领域的合作。

9日 由中国人民对外友好协会、世界城市和地方政府联合组织(UCLG)亚太区、英国《今日城市》杂志社和重庆市人民政府共同主办的中国城市基础设施论坛在渝开幕。

重庆市第三次全国经济普查综合试点工作在垫江县启动。

12日 市政府第23次常务会议审议并原则通过了《重庆市人民政府办公厅关于进一步推动农村产权抵 (质)押融资工作的意见》,进一步促进农村金融持续健康发展。

全国最大汽车传动系统生产企业—上海纳铁福传动轴有限公司在渝合资子公司纳铁福传动轴(重庆)有限公司,在北部新区举行了扩产项目奠基仪式。该公司计划增加投资近4亿元,主要为长安福特在重庆生产的中高端车型提供配套,项目投产后年产量将达到100万套。

13日 中共重庆市委四届三次全会召开。

16日 市委、市政府出台《关于深化平安重庆建设的意见》。

18日 中俄两国三方“渝新欧”暨“渝新俄”会议在渝举行,商讨“渝新欧”、“渝新俄”国际铁路联运大通道发展大计。

24日 市四届人大常委会第五次会议批准我市与柬埔寨金边市结为友好城市。

27日 香港贸易发展局重庆代表处正式成立,由此掀开渝港两地经贸往来新篇章。

29日 国内首座35千伏移动智能变电站,在国家电网重庆电力蔡家专业化检修基地投用。

30日 中国银行重庆分行与重庆易极付科技公司成功完成了重庆首单跨境电子商务外汇支付服务，标志着第三方支付机构跨境电子商务外汇支付业务试点在重庆市实现“破冰”。

10月

6日 重庆国际电子商务产业园在南岸区正式开业，这是我市首个从事跨境贸易的电商产业园。

10日 市政府第25次常务会议审议通过《重庆市最低生活保障条件认定办法》。

14日 市政府出台《重庆市循环经济发展战略及近期行动计划》,到2015年,我市主要资源产出率将比2010年提高20%,资源循环利用产业总产值达到1200亿元。

电商“巨头”阿里巴巴正式入驻重庆高新区。

16日 第12届中国摩博会在悦来国博中心开幕。

18日 由国务院台湾事务办公室和重庆市人民政府共同主办的第五届“重庆·台湾周”在渝开幕。

21日 京东集团与重庆市签订战略投资协议,计划投资20亿—30亿元,在巴南区重庆公路物流基地建“京东电商产业园”,这为重庆发展电商这种新型商贸业态注入强劲动力。

重庆再生资源交易中心首批产品开始上线交易。按照规划,中心今年交易量要达到100亿元,2015年将达到500亿元以上,努力打造全国再生资源产品的交易中心、结算中心和定价中心。

22日 “2013国际知名研发机构重庆行动大会暨两江国际科技创新论坛”召开。会上,重庆市与英国、丹麦、韩国、澳大利亚等国的科研机构、企业签订了7个科技合作项目,并对落户重庆的5个新获批的科技部国家国际科技合作示范基地授牌。

23日 重庆北部新区管委会与腾讯科技(深

圳)有限公司正式签署合作协议,腾讯重庆研发中心将正式入驻北部新区软件产业中心。

24 日 2013 中国(重庆)国际云计算博览会在重庆南坪国际会展中心举行。

26 日 中国汽车工程研究院股份有限公司投资 15 亿元打造的国内一流、国际先进的汽车研发基地,在北部新区正式启用。

30 日 由商务部、重庆市政府共同主办的第五届国际服务贸易(重庆)高峰会在南坪国际会展中心举行。

11 月

1 日 重庆市政府和台盟中央共同主办的“打造高铁经济带,建设五大功能区域”—渝台城市交通发展经验交流研讨会在渝举行。

5 日 海关总署正式批复重庆市跨境贸易电子商务服务试点项目业务实施方案,同意我市试点方案中涉及的“一 般进口”、“一般出口”、保“税进口”和“保税出口”等跨境电子商务全业务,我市因此成为全国唯一全业务试点城市。

6 日 重庆银行(01963.HK)在香港 H 股主板成功上市。这不仅是三年来第一家在港交所上市的中资银行,也是第一家在香港上市的内地城商行。

7 日 世界越柬寮华人团体联合会第六届文化商务交流暨会员代表大会在渝隆重举行。

第十三届再生金属国际论坛暨国际再生金属展览交易会在重庆国际会议展览中心开幕。

15 日 涪丰石(涪陵一丰都一石柱)高速公路全线通车,全程 110 公里,是今年我市新千公里高速公路项目中继南涪高速后第二个通车项目,也是我市目前高速公路项目中投资最多、里程最长的一个。

16 日 第五届重庆金融博览会在解放碑十字金街开幕。

28 日 重庆市政府正式下发《关于加快中央商务区建设的意见》,将重庆中央商务区从现有的 5.37 平方公里扩容至 10 平方公里,同时还制定了相应的 5 年发展目标。

由中铝萨帕特种铝材(重庆)有限公司投资 6.3 亿元的中铝萨帕项目在九龙坡区西彭铝产业园区内启动投产,将为国内地铁提供铝合金车体结构型材及模块,预计年生产规模将达 2 万吨。

12 月

2 日 巨腾国际镁铝合金机壳重庆生产基地在大足区双桥经开区正式启动建设。

3 日 重庆市轨道交通 4 号线一期、5 号线一期工程举行开工仪式,建设工期 4 年,预计 2017 年底开通试运营。

4 日 重庆市政府第 31 次常务会议审议通过《重庆市乡村旅游发展规划(2013~2020 年)》,提出我市乡村旅游发展总体定位:国内外知名的巴渝乡村旅游目的地。

5 日 长江上游最大的“水、铁、公”联运物流枢纽港口—重庆果园港开港运行。这是重庆建设长江上游航运中心、物流贸易中心的标志性工程。

10 日 重庆市政府召开两江新区承接市级审批权限动员实施大会,正式将 283 项市级行政审批等管理事项和权限下放两江新区。

11 日 重庆两江新区管委会、重庆市科学技术研究院、重庆邮电大学三家单位被科技部新认定为国家国际科技合作基地。

15 日 由中国产学研合作促进会与重庆市政府共同主办的第七届中国产学研合作创新大会在渝举行。

16 日 重庆市农村环境连片整治项目获得 2013 至 2015 年中央农村环保专项资金 11.4 亿元支持,近期已有 3.8 亿元专项资金下达我市。

重庆通用工业(集团)有限责任公司的企业技术中心,被国家发改委、科技部、财政部、海关总署、国家税务总局联合授予“国家认定企业技术中心”,这是我市今年唯一一家获授牌的国家认定企业技术中心。

18 日 重庆江北机场、寸滩港两个进境水果指定口岸获得国家质检总局的立项建设批复。

19日 美国思科公司与重庆云教育投资公司正式签约合作，共同打造以智能互联为特点的云教育平台。

23日 国家高速G50s沪渝南线主城至涪陵段正式通车。

25日 重庆石墨烯产业园在金凤电子信息产业园正式揭牌。

26日 中共重庆市委四届四次全会召开。

27日 重庆市“千万千瓦”发电工程重点项目之一——能源集团安稳电厂扩建工程获国家发展改革委核准。作为重庆电网主力电源,该项目明年建成投产后将为我市新增132万千瓦的装机容量。

28日 渝利铁路、渝涪二线铁路、重庆兴隆场编组站三大铁路项目同时开通运行。

30日 奉溪高速(奉节至巫溪)正式通车,标志着重庆38个区县均实现了高速公路或高等级公路连接,“4小时重庆”建设划上圆满句号。

意大利驻重庆总领事馆成立仪式在渝举行,其领区范围包括重庆、四川、云南和贵州四省(市)。

2013 年重庆市国民经济和社会发展统计公报

重庆市统计局　国家统计局重庆调查总队

2013 年，面对复杂严峻的国内外经济形势，市委、市政府紧密围绕中央的各项决策部署，坚持稳中求进的工作总基调，为实现“科学发展、富民兴渝”的总任务，积极转变经济发展方式，进一步深化改革，着力改善和保障民生，强化经济运行调度，全市经济保持了稳步发展态势。

一、综合

初步核算，全年实现地区生产总值 12656.69 亿元，比上年增长 12.3%。其中，第一产业增加值 1002.68 亿元，增长 4.7%；第二产业增加值 6397.92 亿元，增长 13.4%；第三产业增加值 5256.09 亿元，增长 12.0%。三次产业结构比为 7.9:50.5:41.6。非公有制经济实现增加值 7782.56 亿元，增长 12.4%，占全市经济的 61.5%。

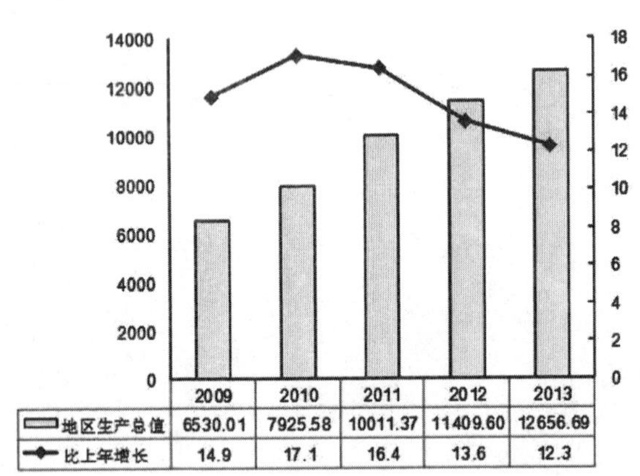

图一 2009~2013 年地区生产总值及其增长速度　单位：亿元、%

都市功能核心区实现地区生产总值 3647.46 亿元，比上年增长 9.9%，占全市生产总值的 28.8%；都市功能拓展区实现地区生产总值 1885.47 亿元，增长 12.8%，占全市的 14.9%；城市发展新区实现地区生产总值 4230.23 亿元，增长 13.3%，占全市的 33.4%；渝东北生态涵养发展区实现地区生产总值 2183.79 亿元，增长 13.2%，占全市的 17.3%；渝东南生态保护发展区实现地区生产总值 709.74 亿元，增长 13.5%，占全市的 5.6%。

按常住人口计算，全年人均地区生产总值达到 42795 元，比上年增长 11.3%。

城市居民消费价格比上年上涨 2.7%，其中食品价格上涨 4.1%。工业生产者出厂价格比上年下降 2.0%。工业生产者购进价格比上年下降 2.4%。固定资产投资价格比上年上涨 0.5%。农产品生产者价格比上年上涨 3.0%。

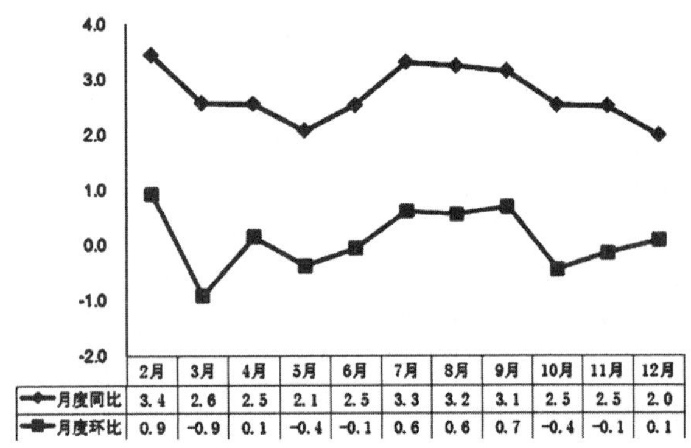

图二 2013 年城市居民消费价格月度涨跌幅度　单位：%

表 1　2013 年居民消费价格比上年涨跌幅度

指　　标	比上年增长%
居民消费价格	2.7
食　品	4.1
烟　酒	0.6
衣　着	6.3
家庭设备用品及维修服务	1.6
医疗保健及个人用品	1.0
交通和通信	-1.7
娱乐教育文化用品及服务	1.4
居　住	2.8

城镇新增就业人员 68.09 万人,比上年增长 4.0%。新增农业富余劳动力非农就业人员 20 万人。城镇登记失业人员实现就业 26.08 万人,比上年增长 0.9%。年末城镇登记失业率 3.4%,比上年上升 0.1 个百分点。

截至 2013 年，全市共有各类市场主体 153.23 万户（内资企业 39.30 万户，外资企业 0.54 万户,个体工商户 111.46 万户,农民专业合作社 1.93 万户),比上年增长 11.9%。其中,微型企业 11.18 万户。2013 年新发展微型企业 3.13 万户,解决就业 22.60 万人。

全年完成公共财政预算收入 1692.92 亿元,比上年增长 15.5%。其中,税收收入 1112.30 亿元。

二、农业

全年实现农林牧渔业增加值 1002.68 亿元,比上年增长 4.7%。其中,种植业 678.67 亿元,增长 4.3%;畜牧业 246.96 亿元,增长 3.5%;林业35.07 亿元,增长 8.0%;渔业 41.98 亿元,增长17.0%。

全年粮食播种面积 3380.9 万亩，与上年基本持平。粮食综合单产 339.6 公斤/亩，增长 1.1%。油料播种面积 425.26 万亩,增长 4.6%。蔬菜播种面积 1022.56 万亩,增长 4.5%。

全年粮食总产量 1148.13 万吨，比上年增长0.8%。其中，夏粮产量 153.61 万吨，减少 0.4%;秋粮产量 994.52 万吨,增长 1.0%。油料总产量53.14 万吨，增长 6.0%。蔬菜总产量 1600.64 万吨,增长 6.0%。肉类总产量 207.85 万吨,增长3.3%。

表 2　2012 年主要农产品产量

产品名称	产　量	比上年增长%
粮食(万吨)	1148.13	0.8
油料(万吨)	53.14	6.0
蔬菜(万吨)	1600.64	6.0
禽蛋(万吨)	41.09	2.6
牛奶(万吨)	6.8	-12.0
出栏生猪（万头)	2104.46	2.6
出栏牛(万头)	59.04	7.5
出栏羊(万头)	227.43	7.1
肉类总产量(万吨)	207.85	3.3
#猪肉(万吨)	154.95	2.8

三、工业和建筑业

全年实现工业增加值 5249.65 亿元,比上年增长 13.1%,占全市地区生产总值的 41.5%。其中规模以上工业增加值增长 13.6%。规模以上工业企业实现总产值 15824.86 亿元，同比增长 14.5%。其中,大中型企业 11288.89 亿元,增长 12.7%;国有控股企业 4487.86 亿元,增长10.8%。

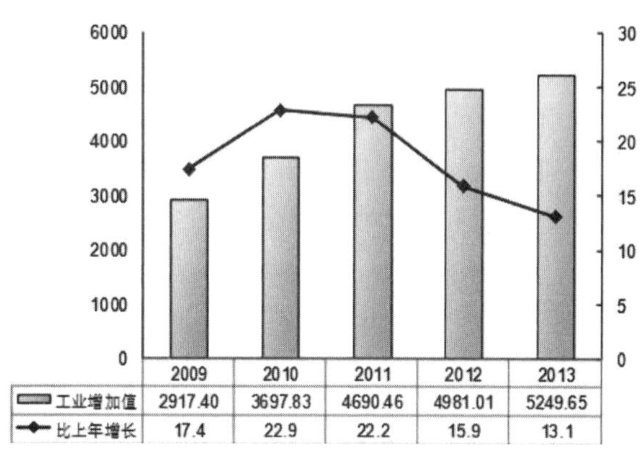

图三　2009~2013 年工业增加值及其增长速度
单位:亿元、%

表 3　2013 年规模以上工业总产值

指　　标	绝对额(亿元)	比上年增长%
工业总产值	15824.86	14.5
#大中型	11288.89	12.7
#国有控股	4487.86	10.8
按轻重工业分		
轻工业	4331.93	10.4
重工业	11492.93	16.2
按登记注册类型分		
国　有	442.56	5.1
集　体	29.71	-8.2
股份合作制	27.93	12.7
股份制	10206.26	11.6
外商及港澳台	4348.91	24.7
其　他	769.49	10.4

表 4　2013 年规模以上工业主要产品产量

产品名称	产量	比上年增长%
钢材(万吨)	1269.57	17.7
铝材(万吨)	107.88	13.4
微型计算机设备(万台)	5593.50	34.4
# 笔记本计算机	5471.06	35.7
打印机(万台)	1943.69	115.6
水泥(万吨)	6126.95	11.6
农用化学肥料(万吨)	212.51	10.5
汽车(万辆)	215.06	23.3
# 轿车(万辆)	108.14	18.3
摩托车(万辆)	827.83	-4.7
啤酒(万千升)	82.71	7.1
卷烟(亿支)	571.00	3.6

全年规模以上工业企业中，汽车制造业实现总产值 2969.30 亿元，同比增长 20.6%，占全市工业总产值的 18.8%；电子信息产品制造业实现总产值 2934.67 亿元，同比增长 22.9%，占全市工业总产值的 18.5%；材料制造业实现总产值 2332.15 亿元，同比增长 12.6%，占全市工业总产值的 14.7%；装备制造业实现总产值 1498.13 亿元，同比增长 10.5%，占全市工业总产值的 9.5%；化医产品制造业实现总产值 1195.75 亿元，同比增长 7.9%，占全市工业总产值的 7.6%。

全年规模以上工业经济效益综合指数达到 257.8，同比提高 23.0 个百分点；实现利税总额 1683.42 亿元，同比增长 40.2%；实现利润 878.43 亿元，同比增长 42.5%；总资产贡献率 14.0%，同比提高 1.8 个百分点；产品销售率 97.9%，同比上升 0.4 个百分点；全员劳动生产率 234155 元/人年，同比增长 11.6%。

全年实现建筑业增加值 1148.27 亿元，比上年增长 14.9%。全市具有资质等级的总承包和专业承包建筑企业实现利润 174.17 亿元，比上年增长 8.8%；上缴税金 145.84 亿元，比上年增长 8.6%。

四、固定资产投资

全年完成固定资产投资总额 11205.03 亿元，比上年增长 19.5%。其中，基础设施建设投资 2962.10 亿元，增长 23.2%；城镇投资 9789.00 亿元，增长 15.7%；农村投资 1416.03 亿元，增长 54.3%。

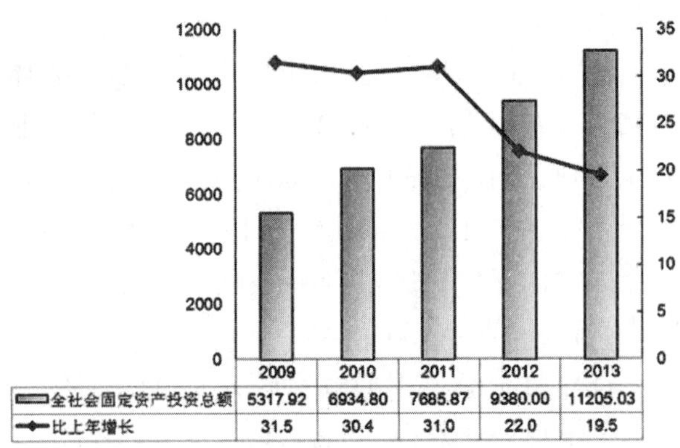

图四　2009~2013 年固定资产投资总额及其增长速度　　单位：亿元、%

全年工业投资 3529.90 亿元，增长 15.2%，占全市固定资产投资总额的 31.5%；房地产开发业投资 3012.78 亿元，增长 20.1%，占全市固定资产投资总额的 26.9%。

全市重点项目完成投资 2818.97 亿元，占固定资产投资总额的 25.2%。其中，九大基础设施项目投资 707.47 亿元，十大产业项目投资 403.00 亿元，主城十大商务集聚区开发项目投资 315.00 亿元，分别占重点项目投资的 25.1%、

表 5　2013 年重点项目投资情况

指标	绝对额(亿元)	完成计划(%)	比重(%)
总计	2818.97	94.0	100.0
九大基础设施项目	707.47	79.0	25.1
# 机场	9.95	10.0	0.4
港口航运	8.90	29.7	0.3
高速公路	226.77	113.4	8.0
铁路	245.50	106.7	8.7
轨道	98.12	89.2	3.5
十大产业项目	403.00	62.5	14.3
主城十大商务集聚区开发项目	315.00	121.2	11.2
其他项目	1393.50	116.1	49.4

14.3%和 11.2%。

都市功能核心区投资 2220.45 亿元，比上年增长 10.4%；都市功能拓展区投资 1711.49 亿元，增长 19.2%；城市发展新区投资 4277.54 亿元，增长 26.2%；渝东北生态涵养发展区投资 2149.53 亿元，增长 18.9%；渝东南生态保护发展区投资 846.02 亿元，增长 15.2%。

五、国内贸易

全年批发和零售业实现增加值 984.40 亿元，比上年增长 10.0%，占全市地区生产总值的 7.8%；住宿和餐饮业实现增加值 229.79 亿元，增长 7.1%，占全市地区生产总值的 1.8%。

全年实现社会消费品零售总额 4511.77 亿元，比上年增长 14.0%，扣除价格因素，实际增长 12.0%。按经营地统计，城镇消费品零售额 4287.05 亿元，增长 13.9%；乡村消费品零售额 224.72 亿元，增长 14.8%；按行业统计，批发和零售业零售额 3844.19 亿元，增长 14.4%；住宿和餐饮业零售额 667.57 亿元，增长 11.2%。

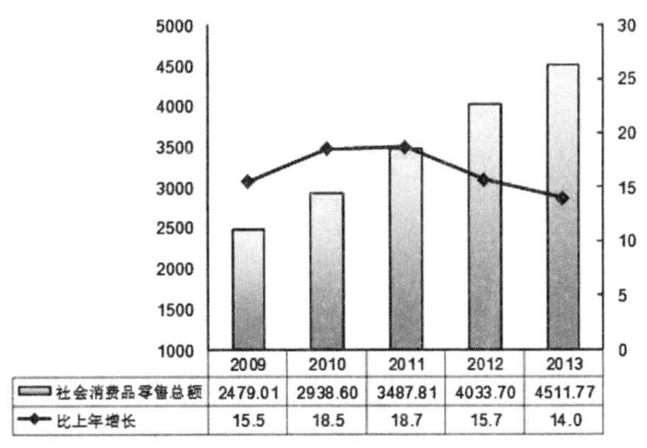

图五 2009~2013 年社会消费品零售总额及其增长速度 单位：亿元、%

在限额以上法人企业商品零售额中，汽车类增长 20.0%，粮油、食品、饮料、烟酒类增长 11.9%，石油及制品类增长 11.0%，通讯器材类增长 30.3%，服装、鞋帽、针纺织品类增长 9.5%，家用电器和音像器材类增长 18.1%，家具类增长 22.4%，文化办公类增长 10.1%，建筑及装潢材料类增长 17.7%，中医药类增长 29.2%，金银珠宝类增长 18.0%。

六、对外开放

全年实现货物进出口总额 687.04 亿美元，比上年增长 29.1%。其中，出口 467.97 亿美元，增长 21.3%；进口 219.07 亿美元，增长 49.7%。

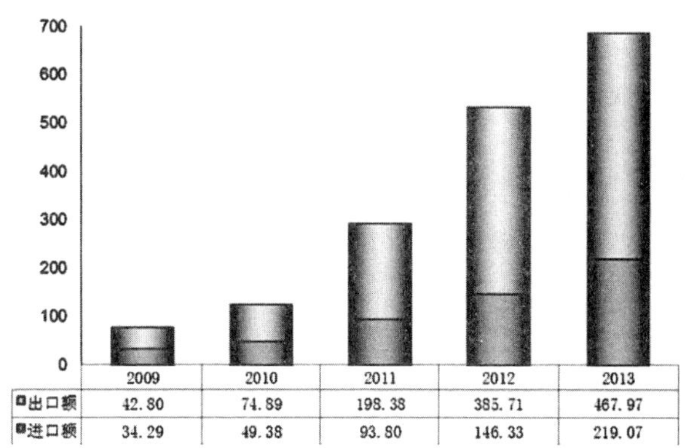

图六 2009~2013 年货物进出口总额

单位：亿美元

表 6 2013 年货物进出口总额

指 标	绝对额(亿美元)	比上年增长%
进出口总额	687.04	29.1
出口额	467.97	21.3
# 国有企业	10.94	0.1
外资企业	258.13	59.7
私营企业	195.86	-6.7
# 一般贸易	188.59	-13.1
加工贸易	266.62	73.5
# 机电产品	350.17	34.9
# 高新技术产品	248.36	66.3
# 笔记本电脑	198.09	58.0
进口额	219.07	49.7
# 国有企业	32.86	51.8
外资企业	118.40	34.8
私营企业	46.21	25.4
# 一般贸易	75.56	21.3
加工贸易	61.60	216.8
# 机电产品	154.15	34.8
# 高新技术产品	114.76	37.2

全市货物出口前三位市场为美国、香港地区和德国，分别出口 90.74 亿美元、48.19 亿美元和45.53 亿美元，增长 12.3%、3.9 倍和 77.8%。货

物进口前三位市场为马来西亚、台湾地区和美国，分别进口 38.94 亿美元、21.84 亿美元和 15.72 亿美元，增长 29.2%、80.5%和 27.5%。

全年实现服务贸易进出口总额 105 亿美元，比上年增长 30%。其中，出口 42 亿美元，进口 63 亿美元。

全市新签订外资项目 248 个，合同外资额 40.57 亿美元。实际利用外资 105.97 亿美元，增速与上年持平。其中，外商直接投资 41.44 亿美元，增长 34.3%。

全年实际利用内资项目 1.79 万个，比上年增长 7.4%。实际利用内资金额 6007.20 亿元，增长 1.6%。截至 2013 年底，累计有 230 家世界 500 强企业落户重庆。

全年服务外包离岸执行额 11.00 亿美元，比上年增长 33.5%，其中，信息技术流程外包占 25%、业务流程外包占 28%、知识流程外包占 47%。全年新增服务外包企业 500 家，累计达 1300 家。

全年对外承包工程签订合同额 11.13 亿美元，比上年增长 3.5%；完成营业额 10.35 亿美元，比上年增长 77.1%。

七、交通、邮电和旅游

全年交通运输、仓储和邮政业实现增加值 580.93 亿元，比上年增长 9.2%，占全市地区生产总值的 4.6%。公路通车里程累计达到 12.28 万公里，其中，高速公路 2312 公里。轨道交通营运里程 170 公里。全市行政村公路通达率 100%。全年主要运输方式完成货物运输 9.74 亿吨，比上年增长 12.7%；完成旅客运输量 17.14 亿人，增长 8.6%。

表 7　2013 年主要运输方式完成运输量

指　标	绝对量	比上年增长%
货物运输量(万吨)	97403.15	12.7
铁　路	2336.66	4.3
公　路	80695.00	13.2
水　运	14359.52	11.5
航　空	11.97	0.4
旅客运输量(万人)	171387.52	8.6
铁　路	3251.43	6.9
公　路	165445.00	8.7
水　运	1230.07	-2.0
航　空	1461.32	16.4

全年内河港口完成货物吞吐量 13675.89 万吨，比上年增长 9.4%。空港完成旅客吞吐量 2568.64 万人，增长 14.6%；空港完成货物吞吐量 28.20 万吨，增长 4.3%。国际标准集装箱吞吐量 98.80 万标准箱，增长 13.8%。

年末全市民用机动车保有量达到 407.62 万辆，比上年增长 4.6%。其中，私人汽车保有量 148.50 万辆，增长 26.6%。私人轿车保有量 83.70 万辆，增长 26.7%；全年新注册汽车 42.97 万辆，增长 22.8%，新注册轿车 21.11 万辆，增长 19.3%。

全年完成邮电业务总量 315.02 亿元，比上年增长 13.6%。其中，邮政业务总量 39.12 亿元，增长 25.1%；电信业务总量 275.90 亿元，增长 12.2%。年末固定电话用户 581.0 万户，比上年增长 0.9%；年末移动电话用户 2380.8 万户，比上年增长 15.0%。互联网用户 2297.7 万户，其中移动互联网用户(不含 WiFi 用户)1792.7 万户。

全年接待国际旅游人数 242.26 万人次，旅游外汇收入 12.68 亿美元，分别比上年增长 8.0%和 8.6%。

八、金融

全市金融业实现增加值 1068.35 亿元，比上年增长 15.6%，占全市生产总值的 8.4%。共有地方法人金融机构 40 家，非地方法人金融机构 44 家。年末全市金融机构本外币存款余额为 22789.17 亿元，比上年末增长 17.3%。其中，人民币储蓄存款余额 9622.31 亿元，增长 15.1%。金融机构本外币贷款余额为 18005.69 亿元，比上年末增长 15.5%。其中，个人消费贷款及透支 5202.04 亿元，增长 29.2%。

全市共有证券法人机构 1 家，证券公司营业部 141 家。境内上市公司 37 家，总股本 325.26

表 8 2013 年末金融机构存贷款余额

指 标	年末数(亿元)	比上年末增长%
本外币存款余额	22789.17	17.3
人民币存款余额	22202.10	17.3
#单位存款	11697.54	18.7
个人存款	9866.12	16.5
#储蓄存款	9622.31	15.1
本外币贷款余额	18005.69	15.5
人民币贷款余额	17381.55	14.9
#短期贷款	4613.86	27.2
中长期贷款	12105.13	10.9
#个人消费贷款及透支	5202.04	29.2

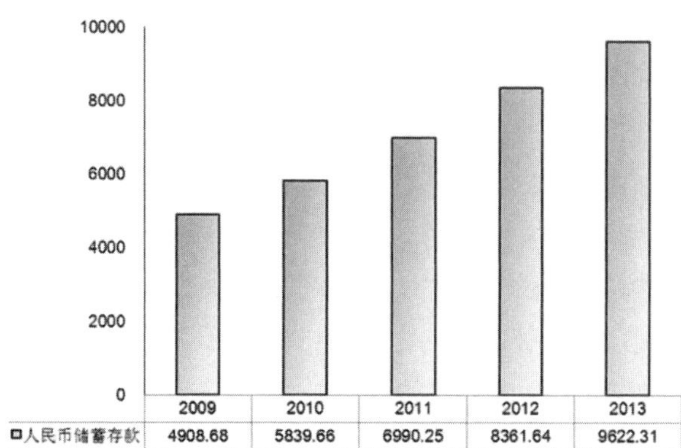

图七 2009~2013 年人民币个人储蓄存款余额 单位:亿元

亿股,股票总市值 2805.99 亿元。境内上市公司通过首次公开发行和再融资共筹集资金 131.23 亿元。

全市共有保险法人机构 3 家,营业性保险分公司 41 家。保费总收入 359.23 亿元。其中,寿险收入 208.42 亿元;财产险收入 112.52 亿元;健康险和意外伤害险收入 38.29 亿元。全年赔付各类保险金 124.60 亿元。其中,寿险赔付 49.16 亿元;财产险赔付 62.98 亿元;健康险和意外伤害险赔付 12.46 亿元。

九、城市建设

全年商品房施工面积 26251.89 万平方米,比上年增长 19.3%;竣工面积 3804.36 万平方米,下降 4.7%。商品房销售面积 4817.56 万平方米,增长 6.5%。其中,住宅销售面积 4359.19 万平方米,增长 6.2%。商品房销售额 2682.76 亿元,增长 16.8%。

表 9 2013 年房地产开发和销售主要指标完成情况及其增长速度

指 标	绝对量	比上年增长%
商品房施工面积(万平方米)	26251.89	19.3
#住宅	19248.95	13.2
办公楼	781.98	56.4
商业营业用房	2965.72	46.2
商品房竣工面积(万平方米)	3804.36	-4.7
#住宅	2867.45	-15.3
办公楼	75.76	149.5
商业营业用房	456.08	61.6
商品房销售面积(万平方米)	4817.56	6.5
#住宅	4359.19	6.2
办公楼	68.67	10.2
商业营业用房	244.04	10.0
销售额(亿元)	2682.76	16.8
#住宅	2283.57	15.8
办公楼	78.08	9.0
商业营业用房	263.08	23.8

全年主城区完成危旧房改造面积 46.32 万平方米,新建安置房面积 160.86 万平方米。完成城市棚户区改造面积 30.98 万平方米。主城区公租房竣工面积 634.32 万平方米。农村危旧房改造 22.4 万户,完成农民新村示范点 100 个。

十、教育和科学技术

全市共有高等教育学校 67 所,中等职业学校 221 所,普通中学 1200 所,小学 4728 所。研究生招生 1.63 万人,在学研究生 4.82 万人,毕业生 1.42 万人;普通高校本专科招生 19.20 万人,在校生 65.94 万人,毕业生 14.87 万人;成人本专科招生 6.17 万人,在校生 14.47 万人,毕业生 4.01

万人；中等职业学校招生15.72万人，在校生49.28万人，毕业生13.75万人；普通高中招生22.10万人，在校生66.14万人，毕业生21.41万人；普通初中招生33.02万人，在校生101.76万人，毕业生37.75万人；普通小学招生37.57万人，在校生198.91万人，毕业生32.65万人；幼儿园在园幼儿89.33万人。高等教育毛入学率为35.0%，普通初中入学率为99.85%，学龄儿童入学率为99.98%。

全年研究与试验发展(R&D)经费支出192亿元，比上年增长20.2%，占全市地区生产总值的1.5%。共有市级及以上重点实验室85个，其中国家重点实验室8个；共有工程技术研究中心313个，其中国家级中心10个。技术市场签订成交合同5071项，成交金额167.98亿元。全年共受理专利申请4.78万件，比上年增长22.9%；获得专利授权2.48万件，比上年增长21.9%。国家级创新企业共有16家，市级创新型企业75家。

全市共有中国驰名商标82件，比上年增长18.8%；著名商标1311件，比上年增长9.6%；地理标志量159件，比上年增长23.3%。

十一、文化、卫生和体育

全市共有博物馆71个，文化馆41个，公共图书馆43个。出版发行报纸7.14亿份、各类期刊5540万册、图书1.42亿册(张)。共有有线电视用户519.53万户，其中数字电视用户360.20万户。电视综合人口覆盖率达到98.9%。

年末全市共有各级各类医疗卫生机构（含村卫生室)1.89万个，其中，医院531个，妇幼保健院(所、站)40个，专科疾病防治院(所、站)16个，乡镇卫生院960个，社区卫生服务中心198个。共有医院卫生机构床位数14.89万张，其中医院床位10.05万张，乡镇卫生院床位3.68万张。共有医疗卫生机构卫生技术人员(含村卫生室)14.21万人，其中执业医师和执业助理医师5.51万人，注册护士5.55万人。

全年体育获国家级比赛金牌7枚，获世界级金牌9枚。新建农民体育健身工程500个，全民健身路径工程110个。全市共有标准体育场31个、体育馆35个、游泳池(馆)28个。国民体质抽样合格率92.6%。

十二、人口、人民生活和社会保障

年末全市常住人口2970.00万人，比上年增加25万人。城镇化率58.34%，比上年提高1.36个百分点。

都市功能核心区常住人口为490.07万人，都市功能拓展区常住人口为318.46万人，城市发展新区常住人口为1062.04万人，渝东北生态涵养发展区常住人口为821.20万人，渝东南生态保护发展区常住人口为278.23万人，分别占全市常住人口的16.5%、10.7%、35.8%、27.6%和9.4%。

全年人口出生率为10.37‰，死亡率为6.77‰，人口自然增长率为3.60‰。全市常住人口性别比(以女性为100，男性对女性的比例)为102.5，出生婴儿性别比为110.5。

表10　2013年年末人口数及其构成

指　标	年末数(万人)	比重%
全市常住人口	2970.00	100.0
#城镇	1732.76	58.3
乡村	1237.24	41.7
#男性	1503.28	50.6
女性	1466.72	49.4
#0-14岁	487.08	16.4
15-64岁	2130.08	71.7
65岁以上	352.84	11.9

年末户籍总人口3358.42万人，比上年增加14.98万人。其中，农业人口2014.37万人，非农业人口1344.05万人。

全年城镇居民人均家庭总收入26850元，比上年增长8.2%，其中人均可支配收入25216元，增长9.8%。总收入中，人均工资性收入16655元，增长8.0%；人均经营净收入2329元，增长6.7%；人均财产性收入675元，增长25.4%；人均转移性收入7191元，增长7.8%。城镇居民人均消费支出17814元,比上年增长7.5%。城镇居民恩格尔系数40.7%,比上年下降0.8个百分点。

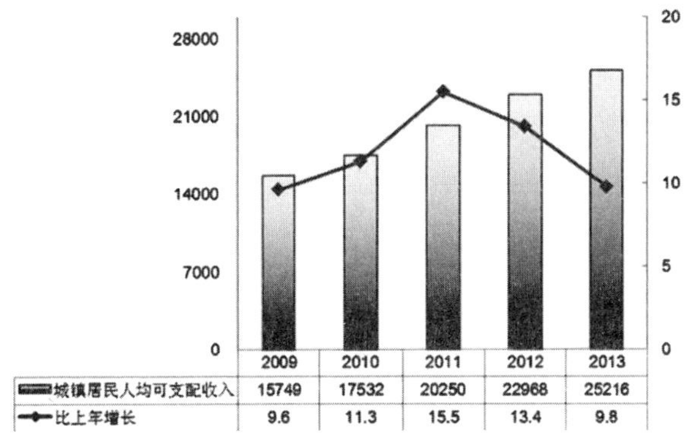

图八 2009~2013年城镇居民人均可支配收入及增长速度 单位:元、%

全年农村居民人均纯收入8332元,比上年增长12.8%。其中,人均工资性收入4089元,增长20.2%;人均家庭经营收入3136元,增长5.4%;人均财产性收入235元,增长33.7%;人均转移性收入872元,增长4.8%。人均生活消费支出5796元,比上年增长15.5%。农村居民恩格尔系数43.8%,比上年下降0.4个百分点。农村居民人均住房面积41.6平方米,比上年增加0.6平方米。

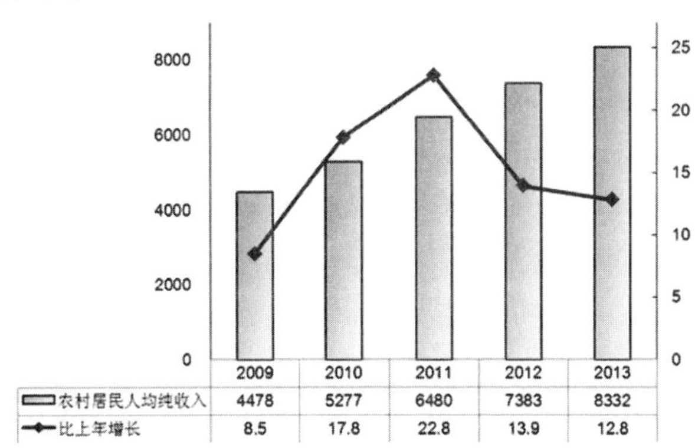

图九 2009~2013年农村居民人均纯收入及增长速度 单位:元、%

全市城镇企业职工基本养老保险参保人数760.90万人,比上年增长8.2%;城镇职工基本医疗保险参保人数539.53万人,增长8.7%;城乡居民合作医疗保险参保人数2695.26万人,下降1%;工伤保险参保人数406.76万人,增长8.5%;生育保险参保人数280.44万人,增长10.6%,10.25万人次享受生育保险待遇,增长24.2%;失业保险参保人数389.67万人,增长20.4%。

全年城市居民享受政府最低生活保障人数为45.81万人;农村居民享受政府最低生活保障人数为62.66万人。城乡居民最低生活保障标准分别为350元/月和200元/月,比上年增长6.0%和8.0%。

十三、移民与扶贫

三峡库区引进对口支援经济合作项目33个,项目资金76.17亿元。累计兑现农村移民后期扶持直补资金12.49亿元,发放城镇移民困难扶助资金12亿元。

全年安排财政性扶贫资金19.5亿元,比上年增长8.3%。鲁渝扶贫协作政府援助资金0.43亿元,增长2.4%。高山生态专项扶贫搬迁5.05万人,增长17.4%。全年农村扶贫对象脱贫人数36万人,年末扶贫对象165万人。

十四、环境和安全生产

全年水资源总量478.27亿立方米。年降水量1026.9毫米。新建市级森林公园2个,新造绿化林地23.6万公顷,森林覆盖率42.1%。

全年主城区环境空气质量满足优良天数206天,优良天数所占比例为56.4%。

全市154个监测断面水质Ⅰ—Ⅲ类水质标准比例为76.0%,水质满足水域功能要求的断面比例为82.5%。全市59个城区集中式饮用水水源地达标率为99.7%。

全年发生生产安全事故死亡人数1499人,比上年下降8.0%。其中,较大安全生产事故死亡人数87人,下降17.1%。亿元地区生产总值生产安全事故死亡人数0.118人,下降11.9%。工矿商贸企业就业人员10万人生产安全事故死亡人数3.42人,下降10.9%。道路交通万车死亡人数2.39人,下降8.1%。煤矿百万吨死亡人数2.39人,下降12.5%。

全市发生地质灾害347起,直接经济损失6494.72万元。

注：

1.本公报为初步统计数，最终数据以《重庆统计年鉴2014》为准。

2.地区生产总值绝对数按现价计算，增长速度按可比价计算。

3.规模以上工业、有资质的建筑业、限额以上批发和零售业、限额以上住宿和餐饮业、全部房地产开发经营业、重点服务业等行业统计标准：

规模以上工业：年主营业务收入2000万元及以上的工业法人单位。

有资质的建筑业：有总承包、专业承包和劳务分包资质的建筑业法人单位。

限额以上批发和零售业：年主营业务收入2000万元及以上的批发业、年主营业务收入500万元及以上的零售业法人单位。

限额以上住宿和餐饮业：年主营业务收入200万元及以上的住宿和餐饮业法人单位。

房地产开发经营业：全部房地产开发经营业法人单位。

重点服务业：一定规模以上的服务业法人单位。包括：交通运输、仓储和邮政业，信息传输、软件和信息技术服务业，租赁和商务服务业，科学研究和技术服务业，水利、环境和公共设施管理业，居民服务、修理和其他服务业，教育，卫生和社会工作，文化、体育和娱乐业；以及物业管理、房地产中介服务等行业。

4.五大功能区：2013年9月，中共重庆市委四届三次全会将重庆划分为都市功能核心区、都市功能拓展区、城市发展新区、渝东北生态涵养发展区、渝东南生态保护发展区等五个功能区域。根据2013年统计制度，本公报中所涉及都市功能核心区和都市功能拓展区统计数据，暂按行政区划进行分组统计。

5.三峡库区是指库区15区县，包括万州区、涪陵区、渝北区、巴南区、长寿区、江津区、丰都县、武隆县、忠县、开县、云阳县、奉节县、巫山县、巫溪县、石柱土家族自治县。

6. 根据《国民经济行业分类》(GB/T4754-2011)，2013年对三次产业划分进行了修订，将“农、林、牧、渔业”中的“农、林、牧、渔服务业”，“采矿业”中的“开采辅助活动”，“制造业”中的“金属制品、机械和设备修理业”等三个大类调入第三产业。

7.九大基础设施：包括机场、港口、高速公路、铁路、轨道交通、电网、通信设施、水利、油气管道等基础设施。

8.十大产业项目：包括高性能集成电路、液晶面板、硬盘、打印机、云计算数据中心、异氰酸酯、熔融炼铁、固定翼小型机和直升机、百万辆汽车及百万台汽车发动机、千万千瓦电源等。

9. 十大商务集聚区：包括朝天门、江北嘴和弹子石、化龙桥、钓鱼嘴半岛和老重钢、九龙半岛、西永、龙兴复盛、悦来和中央公园、礼嘉、龙洲湾等片区。

2013年长江沿线主要城市经济发展态势

上海市

一、2013年工作回顾

过去的一年，面对错综复杂的外部经济形势，上海市在党中央、国务院和中共上海市委的坚强领导下，全面贯彻落实党的十八大精神，高举中国特色社会主义伟大旗帜，以邓小平理论、“三个代表”重要思想、科学发展观为指导，牢牢把握稳中求进工作总基调，紧紧围绕创新驱动发展、经济转型升级，着力稳增长、调结构、促改革、惠民生，完成了市十四届人大一次会议确定的目标任务。

(一)坚持市场导向，坚持以开放促改革，坚持先行先试，改革开放取得重大突破

建立中国上海自由贸易试验区是国家在新形势下推进改革开放的重大举措，也是上海推进创新驱动发展的重大机遇。在国家相关部委共同推动下，全市全力以赴做好筹备工作，贯彻落实国务院批准的总体方案。推动投资便利化，实行准入前国民待遇和负面清单管理模式，将清单以外领域的外商投资项目核准制、外商投资企业合同章程审批制全部改为备案制，实施境外投资备案管理，推行工商登记注册资本认缴制、先照后证登记制。推动贸易便利化，启动海关和检验检疫“一次申报、一次查验、一次放行”联动监管试点。推动服务业开放，落实银行服务、融资租赁、增值电信等领域的一批开放措施。自贸试验区建设全面推开，进展顺利。深入推进浦东综合配套改革试点，一批改革举措先行先试。深化营业税改征增值税试点，将广播影视业顺利纳入试点范围，改革效应进一步显现。启动以市场化、专业化、国际化为导向的新一轮国资国企改革，一批企业集团开放性、市场化重组有序推进。免征部分小微企业增值税和营业税，鼓励金融机构增加小微企业贷款，非公有制经济增长快于国有经济。提高开放型经济水平，完善总部经济发展政策，推动利用外资向文化、卫生、教育等领域拓展，跨国公司地区总部新增42家。启动集成电路产业链保税监管模式试点，举办首届中国上海技术进出口交易会，服务贸易进出口额占全国比重达到30%左右。强化走出去重点项目服务机制，对外承包工程新签合同额超过100亿美元。按照国家部署，推进对口支援，帮助喀什、遵义等地建设教育卫生等民生工程、发展旅游等特色产业，加强与长三角等地区的交流合作，服务全国水平继续提高。

(二)坚持以提高经济质量效益为中心，狠抓经济发展方式转变，经济运行呈现稳中有进、稳中向好的积极态势

全市生产总值比上年增长7.7%，地方财政收入比上年增长9.8%，居民消费价格指数比上年上涨2.3%。着力提升“四个中心”功能，成功推出国债期货、沥青期货、黄金交易基金，推行航空货邮中转集拼、跨境电子商务等试点，集聚中国建设银行上海中心、上海国际能源交易中心、波罗的海国际航运公会上海中心等功能性机构，金融市场交易额达到639万亿元，集装箱水水中转比例提高到45.4%，商品销售总额超过6万亿元。鼓励运用新技术、新商业模式、新制度推进产业升级，加大力度支持现代服务业和战略性新兴产业发展，推动新型显示、高端医疗器械等重大项目发展，制定新一轮促进企业技术改造的实施意见。金融、信息服务、文化创意等现代服务业保持两位数增长，电子商务、互联网金融等新业态和邮轮经济迅速发展，第三产业增加值占全市生产总值的比重提高到62.2%。实施国务院批复的张江示范区发展规划纲要，向张江示范区下放一批

审批权限,落实股权奖励个人所得税分期缴纳等支持创新政策。新承担国家科技重大专项任务94项,促进光刻机、重大新药等科技成果产业化,全社会研发经费支出相当于全市生产总值的比例达到3.3%左右。强化知识产权保护和管理,每万人口发明专利拥有量达到20.3件。启动碳排放交易试点,发布实施节能减排地方标准,淘汰落后产能660项,单位生产总值能耗比上年下降3.5%以上。

(三)把社会效益放在首位,推进社会建设和文化发展,人民生活进一步改善

城市和农村居民家庭人均可支配收入分别达到43851元和19208元,分别比上年增长9.1%和10.4%。完善就业服务体系,实施扶持失业青年就业启航计划,依法规范劳务派遣用工,帮助1.1万人成功创业,新增就业岗位60.1万个,城镇登记失业率为4.2%。完善社会保障体系,调整城镇职工社会保险缴费比例,制定实施城乡统一的灵活就业人员参保办法,提高养老金水平,提高城乡低保、最低工资等标准,提高计划生育家庭特别扶助和农村奖励扶助标准。首次向城乡低保家庭和重点优抚对象发放一次性高温补贴,扩大医疗救助范围,开展因病支出型贫困家庭生活救助,迈出解决支出型贫困的第一步。实施新一轮农村综合帮扶政策,提高经济相对薄弱村的自我发展能力。完善社会养老服务体系,新增养老床位5155张,社区居家养老服务对象达到28万人。完善住房保障体系,新建筹措保障性住房和实施旧住房综合改造11万套,基本建成10.4万套,完成大型居住社区外围市政配套项目40个,拆除中心城区二级旧里以下房屋74.6万平方米,各类保障房受益面继续扩大。完善教育、卫生、文化等公共服务体系,新增61所中小学和幼儿园,推行小学"零起点"教学和等第制评价,深化高中学业水平考试制度,基本完成行业高校划转,办学水平进一步提高。积极有效防控H7N9禽流感,推进公立医院改革,推广家庭医生制度,建成健康信息网,建立市民电子健康档案,医疗服务水平继续提高。举办首届市民文化节,组建上海报业集团,建成儿童艺术剧场。举办市民体育大联赛,参赛市民达128万人次,在7个区开展30分钟体育生活圈建设试点,一批品牌体育赛事的国际影响力不断扩大,上海体育健儿在第十二届全运会上取得优异成绩。妇女儿童、残疾人和慈善事业稳步发展,国防动员、双拥、民族、宗教工作进一步加强,外事、港澳、对台、侨务工作取得新进展。加强和创新社会管理,实施居住证积分管理办法,实现人口管理从条件管理向积分管理的重大转变,基本完成协管员队伍整合转制,完善信访工作机制,开展社会治安专项行动,社会保持和谐稳定。

(四)推动建设重心向郊区转移,城乡建设管理进一步加强,环境保护力度继续加大

建成一批重大基础设施项目,轨道交通11号线二期和12号线、16号线部分区段投入运营,运营线路新增99公里、总长达到538公里,天然气主干管网二期等项目竣工运营。强化落实安全责任制,集中开展安全生产大检查,充实街镇食品药品安全监管力量,发布交通发展白皮书,深化拓展网格化管理,开展养护作业市场化改革,城市运行总体平稳有序。着眼于弘扬上海世博会理念、共享城市最佳实践成果,推动设立"世界城市日"。加快建设智慧城市,光纤到户覆盖新增123万户,下一代广播电视网络覆盖新增126万户,公共信用信息服务平台开通试运行。深入推进第五轮环保三年行动计划,制定实施清洁空气行动计划,推进生活垃圾分类减量,环保投入相当于全市生产总值的比例保持在3%左右,主要污染物减排超额完成年度目标,新增绿地1050公顷。黄浦江两岸等重点区域和郊区新城建设有力推进。制定实施城乡一体化发展三年行动计划,推动家庭农场等农业经营方式创新,完成100个村庄、4万农户生活污水处理设施改造,完成1150公里村内道路、910座危桥改造。保持地产农产品有效供给,启动食用农产品市场体系新一轮规划建设,确保主副食品生产供应。

（五）深入开展党的群众路线教育实践活动，着力转变职能、改进作风，政府改革建设取得新进展

坚决贯彻中央八项规定精神和本市30条实施办法，围绕反对形式主义、官僚主义、享乐主义和奢靡之风，扎实开展教育实践活动，政风建设取得积极成效。制定政府职能转变方案，完成部分政府机构改革，推进行政审批制度改革，取消和调整审批事项153项，率先清理行政审批涉及的评估评审。着力提高行政效率，推行无纸化办公，大幅压缩会议、文件、简报，市政府全市性大会比2012年减少50%。推进政府信息公开，深化市级部门预算、决算和“三公”经费预算、决算的公开，首次公开市级行政单位行政经费、部分政府投资项目竣工决算审计结果。着眼于提高公务员依法行政与群众工作能力，改进公务员培训方式，强化责任追究和效能监察，勤政廉政建设进一步加强。

二、发展中存在的问题

结构调整任务仍然十分艰巨，服务业集聚辐射能力不强，先进制造业发展后劲不足，战略性新兴产业尚处于培育阶段。市场配置资源的决定性作用有待充分发挥，要素市场发展不充分，政府干预过多、监管不到位，企业特别是国有企业的市场主体地位没有完全确立。摆脱传统发展路径日益紧迫，人口总量和结构问题越来越突出，建设用地规模接近极限，环境承载压力加大，雾霾等大气污染问题突出。改善民生仍需加大力度，就业结构性矛盾比较突出，人口老龄化程度加剧，旧区改造难度加大，城乡区域之间差距依然较大。创新社会治理更加迫切，多元化群体利益的协调难度增大，城郊结合部脏乱差等问题凸显，城市安全存在不少隐患，安全事故时有发生，城市管理科学化、精细化水平亟须提高。

政府工作中还有不少缺点和不足，形式主义、官僚主义、享乐主义和奢靡之风问题不同程度存在。服务群众不够自觉主动，推诿扯皮、敷衍塞责、办事拖拉的情况时有发生。改革创新意识不够强，安于现状、不思进取的问题比较突出，敢闯敢试敢担当的勇气不足。行政效率不够高，工作责任制落实不严，重形式轻实效、重布置轻执行的现象仍较普遍。艰苦奋斗的精神有所弱化，贪图享受、铺张浪费的不良风气依然存在，极少数人甚至以权谋私、贪污腐败。这些问题通过教育实践活动有所改进，但作风问题具有顽固性和反复性，必须经常抓、长期抓。要进一步从思想认识上深挖根源，在建章立制中强化举措，不断取得作风建设新成效，为推进经济社会发展提供有力保证。

三、2014年主要任务

2014年，要在以习近平同志为总书记的党中央坚强领导下，高举中国特色社会主义伟大旗帜，以邓小平理论、“三个代表”重要思想、科学发展观为指导，全面贯彻落实党的十八大、十八届二中、三中全会和中央经济工作会议精神，认真落实十届市委五次全会的部署，坚持稳中求进工作总基调，坚持创新驱动发展、经济转型升级，以改革统领全局，以提高经济发展质量和效益为中心，持续推动结构调整，持续推进民生改善，持续促进社会和谐稳定，努力当好全国改革开放排头兵和科学发展先行者，为打造中国经济升级版发挥示范作用。

综合各方面因素，2014年全市经济社会发展主要目标是：重点领域和关键环节改革取得新突破，在自贸试验区形成一批可复制、可推广的新制度，开放型经济水平进一步提升。在质量效益提高的基础上，经济保持平稳发展，全市生产总值预期增长7.5%左右，地方财政收入与经济保持同步增长。民生继续改善，社会保持和谐有序，城乡居民收入增长与经济发展保持基本同步，城镇登记失业率控制在4.5%以内，居民消费价格指数与国家价格调控目标保持衔接。国际文化大都市建设持续推进，公共文化服务更加高效，文化创意产业增加值占全市生产总值的比重继续提高。生态环境进一步改善，环保投

入相当于全市生产总值的比例保持在3%左右，单位生产总值能耗、单位生产总值二氧化碳排放量进一步下降，主要污染物排放量削减率完成国家下达目标。

（《重庆经济年鉴》编辑部根据上海市有关资料整理）

南京市

一、2013年政府工作回顾

过去的一年,在市委的正确领导下,紧紧依靠全市人民,全面贯彻党中央国务院和省委省政府的决策部署,坚持“稳中求进、以进促稳”总基调,以提高经济增长质量效益为中心,积极应对各种压力挑战,扎实推进经济发展、科技创新、产业转型、城乡建设、环境保护、民生改善各项工作,较好完成十五届人大一次会议确定的目标任务。

过去的一年,南京实施了建国以来全市最大范围的行政区划调整,全域城市化、城乡一体化迈出新步伐;科学编制并推进实施苏南现代化建设示范区南京规划和三年计划,发展空间实现新拓展;坚持“办赛事、建城市、惠民生”,成功举办了第二届亚青会,城市功能和影响力得到新提升;认真开展群众路线教育实践活动,着力解决“四风”问题,作风建设取得新成效。

经济实现持续稳定增长。预计实现地区生产总值8000亿元,按可比价计算增长11%;实现公共财政预算收入831.3亿元,增长13.4%;完成全社会固定资产投资5250亿元,增长12%;完成社会消费品零售总额3500亿元,增长13.5%;城市居民人均可支配收入40000元,增长10%;农民人均纯收入16500元,增长12%;万元地区生产总值能耗下降8%;居民消费价格上涨2.7%,涨幅控制在省定标准以内。

产业转型升级步伐加快。科技创新成效明显,建成紫金科创特区200万平方米,在孵企业超过3000家;集聚“321”人才920名,新增世界500强和中国500强企业研发机构21家,集聚科技型企业1400家;专利申请总量超过4万件。产业结构持续优化,三次产业比例调整为2.3:43.3:54.4。软件、金融、广告创意、电子商务、服务外包等现代服务业保持良好发展态势,服务业增加值占地区生产总值比重提高1个百分点。工业加速转型升级,规模以上工业企业利税增长20%以上,战略性新兴产业增速超过规模工业增速一倍以上,产值首次超过石化、钢铁、建材三大传统产业。完成96个重点节能改造和循环经济项目,整治141家“三高两低”企业。

城市功能品质稳步提升。河西青奥村、海峡城等重点项目进展顺利,完成江北新区战略规划,仙林科技城协同创新集聚区建设取得突破。宁杭城际铁路开通运营,地铁3号线、4号线、10号线一期、宁高城际一期、宁天城际一期、宁和城际一期建设加快推进,溧马高速公路建成通车,122省道、江北大道、宁滁快速通道、宁高新通道等城乡大通道加快实施,纬三路过江隧道等建设进展顺利,城西干道、江东路快速化改造及南京南站枢纽快速环线工程基本完成。历史文化保护力度加大,新增国家级文保单位22个。江宁织造博物馆、老城南门东片区箍桶巷示范街、南京书画院、金陵美术馆、老城南记忆馆建成开放,明城墙玄武门至神策门段环境综合整治加快实施,六朝博物馆、科举博物馆、大报恩寺遗址公园、牛首山遗址公园等建设有序推进。实施城市治理条例,动迁拆违治乱整破年度任务顺利完成。智慧南京建设全面推进。成立南京都市圈发展联盟,完成都市圈区域规划。

城乡统筹发展成效明显。郊区发展实力不断增强,预计实现地区生产总值4120亿元,增长12.3%,占全市51.5%。先进制造业基地加快建设,液晶谷、未来网络谷、智能电网集聚区、桥林汽车产业园等一批重点项目加快推进。现代农业加速发展,启动11个市级现代农业园区建设,新增设施农业8万亩,新增农民合作社400家,生物农业产值达100亿元,家庭农场达1223

家,建成国际慢城生态游等12条休闲农业精品线路,郊区旅游总收入达269亿元。推进45万亩土地综合整治,完成3510个村庄环境整治。启动"美丽乡村"五大片区规划建设。新增造林面积7.6万亩。高淳、溧水两区实现引江供水。完成长江干堤加固工程,以及30万亩农田水利建设。

改革开放取得积极进展。综合改革取得突破,第一阶段12项重点改革基本完成,202项市级行政权力下放到位。市区财政管理体制改革、公费医疗制度改革、科技体制改革稳步实施,市属国有企业改革、城市建设管理体制改革、转变土地利用方式试点、统筹城乡发展改革有序推进。对外开放进一步扩大,成功举办紫金山峰会等活动,利用外资质量效益同步提升,新增跨国公司地区总部等外资功能性机构12家。完成外贸出口总额320亿美元。南京综合保税区一期通过国家验收,金陵海关正式运作。实施"百优民企"培育计划,民营经济增加值占比提高1个百分点。

生态文明建设扎实推进。创成国家森林城市,通过国家生态市技术评审,编制出台生态文明建设规划。严格落实"五个最严"制度,狠抓节能降耗、污染减排,严控煤炭消耗总量和污染排放强度。实施蓝天清水工程,加强扬尘、工业废气、机动车尾气治理,强化渣土车整治,做好秸秆禁烧工作。扎实推进板桥地区、大厂地区及金陵石化周边工业污染综合整治。对雨污分流开展"回头看",有序推进城市排水工程建设。推进20条黑臭河道整治。城镇污水日处理能力达200万吨。启动紫金山—玄武湖文化旅游示范区规划建设,滨江风光带、明外郭—秦淮新河风光带等建设加快。主城区垃圾分类全面推开,江南、江北两个环保产业园及其配套工程建设进展顺利。

民生社会事业全面发展。新增城镇就业20万人以上,城镇登记失业率控制在2.68%以下。高淳、溧水两区失业保险纳入市级统筹。企业退休人员人均养老金提高到2285元。新增养老床位5285张,建成1248个社区(村)居家养老服务中心。民生十件实事全部兑现,完成350万平方米城中村危旧房改造、135条街巷整治和45个农贸市场改造,新辟和调整优化公交线路61条,新建和改造农村公路283公里。启动县级公立医院改革,高中多样化办学和义务教育优质均衡发展领先全国。公共文化服务体系不断完善,文化产业增加值占比预计达到5.4%。建成保障房557万平方米,花岗、岱山、丁家庄、上坊等8万套保障房基本具备交付条件。完善了被征地农民老年生活保障和住房保障政策。法治南京、平安南京建设深入推进,城市公共安全应急机制和社会治安防控体系建设成效显著。食品药品安全工作得到加强。有效防控人感染H7N9禽流感。双拥优抚工作融合推进。计划生育、妇女儿童、爱国卫生、慈善、残疾人等各项事业取得新进步。

二、发展中存在的问题

影响经济社会发展的体制机制问题尚未得到有效解决,综合改革工程仍需深入推进。优化经济结构的任务仍然艰巨,战略性新兴产业还处在培育发展阶段,服务业层次和水平还需提高。城市规划、建设较为粗放,管理的科学化、精细化水平亟待进一步提升,政府对重大建设项目决策的科学性、规范性、有序性有待加强。政府职能转变还不到位,对微观经济干预仍然过多,企业的市场主体地位没有真正确立,市场配置资源的决定性作用有待充分发挥。资源环境约束加剧,节能减排压力加大、任务繁重。同时,民生工作和社会治理还存在着一些薄弱环节,灰霾等环境污染、交通拥堵、就业结构性矛盾、住房保障供应、教育医疗和养老服务等方面,还存在不少亟待解决的问题。城乡居民增收难度加大,城乡区域之间基本公共服务还存在差距。政府自身建设仍存在着一些缺点和不足,少数政府部门和工作人员服务意识不强,对群众和基层反映的问题不能及时有效解决,推诿扯皮等现象时有发生。工作落实推进不到位,存在重形式、轻实效,重布置、轻执行等问题。形式主义、官僚主义、享乐主义、奢靡之风不同程度存在,极少数人甚至以权谋私、贪污腐败。

三、2014 年主要目标任务

2014 年是全面深化改革、圆满完成“十二五”规划目标任务的重要之年，也是举办青奥会、建设新南京的决胜之年。做好今年政府工作，要全面贯彻落实党的十八大和十八届三中全会精神,紧紧围绕主题主线,以改革创新为统领,以提高质量效益为中心,以保障和改善民生为宗旨，深入实施苏南现代化建设示范区南京规划,统筹推进“稳增长、调结构、抓创新、促改革、惠民生”各项工作,全力打好确保“经济发展稳中向好、改革创新实质突破、青奥会精彩圆满”三场硬仗,努力开创科学发展新局面,为率先基本实现现代化、建设现代化国际性人文绿都奠定坚实基础。

全市经济社会发展指标分为三大类：一是预期性指标，地区生产总值增长 10.5%左右;公共财政预算收入同口径增长 10.5%;全社会固定资产投资增长 10.5%以上;社会消费品零售总额增长 13%以上。二是调控性指标,服务业增加值占地区生产总值比重提高 1 个百分点以上;高新技术产业产值占规模以上工业产值比重提高 1.5 个百分点以上;文化产业增加值占地区生产总值比重提高 0.3 个百分点以上;全社会研发经费支出占地区生产总值比重提高 0.3 个百分点以上。三是约束性指标,城市居民人均可支配收入增长 11%以上，农民人均纯收入增长 12%以上；新增城镇就业中大学以上人员占比提高 3 个百分点以上;科技创业投资增长 15%以上;居民消费价格涨幅控制在省定标准；商品住宅供地面积 500 公顷以上，保障性住房供地应保尽保;万元地区生产总值能耗下降 7%以上,煤炭消耗总量下降 3%左右,万元地区生产总值二氧化碳排放下降 6%以上。这些发展指标,是市委市政府深入研判国内外形势和南京发展阶段性特征、广泛听取各方面意见基础上提出的,既保持合理的增长区间,又为深化改革、结构调整、可持续发展留出空间。提高约束性指标考核权重，引导全市上下切实把工作重心放到全面深化改革、加快发展方式转变上,实现实实在在、不留后遗症地增长。

(《重庆经济年鉴》编辑部根据南京市有关资料整理)

武汉市

一、2013年工作回顾

2013年，是实施“十二五”规划承上启下的关键年。面对国际环境错综复杂、国内经济下行压力较大的严峻形势，在省委、省政府和市委的坚强领导下，紧紧依靠全市人民，坚持以党的十八大、十八届三中全会和习近平总书记视察湖北武汉重要讲话精神为指引，坚持竞进提质、效速兼取不动摇，保持定力、从容应对，攻坚克难、砥砺前行，全面实施“五大计划”，大力推进美丽江城、幸福武汉建设，在建设国家中心城市和国际化大都市征程中迈出了新的步伐。

综合实力再上新台阶。预计全市地区生产总值突破9000亿元，全口径财政收入超过2400亿元，全社会固定资产投资突破6000亿元，社会消费品零售总额超过3800亿元。

工业倍增成效明显。规模以上工业总产值突破万亿元，单月产值突破千亿元。汽车产业产值突破2000亿元。产值过500亿元企业增加到4户，过百亿元企业达到15户，新增3户；80万吨乙烯、神龙三厂、联想武汉产业基地、武钢四冷轧等一批投资50亿元、100亿元以上重大项目建成投产，东风雷诺项目落户武汉，发展后劲显著增强。

创新驱动发展步伐加快。实施重大科技成果转化专项86项。新增高新技术企业89家，累计900家，产值过百亿元高新技术企业达9家。高新技术产业产值5500亿元，占全市规模以上工业总产值的55%，比上年提高5个百分点。在全国高新区中，东湖高新区综合排名上升到第3位，知识创造和技术创新能力上升到第2位。

交通枢纽功能不断提升。轨道交通4号线一期建成试运营，与轨道交通1号线、2号线一期构成“工”字形轨道交通架构，轨道交通连通三大火车站，可达五大长途客运站，高铁、城铁、地铁、长途客运实现快速换乘。以武汉为中心的“米”字形高铁网基本形成，构成武汉到郑州、长沙、南昌、合肥等中部省会城市2小时交通圈；到北京、上海、广州、西安等城市4~5小时交通圈；到重庆、宁波、青岛、厦门等城市8小时左右交通圈。武汉火车站成为目前全国高铁线路辐射最广、直达城市最多的高铁站，年旅客发送量突破千万人次。内陆港口首条近洋班轮——“泸汉台集装箱快班”开通。天河机场旅客吞吐量达到1570万人次。

对外开放实现新突破。新引进世界500强企业23家，累计200家。新增国际和地区航线5条，累计25条；国际和地区旅客吞吐量突破100万人次，增长59%；国际和地区航线、旅客吞吐量均居中部城市首位；东湖综合保税区封关运行。成功举办全球汽车论坛、世界新兴产业大会、华创会、国际友城高峰论坛等一批国际性会议。

城乡一体化发展势头良好。6个新城区经济实力快速提升，地区生产总值增速高于全市平均水平2.2个百分点；地方公共财政预算收入增长21.5%，高于全市平均水平3.4个百分点。“菜篮子”工程提档升级，新建7.4万亩设施蔬菜基地。农产品加工业产值突破2000亿元。新建等级公路126公里、通湾公路530公里。

人民生活持续改善。全市公共财政用于民生领域的支出达703.4亿元，增长26.5%；民生支出占全市公共财政支出比重为63.7%，比上年提高1.5个百分点。预计城市居民人均可支配收入突破30000元，农民人均纯收入12500元。教育、文化、体育、医疗卫生、社会保障等公共服务水平稳步提高，市容环境不断改善，市民生活质量不断提升。

（一）沉着应对经济下行压力，稳增长调结构取得积极成效

出台稳增长系列政策措施。制定实施“工业保增长16条”、“激活内需提振商业15条”、“全民创业20条”等系列措施。落实结构性减税政策，停止18项事业性收费。开展“千名干部进千企”服务活动，帮助企业解决实际困难和问题。经济逐季回升向好。

深入推进工业倍增计划。优化工业布局，编制大光谷、大车都、大临空、大临港“四大工业板块”空间发展规划；6个新城区和3个跨三环线中心城区，分别建成20平方公里、10平方公里以上工业倍增发展区，全市新增工业园区面积80平方公里。持续加大工业投入，工业投资突破2200亿元，增长30%以上。上海通用武汉生产基地、力诺武汉生产基地、周大福珠宝文化产业园、东风乘用车新能源工厂、东风格特拉克变速箱、格林美产业园、百杰瑞新材料、武桥海工装备产业园等13个投资50亿元以上重大项目建设扎实推进。近两年签约的122个投资5亿元以上的工业项目开工率达到80%。调整优化工业结构，完成工业技术改造投资350亿元，汽车、光电子信息和重化工产业链不断完善。全球10大汽车制造厂商，4家在汉投资合作，武汉成为我国拥有车系最多的城市。规模以上工业增加值突破3000亿元；企业利润总额480亿元，增长32%。

加快实施服务业升级计划。金融、现代物流、会展、文化创意、信息、现代商贸等现代服务业加快发展。区域金融中心建设步伐加快，引进各类金融机构8家，累计178家；“新三板”挂牌企业超过40家，获批国家消费金融试点城市，社会融资规模3336亿元，增长10.7%。出台物流业空间发展规划，“一港、六园、八中心”建设加快推进，引进菜鸟网络、敦豪、普洛斯等6家国内外知名第三方物流企业，社会物流总额突破2.2万亿元。成功举办全国糖酒商品交易会、全国药品交易会、中国国际商用车展览会、中国国际农产品交易会等国家级会展，中国汉口北商品交易会、“中国光谷”国际光电子博览会、中国武汉金融博览会、武汉国际时装周等武汉会展品牌影响不断扩大，会展总数突破600场次，吸引境外参展参会人员200多万人次。工程设计产业实现收入800亿元。国内9大电商在汉设立物流配送中心或研发营运中心，电子商务交易额1720亿元，增长40%。软件及信息服务业主营业务收入900亿元，增长38%。旅游总收入1680亿元，增长20.4%。全国旅游标准化示范城市、国家智慧旅游试点城市建设加快推进，东湖生态旅游风景区晋升国家5A级景区。

（二）深入推进改革开放，城市发展活力不断增强

加强服务型政府建设。推进政府机构和职能调整，整合组建城市管理委员会、卫生和计划生育委员会、文化新闻出版广电局；食品药监、工商、质监管理体制由市垂直管理，调整为市、区分级管理。警务机制改革深入推进，74%的警力下沉到基层。深化行政审批制度改革，市级行政审批事项由339项减为259项，向区新下放行政审批事项23项；建成市、区联动网上并联审批系统，审批服务事项提前办结率达到93%。全面推进依法行政。制定出台武汉市法治政府建设规划。自觉接受市人大及其常委会的法律监督、工作监督和市政协的民主监督，提请市人大常委会审议通过地方性法规草案6件，制定政府规章13件，人大议案、代表建议和政协建议案、提案1379件全部办结。

培育壮大市场主体。推进国企改革重组。深化与央企对接合作，新增签约项目22个，长江通信与武汉邮科院战略重组全面完成。支持武商、中百、武汉肉联等优势企业跨区域扩张。市国资委出资企业资产总额达到4600亿元，净资产1200亿元，分别增长22.5%和22.7%。实施中小企业成长工程，加快发展民营经济。新登记私营企业3.13万户、个体工商户7.41万户。13家民营企业入选中国民营企业500强，增加3家。民间投资占全社会固定资产投资比重达58.8%。

深化“两型”社会建设综合配套改革。出台生态文明建设目标体系及考核办法、实施循环

经济促进办法。在全国率先出台湿地保护区生态补偿办法。武汉节水型社会试点通过国家验收。生活垃圾分类减量试点启动实施。完善环境监管机制,实现所有湖泊水质监测全覆盖,实时公开PM2.5等环境空气质量监测数据。"两型"社会创建示范工程深入推进。青山工业区获批国家循环化改造示范试点园区,新能源汽车示范运营规模达到1098台,新投放便民自行车1万辆,新增绿色建筑200万平方米。全面完成省下达的节能减排目标任务。

制定实施国际化水平提升计划。加快发展开放型经济。招商引资总额2765亿元,增长61%;实际利用外资52.5亿美元,增长18.1%。签约引进投资50亿元以上工业项目12个、30亿元以上服务业项目10个。对外贸易恢复增长,出口总额116.3亿美元,增长8.2%。对外投资、国际工程承包扩大到50多个国家和地区。国际大通道进一步拓展。扩大对外交往合作,友好城市增加到20个,友好交流城市增加到24个;"双谷双城"战略合作进一步深化;中法合作共建可持续生态新城项目落户武汉;法国马赛大学和武汉理工大学签署合作办学框架协议。营造国际化城市环境,外国领事馆区规划建设积极推进,长江国际学校投入使用。

在扩大对外开放的同时,扩大对内开放。深度融入"两圈两带"和长江中游城市群建设,首届长江中游城市群省会城市会商会在汉召开,产业、交通、科技等领域区域合作取得实质性进展。

(三)制定实施自主创新能力提升计划,国家创新中心建设全面推进

深化科技体制改革。完善科技成果转化机制,出台"黄金十条"实施导则,东湖国家自主创新示范区获批开展研发费用加计扣除、科技成果处置权和收益权改革试点。制定实施支持大学生创新创业"青桐计划",评选100名创业先锋,新增科技企业孵化器123万平方米,建成大学生创业园区26家,400个大学生创业团队入驻,百万大学生创业激情进一步激发。推进科技金融创新,光谷"资本特区"建设加快。新增创投机构60家,累计210家,基金规模超过200亿元。新增科技支行4家,累计14家;股权质押、知识产权质押等创新性融资超过300亿元,科技保险保额达370亿元。深入实施"黄鹤英才计划"、"光谷人才计划"等人才工程,新引进海内外高层次创新创业人才260名,入选国家"千人计划"累计达170人。

完善以企业为主体的技术创新体系。新增各级创新型企业45家、工程技术研究中心50家、企业技术研究中心19家。依托龙头企业,新组建产业技术创新战略联盟10家。新设立企业院士工作站5家。依托高校重点学科、优势学科,新组建5家产业技术研究院。新引进一批国内外知名企业研发机构,世界500强企业在汉设立研发机构累计20家。技术创新能力不断增强,涌现出全球首台光功率热分析仪、国际领先的精密重力测量研究设施等一批国际先进水平的自主创新成果,30项科技成果获国家级奖励。发明专利授权量3150件,国家知识产权审查协作中心在光谷正式运行。

加快发展战略性新兴产业。实施高新技术产业五年行动计划和战略性新兴产业超倍增计划。启动设立100亿元的战略性新兴产业发展引导基金。全市在建和筹建的战略性新兴产业项目231个。霍尼韦尔涡轮增压器、湖北宽带研发中心、中联药业中药产业化基地等一批项目开工,雅图中国光影城、华灿光电三期等项目加快建设。地球空间信息产业入选全国首批创新型产业集群试点。高科技园区加快发展,世界500强企业中的15家生物医药企业,8家入驻光谷生物城;17家大型央企入驻武汉未来科技城。战略性新兴产业产值2100亿元,增长25%。

(四)加大"三农"工作力度,城乡统筹发展取得新进展

新城区"四化"同步发展。以工业为主的经济结构初步形成,工业增加值占生产总值比重达到47%,比上年提高5个百分点。新型城镇化稳步推进。按照"独立成市"理念,编制完成6个

新城区现代新城近期规划实施纲要和区域城镇体系规划。新城区主城建设积极推进。阳逻、吴家山、纸坊、知音、盘龙、纱帽等新城产城融合步伐加快。实施村镇建设项目219个。武湖街、五里界街、奓山街成为全省"四化"同步试点示范乡镇。现代都市农业加快发展。新增农业标准化生产基地12万亩、国家级农业标准化示范区3个。10大赏花游核心项目启动建设。乡村休闲游游客突破2000万人次。新建林果产业基地4万亩。推广农业新品种、新技术、新模式、新设施116项,推广农机新机具1.9万套,农业机械化水平达64%。新组建农民专业合作社510家、土地股份合作社30家、家庭农场702个。

全面推进农村资源资本化。完成15个街乡镇农村产权确权(变更)登记工作。农村产权交易额22亿元。农村土地、林地、水域经营权抵押贷款11.25亿元。新增农村土地流转面积10.64万亩。

改善农村生产生活条件。加强农田水利建设,更新改造181处骨干排灌泵站,除险加固40处病险水库,改造9万亩重点易旱地区水利设施。扎实开展"万名干部进万村洁万家"活动,新建农村垃圾转运站17座,29个村庄成为省级宜居村庄。提档升级609家"农家店",新建500个"村邮站"。各级财政投入革命老区建设资金38亿元,老区生产生活条件不断改善。为140万武汉籍外出务工农民购买人身意外伤害保险。新建10个农村留守儿童关爱服务站。

(五)坚持建管并重,城市功能环境实现新提升

强化规划先导作用。认真谋划武汉2049远景发展战略。完善"三镇三城"实施性规划体系,制定出台都市发展区1:2000基本生态控制线规划、国家中心城市重点功能区体系规划。编制完成公共停车场近期实施规划、社区和养老服务设施空间布点规划、普通中小学布局规划、医疗卫生设施空间布局规划等一批专项规划。新版市域国土规划"一张图"系统正式启用。

大力推进城建攻坚计划。创新城市基础设施建设体制,变"以市为主"为"市区联动、共同推进",充分发挥市、区两级积极性和资源优势。基础设施建设投资1380亿元,城建重大项目竣工6个、开工18个、续建38个。

交通枢纽建设取得新进展。天河机场三期、航空总部区全面开工。武汉至咸宁城际铁路建成通车。纱帽港区公用综合码头基本建成。机场第二通道、阳逻集装箱三期、江北铁路一期加快建设。武深高速武汉段、汉江海事搜救中心开工建设。

城市路网建设加快。长江大道一期、解放大道下延线示范段、姑嫂树路快速通道主线工程完工,八一路地下通道建成通车。轨道交通6号线一期、7号线一期、8号线一期,四环线南段、三阳路长江隧道、慈天公路跨府河大桥,三环线西段北段、东风大道、国博大道、长丰大道、墨水湖北路改造工程开工建设。轨道交通3号线一期、4号线二期、1号线汉口北延长线,四环线西段、鹦鹉洲长江大桥、江汉六桥、东湖通道、杨泗港快速通道四新段、雄楚大街改造、龙阳大道改造等重大项目加快推进。建成微循环道路25条、慢行交通系统80公里。

市政设施不断完善。启动实施中心城区排水设施建设三年攻坚行动计划,新建地下排水管网115公里,清淤排水管网4000公里,完成20个易渍水社区整治,城市排渍能力明显提升。主城区污水全收集全处理五年行动计划加快实施,完成龙王嘴污水处理厂改扩建主体工程、化工区污水处理厂一期和黄陵污水处理厂一期工程,新增污水管网191公里。青山堤防综合改造工程启动实施。新增光纤到户覆盖用户30.5万户。

"三旧"改造有序推进。汉正街、二七片、街道口、尤李村等重点片区改造进展顺利。古田老工业区纳入全国新一轮老工业基地搬迁改造示范区。武汉获批全国城镇低效用地再开发试点城市。

纵深推进"城管革命"。创新城市管理体制机制。《武汉市城市综合管理条例》正式施行。制定出台《武汉市城市管理相对集中行政处罚权办法》。将市规划、建设、水务、环保、食品药监等

10多个部门中涉及城市管理的综合执法权归并到市城管委。推进管理重心下移,将涉及城市综合管理的市容、环保、园林绿化、公共基础设施等管理事项的审批权、执行权及相应财权,全部下放到区。数字化城市管理系统实现全覆盖。推进文明创建工作,开展"城管革命"战线行、社区行、校园行,"全民城管"氛围进一步增强。

全面启动国家卫生城市和国家环保模范城市创建工作。路面清洗、楼顶垃圾、渣土污染、占道经营、房屋立面、违法建设、集贸市场、小餐饮小作坊、室外炭火烧烤、机动车冒黑烟、铁路沿线环境等专项治理取得明显成效。一批周期性堵点交通拥堵状况得到缓解。"公交都市"建设开局良好。轨道交通与公交线网实现无缝衔接。新开26条微循环公交线路。新建2个公交首末站、100座新式公交候车亭。大汉阳地区现代有轨电车试验线工程开工建设。修复破损人行道16万平方米。新建公厕100座。安装休闲长椅2000条。建成景观花街59条。实施楼宇景观亮化201栋。编制主城区老旧住宅区物业服务改善实施规划。制定改善空气质量行动计划。中心城区和新城区核心区全面禁鞭。完成三环线内365台燃煤锅炉污染综合治理。

加强生态保护建设。第十届园博会筹备工作扎实推进。91公里三环线绿化带基本建成,沙湖公园、汉江公园一期建成开放,洪山广场景观恢复提升工程全面完工,新建绿道260公里,建成"三小"绿地和园林小景67个,完成117条道路绿化改造提升。园博园、戴家湖公园、竹叶海公园开工建设。张公堤城市森林公园加快建设。新增建设绿地808万平方米。人工造林6.74万亩。21座破损山体生态修复启动实施。中心城区40个湖泊实现"一湖一档"动态管理,栽设2000多个蓝线界桩,新建30公里环湖路。龙阳湖、墨水湖、黄家湖截污工程和南湖清淤一期工程完工。新城区湖泊"三线一路"保护规划编制工作全面展开。梁子湖水质良好湖泊生态环境保护试点深入推进。沉湖湿地列入国际重要湿地名录,藏龙岛湿地获批国家湿地公园。建成127个市级生态村。

(六)惠民生、促和谐,社会事业全面进步

加强就业和社会保障工作。城镇新增就业17.6万人,转移农村劳动力5.2万人;扶持自主创业2.5万人。社会保险净增参保42万人次,综合覆盖率97%。城乡居民大病保险启动实施。城乡居民社会养老保险基础养老金提高20%,企业退休人员基本养老金增长11%,3.8万名被征地农民每人每月增发基础养老金200元。发放救助资金9.3亿元,困难群众救助标准平均提高15%以上。建设筹集保障性住房5.98万套,分配入住2.71万套。新建社区居家养老服务中心(站)116家、农村老年人互助照料中心31家,新增养老床位5570张,养老服务信息平台实现社区全覆盖,发放"一键通"手机20万部。

提升公共服务质量和水平。优先发展教育事业。新增1.2万名适龄幼儿入园学位。50所公办幼儿园新改扩建、105所小学标准化建设、149所农村学校食堂建设达标工程全面完成。义务教育区域基本均衡省级督导评估顺利通过。职业教育、高等教育不断发展。国家"教育云"试点"班班通"工程覆盖全市中小学校所有班级。落实国家各类助学资金1.7亿元,资助家庭经济困难学生14.1万人次。

制定实施国家医疗卫生服务中心发展规划。新增4家三级医院,30家社区卫生服务中心、20家乡镇卫生院实现提档升级。深化医药卫生体制改革,新型农村合作医疗参合率99.9%,政策范围内住院费用报销比例达75%以上;新增基本药物149种,基本药物平均销售价格下降36%;组建大医院直管社区卫生服务机构区域医疗联合体28个、社区家庭医生团队391个,更多居民就近享受便捷廉价优质的医疗服务。名院名科名医名中心培育工程积极推进。人口计生公共服务体系不断完善。

深入推进"文化五城"建设。全民阅读活动广泛开展,新增25个24小时自助图书馆。市直文艺院团全年演出2304场。"武汉之夏"获评全国首批公共文化服务优秀示范项目。一批文艺精品获国家级奖励。新改扩建35个室外社区青少年体育活动中心，新增体育场地15万平方米。成功举办中国金鸡百花电影节、琴台音乐节、亚洲跳伞锦标赛、东湖国际名校赛艇挑战赛、市九运会等大型文体活动。启动青岛路—吉庆街片历史文化风貌街区保护改造工程。盘龙城国家考古遗址公园、光谷国际网球中心开工建设。世界女子职业网球超五巡回赛长期落户武汉。

加强和创新社会管理。"幸福社区"创建全面推进。社区律师、法律援助工作不断加强。培育发展社会组织1620家。制定实施城市荣誉制度，评选表彰首批功勋市民、模范市民、文明市民。食品药品安全监管、信访、安全生产工作进一步加强。"平安武汉"建设取得新成效，武汉被授予全国社会治安综合治理最高奖"长安杯"。

协调发展其他各项社会事业。"六五"普法依法治理工作通过中期考核验收。全国"双拥"模范城创建中期迎检顺利通过。对口援藏援疆等援建工作扎实推进。国防动员、国家安全、民防、消防、仲裁、保密、参事、气象工作不断加强，文史、档案、民族、宗教、侨务、科协、地方志工作积极推进，妇女、儿童、老龄、残疾人事业健康发展。

市政府承诺的十件实事全面完成。

在推进经济社会全面发展的同时，按照中央和省委、市委的要求，深入开展党的群众路线教育实践活动。坚决反对形式主义、官僚主义、享乐主义和奢靡之风，政府作风建设不断加强。切实整改一批群众反映强烈的突出问题。全市"三公"经费下降16.5%；全市性大会减少37.6%，节会庆典活动减少31%。深化"治庸问责"，深入开展民评民议、电视问政活动，严肃查处庸懒散和行政不作为、乱作为、慢作为行为。

二、发展中存在的问题

发展不够仍然是武汉最大的实际，工业实力还不够雄厚，新兴服务业和战略性新兴产业规模还不大，经济发展面临做大总量、提升质量双重任务；节能减排压力较大，资源环境约束趋紧，传统产业产品层次和技术水平不高，自主创新能力与科教资源优势还不相称，转方式、促转型任务艰巨；民营经济发展相对滞后，国有经济活力需要增强，经济外向度不高，深化改革开放更加紧迫；城乡基础设施还不够完善，城市建设任务繁重、资金筹措难度加大；市民反映强烈的交通拥堵、空气污染等"大城市病"和水环境的综合治理机制亟待创新；部分人群就业难和一些企业招工难并存，社会保障水平还不够高，看病贵和教育、医疗资源均衡化问题需要进一步解决，食品安全、安全生产等工作还存在薄弱环节，这些方面与群众的期待和要求还有差距；少数政府部门和工作人员服务意识不强，执行落实不力、办事效率不高的问题依然突出。城市治理体系有待完善，治理能力有待提高。市民期望城市不光要"跑得快"，还要"跑得更漂亮"。

三、2014年发展目标

党的十八届三中全会对在新的时代条件下全面深化改革作出了总部署、总动员，必将对推动中国特色社会主义事业发展产生重大而深远的影响，为武汉加快科学发展、跨越式发展提供了前所未有的新机遇，开辟了新的广阔空间。

当前和今后一个时期的政府工作，要把全面贯彻落实好党的十八届三中全会精神作为一项重大政治任务，以改革统领经济社会发展全局。坚持社会主义市场经济改革方向，以促进社会公平正义、增进人民福祉为出发点和落脚点，以经济体制改革为重点，全面、正确、准确、有序、协调推进各项改革，在转变政府职能、科技体制改革、生态文明制度建设、新型城镇化体制机制创新和建立内陆地区对外开放新模式新机制等方面取得决定性成果，构建系统完备、科学规范、运行有效的制度体系，推进城市治理体系和治理能力现代化。不断提升城市价值，推动武汉成为经济发达、实力雄厚的大武汉，知识引领、创新领先的大武汉，智慧便捷、畅通九州的大武汉，宜居宜业、幸福和谐的大武汉，成为中国中部具有重要影响力的国家中心城市，引领形成区域一体、辐射全球的“大武汉都市圈”，促进大武汉的全面复兴。

2014年，是全面贯彻落实党的十八届三中全会精神的第一年，是实施“十二五”规划的攻坚之年。政府工作的总体要求是：认真贯彻党的十八大和十八届三中全会精神，坚持稳中求进的工作总基调，按照竞进提质、升级增效的工作总要求，全面启动新一轮改革，把改革创新贯穿于经济社会发展各个领域各个环节，以改革促创新发展，以改革促转型升级，以改革建生态文明，以改革促民生改善，深入实施“五大计划”，着力保持较快发展速度，切实提高发展质量和效益，改革当先锋、转型走前列、发展争进位，为建设国家中心城市和国际化大都市、复兴大武汉奠定坚实基础。

经济社会发展的主要预期目标是：地区生产总值突破1万亿元，增长10%；地方公共财政预算收入增长13%；全社会固定资产投资增长16%以上，社会消费品零售总额增长14%左右，居民消费价格涨幅控制在全国、全省平均水平以内；城乡居民收入增速与经济增长速度基本同步；完成省下达的节能减排任务。

（《重庆经济年鉴》编辑部根据武汉市有关资料整理）

2013年部分环渝区域市县经济发展状况

四川省成都市

一、2013年发展回顾

2013年，面对世界经济复苏缓慢、国内经济转型力度加大的宏观形势，成都市紧紧围绕打造西部经济核心增长极，坚持"稳中快进、领先发展"的工作基调，坚持深入推进五大兴市战略，积极应对宏观经济下行压力、"4·20"芦山强烈地震和汛期暴雨洪涝灾害带来的不利影响，全市经济社会继续保持良好发展势头。全年实现地区生产总值9108.9亿元，增长10.2%；地方公共财政收入898.5亿元，增长15.1%；固定资产投资6501.1亿元，增长10.4%；城镇居民人均可支配收入29968元、农民人均纯收入12985元，分别增长10.2%和17.5%；城镇登记失业率2.82%；万元地区生产总值能耗下降3.2%。成功举办2013《财富》全球论坛和第十二届世界华商大会。

（一）经济发展实现稳中快进

一是工业经济快速增长。实现规模以上工业增加值2917.6亿元，增长13.4%。重大项目加快建设，完成工业投资1625.0亿元，一汽大众三期扩能等159个项目竣工投产，捷普基地、新筑轨道交通等266个项目进展顺利。八大特色优势产业快速发展，其中汽车、电子信息产业分别增长40%、15%以上，新一代信息技术、生物医药、节能环保等战略性新兴产业占全市工业比重提高1.5个百分点。深入实施大企业大集团培育工程、中小企业成长工程和微型企业扶持计划，新增百亿企业2户，新登记企业4.6万户。

二是现代服务业加快发展。实现服务业增加值4574.2亿元，增长8.8%。服务业重大项目完成投资1086.6亿元，社会消费品零售总额3752.9亿元，增长13.1%。总部经济等高端服务业加速发展，连锁经营、同城配送等新型商贸业态发展迅速，电子商务交易额突破4000亿元。金融总部商务区和成都民间金融街建设进展顺利，银行机构、保险机构分别增至61家、72家，总量继续保持中西部第一。新开通至法兰克福、伦敦等4条国际直飞客运航线及14天直达波兰罗兹的货运"蓉欧快铁"，荣获2013中国物流中心城市杰出成就奖。全市接待旅游总人数1.55亿人次，实现旅游总收入1330亿元，同比均增长26%，被评为2013中国最佳休闲城市。

三是现代农业较快发展。实现农业增加值353.2亿元，增长3.6%，农业产业化重大项目完成投资90.5亿元。产业结构不断优化，制定实施农产品加工业布局规划，现代种业、绿色有机农业和农产品精深加工业加快发展，农产品精深加工率达42%。创新"米袋子"和"菜篮子"保障机制，实施水稻规模化生产奖励政策，在全国副省级城市率先推出政策性蔬菜价格指数保险。产业化经营成效明显，新发展农民合作社561家，新培育农业职业经理人2500人、新型职业农民2.1万人，家庭农场增至833家。

（二）对外开放合作成效显著

一是成功举办《财富》全球论坛和世界华商大会。2013年6月6日和9月24日，《财富》全球论坛和第十二届世界华商大会分别在成都举办，英国前首相布莱尔等5名外国前政要、622名嘉宾以及300余家世界500强企业和国际知名企业的代表出席财富论坛，105个国家（地区）3000多名代表参加华商大会，现场共签约重大项目121个、投资总额1413.5亿元。超过200家境内外媒体来蓉采访报道，有力推动了让世界了解成都、让成都走向世界，论坛后续效应不断显现。

二是投资促进成效明显。实际到位内资3300亿元,实际利用外资103.1亿美元,分别增长33.2%和20%。组织开展系列主题投资促进活动,新引进法国苏伊士、荷兰全球保险等世界500强企业22家,在蓉世界500强企业增至252家。加强重大产业化项目市域统筹,高新区、经开区、天府新区等重点区域招商取得明显进展,新签约德州仪器芯片封装测试、联想区域结算中心、益海嘉里等重大项目400个。

三是外经外事提升拓展。实现进出口总额505.8亿美元,增长6.4%。进一步优化外贸商品结构和出口市场,以便携式电脑为主导的机电产品出口大幅提升,东盟、南亚、俄罗斯等新兴市场出口快速增长,维纳软件等5家企业成为中国服务外包成长型企业100强,地奥、康弘公司的自主研发药品获批进入欧美市场。澳大利亚驻蓉领馆正式开馆,新增印度班加罗尔等4个友好城市,与德国波恩建立中欧城镇化合作示范城市伙伴关系。成为全国第四个获批72小时过境免签政策城市。

四是区域合作不断深化。成都经济区扩容为包括阿坝州、甘孜州、凉山州在内的区域合作。编制完成《成德绵一体化总体规划》,签署《成都德阳同城化发展框架协议》,以中江县为合作支点共建成德工业园区。成资、成眉等共建工业园区完成投资67.2亿元、引进项目40个。建立成都经济区秸秆综合利用区域合作机制和医疗协查结果通报机制。与长三角、珠三角、环渤海城市合作全面加强。对口援藏工作扎实开展,启动实施对口援建项目70个,完成投资1.6亿元。

(三)城市建设管理加快提升

一是交通通信枢纽加快建设。着力提升西部综合交通主枢纽功能,成都新机场完成选址,双流机场年旅客吞吐量突破3300万人次,位列全国城市第四位,成都铁路调度指挥所、成灌快铁离堆支线建成投用,成绵乐客专、成蒲铁路等加快建设。不断完善市域交通体系,第二绕城高速主体工程完工,大件路外绕线、新邛路等市域快速通道加快建设。强力推进中心城区缓堵保畅工程,二环路高架、BRT快速公交及智能交通管控系统建成运行,地铁2号线西延线开通运营,4号线等5条地铁建设加快推进。继续提高中心城区公交出行分担率,新增公交车2000辆。“光网城市”建设提速,建成4G基站2800个,被工业和信息化部批准为国家级互联网骨干直联点城市。

二是天府新区建设全面提速。天府新区成都管委会正式成立并全面运行。编制完成成都片区控制性详细规划,基本完成重要道路、重点区域和重要节点城市设计。天府大道南延线、元华路南延线等“三纵一横”二期基本形成通车能力,天府大道三期开工建设,重要节点立交改造加快实施,华阳东、黄水220千伏输变电站建成投用,天然气管线和给排水主干网及配套建设全面开工,完成固定资产投资274亿元。新川创新科技园、龙泉国际汽车城、双流电子信息产业园、新津新材料产业园等功能区加快建设,新签约引进重大项目58个。兴隆湖、锦江生态带等重点生态工程加快推进。

三是城市更新改造明显加快。北改工程深入实施,累计启动项目409个,完成投资557亿元,曹家巷、八里庄二仙桥、昭觉寺等片区改造顺利,川陕路、熊猫大道等11条主干道路建成通车,荷花池市场等传统市场完成拆除。锦江区、成华区、青羊区和武侯区“三无”院落完成整治和实现自治,南光厂宿舍等棚户区加快改造,宽堂窄门等历史文化片区整治提升,二环路、人民南路等6条主干道完成立面整治。启动小城市和特色镇建设,一般场镇改造完成项目377个、投资45.3亿元。

四是城乡环境治理深入推进。深化市容环境综合治理,强化环境卫生、市容秩序、道桥病害、集贸市场等突出问题整治,市容市貌明显提升。深化大气环境综合治理,完成水泥等重点行业企业节能减排设施建设,中心城区全面供应国Ⅳ标准燃油,实施建筑工地扬尘、秸秆焚烧等专项治理,实现国控污染源二氧化硫在线监控安装率100%。深化水环境综合治理,启动中小河流整治三年行动计划,完善乡镇污水处理厂配套设施,完成中心城区1792个下河排水口和30条黑臭河渠治理。深化城乡生态环境建设,基本形成绕城高速200米生态带,锦城湖、白鹭湾湿地、锦江滨河公园一期建成开放,新增健康绿道92公里、城市绿化65万平方米,森林覆盖率达37.8%。

(四)综合配套改革不断深化

一是农村市场化改革积极推进。巩固农村产权改革成果,深入推进农村产权管理体系和集体资产量化确权工作,累计发放耕保金61.1亿元。稳步推进农村生产要素规范有序流动,农村产权交易所交易建设用地指标657宗,交易金额132亿元,农村产权抵押融资余额超过60亿元。实施统筹城乡示范镇综合改革,推进农民自主开发集体建设用地等改革试点。全面开展农用地"转征与实施分离"审批改革试点,鼓励农民自主实施土地综合整治,完成农用地整理66.3万亩。

二是农村公共服务深化拓展。加快农村公共服务和社会管理设施标准化建设,在全国率先制定涉农社区和村公共设施配置标准体系。村级公共服务和社会管理专项资金上调至每村每年40万元,新启动融资项目73个。开展乡镇重大公共建设项目民主管理改革试点,实施小型公共基础设施村民自建改革项目156个。推进农村道路联网加密和提档升级,实施农村居民饮水保障提升工程,村和涉农社区自来水覆盖率达80%。

三是社会管理改革切实加强。深化城乡统一户籍制度改革,建立公民信息管理系统,推动流动人口服务管理向实有人口服务管理转变,基本实现进城务工人员与城镇居民享受同等的子女教育、卫生计生等公共服务。深化社会组织管理改革,完善社会组织分类发展管理办法,拓展社会组织直接登记范围,社工专业人才增长26%。完善街道管理和村社治理机制,全面推进居务公开,推广社区网格化管理,在全国首创社区公共财政制度,村民议事能力和水平进一步提升。

(五)城乡社会事业全面进步

一是就业社保稳步提高。实施民生工程163项,财政投入资金412亿元。深入开展就业行动计划,积极促进高校毕业生等重点人群就业创业,城镇新增就业24.6万人,农村劳动力新增转移就业10.6万人,城乡失业人员再就业9.7万人,动态消除"零就业"家庭。完善城乡社会保障全覆盖体系,在全国率先建立城乡居民养老保险待遇正常调整机制,实施基本医疗保险金预算管理和总额控制,符合条件低保对象4676人整体纳入城镇职工养老保险,全市提高低保标准10%以上并实现同一区(市)县内城乡统一,建立社区快速救助机制,被人力资源和社会保障部确定为全国劳动保障监察"两网化"管理示范城市。

二是教育卫生加快发展。深入推进部省市共建统筹城乡教育综合改革试验区建设,公办和公益性幼儿园学位覆盖率达69.8%,幼儿入园率达98%,中小学校新一轮标准化提升工程加快推进,完成265所学校运动场改造,建成中小学数字化图书管理平台,实施惠及远郊22.7万名农村中小学生的营养改善计划,职业教育和特殊教育加快发展,成为全国首个整体实现县域义务教育基本均衡发展的城市。深化医药卫生体制改革,实施基层医疗卫生机构标准化建设设备提升工程,积极推进"医药分开",36家县级公立医院取消药品加成。

三是科技文化不断进步。深入推进创新型城市建设,完善科技创新和知识产权保护政策,支持企业牵头建设研发机构,实施产学研合作项目800余个,新增科技创新载体34家、孵化面积61万平方米,新增高新技术企业312家,全市发明专利申请量增长33.7%,成为国家首批智慧城市试点示范城市。加快"文化之都"建设,设立公共文化服务专项资金和政府采购资金,建成农村标准化广播室471个、农家书屋463个,新声剧场等重大文化项目加快建设。

四是平安成都扎实推进。强化社会治安管理,加强城乡结合部、车站等复杂公共场所综合治安管理,集中整治"黄赌毒"等社会丑恶现象,严厉打击各类违法犯罪活动,加强特殊人群和虚拟社会管理,治安案件万人发案数下降8.2%。加强食品药品安全监管,积极推进食品药品监管体制改革,启动中药材流通追溯体系试点,肉类蔬菜溯源体系实现扩面提质,开展食品安全"百日会战"及中药材市场等专项整治。严格安全生产监管,深入开展安全生产大检查,强化道路交通、消防、危化品等重点行业领域专项整治,生产性安全事故起数下降14%左右。

二、发展中存在的问题

成都市经济社会发展中还存在不少问题和薄弱环节:转变经济发展方式、优化调整产业结构力度有待进一步加大,统筹城乡发展等重点领域改革有待进一步突破,城市交通拥堵、环境污染等"城市病"问题治理有待进一步加强,就业增收、养老社保、学前教育等民生工程有待进一步提升。

三、2014年发展目标

2014年是成都市贯彻落实十八届三中全会精神、全面深化改革的开局之年,也是奋力打造西部经济核心增长极、加快建设现代化国际化大都市的攻坚之年。把握"稳中求进、改革创新、统筹发展"的工作基调,坚持以全面深化改革为统领、以提高增长质量和效益为中心、以保障和改善民生为目的,深入推进经济社会转型升级,促进全市经济持续健康发展、社会和谐稳定。2014年全市经济社会发展主要目标是:地区生产总值增长10%,固定资产投资总额6600亿元,地方公共财政收入同口径增长11%,城镇居民人均可支配收入增长10%,农民人均纯收入增长11%,城镇登记失业率控制在4%以内,万元地区生产总值能耗进一步降低,主要污染物排放量进一步减少。成都围绕上述目标,重点抓好以下工作:一是加快改革创新,不断增强城市发展活力和动力;二是推动城市空间转型升级,加快建设现代化大都市;三是推动城市产业转型升级,加快构建现代产业体系;四是推动城市生态转型升级,加快改善城乡人居环境;五是推动城市管理转型升级,加快提升城市品质;六是推动城乡形态转型升级,加快新型城镇化建设;七是强化民生保障和改善,着力增进城乡居民福祉;八是强化政府职能转变,着力建设法治政府和服务型政府。

四川省泸州市

泸州位于四川省东南部、川滇黔渝四省市结合部,长江、沱江、赤水河交汇,是长江上游的重要港口城市、成渝经济区的重要区域中心城市。全市幅员面积1.2万平方公里,辖江阳、龙马潭、纳溪三区和泸县、合江、叙永、古蔺四县,年末总人口508.42万人。泸州先后获得了国家历史文化名城、全国双拥模范城、国家卫生城市、中国优秀旅游城市、国家森林城市、国家园林城市等城市荣誉。

一、2013年发展回顾

(一)产业发展

白酒市场调整巩固。成功举办"第十四届中国西部国际博览会白酒专业博览会",实现交易额116.3亿元。全市白酒产业实现规模以上增加值356.6亿元、增长13%,销售收入723.7亿元、增长16.8%。泸州老窖"一园三基地"、二郎·名酒名镇、中国酒镇·酒庄、郎酒浓香型白酒生产基

表 1 2013 年泸州市经济社会发展主要指标

指标名称	指标值	年增长(%)
全市完成生产总值	1140.5 亿元	11.2
规模以上工业增加值	516.3 亿元	11.3
全社会固定资产投资	866.4 亿元	29.1
社会消费品零售总额	411.9 亿元	14.9
地方公共财政收入	109.6 亿元	32.4
城镇居民人均可支配收入	22821 元	10
农民人均纯收入	8455 元	13.3

地、华夏龙窖白酒产业园、永乐酱酒园区等项目建设进展顺利。传统工业加速转型。化工产业空间布局进一步优化,产业链进一步延伸,天华公司 1,4-丁二醇项目投入试生产。能源产业加快整合步伐,实施煤矿清理整顿和兼并重组,一次性关闭民营煤矿 52 处。机械产业加快技改步伐,厦门海翼·长江液压西部基础件基地一期工程完工,邦立重机异地技改项目加快建设,国机重工西南产业园、长江机械厂异地技改项目实现开工。现代服务业快速发展。服务业增加值增长 12%,增速居全省第 1 位。成功举办首届中国(泸州)西南商品博览会。佳乐世纪城核心功能区建设进展顺利，西南商贸城二期工程启动建设。新增小额贷款公司 13 家、融资性担保公司 2 家。2013 年末，银行业金融机构各项存款余额 1410.8 亿元,比年初增长 16.2%;贷款余额 766.8 亿元,比年初增长 21.8%。实现旅游总收入 143 亿元,增长 34.9%。现代农业增产增效。粮食总产量达 198.1 万吨,增长 3.3%。连片发展畜牧、林竹、果蔬茶、高粱、优质稻、烤烟六大特色效益农业。新建万亩现代农业示范区 17 个。新培育省级农业产业化龙头企业 5 家，新发展农民专业合作社 382 家。新增国家级农业标准化示范区 2 个,“三品一标”产品认证达 168 个。启动了第二批 12 个省市新农村示范片和 110 个新村基础设施建设,新建新农村综合体 11 个。

(二)项目建设

实施 184 个重点项目，完成投资 617.6 亿元。新开工 10 亿元以上的项目 24 个、100 亿元以上的项目 3 个,竣工 10 亿元以上的项目 3 个。古蔺观文水库启动建设，纳溪黄桷坝水库主体工程全面完工。列入《全国老工业基地调整改造规划(2013-2022 年)》、《全国资源型城市可持续发展规划(2013-2020 年)》,纳入全国二级物流园区布局城市。古叙煤矸石电厂等项目前期工作加快推进。储备项目 1105 个,总投资达 6806 亿元。

(三)城镇建设

中心城区扩容提质。中心城区建成区面积达 109.4 平方公里、人口达 108 万人。泸州是四川除成都以外的三个百万人口大城市之一。启动实施旧城危旧房和棚户区改造项目 16 个。全面推进主城区“两江四岸”建设,改造长、沱两江滨江路 8 公里,东门口广场、单碗广场、馆驿嘴广场、龙马广场一期工程建成开放。改造提升了忠山公园、张坝桂圆林公园、护国公园等 7 个公园,龙透关公园一期、植物园一期、江南生态公园等 9 个公园和酒城乐园建成开放。城市绿地覆盖率达 35.1%。创建 “国家园林城市”通过验收。县城和小城镇提档升级。泸县完成县城道路全域“白+黑”改造。合江撤县设市获得省政府同意并上报国务院审批。合江、泸县成功创建国家卫生县城。叙永县完成城市总体规划修编,县城商业综合体启动建设。古蔺县城西区建设初具规模,天立酒街二期主体工程完工。全市 33 个镇乡完成规划修编,5 个镇列入全省第一批“百镇建设试点行动”试点镇。全市城镇化率达 43.3%。

(四)交通建设

叙宜高速公路泸州段、泸州机场迁建工程开工建设,泸渝高速公路、成自泸赤高速公路泸州至自贡段建成通车。全市新增高速公路通车里程 90 公里，总里程达 316 公里。隆黄铁路叙永至毕节段、内泸城际铁路获得省政府支持组建项目公司,渝昆铁路、乐自泸铁路泸州段等项目前期工作加快推进。泸州港完成货物吞吐量 2707 万吨、增长 15.3%,其中集装箱吞吐量 20.1 万标箱、增长 48.9%,总量占全省的 77%,“四川航运首港”地位凸显。城北绕城环线一期、龙马大道北延线道路竣工通车，五条高速公路城市进出口通道、忠山隧道、沱江六桥开工建设。城市公交专用道投入使用，建成人行天桥7座。

(五)开放合作

成功举办泸州·新加坡经贸合作座谈会，促成凯发集团、吉宝讯通、裕廊国际等企业在泸州投资发展。新引进荣程集团白酒生产基地、航天泸州工业园等投资5亿元以上的项目74个。到位市外国内资金682.2亿元，增长32.9%。泸州港新开通"泸—汉—台"江海直达航线、泸州至上海商品汽车滚装班轮、泸州至昆明铁水联运集装箱班列。泸州机场新开通至西安、南宁、厦门、长沙航线，通航城市达10个，旅客吞吐量达44万人次、增长41%。实现进出口总额2.3亿美元，其中外贸出口2亿美元；实际到位外资5293万美元。

(六)园区建设

全市产业园区建成区面积达53.1平方公里、入驻企业1337家，完成主营业务收入1262.8亿元、增长16%。组建了"泸州临港产业物流园区"、"泸州高新技术产业园区"管委会和投融资公司。"泸州临港产业物流园区"启动了核心区建设，保税物流中心(B型)、进口粮食指定口岸建设和申报工作加快推进。"泸州高新技术产业园区"构建了"一区三园"模式，完成创建国家高新技术产业开发区申报工作，机械装备产业园入驻企业达70家，新能源新材料产业园成功引进北辰电力产业园等项目，泸州医药产业园入驻企业14家。

(七)民生改善

投入资金64亿元，完成119个民生项目。推进"七大扶贫攻坚行动"，实施连片扶贫开发项目3个。城镇新增就业41600人，城镇登记失业率3.1%。"五项社会保险"覆盖360万人次。新型农村合作医疗参合率达99.69%。城市低保、农村低保月人均保障标准分别提高40元和15元。开工保障性住房7198套，改造棚户区住房3056套、农村D级危房11569户。新建农村公路1381.2公里，新增农村客运班线46条。改造升级农村电网1120千米。解决农村33.4万人饮水不安全问题。完成重大地质环境治理项目9个。减少农村贫困人口73600人。创建"省级环保模范城市"通过验收，成功列入全国第一批水生态文明建设试点市。

(八)社会事业

创建"省级文明城市"通过验收。泸州大剧院建成投用。"三馆一站一书屋"全部免费开放。泸县农民演艺网创建为首批国家公共文化服务体系示范项目。新增全国文物保护单位12处。稳步推进教育均衡发展，以"三开减负三开放"为主要内容的素质教育深入实施。应届高考重点本科上线人数增长43.4%，增幅居全省第1位。"川滇黔渝结合部教科城"开工建设。公共卫生保障能力不断增强。"西南医疗康健城"一期工程启动建设，市人民医院新院建设主体工程正式动工。全民健身活动蓬勃发展，竞技体育水平不断提高。奥林匹克体育公园主体育场竣工投用，张坝体育中心完成运动场地建设。人口计生"十大重点工作"全面完成，人口自然增长率4.03‰。食品药品安全专项整治工作扎实开展，餐饮服务食品安全示范工程深入推进。发展地面数字电视用户2.3万户。新建新型社区服务综合体3个。

(九)环境治理

营造公平有序的建设环境，深入开展"治堵、治违、治扰、治拖"等工作，建设市场秩序明显好转。营造安定祥和的治安环境，扎实开展"打盗抢、攻毒品、治乱点"系列打击整治行动，全市刑事案件下降16.2%，社会治安状况稳定好转。营造整洁优美的城乡环境，城市风貌塑造上档升级，夜景光亮工程建设有序推进，"数字化"城市管理信息系统投入运行。营造规范有序的信访环境，全面落实属地责任，从政策层面有效化解了一批群体性信访问题。营造齐抓共管的安全生产环境，开展安全生产"五大攻坚行动"，探索创新了"十大监管方法"。强化基层基础建设，新启动14个省级"安全社区"创建单位，新建公路防撞墙和波形护栏1142公里。推进"科技兴安"，全市3154辆客车、983辆公交车安装了GPS定位系统和3G视频监控系统，96个渡口码头、76艘客渡船安装了3G视频监控系统,安全监管水平进一步提升。

二、发展中存在的问题

产业结构不尽合理,产业支撑不够有力;改善民生任务繁重,全市还有41万贫困人口,就业、教育、医疗、住房等领域关系群众切身利益的问题亟待解决,促进城乡居民持续增收的难度加大;社会治理面临不少新的情况,安全生产压力较大等等。

三、2014年发展目标

2014年,是在新的起点上全面深化改革的开局之年,是"着力六个突破、力争四年翻番"的关键一年。泸州市坚持"稳中求进、进中求好、好中求快"的工作基调,突出"产业发展突破年"的工作主题,加快转方式调结构,加快建设区域中心城市,加快提升开放合作水平,着力保障和改善民生,促进经济持续健康发展、社会和谐安全稳定。全市经济社会发展的主要预期目标是:生产总值比2013年(下同)增长10%,规模以上工业增加值增长10%,全社会固定资产投资增长19%,社会消费品零售总额增长12%,地方公共财政收入增长12%,城镇居民人均可支配收入增长11%,农民人均纯收入增长12%。

四川省绵阳市

一、2013年发展回顾

2013年,全年实现地区生产总值1455.12亿元、增长10%,全社会固定资产投资1001亿元、增长7.4%,社会消费品零售总额650亿元、增长13.5%,地方公共财政收入90.48亿元、增长12.5%,城镇居民人均可支配收入23100元、增长11.3%,农民人均纯收入9257元、增长12.7%。

绵阳古称"涪县"、"绵州",自古有"蜀道明珠"、"富乐之乡"的美誉,是享誉世界的伟大浪漫主义诗人—李白的故乡,党中央、国务院批准建设的我国唯一科技城,成渝经济区西北部的中心城市,四川省第二大城市。幅员面积2.02万平方公里,总人口545.4万,城区面积107.5平方公里、常住人口118万。现为全国科技进步先进市、全国首批"三网融合"试点市、全国首批"促进科技和金融结合"试点地区、国家新型工业化产业示范基地、国家智慧城市试点市、国家信息消费试点市,全国文明城市、国家卫生城市、国家园林城市、国家环保模范城市、中国优秀旅游城市。

(一)产业发展

"三倍增"计划深入实施,实现规模以上工业增加值593.8亿元、增长10.7%,"2+4"产业实现增加值551.7亿元、增长11.2%。新建四川省北斗卫星导航等4个战略性新兴产业联盟、创新联盟达9个,成功创建国家数字家庭应用示范产业基地。10亿元以上企业达到19户,长虹、九洲、攀长钢、新华4户企业累计实现工业总产值1144亿元。国有出资企业实现工业增加值235亿元、增长16%,非公有制经济增加值占地区生产总值比重达到57.2%。"园区千百亿工程"扎实推进,高新区等5个重点园区营业收入占全市园区的87%,游仙经开区升格省级开发区,江油工业园扩区调位获批。产业结构由16.3:52.4:31.3调整为16.4:51.4:32.2。国家级杂交水稻制种基地成功授牌,现代农业产业集中连片发展,农林牧渔实现总产值394.97亿元、增长3.6%。建筑业实现产值262.92亿元、增长22.2%。银行存贷规模3696亿元、增长12.5%,居全省第二位。电商、会展、服务外包等现代服务业发展迅猛,服务业增加值468.55亿元、增长

9.1%。小寨子沟升格国家级自然保护区,"5·12"汶川特大地震纪念馆全面开放,北川羌城旅游区晋升5A级景区,全市旅游总收入205.21亿元、增长49.6%。新设立驻北京、重庆和海外招商分局,积极参与民企入川、央企入川、港澳企业四川行"三大投资促进活动"和财富论坛、世界华商大会、西博会等招商活动,成功引进IBM大数据中心、宝马N20发动机等重大项目。全市国内省外履约项目293个,到位资金473.8亿元、增长9.2%,直接到位外资2.4亿美元、增长14.8%,外贸进出口总额28.1亿美元、增长27%。在境外投资的本土企业达20户、总额9.6亿美元,居全省第二位。外事、台侨、口岸、海关、检验检疫等工作得到加强。

(二)创新驱动

四川省政府下发《关于加快推进绵阳科技城建设的指导意见》和《支持绵阳科技城加快建设政策措施》等文件,鼓励绵阳在土地政策、股权激励、成果转化、科技金融等10个方面先行先试。研究出台《关于加快科技型中小企业发展的决定》、《关于大力扶持小微企业发展的实施意见》等20余项政策,自上而下的政策体系逐步建立,科技城正成为西部"政策洼地"和"创新高地"。创新中心A区一期入驻企业和科技服务机构70家,42万平方米的A区二期加快建设,科技城软件产业园顺利挂牌,中科育成中心启动运行。国家大学科技园入驻企业52家,工业技术研究院孵化企业12家、推出产品成果15项。军民融合企业达到261家,其中规模以上78家。长虹、九洲分别被认定为国家首批工业设计中心、国家级技术创新示范企业,全市国家、省级企业技术中心达到53家,建成涵盖15个重点实验室和300余家企业的科研设施共享平台。科技金融结合试点扎实开展,两家科技专营银行和科技信贷专营中心作用得到充分发挥,累计发放科技贷款80亿元。与中关村、清华大学等签订战略合作协议,先后引进中国宝安投资、中国风险投资等风投机构,长虹佳华、新晨动力在香港成功上市。"千英百团"聚才计划深入实施,省市设立6000万元人才发展专项资金,一次性拿出1670万元重奖资助优秀人才和创新创业团队,引进各类高层次人才410人,科技城专业人才达21.7万人。

(三)城乡统筹

城市建成区面积107.5平方公里、常住人口118万。绵阳机场通航城市22个,客运总量突破91万人次。新增钢结构人行天桥5座,66个市政基础设施重点项目完成投资32.7亿元。加快实施公共WIFI应用示范工程,安装智能车载系统1237套,推进国家智慧城市试点市、国家信息消费试点市建设,获得联合国环境规划基金会杰出绿色生态城市奖。绵江安北同城化稳步推进,"大绵阳"半小时交通圈正在形成。游仙魏城、平武南坝等8个全省百镇建设试点镇规划深入实施,梓潼许州、涪城龙门等16个市级试点镇加快建设,江油武都、安县秀水2个5万人以上中心集镇初步建成,转移农村剩余劳动力5.9万人。全市277个集镇建成区面积159.7平方公里、常住人口60.5万人,建成优美示范县城2个、优美示范镇30个,城镇化率45.3%。农村基础设施显著改善,硬化乡村道路2394公里,综合整治农村土地66.1万亩。新增农田有效灌溉面积9.1万亩,武都水库建成蓄水。开展农村土地承包经营权确权登记乡镇85个,涉及农户42万户、耕地155.4万亩。积极推进天然林保护工程,巩固退耕还林成果,深化集体林权制度改革,流转林地22.1万亩。农民增收行政首长负责制全面落实,新增农民专合社470个,注册家庭农场100家。第二轮省级新农村示范县建设全面启动,建成聚居点181个、新农村综合体16个。

(四)教文卫体事业

学前教育三年行动计划深入实施,新(扩)建公办幼儿园28所。素质教育不断推进,高考连续13年全省"双第一"。新增高校1所,西科大成为省部共建高校、取得博士授位权资格。医药卫生体制改革走在全省前列,新农合实现全覆盖,"十二五"国家重大传染病综合防治示范区项目加快实施，全国中医药先进市顺利验收，7家新增三级医院通过评审。食品药品监管机构改革全面完成，查处食品药品违法案件561起。文艺作品《两个人的车站》获第十届中国艺术节群星奖，广播节目《七色花》获全国少儿节目精品奖。

(五)社会事业

“十大民生工程”投入资金100.4亿元，完成省市民生项目189个。最低工资标准提高20%，城乡最低生活保障标准上调15%。压缩行政经费提高环卫绿化工人待遇，补贴1000万元支持空调公交车执行1元票价。办理便民自行车IC卡1.6万张，200余万人次使用公共自行车。新增城镇就业4.6万人，城镇登记失业率控制在3.9%以内。开工保障性住房和改造棚户区15244套、竣工13323套，发放廉租住房补贴7395户、共计734万元。“7·9”洪灾灾区恢复重建总体规划全面实施，累计安排救灾重建资金2.5亿元。北川、平武扶贫开发深入推进，全市减少贫困人口10.1万人。绵阳志愿服务总队被中国志愿服务联合会聘为首批理事单位，全国城市文明程度指数测评在50个文明城市中较2012年上升21位。网络理政深入开展，荣获全国首批网民留言办理工作示范市称号。领导干部下访和包案化解信访积案制度全面推行，重大决策社会稳定风险评估机制逐步健全。平安建设活动积极开展，群众满意度全省第一。“六五”普法扎实开展，“绵阳司法”获评全国十大司法行政微博。

二、发展中存在的问题

县域发展不平衡，经济质量和效益亟须进一步提高；社会治理水平有待提升，化解社会矛盾、救助弱势群体等任务依然繁重；一些政府部门和工作人员服务意识、责任意识、为民意识、法纪意识不强；个别地方盲目追求GDP增速，政绩观出现偏差，损害了政府公信力。

三、2014年发展目标

地区生产总值增长10%，规模以上工业增加值增长11.5%，全社会固定资产投资增长5%，社会消费品零售总额增长13%，地方公共财政收入增长11%，城镇居民人均可支配收入增长10%，农民人均纯收入增长12.5%，居民消费价格涨幅控制在3.5%左右，城镇登记失业率低于4.3%，人口自然增长率控制在3‰以内，完成省政府下达节能减排任务。

四川省广元市

一、2013年发展回顾

(一)经济发展

2013年，面对复杂的宏观经济形势，市委市政府牢牢把握“科学发展、加快发展、追赶跨越”的总体取向，坚持“生态立市、工业强市、文旅兴市、统筹发展”的工作思路，深入实施低碳发展、资源转化、项目支撑、城乡统筹、创新驱动五大战略，不断深化改革开放，切实保障和改善民生，经济社会持续快速发展。全市实现地区生产总值518.75亿元，增长10.5%；地方公共财政收入30.46亿元，增长13.5%；城镇居民人均可支配收入18713元，增长10%；农民人均纯收入6442元，增长14%。

工业。实现全部工业增加值215.07亿元，增长13.7%。实现规模以上工业增加值194.6亿元，增长13.1%。“5+2+1”产业体系(能源化工、食品饮料、电子机械、建材、金属五大特色支柱产业，纺织服装、生物医药两大特色培育产业和战略性新兴产业)初步形成，其中，食品饮料、建材、能源化工、战略性新兴产业产值均突破100亿元。淘汰落后产能企业31户，关闭小煤矿26家。新增园区面积10.95平方公里，剑阁经济开发区成功创建省级经济开发区。新培育规模以上企业62户。

农业。实现农业增加值94.31亿元，增长3.6%。粮油生产实现“七连增”。是重要粮食、油料、生猪和水果、茶叶、药材基地。新建万亩现代农业园区10个、特色产业化标准基地48.1万亩、土鸡生态养殖小区50个。新培育农业产业化龙头企业42家，新发展农民专合组织341个。“五个三”农田水利基本建设经验、特色产业扶贫助农增收经验在全省推广。

第三产业。实现旅游总收入112.6亿元，增长35.8%。成功创建省旅游标准化示范市，剑门关—翠云廊创国家5A级旅游景区通过省检，青溪古镇成功创建国家4A级旅游景区。引进川北国际物流港、远成物流等重点物流项目并顺利推进，万达广场、老城中央商务区等城区四大商圈和25条特色街区加快建设，建成农村社区综合服务中心380个。金融服务业健康发展，年末银行业金融机构各项存款余额935.51亿元，增长12.2%；各项贷款余额415.74亿元，增长24.3%；保险业保费收入21.54亿元，增长11.5%；证券交易额154.9亿元，增长35.9%。全年社会消费品零售总额实现219.46亿元，居民消费价格指数涨幅2.9%。

（二）项目投资

完成全社会固定资产投资541.09亿元，增长5%。长虹200万台电视机整机、兴能新材料锂电池及正负极材料等重点产业项目竣工投产，亭子口水利枢纽工程实现两台机组并网发电，广英服装、中纺集团60万吨油脂加工等一批重点产业项目开工建设，兰渝铁路、西成客专等重大项目顺利推进。171个市列重点项目完成投资324.8亿元，占年度目标的116.9%。重点领域投资实现较快增长，交通运输业投资106.99亿元；水利、环境和公共设施投资72.2亿元；工业投资179.4亿元。民间投资274.87亿元。

（三）统筹城乡与改革开放

2007年，广元被省确定为统筹城乡综合配套改革省级试点市。2013年，进一步深化统筹城乡综合配套改革，农村土地承包经营权确权登记工作进入航拍实测阶段，集体林权、集体土地使用权、户籍制度、农村金融等改革全面深化。深化行政管理体制、行政审批制度、行政权力清理规范和事业单位分类改革，完成食品药品监管机构改革。城市管理相对集中行政处罚权工作全面开展。深化财税管理改革，加强全口径财政资源统筹力度，“四本预算”全部纳入预算管理，出台加强BT项目监管规定，防控政府债务风险，“营改增”试点工作顺利开展。14家县级公立医院全面停止药品加成。民营经济实现增加值280.17亿元，占全市生产总值的54%。

2013年到位市外资金378.03亿元，增长15.5%，引进万达广场、新中方健康产业城等一批大项目。积极参加老促会支援老区建设、央企入川、港澳企业四川行、民企入川、华商大会、西博会等重大投资促进活动，成功承办第六届中国广元国际中小企业交易会，浙广合作、九广合作、厅市合作、市校合作全面深化。

（四）新型城镇化与生态环境建设

城市新增建成区面积10平方公里，城镇化率提高1.38个百分点。大力推进万源新区、三江新区建设，广元火车站广场主体工程完工，瓷莲路、老城人防工程、市城区雨污分流工程等市政项目加快建设，中心城区城市品位不断提升。县域城镇建设加快推进，城镇功能进一步完善。羊木等5个试点镇完成总体规划编制。加快27个重点镇基础设施建设，引导各类要素向城镇集聚，建成城乡新型社区617个。

创建国家卫生城市通过省级考核评估。新建各类新村聚居点87个、生态小康新村200个、通村公路1600公里，改造农村电网79千米，建成农村供水工程1400处。新建农户沼气池1.94万口，建成省级沼气化市，完成农村户用清洁能源改造1.3万户。建成主城区绿道22公里，南河湿地公园荣获全省首个国家湿地公园称号。节能减排目标全面完成，全市万元生产总值和工业增加值能耗分别下降5.39%、8.1%。全市饮用水源地水质全部达标，城市空气环境优良天数达95%以上，环境空气质量持续居全省前3位。

(五)社会事业方面

教育。推进义务教育均衡发展，学生营养改善计划惠及19.52万农村义务教育阶段学生，其经验在全国推广。“学前教育三年行动计划”基本完成，学前教育三年毛入园率达80%，高于全省平均水平。职业教育重点专业建设切实加强，校企合作全面深化，高等教育发展势头良好，“9+3”免费教育工作受到省政府表彰。

卫生。新建省标准化乡镇卫生院127所、村卫生室1197个。新农合参合率达98%以上，困难群众特大疾病医疗救助覆盖率100%，城乡居民健康档案规范化电子建档率96.15%。基本药物制度全面落实，重大疾病防控工作切实加强，孕产妇和婴儿死亡率分别降至13.46/10万、5.52‰。

文化体育。市文化艺术中心全面建成并对外开放，县区文化馆(图书馆)、乡镇综合文化站、农村书屋覆盖率100%。成功举办女儿节，成功承办全省第十四届戏剧小品(小戏)大赛。舞蹈《幸福像花儿一样》荣获全国群众文化最高政府奖项—第十六届“群星奖”。成功举办首届市运会，群众体育蓬勃发展。

(六)城市就业及社会保障

2013年，全市财政民生支出120.5亿元，占财政支出的68%，“十项民生工程”全面完成。新增城镇就业3.94万人，城镇登记失业率3.89%。转移农村劳动力就业96.98万人，实现劳务收入123.96亿元。开工建设各类保障性住房和实施棚户区改造8015套，完工10891套，保障性安居工程建设综合评定全省第一。亭子口库区移民基本完成，实现和谐搬迁。大力推进“扶贫攻坚行动”，实施59个整村推进项目，6.01万人口脱贫解困。在全省率先建立十大专项救助制度，对农村五保对象等特殊困难群体的扶助力度不断加大。

(七)城市创新能力

加强科技工作，市和利州区首次荣获全国科技进步先进市、区称号。飞亚新材料技术中心创建成全市首个国家级企业工程技术研究中心，创建成省级重点实验室、省级企业工程技术研究中心2个，建成市级院士(专家)工作站、重点实验室等研发平台18个，取得重大科技成果31项，科技成果转化产值同比增长25%。专利申请723件，实施专利转化项目128项，专利产品实现产值14.5亿元。创新开展科普工作，首次获得全国科普活动优秀组织奖。应急管理体制机制建设稳步推进，各类突发事件应对处置科学有力，荣获“中国智慧应急创新奖”。

二、2014年发展目标

2014年，市委市政府将带领全市人民，继续保持发展定力，坚定发展信心，扎实推进经济建设、政治建设、文化建设、社会建设和生态文明建设，全面深化改革，冲破思想观念束缚，打破利益固化藩篱，真抓实干，开拓进取，奋力建设“美丽广元、幸福家园”。发展目标：地区生产总值增长10%；地方公共财政收入增长10%；规模以上工业增加值增长12%；全社会固定资产投资增长3.5%；社会消费品零售总额增长12%；城镇居民人均可支配收入增长10%，农民人均纯收入增长12%；居民消费价格涨幅控制在3.5%左右；城镇登记失业率控制在4%以内；城镇化率提高1.7个百分点；全面完成节能减排目标任务。

四川省广安市

2013年，全市幅员面积6341平方公里，其中耕地17.3万公顷，森林覆盖率38.0%。辖6个县(市、区)，年末总人口466.69万人，人口出生率9‰，比2012年增加0.05个千分点；人口自然增长率2.71‰，比2012年增加0.06个千分点。

一、国家发改委批复《四川广安承接产业转移示范区实施方案》

2013年3月31日，国家发展改革委以《关于四川广安承接产业转移示范区实施方案的批复》文件，正式批复了《四川广安承接产业转移示范区实施方案》，广安成为四川省首个国家级承接产业转移示范区。"方案"提出了产业优化、创新发展、区域合作、改善民生的主要任务，明确了装备制造、电子信息、新材料、新能源、生物、现代农业、资源开发加工、现代服务业等承接重点，将利用广安经开发区、沿渠江产业发展带、渝广交界产业合作发展带的产业基础和配

表1 2013年广安市经济社会发展主要指标

项目	单位	实绩	同比增减(+%)
地区生产总值	亿元	835.1	10.8
第一产业增加值	亿元	150	3.5
第二产业增加值	亿元	437.4	13.4
规模以上工业增加值	亿元	\	11.5
第三产业增加值	亿元	247.7	10.5
民营经济增加值	亿元	477.7	13.6
粮食总产量	万吨	186.5	2.5
肉类总产量	万吨	35.0	4.0
社会消费品零售总额	亿元	292.1	14.6
全社会固定资产完成投资	亿元	672.4	28.3
公共财政收入	亿元	38.6	17.7
公共财政支出	亿元	163.1	9.7
年末金融机构存款余额	亿元	1113.9	18.8
年末金融机构贷款余额	亿元	424.7	24.4
保费收入	亿元	12.38	19
城镇居民人均可支配收入	元	22210	11.2
农民人均纯收入	元	8492	13.6
普通高校在校生数	万人	0.8	6.7
中职学校在校生数	万人	6.3	-10.6
中学在校生数	万人	24.8	-7.4
小学在校生数	万人	25.7	-10.3
广播综合覆盖率	%	97.94	0.28
电视综合覆盖率	%	96.23	0.03
新型农村合作医疗制度参合率	%	99.21	1.9

套条件,以“东西共建,西西共建”产业园区为载体,促进承接产业集中布局、集聚发展,并对基础设施建设、人力资源保障、社会保障、投资环境等方面给予大力支持。根据《方案》,到2015年,广安示范区将成为成渝经济区重要的经济增长区域;到2020年,承接产业转移项目投资额、规模以上工业总产值、地区生产总值在2015年的基础上再翻一番,基本建成特色鲜明、结构合理、竞争力强、环境优化的示范区,对西部地区的示范带动作用得到充分发挥。

二、广安市被确定为国家循环经济示范城市创建地区

2013年12月25日,广安市作为四川省唯一申报创建国家循环经济示范城市,经过国家发展改革委组织的评审,从全国31个省(市)申报城市中脱颖而出成功进入首批19个国家循环经济示范城市创建城市公示名单,正式被确定为循环经济示范城市创建地区。未来4年,广安将在循环经济中央预算内资金安排、创新金融支持、重大政策先行先试等方面,得到国家发改委等部委的重点支持,全面创建国家循环经济示范城市,初步形成循环型生产方式,率先构建起覆盖全社会的资源循环利用体系,各主要品种废旧商品回收率高于全国平均水平;基本实现城市建筑、交通和基础设施绿色化;显著提高生产系统与社会生活系统的循环化程度;基本建立循环经济发展长效机制,循环型社会建设取得实质性进展,生态文明建设取得阶段性成果。

三、广安市前锋新区正式设立

2013年2月,经国务院批准、省政府批复,广安市前锋区宣告设立。前锋区幅员面积505.6平方公里,人口53万。前锋区将按照打造特色精品城市、国家现代农业示范区、西部地区重要轻纺产业基地、成渝经济区机电加工及装备制造配套产业基地、川东渝北生态休闲旅游度假区、川东北区域性物流基地的总体战略定位,形成以前锋城区为核心,以华蓥山、渠江为发展翼,以工业园区、物流园区、现代农业园区为支撑的“一城、两翼、三园”空间布局,努力推进由传统农业村镇向现代产业新城、经济总量全省排名靠后向全省第一方阵、总体小康向全面小康“三大跨越”。

四、川渝合作示范区枣山物流商贸园区启动建设

2013年3月,广安市启动建设川渝合作示范区枣山物流商贸园区。枣山园区地处广安市城区西南部,辖枣山镇、广门乡,幅员面积57.4平方公里,总人口5.3万人,沪蓉、巴广渝和广武遂高速公路在园区核心区域交汇,兰渝、渝川陕和遂广利铁路纵贯园区。目前,动车到成都仅2小时,快速列车至重庆仅70分钟,打通了枣山园区“西进东出”的重要物流通道。枣山园区重点培育现代物流商贸、现代都市工业、现代总部经济、现代金融和现代生活配套“五大产业集群”,已签订投资协议或审定入驻项目48个,总投资559.5亿元,涵盖专业市场、物流仓储、城市综合体、教育、交通、总部经济、金融等领域。

五、川渝合作示范区协兴生态文化旅游园区开建

2013年4月,广安市启动建设川渝合作示范区协兴生态文化旅游园区。协兴园区管辖协兴镇、浓溪镇和广安主城部分社区,幅员69.2平方公里,总人口6.4万。协兴园区位于广安主城北郊,拥有5A级邓小平故里景区、4A级神龙山景区及协兴生态文化影视城等重点旅游项目,集川渝合作示范区等政策优势于一体。协兴园区以一核、两带、三区为发展重点。“突出一核”,以邓小平故里为核心,建成国家5A级经典旅游景区。“发展两带”,以小平故里路为轴线,布局文化教育和人文景观集聚带;以西溪河为轴线,布局生态观光和休闲娱乐产业带。“打造三区”,按照产城融合、景城一体、宜居宜游思路,把协兴园区建成生态文明示范区、先进文化展示区、

休闲养生度假区。

六、着力打造官盛新区

2013年5月,广安市启动建设官盛新区,着力打造川渝合作示范区滨江新区核心区。官盛新区紧邻广安主城区,区位优势明显,下设现代服务业功能区和临港都市产业园区,幅员面积约75.8平方公里,其中,现代服务业功能区幅员面积约50.8平方公里,主要发展总部经济、旅游地产、楼宇经济、文化创意等现代服务业;临港都市产业园区规划面积约25平方公里,主要发展新型建材、高新电子、精密机加、生物科技等高新技术产业。目前,官盛新区已完成现代服务业功能区概念性规划及14.57平方公里控制性详细规划,官盛大道、滨江大道等重点项目建设快速推进,10平方公里基础设施基本形成。与川泰投资公司、碧桂园集团、中国西部通用航空公司等数十家企业签订投资额达400亿元的投资协议,其中,已启动建设的长明高新技术产业园总投资达160亿元,重点发展节能环保、新材料等高新技术产业,着力打造集"生产、生活、生态"于一体的科技产业新城。

七、华蓥市加快推进对渝合作产业园区建设

华蓥市加快建设华蓥对渝合作工业园区和华蓥工业新城两大对渝合作产业园区,全力打造电子信息和机械制造两大产业集群。华蓥工业新城是华蓥转型发展和对渝合作的核心阵地,着力培育电子信息主导产业,有序发展机械制造、新材料新能源两大辅助产业,目前,建成面积8平方公里,入驻企业106户,第一台"华蓥造"手机和平板电脑成功下线。华蓥工业新城被广安市政府认定为川渝合作电子产业共建示范园区,成功创建为全省新型工业化产业示范基地、小企业创业示范基地、四川省循环经济示范园区、四川省电子信息产业外贸发展示范基地。华蓥对渝合作工业园区是华蓥配套重庆汽摩产业的重要零部件生产基地,已初步形成机械加工产业集群,正加速培育新型建材、食品加工产业集群。目前园区完成5平方公里概念性规划、1.5平方公里控制性详规编制,建成面积达1.5平方公里,企业总数达40户。

八、武胜街子工业新城加快建设

武胜县街子工业新城距武胜县城10公里,离重庆主城区90公里,与重庆合川区接壤,紧邻重庆两江新区,处重庆"一小时都市圈"内。新城规划总面积30平方公里,突出川渝合作示范区渝武合作平台建设,打造"两园(节能环保产业园和汽摩配产业园)、一城(职业技术教育城)、一镇(街子产业新市镇)、一区(临江商务物流区)"五大功能分区,致力发展节能环保产业、汽摩装备制造产业,努力建设成为四川省节能环保产业重要基地、成渝地区重要的产业配套基地。目前,园区已建成面积7.8平方公里,引进企业56户,已初步形成以鸿岱科技、海丰集团为龙头的节能环保新材料产业集群;以四川银钢、武胜美华为代表的汽摩装备制造业组团。

九、邻水县高滩川渝合作示范园建设快速推进

邻水县高滩川渝合作示范园于2013年6月启动建设,位于渝广共建机电产业园的重要组成部分。园区距重庆两江新区15公里,是四川省距重庆主城最近的园区,现有国道210线直通重庆,已规划建设渝邻免费快速物流通道(双向六车道)。园区总体规划30平方公里,以装备制造、电子信息业为主导。近期拟在园区建设河北工业园、长安汽车配套产业园、五菱汽车配套产业园等特色专业园区。截至目前,园区已建成面积近3平方公里,已正式签约项目28个。

十、广安组团参加第十六届"渝洽会"

2013年5月,广安市组团参加第十六届"渝洽会"。广安展厅以工业、农业、旅游、广安经开区、枣山园区、协兴园区为主体的"广安造",分区展示"中国旅游城市"、"国家级经济开发区"、"国家西部承接产业转移示范区"、"川渝

合作示范区"的发展优势和渝广合作成果及前景，着重突出了"小平同志诞辰110周年"主题，全方位展示了广安经济社会发展的新优势、新思路和新成就。渝洽会期间，广安市在渝举办了富有成效的广安投资优势推介会，枣山物流商贸园区与5家企业成功签约，投资总额46.25亿元；广安协兴生态文化旅游园区与重庆希贤投资有限公司达成建小康乐园意向协议，投资金额33亿元，与成都中旅集团达成建汽车旅游港协议，投资金额15亿元。据商务部门统计，渝洽会期间，广安参展企业现场销售额0.9亿元，贸易成交额10.56亿元；正式签约项目27个，投资总额161.8亿元；意向项目27个，投资总额714.6亿元。

四川省达州市

2013年，全市面积16588平方公里，其中耕地30.62万公顷，森林覆盖率41.0%。辖7个县（市、区），年末总人口687.6万人，人口出生率10.2‰，比2013年增加0.24个千分点；人口自然

表1 2013年达州市经济社会发展主要指标

项目	单位	实绩	同比增减(+-%)
地区生产总值	亿元	1245.41	10.2
第一产业增加值	亿元	266.48	3.7
第二产业增加值	亿元	661.87	12.4
规模以上工业增加值	亿元	338.1	10.1
第三产业增加值	亿元	317.06	10.5
民营经济增加值	亿元	735.39	13.1
粮食总产量	万吨	281.69	2.7
肉类总产量	万吨	49.03	1.8
社会消费品零售总额	亿元	493.39	14.8
全社会固定资产完成投资	亿元	1002.86	21.4
公共财政收入	亿元	60.31	15.9
公共财政支出	亿元	255.96	6.5
年末金融机构存款余额	亿元	1588.05	20.6
年末金融机构贷款余额	亿元	655.58	23.3
保费收入	亿元	38.25	2.1
城镇居民人均可支配收入	元	18915	11.6
农民人均纯收入	元	8001	13.5
普通高校在校生数	万人	2.13	7.0
中职学校在校生数	万人	9.49	-2.4
中学在校生数	万人	32.19	-9.5
小学在校生数	万人	42.76	-14.2
广播综合覆盖率	%	95.47	0.06个
电视综合覆盖率	%	95.32	0.05个
新型农村合作医疗制度参合率	%	99.83	0.34个

增长率 4.42‰，增加 0.33 个千分点。

一、达州市实现县县通高速公路

12 月 28 日，南(充)大(竹)梁(平)高速公路南充至渠县段竣工通车，渠县进入“高速时代”，标志着达州市从此实现县县通高速公路的目标。该路起于南充市高坪区南广高速公路谭家沟枢纽互通，经蓬安、营山、渠县、大竹，止于大竹县石桥镇川渝界，与重庆梁平至忠县高速公路相接。全长 142 公里，其中，渠县段长 38 公里，设静边、渠县、龙潭三个互通。

二、巴达高速公路通车

12 月 28 日，巴(中)达(州)高速公路竣工通车，该路起于巴中市巴州区穆家坝，经平昌县，止于达州市通川区魏兴镇枢纽互通，与达陕、达渝、达万高速公路相接，路线全长 110 公里，在达州境内长 32 公里，设通川区东岳、安云、碑庙三个互通，达州至巴中公路里程缩短了 83 公里，时间由原 4 小时缩短为 1 小时。该路是国家重点公路建设规划“十三纵十五横”中的杭州至兰州横向通道中的重要组成部分，是四川高速公路网中的主干线之一，是川东北地区的公路主骨架。它的建成对完善川东北地区综合运输网络、改善地区投资环境、促进达州和巴中旅游资源开发、发展达州和巴中经济、贯通东西南北的快速通道具有十分重要的意义。

三、达州—昆明航线开通

9 月 28 日，中国国家航空公司正式开通达州—昆明航线，每天一班，这是达州机场开通北京、上海、广州、深圳后的第五条航线。该航线的开通，方便了两地经济和文化交流，提升了达州机场在区域市场的竞争力。

四、达州鼎富安凯清洁能源汽车及天然气配套项目开工

10 月 28 日，达州鼎富安凯清洁能源汽车及天然气配套项目在达州经济技术开发区汽车机械园开工，其中汽车项目规划投资 5.1 亿元，建成后将形成年产 3000 辆清洁能源客车的生产能力；天然气配套项目 60 万吨液化天然气(LNG)生产基地投资 23 亿元。两个项目建成后，年产值可达 52.9 亿元，利税总额 6.6 亿元，提供就业岗位 1500 多个。

五、全国第三届新农村文化展演成功举办

10 月 27 日，由中国文学艺术界联合会、四川省人民政府主办，达州市人民政府承办的第三届全国新农村文化艺术展演在开江县普安镇宝塔坝新村开幕。本届展演为期两天，以“实现伟大中国梦、讴歌幸福新农村”为主题，由 3 场文艺巡演、5 场欢乐乡村行—分会场文艺演出、全国新农村文化建设和文艺创作座谈会、新农村印象·全国摄影展等四大板块构成。全国新农村文化艺术展演以乡村文化为主体、以亿万农民为主角，是“农民演、演农民、农民看、乐农民”的崭新舞台。成功取得国家公共文化服务体系建设的示范项目创建资格。

六、达州市三处文物晋升全国重点文物保护单位

5 月 3 日，中华人民共和国务院公布了第七批全国重点文物保护单位，共计 1943 处，另与现有全国重点文物保护单位合并的项目共计 47 处。其中达川区真佛山庙群、达川区石桥古镇列宁街石牌坊及红军标语和渠县文庙榜上有名。

七、大巴山国家地质公园通过复核验收

6 月 28 日，四川省大巴山国家地质公园通过国土资源部专家组复核验收。位于川、渝、陕接合部的中心地带，由万源八台山和宣汉百里峡两个园区组成，它集地质遗迹保护、科普教育、助推旅游等多功能于一体，面积 218.5 平方千米。公园构造位置处于中国独特而重要的大巴山弧形构造带，地处扬子地台北缘与秦岭造山带的过渡部位，是古特提斯构造域北侧的重

要分支。

八、花萼山发现野生动物“四不像”

4 月 9 日,万源市环保局在被列入国家生物多样性保护关键地区和优先、重点保护区域的花萼山国家级自然保护区核心区，发现野生动物“四不像”。“四不像”原是中国特有的动物,也是世界珍稀动物,已被列入《濒危野生动植物种国际贸易公约》、《中国物种红色名录》和《中国濒危动物红皮书》将其列为易危级。

四川省雅安市

雅安市位于长江上游、四川盆地西部,是四川盆地与青藏高原的结合过渡地带，居于四川省行政版图的几何中心位置，距成都 120 公里车程。东融成渝、西连康藏、南界攀西、北达甘(肃)青(海),处于四川省成都经济区、攀西经济区、川西北经济区的结合部,毗连全国第二大藏区、全国第一大彝区、全国唯一的羌族聚居区,素有“川西咽喉”、“藏区门户”、“民族走廊”之称。是大熊猫的故乡、世界茶文化的发祥地、中国的水电基地,有着优越的生态环境、丰富的物产资源、悠远的人文历史。全市幅员面积 1.53 万平方公里,辖六县两区,总人口 157 万,城市性质定位为:川西枢纽和区域性中心城市、国际化旅游生态城市、四川省级历史文化名城。

一、2013 年发展回顾

全年实现地区生产总值 417.97 亿元，增长 3.9%;地方公共财政收入 22.94 亿元,完成调整预算的 104.27%,下降 24.09%;全社会固定资产投资 352.82 亿元,下降 1.2%;社会消费品零售总额 146.32 亿元,增长 10.9%;城镇居民人均可支配收入 22254 元,增长 11%;农民人均纯收入 8093 元,增长 12.6%;居民消费价格上涨 2.9%。

(一)产业发展

第一产业增加值增长 2.1%。粮食产量 46.4 万吨。新增特色产业基地 8.8 万亩、市级以上农业产业化龙头企业 7 户、国家地理标志保护产品 3 个、有机农畜产品认证 27 个、四川省著名商标 4 件。新增农民专业合作社 394 个。转移农村劳动力 34.9 万人,实现劳务收入 38.3 亿元。第二产业增加值增长 3.2%，其中规模以上工业增加值增长 3.5%。主营业务收入上亿元企业达到 84 户,新增规模以上企业 17 户。“3+1”优势产业实现产值 350.3 亿元,占全市规模以上工业总产值的 85.7%。一名微晶、王老吉等产业项目加快推进。芦天宝飞地产业园区（四川雅安经济开发区)、芦山产业集中区、荥经循环经济示范园区加快建设。建成投运 7 个 110 千伏及以上输变电工程。第三产业增加值增长 6.4%。实现旅游综合收入 70.7 亿元，旅游从业人员达到 2.4 万人；新增国家 4A 级旅游景区 2 个。新开工商品房面积 84.45 万平方米,竣工面积 31.77 万平方米。金融、保险、运输、通讯等服务业加快发展。

(二)城乡建设

主城区雅州大道、雅园路、青年路实现改造提升;水中坝安置小区、大兴公租房等项目开工建设;老城区 10.5 千米供水管网改造完成,15 处污水截流工程全面完成；南郊备用水源工程投入试运行。名山区和各县城建设加快推进。重点集镇建设步伐加快,荥经县龙苍沟镇、汉源县九襄镇全面启动“全省百镇建设试点行动”。将灾后恢复重建和新农村建设有机结合，启动建设省级新农村成片推进示范县 3 个;规划的 237 个灾后新村聚居点开工建设 193 个。乐雅高速公路建成通车。四川省环境优美示范城市创建成功,省级园林城市创建通过考评验收,国家级卫生城市、国家智慧城市和省级双拥模范城市创建步伐加快。

（三）社会事业

组织实施科技项目98个，高新技术产业产值突破50亿元。“两免一补”工程扶助学生28.69万人次，营养改善计划惠及10.27万名农村义务教育学生，资助普通高中家庭经济困难学生6543人，开工建设幼儿园19个，6所普通高中达到教育现代化标准，高考录取率76.2%。乡村卫生一体化加快推进，公共卫生服务网络更加完善；在全省率先发放居民健康卡；9家县级及以上医院加快创建四川省数字化医院。建成省级示范乡镇综合文化站16个，公共文化服务单位全部免费开放。新建全民健身路径64条，陆家坝体育活动中心开工建设。深入开展“六五”普法活动，有效排查化解社会矛盾，集中解决了一批关系群众利益、影响社会稳定的突出问题。严密防范和打击各类违法犯罪活动，社会治安平稳有序。强化安全生产，开展食品药品、矿山、交通、消防等重点行业和领域专项整治，遏制了重特大事故发生。市级综合应急指挥平台初步建成。人口自然增长率3.54‰。

（四）社会保障

公共财政支出中民生支出171.5亿元，占65.71%。“十项民生工程”全面完成。城镇新增就业2.23万人，城镇登记失业率3.89%，发放创业小额担保贷款7092万元。城市居民最低生活保障标准提高到每人每月320元，农村居民最低生活保障标准提高到每人每年1800元。城乡居民养老保险覆盖46.4万人。“五保”对象集中供养率达到61.15%。新农合参合率达到99.6%，城镇居民医保参保率达到96%。城乡医疗救助14.7万人次。扶持17210名农村扶贫对象改善生产生活条件。保障性住房完成8083套。妇女、儿童、老龄、残疾人、慈善、红十字等工作扎实推进。

（五）改革开放

行政审批事项下放195项，行政审批项目承诺办理时限在法定时限基础上提速62.5%。雅安市商业银行增资扩股工作全面启动，雅安农村商业银行加快筹建。国有企业改革稳步推进。“营改增”试点顺利推进。水、电、气等资源性产品价格改革启动实施。食品药品监管体制、医药卫生体制、林权制度、户籍制度等改革深入推进。与成都、凉山、攀枝花等周边市（州）的区域合作不断深化。汉源县、石棉县纳入攀西战略资源创新开发试验区并启动相关工作。石棉县独立工矿区转型发展试点城市建设加快推进。积极参加“三大招商活动”和第十四届西博会等大型会展活动，到位市外资金254.4亿元，增长9.65%。实现进出口总额6887万美元，增长61.33%；实际利用外资1142万美元。外事、侨务、对台工作取得新进展。

（六）自然生态和环境保护

全国生态文明示范工程试点工作有序推进。森林覆盖率达到62.7%。管护天然林1296.06万亩，巩固退耕还林成果94.27万亩，完成营造林48.32万亩。综合治理水土流失面积214.7平方公里。建成省级生态乡镇5个、生态村47个。栗子坪自然保护区晋升为国家级自然保护区，并成功放归第3只大熊猫。淘汰落后生产能力企业19户。万元地区生产总值能耗下降3.42%，万元工业增加值能耗下降7.16%。

二、发展中存在的问题

由于“4·20”芦山强烈地震影响，2013年经济发展的部分预期目标没有实现。灾后恢复重建任务艰巨繁重。工业总量小、水平低，产业链条短，园区承载能力弱，调结构、转方式任务艰巨；现代农业基础薄弱，农业产业化龙头企业亟须加快培育；高品质的旅游开发不足，现代服务业发展滞后。招商引资质量亟待提升。城镇化步伐缓慢，城镇建设和管理力度需进一步加大。教育事业发展还有较大差距。

三、2014年发展目标

地区生产总值增长11%；全社会固定资产投资增长27.5%；社会消费品零售总额增长11.5%；地方公共财政收入增长11%；城镇居民人均可支配收入增长10%，农民人均纯收入增长 11%;居民消费价格涨幅控制在 3.5%左右;城镇登记失业率控制在 4%以内;人口自然增长率控制在 5‰以内;城镇化率提高 1.5 个百分点;完成省上下达的节能减排任务。

四川省通江县

一、2013 年发展回顾

2013 年,全县幅员面积 4120 平方公里,其中耕地面积 3.72 万公顷。森林覆盖率 60.5%。年末全县户籍人口 77.05 万人,其中农业人口 63.73 万人。人口自然增长率 3.9‰。

(一)基础建设

新增入库项目 178 个,新增入库金额 200.85 亿元,累计完成全社会固定资产投资 112.38 亿元。年内交通建设投资 6.33 亿元,省道通水路、通竹路升为国道,巴万高速公路建设招商成功,省道 302 线县城过境公路完成立项。实施"乡村道路建设工程",完成乡镇联网路 51.4 公里、产业路 113.7 公里、通村通畅工程 221 公里,整治病害桥梁 10 座。年末公路通车里程 3494 公里,其中:省道公路 274 公里、县道公路 367 公里、乡道公路 362 公里。全年公路运输客运周转量 20568 万人公里,货运周转量 54333 万吨公里,水路运输客运周转量 19.1 万人公里,货运周转量 61.7 万吨公里;水利工程总库容 7726 万立方米,全年累计投入水利建设资金 4.8 亿元,兴(改)建各类水利工程 845 处,新增工程蓄水能

表 1 2013 年通江县经济社会发展主要指标

项 目	单位	实 绩	比 2012 年增减(%)
地区生产总值	亿元	82.18	+10.6
第一产业增加值	亿元	17.71	+3.7
第二产业增加值	亿元	36.34	+16.3
规模以上工业增加值	亿元	11.61	+11.2
第三产业增加值	亿元	28.13	+8.2
民营经济增加值	亿元	46.5	+12.4
粮食总产量	万吨	37.51	+3.9
肉类总产量	万吨	7.7	+1.8
社会消费品零售总额	亿元	34.44	+14.3
全社会固定资产完成投资	亿元	112.38	+34.7
公共财政预算收入	亿元	2.92	+34.1
公共财政预算支出	亿元	33.66	+2.0
年末金融机构存款余额	亿元	104.78	+6.1
年末金融机构贷款余额	亿元	39.22	+19.3
保费收入	亿元	2.54	+27.2
城镇居民人均可支配收入	元	18075	+11.4
农民人均纯收入	元	5780	+13.7
中小学在校生数	万人	9.31	-15.9
电视人口覆盖率	%	99.8	—
新型农村合作医疗参合率	%	97.0	—

力2000万方,新增有效灌溉面积2.4万亩。投资1.2亿元,建成县城、涪阳等场镇堤防7.9公里。二郎庙水库枢纽工程竣工,青峪口水库完成项目建议书编制。完成县城水厂搬迁,新解决11.5万人饮水安全问题;年末农业机械总动力28.5万千瓦,农用排灌动力6.24万千瓦;实施农村电网升级改造和工业园区、巴山新居电网建设,完成城网4条主线改造工程;通讯网络实现全覆盖,农村宽带覆盖率达30%,固定电话用户4.56万户,移动电话用户44.44万户,互联网用户4.7万户;天然气累计布井26口、对外输气6.5亿方。

(二)生态旅游

着力打造生态屏障,实施森林管护420万亩,完成巩固退耕还林成果后续产业建设3.3万亩,森林覆盖率达62.5%;加强以大小通江河为主的中小河流治理,县城生活垃圾无害化处理率达到88.1%,城市污水处理率达到85.7%。扎实推进节能减排,单位GDP能耗0.831吨标准煤/万元,规模以上工业单位增加值能耗1.847吨标准煤/万元。年末环境治理重点监测单位3个,大气环境和地表水环境符合质量标准。成功创建省级卫生县城。全年共接待县内外游客达189.7万人次,实现旅游总收入13.7亿元。完成《通江县旅游发展总体规划(大纲)》、《诺水河旅游景区总体规划》和蜀道申遗前期工作。完善提升川陕革命根据地红军烈士陵园,成功举办通江红色旅游"王坪"论坛。打造诺水河国家4A级旅游景区,并成功通过省检,诺水河景区被国土资源部授予"国家地质公园"称号。大力推动渠江、红岩、梓潼、玉皇坝、城西村5个乡村旅游示范村建设工作,空山成功创建"全省乡村旅游示范乡"。

(三)城乡建设

建筑业增加值22.16亿元。房屋建筑施工面积227.61万平方米。年末有资质建筑企业11家,实现建筑业总产值42.92亿元。完成通江县总体规划和高明新区等各级各类规划270个;有序推进旧城改造,完成廊桥、县城防洪堤、城南车站等一批城市公益设施建设,广纳、诺水河重点镇建设成效显著,完成40个社区建设提升,基本建成6个中心村和86个聚居点,王坪村、龙池村、渠江村成功入选"巴中十大最美巴山新居"。

(四)招商引资

围绕产业发展、基础设施、民生事业、文化旅游等重点推出招商项目80个。组织开展小分队招商256次。全年招商引资签约项目72个,实际到位项目64个,签约金额182.56亿元,实际到位资金62.5亿元。引进亿元以上项目20个,5亿元以上工业项目3个。高明职业技术学校、商贸冷链物流、家居建材市场、粮食产业园、文化综合商业体等招商项目落地开工。引进英国恒磁有限公司与巴山牧业公司合作对巴山土猪全产业链开发建设,实现了境外投资零的突破,填补了全市无境外投资空白。

(五)民生保障

城镇居民人均可支配收入18075元。全年农民人均纯收入达到5780元。年末参加养老保险人数30.64万人,其中农村居民参保人数26.22万人,城镇居民参保人数4.42万人,当年统筹养老保险金7.17亿元;年末参加基本医疗保险人数75.08万人,其中农村居民参保人数65.73万人,城镇居民参保人数9.35万人,当年统筹医疗保险金2.23亿元;全年工伤、生育保险参保人数4.63万人;参加失业保险人数1.29万人。全县敬老院21所,集中供养老人2190人,孤儿院1所,集中供养孤儿人数57人。全年享受定期抚恤人数849人;享受定期补助人数8477;优待优抚对象9889户;五保户供养人数4963人。城镇居民享受最低生活保障人数1.67万人;农村居民享受最低生活保障人数9.87万人。完成农村危旧房、土坯房改造15110户,建成保障性住房1160多套,解决城乡4423户困难群众的住房困难。开发公益性岗位596个,新增城镇就业6200人,完成各类培训6760人次。

(六)特色产业

全面建成集休闲、旅游、观光一体的诺水河

梓潼村食用菌产业园区和集菌种培育、恒温生产、精品加工于一体的周子坪食用菌产业园;通江银耳博物馆主体工程已完工,罗村茶文化展示中心完成了综合楼及加工厂房主体工程建设;广纳渠江村、高坑村的"稻渔工程"完工并交付使用;完成了马铃薯种源基地建设项目,新建马铃薯组培室1184平方米,种薯冷藏仓库2000平方米,建马铃薯示范基地5万亩,脱毒马铃薯基础苗转接20万瓶,收获原种1250万粒;陈河陈家坝300袋椴木银耳秋季栽培试验获得成功,单产达200克,达春季栽培高产水平;成功引进的山霸王、绿野、裕德园、清栎、光泰科技、九洲科技等6家食用菌生产加工企业,在示范区建成生产设施5万平方米、加工线4条;金山茶叶公司修建加工厂房2000余平方米,引进茶叶加工机械50台套,提高加工能力;战成蔬菜公司冷链物流、仓储、农产品电子交易中心正式投入使用。

实施"3+X"现代农业发展规划,以"通江银耳、高山绿茶、空山马铃薯"为重点,以中药材、蔬菜、猕猴桃等为补充的特色产业格局基本形成。食用菌基本形成"一带三区"布局,建成小通江河流域10万亩食用菌产业带和周子坪、诺水河(梓潼村)、陈河食用菌万亩示范区,食用菌种植规模3.51亿袋,鲜品产量16.05万吨。茶叶产业基本形成"一带三片"布局,建成大通江河流域100公里10万亩茶叶产业带和至诚镇—唱歌乡、铁佛镇—文峰乡、民胜—大兴乡三个万亩茶叶产业片,茶叶种植面积达20.6万亩,年产5000吨。马铃薯产业基本形成"一心多圈"布局,以空山万亩种源基地为核心,带动全县种植24万亩,鲜薯总产量达40万吨。蔬菜产业围绕"菜篮子"工程建设,新建有机蔬菜万亩示范区4个、蔬菜专业村14个,年生产商品蔬菜突破24万吨。全县中药材种植面积1.8万亩。全县水果种植面积3.2万亩,产量6万吨。空山黄牛、青峪猪、巴山土鸡等实现规模发展。年内新增农民专业合作社60个,家庭农场25个,种植大户28家,新带动农户1万余户。空山马铃薯专业合作社被评为巴中市首家国家级农民专业合作示范社。山霸王保健食品银耳胶囊获我县首个国家发明专利产品,"空山核桃"获国家地理标志保护产品称号,"翰林茶业"通过了省著名商标评审组初审。

(七)社会事业

全县有幼儿园104所,在园幼儿人数1.8万人;有小学75所,在校学生4.34万人,小学学龄儿童净入学率100%;有中学28所,在校学生4.97万人,初中学龄人口净入学率100%,初中毕业生升学率92.5%,九年义务教育巩固率99%,高中阶段毛入学率90.9%,高中毕业生升学率55.0%;有职业中学3所,在校学生5666人。本年参加普通高校招生统考人数6785人,录入各级各类院校人数4259人。廖占富、张兴琼夫妇被评为"全国最美乡村教师"。实施重点科研项目18项,其中国家级项目2项,省级项目8项。全年共申请专利53项,获得专利证书23项,实施专利2项。全县科技扶贫户数达到3.43万户,科技扶贫受益人数13.21万人。建立文化示范村、文化大院147个,放映农村公益电影6298场。创作歌曲《罗村茶香》荣获第二届全国大型音乐展评创作铜奖,《豆芽葱蒜叶》荣获四川省首届民歌大赛创作铜奖。中央电视台"心连心"艺术团来我县开展慰问演出并在中央电视台现场直播。全县年末电视用户13.83万户,电视人口覆盖率达99.8%,有线电视乡通率、村通率分别达到100%和98%。全县医疗卫生单位680个,医疗卫生单位技术人员2290人,其中执业医师898人,执业助理医师511人,注册护士753人,药剂人员86人,检验人员42人。全县婴儿死亡率5.0‰,产妇住院分娩率达到99.3%。

(八)诺水河景镇建设

年内完成投资11.6亿元。"楼—福"路完成一期工程,进入提升阶段。金童桥、玉女桥和3.74公里"朝—汇"路已竣工通车,"平—空"路改造完成拓宽升级;核心景区游客接待中心及其附属工程、洞天广场竣工并投入使用,并增设垃圾收集点5处、分类垃圾箱100余个;楼子旅游综合体建设、诺水宾馆完成升级改造,已投入运营。景观广场、观景平台、风雨廊道及其附属工程进入提升阶段,完成金童山步游道改造,楼子小学、巴人堤、王家坝--张家坝景观桥完成主体工程;诺水河中学新建综合楼、教学楼和教师周转房已全部完工并投入使用,川北民居博览馆主体工程基本完工,污水处理站场、星级厕所已完成主体工程;瓦石滩社会服务中心建设竣工并投入使用;吕家坝安置房完工、王家坝安置房主体工程已完成70%;梓潼中心村完成土地流转80户500亩,新建农民廉租房36户、巴山新居工程39户,并完成农房风貌塑造40户及农村危旧土坯房改造。梓潼食用菌产业园全面建成,建标准耳房25个。林业产业科技园完成300亩名贵树种和观光树种栽植,并已建成核桃及银杏树苗圃基地;临江乡村酒店、临江社区卫生站、防洪堤及滨河路景观桥均已全面完成并投入使用;核心景区、楼子、诺水河镇、临江共新建生态停车场、观光停车场4个,新增泊车位近1000个;完成诺水河旅游实业公司重组等。11月中旬,省级专家组对诺水河国家旅游风景区进行国家4A级旅游景区“省检”验收,通过评审。

(九)高明新区建设

实现累计投资30.4亿元。重点开工和建设了高速连接道、高明大道、石牛大道、石牛广场、亿品家居商贸城、银耳博物馆、周子坪安置房、千佛安置房、城市广场、通江县群众文化活动中心、五星级酒店、滨江景观、高明湖景观、县高级职业中学、老年公寓、商务写字楼、民营医院、邹家坝大桥、石牛嘴小学、新区强电入地等30多个项目。新区策划包装推出项目70多个,成功引进成都泰博实业有限公司、四川星星建设集团、深圳燕家隆集团、中国太平洋集团、成都亿品投资有限公司、广西建工集团等30多家守诚信有实力的大型企业,实现累计招商引资53.1亿元。新区已完成土地现状锁定6000多亩,房屋锁定20万平方米,拆房和还房分别达到10万余平方米。

二、发展中存在的问题

全县地区生产总值、规模以上工业增加值、社会消费品零售总额与目标任务还有差距,经济社会发展还面临一些矛盾和问题:一是发展基础薄弱,大交通仍未形成,区位劣势未得到根本改变;三次产业结构虽然逐渐优化,但一产规模化经营比重依然偏低,二产增长快但规上企业规模和带动力不强、主导产业聚集效应和规模效应没有显现出来,三产比重有所增加但档次低,县域经济发展后劲不足;二是财政收入质量不高、结构不合理,刚性支出有增无减,收支矛盾尖锐;三是全县贫困面广、贫困程度深,仍有9.5万人居住在高寒地区,扶贫攻坚任务依然艰巨;四是随着国家宏观调控力度的持续加大和我县发展步伐的不断加快,资金、土地、环境、能源等要素制约日益凸显。

三、2014年发展目标

实现地区生产总值101亿元,增长13%,其中:第一产业24.3亿元,增长4%;第二产业40.5亿元,增长28%;第三产业36.2亿元,增长13%。固定资产投资154亿元,增长35%。社会消费品零售总额39.7亿元,增长15%。地方财政一般预算收入3.5亿元,同口径增长20%。农村居民可支配收入达到6868元,增长17%。城镇居民人均可支配收入达到20996元,增长16%。年末总人口81.2万人,人口自然增长率控制在5.34‰以内。粮食产量稳定在42万吨左右。城镇新增就业5400人,城镇登记失业率控制在4.3%以内。城镇化率达到38%。万元GDP综合能耗下降2.5%。居民消费价格指数实际涨幅控制在3.5%以内。

贵州省六盘水市

一、2013年发展回顾

2013年,六盘水市始终坚持主基调,实施主战略,以承办省第八届旅发大会为契机,以“5个100工程”为抓手,全市经济社会发展呈现出“增速较快、结构趋优、位次前移、民生改善”的良好态势,位列中国最具竞争力城市西部排行榜第7名、中国十佳开发潜力城市排行榜第9名。

(一)凝心聚力抓经济,发展形势不断向好

努力克服经济下行压力和安全生产严峻形势,经济保持了平稳健康运行。全市生产总值完成882.11亿元,增长15.9%,人均生产总值突破3万元;财政总收入完成178.31亿元,公共财政预算收入完成123.59亿元,分别增长9.88%和19.02%;全社会固定资产投资完成1480亿元,增长35.9%,其中50万元以上固定资产投资突破千亿元大关,完成1054.93亿元,增长37.7%;社会消费品零售总额完成209.33亿元,增长14.5%;城镇居民人均可支配收入达19620元;农民人均纯收入达5934元,增长14.5%;金融机构存、贷款余额分别为754.42亿元、599.88亿元,分别增长11.57%、18%。全面小康实现程度达73.4%,提高4个百分点。全省增比进位排名,六盘水市从2012年第5位上升至第3位,盘县进入西部十强县和全国百强县,填补了贵州全国百强县的空白。

(二)创新驱动促转型,经济结构不断优化

围绕农民增收致富抓农业转型,完成农林牧渔业增加值58.06亿元,增长6.5%。粮经比由63:37调整到51:49。粮食总产量达80.9万吨,增长7.45%。建成红心猕猴桃、茶叶、红花油茶等特色产业示范基地25万亩。市级以上农业产业化龙头企业达82家,农民专业合作经济组织达549个。12个现代高效农业示范园区建设加快推进。围绕优化结构抓工业升级,完成500万元以上工业增加值433亿元,增长20.4%;新增规模以上工业企业83户。主要工业产品产量持续增长,完成原煤产量7309万吨、洗精煤2526.15万吨、焦炭562.94万吨、钢材454.55万吨、水泥720.8万吨、发电量421.75亿千瓦时;工业用电量122.55亿千瓦时。煤矿企业兼并重组工作有序推进。黔桂天能130万吨焦化、盘北煤矸石发电厂1号机组等一批重大产业项目建成投产。实施产业园区“百日攻坚行动”,完成园区基础设施投资110亿元、产业项目投资220亿元;建成标准厂房180万平方米。淘汰落后产能207.4万吨,单位生产总值能耗下降3.42%,主要污染物排放总量控制在省下达指标范围内。围绕现代服务业抓三产优化,完成三产增加值320.26亿元,增长16%。旅游业加快发展,接待游客700万人次,实现旅游收入44.36亿元,增长34.9%。凉都会展中心投入使用,建成盘江雅阁、凉都锦江2个五星级酒店,五金商贸城、西南家居博览城等一批商贸物流项目相继建成。坚持把“5个100工程”作为转型发展的重要抓手,建设了一批重点项目,打造了一批亮点工程。

(三)办好“旅发”促发展,城市品质不断提升

举全市之力,集全市之智,突出“创新业态,转型发展,打造六盘水旅游产业升级版”主题,“圆满、精彩、出彩”的举办了第八届贵州省旅游发大会。以旅发大会助推城镇建设,实施了市中心城区和盘县、六枝特区县城城市基础设施和功能性市政设施等一批重点工程,城市面貌焕然一新,城市品质大幅提升。规划建设了一批业态新、环境优、容量大的城市综合体,促进新区拓展与旧城改造共同推进;启动了25个特色小城镇建设,重点打造了淤泥、羊场、岩脚、玉舍等

一批示范小城镇。坚持以旅发大会提升凉都品牌,重点建设了野玉海、牂牁江、妥乐古银杏、坡上草原、陇脚月亮河、韭菜坪等特色旅游景区,玉舍森林公园被评为国家4A级旅游景区,明湖湿地公园成为全省首个国家级湿地公园。“贵州屋脊·中国凉都”的知名度和美誉度不断提升,荣获“美丽中国·十大生态文明城市”、“中国红豆杉之乡”、“中国野生猕猴桃之乡”等称号。

(四)基础先行筑平台,发展条件不断改善

交通建设取得新进展,沪昆客专境内段加快推进,安六城际高铁预可研报告获得批复,六盘水火车站改造主体工程完工。水盘高速、六镇高速建成通车,六六高速、杭瑞高速毕都段、机场高速、市中心城区内环快线加快推进,盘兴高速开工建设;建成通村油路(水泥路)2262.3公里,提前两年完成“十二五”规划目标。月照机场主体工程基本完工,盘县支线机场完成规划选址工作。水利建设取得新突破,2013年全省集中开工骨干水源工程20个,六盘水市占5个;黔中水利枢纽工程大坝顺利封顶,白河沟、鱼洞坝、旧院水库全面竣工;治理病险水库5座;解决29.39万人农村人口饮水安全问题。生态建设力度加大,实施市中心城区108个山头绿化1.04万亩,完成营造林52.54万亩,森林覆盖率提高到43.3%;完成水土流失治理48.44平方公里、石漠化治理53.5平方公里。启动实施“四在农家·美丽乡村”基础设施建设六项行动计划,完成14.1万户民居整治。

(五)投资拉动增后劲,发展基础不断巩固

紧紧围绕国发2号文件和“5个100工程”谋划项目、实施项目、推进项目,完成工业投资490亿元、交通投资92.6亿元、水利投资43亿元、城市建设和房地产投资219亿元、其他投资134.3亿元,完成社会投资455亿元。加强项目策划和包装,储备项目3518个、总投资1.56万亿元。坚持用项目开工“倒逼”前期工作,抓好项目建设季度集中开工,全年新开工项目1261个、总投资2251亿元,完成投资711.4亿元。坚持半年召开一次项目建设现场观摩会,实行“旬调度、月督查、季考核”机制,项目建设进度加快,固定资产投资增速排名全省第一。积极向上争取支持,全力保障项目建设用地,新增用地指标2.7万亩。

(六)改革开放增活力,内生动力不断增强

启动“营改增”试点,有序推进分税制财政体制改革。加大“引金入市”力度,成功引进重庆银行、招商银行、海通证券、方正证券,新增村镇银行和小额贷款公司各1家。全年融资到位资金116亿元,其中市级平台公司31.71亿元。成功发行企业债券31亿元,市级第二期16亿元获国家发展改革委批准。切实推进简政放权,市级取消和调整行政审批事项189项,行政审批时限压缩率达51.3%,公安、国税、地税、工商等市级审批权限直接下放到开发区(园区);市级行政事业性收费由122项减少到69项。大力发展县域经济,县域经济占GDP比重接近70%。全面完成民营经济三年倍增计划,民营经济增加值占GDP比重达48%。成功举办中国凉都·六盘水休闲产业博览会、招商引资经贸洽谈会等重大活动,组织长三角、珠三角、香港、大连、昆明等系列招商推介活动,全年招商引资实际到位资金1100亿元,增长69.2%。

(七)公共服务保需求,社会事业不断进步

实施教育“9+3”计划和“四项突破工程”,农村义务教育阶段学生营养餐基本实现全覆盖;率先在全省推行“产业园区+标准厂房+职业教育”模式,完成职业教育、高中教育招生68959人。鑫晟煤化工“煤气流床气化关键技术与工业示范”项目获国家立项,实现了六盘水市项目在国家“863”计划零的突破;启动13个省市重点实验室、工程技术研究中心和科技创新团队建设;建成国家煤炭清洁转化产品质量监督检验中心;贵州科学院六盘水分院挂牌。建成贵州三线建设博物馆、凉都体育中心、六盘水美术馆等一批标志性公共服务设施,丰富了凉都品牌内涵;成功举办第十届中国凉都消夏文化节、夏季国际马拉松赛、国际滑翔伞公开赛等活动,夏季国际马拉松赛被中国田径协会授予“马拉松铜牌赛事”称号。六枝特区原生态音乐作品《我爱我家》获第十届中国艺术节作品类“群星奖”;“公共文化服务机构队伍拓展模式”列入国家第二批公共文化服务体系示范项目。成功创建三级甲等和二级甲等医院各5家。招才引智力度加大,引进高层次和急需特殊人才2503人,其中博士22人、硕士351人。

(八)改善民生谋福祉,保障能力不断提高

扎实抓好“二十件民生实事”,完成投资161亿元。新增城镇就业10.1万人,城镇登记失业率为3.95%。社会保障标准、医疗保障水平大幅提高,城乡基本医疗保障实现全覆盖。大力实施集中连片特困地区扶贫攻坚规划,建成省救灾物资储备库六盘水代储库、市流浪未成年人救助保护中心和市救助管理站。深入开展“平安凉都”建设,大力实施“天眼工程”和“333工程”,全市未发生重大群体性事件和恶性治安案件。安全生产形势平稳趋好,实现安全生产事故起数和死亡人数“双降”,全市煤矿百万吨死亡率降低到0.54,首次实现各类安全生产事故死亡人数控制在100人以内。

二、发展中存在的问题

经济总量小,经济下行压力增大,部分企业生产经营困难;产业结构单一,发展方式粗放,资源集约化、规模化利用程度低,产业链条短,附加值低;交通基础设施落后,工程性缺水问题突出,生态环境脆弱,制约发展的瓶颈依然存在;城乡居民收入差距大,城乡二元结构、城市二元结构、农村二元结构矛盾突出,城镇化水平低,基本公共服务体系尚不完善;扶贫攻坚任务依然艰巨,贫困家庭缺乏稳定、可持续的收入来源;安全生产形势依然严峻,煤矿企业兼并重组工作仍面临挑战。

三、2014年发展目标

2014年,六盘水市经济社会发展的主要预期目标是:生产总值增长16%;财政总收入和公共财政预算收入分别增长16%;500万元以上工业增加值增长20%;全社会固定资产投资增长35%;工业经济结构进一步优化,城镇人口比重提高到40%,民营经济比重提高到50%,县域经济比重提高到70%;社会消费品零售总额增长18%;城镇居民人均可支配收入增长15%;农民人均纯收入增长16%;人口自然增长率控制在5.4‰以内;城镇登记失业率控制在4.2%以内;完成省下达的节能减排指标任务。

贵州省安顺市

安顺位于贵州省中西部,素有“黔之腹、滇之喉、粤蜀之唇齿”之称和“中国瀑乡”、“屯堡文化之乡”、“蜡染之乡”、“西部之秀”的美誉。

安顺文化底蕴深厚,有国家级重点文物保护单位5处。普定穿洞古人类文化遗址被誉为“亚洲文明之灯”;关岭“红崖天书”世称“千古之谜”;明代军事遗存屯堡村落和关岭古生物化石群堪称“世界唯一”;安顺蜡染被誉为“东方第一染”;安顺地戏被称为“中国戏剧活化石”。安顺是中国共产党老一辈无产阶级革命家王若飞同志的故乡,王若飞故居是全国爱国主义教育基地、全国首批百个红色旅游经典景点之一。

安顺环境优美,是国家最早确定的甲类旅游开放城市之一,境内有黄果树、龙宫、格凸河3个国家级风景名胜区,其中黄果树和龙宫为国家首批5A级旅游区;有关岭古生物化石群国家地质公园、九龙山国家森林公园,国家4A级旅游区兴伟石博园、云峰八寨文化旅游区、旧州生态文化旅游古镇和夜郎洞及一批省级风景名胜区;还有亚洲跨度第一、世界第六的坝陵河大桥。

表1 2013年安顺市经济社会发展主要指标

指标名称	单位	2013年指标	增速(%)
生产总值	亿元	429.16	15.4
第一产业	亿元	60.99	6.3
第二产业	亿元	164.45	18.6
第三产业	亿元	203.72	15.4
农林牧渔业总产值	亿元	93.86	8
粮食总产量	万吨	63.13	-3.1
肉类总产量	万吨	14.48	4.7
2000万元及以上工业增加值	亿元	108.56	15.5
全社会固定资产投资	亿元	604.08	51.0
社会消费品零售总额	亿元	111.52	14.3
财政总收入	亿元	70.25	15.5
公共财政预算收入	亿元	46.89	29.2
财政支出	亿元	241.38	48.1
金融机构各项存款余额	亿元	609.77	26.2
金融机构各项贷款余额	亿元	431.19	23.1
居民消费品价格指数	%	102.1	-0.4
城镇居民人均可支配收入	元	19394	4.2
农民人均纯收入	元	5801	14
常住人口	万人	230.05	0.75

一、2013年发展回顾

2013年,在省委、省政府的领导下,安顺市委、市政府团结带领全市各族人民,凝心聚力、攻坚克难,全力以赴抓发展、惠民生、促和谐,大力推进工业化、城镇化、农业现代化和旅游产业化"四化"同步发展,迈出了赶超跨越的大步伐。

全年实现地区生产总值429.16亿元,增长15.4%;完成全社会固定资产投资604.08亿元,增长51%;完成财政总收入70.25亿元,增长15.5%,其中公共财政预算收入46.89亿元,增长29.2%;实现社会消费品零售总额111.52亿元,增长14.3%;金融机构存款余额609.77亿元,贷款余额431.19亿元,分别比年初增长26.2%和23.1%。在全省经济发展增比进位综合测评排位中排名第5,比2012年上升两位。三次产业结构由2012年的14.5:37.3:48.2调整为14.2:38.3:47.5。第一产业中粮经作物种植比由44:56调整为40:60;第二产业中规模以上轻重工业比由14.4:85.6调整为18.5:81.5;第三产业中现代服务业快速发展。民营经济增加值占全市地区生产总值的比重达60%。

(一)狠抓项目建设,固定资产投资大幅提升

及时谋划、储备、编报一批基础设施、产业发展、社会民生等方面的大项目、好项目,全市项目库累计入库项目达4500个以上。全年新增融资总额141.57亿元,落实建设用地2153公顷,为项目建设提供了有力保障。通过全省项目观摩和全市项目观摩活动,先后3次共组织82个重大项目集中开工,有力地促进了一批新项目、大项目落地实施。全市50万元以上固定资产投资完成410亿元,增长37.5%。

(二)狠抓园区建设,工业经济快速发展

制定出台《关于深入实施工业强市战略的

决定》、《安顺市提高工业经济比重五年行动计划》等文件,以园区为载体,以培育“五大支柱产业”、实施“九大行动计划”为主要抓手,壮大和提升安顺工业经济。完成工业投资180亿元,增长48.7%。全市产业园区完成投资218亿元,新建标准厂房100.18万平方米,入驻率达90%。西秀工业园区列入省级新型工业化示范基地,镇宁轻工产业园被确定为“贵州省轻纺产业示范园”。全年实现全部工业增加值133.06亿元,增长15.3%。

(三)狠抓规划建设,城镇面貌持续改变

完成《安顺市城市总体规划(2009-2030)》大纲修编工作。安普城市快速干道建成通车,二环路全线贯通,贵安城市快速干道开工建设,中心城区规模进一步扩大。县城和小城镇建设亮点纷呈,镇宁环翠公园建成投用,关岭灞陵大道基本通车,紫云迎宾大道全面完工,13个省、市级示范小城镇基础设施建设“8个1”和“8+3”工程全部开工建设,旧州镇成功创建省级绿色小城镇。全市城镇化率达39.5%。

(四)狠抓结构调整,农业生产提质增效

全市克服高温干旱天气影响,粮食生产保持稳定,达到63.13万吨。进一步调整农业产业结构,突出发展特色优势产业,着力在沪昆高速等重要公路沿线打造生态观光、特色农业产业带,蔬菜、茶叶、精品水果、烤烟、中药材、生态畜牧等优势产业效应初步形成。努力推进8个现代高效农业示范园区建设,全市省级农业产业示范园区实现总产值12亿元。

(五)狠抓旅游产业发展,第三产业逐步成长

开通安顺至重庆、北京、广州等航线。成功举办黄果树瀑布节、油菜花旅游节、中国格凸国际攀岩节、坝陵河低空跳伞挑战赛、镇宁半程马拉松等节庆活动和国际赛事。腾讯地图·智慧旅游安顺体验平台上线运行。全年接待游客2584.05万人次,比上年增长25.2%。实现旅游总收入249.07亿元,增长27.7%。交通物流、邮政通信、金融保险、商业零售、信息服务等服务业快速发展。

(六)狠抓基础设施建设,发展条件不断改善

沪昆高铁安顺段建设稳步推进,实施县乡道改造134公里,建成通村油路(水泥路)600公里。启动编制全市水资源综合利用规划,黔中水利枢纽工程加快推进,“引千入虹”工程隧洞全线贯通,石朱桥、新场河、纳井田水库建设进展顺利。中缅油气管道安顺段投入试运行。“三网融合”试点工作启动实施,城市宽带光纤网络改造步伐加快。西秀区列为国家首批信息消费试点城市。

(七)狠抓生态建设,环境保护稳步推进

完成石漠化综合治理75.5平方公里、水土流失综合治理150平方公里,完成造林面积12194公顷,全市森林覆盖率达到42%。启动两城区山体公园化绿地建设工程,邢江河国家湿地公园规划通过国家评审。中心城区空气质量优良率保持100%,集中式饮用水源地水质达标率100%。医疗废弃物处置中心投入试运行,完成各县城垃圾填埋场建设。

(八)狠抓招商引资,改革开放步伐加快

积极推进对内对外开放,与青岛开展新一轮对口帮扶合作,建立安顺市政府驻青岛联络处,在西秀经济开发区合作建设青岛工业园,挂牌成立市投促局西南分局。全市招商引资实际到位资金770亿元,增长65.3%。

对438项市级行政许可和155项非行政许可审批事项进行清理,取消15项,下放79项,便民服务事项办理时限平均减少11.3个工作日。金融业加快发展,贵阳银行安顺分行、安顺农村商业银行挂牌开业,新增村镇银行3家。“民营经济三年倍增计划”取得明显成效,新增规模以上民营企业50家,民营经济增加值实现256亿元。

(九)切实办好“十件实事”,全力保障改善民生

人民生活水平持续稳定提升。城镇居民人均可支配收入19394元,增长4.2%;农民人均纯收入5801元,增长14%;居民消费价格指数涨幅控制在2.1%以内;城镇登记失业率控制在4.2%以内;社会保障水平不断提高;以县为单位

全面建设小康社会实现程度总体提高。

建成通村油路 613.8 公里;完成扶贫生态移民 2874 户 12000 人,建成保障性住房 23717 套,改造农村危房 17239 户;完成 5.6 万户广播电视“户户通”工程并投入使用;解决农村 20.2 万人安全饮水问题,中心城区供水二期工程建成通水;减少农村扶贫对象 10.93 万人;全市城镇新增就业 91578 人,新增创业户 2597 户,创业带动就业 12551 人;完成 113 所农村中小学食堂标准化建设、43 所农村中小学学生宿舍建设,完成 33 所乡镇公办幼儿园建设,实现乡镇幼儿园全覆盖;新型农村合作医疗参合率 99.12%,实现全覆盖等“十件实事”全面完成。

二、发展中存在的问题

经济总量小、人均水平低、发展速度慢、贫困人口多,全面小康建设任务十分艰巨;工业经济短板,产业结构单一;城镇建设滞后,辐射带动能力不强;体制机制活力有待提高;公共服务能力不足。

三、2014 年发展目标

2014 年,安顺市坚持主基调、主战略,紧紧围绕提速发展、奋力赶超、同步小康的总目标,按照“稳中求进、进中求快、改革创新”的总要求,始终把全面深化改革贯穿于经济社会发展各个领域各个环节,全力推进工业化、城镇化、农业现代化和旅游产业化“四化”同步发展,努力实现全市经济社会持续健康稳定发展。

2014 年,安顺市经济社会发展的主要目标是:地区生产总值增长 18%,突破 500 亿元;全社会固定资产投资增长 65%,突破 1000 亿元;公共财政预算收入增长 25%;500 万元以上工业增加值增长 24%以上;旅游总收入增长 28%;社会消费品零售总额增长 16%;城镇居民人均可支配收入增长 18%;农民人均纯收入增长 20%;人口自然增长率控制在 5.7‰以内;居民消费价格指数涨幅控制在省调控范围内;完成国家和省下达的节能减排任务。

贵州省毕节市

一、2013 年发展回顾

2013 年,全市实现地区生产总值 1041.9 亿元,增长 15.1%。其中:第一产业增加值为 196.60 亿元,增长 6.8%;第二产业增加值为 449.75 亿元,增长 17.2%;第三产业增加值为 395.58 亿元,增长 16.0%。完成财政总收入 336.9 亿元、增长 32.41%,其中公共财政预算收入 125.6 亿元、增长 15.2%;全社会固定资产投资 1701.2 亿元、增长 30.7%;城镇居民人均可支配收入 19851 元,农民人均纯收入 5645 元、增长 14.6%;社会消费品零售总额 198.5 亿元、增长 13.8%;金融机构存款余额 838.77 亿元、贷款余额 547.8 亿元,分别增长 13.95%和 26.36%。

(一)产业结构优化

三次产业结构调整为 18.8:43.2:38。规模以上工业增加值 325.2 亿元,增长 20.1%;新增产业园区面积 18.5 平方公里、标准厂房 250 万平方米,新增入园产业项目 140 个、新建投产企业 87 户。新能源汽车高新技术产业化基地被科技部认定为国家高新技术产业化基地。农业增加值 196.6 亿元、增长 6.8%;粮食总产量 228.01 万吨;收购烟叶 182.81 万担,占省下达任务数的 104.46%;科技部批准我市建设“贵州毕节国家农业科技园区”,12 个省级现代高效农业示范园区实现销售收入 22 亿元。第三产业增加值 395.6 亿元、增长 16%;旅游综合收入 207.6 亿元、增长27.4%。百里杜鹃荣膺国家 5A 级旅游景区。民营经济增加值510亿元,占生产总值比重提高到48.9%。

(二)项目建设加快

以"四个一体化"和"5个100工程"为平台,加大招商引资力度,扎实推动重大项目落地建设,中石化、中海油、华润等大型企业在毕节实施的有关项目的建设加快推进。通过开展"项目观摩"、"项目集中开工"、"项目和园区建设百日冲刺"等活动,强力推进项目建设。2013年,投资1000万元以上的904个,省、市重大项目和重点工程完成投资1282.69亿元;新开工的413个项目完成投资207.95亿元,建成155个。

(三)基础设施改善

黄织铁路建成通车,织金至毕节、织金至纳雍、林歹至织金铁路建设加快,成贵铁路乐山至贵阳段控制性工程开工建设,毕节至叙永、纳雍至六盘水、威宁至遵义等铁路项目前期工作有序开展;铁路通车里程累计达231公里、在建298公里。杭瑞高速遵毕段、黔织高速、毕威高速、机场高速公路建成通车,杭瑞高速毕节至都格段、厦蓉高速毕节境内各段、贵阳至黔西、黔西至大方高速公路加快推进,毕节至镇雄高速公路开工建设;高速公路通车里程达281公里、在建338公里。飞雄机场开通毕节至北京、上海、广州、昆明、重庆、贵阳、深圳7条航线。夹岩水利枢纽工程动工建设,骨干水源、病险水库除险加固、中小河流治理等工程建设成效明显,解决了128.75万农村人口饮水安全问题。完成电网建设投资10.88亿元;完成38.8万户直播卫星"户户通"工程建设。

(四)城乡发展迅速

新建和改扩建城市路网188公里,新增城区面积17平方公里,城镇化率达31.7%。七星关—大方同城化建设快速推进。10个省级城市综合体和16个城市新区建设稳步实施。50个特色小城镇完成投资60.8亿元。规划建设100个"四在农家·美丽乡村"示范点,实施30万户"黔西北民居"改造。完成营造林116.8万亩,治理石漠化114.58平方公里,森林覆盖率达44.06%;单位生产总值能耗和主要污染物排放总量控制在省下达的计划范围内,赤水河、六冲河、三岔河和乌江流域污染防治全面加强。

(五)社会事业进步

"十件民生实事"完成投资114.53亿元、占年度投资计划的111.63%。筹措20多亿元对89.12万农户院坝和124万户农村连户路实施"两硬化"。转移农村劳动力15.2万人,城镇新增就业6.5万人;城乡居民社会养老保险参保率达91.53%。大力实施教育"9+3"计划,积极发展职业教育,初步形成"一体两翼多节点"的职业学校布局,"农村营养改善计划"覆盖学生114.6万人。累计建成农村老年公寓252所,集中供养8501人。为95.62万城乡低保对象发放低保金13.03亿元,投入3.16亿元改造农村危房71125户。城乡居民合作医疗参合率达99.65%。安全生产形势平稳,社会和谐稳定,群众安全感满意度达91.73%。

二、发展中存在的问题

一是综合经济实力不强。经济总量小,人均水平低;产业结构单一,一产不稳、二产不强、三产不足的问题较为明显,保持经济持续快速发展的基础还不够牢固。二是扶贫攻坚任务繁重。贫困人口多、贫困面大、贫困程度深,社会事业发展与人民群众的期盼还有较大差距,全面建成小康社会任务艰巨。三是瓶颈制约因素突出。交通、水利等基础设施建设欠账大,资金、土地、人才等瓶颈制约依然突出,政府性债务压力较大。四是改革创新步伐滞后。改革开放动力不够足,在一些重点领域和关键环节改革不彻底,民营经济、县域经济实力不强,全面深化改革任务仍十分艰巨。五是维护稳定压力较大。公共服务能力不足,社会管理水平不高,信访问题比较突出,安全生产形势严峻,改善民生、维护稳定和构建和谐的压力还比较大。

三、2014年发展目标

生产总值确保增长16%、力争增长17%;全社会固定资产投资确保完成2125亿元，增长25%以上；财政总收入、公共财政预算收入确保增长20%以上；全部工业增加值增长16%以上；招商引资到位资金确保完成1600亿元，力争完成1800亿元；城镇居民人均可支配收入增长13%以上；农村居民人均可支配收入增长16%；城镇登记失业率控制在4.2%以内；社会消费品零售总额增长15%；居民消费价格指数控制在省规定的范围以内；单位生产总值能耗降低率、主要污染物排放总量控制在省下达的计划范围内；安全生产各项指标不突破省下达的控制数；人口自然增长率控制在6.1‰以内。

贵州省铜仁市

铜仁市，贵州省辖地级市，有"中国西部名城"之称。位于贵州省东北部，武陵山区腹地，东邻湖南省怀化市，北与重庆市接壤，是连接中南地区与西南边陲的纽带和桥头堡，享有"黔东门户"之美誉。

一、2013年发展回顾

2013年，铜仁市紧扣贵州省"加速发展、加快转型、推动跨越"主基调和"工业强省、城镇化带动"主战略，以改革创新为动力，大力实施新型工业化、信息化、城镇化、农业现代化"四化同步"发展和文化旅游产业"一业振兴"战略，着力构建"黔东工业集聚区、环梵净山金山角文化旅游创新区和乌江经济走廊"的"两区一走廊"发展格局，实现社会经济各项事业健康快速发展。全市实现地方生产总值535.22亿元，增长15.4%，人均GDP为17243元；民营经济比重达到52%；全社会固定资产投资达到1002.10亿元。规模以上工业增加值为104亿元。财政总收入77.41亿元，增长21.46%，其中公共财政预算收入44.75亿元，增长24.41%；公共财政预算支出235.8亿元，增长13.01%，有力地支撑了经济社会发展。金融机构存、贷款余额分别为690亿元、490亿元，增长28.68%、28.49%。居民收入有新提升，农民人均纯收入达到5397元，城镇居民人均可支配收入18366元。

(一)结构转型迈上新台阶

三次产业结构为25.3:29.0:45.7，经济结构稳步优化。新型工业化加速发展，全市500万元以上规模企业达到518户，新增115户，其中2000万元以上规模企业336户，新增79户。全市工业园区完成产值388亿元，占全市工业总产值的81.2%；黔东工业聚集区完成产值329亿元，占全市工业总产值的77.2%，工业园区特别是黔东工业聚集区的产业集聚功能和龙头带动作用明显增强。现代农业发展快速推进，全市规划建设28个农业产业园区，其中15个进入省级现代高效农业示范园区，完成投资45.53亿元，新增入园企业110家、专业合作社220家；实现农林牧渔业增加值135亿元，增长7.3%。以文化旅游为重点的第三产业活力迸发，启动建设环梵净山"金三角"文化旅游创新区和12个重点景区，成功举办2013中国梵净山生态文明与佛教文化国际论坛、第二届旅发大会暨梵净山文化旅游节等活动，高端展示"梵天净土·桃源铜仁"形象品牌；启动梵净山、大明边城5A级景区和九龙洞等5个4A级景区创建，启动思南石林申报世界地质公园工作，梵净山成功列入国家自然遗产预备名录。全年接待游客2000万人次，旅游收入157.1亿元，增长31.3%。大力发展生产生活性服务业，淘宝网铜仁馆、印江馆上线运营，电子商务平台启动成功。

(二)基础设施实现新跨越

初步形成"水、陆、空"立体交通网络，2013年全市完成交通投资175亿元，增长31%；杭瑞高速铜仁段、思剑高速全线通车，全市高速公路通车里程356公里；铜仁凤凰机场先后开通了至贵阳、广州、长沙、深圳、北京航班，乌江黄金水道连接长江、可承载500吨载重船只直达东海;随着沪昆高速铁路、渝怀铁路二线、铜玉城际快速铁路和松铜、沿德、安江高速的推进建设,快速融入长三角经济圈、珠三角经济圈、成渝经济圈的立体综合交通体系将基本形成。水利建设取得明显成效,完成投资15.2亿元,6座续建和4座新建中型水库快速推进,解决35万农村居民饮水安全问题,新增、改善、恢复灌溉面积16.9万亩,新增日供水能力13万方、日污水处理能力4.7万方。电力、通信建设加快推进,完成能源投资32亿元,完成电网投资4.3亿元,完成信息产业投资9.8亿元,新增移动基站411个、通宽带行政村240个、数字电视用户1万户。基于北斗导航系统综合运用示范项目中的旅游、交通项目落户我市。

(三)城镇建设取得新进展

全面推进城乡规划全覆盖,完成铜仁市城市总体规划(2013~2030),及时修编和完善各区县县城总体规划。加快铜仁市中心城区建设,坚持“建新城”与“疏老城”并重,围绕“四纵九横”城市路网规划,加快推进武陵大道等城市主干道建设,新建、改造城市干道150公里。城市管理创新推进,扎实开展“五城联创”,争取到全国第一批智慧城市试点;启动建设睿力国际城等30个城市综合体,完成投资12.6亿元;规划建设文笔峰等山体公园和木杉河湿地公园,获得绿色城市称号。加快推进城镇化进程和新农村,坚持同城化、产城一体化发展,围绕交通路网节点,规划建设示范小城镇16个,扎实开展“四在农家——美丽乡村”六项行动计划,启动实施项目223个,完成投资30.8亿元。全市新增建成区面积20平方公里,城镇化率提高3个百分点,达到38%。德江县经营城市做法、松桃县城扩容提质举措得到贵州省委、省政府肯定和推广。

(四)民生事业取得新成效

大力推进扶贫攻坚,完成45个贫困乡镇“减贫摘帽”任务,减少贫困人口22.1万人。实施扶贫生态移民2.9万人,改造农村危房37154户,开工建设城镇保障性安居工程57359套,扶贫生态移民“铜仁做法”得到国家、省高度肯定。深入实施教育“9+3”计划和“4+2”教育突破工程,完成教育投资25亿元。新组建的市人民医院升创“三甲”,计生卫生事业健康发展。大力推进生态文明建设,锦江河流域综合治理取得阶段性成果,完成石漠化治理18.44万亩,植树造林66万亩,森林覆盖率达到53.93%。全市社会保险参保254万人次,基金征缴11.5亿元,新农合参合率98.3%;城市低保提标增幅17.9%,农村低保提标增幅18.7%。城镇新增就业5.5万人,城镇登记失业率控制在3.85%以内。新增妇女小贷4.22亿元,完成农村劳动力转移就业7.6万人、职业技能培训2.4万人。大力推进“民情快车”、应急联动信息系统建设,深化社会稳定风险评估“铜仁经验”,提升“平安铜仁”建设水平,群众安全感测评达到95.38%。

二、发展中存在的问题

经济总量小、人均少、不协调的矛盾仍未根本解决,处于打基础、调结构、促转型的发展阶段仍未改变;实体经济不强、大企业大项目不多,持续快速健康发展的基础仍然不牢;社会事业发展相对滞后,优质教育资源、优质医疗资源仍然不多;就业难、城乡居民推行公共服务均等化等问题仍然需要着力克服。

三、2014年发展目标

生产总值增长16%,其中一、二、三产分别增长6%、21%、18%;规模以上工业增加值增长26%以上;全社会固定资产投资增长30%以上;财政总收入增长20%以上,公共财政预算收入增长25%;工业经济、城镇人口、民营经济、县域经济比重提高到23%、41%、55%、78%;九年义务教育巩固率达到85%,高中阶段、高等教育毛入学率分别达到75%、27%,科技贡献率达到40%;社会消费品零售总额增长18%;旅游总收入增长25%;城镇居民人均可支配收入和农民人均纯收入分别增长12%、17%以上;城镇化率提高3个百分点;城镇登记失业率控制在4.2%以内。

贵州省绥阳县

一、2013 年发展回顾

2013 年，绥阳县按照“加速进位争先、打造百亿强县、建成全面小康、建设幸福绥阳”总体部署，围绕县十二次党代会明确的“四化一工程”战略，实施“五大行动”，整体推进五大建设，多项工作取得历史最好成绩。先后荣获全国最具投资潜力县、全国经济转型发展示范县、中国金银花之乡、中国最美风景县、中国最佳生态休闲旅游名县、中国最佳山水文化旅游名县等称号。全年完成地区生产总值 59.5 亿元，同比增长 17.7%；完成 50 万元以上固定资产投资 75.5 亿元，同比增长 53.9%；完成规模工业增加值 10.57 亿元，同比增长 20.9%，增速位列全市第 3 位；完成财政总收入 7.03 亿元，公共财政预算收入 4.1 亿元，分别增长 38.4%和 34.2%。经济发展争比进位综合考核排名位列全省 88 个县(市、区)第 14 位，首次跻身全省前 15 名，全面小康实现程度达 81.88%。

(一)工业经济

全年完成规模工业总产值 52.7 亿元，增长 64.32%，全县规模企业增加至 54 家。经济开发区基础设施不断完善，完成固定资产投资 29.3 亿元，开放大道一期、4 号路建成通车，1 号路、3 号路动工建设。一期 10 万平方米标准厂房陆续投入使用，高桥实业、全成电子等企业入驻生产。完成风华工业园 2.5 万平方米一期安置房建设。经济开发区入驻规模企业 48 家。煤电化 3×15 万千瓦动力车间、30 万吨烧碱、48 万吨电石、30 万吨 PVC 项目完成平场和设备采购，特种装备制造园主体动工，风华冰箱、郎笑笑等 6 家企业完成技改扩能，荣盛纸箱包装、遵义工程机械制造等 11 家企业。新引进恒聚和、剑瑞建材等 4 家规模企业入驻园区建成投产。风华机电配件、耐环铝业等多个项目投产。白酒产业，彩阳集团白酒生产线一期建成投产，宝洞酱藏二期工程全面启动。能源基础建设，500 千伏遵义东变电站建成投运。煤矿企业兼并重组，完成田湾、井坝煤矿矿权转让，煤炭产量 73 万吨。

(二)现代农业产业

应对五十年不遇旱灾，实现保灌稳产。完成农业增加值 19.1 亿元，增长 7.7%。完成粮食总产量 26.71 万吨，肉类总产量 3.2 万吨。完成烤烟收购 17.29 万担、两烟税收 9693 万元。完成辣椒总产量 2.6 万吨，产值 5.2 亿元。绥阳金银花获得国家地理标志产品保护，并向欧盟国家公告。小关银花村获“全国一村一品示范村”殊荣。包装策划金银花项目 70 个，研发 15 个产品，金银花凉茶等系列产品上市销售。启动郑场万亩金银花标准化种植示范基地建设。推出“娄山”系列茶叶品牌。新增贵辣、和曦露、吉帮金银花等 6 家省市级龙头企业。新建保供蔬菜基地 1 万亩。20 万尾大鲵驯养繁殖基地、11 个高端水产养殖基地、年出栏 1.2 万头生猪的黔图农牧养殖场建成投产。风华“五朵金花”现代农业基地完成规划评审。实施风华马桑桥、郑场清源等省级土地开发整理项目 9 个，增加耕地面积 2000 亩。农村社会化服务体系逐步完善，新建 50 个农家店、12 个村级综合服务站和 12 个庄稼医院。农业机械化程度大幅提升，农机总动力达 31.2 万千瓦。

(三)第三产业

完成第三产业增加值 23.5 亿元，增长 17.5%。全年接待游客 260 万人次，旅游总收入 20 亿元。完成宽阔水景区博物馆、大风洞景区改造、观音岩景区二期、双门峡接待中心主体工程建设。清溪湖、双河洞、宽阔水、神山国际等重大旅游投资项目顺利推进。唯中四星级酒店完工投入使用。启动全长 94 公里旅游景区环线公路前期工作。绿洲农产品商贸城一期主体竣工，二期有序推进。启动投资15亿元的西部汽贸园项目，建成机动车安检站和尾气检测站。引进贵州最大连锁超市合力集团、遵义机场综合物流园等大型商贸项目5个。全县金融机构年末存款余额71.68亿元，增长28.3%；贷款余额34.4亿元，增长42.61%。国税收入完成1.48亿元，增长40.65%；地税收入完成4.56亿元，增长78.62%。

（四）引进项目和人才

致力改革创新，深化改革取得新突破，对外开放取得新成效。在苏州、晋江、珠海等地成功举办大型招商活动，招商签约资金累计达244.47亿元。落地项目35个，全年到位资金67.2亿元。向上争取中央、省、市投资项目77个，资金11.1亿元。创新招商模式，在广州、重庆设立招商分局。成立广东绥阳商会，入会企业达260家。大力引进优秀人才，引进博士2名、硕士11名、中高级职称专业技术人员37名、面向全国公开招考党政人才27人。

（五）城乡建设

完成城建投资45亿元，新增城区面积5.9平方公里，城镇化率达41.65%。完成"白改黑"、"天改地"、河滨景观改造等城市绿化、美化、亮化工程。推进"三纵三横"路网建设，启动幸福小区、璐源城市广场、南鸿中央城及幸福大道延伸段、诗乡大道延伸段、永山坎隧道等项目。诗乡映象一期、凯天上城等18个楼盘主体竣工。完成日产3.5万吨自来水厂改扩建，启动县城污水处理厂二期前期工作。道安高速绥阳段动工建设，习德高速、仁凤高速、攀昭黔铁绥阳段前期工作有序推进。开展"双创一巩固"实施"六大文明行动"，出台《绥阳县加强城市管理的八条规定》，领导包片、单位包段、文明值守、小手拉大手等形式，提高市民文明素质。开展城市综合执法试点工作，规范市场管理，推进沿街商铺前厅后厨改造，新增停车位1463个，提高城市管理水平。县城道路实现机械清扫，新安装垃圾收储设施815个，实现生活垃圾日产日清。开通4条城市公交线路，投放公交车32辆。启动入城汽车机械化清洗场前期工作。

全年投入镇村建设资金累计20.43亿元。创建风华溪源、洋川雅泉和蒲场凤裕等30个"四在农家"精品点，升级香树湾、耿家寨、古楼村等8个优美村庄。推进郑场"幸福港湾"、太白"榴心苑"等小集镇开发项目，加速推进青杠塘、坪乐等集镇建设。实施百里芙蓉江生态文明建设示范长廊工程。投入3802.6万元实施"一事一议"财政奖补项目260个。完成26个人饮工程和9个烟水配套工程，惠及群众7万人。推进通村公路建设"三年大会战"，整合公路建设、扶贫项目、烟基建设、"一事一议"资金和引入社会资金，实施通村油路223.4公里。建成茅垭、枧坝、太白和青杠塘4座污水处理厂。完成干溪子、南宫溪、梅子滩等8座危桥改造。完成桥沟、神山、白洋湾等6座病险水库治理。完成郑场、蒲场、枧坝、黄杨4处河道治理。投资3824万元，完成570.6公里电网升级改造。

（六）社会事业

公共服务基础设施建设，投资4亿元建成全省一流的绥阳中学新校区。投资9000万元，完成12所薄弱学校、1所特殊教育学校、1382套教师公租房、7个寄宿制学校等教育基础建设工程。投资6723万元，完成县120急救中心、县中医院综合大楼主体和镇乡卫生院、计生站等基础设施项目。投资673万元，完成3间镇乡文化站、4间社区公共电子阅览室、4000套广播电视"村村通"、15686套农村直播卫星"户户通"建设。推进殡葬一体化项目和农村公益性公墓试点工作。投资4.7亿元，启动实验中学、诗乡中学、中职学校实训楼、县卫监大楼、县档案馆、镇乡敬老院、市民健身中心配套工程等民生项目。全国乡村少年宫活动现场会在绥阳召开，先后承办全省首届中学生暨中职学生运动会等省市多项赛事。通过国家公共文化服务示范区验收，绥阳中学"申示"通过省级初评，教育"两项督导"通过省政府验收。县中医院创建为国家级二级甲等中医院，绥阳职校创建为省级示范性中等职业学校。人口自然增长率3.5‰、出生率

8.4‰,均控制在指标范围内。

(七)社会管理

以创建"平安绥阳"为载体,开展"雷霆行动"、"百日破案会战"行动。"天网工程"不断延伸,新增监控探头400个。社会治安明显好转,群众安全感测评满意率达97.88%,名列全市第一、全省第九,首次获得"全省治安模范县"、"全省平安建设先进县"称号。禁毒工作受到国家禁毒委表彰,巩固了无毒县。整体安全形势好,实现零责任事故、零死亡目标,交通安全工作获省政府表彰。开展信访维稳"百日攻坚战",信访案件同比下降123%。投入2400万元建成消防大队新营房。民族工作获得省委省政府表彰,洋川镇东山村被命名为省级"民族团结进步示范村"。推进基层民主建设,完成第九届村(居)委会换届选举。全县先后涌现出"全国最美乡村医生"方晓美、"全国禁毒工作先进个人"冯育祥、"全国维护妇女儿童权益先进个人"龙丽红、"全国模范人民调解员"谢兴平等先进人物。

(八)社会保障

投资1948万元实施产业扶贫项目21个,脱贫9500人。实施棚户区改造1015户,还房1028套,建成保障性住房4500套。养老、失业、工伤等五大险种参保总人数达27.39万人,全年兑付保障资金1.3亿元。在全市率先启动被征地农民养老保险工作。城镇新增就业9148人,转移农业劳动力6856人,实现再就业952人。县社保局荣获人社部授予的"全国优质服务窗口"称号。新农合参保人数42.1万人,参合率达98.09%,补偿资金1.12亿元。完成扶贫生态移民228户1072人,水利水电工程移民91户448人。完成城乡低保提标工作,发放低保金2780万元,惠及低保对象1.1万户。发放救灾救济物资1200万元,救济困难群众3万余户。兑现计生利益导向资金710万元,募集人口福利基金193万元。

二、发展中存在的问题

经济总量小,城乡差别依然存在,区域发展还不均衡;产业结构不优,竞争实力不强,转型任务繁重;投资后劲不足,项目体量偏小,缺乏支撑性项目;财政收支矛盾突出,刚性支出增多,偿债压力加大。

三、2014年发展目标

地区生产总值确保突破75亿元,增长18%以上;力争完成78亿元,增长25%以上。规模工业增加值确保突破17.6亿元,增长66.5%以上;力争完成20亿元,增长89.2%以上。全社会固定资产投资确保突破162亿元,增长76.1%以上;力争完成180亿元,增长95.7%以上。财政总收入确保突破8.5亿元,增长20.8%以上;力争完成8.8亿元,增长25.1%以上。公共财政预算收入确保突破5亿元,增长21.8%以上;力争完成5.2亿元,增长26.7%以上。社会消费品零售总额确保突破18亿元,增长24%以上;力争完成19亿元,增长31%以上。城镇居民人均可支配收入确保完成21398元,增长16%以上,力争完成22135元,增长20%以上;农村居民人均可支配收入确保完成8929元,增长17%以上,力争完成9234元,增长21%以上。全面小康实现程度确保达到86.8%,力争达到87.5%。安全生产和节能减排指标控制在市下计划内。

四川省巴中市

巴中市地处四川省东北部，位于成都、重庆、西安三大城市的几何中心，成渝经济区与关天经济区的联结区域。1993 年 10 月建地区，2000 年 12 月撤地设市，辖巴州、恩阳、南江、通江、平昌两区三县，188 个乡镇，幅员 1.23 万平方公里，总人口 400 万。2012 年，地区生产总值 390.4 亿元，增长 13.9%；公共财政收 20.1 亿元，增长 57.4%；全社会固定资产投资 481 亿元，增长 50.2%；社会消费品零售总额 157.4 亿元，增长 16.3%；农村居民纯收入 5387 元，增长 15.4%；城镇居民可支配收入 16999 元，增长 16.4%。

一、2013 年发展回顾

2013 年，全市认真贯彻落实党的十八大精神，牢牢把握科学发展、加快发展的总基调，着力统筹城乡、追赶跨越、加快发展，积极拼搏，扎实工作，经济社会发展取得新的成效。全市地区生产总值比上年增长 10.7%，全社会固定资产投资增长 35.4%，地方公共财政预算收入增长 36.4%，社会消费品零售总额增长 14.5%，城镇居民人均可支配收入增长 11.4%，农民人均纯收入增长 13.9%，城镇登记失业率 4.3%。

(一)投资实现快速增长

新开工重点项目 148 个，续建 102 个，完成投资 681 亿元，增长 66.7%。交通、水利、能源等基础设施建设取得新的突破。成巴高速、巴达高速、巴汉高速巴城至南江北通车，巴广渝高速、巴达铁路加快建设，汉巴南铁路、广巴铁路技改扩能项目的前期工作有序推进。广巴、巴达、巴汉、巴广渝高速列入国家高速公路网。省道 101 线、202 线、302 线升为国道。巴中机场完成选址和预可研报告评审。红鱼洞和湾潭河水库开工，牛角坑、二郎庙、双桥和天星桥水库建设加快。电力、通信、能源建设取得新的进展。

(二)产业培育步伐加快

新引进 5 亿元以上工业项目 12 个，新开工 61 个；新拓展工业园区 5.1 平方公里。工业投资 116.6 亿元，增长 52.1%。新增规模以上工业企业 30 家，规模以上工业增加值 98.9 亿元，增长 11.2%。全面启动山区现代农业示范市创建，新增现代农业万亩示范区 12 个、省级农业产业化龙头企业 5 家，推出“巴食巴适”综合性农产品区域公用品牌，获得“省级农产品产地无公害化市”命名。中国(巴中)西部国际商贸城、盘兴中国西部建材物流园、平昌川东北国际商贸物流中心建设加快。新增限额以上流通企业 107 家，外贸进出口总额 1.43 亿美元，增长 15%。光雾山成功创建“国家生态旅游示范区”，平昌县成功创建“全国休闲农业与乡村旅游示范县”，诺水河、佛头山 4A 级景区通过省级初检，启动光雾山国家 5A 级景区和“四川省旅游标准化示范市”创建，红叶节品牌效应增强，全年接待游客 896.7 万人(次)，旅游收入 66.2 亿元。辖区内银行机构存款余额 678.6 亿元、增长 19.3%，贷款余额 264.9 亿元、增长 30.1%。

(三)城乡建设成效明显

坚持统筹城乡、产城一体，切实加强城乡规划建设管理。巴中市城市总体规划获得省政府批复，4 个县(区)完成全域规划，完成城市规划区内 4 个镇总体规划、4 个省级试点镇总规修编和 18 个重点镇、94 个一般乡镇、70 个中心村、963 个聚居点规划。巴中经济开发区建设取得新的进展，建成骨架路网 12 公里，35 公里市政道路顺利推进，招商中心、汽车客运中心、市第三水厂、城市规划馆等建成，市第一人民医院、兴文中学等加快建设。巴城麻柳湾大桥、南杨大桥、陇桥立交、中坝干道、巴恩快速通道西华山至燕飞村段建成通车，北环线形成通车能力，西环线加快建设，南环线开工，回风、杨家坝、莲花嘴、中坝等片区棚户区改造有序实施。巴河一期堤防工程竣工。恩阳区新城建设全面启动，开工恩阳大道、恩阳新大桥、恩阳古镇保护开发等重点工程。平昌金宝、南江红塔、通江高明新区加快建设。启动4个省级试点镇建设，扎实推进市级重点镇建设。坚持产业先行、产村相融，推进以巴山新居为重点的新农村建设，启动新居建设4.37万户。深入实施“五创联动”和城乡环境综合治理，巴城成功创建省级森林城市、环境优美示范城市，南江、平昌、通江分别通过省级生态县、环保模范县、卫生县城验收。全市新增城市建成区面积10平方公里，城镇化率达到35.9%。

（四）开放合作继续深化

与上海虹口区结为友好市区，加强与山东潍坊的城市战略合作。以产业招商为重点，扎实开展小分队招商、平台招商、以商招商。积极主动参与“央企入川、民企入川、港澳企业四川行”活动和第十二届华商大会、第十四届西博会，成功举办“对外开放·巴中行”、“光彩事业巴中行暨川商革命老区行”活动。全年签约项目198个，在建招商项目307个，年度到位资金286.49亿元，比上年增长47.6%。

（五）民生事业持续改善

编制完成《农村义务教育学校布局专项规划》、《巴中市中心城区教育设施布点专项规划》，巴中职业技术学院建成招生，新建成中小学校舍24万平方米，全面实施学生“营养餐”计划。创建甲等乡镇卫生院33个、甲级村卫生室652个，建立了大病保险、大病救助、门诊统筹和医疗纠纷第三方调解制度。全市千人病床数较上年增长12%。“米仓古道”申遗保护总体规划编制顺利推进，新建省级示范乡镇综合文化站17个、文化示范村253个，望王山运动公园对外开放，市体育馆、游泳馆项目加快推进，新增农民体育健身工程120个。建设乡镇联网路和断头路310公里、硬化村道路1600公里，新解决22.5万人的安全饮水问题。城镇新增就业3.2万人，城乡居民养老、医疗保险覆盖率分别达到85.7%和97.3%，城市、农村低保对象和集中供养、分散供养五保对象月人均补助标准进一步提高，城乡一体的社会保障体系基本形成。启动改造各类棚户区2.56万户，基本建成1.05万户；完成农村危旧房（土坯房）改造4.67万户，建设拆迁安置还房417万平方米。新启动12个片区连片扶贫开发，全市减少贫困人口5.76万人。

（六）社会保持和谐稳定

加强乡镇（街道）和社区便民服务中心建设，新建农村社区60个，建成农村社区服务中心200个、城镇社区服务中心60个，规范194个乡镇（街道）便民服务中心运行。落实“一岗双责”抓好信访稳定工作，集中化解了一批老难信访件。强化安全隐患排查、整改，全面落实操作者责任，全市安全生产形势持续稳定，无重特大安全事故发生。完成食品、药品安全监管职能整合，建立健全食品药品安全监管体系。开展娱乐场所专项整治“百日会战”，抓好天网工程升级改造、行业场所实名制管理、城乡警务运行机制和户籍管理制度改革试点等工作，全市社会治安秩序良好。

二、2014年发展目标

全市经济社会发展主要预期目标是：地区生产总值增长11%，全社会固定资产投资增长30%，规模以上工业增加值增长12%，社会消费品零售总额增长15%，地方公共财政预算收入增长20%，城镇居民人均可支配收入增长13%，农民人均纯收入增长14%，城镇化率提高2.2个百分点，城镇登记失业率控制在4.2%以内，森林覆盖率达到57.1%，单位生产总值能耗下降2个百分点。

四川省万源市

一、2013 年发展回顾

2013 年完成地区生产总值(预计,下同)106 亿元,同比增长(下同)10.1%;全社会固定资产投资 92 亿元,增长 19.6%;规模以上工业增加值 18.4 亿元,增长 10%;社会消费品零售总额 35.6 亿元,增长 14.3%;地方公共财政预算收入 3.3 亿元,增长 20%;城镇居民人均可支配收入 16784 元,增长 9.5%;全面落实农民增收责任制,农民人均纯收入 5122 元,增长 13%。实施重点招商项目 48 个,实际到位资金 53 亿元。

(一)产业发展稳步推进

工业经济稳步增长。鸿光林业套装门、立川食品豆制品加工、民达建材保温节能墙体材料生产线竣工投产,源丰林业核桃油深加工、龙强石膏加工、银同元轻质碳酸钙、LNG 储气调峰等项目开工建设,建成标准化厂房 3 万平方米,实施工业园区“七通一平”200 亩,实现工业总产值 56.4 亿元,增长 20.5%。特色农业加快发展。实施种植业“百万亩”工程和养殖业。

“千百十”工程,发展茶叶、马铃薯等富硒特色产业基地 70 万亩,出栏旧院黑鸡 1050 万只、生猪 80.1 万头、肉牛 8.8 万头、肉羊 29.7 万只,产出蜂蜜 455 吨,新建养殖小区 50 个、规模养殖场 206 个,巴山雀舌边销茶生产线开工建设,中博农旧院黑鸡养殖基地建成投产。成功申报无公害农畜产品认证 13 个,新增达州市级龙头企业 4 家,新发展农民专业合作组织 147 家。旧院黑鸡成功进入北京、上海市场,“万源老腊肉”获农业部农产品地理标志认证,万源旧院黑鸡蛋成功申报为四川省著名商标,蜂桶中蜂省级遗传资源保护区获准通过。实现农业总产值 39.9 亿元,增长 4.1%。第三产业快速增长。华硒冷链物流配送中心竣工营运,秦巴商贸物流园区加快推进,改扩建农贸市场、商贸服务中心 8 个。完成旅游产业总体规划修编,出台突破性发展旅游业十条措施,建成八台山旅游公路,八台山—龙潭河、烟霞山旅游开发明显加快,新增三星级酒店 1 家、全省旅游示范乡镇 3 个、示范村 1 个。花萼山—八台山成功列入中国国家自然遗产保护地,大巴山国家级地质公园正式授牌,成功创建省级文明城市、省级环保模范城市,实现服务业增加值 25.05 亿元,外贸出口 800 万美元,旅游收入 9.85 亿元。

(二)城乡面貌不断提升

城万快速通道顺利通车,省道 302 线升级为国道 347 线,太平至固军、魏家至铁矿、八台至平昌、康乐至庙垭、城万快速 5 条县道升级为省道。巴万高速公路、国道 347 线长石至川渝界改建工程完成前期工作,新建续建联网路、通村路 453 公里,开通乡镇农村客运班线 6 条。寨子河水库建设顺利,完成投资 2.36 亿元,改造 36 个乡镇 186 个村电网 388 公里。建成新农村综合体 2 个、新村聚居点 88 个,3 个乡镇、17 个村庄被命名为省级“环境优美示范乡镇(村庄)”。规范林地流转秩序,强化林政资源管护,新增人工造林和培育森林 8 万亩。加强饮用水源地保护和水质监测,治理水土流失 26 平方公里。加快创建省级生态市,11 个国家级生态乡镇、15 个省级生态乡镇环境规划顺利通过评审。

(三)社会民生持续改善

城镇基本医疗保险覆盖率达 96%,新农合参合率达 99.2%;建成敬老院 3 所、保障性住房 1000 套,改造农村危房 2392 户,实施地质灾害避险搬迁 2354 户;扶贫开发深入推进,投入财政扶贫资金 4350 万元,全年脱贫人口 1.13 万人。深入推进"六五"普法,解决群众信访诉求453件。全面落实义务教育阶段学生营养改善计划等惠民政策,改扩建乡镇幼儿园37所、农村中小学食堂34所。兼并重组市中心医院、市二医院,中医院综合大楼投入使用,全面取消县级公立医院药品加成。积极开展科技进步奖、社会科学奖、巴山文艺奖评选活动,陈列馆和莺山影剧院改造工程投入使用,完成1.5万户城区数字电视双改、46个乡镇数字电视整转工作。食品药品安全监管明显加强,投融资体系逐渐完善,成功创建为全国白内障无障碍县。

(四)政府作风务实清简

坚持依法行政,规范行政执法,创新执法方式,16个行政执法部门107项行政权力下放。深化行政审批制度改革,全面落实"两集中两到位",推行并联审批制度。规范和深化政府信息公开,全面实行政府采购"两询一审"、工程项目"双核双审"、工程变更"两核一准"制度,完成行政权力依法规范公开运行平台建设。全年办理代表议案建议60件、政协提案84件,办复率达100%。坚持厉行节约,杜绝铺张浪费,接待、交通、会议等经费支出明显下降。

二、发展中存在的问题

一是经济总量不大,运行质量不高,产业结构不优,发展方式亟待转变;二是财政收支矛盾突出,乡村债务沉重,要素保障日益困难,资源环境约束加剧,城乡居民收入增长不快;三是社会事业欠账较多,民计民生亟待改善,安全监管压力较大,维护稳定任务繁重,统筹兼顾各方利益难度增大;四是少数干部作风不实、能力不足,行政运行监管机制不够完善,政府效能有待提高。

三、2014年工作打算

2014年地区生产总值增长10%以上,力争11%;规模以上工业增加值增长10%以上,力争12%;固定资产投资增长10%以上,力争15%;社会消费品零售总额增长14%以上,力争14.5%;地方公共财政预算收入增长11%以上,力争12%;城镇居民人均可支配收入、农民人均纯收入确保分别增长10%和13%;城镇登记失业率控制在4.1%以内;单位生产总值能耗下降3%;二氧化硫排放量控制在2350吨以内。

2013年直辖市及西部省(区)经济发展统计比较表

表1 国民生产总值

省、市自治区		国民生产总值(亿元)	比上年增长±%	第一产业		第二产业		第三产业		人均生产总值	
				增加值(亿元)	±%	增加值(亿元)	±%	增加值(亿元)	±%	金额(元)	±%
直辖市	北京	19500.6	7.7	161.8	3	4352.3	8.1	14986.5	7.6	93213	
	上海	21602.12	7.7	129.28	-2.9	8027.77	6.1	13445.07	8.8	90100	
	天津	14370.16	12.5	188.45	3.7	7276.68	12.7	6905.03	12.5		
	重庆	12656.69	12.3	1002.68	4.7	6397.92	13.4	5256.09	12.0	42795	11.3
西部省区	内蒙古	16832.61	9	1599.41	5.2	9084.19	10.7	6148.78	7.1	67498	8.7
	广西	14378	10.2	2342.57	10.2	6863.04	11.9	5171.39	10.2	30588	
	四川	26260.8	10.0	3425.6	3.6	13579.0	11.5	9256.1	9.9	32454	9.6
	贵州	8006.79	12.5	1029.05	5.8	3243.70	14.1	3734.04	12.6	22922	
	云南	11720.91	12.1	1895.34	6.8	4927.82	13.3	4897.75	12.4	25083	11.4
	西藏	807.67	12.1	86.82	3.8	292.92	20.0	427.93	8.7	26068	10.5
	陕西	16045.21	11	1526.05	4.7	8911.64	12.6	5607.52	9.9	42692	10.6
	甘肃	6268.0	10.8	879.4	5.6	2821.0	11.5	2567.6	11.5	24297	10.4
	青海	2101.05	10.8	207.59	5.3	1204.31	12.3	689.15	9.8		
	宁夏	2565.06	9.8	222.98	4.5	1264.96	12.5	1077.12	7.5	39420	8.6
	新疆	8510	11.1	1480	5.7	3950	13.1	3080	10.3	37847	9.7

表2 农业

省、市自治区		粮食		油料		肉类		蔬菜		水产	
		总产(万吨)	比上年±%	总产(万吨)	比上年±%	总产(万吨)	比上年±%	总产(万吨)	比上年±%	总产(万吨)	比上年±%
直辖市	北京	96.1	-15.5								
	上海	114.15	-6.7					384.83	-2.7	27.59	1.4
	天津	174.71	8.0			46.48	1.5	455.06	1.6	39.86	9.2
	重庆	1148.13	0.8	53.14	6.0	207.85	3.3	1600.64	6.0		
西部省区	内蒙古	2773.0	9.7	158.14	9	244.96	-0.3	1421.07	-3.7	14.13	7.4
	广西	1521.8	2.5	57.21	6.1	414.2	2.1	2435.62	3.3	319.06	5.1
	四川	3387.1	2.2	290.4	1.4			3910.7	3.9	126.1	6.0
	贵州	1029.99	-4.6			196.85	4.6				
	云南	1824	4.3	60.7	-3.4	357.44	3.4	1625.4	10.4	78.16	14.9
	西藏	96.15	1.3	6.34	0.6	29.21	0.9	66.99	2.2		
	陕西	1215.8	-2.4	59.52	-1.4	112.56	5.1	1629.36	6.8		
	甘肃	1138.9	2.63	69.72	4.06	95.10	3.06	1578.72	8.1	1.39	4.51
	青海	102.37	0.9	32.57	-7.5	31.98	5.0	158.94	0.1		
	宁夏	373.40	-0.4	17.07	-5.3	27.02	3.4	498.59	5.8	14.49	17.3
	新疆	1377	8.2	60.03	2.7	139.26	4.1	1669.92	0.8		

表 3　工业、建筑业、固定资产投资

省、市自治区		工业 增加值（亿元）	工业 比上年±%	其中规模以上企业 增加值（亿元）	其中规模以上企业 ±%	其中规模以上企业 经济效益综合指数	其中规模以上企业 增减百分点	建筑业 增加值（亿元）	建筑业 比上年±%	固定资产投资 总额（亿元）	固定资产投资 比上年±%
直辖市	北京	3536.9	7.8		8	269.99	7.68			7032.2	8.8
	上海	7236.69	6.3	6769.64	6.6					5647.79	7.5
	天津	6678.60	12.8		13.0			598.08	11.4	10121.20	14.1
	重庆	5249.65	13.1		13.6	257.8	23.0	1148.27	14.9	11205.03	19.5
西部省区	内蒙古	7944.4	11.3		12			1139.79	6.6	15520.72	18.4
	广西	5749.65	11.4		12.9	338.69	14.53	1113.39	15.1	11907.67	21.4
	四川	11578.5	11.0		11.1			2000.5	14.5	21049.2	16.7
	贵州	2686.52	13.1	2531.92	13.6					7102.78	29.0
	云南	3767.58	12.0	3470.66	12.3			1160.24	18.4	9621.83	27.4
	西藏	61.16	12.2	45.83	12.2			231.76	24.2	918.48	29.4
	陕西	7507.34	12.7	7258.56	13.1			1404.3	11.9	15934.2	24.1
	甘肃	2225.2	11.6	2045.2	11.5			595.8	11.3	6407.20	27.11
	青海			1019.70	12.6					2403.90	25.2
	宁夏	944.50	12.0	907.22	12.5					2681.14	27.1
	新疆			2895.95	12.9					8148.41	30.2

表 4　交通、邮电、旅游

省、市自治区		交通 货运 货物周转量（亿吨公里）	交通 货运 比上年±%	交通 客运 旅客周转量（亿人公里）	交通 客运 比上年±%	邮电 邮政 业务总量（亿元）	邮电 邮政 比上年±%	邮电 电信 业务总量（亿元）	邮电 电信 比上年±%	旅游 总收入（亿元）	旅游 比上年±%
直辖市	北京					58.4		537.2	9.9	3961	
	上海					258.7	35.5	487.39	9	3297	
	天津	5390.47		472.89	9.3	46.74	10.9	173.79	7.0		
	重庆	840	14.8	522	10.8	39.12	25.1	275.90	12.2		
西部省区	内蒙古	6347	8.7	468	7.6	17.52	18.1	270.63	4.7	1403.46	24.4
	广西					29.57	22.5	363.3	6.1	2057.14	23.9
	四川	2437.5	8.1	1923.6	10.6	83.3	15.1	686.9	10.8	3877.4	18.2
	贵州	1146.01	9.0	751.39	9.5	22.64	26.3	278.10	13.9	2370.65	27.4
	云南	1271.49	9.2	719.97	7.4	23.38	28.1	379.23	10.1	2111.24	24.0
	西藏					1.51	5.7	39.08	18.5	165.18	30.6
	陕西	3481.19	8.5	1057.99	5.3	37.02	18.1	380.48	7.1	2135	24.6
	甘肃	2379.66		613.0		11.38	10.4	198.22	10.1	620.9	
	青海	557.08	5.6	143.57	10.2	2.63	3.7	57.67	6.0	158.54	28.1
	宁夏	1187.74	7.8	156.49	8.6	4.71		66.96	9.81	127.30	21.3
	新疆					18.78	3.4	268.10	8.7	673.24	16.9

表 5　贸易

省、市自治区		国内贸易		国外贸易							
		社会消费品零售总额（亿元）	比上年±%	进出口总额（亿美元）	比上年±%	其中 出口总额（亿美元）	±%	进口总额（亿美元）	±%	外商直接投资（亿美元）	±%
直辖市	北京	8375.1	8.7	4291	5	632.5	6.1	3658.6	5	30.8	160
	上海	8019.05	8.6	4413.98	1.1	2042.44	–1.2	2371.54	3.1	167.8	10.5
	天津	4470.43	14.0	1285.28	11.2	490.25	1.5	795.03	18.1	168.29	12.1
	重庆	4511.77	14.0	687.04	29.1	467.97	21.3	219.07	49.7	41.44	34.3
西部省区	内蒙古	5075.2	11.8	119.93	6.5	40.95	3.1	78.98	8.4	46.45	18
	广西	5083.08	13.6	328.37	11.4	186.95	20.9	141.42	0.9	7	–6.5
	四川	10355.4	13.9	645.9	9.2	419.5	9.1	226.4	9.5	103.6	5.0
	贵州	2366.24	14.0	82.90	25.0	68.86	39.1	14.04	–16.4	15.26	45.9
	云南	4036.01	14.0	258.29	22.9	159.6	59.3	98.7	–10.2	25.1	14.9
	西藏	293.22	15.1	33.1939	–3.1	32.69	–2.6	0.5034	–2.7	1.0111	
	陕西	4938.54	14	201.27	36	102.24	18.2	99.03	61.1	36.78	25.3
	甘肃	2139.83	14.0	102.81	15.5	46.79	31	56.02	5		
	青海	544.08	14.3	14.0256	21.2	8.4726	16.3	5.553	29.5	0.94	–54.5
	宁夏	610.51	12.5	32.18	45.2	25.52	55.5	6.66	15.6	2.04	–41.4
	新疆	2039.15	13.4	275.62	9.5	222.70	15.1	52.92	–9.1	4.81	15.7

表 6　财政

省、市自治区		地方财政总收入（亿元）	比上年±%	一般预算收入		一般财政支出	
				金额（亿元）	比上年±%	金额（亿元）	比上年±%
直辖市	北京			3661.0	10.4	4170.2	13.2
	上海			4109.51	9.8	4528.61	8.2
	天津			2078.30	18.1	2506.25	18.7
	重庆			1692.92	15.5		
西部省区	内蒙古	2658.42	6.5	1719.54	10.7	3682.15	7.5
	广西	2000.51	10.5	1316.84	12.9	3192.26	6.9
	四川			2784.1	15.0	6194.3	13.6
	贵州	1919.18	16.7	1205.72	18.9	3098.25	12.4
	云南	2975.68	13.4	1610.69	20.4	4096.56	14.7
	西藏	110.40	15.4	95	9.7	1047.13	12.6
	陕西						
	甘肃	1144.01	7.95	606.45	18.20	2308.22	12.07
	青海			224.41	20.4	1250.98	13.4
	宁夏	528.22	14.8	308.14	16.7	931.48	7.8
	新疆	2246.6	16.7	1556.5	24.0	1128.5	24.2

表 7　金融、证券、保险

省、市自治区		金融						证券		保险	
		年末存款				年末贷款					
		金额（亿元）	比上年±%	其中居民存款 金额（亿元）	其中居民存款 ±%	金额（亿元）	比上年±%	交易额（亿元）	比上年±%	保险费收入（亿元）	比上年±%
直辖市	北京	91660.5				47880.9		145932.7	70.9	994.4	7.7
	上海	69256.32		23097.35		44357.88		865100	20.9	821.43	0.1
	天津	23316.56	14.9			20857.80	13.4	16696.4	55.4	276.80	16.2
	重庆	22789.17	17.3	9866.12	16.5	18005.69	15.5			359.23	
西部省区	内蒙古	15205.69	11.7	7661.19	15.1					274.69	10.9
	广西	18400.48				14081.01				275.47	15.6
	四川	47667.3	15.9	22597.3	16.3			4.0	57.1	914.7	11.6
	贵州	13265.01				10104.30		1.0648	77.7		
	云南	20691.55	15.2	8968.32	15.8	15782.46	14.0			320.77	18.2
	西藏	2500.94	21.7	496.30	22.7	1076.96	62.1			11.43	19.9
	陕西	25736.72	12.7			16537.69	17.0	1.5509	48.3	417.45	14.3
	甘肃	1207.64	19.1	5878.47	16.4	8822.23	22.59			180.15	13.47
	青海	4102.54	16.3	1533.13	19.8	3398.17	51.93			39.02	20.4
	宁夏	3881.40		1887.23	12.4	3947.29		0.15498	51.2	72.70	16.0
	新疆	14088.83	14.3	6001.74	13.1	9840.45	24.3			273.49	16.1

表 8　科学技术、高等教育

省、市自治区		科学技术							高等教育				
		专利申请		专利授权		专利合同成交额		研究试验发展经费支出（亿元）	高校总数	在校大学生		在校研究生	
		数量（件）	比上年±%	数量（件）	比上年±%	金额（亿元）	比上年±%			数量（万人）	比上年±%	数量（万人）	比上年±%
直辖市	北京	123336	33.6	62671	24.1	2851.2	16	1200.7	56	58.9		26.6	
	上海	86450	4.6	48680	-5.5	620.87	5.5	737	68	50.48	-0.4	13.48	
	天津	68500				300.68	19.7		55	48.99		5.05	
	重庆	47800	22.9	24800	21.9	167.98		192	67	65.94		4.82	
西部省区	内蒙古	6338	33.9	3836	24.1	158.93			49	39.92	2	1.6897	4.1
	广西	23249	70.9	7884	33.6	7.34		3.31		66.21		2.41	
	四川	82453		46171					103	127.1	11.2	8.8	
	贵州	17405	54.1	7915	30.7	19.38	97.8						
	云南	11512		6804		43.67				77.45	7.68	3.06	4.63
	西藏								6	3.3562		0.1244	
	陕西	57287		20836		533.31			80	108.3		9.7	
	甘肃	10976	32.9	4737	29.2	100.13	37.1			44.30	2.76	2.94	3.91
	青海	1099		502		26.9	27.5			6.39		0.3074	
	宁夏	3230		1211	43.8				16				
	新疆	8224		4998		2.97			36	27.84	3.6	1.6867	9.1

表 9 人口、人民生活

省、市自治区		人口			人均可支配收入				人均可消费支出				消费价格上涨%	恩格尔系数	
		年末常住人口总数（万人）	人口出生率‰	人口自然增长率‰	城镇		农村		城镇		农村			城镇	农村
					金额（元）	±%	金额（元）	±%	金额（元）	±%	金额（元）	±%			
直辖市	北京	2114.8	8.93	4.41	40321	10.6	18337	11.3	26275	9.3	13553	14.1	3.3	34.6	34.6
	上海	2415.15	8.18	2.94	43851	9.1	19208	10.4	28155	7.2	13425	11	2.5		
	天津	1472.21	8.28	2.28	32658	10.2	15405	13.5					2.7		
	重庆	2970.0	10.37	3.6	25216	9.8	8332	12.8	17814	7.5	5796	15.5	2.7	40.7	43.8
西部省区	内蒙古	2497.61	8.98	3.36	25497	10.1	8596	12.9	19249	8.7	7268	13.9	3.2	31.7	35.6
	广西	4719	14.28	6.35	23305	9.7	6791	13.0	15418	8.2	5206	6.7	2.4	37.9	40.0
	四川	8107	9.9	3.0	22368	10.1	7895	12.8	16343	8.6	6127	14.2	2.8	39.6	43.5
	贵州	3502.22	13.05	5.90	20667	10.5	5434	14.3	13702.87	8.9	4047.18	21.5	2.5		
	云南	4686.6	12.60	6.17	23236	10.3	6141	13.4					3.1		
	西藏	312.04	15.77	10.38	20023	11.1	6578	15.0					3.6		
	陕西	3763.7	10.01	3.83	22858	10.2	6503	12.8	16680	8.8	5724	11.9	3.0		
	甘肃	2582.18	12.16	6.08	18964.78	10.54	5107.76	13.34	14020.72	9.14	4849.61	16.97	2.6	36.82	37.09
	青海	577.79	14.16	8.03	19498.54	11.0	6196.39	15.5	13539.5	9.7	6060.19	13.5	3.9		
	宁夏	654.19	13.12	8.62	21833	10.1	6931	12.2					3.4	32.0	34.4
	新疆	2264.3	15.84	10.92	19874	10.9	7296	14.1	15206	9.5	5520	16.7	3.9		

注：以上各表数据均来自各省、市、自治区 2013 年统计公报；其空格处为统计公报中没有提供或统计口径不同所致。

编纂说明

由重庆市人民政府办公厅主管，重庆社会科学院、重庆市人民政府发展研究中心主办的《重庆经济年鉴》，是一部全面介绍重庆经济发展状况的大型工具书，极具史存性和实用性。2014 年卷为《重庆经济年鉴》的第十四卷。

一、本卷《重庆经济年鉴》的特点

本卷年鉴总体结构上由“重要经济文献、专题研究、经济与社会发展综述、部门经济运行与管理、产业状况、开发区与园区建设、区县经济、附录”共八编组成。

二、本卷《重庆经济年鉴》的稿件来源

本卷年鉴主要收录了重庆市第四届人民代表大会第二次会议上的部分文献，其他文稿、数据、图表等主要来自市级有关部门、各区县政府，部分开发区与工业园区，围绕重庆经济社会热点难点开展的专题研究成果，以及编辑部收集整理的西部省区、长江沿线主要城市、部分环渝区域市县的经济社会发展情况。

三、本卷《重庆经济年鉴》编纂的有关技术性说明

（一）本《年鉴》以编为单位进行编纂。每编大体反映一项相对独立的经济内容；编以下不设章、节；本卷共八编。

（二）本《年鉴》侧重对重庆市 2013 年度经济运行状况的反映，这与其他类型的年鉴有明显的区别。为了突出经济内容，本书对文化、教育、体育、卫生等社会发展方面的内容未专设编目。文中涉及社会事业发展方面内容的，根据具体情况，作了适当保留。

（三）本《年鉴》表现形式大体采用专题文章。文章体例大致是：年度主要状况及分析、存在的问题、发展展望。“重要经济文献”、专题研究、“附录”等编目，则未作统一的体例要求。

（四）本《年鉴》中的统计数据，截止到 2013 年底，个别内容则稍作延伸。统计资料来源于重庆市统计公报和市统计局。另外，有必要指出的是，因统计口径的不同，有关部门和各区县（自治县）所用数据与“统计公报”中的数据不尽一致，采用时请予注意。

（五）本《年鉴》有关材料，系相关单位、部门所撰写，所用技术术语、专业名词、名称以稿件提供单位为准。不属于专业用语的，从习惯。

（六）根据年鉴因承相袭的惯例，本年度反映上年度的内容。2014 年卷《重庆经济年鉴》也从这一惯例。

2014 年卷《重庆经济年鉴》的编辑工作，得到了重庆市各部门、各单位、各级领导和长江沿线的上海、南京、武汉等主要城市、西部省区及广大读者的热情支持，在此深表谢意。另外，尽管编辑部的同志在编纂过程中尽了最大努力，但因时间紧、内容多、来稿渠道广，加之编辑部水平能力有限，本卷《重庆经济年鉴》存在疏漏，热忱希望得到读者的指正。

《重庆经济年鉴》编辑部

二〇一四年十二月

大足区 DAZUQU

一、2013 年发展回顾

（一）综合

2013 年，全区地区生产总值 278.3 亿元。三次产业结构比 12.3:57.2:30.5。固定资产投资 319.2 亿元。地方财政收入 63.02 亿元。社会消费品零售总额 78.4 亿元。农民人均纯收入和城镇居民可支配收入分别为 10440 元、23721 元。

（二）工业

全区工业总产值 650 亿元，规模工业总产值 324.4 亿元，规模工业企业 309 户。工业园区化水平为 96.9%。产值过亿企业 70 户。工业投资完成 123.3 亿元。汽车及零部件、装备制造、现代五金、循环经济等支柱产业加快集聚，重庆家居产业园、“上依红”车桥、百亿机电装备工业园、再生资源产业园等落户。（配巨腾项目开工仪式图一张）

全球第一大笔记本电脑机壳企业巨腾集团重庆生产基地落户双桥经开区

（三）农业

农业总产值 50.4 亿元。已有优质粮油基地 30 万亩、蔬菜基地 10 万亩、枇杷基地 10 万亩、葡萄基地 3 万亩、荷莲基地 5 万亩。建成 70 万头生猪、6 万只黑山羊基地，出栏生猪 68 万头。农业龙头企业达 141 家，其中国家级 1 家、市级 17 家。

“国宝”千手观音修复——全国石质文物保护一号工程

（四）旅游

全年接待游客 1001.8 万人次，旅游总收入 31.6 亿元，分别增长 25.2%、20.9%。宝顶山景区提档升级、千手观音修复、龙水湖温泉水世界主题乐园等项目顺利推进，昌州古城、石马真原堂正式开放。石刻国际旅游文化节、郁金香节、花雕节等成功举办。

（五）商贸流通

市场主体达到 4.2 万个，微型企业 3105 户。限上商贸企业 387 户，增加 123 户。注册商标 1866 件，重庆市著名商标 27 件。100 亿级商圈建设加快推进，优丹、童萌等百货商场正式营业，新城“七星伴月”建设正式启动，“大足印象”、重百、中国西南城等项目有序实施。龙水五金市场年交易额达到 228 亿元、增长 39.8%，五金商贸城、汽摩配件市场及仓储中心、汽博中心、普洛斯物流园等市场物流项目加紧建设。

中国西南城显雏形

（六）对外开放

引进投资额 5000 万元以上项目 90 个，实际利用内资 120.6 亿元、外资 5000 万美元。实现自营进出口 4600 万美元。对台招商进展顺利，成功引进台湾中小企业园、标准厂房、台商国际学校等项目。

（七）城市建设

城镇建成区增加 1.83 平方公里，达到 47.25 平方公里，常住人口城镇化率达到 48.7%。建筑业总产值 69.9 亿元。新开工房地产面积 246.5 万平方米，房地产开发完成投资 39.3 亿元。城区绿地率达 44.3%，城镇生活垃圾无害化处理率、污水集中处理率分别达 92%、97.4%。

（八）社会事业和人民生活

初升高比例 95%，高考上线率达 92.8%。引进重庆正大软件等一批职业院校，重庆电信职业学院揭牌投用。“三甲”医院加快建设，经开区人民医院业务综合楼正式投用，中医院、区二院、精神卫生中心等各类医院迁扩建顺利推进。规范实施基本药物制度，药品电子交易正式启动。城镇新增就业 17241 人，城镇登记失业率为 2.6%。城乡医保参保率 98% 以上。新建、续建保障房面积达 80.3 万平方米，改造农村危旧房 15680 户。解决 133.2 万平方米土地房屋“两证”遗留问题。

二、2014 年经济发展展望

（一）主要目标

地区生产总值增长 13% 左右；地方公共财政预算收入增长 13% 以上；全社会固定资产投资增长 17%；社会消费品零售总额增长 13%；城镇居民人均可支配收入、农村居民人均纯收入分别增长 12%、13% 以上。

（二）工作思路

按照国家关于成渝经济区的总体规划和重庆市五大功能区建设战略部署，紧紧围绕“138”发展思路，以建设“现代新兴产业城市”为奋斗目标，以“国际旅游城、新兴工业城、生态宜居城”为发展定位，全力推进双桥经济技术开发区、龙水工业园区、万古工业园区、海棠新城开发区、大足石刻旅游开发区、龙水湖度假区、市场物流园区、现代农业示范区八大功能板块建设。力争到 2020 年，建成 60 平方公里、60 万人口大城市；地区生产总值突破 800 亿元；工业总产值突破 2000 亿元；市场物流交易额达到 800 亿元。

贯彻落实党的十八届三中全会精神 全面深化价格改革 提高价格治理能力

重庆市物价局局长 赵宝权

2014年是贯彻落实党的十八届三中全会精神，全面深化改革的开局之年。全市价格主管部门自觉把思想和行动统一到中央和市委、市政府的决策部署上来，坚持"稳中求进"工作总基调，紧紧围绕"使市场在资源配置中起决定性作用和更好地发挥政府作用"这一主线，以改革统揽价格工作全局，积极推进价格治理能力现代化，切实为全市经济社会发展营造良好的价格环境。

一、立足问题导向，找准当前价格工作面临的主要问题

价格改革贯穿于经济体制改革全过程，经过三十多年的不懈努力，价格改革取得了重大进展，基本建立起主要由市场形成价格的机制。当前，由政府直接制定价格的商品和服务大幅度减少，但重要资源性产品和生产要素市场化定价机制仍不够健全，一些深层次价格矛盾仍有待解决，不完善的价格形成机制极易造成市场信号失真、资源错配、结构失衡、粗放发展等问题，影响科学发展的体制机制障碍仍然存在。

——**"以调代改"的认识偏差尚未有效解决。**资源性产品、生产要素等领域的价格改革尚需进一步深化，价格改革指导思想上"以调代改"的认识偏差仍然存在，更多是以短期的顺价调价来缓解长期的供求矛盾和上下游利益矛盾。政府直接定价的结果就是本应由市场来消化的矛盾全部转嫁到政府身上，形成了政府被迫不断推动价格刚性上涨的单方面调价机制，难以发挥价格杠杆促使相关企业提高效率、降低成本，制约了价格改革的深入推进。

——**能源比价关系仍未充分理顺。**主要能源产品比价关系仍不够合理，上下游之间价格传导不畅，特别是煤炭与电力价格、原油与成品油价格、工商业用电与居民用电、天然气与石油等之间的比价关系还不够合理，价格杠杆调节作用效果不明显。工业电价、动力用煤价格过高，长此以往，既不利于优化能源结构，也不利于提高产业竞争力。

——**资源性产品价格形成机制亟待完善。**能源资源开发生产过程中对生态环境的破坏未足额计入成本，矿产和水价没有完全反映资源的稀缺性和环境损害恢复成本。现有煤炭价格没有反映资源真实价值，探矿权、采矿权使用费偏低，不能充分反映煤炭资源的稀缺性；对生产安全等企业内部成本和生态环境影响等外部成本反映不够，也不反映煤矿退出成本和费用，对代际公平问题也欠考虑，制约着经济社会可持续发展。

——**价格工作越位缺位现象仍然存在。**在社会主义市场经济体制逐步完善过程中，市场与政府的价格作用边界尚未得到有效厘清，政府价格行为对市场微观主体价格干预仍显偏多，"越位"、"错位"问题尚未得到根本解决，而为弥补市场失灵需加强宏观调控、市场监管、公共服务的政府价格工作也存在履行职能不到位的"缺位"现象，全面深化改革转换政府价格工作职能还任重而道远。

二、贯彻落实党的十八届三中全会精神，进一步理清全面深化价格改革的基本思路和原则

党的十八届三中全会通过的《中共中央关于全面深化改革若干重大问题的决议》（以下简称《决议》）指出，"经济体制改革是全面深化改革的重点。核心问题是处理好政府和市场的关系，使市场在资源配置中起决定作用和更好地发挥政府作用"，"完善主要由市场决定价格的机制。凡是能由市场形成价格的都要交给市场，政府不进行不当干预。……政府定价范围主要限定在重要公用事业、公益性服务、网络型自然垄断环节，提高透明度，接受社会监督"，为全面深化价格改革指明了方向。贯彻落实十八届三中全会精神，全面深化价格改革，推进价格治理能力现代化，必须立足问题导向，针对价格领域长期存在的以调代改、比价关系扭曲、价格构成不完整和价格调控监管机制不健全等突出矛盾，进一步理清价格改革思路，完善主要由市场决定价格的机制和保障其正常运转的价格调控监管体系，坚决破除制约科学发展的体制机制障碍，促进科学发展、富民兴渝和稳价安民。

（一）全面深化价格改革的基本思路。全面深化价格改革的总体思路可概括为"坚持一个方向、健全两个机制"。

——坚持一个方向：坚持市场化改革方向，让市场供求关系成为决定价格的主导力量，健全市场决定价格的机制，尽可能缩小政府制定和干预价格的范围和程度。价格改革的主攻方向是价格形成机制，而不是价格水平的调整。价格改革的最终目标是完善主要由市场决定价格的机制，切实让市场最大限度地发挥作用，价格能够准确、有效地反映市场供求关系，努力实现资源配置效率最优化和效益最大化。

——完善两个机制：一是完善价格形成机制。要在充分真实反映资源稀缺程度、市场供求关系、环境损害外部成本和修复效益的基础上，重点解决能源资源价格失真、比价关系不合理、价格构成不完整等问题。二是完善价格调控监管机制。着力于保持价格总水平基本稳定，进一步健全价格宏观调控体系，增强政府价格调控能力。对确实需要政府定价的垄断环节（如电网、天然气管网）进行有效的价格监管，增强政府价格监管能力。强化反价格垄断执法，加强市场价格行为监管，坚决打击价格垄断、价格操纵、价格欺诈以及利用市场优势地位强制推销产品和强制服务等违法行为。

（二）全面深化价格改革的基本原则。全面深化价格改革，涉及面广，政策性强，事关改革发展稳定大局，既要积极稳妥，扎实推进，同时要注重改革的整体性、系统性和协调性，统筹兼顾，突出重点，正确处理好重大价格关系，以保持价格总水平基本稳定作为首要任务，以完善价格形成机制作为主攻方向，以保障改善民生作为出发点和落脚点，切实把握好价格改革基本原则，确保价格改革健康推进。

——**价格改革要与培育市场竞争结合起来。**电力、石油天然气等能源产品的价格形成机制改革要与垄断行业经营体制改革同步推进。可竞争环节要积极引入竞争实现市场定价。自然垄断环节价格实行政府定价管理要切实管住管好。

——**价格改革要与健全利益调节机制相结合。**价格改革需要重塑政府与企业之间、上下游企业之间、生产者与消费者之间的利益分配关系，合理调节利益分配。一方面要通过健全资源税、扩大诸如石油特别收益金等税收政策，另一方面对低收入群体要建立基本生活补偿救助机制。

——价格改革要突出重点、有序推进。改革根本目的在于有效增强经济发展内在动力和市场活力，促进社会福利最大化。为确保价格改革有序推进，要立足于市场竞争发育成熟程度，进一步明确路径图和时间表，由易到难，循序渐进，突出重点，有序推进。

——价格改革要与价格工作职能转换相结合。一方面，要从更大的广度和深度上简政放权，大幅度减少政府价格管制，切实从繁琐的价格审批事务中解脱出来。另一方面，为弥补市场失灵，必须加快价格工作职能转换，进一步改善价格调控，强化市场监管，优化公共服务，提高价格治理能力。

三、坚持市场化方向，积极推进重点领域价格改革

价格改革作为经济体制改革的重要内容，必须遵循市场决定资源配置这一市场经济基本规律，始终坚持市场化改革方向，完善主要由市场决定价格的机制，其重点是健全资源性产品价格形成机制和完善民生领域价格保障机制。

（一）完善资源性产品价格形成机制，积极稳妥推进重点领域价格改革。《决定》指出“加快自然资源及其产品价格改革，全面反映市场供求、资源稀缺程度、生态环境损害成本和修复效益”。贯彻《决定》精神，强调市场在资源配置中起决定性作用，就是要在尊重价值规律的基础上，完善资源价格形成机制，真实完全反映资源价值，正常传递经济信号，促进资源在不同行业、部门、地区之间自由流动，更好发挥市场在资源配置中的决定性作用。一是健全市场体系，加快水、石油、天然气、电力、交通、电信等行业经营体制改革和企业改革。长期以来，资源性产品价格形成机制改革受制于相关产业还没有形成有效竞争的市场格局，价格改革要与垄断行业经营体制改革同步推进。要着力打破垄断引入竞争机制，健全市场体系，放开竞争性环节价格，完善相关配套政策，创造有利于推进资源性产品价格改革的外部环境。二是有序推进重点领域价格形成机制改革。要坚持市场化改革方向，逐步建立反映市场供求关系、资源稀缺程度、环境损害成本和修复效益的价格形成机制，积极稳妥推进资源性产品价格改革，进一步理顺煤、电、油、气、水等资源产品价格关系。完善资源有偿使用制度和生态补偿制度是价格改革最难啃的硬件骨头，涉及现有利益格局的重大调整，必须以更大的政治勇气和智慧，不失时机地深入推进，统筹兼顾各方面利益，在有力促进经济发展和充分考虑群众利益的基础上，做到审慎推进，稳妥实施。三是积极健全节能减排价格政策体系。进一步运用差别化价格手段促进节能减排和生态文明建设，充分考虑行业差异，积极实施支持、限制和禁止性的差别化价格政策，抑制资源浪费、促进节能减排、加快淘汰落后产能，推动产业结构向高端、高效、高附加值转变，切实增强可持续发展能力。要按照“保基本、建机制、促公平”的原则，建立健全水电气等居民消费阶梯价格制度，切实促进节约合理引导消费。

（二）完善民生价格保障机制，创新民生领域价格管理。全面深化价格改革，落脚点在保民生促和谐，保障和改善民生，需要有力的制度保障。要坚持公益性原则，区分民生领域“基本”与“非基本”需求，在进一步放活非基本需求价格的同时，进一步依托公共财政支持，优化和完善就业、教育、医疗、住房、交通、养老、殡葬等民生领域基本需求服务价费政策，为群众更好地编织保基本、兜底线、促公平、可持续的民生保障安全网。创新民生领域价格管理理念，择机推进高校、医药、物业服务、旅游等重大民生领域收费改革。适时完善社会救助和保障标准与物价上涨挂钩的联动机制，确保低收入困难群众基本生活不因价格上涨而降低。

四、加强和改善价格调控监管，着力提高价格治理能力

科学的宏观调控，有效的政府治理，是发挥社会主义市场经济体制优势的内在要求。全面深化价格改革健全市场决定价格的机制，价格宏观调控和市场价格监管的任务更重，价格主管部门要转变职能，创新价格调控监管理念，切实提高价格治理能力。

（一）健全价格宏观调控体系，积极构建稳价安民长效机制。保持价格总水平基本稳定是宏观调控的重要目标，也是物价工作的首要任务。全面深入推进价格改革过程中，价格自发波动风险与保持价格总水平基本稳定的矛盾更加突出，价格宏观调控的任务更加艰巨。价格调控与货币政策、财政政策、产业政策都是政府宏观调控的重要手段，同时价格调控也是一项复杂的系统工程，涉及到生产、流通、消费各个环节，必须站在全市经济社会发展和国家宏观调控大局的高度来谋划，加强通胀预期管理，着力健全稳价安民长效机制。一是要千方百计抓好粮食、蔬菜等食品的生产、供应和流通，夯实保供稳价基础，要深入研究如何在当前产业布局和大流通、大物流背景下处理好区域调剂与提高自给率的关系，以健全信息引导、储备吞吐、价格调节基金、政策性保险、农超对接、平价市场为重点，完善农产品价格调控方式。二是要继续加强通胀预期管理，进一步完善价格监测和预警体系，加强价格形势研判和重要商品的价格运行规律研究，及时发现苗头性、趋势性问题和提出有针对性的价格调控政策措施。三是要加大清费减负力度，有效优化经济社会发展环境。认真清理、全面规范涉企收费，在免除小微企业管理类、登记类和证照类行政事业收费的基础上，进一步取消一批行政事业性收费、降低经营性收费、合并或者取消一批政府性基金收费，坚决防止政府监管费用转嫁企业。全面整顿规范直接涉及进出口环节管理服务的海关、出入境检验检疫、港口码头、口岸等部门和单位收费行为。加强金融机构收费监管，有效解决中小企业“融资难、融资贵”问题，切实促进实体经济健康发展。四是加强价格宣传，积极引导和化解价格舆情。价格宣传和舆论引导，要贯穿在价格政策研究、制定、出台、实施以及后评估的全过程，畅通社会各方面意见渠道，加强价格宣传和政策解读，及时发现和准确研判、引导舆论，切实营造良好的价格改革舆论环境，稳定社会价格预期。

（二）强化价格法治能力建设，切实加强和改进价格监管。一是要加强价格法治建设。价格法律法规是维护公平竞争的市场价格秩序的根本保证。坚持依法治价，加强价格法制建设，进一步厘清市场和政府价格作用边界，修订地方政府定价目录，引导政府定价范围主要限定在重要公用事业、公益性服务、网络型自然垄断环节，进一步放活市场主体价格自主权。加快修订完善价格法律法规，完善政府价格决策机制和市场价格行为规则，对那些不适应形势发展要求的规定及时加以修订，积极为建立健全市场决定价格的机制提供更加有力的法律保证。二是要把加强和改进价格监管，积极开展反价格垄断调查和执法，加大市场价格行为监管。价格监管的重点要由传统的查处乱涨价、乱收费向规范市场主体价格行为、强化反价格垄断执法转变，坚定不移地推进反价格垄断调查和执法，严厉打击排除和限制竞争的行为，坚决维护统一开放、竞争有序的市场秩序。进一步加强市场价格行为监管，维护消费者合法权益。三是加快完善价格监管机制，切实提高监管效率。要健全价格监督机制，制定完善行业价格行为规范，坚持事前预防与事后查处、专项整治与日常监督、政府监管与诚信自律、制度建设与方式创新“四结合”原则，强化价格行政执法能力建设，提高价格监管效能。

风和景明 秀色巴渝
——重庆环保“六件大事”进展顺利

重庆市民群众对良好生活环境质量的向往，是重庆环保人努力的方向。2014 年，重庆环保以“六件大事”为抓手，持续改善城乡环境质量。

环保“六件大事”，即“深化改革、治理污染、守住底线、完善考核、强化基础、确保安全”。今年以来，重庆总体实现深化改革，生态文明建设水平不断提升；治理污染，全市环境质量持续改善；守住底线，环境保护与经济发展更加协调；完善考核，环境保护责任得到更好落实；强化基础，环境监管水平不断提升；确保安全，群众环境权益得到切实维护。

——45 项环评审批权下放到区县

全市生态文明体制改革总体任务为 18 项，2014 年重点任务有 9 项。简政放权方面，制定实施了市环保局《关于进一步简政放权工作实施方案》，已下放 45 项环评审批权到各区县环保局，推动 21 家环保企业入驻大足区万古环保工业园，举办 3 期 400 余人次运营岗位培训。拟定《企业环境信用评价方法》等制度并开展评估试点工作。推进环境信息公开和公众参与。推进建立环境保护行政执法与刑事司法衔接机制。落实大气污染防治工作责任机制。健全总量减排长效机制，完善排污权交易制度。

——优良天数比去年同期增加 29 天

蓝天行动成效初显。重庆市 2014 年进一步完善工作机制，明确工作重点，分解目标任务，印发了《2014 年大气污染防治重点工作目标任务》。进一步加强部门协作，深化了城市扬尘污染治理、强化了交通污染防治、加强了工业和燃煤污染治理。严格落实系列工程措施、技术措施、管理措施和政策措施，有效控制和削减污染。上半年，共督促 3000 余个施工工地严格执行《重庆市主城区尘污染防治办法》相关规定。在全国率先建设利用电子车牌实施黄标车限行管理的执法系统。同时，加强了机动车抽检、冒黑烟车查处、淘汰黄标车和老旧车、车用油品检测等工作。截至 6 月 30 日，都市区空气质量满足优良天数 130 天，同比增加 29 天，空气中细颗粒物平均浓度同比下降 11.5%。

——56 个湖库污染治理持续推进

碧水行动扎实推进。重庆市主城建成区 56 个湖库污染治理是市委、市政府交办的 22 件民生实事之一。都市区今年要完成的 20 个湖库 172 项工程整治措施，目前已完成 43% 的工作量，正在实施 27% 的工作量。同时，将 2015 年 36 个湖库整治 32% 的工程量提前到今年实施，现已完成三分之一的工程量，正在实施三分之二的工程量。全面加强已建设施运行情况监管，优化城镇污水处理厂动态管理体系，通过出水水质核定，倒逼运管单位切实履行主体职责，保障设施运行正常。

——内环启动 1600 米道路隔声屏工程

宁静行动有序实施。今年“宁静行动”主要突出治理交通噪声和建筑施工噪声。目前，完成九龙坡区红狮大道、田坝正街 2.16 万平方米低噪声路面改造，启动了内环南段大渡口柏华社区等地 1600 米道路隔声屏工程，推进了道路降噪绿化带建设、公交车淘汰更新等工作。下放夜间施工临时排污许可证的审批权限，严格审批，明确要求除公共市政建设项目、抢险抢修或特殊工艺需要外，一律不办理夜间施工临时许可。

——在全国率先建立自然保护区空间管理系统

绿地行动稳步开展。国家重点生态功能区全过程管理试点全面推进，生态功能红线划定全面启动。完成全市 58 个自然保护区范围、界线以及功能区核查工作，将自然保护区边界全部落地，在全国率先建立了重庆市自然保护区空间管理系统。启动了我市自然保护区发展规划（2015~2025 年）编制工作，巫山五里坡自然保护区晋级为国家级保护区；城口大巴山国家级自然保护区调规通过国家评审。争取国家资金，实施了巫溪阴条岭、开县雪宝山两个国家级自然保护区能力建设。武隆天生三桥一仙女山命名为国家生态旅游示范区。编制土壤污染防治和综合治理方案，积极推进国家污染场地环境管理试点示范。稳步推进全球环境基金中国污染场地治理项目重庆示范项目。

——农村环境连片整治民生实事推进顺利

田园行动进展顺利。2014 年，重庆市“田园行动”的重点工作是农村连片整治和畜禽养殖污染整治。2000 个行政村的农村环境连片整治也是市委、市政府确定的 22 件民生实事之一。2013 年启动实施 600 个连片整治项目，目前，已经全部完成实施方案技术评估，今年将全部完成项目建设。此外，今年还将启动实施 500 个连片整治项目，部分正在开展实施方案编制。对畜禽污染养殖整治，市政府印发《关于贯彻落实畜禽规模养殖污染防治条例的通知》，强化区划管理。重庆市环保局将会同有关部门启动《重庆市畜禽养殖污染防治管理办法》立法调研工作。

——环境保护考核分值高于 GDP

重庆提高生态环保指标考核权重，将环境保护在重庆区县经济社会发展实绩考核指标体系中的分值由 3~4 分增至 8.5~9 分。重庆市环保局还进一步完善考核办法，将大气、水等环境质量的权重提高到 40%，加大民生实事考核权重，把群众评价好不好、满意不满意作为衡量区县环保工作重要指标。

——主城将新增 12 个空气自动监测站

今年以来，重庆持续加强环境法制建设，启动大气、畜禽养殖、宣教、污染场地 4 个地方法规的立法调研起草工作，正启动新修订的《环境保护法》宣传和培训工作。目前，全市 1012 个乡镇（街道）全部设立环保机构。投入约 6.5 亿元，实施环境监察网格化管理和环境监察执法基础数据库建设工程。启动都市区 12 个空气自动站增设和都市区以外区县空气自动监测站点增项改造工作。

——“四清四治”清查污染源 5.8 万余家

重庆环保“四清四治”，即“清理环评三同时，治理违法建设”、“清理排污权，治理违法排污”、“清理风险源，治理安全隐患”、“清理监管点，治理监管缺位”。截至 6 月 30 日，全市清理出企业、单位等 8 万余家（个）。璧山县试点在基本完成清查任务后，已全面启动整治阶段工作。

加大环境违法案件查处力度，截至 6 月 30 日，共受理群众信访和投诉 2.7 万余件，按时办结率为 100%。全市做出行政处罚 658 件，并处罚金 3453 万元，申请人民法院强制执行 98 件。加强市和区县两级环保部门应急联动，及时妥善处置突发环境事件 21 起，未发生重特大环境污染事件，做到了大事不出小事少出。

重庆市中小企业发展指导局

中小企业［概况］ 2013年末，全市中小企业39.8万户，比上年末增加6.3万户；从业人员564.5万人，增加41.5万人。实现增加值4556.5亿元，比上年增长12.3%，占全市GDP的比重为36%，对全市经济增长的贡献率为47.8%，拉动全市经济增长5.9个百分点；实现利润716.9亿元，增长17.3%；实缴税金664.74亿元，增长1.1%；提供劳动者报酬1927.5亿元，增长16.8%。

［发展环境日益改善］ 行政环境得到改善。我市从规划引导、财政扶持、税费扶持、创业扶持和创新支持等方面入手，初步形成了促进中小微企业发展的政策支撑体系。融资环境得到改善。争取国家和市财政保费补贴专项资金6672万元对担保机构进行补贴；分别为6家和61家担保机构争取国家及市级营业税减免支持；携手商业银行开展银政金融合作，为我市中小企业提供融资贷款达200亿元以上；积极搭建融资服务平台，为300多家中小企业新增贷款50亿元。

［服务平台及载体建设更健全］ 2013年，我市积极推进服务平台及载体建设，助推中小企业健康快速发展。新创建市级楼宇产业园5个，全市楼宇产业园累计105个，入驻楼宇产业园共计2690户企业、提供就业岗位22.1万人、当年销售收入达到1491亿元；新创市级小企业创业基地15个，小企业创业基地累计达163个，入驻企业总数达6270户，共解决就业32.7万人，实现营业收入900亿元；新增国家级中小企业公共服务平台2个，累计达到9个，新增市级公共服务示范平台10个，累计达到32个，新增市级信息化服务平台13个，累计达到35个，新增重点服务机构9个，市级中小企业重点服务机构累计达到85个。

乡镇企业［概况］ 2013年，重庆市乡镇企业8.01万户，比上年增加2.8%；实现增加值2203.84亿元，同比增长10.01%；从业人员250.14万人，同比增长1.9%；营业收入总额8624.12亿元，同比增长14.2%；缴纳税金243.84亿元，同比增长10.1%；实现利润348.33亿元，同比增长13.5%；向从业人员提供劳动报酬791.80亿元，同比增长14.9%，成为农村居民增收的重要来源。

［乡镇工业企业］ 2013年，全市乡镇规模以上工业达到2516个，总产值为2726.15亿元，销售产值达2704.67亿元，营业收入2685.16亿元，实现利润总额116.85亿元，上交税金124.13亿元，为劳动者提供报酬203.06亿元。

［乡镇企业投资］ 2013年，全市乡镇企业完成固定资产投资1106亿元，同比增长10.4%。从资金来源看，本年度施工项目4716个，其中新开工项目2890个，本年度投产项目3105个。固定资产投资大项目对乡镇企业投资拉动作用明显。

［乡镇企业外经外贸］ 2013年，我市乡镇企业出口企业达195家，其中出口交货值500万元（含）以上企业户数139个，较上年末增加4户；实现出口交货值256亿元，较上年末增加16亿元。其中年出口500万元（含）以上企业出口交货值248.7亿元，占全部出口比重近99.2%。

［乡镇企业技术进步］ 2013年，全市乡镇企业申请专利19986件，授权专利13932件，分别比上年同期增长37.8%和35.8%，其中申请发明专利4936件，受理发明专利1672件，分别比上年同期增长32.7%和48.4%。

重庆市扶贫开发成效显著

近年来，市委、市政府高度重视扶贫工作，坚持把扶贫开发放在“三农”工作大局、全市经济社会发展大局和全面建成小康社会大局中来谋划考虑，坚持把扶贫开发作为“第一民生工程”，作为全市“三农”工作头等大事来抓，紧紧围绕五大功能区定位和武陵山、秦巴山两大片区扶贫示范区建设要求，以片区攻坚为主战场，以减少贫困人口和增加贫困农民收入为主攻方向，突出高山生态扶贫搬迁、整村整片开发、特色产业发展、人力资源开发、社会扶贫和资金监管等六大重点，着力改革发展，机制创新，扶贫开发取得了显著成效。我市连续6年获全国财政扶贫资金绩效考评一等奖，连续2年获国家扶贫综合考核一等奖。

高山生态扶贫移民搬迁

农田改造

（一）农村贫困人口大幅减少。全市农村绝对贫困人口由直辖之初的366万下降到2011年的20万人，减幅95%，比全国平均减幅高15个百分点，基本消除了绝对贫困现象。执行新的扶贫标准后，2013年全市农村扶贫对象减少至165.3万人，较2011年减少18.2%。

（二）贫困区县农民收入显著增加。2013年，18个重点区县农民人均纯收入达7309元，是2000年的5.2倍，较2012年增长18.2 %，增幅比全市平均水平高5.4个百分点。

解决饮水困难

改造公路

（三）贫困地区基础设施明显改善。17个重点区县开通高速公路，城口县建成快速通道，新修和改造公路15万公里，实现乡乡通畅、村村通达。农村饮水困难农户比重由2001年的58.4%下降20%。完成扶贫搬迁78万人，改造农村危房33.8万户，新建巴渝新居20万户，建成农民新村1800个。

（四）贫困农村公共服务不断加强。完成农村中小学D类危旧房改造，建成2000多所农村寄宿制学校，贫困地区9年制义务教育普及率达100%。行政村文化活动室、卫生室配备率达100%，广播、电视、电话综合覆盖率达96%，农村新型合作医疗参保率达90%以上，农村养老保险实现全覆盖。

通电、通电话

广播电视村村通

（五）重点区县经济实力迅速提升。2013年，18个重点区县实现人均地区生产总值24086元、人均一般预算收入2072元，分别是2000年的8.1倍、13.9倍，增幅均高于全国、全市平均水平。

雄壮三峡 美丽红叶

瑰丽夜色

巫山：坚持生态涵养发展 打造“幸福渝东门户”

2013年，巫山按照全市建设五大功能区的战略部署，确定了“3465”生态涵养发展战略，加快建设小康社会和幸福渝东门户，各项社会事业取得显著进步。全年实现地区生产总值75.1亿元，增长10.8%；全社会固定资产投资84.3亿元，增长20.5%；社会消费品零售总额29.4亿元，增长14%；公共财政预算收入7亿元，增长15.1%。城乡居民人均收入分别达19688元、6265元，增长9.1%、12.9%。

鸟瞰滨江路

平河鱼舟

——**重大项目实现新突破**。96个重点项目完成投资80亿元，同比增加19.5亿元。渝宜高速巫山段全面贯通。隆鑫度假公园接待中心和公寓酒店主体工程竣工。中硐桥水库开工建设。桃花铁矿即将出矿。神女峰机场启动建设前期工作。郑万高铁确定过境巫山并设站台。风电开发、南水北调、奉建和两巫高速等一批重大前期项目取得明显进展。巫山发展的后劲进一步增强。

——**城乡面貌展现新形象**。城乡规划实现重大调整，形成“一城两区三副中心”城市新格局。江东组团征地拆迁完成80%。县城夜景灯饰三期全面竣工。城乡集中式饮用水源地水质达标率100%。森林覆盖率53%。城镇化率34.68%。国家文明县城、卫生县城和旅游强县成果不断巩固，成功创建国家园林县城。杨坝、茶园成功创建全国第一批美丽乡村示范村。巫山发展的品质进一步提升。

——**开放水平迈上新台阶**。全年争取上级资金35亿元、对口支援资金6656万元。实现政府融资5.4亿元。金融机构存贷款余额分别达109.3亿元、56.2亿元，同比增加10.7亿元、16.4亿元。招商项目签约资金110.6亿元，到位31.8亿元。争取用地指标3400亩。新增民营企业172户、微型企业520户。巫山发展的活力进一步迸发。

——**民生事业取得新进步**。公共财政支出70%用于改善民生。实施25件重点民生实事。城镇登记失业率、人口自然增长率分别控制在3.8%、3.4‰。中小学校标准化率70%。重大公共卫生免费服务、基本公共卫生服务全覆盖。生态扶贫搬迁1.3万人，减少贫困人口1.4万人。巫山发展的局面进一步和谐。

——**安全稳定再上新水平**。“平安巫山”深入推进。排查地质灾害隐患点776处，实施专业监测项目29个。实现汛期和蓄退水期间“三无一稳定”目标。安全生产、信访稳定“党政同责”“一岗双责”和企业主体责任全面落实，安全生产“五大行动”和重点行业专项行动深入开展，实施煤炭行业“剿非治违”，严厉打击非法违法生产；化解疑难信访案件161件。群众安全感指数达95.2%。巫山发展的环境进一步优化。

重庆市黔江中心医院

院长刘忠和

党委书记阮中远

重庆市黔江中心医院于1998年由原黔江地区人民医院、地区康复中心、黔江土家族苗族自治县人民医院合并组建，是一所国家三级甲等综合性医院，是重庆市规划定位的覆盖渝东南地区的区域性医疗中心、急救分中心、传染病救治中心、地市级突发公共卫生事件应急医疗救治中心，是国家医师资格实践技能考试基地、国家司法鉴定机构和重庆市住院医师规范化培训基地、重庆医科大学教学医院，集重庆市黔江中心医院、重庆市急救医疗中心黔江分中心、黔江区人民医院、黔江区红十字医院、黔江区传染病医院“五块牌子”于一体。现有职工1063多人，有高级专业技术人员98人、中级专业技术人员166人，医学硕士34人；编制床位1500张，实际开放床位800张，设置临床科室28个和医技科室8个。

医院按照建设武陵山区医疗高地要求，在正阳新城区规划用地275亩，建设24万平方米的总部医疗园区，增加床位1120张，形成以正阳为总部、城西为分院，集综合医疗区、儿童医院、精神病医院、传染病医院、地方性疾病研究所以及全科医生临床培养基地、吉首大学附属医院、重庆医科大学临床学院黔江分院、重庆医科大学护理学院黔江分院于一体的现代医疗园区，成为武陵山片区医疗高地。

2013年8月21日三甲现场评审会

与重医儿童医院签订联合体

规划建设中的正阳新院

加强科技与经济融合

——重庆市涪陵

市科委副主任徐青调研市级技术创新平台

区政府副区长徐瑛调研科技工作

涪陵科技工作围绕“城市拓展年”工作主题，坚持“夯基础、硬手段、强服务、促实绩”，科学谋划、开拓创新、拼搏奋进，科技对经济增长的贡献率达到50%，连续五届荣获全国县（市）科技进步考核科技进步先进区，连续六届荣获中国技术市场协会金桥奖先进集体，2013年荣获全国地市级防震减灾工作优秀单位、全国地震监测预报工作先进单位等奖励42项。

建设创新平台，集聚科技创新资源。国、市技术创新平台达到42个，基本覆盖装备、材料、能源、医药、食品等主导产业。建立200万元的孵化种子资金，搭建低碳技术服务平台、财务咨询管理综合服务平台，金渠国家级科技企业孵化器在孵企业93家，在孵企业实现年销售收入4.2亿元。完善国家级生产力促进中心建设，发挥全市首家一站式科技综合服务大厅作用，组建全市区县首个检验检测服务产业技术创新联盟。高新技术产品及重点新产品达到164个，创建重庆市创新型企业3家，高新技术企业达到16家，居城市发展新区首位。

拓展农业示范，助推现代农业发展。加强现代农业科技示范，指导落实乡镇科技管理“3431”工作思路，实施农业科技攻关项目39项，建设科技示范基地14个、科技专家大院6个，科技示范标兵户达到74户；选派市区科技特派员74名，与45家基层单位和

成立全市区县首个检验检测服务产业技术创新联盟

金渠孵化器与中国网库公司在北京签约

奋力推进科技事业发展

科学技术委员会

企业开展科技合作与服务。

深化科技合作，提高科技成果转化。加强校地合作，推进浙涪科技对口支援，实施校地合作项目93项，登记技术交易合同11项，技术合同成交额5.03亿元。创新科技计划管理，首次设立区级重点科技计划项目，争取各级科技计划项目160项，资金4468万元，创历年新高；获各级科技成果奖励26项，白鹤梁水下博物馆成为全区首个全国科普示范基地。

国家科技部富民强县榨菜项目结题

浙江农科院专家指导科技对口支援项目

强化知识产权，提升自主创新水平。3家企业获首批国家级知识产权优势企业，居城市发展新区首位；2家企业获重庆市首批企业知识产权“贯标”试点单位认证，市级知识产权试点单位达到18家。开展首次商贸流通领域的专利执法检查活动，查处涉嫌假冒专利3项。

加强防震减灾，增强应急综合能力。涪陵地震指挥中心获市发改委正式批准立项；新增强震动观测仪，安装永久固定指北标志，提高地震观测数据质量；组建跨区域地震应急救援队伍，配备24类107件救援物资装备，开展全区无脚本地震灾害应急桌面演练、地震应急疏散演练。将建筑物抗震设防建设纳入基本审批程序，推动高山湾综合客运换乘枢纽中心、涪陵江东滨江路二期工程开展地震安全性评价。

市地震局局长陈铁流
在涪指导市级防震减灾科普学校建设

全区科技活动周宣传现场

重庆市涪陵区

区人大副主任姚明勇慰问贫困残疾人

2013 年，涪陵区残联深入贯彻落实党的十八大和市委、区委四届三次全会精神，以科学发展观为统领，以全区中心工作为大局，以切实改善残疾人民生、促进残疾人全面发展为目标，统筹规划，狠抓落实，不断夯实残疾人事业发展的基础，残疾人信访稳定、残保金征收工作获市残联表彰，全区残疾人工作在全市残疾人绩效目标考核中获一等奖。

康复服务。完成白内障患者复明手术 550 例（贫困免费复明手术 210 例），盲人定向行走 50 人；新收训聋儿康复训练 10 人，社区康复训练智残儿童 45 人、肢体残疾人 130 人。全年投入 49.04 万元，对 1140 名贫困精神病患者服药救助、20 名贫困重度患者住院治疗。在崇义街道、南沱镇和同乐乡新建残疾人康复示范社区 3 个，辅助器具配发 93 件；培训社区康复协调员 377 人。

扶贫解困。市、区残联与区城乡建委、乡镇配合，全年投入 920.7 万元，改造了 101 户农村残疾人危房。在清溪、新妙等镇举办三期实用技术培训，培训残疾人 219 名。分别投入 28.5 万元、11 万元、46.8 万元、10.05 万元，扶持 15 个残疾人扶贫基地、3 户残疾人种养大户、贫困重度残疾人日间照料和居家托养服务及 50 户重度残疾人家庭无障碍改造等。

安排部署全区残疾人家庭无障碍改造工作

2013 年 5 月 13 日，“嘉兴粽子爱心万里行”为全区残疾人捐赠 1 万只粽子，图为嘉兴市向全区残障儿童派发嘉兴粽

宁波吉德电气公司爱心助残，向全区残疾人无偿捐赠洗衣机和电视机

对全区助残志愿者开展业务

残疾人联合会

走访慰问118户贫困残疾人家庭，送慰问品和慰问金计5.03万元，全年帮助24户贫困残疾人家庭实现脱贫。

劳动就业。全年举办盲人保健、刺绣、农技等培训8期，培训残疾人556人次。举办残疾人用工专场招聘会3场，帮助34名残疾人实现就业。积极引导、帮助32名残疾人成功创办微型企业，获得财政补助97万元。全年新增残疾人就业97人。完成8848名残疾人就业和职业培训信息录入工作。

组织建设。8月，组织全区乡镇、街道残联理事长集中培训一周；10月，对全区411个村、社区助残志愿者进行业务培训。5月9日，全区开展了“庆祝第23次全国助残日暨青少年儿童听力无障碍启动仪式”，共为139名青少年儿童以及80岁以上的老年人、烈军属、复退军人和市、区、乡镇表彰的先进个人免费配送了助听器。

文化教育。新建15个残疾人文化进社区活动点。组队参加全市第五届残疾人文艺汇演和第八届全国残疾人艺术汇演，获组织奖，小品《给我一双温暖的手》获二等奖；舞蹈《心泉》获创作奖。筹资29.8万元资助新考入大学的99名涉残贫困残疾生。

区残联第四届主席团主席：刘康中，**副主席**：余恩来　左清华　莫世民　章和平　项显文　陈东　王勇　杨平源　蒋丰陵　杨再刚　马义（肢残）　胡吉胜（肢残）

区残联第四届主席团名誉主席：张世俊　徐志红　李景耀　刘小强

区残联第四届执行理事会理事长：余恩来，**副理事长**：李润平　马义

农村残疾人实用技术培训班

舞蹈《心泉》在全市第五届残疾人文艺汇演上获创作奖

小品《给我一双温暖的手》在第八届全国残疾人艺术汇演获二等奖；在全市第五届残疾人文艺汇演上获二等奖和组织奖

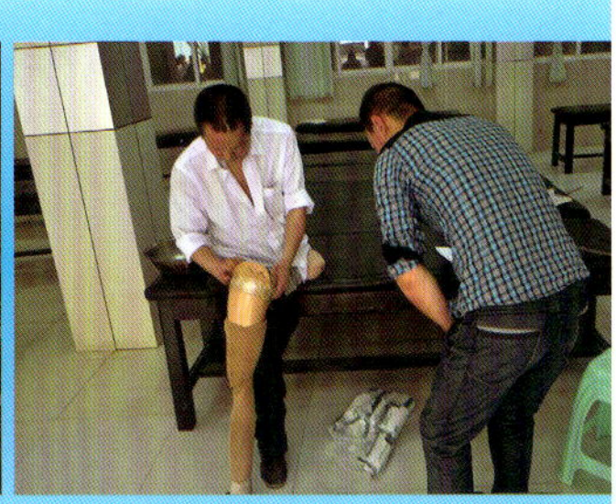
为残疾人装配假肢

重庆工贸职

院长 宋正富

党委书记 马传松

重庆工贸职业技术学院是重庆市人民政府举办的全日制普通高等职业学校，自 1936 年建校以来，为国家培养了 6 万多名技术人才和管理人才。

学院占地 33 万平方米，校舍面积 24.89 万平方米，固定资产 4.684 亿元，馆藏图书 54.1 万册，教学用计算机 2284 台，教学实验仪器设备总值 4769 万元，有建筑实训中心等 9 个校内生产性实训基地，下设工程造价实训室等 116 个校内实训室。

学院有教职工 343 人，专任教师 254 人，教师中博士 1 人、硕士 80 人，教授 9 人、副教授 108 人，双师素质教师 139 人，重庆市高校中青年骨干教师 2 人，涪陵区科技拔尖人才 8 人，还聘请了一批实践经验丰富的兼职教师。

学院设有机电工程系、财经贸易系、生物化学工程系、建筑工程系、信息工程系、轻工系等 6 个教学系，开办建筑工程技术、生物制药技术、应用化工技术、机电一体化技术、会计电算化、应用电子技术、园林技术、鞋类设计与工艺等 34 个专业，有中央财政支持的实训基地 4 个、中央财政支持高等职业学校提升专业服务产业发展能力项目 2 个、重庆市教改试点专业 1 个、中澳合作推广项目 1 个、重庆市高等职业院校应用技术推广中心 1 个、市级精品课程（精品视频公开课）4 门、市级教学团队 1 个。学院面向 17 个省（市、区）招生，在校生 7000 余人，毕业生就业率 95% 以上。

评估专家考察校内实训基地

推进示范院校建设工作

学院以就业为导向，以职业

雄壮三峡 美丽红叶

瑰丽夜色

巫山：坚持生态涵养发展 打造"幸福渝东门户"

2013年，巫山按照全市建设五大功能区的战略部署，确定了"3465"生态涵养发展战略，加快建设小康社会和幸福渝东门户，各项社会事业取得显著进步。全年实现地区生产总值75.1亿元，增长10.8%；全社会固定资产投资84.3亿元，增长20.5%；社会消费品零售总额29.4亿元，增长14%；公共财政预算收入7亿元，增长15.1%。城乡居民人均收入分别达19688元、6265元，增长9.1%、12.9%。

鸟瞰滨江路

平河鱼舟

——**重大项目实现新突破**。96个重点项目完成投资80亿元，同比增加19.5亿元。渝宜高速巫山段全面贯通。隆鑫度假公园接待中心和公寓酒店主体工程竣工。中硐桥水库开工建设。桃花铁矿即将出矿。神女峰机场启动建设前期工作。郑万高铁确定过境巫山并设站台。风电开发、南水北调、奉建和两巫高速等一批重大前期项目取得明显进展。巫山发展的后劲进一步增强。

——**城乡面貌展现新形象**。城乡规划实现重大调整，形成"一城两区三副中心"城市新格局。江东组团征地拆迁完成80%。县城夜景灯饰三期全面竣工。城乡集中式饮用水源地水质达标率100%。森林覆盖率53%。城镇化率34.68%。国家文明县城、卫生县城和旅游强县成果不断巩固，成功创建国家园林县城。杨坝、茶园成功创建全国第一批美丽乡村示范村。巫山发展的品质进一步提升。

——**开放水平迈上新台阶**。全年争取上级资金35亿元、对口支援资金6656万元。实现政府融资5.4亿元。金融机构存贷款余额分别达109.3亿元、56.2亿元，同比增加10.7亿元、16.4亿元。招商项目签约资金110.6亿元，到位31.8亿元。争取用地指标3400亩。新增民营企业172户、微型企业520户。巫山发展的活力进一步迸发。

——**民生事业取得新进步**。公共财政支出70%用于改善民生。实施25件重点民生实事。城镇登记失业率、人口自然增长率分别控制在3.8%、3.4‰。中小学校标准化率70%。重大公共卫生免费服务、基本公共卫生服务全覆盖。生态扶贫搬迁1.3万人，减少贫困人口1.4万人。巫山发展的局面进一步和谐。

——**安全稳定再上新水平**。"平安巫山"深入推进。排查地质灾害隐患点776处，实施专业监测项目29个。实现汛期和蓄退水期间"三无一稳定"目标。安全生产、信访稳定"党政同责""一岗双责"和企业主体责任全面落实，安全生产"五大行动"和重点行业专项行动深入开展，实施煤炭行业"剿非治违"，严厉打击非法违法生产；化解疑难信访案件161件。群众安全感指数达95.2%。巫山发展的环境进一步优化。

重庆市黔江中心医院

院长刘忠和

党委书记阮中远

重庆市黔江中心医院于1998年由原黔江地区人民医院、地区康复中心、黔江土家族苗族自治县人民医院合并组建，是一所国家三级甲等综合性医院，是重庆市规划定位的覆盖渝东南地区的区域性医疗中心、急救分中心、传染病救治中心、地市级突发公共卫生事件应急医疗救治中心，是国家医师资格实践技能考试基地、国家司法鉴定机构和重庆市住院医师规范化培训基地、重庆医科大学教学医院，集重庆市黔江中心医院、重庆市急救医疗中心黔江分中心、黔江区人民医院、黔江区红十字医院、黔江区传染病医院"五块牌子"于一体。现有职工1063多人，有高级专业技术人员98人、中级专业技术人员166人，医学硕士34人；编制床位1500张，实际开放床位800张，设置临床科室28个和医技科室8个。

医院按照建设武陵山区医疗高地要求，在正阳新城区规划用地275亩，建设24万平方米的总部医疗园区，增加床位1120张，形成以正阳为总部、城西为分院，集综合医疗区、儿童医院、精神病医院、传染病医院、地方性疾病研究所以及全科医生临床培养基地、吉首大学附属医院、重庆医科大学临床学院黔江分院、重庆医科大学护理学院黔江分院于一体的现代医疗园区，成为武陵山片区医疗高地。

2013年8月21日三甲现场评审会

与重医儿童医院签订联合体

规划建设中的正阳新院

加强科技与经济融合

——重庆市涪陵区

市科委副主任徐青调研市级技术创新平台

区政府副区长徐瑛调研科技工作

涪陵科技工作围绕“城市拓展年”工作主题，坚持“夯基础、硬手段、强服务、促实绩”，科学谋划、开拓创新、拼搏奋进，科技对经济增长的贡献率达到50%，连续五届荣获全国县（市）科技进步考核科技进步先进区，连续六届荣获中国技术市场协会金桥奖先进集体，2013年荣获全国地市级防震减灾工作优秀单位、全国地震监测预报工作先进单位等奖励42项。

建设创新平台，集聚科技创新资源。国、市技术创新平台达到42个，基本覆盖装备、材料、能源、医药、食品等主导产业。建立200万元的孵化种子资金，搭建低碳技术服务平台、财务咨询管理综合服务平台，金渠国家级科技企业孵化器在孵企业93家，在孵企业实现年销售收入4.2亿元。完善国家级生产力促进中心建设，发挥全市首家一站式科技综合服务大厅作用，组建全市区县首个检验检测服务产业技术创新联盟。高新技术产品及重点新产品达到164个，创建重庆市创新型企业3家，高新技术企业达到16家，居城市发展新区首位。

拓展农业示范，助推现代农业发展。加强现代农业科技示范，指导落实乡镇科技管理“3431”工作思路，实施农业科技攻关项目39项，建设科技示范基地14个、科技专家大院6个，科技示范标兵户达到74户；选派市区科技特派员74名，与45家基层单位和

成立全市区县首个检验检测服务产业技术创新联盟

金渠孵化器与中国网库公司在北京签约

运动场

业技术学院

能力为本位，探索和实践“校校、校地、校企合作”的开放式办学模式和“三个三衔接”的人才培养模式，与123家企业签订了校企合作办学协议，建立了稳定的校外实习实训基地。实施订单培养，与企业合办“重安班”、“嘉陵－本田班”、“奥康班”、“涪陵榨菜班”、“华峰班”、“观澜湖班”、“雅戈尔班”、“望江班”等订单班。学院是重庆市高技能人才培养基地，重庆市“企业科技特派员——百人计划行动”首批派出单位，涪陵区农村劳动力转移培训基地、移民培训基地、再就业培训机构、职业技能培训鉴定基地，开展41个工种的职业技能鉴定。

开展群众路线实践教育活动

举办第六届教学能手大赛

举办技能型人才双选大会

学院高职教育服务通过ISO9001质量管理体系认证，是高职高专人才培养工作水平评估“良好”学校、重庆市示范性高等职业院校立项建设单位、全国平安和谐校园、全国德育管理先进学校、全国优秀职业教育成果展评活动先进集体、档案管理国家二级单位，重庆市文明单位、重庆市依法治校示范校、重庆市平安校园、重庆市园林式单位、重庆市职业教育先进集体、新中国成立60年重庆教育功勋特色高职院校。

地址：重庆市涪陵区涪南路108号　　邮编：408099
电话：023-72806333，72806399（传真）　　招生热线：023-72806301
网址：http://www.cqgmy.cn

邻水经济开发区

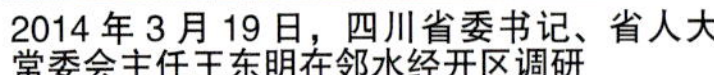
2014 年 3 月 19 日，四川省委书记、省人大常委会主任王东明在邻水经开区调研

2014 年 5 月 9 日，出席四川省县域经济工作会第四组代表在省委常委、省农工委主任李昌平，省政府资政张作哈的率领下参观工业园区

广安市委书记侯晓春，市委副书记、市长罗增斌在经开区调研

近年来，邻水县按照四川省委省政府实施“三大发展战略”、推进“两个跨越”的总体部署，构建了“一核引领，八极支撑，七点带动”的“1+8+7”发展格局，加快“工业强县”步伐，强力推进经开区建设。经开区总体规划面积 80 平方公里，于 2006 年启动建设，主要包括城南机电园、高滩川渝合作示范园、磬滩铸造园、渝邻物流园、丰禾轻工园、红狮工业园、九龙农产品加工园等 7 大园区，重点发展装备制造、电子信息等主导产业，目前建成面积达 27.8 平方公里，入驻企业 160 户，建成投产 102 户，规上企业 79 户，2013 年实现产值 156 亿元，实现税收 2 亿元，解决就业 3 万余人 ,2014 年 1~9 月实现产值 147 亿元，同比增长 29.7%，是全省“51025”重点产业园区发展计划 500 亿培育园区。先后荣获了“四川省新型工业化产业示范基地”、“四川省小企业创业示范基地”、“全国农产品加工创业基地”、“四川省生产性服务业(机械加工生产性服务业)功能示范区”、“四川省知识产权试点园区”、“四川省和谐园区”等称号。

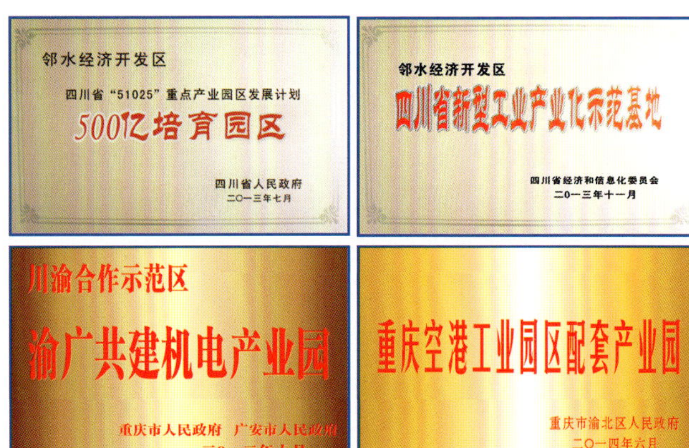

一是坚持借力发展。积极承接产业转移，做实重庆配角文章，园区 70% 以上的企业来自重庆，80% 以上产品为重庆配套，是四川唯一获得重庆市人民政府授牌的渝广共建机电产业园区，高滩川渝合作示范园是渝北区政府授牌的重庆空港工业园区配套产业园。

二是坚持集群发展。围绕打造 500 亿级产业园区，着力引进带动力强的大企业、大集团或上下游关联企业，目前以汽摩配为主的机械制造企业达 102 户，生产的汽摩配零部件达 350 余种，拥有国家一级目录的珠峰摩托和利爵、启源、嘉逸皇冠、鼎豪等 5 户总装企业，年生产摩托车达 100 万台，汽摩产业集群、集聚、关联、成链、合作发展态势良好，主导产业集中度达 75% 以上，园区产品配套率达 30% 以上。

三是坚持集约发展。推动土地资源集约、节约、高效利用，经开区单位土地投资强度达到 197 万元 / 亩（最高的达 500 万元 / 亩），单位土地销售收入达到 345 万元 / 亩。

四是坚持创新发展。四川省生产力促进中心邻水分中心、邻水经济开发区生产力促进中心、四川省科技成果转化区域服务平台邻水平台等公共服务平台规范运行，省汽车摩托车零部件质量监督检验检测中心和经开区电镀园正加快建设，园区 80% 的企业成立了技术研发中心，拥有高新技术企业 6 户，国家发明专利 25 项，外观专利 265 项，新型实用专利 85 项。

重庆市永川区国土资源和房屋管理局

2013 年，永川区国土资源和房屋管理局坚持“十分珍惜、合理利用土地和切实保护耕地”的基本国策和重庆市“低端有保障、中端有市场、高端有约束”的住房调控思路，紧紧围绕建设城市发展新区这一中心任务，科学处理保障供应与保护耕地、资源和环境的关系，优先服务民生项目和重点项目，依法行政，不断提高管理水平、创新能力，努力提升服务质量和队伍形象，圆满完成国土资源和房屋管理的各项目标任务。

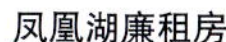
凤凰湖廉租房

优化服务零距离服务群众

【用地保障】

全年新增建设用地计划 26 宗，保障了全区重点项目和民生项目建设用地。办理各类建设用地审批 3837 宗，面积 8224 亩。其中，有偿出让土地 70 宗，面积 5726 亩，实现收益 49 亿元，保障土地供应并实现增值。

完成区级土地整理项目 9 个，新增耕地约 3100 亩。实施农村建设用地复垦项目 92 个，复垦农村建设用地 4420 亩。实施高标准基本农田建设，完成了 10.74 万亩高标准基本农田建设。开展土地储备工作，2013 年储备土地 483.3 亩，为城市建设提供资源保障。

全年征用土地面积约 5200 亩，拆迁 2280 户，拆迁面积约 261800 平方米，安置人员 7360 人。

坚决打击违法违章建设和土地违法行为。2013 年，发现和制止土地矿产违法行为为 97 宗，立案查处 97 宗，立案查处率 100%。开展土地执法大检查，利用近 4 个月的时间开展全区土地执法大检查，提出了处置意见，督促各镇街、园区整改到位。

【房地产市场】

2013 年，办理发放商品房预售许可证 92 个，17577 套、总建筑面积 154.8 万方米。新建商品房成交 16119 套，面积 146.8 万平方米，金额 64 亿元。二手房成交 6579 套，面积 63.4 万平方米。

建成保障性住房 41 万平方米。12 月 31 日举行了首批廉租房公租房公开摇号配租，解决近千户，四千余群众住房难问题。

强化物业管理，对 106 家物业企业进行了资质核定。开展了“三合一”场所消防安全专项整治，对小区电梯隐患、墙砖脱落、应急预案、消防安全、游泳池安全等安全隐患进行了排查。

永荣镇东岳等 2 个村土地整治项目整理后

【地矿管理】

全年办理非煤矿山采矿权出让 4 宗，做好采矿权出让相关工作。开展现场探勘 21 宗，支持砖厂办证、公路建设和山坪塘建设。开展全区矿产资源勘查开采“打非治违”专项工作，对违法违规行为进行了查处，矿山企业整改工作全部到位，并获得了市国土房管局检查组的好评。

加强地质灾害防治工作，建立完善了自然灾害应急联动系统、地质灾害信息管理和监测预警系统，开展了汛前、汛中大排查，摸清家底，全年未发生一起人员伤亡事故。

开展红层找水民心工程，全年打井 2198 口，解决了 2198 户 9889 人的饮水困难问题。实施金土工程，2013 年度搬迁安置 27 户 115 人，消除地质灾害隐患 8 处。

重庆化医控股

化医成立

新天原厂区大门

重庆化医控股（集团）公司是由重庆市政府出资组建的国有独资大型控股集团公司。集团现拥有独资、控股、参股子公司32户。其中，生产企业22户、科研院所2户、商贸公司4户、财务公司、小贷公司各1户，其他企业2户，员工4万余人。集团现有总资产超过500亿元。2013年，集团销售收入500亿元，荣列中国企业500强第325位。

集团涉及化工、医药、盐业共18个生产和销售领域，主要生产尿素、三聚氰胺、亚氨基二乙腈、氯丁橡胶、苯胺基乙腈、草甘膦、纯碱、油漆、苯胺、铬酸酐、高氯酸钾等产（药）品，产业链延伸和产业集群格局业已形成。旗下的建峰化工是国内最大的合成氨及尿素生产基地；民丰化工铬盐装置产能全国和亚洲第一、世界第三；紫光化工的亚氨基二乙腈国内市场占有率95%，是全国氢氰酸及衍生物最大的生产销售商。目前，集团分别有9个、3个产品在国内、国际市场占有率排名第一。

集团拥有国家级企业技术中心1个，市级

化医新办公大楼

沙中心店大门

（集团）公司

企业技术中心10个，近5年共获批专利246项。集团创“中国驰名商标”6个，重庆市著名商标20个，重庆市名牌（知名）产品33个。

集团将认真贯彻落实科学发展观，准确把握国内外经济形势和企业发展的客观规律，以改革开放为动力，以市场为导向，以科技创新为支撑，以效益为核心，紧紧抓住资源整合、结构调整、技术创新、精益管理的工作主线，进一步完善公司法人治理结构和组织结构，利用好两个资源、两个市场，抓好产品链、产业链、价值链的整合，做好基础化工、原料产业的布局调整，大力发展高附加值的精细化工、化工新材料和特殊化学品，做大做强医药工业和医药流通产业，把化医集团建设成为具有全国影响力的企业集团和长江上游的综合化工医药产业基地。

公司地址：重庆市北部新区高新园星光大道70号天王星A1座

电　话：（023）63219015　邮　编：401121 网 址：www.ccphc.com.cn

建峰二化装置45万吨合成氨／80万吨尿素装置投产运行

长风厂新苯胺

和平物流自动化传送带

长化公司氯丁橡胶生产装置

俯瞰经开区

扬鞭策马 创新辉煌

2013 年，长寿经开区面对国际国内复杂经济形势，深入开展“工作效率提升年”活动，积极应对宏观形势不利影响，开发建设和经济运行呈现出增长加快、效益提高、活力增强、品牌形象提升的良好态势。

一、经济发展“换挡不减速”

规模以上工业企业实现产值 550.5 亿元，增长 16%，比全市高 3.4 个百分点；完成固定资产投资 183 亿元，连续 6 年保持 150 亿元以上；实际到位内资 100 亿元；实际到位外资 4.07 亿美元，外贸进出口额 11.12 亿美元，增长 39%。双双位列全市四个国家级开发区之首；实现税收 13 亿元，增长 20%。

云天化夜景

长寿经开区一角

二、产业结构“优化升级”

化工、钢铁、新材料、装备制造分别完成产值 155 亿元、280 亿元、79 亿元、66 亿元，实现了四大支柱产业齐头并进、竞相发力，钢铁产业一业独大的局面得以优化，新材料、装备制造产业异军突起。12 户 10 亿元以上企业完成产值 436 亿元，产值贡献率达 74.5%。

三、产业招商“成效显著”

依托重钢、川维等龙头企业，成功引进总投资 170 亿元的菲利克斯项目等，新签约项目共计 21 个，新引进世界 500 强 4 家，协议引资总额达 329 亿元。石油化工、装备制造产业集群稳步推进。

四、项目投资“保持高位”

全年实施重大项目 43 个，其中新开工重大项目 21 个，建成投产项目 13 个；开工面积 25 万平方米，竣工面积 20 万平方米。MDI 一体化项目等百亿级项目按计划顺利推进。消防特勤二站、事故污水防范体系等一大批功能型基础设施项目建设加快推进。

五、要素保障“充分有力”

帮助各企业争取各类专项资金 2300 余万元，兑现企业产业扶持资金 2933 万元，帮助贷款 4.5 亿元；按照“三位一体”工作模式，上报征地件 22 个，报件总面积 8192 亩；完成招拍挂土地 14 宗，满足了一大批企业当年开工当年投产的用地需要；坚持能源优质优供和每月召开保障协调会，协调用电 54 亿度、天然气 13 亿方、煤 669 万吨、蒸汽 79 万吨，较好地保障了新投产企业达产见效用能需要。组织各企业参加招聘活动 17 场次，搭建劳动技能大赛平台，建立了“长寿－万州人力资源战略合作联盟”，帮助企业招聘员工 1000 余人。

六、安全环保“和谐稳定”

安全方面：扎实开展安全生产“四大行动”等专项行动，完成 16 家企业 34 个装置和 11 个罐区的 22 项内容的安全设计诊断；危化企业安全标准化达标率为 100%，工贸企业安全标准化创建达标 32 家，企业本质安全水平进一步提升。环保方面：深入开展“清新、蓝天、碧水”三大环保行动，恶臭企业累计投入 1030 多万元，治理率达 95.8%，臭气扰民问题得到改观；粉尘企业投入 300 万元整改除尘设施，每年减少粉尘排放 460 余吨。深入开展责任关怀进社区、进学校、进企业“三进”和“捐资助学、传递爱心”行动，搭建起政、企、民沟通平台，创造创新驱动、绿色发展、和谐进步的良好氛围。

四川维尼纶厂夜景

重庆环松工业生产现场

2014 年，长寿经开区将以第二批党的群众路线教育实践活动为契机，按照“创业再出发、改革再起航、开放再跨越”的总体要求，抓住全球产业重新布局和市委四届三次全委会五大功能分区域机遇，在机遇中赢得主动、赢得优势、赢得未来。

夜色新重钢

重庆金域医学检验所有限公司

成立于1994年的金域检验是我国规模最大、发展速度最快、综合实力最强的第三方医学检验集团，多次荣膺福布斯“中国潜力企业”，现有员工6000余人，拥有23家省级中心实验室（包括香港），为16000多家医疗机构提供医学检验外包服务，覆盖了我国90%人口所在的地区，已为国人提供健康服务20年。

作为金域检验在重庆设立的省级中心实验室，自2008年8月成立以来，重庆金域一直致力于为重庆市各级医疗机构提供优质医学检验服务，现每天为重庆市近600家医疗机构提供1600余项医学检验服务，上门服务网络已延伸至乡镇、社区一级，覆盖了全市所有区域，其中80%的检验报告可在24小时内发出。公司近三年营业额均保持了40%以上的增长率。

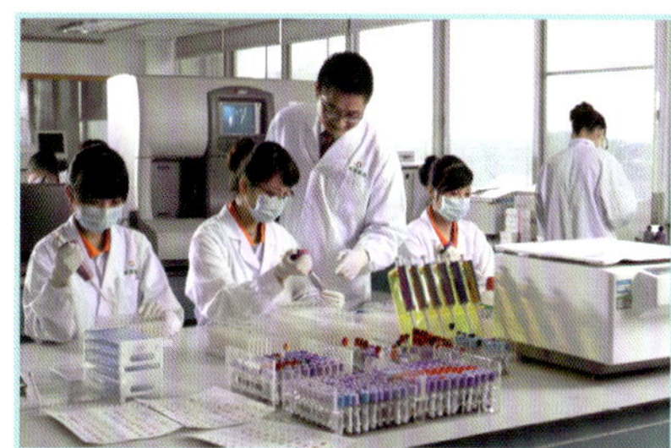
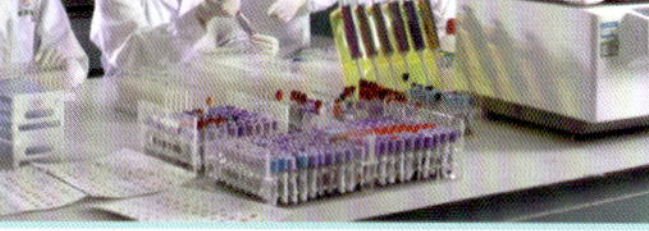
血液室工作人员在专注细致地检测

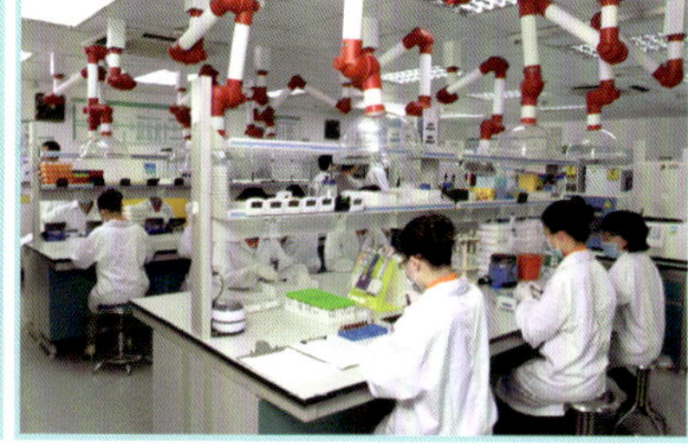
检验工作人员在进行理化分析前处理

公司积极助力各种公共卫生项目，在重庆市妇女“两癌”筛查、免费孕前检查、优生优育筛查检测、慢病监测等方面表现突出，先后被评定为“国家高新技术企业”、“高新区优秀科技企业”，获2项高新技术产品认定，并获批成立“重庆市临床分子诊断及病理诊断企业工程技术研究中心”等。

公司传承了金域检验“追根究底”的质量文化，坚持对接国际质量标准，以国际标准服务重庆人民，并于2014年通过了ISO15189体系的认可，成为目前重庆市唯一一家通过该项认可的第三方医学实验室，出具的检测报告被全球50多个国家和地区所认可。

集团始终以临床为导向，将临床需求摆在首位，不断挖掘、理解和满足临床各学科的最新需求，聘请了一大批国内外高端学科人才，打造了众多高新检测技术平台：血液病诊断中心、实体肿瘤个性化综合检测中心、肾脏病检测中心、感染性疾病检测中心、内分泌代谢疾病检测中心、遗传病检测中心等。

同时，作为“金域检验国际远程数字化病理会诊中心”重庆子站，公司拥有数字化病理诊断综合服务平台，依托数字化信息技术，共享中美两国病理专家资源，为医生和患者提供疑难病例的远程诊断、会诊及咨询服务，使广大百姓不出国门就可以享受到世界一流的病理诊断服务。

公司还与重庆医科大学、重庆医药高等专科学校等多所高等院校建立了产学研战略合作，为重庆市高校提供就业见习基地。现有员工200余人，75%以上拥有大专以上学历。

今后，重庆金域将再接再厉，以更积极的姿态为重庆市各级医疗机构提供更加优质的医学检验服务。

公司地址：重庆市九龙坡区科城路77号留学生创业园A栋九楼

总机：023-68628809

邮编：400039

www.kingmed.com.cn

广州 | 济南 | 南京 | 西安 | 合肥 | 郑州 | 重庆 | 昆明 | 吉林 | 福州 | 天津 | 贵阳 | 长沙 | 四川 | 杭州 | 沈阳 | 香港 | 南宁 | 上海 | 太原 | 石家庄 | 海南

重庆火车站

重庆车站管辖重庆、重庆北、沙坪坝 3 个车站，担负着成渝、川黔、襄渝、渝怀、遂渝、渝利六条铁路干线旅客列车的始发、终到和中转作业，日均接发旅客列车 93 对，发送旅客 7.39 万人。车站内设 9 个科室，8 个车间，39 个生产班组，现有在岗职工 840 人。

重庆站位于重庆市渝中区境内，候车面积 7800 平方米，可供 6500 名旅客同时候车。设旅客站台 4 座，售票窗口 24 个，自动售票机 4 台，到发线 10 条，主要承担成渝线、川黔线旅客列车的到发、解编作业。现开行旅客列车 11 对。

重庆北站位于重庆市渝北区境内，候车面积共 12000 平方米，可供 10000 名旅客同时候车。车站采用无柱风雨棚，设旅客站台 5 座，固定售票窗口 28 个，临时窗口 23 个，自动售取票机 44 台，到发线 12 条，主要办理遂渝线、渝怀线、襄渝线、渝利线旅客列车的到发、解编作业。现开行旅客列车 82 对，其中动车组 43 对。

沙坪坝站位于重庆市沙坪坝区境内，由于成渝客专建设需要，现正在进行封闭施工。

近年来，重庆火车站在重庆市委、市政府的关怀下，在成都铁路局领导下，全站干部职工牢固树立“安全就是效益，安全就是责任，安全就是生命”的思想，认真开展党的群众路线教育实践活动，落实“三个出行”的要求，紧密围绕构建美丽重站，创建一流品牌的目标努力工作。

自开展党的群众路线教育活动开展以来，车站始终坚持满足旅客“三个出行”为目标，努力提升为旅客服务的基础，重新提炼服务工作理念，积极带领全站干部职工不断开展服务创新。动车组专用候车室按照“有需求、有服务，无需求、无干扰”的要求，重新修订服务标准，细化服务措施，打造动车组服务精品；主动邀请重庆市服务质量监督员以普通旅客身份乘坐火车出行，接受服务质量的监督，并将此项措施作为一种工作常态长期执行；通过外聘教师、强化培训、实战演练等方式，对客运职工进行服务礼仪、应急处置等全方位培训，切实提高职工服务技能；坚持重点旅客重点服务，采取优先进站上车、专人负责等措施，确保了重点旅客服务一个不漏。在服务中，全站干部职工在工作中主动服务意识进一步增强，整体服务水平得到显著提高。

在今后的工作中，重庆火车站将以进一步转变干部作风为突破口，统一思想，坚定信心，认真贯彻“以服务为宗旨，待旅客如亲人”的服务理念，扎实苦干，始终把安全放在第一位，不断加强路风和服务质量管理，努力打造直辖市客运窗口新形象。

动车班组工作人员正在检票

服务重点旅客

指导旅客填写爱心服务卡

重庆经济技术开发区

2013年，经开区深入贯彻落实党的十八大精神，大力实施“12345”发展战略，以“项目推进发展年”为主题，以加快推动项目落地投产为着力点，加速基础设施建设步伐，加速招商引资成果转化，加速主导产业集聚，全力打好项目建设攻坚战，各项重点工作有序推进。

一、2013年发展回顾

（一）经济保持平衡健康的增长。

全年经开区实现地区生产总值182亿元，同比增长13%；规模以上工业总产值完成538亿元，同比增长39%；全社会固定资产投资完成105亿元，同比增长16.6%；财政收入完成6.9亿元，同比增长23%；税收收入完成16.8亿元，同比增长16%；实际利用内资完成62亿元，同比增长3%；实际利用外资完成2.5亿美元，同比增长25%；外贸进出口总额完成5.3亿美元，与2012年持平。

新天泽国际总部城效果图

（二）以“项目推进发展年”为主题，全力推进重点项目建设。

按照“责任制、线路图、时间表”的要求，加速推进基础设施、产业发展等重点项目建设，累计实现新开工项目14个，完成投资105亿元。一是道路网络体系加速形成。加快推进了东港片区路网建设，纵五路、沿江路、横一路（西段）实现通车；“七纵十六横”主骨架道路建设有序推进，开迎路主线、开成路一标段实现初通。二是水电气讯等管网设施同步建设。110千伏东港变电站建成投运，110千伏莲池变电站主体施工加快推进；朱家岩水厂二期工程开工建设，供水管网累计完成8.9公里。三是产业发展类项目有序实施。高迅电讯、国信通、宝捷讯等通讯终端项目过渡性生产线建成投产；美的家电空调生产基地新建项目5条生产线设备安装基本完成，预计年内开始试生产；朝天门国际商贸城项目正加快推进一期场平；迎龙医药城项目已完成土地招拍挂；新天泽国际总部基地项目一期工程9万方实现开工建设。四是民生政权类项目进展顺利，武警船艇支队项目全面完工，官兵已入驻；江南水岸公租房项目一期1—8号楼主体工程施工加快推进；斯为美安置房项目进展顺利，5栋塔楼主体结构及内外部装饰已完成。

（三）加大招商引资力度，外经外贸工作取得新成效。

围绕现代信息技术、高端装备制造、现代服务业三大主导产业，集中力量招大商、招好商、招外商，共正式签约招商项目17个，签约金额达309亿元。

（四）不断强化主导产业支撑作用。

坚持把三大产业作为工作的主攻方向，努力推动结构调整和产业升级。一是产业整体实力持续增强。拓展区规模以上工业企业达111户，全年实现工业总产值538亿元，经开区产业整体实力进一步增强。二是拓展区37户骨干工业企业实现产值495亿元，占工业总产值的92%。三是高端装备制造、电子信息两大主导产业稳步发展，其中，高端装备制造业全年实现产值188亿元，占拓展区工业总产值的34.8%；电子信息产业实现产值194亿元，占拓展区工业总产值的36%，两大主导产业产值合计占比达70.8%，支撑作用日益凸显。

中移动物联网基地落户经开区

二、2014年发展目标

2014年经开区发展目标：地区生产总值增长16%，固定资产投资增长20%，规上工业总产值增长28%，财政收入增长15%，税收收入增长14%，实际利用内资完成60亿元，实际利用外资实现2亿美元，外贸进出口总额达到5.5亿美元。

移动通信国家高新技术产业化基地

重庆市企业联合会 重庆市企业家协会 重庆市工业经济联合会

重庆市企业联合会、重庆市企业家协会、重庆市工业经济联合会（以下简称“重庆企联”）是经市民政局注册登记的社会组织，实行三会一体的管理体制和服务模式。会员覆盖了中央在渝企业、市属国企、民营企业、外资企业，具有广泛的代表性和较高的社会影响力。业务主管部门是重庆市经济和信息化委员会，接受中国企业联合会、中国企业家协会、中国工业经济联合会和重庆市国资委的指导。

重庆市企业联合会（原重庆市企业管理协会）成立于 1982 年，是我市最早成立的社团组织，也是重庆市协调劳动关系三方中企业（雇主）组织代表。1989 年和 2006 年，重庆市企业家协会、重庆市工业经济联合会相继成立。它标志着直辖后，重庆企联成为全市最大的经济类社团联合组织。

会长余远牧（中）、执行副会长兼秘书长吴冰（左二）、执行副会长兼秘书长张祥明（右二）、副会长兼秘书长郭庆华（左一）、常务副秘书长龙晓琳（右一）合影

2013 年 7 月 6 日，重庆企联举行了换届大会暨会员代表大会，选举产生了重庆市政府原副市长、重庆市人大常委会原副主任余远牧为会长的新一届理事会领导班子。

重庆企联秉承“为企业和企业家服务”的宗旨，依法维护企业的合法权益，促进企业守法、自律，充分发挥企业与政府之间的桥梁纽带作用和参谋助手作用，为重庆市经济社会发展作出了重要贡献。

主要工作是：通过调查研究，向政府反映行业、会员有关情况和意见，为政府决策提供建议；组织开展有关企业和企业家的专题研究工作，发布相关报告和评价信息；推进企业家队伍建设和科技创新，宣传企业文化建设先进典型，开展诚信企业和和品牌企业等推介活动；指导会员自律管理，增强社会责任，维护正当的市场竞争秩序；开展职业经理人等企业高级经管人才培训工作；推广现代化企业管理创新成果，促进企业技术进步；开展与国外、境外经济团体和企业组织的交往与合作；积极搭建行业、企业与政府沟通平台，反映会员企业诉求，围绕维权、自律、服务等方面的功能开展工作，整合各类资源，利用多种形式和平台，努力提高为会员企业服务的质量和水平。

联合国国际劳工组织北京局重庆市企业联合会企业可持续发展项目（score）二期启动会暨签约仪式

永川招商推介会暨
重庆企联二届二次常务理事（扩大）会议

2014 年重庆市企业家活动日
暨万州区招商引资推介会

领导同志与第四届重庆市杰出企业家、
2013 年度重庆市优秀企业家合影

地址：重庆市江北区五简路 2 号重庆咨询大厦 A 栋 1403-1406 邮编：400023
电话：023-67733922 67733520 67733082 传真：023-67733505 网址：www.cqqyj.org.cn E-mail:cqqiyejia@vip.163.com

作为烟草惠民工程的重要组成部分，烟路已经成为烟区百姓最津津乐道的项目，图为盘旋在黔江三塘乡的烟区道路

重庆烟农整体满意度达97%

10月20日，新华社重庆智库中心发布了“2014年重庆烟农满意度”调查结果。调查报告显示，全市烟农对重庆烟草行业的整体满意度达97%。

据介绍，新华社重庆智库中心以抽样调查为基础，辅以座谈会、走访调查以及电话调查相结合的调查形式，覆盖了南川合溪镇、武隆巷口镇等12个烟叶种植区（县）、20个烟草种植比较集中和具有代表性的乡镇，发放了调查问卷5000份，回收问卷3062份。调查结果显示，烟农对烟草行业整体满意度达到97%。

大山开拓者

实施土地整理之后，烟农的劳动强度大大降低了

巫溪县通城乡惠民路

忙碌的建设场面，让烟农看见了希望之光

经过多年发展，烟叶产业已成为渝东南和渝东北高山地区重要的支柱产业，对农民脱贫致富起着积极的作用，创新出了现代生态烟草农业发展之路。规模化种植促进烟农收入明显提升，户均收入从2008年不足2.62万元上升到2013年的7.64万元，年均提升1万元，户均收入年均提升达38.5%，全市涌现了像黔江麒麟村、酉阳沿岩村、武隆和顺村、巫山笃坪村这样的一大批“十万元村”。

同时，烟叶产业发展带动农民就地就业，据估算，全市2万余户烟农，共有近8万人从事烟叶生产，再加上烟叶复烤加工、物流运输、技术指导等环节还解决了近2万人的就业。

此外，烟草农业的发展加速了农村城镇化进程，烟草行业对基础设施建设的大力投入，不仅改变了烟区的生产交通条件，还改善了农村的生活交通环境，促进村社、乡镇一级的市场更加繁荣，城乡差距逐步缩小。烟草行业还构建了较为完善的制度体系，有效保障了烟农利益。

风雨过后，重庆市彭水县长势正好的烟田里，诱虫黄板分外显眼

改革创新 攻坚克难 实现红岩文化事业和产业科学发展

重庆红岩联线文化发展管理中心

一、基本情况

重庆红岩联线文化发展管理中心（重庆红岩革命历史博物馆）下辖红岩革命纪念馆、重庆歌乐山革命纪念馆、中国民主党派历史陈列馆及其所属革命遗址群。不可移动文物遗址42处，对外开放24处，其中4处全国重点文物保护单位，1处重庆市文物保护单位；藏品文物突破10万件，其中一级文物227件、二级文物284件、三级文物2749件；每年接待观众600万人次；2010年12月，成立

精神不朽 宗旨永恒——红岩精神与群众路线教育展

革命精品剧目京剧《张露萍》演出剧照

革命精品剧目话剧《幸存者》演出剧照

了重庆红岩文化产业集团，形成了公益性文化事业和经营性文化产业相互促进、共同发展的格局。红岩联线管理中心是国家一级博物馆、国家4A级景区、全国十大红色旅游景区、全国爱国主义教育示范基地、全国廉政教育示范基地、国家国防教育示范基地、全国地方特色党性教育基地、全国机要系统革命传统教育基地、全国文化体制改革先进单位、全国红色旅游先进单位、重庆市创先争优"群众满意窗口"单位等。

二、2013年工作亮点

2013年，红岩联线管理中心紧紧围绕中央、市委的重大决策部署，攻坚克难，圆满完成各项工作任务，亮点纷呈。

全年接待观众603.2万人，同比增长7.7%；征集文物137件、文献资料548件；完成国家级课题《红岩文化发展研究》；举办"红岩精神与党性教育"全国性学术研讨会；发表研究论文100余篇，在核心期刊发表6篇；出版《台湾同胞抗日丛书·人物 第一集》，并入选"十二五"国家重点图书出版规划项目；编辑出版《红岩精神与群众路线教育故事读本》、《红岩精神与群众路线教育培训（教材）》等书籍；制作推出"红岩精神与党的群众路线教育"等4个专题展览。

顺利通过国家一级博物馆运行评估、4A级景区评定性复核，免费开放绩效考核工作被评为先进单位；中国民主党派历史陈列馆成功创建国家4A级景区，并被评定为国家重点文物保护单位；成功举办纪念红岩革命历史博物馆建馆55周年系列活动，大力提升了红岩联线的整体公共形象。

所属红岩文化产业集团坚持市场导向，大力发展"文化旅游、展览展示、文艺演出、影视制作、教育培训、文化产品生产和销售"六大产业，产业总收入比上年增长12%；京剧《张露萍》及主演周利获第26届中国戏剧梅花奖，京剧《三打陶三春》获巴黎第六届中国传统戏曲节最高奖项"塞纳奖"，话剧《幸存者》获第七届全国优秀话剧展演优秀剧目奖。

刘帅、张丽佳分获"翔宇杯"全国周恩来纪念地讲解员大赛一、二等奖，并被评为"重庆市十佳讲解员"；党的群众路线教育实践活动扎实有效，亮点突出，成果丰硕，受到市活动办和市第六督导组好评；宣传影响不断扩大，全年在央视、重庆卫视、重庆日报、人民网、华龙网等重要媒体宣传报道192条次。

三、2014年工作思路

2014年，将深入贯彻落实十八大、十八届三中全会以及市委四届三次、四次全会精神，以建设世界知名、全国一流的爱国主义教育基地和红色旅游目的地为目标，全面实施"文物立馆、科研优馆、人才强馆、服务兴馆"四大战略，深入开展"改革创新年"活动，着力抓好"深化国家一级博物馆建设、5A级旅游景区创建、建好用好红岩干部党性教育基地，加快红岩文化产业发展"四大重点，不断夯实"思想引领、规划引导、人才建设、信息化建设、制度创新、党的建设"六大支撑，切实加强文物征管夯实立馆之本，强化研究开发提升优馆之魂，深化景区建设拓靓服务之窗，抓好社教宣传增强宣教之效，把准市场导向破解产业之困，创新管理机制培育活力之源，加强党的建设筑牢发展之基，不断推进治理现代化，提升品牌影响力，提高市场竞争力，增强组织凝聚力，全面深化文化体制改革，不断加快事业和产业发展，打造红岩升级版。

重庆市人民检察院第四分院

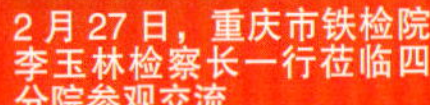

2月27日，重庆市铁检院李玉林检察长一行莅临四分院参观交流

1月16日，四分院部分干警在院领导带领下，冒雨来到黔江官渡中慰问失依学生

重庆市人民检察院第四分院于1998年6月挂牌成立，下辖黔江区人民检察院及秀山、酉阳、彭水、石柱4个自治县人民检察院。分院内设办公室、政治部（内设法警支队）、侦查监督处、公诉处、职务犯罪侦查局（内设综合指导处、反贪污贿赂侦查处、反渎职侵权侦查处）、职务犯罪预防处、民事行政检察处、监所监督处、控告申诉检察处、法律政策研究室、检察技术处、监察室、人民监督办公室及案件管理处等17个职能机构和1个党的工作机构（机关党委）。四分院内设机构为正处级。

2013年，分院在市委、市检察院的领导下，在市人大及其常委会的监督下，全面贯彻中央的各项方针政策，紧紧围绕"科学发展、富民兴渝"和平安重庆、法治重庆建设工作大局，认真贯彻落实全国"两会"、党的十八大、十八届三中全会、市委四届三次全会、平安重庆建设工作会议及全市检察长座谈会、"三检会"精神，以全面实施修改后的刑诉法、民诉法为契机，以党的群众路线教育实践活动为动力，以深入推进"平安渝东南、法治渝东南、过硬检察队伍"建设为抓手，按照辖区检察工作"立足全市发展提高、放眼片区创先创优"的总体思路，紧贴"全面加强自身建设、奋力建成武陵山片区标杆分院"的奋斗目标，锐意进取，开拓创新，扎实工作，全面履行检察职能，各项检察工作取得了新成绩。**一、充分发挥各项检察职能，积极推进平安渝东南建设**。分院始终把群众对平安的需求作为努力方向，寓打击、维护、化解、保障于执法办案之中，全力服务渝东南生态保护发展大局，积极推进平安渝东南建设。2013年，辖区两级院侦监部门受理审查逮捕案件1194件1705人（其中自侦案45件56人），与去年同期相比分别下降4.8%和10.1%；已审结案件1101件1550人，审结率为92%；两级院公诉部门共受理移送审查起诉（不起诉）案件1744件2621人，同比下降14.9%和11.9%，并查办涉及民生领域的职务犯罪案件69件74人。**二、深入查办和预防职务犯罪，努力促进反腐倡廉建设**。分院坚决贯彻中央惩治和预防腐败的总体部署，更加注重查办职务犯罪与预防职务犯罪相结合，坚持"老虎"、"苍蝇"一起打，积极服务党风廉政建设和反腐败工作大局。2013年，辖区两级院共计立案83件94人，同比上升6.4%和13.3%，重点查办涉及民生领域的职务犯罪案件69件74人。**三、切实加强诉讼活动监督，努力维护司法公正和权威**。分院全面贯彻落实修改后的刑诉法和民诉法，顺应人民群众和社会各界对严格执法、公正司法的要求和期待，进一步强化法律监督，促进依法行政，保障公正司法，平等保护群众合法权益。2013年，辖区两级院侦监部门共受理立案监督案件87件，书面提出纠正刑罚执行和监管活动中的违法情况51件，公诉部门支持二审抗诉3件4人，民行部门受理不服法院民事行政裁判申诉和基层院建提抗案件共370件。**四、紧紧依托载体开展活动，不断提高队伍综合素质**。分院坚持把队伍建设作为根本，切实结合党的群众路线教育实践活动的开展，加强对检察人员的教育、管理和监督，努力造就一支政治坚定、业务精通、作风优良、执法公正的高素质检察队伍，集中解决了一批影响和制约检察工作科学发展以及群众反映强烈的突出问题。**五、深化内外监督机制建设，保障检察权依法正确行使**。分院牢固树立监督者更要接受监督的意识，完善和落实自觉接受监督的机制和措施，保证把人民赋予的检察权真正用来维护人民群众的合法权利。**六、不断强化检务保障能力，推动检察工作全面发展**。分院充分认识科学管理对检察工作的重要促进作用，进一步完善工作机制，提高信息化应用水平，不断强化检务保障能力，推动检察工作全面发展。

2014重庆经济年鉴
全面推进依法治市 努力构筑和谐重庆
CHONGQING CHINA IMPORT-FOOD MALL
重庆·中国进口食品城
重庆·中国进口食品城
涉外旺铺
饱赚世界财富
保税港·10万㎡全球美食采购体验中心
0中间环节
1站式体验消费
100%产地直供
联动200多个国家
总价40万-200万市场旺铺
<进口酒类专区>火热抢购中
(023) 8683 8666
中国·重庆·寸滩保税港区(金渝大道旁)
本广告图片及内容仅供参考，不作为销售承诺和合同附件，买卖双方的权利义务，以政府最后的批文及签约文件为准。| 整合推广：写意广告
扫描二维码，关注官方微信，到销售中心免费领取精美进口食品，先到先得！ 渝国土房管（2014）预字第（1036）号
绿地·保税中心
GREENLAND BONDED CENTER

重庆锐进蔬菜种植股份合作社

厂房

重庆锐进蔬菜种植股份合作社是一家专业从事茎块类种植与加工的法人单位，2013年评为永川区全民创业孵化基地，永川区委组织部评为党员干部创业示范基地，2014年评为重庆市市级示范合作社，2013年取得QS论证，合作社生产的“俏表嫂”手撕冰糖大头菜具有麻、辣、香、脆等特点，产品投放市场以来深获消费者喜爱“俏表嫂”商标在川渝小有名气。2013年实现产值120万元获利25万元，2014年实现产值250万元获利50万元，带动本村留守妇女要农闲时就业人数65人。

获得的荣誉有：（1）2012年区委组织授予党员干部创业示范基地。

（2）2013年区人社局授予全民创业孵化基地。

（3）重庆市市级示范社。

核心竞争力：坚持对农村土地资源和劳动力的综合利用，以传统风干工艺为特色结合乡村旅游依托，地处乐和乐都、石笋山旅游带优势，开展游客酱腌菜制作体验。打造渝西地区酱腌菜博物馆，从而提升品牌影响力和竞争力。2015年实现“味四季”瓶装食品开发实现产值600万元，2016年突破产值1000万元，并创建全国示范社、创建重庆市知名商标。

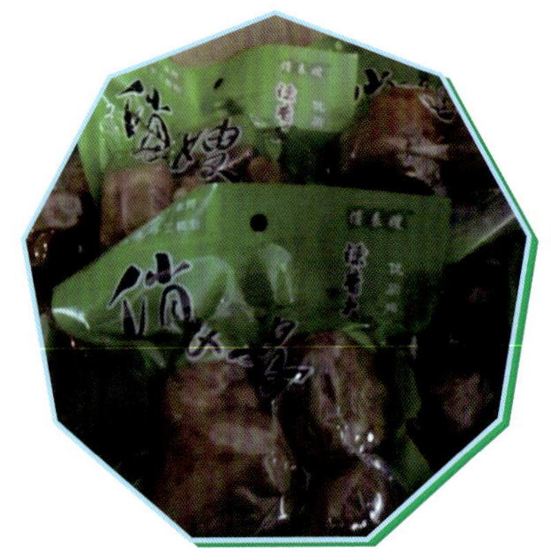
陈香大头菜

老坛酸萝卜

麻辣手撕大头菜

中国石油重庆销售公司

中国石油重庆销售公司的前身是重庆市石油总公司，1998 年重组上划至中国石油后，主要负责重庆地区的成品油批发和零售经营业务，同时配套开展非油商品销售及服务，承担全市主要的成品油供应任务。公司目前拥有营运加油站近 500 座，在建加油站 80 余座。现有油库 12 座，总库容约 50 万立方米。公司年销售成品油近 350 万吨，销售收入 280 亿元以上，是全市重点商贸流通企业和纳税 50 强企业。

多年来，面对市场需求快速增长和成品油资源持续紧张的严峻态势，公司不断加强资源调运组织力度，努力承担市场保供任务；推进销售网络开发建设，构建方便用户的零售网络；提升油库加油站本质安全能力和形象，强化服务意识、质量意识、品牌意识和诚信意识；公司干部员工继承和发扬大庆精神、铁人精神，推进党的建设、队伍建设、和谐企业建设不断取得新成效，先后荣获“全国五一劳动奖状”、“全国厂务公开民主管理先进单位”、“全国模范职工之家”等荣誉，涌现了以“中国石油·榜样”陈鸣红为代表的一批国家级、省部级劳模和先进个人，得到了重庆市政府“党和政府放心、群众满意”的高度肯定和广大市民的广泛认可。未来，公司将在中国石油的统一部署下，以全面履行经济、政治、社会三个责任为己任，不断加强成品油资源储备和供应，致力于为全市人民生产生活提供充足、稳定、高效、清洁的能源，为服务重庆地方经济建设，为全面提升城市综合承载能力，完善国家中心城市支撑要件作出应有的贡献。

南坪加油站

海峡路加油站

嘉华西加油站

伏牛溪油库

重庆中汽西南汽车(集团)有限公司

重庆中汽西南汽车(集团)有限公司(简称"中汽西南"),是一家专注于乘用车行业的大型商贸集团。目前拥有23个品牌授权的30家4S销售服务店,并在重庆多个区县拥有汽车销售展厅,是重庆市规模最大的汽车销售服务商。

中汽西南注册资金21450万元人民币,员工人数达2900人,成立20年来发展迅猛。到2013年,中汽西南的乘用车年销售达47000台,营业收入达到80个亿,这一年中汽西南的乘用车累计销售量突破30万台。

多年来,中汽西南连续被评为全国十佳汽车营销集团、全国十佳乘用车经销商,2004~2013年连续10年跻身"重庆企业100强",并荣获"中国商业信用企业"称号、中国服务企业500强、全国"诚信维权单位"、消费者信得过企业、重合同守信用企业、重庆首届知名品牌企业。并任重庆市汽车商业协会会长单位,中华全国工商联合会汽车经销商商会副会长单位。

中汽西南在重庆主城区拥有2个大型的汽车卖场,一个是北部新区重庆汽博中心,一个是二郎中汽西南汽车汽车超市,一南一北遥相呼应。

中汽西南在经营汽车销售服务的基础上,不断深挖汽车后市场提高其自身服务水平。相继成立了汽车贷款、汽车保险、汽车装饰用品等分公司,内部成立了客户中心、呼叫中心、救援中心。在重庆率先推出统一的汽车咨询救援于一体的"95067"短号码,24小时为重庆广大车主服务。

"做汽车领域的卓越者"是中汽西南的企业愿景。"卓越"就是突出的优秀,中汽西南在践行"卓越"理念的过程中,将在不断的探索和创新中前进。

汽博鸟瞰图

汽博大厦

重庆钢铁（集团）有限责任公司
CHONGQING IRON & STEEL (GROUP) CO., LTD.

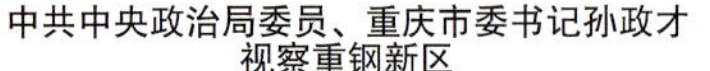
中共中央政治局委员、重庆市委书记孙政才视察重钢新区

重庆市委副书记、市长黄奇帆视察重钢新区

重庆市委副书记张国清视察重钢新区

重钢是中国最早的钢铁企业，至今已有124年历史。现有子公司21家，其中全资11家，控股10家，其中核心子公司钢铁股份公司分别在香港联交所和上海证交所上市。现有从业人员32000人，其中在册职工21000余人，资产总额754亿元，是重庆市属最大的国有工业集团。

重钢长寿新区码头

重钢长寿新区铁钢系统

“十一五”以来，重钢在重庆市委、市政府及市国资委的正确领导和大力支持下，于2011年9月，成功完成了钢铁主线搬迁到长寿区的环保搬迁工程，并同步全面关停了大渡口老区落后钢铁产能。新重钢现已成为以板带材、型材、线棒材等产品为主，技术装备先进、资源配置合理、环保节能高效、产品竞争力较强，年产830万吨钢生产规模，以及矿产资源、房地产业、工程建设、物流配送等非钢产业优势突出的现代化钢铁联合企业。2013年，中国企业500强排序第455位，冶金行业排名30位。2013年4月，重钢被工信部纳入全国首批45家符合国家钢铁行业规范条件企业，并成为全国唯一获“节能中国十大贡献单位”称号的钢铁企业。

重钢长寿新区一角

重钢西昌矿业公司

近年来，通过不懈努力，重钢荣获并保持了“全国文明单位”、“全国五一劳动奖状”和“全国先进基层党组织”等荣誉称号。

重庆梅安森科技股份有限公司

梅安森——安全生产守护者

致力于为矿山、市政公共和特种工业行业客户提供安全生产成套解决方案，专注于安全生产监测监控设备和安全保障系统的研发设计，生产制造、销售服务、监测检验等全方位业务活动。为用户的安全生产保驾护航十余年，梅安森产品得到了广泛认可及应用，成为安全生产服务领域的领先企业。

三大产业方向：

◆矿山安全生产：基于数字矿山、智慧矿山的安全生产综合自动化与信息化成套技术装备的技术服务供应商。

◆市政公共安全：基于大数据、云计算、物联网技术的城市公共安全监测预警与应急保障技术装备服务商。

◆特种工业安全：基于二三维 GIS 与多数据融合技术的特种行业、特种设备、特种区域安全生产监测预警与应急控制保障技术装备服务商。

我司董事长兼总经理马焰当选“2013 十大重庆经济年度人物”

梅安森科研——科技创新是企业的生命力

公司长期致力于打造一支专业、稳定、结构合理、富有生命力的研发团队。目前，公司拥有研发及工程技术人员 380 人，其中高级及以上职称工程师 24 人、中级职称人员 170 余人，同时公司还聘请了 2 名享受国务院津贴的资深行业技术专家为公司专业技术顾问，指导公司产品研发和重大项目技术攻关。

梅安森科研成果——为企业业绩保驾护航

公司目前已获得国家发明专利 6 项，高新技术产品 25 项、软件著作权证书 97 个、软件产品 82 个（其中嵌入式软件产品 70 多个）、产品安标 311 个，获批 2 项国家重点新产品，7 项重庆市重点新产品、5 项重庆市名牌产品，11 项科技成果登记证书，1 项重庆市高技术产业化项目。其中，公司自主研发的煤与瓦斯突出实时诊断系统在技术上处于国际先进水平。

梅安森技术服务——全方位服务的技术保障

公司自创立之初就提出了：“销售服务一体化与全过程技术支持”的客户服务理念。目前在全国范围拥有 4 家子公司、12 个办事处、40 个服务站、46 个精诚合作伙伴以及一支 300 余人的专业技术服务团队。对于客户的需求，我们将在 2 小时之内作出响应，需要现场解决的问题，保证在 8 小时之内到达。

重庆市市长黄奇帆视察工作

重庆市委常委、统战部部长刘光磊莅临我司考察调研

梅安森荣誉——值得信赖的保证

◆安全生产监测监控行业上市公司（股票代码：300275），注册资金 1.6 亿元

◆国家火炬计划重点高新技术企业，多项产品被认定为国家重点新产品

◆国家规划布局内重点软件企业

◆多项国家火炬计划产业化项目承办单位

◆连续三年荣登《福布斯》“中国最具潜力上市公司”排行榜

◆ AAA 级信用企业

◆国内矿山安全信息产业重点骨干企业

◆安防工程壹级从业资质

◆中国国际软件博览会金奖获奖单位

◆通过 ISO9001 质量管理体系认证
ISO14001 环境管理体系认证
OHSAS18001 职业健康安全管理体系认证

◆机电设备安装工程专业承包单位

◆计算机信息系统集成企业

◆重庆市矿山安全测控成套装备工程技术研究中心

玖龙纸业（重庆）有限公司

NINE DRAGONS PAPER INDUSTRIES（CHONGQING）CO., LTD.

先进造纸车间的清洁生产

忙碌的玖龙码头

循环再利用再生能源环保热电厂

玖龙纸业（重庆）有限公司于2006年11月21日入驻重庆江津珞璜工业园A区，是香港上市公司玖龙纸业（控投）有限公司旗下的九大基地之一。玖龙纸业历经近二十年的发展，现已成为亚洲最大的现代化包装纸生产企业。玖龙纸业用最短的时间创造了行业辉煌的业绩，带动中国造纸业在近十余年间取得了突飞猛进的发展。

玖龙纸业（重庆）有限公司现已投产三条包装纸生产线，分别为年产50万吨高档涂布白板纸生产线、年产50万吨高强瓦楞纸生产线、年产45万吨牛卡纸生产线。三条造纸生产线的主要设备均从国外进口，达到当代世界先进水平。主要产品为牛卡纸、高强瓦楞纸和涂布白板纸等。玖龙纸业以生产高品质的包装纸为已任，在国内占据行业龙头地位，公司拥有“玖龙”、“海龙”等多个自主品牌，取得了“中国环境标志产品”的认证，获得2013年重庆市名牌产品称号，并连续几年入选重庆工业五十强企业。

玖龙纸业以高度的社会责任感，执着于“没有环保就没有造纸”的企业理念，坚持科学发展、绿色发展，开创了中国废纸造纸的先河，引领了环保造纸的潮流。在未来，玖龙纸业将继续朝着环保、节能型、国际化管理的目标迈进，巩固行业龙头地位，奠定企业百年基业。

地址：重庆市江津区珞璜工业园A区　　Add: LuoHuang Industrial Park A Zone, Jiangjin Town, Chongqing City, China

Tel: +86 023 65558888　　Fax: +86 023 65558999

LUMMY 莱美药业

重庆莱美药业股份有限公司

重庆莱美药业股份有限公司创立于1999年，总部位于重庆，是国内最早通过GMP、GSP认证的企业之一，经过十余年锐意进取，如今已成长为布局多个医药子行业的多元化上市公司。

多年来，莱美药业始终怀着对生命的高度敬畏之心，坚持为患者提供品质卓越、疗效确切、安全可靠药品的同时，也在努力履行传播绿色健康理念、提高健康防护意识的社会责任，坚持以科技创新为龙头，以市场为导向，以客户为资源，以高质量的药品和创新性的技术为基础，建立适应行业和自身发展的高效运营体系，不断提升核心竞争力，实现公司的持续稳定健康发展。

2009年，莱美药业于深圳证券交易所创业板挂牌上市，股票代码：300006。

2014年，莱美药业在全球首先研发上市的创新药物"卡纳琳"，荣获全国商业协会科技进步奖颁奖大会，2013年度协会“科技进步一等奖”，“盐酸克林霉素注射剂的开发与应用”项目荣获全国商业科技进步奖三等奖，莱美药业荣获“中国商业科技创新型企业”奖！

2014年，在中国化学制药工业协会组织的企业信用评价中，莱美药业的信用等级由AA提升为AAA。

莱美药业两大重磅产品值得关注：源自德国，全球独家免疫系统药“乌体林斯”；历经十五载，自主研发的全新一代的质子泵抑制剂（PPI），消化系统药“埃索美拉唑”（莱美舒）。

东溪镇

东溪镇位于重庆市綦江区南部，全镇幅员面积 157 平方公里，辖 20 个村，4 个社区，总人口 8.9 万，场镇人口 2.6 万人。东溪现为中国历史文化名镇、中国特色镇旅游新干线示范镇、重庆市十大旅游名镇、重庆市市级中心镇、重庆市商贸百强镇、重庆市统筹城乡发展示范镇，东溪抗战文化街为重庆市最美小巷，东溪古镇特色文化商业街为市级商业特色街。

太平桥古渡口

东溪抗战文化街

东溪原名万寿场，于公元前 202 年建场，唐高祖武德二年（619 年）设丹溪县，唐太宗贞观十七年（644 年）撤丹溪县为东溪镇。建场 2200 多年，建镇 1300 多年。东溪保存较为完好的古汉墓群、盐马古道、西南最古老的邮局——麻乡约民信局、“旌表节孝”牌坊等古迹，演绎了东溪历史的兴衰，积淀了厚重而丰富的文化。码头文化、农耕文化、民俗文化、盐茶文化、宗教文化、木雕文化、红色文化、抗战文化、版画文化等异彩纷呈。

2014 年，全镇生产总值（GDP）完成 127200 万元，同比增 8%；规模工业总产值完成 3158 万元，同比增 5%；全社会固定资产投资总额完成 52635 万元，同比增 13%；镇级工商税收完成 385 万元，同比增 10%；社会消费品零售总额完成 6724 万元，同比增 15%；农民人均纯收入为 10525 元，同比增 13%。

万天宫古戏楼

东溪镇交通便捷，渝黔铁路、210 国道、兰海高速公路纵贯南北，距綦江区主城 30 分钟车程，距重庆市主城 1 小时车程，是全市唯一高速公路直达的古镇。境内已探明矿产资源有煤炭、铁矿、天然气等，盛产水稻、花生、辣椒、黄瓜、柑橘、花椒等农经作物，猪、鸡、鱼等养殖业蓬勃发展，主要特产有东溪花生、东溪黑鸭、黄荆豆花、东溪腐乳及其系列加工产品。

总经理 陈吉川

2014 年 4 月 17 日下午，市质监局局长、党组书记张宗清率队赴重庆盈丰升机械设备有限公司进行了实地调研

重庆盈丰升机械设备有限公司是一家专注于施工升降机及附着式升降脚手架等产品的研发、生产、销售、租赁、服务为一体的高科技民营企业。年产施工升降机 1200 余台，附着式升降脚手架 5000 个机位。

公司在西部率先成立了行业研发中心。拥有多项发明专利技术，其中标准节机器人全智能化焊接流水线达到世界技术领先水平。

公司坚持走品质化道路，注重细节持续技改，将“台台是精品”贯穿于研发、生产的每一环节。产品具有“安全、耐用、舒适、美观、便捷、经济”的特点，深受用户青睐。与中建、中铁、万科、保利等 380 多家大型建筑企业建立了稳固的战略联盟合作关系。

公司连年销量翻番，市场遍及全国各省市，在重庆、云南等西南市场占有率达到第一，其中重庆市场占有率为 52.7%，云南市场占有率为 42.3%。是目前中国西部地区施工升降机最大制造商和服务商。产品还远销巴西、印度、东南亚、中东、北美等国家和地区。“立诚”牌施工升降机正成为越来越多中外客户的首选。

秉承“人因信而立，业因诚而兴”的企业精神，公司倾力打造“信息化网络技术”、“6S 综合服务平台”，以满足客户需求为核心目标，为用户提供专业、高效的服务，帮助客户实现价值最大化。

用我们的产品让您生活更幸福！

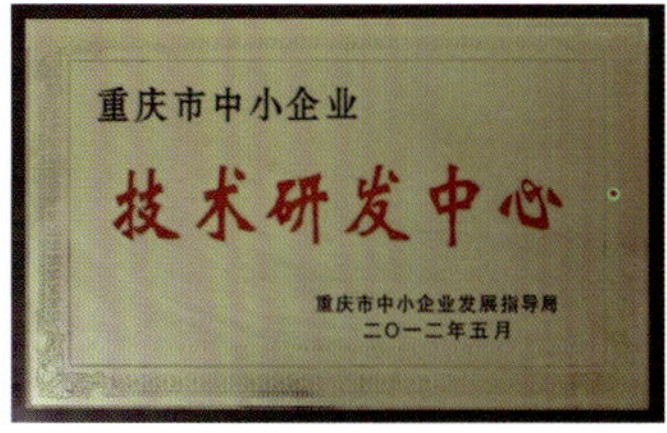
重庆市中小企业
技术研发中心
重庆市中小企业发展指导局
二〇一二年五月

重庆名牌产品证书
重庆名牌产品

重庆市高新技术产品
发证时间：二〇一三年十二月二十九日

香满圆
xbncp365.com

菜园坝水果市场网购平台

一、平台模式

香满圆电商平台（www.xbncp365.com）是在菜园坝水果市场、菜园坝农副产品市场及渝南冻品市场等实体市场的基础上，由重庆公路运输（集团）有限公司斥资200万，于2011年率先在全国农产品市场行业内开发上线的农产品行业B2C交易平台。

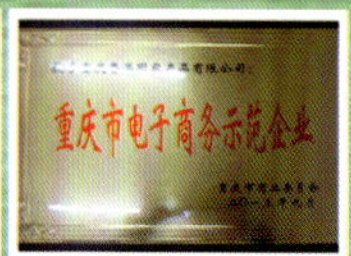

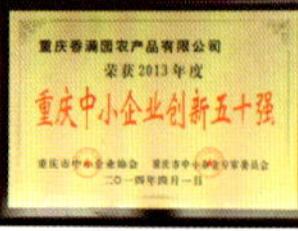

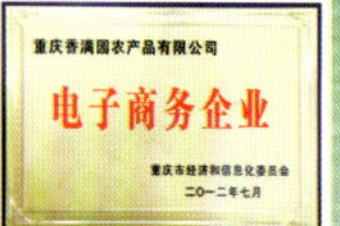

二、所获荣誉

自成立以来，香满圆电商平台发展良好，受到了政府主管部门以及行业协会授予的诸多荣誉。荣获了“全国农产品电商20强”、“重庆市农业产业化市级龙头企业”、“重庆市2012年第一批电子商务企业”、“重庆市十大电子商务示范企业”；是渝中区级，重庆市级重点扶持项目。在相关活动开展中，平台多次接受重庆市市级领导及海外客商考察指导公司运营情况，如副市长陈和平、两江新区管委会主任凌月明，市商委主任周克勤、市农委詹仁明副主任均前来平台考察指导。

三、平台优势

区别于全国范围内其他农产品电子商务网站，香满圆电商平台有发展农产品电商的以下核心优势，一是拥有菜园坝水果市场等实体传统批发市场作为天然货源支撑，平台接受订单后可立即从市场内经营户直接采货，基本无货物积压，二是拥有重庆公路运输（集团）有限公司强大的综合物流实力作支撑，利用同城（程）配送系统以及“宅配到府”服务所形成的电配一体化优势，让工作繁忙的白领以及行动不便的老人更加省心、省时、省力。三是拥有通过批发市场经营户的直接采货渠道，以及多年来的办场经验从而与产地建立的直销模式，减少了纵向流通成本，因此平台价格相比商超、社区店等更为便宜。

四、发展目标

未来发展上，香满圆电商平台带动传统农批市场提档升级的复合型拓展之路将持续加强，通过线上线下业务双向拓展，香满圆将打造为重庆乃至西南甚至全国范围内的农产品网络销售龙头企业。

重庆市搏赛房地产开发有限公司
重庆市石塔建筑安装公司

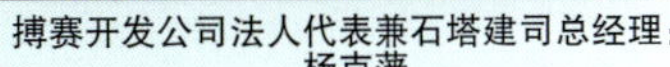
搏赛开发公司法人代表兼石塔建司总经理：杨克藩

搏赛开发公司总经理兼石塔建司法人代表：郑绍芬

重庆市搏赛房地产开发有限公司和重庆市石塔建筑安装公司是两块牌一套班子，各具独立法人资格的联合体。搏赛房地产开发公司注册资金 1000 万元，三级开发资质；石塔建筑安装公司注册资金 2000 万元，建筑安装二级资质企业。

搏赛开发公司主营：房地产开发、物业管理等。

石塔建筑安装公司二级资质，可承担三十层大厦及各类民用建筑，室内外装饰，30 米跨工业厂房，100 米高构筑物，城市公路（高速路除外），单跨 20 米的桥梁施工，可承担水电安装，小型工业建筑的设备、气液体储罐、线路、管道、电器、仪表、钢结构安装。

石塔建安公司始建于 1979 年，拥有二十多年施工经历，已发展成为实力雄厚、管理机构健全、有较强经营管理人才、机械设备齐全的二级资质建安企业。拥有大中型机械设备 178 台件，总功率 1680kW，有职称技术的经济管理人员 181 人，（大中专以上学历 82 人）；其中高工 12 人，工程师 88 人，助工 81 人；有一级资质项目经理 2 人，二级项目经理 15 人，三级项目经理 11 人，“五大员”持中级上岗证书。

公司成立以来所承建的工程合格率 100%，无质量安全事故，赢得了上级主管及用户好评，曾获建设杯奖及鲁班奖工程，曾被评为区县市级先进企业，市区级“重合同、守信用”先进企业。

巴西公司

重庆国际复合材料有限公司

重庆国际复合材料有限公司（简称 CPIC）是一家集玻纤产品研发、生产、销售为一体的大型中外合资公司。主要生产优质无碱玻璃纤维及玻璃纤维布系列产品。生产规模居全国第二、全球第四。

公司成立于 1991 年，前身是 1971 年成立的重庆玻璃纤维厂，1999 年云天化进入，现由云天化集团有限责任公司主要控股。拥有总资产超过 100 亿元，员工总数 6000 余人。公司分别在重庆、上海、珠海、常州以及海外的巴西、巴林建有生产基地，玻纤年产能突破 60 万吨，玻纤布年产能达到 1.5 亿米。公司下设北美公司、欧洲公司、俄罗斯公司和香港公司 4 家销售子公司。

宏发签约

收购巴林公司交割仪式

CPIC 致力于生产品质稳定并持续改进的玻璃纤维产品，始终把质量视为企业的生命，产品质量一直居国内领先水平，达到国际通用标准。通过多年的探索和努力，现已拥有世界一流的自主核心技术，拥有包括 TM、ECT 等发明和实用型专利 67 项。无捻粗纱产品荣获“中国名牌”称号，主要产品通过德国船级社（GL）、英国劳氏（LR）、美国 FDA 认证。产品远销北美、中东、欧洲、东南亚、非洲等多个国家和地区，出口超过总销量的 50%。与 GE、杜邦等三十多家外国公司建立了稳定的合作关系，产品被广泛应用于城市建筑、室内装饰、汽车工业、机械电子领域，并逐渐占领风力发电、航空航天等新兴市场。

20 世纪 90 年代，CPIC 抓住中国玻纤行业迅速发展和世界玻纤产业整合重组的历史机遇，迅速实现了国际化、一体化产业布局，打造了中国玻纤走向世界的创业奇迹。未来，CPIC 还将内强品质、外拓市场，通过不断优化产业结构，加大力度延伸产业链，大力开发市场需求大、技术含量高、环境友好的新型玻纤产品，全面提升企业的核心竞争力。公司仍将不断适应全球经济调整格局，继续积极主动地实施国际化、一体化布局，以市场和客户服务为落脚点，不断追求创新与卓越，向全球玻纤行业国际化的优秀供应商的目标努力迈进。

天玮交割仪式

客户交流会

重庆望江工业有限公司

重庆望江工业有限公司（简称望江公司），1933 年始建于广东清远县湛江口，1938 年迁址重庆。公司行政区划隶属重庆市江北区，滨长江而依铁山坪，占地面积 11.3 平方公里，资产 60 亿余元，拥有各类加工设备 2500 台（套），数控化率达 30% 以上。公司本部现有职工 3800 余人，各类专业技术人员 1300 余人（其中高级职称 677 人，享受国家级政府津贴 29 人），聘请国内知名专家 15 名为公司高级顾问，国家千人计划专家 1 人，兵装集团科技带头 2 人，技能带头 2 人，为企业科研、生产提供了强有力的智力支撑。

全景图

办公大楼

公司铸造、锻冲、焊接、制簧、热表处理、机械加工、电器装调和总装调试等工艺门类齐全；拥有三座标测量机、工业电视成像系统、原子吸收仪、红外碳硫分析仪等高、精、尖的理化、计量分析手段，具有较强的综合机械加工制造能力和生产检测能力。

通过持续快速发展，望江公司的经济规模和综合实力不断增长，企业贡献力和影响力大幅提升。公司拥有重庆市认定的企业技术中心和国防科工局认定的国防工业技术中心，是重庆市高新技术和创新型试点企业，并连续多年被评为中国机械 500 强、重庆市工业企业 50 强，重庆企业 100 强，重庆制造业企业 100 强，荣获重庆市国企贡献奖、重庆市文明单位标兵等诸多殊荣。

总装车间

望江公司总装总调厂

2014 年预计完成总产值 329754 万元，风电齿轮箱 300 台，专用汽车 3500 辆，转向节 40 套，石油机具 1000 万元，摩托车发动机 68000 万元。

重庆三峡技术纺织有限公司

重庆三峡技术纺织有限公司是山东如意集团积极响应党中央、国务院西部大开发、支援三峡库区建设号召，在国务院三峡建设委员会、中国纺织工业协会的共同支持下，率先从东部向西部实施产业转移战略，于2005年在重庆万州建立的大型现代纺织企业。

公司投巨资在三峡库区万州申明坝工业园建立技术最先进、国际市场前景最广阔的紧密纺高新技术生产基地，现有员工近3000人。一期工程25万锭于2007年6月27日正式投产。公司秉承“高端定位、精品战略、国际一流水平”的企业方针，选用了德国特吕茨勒全自动控制清梳联、梳棉机、预并条机、末并条机、赐来福络筒机，意大利马佐里条并卷机、精梳机、萨维奥络筒机等世界一流的纺机设备。公司坚持科技领先不动摇，以集团国家级技术中心为依托，拥有重庆市市级企业技术中心和工程研究中心，不断提高自主研发创新能力，中国工程院姚穆院士、中国纺织企业家联合会会长华冠雄为公司常年技术顾问，与澳大利亚联邦科学院、美国棉花公司、西安纺织工程大学、武汉纺织大学、西南大学等广泛开展产学研合作。产品质量达到国际先进水平，高品质紧密纺纱线已进入意大利曼特菲和日本等市场，在意大利建立了办事处，赢得广泛赞誉。国内市场更是网络密集，浙江、江苏、广州、山东、重庆等省市销售量不断攀升，同时配套建立企业项目ERP管理信息系统，将企业商流、物流、资金流、信息流进行有效集成。荣获2012年重庆市市长质量管理奖，是万州第一家也是唯一一家获此殊荣的企业。2013年实现工业总产值49.5亿元，销售收入49.1亿元，出口创汇3600万美元，截至2014年10月实现工业总产值40.47亿元，销售收入40.41亿元，出口创汇4300万美元，保持良好发展势头，为重庆市纺织行业龙头企业和万州区重点企业，为三峡库区经济发展和社会进步做出应有的贡献。

公司将坚定不移在库区发展，全力延伸产业链，助推地方经济，促进移民就业，如意集团将投资150亿元建设西部纺织城项目，打造“一基地，四中心”，即纺织服装产业生产基地，技术研发中心、商贸中心、物流中心、生活服务中心。“十二五”期间，将新上“25万锭如意纺纱线”、“年产5000万米如意纺高档衬衫面料”、“年产1000万件如意纺高档免烫衬衫”三大项目，截至2014年7月，正进行钢结构厂房安装，厂房已完成建设进度70%，同步进行辅房土建。预计到2015年底，企业年销售收入将突破100亿元，提供15000个就业岗位，将为三峡库区经济发展和社会进步做出新的更大的贡献。

重庆三峡技术纺织集团

重庆黑马消防工程有限公司

重庆黑马消防工程有限公司成立于2008年8月，注册资金800万元，是经中华人民共和国住房与城乡建设部、重庆市建设委员会批准的具有现代消防工程设计（甲级）与施工（一级）一体化总承包资质、机电设备安装工程（三级）及建筑智能化工程（三级）的专业性安装公司。公司率先通过ISO9001质量体系认证，力求应用最新技术，以现代消防工程设施设备的设计、安装施工、机电设备安装（包括中央空调、建筑水电施工安装）、建筑智能化工程安装施工为重心，集合消防系统设备供应、调试、培训、维保为一体，面向市场，着力打造高质量、高品质的建筑产品，为中国城市化建设做出自己的贡献。

博建中心

江津邦泰花园

重庆黑马消防工程有限公司的主要管理、技术人员，都是多年从事现代消防设施设备系统设计和消防安装工程、机电设备安装工程、建筑智能化工程的经验丰富的专业人才，在管理、设计、施工方面都具有较高的造诣，为许多现代消防工程、机电设备安装工程及建筑智能化工程项目作出过一定的贡献。同时具有相对稳定、经验丰富、长期合作的专业从事消防、中央空调、建筑水电、建筑智能化等安装工程的劳务公司及劳务班组。公司主要领导致力于打造高效、精干的企业团队，集合了一批高素质的经营管理、施工管理、消防工程设计等方面的优秀人才。现有经济、技术管理人员50人，其中高级专业技术人员5人，中级专业技术人员17人，初级专业人员19人。

金科·公园王府

砂之船奥特莱斯

2013年初，重庆黑马消防工程有限公司成立第一分公司，主要负责重庆三峡库区，包括万州、云阳、开县、忠县、梁平、奉节、巫山、巫溪、城口八县的区域业务拓展工作，2014年初，公司成立云南分公司，进一步加快了公司的发展化进程。

喜来登酒店·喜来登国际中心

永川商贸城

重庆黑马消防工程有限公司将始终不渝地遵循“对客户负责，对人民生命和财产负责”的企业宗旨，牢固树立“诚信、责任、服务、创新”的企业理念，以科学的管理手段、健全的组织机构、先进的技术与经验、严谨负责的态度、优质的工程质量和完善的售后服务，不懈努力地在现代安装工程的设计施工的领域中建立良好的信誉。

重庆红岩土石方

施工中的北滨国际中心土石方工程

施工中的回龙坝公租房二期土石方工程

重庆红岩土石方工程有限公司成立于二〇〇七年十一月，是一家以建筑工程施工为主的民营企业，公司拥有市政公用工程总承包二级资质，土石方工程专业承包二级资质、道路工程专业承包三级资质、爆破与拆除工程专业承包三级资质、地基与基础工程专业承包三级资质、爆破四级资质等多项资质，现注册资金为 2000 万元。

公司建立了完善的管理体系，现有在职员工 350 余人，其中高级职称人员有 6 名，中级职称的人员有 52 人，具有初级职称的人员有 49 人，其他技术人员 180 余人，总经理 1 人，副总经理 2 人，总工有 2 人。公司按照现代企业管理模式严格管理，下设财务部、行政部、合同预算部、工程部、材设部五大部门。公司拥有齐全的土石方和房建工程施工设备，有各种压路机、推土机、挖机、沥青摊铺机及各类施工设备多套，能满足各种建筑工程施工之需要。

在董事长马祖美女士的英明引导下，整个团队经过四年多的努力，持续年年盈利，现资产规模逾 1 亿元人民币，年施工能力达 10 亿元，目前有在建工程多个。截至 2009 年 3 月，公司旗下又成立了重庆亿桥建筑工程有限责任公司；2012 年 12 月公司成立了重庆怡神轩餐饮管理有限公司；2013 年 6 月，公司成立了重庆海美怡农业发展有限责任公司；另外，公司自有汽车美容装饰店一个和碎石加工厂一个。

施工中的江北嘴土石方及道路工程

由我司承建的天盈．海峡路土石方一期工程

红岩人秉承“以诚信赢市场，以管理赢效益，以合作赢发展，以机制赢机会”的经营方针，适应市场发展需要，主动进取、突破主业、多元发展、立足自身，充分贯彻以市场为导向，人才为核心，效率效益为目标的管理原则。在短短的几年时间，公司先后完成了中海·北滨一号土石方工程、管网工程、道路与桥梁工程的施工，大学城·电子工程职业学院土石方工程、道路和桥梁工程，中国地产·曼哈顿一期、二期土石方工程，重庆市江北嘴中央商务区 B、C 地块土石方工程，西部物流园公租房项目土石方工程，鸥鹏集团五里店 Q 城土石方工程，中海国际社区 3# 地块土石方工程及别墅示范区房建工程，中海国际社区 2# 地块一期、二期房建工程，南岸区海峡路一期土石方工程，“北滨国际”土石方及边坡治理工程，董家溪土石方工程等施工项目。为重庆的建设工作做出了应有的贡献。

红岩人将一如既往地坚持以人为本，突出个性化管理，强化制度建设，坚持以“诚实守信、信誉第一”的原则赢得客户的满意，坚持以多种经营方式提高经济效益，向客户提供满意的服务和优质的产品，为美丽的城市和和谐的社会做出贡献而努力！为祖国的大好河山增彩加色！我们愿与社会各界合作，优势互补、资源共享，携手并进，走得更远、更高！

鑫泰·华府

重庆鑫泰房地产开发（集团）有限公司

重庆鑫泰房地产开发（集团）有限公司成立于一九九七年七月，资质等级为房地产开发叁级，证书编号为渝建开4230917，营业执照注册号码为渝高500901000007758号。公司注册资金2000万元，由雷光其与江霞两股东出资。现公司有各类管理人员50多人，其中中级以上专业技术人员20多人。公司设总经理室、财务部、工程部、后勤部、保安部。

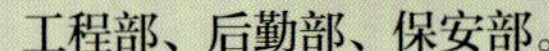

公司九七年成立以前承建的工程项目，主要是渝洲交易城商住房和石桥铺地区各中小学校的教学与职工住房，总建设规模达十多万平方米，工程合格率达100%。九七年至九九年公司先后开发和施工的主要项目有：渝洲交易城C-10商住楼，2层框架，6层砖混，建筑面积21600㎡；B-18商住楼，2层框架，7层砖混，建筑面积32840㎡；西门商住楼，1层框架，8层砖混，建筑面积6570㎡。工程合格率均达100%。

2000年至今开发和建设的项目有沙区大杨公桥37号"鑫泰花园"，石新路45号"鑫泰铭居"和巴山"沛鑫汽摩城"等工程。其中"鑫泰花园"住宅小区，建设规模为51666㎡，其中住宅40574㎡，商用房11092㎡，2002年底全面竣工，合格率100%。该小区由5栋多层和2栋小高层单体建筑组成，属于封闭式住宅小区，容积率低，绿化率达26.9%，户型较多，因户型平面设计合理曾获奖。"鑫泰铭居"工程建设规模33338㎡，由3栋建筑组成，其中一号楼21层，建筑面积18550㎡，由重庆六建施工，2号楼13层，3号楼4层，建筑面积14788㎡，由鑫泰建筑公司施工，2005年12月已全面竣工交付使用。

2009年6月开工建设的位于南岸区工商大学旁的小区"鑫泰·万友康苑"，建筑规模47910.5㎡，由两栋28层高楼组成，2010年9月竣工并交付业主使用。现正开发建设位于九龙坡区华福路的鑫泰·华府项目（46000平方米）。

重庆市渝北区航利装饰材料经营部

重庆市渝北区航利装饰材料经营部成立于1996年，是一家集生产、开发、销售、服务于一体的多元化车库门制造厂商。融合了科技资源与人力资本，努力学习和吸收国内外先进的科技成果和管理经验。以高起点、高速度、高效益创出品牌形象，实现企业快速跨越式发展。

面对海阔天空的市场，无论风起云涌，道路曲折艰难，都将恪守诚信，锐意进取，服务用户。

静电粉末喷涂银灰色80型双层双筋电动铝合金卷门

粗管水晶片卷门（平面光）

双面高档不锈钢拉丝翻板车库门

100型彩钢发泡卷帘片

车库门彩钢带、配件

质量求生存　信誉求发展

重庆友科建设工程项

重庆友科建设工程项目管理有限公司是一个私营股份有限公司，位于重庆市南岸区南坪城市之光16-4号，注册资本118万。公司现有钢管800吨；钢扣件120000套；塔机3台、各种机械设备共计180万。同时，专门聘请了一批建院毕业的专业技术管理人才作为公司的核心力量，其中具有中级以上职称的8人，初级职称的16人，项目经理8人，为公司最终成为一支从事建设项目管理、咨询到施工作业的技术劳务和生产工人劳务的产业化公司奠定了坚实的基础。

荣誉证书
重庆友科建筑工程项目管理咨询有限公司
荣获2007年度重庆市南岸区建筑业
先进企业
重庆市南岸区建筑业协会
二〇〇八年四月

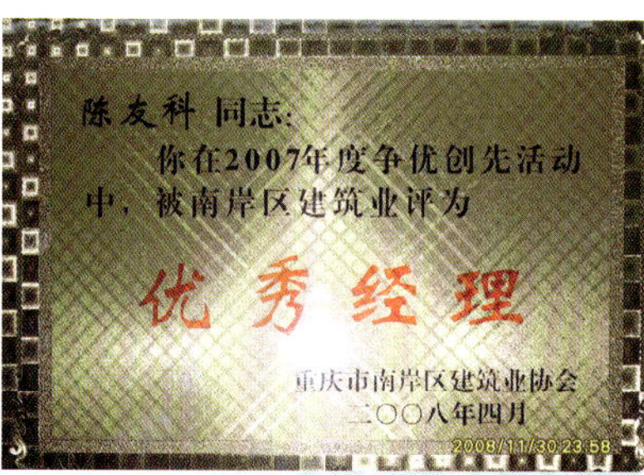
陈友科 同志：
你在2007年度争优创先活动中，被南岸区建筑业评为
优秀经理
重庆市南岸区建筑业协会
二〇〇八年四月

公司主要经营：建筑项目的管理咨询及中介服务，模板作业劳务分包壹级、木工作业劳务分包壹级、砌筑作业劳务分包壹级、抹灰作业劳务分包壹级、油漆作业劳务分包资质、钢筋作业劳务分包壹级、混凝土作业劳务分包资质、脚手架作业劳务分包壹级、焊接作业劳务分包壹级、水暖电安装作业劳务分包资质；建筑设备租赁；销售建筑材料、装饰材料等。

公司成立于2004年3月，具有雄厚的经济实力和强大的专业技术力量。有一支经验丰富、纪律严明、训练有素、技术精良的管理人员和施工队伍。公司紧紧围绕以“质量求生存、信誉求发展、管理求效益、服务拓市场”的经营宗旨，施工精益求精，追求技术和质量表现完美结合，创造了一批广受社会好评的形象工

总经理 陈友科

友科业绩

目管理咨询有限公司

程。例如，南坪宏声广场工程完成 36 层框架结构，50000 平方米的模板，钢筋，混凝土，水电安装作业分包；南坪万寿花园 126 幢 13 层框架结构，21000 平方米的模板，钢筋，混凝土，水电安装作业分包；正杨集团办公楼及宿舍计 15000 平方米的模板，钢筋，混凝土，水电安装作业分包；上海城二期 C 区工程 2 单元 28 层、3 单元 52 层、6 单元 8 层框架结构 6150000 平方米的模板，钢筋，混凝土，水电安装作业分包；垫江渝东商业城 B 区、D1、D2 栋工程 33 层框架结构 125000 平方米的模板，钢筋，混凝土，水电安装作业分包；永川龙城国际工程 33 层框架结构 105000 平方米的模板，钢筋，混凝土，水电安装作业分包；北部新区北部新区康庄美地公共租赁住房工程 16#、17# 楼 33 层框架结构 180000 平方米的模板，钢筋，混凝土，水电安装作业分包；……

为适应市场发展的需要，公司将以“树企业形象、强竞争实力、上一流水平、创名牌工程”为发展战略，以“人才为本、诚信为根、人和为贵、实绩为先”为经营原则，充分挖掘自身潜力，发挥自身优势，开拓进取，再铸辉煌。

公司地址：重庆市南岸区城市之光 16 楼 4 号

邮　编：400060

联 系 人：陈友科（总经理 二级项目经理）

联系电话：13908340958

电话 / 传真：023-62812988

重庆汇源电力安装有限公司

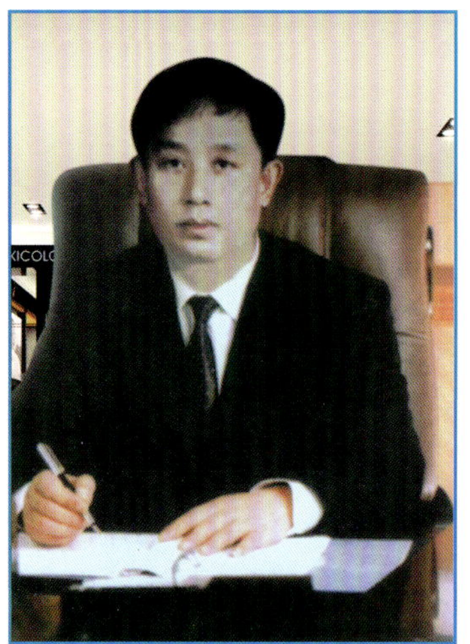
经理：王志敏

重庆汇源电力安装有限公司系重庆电力公司入网企业，是从事送变电工程安装为主的施工队伍。公司注册资金800万元人民币，具备重庆市建委颁发的送变电专业三级施工资质。

本公司自创建以来，其先后承接施工35kV变电站4座，小水电站(安机容量500千瓦)1座，110kV输电线路架设189kM，完成城用改造，农网改造10kV输电线路300多kM，其设计、施工专用配电房20多个，为重庆电力系统发展和地方建设做出了应有的贡献。

本公司拥有一支技术力量雄厚素质优良的专业技术队伍，其中具有高级职称3人，中级职称16人，初级职称20人。各类专业技术人员多年来在重庆电力系统各岗位上均为技术生产骨干，业务水平一流。所有特殊工种作业人员具备特殊工种资格证，保证安全施工的机械，器具均按工程施工的要求配置完备。

近年来，本公司已基本形成了自身企业的管理模式。实行微机管理，办公现代化；全面推行《安全生产责任制》、《工程质量管理办法》和《施工现场管理》制度、《项目经理责任制》；制订了“岗位职责”和有关施工定额；施工技术管理、安全管理、质量管理、设备计量、劳动人员、财务审计、物资供应、行政管理计算机信息网络和档案管理单项工作标准和管理规章制度，始终坚持用国家电力公司的标准来规范公司的各项工作。

配电室安装

重庆聚源塑料有限公司

重庆聚源塑料有限公司创建于 1988 年，是一家集研发，生产，销售，施工为一体的大型建筑节能企业。公司位于风景秀丽的歌乐山下，紧靠内环高速和梨树湾火车站，交通非常便利。公司拥有各种专业技术人才 50 多人，有专业的市场营销团队和施工队伍。厂区占地面积 13000 多平方米，拥有各种建筑节能保温自动化生产线。

重庆聚源塑料有限公司与中国人民解放军后勤工程学院在建筑节能保温新材料研发，建筑施工技术及工艺改进，工程质量检测分析等领域保持者密切的技术合作关系。公司聘请后勤工程学院的专家教授作公司的技术顾问，形成了集研发、生产、销售、施工和教学为一体的专业生产商，保证了公司的产品质量，施工技术，理论预研，新品开发在业界独占鳌头，铸就了聚源公司的良好信誉和品牌形象。

公司引进两条先进的挤塑板生产线，年生产能力达 30 万立方米，是西南地区最大的挤塑板制造商。随着公司的发展壮大，公司又先后引进两条年生产能力达 4~6 万吨保温砂浆自动干混砂浆生产线，并成立重庆新聚源建筑装饰工程有限公司，专业承接建筑保温工程。同时在重庆市建筑技能技术中心进行了施工技术备案。主要型号如下：

无机保温砂浆建筑保温系统 2011-11-22 ~ 2013-11-21 渝建（节）备字【2010】0193 号；

胶粉聚苯颗粒外墙外保温系统 2010-11-01 ~ 2012-10-31 渝建（节）备字【2010】0149 号；

膨胀聚苯板薄抹灰外墙外保温系统 2010-11-01 ~ 2013-10-31 渝建（节）备字【2010】0148 号；

绝热用挤塑聚苯乙烯泡沫塑料板（B1 级）2012-12-20 ~ 2015-12-19 渝建（节）备字【2012】0208 号。

2006~2010 年公司曾先后荣获"重庆市建筑节能技术（产品）认定证书"，"重庆市建设领域新技术认定证书"。被中国质量检测协会评为"全国质量检验稳定合格产品"，荣获"全国用户放心品牌""绿色环保十佳建材"。连续 3 年被评为"重庆市建筑节能优势企业"。同时被重庆市质量检测协会评为"重庆市建筑节能行业品牌企业"等荣誉。

重庆聚源塑料有限公司携重庆新聚源建筑装饰工程有限公司，本着"科学管理，严格检测，营造品牌，追求卓越"的经营理念，全心全意为社会各界提供一流的环保节能产品。誓为建筑节能事业做出更大的贡献！

重庆明珠环保工程

重庆明珠环保工程有限公司成立于 1998 年 4 月，公司前身为明珠保洁有限公司，于 2011 年 8 月由原有的劳动密集型保洁行业转型为以清洗工程、水处理技术、环境综合治理等服务为主体，集工业整体服务外包，科研工程设计，工业清洗剂，水处理药剂研发、生产、销售和售后服务一体化的创新科技环保型企业。公司办公地址位于重庆市渝中区北区路 73 号创意大厦 21 层，注册资金 800 万元，经营场所 2000 ㎡，职工人数 180 多名，公司经营管理团队由一批年轻化知识化的优秀技术人才组成，其中研究生 5 名，本科毕业生 20 名，同时与院校、科研单位形成战略合作关系，并由行业专家组成公司技术顾问团，为公司技术支持提供坚实后盾。回顾公司十四年来的发展历程，均受到各级政府、智能部门的关心和帮助，使“明珠”得以快速成长。十多年来，公司秉承以科学化、流程化、标准化为服务宗旨，服务于各企事业单位，连续七年被重庆市政府评为“优质安全，客户满意”的优秀企业；连续十年公司被渝中区消费者权益保护委员会授予“ 消费者信得过企业”；连续十年被市工商局、共青团重庆市委员会、市私协授予公司驻珞璜电厂 1 号机组全体员工“青年文明号”称号；连续八年被市工商局渝中区分局授予“守合同重信用企业”光荣称号；被渝中区政府授予“2003—2009 年诚信企业”； 2006 年被市工商局渝中区分局授予“2005~2009AA 级年检免审企业”；2004 年国务院发展研究中心授予公司“中国保洁模范单位”；2008 年被市工商局渝中区分局、市私协授予“2003~2009 年先进私营企业”称号；公司是重庆市清洗行业首家取得高空作业资质许可证的单位；2012 年公司管理顺利通过 GB/T 28001-2001 职业健康安全管理体系认证；ISO14001:2004 环境管理体系认证；ISO9001:2008 质量管理体系的认证，2009 年被重庆市人民政府发展研究中心年鉴组委会评为“名优企业优质产品上榜单位”；2009 年被重庆市渝中区消费者权益保护委员会评为“售后服务先进单位”；2010 年被全国清洗行业信息中心授予“2001~2010 年度中国清洗行业（工程服务）金牌企业”；2011 年度荣获中国行业领先品牌企业推荐组委会、中国中小商业企业协会、中国管理科学研究院颁发的“中国清洁服务行业客户信赖十大质量品牌”“全国质量、服务、信誉 AAA 级企业（品牌）”“中国诚信经营十佳示范单位”；被重庆市工商行政管理局评为“2011 年守合同重信用单位”；2012 年公司荣获慧聪网全国评选“2012 年中国清洁行业最具影响力十大评选”中入围“十大保洁服务公司”系列 30 强；被中国国情调查委员会、中国保护消费者基金会授予“行业最具影响力诚信品牌”、“全国质量服务信誉信得过单位”；被中国国际经济技术合作促进会、北京《企业改革与管理杂志社》授予“最具特色品牌企业”等荣誉；并取得了中国锅炉水处理协会颁发的《锅炉化学清洗 A 级证书》《工业设备清洗 B 级证书》《工业设备高压水射流清洗 B 级证书》等行业相关资质和质量认证。“明珠”公司“创一流质量，树明珠形象”的相关事迹被重庆报刊、杂志等新闻媒体多次宣传、报道。未来公司也将不断加强内部管理、提升员工整体素质，创新技术服务来适应未来发展需要，为推动中国工业文明、环保节能事业贡献自己微薄的力量。

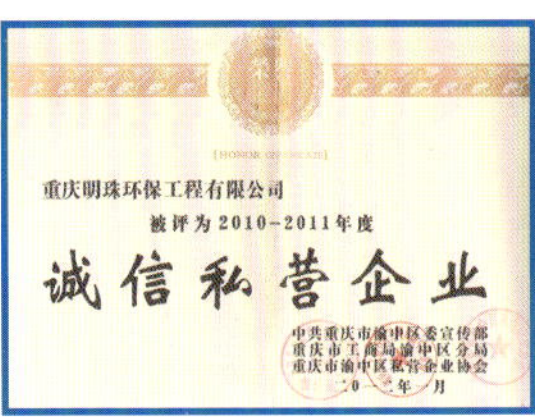

明珠环保工程有限公司荣誉

工业清洗专家来我公司对员工进行培训

网址：http://www.cqmingzhu.com

邮箱：postmaster@cqmingzhu.com

电话：023-63725212 传真：023-63852354

邮编：400015

地址：重庆市渝中区北区路 73 号（创意大厦）21 层

清洗现场

段绍蓉个人介绍

段绍蓉，女，汉族，大学，会计师，中共党员。现任重庆明珠环保工程有限公司和格瑞众鑫科技发展有限公司董事长。

1965 年毕业于乐山商业会计学校。

1965~1971 年任乐山峨眉人行会计，峨眉县城关镇团委书记兼妇联主任。

1971~1998 年任重庆第三机床厂总会计师、副厂长等职务。

1998 至今任重庆明珠环保工程有限公司董事长。

2001 年任渝中区私营协会副会长。

2002 年任《重庆市环境科学》理事会副会长。

2002 年任重庆市非公有制经济促进会副会长。

2002 年被渝中区人民政府授予"先进工作者"光荣称号。中国文化促进委员会授予"优秀企业家"光荣称号。

2002 年被邀请参加"入世与中国企业家、政府官员论坛"并评为本届大会优秀代表。

2003 年被选为中国人民政治协商会议重庆市渝中区第十一、十二届委员会委员，2006 年获得渝中区政协"特殊贡献的优秀政协委员"。重庆市人民代表大会法制委员会立法调研员。

2003 年任重庆市家政服务行业协会副会长。

2003 年、2004 年连续代表中国出席第十届、第十一届全球女企业家会议，被评为"优秀女企业家"。

2004 年被确定为中国国情研究会行业研究员。中国国际组织研究会高级研究员。

2004 年获得中国百名行业创新杰出人物"金像奖"。

2005 年任重庆市民营企业家联合会常务理事。重庆市维护企业权益协会常务理事，《企业权益》杂志编委。

2005 年任重庆市商业联合会常务理事。

2006 年荣获渝中区政协"特殊贡献的优秀政协委员"。

2006 年 12 月被中共重庆市渝中区委员会、重庆市渝中区人民政府评为"优秀中国特色社会主义事业建设者"。

2002~2007 年被重庆工业职业高等技术学院连续评为"优秀共产党员"及"先进共产党员"。

2008 年 12 月被中国市场经济研究会邀请出席"第五届中国民营经济高峰会"并被评为优秀与会代表。

2008 年 12 月被中国工业合作协会中国市场经济研究会评为中国和谐社会杰出企业家

2009 年 1 月被中国国际经济发展研究中心评为中国改革创新风云人物荣誉称号

2009 年 3 月 5 日被重庆市妇女联合会重庆市女企业家协会评为重庆市第七届优秀女企业家

2009 年 3 月被选为中国职业健康协会高空服务业分会副会长

2009 年 7 月 15 日被重庆市维护企业权益协会选举为协会理事会副会长

2009 年 9 月 15 日被重庆女企业家协会选举为第二届理事会常务理事 .

2009 年 9 月被重庆市环卫协会任命为理事会副理事长。

2009 年 11 月被评为国际科学研究院终身"客座教授"。

2009 年 12 月被选为重庆市海外交流协会第二届理事会常务理事。

2010 年 3 月被中国女企业家协会评为"杰出创业女性"光荣称号。

荣誉证书

段绍蓉同志：

恭贺您被评为二0一二年：

中国当代杰出人才

二0一二年七月

荣誉证书

段绍蓉同志：

中国民营经济杰出贡献企业家

全国商业服务业巾帼建功

巾帼建功标兵

中华全国妇女联合会　中国商业联合会

2012年6月

段绍蓉个人荣誉

2010 年 12 月当选《环境工程》杂志第一届理事会理事。

2011 年 2 月被环境卫生协会评为"突出贡献十佳人物"称号。

2011 年 3 月入选重庆市市委宣传部、重庆市文明办共同举办的《和你在一起 —— 重庆市 3.5 学雷锋日特别晚会》"身边好人"人物榜。

2011 年 6 月被中国管理科学研究眼、中国社会经济文化交流协会、中国中小商业企业协会、中国行业领先品牌企业推介活动组委会共同评为"中国清洁服务领域十大杰出魅力领军人物"。

2011 年 7 月被中国民族企业家协会任命为中国民族企业家协会理事。

2012 年 6 月被中华全国妇女联合会评为"巾帼标兵"称号。

2012 年 7 月被国际科学研究院评为"中国当代杰出人才"称号。

......

重庆宏宇建设工程(集团)有限公司

重庆宏宇建设工程(集团)有限公司，始建于一九九三年，原名重庆市彭水宏宇建筑安装有限责任公司，二○○七年四月更名。企业资质等级：房屋建筑工程施工总承包壹级、建筑装修装饰工程专业承包叁级、市政公用工程施工总承包叁级、水利水电工程施工总承包叁级、混凝土预制构件专业承包叁级、起重设备安装工程专业承包叁级、送变电工程专业承包叁级、土石方工程专业承包叁级、园林古建筑工程专业承包叁级、钢结构工程专业承包叁级、消防设施工程专业承包叁级、建筑幕墙工程专业承包叁级、金属门窗工程专业承包叁级、建筑防水工程专业承包三级。下设房地产开发、建筑劳务、物业管理公司及各分公司和办事处。公司现有注册资金5057万元，有职称的工程技术管理人员300余人，并通过GB/T 19001—2008、GB/T 50430—2007双标质量管理体系认证和GB/T 24001—2004、GB/T 28001—2011环境、职业健康安全管理体系认证。

公司自成立以来，连续多年被当地政府评为“先进私营企业”、“先进纳税企业”和“安全生产先进企业”，被市工商行政管理局评为“重合同守信用企业”，被市建设委员会和建筑业协会评为“先进企业”。二○○二年被中国质量万里行工作委员会评为“中国质量万里行全国先进单位”，并为中国质量万里行“打假维权协作联盟委员单位”；二○○五年至二○○八年被重庆市消费者权益保护委员会评为“消费者信得过企业”；二○○六年被中国质量检验协会评为“全国用户质量满意企业”和“全国行业质量诚信示范企业”；二○○七年被中国商品质量信誉保障中心、《商品与质量》消费市场调查中心评为“中国商品质量信誉保障诚信单位”；二○一○年七月、二○一二年七月被市建筑业协会评为“AAA诚信建筑企业”。二○○一年至二○○五年三项工程获得“重庆市巴渝杯优质工程奖”。

展望未来，任重道远。公司全体员工衷心希望与各界有识之士真诚合作互惠互利，共谋发展，共创美好未来。

地址：彭水县汉葭镇南门街(江上村)　邮编：409699　电话：(023)78449560　传真：(023)78493106
邮箱：13908276502b@163.com　网址：WWW.cqhyjt.com　董事长：魏永福　总经理：魏勇　联系人：刘海清

魏 永 福 工

工作简历：

- ★ 1981.1~1983.4 任涪陵清溪建筑社施工员；
- ★ 1983.5~1993.5 任涪陵清溪建筑公司彭水片区经理；
- ★ 1993.6~1999.12 任彭水四达建筑安装公司董事长兼总经理；
- ★ 2000.1~2007.4 公司更名为重庆市彭水宏宇建筑安装有限责任公司，任董事长兼总经理；
- ★ 2007.4 迄今公司更名为重庆宏宇建设工程(集团)有限公司，任董事长。

公司董事长魏永福

重庆市彭水永力房地产开发有限责任公司

重庆市彭水永力房地产开发有限责任本公司于二○○○年十一月成立，ISO9001：2008国际质量体系认证企业，具有独立法人资格。企业性质：有限责任。企业资质等级：房地产开发等级贰级。公司现有职工29人，有职称的工程技术管理人员20人，注册资金6000万元（其中：固定资产3000万元，流动资产3000万元）。集房地产开发、销售、物业管理为一体，是彭水开发建设的主要骨干力量。历年各项经济技术指标位于彭水同行业前茅，在彭水及重庆市享有较好的信誉和较高的知名度。

公司自成立以来，共投资开发项目7个，合格率100%，其中：彭水天豪大厦获"二○○五年重庆市巴渝杯优质工程奖"；规模较大的开发项目有彭水人和春天A、B、C栋，建筑面积共105600㎡（其中C栋获2012年度重庆市文明工地奖）；彭水澎湖花园A、B、C栋，建筑面积共120500㎡；彭水江城名都1、2、3、4号楼，建筑面积共170000㎡（在建）。公司于二○○七年被重庆市消费者权益保护委员会评为"消费者信得过企业"；二○○九年被彭水县人民政府评为"先进纳税企业"。

面对如日中天的房地产开发市场的激烈竞争与严峻挑战，公司全体员工将以饱满的热情、可靠的诚信、全新的理念、奋进的精神，严格遵循"顾客至上、质量第一、科学管理、与时俱进"的质量方针，努力为顾客办实事，以优质高效的服务，与各界朋友真诚合作，共创美好家园。

地址：彭水县汉葭镇南门街（江上村） 邮编：409699 电话：(023)78493106 传真：(023)78493106
邮箱：13908276502b@163.com 网址：WWW.cqhyjt.com 总经理：魏勇 联系人：刘海清

作 简 历 及 获 奖 情 况

第五届重庆市优秀企业家魏永福

获奖情况：

★一九九六年、九九年被彭水县建委评为"先进个人"；

★一九九八年、二○○一至二○○三年被重庆市建设委员会、建筑业协会评为重庆市建筑业"优秀经理"；

★一九九九年被黔江开发区建委评为黔江区建筑业"优秀经理"；

★二○○四年被彭水县政府评为"消防安全先进个人"；

★二○○四年至二○○七年年年被彭水县委评为"优秀政协委员"；

★二○○五年至二○○六年被彭水县工商行政管理局聘为纠风和政风行风评议监管员；

★二○○五年被重庆市消费者权益保护委员会授予"3.15荣誉奖章"；二○○六年被重庆市建筑业协会评为"优秀协会工作者"；

★二○○七年被彭水县委评为"优秀共产党员"；

★二○○九年被重庆市建筑业协会评为"重庆市建筑业优秀经理"和"第五届重庆市创业优秀企业家"；

★二○一一年被彭水县人民政府评为"安全生产先进个人"；被彭水县非公经济组织工作委员会评为"优秀共产党员"。

重庆电影集团公司是在市委市政府的高度重视下，由重庆广电集团、市文资公司、重庆两江新区开发投资集团、重庆出版集团共同出资组建的大型国有文化企业，于2012年3月23日正式挂牌成立。

重庆电影集团狠抓影视剧精品创作，弘扬主旋律，打好主动仗，力争实现经济效益和社会效益相统一。由集团投拍的电影《走过雪山草地》和电视剧《毛泽东》分别荣获中宣部第十三届精神文明建设“五个一”工程奖电影和电视剧奖项。集团目前已投拍电影10部，涉及主旋律、青春爱情、悬疑、亲情、军旅等多种类型。其中史诗巨制《一九四二》获得中国电影“华表奖”，实现重庆零的突破。电影《闯入者》成功入围第71届威尼斯电影节主竞赛单元和第39届多伦多国际电影节，成为唯一一部竞逐“金狮奖”的华语影片，并于10月1日再入围2014年第51届金马奖最佳导演、最佳著剧本两个重要奖项提名。贺岁喜剧《私人订制》收获7亿票房；电影《京城81号》票房破4亿，创目前国产惊悚片的票房纪录；姐妹淘电影《闺蜜》票房2亿，获得一致好评。集团投拍电视剧13部，电视剧《利箭行动》、《猎杀》、《传奇英雄》、《十月围城》等在央视和各省级卫视黄金时段播出，获得收视率、口碑双丰收。重庆电影集团初步搭建起以电影电视剧策划制作、影视营销宣传发行、电影院线建设、影视基地开发为核心的全产业链发展模式，目前集团在綦江区建设了当地首家3D数字电影院，并成立专业影院管理公司对重庆华大龙湖影院等进行经营管理；同时规划建设影视拍摄基地，荣昌路孔古镇已经正式挂牌。

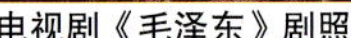
电视剧《毛泽东》剧照

电影《走过雪山草地》海报

重影綦江影城揭幕仪式

电影《闯入者》海报

《重庆经济年鉴》外联部

主　　任：李修华　陆　波

副 主 任：易代英　张亚英　凌世华　胡序明　黄天炳

外　　联：刘尧春　杨政溶　赖生春　王　忠　王明清　李铁栅　钟　准　崔小凤　沈剑红　张秀娟　谭植茂　胡明嘉　周　川　张怀阳

办 公 室：邓丹丹　张雪玲

装帧设计：陈　刚

印　　务：陈　刚

发　　行：陈运明　王云海　肖加全　何志强